A-Z WEST MIDL... BIRMINGH...

GW00373238

CONTENTS

Key to Map Pages	2-3
Large Scale City Centres	4-7
Map Pages	8-217
Index to Streets, Towns, Villages and selected Places of Interest	218-286
Index to Hospitals and Hospices	287-288

REFERENCE

Motorway	**M6**
Under Construction	
A Road	**A38**
Under Construction	
Proposed	
B Road	**B4284**
Dual Carriageway	
One-way Street Traffic flow on A Roads is indicated by a heavy line on the driver's left	→
All one-way streets are shown on Large Scale Pages	
Restricted Access	
Pedestrianized Road	
Coventry City Centre Ring Road Junction Numbers — Large Scale Pages Only	①
Track/Footpath	
Railway — Level Crossing, Station, Tunnel	
Private Railway — Station	
Midland Metro The boarding of Metro trains at stations may be limited to a single direction, indicated by the arrow. — Station	
Built-up Area — HOOPER STREET	
Local Authority Boundary	
Posttown Boundary	
Postcode Boundary	

Map Continuation	▲ 20 Large Scale City Centre ▲ 4
Car Park	P
Church or Chapel	†
Fire Station	■
House Numbers A & B Roads only	20 40
Hospital	H
Information Centre	i
National Grid Reference	412
Police Station	▲
Post Office	★
Toilet	▽
with facilities for the Disabled	♿
Educational Establishment	
Hospital or Health Centre	
Industrial Building	
Leisure or Recreational Facility	
Place of Interest	
Public Building	
Shopping Centre or Market	
Other Selected Buildings	

SCALE

Map Pages 8-217
1:18103 3½ inches to 1 mile

0	¼	½	¾ Mile

0	250	500	750 Metres	1 Kilometre

5.52 cm to 1 km   8.89 cm to 1 mile

Map Pages 4-7
1:9051 7 inches to 1 mile

0	⅛	¼	⅜ Mile

0	100	200	300	400	500 Metres

11.05 cm to 1 km   17.78 cm to 1 mile

Head Office:
Fairfield Road, Borough Green, Sevenoaks, Kent, TN15 8PP
Tel: 01732 781000 (General Enquiries & Trade Sales)
Showrooms:
44 Gray's Inn Road, London, WC1X 8HX
Tel: 020 7440 9500 (Retail Sales)
www.a-zmaps.co.uk

Ordnance Survey® This Product includes mapping data licenced from Ordnance Survey® with the permission of The Controller of Her Majesty's Stationery Office. © Crown Copyright 2001. Licence number 100017302

EDITION 1 2000 Edition 1A (part revision) 2001
Copyright © Geographers' A-Z Map Co. Ltd. 2001

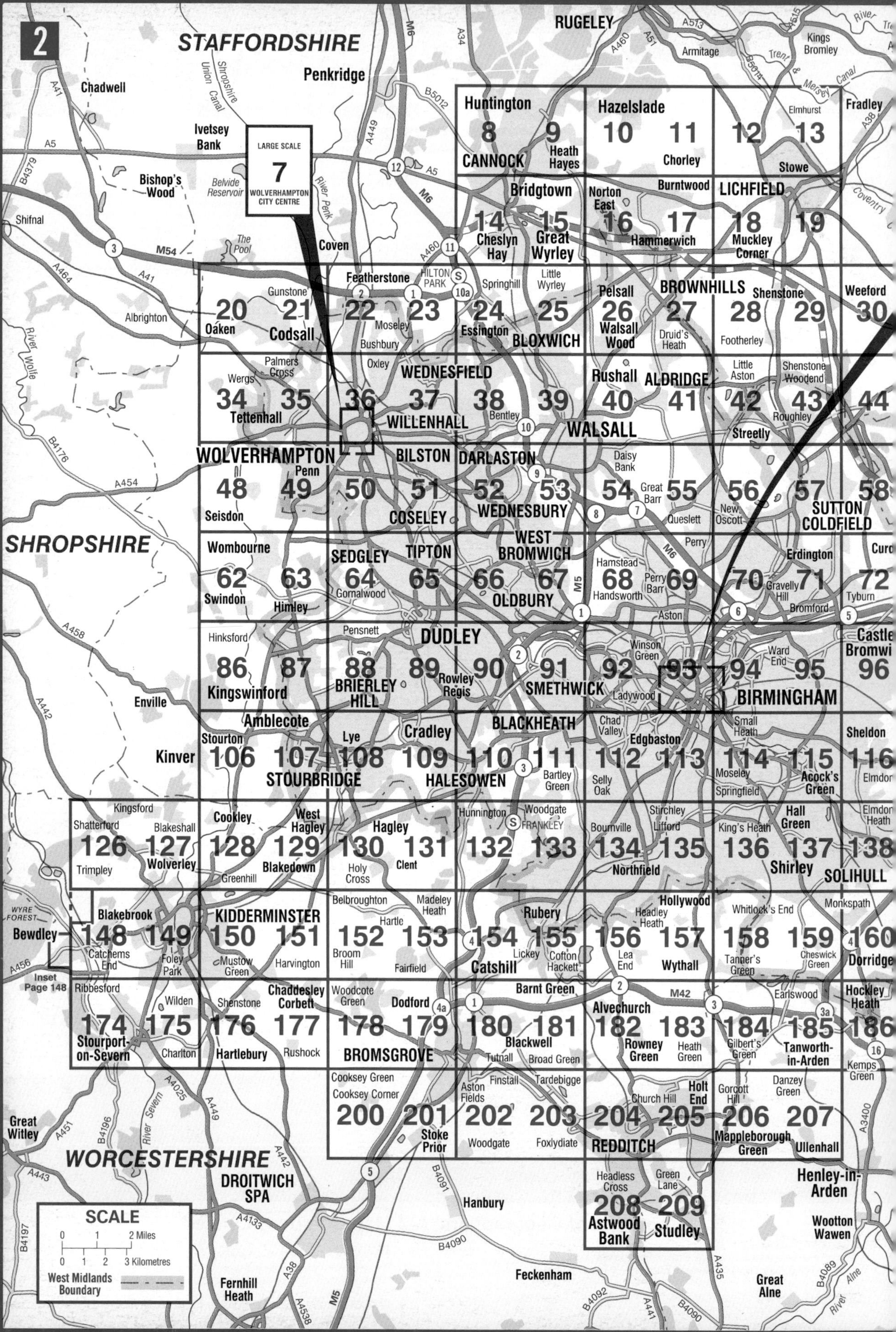

STAFFORDSHIRE

Penkridge

Chadwell

Ivetsey Bank

Bishop's Wood

Shifnal

LARGE SCALE **7** WOLVERHAMPTON CITY CENTRE

Belvide Reservoir

The Pool

Coven

RUGELEY

Armitage

Kings Bromley

Elmhurst

Fradley

Huntington **8** **9** Heath Hayes | Hazelslade **10** **11** Chorley | **12** **13** Stowe

CANNOCK

Bridgtown

Norton East | Burntwood | **LICHFIELD**

14 Cheslyn Hay | **15** Great Wyrley | **16** | **17** Hammerwich | **18** Muckley Corner | **19**

Featherstone | HILTON PARK | Springhill | Little Wyrley | Pelsall | **BROWNHILLS** Shenstone | Weeford

20 Oaken | **21** Codsall | **22** Moseley | **23** | **24** Essington | **25** | **26** Walsall Wood | **27** Druid's Heath | **28** Footherley | **29** | **30**

Albrighton

Gunstone

Palmers Cross | Wergs | Oxley | **WEDNESFIELD** | Rushall | **ALDRIDGE** | Little Aston | Shenstone Woodend

34 | **35** Tettenhall | **36** | **37** **WILLENHALL** | **38** Bentley | **39** | **40** | **41** | **42** Roughley | **43** | **44**

River Wolfe

SHROPSHIRE

WOLVERHAMPTON Penn | **BILSTON** | **DARLASTON** | Daisy Bank | **WALSALL** | Streetly

48 | **49** Seisdon | **50** | **51** **COSELEY** | **52** **WEDNESBURY** | **53** | **54** Great Barr | **55** Queslett | **56** New Oscott | **57** | **58** **SUTTON COLDFIELD**

Wombourne

WEST BROMWICH

62 Swindon | **63** Himley | **64** Gornalwood | **65** **TIPTON** | **66** **OLDBURY** | **67** | **68** Hamstead Handsworth | **69** Perry Barr | **70** Gravelly Hill | **71** Bromford | **72** Tyburn

Hinksford | Pensnett | **DUDLEY** | Winson Green | Ward End | Castle Bromwi

86 | **87** Kingswinford | **88** **BRIERLEY HILL** | **89** Rowley Regis | **90** | **91** **SMETHWICK** | **92** Ladywood | **93** | **94** | **95** | **96**

Enville | Amblecote | Stourton | Lye | Cradley | **BLACKHEATH** | Chad Valley | Edgbaston | Small Heath | Sheldon

Kinver | **106** | **107** | **108** **STOURBRIDGE** | **109** **HALESOWEN** | **110** | **111** Bartley Green | **112** Selly Oak | **113** | **114** Moseley Springfield | **115** Acock's Green | **116** Elmdon

Kingsford | Cookley | West Hagley | Hagley | Hunnington | FRANKLEY | Bournville | Stirchley Lifford | King's Heath | Hall Green | Monkspath

Shatterford Blakeshall | **126** Trimpley | **127** Wolverley | **128** | **129** Blakedown | **130** Holy Cross | **131** Clent | **132** | **133** Woodgate | **134** Northfield | **135** | **136** | **137** Shirley | **138** **SOLIHULL**

Greenhill

Blakebrook | **KIDDERMINSTER** | Belbroughton | Madeley Heath | Rubery | Hollywood | Whitlock's End | Elmdon Heath

Bewdley | **148** Catchems End | **149** Foley Park | **150** Mustow Green | **151** Harvington | **152** Broom Hill | **153** Hartle Fairfield | **154** Lickey | **155** Cofton Hackett | **156** Lea End | **157** Wythall | **158** Tanner's Green | **159** Cheswick Green | **160** Dorridge

Ribbesford | Wilden | Chaddesley Corbett | Woodcote Green | Dodford | Barnt Green | Alvechurch | Earlswood | Hockley Heath

174 Stourport-on-Severn | **175** Charlton | **176** Hartlebury | **177** Rushock | **178** | **179** | **180** Tutnall | **181** Blackwell Broad Green | **182** Rowney Green | **183** Heath Green | **184** Gilbert's Green | **185** Tanworth-in-Arden | **186** Kemps Green

Cooksey Green | Aston Fields | Finstall | Tardebigge | Church Hill | Holt End | Gorcott Hill | Danzey Green

Cooksey Corner | **200** Stoke Prior | **201** | **202** Woodgate | **203** Foxlydiate | **204** **REDDITCH** | **205** | **206** Mappleborough Green | **207** Ullenhall

Great Witley | **WORCESTERSHIRE** | **DROITWICH SPA** | Hanbury | Headless Cross | Green Lane | **208** **Astwood Bank** | **209** Studley | Henley-in-Arden | Wootton Wawen

Fernhill Heath | Feckenham | Great Alne

SCALE

0 1 2 Miles
0 1 2 3 Kilometres

West Midlands Boundary ------

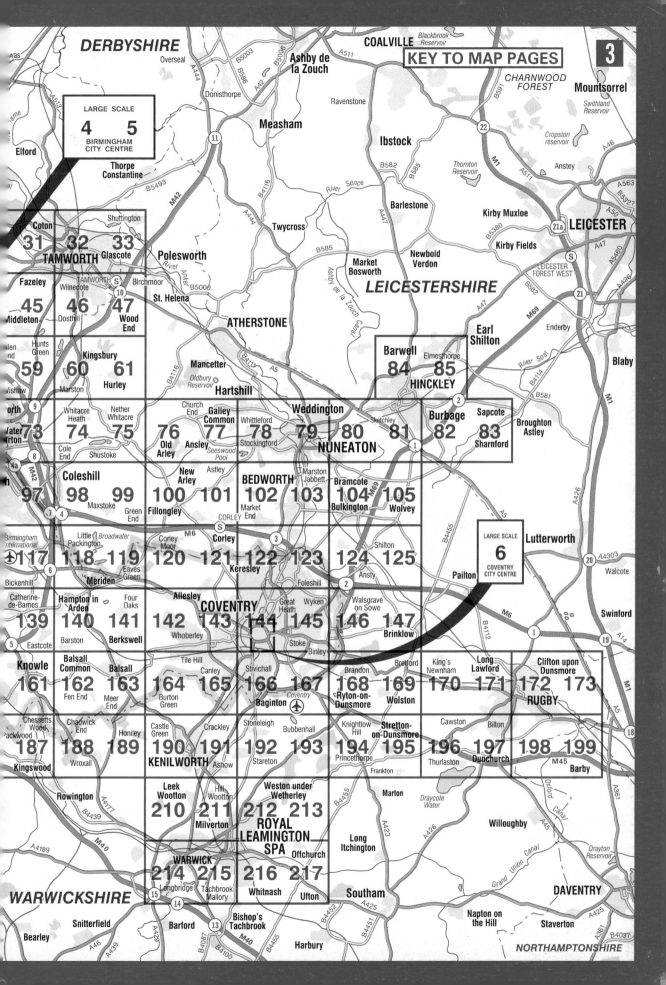

DERBYSHIRE

COALVILLE

Blackbrook Reservoir

CHARNWOOD FOREST   **Mountsorrel**

Overseal

Ashby de la Zouch

Swithland Reservoir

Donisthorpe

Measham

Ravenstone

Cropston reservoir

Ibstock

LARGE SCALE **4 5** BIRMINGHAM CITY CENTRE

Thorpe Constantine

Anstey

Thornton Reservoir

Barlestone

Barlestone

Elford

Kirby Muxloe

LEICESTER

Coton **31**

32 Glascote **33**
Shuttington

TAMWORTH

Polesworth

Market Bosworth

Newbold Verdon

Kirby Fields

LEICESTER FOREST WEST

Fazeley **45**
Middleton

Wilnecote **46**
Dosthill

47 Wood End
Birchmoor

St. Helena

LEICESTERSHIRE

Hunts Green **59**

60 Marston

61 Hurley
Kingsbury

ATHERSTONE

Earl Shilton

Enderby

Blaby

Mancetter

Hartshill

Oldbury Reservoir

Barwell 84

Elmesthorpe **85**

73 Whitacre Heath **74**

Nether Whitacre **75**

Church End **76** Old Arley

Galley Common **77** Ansley

Whittleford **78** Stockingford

Weddington **79**

80

Sketchley **81**

HINCKLEY

Burbage **82**

Sapcote **83** Sharnford

Broughton Astley

NUNEATON

Coleshill **97**

98

Maxstoke **99** Green End

New Arley **100** Fillongley

101 Astley

BEDWORTH 102

103

Marston Jabbett

Bramcote **104** Bulkington

105 Wolvey

Birmingham International **117**

Little Packington **118**

Broadwater **119** Eaves Green

Corley Moor **120**

121 Keresley

122

123

124 Shilton

125

Pailton

LARGE SCALE **6** COVENTRY CITY CENTRE

Lutterworth

Walcote

Bickenhill

Meriden

Catherine-de-Barnes **139**

Hampton in Arden **140** Barston

Four Oaks **141** Berkswell

142 Whoberley

Allesley **143**

COVENTRY

Great Heath **144**

Wyken **145** Stoke

Walsgrave on Sowe **146**

147 Brinklow

Binley

Knowle **161**

Balsall Common **162** Fen End

Balsall **163** Meer End

Tile Hill **164** Burton Green

Canley **165**

Stivichall **166**

167

Brandon **168** Ryton-on-Dunsmore

169 Wolston

King's Newnham **170**

Long Lawford **171**

Clifton upon Dunsmore **172**

173

RUGBY

Baginton

Chessetts Wood **187** Kingswood

Chadwick End **188** Wroxall

Honiley **189**

Castle Green **190** Ashow

Crackley **191** Stareton

Stoneleigh **192**

Bubbenhall **193**

Knightlow Hill **194** Princethorpe

Stretton-on-Dunsmore **195** Frankton

Cawston **196** Thurlaston

Bilton **197** Dunchurch

198

199 Barby

KENILWORTH

Rowington

Leek Wootton **210**

Hill Wootton **211** Milverton

Weston under Wetherley **212**

213

Marton

Draycote Water

Willoughby

Drayton Reservoir

ROYAL LEAMINGTON SPA

Offchurch

Long Itchington

WARWICK 214

Longbridge **215** Tachbrook Mallory

Whitnash **216**

217 Ufton

Southam

DAVENTRY

WARWICKSHIRE

Bishop's Tachbrook

Napton on the Hill

Staverton

Bearley

Snitterfield

Barford

Harbury

NORTHAMPTONSHIRE

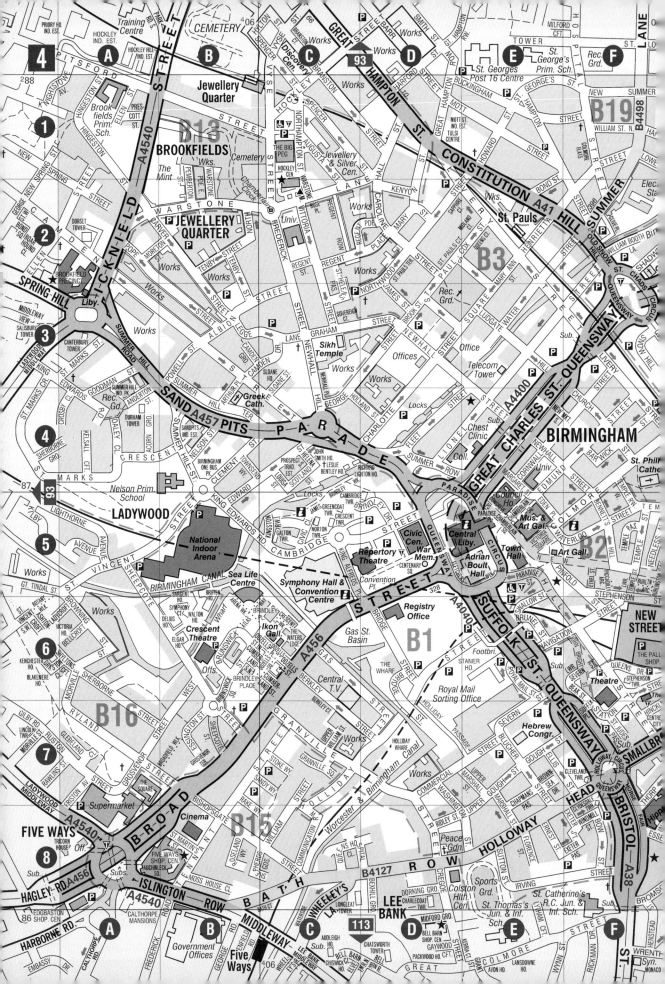

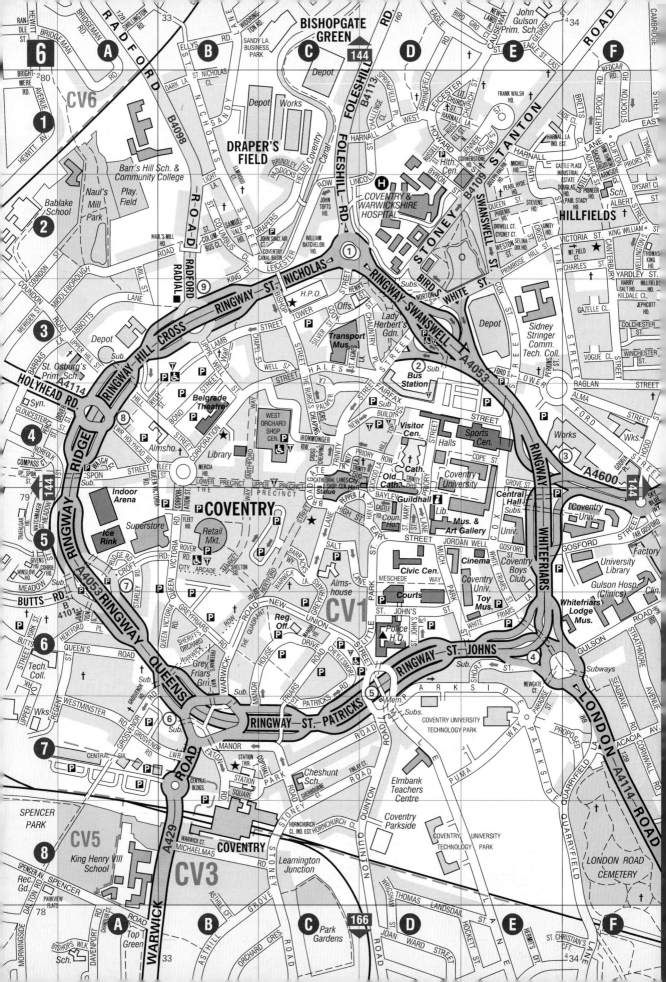

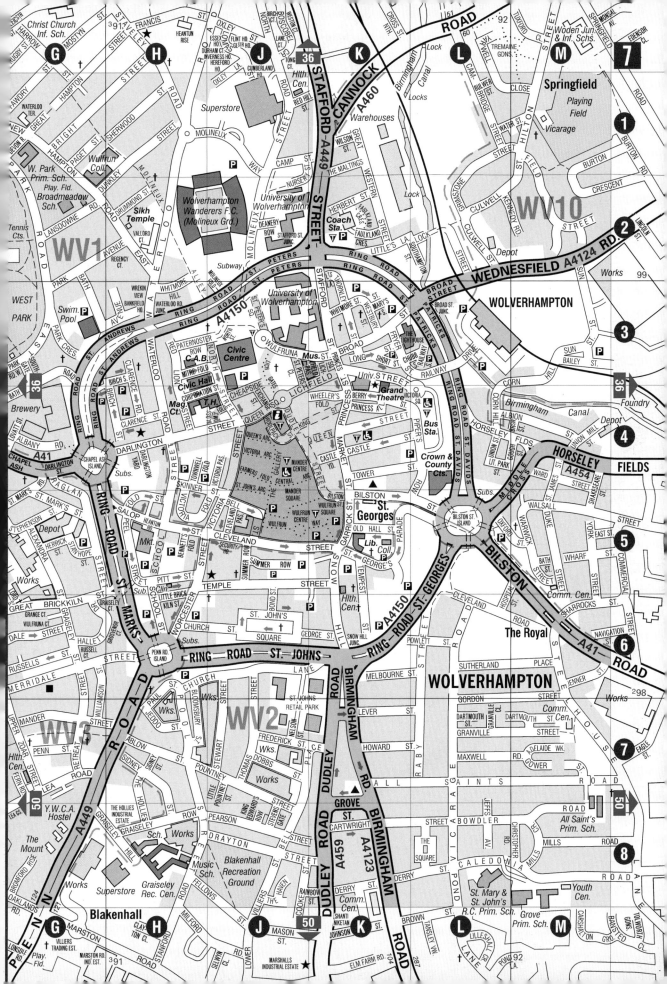

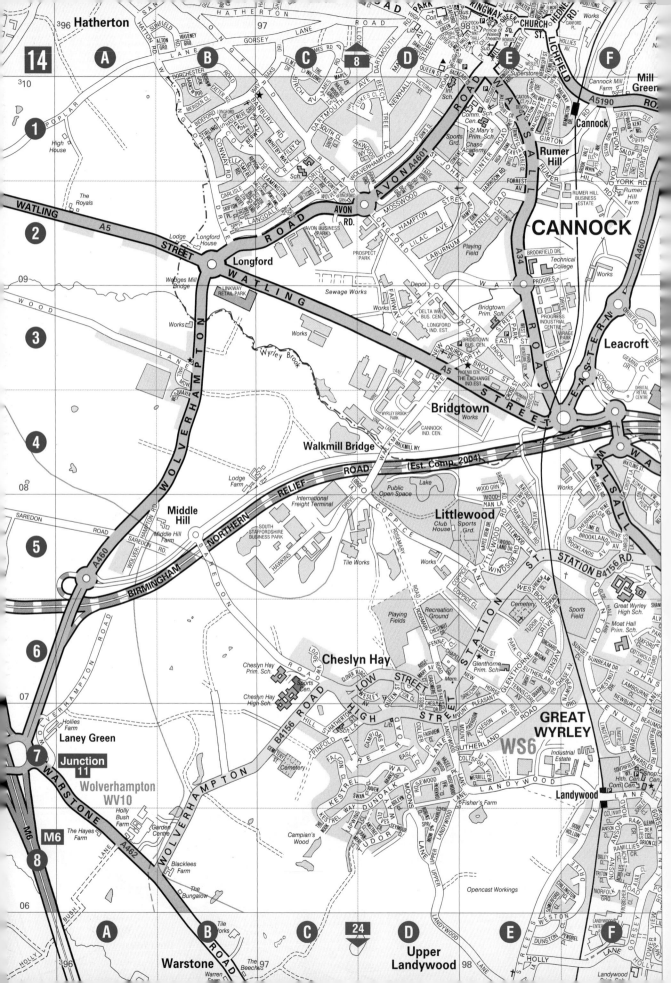

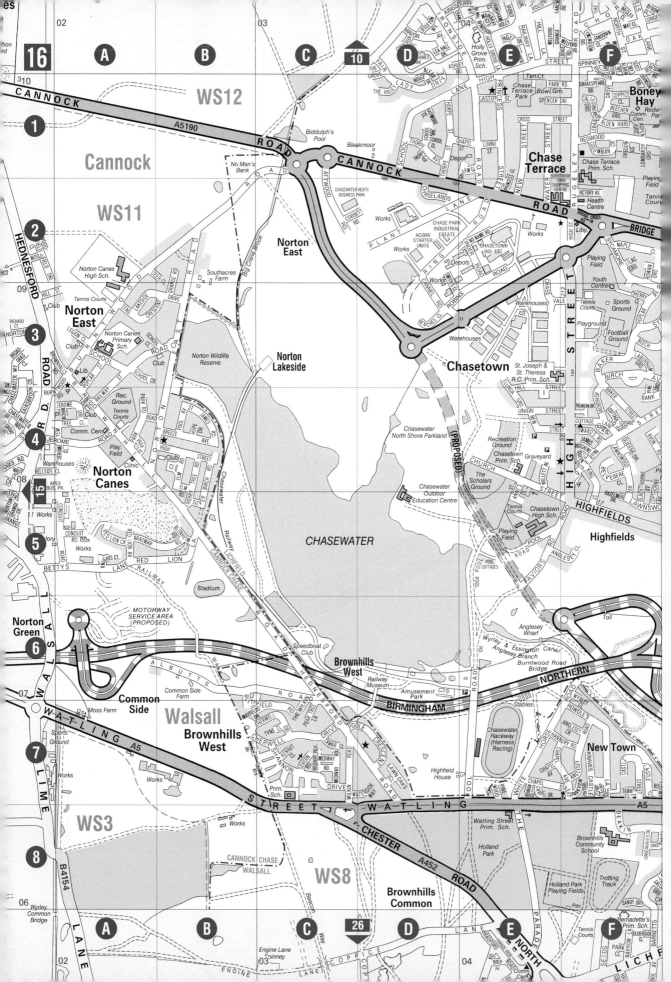

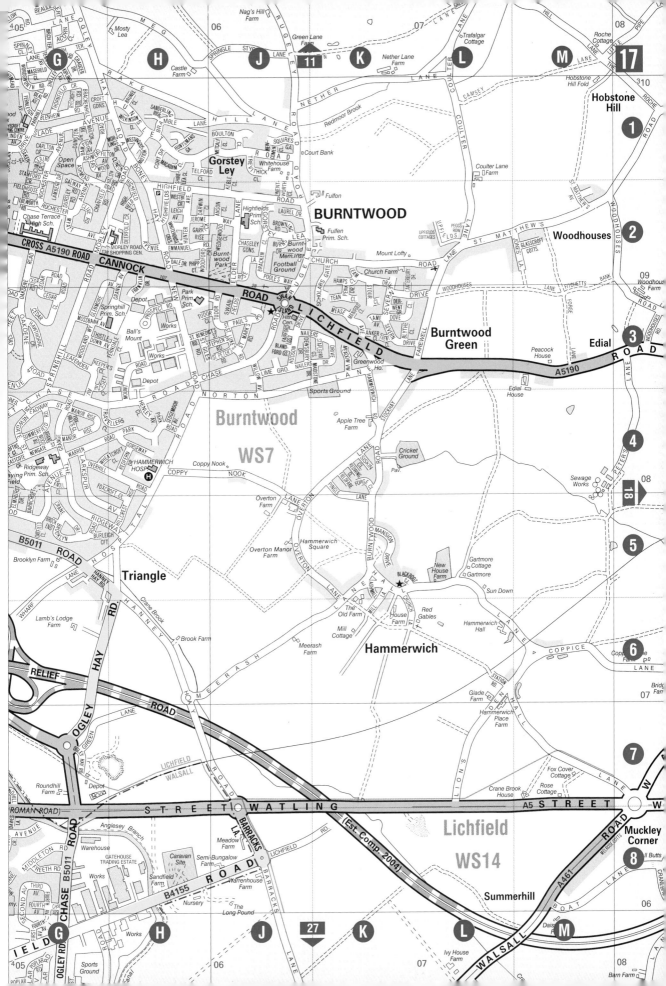

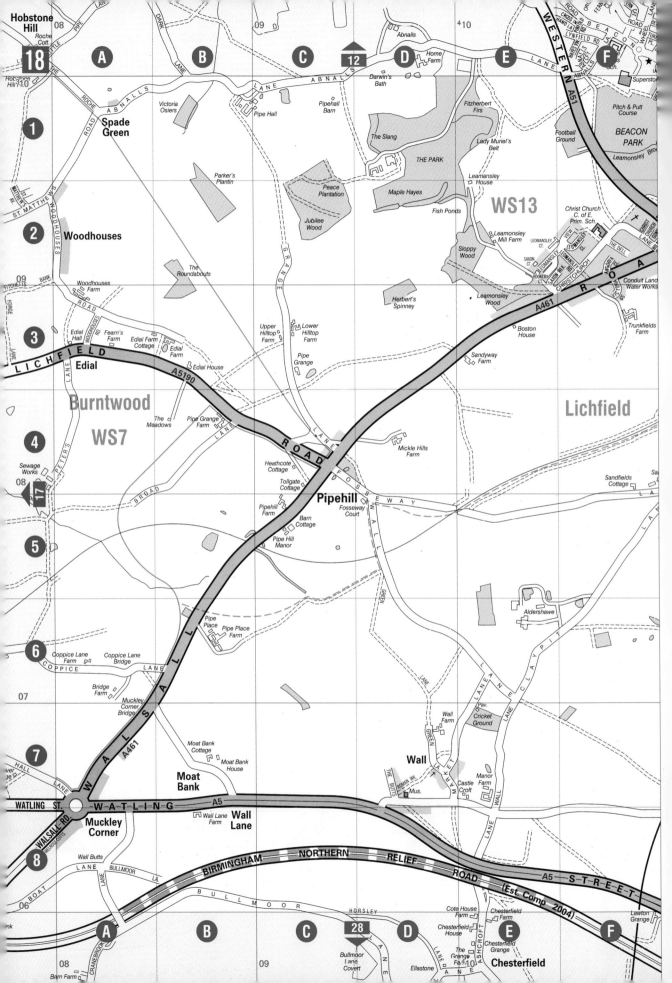

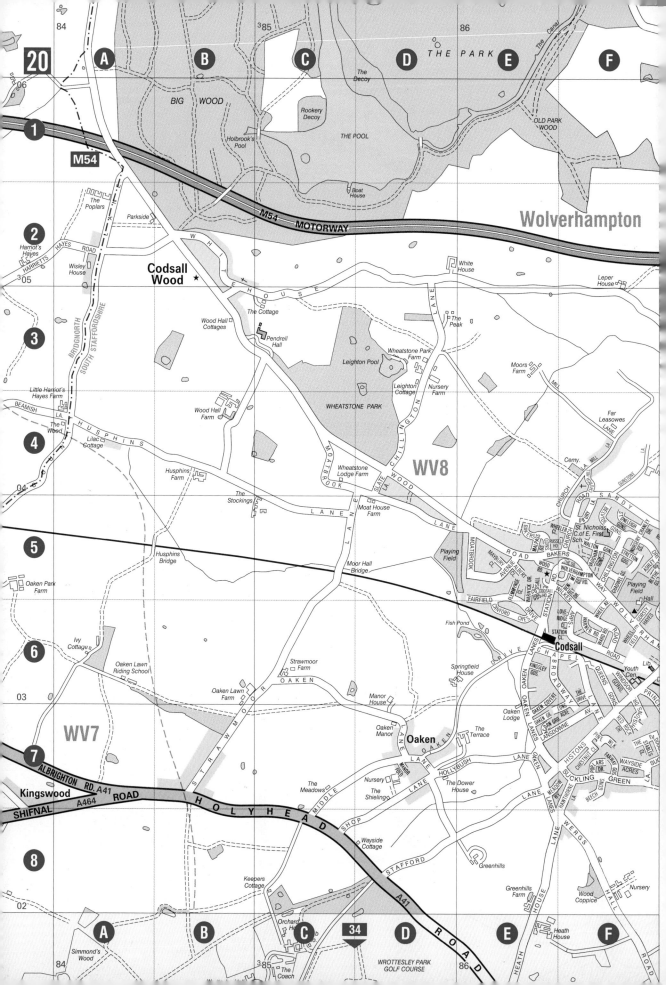

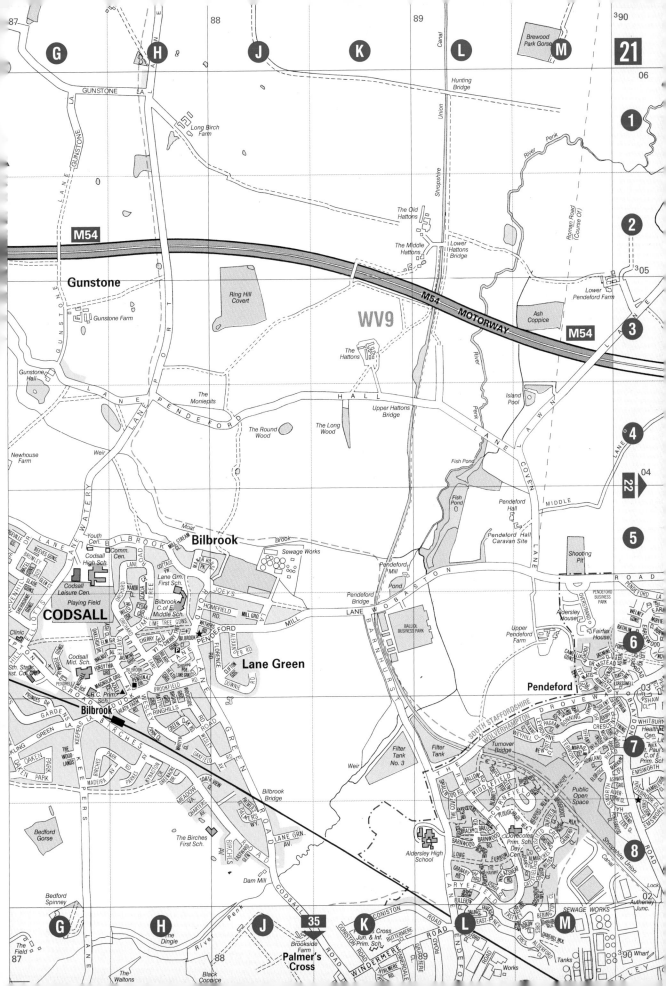

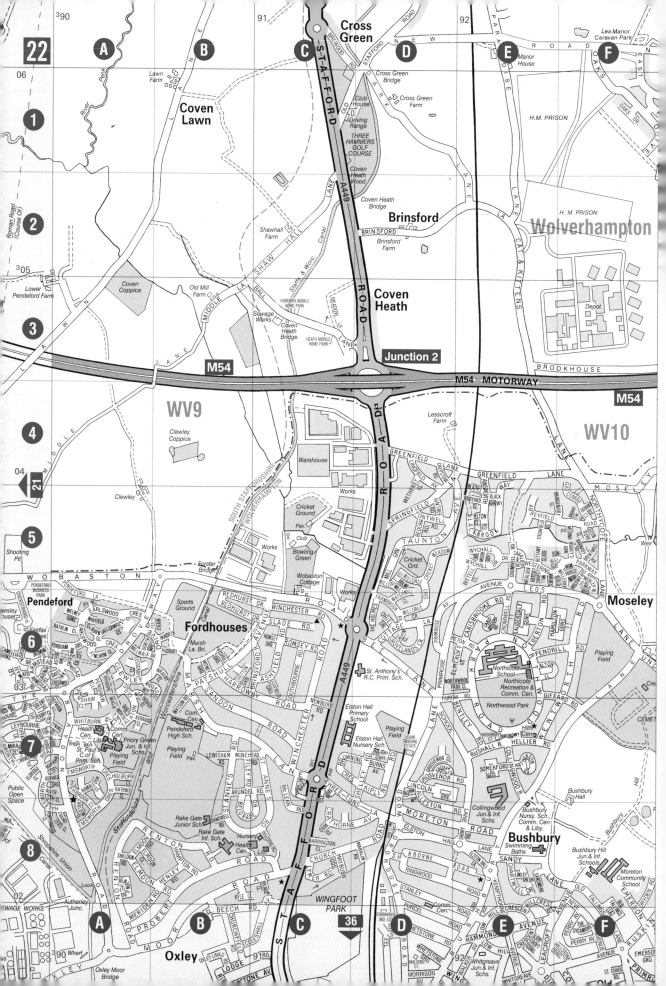

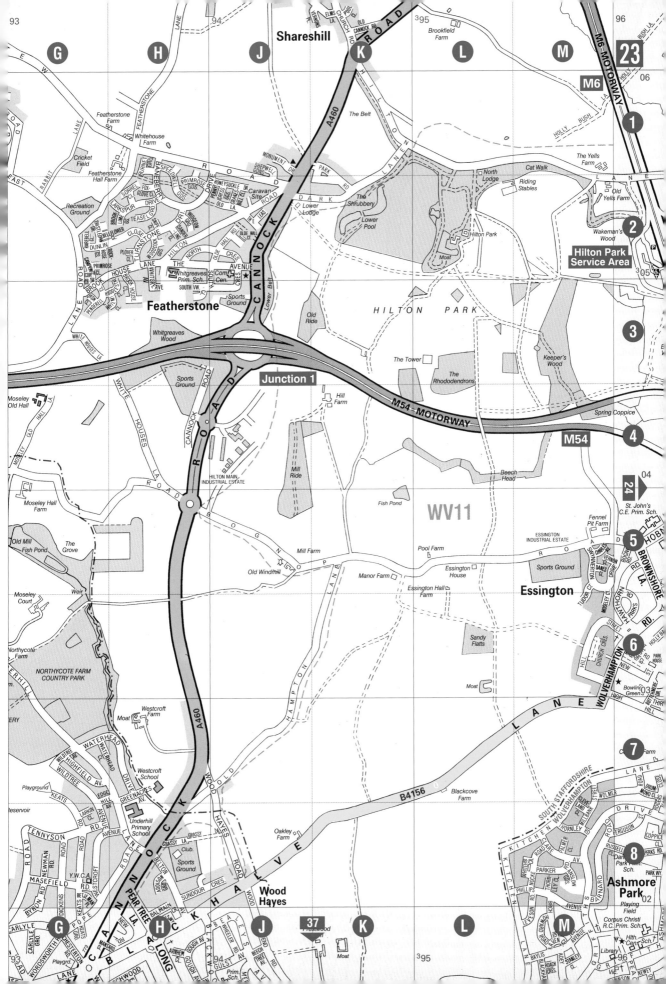

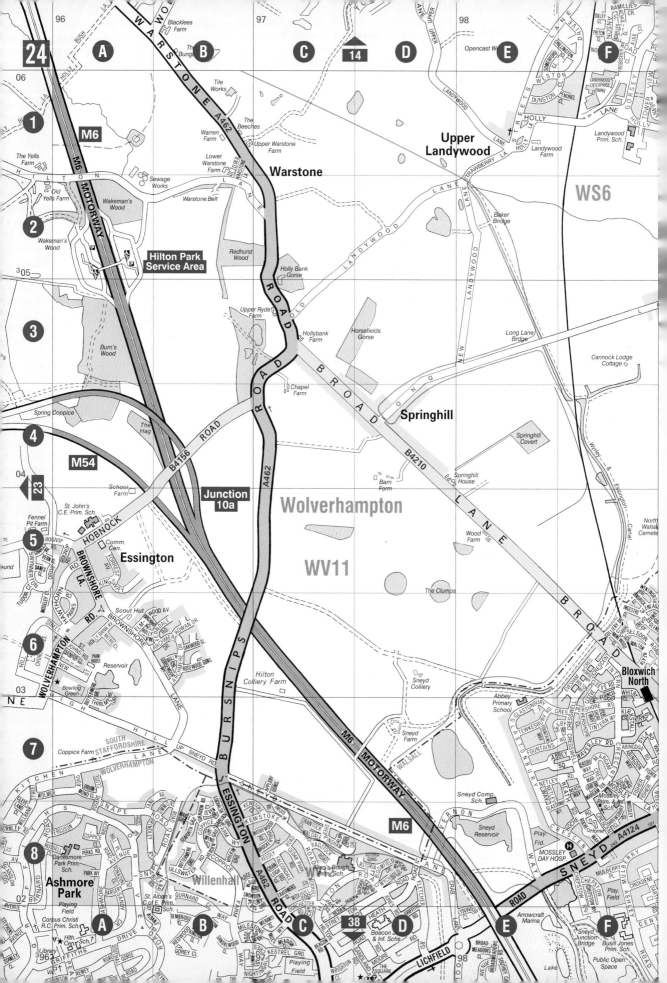

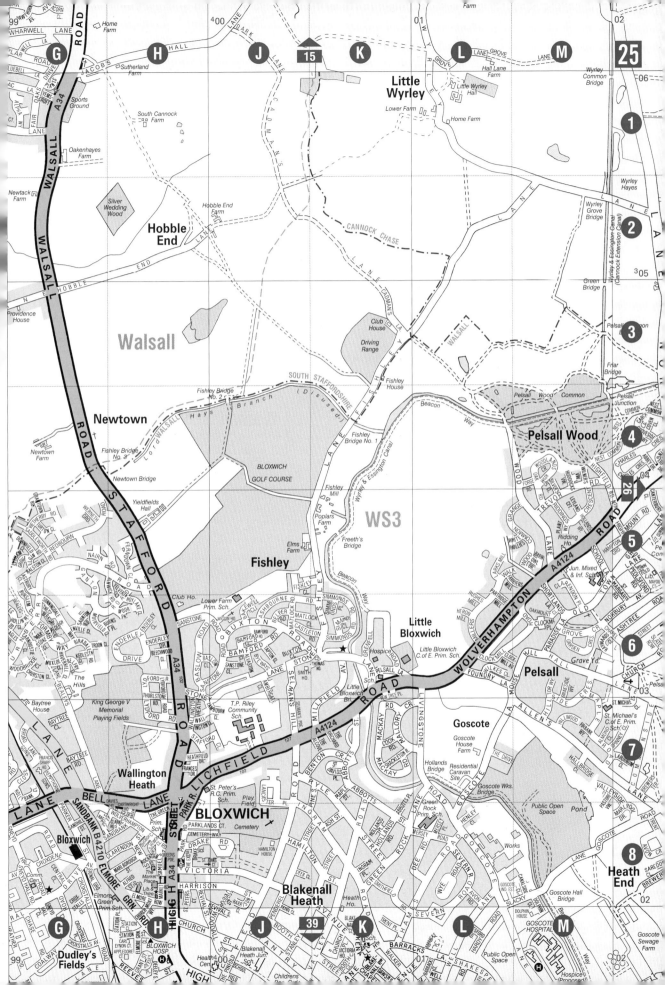

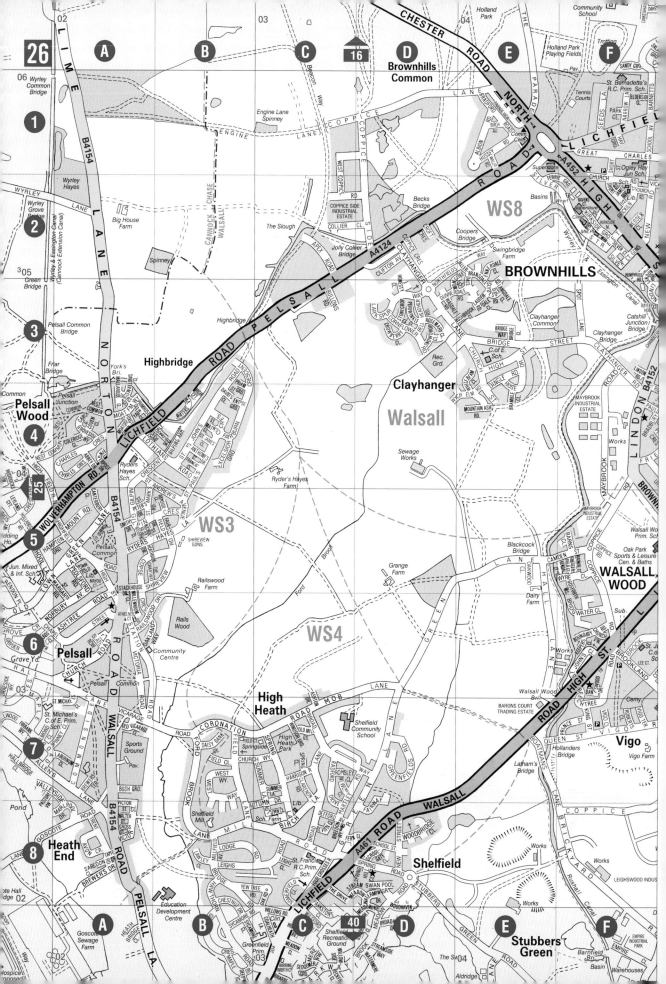

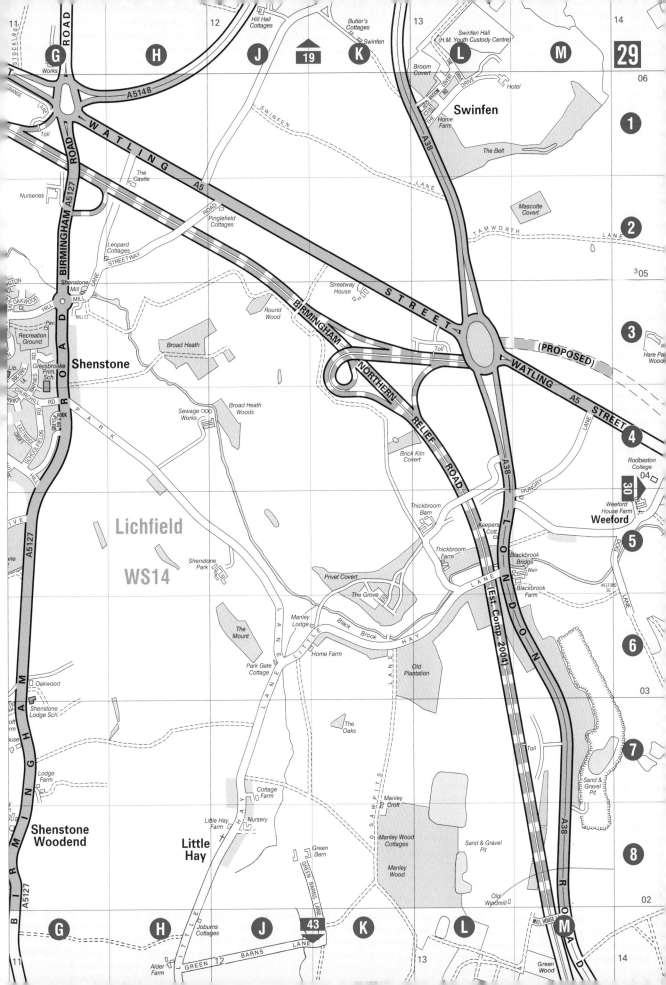

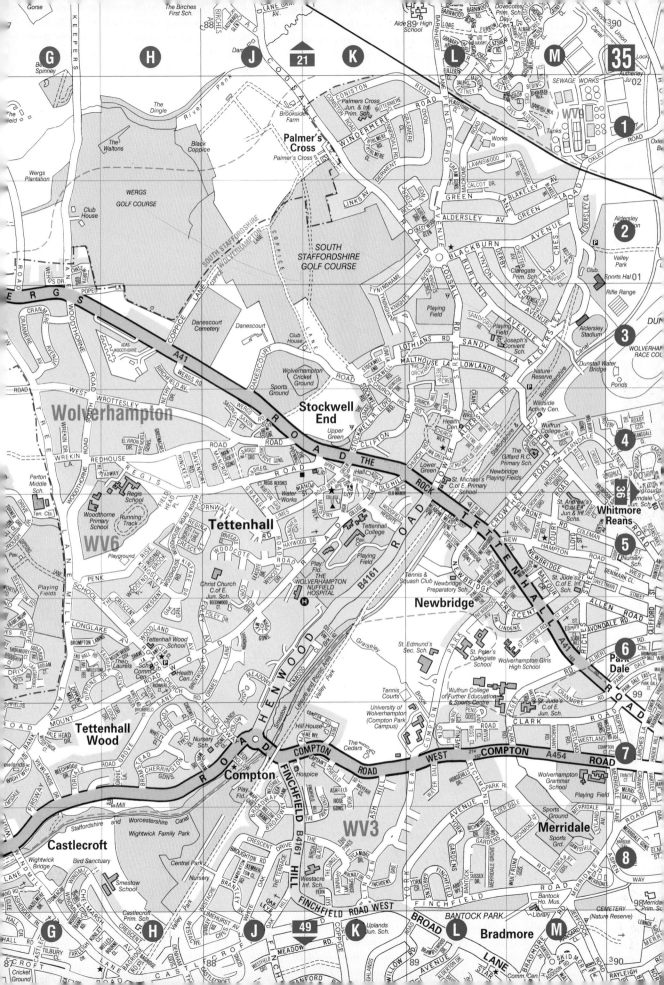

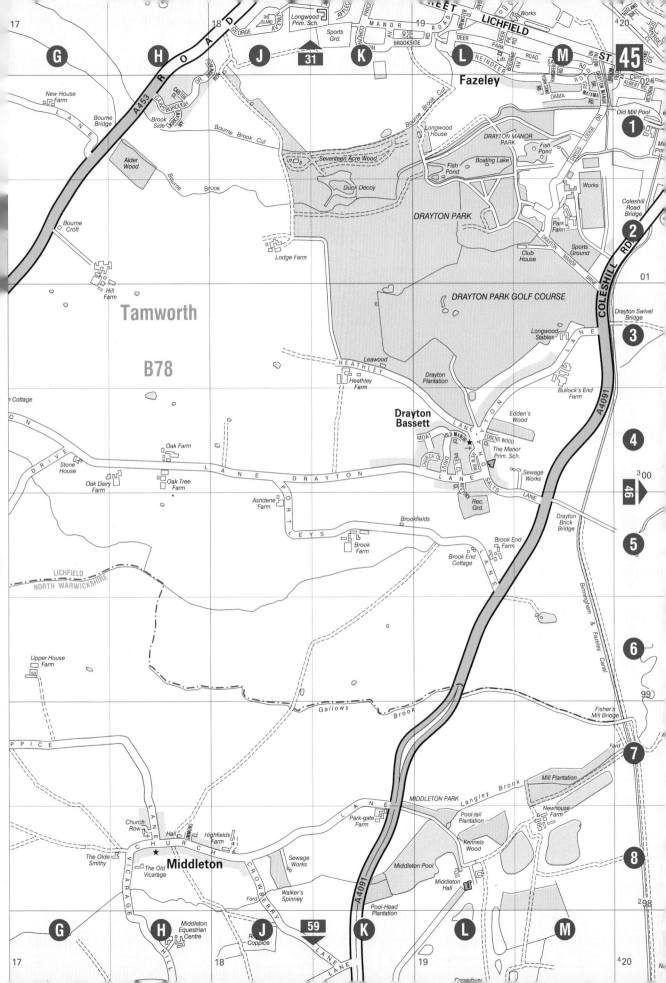

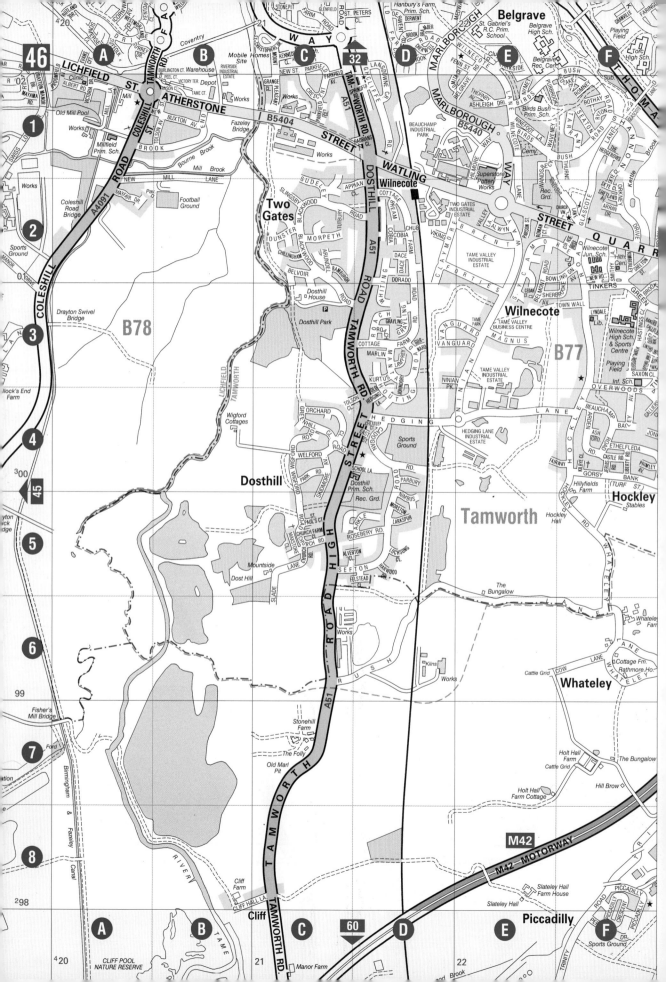

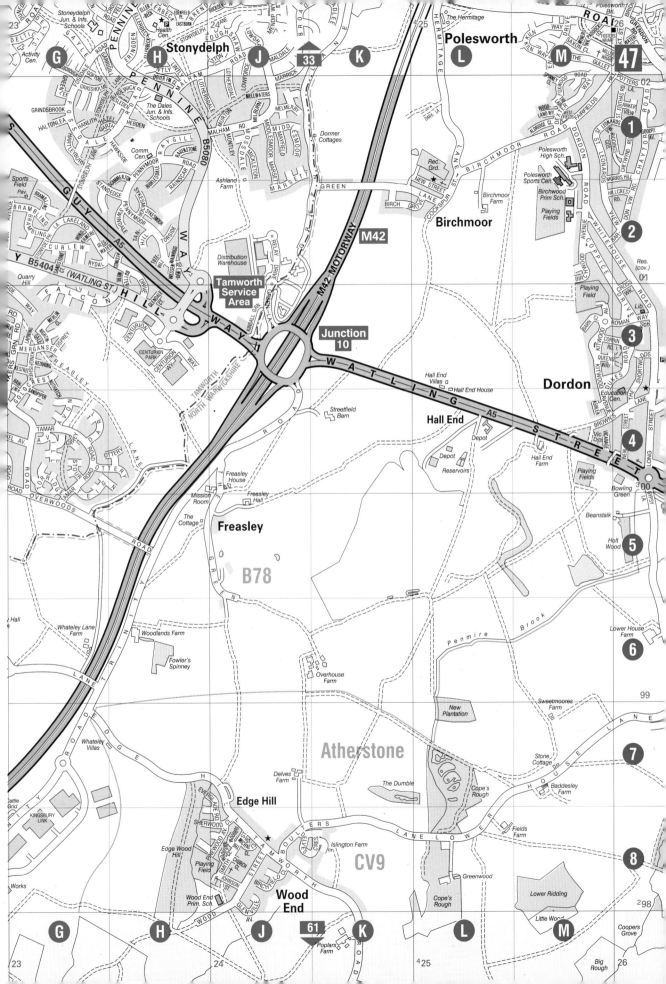

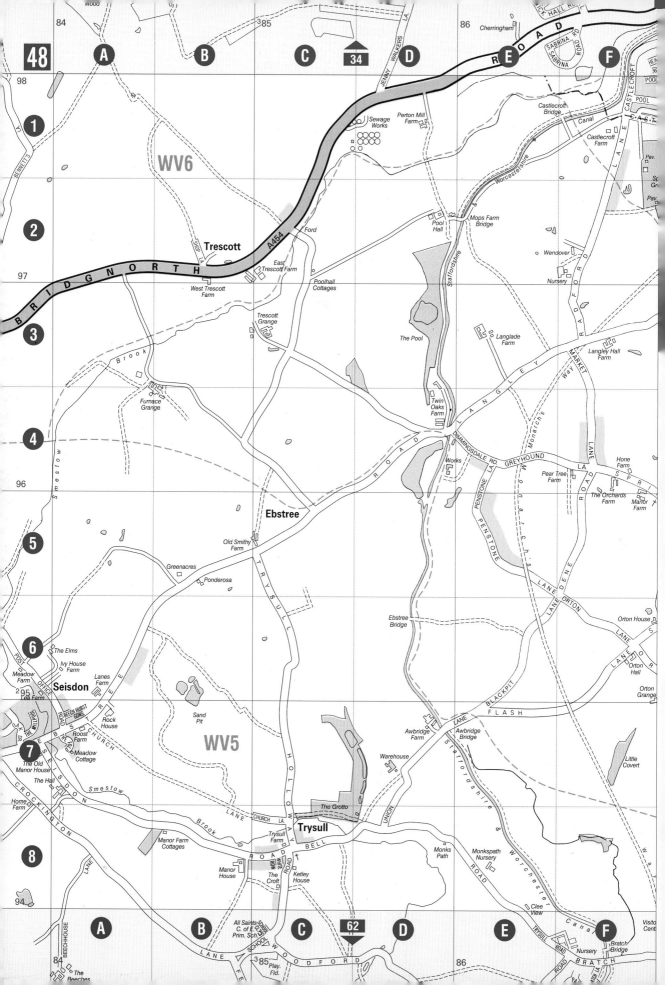

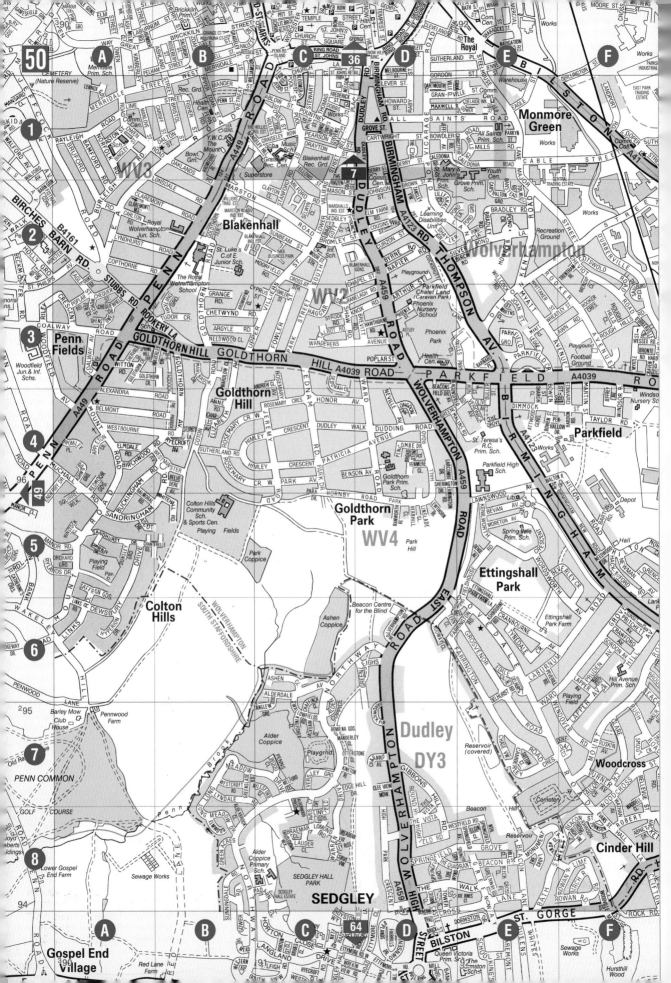

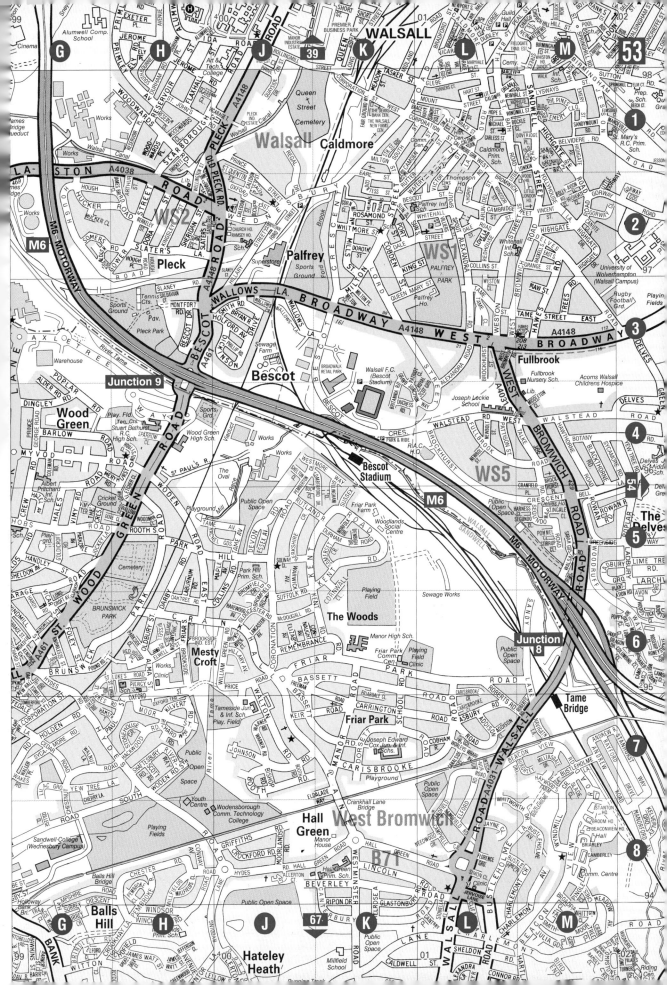

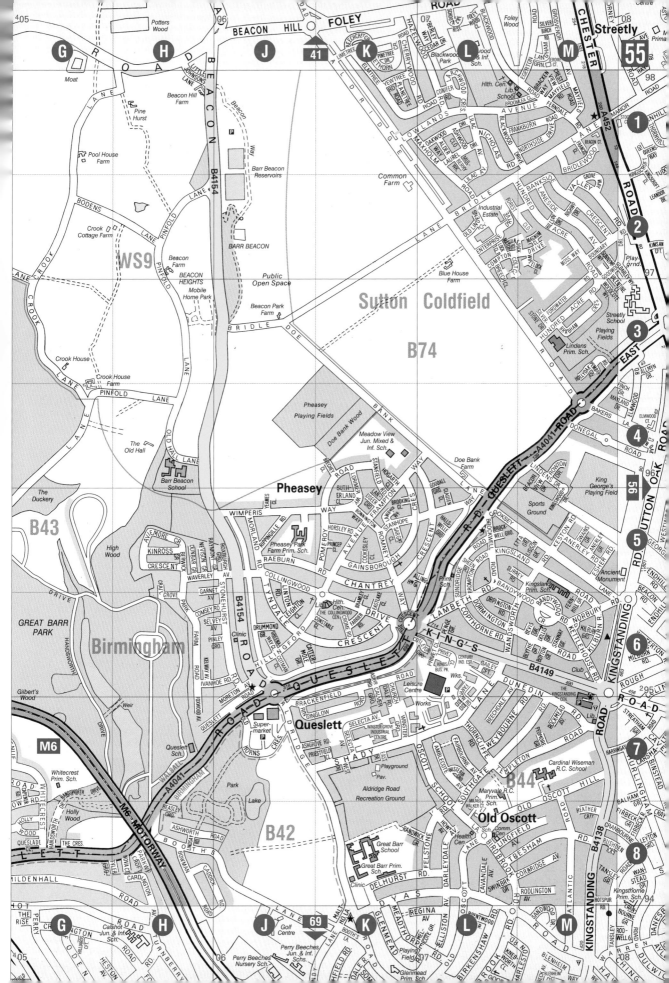

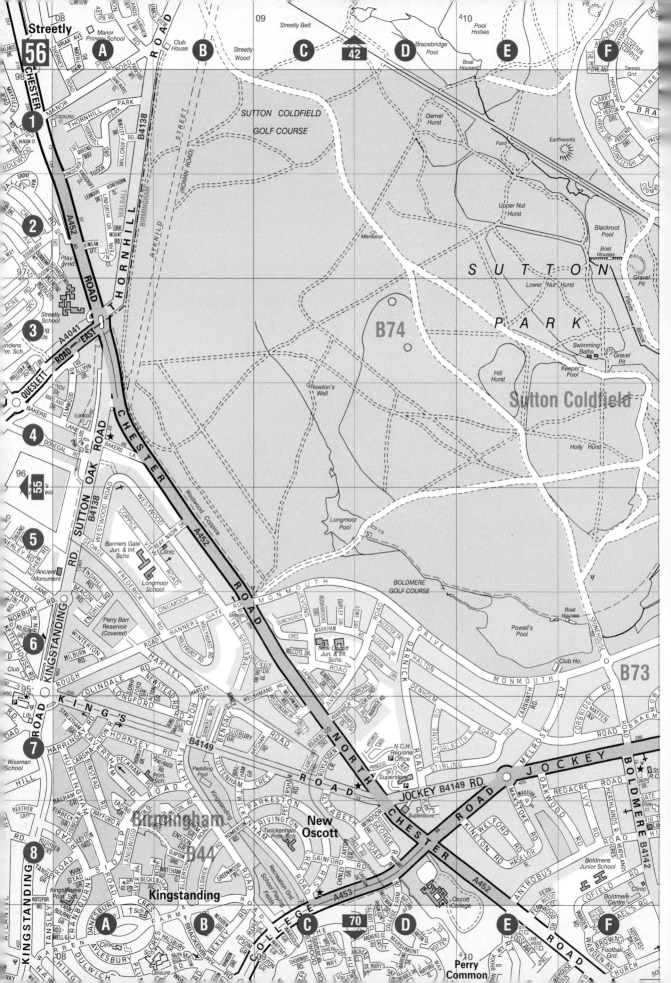

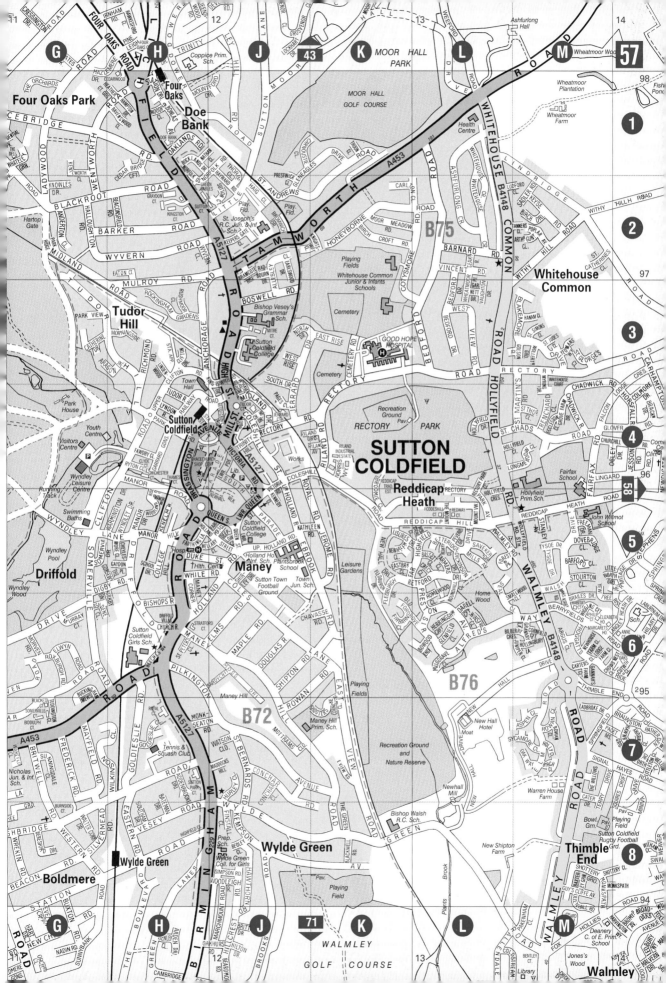

Works

G   H   J   47   K   L   M

Edge Wood Hill

Playing Field

Wood End Prim. Sch.

Wood End

Greenwood

Cope's Rough

Lower R

Little Wood

Islington Farm

Coopers Grove

Big Rough

98

1

Ash Spinney

Poplars Farm

Green Farm

Pump House Farm

2

KINGSBURY WOOD

The Dumble

Waste Farm

Riding School

Charity Farm

Home Farm

Heanley Farm

Hipsley

Moat

Moat Close

97

Dumbles Reservoir (Covered)

Hurley Common

Hipsley Farm

Hipsley Cottage

3

Sewage Works

Old Rail Farm

Atherstone

Hipsley House

4

SYBIL HILL

Green Farm

Sports Ground

CV9

Cottage Farm

The Hawthorns

MEADOW ROAD

Cemetery

96

Grassyard House

Peach Cottage

Hurley Hall Farm

Hurley Prim. Sch.

Hurley

Playing Field

The Old Parsonage

Grange Farm

Grange Ho.

ATHERSTONE RD.

5

Camp Farm

Holly Farm

Holly Dr.

KNOWLE

Rockingham Fields

East House Farm

Blythe Kennels

6

Tib Hall Cottages

Dexter Old House

Tib Hall Farm

Dexter New House

95

Rushey House

New House Farm

Brookend Cottage

Brook End Farm

Lindridge

7

Flanders Hall

DEXTER

Foul End

Brook End Farm

Brook End

Lindridge Wood

Manor House Farm

Birmingham

B46

8

Staines Covert

94

G   H   J   75   K   L   M

Gnomon Wood

Dogkennel Covert

Whitacre

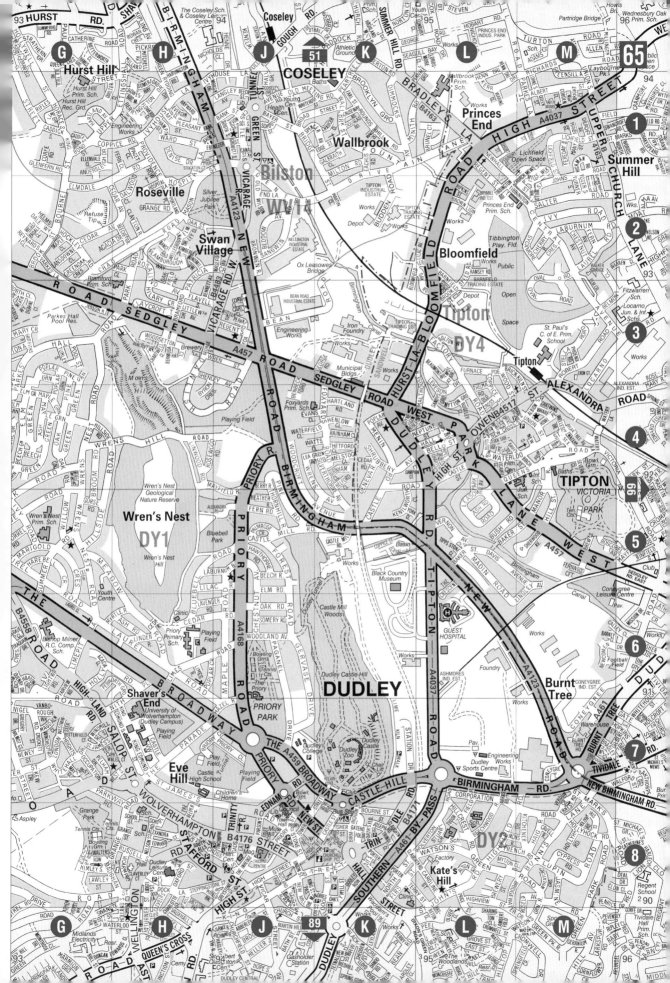

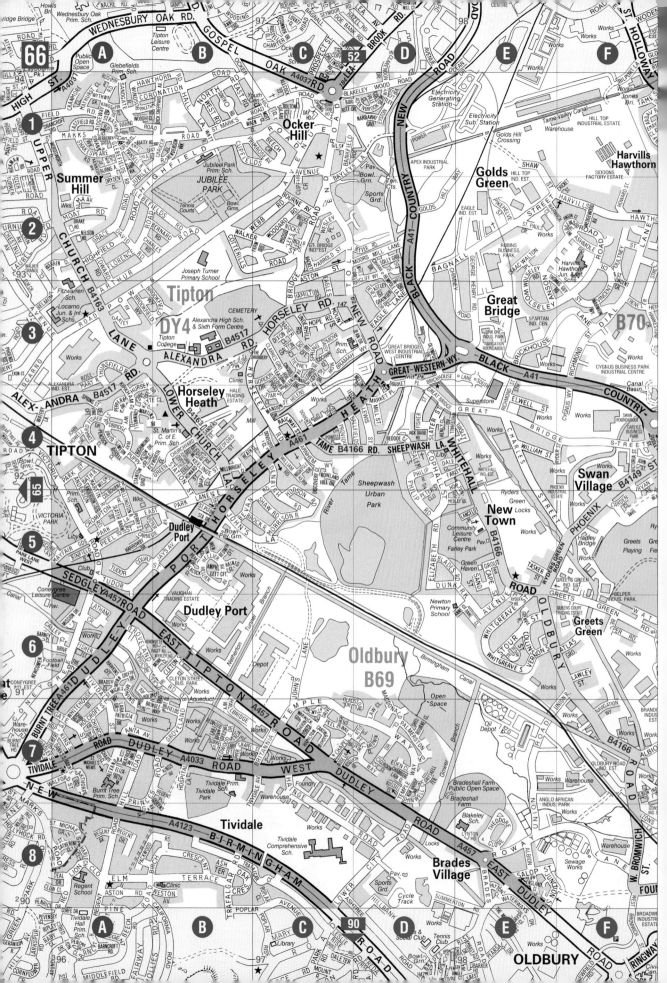

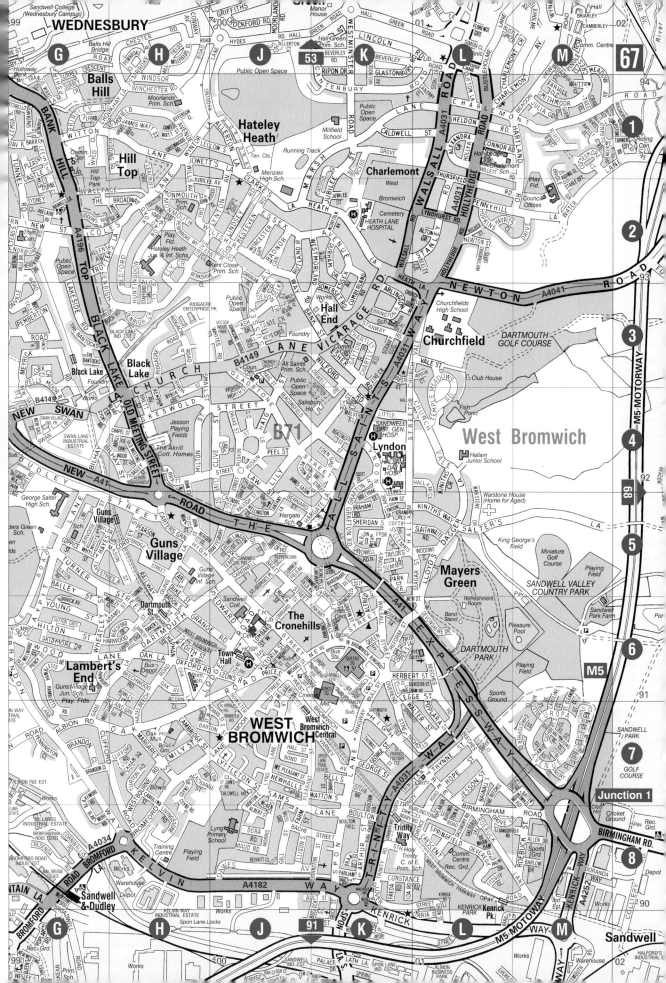

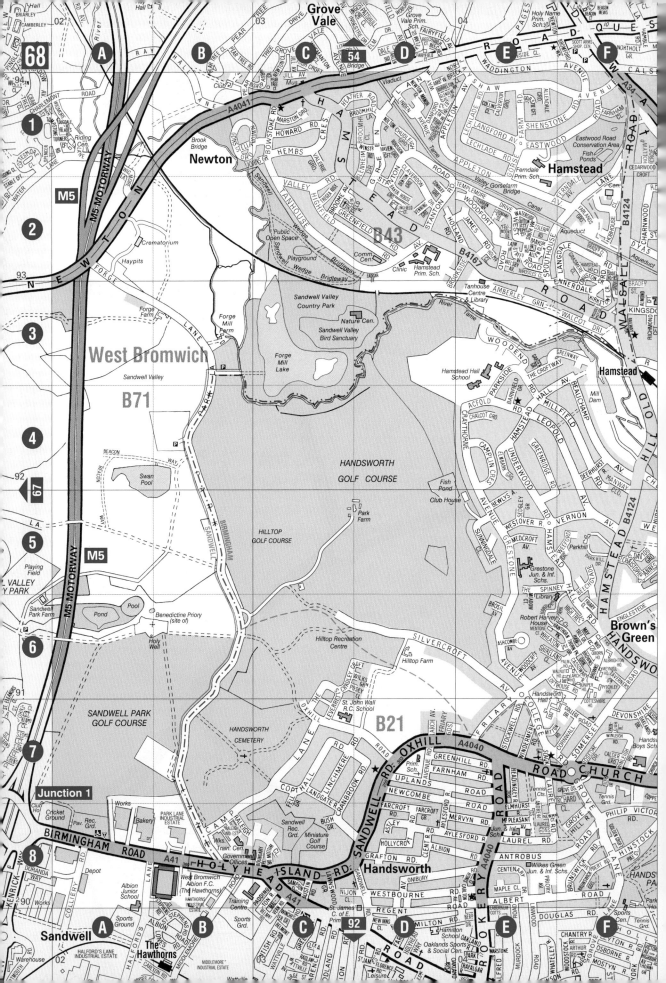

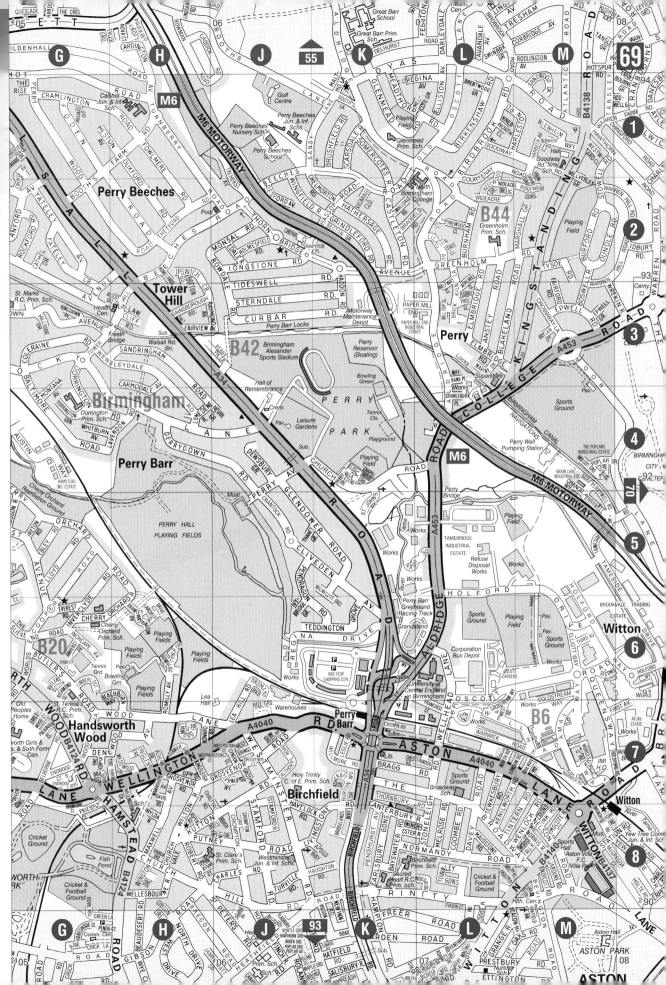

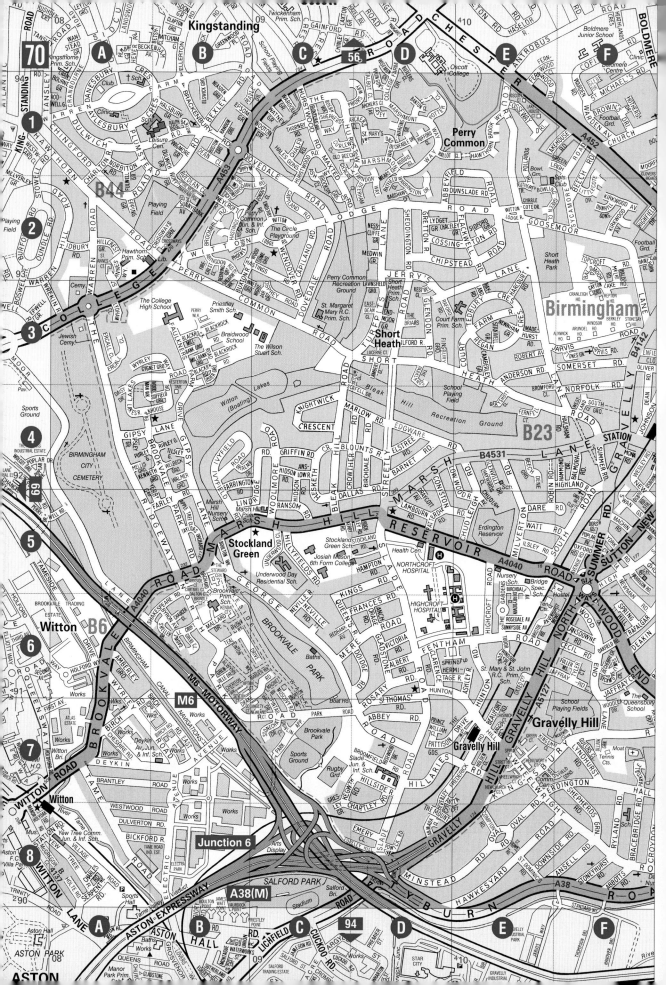

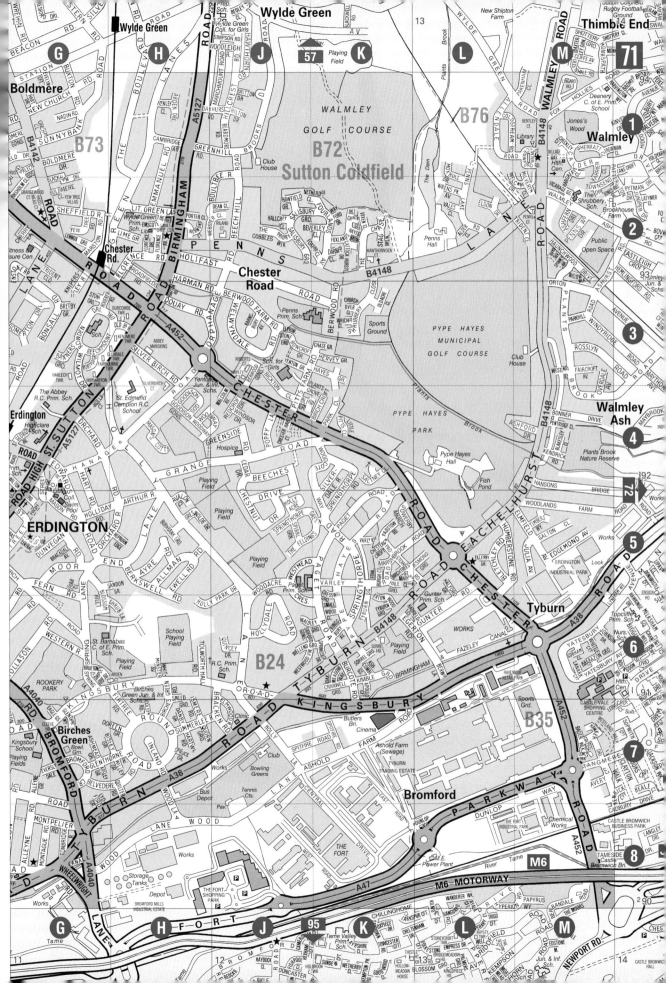

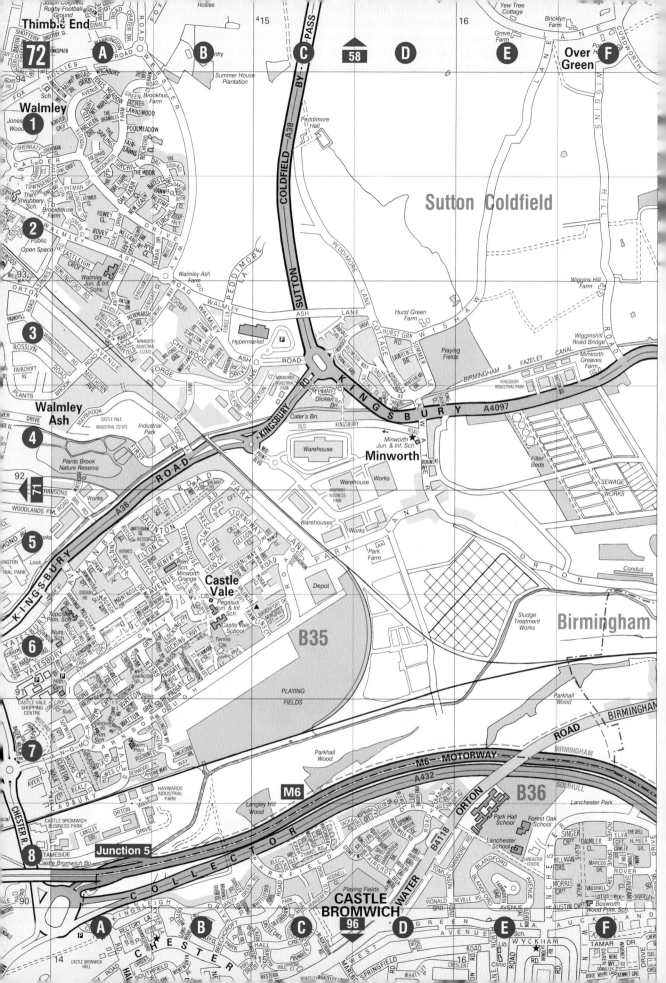

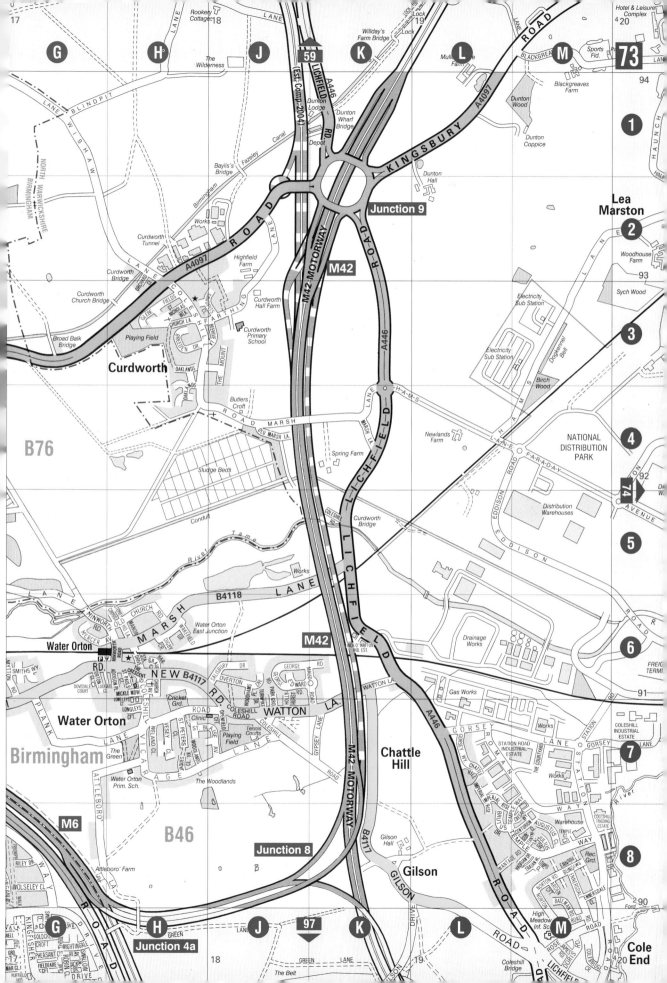

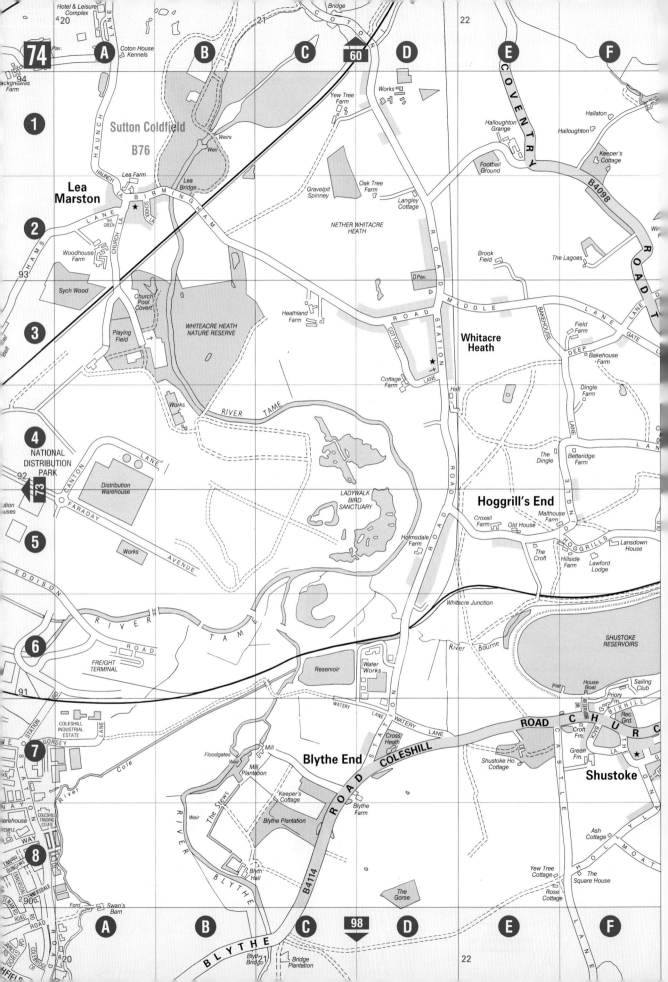

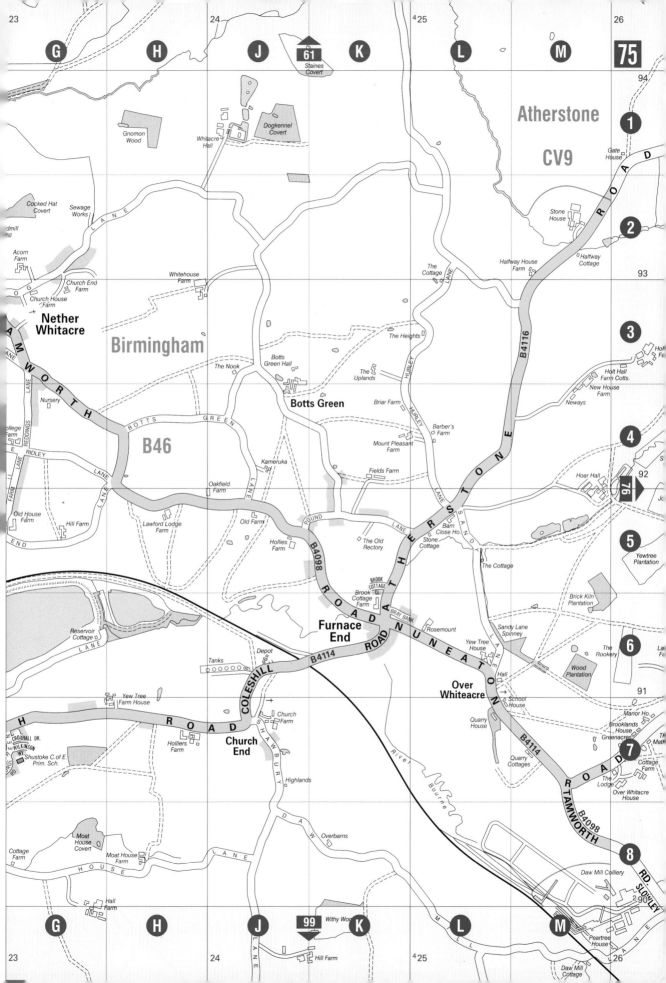

23   24   25   26

Atherstone

CV9

Staines Covert
61

Gnomon Wood

Dogkennel Covert

Whitacre Hall

Gate House

1

Stone House

2

Cocked Hat Covert

Sewage Works

LANE

Acorn Farm

Church End Farm

Whitehouse Farm

Church House Farm

Nether Whitacre

Halfway House Farm

Halfway Cottage

93

The Cottage

LANE

HURLEY

Birmingham

The Nook

Botts Green Hall

The Heights

Holt Hall Farm Cotts.

New House Farm

Neways

3

LANE

TAMWORTH

BOTTS   GREEN

Nursery

B46

The Uplands

Briar Farm

Barber's Farm

Mount Pleasant Farm

Botts Green

HURLEY

B4416

A T H E R S T O N E

Hoar Hall

76

92

4

College Farm

REDDINGS

LANE

RIDLEY   LANE

FARM   END

Kameruka

Oakfield Farm

Old Farm

Fields Farm

LANE

Hoar Hall

5

Old House Farm

Hill Farm

Lawford Lodge Farm

Hollies Farm

B4098

POUND   LANE

The Old Rectory

Barn Close Ho.

Stone Cottage

The Cottage

Yewtree Plantation

ROAD

BRAY BANK

Brick Kiln Plantation

Reservoir Cottage

LANE

Depot

Tanks

Furnace End

B4114

COLESHILL

ROAD

BROOK COTTAGE CL.

Brook Cottage Farm

N U N E A T O N

Rosemount

Yew Tree House

Hall

Sandy Lane Spinney

SANDY   LANE

Wood Plantation

The Rookery

6

91

La

School House

Yew Tree Farm House

ROAD

SHAWBURY   LANE

Church Farm

Church End

Highlands

Over Whiteacre

Quarry House

B4114

Manor Ho.

Brooklands House

Greenacres

Cottage Farm

7

CROXHALL DR.

WILKINSON WY.

Shustoke C. of E. Prim. Sch.

Holliers Farm

River   Bourne

Quarry Cottages

ROAD

TAMWORTH

B4098

The Lodge

Over Whitacre House

DAW   LANE

Overbarns

Cottage Farm

Moat House Covert

Moat House Farm

HOUSE   LANE

Hall Farm

Withy Wood

99

Hill Farm

MILL   LANE

Daw Mill Colliery

RD.

SLOONEY

8

Peartree House

Daw Mill Cottage

23   24   25   26

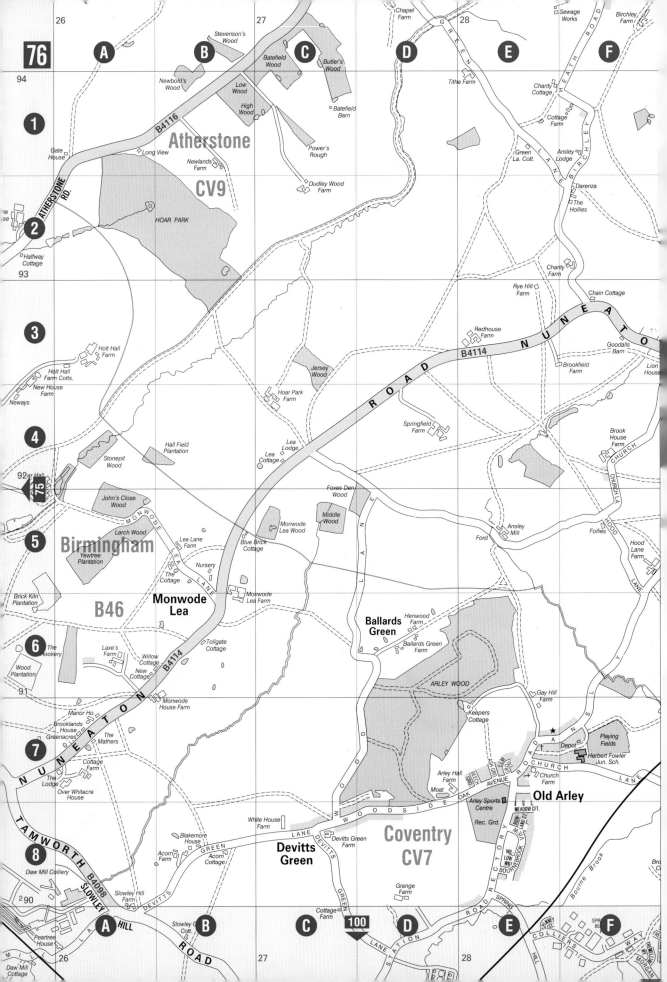

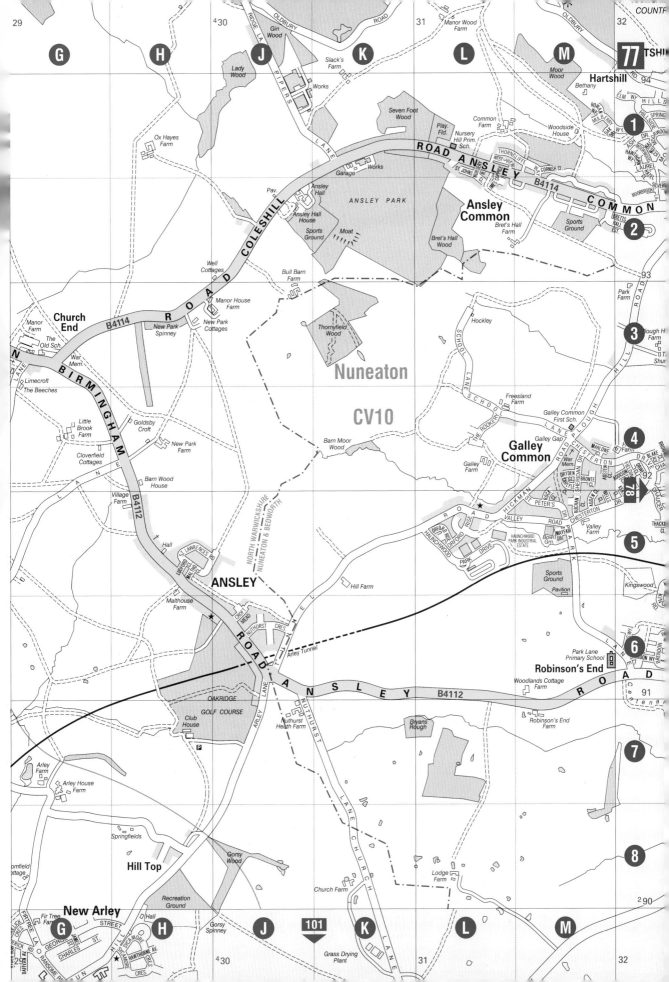

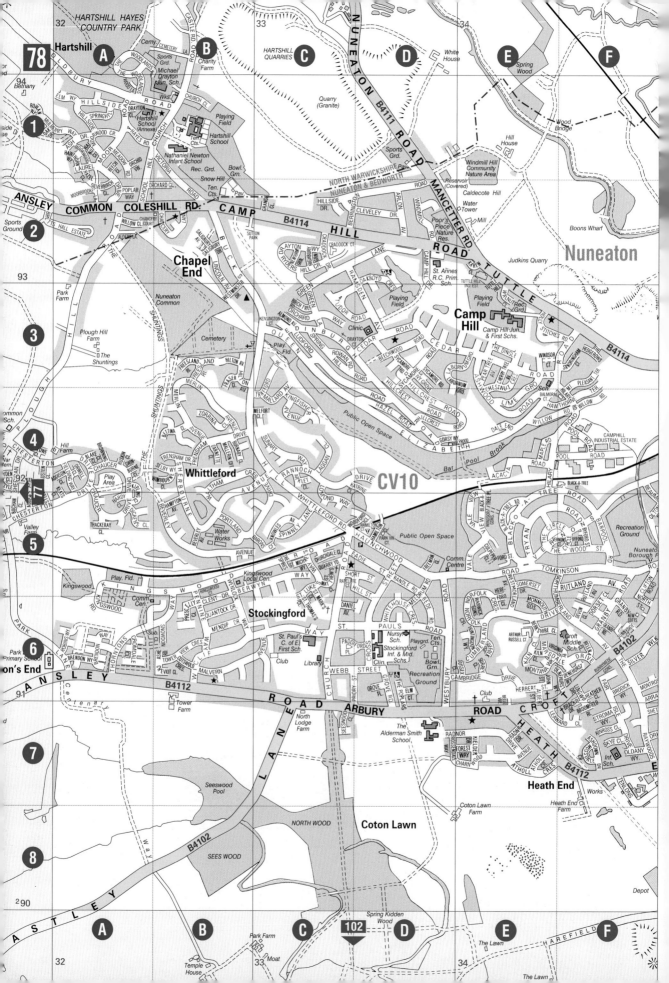

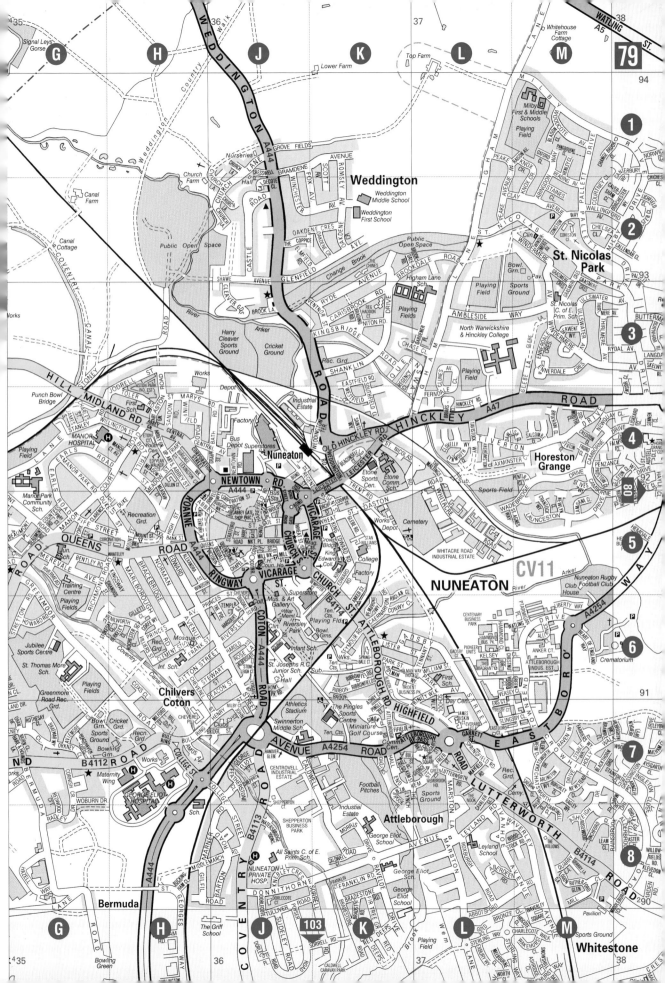

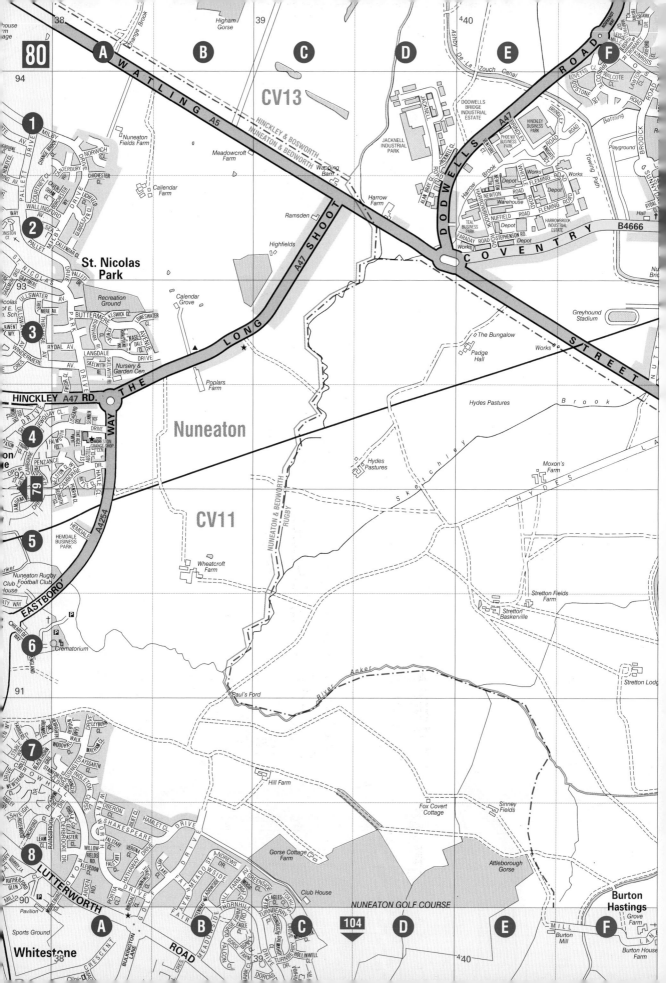

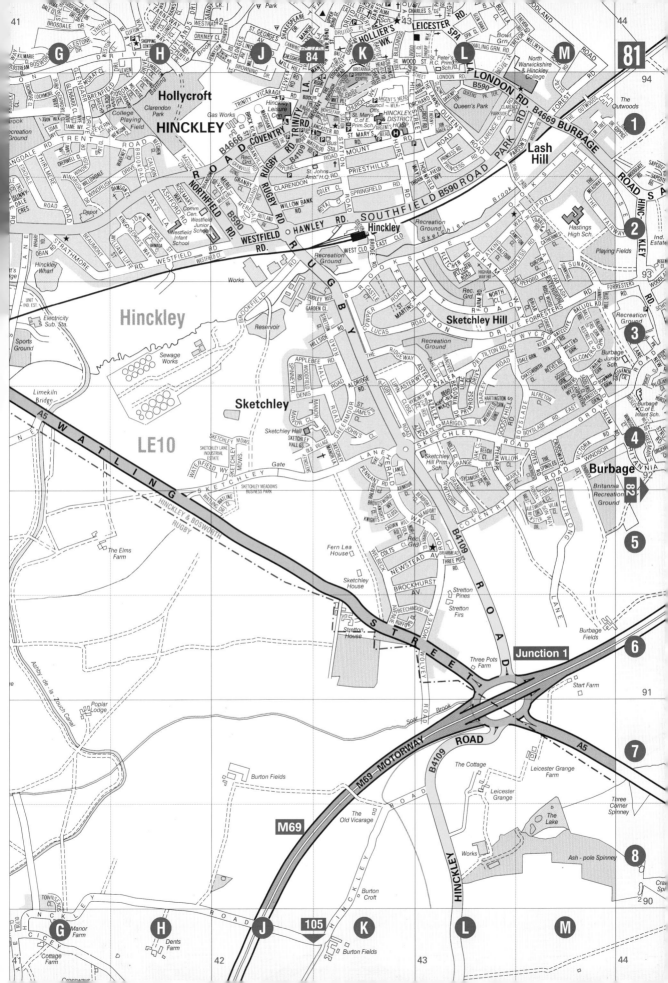

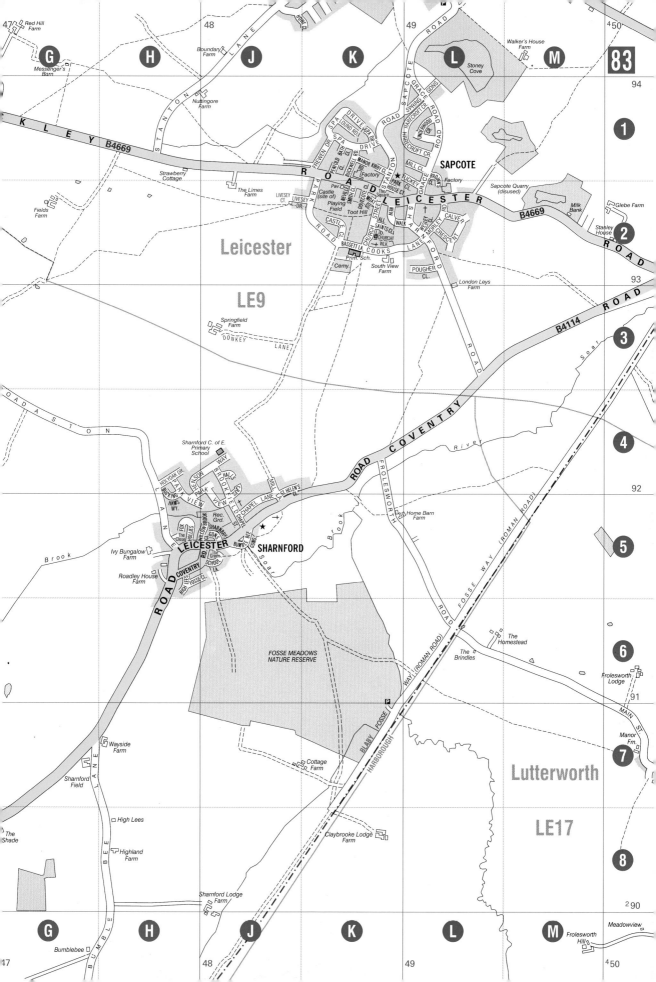

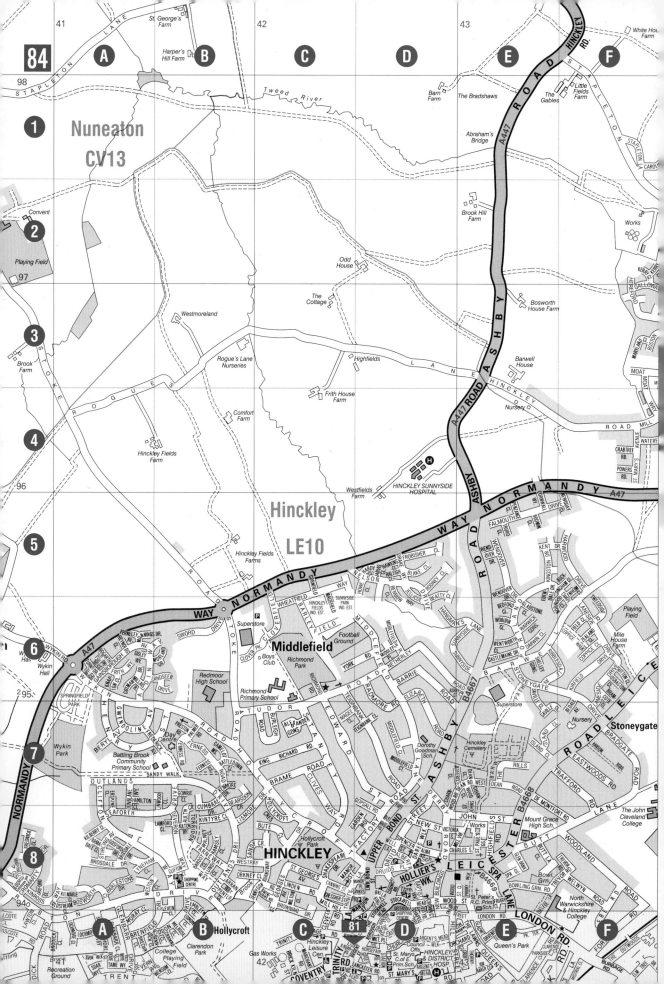

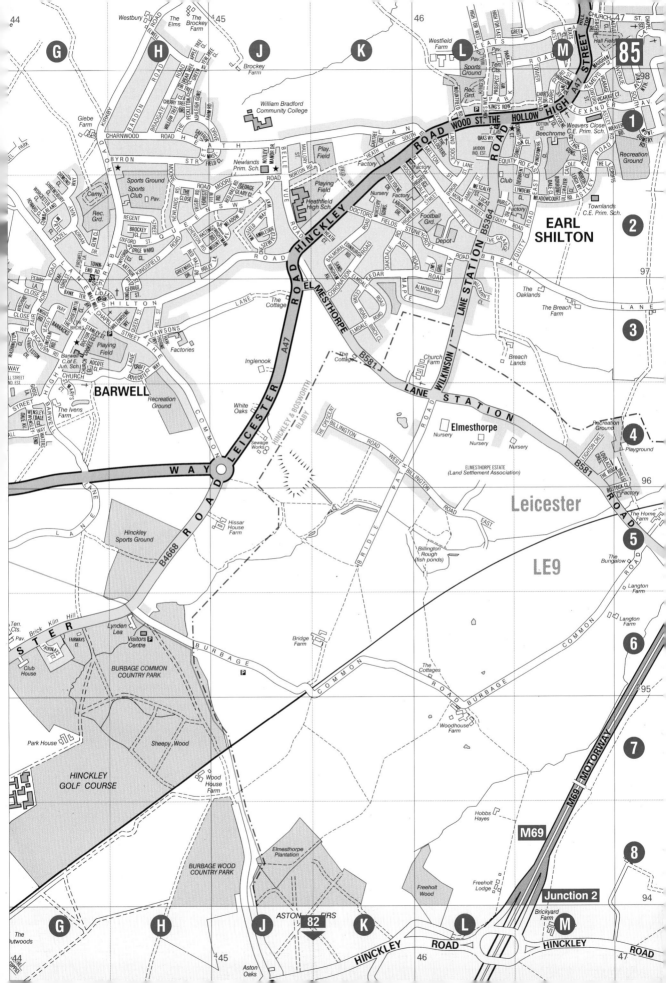

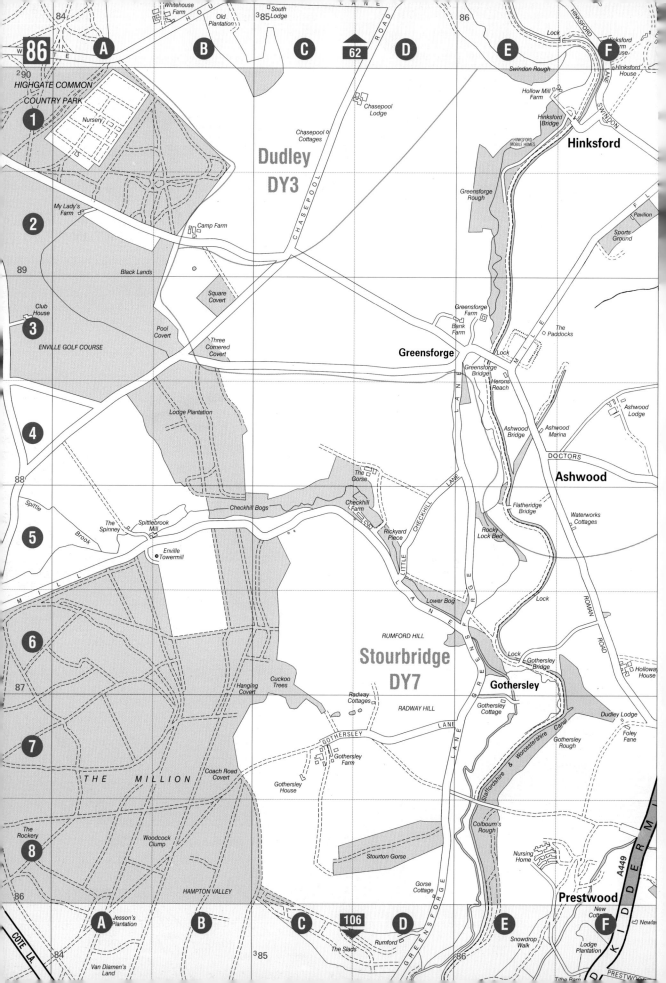

W 290

HIGHGATE COMMON
COUNTRY PARK

A **B** **C** 62 **D** **E** **F**

84 Whitehouse Farm 85 South Lodge 86

Old Plantation

Hinksford Lane

1

Nursery

Chasepool Lodge

Chasepool Cottages

Dudley DY3

Swindon Rough

Hollow Mill Farm

Hinksford Farm House

Hinksford Bridge

Hinksford House

2

My Lady's Farm

Camp Farm

Greensforge Rough

HINKSFORD MOBILE HOMES

Hinksford

Pavilion

Sports Ground

89

Black Lands

3

Club House

ENVILLE GOLF COURSE

Square Covert

Pool Covert

Three Cornered Covert

Greensforge Farm

Bank Farm

Greensforge

Lock

The Paddocks

4

Lodge Plantation

Greensforge Bridge

Herons Reach

Ashwood Bridge

Ashwood Marina

Ashwood Lodge

DOCTORS

Ashwood

88

Spittle

The Spinney

Spittlebrook Mill

Checkhill Bogs

The Gorse

Checkhill Farm

Flatheridge Bridge

Waterworks Cottages

5

Brook

Enville Towermill

Rickyard Piece

Rocky Lock Bed

Lower Bog

Lock

ROMAN

MILL

6

87

Hanging Covert

Cuckoo Trees

RUMFORD HILL

Stourbridge DY7

Lock

Lock

Gothersley Bridge

Gothersley

Holloway House

7

THE MILLION

Coach Road Covert

Radway Cottages

RADWAY HILL

GOTHERSLEY

LANE

Gothersley House

Gothersley Farm

Gothersley Cottage

Gothersley Rough

Dudley Lodge

Foley Fane

8

The Rockery

Woodcock Clump

Colbourn's Rough

Nursing Home

A449

Prestwood

New Cott

86

HAMPTON VALLEY

Stourton Gorse

Gorse Cottage

Snowdrop Walk

Lodge Plantation

Newla

COTE LA.

A

Jesson's Plantation

B

C

106

D

E

F

KIDDERMI

84

Van Diemen's Land

85

The Slads

Rumford

86

Snowdrop Walk

Tithe Barn

Staffordshire & Worcestershire Canal

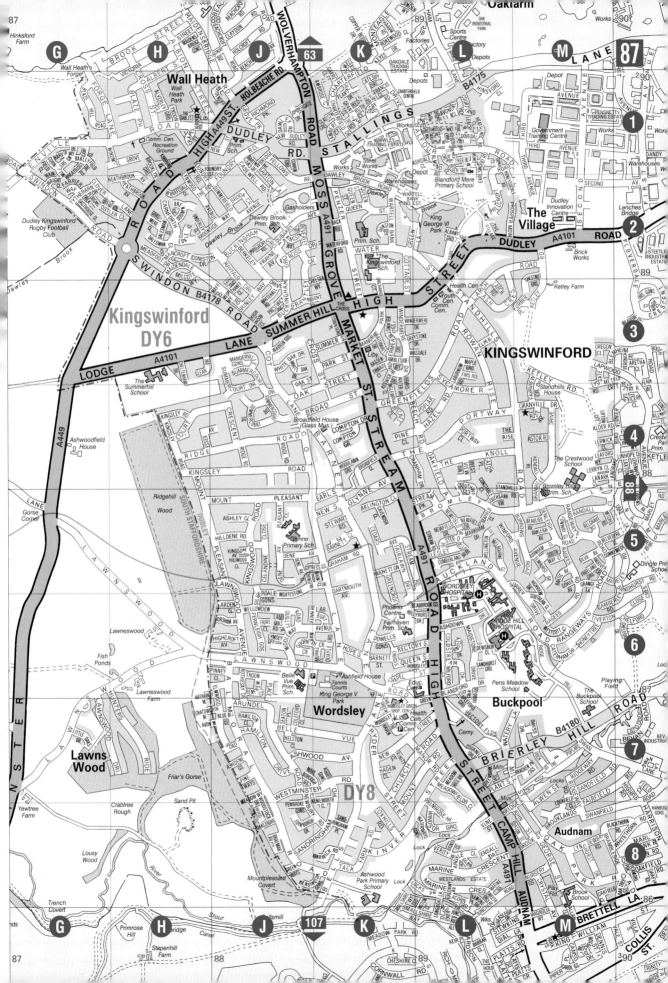

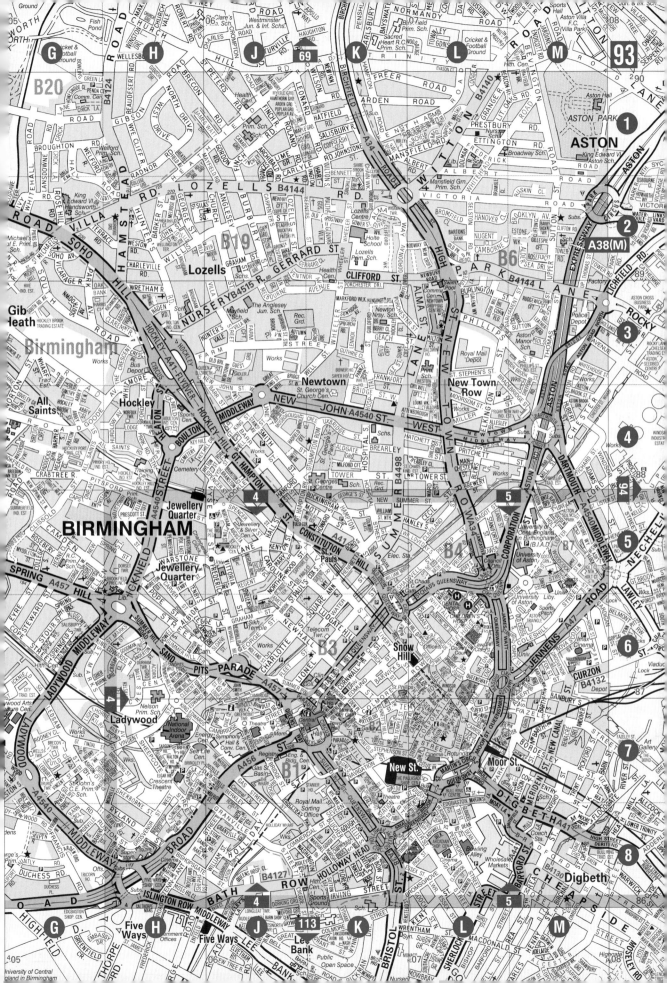

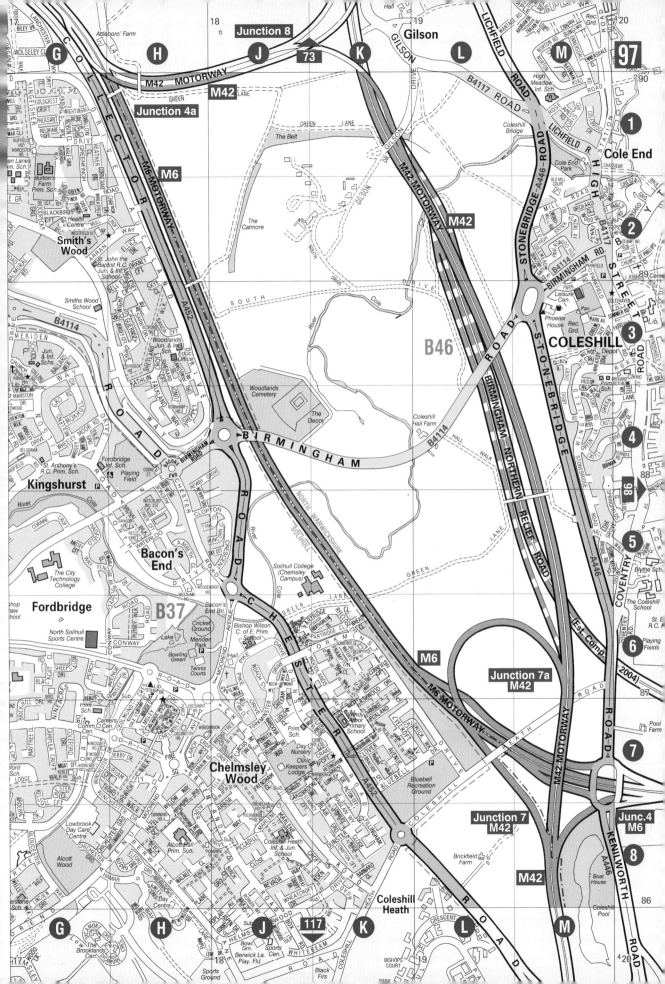

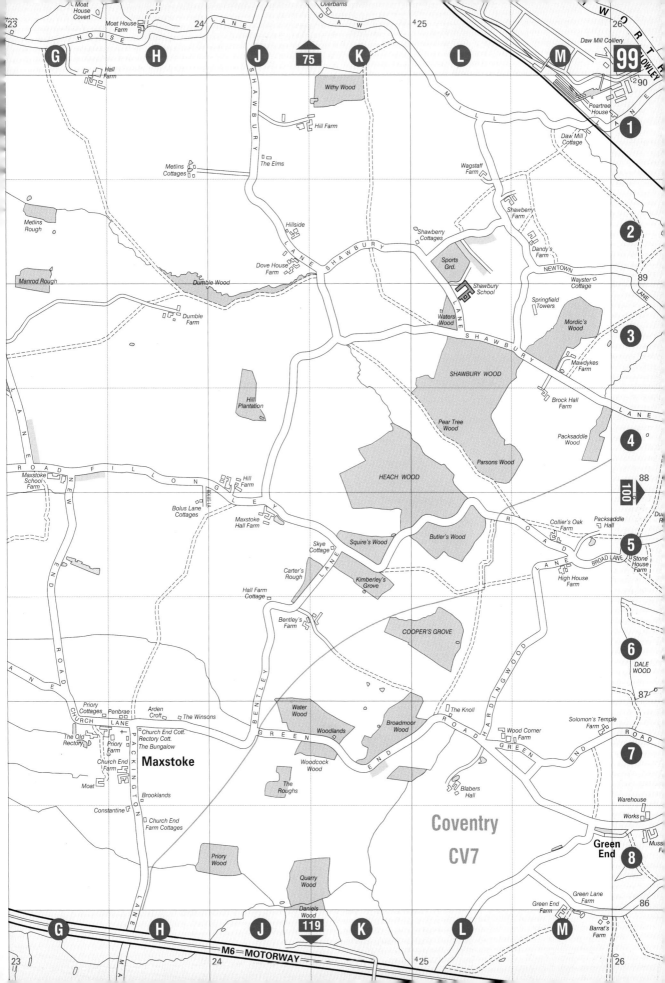

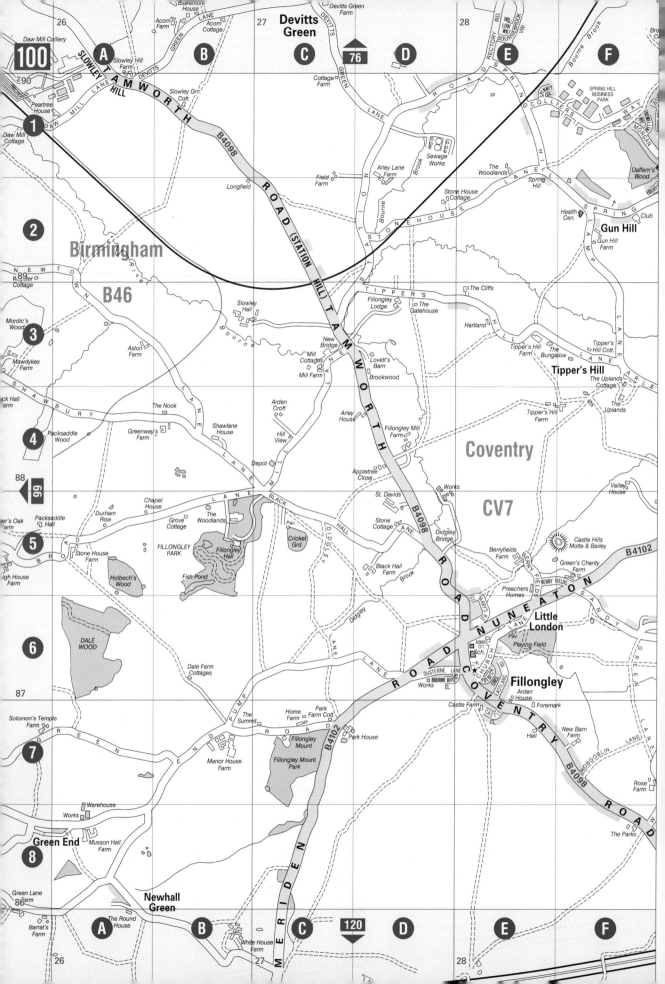

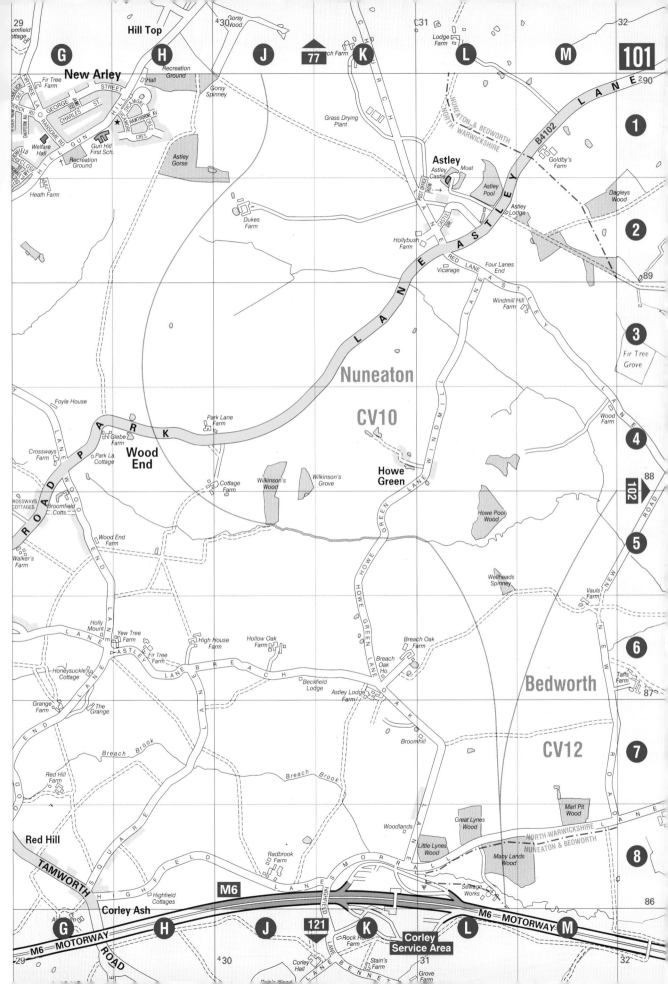

New Arley

Hill Top

Nuneaton

CV10

Wood End

Howe Green

Bedworth

CV12

Red Hill

Corley Ash

Corley Service Area

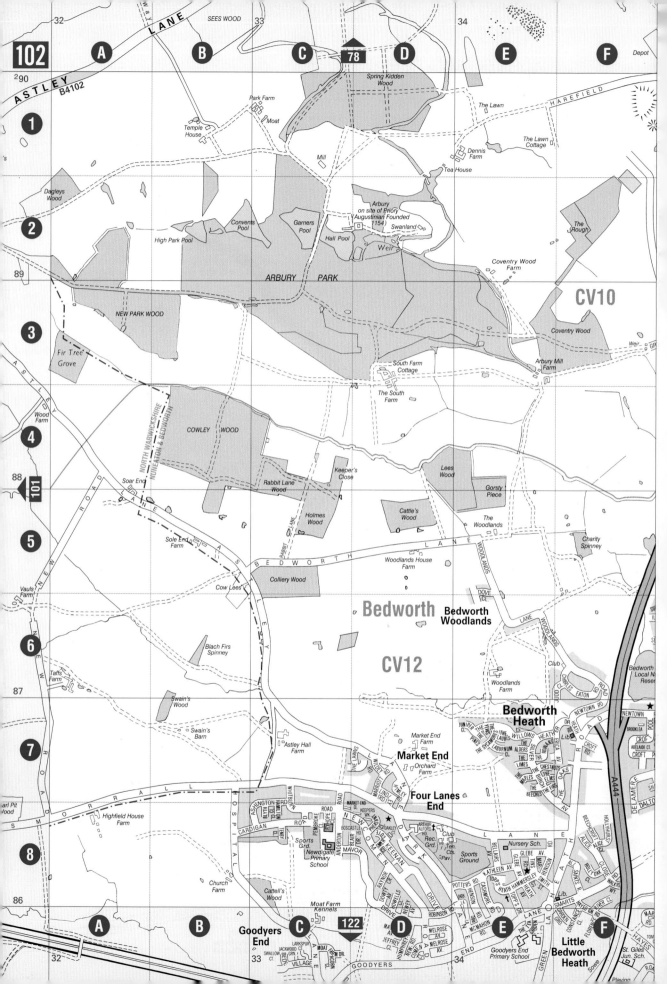

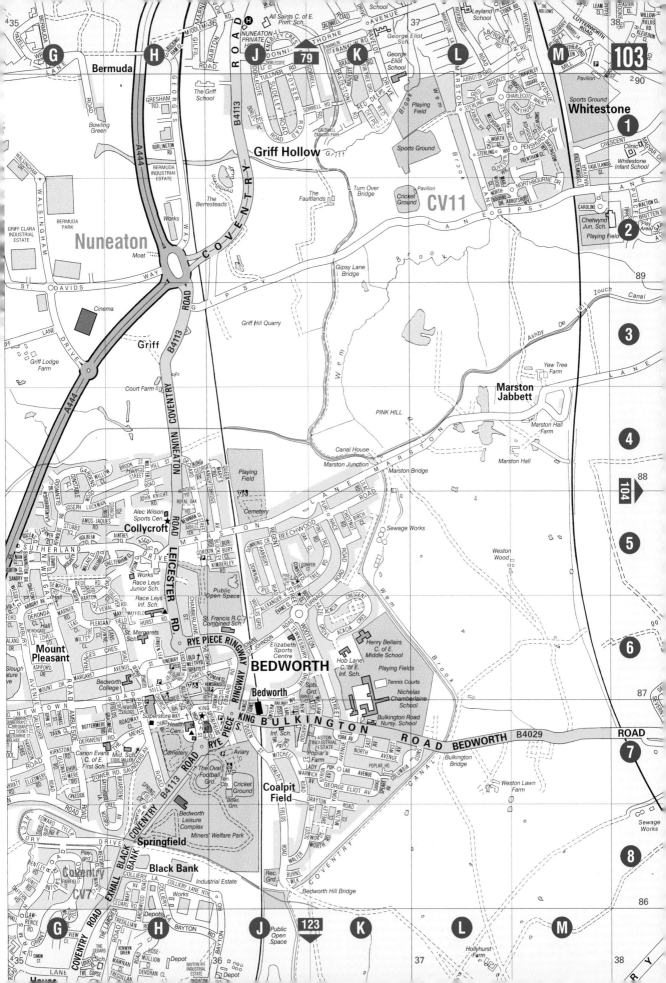

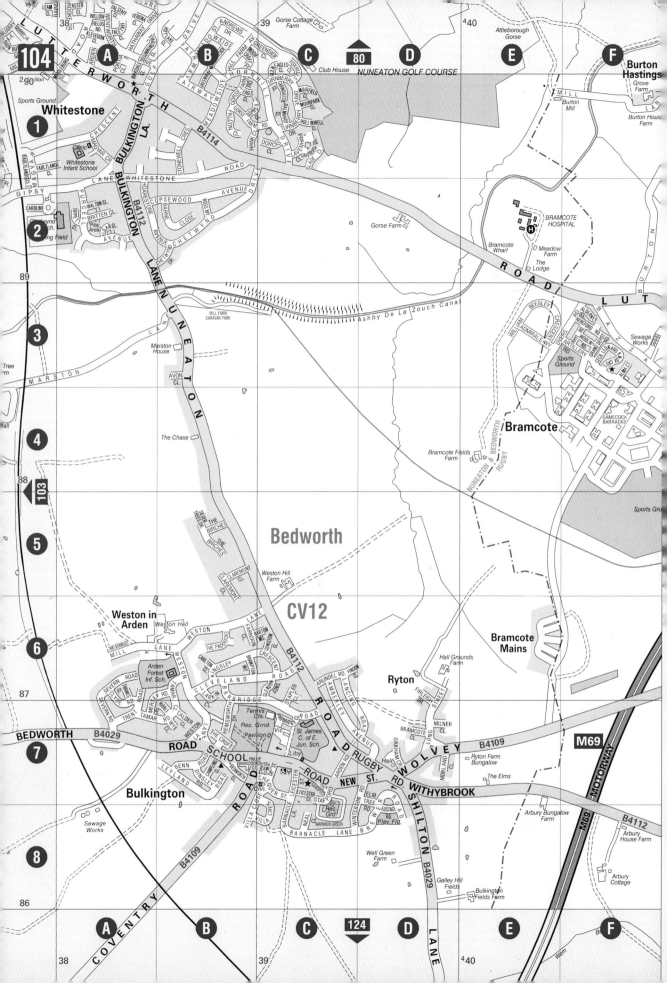

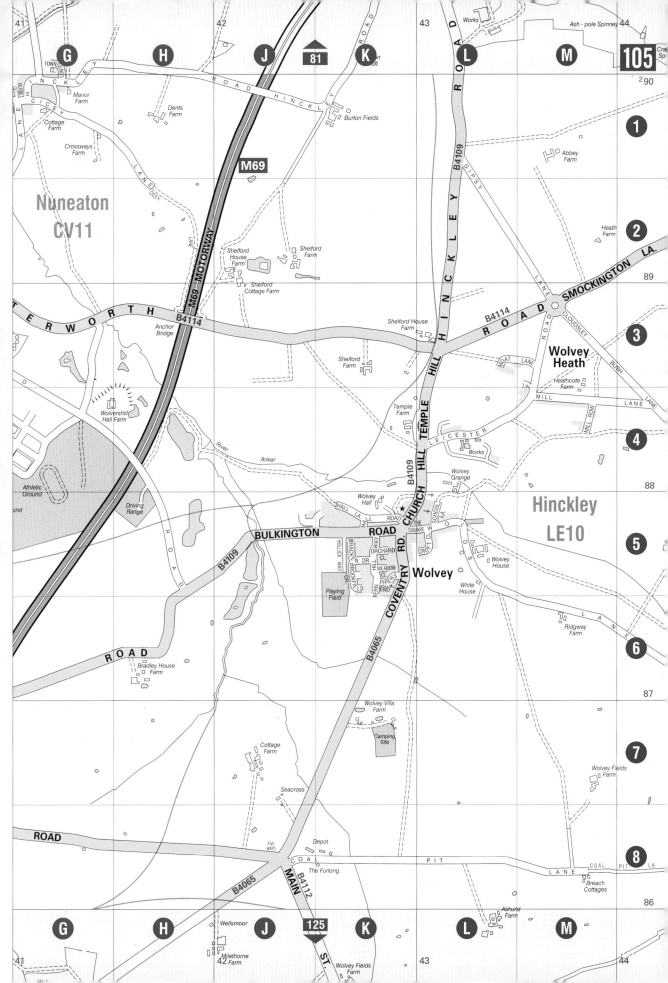

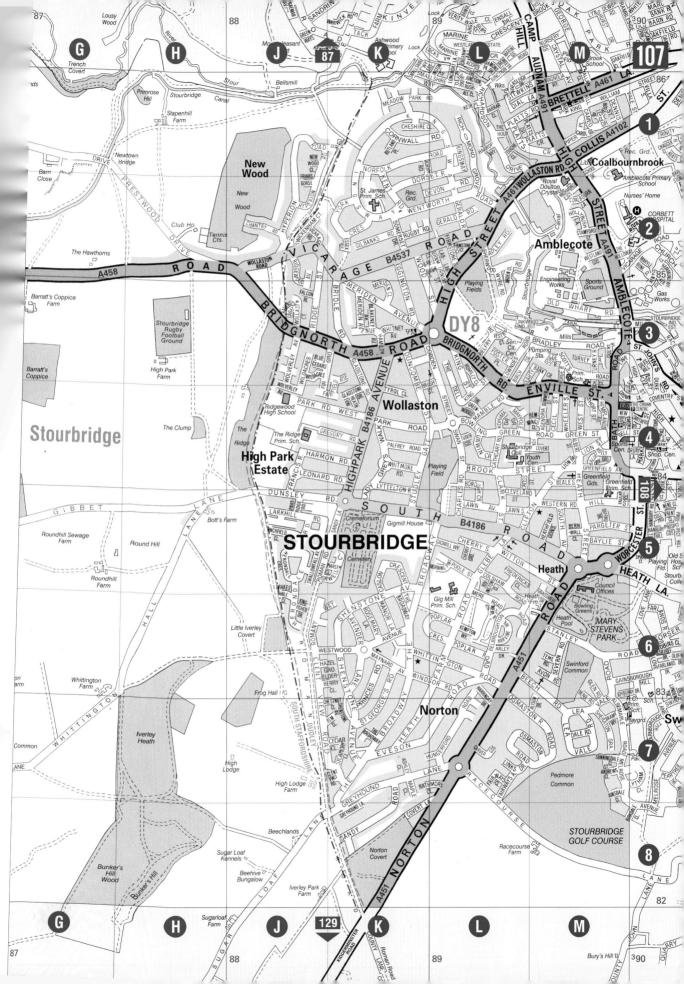

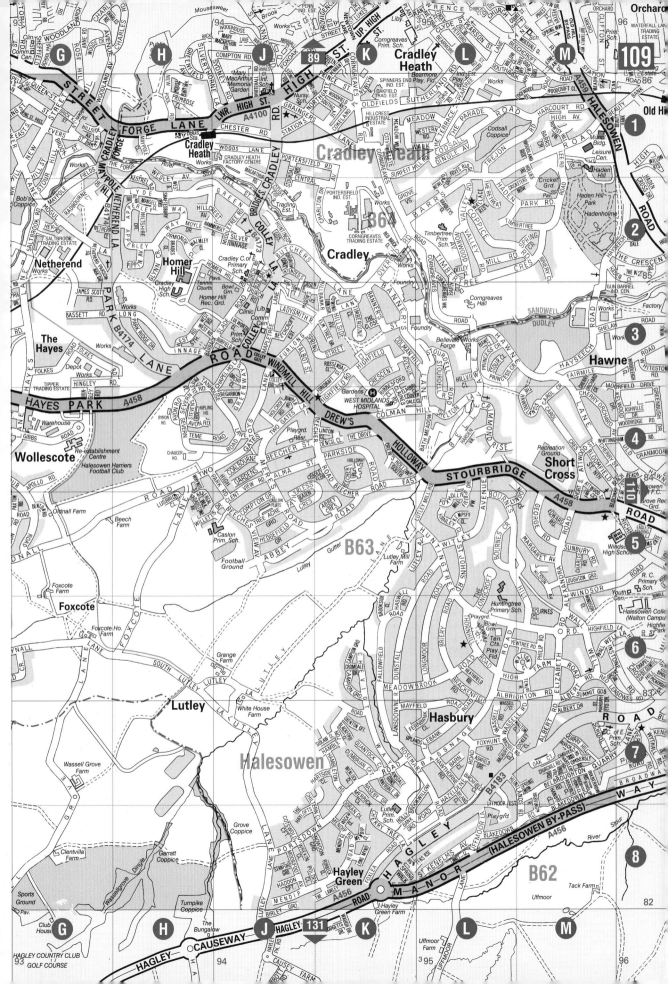

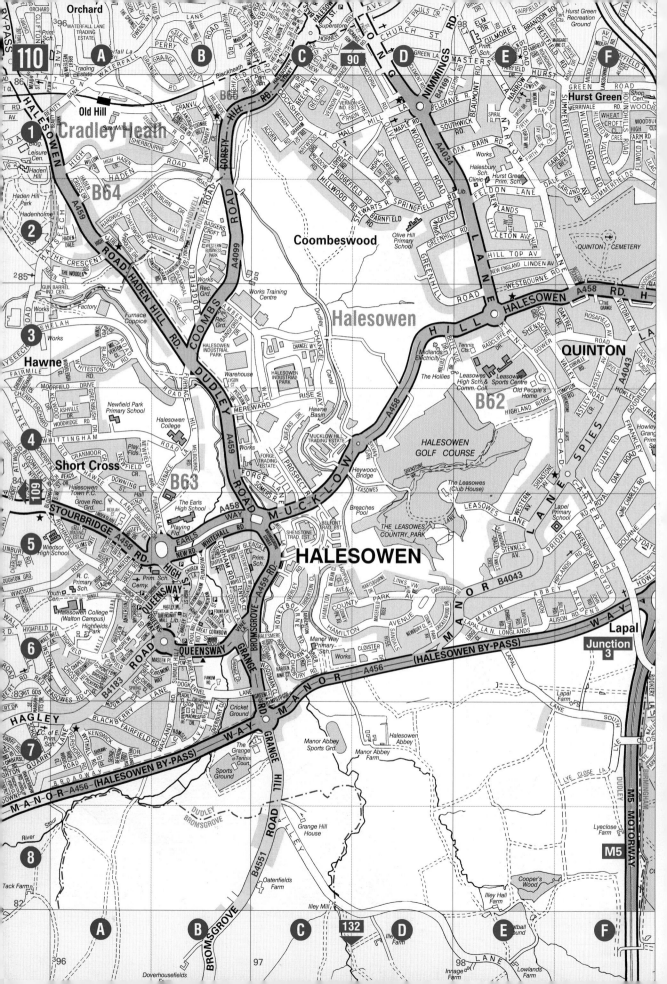

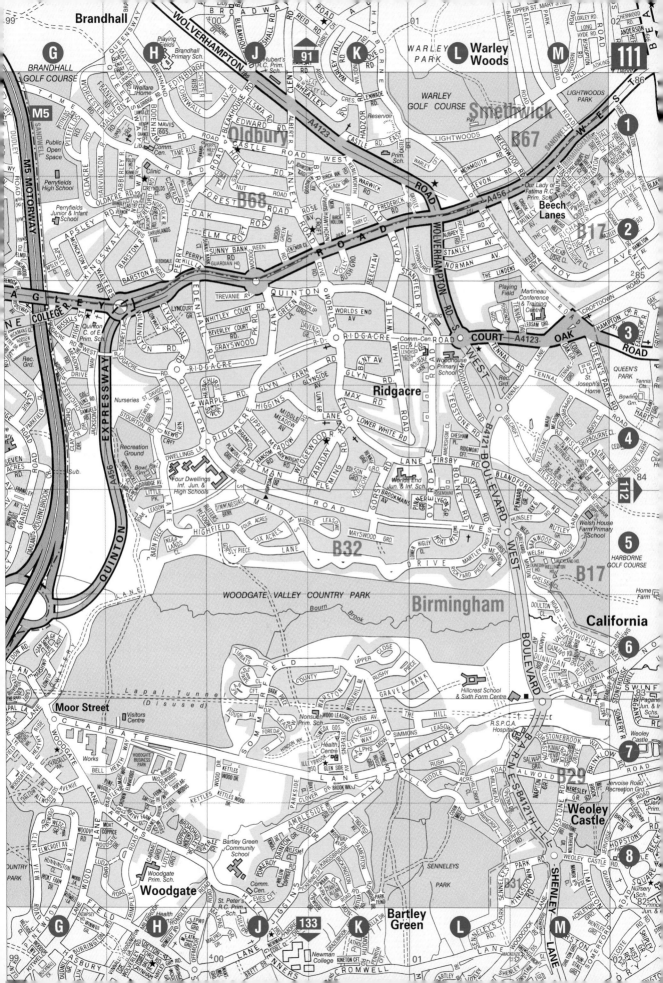

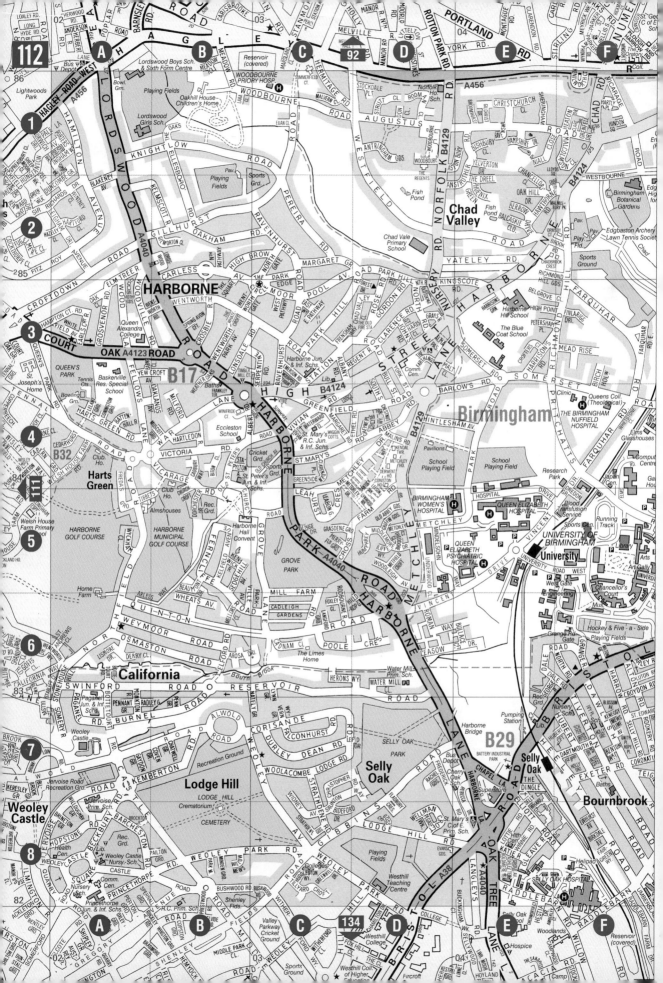

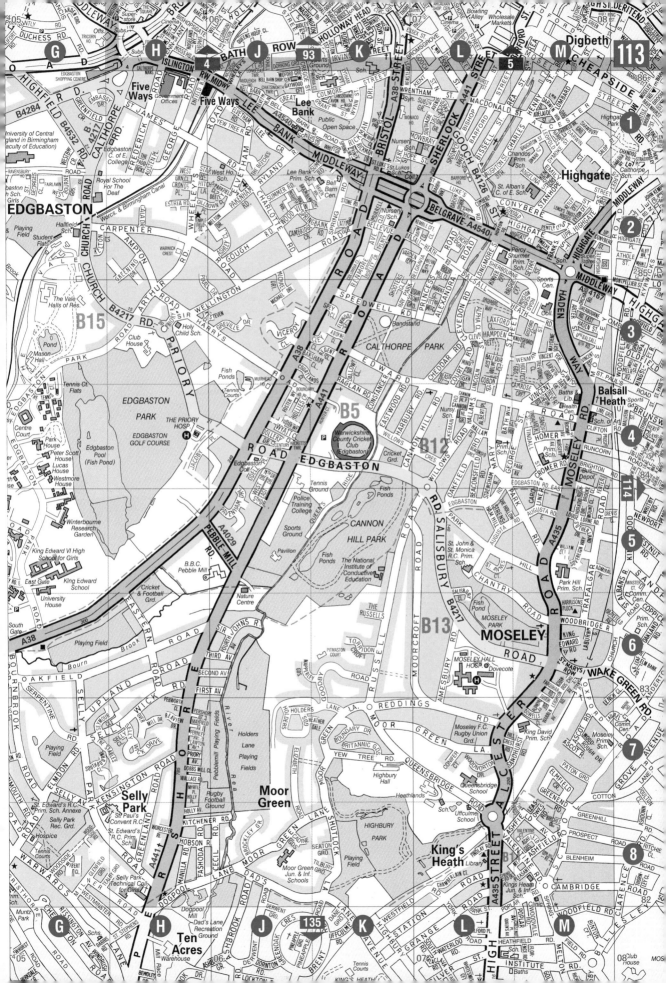

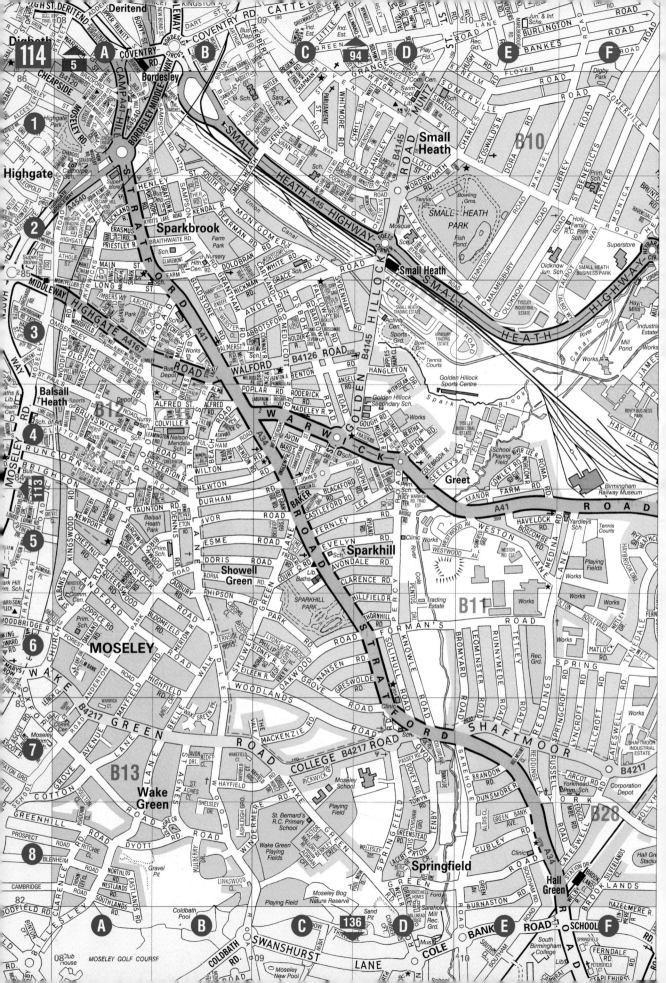

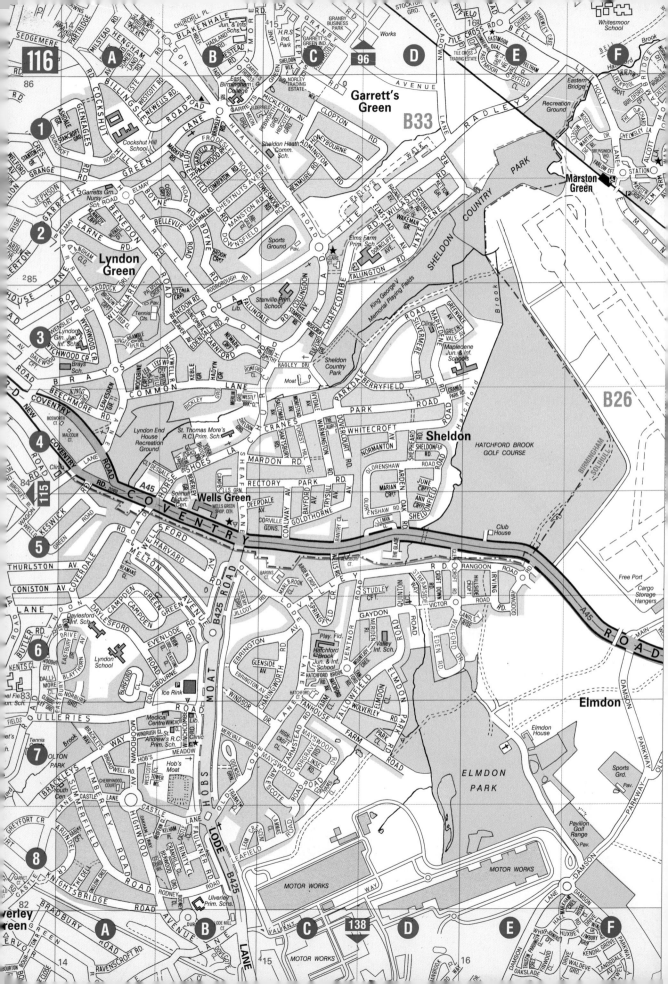

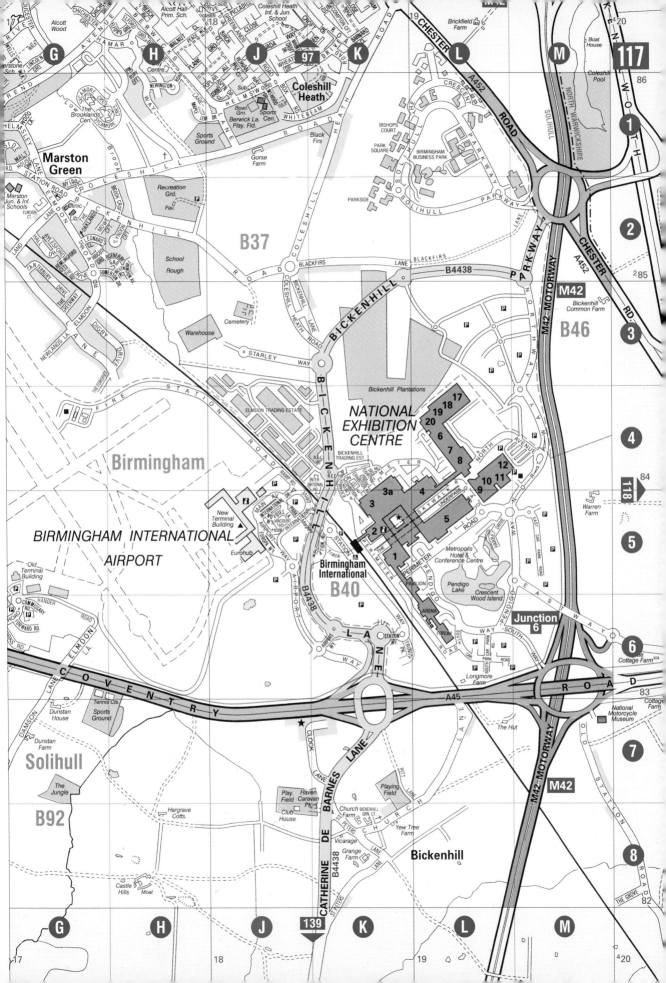

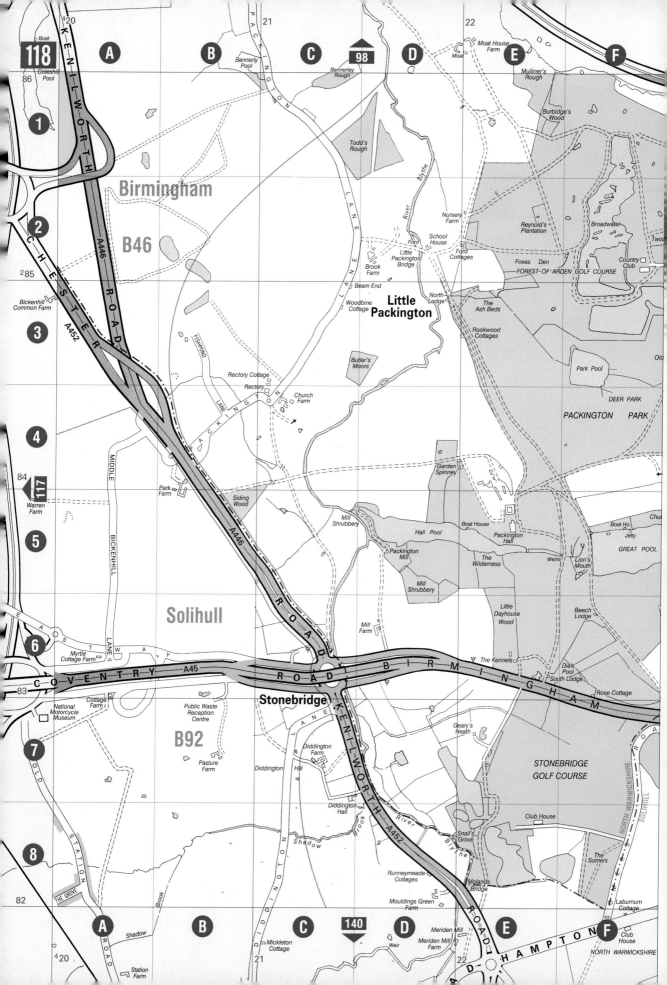

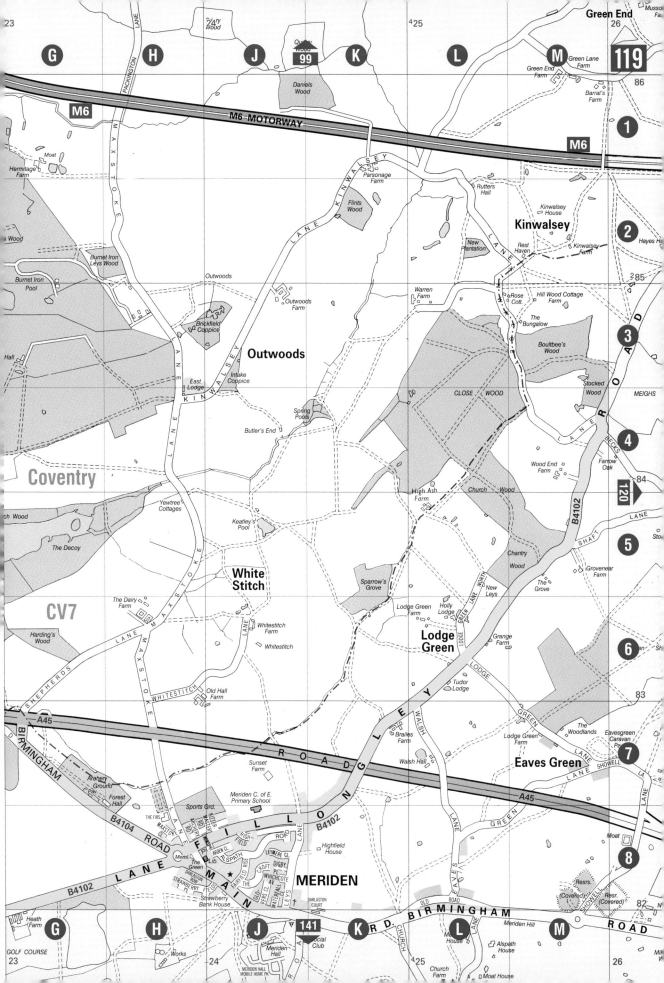

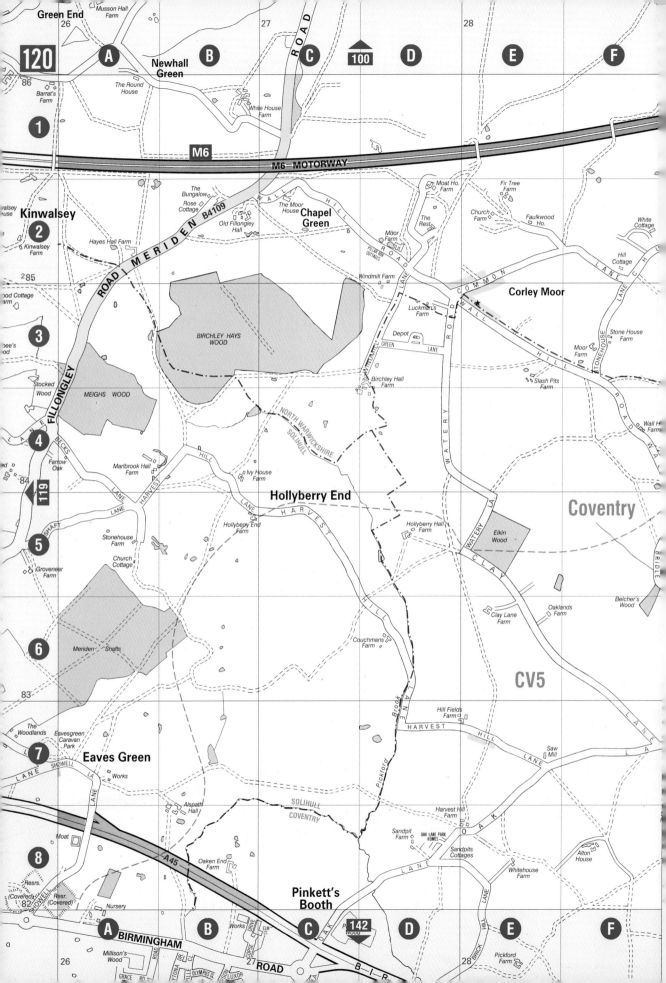

120

Green End 26

A
Musson Hall Farm

Newhall Green

B

27
Road
ROAD

C
100

D

28
E

F

Barrat's Farm

The Round House

The Bungalow
Rose Cottage

White House Farm

1
86

M6
M6 - MOTORWAY

Moat Ho. Farm

Fir Tree Farm

Kinwalsey
2

The Moor House

Chapel Green

Church Farm

Faulkwood Ho.

White Cottage

Kinwalsey Farm

Old Fillongley Hall

Hayes Hall Farm

MERIDEN B4109

WALL

Moor Farm

The Rest

Hill Cottage

285

Windmill Farm

Luckman's Farm

COMMON

Corley Moor

HILL

3

Wood Cottage

BIRCHLEY HAYS WOOD

Depot

GREEN

LANE

WALL

Moor Farm

Stone House Farm

STONEHOUSE

Slash Pits Farm

Stocked Wood

MEIGHS WOOD

Birchley Hall Farm

NORTH WARWICKSHIRE
SOLIHULL

WATERY

ROAD

Wall H. Farm

4
84

FILLONGLEY

BECKS

Farrow Oak

Marlbrook Hall Farm

HILL

Ivy House Farm

Hollyberry End

HARVEST

119

LANE

LANE

Hollyberry Hall Farm

Elkin Wood

Coventry

5

SHAFT

Stonehouse Farm

Church Cottage

Hollyberry End Farm

HARVEST

Grovenear Farm

CLAY

Clay Lane Farm

Oaklands Farm

Belcher's Wood

BRIDLE

6
83

Meriden Shafts

Couchmans Farm

HILL

CV5

The Woodlands

Eavesgreen Caravan Park

Hill Fields Farm

HARVEST

Saw Mill

7

LANE

SHOWELL

LA.

Eaves Green

Works

Alspath Hall

SOLIHULL
COVENTRY

Pickford

BROOK

Harvest Hill Farm

OAK

Sandpit Farm

Oak Lane Park Homes

Sandpits Cottages

Alton House

Moat

A 45

Oaken End Farm

Whitehouse Farm

8
82

Resr. (Covered)

SHOWELL

Resr. (Covered)

Nursery

Pinkett's Booth

142

Pickford Farm

A
BIRMINGHAM

Millison's Wood

B

Works

DRIVE

ELM CT.

COPSE

C

27
ROAD

P
WOOD

D

28
E

BRICK

F

GRACE RD.
OLYMPUS CL.
LUXOR

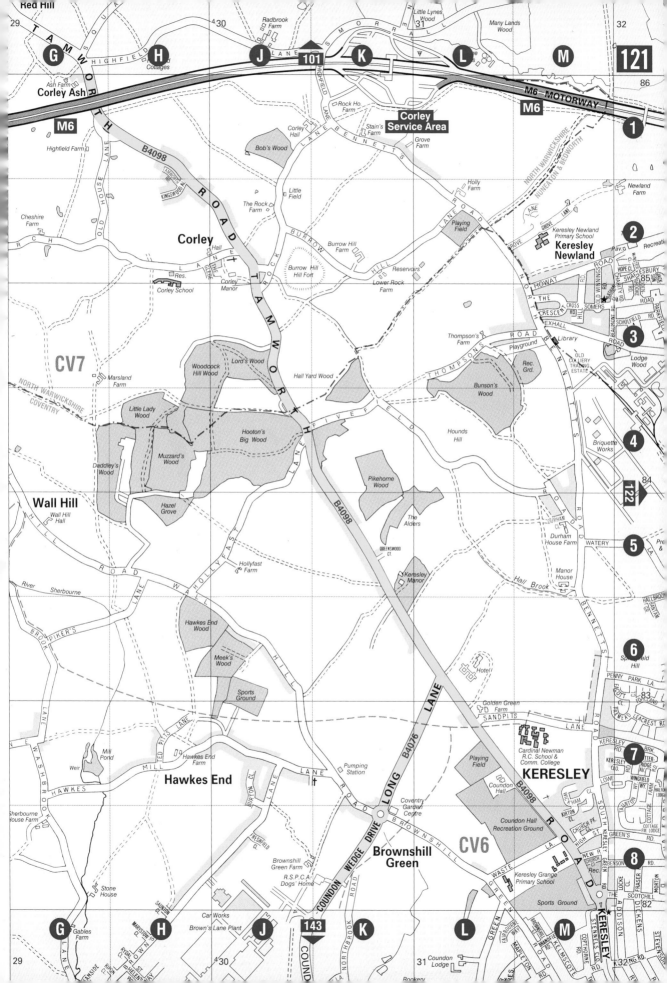

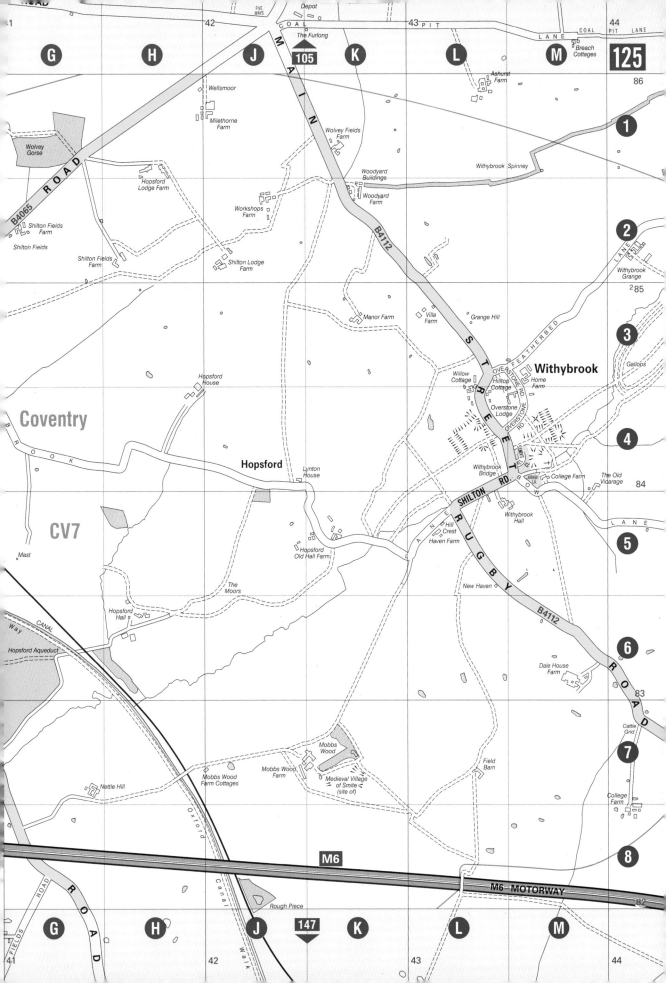

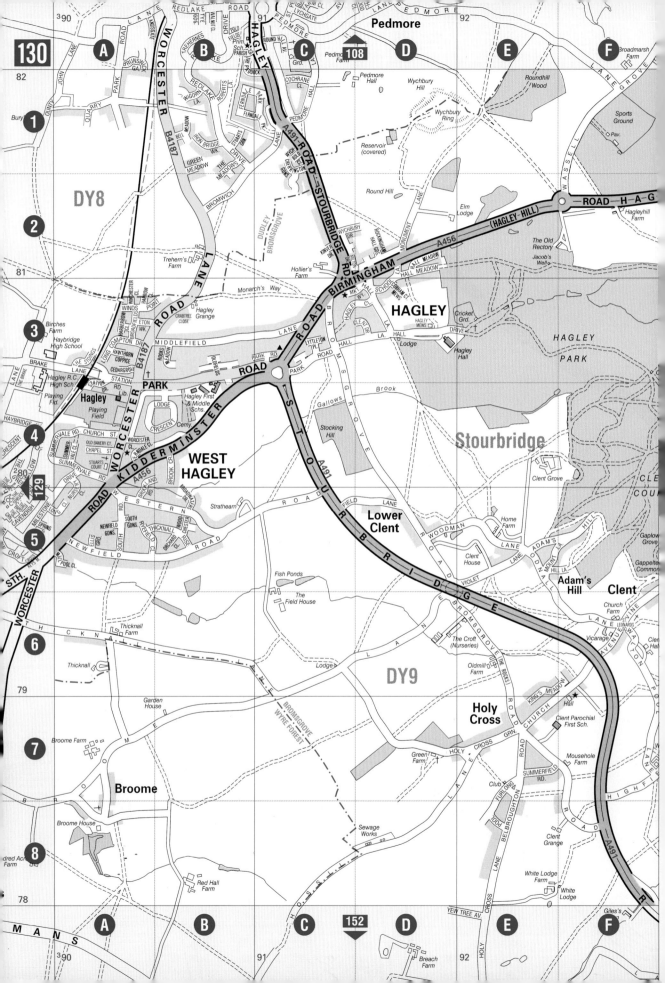

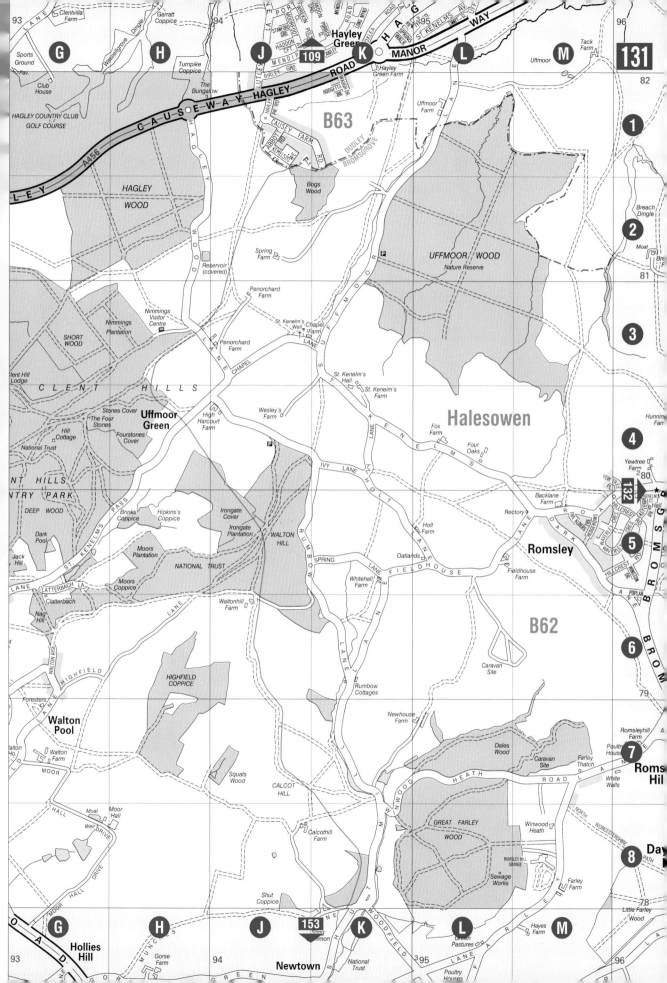

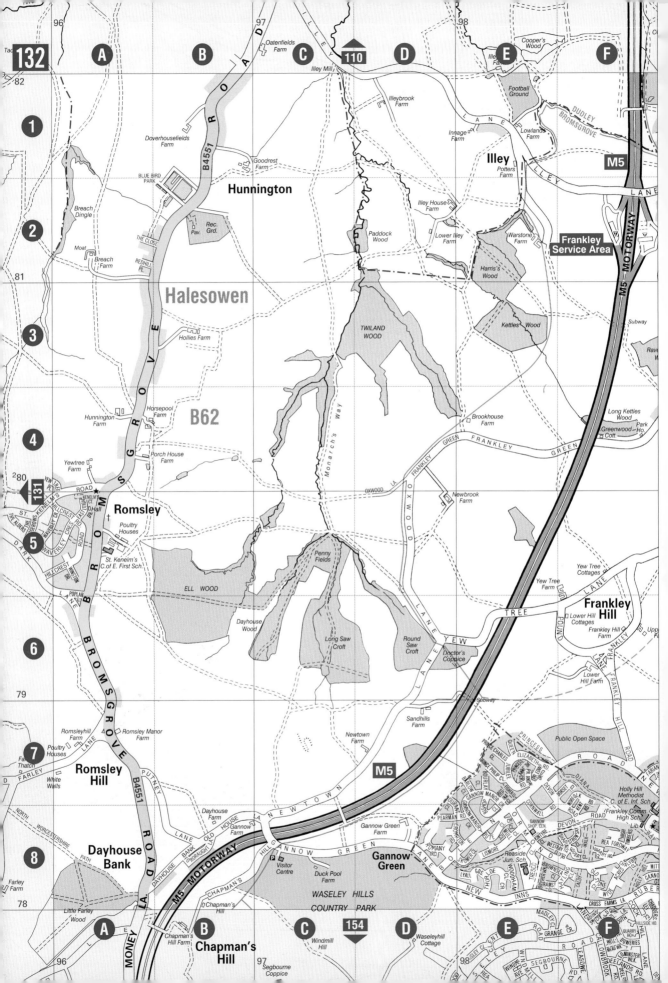

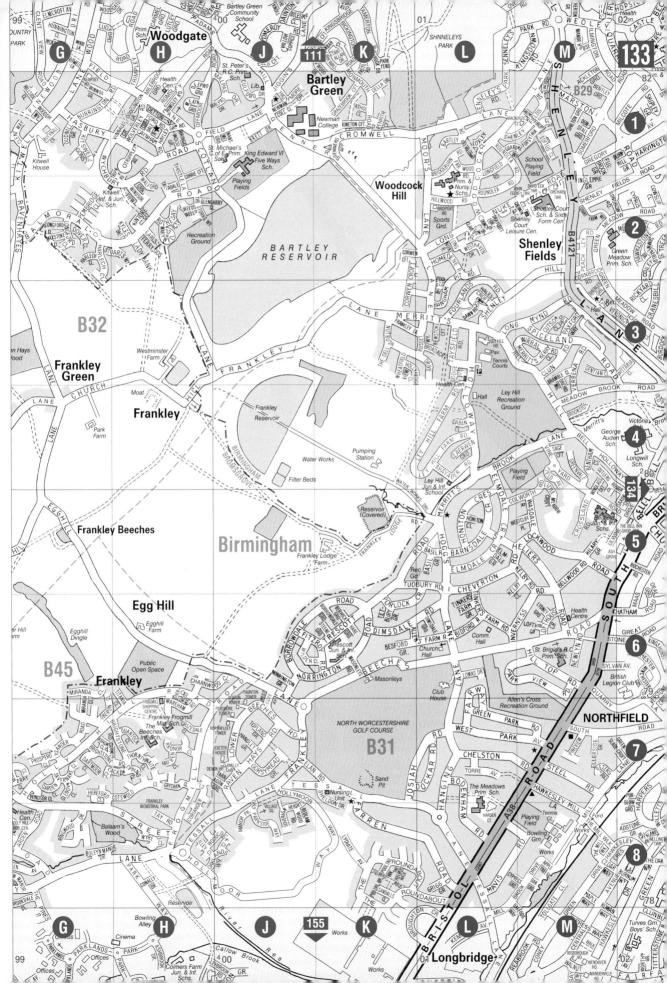

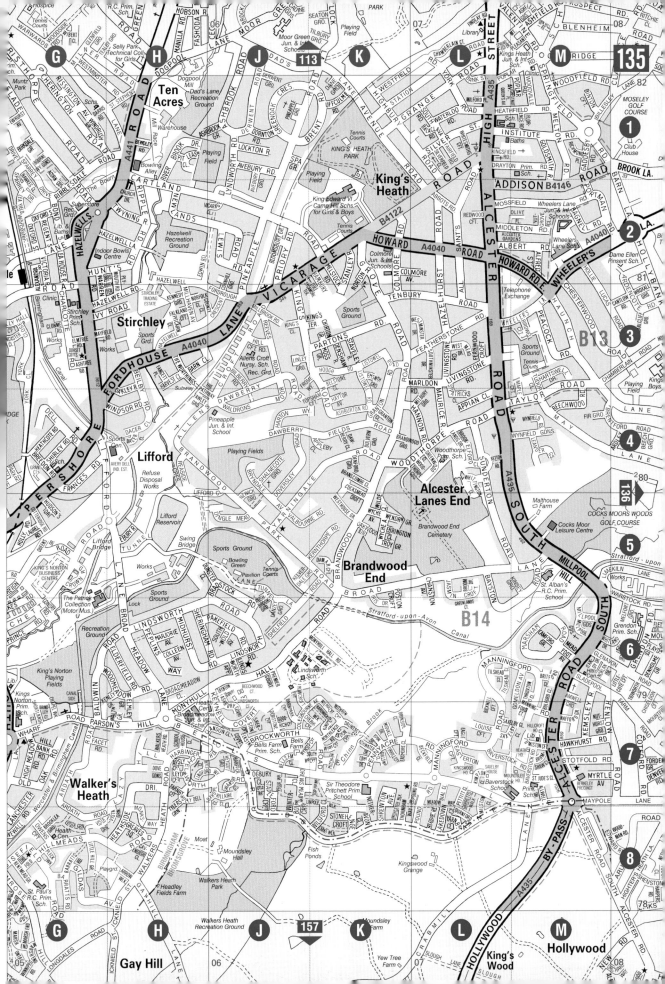

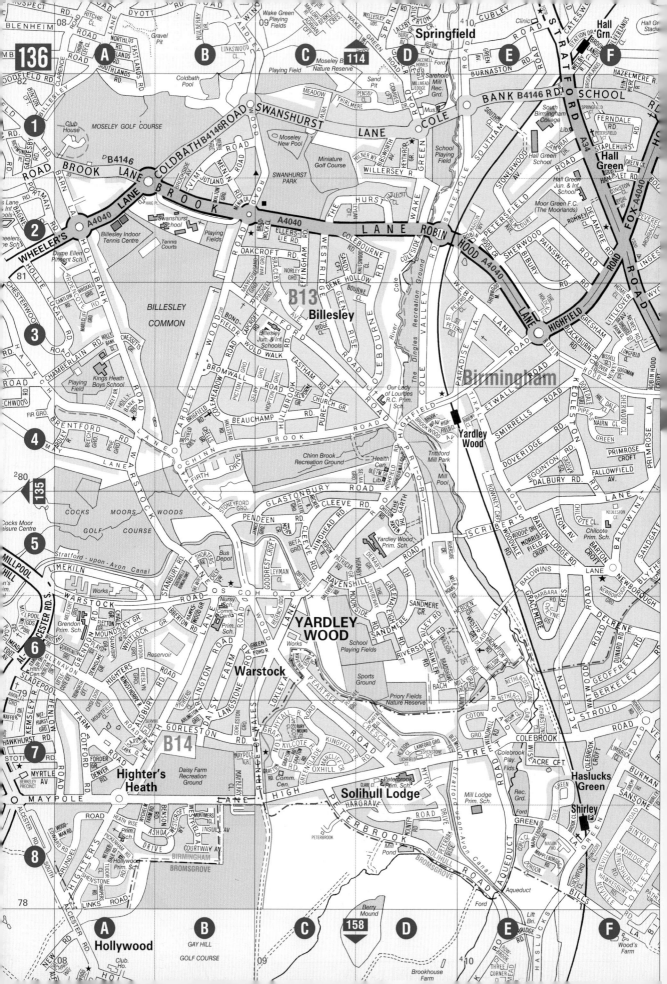

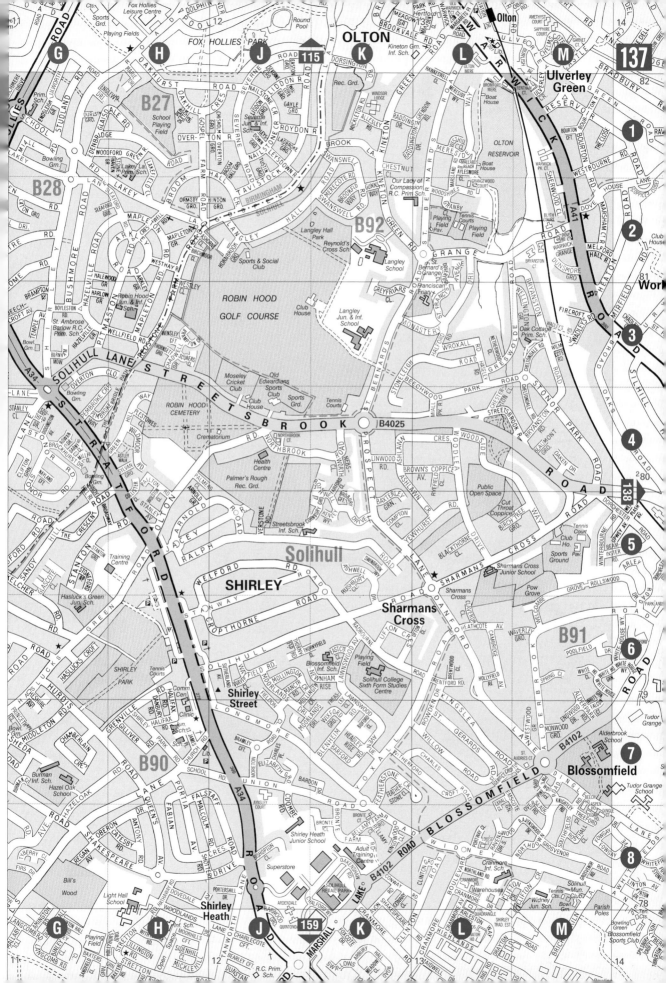

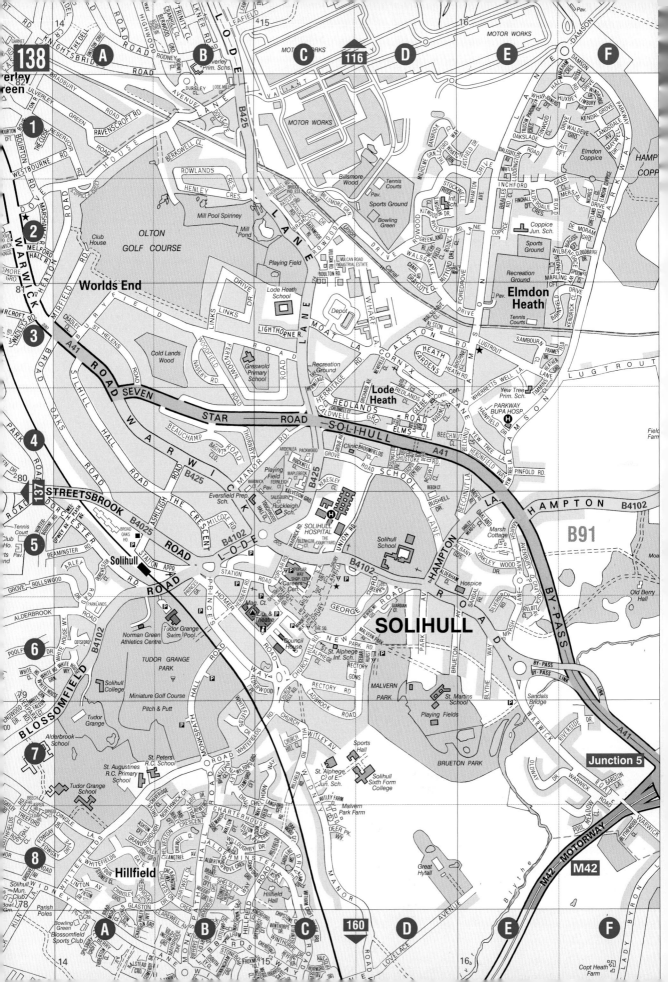

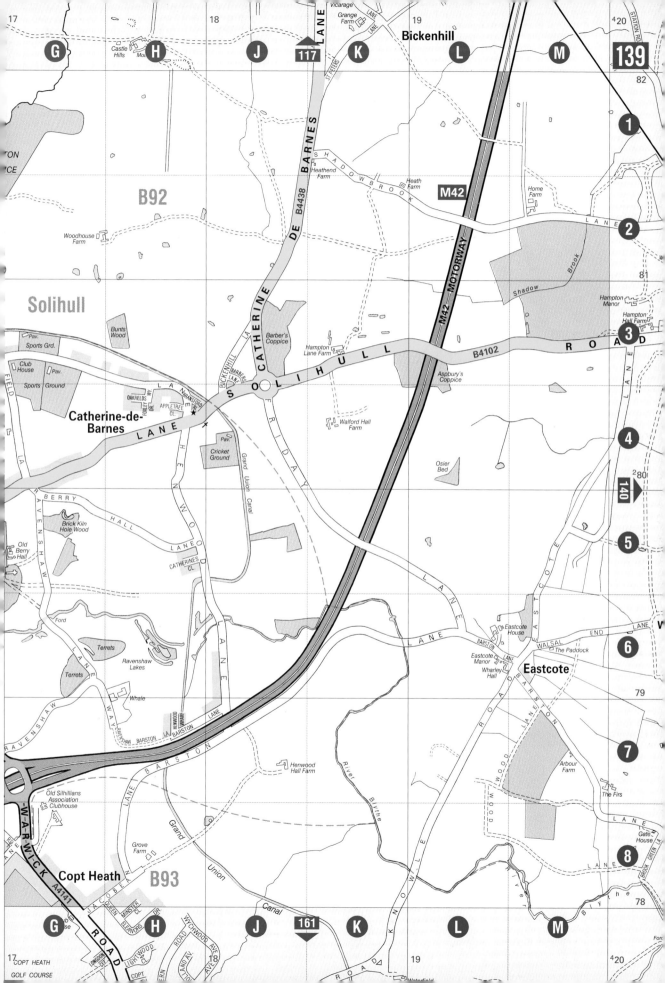

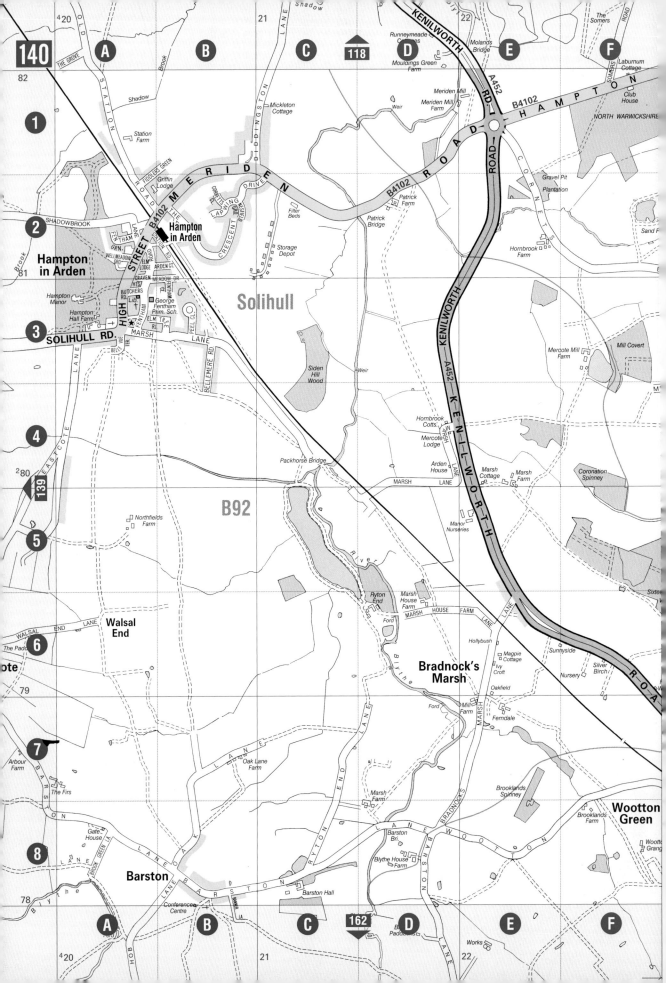

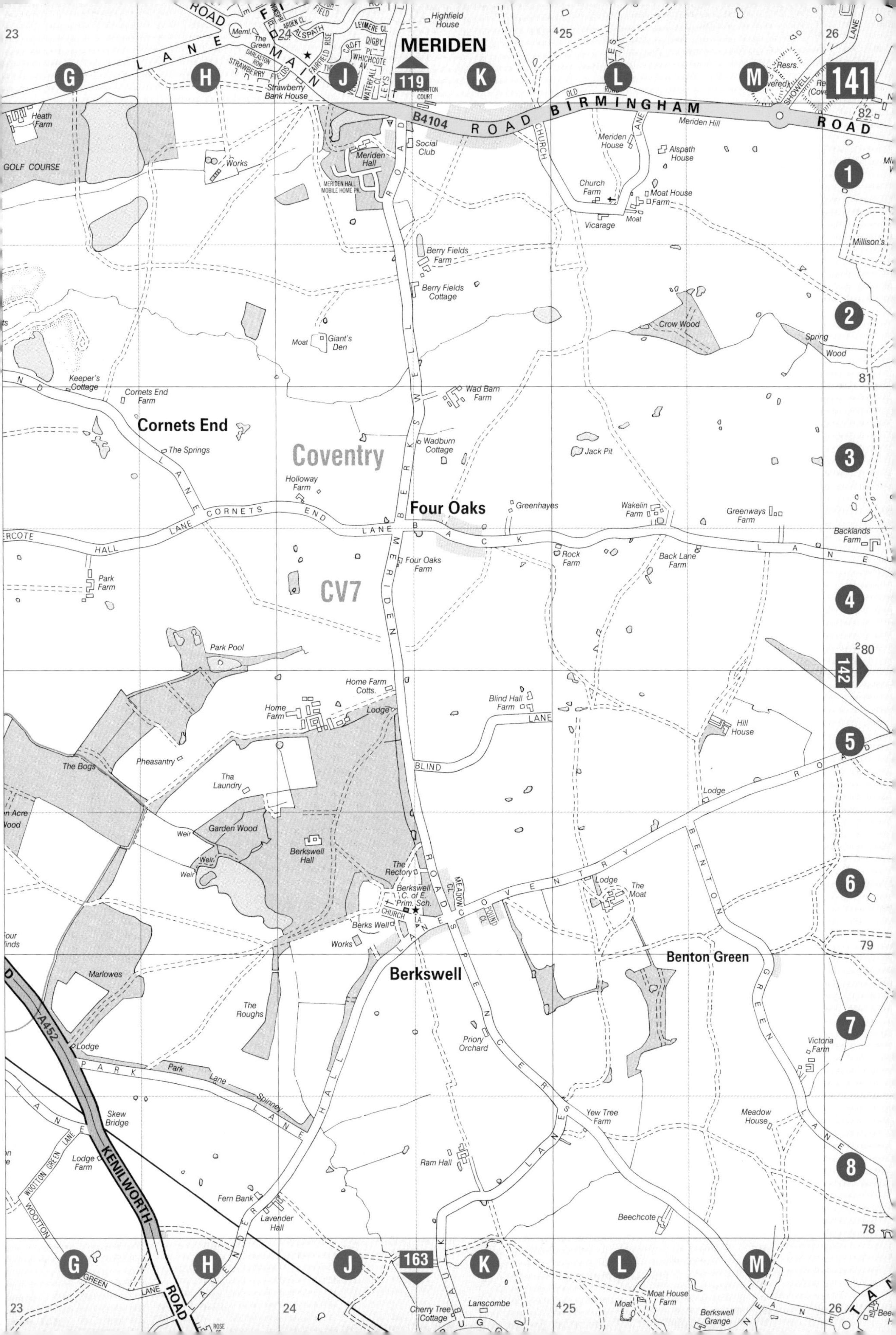
MERIDEN
119
163
142
G
H
J
K
L
M
1
2
3
4
5
6
7
8
23
24
25
26
82
81
80
79
78
LANE
ROAD
MAIN
Meml.
The Green
DARLASTON ROW
STRAWBERRY FIELDS
FAIRFIELD RISE
ALSPATH
ARDEN CL.
LEYMERE CL.
CROFT
DIGBY PL.
WHICHCOTE AV.
WATERFALL CL.
LEYS
Highfield House
DARLASTON COURT
Strawberry Bank House
Heath Farm
GOLF COURSE
Works
B4104
BIRMINGHAM ROAD
OLD ROAD
Social Club
Meriden Hall
MERIDEN HALL MOBILE HOME PK.
CHURCH LANE
Meriden House
Alspath House
Meriden Hill
Resrs.
SHOWELL LANE
Church Farm
Moat House Farm
Moat
Vicarage
Millison's
Berry Fields Farm
Berry Fields Cottage
Crow Wood
Spring Wood
Moat
Giant's Den
Keeper's Cottage
Cornets End Farm
Wad Barn Farm
Cornets End
The Springs
Coventry
Wadburn Cottage
Jack Pit
Holloway Farm
Four Oaks
Greenhayes
Wakelin Farm
Greenways Farm
CORNETS END LANE
HALL LANE
BACK LANE
Backlands Farm
MERIDEN ROAD
BERKSWELL ROAD
Four Oaks Farm
Rock Farm
Back Lane Farm
Park Farm
CV7
Park Pool
Home Farm Cotts.
Blind Hall Farm
BLIND LANE
Home Farm
Lodge
Hill House
The Bogs
Pheasantry
Tha Laundry
Lodge
Garden Wood
Weir
Berkswell Hall
The Rectory
Berkswell C. of E. Prim. Sch.
CHURCH LANE
MEADOW CL.
COVENTRY ROAD
ROUND CL.
Lodge
The Moat
BENTON GREEN LANE
Berks Well
Works
Four Winds
Benton Green
Berkswell
Marlowes
The Roughs
A452
Lodge
PARK LANE
Park Lane Spinney
Priory Orchard
SPENCER'S LANE
Victoria Farm
HALL LANE
Skew Bridge
KENILWORTH ROAD
WOOTTON GREEN LANE
Lodge Farm
Yew Tree Farm
Meadow House
Ram Hall
Fern Bank
Lavender Hall
LAVENDER HALL LANE
Beechcote
WOOTTON GREEN LANE
BAULK LANE
Cherry Tree Cottage
Lanscombe
Moat
Moat House Farm
Berkswell Grange

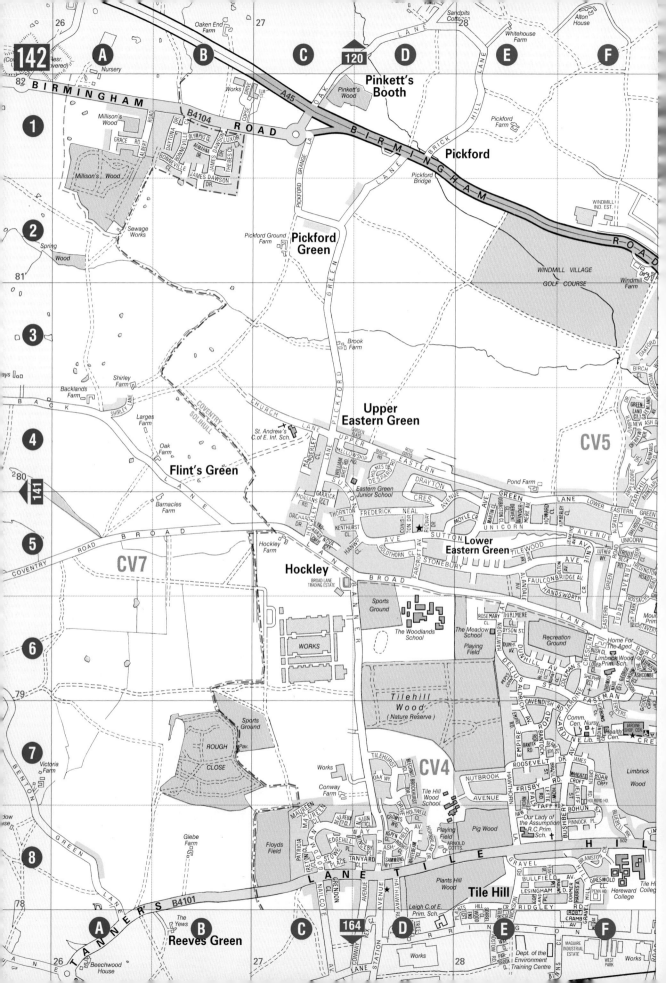

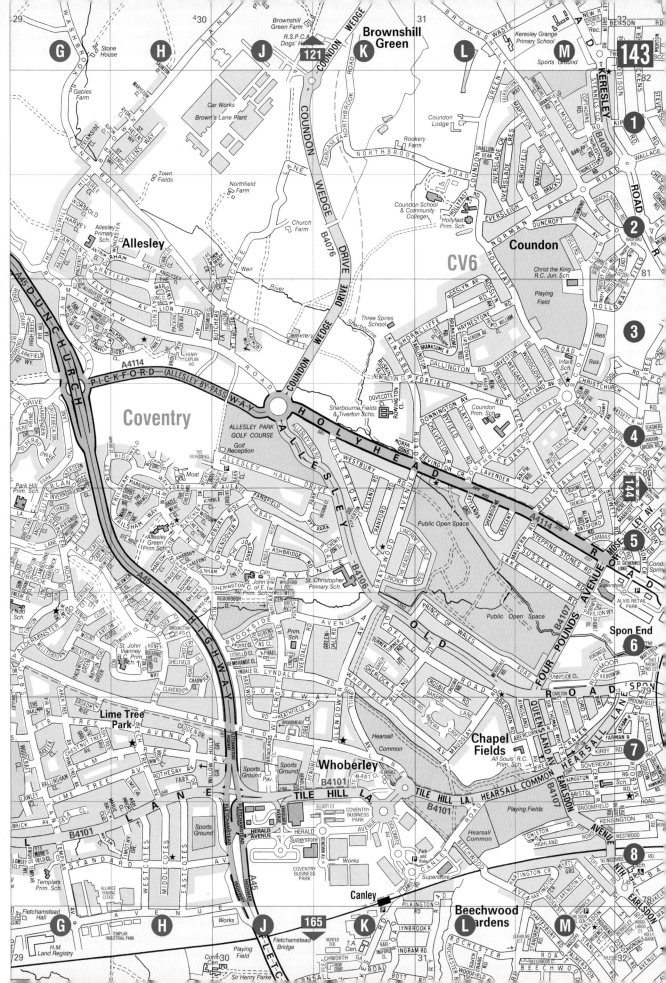

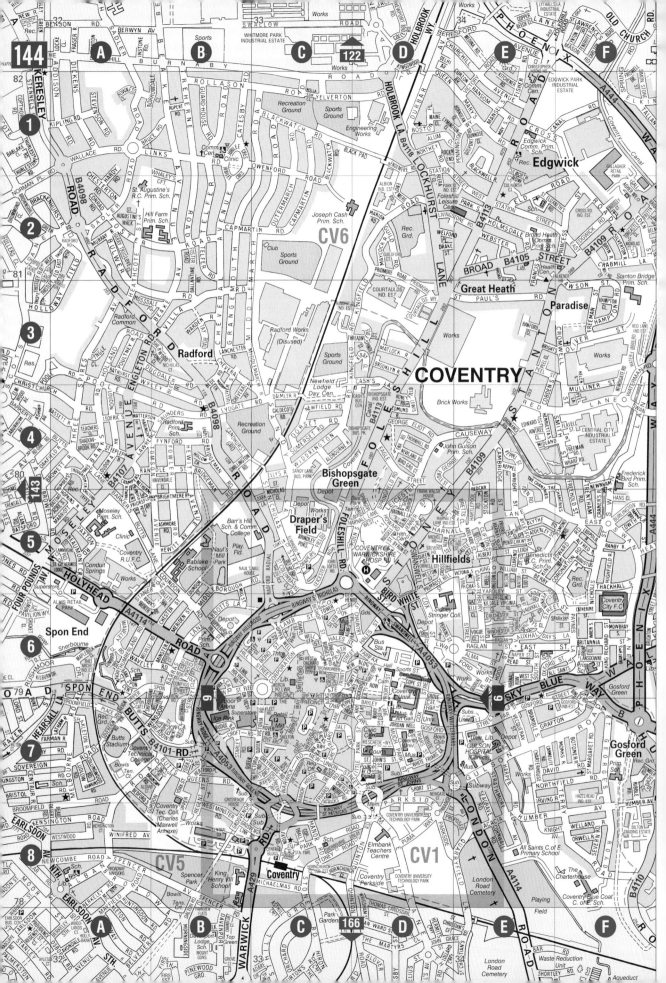

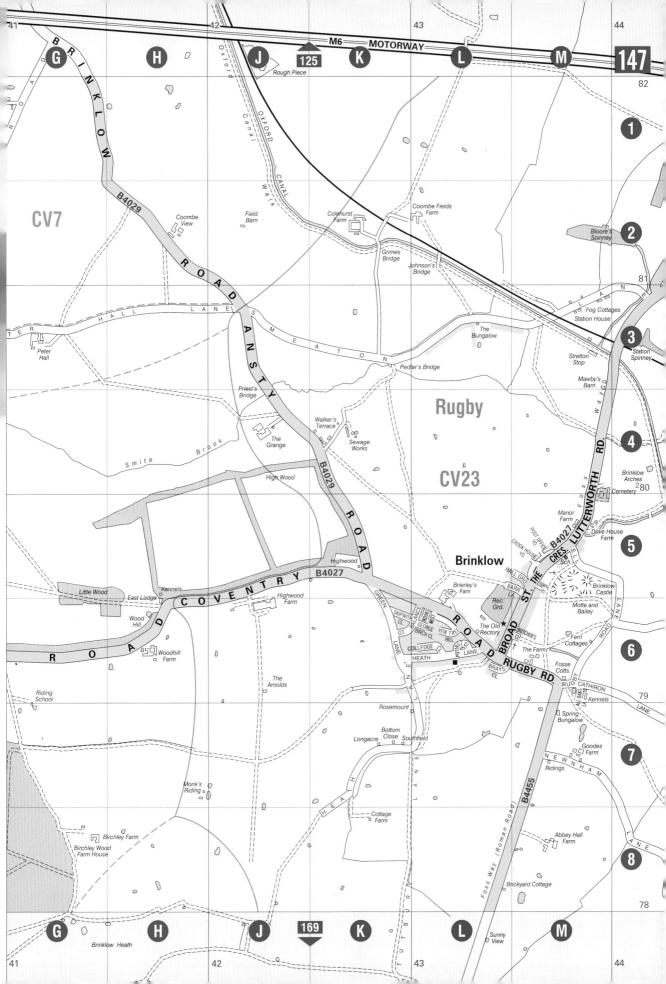

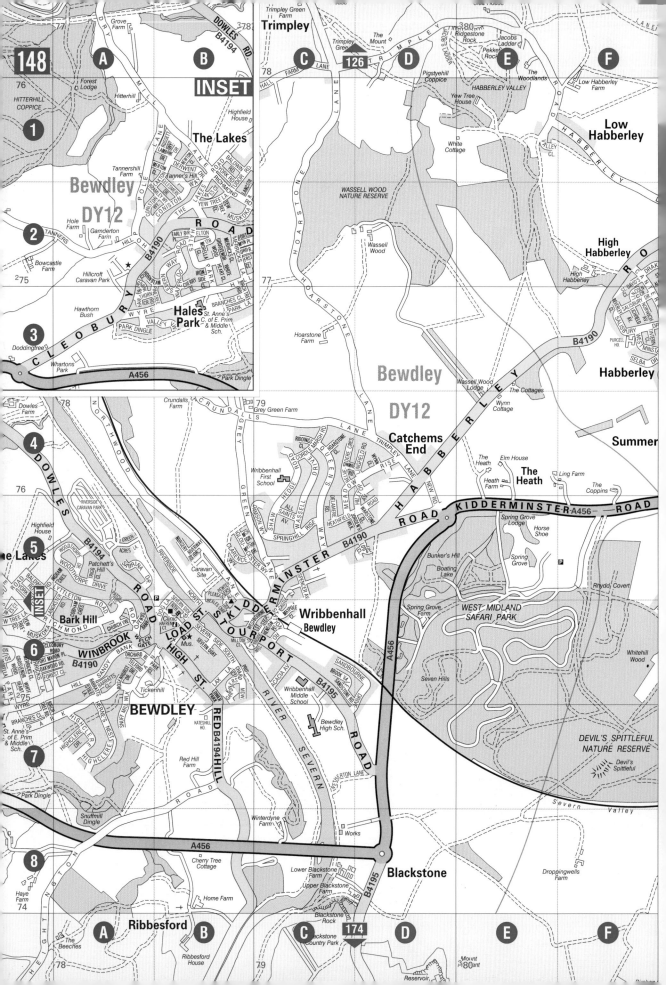

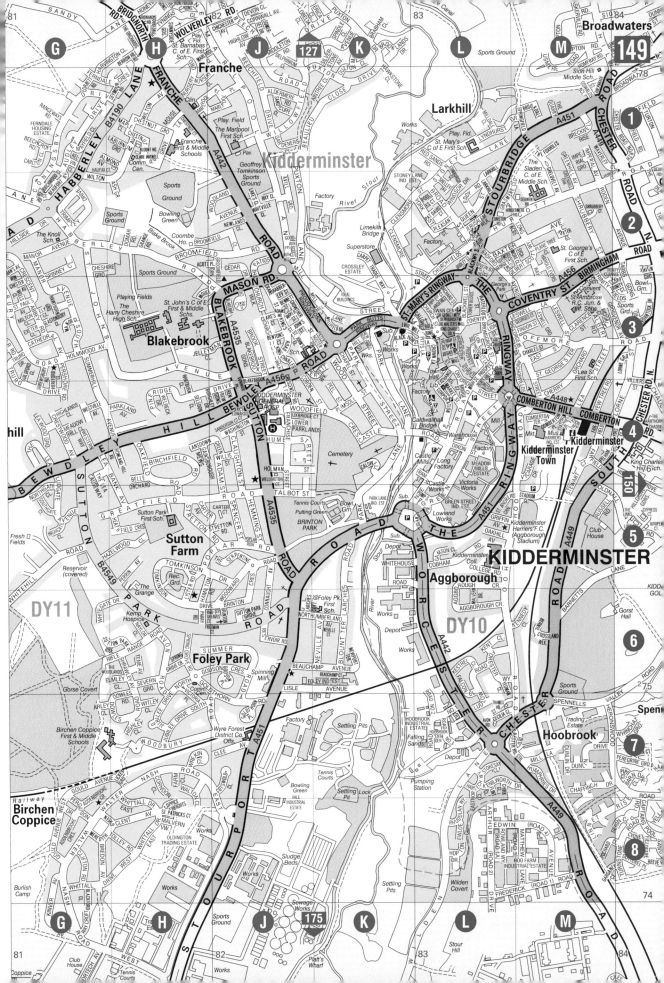

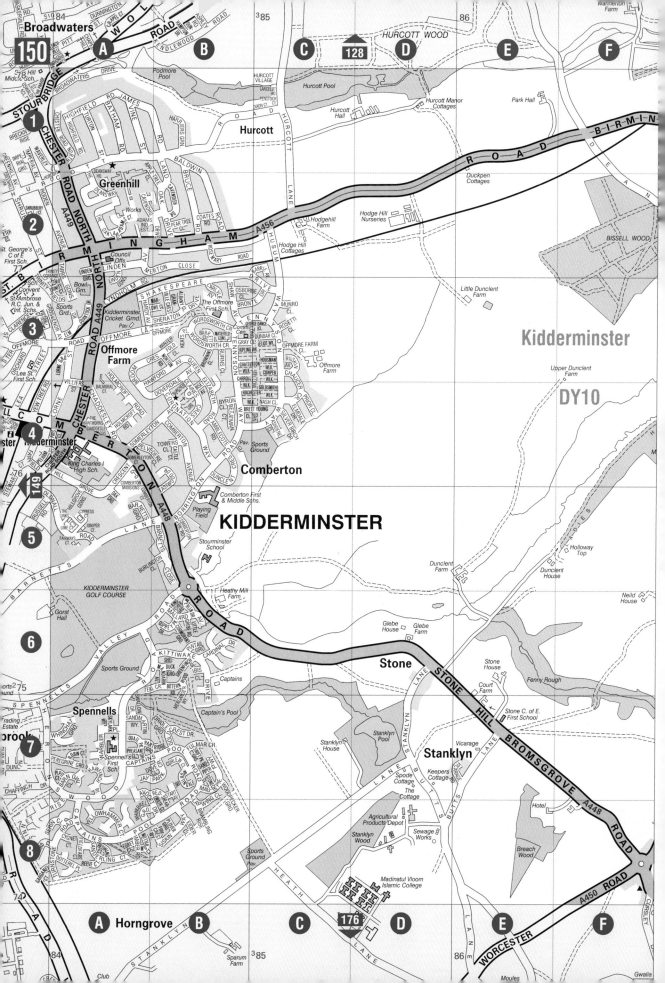

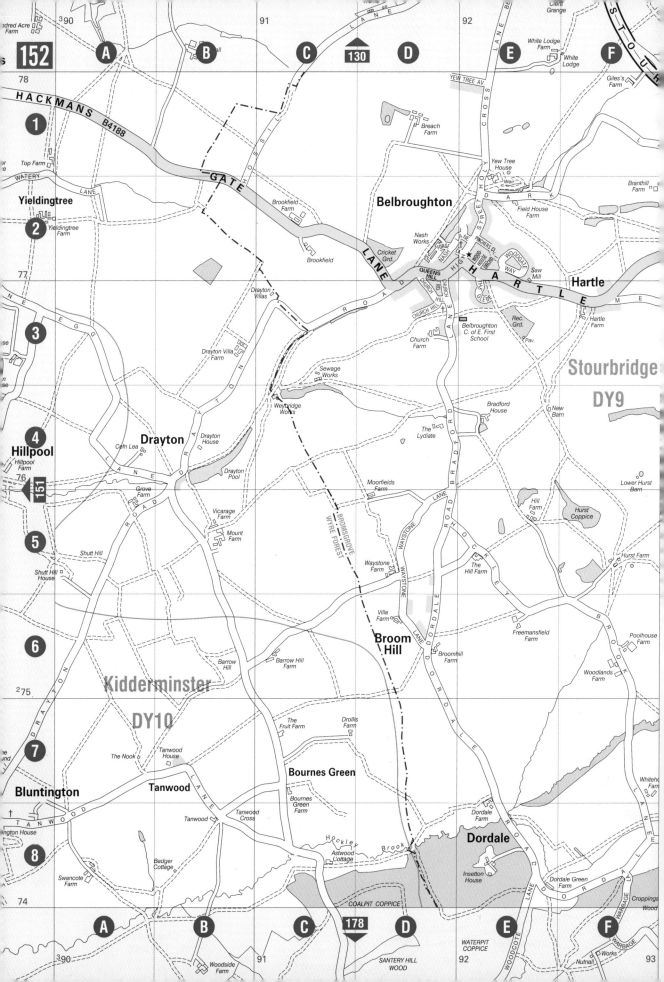

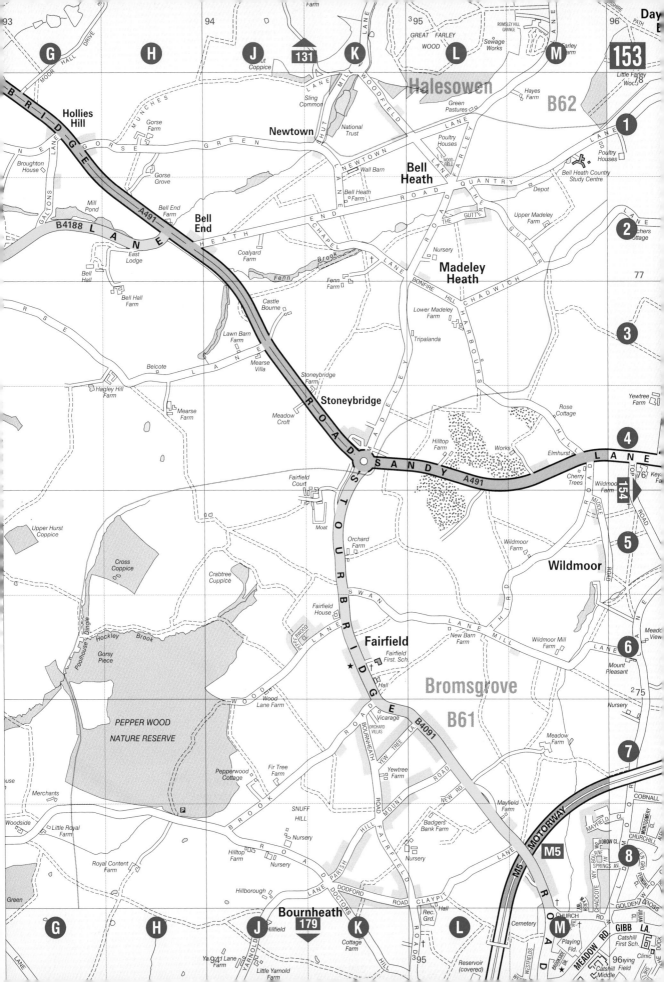

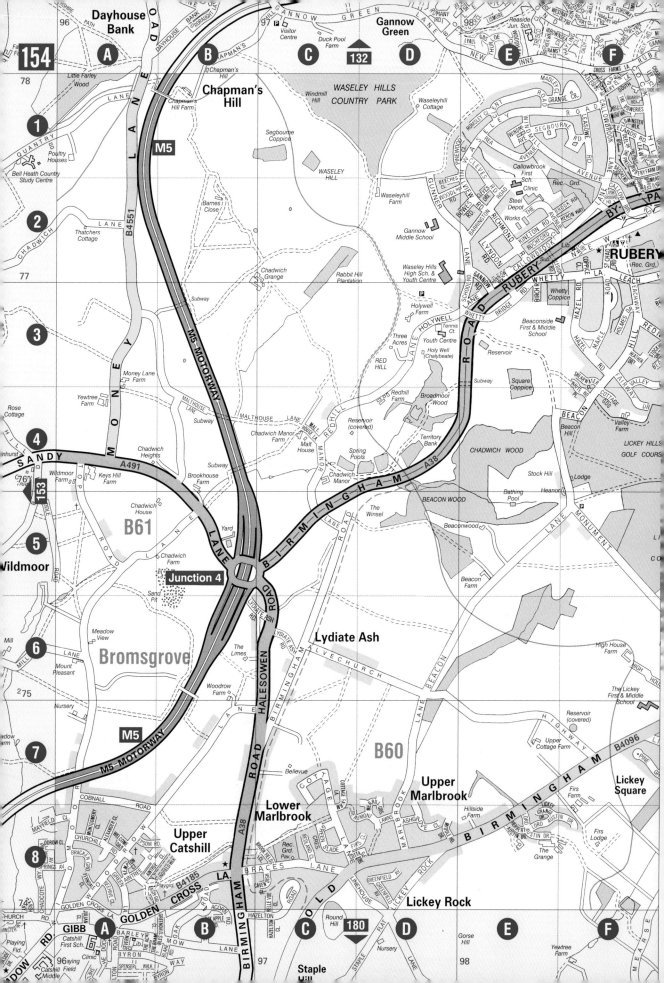

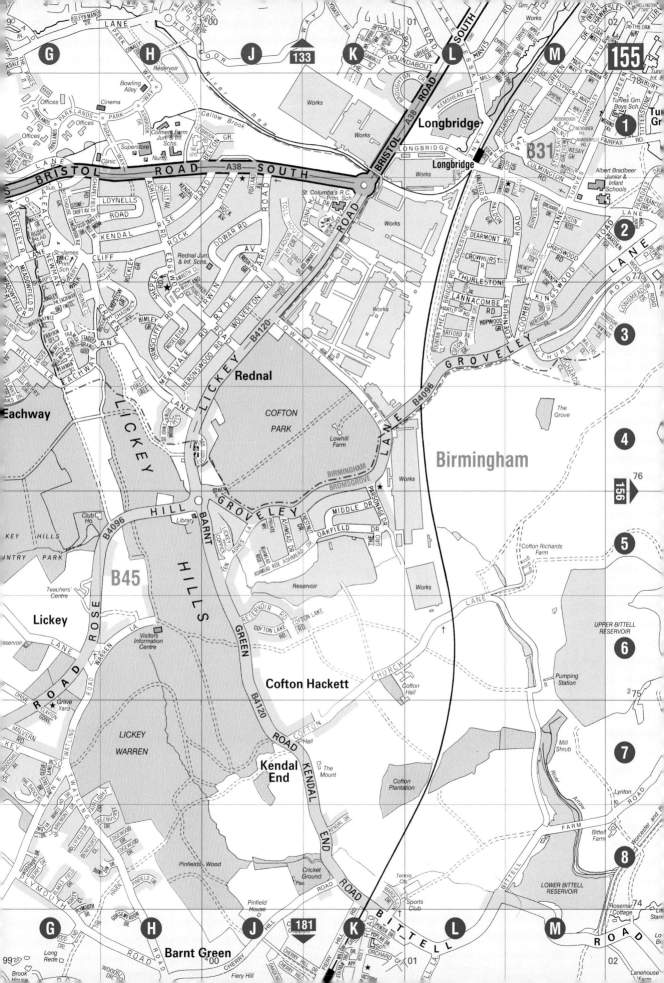

G   H   J   135   K   L   M

Hillmer...
Moundsley Hall
Fish Ponds
Walkers Heath Park
Kingswood Grange

1

Walkers Heath Recreation Ground
King's Wood
Moundsley Farm
Yew Tree Farm
Slough Lane
Hollytree Farm (Umberslade Riding Sch.)
Woodleaf Farm

2

Crabmill Farm
Makiel Hall Farm
Firtree Farm
Health Centre
May Farm

Gay Hill
Gayhill Farm
Crabtree Farm
Balan Farm
Ashmount Farm

3

Headley Heath
Glenfield Farm
Woodhouse Farm
Fish Ponds

Seal's Green Farm
Baytree Farm
Football Ground
Bateman's Green
Wythall Park Sports Ground

Bell Green
Headley Farm
Holly Farm
Silver Street
Wythall House

4

Colebrook Farm
Vale Farm
Woodhouse Farm
Oaks Farm
Houndsfield

158   76

Goodrest Farm
Highfield Farm
SILVER STREET
Brick Works
Shawbrook

5

Birmingham
Clewshaw Farm
Malthouse Farm
Brick Works
Gorsey La.
Manor Rd.

Forhill
Forhill Picnic Site
Moat
Blackgreves Farm
Ford
WYTHALL GREEN
Wythwood Farm
Chapel Dr.
Meadow Green Prim. Sch.

6

Brockhill Dingle
Tennis Court
Cricket Ground
Pav.
Putting Grn.
Burial Grd.
B47
Station
Heath Farm
2 75

Swanshill Wood
Wythye Heath
The Birmingham Mus. of Transport
Caravan Site
Football Ground

Swan's Hill
St. Mary's Mobile Home Park
Chapel Green Farm
Tanners Grn. La.

7

Pear Tree Farm
Langabeer Farm

Weatheroak Hall (Club Ho.)
Inkford Lodge Farm

Weatheroak Hill
Hall Farm
The Pond House
Upper Inkford Farm
Inkford

8

Moorgreen Hall
Moat
Yew Tree Cottage
Leasowes Farm
Newhouse Farm
Windmill House
Lanehouse Farm
Lower Inkford Farm

G   H   J   183   K   L   M

4 05   06   07   08   74

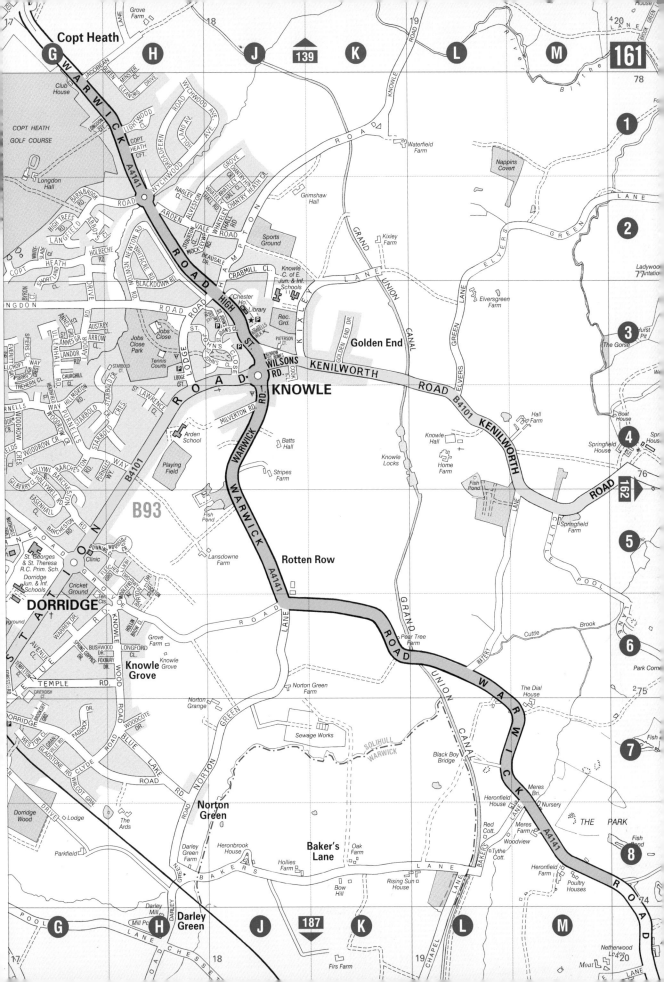

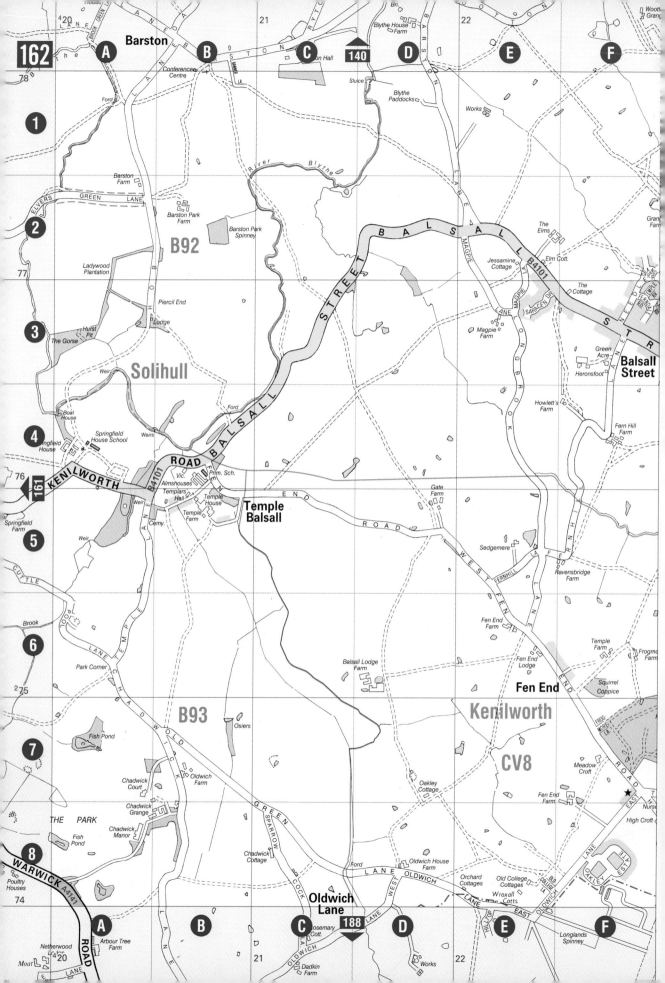

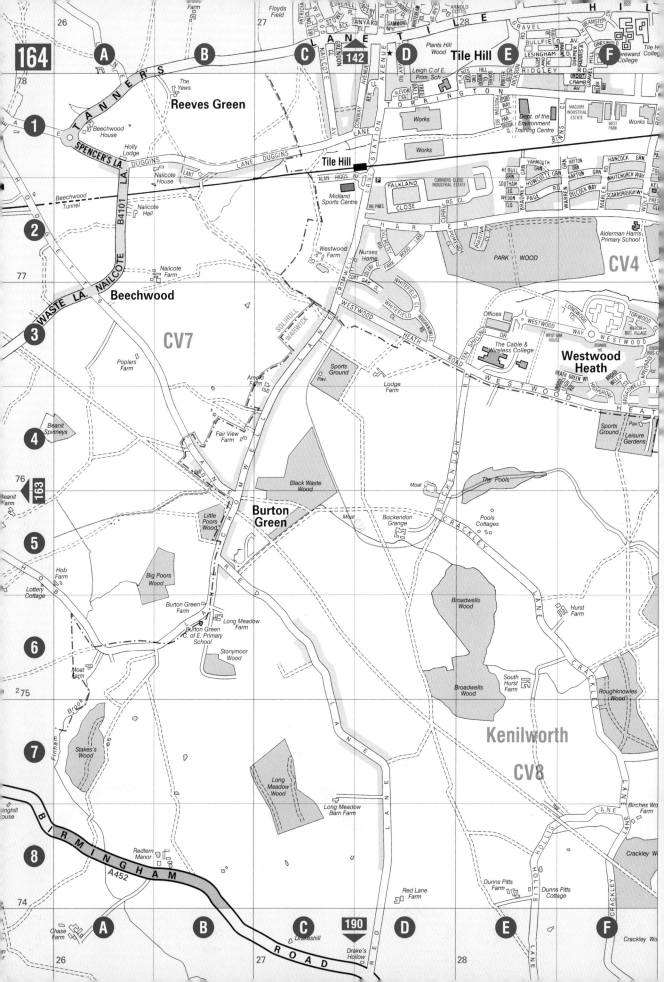

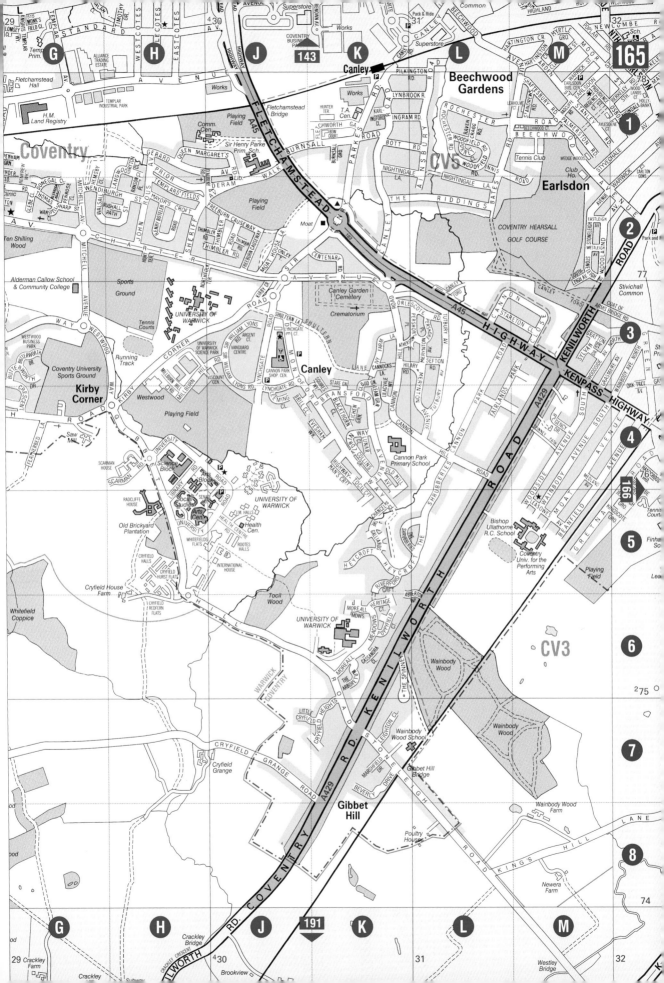

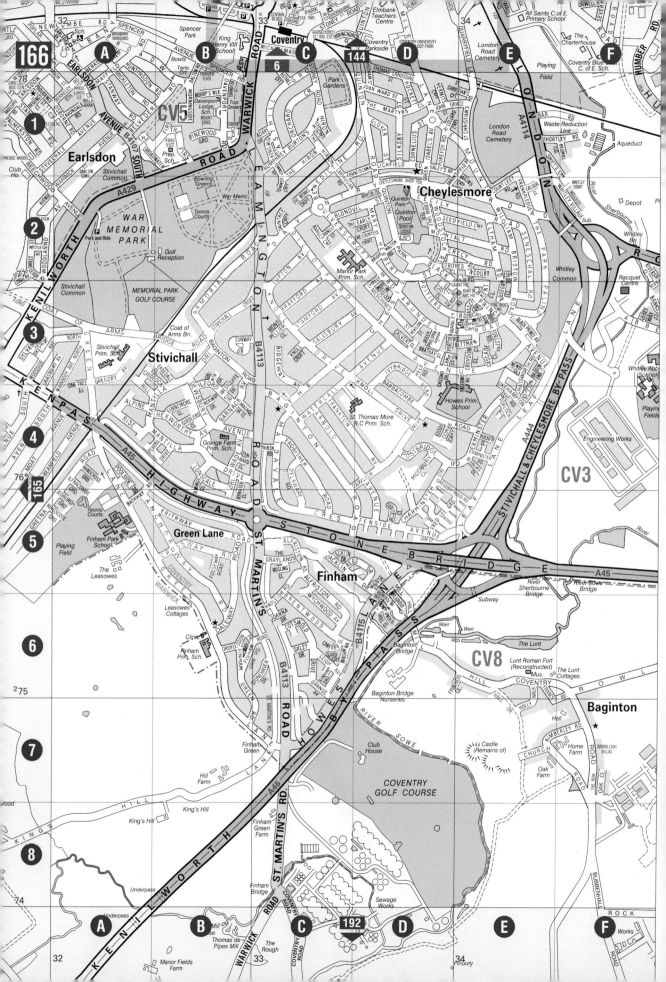

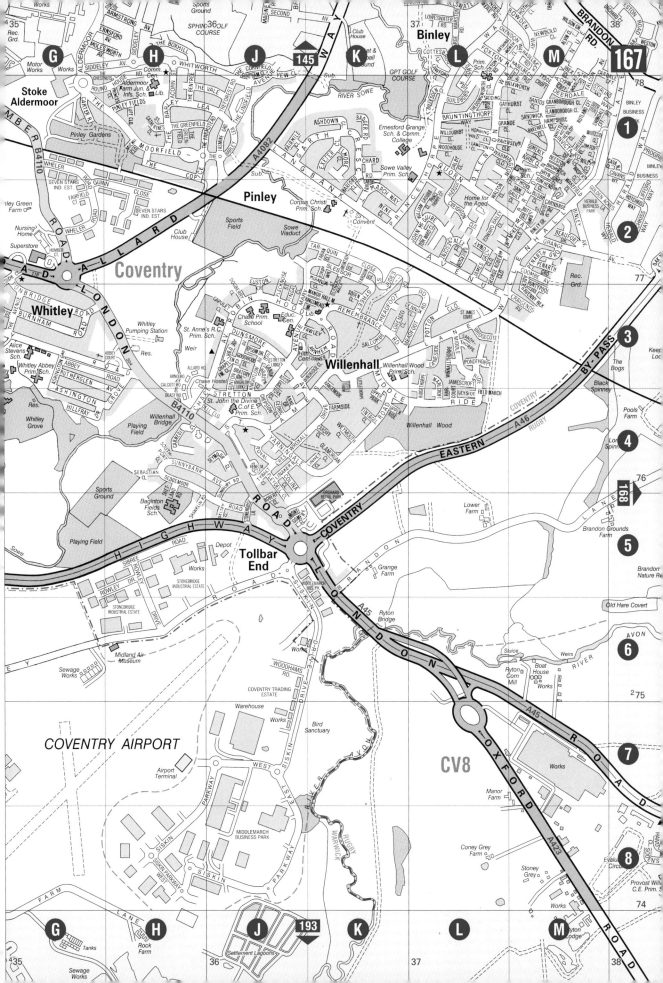

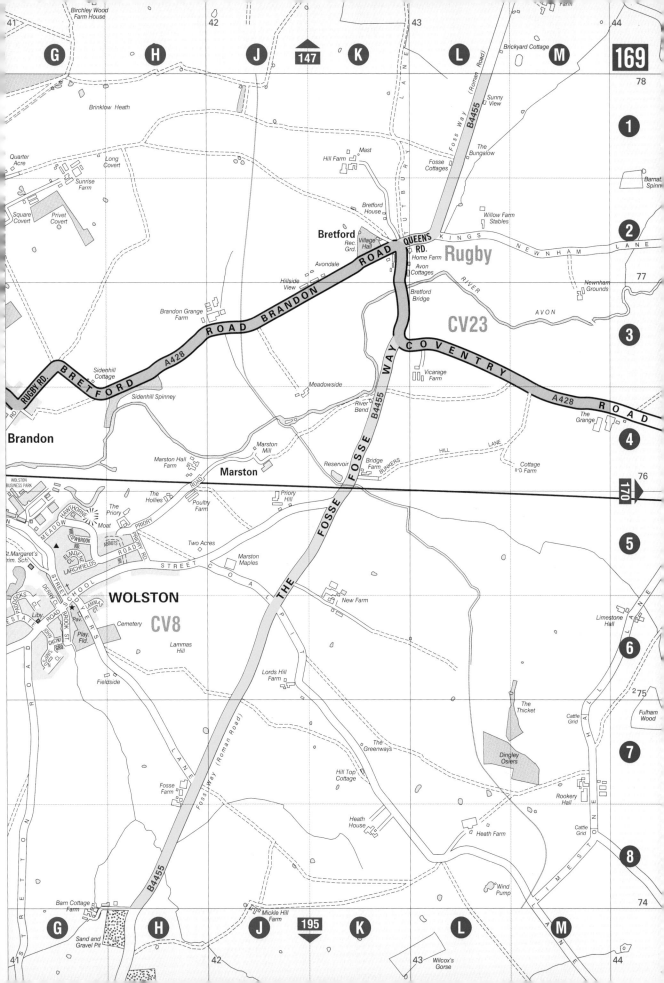

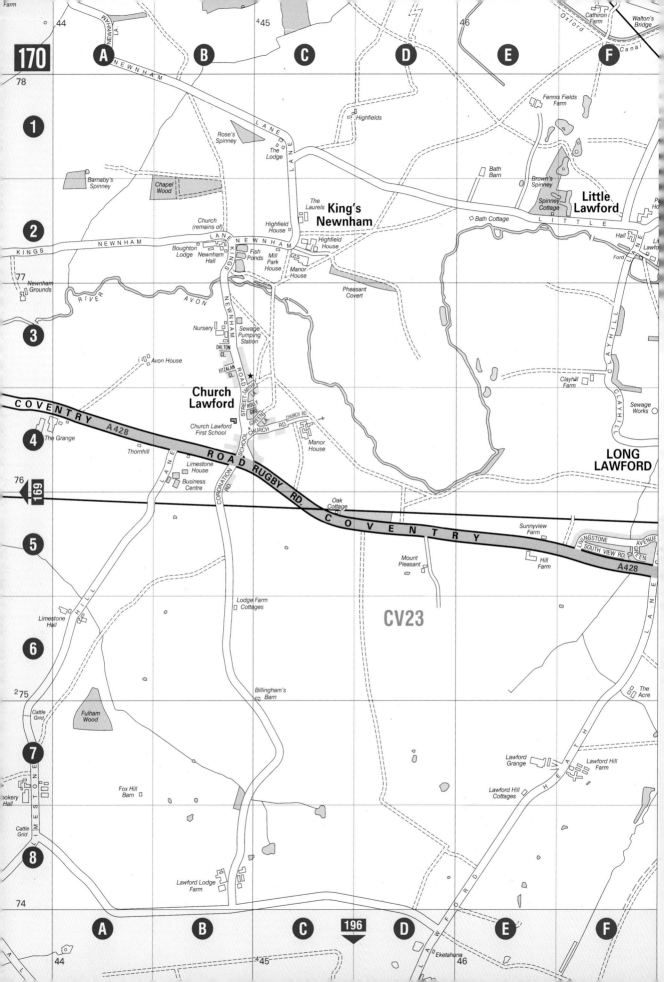

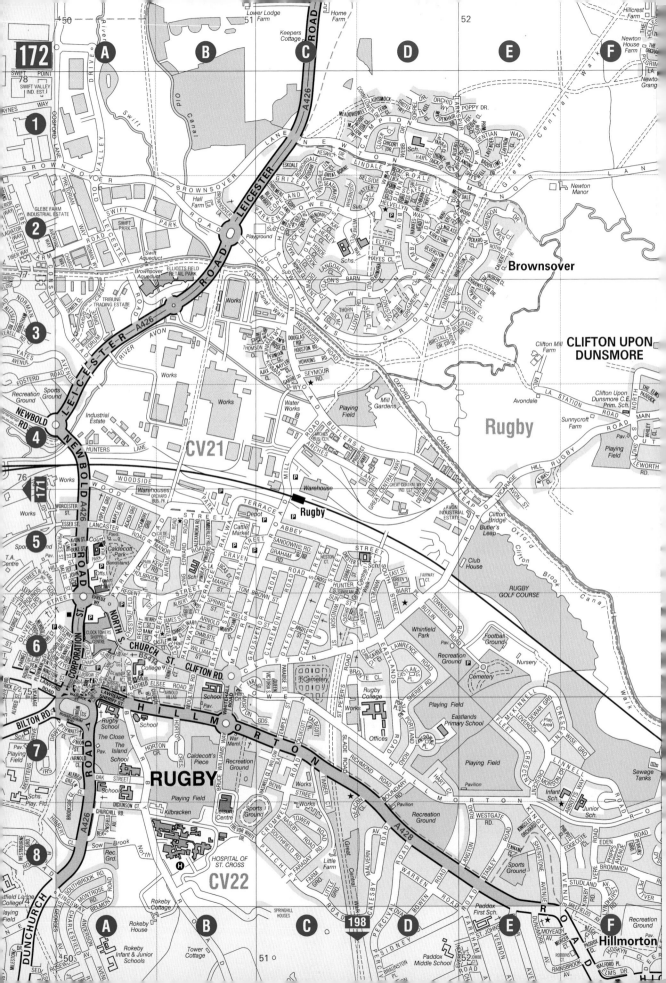

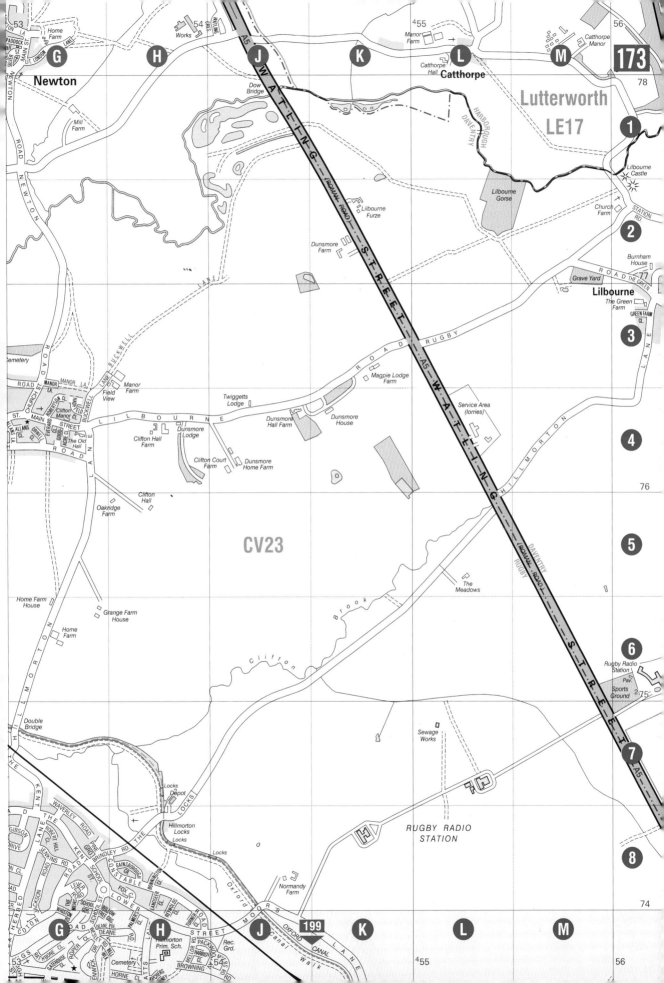

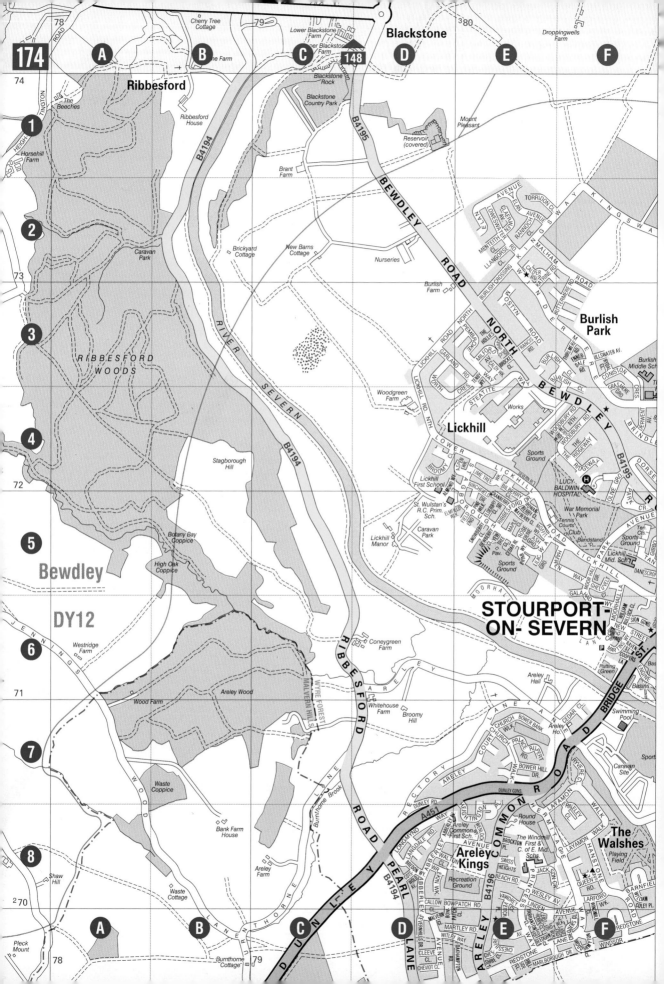

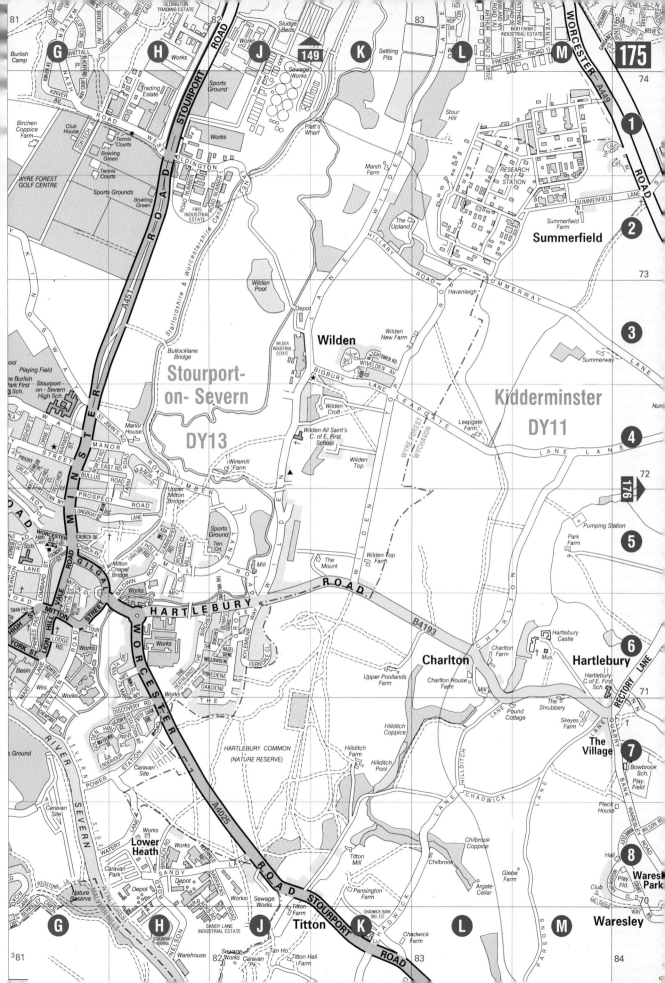

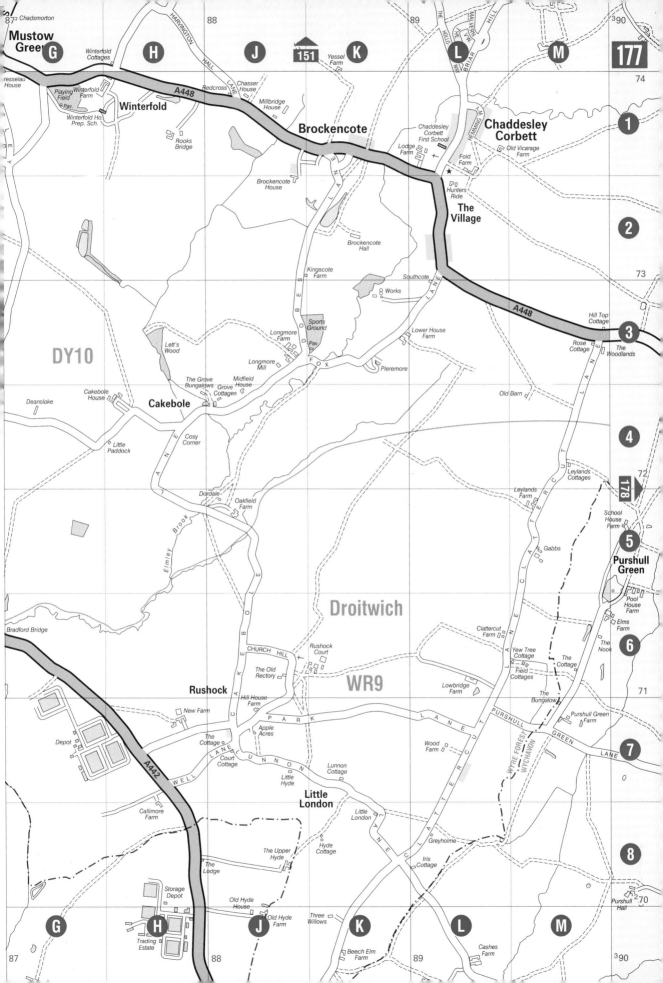

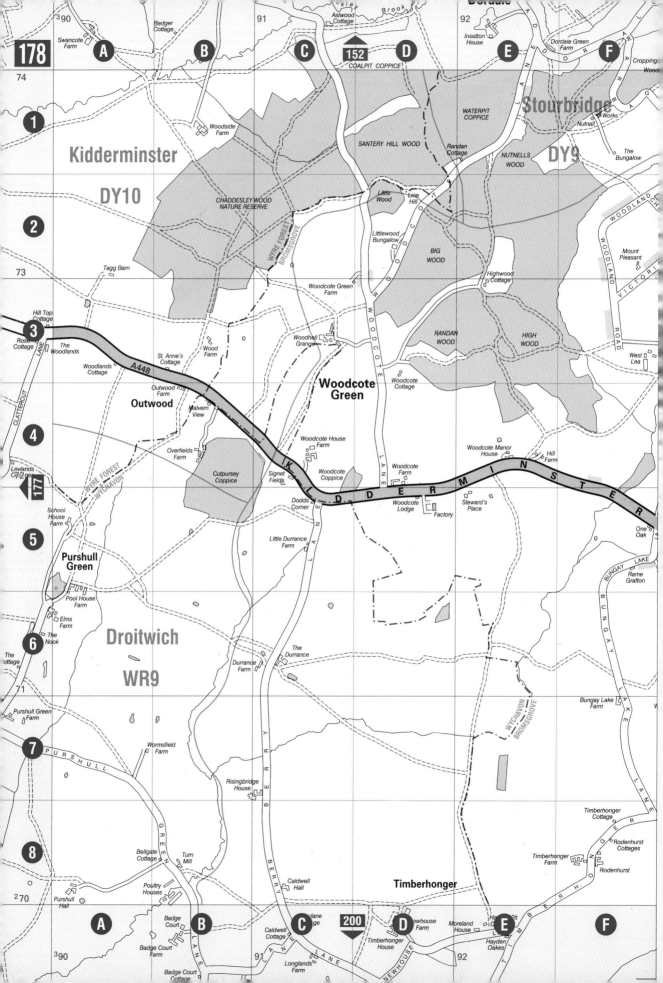

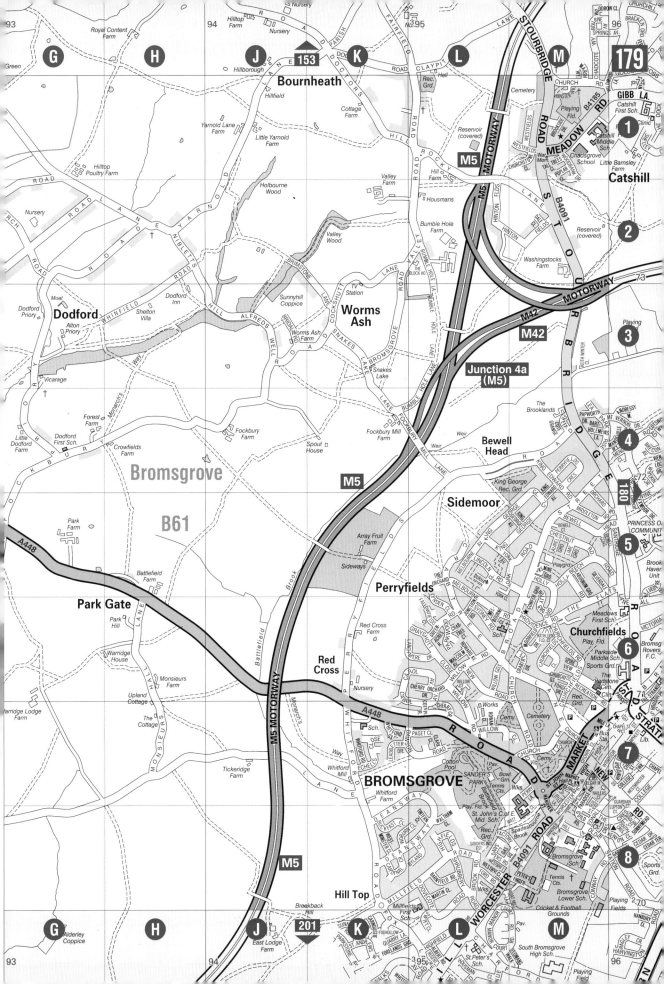

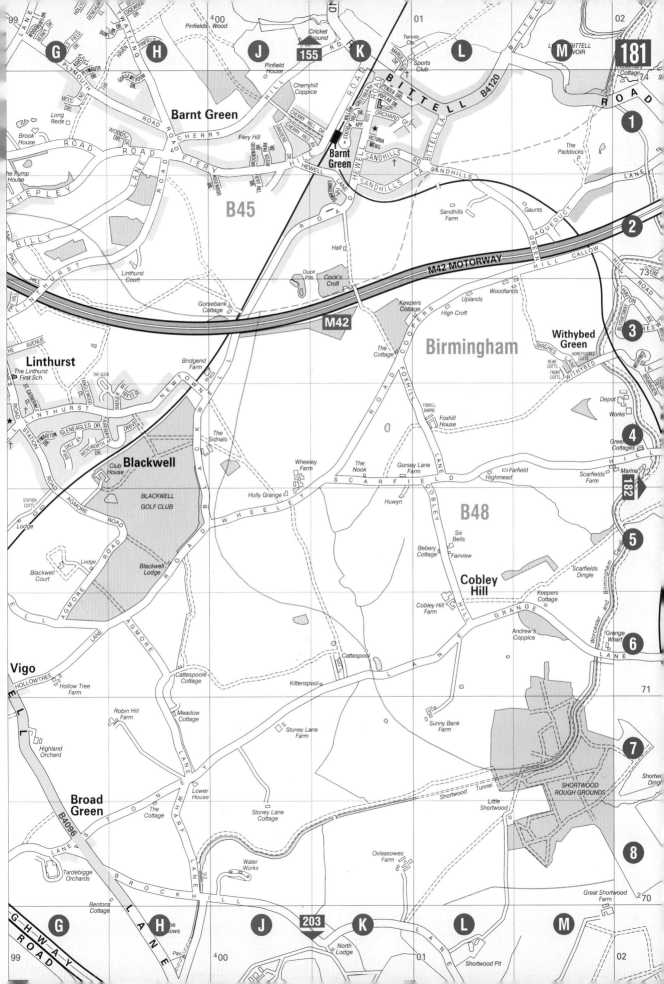

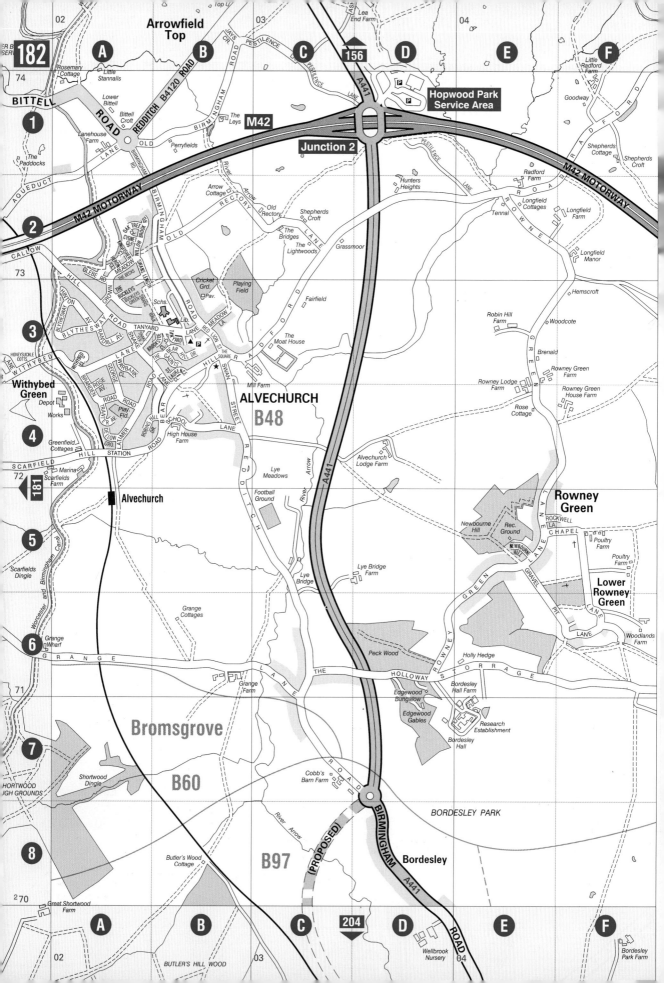

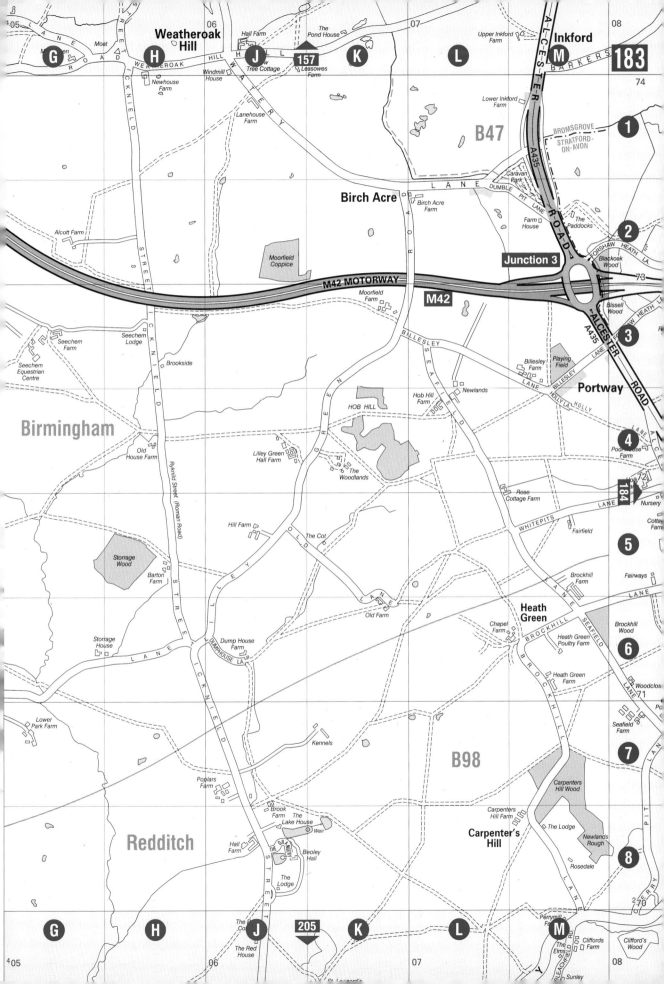

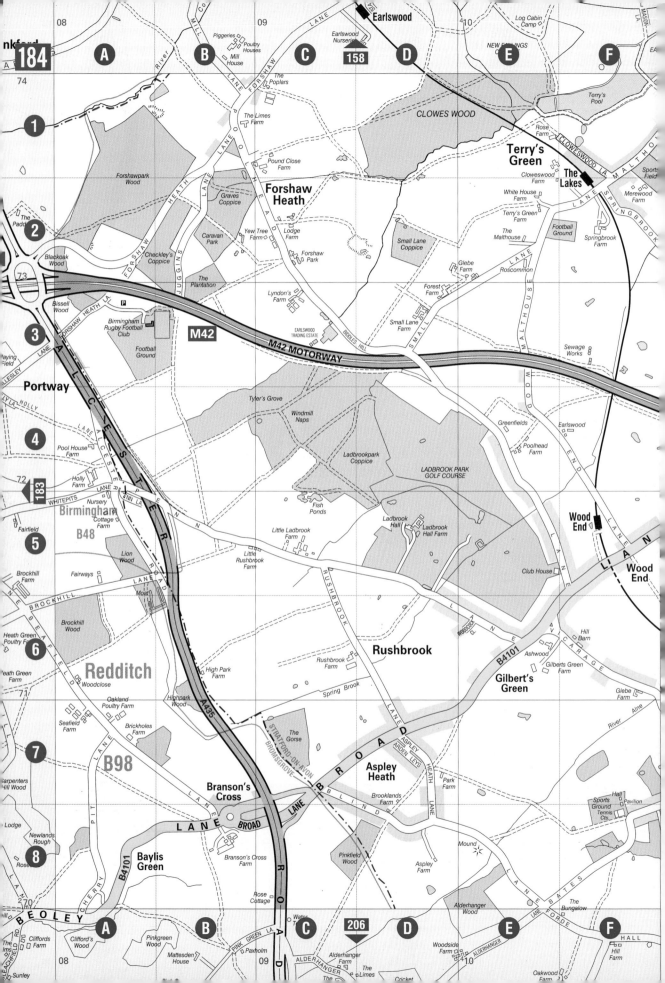

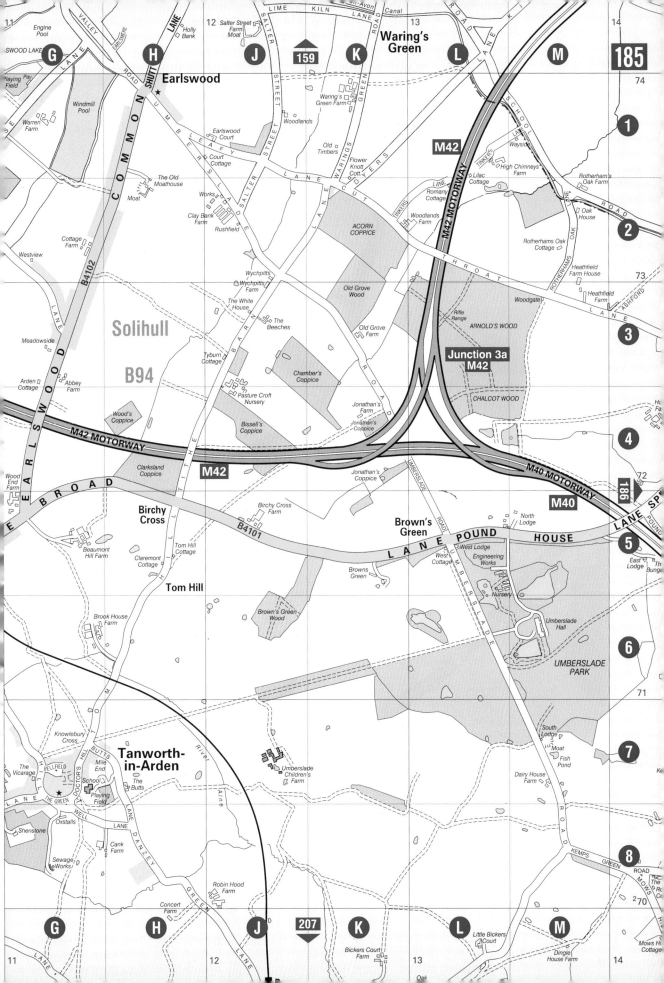

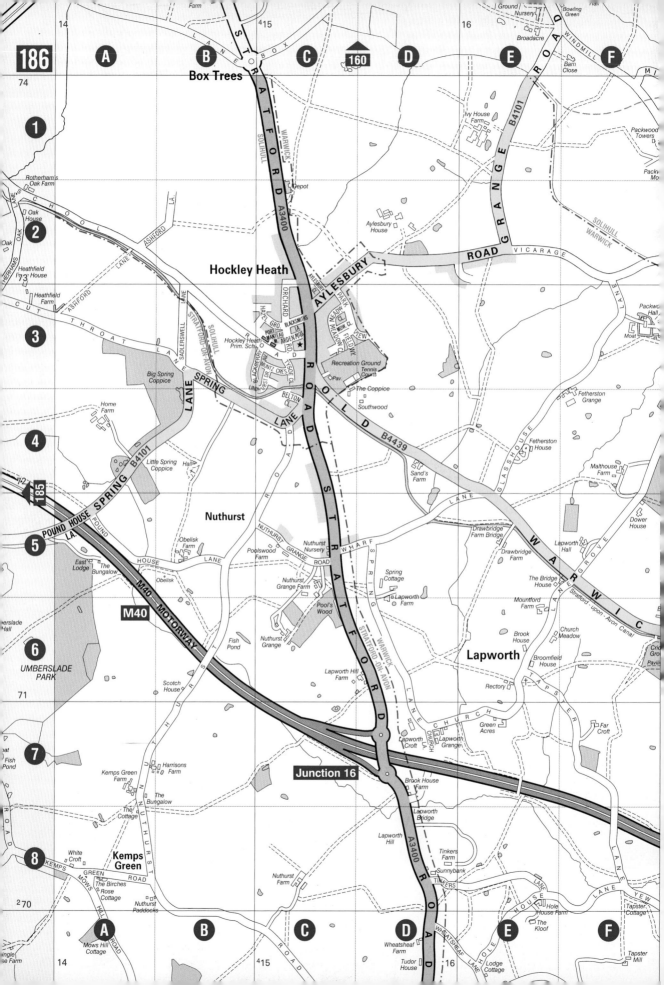

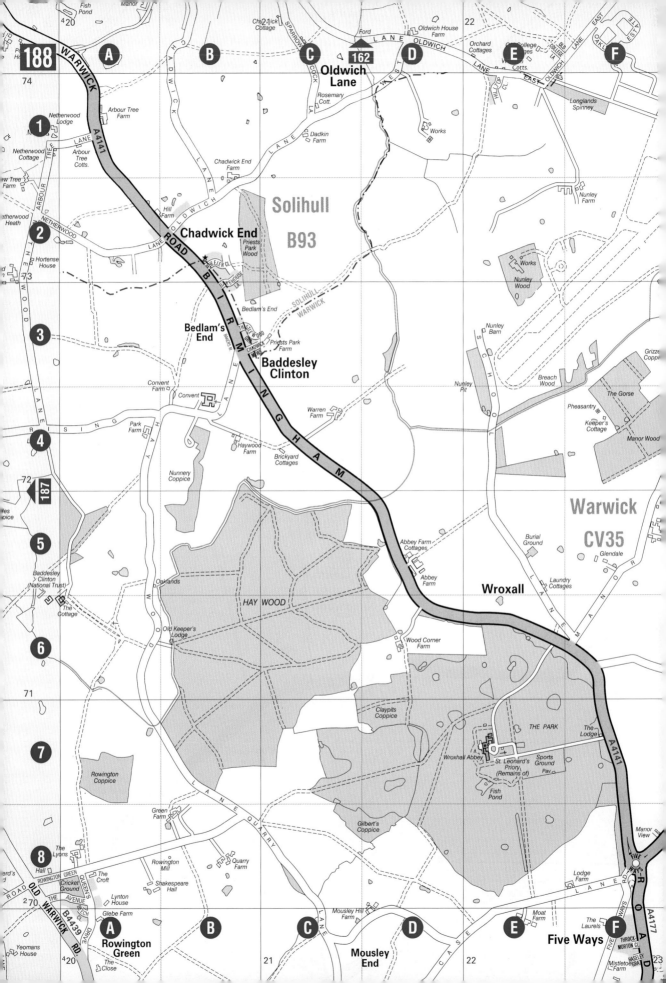

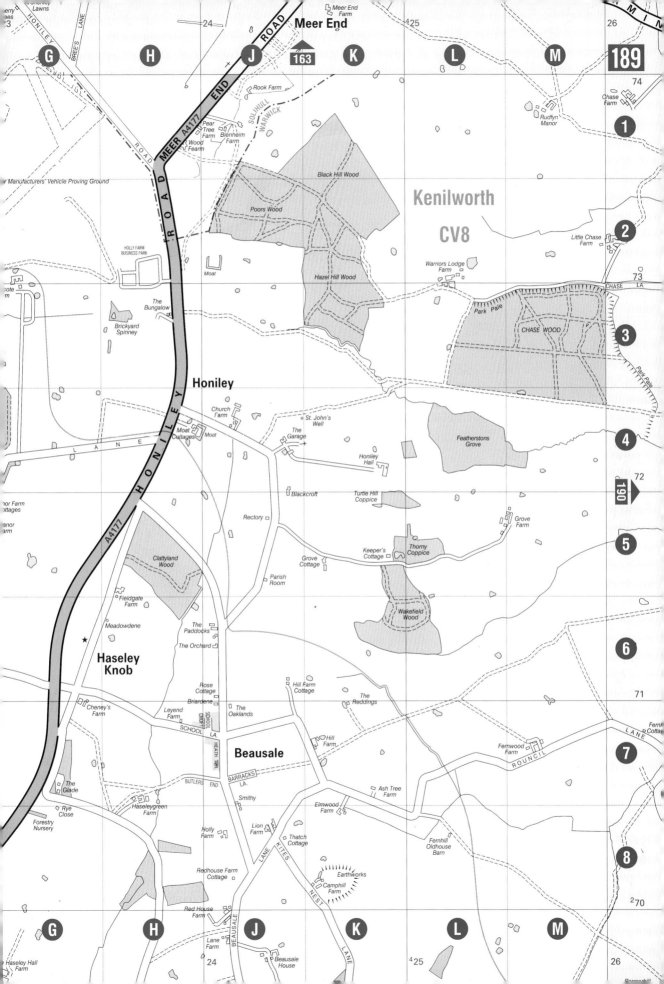

Meer End

Kenilworth

CV8

Honiley

Haseley
Knob

Beausale

Meer End
Farm

Rook Farm

Pear
Tree
Farm

Blenheim
Farm

Wood Fearm

Rudfyn
Manor

Chase
Farm

Little Chase
Farm

SOLIHULL
WARWICK

Manufacturers' Vehicle Proving Ground

Black Hill Wood

Poors Wood

HOLLY FARM
BUSINESS PARK

Moat

Hazel Hill Wood

Warriors Lodge
Farm

Park Pale

CHASE WOOD

Brickyard
Spinney

The
Bungalow

Featherstons
Grove

St. John's
Well

Church
Farm

Moat
Cottages

Moat

The
Garage

Honiley
Hall

Blackcroft

Turtle Hill
Coppice

Grove
Farm

Rectory

Thorny
Coppice

Grove
Cottage

Keeper's
Cottage

Clattyland
Wood

Parish
Room

Wakefield
Wood

Fieldgate
Farm

Meadowdene

The
Paddocks

The Orchard

Rose
Cottage

Briardene

Hill Farm
Cottage

The
Reddings

Cheney's
Farm

Leyend
Farm

The
Oaklands

Fernwood
Farm

Hill
Farm

ROUNCIL

LANE

The
Glade

Ash Tree
Farm

Smithy

Elmwood
Farm

Haseleygreen
Farm

Rye
Close

Holly
Farm

Lion
Farm

Fernhill
Oldhouse
Barn

Forestry
Nursery

Thatch
Cottage

Redhouse Farm
Cottage

Earthworks

Camphill
Farm

Red House
Farm

Lane
Farm

Beausale
House

Haseley Hall
Farm

Manor Farm
Cottages

Manor
Farm

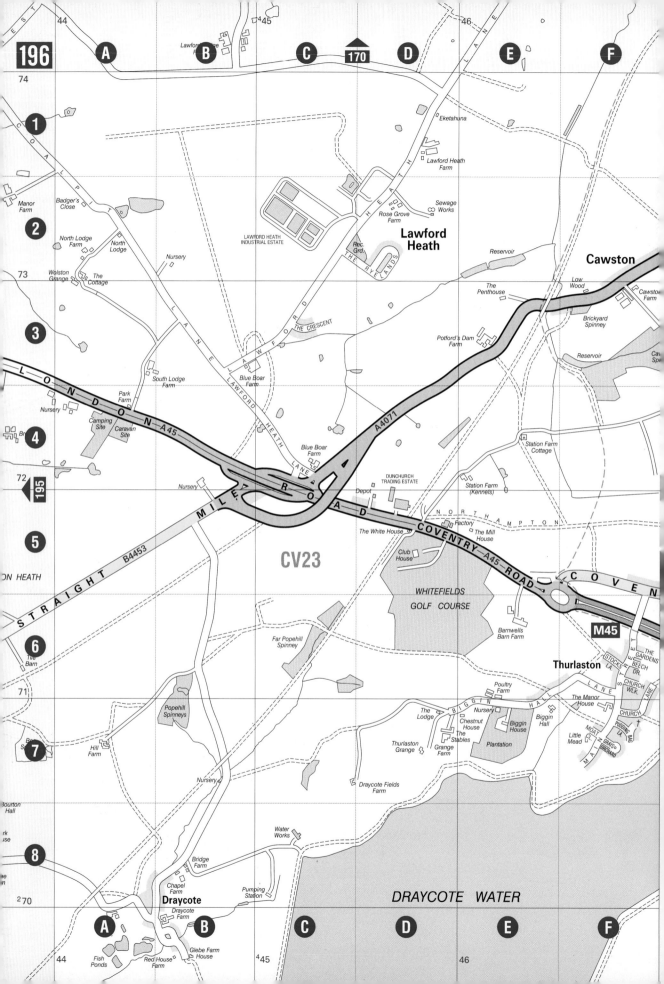

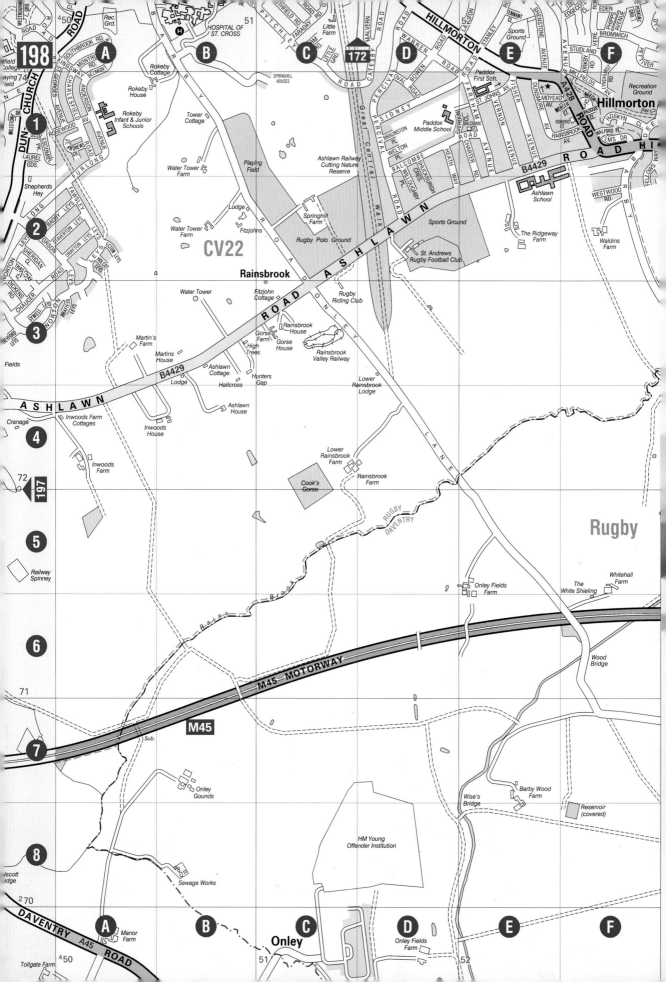

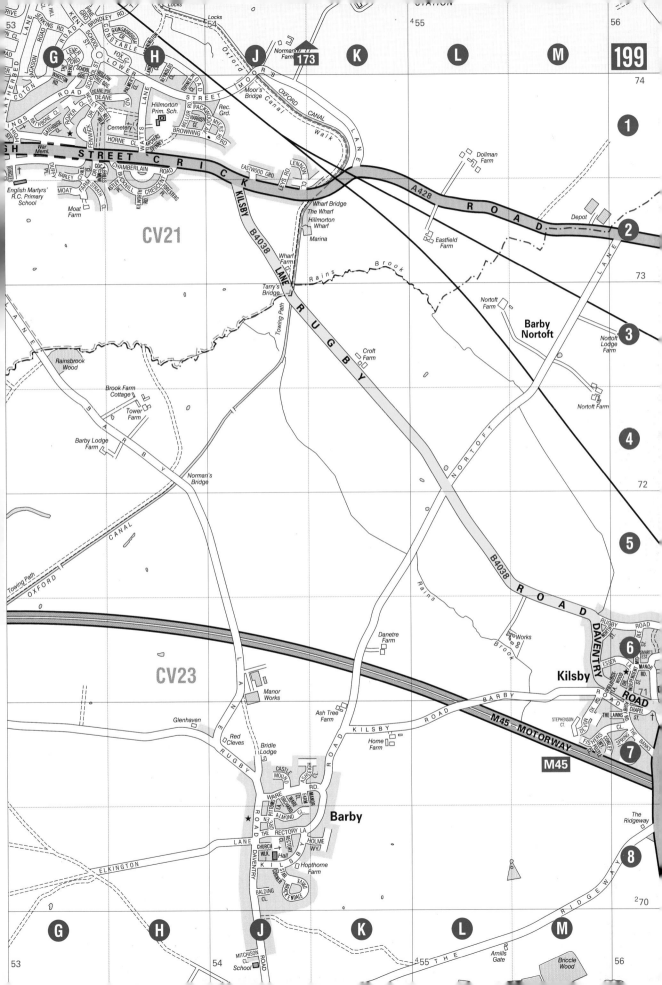

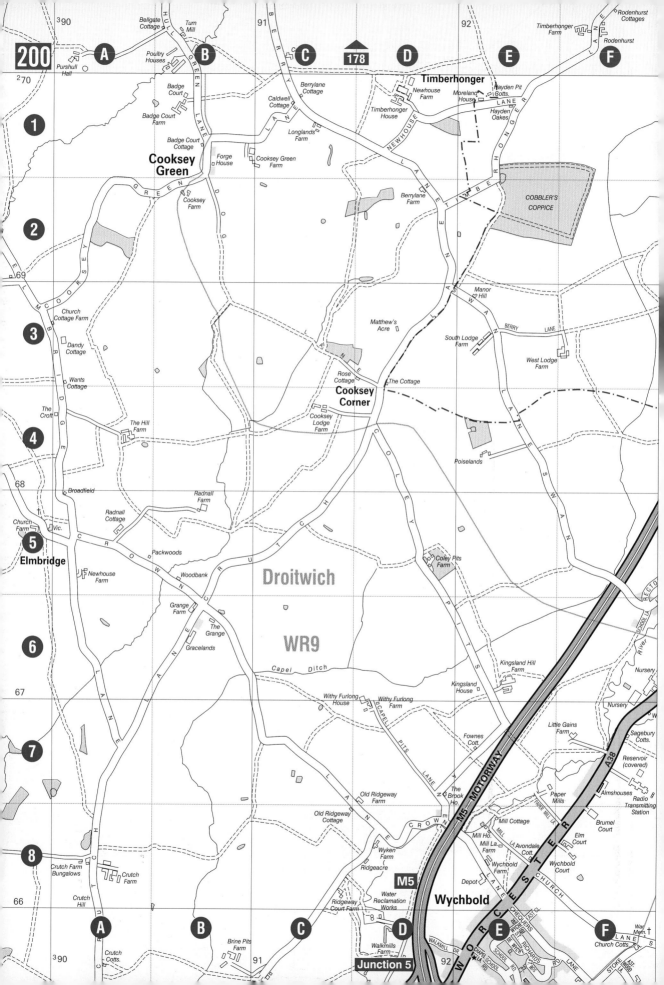

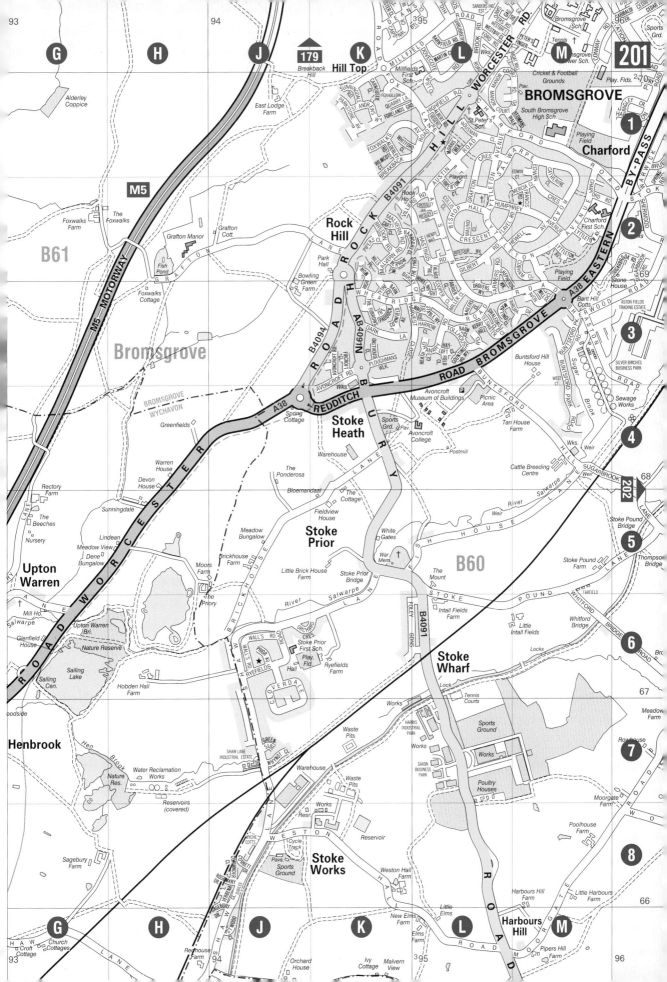

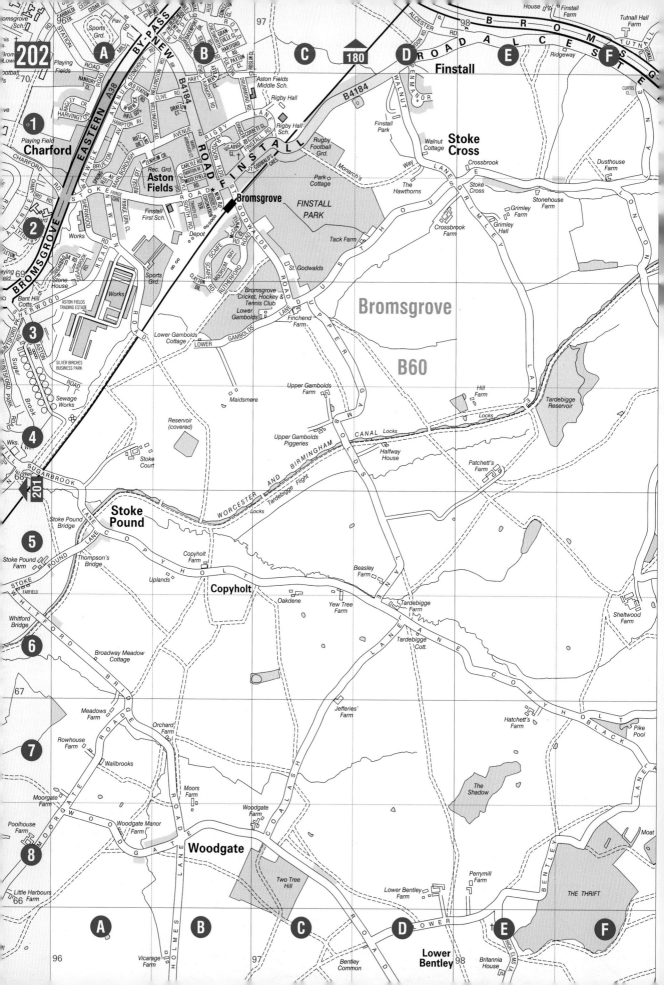

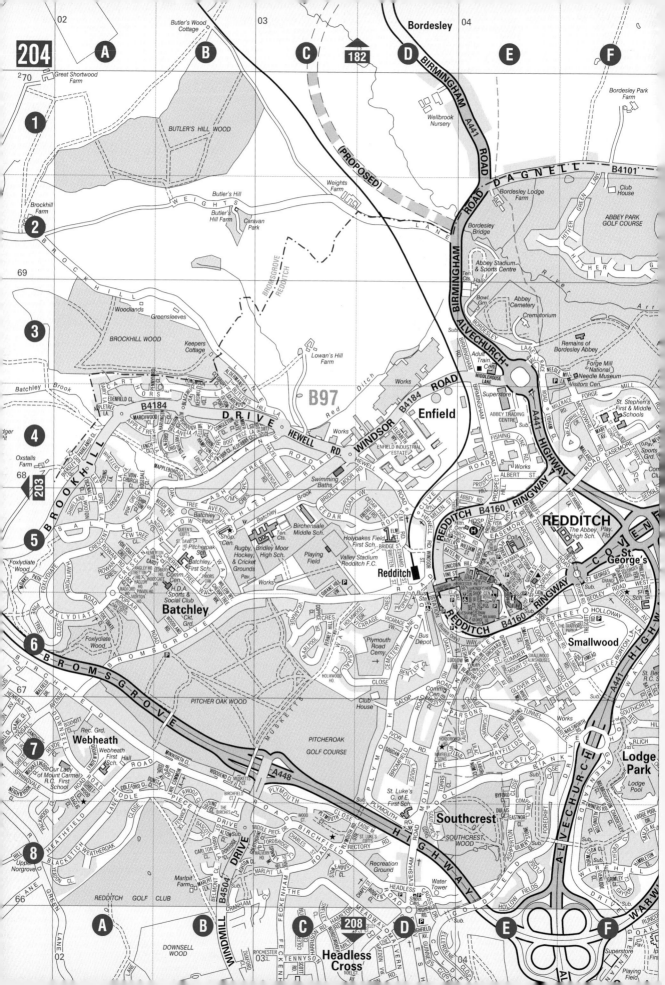

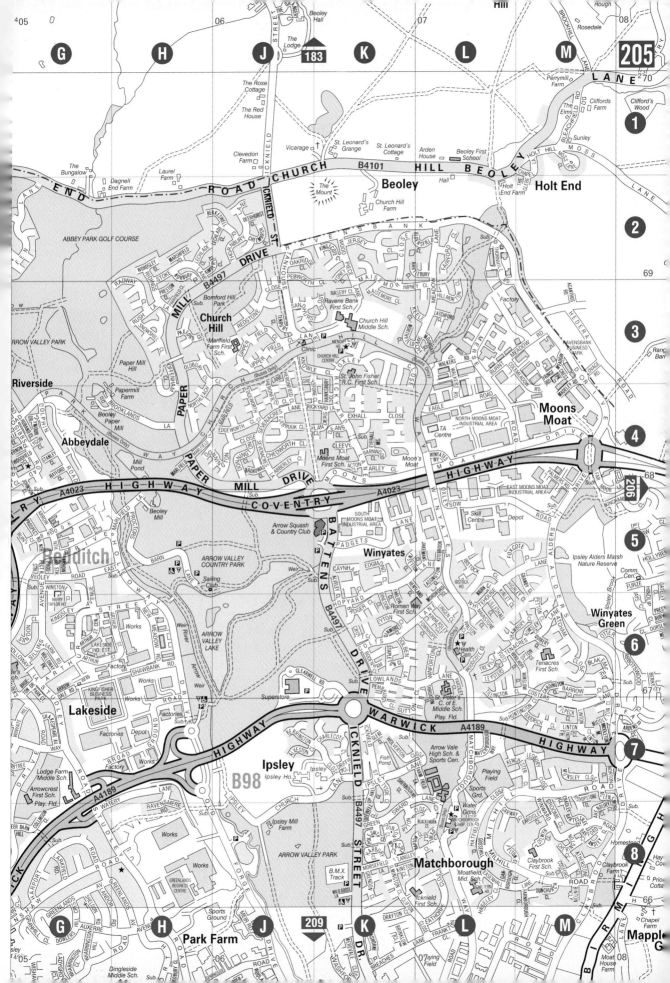

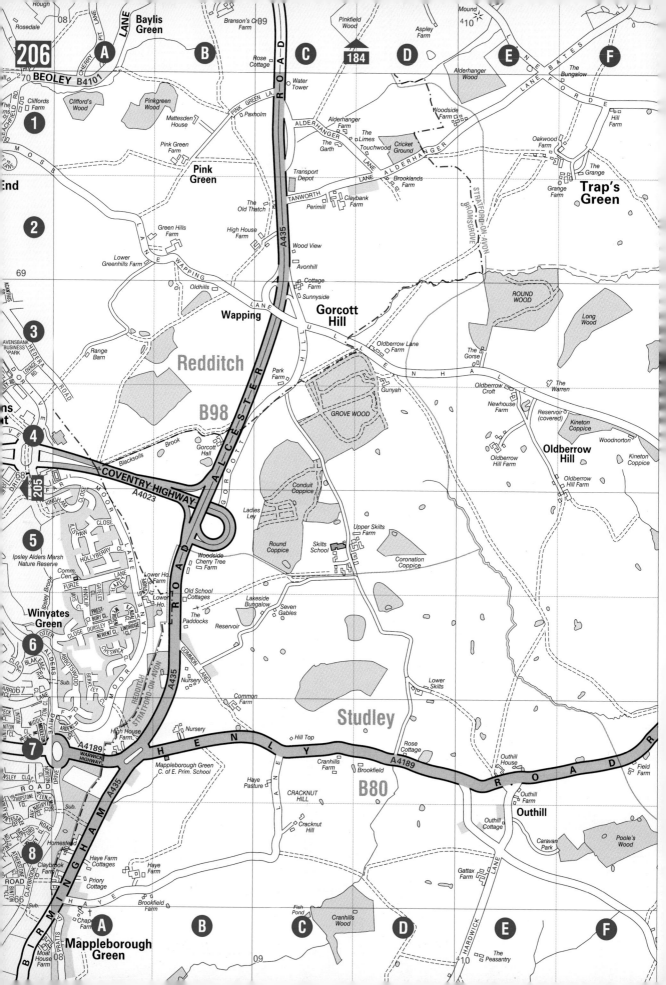

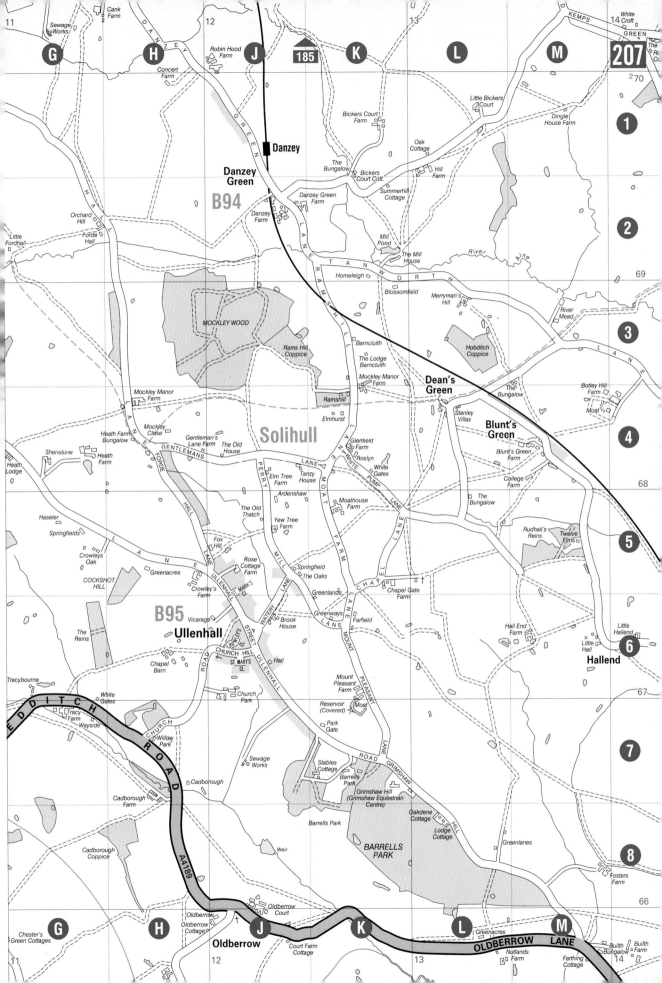

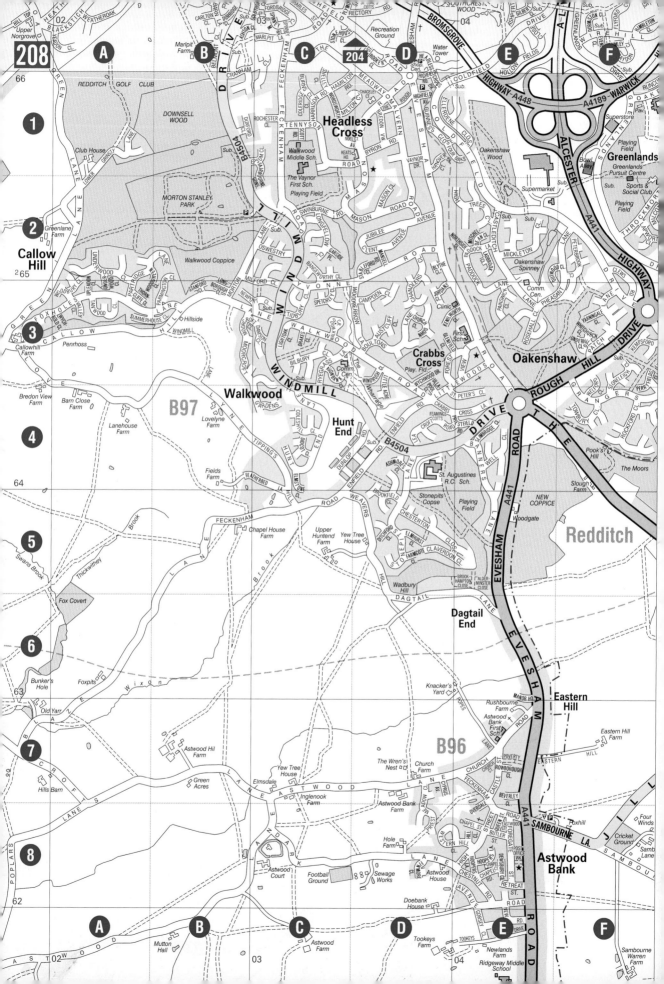

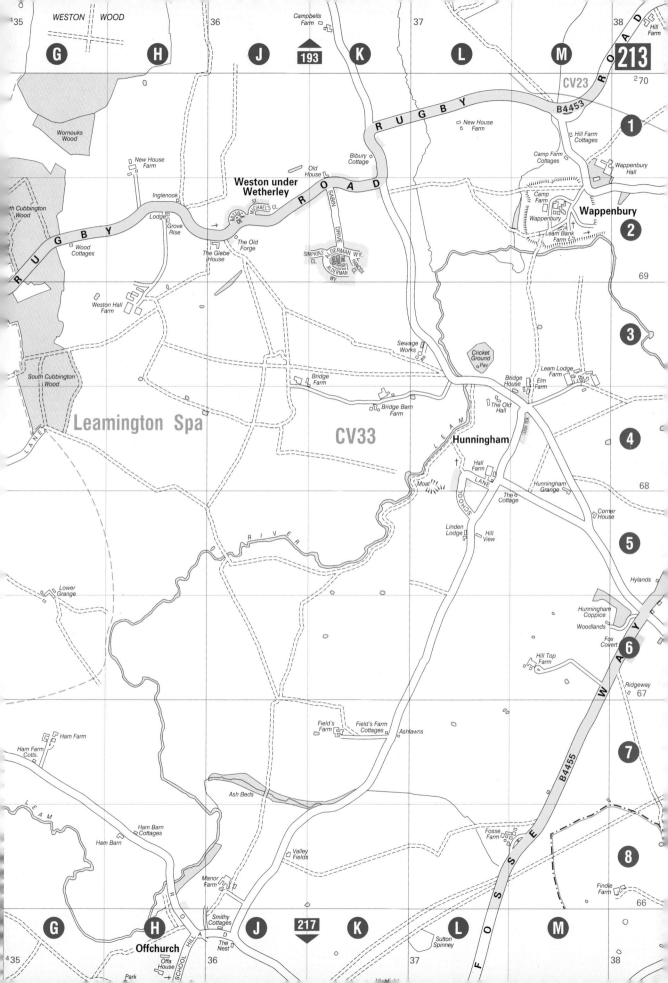

INDEX

Including Streets, Places & Areas, Industrial Estates, Selected Subsidiary Addresses
and Selected Places of Interest.

HOW TO USE THIS INDEX

1. Each street name is followed by its Posttown or Postal Locality and then by its map reference; e.g. Abberley Av. *Stour S* —8D **174** is in the Stourport-on-Severn Posttown and is to be found in square 8D on page **174**. The page number being shown in bold type.
A strict alphabetical order is followed in which Av., Rd., St., etc. (though abbreviated) are read in full and as part of the street name; e.g. Abbotswood Clo. appears after Abbots Way but before Abbott Rd.

2. Streets and a selection of Subsidiary names not shown on the Maps, appear in the index in *Italics* with the thoroughfare to which it is connected shown in brackets;
e.g. *Abberton Ho. Redd —5A **204** (off Lock Clo.)*

3. Places and areas are shown in the index in **bold type**, the map reference referring to the actual map square in which the town or area is located and not to the place name; e.g. **Abbeydale. —4G 205**

4. An example of a selected place of interest is **Abbey Barn. —4E 190**

5. Map references shown in brackets; e.g. Abbotts La. *Cov* —6B **144** (3A **6**) refer to entries that also appear on the large scale pages **4-7**.

GENERAL ABBREVIATIONS

All : Alley
App : Approach
Arc : Arcade
Av : Avenue
Bk : Back
Boulevd : Boulevard
Bri : Bridge
B'way : Broadway
Bldgs : Buildings
Bus : Business
Cvn : Caravan
Cen : Centre
Chu : Church
Chyd : Churchyard
Circ : Circle
Cir : Circus
Clo : Close
Comn : Common
Cotts : Cottages
Ct : Court
Cres : Crescent
Cft : Croft
Dri : Drive
E : East
Embkmt : Embankment
Est : Estate
Fld : Field
Gdns : Gardens
Gth : Garth
Ga : Gate
Gt : Great
Grn : Green
Gro : Grove
Ho : House
Ind : Industrial
Info : Information
Junct : Junction
La : Lane
Lit : Little
Lwr : Lower
Mc : Mac
Mnr : Manor
Mans : Mansions
Mkt : Market
Mdw : Meadow
M : Mews
Mt : Mount
Mus : Museum
N : North
Pal : Palace
Pde : Parade
Pk : Park
Pas : Passage
Pl : Place
Quad : Quadrant
Res : Residential
Ri : Rise
Rd : Road
Shop : Shopping
S : South
Sq : Square
Sta : Station
St : Street
Ter : Terrace
Trad : Trading
Up : Upper
Va : Vale
Vw : View
Vs : Villas
Vis : Visitors
Wlk : Walk
W : West
Yd : Yard

POSTTOWN AND POSTAL LOCALITY ABBREVIATIONS

A Grn : Acocks Green
Agg : Aggborough
Alb : Albrighton
Ald G : Aldermans Green
Ald I : Aldermans Green Ind. Est.
A'rdge : Aldridge
Alle : Allesley
Alum R : Alum Rock
A'chu : Alvechurch
A'cte : Alvecote
Amb : Amblecote
Amin : Amington
Ansl : Ansley
Ansty : Ansty
Arb : Arbury
Arly : Arley
Ash G : Ash Green
Asty : Astley
Aston : Aston
Aston C : Aston Cantlow
Aston F : Aston Flamville
A'wd B : Astwood Bank
Attl : Attleborough
Attl F : Attleborough Fields Ind. Est.
Bad E : Baddesley Ensor
Bag : Baginton
Bal C : Balsall Common
Bal H : Balsall Heath
Barby : Barby
Barf : Barford
Barn : Barnacle
B Grn : Barnt Green
Bars : Barston
Bart G : Bartley Green
Barw : Barwell
Bass P : Bassetts Pole
Bay I : Bayton Road Ind. Est.
Beau : Beausale
Bed : Bedworth
Belb : Belbroughton
B'ley : Bentley (nr. Redditch)
Bntly : Bentley (nr. Walsall)
Ben H : Bentley Heath
Beo : Beoley
Berk : Berkswell
Berm I : Bermuda Park Ind. Est.
Bew : Bewdley
Bick : Bickenhill
Bils : Bilston
Bstne : Bilstone
Bil : Bilton
Bin : Binley
Bin I : Binley Ind. Est.
Bin W : Binley Woods
B'fld : Birchfield
Bir H : Birchley Heath
B'moor : Birchmoor
Bird : Birdingbury
Birm P : Birmingham Bus. Pk.
Birm A : Birmingham International Airport
Bis T : Bishops Tachbrook
Blac I : Blackburn Road Ind. Est.
B'dwn : Blackdown
B'wll : Blackwell
Blak : Blakedown
B'hll : Blakenhall
Bloom : Bloomfield
Blox : Bloxwich
Bod H : Bodymoor Heath
Bol : Bolehall
Bone : Bonehill
Bord : Bordesley
Bord G : Bordesley Green
B'brk : Bournbrook
B'hth : Bournheath
B'vlle : Bournville
Bour : Bourton
Brad : Bradley
B'mre : Bradmore
Brad M : Bradnocks Marsh
Bram : Bramcote
Bran : Brandon
Bret : Bretford
B'twn : Bridgtown
Brie H : Brierley Hill
Brin : Brinklow
B'frd : Brinsford
Brit E : Britannia Enterprise Pk.
Brock : Brockmoor
B'gve : Bromsgrove
Bmhll : Broomhill
Bwnhls : Brownhills
Brow : Brownsover
Bubb : Bubbenhall
Buc E : Buckland End
Bud : Budbrooke
Bulk : Bulkington
Burb : Burbage
Burc : Burcot
Burn : Burntwood
Burt G : Burton Green
Burt H : Burton Hastings
Bush : Bushbury
Cald : Caldecote
Call H : Callow Hill
Camp H : Camp Hill
Cann : Cannock
Cann W : Cannock Wood
Can : Canwell
Cas B : Castle Bromwich
Cas : Castlecroft
Cas V : Castle Vale
Cath B : Catherine-de-Barnes
Cats : Catshill
Cau : Caunsall
Caw : Cawston
Chad C : Chaddesley Corbett
C'mr : Chadsmoor
Chad : Chadwich
Chad E : Chadwick End
Char I : Charter Avenue Ind. Est.
C Ter : Chase Terrace
Chase : Chasetown
Chel W : Chelmsley Wood
C Hay : Cheslyn Hay
Ches : Chesterton
Chor : Chorley
C'bri : Churchbridge
Chu H : Church Hill North
C'hll : Churchill
Chu L : Church Lawford
Clay : Clayhanger
Clent : Clent
Cliff : Cliff
Clift D : Clifton upon Dunsmore
Cod : Codsall
Cod W : Codsall Wood
Col : Coleshill
Comp : Compton
Cong E : Congreaves Trad. Est.
Cookl : Cookley
Cor : Corley
Cose : Coseley
Cot : Coton
Cou : Coughton
Coven : Coven
Cov H : Coven Heath
Cov : Coventry
Cov W : Coventry Walsgrave Triangle
Crad H : Cradley Heath
C Grn : Cross Green
Cross P : Cross Point Bus. Pk.
Cubb : Cubbington
Curd : Curdworth
Dad : Dadlington
Darl : Darlaston
Der : Deritend
D'frd : Dodford
Dord : Dordon
Dorr : Dorridge
Dost : Dosthill
Dray B : Drayton Bassett
Dud : Dudley
Dud P : Dudley Port
Dunc : Dunchurch
Dunl : Dunley
Earl S : Earl Shilton
Earls : Earlswood
E Grn : Eastern Green
Edg : Edgbaston
Elc B : Elcocks Brook
Elmb : Elmbridge
Elmd : Elmdon
Elme : Elmesthorpe
Elmh : Elmhurst
Elm L : Elmley Lovett
Env : Enville
Erd : Erdington
Ess : Essington
E'shll : Ettingshall
E'shll P : Ettingshall Park
Exh : Exhall
Fair : Fairfield
Fall P : Fallings Park
Fare : Farewell
Faz : Fazeley
F'stne : Featherstone
Fill : Fillongley
Finc : Finchfield
Fins : Finstall
Foot : Footherley
F'bri : Fordbridge
F'hses : Fordhouses
Four O : Four Oaks
Fran : Frankley
F'ton : Frankton
Fren W : French Walls
Frol : Frolesworth
F End : Furnace End
Gall P : Gallagher Bus. Pk.
Gall C : Galley Common
Gent : Gentleshaw
Glas : Glascote
Gleb F : Glebe Farm Ind. Est.
G Hill : Golds Hill
Gold P : Goldthorn Park
Gorn W : Gornal Wood
Gt Barr : Great Barr
Gt Bri : Great Bridge
Gt Wyr : Great Wyrley
Greet : Greet
Griff : Griff
Gun H : Gun Hill
Guys C : Guys Cliffe
Hag : Hagley
Hale : Halesowen
Hall G : Hall Green
Hamm : Hammerwich
Hamp I : Hampstead Ind. Est.
H Ard : Hampton-in-Arden
H Mag : Hampton Magna
Hnbry : Hanbury
Hanch : Hanch
Hand : Handsworth
Harb : Harborne
Harb M : Harborough Magna
Hartl : Hartlebury
Harts : Hartshill
Harv : Harvington
Hasb : Hasbury
Hase : Haseley
Hatt : Hatton
Hay G : Hayley Green
Haz S : Hazel Slade
Head X : Headless Cross
H'cte : Heathcote
H'cte I : Heathcote Ind. Est.
Hth H : Heath Hayes
Hth T : Heath Town
Hed : Hednesford
H'ton : Heightington
Hen A : Henley-in-Arden
Hillm : Hillmorton
Hill T : Hill Top
Hltn : Hilton
Himl : Himley
Hinc : Hinckley
Hints : Hints
Hock : Hockley (nr. Birmingham)
H'ley : Hockley (nr. Tamworth)
H'ley H : Hockley Heath
Holf : Holford
H'wd : Hollywood
Hon : Honiley
Hop : Hopwas
Hudd : Huddlesford
H'ham : Hunningham
Hunn : Hunnington
H End : Hunt End
Hunt : Huntington
Hurc : Hurcott
Hurl : Hurley
Hurst B : Hurst Bus. Pk.
H Grn : Hurst Green
Ips : Ipsley
Ism : Ismere
I'ley : Iverley (nr. Kidderminster)
Iver : Iverley (nr. Stourbridge)
Ken : Kenilworth
Ker : Keresley
Ker E : Keresley End
Kett : Kettlebrook
Kidd : Kidderminster
Kils : Kilsby
K'bry : Kingsbury
K Hth : Kings Heath
K'hrst : Kingshurst
K Nor : Kings Norton
K'sdng : Kingstanding
K'wfrd : Kingswinford
Kinv : Kinver
Kitts G : Kitts Green
Know : Knowle
Lady : Ladywood
Lane : Lanesfield
Lapw : Lapworth
Law H : Lawford Heath
Lea M : Lea Marston
Lea S : Leamington Spa
Leek W : Leek Wootton
Lich : Lichfield
L End : Lickey End
Lilb : Lilbourne
Lill : Lillington
Lit A : Little Aston
Lit H : Little Hay
Lit L : Little Lawford
L'thpe : Littlethorpe
L'wth : Littleworth
Longd : Longdon
Longd G : Longdon Green
Longf : Longford
Long L : Long Lawford
Lwr B : Lower Bentley
Lwr G : Lower Gornal
Lwr P : Lower Penn
Low H : Low Habberley
Loz : Lozells
L Ash : Lydiate Ash
Lye : Lye
Lyng : Lyng
Lynn : Lynn
Maney : Maney
Map G : Mappleborough Green
Marl : Marlbrook
Mars : Marston
Mars G : Marston Green
May : Maypole
Mer : Meriden
Mer H : Merry Hill
Mid B : Middlemarch Bus. Pk.
Midd I : Middlemore Ind. Est. (nr. Birmingham)
Mid I : Middlemore Ind. Est. (nr. Smethwick)
Midd : Middleton
M Oak : Mile Oak
Min : Minworth
Moons M : Moons Moat North
Moons I : Moons Moat North Ind. Est.
Mose : Moseley
Mose V : Moseley Village
Mox : Moxley
Nech : Nechells
Neth : Netherton
New B : New Bilton
N'bld : Newbold
N'bri : Newbridge
New O : New Oscott
New S : New Shires Ind. Est.
Newt : Newton
N'fld : Northfield
Nort C : Norton Canes
Nun : Nuneaton
Oaken : Oaken
Ock H : Ocker Hill
Off : Offchurch
Oldb : Oldbury (nr. Nuneaton)
O'bry : Oldbury (nr. West Bromwich)
Out : Outhill
Oxl : Oxley
Park I : Park Farm Ind. Est.
P'flds : Parkfields
P'gte : Parkgate
Park V : Park Village
Patt : Pattingham
Pels : Pelsall
Pend : Pendeford
Penk : Penkridge
Penn : Penn
Penn F : Penn Fields
Pens : Pensnett
Pens T : Pensnett Trad. Est.
P Barr : Perry Barr
Pert : Perton
Picc : Piccadilly
Pole : Polesworth
Port : Portway
Prem B : Premier Bus. Pk.
P End : Princes End
Prin : Princethorpe
Quar B : Quarry Bank
Quin : Quinton
Rad S : Radford Semele
Redd : Redditch
Redn : Rednal
Ribb : Ribbesford
Rom : Romsley
Row : Rowington
Row R : Rowley Regis
Row V : Rowley Village
Rugby : Rugby
Ruge : Rugeley
Rus : Rushall
Rush : Rushock
Ryton D : Ryton on Dunsmore
Salt : Saltley
Sam : Sambourne
San : Sandwell
Sap : Sapcote
Sed : Sedgley
Seis : Seisdon
S Oak : Selly Oak
S Park : Selly Park
S End : Shard End
Share : Shareshill
Sharn : Sharnford
Shat : Shatterford
Sheld : Sheldon
Shelf : Shelfield
Shens : Shenstone (nr. Kidderminster)
Shen : Shenstone (nr. Lichfield)
Shen W : Shenstone Wood End
Sher : Sherbourne
Shil : Shilton
Shir : Shirley
Shut : Shuttington
Side : Sidemoor
S Hth : Slade Heath
Small H : Small Heath
Smeth : Smethwick
Smock : Smockington
Sol : Solihull
S'brk : Sparkbrook
S'hll : Sparkhill
Sper : Spernal
Spring : Springhill
Stap : Stapleton
Stech : Stechford
Stir : Stirchley
Stock : Stockingford
Stock G : Stockland Green
Stoke G : Stoke Golding
Stoke H : Stoke Heath
Stoke P : Stoke Pound
S Prior : Stoke Prior

Posttown and Postal Locality Abbreviations

Stone : Stone
S'lgh : Stoneleigh
S'lgh P : Stoneleigh Park
S Stan : Stoney Stanton
Ston : Stonnall
Stourb : Stourbridge
Stour S : Stourport-on-Severn
Stourt : Stourton
Stow H : Stow Heath
S'hay : Streethay
S'tly : Streetly
Stret D : Stretton on Dunsmore
Stret F : Stretton under Fosse
Stud : Studley
Summ : Summerfield
S Cold : Sutton Coldfield
Swan V : Swan Village
Swift I : Swift Valley Ind. Est.
Swind : Swindon
Syd : Sydenham
Tach P : Tachbrook Park
Tam : Tamworth
Tan A : Tanworth-in-Arden
Tard : Tardebigge
Tett : Tettenhall
Tett W : Tettenhall Wood
T'ton : Thurlaston
Tid G : Tidbury Green
Tip : Tipton
Tiv : Tividale
Torr I : Torrington Avenue Ind. Est.
Tort : Torton
Tres : Trescott
Trim : Trimpley
Try : Trysull
Tutn : Tutnall
Two G : Two Gates
Tys : Tyseley
Ufton : Ufton
Ullen : Ullenhall
Up Ben : Upper Bentley
Up Gor : Upper Gornal
U War : Upton Warren
Vaux : Vauxhall
Wall : Wall
W Hth : Wall Heath
Wals : Walsall
Wals W : Walsall Wood
W'grve S : Walsgrave on Sowe
W'grve R : Walsgrave Retail Pk.
W End : Ward End
Ware : Waresley
Warw : Warwick
Wash H : Washwood Heath
Wat O : Water Orton
Web : Webheath
Wedg M : Wedges Mills
W'bry : Wednesbury
Wed : Wednesfield
W'frd : Weeford
W Cas : Weoley Castle
Wergs : Wergs
W Brom : West Bromwich
Westc : Westcroft
W Weth : Weston under Wetherley
W'wd B : Westwood Bus. Pk.
What : Whateley
Whit V : Whitley Village
W'nsh : Whitnash
Wtgtn : Whittington
Wig P : Wigston Parva
Wild : Wildmoor
W'hall : Willenhall
Wiln : Wilnecote
Wim : Wimblebury
Win G : Winson Green
Wis : Wishaw
Withy : Withybrook
Witt : Witton
Woll : Wollaston
W'cte : Wollescote
Wols : Wolston
Wolv : Wolverhampton
W'ley : Wolverley
Wlvy : Wolvey
Wom : Wombourne
Woodc : Woodcross
Wood E : Wood End
W'gte : Woodgate
Wood P : Woodloes Park
Woods : Woodsetton
Wool : Woolscott
Word : Wordsley
Wrox : Wroxall
Wych : Wychbold
Wykin : Wykin
W Grn : Wylde Green
Wyt : Wythall
Yard : Yardley
Yard W : Yardley Wood
Yew T : Yew Tree Est.

INDEX

A1 Trad. Est. Smeth —2A 92
Aaron Manby Ct. P End —1M 65
Abberley. Wiln —8J 33
Abberley Av. Stour S —8D 174
Abberley Clo. Hale —7M 109
Abberley Clo. Redd —4J 205
Abberley Ind. Est. Smeth —4D 92
Abberley Rd. Dud —5C 64
Abberley Rd. O'bry —2H 111
Abberley St. Dud —1J 89
Abberley St. Smeth —4D 92
Abberton Clo. Hale —6C 110
Abberton Gro. Shir —2B 160
Abberton Ho. Redd —5A 204 (off Lock Clo.)
Abberton Way. Cov —6K 165
Abbess Gro. B25 —8L 95
Abbey Barn. —4E 190
Abbey Clo. B'gve —7C 180
Abbey Clo. Sol —4D 138
Abbey Ct. Cov —3H 167
Abbey Ct. Ken —5F 190
Abbey Ct. O'bry —5H 91
Abbey Cres. Hale —5K 109
Abbey Cres. O'bry —1K 111
Abbeydale. —4G 205
Abbeydale Clo. Cov —6M 145
Abbeydale Rd. B31 —7A 134
Abbey Dri. Wals —4A 26
Abbey End. Ken —5F 190
Abbeyfield Rd. B23 —2D 70
Abbeyfield Rd. Wolv —5E 22
Abbeyfields Dri. Stud —3L 209
Abbey Gdns. Smeth —8L 91
Abbey Ga. Nun —5J 79
Abbey Ga. Shop. Precinct. Nun —5J 79
Abbey Grn. Nun —4H 79
Abbey Hill. Ken —4F 190
Abbey Mans. Erd —3H 71
Abbey Rd. Cov —3F 166 (in three parts)
Abbey Rd. Dud —3K 89
Abbey Rd. Erd —7D 70
Abbey Rd. Glas —6D 32
Abbey Rd. Gorn W —6C 64
Abbey Rd. Hale —5J 109
Abbey Rd. Harb —4D 112
Abbey Rd. Kidd —3G 149
Abbey Rd. Redd —5E 204
Abbey Rd. Smeth —8K 91
Abbey Sq. Wals —7E 24
Abbey St. B18 —4G 93
Abbey St. Cann —2H 9
Abbey St. Dud —6C 64
Abbey St. Nun —4H 79 (in two parts)
Abbey St. Rugby —5C 172
Abbey St. N. B18 —4G 93
Abbey, The. Ken —4F 190
Abbey Trad. Cen. Redd —4E 204
Abbey Way. Cov —3F 166
Abbotsbury Clo. Cov —5A 146
Abbotsbury Way. Nun —2M 103
Abbots Clo. Know —2G 161
Abbots Clo. Wals —3C 40
Abbots Fld. Cann —4E 8
Abbotsford Av. B43 —7F 54
Abbotsford Dri. Dud —2E 88
Abbotsford Rd. B11 —3C 114
Abbotsford Rd. Lich —2K 19
Abbotsford Rd. Nun —1L 103
Abbots Rd. B14 —2L 135
Abbots Wlk. Wols —5H 169
Abbots Way. B18 —3H 93
Abbots Way. Warw —3D 214
Abbots Way. Wolv —8L 35
Abbotswood Clo. Redd —6A 206
Abbott Rd. Hale —1J 131
Abbotts Clo. Stour S —3K 175
Abbotts Grn. Hinc —4M 81
Abbotts La. Cov —6B 144 (3A 6)
Abbotts M. Brie H —8D 88
Abbotts Pl. Wals —8K 25
Abbotts Rd. B24 —8F 70
Abbotts St. Lea S —2M 215
Abbotts St. Wals —7K 25
Abbotts Wlk. Bin W —2C 168
Abbotts Way. Rugby —8F 172
Abdon Av. B29 —2B 134
Abelia. Tam —6F 32
Abercorn Rd. Cov —7L 143
Aberdeen Clo. Cov —4G 143
Aberdeen Rd. Nun —8L 79
Aberdeen St. B18 —5E 92
Aberford Clo. W'hall —5D 38
Abergavenny Wlk. Cov —2M 167
Abigails Clo. B26 —2B 116
Abingdon Clo. Wolv —7H 37
Abingdon Rd. B23 —2B 70
Abingdon Rd. Dud —6K 89
Abingdon Rd. Wals —7F 24
Abingdon Rd. Wolv —7H 37
Abingdon Way. B35 —6A 72
Abingdon Way. Nun —2M 79
Abingdon Way. Wals —7F 24
Ablewell St. Wals —8M 39
Ablow St. Wolv —1C 50 (7H 7)
Abnalls Cft. Lich —8F 12
Abnalls La. Lich —1A 18 (in two parts)
Abney Dri. Bils —8F 50
Abney Gro. B44 —7B 56
Aboyne Clo. B5 —3K 113
Acacia Av. B37 —3F 96
Acacia Av. Bew —6C 148
Acacia Av. Cov —8E 144 (7F 6)
Acacia Av. Wals —5A 54
Acacia Clo. B37 —3F 96
Acacia Clo. Dud —6G 65
Acacia Clo. Tiv —7B 66
Acacia Cres. Bed —6K 103
Acacia Cres. Cod —5H 21
Acacia Dri. Bils —2G 65
Acacia Gro. Cann —6M 9
Acacia Gro. Rugby —5A 172
Acacia Rd. B30 —1E 134
Acacia Rd. Lea S —8K 211
Acacia Rd. Nun —4E 78
Acacia Ter. B12 —4A 114
Acanthus Rd. Redd —3M 205
Accord M. W'bry —2D 52
Ace Bus. Pk. B33 —7D 96
Acfold Rd. B20 —4E 68
Achal Clo. Cov —7F 122
Acheson Rd. Shir & Hall G —7F 136
Achilles Clo. H'cte —7M 215
Achilles Clo. Wals —8F 14 (in two parts)
Achilles Rd. Cov —2G 145
Ackleton Gdns. Wolv —2M 49
Ackleton Gro. B29 —1M 133
Acock's Green. —6H 115
Acorn Clo. B27 —4H 115
Acorn Clo. Bed —1C 122
Acorn Clo. B'vlle —1E 134
Acorn Clo. Burn —8G 11
Acorn Clo. Cann —7J 9
Acorn Clo. Gt Wyr —8G 15
Acorn Clo. S'lgh —2B 192
Acorn Clo. W Brom —6H 67
Acorn Ct. Lea S —7A 212
Acorn Dri. Rugby —8H 171
Acorn Gdns. B30 —1G 135
Acorn Gro. B1 —6H 93 (4A 4)
Acorn Gro. Cod —7E 20
Acorn Gro. Stourb —8L 87
Acorn Rd. Cats —8B 154
Acorn Rd. Hale —1C 110
Acorn Rd. Wolv —8A 24
Acorn Starter Units. Burn —2D 16
Acorns, The. Cats —1A 180
Acorn St. Cov —1H 167
Acorn St. W'hall —7C 38
Acre Clo. W'nsh —5A 216
Acre Ho. Kinv —6B 106
Acre Ri. W'hall —4B 38
Acres Rd. Brie H —1D 108
Acton Clo. Redd —4K 205
Acton Dri. Dud —6B 64
Acton Gro. B44 —6A 56
Acton Gro. Bils —5H 51
Adam Ct. Cann —8D 8
Adam Rd. Cov —2G 145
Adams Brook Dri. B32 —8H 111
Adams Clo. Smeth —2K 91
Adams Clo. Tip —8M 51
Adams Ct. Kidd —2A 150
Adam's Hill. —5E 130
Adams Hill. B32 —8H 111
Adam's Hill. Clent —5E 130
Adams Ho. Kidd —3J 149
Adams Ind. Est. Kidd —2A 150
Adamson Clo. Cann —8B 8
Adams Rd. Wals —4G 27
Adams Rd. Wolv —2J 49
Adams St. B7 —4M 93 (1K 5)
Adams St. Rugby —6L 171
Adams St. Wals —7K 39
Adams St. W Brom —6G 67
Adam St. Kidd —4J 149
Adare Dri. Cov —1C 166
Ada Rd. Bord —7B 94
Ada Rd. Smeth —6B 92
Ada Rd. Yard —3H 115
Adas Woodthorne. Wolv —3H 35
Ada Wrighton Clo. W'hall —2C 38
Adcock Dri. Ken —4G 191
Adcote Clo. Barw —3G 85
Addenbrooke Ct. Crad H —1M 109
Addenbrooke Cres. Kidd (in two parts) —8G 149
Addenbrooke Dri. S Cold —7H 57
Addenbrooke Pl. W'bry —2D 52
Addenbrooke Rd. Ker E —3A 122
Addenbrooke Rd. Smeth —6M 91
Addenbrooke St. Wals —2J 39
Addenbrooke St. W'bry —1D 52
Addenbrook Way. Tip —1D 66
Adderley Gdns. B8 —4D 94 (in two parts)
Adderley Pk. Clo. B8 —5E 94
Adderley Rd. B8 & Salt —6C 94
Adderley Rd. S. B8 —6C 94
Adderley St. B9 —8A 94 (7L 5)
Adderley St. Cov —5E 144
Addingham Clo. Warw —8E 210
Addison Clo. Cann —4E 8
Addison Clo. Gall C —4A 78
Addison Clo. W'bry —7L 53
Addison Cft. Dud —4A 64
Addison Gro. Wolv —8H 23
Addison Pl. Bils —2A 52
Addison Pl. Wat O —6H 73
Addison Rd. Bil —8K 171
Addison Rd. Brie H —7B 88
Addison Rd. Cov —8A 122
Addison Rd. K Hth —2M 135
Addison Rd. Nech —1C 94
Addison Rd. W'bry —7L 53
Addison Rd. Wolv —1M 49
Addison St. W'bry —7F 52
Addison Ter. W'bry —7F 52
Adelaide Av. W Brom —2G 67
Adelaide Ct. Bed —7G 103
Adelaide Dri. Cann —6M 9
Adelaide Rd. Lea S —1G 215
Adelaide St. B12 —1M 113
Adelaide St. Brie H —6D 88
Adelaide St. Cov —5E 144 (1F 6)
Adelaide St. Redd —5D 204
Adelaide Wlk. Wolv —1E 50 (7M 7)
Adelphi Ct. Brie H —7D 88 (off Promenade, The)
Adey Rd. Wolv —1M 37
Adkins Cft. Fill —6E 100
Adkins La. Smeth —8M 91
Adkinson Av. Dunc —6J 197
Admington Rd. B33 —1C 116
Admiral Gdns. Ken —3J 191
Admiral Parker Dri. Shen —4F 28
Admiral Pl. Mose —5M 113
Admirals Way. Bram —3E 104
Admirals Way. Row R —7B 90
Adonis Clo. Tam —2C 32
Adrian Boult Hall. —7K 93 (5E 4)
Adrian Cft. B13 —8C 114
Adrian Dri. Barw —2G 85
Adria Rd. B11 —5B 114
Adshead Rd. Dud —2J 89
Adstone Gro. B31 —8A 134
Advent Gdns. W Brom —6H 67
Adwalton Rd. Wolv —6F 34
Affleck Av. M Oak —8K 31
Agenoria Dri. Stourb —4M 107
Aggborough. —5L 149
Aggborough Cres. Kidd —6L 149
Agincourt Rd. Cov —2E 166
Agmore La. Tard —6H 181
Agmore Rd. B'wll —5G 181
Aidens Ct. Lich —2J 19
Aiken Ho. Smeth —5C 92
Ainsbury Rd. Cov —1L 165
Ainsdale Clo. Cov —5H 123
Ainsdale Clo. Stourb —7M 107
Ainsdale Gdns. B24 —4J 71
Ainsdale Gdns. Hale —7K 109
Ainsworth Rd. Wolv —4E 22
Aintree Clo. Bed —5H 103
Aintree Clo. Cann —3M 9
Aintree Clo. Cats —8A 154
Aintree Clo. Cov —4E 144
Aintree Clo. Kidd —1K 149
Aintree Dri. Lea S —6C 212
Aintree Gro. B34 —3D 96
Aintree Rd. Wolv —5D 22
Aintree Way. Dud —6E 64
Aire Cft. B31 —8B 134
Airfield Dri. A'rdge —6E 40
Airport Way. Birm A —5J 117
Aitken Clo. Tam —7A 32
Ajax Clo. Rugby —3C 172
Ajax Clo. Wals —8F 14
Akrill Clo. W Brom —4H 67
Alamein Rd. W'hall —8L 37
Alan Bray Clo. Hinc —2D 80
Alandale Av. Cov —5E 142
Alandale Ct. Bed —1C 122
Alan Higgs Way. Cov —2C 164
Albany Clo. Kidd —3B 150
Albany Ct. Cov —7A 144
Albany Cres. Bils —3J 51
Albany Gdns. Sol —5E 138
Albany Gro. Ess —8C 24
Albany Gro. K'wfrd —2L 87
Albany Ho. B34 —2A 96
Albany Rd. B17 —3C 112
Albany Rd. Cov —8A 144
Albany Rd. Wolv —7B 36 (4G 7)
Albany Ter. Lea S —8L 211
Albemarle Rd. Stourb —7M 107
Albermarle Rd. K'wfrd —4A 88
Albert Av. B12 —3A 114
Albert Bean Clo. W'nsh —5A 216
Albert Clarke Dri. W'hall —2C 38
Albert Clo. Cod —5E 20
Albert Clo. Stud —5L 209
Albert Cres. Cov —6B 122
Albert Davie Dri. Cann —5L 9
Albert Dri. Hale —7M 109
Albert Dri. Swind —7E 62
Albert Ho. W'bry —3C 52 (off Factory St.)
Albert Pl. B12 —4L 113
Albert Rd. Alle —1A 142
Albert Rd. Aston —1L 93
Albert Rd. B'gve —1L 201
Albert Rd. Erd —6D 70
Albert Rd. Faz —1A 46
Albert Rd. Hale —7M 109
Albert Rd. Hand —8E 68
Albert Rd. Harb —4B 112
Albert Rd. Hinc —8D 84
Albert Rd. Kidd —3M 149
Albert Rd. K Hth —2L 135
Albert Rd. O'bry —1J 111
Albert Rd. Stech —7K 95
Albert Rd. Tam —4B 32
Albert Rd. Wolv —6M 35
Albert Smith Pl. Row R —5A 90
Albert Sq. Rugby —6B 172
Albert St. B4 & B5 —7L 93 (5H 5)
Albert St. Cann —5E 8
Albert St. Cov —5E 144 (2F 6)
Albert St. Hed —4K 9
Albert St. Lea S —8J 211
Albert St. Lye —4E 108
Albert St. Nun —6E 78
Albert St. O'bry —1G 91
Albert St. Pens —2D 88
Albert St. Redd —4E 204
Albert St. Rugby —6B 172
Albert St. Stourb —4M 107
Albert St. Tip —1M 65
Albert St. W Hth —1H 87
Albert St. Wals —7L 39
Albert St. Warw —2D 214
Albert St. W'bry —7E 52
Albert St. W Brom —8J 67
Albert St. E. O'bry —2H 91
Albert Wlk. B17 —4C 112
Albion Av. W'hall —7C 38
Albion Bus. Pk. Smeth —1L 91
Albion Ct. Nun —6K 79
Albion Fld. Dri. W Brom —5K 67
Albion Ho. W Brom —7J 67
Albion Ind. Est. Cov —2D 144
Albion Ind. Est. W Brom —7G 67
Albion Ind. Est. Rd. W Brom —7F 66
Albion Pde. K'wfrd —1H 87
Albion Pl. Cann —5E 8
Albion Rd. Hand —8D 68
Albion Rd. San —1B 92
Albion Rd. S'hll —4D 114
Albion Rd. Wals —1E 26
Albion Rd. W Brom —7F 66 (in two parts)
Albion Rd. W'hall —7C 38
Albion Roundabout. W Brom —5H 67
Albion St. B1 —6H 93 (3B 4)
Albion St. Brie H —6D 88
Albion St. Ken —4G 191
Albion St. O'bry —8E 66
Albion St. Tam —4C 32
Albion St. Tip —4M 65
Albion St. W Hth —8H 63
Albion St. W'hall —7B 38
Albion St. Wolv —7D 36 (4L 7)
Albion Way. Burn —8F 10
Alborn Cres. B38 —1D 156
Albright Ho. O'bry —5E 90 (off Kempsey Clo.)
Albrighton Ho. B20 —6F 68
Albrighton Rd. Alb —7A 20
Albrighton Rd. Hale —6L 109
Albrighton Wlk. Nun —7A 80
Albright Rd. O'bry —5K 91
Albury Rd. Stud —5L 209
Albury Wlk. B11 —2A 114
Albutts Rd. Wals —6A 16
Alcester Dri. S Cold —6D 56 (in two parts)
Alcester Dri. W'hall —8K 37
Alcester Gdns. B14 —2L 135
Alcester Highway. Redd —1F 208
Alcester Lanes End. —4L 135
Alcester Rd. B13 —7L 113
Alcester Rd. Beo —4B 206
Alcester Rd. Fins & Tutn —8D 180
Alcester Rd. H'wd & Wyt (in two parts) —1A 158
Alcester Rd. L End & Burc —3C 180
Alcester Rd. Port & Tan A —2M 183
Alcester Rd. Stud —5L 209
Alcester Rd. Tard —2H 203
Alcester Rd. S. B14 —2L 135 (in two parts)
Alcester St. B12 —1M 113 (8K 5)
Alcester St. Redd —5E 204
Alcombe Gro. B33 —7L 95
Alcott Clo. Dorr —7F 160
Alcott Gro. B33 —6D 96
Alcott La. B37 —1F 116
Alcove, The. Wals —7K 25
Aldborough La. Redd —4B 204
Aldbourne Rd. Cov —4C 144
Aldbourne Way. B38 —2D 156
Aldbury Ri. Cov —5J 143
Aldbury Rd. B14 —7A 136
Aldeburgh Clo. Wals —6G 25
Aldeford Dri. Brie H —1D 108
Alden Hurst. Burn —1F 16
Alderbrook Clo. Dud —8B 50
Alderbrook Clo. Redd —4B 204
Alderbrooke Dri. Nun —8A 80
Alderbrook Rd. Sol —7M 137
Alder Clo. H'wd —3B 158
Alder Clo. Lich —2M 19
Alder Clo. S Cold —2L 71
Alder Coppice. Dud —7C 50
Alder Cres. Wals —5B 54
Alder Dale. Wolv —8L 35
Alderdale Av. Dud —6C 50
Alderdale Cres. Sol —2E 138
Alder Dri. B37 —8H 97
Alderflat Pl. B7 —4C 94
Alderford Clo. Wolv —1M 35
Aldergate. Tam —4B 32
Alder Gro. Hale —3E 110
Alderham Clo. Sol —5D 138
Alderhanger La. Beo & Tan A —1C 206
Alderhithe Gro. S Cold —6B 42
Alder La. B30 —3C 134
Alder La. Bal C —4J 163
Alderlea Clo. Stourb —7A 108
Alderley Rd. B'gve —1K 201
Alderman's Green. —5H 123
Alderman's Grn. Ind. Est. Ald I —6K 123
Alderman's Grn. Rd. Cov (in two parts) —7H 123
Aldermans La. Redd —3B 204
Alderman Way. W Weth —2K 213
Alder Mdw. Clo. Cov —5D 122
Aldermere Rd. Kidd —1J 149
Alderminster Clo. Redd —5E 208
Alderminster Rd. Cov —5G 143
Alderminster Rd. Sol —8B 138
Aldermoor Ho. Cov —8G 145
Aldermoor La. Cov —8G 145
Alderney Clo. Bram —3F 104
Alderney Clo. Cov —7B 122
Alderney Gdns. B38 —8D 134
Alderpark Rd. Sol —6M 137
Alderpits Rd. B34 —2D 96 (in two parts)
Alder Rd. B12 —5A 114
Alder Rd. Cov —7H 123
Alder Rd. K'wfrd —4M 87
Alder Rd. W'bry —4G 53
Alder's Clo. Redd —6G 205
Alders Dri. Redd —5M 205
Aldersea Dri. B6 —2M 93
Alders Ga. K'bry —2D 60
Aldersgate. Nun —6J 79
Aldershaw Rd. B26 —4L 115
Aldershaws. Shir —4G 159
Alders La. Nun —2A 78
Alders La. Tam —3L 31
Aldersley Av. Wolv —2L 35
Aldersley Clo. Wolv —2M 35
Aldersley Rd. Wolv —4L 35
Aldersmead Rd. B31 —7C 134
Alderson Rd. B8 —5F 94
Alders Rd. Warw —5D 214
Alders, The. —3L 31
Alders, The. Bed —7E 102
Alders, The. Rom —5M 131
Alderton Clo. Sol —8B 138
Alderton Dri. Wolv —1L 49
Alderton M. Lea S —3C 216
Alder Way. B'gve —7B 180
Alder Way. Cann —3A 10
Alder Way. S Cold —1L 55
Alderwood Pl. Sol —6B 138
Alderwood Precinct. Dud —7C 50
Alderwood Ri. Dud —4D 64
Aldgate Dri. Brie H —2C 108
Aldgate Gro. B19 —4K 93
Aldin Clo. Bone —7L 31
Aldington Clo. Redd —8F 204
Aldin Way. Hinc —6A 84

West Midlands Atlas 219

Aldis Clo. B28 —8E 114
Aldis Clo. Wals —2G 53
Aldis Rd. Wals —2G 53
Aldrich Av. Cov —6E 142
Aldridge. —3H 41
Aldridge By-Pass. A'rdge —4H 41
Aldridge Clo. B'moor —1M 47
Aldridge Clo. O'bry —5J 91
Aldridge Clo. Stourb —1L 107
Aldridge Rd. A'rdge & Lit A —4M 41
Aldridge Rd. Gt Barr & P Barr —7J 55
Aldridge Rd. Hinc —3K 81
Aldridge Rd. O'bry —1H 111
Aldridge Rd. S Cold & S'tly —8K 41
Aldridge Rd. Wals —6C 40
Aldridge St. W'bry —2D 52
Aldrin Way. Cov —4K 165
Aldwick Clo. Lea S —5A 212
Aldwych Clo. Wals —1H 41
Aldwyck Dri. Wolv —1G 49
Aldwyn Av. B13 —7M 113
Alesworth Dri. Burb —5M 81
Alexander Av. Earl S —1M 85
Alexander Clo. Cats —8A 154
Alexander Gdns. Hinc —7C 84
Alexander Hill. Brie H —1F 108
Alexander Rd. B27 —5H 115
Alexander Rd. Bed —6J 103
Alexander Rd. Cod —6J 21
Alexander Rd. Smeth —7L 91
Alexander Rd. Wals —7F 38
Alexander Ter. Smeth —3M 91
Alexandra Av. B21 —2D 92
Alexandra Ct. Ken —5G 191
Alexandra Cres. W Brom —1L 67
Alexandra Ho. Lich —2G 19
Alexandra Ind. Est. Tip —3A 66
Alexandra M. Tam —4C 32
Alexandra Pl. Bils —3K 51
Alexandra Pl. Dud —5H 65
Alexandra Rd. B5 —3L 113
Alexandra Rd. Cov —5F 144
Alexandra Rd. Hale —5M 109
Alexandra Rd. Hand —2D 92
Alexandra Rd. Lea S —3A 216
Alexandra Rd. Rugby —5B 172
Alexandra Rd. Stir —2G 135
Alexandra Rd. Tip —4M 65
Alexandra Rd. Wals —2L 53
Alexandra Rd. W'bry —3E 52
Alexandra Rd. Wolv —4A 50
Alexandra St. Dud —8H 65
Alexandra St. Nun —5H 79
Alexandra St. Wolv —8B 36 (5G 7)
Alexandra Ter. Cov —7E 122
Alexandra Theatre. —7K 93 (6F 4)
Alexandra Way. Tiv —7A 66
Alexandra Way. Wals —4H 41
Alex Grierson Clo. Bin —2L 167
Alfall Rd. Cov —4H 145
Alford Clo. Redn —2J 155
Alfreda Av. H'wd —1M 157
Alfred Grn. Clo. Rugby —7A 172
Alfred Gunn Ho. O'bry —5H 91
Alfred Rd. Cov —5F 144
Alfred Rd. Hand —1E 92
Alfred Rd. S'hll —4B 114
Alfred Squire Rd. Wolv —4J 37
Alfred St. Aston —1B 94
Alfred St. K Hth —2M 135
Alfred St. Rugby —7M 171
Alfred St. Smeth —2C 92
Alfred St. S'brk —4B 114
Alfred St. Tam —4A 32
Alfred St. Wals —8H 25
Alfred St. W'bry —4C 52
Alfred St. W Brom —6K 67
Alfreds Well. D'frd —3J 179
Alfreton Clo. Burb —4M 81
Alfriston Rd. Cov —5C 166
Algernon Rd. B16 —5D 92
Alice Arnold Ho. Cov —8H 123
Alice Clo. Bed —8F 102
Alice St. Bils —3K 51
Alice Wlk. Bils —4K 51
Alison Clo. Tip —7A 52
Alison Dri. Stourb —7M 107
Alison Rd. Hale —6F 110
Alison Sq. Cov —5H 123
Allan Clo. Smeth —4B 92
Allan Clo. Stourb —1M 107
All Angels Wlk. O'bry —5H 91
Allan Rd. Cov —5M 143
Allans Clo. Clift D —4G 173
Allans La. Clift D —4G 173
Allard. Tam —7E 32
Allard Ho. Cov —3H 167
Allard Way. Cov —2G 167
Allbut St. Crad H —8K 89
Allcock St. B9 —8A 94 (6L 5)
Allcock St. Tip —1C 66
Allcroft Rd. B11 —7F 114
Allenby Clo. K'wfrd —4A 88
Allen Clo. B43 —2E 68
Allen Clo. Stud —7L 209
Allendale Av. Stud —6L 209
Allendale Ct. Stud —6L 209
Allendale Cres. Stud —6L 209
Allendale Gro. B43 —1E 68
Allendale Rd. B25 —2H 115
Allendale Rd. S Cold —1L 71
Allen Dri. W'bry —3C 52
Allen Dri. W Brom —8M 67
Allen End. —3F 58
Allen Ho. B43 —2E 68
Allen Rd. Tip —8M 51
Allen Rd. W'bry —4F 52
Allen Rd. Wolv —6M 35
Allen's Av. B18 —3F 92
Allens Av. W Brom —2G 67
Allen's Clo. W'hall —4B 38
Allens Cft. Rd. B14 —4H 135
Allens Farm Rd. B31 —6K 133
Allen's La. Wals —7M 25
Allensmead. Tam —7C 32
Allensmore Clo. Redd —7M 205
Allen's Rd. B18 —3F 92
Allen St. Tam —8C 32
Allen St. W Brom —6H 67
Allerdale Rd. Clay —2E 26
Allerton Clo. Cov —7L 145
Allerton Ct. W Brom —8J 53
Allerton La. W Brom —1J 67
Allerton Rd. B25 —2H 115
Allesley. —3G 143
Allesley By-Pass. Cov —3H 143
Allesley Clo. S Cold —3J 57
Allesley Ct. Cov —3G 143
Allesley Cft. Cov —3G 143
Allesley Hall Dri. Alle —4J 143
Allesley Old Rd. Cov —4J 143
Allesley Rd. Rugby —3M 171
Allesley Rd. Sol —1K 137
Allesley St. B6 —4L 93
Alleston Rd. Wolv —7D 22
Alleston Wlk. Wolv —7D 22
Alleyne Gro. B24 —7G 71
Alleyne Rd. B24 —8G 71
Alley, The. Dud —6B 64
Alliance Clo. Attl F —6M 79
Alliance Trad. Est. Cov —8G 143
Alliance Way. Cov —4G 145
Allibone Clo. W'nsh —5A 216
Allied Clo. Cov —7D 122
Allingham Gro. B43 —5L 55
Allington Clo. Wals —1D 54
Allison St. B5 —7M 93 (6J 5)
Allitt Gro. Ken —4H 191
Allman Rd. B24 —5H 71
Allmyn Dri. S Cold —3A 56
All Oaks La. Brin —6M 147
Allport Rd. Cann —8E 8
Allport St. Cann —7E 8
All Saints. —4G 93
All Saints Av. Bew —5C 148
All Saints Clo. Sap —2K 83
All Saints Clo. Withy —4M 125
All Saints Dri. S Cold —7F 42
All Saints La. Cov —6E 144
All Saints Rd. Bed —8F 102
All Saints Rd. B'gve —6A 180
All Saints Rd. Hock —4H 93
All Saint's Rd. K Hth —2L 135
All Saints Rd. Warw —8G 211
All Saints Rd. W'bry —3E 52
All Saints' Rd. Wolv —1D 50 (7K 7)
All Saints Sq. Bed —6H 103
All Saints St. B18 —4G 93
All Saints Way. W Brom —5K 67
Allsops Clo. Row R —5M 89
Allton Av. M Oak —8K 31
Allton Ct. Tam —6E 32
Allwell Dri. B14 —7M 135
Allwood Gdns. B32 —7G 111
Alma Av. Tip —2A 66
Alma Ct. Bram —3F 104
Alma Cres. B7 —5B 94
Alma Ind. Est. W'bry —3C 52
Alma Pas. Harb —3D 112
Alma Pl. Bal H —4B 114
Alma Pl. Dud —8J 65
Almar Ct. Wolv —8M 21
Alma Rd. Hinc —8D 84
Alma St. B19 —3L 93
Alma St. Cov —6E 144 (4F 6)
Alma St. Darl —3C 52
Alma St. Hale —4J 109
Alma St. Smeth —3C 92
Alma St. Wals —5K 39
Alma St. W'bry —6H 53
Alma St. W'hall —7B 38
Alma St. Wolv —6F 36
Alma Way. B19 —2K 93
Almeys La. Earl S —1M 85
Almond Av. Bntly —5E 38
Almond Av. Kidd —1H 149
Almond Av. Lea S —5M 211
Almond Av. Nun —3C 78
Almond Av. Yew T —5A 54
Almond Clo. B29 —3A 134
Almond Clo. Barby —8J 199
Almond Clo. Cann —7J 9
Almond Clo. Wals —7M 25
Almond Cft. B42 —3F 68
Almond Gro. Rugby —2L 171
Almond Gro. Warw —8G 211
Almond Gro. Wolv —5C 36
Almond Rd. Cann —1D 8
Almond Rd. K'wfrd —1L 87
Almond Tree Av. Cov —7H 123
Almond Way. Earl S —3L 85
Almond Way. Stour S —5D 174
Almsbury Ct. B26 —5C 116
Almshouses. Bed —6H 103
Alnwick Clo. Cann —7L 9
Alnwick Ho. B23 —3F 70
Alnwick Rd. Wals —5H 25
Alperton Dri. Stourb —7E 108
Alpha Clo. B12 —3L 113
Alpha Ho. Cov —5G 145
Alpha Ind. Pk. Cov —8K 123
Alpha Way. Wals —1G 25
Alpine Ct. Ken —3G 191
Alpine Dri. Cann —5K 9
Alpine Dri. Dud —5H 89
Alpine Ri. Cov —4A 166
Alpine Way. Wolv —7J 35
Alport Cft. B9 —7B 94
Alspath La. Cov —5F 142
Alspath Rd. Mer —8J 119
Alston Clo. Cann —7L 9
Alston Clo. Sol —3D 138
Alston Clo. S Cold —7G 43
Alston Gro. B9 —6H 95
Alston Ho. O'bry —3D 90
Alston Rd. B9 —6H 95
Alston Rd. O'bry —2E 90
Alston Rd. Sol —3D 138
Alston St. B16 —7G 93
Althorpe Dri. Dorr —6D 160
Althorpe St. Lea S —2A 216
Alton Av. W'hall —5B 38
Alton Clo. Cov —7K 123
Alton Clo. Redd —8B 204
Alton Clo. Wolv —6E 22
Alton Gro. Cann —8B 8
Alton Gro. Dud —8L 65
Alton Gro. W Brom —2L 67
Alton Rd. B29 —6F 112
Alum Clo. Cov —1D 144
Alum Dri. B9 —6G 95
Alumhurst Av. B8 —5H 95
Alum Rock. —6H 95
Alum Rock Rd. B8 & Salt —4D 94
Alumwell Clo. Wals —8H 39
Alumwell Rd. Wals —8H 39
Alvaston Clo. Wals —6J 25
Alvechurch. —4B 182
Alvechurch Highway. L Ash —6C 154
Alvechurch Highway. Redd —3E 204
Alvechurch Ho. B'gve —6B 180 (off Burcot La.)
Alvechurch Rd. B31 —1B 156
Alvechurch Rd. Hale —7M 109
Alvecote. —3K 33
Alvecote Clo. Sol —4D 138
Alvecote La. A'cte —3K 33
Alvecote Pools Nature Reserve. —2J 33
Alvecote Priory. —4L 33
Alveley Clo. Redd —5K 205
Alverley Clo. K'wfrd —1H 87
Alverstoke Clo. Wolv —7A 22
Alverstone Rd. Cov —5G 145
Alverton Clo. Dost —5C 46
Alveston Clo. Redd —7J 205
Alveston Gro. B9 —7H 95
Alveston Gro. Know —2H 161
Alveston Pl. Lea S —8A 212
Alveston Rd. H'wd —2A 158
Alvin Clo. Bin —8M 145
Alvin Clo. Hale —8F 90
Alvington Clo. W'hall —5D 38
Alvis Clo. Tam —2M 31
Alvis Retail Pk. Cov —6A 144
Alvis Wlk. B36 —8F 72
Alwen St. Stourb —7M 87
Alwin Rd. Row R —7B 90
Alwold Rd. B29 —7M 111
Alwyn. Wiln —2E 46
Alwyn Clo. Wals —6F 14
Alwynn Wlk. B23 —6B 70
Alwyn Rd. Bil —1J 197
Amal Way. Witt —7M 69 (in two parts)
Amanda Av. Penn —5M 49
Amanda Dri. B26 —8A 96
Ambassador Ct. Lea S —6M 211
Ambell Clo. Row R —4M 89
Amber Bus. Village. Tam —6H 33
Amber Clo. Tam —6H 33
Amber Ct. Tam —6H 33
Amber Dri. O'bry —4G 91
Ambergate Clo. Redd —4B 204
Ambergate Clo. Wals —5J 25
Ambergate Dri. K'wfrd —1J 87
Amber Gro. Cann —7J 9
Amberley Av. Bulk —6C 104
Amberley Ct. B29 —1E 134
Amberley Grn. B43 —3E 68
Amberley Gro. B6 —6A 70
Amberley Rd. Sol —5M 115
Amberley Way. S Cold —8L 41
Amber Way. Hale —3B 110
Amber Wood Clo. Wals —6D 38
Amblecote. —2M 107
Amblecote Av. B44 —7L 55
Amblecote Rd. Brie H —2C 108
Amblecote Rd. Kidd —4B 150
Ambler Gro. Cov —6J 145
Ambleside. B32 —8J 111
Ambleside. Barw —2J 85
Ambleside. Cov —7L 123
Ambleside. Rugby —2D 172
Ambleside Clo. Brad —6L 51
Ambleside Dri. Brie H —1C 108
Ambleside Rd. Bed —7G 103
Ambleside Way. B'gve —8B 180
Ambleside Way. K'wfrd —3K 87
Ambleside Way. Nun —3L 79
Ambrose Clo. Rugby —3C 172
Ambrose Clo. W'hall —7L 37
Ambrose Cres. K'wfrd —1K 87
Ambury Way. B43 —1D 68
Amelas Clo. Brie H —8A 88
Amersham Clo. B32 —4L 111
Amersham Clo. Cov —5H 143
Amesbury Rd. B13 —6L 113
Ames Rd. W'bry —2C 52
Amethyst Ct. Sol —8M 115
Amherst Av. B20 —6G 69
Amherst Bus. Cen. Warw —2B 214
Amherst Rd. Ken —2E 190
Amicombe. Wiln —8J 33
Amington. —6G 33
Amington Clo. S Cold —5K 43
Amington Ind. Est. Tam —6G 33
Amington Rd. B25 & Yard —3H 115
Amington Rd. Shir —1G 159
Amington Rd. Tam —5C 32
Amiss Gdns. B10 —1C 114
Amity Clo. Smeth —4B 92
Amos Av. Nun —7H 79
Amos Av. Wolv —2H 37
Amos-Jaques Rd. Bed —5G 103
Amos La. Wolv —2J 37
Amos Rd. Stourb —7F 108
Amphlett Ct. B'gve —7A 180
Amphlett Cft. Tip —5B 66
Amphletts Clo. Dud —6L 89
Ampton Rd. B15 —2H 113
Amroth Clo. Redn —2H 155
Amroth M. Lea S —3C 216
Amwell Gro. B14 —6M 135
Amy Clo. Cov —5F 122
Anchorage Rd. B23 —6D 70
Anchorage Rd. S Cold —3H 57
Anchor Clo. B16 —8E 92
Anchor Clo. Tam —5E 32
Anchor Fields. Kidd —3M 149
Anchor Hill. Brie H —8C 88
Anchor La. Bils —7H 51 (in two parts)
Anchor Pde. Wals —3H 41
Anchor Rd. A'rdge —3H 41
Anchor Rd. Bils —7J 51
Anchorway Rd. Cov —5A 166
Anders. Tam —3A 32
Andersleigh Dri. Bils —1G 65
Anderson Av. Rugby —1A 198
Anderson Cres. B43 —6E 54
Anderson Dri. W'nsh —7A 216
Anderson Gdns. Tip —5A 66
Anderson Rd. B23 —3E 70
Anderson Rd. Smeth —8A 92
Anderson Rd. Tip —4A 66
Anders Sq. Pert —5E 34
Anderton Clo. S Cold —2G 57
Anderton Pk. Rd. B13 —6A 114
Anderton Rd. B11 —3C 114
Anderton Rd. Bed —8C 102
Anderton Rd. Cov —4H 123
Anderton St. B1 —6H 93 (4A 4)
Andover Cres. K'wfrd —5M 87
Andover Pl. Cann —5G 9
Andover St. B5 —7M 93 (5K 5)
Andressy M. B'gve —4A 180
Andrew Clo. W'hall —3D 38
Andrew Dri. W'hall —3D 38
Andrew Gdns. B21 —8E 68
Andrew Rd. Hale —6A 110
Andrew Rd. Tip —8A 52
Andrew Rd. W Brom —7M 53
Andrews Clo. Brie H —1E 108
Andrews Rd. Wals W —5H 27
Anerley Gro. B44 —5M 55
Anerley Rd. B44 —5M 55
Anfield Ct. Lea S —2B 216
Angela Av. Cov —8L 123
Angela Av. Row R —5D 90
Angela Pl. Bils —3K 51
Angelica. Tam —5F 32
Angelica Clo. Wals —6A 54
Angelina St. B12 —2M 113
Angel Pas. Stourb —4A 108
Angel St. Dud —1H 89
Angel St. Up Ben —8H 203
Angel St. W'hall —7A 38
Anglesey Av. B36 —2H 97
Anglesey Bus. Pk. Cann —5L 9
Anglesey Clo. Alle —2H 143
Anglesey Clo. Burn —5E 16
Anglesey Cres. Wals —7F 16
Anglesey M. Cann —4J 9
Anglesey Rd. Lich —7H 13
Anglesey Rd. Wals —7F 16
Anglesey St. B19 —2J 93
Anglesey St. Cann —4H 9
Angless Way. Ken —6F 190
Anglian Rd. Wals —3D 40
Anglia Rd. Cann —6D 8
Anglo African Ind. Pk. O'bry —7E 66
Angorfa Clo. Lich —2F 18
Angus Clo. Cov —5G 143
Angus Clo. Ken —3J 191
Angus Clo. W Brom —3J 67
Angus Rd. Barw —3G 85
Anita Av. Tip —7A 66
Anita Cft. B23 —7D 70
Ankadine Rd. Stourb —3B 108
Anker Clo. Burn —3K 17
Anker Ct. Attl F —6M 79
Ankerdine Ct. Hale —6A 110
Anker Dri. Long L —4H 171
Anker Dri. Tam —5B 32
Ankermoor Clo. B34 —3B 96
Ankermoor Ct. Tam —4E 32
Ankerside. Pole —6M 33
Ankerside Shop. Cen. Tam —5B 32
Anker St. Nun —6K 79
Anker Vw. Pole —1M 47
Anker Vw. Tam —6C 32
Annan Av. Wolv —2E 36
Ann Cft. B26 —5D 116
Anne Clo. W Brom —6E 66
Anne Ct. S Cold —6A 58
Anne Cres. Cann —3E 8
Anne Cres. Cov —4J 167
Anne Gro. Tip —8B 52
Anne Rd. Brie H —8G 89
Anne Rd. Smeth —2C 92
Anne Rd. Wolv —4B 50
Ann Rd. Wyt —6A 158
Annscroft. B38 —7D 134
Ann St. W'hall —6B 38
Ansbro Clo. B18 —4F 92
Ansculf Rd. Brie H —8B 88
Ansell Rd. Erd —8F 70
Ansell Rd. S'brk —3C 114
Ansells Dri. Longf —4G 123
Ansell Way. Warw —2D 214
Ansley. —6J 77
Ansley Clo. Redd —8M 205
Ansley Common. —2L 77
Ansley Comn. Nun —1L 77
Ansley La. Arly & Ansl —7E 76
Ansley Rd. Nun —6J 77
Ansley Way. Sol —2D 138
Anslow Gdns. Wolv —8M 23
Anslow Rd. B23 —4C 70
Anson Av. Lich —1G 19
Anson Clo. Burn —2J 17
Anson Clo. Rugby —7J 171
Anson Clo. Wals —8F 14
Anson Clo. Wolv —4E 34
Anson Ct. Faz —1B 46
Anson Ct. W Brom —2F 66
Anson Gro. B27 —7K 115
Anson Rd. Gt Wyr —8F 14
Anson Rd. Wals —7E 38
Anson Rd. W Brom —3E 66
Anson Way. W'grve S —1M 145
Anstey Cft. F'bri —5G 97
Anstey Gro. B27 —8H 115
Anstey Rd. B44 —3L 69
Anston Junct. Wals —8E 38
Anston Way. Wed —2K 37
Anstree Clo. C Hay —8D 14
Anstruther Rd. B15 —2D 112
Ansty. —6D 124
Ansty Dri. Cann —8K 9
Ansty Rd. Cov —5J 145
Antelope Gdns. Warw —1C 214
Anthony Rd. B8 —6E 94
Anthony Way. Cov —7J 145
Anton Dri. Min —3A 72
Antony Gardner Cres. W'nsh —5A 216
Antony Rd. Shir —8H 137
Antrim Clo. Alle —2G 143
Antringham Gdns. B15 —1D 112
Antrobus Rd. B21 —8E 68
Antrobus Rd. S Cold —8E 56
Anvil Cres. Cose —7J 51
Anvil Dri. O'bry —3E 90
Anvil Wlk. W Brom —5F 66
Apes Dale. —3F 180
Apex Bus. Pk. Nort C —4M 15
Apex Ind. Est. Tip —1D 66
Apex Rd. Wals —2C 26
Apley Rd. Stourb —2L 107
Apollo. Tam —3M 31
Apollo Clo. Cann —4G 9
Apollo Cft. Erd —6K 71
Apollo Rd. O'bry —3J 91
Apollo Rd. Stourb —4G 109
Apollo Way. B20 —8K 69
Apollo Way. Smeth —4C 92
Apollo Way. Warw —4K 215
Apperley Way. Hale —2H 109
Appian Clo. B14 —4L 135
Appian Clo. Tam —2C 46
Appian Way. Shir —5K 159
Applebee Rd. Hinc —3J 81
Appleby Clo. B14 —4K 135
Appleby Gdns. Ess —7C 24
Appleby Gro. Shir —3B 160
Applecross. S Cold —8F 42
Applecross Clo. Cov —3F 164
Appledore Clo. Cann —6L 9
Appledore Clo. Gt Wyr —6G 15
Appledore Ct. Blox —1H 39
Appledore Dri. Cov —4F 142
Appledore Rd. Wals —1D 54
Appledore Ter. Wals —1D 54
Appledorne Gdns. B34 —3B 96
Apple Gro. Rugby —7H 171
Applesham Clo. B11 —3D 114
Appleton Av. B43 —1D 68
Appleton Av. Stourb —7A 108
Appleton Clo. B30 —1E 134
Appleton Cres. Wolv —4A 50
Apple Tree Clo. B23 —5B 70
Apple Tree Clo. B31 —8M 133
Apple Tree Clo. Barw —1H 85
Appletree Clo. Cath B —4H 139
Apple Tree Clo. Kidd —1A 150
Appletree Gro. A'rdge —5H 41
Appletree Gro. Wolv —4C 36
Appletree La. Redd —4A 204
Apple Wlk. Cann —7J 9
Applewood Gro. Crad H —1M 109
Approach, The. Lea S —3M 215
April Cft. B13 —7B 114
Apse Clo. Wom —2F 62
Apsley Clo. O'bry —2G 111
Apsley Cft. B38 —7H 135
Apsley Gro. B24 —7G 71
Apsley Gro. Dorr —7F 160
Apsley Ho. Crad H —7M 89
Apsley Rd. O'bry —2G 111
Aqueduct La. A'chu —2M 181
Aqueduct Rd. Shir —8E 136
Aragon Dri. S Cold —3G 57
Aragon Dri. Warw —3J 215
Arbor Clo. Tam —6D 32
Arbor Ct. W Brom —3L 67
Arboretum Rd. Wals —7M 39
Arboretum, The. Cov —6K 165
Arbor Way. B37 —8J 97
Arbour Clo. Ken —6H 191
Arbour Clo. Rugby —2K 197
Arbour Ga. Wals W —5H 27
Arbour Tree La. Chad E —2M 187
Arbury Av. Bed —6G 103
Arbury Av. Cov —7E 122
Arbury Clo. Lea S —6A 212
Arbury Dri. Stourb —6K 87
Arbury Hall. —2D 102
Arbury Hall Rd. Shir —1K 159
Arbury Rd. Nun —7C 78
Arbury Wlk. Min —4D 72
Arcade. N'fld —5A 134
Arcade. Wals —8L 39
Arcade, The. Up Gor —4E 64
Arcadia. W Brom —6J 67 (off Paradise St.)
Arcadian Shop. Cen. B5 —8L 93 (7G 5)
Arcal St. Dud —2E 64
Archer Clo. O'bry —4H 91
Archer Clo. Stud —5K 209
Archer Clo. W'bry —6E 52
Archer Ct. Stourb —7E 108
Archer Rd. B14 —5C 136
Archer Rd. Ken —6E 190
Archer Rd. Redd —5E 204
Archer Rd. Wals —3L 39
Archers Clo. B23 —1C 70 (in two parts)
Archers Spinney. Hillm —1H 199
Archery Fields. Warw —3F 214
Archery Rd. Lea S —1L 215
Archery Rd. Mer —8H 119
Arches Bus. Cen. Rugby —4C 172
Arches Ind. Est., The. Cov —6A 144
Arches La. Rugby —4C 172
Arches, The. B10 —1B 114
Arch Hill. Kidd —3L 149
Arch Hill St. Dud —4J 89
Archibald Rd. B19 —1J 93
Arch Rd. Cov —4L 145
Archway, The. Wals —6M 39
Arcot Rd. B28 —7F 114
Ardath Rd. B38 —7G 135
Ardav Rd. W Brom —1F 66
Ardedale. Shir —8J 137
Arden Bldgs. Dorr —6F 160
Arden Clo. Amin —4E 32
Arden Clo. Bal C —2H 163
Arden Clo. Lea S —4B 216
Arden Clo. Mer —8J 119
Arden Clo. Rugby —4K 197
Arden Clo. Warw —8G 211
Arden Clo. Woll —2L 107
Arden Clo. Word —6J 87
Ardencote Rd. B13 —3A 136
Arden Ct. Erd —6H 71
Arden Ct. H Ard —2B 140
Arden Cft. Col —8M 73

Arden Cft. Sol —5C 116
Arden Dri. B26 —2M 115
Arden Dri. Dorr —7F 160
Arden Dri. S Cold —1H 71
(B73)
Arden Dri. S Cold —4B 58
(B75, in two parts)
Arden Gro. B19 —1J 93
Arden Gro. Lady —8G 93
Arden Gro. O'bry —4G 91
Arden Ho. B'gve —6B 180
(off Burcot La.)
Ardenlea Ct. Sol —4C 138
Arden Leys. Tan A —7D 184
Arden Meads. H'ley H —3C 186
Arden Oak Rd. B26 —4D 116
Arden Pl. Bils —5B 52
Arden Rd. A Grn —5H 115
Arden Rd. Aston —1K 93
Arden Rd. Bulk —7C 104
Arden Rd. Dorr —7F 160
Arden Rd. H'ley —4F 46
Arden Rd. H'wd —3A 158
Arden Rd. Ken —6H 191
Arden Rd. Nun —8A 80
Arden Rd. Redn —8G 133
Arden Rd. Salt —6D 94
Arden Rd. Smeth —5A 92
Ardens Clo. Redd —7A 206
Arden St. Cov —8M 143
Arden Va. Rd. Know —2H 161
Arderne Dri. B37 —8G 97
Ardgay Dri. Cann —2F 8
Ardingley Wlk. Brie H —2B 108
Ardley Clo. Dud —1K 89
Ardley Rd. B14 —4A 136
Areley Comn. Stour S —8E 174
Areley Ct. Stour S —7D 174
Areley Kings. —8E 174
Areley La. Stour S —6D 174
Arena Wlk. B1 —6B 4
Aretha Clo. K'wfrd —3A 88
Argent Ct. Cov —3J 165
Argent's Mead. Hinc —1K 81
Argent's Mead Wlk. Hinc
—1K 81
Argus Clo. S Cold —6M 57
Argyle Av. Tam —5D 32
Argyle Clo. Stourb —8L 87
Argyle Clo. Wals —6B 40
Argyle Rd. Wals —6B 40
Argyle Rd. Wolv —3B 50
Argyle St. B7 —1C 94
Argyle St. Rugby —6C 172
Argyle St. Tam —6E 32
Argyll Ho. Wolv —1J 7
Argyll St. Cov —6G 145
Ariane. Tam —2L 31
Ariel Way. Rugby —3K 197
Arion Clo. Tam —4D 32
Arkall Clo. Tam —2C 32
Arkle. Dost —5D 46
Arkle Cft. B36 —1J 95
Arkle Cft. Row R —3M 89
Arkle Dri. Cov —2M 145
Arklet Clo. Nun —4C 78
Arkley Gro. B28 —2H 137
Arkley Rd. B28 —2H 137
Arkwright Rd. B32 —4J 111
Arkwright Rd. Wals —4H 39
Arlen Dri. B43 —8D 54
Arlescote Clo. S Cold —7J 43
Arlescote Rd. Sol —7C 116
Arless Way. B17 —6A 112
Arleston Way. Shir —1L 159
Arley Clo. Kidd —7G 149
Arley Clo. O'bry —4D 90
Arley Clo. Redd —4K 205
Arley Ct. Dud —3J 89
Arley Dri. Stourb —6L 107
Arley Gro. Wolv —4K 49
Arley Ho. B26 —8A 96
Arley La. Ansl —7J 77
Arley La. Fill —3F 100
Arley La. Shat —3A 126
Arley M. Lea S —8L 211
Arley Rd. B'brk —6F 112
Arley Rd. Salt —4D 94
Arley Rd. Sol —5A 138
Arlidge Clo. Bils —5K 51
Arlidge Cres. Ken —5J 191
Arlington Av. Lea S —7M 211
Arlington Clo. K'wfrd —5K 87
Arlington Ct. Lea S —7M 211
Arlington Ct. Stourb —5B 108
Arlington Gro. B14 —7B 136
Arlington M. Lea S —7M 211
Arlington Rd. B14 —7B 136
Arlington Rd. W Brom —3K 67
Arlington Way. Nun —7M 79
Arlon Av. Nun —2D 78
Armada Clo. B23 —8D 70
Armada Ct. Hinc —2H 81
Armadale Clo. Hinc —8A 84
Armarna Dri. Alle —1B 142
Armfield St. Cov —8G 123
Armorial Rd. Cov —3B 166
Armour Clo. Burb —4K 81
Armoury Clo. B9 —8D 94
Armoury Rd. B11 —3D 114
Armoury Trad. Est. B11
—3D 114
Armscott Rd. Cov —3J 145
(in two parts)
Armside Clo. Wals —5B 26
Armson Rd. Exh —1G 123
Armstead Rd. Pend —6M 21
Armstrong. Tam —3M 31
Armstrong Av. Cov —8H 145
Armstrong Clo. Lea S —7A 216
Armstrong Clo. Rugby —8L 171
Armstrong Clo. Stourb —2B 108
Armstrong Dri. B36 —8F 72
Armstrong Dri. Wals —5G 39
Armstrong Dri. Wolv —4A 36
Armstrong Way. W'hall —1B 52
Arncliffe Clo. Nun —7A 80
Arncliffe Way. Warw —8F 210
Arne Rd. Cov —3A 146
Arnfield St. Cov —1G 145
Arnhem Clo. Wolv —1H 37
Arnhem Corner. Cov —3K 167
Arnhem Rd. W'hall —1L 51
Arnhem Way. Tip —4C 66
Arnills Way. Kils —7M 199
Arno Ho. Cov —3H 167
Arnold Av. Cov —4C 166
Arnold Clo. Rugby —7A 172
Arnold Clo. Tam —3A 32
Arnold Clo. Wals —6F 38
Arnold Cotts. Cov —8D 142
Arnold Gro. B30 —5D 134
Arnold Gro. Shir —5H 137
Arnold Rd. Shir —5H 137
Arnolds La. Col —5D 98
Arnold St. Rugby —6B 172
Arnold Vs. Rugby —6B 172
Arnotdale Dri. Cann —2F 8
Arnside Clo. Cov
—5E 144 (2F 6)
Arnside Ct. B23 —5B 70
Arnwood Clo. Wals —7F 38
Arosa Dri. B17 —6B 112
Arps Rd. Cod —6F 20
Arran Clo. B43 —6E 54
Arran Clo. Cann —6G 9
Arran Clo. Nun —6F 78
Arran Dri. Wiln —2F 46
Arran Rd. B34 —3M 95
Arran Way. B36 —2G 97
Arran Way. Hinc —8B 84
Arras Boulevd. H Mag —2A 214
Arras Rd. Dud —7L 65
Arrow Clo. Know —3G 161
Arrowdale Rd. Redd —6G 205
Arrowfield Grn. B38 —2D 156
Arrow Rd. Wals —3L 39
Arrow Rd. N. Redd —5G 205
Arrow Rd. S. Redd —5G 205
Arrow Valley Country Pk.
—5J 205
Arrow Wlk. B38 —8H 135
Arsenal St. B9 —8C 94
Artemis Dri. Tach P —4K 215
Arter St. Bal H —3M 113
Arthingworth Clo. Bin —8L 145
Arthur Alford Ho. Bed —8D 102
Arthur Dri. Kidd —8L 149
Arthur Gunby Clo. S Cold
—2M 57
Arthur Pl. B1 —6H 93 (4B 4)
Arthur Rd. Edg —3H 113
Arthur Rd. Erd —5H 71
Arthur Rd. Hand —1F 92
Arthur Rd. Tip —2A 66
Arthur Rd. Yard —3H 115
Arthur Russell Ct. Nun —6E 78
Arthur St. B10 —8B 94
Arthur St. Barw —2H 85
Arthur St. Bils —3K 51
Arthur St. Cann —5F 8
Arthur St. Cov —5D 144 (1E 6)
Arthur St. Ken —4G 191
Arthur St. Redd —6G 205
Arthur St. Wals —2H 53
Arthur St. W Brom —8K 67
Arthur St. Wim —6L 9
Arthur St. Wolv —3D 50
Arthur St. Cen. Redd —6G 205
Arthur Ter. Yard —3H 115
Artillery Rd. Bram —3F 104
Artillery St. B9 —7B 94
Arton Cft. B24 —7F 70
Arundel. Tam —2C 46
Arundel Av. W'bry —6F 52
Arundel Clo. Warw —1F 214
Arundel Cres. Sol —8A 116
Arundel Dri. Tiv —1A 90
Arundel Gro. Pert —6F 34
Arundel Ho. B23 —3F 70
Arundel Pl. B11 —3A 114
Arundel Rd. B14 —8A 136
Arundel Rd. B'gve —8B 180
Arundel Rd. Bulk —6C 104
Arundel Rd. Cov —3D 166
Arundel Rd. Stourb —7J 87
Arundel Rd. W'hall —2C 38
Arundel Rd. Wolv —7B 22
Arundel St. Wals —2L 53
Arun Way. S Cold —8A 58
Asbury Rd. Bal C —4H 163
Asbury Rd. W'bry —7L 53
Ascot Clo. B16 —7F 92
Ascot Clo. Bed —5H 103
Ascot Clo. Cov —3J 167
Ascot Clo. Lich —2K 19
Ascot Clo. O'bry —3E 90
Ascot Dri. Cann —1B 14
Ascot Dri. Dud —7F 64
Ascot Dri. Wolv —5A 50
Ascot Gdns. Stourb —7K 87
Ascot Ride. Lea S —6C 212
Ascot Rd. B13 —7M 113
Ascot Wlk. O'bry —3E 90
Ascot Way. Cats —8B 154
Ash Av. B12 —4A 114
Ashborough Dri. Sol —2C 160
Ashbourne Clo. Cann —5G 9
Ashbourne Gro. Aston —1L 93
Ashbourne Rd. B16 —6D 92
Ashbourne Rd. E'shll P —6E 50
Ashbourne Rd. Wals —6J 25
Ashbourne Rd. Wolv —6G 37
Ashbourne Way. Shir —1L 159
Ashbridge Rd. Cov —5J 143
Ashbrook Cres. Sol —1C 160
Ashbrook Dri. Redn —1H 155
Ashbrook Gro. B30 —1J 135
Ashbrook Rd. B30 —1J 135
Ashburn Gro. W'hall —7C 38
Ashburton Clo. Burb —3A 82
Ashburton Rd. B14 —4K 135
Ashburton Rd. Cov —1L 145
Ashbury Covert. B30 —6J 135
Ashby Clo. B8 —3J 95
Ashby Clo. Bin —1M 167
Ashby Ct. Hinc —6E 84
Ashby Ct. Nun —6K 79
Ashby Ct. Sol —8C 138
Ashby Rd. Hinc & Barw —7D 84
Ashby Rd. Kils —7M 199
Ashby Rd. Tam —3B 32
Ash Clo. Cod —6G 21
Ashcombe Av. B20 —6E 68
Ashcombe Dri. Cov —6F 142
Ashcombe Gdns. Erd —6K 71
Ashcott Clo. B38 —7D 134
Ash Ct. Rugby —2L 197
Ash Ct. Smeth —1J 91
Ash Ct. Stourb —5A 108
Ash Cres. B37 —3F 96
Ash Cres. K'wfrd —3L 87
Ashcroft. Smeth —4C 92
Ashcroft Clo. Cov —1A 146
Ashcroft Gro. B20 —7K 69
Ashcroft La. Lich —3E 28
Ashcroft Way. Cross P —1B 146
Ashdale Clo. Bin W —2E 168
Ashdale Clo. Cann —2C 8
Ashdale Clo. K'wfrd —1L 87
Ashdale Dri. B14 —8B 136
Ashdale Gro. B26 —1A 116
Ashdale Rd. Tam —4D 32
Ashdene Clo. Hartl —7A 176
Ashdene Clo. Kidd —4C 150
Ashdene Clo. S Cold —6G 57
Ashdene Gdns. Ken —5H 191
Ashdene Gdns. Stourb —7J 87
Ashdown Clo. B13 —8A 114
Ashdown Clo. Bin —1K 167
Ashdown Clo. Redn —7G 133
Ashdown Dri. Nun —7F 78
Ashdown Dri. Stourb —6L 87
Ash Dri. Cats —8A 154
Ash Dri. Harts —1A 78
Ash Dri. Ken —5G 191
Ash Dri. W Brom —3J 67
Ashen Clo. Dud —6C 50
Ashenden Ri. Wolv —8G 35
Ash End House Children's Farm. —1H 59
Ashenhurst Rd. Dud —2E 88
Ashenhurst Wlk. Dud —1G 89
Ashe Rd. Nun —6B 78
Ashes Rd. O'bry —5F 90
Ashfern Dri. S Cold —2M 71
Ashfield Av. B14 —8M 113
Ashfield Av. Cov —8D 142
Ashfield Clo. Wals —5L 39
Ashfield Cres. Dud —6J 89
Ashfield Cres. Stourb —6F 108
Ashfield Gdns. B14 —8M 113
Ashfield Gro. Hale —7L 109
Ashfield Gro. Wolv —6C 22
Ashfield Rd. B14 —8M 113
Ashfield Rd. Bils —7A 52
Ashfield Rd. Comp —7K 35
Ashfield Rd. F'hses —6C 22
Ashfield Rd. Ken —6H 191
Ashford Dri. Bed —6G 103
Ashford Dri. Dud —2E 64
Ashford Dri. S Cold —4M 71
Ashford Gdns. W'nsh —6M 215
Ashford La. H'ley H —3A 186
Ashford Rd. Hinc —2H 81
Ashford Rd. W'nsh —7M 215
Ash Furlong Clo. Bal C —3H 163
Ashfurlong Cres. S Cold —2L 57
Ash Green. —2C 122
Ash Grn. Dud —4G 65
Ash Grn. La. Cov —3C 122
Ash Gro. B9 —7B 94
Ash Gro. Arly —7E 76
Ash Gro. Bal H —4B 114
Ashgrove. Burn —4F 16
Ash Gro. Cann —5F 8
Ash Gro. Cov —2C 122
Ash Gro. Dud —7C 64
Ash Gro. H'ley —4F 46
Ash Gro. Kidd —2H 149
Ash Gro. K'bry —2D 60
Ash Gro. Lich —1L 19
Ash Gro. N'fld —5M 133
Ash Gro. Stourb —6D 108
Ash Gro. Stour S —5E 174
Ashgrove Clo. Marl —8D 154
Ashgrove Pl. Lea S —2A 216
Ashgrove Rd. B44 —7J 55
Ash Hill. Wolv —8K 35
Ashill Rd. Redn —2H 155
Ashington Gro. Cov —3G 167
Ashington Rd. Bed —8C 102
Ashlands Clo. Tam —2C 32
Ashland St. Wolv —8B 36
Ash La. A'chu —7C 156
Ash La. Wals —6G 15
Ashlawn Cres. Sol —4K 137
Ashlawn Railway Cutting Nature Reserve. —1C 198
Ashlawn Rd. Rugby —4L 197
Ashlea. Dord —4M 47
Ashleigh Clo. Barby —7J 199
Ashleigh Dri. B20 —7H 69
Ashleigh Dri. Nun —8M 79
Ashleigh Dri. Tam —1E 46
Ashleigh Gdns. Barw —1H 85
Ashleigh Gro. B13 —8B 114
Ashleigh Rd. Sol —5B 138
Ashleigh Rd. Tiv —1C 90
Ashley Clo. B15 —2J 113
Ashley Clo. K'wfrd —5J 87
Ashley Clo. Stourb —7K 107
Ashley Cft. B Grn —8G 155
Ashley Cres. Warw —3H 215
Ashley Gdns. B8 —5D 94
Ashley Gdns. Cod —5F 20
Ashley Mt. Wolv —4K 35
Ashley Rd. B23 —6E 70
Ashley Rd. Burn —8D 10
Ashley Rd. Kidd —8B 128
Ashley Rd. Smeth —5C 92
Ashley Rd. Wals —8F 24
Ashley Rd. Wolv —4L 49
Ashley St. Bils —3L 51
Ashley St. Row R —8C 90
Ashley Ter. B29 —8E 112
Ashley Way. Bal C —2H 163
Ashmall. Hamm —5K 17
Ashman Av. Long L —4H 171
Ashmead Dri. Redn —5J 155
Ashmead Gro. B24 —7G 71
Ashmead Ri. Redn —5J 155
Ashmead Rd. Burn —1G 17
Ash M. B27 —4J 115
Ashmole Clo. Lich —3L 19
Ashmole Rd. W Brom —2F 66
Ashmore Av. Wolv —1A 38
Ashmore Brook. —7D 12
Ashmore Lake. —5B 38
Ashmore Lake Ind. Est. W'hall
—5B 38
Ashmore Lake Rd. W'hall
—5B 38
Ashmore Lake Way. W'hall
—5B 38
Ashmore Park. —8A 24
Ashmore Rd. B30 —4F 134
Ashmore Rd. Cov —5B 144
Ashmores Clo. Redd —4D 208
Ashmores Ind. Est. Dud —6L 65
Ashold Farm Rd. B24 —7K 71
Asholme Clo. B36 —2J 95
Ashorne Clo. B28 —2H 137
Ashorne Clo. Cov —7J 123
(in two parts)
Ashorne Clo. Redd —1K 209
Ashover Gro. B18 —5E 92
(off Heath Grn. Rd.)
Ashover Rd. B44 —6K 55
Ashow. —7L 191
Ashow Clo. Ken —5H 191
Ash Pk. Ind. Est. Cann —6H 9
Ashperton Clo. Redd —8E 204
Ash Priors Clo. Cov —8H 143
Ash Ridge Clo. Nun —1M 103
Ash Rd. B8 —5D 94
Ash Rd. Dud —6H 65
Ash Rd. Earl S —2K 85
Ash Rd. Tip —5L 65
Ash Rd. W'bry —4F 52
Ash St. Bils —6L 51
Ash St. Crad H —7L 89
Ash St. Wals —8K 25
Ash St. Wolv —8A 36
Ashtead Clo. Min —3B 72
Ashted Cir. B7 —2L 5
Ashted Lock. B7 —5M 93 (2K 5)
Ashted Wlk. B7 —5B 94
Ash Ter. Tiv —8B 66
Ash Ter. Wash H —3E 94
Ashton Clo. Redd —8B 204
Ashton Ct. Lea S —6C 212
Ashtoncroft. B16 —7G 93 (6A 4)
Ashton Cft. Sol —8A 138
Ashton Dri. Wals —6C 26
Ashton Pk. Dri. Brie H —1C 108
Ashton Rd. B25 —2H 115
Ash Tree Av. Cov —7G 143
Ashtree Clo. Brie H —1A 108
Ashtree Ct. Cann —5D 8
Ash Tree Dri. B26 —2K 115
Ashtree Dri. Stourb —6A 108
Ashtree Gro. Bils —6B 52
Ash Tree Gro. Shil —3E 124
Ashtree Rd. B30 —3G 135
Ashtree Rd. Crad H —7L 89
Ash Tree Rd. Redd —5B 204
Ashtree Rd. Tiv & O'bry —8C 66
Ashtree Rd. Wals —6A 26
Ashurst Clo. Longf —4H 123
Ashurst Rd. S Cold —3M 71
Ash Vw. Cann —1D 8
Ashville Av. B34 —2M 95
Ashville Dri. Hale —4A 110
Ashwater Dri. B14 —7K 135
Ashway. B11 —4B 114
Ash Way. B23 —1C 70
Ashwell Dri. Shir —5K 137
Ashwells Gro. Wolv —7A 22
Ashwin Rd. B21 —2F 92
Ashwood. —4E 86
Ashwood Av. Cov —4M 143
Ashwood Av. Stourb —7J 87
Ashwood Clo. S Cold —1L 55
Ashwood Ct. B34 —4K 95
Ashwood Dri. B37 —6K 97
Ashwood Gro. Wolv —4A 50
Ashwood Rd. Nun —3E 78
Ashworth Ho. Cann —5G 9
Ashworth Rd. B42 —8H 55
Askew Bri. Rd. Dud —6B 64
Askew Clo. Dud —4E 64
Aspbury Ct. Tam —6E 32
(off Neville St.)
Aspbury Cft. B36 —8D 72
Aspen Clo. B27 —7H 115
Aspen Clo. Cov —8D 142
Aspen Clo. S Cold —7M 57
Aspen Ct. Cann —3A 10
Aspen Dri. B37 —1J 117
Aspen Gdns. Hand —8H 69
Aspen Gro. B9 —6G 95
Aspen Gro. Burn —1F 16
Aspen Gro. W'hall —2E 38
Aspen Gro. Wyt —4B 158
Aspen Ho. Sol —7M 137
Aspens, The. K'bry —2C 60
Aspen Wlk. Stour S —4E 174
Aspen Way. Wolv —8A 36
Asplen Ct. Ken —5J 191
Aspley Heath. —7D 184
Aspley Heath La. Tan A
—7D 184
Asquith Dri. Cann —7J 9
Asquith Dri. Tiv —7C 66
Asquith Rd. B8 —4H 95
Asra Clo. Smeth —1A 92
Asra Ho. Smeth —1A 92
Assheton Clo. Rugby —1J 197
Astbury Av. Smeth —6M 91
Astbury Clo. Wals —5G 25
Astbury Clo. Wolv —8G 37
Astbury Ct. O'bry —2H 111
Aster Av. Kidd —8K 127
Aster Clo. Hinc —3L 81
Aster Clo. Nun —8A 80
Aster Wlk. Pend —6A 22
Aster Way. Hinc —3K 81
Asthill Cft. Cov —1C 166 (8B 6)
Asthill Gro. Cov —1C 166 (8B 6)
Astley. —2L 101
Astley Av. Cov —7E 122
Astley Av. Hale —3F 110
Astley Clo. Lea S —7K 211
Astley Clo. Redd —2G 209
Astley Clo. Tip —3D 66
Astley Cres. Hale —4F 110
Astley La. Asty —2L 101
(in two parts)
Astley La. Fill —6H 101
Astley Pl. Rugby —2H 199
Astley Pl. Wolv —3D 50
Astley Rd. B21 —8D 68
Astley Rd. Earl S —1M 85
Astley Wlk. Shir —4H 137
Aston. —1M 93
Aston Bri. B6 —4M 93
Aston Brook Grn. B6 —4M 93
Aston Brook St. B6 —3M 93
(in two parts)
Aston Brook St. E. B6 —4M 93
Aston Bury. B15 —1D 112
Aston Chu. Rd. Nech & Salt
—2C 94
Aston Chu. Trad. Est. Nech
—3D 94
Aston Clo. Bils —5B 52
Aston Clo. Lich —3F 28
Aston Cross Bus. Pk. Aston
—3A 94
Aston Expressway. B6 —4M 93
Aston Fields. —1B 202
Aston Fields Trad. Est. B'gve
—3A 202
Aston Flamville. —3E 82
Aston Hall. —1M 93
Aston Hall Rd. B6 —1A 94
Aston Ind. Est. Bed —7K 103
Aston La. Burb —3A 82
Aston La. Hand & Aston —7K 69
Aston La. Sharn —4G 83
Aston Manor Transport Mus. —8M 69
Aston Pk. Ind. Est. Nun —3H 79
Aston Rd. B6 —4M 93 (1J 5)
(in three parts)
Aston Rd. B'gve —3M 201
Aston Rd. Cov —8M 143
Aston Rd. Dud —1H 89
Aston Rd. Nun —4H 79
Aston Rd. Tiv —8A 66
Aston Rd. W'hall —7L 37
Aston Rd. N. B6 —3M 93
Aston Science Pk. B7
—5M 93 (1K 5)
Aston's Clo. Brie H —2D 108
Aston Seedbed Cen. Nech
—3A 94
Aston's Fold. Brie H —2D 108
Aston St. B4 —5M 93 (3H 5)
(in two parts)
Aston St. Tip —2C 66
Aston St. Wolv —1A 50
Aston Students Guild. B4 —1J 5
Aston Triangle. B4
—6M 93 (3J 5)
Astor Dri. B13 —8C 114
Astoria Clo. W'hall —8D 24
Astoria Gdns. W'hall —8D 24
Astor Rd. K'wfrd —4M 87
Astor Rd. S Cold —8A 42
Astwood Bank. —8E 208
Astwood Clo. S Prior —8J 201
Astwood La. A'wd B —8A 208
Astwood La. S Prior —8F 200
Atcham Clo. Redd —6M 205
Atchenson Clo. Stud —5L 209
Athelney Ct. Wals —6A 26
Athelstan Gro. Wolv —4F 34
Athelstan Way. Tam —2M 31
Athena Dri. Tach P —4K 215
Athena Gdns. Cov —8G 123
Atherstone Clo. Redd —8M 205
Atherstone Clo. Shir —7E 136
Atherstone La. Hurl —5K 61
Atherstone Rd. Col —5K 75
Atherstone Rd. Hurl —5K 61
Atherstone Rd. Wolv —7H 37
Atherstone St. Faz —1B 46
Atherston Pl. Cov —3K 165
Athlone Rd. Wals —1C 54
Athol Clo. B32 —1K 133
Athole St. B12 —2A 114
Atholl Cres. Nun —7E 78
Athol Rd. Cov —3A 146
Atkins Way. Hinc —2L 81
Atlantic Ct. W'hall —8A 38
(off Cheapside)
Atlantic Rd. B44 —1M 69
Atlantic Way. W'bry —8E 52
Atlas Cft. Wolv —3C 36
Atlas Est. Witt —7A 70
Atlas Gro. W Brom —6F 66
Atlas Trad. Est. Bils —7M 51
Atlas Way. B1 —6B 4
Attenborough Clo. B19 —4L 93
Attingham Dri. B43 —7D 54
Attingham Dri. Cann —7M 9
Attleboro La. Wat O —7G 73
Attleborough. —8L 79
Attleborough By-Pass. Attl
—7K 79
Attleborough Ind. Est. Attl F
—6M 79
Attleborough Rd. Nun —6K 79
Attlee Clo. Tiv —7D 66
Attlee Cres. Bils —7L 51
Attlee Gro. Cann —7J 9
Attlee Rd. Wals —5E 38
Attoxhall Rd. Cov —5L 145
Attwell Pk. Wolv —2K 49
Attwell Rd. Tip —8M 51
Attwood Clo. B8 —3E 94
Attwood Cres. Cov —2J 145
Attwood Gdns. Wolv —4E 50
Attwood Rd. Burn —2C 16
Attwood St. Hale —4M 109
Attwood St. Stourb —4F 108
Atworth Clo. Redd —4H 209
Aubrey Rd. B32 —2L 111
Aubrey Rd. Small H —1F 114
Auchinleck Dri. Lich —8J 13
Auchinleck Sq. B15 —8A 4
Aucinleck Ho. B15
(off Broad St.) —8H 93 (7B 4)
Auckland Dri. B36 —1F 96
Auckland Ho. B32 —5M 111
Auckland Rd. B11 —2A 114
Auckland Rd. K'wfrd —5L 87
Auckland Rd. Smeth —3L 91
Auden Clo. Gall C —5M 77
Auden Ct. Pert —5F 34
Audleigh Ho. B15
—1J 113 (8C 4)
Audlem Wlk. Wolv —4G 37
Audley Dri. Kidd —1G 149
Audley Rd. B33 —5L 95
Audnam. —8M 87
Audnam. Stourb —8M 87
Augusta Pl. Lea S —1M 215
Augusta Rd. A Grn —4J 115
Augusta Rd. Mose —5L 113

Augusta Rd. E. B13 —5M 113
Augusta St. B18 —5J 93 (1C 4)
Augustine Av. Stud —5J 209
Augustine Gro. B18 —3F 92
Augustine Gro. S Cold —4F 42
Augustines Wlk. Lich —6G 13
Augustus Clo. Col —8M 73
Augustus Ct. B15 —1F 112
Augustus Rd. B15 —1D 112
Augustus Rd. Cov —5F 144
Augustus St. Wals —8K 39
Aulton Cres. Hinc —8B 84
Aulton Rd. S Cold —6L 43
Aulton Way. Hinc —8B 84
Ault St. W Brom —8K 67
Austcliff Clo. Redd —3D 208
Austcliff Dri. Sol —1C 160
Austcliffe. —4B 128
Austcliffe La. Cookl —4A 128
Austen Clo. Gall C —4M 77
Austen Ct. Cubb —4E 212
Austen Pl. B15 —1H 113
Austen Wlk. W Brom —4K 67
Austin Clo. B27 —5K 115
Austin Clo. Dud —7F 64
Austin Cote La. Lich —2L 19
Austin Cft. B36 —8F 72
Austin Dri. Cov —2G 145
Austin Edwards Dri. Warw —1H 215
Austin Ho. Wals —6M 39
Austin Ri. B31 —2M 155
Austin Rd. B21 —8C 68
Austin Rd. B'gve —2L 201
Austin St. Wolv —5B 36
Austin Way. B42 & Hamp I —4G 69
Austrey Clo. Know —3G 161
Austrey Gro. B29 —1A 134
Austrey Rd. K'wfrd —4A 88
Austwick Clo. Warw —8E 210
Austy Clo. B36 —1L 95
Autumn Berry Gro. Sed —3E 64
Autumn Clo. Wals —8C 26
Autumn Dri. Dud —5D 64
Autumn Dri. Lich —7K 13
Autumn Dri. Wals —8B 26
Autumn Gro. Hock —3J 93
Auxerre Av. Redd —1G 209
Avalon Clo. B24 —5H 71
Avebury Clo. Nun —7M 79
Avebury Gro. B30 —2J 135
Avebury Rd. B30 —1J 135
Ave Maria Clo. Crad H —8L 89
Avenbury Clo. Redd —8M 205
Avenbury Dri. Sol —5E 138
Aventine Way. Gleb F —2M 171
Avenue Clo. B7 —3A 94
Avenue Clo. Dorr —6G 161
Avenue N. Earl S —1M 85
Avenue Rd. Aston —3M 93
Avenue Rd. A'wd B —8E 208
Avenue Rd. Bils —1J 65
Avenue Rd. Cann —7L 9
Avenue Rd. Dorr —6G 161
Avenue Rd. Dud —3F 88
Avenue Rd. Erd —5F 70
Avenue Rd. Hand & Nech —7D 68
Avenue Rd. Ken —3D 190
Avenue Rd. K Hth —1K 135
Avenue Rd. Lea S —2L 215
Avenue Rd. Nun —7J 79
Avenue Rd. Row R —8D 90
Avenue Rd. Rugby —5L 171
Avenue Rd. W'bry —3D 52
Avenue Rd. Wolv —7L 35
Avenue S. Earl S —1M 85
Avenue, The. A Grn —5K 115
Avenue, The. B'wll —3G 181
Avenue, The. Blak —8H 129
Avenue, The. Cas —1H 49
Avenue, The. Cov —3G 167
Avenue, The. Fall P —4F 36
Avenue, The. F'stne —2H 23
Avenue, The. Kidd —1A 176
Avenue, The. Penn —5L 49
Avenue, The. Redn —2E 154
Avenue, The. Row —8M 187
Avenue, The. Row R —6A 90
Avenue, The. Ware —8A 176
Averill Rd. B26 —8A 96
Avern Clo. Tip —3B 66
Aversley Rd. B38 —8D 134
Avery Ct. O'bry —2H 111
Avery Ct. Warw —3F 214
Avery Cft. B35 —7M 71
Avery Dell Ind. Est. B30 —4H 135
Avery Dri. B27 —5J 115
Avery Myers Clo. O'bry —4H 91
Avery Rd. Smeth —3D 92
Avery Rd. S Cold —7C 56
Aviemore Clo. Nun —7G 79
Aviemore Cres. B43 —5H 55
Avill. H'ley —4G 47
Avill Gro. Kidd —2J 149
Avington Clo. Dud —2D 64
Avion Cen. Wolv —5A 36
Avion Clo. Wals —2M 53
Avocet Clo. B33 —6L 95
Avocet Clo. Ald G —6H 123
Avocet Dri. Kidd —7A 150
Avon. H'ley —4G 47
Avonbank Clo. Redd —3C 208
Avon Bus. Pk. Cann —2C 14
Avon Clo. B14 —8K 135
Avon Clo. Brie H —3B 88
Avon Clo. B'gve —3M 201
Avon Clo. Bulk —3B 104
Avon Clo. Wolv —6F 34
Avon Ct. Lea S —6M 211
Avon Cres. Wals —8A 26
Avoncroft Ho. B37 —7G 97
Avoncroft Mus. of Buildings. —4L 201
Avoncroft Rd. Stoke H —4K 201
Avondale Clo. K'wfrd —1L 87
Avondale Rd. B11 —5C 114
Avondale Rd. Bran —4F 168
Avondale Rd. Cov —1A 166
Avondale Rd. Lea S —5C 212
Avondale Rd. Wolv —6M 35
Avon Dri. Cas B —1F 96
Avon Dri. Mose —7B 114
Avon Dri. W'hall —7C 38
Avon Gro. Wals —6A 54
Avon Ho. B15 —1K 113 (8E 4)
Avon Ho. Kidd —7L 149
Avon Ind. Est. Rugby —5D 172
Avonlea Ri. Lea S —7K 211
Avonmere. Rugby —2L 171
Avon M. Stourb —7H 87
Avon Rd. Burn —4F 16
Avon Rd. Cann —2C 14
Avon Rd. Hale —4H 109
Avon Rd. Ken —6E 190
Avon Rd. Kidd —6H 149
Avon Rd. Shir —8K 137
Avon Rd. Stourb —6M 107
Avon Rd. Wals —8L 25
Avon Rd. W'nsh —6A 216
Avon St. B11 —4C 114
Avon St. Clift D —5E 172
Avon St. Cov —4H 145
Avon St. Rugby —5A 172
Avon St. Warw —2G 215
Avon Ter. Bubb —3J 193
Avon Wlk. Hinc —1G 81
Avon Way. Wyt —7L 157
Awbridge Rd. Dud —6J 89
Awefields Cres. Smeth —5K 91
Awson St. Cov —3F 144
Axborough La. I'ley —5C 128
Axholme Rd. Cov —5L 145
Axletree Way. W'bry —3G 53
Axminster Clo. Nun —4L 79
Ayala Cft. B36 —8L 71
Aylesbury Clo. H'ley H —2C 186
Aylesbury Cres. B44 —1A 70
Aylesbury Rd. H'ley H —3C 186
Aylesdene Ct. Cov —1M 165
Aylesford Clo. Dud —7C 50
Aylesford Dri. B37 —2G 117
Aylesford Dri. S Cold —4E 42
Aylesford Rd. B21 —8D 68
Aylesford St. Cov —5E 144
Aylesford St. Lea S —3A 216
Aylesmore Clo. B32 —8J 111
Aylesmore Clo. Sol —1L 137
Aynho Clo. Cov —6G 143
Aynsley Ct. Shir —7J 137
Ayre Rd. B24 —5H 71
Ayrshire Clo. B36 —1K 95
Ayrshire Clo. Barw —3G 85
Ayrton Clo. Wolv —5G 35
Aysgarth Clo. Nun —7A 80
Azalea Clo. Cod —6H 21
Azalea Clo. Hinc —4L 81
Azalea Dri. Hinc —3L 81
Azalea Gro. B9 —7F 94
Azalea Wlk. Hinc —4L 81
Aziz Isaac Clo. O'bry —4J 91

Babbacombe Rd. Cov —4D 166
Babington Rd. B21 —2E 92
Bablake Clo. Cov —1M 143
Bablake Cft. Sol —8A 116
Babors Fld. Bils —6G 51
Babworth Clo. Wolv —7A 22
Baccabox La. H'wd —2L 157
Bacchus Rd. B18 —3F 92
Bache St. W Brom —8J 67
Bach Mill Dri. B28 —6D 136
Backcester La. Lich —1H 19
Backcrofts. Cann —8D 8
Backhouse La. Wolv —5J 37
Back La. Col —7F 74
Back La. Crad H —8H 89
Back La. Long L —5G 171
Back La. Mer —4K 141
Back La. Wals —2M 41
Back La. Warw —3E 214
Back La. Wtgtn —8D 28
Back Rd. K Nor —7F 134
Back Rd. K'wfrd —2K 87
Back St. Nun —4J 79
Bacon's End. —5H 97
Bacons End. B37 —4H 97
Bacon's Yd. Cov —7F 122
Badbury Clo. Stud —5K 209
Badbury Gdns. Stud —5K 209
Badby Leys. Rugby —2M 197
Baddesley Clinton. —3C 188
Baddesley Clinton. —6M 187
Baddesley Clo. Syd —4D 216
Baddesley Rd. Sol —7L 115
Baden Powell Clo. Rug —3F 10
Bader Rd. Wals —7F 38
Bader Rd. Wolv —6E 34
Bader Wlk. B35 —7M 71
Badger Clo. Redd —6K 205
Badger Clo. Shir —4K 159
Badger Dri. Wolv —5D 36
Badger Rd. Bin —1K 167
Badgers Bank Rd. S Cold —4F 42
Badgers Clo. Wals —4A 26
Badgers Cft. Hale —2B 110
Badgers, The. B Grn —7G 155
Badger St. Dud —4E 64
Badger St. Stourb —3E 108
Badgers Way. B34 —4A 96 (in two parts)
Badgers Way. Hth H —7K 9
Badger Way. B'wll —4H 181
Badland Av. Kidd —8M 127
Badminton Clo. Dud —6F 64
Badon Covert. B14 —7K 135
Badsey Clo. B31 —5G 134
Badsey Rd. O'bry —4D 90
Baffin Clo. Rugby —8L 171
Baggeridge Clo. Dud —1A 64
Baggeridge Country Pk. —3L 63
Baggeridge Country Pk. Vis. Cen. —2M 63
Baggott St. Wolv —2C 50
Baginton. —7F 166
Baginton Clo. Sol —4B 138
Baginton Rd. B35 —5A 72
Baginton Rd. Cov —3B 166 (in two parts)
Bagley's Rd. Brie H —3C 108
Bagley St. Stourb —4C 108
Bagnall Clo. B25 —3K 115
Bagnall Rd. Bils —4J 51
Bagnall St. Ock H —8C 52
Bagnall St. Tip & W Brom —2D 66
Bagnall St. Wals —3J 39
Bagnall St. W Brom —7L 67
Bagnall Wlk. Brie H —8D 88
Bagnell Rd. B13 —2M 135
Bagot St. B4 —5L 93 (1H 5)
Bagot Way. H'cte —6L 215
Bagridge Clo. Wolv —1H 49
Bagridge Rd. Wolv —1H 49
Bagshaw Clo. Ryton D —8A 168
Bagshawe Cft. B23 —2D 70
Bagshaw Rd. B33 —6L 95
Bailey Av. H'ley —4F 46
Bailey Clo. Cann —5G 9
Bailey Rd. Bils —2H 51
Baileys Ct. Row R —6B 90
Bailey's La. Long L —4G 171
Bailey St. W Brom —5G 67
Bailey St. Wolv —7E 36 (3M 7)
Bailye Clo. S'hay —8M 13
Baines La. Hinc —8D 84
Bakehouse La. Chad E —3B 188
Bakehouse La. Col —3E 74
Bakehouse La. Rugby —6M 171
Baker Av. Bils —7F 50
Baker Av. Lea S —3M 215
Baker Ho. Gro. B43 —2D 68
Baker Rd. Bils —6L 51
Bakers Gdns. Cod —5E 20
Baker's Lane. —8K 161
Bakers La. A'rdge —3H 41
Bakers La. Cov —7L 143
Bakers La. Know —8J 161
Baker's La. Lich —2H 19
Bakers La. S Cold —4M 55
Bakers M. Chad E —3B 188
Baker St. Burn —3F 16
Baker St. Hand —1F 92
Baker St. Longf —3H 123
Baker St. Small H —8D 94
Baker St. S'hll —5C 114
Baker St. Tip —5L 65 (in two parts)
Baker St. W Brom —6H 67
Bakers Wlk. Wiln —3F 46
Bakers Way. Cann —4H 9
Bakers Way. Cod —5E 20
Bakewell Clo. Bin —1M 167
Bakewell Clo. Wals —6J 25
Balaclava Rd. B14 —1L 135
Bala Clo. Stour S —4G 175
Balcaskie Clo. B15 —2E 112
Balcombe Ct. Rugby —1E 198
Balcombe Rd. Rugby —1D 198
Balden Rd. B32 —2L 111
Balding Clo. Barby —8J 199
Baldmoor Lake Rd. B23 —2F 70
Bald's La. Stourb —4F 108
Baldwin Clo. Tiv —7D 66
Baldwin Cft. Cov —8H 123
Baldwin Gro. Cann —7J 9
Baldwin Ho. B19 —3L 93
Baldwin Rd. B30 —7G 135
Baldwin Rd. Bew —1B 148
Baldwin Rd. Kidd —1B 150
Baldwin Rd. Stour S —5H 175
Baldwins Ho. Brie H —1F 108 (off Maughan St.)
Baldwins La. B28 —5E 136
Baldwin St. Bils —5M 51
Baldwin St. Smeth —3B 92
Baldwin Way. Swind —7E 62
Balfour. Tam —5A 32
Balfour Clo. Hinc —2L 81
Balfour Ct. S Cold —6G 43
Balfour Cres. Wolv —5M 35
Balfour Dri. Tiv —7C 66
Balfour Rd. K'wfrd —1L 87
Balfour St. B12 —3L 113
Balham Gro. B44 —7A 56
Balking Clo. Bils —6H 51
Ballantine Rd. Cov —3B 144
Ballarat Wlk. Stourb —4M 107
Ballard Cres. Dud —4K 89
Ballard Rd. Dud —4K 89
Ballards Green. —6D 76
Ballard Wlk. B37 —3G 97
Ballfields. Tip —4D 66
Ball Ho. Wals —1H 39 (off Somerfield Rd.)
Ballingham Clo. Cov —7G 143
Balliol Bus. Pk. Wolv —6K 21
Balliol Ho. B37 —7F 96
Balliol Rd. Cov —5H 145
Balliol Rd. Hinc —3M 81
Ball La. Cov H —3C 22
Ballot St. Smeth —4B 92
Balls Hill. —1G 67
Balls Hill. Wals —7M 39
Balls St. Wals —8M 39
Balmain Cres. Wolv —1H 37
Balmoral Clo. Cov —3M 145
Balmoral Clo. Hale —2B 110
Balmoral Clo. Lich —3K 19
Balmoral Clo. Wals —2D 40
Balmoral Ct. Cann —4G 9
Balmoral Ct. Kidd —4A 150
Balmoral Ct. Nun —3E 78
Balmoral Dri. Cann —2F 8
Balmoral Dri. W'hall —2B 38
Balmoral Dri. Wom —8G 49
Balmoral Rd. Bart G —2G 133
Balmoral Rd. Earl S —2K 85
Balmoral Rd. Erd —4F 70
Balmoral Rd. K'hrst —2G 97
Balmoral Rd. Stourb —6J 87
Balmoral Rd. S Cold —4F 42
Balmoral Rd. Wolv —4A 50
Balmoral Vw. Dud —7E 64
Balmoral Way. Burn —8E 10
Balmoral Way. Lea S —3C 212
Balmoral Way. Row R —5D 90
Balmoral Way. Wals —5G 39
Balsall. —4G 163
Balsall Common. —2G 163
Balsall Heath. —4M 113
Balsall Heath Rd. B5 & B12 —2K 113
Balsall Street. —3F 162
Balsall St. Bal C —4B 162
Balsall St. E. Bal C —4G 163
Baltic Clo. Cann —7E 8
Baltimore Rd. B42 —3G 69
Balvenie Way. Dud —6F 64
Bamber Clo. Wolv —1L 49
Bamburgh. Dost —2C 46
Bamburgh Gro. Lea S —6L 211
Bamford Clo. Wals —6J 25
Bamford Ho. Wals —6J 25
Bamford Rd. Wals —6J 25
Bamford Rd. Wolv —1A 50
Bamford St. Tam —6D 32
Bampfylde Pl. B42 —2J 69
Bampton Av. Burn —1G 17
Bamville Rd. B8 —4G 95
Banbery Dri. Wom —5F 62
Banbrook Clo. Sol —1D 138
Banbury Clo. Sed —3E 64
Banbury Cft. B37 —7F 96
Banbury Ho. B33 —7E 96
Banbury Rd. Cann —1C 14
Banbury Rd. Warw & Bis T —3F 214
Banbury Rd. Hill. Warw —4G 215
Banbury St. B5 —6M 93 (4J 5)
Bancroft. Tam —7F 32
Bancroft Clo. Cose —2H 65
Bandywood Cres. B44 —6M 55
Bandywood Rd. B44 —5L 55
Baneberry Dri. F'stne —1H 23
Banfield Av. W'bry —2C 52
Banfield Rd. W'bry —5C 52
Banford Av. B8 —5G 95
Banford Rd. B8 —5G 95
Bangham Pit Rd. B31 —3L 133
Bangley La. Hints —3D 44 (in two parts)
Bangor Ho. B37 —5H 97
Bangor Rd. B9 —7D 94
Bank Cres. Burn —4F 16
Bankcroft. Lea S —4C 216
Bankdale Rd. B8 —5H 95
Bankes Rd. B10 —8E 94
Bank Farm Clo. Stourb —8C 108
Bankfield Dri. Lea S —8J 211
Bankfield Ho. Wolv —7C 36 (3H 7)
Bankfield Rd. Bils —4K 51 (in two parts)
Bankfield Rd. Tip —1C 66
Banklands Rd. Dud —3L 89
Bank Rd. Gorn W —6C 64 (in two parts)
Bank Rd. Neth —3K 89
Bank's Green. —6G 203
Banks Grn. Up Ben —6G 203
Bankside. Gt Barr —2E 68
Bankside. Mose —7D 114
Bankside. Wom —2F 62
Bankside Clo. Cov —3F 166
Bankside Cres. S Cold —2M 55
Bankside Way. Wals —7H 27
Banks Rd. Cov —4A 144
Banks St. W'hall —7A 38
Banks, The. Kils —7M 199
Bank St. B14 —1L 135
Bank St. Brad —6L 51
Bank St. Brie H —5D 88
Bank St. Cann —8L 9
Bank St. Cose —1H 65
Bank St. Crad H —8J 89
Bank St. Rugby —6A 172
Bank St. Stourb —4F 108
Bank St. Wals —8M 39
Bank St. W Brom —3J 67
Bank St. Wolv —4E 36
Bank Ter. Barw —3G 85
Bank, The. S'lgh —3C 192
Bankwell St. Brie H —5C 88
Banky Mdw. Hinc —2A 82
Banner La. Bars —8B 140
Banner La. Cov —5D 142
Bannerlea Rd. B37 —4F 96
Bannerley Rd. B33 —8C 96
Banners Ct. S Cold —6B 56
Banners Ga. Rd. S Cold —6B 56
Banners Gro. B23 —3G 71
Banner's La. Hale —3K 109
Banners La. Redd —4E 208
Banner's St. Hale —3K 109
Banners Wlk. B44 —7B 56
Bannington Ct. W'hall —5D 38
Bannister Rd. W'bry —7D 52
Bannister St. Crad H —8K 89
Banstead Clo. Wolv —2E 50 (8M 7)
Bantam Gro. Cov —6A 122
Bantams Clo. B33 —7C 96
Bant Mill Rd. B'gve —8A 180
Bantock Av. Wolv —1M 49
Bantock Gdns. Wolv —8L 35
Bantock House Mus. —8M 35
Bantock Rd. Cov —7E 142
Bantocks, The. W Brom —3G 67
Bantock Way. B17 —4D 112
Banton Clo. B23 —1D 70
Bantry Clo. B26 —5C 116
Baptist End. —3K 89
Baptist End Rd. Dud —4J 89
Baptist Wlk. Hinc —8D 84
Barbara Rd. B28 —5E 136
Barbara St. Tam —4A 32
Barber Clo. Cann —7L 9
Barber Institute of Fine Arts. —5G 113
Barbers La. Cath B —3J 139
Barber Wlk. H Mag —2A 214
Barbican Ri. Cov —7L 145
Barbourne Clo. Sol —2B 160
Barbridge Clo. Bulk —7C 104
Barbridge Rd. Bulk —6B 104
Barbrook Dri. Brie H —2B 108
Barby. —8J 199
Barby La. Barby —4G 199
Barby La. Rugby —1F 198
Barby Nortoft. —3M 199
Barby Rd. Kils —6L 199
Barby Rd. Rugby —7A 172
Barcheston Rd. B29 —8A 112
Barcheston Rd. Know —4G 161
Barclay Ct. Wolv —7A 36
Barclay Rd. Smeth —8L 91
Barcliffe Av. Tam —6E 32
Bar Common. —6H 41
Barcroft. W'hall —6B 38
Bardfield Clo. B42 —1G 69
Bardon Dri. Shir —7J 137
Bardon Rd. Barw —1H 85
Bardon Vw. Rd. Dord —2M 47
Bardsey Clo. Hinc —8B 84
Bard St. B11 —4C 114
Bardwell Clo. Wolv —1M 35
Barford App. W'nsh —7B 216
Barford Clo. Bin —2K 167
Barford Clo. Redd —8M 205
Barford Clo. S Cold —5M 57
Barford Clo. W'bry —1C 52
Barford Cres. B38 —7J 135
Barford Ho. B5 —2L 113
Barford M. Ken —5H 191
Barford Rd. B16 —5E 92
Barford Rd. Ken —6H 191
Barford Rd. Shir —7K 137
Barford St. B5 —1L 113 (8H 5)
Bargate Dri. Wolv —5A 36
Bargehorse Wlk. B38 —2E 156
Bargery Rd. Wolv —8A 24
Barham Clo. Shir —4A 160
Barker Ho. O'bry —1E 90
Barker Rd. S Cold —2H 57
Barker's Butts La. Cov —4M 143
Barkers La. Wyt —8M 157
Barker St. Loz —2H 93
Barker St. O'bry —3J 91
Bark Hill. —6A 148
Bark Piece. B32 —6J 111
Barlands Cft. B34 —3C 96
Barle Gro. B36 —2F 96
Barlestone Dri. Hinc —8A 84
Barley Clo. A'rdge —7L 41
Barley Clo. Cann —4H 9
Barley Clo. Dud —2F 64
Barley Clo. Rugby —1G 199
Barley Clo. Wolv —8L 21
Barley Ct. Lea S —7M 211
Barley Cft. Pert —6D 34
Barley Cft. Stoke H —2K 201
Barleyfield. Hinc —6C 84
Barleyfield Ho. Wals —1L 53 (off Bath St.)
Barleyfield Ri. K'wfrd —1G 87
Barleyfield Row. Wals —1L 53
Barley Lea, The. Cov —1H 167
Barley Mow La. Cats —1A 180
Barlich Way. Redd —7F 204
Barlow Clo. O'bry —6G 91
Barlow Clo. Redn —7E 132
Barlow Clo. Tam —5E 32
Barlow Ct. K'bry —3D 60
Barlow Dri. W Brom —8M 67
Barlow Rd. Ald I —6K 123
Barlow Rd. W'bry —4G 53
Barlow's Rd. B15 —4D 112
Barmouth Clo. W'hall —3C 38
Barnabas Rd. B23 —5F 70
Barnaby Sq. Wolv —5F 22
Barnack Av. Cov —4B 166
Barnack Dri. Warw —8E 210
Barnacle. —3A 124
Barnacle La. Bulk —8C 104
Barnard Clo. B37 —8K 97
Barnard Clo. Lea S —6C 212
Barnardo's Cen. B7 —1M 5
Barnard Pl. Wolv —3E 50
Barnard Rd. S Cold —2L 57
Barnard Rd. Wolv —8M 23
Barnard Way. Cann —7F 8
Barn Av. Dud —2C 64
Barnbridge. Tam —7C 32
Barnbrook Rd. Know —2G 161
Barn Clo. B30 —3H 135
Barn Clo. Cov —4J 143
Barn Clo. Crad H —3L 109
Barn Clo. Dord —3M 47
Barn Clo. Hale —7L 109
Barn Clo. Lich —6H 13
Barn Clo. Stoke H —3L 201
Barn Clo. Stourb —5C 108
Barn Clo. W'nsh —6B 216
Barncroft. B32 —8L 111
Barncroft. Burn —5G 17
Barncroft Rd. Tiv —1A 90
Barncroft St. W Brom —1G 67
Barne Clo. Nun —2B 104
Barnes Clo. B37 —7E 96
Barnes Hill. B29 —7M 111
Barnes Rd. Lich —3G 29
Barnesville Clo. B10 —1G 115
Barnet Rd. B23 —4D 70
Barnettbrook. —4J 151
Barnett Clo. Bils —5K 51
Barnett Clo. K'wfrd —5K 87
Barnett Grn. K'wfrd —5K 87
Barnett La. K'wfrd & Stourb —4K 87
Barnett Rd. W'hall —8L 37
Barnetts Clo. Kidd —5B 150
Barnetts Gro. Kidd —5A 150
Barnett's La. Kidd —6M 149
Barnetts La. Wals —1F 26
Barnett St. Stourb —6K 87
Barnett St. Tip —5A 66
Barnett St. Tiv —7A 66
Barney Clo. Tip —6M 65
Barn Farm Clo. Bils —2A 52
Barnfield Av. Alle —2G 143
Barnfield Clo. Lich —3H 19
Barnfield Dri. Sol —3E 138
Barnfield Gro. B20 —4E 68
Barnfield Rd. B'gve —8L 179
Barnfield Rd. Hale —2D 110
Barnfield Rd. Stour S —8F 174
Barnfield Rd. Tip —2L 65
Barnfield Rd. Wolv —7G 37
Barnfield Trad. Est. Tip —3L 65
Barnfield Way. Cann —3A 10
Barnford Clo. B10 —8C 94
Barnford Cres. O'bry —6H 91
Barnfordhill Clo. O'bry —5H 91
Barn Grn. Wolv —2M 49
Barn Hill. —4C 158
Barnhurst La. Cod & Wolv —6K 21
Barn La. Hand —2E 92
Barn La. Mose —2A 136
Barn La. Prin —8D 194
Barn La. Sol —5L 115
Barn Mdw. B25 —8K 95
Barnmoor Ri. Sol —2C 138
Barn Owl Clo. Kidd —7A 150
Barn Owl Dri. Wals —5M 25

Barn Owl Wlk. Brie H —3C 108
Barnpark Covert. B14 —7J 135
Barn Piece. B32 —5H 111
Barnsbury Av. S Cold —3J 71
Barns Clo. Wals —5F 26
Barns Cft. S Cold —5B 42
Barnsdale Cres. B31 —5L 133
Barns La. Wals & A'rdge —2C 40
Barnsley Rd. B17 —8A 92
Barnsley Rd. B'gve —5A 180
Barnstaple Clo. Cov —5F 142
Barnstaple Rd. Smeth —4B 92
Barn St. B5 —7M 93 (6K 5)
Barnswood Clo. Cann —1B 14
Barnt Green. —1H 181
Barnt Grn. Rd. Redn —5J 155
Barnwell Clo. Dunc —5J 197
Barnwood Clo. Redd —4K 205
Barnwood Rd. B32 —5M 111
Barnwood Rd. Wolv —8L 21
Baron Clo. Burn —8E 10
Barons Clo. B17 —3A 112
Barons Ct. Sol —5C 116
Barons Ct. Trad. Est. Wals —7E 26
Baron's Cft. Cov —2E 166
Barons Cft. Nun —5C 78
Baron's Fld. Rd. Cov —2D 166
Barpool Rd. Nun —5F 78
Barrack La. Hale —3H 109
Barracks Clo. Wals —1L 39
Barracks La. Beau —7J 189
Barracks La. Bwnhls & Wals W —8J 17
Barracks La. Wals —1K 39
Barracks Pl. Wals —1L 39
Barracks Rd. Stour S —8J 175
Barracks, The. Barw —3G 85
Barrack St. B7 —5A 94 (2M 5)
Barrack St. Warw —2E 214
Barrack St. W Brom —1G 67
Barracks Way. Cov —7C 144 (5C 6)
Barra Cft. B35 —5B 72
Barrar Clo. Stourb —1L 107
Barras Ct. Cov —5G 145
Barras Grn. Cov —5G 145
Barras La. Cov —6B 144
Barratts Clo. Bew —6A 148
Barratts Cft. Brie H —8C 64
Barratt's La. Ash G —4D 122
Barratts Rd. B38 —8G 135
Barratts Stile La. Bew —6A 148
Barr Comn. Clo. Wals —6H 41
Barr Comn. Rd. Wals —5G 41
Barrett Clo. Kidd —3B 150
Barretts La. Bal C —3J 163
Barrhill Clo. B43 —7E 54
Barrie Av. Kidd —2C 150
Barrie Rd. Hinc —6D 84
Barrington Clo. Wals —6A 54
Barrington Clo. Wolv —8C 22
Barrington Rd. Redn —2E 154
Barrington Rd. Rugby —7J 171
Barrington Rd. Sol —7L 115
Barr Lakes La. A'rdge —2E 54
Barr La. Brin —5L 147
Bar Rd. Cov —1E 166
Barron Rd. B31 —6B 134
Barrow Clo. Cov —3B 146
Barrow Clo. Redd —6M 205
Barrowfield Ct. Ken —5F 190
Barrowfield La. Ken —5F 190
Barrow Hill Rd. Brie H —8C 64
(in two parts)
Barrow Rd. Ken —5F 190
Barrows La. B26 —1L 115
(in two parts)
Barrows Rd. B11 —3C 114
Barrow Wlk. B5 —2L 113
(in two parts)
Barrs Cres. Crad H —1M 109
Barrs Rd. Crad H —2L 109
Barrs St. O'bry —5G 91
Barr St. B19 —4J 93 (1D 4)
(in two parts)
Barr St. Dud —6C 64
Barry Ho. Cov —8K 123
Barry Jackson Tower. B6 —2M 93
Barry Rd. Wals —2C 54
Barsham Clo. B5 —3J 113
Barsham Dri. Brie H —1C 108
Barston. —8A 140
Barston Clo. Cov —6G 123
Barston La. Bal C —8D 140
Barston La. H Ard & Bars —6L 139
(in two parts)
Barston La. Know —7F 138
Barston La. Sol —7H 139
(in three parts)
Barston Rd. O'bry —2H 111
Bartestree Clo. Redd —8M 205
Bartholemews La. B'gve —4M 179
Bartholomew Row. B5 —6M 93 (4J 5)
Bartholomew St. B5 —7M 93 (5J 5)
Bartic Av. K'wfrd —5M 87
Bartleet Rd. Redd —2K 209
Bartleet Rd. Smeth —4K 91
Bartlett Clo. Cov —7E 122
Bartlett Clo. Tip —8B 52
Bartlett Clo. Warw —2F 214
Bartley Clo. Sol —7M 115
Bartley Dri. B31 —1L 133
Bartley Green. —1K 133
Bartley Woods. B32 —7H 111
Barton Cres. Lea S —3C 216
Barton Cft. B28 —5F 136
Barton Dri. Know —6H 161
Barton La. K'wfrd —1J 87
Barton Lodge Rd. B28 —5E 136
Barton Rd. Bed —6G 103
Barton Rd. Cov —7F 122
Barton Rd. Nun —8J 79
Barton Rd. Rugby —1K 197
Barton Rd. Wolv —5F 50
Bartons Bank. B6 —2L 93
Barton's Mdw. Cov —3H 145
Barton St. W Brom —7H 67
Bar Wlk. Wals —8J 27
Barwell. —3G 85
Barwell Clo. Dorr —5E 160
Barwell Clo. Lea S —6M 211
Barwell Ct. B9 —7B 94
Barwell La. Hinc —6E 84
Barwell Path. Hinc —7E 84
Barwell Rd. B9 —7B 94
Barwick St. B3 —6K 93 (4F 4)
Basalt Clo. Wals —5G 39
Basant Clo. Warw —2G 215
Bascote Clo. Redd —8B 204
Basely Way. Longf —5D 122
Basford Brook Dri. Cov —4F 122
Basildon Wlk. Cov —2A 146
Basil Gro. B31 —5L 133
Basil Rd. B31 —5L 133
Basin La. Tam —6D 32
Baskerville Rd. Kidd —8M 127
Baskeyfield Clo. Lich —2K 19
Baslow Clo. B33 —5M 95
Baslow Clo. Wals —6H 25
Baslow Rd. Wals —6H 25
Bason's La. O'bry —4J 91
Bassano Rd. Row R —8C 90
Bassenthwaite Ct. K'wfrd —3K 87
Bassett Clo. S Cold —5L 57
Bassett Clo. W'hall —5D 38
Bassett Clo. Wolv —3J 49
Bassett Cft. B10 —1B 114
Bassett La. Sap —2K 83
Bassett Rd. Cov —4A 144
Bassett Rd. Hale —3G 109
Bassett Rd. W'bry —7J 53
(in two parts)
Bassetts Gro. B37 —4F 96
Bassett's Pole. —7B 44
Bassett St. Wals —8H 39
Bassnage Rd. Hale —7L 109
Batch Cft. Bils —4K 51
Batchcroft. W'bry —1D 52
Batchelor Clo. Stourb —1M 107
Batchley. —5B 204
Batchley Rd. Redd —5B 204
Bateman Dri. S Cold —7H 57
Bateman Rd. Col —8M 73
Bateman's Acre S. Cov —5A 144
Bateman's Green. —3L 157
Batemans La. H'wd & Wyt —4L 157
Bates Clo. S Cold —2B 72
Bates Gro. Wolv —4G 37
Bates Hill. Redd —5D 204
Bates La. Tan A —8E 184
Bates Rd. Cov —2L 165
Bate St. Wals —6L 39
Bate St. Wolv —6G 51
Batham Rd. Kidd —1A 150
Bath Av. Wolv —7B 36 (2G 7)
Bath Clo. Sap —1K 83
Bath Ct. B15 —8J 93 (8B 4)
Bath Ct. B29 —2B 134
Batheaston Clo. B38 —2D 156
Bath Mdw. Hale —4L 109
Bath Pas. B5 —8L 93 (7G 5)
Bath Pl. Lea S —2M 215
Bath Rd. Brie H —7G 89
Bath Rd. Cann —4E 8
Bath Rd. Nun —4J 79
Bath Rd. Stourb —4M 107
Bath Rd. Tip —4A 66
Bath Rd. Wals —1L 53
Bath Rd. Wolv —7B 36 (4G 7)
Bath Row. B15 —8J 93 (8B 4)
Bath Row. O'bry —1D 90
Bath St. B4 —5L 93 (2G 5)
Bath St. Bils —4L 51
Bath St. Cov —5D 144 (1E 6)
Bath St. Dud —1J 89
Bath St. Lea S —2M 215
Bath St. Rugby —6B 172
Bath St. Sed —8E 50
Bath St. Wals —8L 39
Bath St. W'hall —8B 38
Bath St. Wolv —8E 36 (5M 7)
Bathurst Clo. Rugby —1L 197
Bathurst Rd. Cov —3A 144
Bath Wlk. B12 —4L 113
Bathway Rd. Cov —5A 166
Batmans Hill Rd. Bils & Tip —7L 51
Batsford Clo. Redd —4H 209
Batsford Rd. Cov —4M 143
Batson Ri. Brie H —1A 108
Battenhall Rd. B17 —4A 112
Battens Clo. Redd —6F 204
Battens Dri. Redd —5K 205
Battery Ind. Pk. S Oak —7E 112
Battledown Clo. Hinc —7B 84
Battlefield Hill. Wom —2J 63
Battlefield La. Wom —3H 63
Baulk La. Berk —1K 163
Bavaro Gdns. Brie H —7G 89
Baverstock Rd. B14 —7L 135
Bawnmore Ct. Bil —1K 197
Bawnmore Pk. Rugby —2L 197
Bawnmore Rd. Rugby —1K 197
Baxter Av. Kidd —2L 149
Baxter Clo. Cov —7G 143
Baxter Ct. Lea S —2A 216
Baxter Gdns. Kidd —2M 149
Baxterley Grn. Sol —5K 137
Baxterley Grn. S Cold —8M 57
Baxter Rd. Brie H —7C 88
Baxters Grn. Shir —1G 159
(in two parts)
Baxters Rd. Shir —1H 159
Bayer St. Bils —1J 65
Bayford Av. N'fld —3L 155
Bayford Av. Sheld —5C 116
Bayley Cres. W'bry —1C 52
Bayley Ho. Bwnhls —3F 26
Bayley La. Cov —7D 144 (5D 6)
Bayleys La. Tip —1C 66
Bayley Tower. B36 —1L 95
Baylie St. Stourb —5M 107
Baylis Av. Longf —5G 123
Baylis Av. Wolv —1M 37
Baylis Green. —8A 184
Bayliss Av. Wolv —6G 51
Bayliss Clo. B31 —4B 134
Bayliss Clo. Bils —2J 51
Baynton Rd. W'hall —2C 38
Bayston Av. Wolv —1L 49
Bayston Rd. B14 —5L 135
Bayswater Rd. B20 —8K 69
Bayswater Rd. Dud —6D 64
Bayton Ind. Est. Exh —2H 123
Bayton Rd. Exh —2G 123
Bayton Rd. Ind. Est. Exh —1H 123
Bayton Way. Exh —2J 123
Bay Tree Clo. B38 —1D 156
Baytree Clo. Cov —8K 123
Baytree Clo. Wals —7G 25
Baytree Rd. Wals —7G 25
Baywell Clo. Shir —2A 160
Bazzard Rd. Bram —3F 104
Beach Av. Bal H —4B 114
Beach Av. Bils —6F 50
Beach Brook Clo. B11 —4B 114
Beachburn Way. B20 —6G 69
Beach Clo. B31 —8C 134
Beachcroft Rd. K'wfrd —8J 63
Beach Dri. Hale —4A 110
Beach Rd. B11 —4B 114
Beach Rd. Bils —2K 51
Beach Rd. Stour S —8E 174
Beach St. Hale —4A 110
Beachwood Av. K'wfrd —8J 63
Beacon Clo. Gt Barr —8F 54
Beacon Clo. Redn —3G 155
Beacon Clo. Smeth —2A 92
Beacon Ct. B43 —8F 54
Beacon Ct. S Cold —1M 55
Beacon Dri. Wals —1A 54
Beaconfields. Lich —1G 19
Beacon Gdns. Lich —8G 13
Beacon Hill. Aston —1L 93
Beacon Hill. Redn —4F 154
Beacon Hill. Wals —8J 41
Beacon La. Dud —8E 50
Beacon La. Marl & Redn —6D 154
Beacon M. B43 —8F 54
Beacon Pas. Dud —1D 64
Beacon Ri. Dud —8E 50
Beacon Ri. Stourb —5D 108
Beacon Ri. Wals —6H 41
Beacon Rd. A'rdge & Gt Barr —1H 55
Beacon Rd. Cov —6C 122
Beacon Rd. K'sdng —5A 56
Beacon Rd. S Cold —8G 57
Beacon Rd. Wals —4D 54
Beacon Rd. W'hall —1C 38
Beaconsfield Av. Rugby —8A 172
Beaconsfield Av. Wolv —3D 50
Beaconsfield Ct. Nun —4K 79
Beaconsfield Ct. Wals —1B 54
Beaconsfield Cres. B12 —4L 113
Beaconsfield Dri. Wolv —3D 50
Beaconsfield Rd. B12 —5L 113
Beaconsfield Rd. Cov —7H 145
Beaconsfield Rd. S Cold —2H 57
Beaconsfield St. Lea S —2B 216
Beaconsfield St. W Brom —4J 67
Beaconsfield St. W. Lea S —1B 216
Beacon St. Bils —8F 50
Beacon St. Lich —8F 12
Beacon St. Wals —8A 40
Beacon Vw. Redn —3F 154
Beacon Vw. Wals —7F 38
(in two parts)
Beacon Vw. Dri. S Cold —4M 55
Beaconview Ho. W Brom —8M 53
Beacon Vw. Rd. W Brom —7L 53
Beacon Way. Cann —6M 9
Beacon Way. Wals —6G 27
Beacon Way. W Brom —4A 68
Beake Av. Cov —8B 122
Beakes Rd. Smeth —6M 91
Beaks Farm Gdns. B16 —7D 92
Beaks Hill Rd. B38 —8E 134
Beak St. B1 —7K 93 (6F 4)
Beale Clo. B35 —7A 72
Beales Corner. Bew —6B 148
Beales St. B6 —1B 94
Beale St. Stourb —4M 107
Bealeys Av. Wolv —1J 37
Bealeys Fold. Wolv —4K 37
(off Nicholls Fold)
Bealeys La. Wals —6G 25
(in two parts)
Beamans Clo. Sol —5A 116
Beaminster Rd. Sol —5A 138
Beamish Clo. Cov —3A 146
Beamish La. Cod W —4A 20
Beamont Clo. Tip —3L 65
Bean Cft. B32 —6J 111
Beanfield Av. Cov —5M 165
Bean Rd. Dud —1K 89
Bean Rd. Tip —3J 65
Bean Rd. Ind. Est. Tip —3J 65
Beardmore Rd. S Cold —1J 71
Bear Hill. A'chu —4B 182
Bear Hill Dri. A'chu —3B 182
Bearley Cft. Shir —1J 159
Bearmore Rd. Crad H —8L 89
Bearnett Dri. Wolv —7J 49
Bearnett La. Wolv —8H 49
Bearsdon Cres. Hinc —7B 84
Bearwood. —7A 92
Bearwood Ho. Smeth —5A 92
Bearwood Rd. Smeth —8A 92
Bearwood Shop. Cen. Smeth —8A 92
Beasley Gro. B43 —8H 55
Beaton Clo. W'hall —7L 37
Beaton Rd. S Cold —6G 43
Beatrice St. Wals —3A 40
Beatrice Wlk. Tiv —7A 66
Beatty Clo. Hinc —5D 84
Beatty Dri. Rugby —7K 171
Beatty Ho. Tip —1A 66
Beaubrook Gdns. Word —6L 87
Beauchamp Av. B20 —4F 68
Beauchamp Av. Kidd —6J 149
Beauchamp Av. Lea S —8M 211
Beauchamp Clo. B37 —7H 97
Beauchamp Clo. S Cold —2B 72
Beauchamp Ct. Kidd —6K 149
Beauchamp Ct. Lea S —8M 211
Beauchamp Gdns. Warw —3H 215
Beauchamp Hill. Lea S —8L 211
Beauchamp Ind. Est. Wiln —1D 46
Beauchamp Rd. B13 —4B 136
Beauchamp Rd. H'ley —4F 46
Beauchamp Rd. Ken —7E 190
Beauchamp Rd. Lea S —8M 211
Beauchamp Rd. Sol —4B 138
Beauchamp Rd. Warw —1H 215
Beau Ct. Cann —8E 8
Beaudesert. Burn —8G 11
Beaudesert Clo. H'wd —3A 158
Beaudesert Rd. B20 —1H 93
Beaudesert Rd. Cov —8A 144
Beaudesert Rd. H'wd —3A 158
Beaudesert Vw. Cann —4A 10
Beaufell Clo. Warw —8E 210
Beaufort Av. B34 —3K 95
Beaufort Av. Kidd —2G 149
Beaufort Av. Lea S —4C 212
Beaufort Clo. Burb —5L 81
Beaufort Dri. Bin —2M 167
Beaufort Pk. B36 —4K 95
Beaufort Rd. Edg —8F 92
Beaufort Rd. Erd —7E 70
Beaufort St. Redd —6E 204
Beaufort Way. Wals —5H 41
Beaulieu Av. K'wfrd —5M 87
Beaulieu Clo. Kidd —1J 149
Beaulieu Pk. Syd —3D 216
Beaumaris Clo. Cov —4F 142
Beaumaris Clo. Dud —6F 64
Beaumont Av. Hinc —2G 81
Beaumont Clo. Wals —7F 14
Beaumont Ct. Cov —5A 144
(off Beaumont Cres.)
Beaumont Cres. Cov —5A 144
Beaumont Dri. B17 —5B 112
Beaumont Dri. Brie H —2B 108
Beaumont Gdns. B18 —3F 92
Beaumont Gro. Sol —4M 137
Beaumont Lawns. Marl —8C 154
Beaumont Pk. K Nor —5F 134
Beaumont Pl. Nun —5G 79
Beaumont Rd. B30 —3E 134
Beaumont Rd. Hale —1E 110
Beaumont Rd. Ker E —3M 121
Beaumont Rd. Nun —4F 78
Beaumont Rd. Wals —7F 14
Beaumont Rd. W'bry —5F 52
Beausale. —7J 189
Beausale Cft. Cov —6G 143
Beausale Dri. Know —2J 161
Beausale La. Beau —8J 189
Beauty Bank. Crad H —1A 110
Beauty Bank Cres. Stourb —3L 107
Beaver Clo. Wolv —4M 37
Beaver Rd. Tip —2D 66
Bebington Clo. Wolv —1M 35
Beccles Dri. W'hall —1M 51
Beche Way. Cov —4H 143
Beckbury Av. Wolv —4J 49
Beckbury Rd. B29 —8A 112
Beckbury Rd. Cov —3M 145
Beck Clo. Smeth —5A 92
Beckenham Av. B44 —8A 56
Becket Clo. S Cold —3F 42
Beckett St. Bils —3L 51
Beckfield Clo. B14 —7L 135
Beckfield Clo. Wals —1C 40
Beckfoot Clo. Rugby —1D 172
Beckfoot Dri. Cov —8M 123
Beckford Cft. Dorr —6F 160
Beckman Rd. Stourb —7C 108
Beckminster Rd. Wolv —2M 49
Becks La. Mer —4A 120
Becks, The. A'chu —2A 182
Beconsfield Clo. Dorr —7F 160
Becton Gro. B42 —2K 69
Bedale Av. Hinc —7F 84
Bedcote Pl. Stourb —4B 108
Beddoe Clo. Tip —4D 66
Beddow Av. Bils —2J 65
Beddows Rd. Wals —4L 39
Bede Arc. Bed —6H 103
Bede Rd. Bed —5G 103
Bede Rd. Cov —3B 144
Bede Rd. Nun —6D 78
Bede Village. Bed —1C 122
Bedford Clo. Hinc —6E 84
Bedford Dri. S Cold —3L 57
Bedford Ho. B36 —3H 97
Bedford Ho. Wolv —1J 7
Bedford Pl. Cann —5H 9
Bedford Pl. Lea S —1M 215
Bedford Rd. Camp H —8A 94 (8M 5)
Bedford Rd. S Cold —3L 57
Bedford Rd. W Brom —2H 67
Bedford St. Cov —7A 144
Bedford St. Lea S —1M 215
Bedford St. Tip —4B 66
Bedford St. Wolv —2H 51
Bedlam La. Longf —7E 122
Bedlam's End. —3B 188
Bedlam Wood Rd. B31 —8J 133
Bedworth. —7H 103
Bedworth Clo. Bulk —7B 104
Bedworth Cft. Tip —5B 66
Bedworth Gro. B9 —7H 95
Bedworth Heath. —7E 102
Bedworth La. Bed —5C 102
Bedworth Rd. Bulk —7L 103
Bedworth Rd. Longf —4G 123
Bedworth Sloughs Nature Reserve. —6F 102
Bedworth Woodlands. —6E 102
Beebee Rd. W'bry —3F 52
Beecham Clo. Wals —1G 41
Beech Av. B12 —4A 114
Beech Av. Chel W —8H 97
Beech Av. Hale —1C 110
Beech Av. Quin —2K 111
Beech Av. Tam —6E 32
Beech Cliffe. Warw —1F 214
Beech Clo. Dud —8E 50
Beech Clo. Harts —1A 78
Beech Clo. Hurl —4J 61
Beech Clo. K'bry —2C 60
Beech Clo. Kinv —5B 106
Beech Clo. Row —8A 188
Beech Clo. Tam —1A 32
Beech Clo. Wolv —1B 36
Beechcote Av. Kidd —7K 127
Beech Ct. B43 —8D 54
Beech Ct. Cann —2H 9
Beech Ct. H'cte —7L 215
Beech Ct. Rugby —1F 198
Beech Ct. Sol —5D 138
Beech Ct. Stourb —5B 108
Beech Ct. Wals —1A 54
Beech Cres. Burn —3F 16
Beech Cres. Tip —1C 66
Beech Cres. W'bry —4F 52
Beech Cft. Bed —8F 102
Beechcroft Av. B28 —3G 137
Beechcroft Ct. Cann —7E 8
Beechcroft Ct. S Cold —8G 43
Beechcroft Cres. S Cold —8K 41
Beechcroft Dri. B'gve —5B 180
Beechcroft Est. Hale —3J 109
Beechcroft Pl. Wolv —2C 36
Beechcroft Rd. B36 —1B 96
Beechcroft Rd. Crad H —8L 89
Beechcroft Rd. Kidd —1G 149
Beechdale. O'bry —2H 111
Beechdale Av. B44 —7L 55
Beech Dene Gro. B23 —4E 70
Beech Dri. Ken —4H 191
Beech Dri. Rugby —8J 171
Beech Dri. T'ton —6F 196
Beechen Gro. Burn —1F 16
Beecher Pl. Hale —4K 109
Beecher Rd. Hale —4K 109
Beecher Rd. E. Hale —4K 109
Beecher's Keep. Bran —4F 168
Beecher St. Hale —4J 109
Beeches Av. B27 —5J 115
Beeches Clo. K'wfrd —4K 87
Beeches Clo. Redn —2D 154
Beeches Dri. B24 —4J 71
Beeches Farm Dri. B31 —2A 156
Beeches Pl. Wals —2K 39
Beeches Rd. B42 —2H 69
Beeches Rd. Kidd —8J 127
Beeches Rd. O'bry —6J 91
Beeches Rd. Row R —8B 90
Beeches Rd. Wals —3K 39
Beeches Rd. W Brom —6L 67
(in two parts)
Beeches, The. B15 —1J 113
Beeches, The. Bed —7E 102
Beeches, The. Earl S —1M 85
Beeches, The. S Cold —5D 42
Beeches, The. W Brom —7L 67
Beeches Vw. Av. Hale —5J 109
Beeches Wlk. S Cold —6H 57
Beeches Way. B31 —2A 156
Beechey Clo. B43 —4K 55
Beech Farm Cft. B31 —6A 134
Beechfield Av. B11 —3B 114
Beechfield Clo. Hale —1C 110
Beechfield Dri. Kidd —8J 127
Beechfield Gro. Bils —2H 65
Beechfield Ri. Lich —1K 19
Beechfield Rd. B11 —3B 114
Beechfield Rd. Smeth —5M 91
Beech Gdns. Cod —7F 20
Beech Gdns. Lich —3J 19
Beech Ga. S Cold —4B 42
Beechglade. B20 —5F 68
Beech Grn. Dud —4G 65
Beech Gro. B14 —4A 136
Beech Gro. Arly —7E 76
Beech Gro. Cann —1D 8
Beech Gro. Warw —8H 211
Beech Hill Rd. S Cold —2J 71
Beech Ho. Sol —7M 137
Beechhouse La. Seis —1A 62
Beech Hurst. B38 —1E 156
Beech Hurst Gdns. Seis —7A 48
Beech Lanes. —2M 111
Beechlawn Dri. Stourb —2E 106
Beech M. Crad H —7L 89
Beechmore Rd. B26 —4M 115
Beechmount Dri. B23 —3G 71
Beechnut Clo. Cov —7D 142
Beechnut Clo. Sol —4D 138
Beechnut La. Sol —5E 138
(in two parts)
Beech Pk. Dri. B Grn —1J 181
Beech Pine Clo. Cann —1G 9
Beech Rd. B'vlle —2E 134
Beech Rd. B'gve —5M 179
Beech Rd. Cov —4B 144
Beech Rd. Dud —5J 65
Beech Rd. Erd —2F 70
Beech Rd. H'wd —3B 158
Beech Rd. K'wfrd —4L 87
Beech Rd. Stourb —6L 107
Beech Rd. Tam —1A 32
Beech Rd. Tiv —1A 90
Beech Rd. W'bry —4F 52
Beech Rd. W'hall —7L 37
Beech Rd. Wolv —1B 36
Beech St. Bils —1J 65
Beech Tree Av. Cov —7H 143
Beech Tree Av. Wolv —1J 37
Beech Tree Clo. K'wfrd —1L 87
Beech Tree Clo. Redd —5B 204
Beech Tree La. Cann —1D 14
Beechtree La. Cookl —3D 128
Beechtree Rd. Wals —6F 26
Beech Wlk. B38 —1F 156
Beech Way. Smeth —4B 92
Beechwood. —2M 163
Beechwood Av. Cov —8L 143
(in two parts)
Beechwood Av. Hinc —6K 81
Beechwood Av. Wolv —1H 37
Beechwood Bus. Pk. Cann —6H 9
Beechwood Clo. Shir —5L 159
Beechwood Clo. Wals —6H 25
Beechwood Ct. B30 —6J 135
Beechwood Ct. Cov —1M 165
Beechwood Ct. Wolv —6J 35
Beechwood Cres. Tam —5F 32
Beechwood Cft. Ken —7F 190
Beechwood Cft. Lit A —4D 42
Beechwood Dri. Wolv —7G 35
Beechwood Gardens. —1L 165
Beechwood Pk. Rd. Sol —4L 137
Beechwood Rd. Bed —5J 103
Beechwood Rd. Dud —8L 65

Beechwood Rd. Gt Barr —8F 54
Beechwood Rd. K Hth —4M 135
Beechwood Rd. Nun —3D 78
Beechwood Rd. Smeth —1L 111
Beechwood Rd. W Brom —6H 67
Beecken Clo. Hinc —1H 81
Beecroft Av. Lich —8H 13
Beecroft Rd. Cann —8E 8
Beehive Clo. Cats —8A 154
Beehive Hill. Ken —2D 190
Beehive La. Curd —3J 73
Beehive Wlk. Tip —4L 65
Bee La. Wolv —6D 22
Beeston Clo. B6 —2A 94
Beeston Clo. Bin —1M 167
Beeston Clo. Brie H —1D 108
Beeston Rd. Cookl —4A 128
Beeton Rd. B18 —3E 92
Beet St. Row R —8C 90
Beggars Bush La. Wom —4H 63
Begonia Clo. Hinc —4L 81
Begonia Dri. Hinc —4L 81
Beighton Clo. S Cold —3F 42
Beilby Rd. B30 —3H 135
Belbroughton. —2D 152
Belbroughton Clo. Redd —7F 204
Belbroughton Rd. Blak —8J 129
Belbroughton Rd. Clent —8E 130
Belbroughton Rd. Hale —7M 109
Belbroughton Rd. Stourb —6L 107
Belcher's La. B9 & B8 —7G 95
Beldray Rd. Bils —3L 51
Belfont Trad. Est. Hale —5C 110
Belfry Clo. Wals —6G 25
Belfry Dri. Woll —3L 107
Belfry, The. Pert —5D 34
Belgrade Rd. Wolv —8B 22
Belgrade Theatre. —6C 144 (4B 6)
Belgrave. —8E 32
Belgrave Ct. K'wfrd —5M 87
Belgrave Dri. Rugby —3D 172
Belgrave Middleway. B5 & B12 —2L 113
Belgrave Rd. Cov —5L 145
Belgrave Rd. Hale —1D 110
Belgrave Rd. Tam —1E 46
Belgrave Sq. Cov —5L 145
Belgrave Ter. B21 —2G 93
Belgrave Wlk. Wals —6H 39
Belgravia Clo. B5 —2L 113
Belgravia Clo. Walkway. B5 —2L 113
Belgravia Ct. B37 —4G 97
Belgrove Clo. B15 —3E 112
Belinda Clo. W'hall —6M 37
Bellairs Av. Bed —8E 102
Bellam Rd. H Mag —2A 214
Bellamy Clo. Shir —8K 137
Bellamy Farm Rd. Shir —8K 137
Bellamy La. Wolv —2J 37
Bell Av. W'hall —7A 38
Bell Barn Clo. B15 —1J 113 (8C 4)
Bell Barn Rd. B15 —1J 113 (8D 4)
Bell Barn Shop. Cen. B15 —1J 113 (8D 4)
Bellbrooke Clo. Cov —8H 123
Bell Clo. B9 —6E 94
Bell Clo. B36 —3H 97
Bell Clo. Lich —8F 12
Bell Clo. W'bry —2D 52
Bell Ct. Lea S —7M 211
Bellcroft. B16 —7H 93 (6A 4)
Bell Dri. Cann —2J 9
Bell Dri. Cov —2E 122
Bell Dri. Wals —4A 54
Bellefield Av. B18 —5E 92
Bellefield Rd. B18 —5E 92
Belle Isle. Brie H —6C 88
Bellemere Rd. H Ard —4B 140
Bellencroft Gdns. Wolv —2J 49
Bell End. —2H 153
Bell End. Row R —6C 90
Belle Orchard. Kidd —4H 149
Bellevale. Hale —4L 109
Bellevue. B5 —2K 113
Bellevue. Edg —5D 92
Belle Vue. Nun —6E 78
Belle Vue. Stourb —7J 87
Bellevue Clo. Marl —8C 154
Belle Vue Dri. Hale —3D 110
Belle Vue Gdns. Row R —6C 90
Bellevue Rd. B26 —2B 116
Bellevue Rd. Bils —7A 52
Belle Vue Rd. Brie H —8G 89
Belle Vue Rd. Earl S —1J 85
Belle Vue Rd. Row R —7C 90
Bellevue St. Bils —7F 50
Belle Vue Ter. H Ard —3A 140
Belle Wlk. B13 —7B 114
Bellfield. Tan A —7G 185
Bellflower Clo. F'stne —2G 23
Bell Fold. O'bry —3J 91
Bell Green. —8H 123
Bell Grn. La. B38 —4H 157
Bell Grn. Rd. Cov —1G 145
Bell Heath. —1L 153
Bell Heather Rd. Clay —3D 26
Bell Heath Way. B32 —7G 111
Bell Hill. B31 —4A 134
Bell Holloway. B31 —4M 133
Bellingham. Wiln —8K 33
Bellington Cft. Shir —3A 160
Bell Inn Shop. Cen., The. N'fld —5A 134
Bellis St. B16 —8F 92
Bell La. Blox —7G 25
Bell La. Kitts G —8E 96
Bell La. N'fld —5A 134
Bell La. Stud —5L 209
Bell La. Wals —5M 53
Bellman Clo. W'bry —2D 52
Bell Mead. Stud —5L 209
Bell Mdw. Stourb —1B 130
Bell Mdw. Way. B14 —7L 135
Bell Pl. Wolv —1C 50 (8J 7)
(in two parts)
Bell Rd. Dud —4J 89
Bell Rd. Try —8C 48
Bell Rd. Wals —3D 54
Bells Farm Clo. B14 —7J 135
Bellsize Clo. Cann —4M 15
Bell's La. B14 —7H 135
Bells La. Burn —8F 10
Bells La. Stourb —8K 87
Bells Moor Rd. W Brom —3G 67
Bell St. Bils —3J 51
Bell St. Cose —7J 51
Bell St. Pens —2D 88
(in two parts)
Bell St. Stourb —4M 107
Bell St. Tip —4L 65
Bell St. W'bry —2D 52
Bell St. W Brom —7K 67
Bell St. Wolv —8C 36 (5J 7)
Bell St. S. Brie H —7D 88
Bellview Way. Cov —8H 123
Bell Wlk. B37 —8F 96
Bell Wlk. Rugby —1H 199
Bell Wharf Pl. Wals —3C 54
Bellwood Rd. B31 —5M 133
Belmont Av. Cann —7C 8
Belmont Clo. Cann —5F 14
Belmont Clo. Redd —8B 204
Belmont Clo. Tip —3M 65
Belmont Clo. Wals —3G 41
Belmont Ct. Lea S —5A 212
Belmont Covert. B31 —3B 134
Belmont Dri. Lea S —5A 212
Belmont Gdns. Bils —5A 52
Belmont M. Ken —5F 190
Belmont Pas. B9 & B4 —7A 94 (5M 5)
Belmont Rd. B21 —1C 92
Belmont Rd. Brie H —3D 88
Belmont Rd. Cov —2F 144
(in two parts)
Belmont Rd. Redn —3G 155
Belmont Rd. Rugby —1A 198
Belmont Rd. Smeth —7A 92
Belmont Rd. Stourb —5E 108
Belmont Rd. Wiln —3E 46
Belmont Rd. Wolv —4A 50
Belmont Rd. E. B21 —1C 92
Belmont Row. B4 —6A 94 (3K 5)
Belmont St. Bils —5A 52
Belper Ind. Pk. W Brom —6F 66
Belper Rd. Wals —6J 25
Belper Rd. W Brom —6F 66
Belper Row. Dud —5L 89
Belper, The. Dud —8H 65
Belsize. Tam —7E 32
Belstone Clo. B14 —3K 135
Belton Av. Wolv —8H 23
Belton Clo. H'ley H —4C 186
Belton Gro. Redn —1J 155
Belt Rd. Cann —3F 8
Belvedere Av. Wolv —4B 50
Belvedere Clo. Burn —4F 16
Belvedere Clo. Kidd —4A 150
Belvedere Clo. K'wfrd —5M 87
Belvedere Clo. Tam —2C 32
Belvedere Cres. Bew —4C 148
Belvedere Dri. B'gve —5A 180
Belvedere Gdns. Wolv —2L 35
Belvedere Rd. B24 —7G 71
Belvedere Rd. Cov —1A 166
Belvide Gdns. Cod —5F 20
Belvide Gro. B29 —1B 134
Belvidere Gdns. B11 —5C 114
Belvidere Rd. Wals —1M 53
Belvoir. Tam —2C 46
Belvoir Clo. Dud —7E 64
Belwell Dri. S Cold —7G 43
Belwell La. S Cold —7G 43
Bembridge Clo. W'hall —1B 38
Bembridge Rd. B33 —6A 96
Benacre Dri. B5 —7M 93 (5K 5)
Benbeck Gro. Tip —4J 65
Benbow Clo. Hinc —5D 84
Benches Clo. C Ter —3D 16
Bendall Rd. B44 —7B 56
Benedictine Rd. Cov —2C 166
Benedict Sq. Cov —1J 145
Benedon Rd. B26 —2A 116
Bengrove Clo. Redd —2G 209
Benion Rd. Cann —5F 8
Benmore Av. B5 —2K 113
Bennett Av. Dud —3H 65
Bennett Ct. Wols —6F 168
Bennett Dri. Warw —2H 215
Bennett Rd. S Cold —6D 42
Bennett's Fold. Wolv —8C 36 (5H 7)
Bennett's Hill. B2 —7K 93 (5F 4)
Bennett's Hill. Dud —1L 89
Bennett's La. Patt —1A 48
Bennett's Rd. B8 —3D 94
Bennett's Rd. Ker E —3M 121
Bennett's Rd. N. Cor —1K 121
Bennett's Rd. S. Cov —6M 121
Bennett St. B19 —1K 93
Bennett St. Kidd —3J 149
Bennett St. Rugby —6M 171
Ben Nevis Way. Stourb —3A 108
Bennfield Rd. Rugby —6A 172
Bennitt Clo. W Brom —8J 67
Benn Rd. Bulk —7B 104
Benn St. Rugby —7C 172
Benson Av. Wolv —4C 50
Benson Clo. Lich —8K 13
Benson Clo. Wolv —4E 34
Benson Rd. Cov —8M 121
Benson Rd. Hock —3F 92
Benson Rd. K Hth —8B 136
Benson Vw. Tam —1C 32
Bent Av. B32 —3K 111
Benthall Rd. Cov —7F 122
Bentham Ct. B31 —4M 133
Bentley. —6F 38
Bentley Bri. Way. Wed —5H 37
Bentley Brook La. Cann —3A 10
Bentley Clo. Lea S —6B 212
Bentley Clo. Redd —6D 204
Bentley Ct. Cov —5C 122
Bentley Ct. S Cold —1M 71
Bentley Dri. Cod —5F 20
Bentley Dri. Wals —7H 39
Bentley Farm Clo. Ben H —5E 160
Bentley Gro. B29 —1M 133
Bentley Heath. —4E 160
Bentley Heath Cotts. Know —4F 160
Bentley La. Col —7J 99
Bentley La. Elc B & Up Ben —8H 203
Bentley La. Wals —5G 39
Bentley La. W'hall —4D 38
Bentley La. Ind. Est. Wals —5H 39
Bentley La. Ind. Pk. Wals —6G 39
Bentley Mill Clo. Wals —8F 38
Bentley Mill La. Wals —8F 38
Bentley Mill Way. Wals —8F 38
Bentley New Dri. Wals —6H 39
Bentley Pl. Wals —7H 39
Bentley Rd. B36 —2D 96
Bentley Rd. Exh —8G 103
Bentley Rd. Nun —5G 79
Bentley Rd. Wolv —7E 22
Bentley Rd. N. Wals —8E 38
Bentley Rd. S. W'bry —1D 52
Bentley Way. Tam —2M 31
Bentmead Gro. B38 —8G 135
Benton Av. B11 —3C 114
Benton Clo. W'hall —5D 38
Benton Cres. Wals —7J 25
Benton Grn. La. Berk —6M 141
Benton Rd. B11 —3C 114
Bentons Ct. Kidd —3J 149
Bentons La. Wals —8G 15
Bentons Mill Cft. B7 —1C 94
Bentree, The. Cov —1H 167
Bent St. Brie H —5D 88
Ben Willetts Wlk. Row R —8C 90
Benyon Cen., The. Wals —2G 39
Beoley. —2K 205
Beoley Clo. S Cold —8J 57
Beoley Gro. Redn —2F 154
Beoley La. Beo —1L 205
Beoley Rd. E. Redd —5G 205
Beoley Rd. W. Redd —6F 204
Berberry Clo. B30 —3D 134
Berberry Ct. Tip —1A 66
Berenska Dri. Lea S —7A 212
Beresford Av. Cov —8D 122
Beresford Cres. W Brom —6H 67
Beresford Dri. S Cold —8G 57
Beresford Rd. O'bry —2J 91
Beresford Rd. Wals —1L 39
Bericote Cft. B27 —6K 115
Bericote Rd. B'dwn —1K 211
Berkeley Clo. B'gve —1B 202
Berkeley Clo. Nun —6H 79
Berkeley Clo. Redd —6A 206
Berkeley Clo. Wolv —6F 34
Berkeley Cres. Stour S —8G 175
Berkeley Dri. K'wfrd —2J 87
Berkeley Precinct. B14 —7M 135
Berkeley Rd. B25 —2G 115
Berkeley Rd. Ken —3E 190
Berkeley Rd. Shir —6F 136
Berkeley Rd. E. B25 —2H 115
Berkeley Rd. N. Cov —8A 144
Berkeley Rd. S. Cov —1A 166
Berkeley St. Wals —2H 53
Berkeswell Clo. Redd —2H 205
Berkett Rd. Cov —6B 122
Berkley Clo. Wals —6F 38
Berkley Ct. B1 —8J 93 (6C 4)
Berkley Cres. B13 —8C 114
Berkley Ho. B23 —3F 70
Berkley St. B1 —7J 93 (6C 4)
Berkshire Clo. Nun —6E 78
Berkshire Clo. W Brom —2H 67
Berkshire Cres. W'bry —5J 53
Berkshire, The. Wals —6G 25
Berkswell. —6K 141
Berkswell Clo. Dud —6E 64
Berkswell Clo. Sol —1B 138
Berkswell Clo. S Cold —5E 42
Berkswell Rd. B24 —5H 71
Berkswell Rd. Cov —7G 123
Berkswell Rd. Mer —3J 141
Berkswell Towermill. —5K 163
Bermuda. —1G 103
Bermuda Clo. Dud —3H 65
Bermuda Ind. Est. Berm I —1H 103
Bermuda Pk. Nun —2G 103
Bermuda Rd. Nun —7G 79
Bernard Pl. B18 —4F 92
Bernard Rd. B17 —7B 92
Bernard Rd. O'bry —7J 91
Bernard Rd. Tip —2B 66
Bernard St. Wals —1A 54
Bernard St. W Brom —5J 67
Berners Clo. Cov —7E 142
Berners St. B19 —2K 93
Bernhard Dri. B21 —1E 92
Bernie Crossland Wlk. Kidd —6M 149
Bernwall Clo. Stourb —5M 107
Berrandale Rd. B36 —1M 95
Berrington Clo. Redd —7J 205
Berrington Dri. Bils —1H 65
Berrington Rd. Lea S —3B 216
Berrington Rd. Nun —2C 78
Berrington Wlk. B5 —2L 113
Berrow Cottage Homes. Know —3J 161
Berrow Dri. B15 —2E 112
Berrow Hill Rd. Kidd —8H 127
Berrowside Rd. B34 —3E 96
Berrow Vw. B'gve —2K 201
Berry Av. W'bry —4B 52
Berrybush Gdns. Sed —2E 64
Berry Clo. B19 —3K 93
Berry Cres. Wals —5C 54
Berry Dri. B Grn —8G 155
Berry Dri. Wals —4E 40
Berryfield Rd. B26 —3D 116
Berryfields. A'rdge —4E 40
Berry Fields. Fill —5E 100
Berryfields. Ston —4L 27
Berryfields Rd. S Cold —6M 57
Berry Hall La. Cath B —5G 139
Berryhill. Cann —5J 9
Berry La. U War —8C 178
(in two parts)
Berrymound Vw. H'wd —2C 158
Berry Rd. B8 —4E 94
Berry Rd. Dud —4J 65
Berry St. B18 —3F 92
Berry St. Cov —5E 144
Berry St. Wolv —7D 36 (4K 7)
Bertha Rd. B11 —4D 114
Bertie Ct. Ken —5G 191
Bertie Rd. Ken —5F 190
Bertie Ter. Lea S —8L 211
Bertram Clo. Tip —8C 52
Bertram Rd. B9 & B10 —8D 94
Bertram Rd. Smeth —3L 91
Berwick Clo. Cov —5H 143
Berwick Clo. Warw —7E 210
Berwick Dri. Cann —1B 14
Berwick Gro. Gt Barr —5H 55
Berwick Gro. N'fld —6K 133
Berwicks La. B37 —8H 97
(in two parts)
Berwood Farm Rd. S Cold —3J 71
Berwood Gdns. B24 —3J 71
Berwood Gro. Sol —8B 116
Berwood La. B24 —6L 71
Berwood Pk. Cas V —7A 72
Berwood Rd. S Cold —3K 71
Berwyn Av. Cov —8A 122
Berwyn Gro. Wals —6F 14
Berwyn Way. Nun —5B 78
Beryl Av. Hinc —7A 84
Besant Gro. B27 —8G 115
Besbury Clo. Dorr —7E 160
Bescot. —4H 53
Bescot Cres. Wals —3K 53
Bescot Cft. B42 —3H 69
Bescot Dri. Wals —3H 53
Bescot Ind. Est. W'bry —5D 52
Bescot Rd. Wals —3H 53
Bescot St. Wals —2K 53
Besford Gro. B31 —6K 133
Besford Gro. Shir —3B 160
Bessborough Rd. B25 —1K 115
Best Av. Ken —3J 191
Best Rd. Bils —2K 51
Best St. Crad H —7M 89
Beswick Gdns. Rugby —2K 197
Beswick Gro. B33 —5A 96
Beta Gro. B14 —5C 136
Betjeman Ct. Kidd —4B 150
Betjeman Pl. Wolv —8G 23
Betley Gro. B33 —4A 96
Betony Clo. Wals —6A 54
Betsham Clo. B44 —8B 56
Bettany Glade. Wolv —5E 22
Betteridge Dri. S Cold —5L 57
Bettina Clo. Nun —4B 78
Bettman Clo. Cov —3E 166
Betton Rd. B14 —4L 135
Bett Rd. B20 —6F 68
Betty's La. Cann —5M 15
Beulah Ct. Hale —5A 110
Bevan Av. Wolv —5E 50
Bevan Clo. Bils —3M 51
Bevan Clo. Wals —8C 26
Bevan Ind. Est. Brie H —7A 88
Bevan Lee Rd. Cann —6D 8
Bevan Rd. Brie H —7A 88
Bevan Rd. Tip —5B 66
Bevan Way. Smeth —1M 91
Beverley Av. Nun —5B 78
Beverley Clo. A'wd B —7E 208
Beverley Clo. Bal C —2J 163
Beverley Clo. Kidd —3F 148
Beverley Clo. S Cold —2J 71
Beverley Ct. Rd. B32 —3J 111
Beverley Cres. Wolv —5F 50
Beverley Cft. B23 —8D 70
Beverley Dri. K'wfrd —2J 87
Beverley Gro. B26 —4B 116
Beverley Hill. Cann —2K 9
Beverley Rd. Lea S —8K 211
Beverley Rd. Redn —2G 155
Beverley Rd. W Brom —8K 53
Beverly Dri. Cov —7K 165
Beverston Rd. Tip —7B 52
Beverston Rd. Wolv —5G 35
Bevington Cres. Cov —4L 143
Bevington Rd. B6 —8M 69
Bevin Rd. Wals —6E 38
Bevis Gro. B44 —6M 55
Bewdley. —6B 148
Bewdley Av. B12 —3A 114
Bewdley Dri. Wolv —7H 37
Bewdley Hill. Kidd —4G 149
Bewdley Ho. B26 —8A 96
Bewdley Mus. —6B 148
Bewdley Rd. B30 —1H 135
Bewdley Rd. Kidd —4J 149
Bewdley Rd. Stour S —4F 174
Bewdley Rd. N. Stour S —2D 174
Bewdley Tourist Info. Cen. —6B 148
Bewell Ct. B'gve —5M 179
Bewell Gdns. B'gve —5M 179
Bewell Head. —4L 179
Bewell Head. B'gve —5M 179
Bewlay Clo. Brie H —2B 108
Bewley Rd. W'hall —5D 38
Bewlys Av. B20 —5E 68
Bexfield Clo. Alle —3G 143
Bexhill Gro. B15 —8J 93 (8D 4)
Bexley Gro. W Brom —2L 67
Bexley Rd. B44 —1B 70
Bexmore Dri. S'hay —8M 13
Beyer Clo. Tam —7G 33
Bhylls Cres. Wolv —2J 49
Bhylls La. Wolv —1H 49
Biart Pl. Rugby —5D 172
Bibbey's Grn. Wolv —5F 22
Bibsworth Av. B13 —1D 136
Bibury Rd. B28 —2E 136
Bicester Sq. B35 —5B 72
Bickenhill. —8K 117
Bickenhill Grn. Ct. Bick —8K 117
Bickenhill La. B37 & B40 —3K 117
(in two parts)
Bickenhill La. Cath B —3J 139
Bickenhill Pk. Rd. Sol —8K 115
Bickenhill Rd. B37 —2G 117
Bickenhill Trad. Est. B37 —4K 117
Bickford Rd. B6 —8A 70
Bickford Rd. Wolv —4F 36
Bickington Rd. B32 —8K 111
Bickley Av. B11 —3C 114
Bickley Av. S Cold —4E 42
Bickley Gro. B26 —4B 116
Bickley Rd. Bils —2A 52
Bickley Rd. Wals —2C 40
Bicknell Cft. B14 —7L 135
Bickton Clo. B24 —3J 71
Biddings La. Bils —7H 51
Biddles Hill. Earls —3C 184
Biddlestone Gro. Wals —6C 54
Biddlestone Pl. W'bry —2B 52
Biddulph Ct. S Cold —7G 57
Biddulph Mobile Homes Pk. Burn —8D 10
Bideford Dri. B29 —8C 112
Bideford Rd. Cov —2J 145
Bideford Rd. Smeth —4B 92
Bideford Way. Cann —1B 14
Bidford Clo. Shir —7K 137
Bidford Rd. B31 —6L 133
Bierton Rd. B25 & Yard —1J 115
Bigbury Clo. Cov —4E 166
Bigbury La. Stour S —3K 175
Biggin Clo. B35 —6A 72
Biggin Clo. Wolv —4E 34
Biggin Hall Cres. Cov —7H 145
Biggin Hall La. T'ton —7E 196
Big Peg, The. B18 & Hock —5J 93 (1C 4)
Bigwood Dri. B32 —8K 111
Bigwood Dri. S Cold —3A 58
Bilberry Bank. Cann —3E 8
Bilberry Clo. Stour S —4E 174
Bilberry Cres. Cann —4C 8
Bilberry Cres. S Cold —6M 57
Bilberry Dri. Redn —3G 155
Bilberry Rd. B14 —3J 135
Bilberry Rd. Cov —7K 123
Bilboe Rd. Bils —6M 51
Bilbrook. —5H 21
Bilbrook Ct. Cod —6H 21
Bilbrook Gro. B29 —7M 111
Bilbrook Gro. Cod —6H 21
Bilbrook Ho. Cod —6H 21
Bilbrook Rd. Cod —5H 21
Bilbury Clo. Redd —3C 208
Bilhay La. W Brom —4G 67
Bilhay St. W Brom —4G 67
Billau Rd. Bils —7K 51
Billesden Clo. Bin —1L 167
Billesley. —3C 136
Billesley La. A'chu —3K 183
Billesley La. Mose —1M 135
Billingham Clo. Sol —1B 160
Billing Rd. Cov —6K 143
Billingsley Rd. B26 —1A 116
Billington Rd. E. Elme —4K 85
Billington Rd. W. Elme —4K 85
Billinton Clo. Cov —7L 145
Bills La. Shir —8F 136
Billsmore Grn. Sol —2C 138
Bills St. W'bry —2E 52
Billy Buns La. Wom —1G 63
Billy La. B'wll & B Grn —2G 181
Billy Wright Clo. Wolv —3L 49
Bilport La. W'bry —1F 66
Bilston. —4M 51
Bilston Ind. Est. Bils —4A 52
Bilston Key Ind. Est. Bils —4M 51
Bilston La. W'hall —1A 52
Bilston Mus. & Art Gallery. —3L 51
Bilston Rd. Tip —7B 52
Bilston Rd. W'bry —6D 52
Bilston Rd. W'hall —2A 52
Bilston Rd. Wolv —8D 36 (5L 7)
Bilston St. Dud —1D 64
Bilston St. W'bry —3D 52
(in two parts)
Bilston St. W'hall —8A 38
Bilston St. Wolv —8D 36 (5K 7)
Bilston St. Island. Wolv —8D 36 (5L 7)
Bilton. —1J 197
Bilton Grange Rd. B26 —2M 115
Bilton Ind. Est. B38 —1E 156
Bilton La. Dunc —5K 197
Bilton La. Long L —6H 171
Bilton Rd. Bil —1J 197
Bilton Trad. Est. Cov —8F 144
Binbrook Rd. W'hall —5D 38
Bincomb Av. B26 —3B 116
Binfield St. Tip —5A 66
Bingley Av. B8 —5H 95
Bingley St. Wolv —1A 50
Binley. —1L 167
Binley Av. Bin —2M 167
Binley Bus. Pk. Bin —1A 168
(in two parts)
Binley Clo. B25 —3K 115
Binley Clo. Shir —1G 159
Binley Gro. Cov —2M 167
Binley Rd. Cov & Bin —6F 144
(in three parts)
Binley Woods. —2C 168
Binns Clo. Torr I —1F 164
Binstead Rd. B44 —7A 56
Binswood Av. Lea S —7M 211
Binswood Clo. Cov —7K 123
Binswood Cres. Lea S —7M 211
Binswood Mans. Lea S —7M 211
Binswood Rd. Hale —2G 111
Binswood St. Lea S —8L 211
Binton Clo. Redd —8M 205
Binton Cft. B13 —1M 135
Binton Rd. Cov —8K 123
Binton Rd. Shir —8F 136
Birbeck Ho. B36 —3H 97
Birbeck Pl. Brie H —3B 88
Birch Acre. —2K 183
Birchall St. B12 —8M 93 (8J 5)
Birch Av. Brie H —7G 89
Birch Av. Bwnhls —1E 26
Birch Av. Burn —3F 16
Birch Av. Cann —1C 14
Birchbrook Ind. Pk. Shen —3E 28
Birchbrook La. Shen —3E 28
Birch Clo. B30 —3D 134
Birch Clo. Bed —5K 103
Birch Clo. Cov —3F 142
Birch Clo. Earl S —3K 85

Birch Clo. K'bry —2D 60
Birch Clo. S Cold —7M 57
Birch Coppice. Brie H —8G 89 (in two parts)
Birch Coppice. Wom —3E 62
Birchcoppice Gdns. W'hall —5E 38
Birch Ct. H'cte —7L 215
Birch Ct. Smeth —1K 91
Birch Ct. Wals —5A 40 (off Lichfield Rd.)
Birch Ct. Wolv —1J 7
Birch Cres. Tiv —8A 66
Birch Cft. Chel W —8J 97
Birch Cft. Erd —4K 71
Birchcroft. Fren W —4C 92
Birch Cft. Wals —1J 41
Birch Cft. Rd. S Cold —2K 57
Birchdale. Bils —2K 51
Birchdale Av. B23 —5E 70
Birchdale Rd. B23 —4D 70
Birch Dri. Hale —8E 90
Birch Dri. Lit A —4D 42
Birch Dri. Rugby —7H 171
Birch Dri. Stourb —3L 107
Birch Dri. S Cold —2M 57
Birchen Coppice. —8G 149
Birchensale Rd. Redd —4C 204
Birches Av. Cod —8J 21
Birches Barn Av. Wolv —2M 49
Birches Barn Rd. Wolv —1M 49
Birches Clo. B13 —8M 113
Birches Green. —7G 71
Birches Grn. Rd. B24 —7H 71
Birches La. A'chu —3M 181
Birches La. Ken —6G 191
Birches Pk. Rd. Cod —7G 21
Birches Ri. W'hall —8A 38
Birches Rd. Cod —7G 21
Birches, The. Barw —3G 85
Birches, The. Bulk —5B 104
Birches, The. Hartl —7B 176
Birches, The. Redd —8B 204
Birches, The. Stour S —6H 175
Birchfield. —7J 69
Birchfield Av. Wolv —3H 35
Birchfield Clo. Hale —7L 109
Birchfield Clo. Wood E —8J 47
Birchfield Ct. Redd —7B 204
Birchfield Cres. Stourb —6F 108
Birchfield Dri. Stour S —4E 174
Birchfield Gdns. B6 —1L 93
Birchfield Gdns. Wals —5C 54
Birchfield La. O'bry —5E 90 (in three parts)
Birchfield Rd. B20 & B19 —8K 69
Birchfield Rd. Cov —2M 143
Birchfield Rd. Kidd —4H 149
Birchfield Rd. Redd —5L 203
Birchfield Rd. Stourb —6F 108
Birchfields Dri. Cann —8K 9
Birchfields Rd. W'hall —4A 38
Birchfield Way. Wals —5B 54
Birch Ga. Stourb —5F 108
Birchglade. Wolv —8K 35
Birchgrave Clo. Cov —2G 145
Birch Gro. B'moor —2K 47
Birch Gro. Lich —1K 19
Birch Gro. O'bry —2K 111
Birch Hill Av. Wom —4F 62
Birch Hollow. B15 —3F 112
Birch Hollow. O'bry —2K 111
Birchills. —6J 39
Birchills Canal Mus. —6K 39
Birchills St. Wals —6J 39
Birch La. A'rdge —8K 27
Birch La. O'bry —2K 111
Birch La. Pels —8C 26
Birchley Heath Rd. Bir H —1F 76
Birchley Ho. O'bry —3D 90
Birchley Ind. Est. O'bry —4E 90
Birchley Pk. Av. O'bry —3E 90
Birchley Ri. Sol —4M 115
Birchmoor. —2L 47
Birchmoor Clo. B28 —2H 137
Birchmoor Rd. B'moor —1L 47
Birchover Rd. Wals —5G 39
Birch Rd. Dud —8F 50
Birch Rd. O'bry —1K 111
Birch Rd. Redn —3E 154
Birch Rd. Witt —7A 70
Birch Rd. Wolv —8M 23
Birch Rd. E. B6 —7B 70
Birch St. O'bry —3J 91
Birch St. Tip —4M 65
Birch St. Wals —6K 39
Birch St. Wolv —7C 36 (3H 7)
Birch Ter. Burn —8G 11
Birch Ter. Dud —5J 89
Birchtree Gdns. Brie H —8G 89
Birch Tree Gro. Sol —5L 137
Birchtree Hollow. W'hall —4D 38
Birch Tree Rd. Bew —3B 148
Birch Tree Rd. Nun —3C 78
Birchtrees. B24 —5K 71
Birchtrees Cft. B26 —4K 115
Birchtrees Dri. B33 —7D 96
Birch Wlk. O'bry —1K 111
Birchway Clo. Lea S —8J 211
Birchwood Av. Dord —2M 47
Birchwood Clo. Ess —6A 24
Birchwood Clo. Kidd —2G 149
Birchwood Cres. B12 —5B 114
Birchwood Rd. B12 —5A 114
Birchwood Rd. Bin W —2C 168
Birchwood Rd. Lich —2M 19
Birchwood Rd. Wolv —4A 50
Birchwoods. B32 —7H 111
Birchwood Wlk. K'wfrd —1L 87
Birchy Clo. Shir —3F 158
Birchy Cross. —5H 185
Birchy Leasowes La. Shir —4E 158
Birdbrook Rd. B44 —8L 55
Birdcage Wlk. B38 —7F 134
Birdcage Wlk. Dud —8K 65
Bird End. W Brom —1M 67
Bird Gro. Ct. Cov —4D 144 (1D 6)
Birdhope. Wiln —8J 33
Birdie Clo. B38 —8D 134
Birdingbury La. F'ton —8K 195
Birdingbury Rd. Bird —8M 195
Birdlip Gro. B32 —3J 111
Bird Rd. H'cte —5J 215
Birds Bush Rd. Tam —1E 46
Birds Mdw. Brie H —2B 88
Bird St. Cov —6D 144 (3D 6)
Bird St. Dud —6C 64
Bird St. Lich —1G 19 (in two parts)
Birdwell Cft. B13 —3M 135
Birkdale Av. B29 —8F 112
Birkdale Av. B'wll —4G 181
Birkdale Clo. Nun —8A 80
Birkdale Clo. Stourb —8M 107
Birkdale Clo. Wolv —7G 37
Birkdale Dri. Tiv —2A 90
Birkdale Gro. B29 —1G 135
Birkdale Rd. Wals —6G 25
Birkenshaw Rd. B44 —1L 69
Birley Gro. Hale —1J 131
Birlingham Ho. B'gve —6B 180 (off Burcot La.)
Birmingham. —7K 93 (6F 4)
Birmingham Airport Info. Desk. —5J 117
Birmingham Botanical Gardens. —2F 112
Birmingham Bus. Pk. Birm P —1L 117
Birmingham Cathedral. —6K 93 (4F 4)
Birmingham City Info. Cen. —7J 93 (5D 4)
Birmingham Convention & Vis. Bureau. —7L 93 (5G 5) (City)
Birmingham Convention & Vis. Bureau. —7K 93 (5F 4) (Colmore Row)
Birmingham Convention & Vis. Bureau. —7J 93 (5C 4) (ICC)
Birmingham Convention & Vis. Bureau. —5K 117 (NEC)
Birmingham International Airport. —5J 117
Birmingham Mus. & Art Gallery. —7K 93 (5E 4)
Birmingham Mus. of Transport, The. —6L 157
Birmingham Nature Cen. —5J 113
Birmingham New Rd. Dud & Tip —4J 65
Birmingham New Rd. Wolv —4E 50
Birmingham One Bus. Pk. B1 —6H 93 (4B 4)
Birmingham Railway Mus. —4F 114
Birmingham R.C. Cathedral. —5K 93 (2F 4)
Birmingham Rd. A'rdge —4G 41
Birmingham Rd. Alle —3G 143
Birmingham Rd. A'chu —1A 182
Birmingham Rd. Ansl —3G 77
Birmingham Rd. B'gve —6A 180 (in two parts)
Birmingham Rd. Bud —8A 210
Birmingham Rd. Cas B —1A 96
Birmingham Rd. Chad E & Wrox —3B 188
Birmingham Rd. Dud —7L 65
Birmingham Rd. Hag —3C 130
Birmingham Rd. Hale —6B 110
Birmingham Rd. Hase & Hatt —8F 188
Birmingham Rd. Ken —8M 163
Birmingham Rd. Kidd & Blak —2M 149
Birmingham Rd. K'hrst & Col —4H 97
Birmingham Rd. Lea M —2A 74
Birmingham Rd. L End & Marl —4B 180
Birmingham Rd. L Ash & Redn —5C 154
Birmingham Rd. Mer —6D 118
Birmingham Rd. Mer & Alle (in two parts) —1L 141
Birmingham Rd. N'fld —3B 156
Birmingham Rd. O'bry —2H 91
Birmingham Rd. Redd —8D 182
Birmingham Rd. Row R —7C 90
Birmingham Rd. Shen W & Lich —2G 43
Birmingham Rd. S'lgh —2B 192
Birmingham Rd. Stud & Map G —4L 209
Birmingham Rd. S Cold —2H 71
Birmingham Rd. Wals —8M 39
Birmingham Rd. Wals & Gt Barr —3C 54
Birmingham Rd. Warw —1B 214
Birmingham Rd. Wat O —7F 72
Birmingham Rd. W Brom —8L 67
Birmingham Rd. Wolv —8D 36 (6K 7)
Birmingham St. Dud —8K 65
Birmingham St. Hale —6B 110
Birmingham St. O'bry —2G 91
Birmingham St. Stourb —4A 108
Birmingham St. Wals —8M 39
Birmingham St. W'bry —3D 52
Birmingham St. W'hall —7B 38
Birmingham Symphony Hall. —7J 93 (5C 4)
Birnham Clo. Tip —4K 65
Birstall Dri. Rugby —3D 172
Birstall Way. B38 —1C 156
Birvell Ct. Bed —7K 103
Bisell Way. Brie H —2D 108
Biset Av. Kidd —4B 150
Bishbury Clo. B15 —1E 112
Bishop Asbury Cottage. —1C 68
Bishop Asbury Cres. B43 —1C 68
Bishop Clo. Dud —1L 89
Bishop Clo. Redn —8E 132
Bishopgate Green. —1C 6
Bishop Hall Cres. B'gve —2L 201
Bishop Rd. W'bry —7J 53
Bishop Ryder Ho. B4 —3J 5
Bishops Clo. Smeth —5C 92
Bishops Ct. Birm P —1K 117
Bishops Ga. B31 —7A 134
Bishopsgate Bus. Pk. Cov —4D 144
Bishopsgate Grn. Cov —4D 144
Bishopsgate Ind. Est. Cov —4D 144
Bishopsgate St. B15 —8H 93 (7B 4)
Bishops Mdw. S Cold —6L 43
Bishops Rd. S Cold —6H 57
Bishopstone Clo. Redd —7M 205
Bishop St. B5 —1L 113 (8H 5)
Bishop St. Cov —6C 144 (3C 6)
Bishop St. Stour S —4G 175
Bishop's Wlk. Cov —1B 166 (8A 6)
Bishops Way. S Cold —4F 42
Bishopton Clo. Cov —6H 143
Bishopton Clo. Shir —8J 137
Bishopton Rd. Smeth —8M 91
Bishton Gro. Neth —5K 89
Bisley Gro. B24 —7G 71
Bissell Clo. B28 —3F 136
Bissell Dri. W'bry —6H 53
Bissell St. B5 —1L 113
Bissell St. Bils —4M 51
Bissell St. Quin —3G 111
Bisset Cres. Lea S —3C 216
Biton Clo. B17 —4B 112
Bittell Clo. B31 —2M 155
Bittell Clo. Wolv —5E 22
Bittell Farm Rd. B Grn & A'chu —8M 155
Bittell La. B Grn —1L 181
Bittell Rd. B Grn & A'chu —1K 181
Bitterne Dri. Wolv —5A 36
Bittern Wlk. Brie H —3C 108
Bittern Wlk. Cov —8K 123
Bittern Wood Rd. Kidd —6B 150
Bitterscote. —6A 32
Bitterscote Dri. Bone —6A 32
Bitterscote La. Tam —7A 32
Bixhill La. Col —7F 74
Blackacre Rd. Dud —1K 89
Black-a-Tree Ct. Nun —4F 78
Black-a-Tree Pl. Nun —5E 78
Black-a-Tree Rd. Nun —5E 78
Black Bank. —8H 103
Black Bank. Exh —8H 103
Blackberry Av. B9 —6G 95
Blackberry Av. H'ley H —3B 186
Blackberry Clo. Dud —1E 88
Blackberry Clo. Rugby —1D 172
Blackberry La. Ash G —4C 122 (in two parts)
Blackberry La. Cov —3G 145
Blackberry La. Hale —7A 110
Blackberry La. Row R —4M 89
Blackberry La. S Cold —4E 42
Blackberry La. Wals W —5H 27
Blackbird Cft. B36 —2G 97
Blackbrook Clo. Dud —6G 89
Blackbrook Rd. Dud —4G 89 (in two parts)
Blackbrook Way. Wolv —5E 22
Blackburn Av. Wolv —2L 35
Blackburne Rd. B28 —3F 136
Blackburn Rd. Barw —3G 85
Blackburn Rd. Blac I —6F 122
Blackbushe Clo. B17 —2M 111
Blackcat Clo. B37 —6G 97
Black Country Ho. O'bry —2F 90
Black Country Mus. —5K 65
Black Country New Rd. Bstne & W'bry —3A 52
Black Country New Rd. Tip & W Brom —3E 66
Black Country Route. Bils —6H 51
Black Country Route. W'hall —2B 52
Blackdown. —4M 211
Blackdown. Wiln —8J 33
Blackdown Clo. Redn —7G 133
Blackdown Rd. Know —3H 161
Blackett Ct. S Cold —7G 57
Blackfirs La. B37 —2J 117
Blackford Clo. Hale —7K 109
Blackford Clo. Kidd —8G 149
Blackford Rd. B11 —5C 114
Blackford Rd. Shir —2J 159
Blackfords. —6E 8
Blackford St. B18 —4E 92
Blackfriars Clo. Tam —4L 31
Blackgreaves La. Lea M —8M 59
Black Hall La. Fill —5C 100
Blackhalve La. Wolv —1H 37
Blackham Dri. S Cold —2G 71
Blackham Rd. Wolv —1M 37
Black Haynes Rd. B29 —3A 134
Blackheath Mkt. Row R —8D 90
Blackhorse La. Brie H —8E 88
Black Horse La. Kidd —3K 149
Black Horse Rd. Exh & Longf —3G 123
Black Horse Yd. Hinc —8D 84
Blacklake. —3G 67
Black Lake. W Brom —3G 67
Black Lake Ind. Est. W Brom —3H 67
Black Lake La. Lwr B & Up Ben —7F 202
Black La. Lea S —7B 212
Blacklea Clo. B25 —8K 95
Blacklow Rd. Warw —8G 211
Blackman Way. Rugby —5M 171
Blackmoor Cft. B33 —7D 96
Blackmore La. B'gve —6A 180
Black Pad. Cov —1C 144
Blackpit La. Lwr P —6E 48
Black Prince Av. Cov —2D 166
Blackrock Rd. B23 —3B 70
Blackroot Clo. Hamm —5K 17
Blackroot Rd. S Cold —2G 57
Blackshaw Dri. W'grve S —3M 145
Blacksmiths La. H'ley H —3C 186
Blackstitch La. Redd —8A 204
Blackstone. —8D 148
Blackstone Country Pk. —1C 174
Blackthorn Clo. B30 —3C 134
Blackthorn Clo. Cov —4K 165
Blackthorn Ct. Redd —8L 205
Blackthorn Cres. Cann —3A 10
Blackthorne Av. Burn —5F 16
Blackthorne Clo. Dud —5F 64
Blackthorne Clo. Sol —5L 137
Blackthorne Rd. Dud —5F 64
Blackthorne Rd. Lich —2K 19
Blackthorne Rd. Smeth —5K 91 (in two parts)
Blackthorne Rd. Wals —4M 53
Blackthorn Gro. Nun —7M 79
Blackthorn Rd. Cas B —1C 96
Blackthorn Rd. Ken —6G 191
Blackthorn Rd. K Nor —3C 134
Blackthorn Rd. Stourb —8M 87
Blackwatch Rd. Cov —1C 144
Blackwater Clo. Brie H —3A 88
Blackwell. —4H 181
Blackwell La. Redd —4B 204
Blackwell Rd. B'wll & B Grn —5F 180
Blackwell Rd. Cov —1E 144
Blackwell Rd. S Cold —8K 57
Blackwell St. Kidd —3L 149
Blackwood Av. Rugby —8J 171
Blackwood Av. Wolv —1H 37
Blackwood Dri. S Cold —1L 55
Blackwood Rd. B'gve —7B 180
Blackwood Rd. S Cold —8L 41
Blackwood Rd. Tam —2C 46
Blades Ho. W Brom —1A 68
Blades Rd. W Brom —5D 66
Bladon Clo. Nun —1M 79
Bladon Wlk. Lea S —3C 216
Blaenwern Dri. Hale —2H 109
Blagdon Rd. Hale —3A 110
Blair Dri. Bed —8D 102
Blair Gro. B37 —8K 97
Blakebrook. —3H 149
Blakebrook. Kidd —3J 149
Blakebrook Clo. Kidd —3J 149
Blakebrook Gdns. Kidd —3J 149
Blake Clo. Cann —4G 9
Blake Clo. Gall C —4A 78
Blake Clo. Hinc —5D 84
Blake Clo. Rugby —8J 171
Blakedon Rd. W'bry —6E 52
Blakedown. —7J 129
Blakedown Rd. Hale —8L 109
Blakedown Way. O'bry —5E 90
Blake Hall Clo. Brie H —2C 108
Blake Ho. Wals —1J 53 (off St Johns Rd.)
Blakeland Rd. B44 —3L 69
Blakelands Av. Lea S —3B 216
Blakeland St. B9 —7F 94
Blake La. B9 —7F 94
Blakeley. —4G 63
Blakeley Av. Wolv —2M 35
Blakeley Hall Rd. O'bry —2H 91
Blakeley Heath Dri. Wom —4G 63
Blakeley Ri. Wolv —2M 35
Blakeley Wlk. Dud —5J 89
Blakeley Wood Rd. Tip —1C 66
Blakemere Av. B25 —1L 115
Blakemere Clo. Redd —6M 205
Blakemere Ho. B16 —6A 4
Blakemore Clo. B32 —6M 111
Blakemore Dri. S Cold —3M 57
Blakemore Rd. Wals —6G 27
Blakemore Rd. W Brom —7G 67
Blakenall Clo. Wals —1K 39
Blakenall Heath. —8J 25
Blakenall Heath. Wals —1K 39
Blakenall La. Wals —2J 39
Blakenall Row. Wals —1K 39
Blakeney Av. B17 —2A 112
Blakeney Av. Stourb —3K 107
Blakeney Clo. Dud —2C 64
Blakenhale Rd. B33 —8B 96
Blakenhall. —2B 50 (8G 7)
Blakenhall Gdns. Wolv —2C 50
Blakenhall Ind. Est. Wolv —2B 50
Blake Pl. B9 —7F 94
Blake Rd. Cats —1B 180
Blakes Fld. Dri. B Grn —8G 155
Blakeshall. —2L 127
Blakeshall La. W'ley —3K 127
Blakesley Clo. S Cold —4M 71
Blakesley Gro. B25 —8K 95
Blakesley Hall. —8L 95
Blakesley M. B25 —1K 115
Blakesley Rd. B25 —8J 95
Blake St. S Cold —3E 42
Blakewood Clo. B34 —4C 96
Blandford Av. B36 —8E 72
Blandford Dri. Cov —4M 145
Blandford Dri. Stourb —6L 87
Blandford Gdns. Burn —3J 17
Blandford Rd. B32 —4L 111
Blandford Rd. Lea S —8J 211
Blandford Way. H Mag —2A 214
Blanefield. Wolv —7L 21
Blanning Ct. Dorr —5E 160
Blay Av. Wals —7H 39
Blaydon Av. S Cold —6L 43
Blaydon Rd. Wolv —7A 22
Blaythorn Av. Sol —6A 116
Blaze Hill Rd. K'wfrd —1G 87
Blaze La. A'wd B & H End —7A 208
Blaze Pk. K'wfrd —1H 87
Bleaberry. Rugby —2C 172
Bleachfield Rd. Beo —1M 205
Bleak Hill Rd. B23 —5C 70
Bleak Ho. Dri. Burn —1D 16
Bleakhouse Rd. O'bry —8J 91
Bleak St. Smeth —3M 91
Blenheim Av. Cov —7C 122
Blenheim Clo. Hinc —5F 84
Blenheim Clo. Nun —7M 79
Blenheim Clo. Tam —5C 32
Blenheim Clo. Wals —2D 40
Blenheim Ct. B44 —1M 69
Blenheim Ct. Sol —5C 138
Blenheim Cres. B'gve —1A 202
Blenheim Cres. Lea S —4C 216
Blenheim Dri. B43 —1D 68
Blenheim Rd. B13 —8M 113
Blenheim Rd. Burn —1G 17
Blenheim Rd. Cann —5B 16
Blenheim Rd. K'wfrd —3M 87
Blenheim Rd. Shir —7K 137
Blenheim Rd. W'hall —3B 38
Blenheim Way. B44 —1M 69
Blenheim Way. Cas V —7B 72
Blenheim Way. Dud —7E 64
Bletchley Dri. Cov —5H 143
Bletchley Rd. B24 —5L 71
Blewitt Clo. B36 —7D 72
Blewitt St. Brie H —3C 88
Blewitt St. Cann —3H 9
Blews St. B6 —4L 93 (1H 5)
Blick Rd. H'cte I —5J 215
Blind La. Berk —5K 141
Blind La. Tan A —7C 184
Blindpit La. Wis —1G 73
Bliss Clo. Cov —6E 142
Blithe Clo. Stourb —1A 108
Blithfield Dri. Brie H —2B 108
Blithfield Gro. B24 —4J 71
Blithfield Pl. Cann —8H 9
Blithfield Rd. Wals —7B 16
Blockall. W'bry —2D 52
Blockall Clo. W'bry —3C 52
Blockley Rd. Bed —5J 103
Blockleys Yd. Hinc —1J 81
Blondvil St. Cov —2C 166
Bloomfield. —2L 65
Bloomfield Clo. Wom —3D 62
Bloomfield Cres. Lich —7G 13
Bloomfield Dri. W'hall —8D 24
Bloomfield Rd. B13 —6B 114
Bloomfield Rd. Tip & Bloom —3L 65
Bloomfield St. N. Hale —4M 109
Bloomfield St. W. Hale —5M 109
Bloomfield Ter. Tip —3K 65
Bloomfield Way. Tam —2M 31
Bloomsbury Gro. B30 & B14 —2J 135
Bloomsbury St. B7 —4B 94
Bloomsbury St. Wolv —1C 50 (6H 7)
Bloomsbury Wlk. B7 —4B 94 (in two parts)
Bloomsbury Way. Lich —2L 19
Blossom Av. B29 —7F 112
Blossom Dri. B'gve —4M 179
Blossomfield. —7M 137
Blossomfield Clo. B38 —1D 156
Blossomfield Clo. K'wfrd —1L 87
Blossomfield Ct. B38 —1D 156
Blossomfield Rd. Sol —8L 137
Blossom Gro. B36 —1L 95
Blossom Gro. Crad H —8M 89
Blossom Hill. B24 —6G 71
Blossom's Fold. Wolv —7C 36 (4J 7)
Blossomville Way. B27 —5H 115
Blount Ho. Kidd —1H 149
Blounts Rd. B23 —4C 70
Blount Ter. Kidd —6K 149
Blower's Green. —2H 89
Blower's Grn. Cres. Dud —2H 89
Blower's Grn. Pl. Dud —2H 89
Blower's Grn. Rd. Dud —2H 89
Bloxam Gdns. Rugby —7M 171
Bloxcidge St. O'bry —5H 91
Bloxham Pl. Rugby —6A 172
Bloxwich. —8H 25
Bloxwich Bus. Pk. Wals —2G 39
Bloxwich La. Wals —5G 39
Bloxwich Rd. Wals —2J 39
Bloxwich Rd. N. W'hall —3D 38
Bloxwich Rd. S. W'hall —6A 38
Blucher St. B1 —8K 93 (7E 4)
Blue Ball La. Hale —3J 109
Bluebell Clo. Cann —3H 9
Bluebell Clo. Rugby —1D 172
Blue Bell Clo. Stourb —7J 87
Bluebell Cres. Wed —4K 37
Bluebell Dri. B37 —7K 97
Bluebell La. Wals —8G 15
Bluebell Rd. Crad H —6L 89
Bluebell Rd. Dud —6H 65
Bluebell Rd. Wals W —6H 27
Bluebell Wlk. Cov —8F 142
Bluebellwood Clo. S Cold —6A 58
Bluebird Cen. Ind. Est. Wolv —4E 36
Bluebird Clo. Lich —1K 19
Blue Bird Pk. Hunn —1A 132
Blue Boar Yd. Hinc —1J 81
Blue Cedars. Stourb —3J 107
Blue Lake Rd. Dorr —7H 161
Blue La. E. Wals —6K 39
Blue La. W. Wals —7K 39
Blue Rock Pl. Tiv —2C 90
Blue Stone Wlk. Row R —3C 90
Blundell Rd. B11 —4D 114
Blundells, The. Ken —4F 190
Bluntington. —7M 151
Blunt's Green. —4M 207
Blyth Clo. Bed —8C 102
Blyth Ct. Sol —2M 137
Blythe Av. Bal C —4J 163
Blythe Clo. Burn —3K 17
Blythe Clo. Redd —2D 208
Blythe Ct. Col —2A 98
Blythe End. —7C 74
Blythefield Av. B43 —7C 54
Blythe Gdns. Cod —5F 20
Blythe Gro. B44 —6M 55
Blythe Rd. Col —2A 98
Blythe Rd. Cov —5E 144
Blythe St. Tam —6C 32
Blythesway. A'chu —3A 182
Blythe Valley Bus. Pk. H'ley H —6A 160
Blythe Way. Sol —6E 138
Blythewood Clo. Sol —8F 138
Blythsford Rd. B28 —5F 136
Blythswood Rd. B11 —5G 115
Blyton Clo. B16 —6F 92
Boar Cft. Cov —7F 142
Board School Gdns. Dud —3E 64
Boar Hound Clo. B18 —5G 93 (2A 4)
Boat La. Lich —8M 17
Boatmans La. Wals —7E 26

Bobbington Way. Dud —4K 89
Bob's Coppice Wlk. Brie H —2F 108
Bockendon Rd. Cov —5D 164
Boddington Clo. Lea S —4E 212
Bodenham Clo. Redd —6K 205
Bodenham Rd. B31 —7L 133
Bodenham Rd. O'bry —1H 111
Boden Rd. B28 —2F 136
Bodens La. Wals —2G 55
Bodiam Ct. Wolv —6G 35
Bodicote Gro. S Cold —6L 43
Bodington Rd. S Cold —6H 43
Bodmin Clo. Hinc —5E 84
Bodmin Clo. Wals —2D 54
Bodmin Ct. Brie H —7D 88
Bodmin Gro. B7 —4B 94
Bodmin Ri. Wals —2D 54
Bodmin Rd. Cov —4M 145
Bodmin Rd. Dud —7K 89
Bodnant Way. Ken —3J 191
Bodymoor Heath. —5A 60
Bodymoor Heath La. Bod H —4M 59
Bodymoor Heath La. Midd —3L 59
Bognop Rd. Ess —5J 23
Bohun St. Cov —8F 142
Boldmere. —1F 70
Boldmere Clo. S Cold —2G 71
Boldmere Ct. B43 —2E 68 (off South Vw.)
Boldmere Dri. S Cold —1G 71
Boldmere Gdns. S Cold —1F 70
Boldmere Rd. S Cold —7F 56
Boldmere Ter. B29 —8E 112
Bolebridge M. Tam —4B 32 (off Bolebridge St.)
Bolebridge St. Tam —5B 32
Bolehall. —5C 32
Boley Clo. Lich —2J 19
Boley Cottage La. Lich —2K 19
Boley La. Lich —2K 19
Boleyn Clo. Wals —7D 14
Boleyn Clo. Warw —3J 215
Boleyn Mnr. Dri. Redn —8G 133
Boleyn Rd. Redn —8D 132
Boley Park. —2L 19
Boley Pk. Shop. Cen. Lich —2L 19
Bolingbroke Dri. H'cte —6L 215
Bolingbroke Rd. Cov —8G 145
Bolney Rd. B32 —4L 111
Bolton Clo. Cov —4E 166
Bolton Ct. Tip —1C 66
Bolton Ind. Cen. B19 —3H 93
Bolton Rd. B10 —1B 114
Bolton Rd. Wolv —4J 37
Bolton St. B9 —7B 94 (6M 5)
Bolton Way. Wals —6F 24
Bolus La. Col —5H 99
Bolyfant Cres. W'nsh —7A 216
Bomers Fld. Redn —3J 155
Bond Dri. B35 —6A 72
Bondfield Rd. B13 —3B 136
Bond Ga. Nun —5J 79
Bond Sq. B18 —5G 93 (2A 4)
Bond St. Bils —1G 65
Bond St. Cov —6C 144 (4B 6)
Bond St. Hock —5K 93 (2E 4)
Bond St. Midd —3L 59
Bond St. Nun —4J 79
Bond St. Row R —6E 90
Bond St. Rugby —6M 171
Bond St. Stir —2G 135
Bond St. W Brom —7J 67
Bond St. Wolv —8C 36 (6J 7)
Bond, The. B5 —7A 94 (6L 5)
Bondway. Cann —1F 8
Bonehill. —7L 31
Bonehill Rd. M Oak & Tam —7K 31
Bone Mill La. Wolv —5D 36
Boney Hay. —1F 16
Boney Hay Rd. Burn —1H 17
Bonfire Hill. Belb —3L 153
Bonham Gro. B25 —8K 95
Boningale Way. Dorr —6D 160
Bonner Dri. S Cold —4M 71
Bonner Gro. Wals —4F 40
Bonneville Clo. Alle —1B 142
Bonniksen Clo. Lea S —4M 215
Bonnington Clo. Rugby —8H 173
Bonnington Dri. Bed —5G 103
Bonnington Way. B43 —5K 55
Bonny Stile La. Wolv —3H 37
Bonsall Rd. B23 —3G 71
Bonville Gdns. Wolv —5E 22
Booth Clo. K'wfrd —3A 88
Booth Clo. Lich —7G 13
Booth Clo. Wals —1K 39
Booth Ct. Brie H —7D 88
Booth Ho. Wals —6M 39
Booth Rd. W'bry —7J 53
Booth's Farm Rd. B42 —2G 69
Booths Fields. Cov —7E 122
Booth's La. B42 —8H 55
Booth St. Cann —3H 9
Booth St. Smeth & B21 —2C 92
Booth St. Wals —1J 39
Booth St. W'bry —1D 52
Booton Ct. Kidd —8A 128
Boot Piece La. Redd —4B 204
Bordeaux Clo. Dud —6E 64
Borden Clo. Wolv —1M 35
Bordesley. —8B 94 (7M 5) (Birmingham)
Bordesley. —8D 182 (Redditch)
Bordesley Abbey (remains of). —3F 204
Bordesley Abbey Vis. Cen. —3F 204
Bordesley Cir. B10 —8B 94 (8M 5)
Bordesley Clo. B9 —7G 95
Bordesley Ct. Lea S —6A 212
Bordesley Green. —7E 94
Bordesley Grn. B9 —7D 94
Bordesley Grn. E. Bord G & Stech —7H 95
Bordesley Grn. Rd. B9 & B8 —7D 94
Bordesley Grn. Trad. Est. B8 —6D 94
Bordesley La. Redd —3E 204
Bordesley Middleway. Camp H —1A 114 (8M 5)
Bordesley Pk. Rd. B10 —8B 94
Bordesley St. B5 —7M 93 (5J 5)
Bore St. Lich —2H 19
Borman. Tam —4M 31
Borneo St. Wals —5M 39
Borough Cres. O'bry —4E 90
Borough Cres. Stourb —4L 107
Borough La. Longd —2K 11
Borough Park. —1C 32
Borough Rd. Tam —2B 32
Borough, The. Hinc —1K 81
Borrington Rd. Kidd —5B 150
Borrowcop La. Lich —3J 19
Borrowdale. Rugby —1C 172
Borrowdale Clo. Brie H —2B 108
Borrowdale Clo. Cov —1A 144
Borrowdale Clo. Earl S —2M 85
Borrowdale Dri. Lea S —7K 211
Borrowdale Gro. B31 —6K 133
Borrowdale Rd. B31 —6J 133
Borrowell La. Ken —5E 190
Borrowell Ter. Ken —5E 190
Borrow St. W'hall —6A 38
Borwick Av. W Brom —6G 67
Bosbury Ter. B30 —2H 135
Boscastle Ho. Bed —8C 102
Boscobel Av. Tip —5M 65
Boscobel Clo. Dud —6F 64
Boscobel Cres. Wolv —5C 36 (1J 7)
Boscobel Rd. B43 —7D 54
Boscobel Rd. Shir —4K 159
Boscobel Rd. Wals —1B 54
Boscombe Av. B11 —3C 114
Boscombe Rd. B11 —5E 114
Bossgate Clo. Wom —5G 63
Bostock Clo. Elme —5M 85
Bostock Cres. W Weth —2J 213
Boston Clo. Hth H —8L 9
Boston Gro. B44 —1B 70
Boston Pl. Cov —1D 144
Boston Way. Barw —3F 84
Bosty La. Wals —4C 40
Boswell Clo. Darl —4D 52
Boswell Clo. W'bry —8C 52
Boswell Dri. Cov —3A 146
Boswell Gro. Warw —8D 210
Boswell Rd. B44 —3M 69
Boswell Rd. Bils —2M 51
Boswell Rd. Cann —5D 8
Boswell Rd. Rugby —2L 197
Boswell Rd. S Cold —3J 57
Bosworth Clo. Dud —3F 64
Bosworth Clo. Hinc —8A 84
Bosworth Ct. Sheld —4A 116
Bosworth Dri. B37 —7F 96
Bosworth Rd. B26 —5L 115
Botany Dri. Dud —4D 64
Botany Rd. Wals —4M 53
Botany Wlk. B16 —7G 93 (6A 4)
Botha Rd. B9 —6E 94
Botoner Rd. Cov —7F 144
Botteley Rd. W Brom —3G 67
Botterham La. Swind —6E 62
Bottetourt Rd. B29 —6A 112 (in two parts)
Botteville Rd. B27 —7J 115
Bott La. Stourb —3D 108
Bott La. Wals —8M 39
Bottrill St. Nun —4H 79
Bott Rd. Cov —1K 165
Botts Green. —4J 75
Botts Grn. La. Col —4H 75
Bouchall. —3B 108
Boughton Rd. B25 —2J 115
Boughton Rd. Rugby —2B 172
Boulevard, The. Brie H —7E 88
Boulevard, The. S Cold —1H 71
Boultbee Rd. S Cold —2J 71
Boulters La. Wood E —8J 47
Boulton Clo. Burn —1J 17
Boulton Ho. W Brom —8K 67
Boulton Ind. Cen. Hock —4H 93
Boulton Middleway. Hock —4H 93
Boulton Pl. Smeth —5B 92
Boulton Point. B6 —1B 94
Boulton Retreat. B21 —2E 92
Boulton Rd. B21 —2E 92
Boulton Rd. Smeth —3D 92
Boulton Rd. Sol —2C 138
Boulton Rd. W Brom —8K 67
Boultons La. Redd —3D 208
Boulton Sq. W Brom —8K 67
Boulton Ter. B21 —2E 92
Boulton Wlk. B23 —5B 70
Boundary Av. Row R —7E 90
Boundary Clo. W'hall —8J 37
Boundary Ct. B37 —7E 96
Boundary Cres. Dud —6C 64
Boundary Dri. Mose —7K 113
Boundary Hill. Dud —6C 64
Boundary Ho. B5 —4J 113
Boundary Ho. Wyt —6L 157
Boundary Pl. B21 —8C 68
Boundary Rd. Rugby —7D 172
Boundary Rd. S Cold —2M 55
Boundary Rd. Wals W —6F 26
Boundary Way. Comp —7F 34
Boundary Way. Penn —4J 49
Bourlay Clo. Redn —7E 132
Bournbrook. —7F 112
Bournbrook Rd. B29 —6G 113
Bourne Av. Cats —8M 153
Bourne Av. Faz —8L 31
Bourne Av. Hale —5F 110
Bourne Av. Tip —2C 66
Bournebrook Clo. Dud —4J 89
Bourne Brook Clo. Fill —6D 100
Bournebrook Cres. Hale —5G 111
Bournebrook Vw. Arly —8E 76
Bourne Clo. B13 —3D 136
Bourne Clo. Cann —7K 9
Bourne Clo. Sol —3D 138
Bourne Grn. B32 —3L 111
Bourne Hill Clo. Dud —6L 89
Bourne Rd. B6 —2B 94
Bourne Rd. Cov —8J 145
Bournes Clo. Hale —6M 109
Bournes Cres. Hale —5L 109
Bournes Green. —7C 152
Bournes Hill. Hale —5L 109
Bourne St. Dud —8K 65
Bourne St. Woods & Bils —2G 65
Bourne Va. Wals —6K 41
Bourne Wlk. Row R —4M 89
Bourne Way Gdns. B29 —1G 135
Bournheath. —1J 179
Bournheath Rd. Fair —7K 153
Bourn Mill Dri. B6 —3L 93
Bournvale Wlk. B32 —6M 111
Bournville. —2E 134
Bournville La. B30 —2D 134
Bourton Clo. Wals —6A 54
Bourton Cft. Sol —1M 137
Bourton Dri. Lea S —4B 216
Bourton on Dunsmore. —7L 195
Bourton Rd. F'ton —8K 195
Bourton Rd. Sol —1M 137
Bovey Cft. S Cold —2A 72
Bovingdon Rd. B35 —6A 72
Bowater Av. B33 —8K 95
Bowater Ho. B19 —4K 93 (off Aldgate Gro.)
Bowater Ho. W Brom —7J 67
Bowater St. W Brom —6J 67
Bowbrook Av. Shir —4A 160
Bow Ct. Cov —1K 165
Bowcroft Gro. B24 —3J 71
Bowden Rd. Smeth —3L 91
Bowden Way. Bin —8M 145
Bowdler Rd. Wolv —1D 50 (8L 7)
Bowen Av. Wolv —6G 51
Bowen-Cooke Av. Pert —3E 34
Bowen Rd. Rugby —1D 198
Bowen St. Wolv —4E 50
Bower Bank. Stour S —7E 174
Bower Clo. Lich —7K 13
Bowercourt Clo. Sol —8B 138
Bower Hill Dri. Stour S —7E 174
Bower Ho. B19 —3K 93
Bower La. Brie H —1F 108
Bowers Cft. Lea S —5A 212
Bowes Dri. Cann —5F 8
Bowes Rd. Redn —2E 154
Bow Fell. Rugby —2D 172
Bowfell Clo. Cov —5G 143
Bowker St. W'hall —8J 37
Bow La. Withy —4M 125
Bowlas Av. S Cold —1H 57
Bowling Green. —6K 89
Bowling Grn. Av. Wiln —2E 46
Bowling Grn. Clo. B23 —2E 70
Bowling Grn. Clo. W'bry —2D 52
Bowling Grn. La. B20 —1G 93
Bowling Grn. La. Bed —2E 122
Bowling Grn. Rd. Dud —6K 89
Bowling Grn. Rd. Hinc —8E 84
Bowling Grn. Rd. Small H —8C 94
Bowling Grn. Rd. Stourb —4L 107
Bowling Grn. St. Warw —3D 214
Bowls Ct. Cov —6M 143
Bowman Grn. Hinc —3M 81
Bowman Rd. B42 —8H 55
Bowmans Ri. Wolv —6G 37
Bowmore Rd. B'gve —8B 180
Bowness Clo. Cov —1A 144
Bowood Cres. B31 —7B 134
Bowood Dri. Wolv —3K 35
Bowood End. S Cold —6L 57
Bowpatch Clo. Stour S —8D 174
Bowpatch Rd. Stour S —8D 174
Bowshot Clo. B36 —8D 72
Bowstoke Rd. B43 —1C 68
Bow St. B1 —8K 93 (8F 4)
Bow St. Bils —3L 51
Bow St. W'hall —8B 38
Bowyer Rd. B8 —5E 94
Bowyer St. B10 —8A 94 (8M 5)
Box Clo. W'nsh —6B 216
Boxhill Clo. B6 —3M 93
Boxhill, The. Cov —8H 145
Boxnott Clo. Redd —7A 204
Box Rd. B37 —1J 117
Box St. Wals —8M 39
Box Trees. —8B 160
Box Trees Rd. H'ley H & Dorr —8C 160
Boxwood Dri. Kils —6M 199
Boyce Way. Long L —4H 171
Boyd Clo. Cov —1M 145
Boyd Gro. B27 —7H 115
Boydon Clo. Cann —8B 8
Boydon Clo. Wolv —3G 51
Boyleston Rd. B28 —3G 137
Boyne Rd. B26 —2A 116
Boyslade Rd. Hinc —4M 81
Boyslade Rd. E. Hinc —4M 81
Boyton Gro. B44 —6M 55
Brabazon Gro. B35 —6M 71
Brabham Clo. Kidd —8K 127
Brabham Cres. S Cold —3M 55
Bracadale Av. B24 —5G 71
Bracadale Clo. Cov —6A 146
Bracebridge Clo. Bal C —3H 163
Bracebridge Rd. B24 —8F 70
Bracebridge Rd. K'bry —3C 60
Bracebridge Rd. S Cold —1F 56
Bracebridge St. B6 —3L 93
Bracebridge St. Nun —5H 79
Braceby Av. B13 —2C 136
Braces La. Marl —8B 154
Brace St. Wals —1L 53 (in two parts)
Brackenbury Rd. B44 —1B 70
Bracken Clo. Burn —2J 17
Bracken Clo. Cann —1K 9
Bracken Clo. Lich —3L 19
Bracken Clo. Rugby —8L 171
Bracken Clo. Wolv —8L 21
Bracken Cft. B37 —6J 97
Brackendale Dri. Barby —8J 199
Brackendale Dri. Nun —7F 78
Brackendale Dri. Wals —6B 54
Brackendale Way. Stourb —5D 108
Bracken Dri. Rugby —8L 171
Bracken Dri. S Cold —4A 58
Bracken Dri. Wlvy —5K 105
Brackenfield Rd. B44 —7J 55
Brackenfield Rd. Hale —6L 109
Brackenfield Vw. Dud —1D 88
Bracken Gro. Cats —8A 154
Brackenhill Rd. Burn —1G 17
Brackenhurst Rd. Cov —2M 143
Bracken Pk. Gdns. Word —7M 87
Bracken Rd. B24 —7J 71
Bracken Rd. Cann —4C 8
Bracken Way. B38 —2E 156
Bracken Way. S Cold —1M 55
Brackenwood. Wals —4D 54
Brackenwood Dri. Wolv —4M 37
Brackleshaw Way. Amin —3G 33
Brackley Av. B20 —8J 69
Brackley Clo. Cov —2M 143
Brackleys Way. Sol —7M 115
Bracknell Wlk. Cov —2A 146
Bradburne Way. B7 —4A 94
Bradburn Rd. Wolv —1H 37
Bradbury Clo. Wals —4F 26
Bradbury La. Cann —1G 9
Bradbury Rd. Sol —8M 115
Braddock Clo. Bin —8A 146
Brade Dri. Cov —2A 146
Braden Rd. Wolv —6K 49
Brades Clo. Hale —2H 109
Brades Ri. O'bry —1D 90
Brades Rd. O'bry —8E 66
Bradestone Rd. Nun —8K 79
Brades Village. —8E 66
Bradewell Rd. B36 —8D 72
Bradfield Clo. Cov —4J 143
Bradfield Rd. B42 —2K 69
Bradford Clo. B43 —2F 68
Bradford Cotts. Tip —6A 66
Bradford Ct. B12 —1A 114 (8L 5)
Bradford La. Belb —4D 152
Bradford La. Wals —8L 39
Bradford Mall. Wals —8L 39
Bradford Pl. B11 —3A 114
Bradford Pl. Wals —8L 39
Bradford Pl. W Brom —1L 91
Bradford Rd. B36 —1A 96
Bradford Rd. Dud —3F 88
Bradford Rd. Wals —1E 26
Bradford St. B5 & B12 —8M 93 (7H 5)
Bradford St. B42 —3F 68
Bradford St. Cann —4G 9
Bradford St. Tam —4M 31
Bradford St. Wals —8L 39
Bradgate Clo. W'hall —3C 38
Bradgate Dri. S Cold —4E 42
Bradgate Rd. Barw —1H 85
Bradgate Rd. Hinc —7F 84
Brading Rd. Nun —3K 79
Bradley. —6L 51
Bradley Cft. Bal C —3H 163
Bradley La. Bils —6M 51
Bradleymore Rd. Brie H —6D 88
Bradley Rd. B34 —3D 96
Bradley Rd. Stourb —3M 107
Bradley Rd. Wolv —2E 50
Bradleys Clo. Crad H —2L 109
Bradley's La. Bils & Tip —1K 65
Bradley St. Bils —5M 51
Bradley St. Brie H —2B 88
Bradley St. Tip —7M 65
Bradmore. —1L 49
Bradmore Clo. Sol —1A 160
Bradmore Gro. B29 —1A 134
Bradmore Rd. Wolv —1M 49
Bradney Grn. Cov —2E 164
Bradnick Pl. Cov —8F 142
Bradnock Clo. B13 —2C 136
Bradnock's Marsh. —6D 140
Bradnocks Marsh La. H Ard —8D 140
Bradshaw Av. B38 —8D 134
Bradshaw Av. W'bry —4B 52
Bradshaw Clo. Tip —6A 66
Bradshawe Clo. B28 —6D 136
Bradshaw St. Wolv —7E 36 (4M 7)
Bradstock Rd. B30 —5J 135
Bradwell Cft. S Cold —6L 43
Bradwell La. Rug —4F 10
Braemar Av. Stourb —8J 87
Braemar Clo. Cov —2L 145
Braemar Clo. Dud —8C 50
Braemar Clo. W'hall —3B 38
Braemar Dri. B23 —4B 70
Braemar Gdns. Cann —2F 8
Braemar Rd. Cann —5A 16
Braemar Rd. Lea S —5B 212
Braemar Rd. Sol —8L 115
Braemar Rd. S Cold —7F 56
Braemar Way. Nun —7G 79
Braeside Cft. B37 —7K 97
Braeside Way. Wals —6M 25
Brafield Leys. Rugby —3A 198
Bragg Rd. B20 —7K 69
Braggs Farm La. Shir —5F 158
Braham. Tam —3K 31
Braid Clo. B38 —8D 134
Brailes Clo. Sol —2E 138
Brailes Dri. S Cold —6M 57
Brailes Gro. B9 —8K 95
Brailsford Clo. Wolv —1L 37
Brailsford Dri. Smeth —4A 92
Brain St. Glas —7G 33
Braithwaite Dri. K'wfrd —3K 87
Braithwaite Rd. B11 —2B 114
Brake La. Hag —3L 129
Brakesmead. Lea S —4M 215
Brake, The. Hag —3M 129
Bramah Way. Tip —3C 66
Bramber. Tam —8D 32
Bramber Dri. Wom —3F 62
Bramber Way. Stourb —7M 107
Bramble Clo. Aston —2L 93
Bramble Clo. Col —2M 97
Bramble Clo. Crad H —5M 89
Bramble Clo. N'fld —3M 133
Bramble Clo. Nun —7M 79
Bramble Clo. Wals —4E 26
Bramble Clo. W'hall —2C 38
Bramble Dell. B9 —6G 95
Bramble Dri. B26 —3A 116
Bramble Dri. Cann —2J 9
Bramble Grn. Dud —4F 64
Bramble La. Burn —1H 17
Brambleside. Stourb —8M 87
Brambles, The. Cats —1A 180
Brambles, The. Lich —3K 19
Brambles, The. Stourb —6D 108
Brambles, The. S Cold —1A 72
Bramble St. Cov —7E 144
Bramblewood Dri. Wolv —1L 49
Bramblewoods. B34 —4C 96
Brambling. Wiln & Tam —2G 47
Brambling Ri. Kidd —8B 150
Brambling Wlk. B15 —2J 113
Brambling Wlk. Brie H —3C 108
Bramcote. —4E 104
Bramcote Clo. Bulk —7D 104
Bramcote Clo. Hinc —6F 84
Bramcote Dri. Sol —2C 138
Bramcote Mains. —6E 104
Bramcote Ri. S Cold —2J 57
Bramcote Rd. B32 —4J 111
Bramdean Wlk. Wolv —3J 49
Bramdene Av. Nun —1J 79
Brame Rd. Hinc —7C 84
Bramerton Clo. Wolv —3G 37
Bramford Dri. Dud —3H 65
Bramley Clo. B43 —6K 55
Bramley Clo. Wals —1D 54
Bramley Cft. Shir —7J 137
Bramley Dri. Hand —6H 69
Bramley Dri. H'wd —3B 158
Bramley M. Ct. B27 —4J 115
Bramley Rd. B27 —4J 115
Bramley Rd. Wals —5B 54
Bramley Way. Bew —2A 148
Brampton Av. B28 —3G 137
Brampton Clo. Cookl —5B 128
Brampton Cres. Shir —3H 137
Brampton Dri. Cann —7L 9
Brampton Way. Bulk —6B 104
Bramshall Dri. Dorr —6E 160
Bramshaw Clo. B14 —7M 135
Bramstead Av. Wolv —7H 35
Bramston Cres. Cov —8F 142
Bramwell Gdns. Cov —4E 122
Brancaster Clo. Amin —3G 33
Branchal Rd. Wals —8J 27
Branches Clo. Bew —3B 148
Branch Rd. B38 —1E 156
Branden Rd. A'chu —3A 182
Brandfield Rd. Cov —1M 143
Brandhall. —1H 111
Brandhall Ct. O'bry —7G 91
Brandhall La. O'bry —8H 91
Brandhall Rd. O'bry —7H 91
Brandon. —4F 168
Brandon Castle. —5F 168
Brandon Clo. Dud —2E 64
Brandon Clo. Wals —6M 41
Brandon Clo. W Brom —7G 67
Brandon Ct. Bin I —2A 168
Brandon Gro. B31 —2M 155
Brandon La. Cov & Wols —5K 167
Brandon Marsh Nature Reserve. —5A 168
Brandon Marsh Nature Reserve Vis. Cen. —5B 168
Brandon Pde. Lea S —1A 216
Brandon Pk. Wolv —2L 49
Brandon Pas. B16 —6E 92
Brandon Pl. B34 —2D 96
Brandon Rd. B28 —7E 114
Brandon Rd. Bin —8M 145
Brandon Rd. Bret —3J 169
Brandon Rd. Hale —8E 90
Brandon Rd. Hinc —2H 81
Brandon Rd. Sol —2C 138
Brandon Thomas Ct. B6 —1B 94
Brandon Way. Brie H —1E 108
Brandon Way. W Brom —6G 67
Brandon Way Ind. Est. W Brom —7F 66
Brandwood End. —5K 135
Brandwood Gro. B14 —4K 135
Brandwood Pk. Rd. B14 —4H 135
Brandwood Rd. B14 —5K 135
Branfield Clo. Bils —8G 51
Branksome Av. B21 —1F 92
Branksome Rd. Cov —3L 143
Branscombe Clo. B14 —4K 135
Bransdale Av. Cov —6D 122
Bransdale Clo. Wolv —4A 36
Bransdale Rd. Clay —2E 26
Bransford Av. Cov —4K 165
Bransford Ri. Cath B —4H 139
Branson's Cross. —7B 184
Branston Ct. B18 —4J 93 (1C 4)
Branston St. B18 —4J 93 (1C 4)
Branstree Dri. Cov —7D 122
Brantford Rd. B25 —1J 115
Branthill Cft. Sol —8B 138
Brantley Av. Wolv —8J 35
Brantley Rd. B6 —7A 70
Branton Hill La. Wals —4J 41
Brantwood Av. Burn —4G 17
Brascote Rd. Hinc —1F 80
Brasshouse La. Smeth —3M 91
Brassie Clo. B38 —8D 134
Brassington Av. S Cold —5H 57
Bratch Clo. Dud —6J 89
Bratch Comn. Rd. Wom —2E 62
Bratch Hollow. Wom —1G 63
Bratch La. Wom —1F 62
Bratch Pk. Wom —1E 62
Bratch, The. —1E 62
Brathay Clo. Cov —3D 166
Bratt St. W Brom —5J 67
Braunston Clo. S Cold —7A 58
Braunston Pl. Rugby —1D 198
Brawnes Hurst. B26 —8A 96
Bray Bank. F End —6K 75
Brayford Av. Brie H —2B 108
Brayford Av. Cov —3C 166
Braymoor Rd. B33 —8E 96
Brays Clo. Brin —6L 147
Bray's La. Cov —6G 145
Brays Rd. B26 —3A 116
Bray St. W'hall —7B 38
Braytoft Clo. Cov —7B 122
Brazil St. Cov —7E 142
Breaches La. Redd —1K 209
Breach La. Earl S —2L 85

Breach Oak La. Fill —6J 101
Breadmarket St. Lich —1H 19
Break Bk. Rd. B'gve —1K 201
Bream. Tam —2D 46
Bream Clo. B37 —7J 97
Breamore Cres. Dud —6F 64
Brean Av. B26 —4M 115
Brearley Clo. B19 —4L 93
Brearley St. Hand —1D 92
Brearley St. Hock —4K 93
Breaside Wlk. B37 —6J 97
Brechin Clo. Hinc —1G 81
Brecknell Ri. Kidd —1M 149
Brecknock Rd. W Brom —3G 67
Brecon Av. B'gve —4A 180
Brecon Dri. Stourb —3B 108
Brecon Rd. B20 —1H 93
Brecon Tower. B16 —7G 93
Brecon Way. Salt —4D 94
Bredon Av. Bin —2M 167
Bredon Av. Kidd —8G 149
Bredon Av. Stourb —4C 108
Bredon Ct. Hale —6A 110
Bredon Cft. B18 —4G 93
Bredon Rd. B'gve —2K 201
Bredon Rd. O'bry —4D 90
Bredon Rd. Stourb —3A 108
Bredon Vw. Redd —1D 208
Bredon Way. Stour S —8D 174
Breech Clo. S Cold —2L 55
Bree Clo. Alle —2G 143
Breeden Dri. Curd —3H 73
Breedon Rd. B30 —4G 135
Breedon Ter. B18 —4G 93
Breedon Way. Wals —8C 26
Breener Ind. Est. Brie H —8B 88
Breen Rydding Dri. Bils —8H 51
Brees La. Ken —8G 163
Breeze Av. Cann —4B 16
Brelades Clo. Dud —7E 64
Brendan Clo. Col —4A 98
Brendon. Wiln —8H 33
Brendon Way. Nun —6A 78
Brenfield Dri. Hinc —1G 81
Brennand Clo. O'bry —1H 111
Brennand Rd. O'bry —8H 91
Brent. Wiln —2E 46
Brentford Rd. B14 —4A 136
Brentford Rd. Sol —6L 137
Brentmill Clo. Wolv —5F 22
Brentnall Dri. S Cold —6H 43
Brenton Rd. Wolv —6M 49
Brent Rd. B30 —1K 135
Brentwood Av. Cov —6C 166
Brentwood Clo. Sol —6L 137
Brentwood Gro. B44 —1L 69
Brenwood Clo. K'wfrd —2H 87
Brereton Clo. Dud —1L 89
Brereton Rd. W'hall —2C 38
Brese Av. Warw —8F 210
Bretby Gro. B23 —3G 71
Bretford. —2K 169
Bretford Rd. Bran & Bret —3G 169
Bretford Rd. Cov —8J 123
Bretshall Clo. Shir —4M 159
Brett Dri. B32 —1J 133
Brettell La. Stourb & Brie H —1M 107
Brettell St. Dud —1H 89
Bretton Gdns. Wolv —3F 36
Bretton Rd. B27 —7K 115
Bretts Clo. Cov —5E 144 (1F 6)
Bretts Hall Est. Nun —2M 77
Brett St. W Brom —4H 67
Brett Young Clo. Kidd —4B 150
Brevitt Rd. Wolv —3D 50
Brewer Rd. Bulk —8D 104
Brewers Clo. Bin —8A 146
Brewer's Dri. Wals —8A 26
Brewers Ter. Wals —7A 26
Brewer St. Wals —5L 39
Brewery St. Aston —4L 93 (1H 5)
Brewery St. Dud —8L 65
Brewery St. Hand —1D 92
Brewery St. Smeth —3M 91
Brewery St. Tip —5M 65
Brewins Way. Hurst B —5G 89
Brewood Rd. Coven & Cov Grn —1C 22
Brewster Clo. Cov —7L 145
Brewster Clo. Faz —8L 31
Brewster St. Dud —4J 89
Breydon Gro. W'hall —1M 51
Brian Rd. Smeth —3L 91
Brians Way. Cov —6E 122
Briar. Tam —6G 33
Briar Av. S Cold —8A 42
Briarbeck. Wals —1C 40
Briar Clo. B24 —5G 71
Briar Clo. Cann —1G 9
Briar Clo. Hinc —3M 81
Briar Clo. Lea S —7B 212
Briar Clo. L End —3C 180
Briar Coppice. Shir —5L 159
Briar Ct. Brie H —7D 88
(off Hill St.)
Briardene Av. Bed —7H 103
Briarfield Rd. B11 —6G 115
Briar Hill. Chad C —8L 151
Briarley. W Brom —8M 53
Briarmead. Burb —5L 81
Briar Rd. Dud —4F 64
Briars Clo. Brie H —5C 88
Briars Clo. Cov —7J 145
Briars Clo. Long L —5H 171
Briars Clo. Nun —4L 79
Briars, The. B23 —3D 70
Briars, The. Hag —5M 129
Briars Way. Cann —5D 10
Briar Way. Stour S —5E 174
Briarwood Clo. Shir —5L 159
Briarwood Clo. Wolv —2G 51
Brickbridge La. Wom —4E 62
Brickfield Rd. B25 —3H 115
Brickheath Rd. Wolv —6G 37
Brickhill Dri. B37 —7G 97
Brick Hill La. Alle —1D 142
Brickhouse La. S Prior —6J 201
Brickhouse La. W Brom —3E 66
Brickhouse La. S. Gt Bri & Tip —3D 66
Brickhouse Rd. Row R —5A 90
Brickiln St. Brie H —7D 88
Brickiln St. Wals —2F 26
Brick Kiln La. Dud —6A 64
Brick Kiln La. Gt Barr —3L 69
Brickkiln La. Hurl —5H 61
Brick Kiln La. Midd —3J 59
Brick Kiln La. Sol —1M 159
Brick Kiln La. S Cold —3A 44
Brick Kiln La. Wyt —6L 157
Brick Kiln St. Brie H —4E 88
Brick Kiln St. Hinc —1J 81
Brick Kiln St. Quar B —1G 109
Brick Kiln St. Tip —3L 65
Brickkiln St. W'hall —8M 37
Bricklin Ct. Brie H —7D 88
Brick St. Dud —1D 64
Brickyard La. Stud —4J 209
Brickyard Rd. Wals —8F 26
Bridal Rd. D'frd —3J 179
Briddsland Rd. B33 —7E 96
Brides Row. Bils —3L 51
Brides Wlk. B38 —2E 156
Bridgeacre Gdns. Cov —6M 145
Bridge Av. Tip —2C 66
Bridge Av. Wals —4E 14
Bridgeburn Rd. B31 —1L 133
Bridge Clo. B11 —6B 114
Bridge Clo. Clay —3E 26
Bridgecote. Cov —3L 167
Bridge Ct. Crad H —1M 109
Bridge Cft. B12 —3L 113
Bri. Cross Rd. Burn —2F 16
Bridge End. —4F 214
Bridge End. Warw —3F 214
Bridgefield Wlk. Row R —4M 89
Bridgefoot Wlk. Pend —8M 21
Bridgeford Rd. B34 —3B 96
Bridgehead Wlk. S Cold —2M 71
Bridge Ind. Est. Sol —2C 138
Bridge Ind. Est., The. Smeth —3B 92
Bridgelands Way. B20 —8K 69
Bridgeman Cft. B36 —1C 96
Bridgeman Rd. Cov —4B 144 (1A 6)
Bridgeman St. Wals —8K 39
Bridgemary Clo. Wolv —5F 22
Bridge Mdw. Dri. Know —4F 160
Bridgemeadow Ho. B36 —1L 95
Bridgend Cft. Brie H —3B 88
Bridge Piece. B31 —7B 134
Bridge Rd. B11 —5D 114
Bridge Rd. Cookl —3A 128
Bridge Rd. Hinc —2K 81
Bridge Rd. Salt —5E 94
Bridge Rd. Tip —3C 66
Bridge Rd. Wals —8B 26
Bridges Cres. Cann —4M 15
Bridges Rd. Cann —4M 15
Bridge St. B1 —7J 93 (6D 4)
Bridge St. Amin —4E 32
Bridge St. Bils —4L 51
Bridge St. B'twn —4E 14
Bridge St. Bwnhls —3E 26
Bridge St. Cose —1J 65
Bridge St. Cot —7J 79
Bridge St. Cov —2F 144
Bridge St. Hale —2J 109
Bridge St. Hurl —5J 61
Bridge St. Ken —4F 190
Bridge St. Kidd —4L 149
Bridge St. Nun —5J 79
Bridge St. O'bry —2G 91
Bridge St. Park V —4E 36
Bridge St. Pole —8M 33
Bridge St. Redd —5D 204
Bridge St. Rugby —6C 172
Bridge St. Stourb —8L 87
Bridge St. Stour S —7F 174
Bridge St. Wals —7L 39
Bridge St. Warw —1H 215
Bridge St. W'bry —8F 52
Bridge St. W Brom —5H 67
Bridge St. W'hall —8M 37
Bridge St. N. Smeth —3B 92
Bridge St. S. Smeth —3B 92
Bridge St. W. B19 —3J 93
(in two parts)
Bridge, The. Wals —8L 39
Bridget St. Rugby —6M 171
Bridge Wlk. B27 —6K 115
Bridgewater Av. O'bry —5G 91
Bridgewater Cres. Dud —8L 65
Bridgewater Dri. Bils —7J 51
Bridgewater Dri. Wom —2F 62
Bridgewater St. Tam —4D 32
Bridge Way. Clay —3E 26
Bridgnorth Av. Wom —5F 62
Bridgnorth Gro. W'hall —3B 38
Bridgnorth Rd. Env & Stourt —2A 106
Bridgnorth Rd. Kidd —4E 126
Bridgnorth Rd. Patt & Wolv —3A 48
Bridgnorth Rd. Shat —1A 126
Bridgnorth Rd. Stourb & Woll —3E 106
Bridgnorth Rd. Swind & Wom —4A 62
Bridgtown. —4D 14
Bridgtown Bus. Cen. B'twn —3E 14
Bridgwater Clo. Wals —6F 26
Bridle Brook La. Alle —5F 120
Bridle Gro. W Brom —1M 67
Bridle La. Wals & S Cold —3J 55
Bridle Mead. B38 —1D 156
Bridle Path Rd. Elme —5K 85
Bridle Path, The. Cov —3H 143
Bridle Path, The. Shir —4G 137
Bridle Rd. Rugby —5L 171
Bridle Rd. Stourb —3K 107
Bridle Ter. Hand —1E 92
Bridlewood. S Cold —1M 55
Bridley Moor Rd. Redd —5C 204
Bridport Clo. Cov —4A 146
Bridport Ho. B31 —2L 133
Brierley Hill. —6D 88
Brierley Hill Rd. Stourb & Brie H —7L 87
Brierley La. Bils —7L 51
Brierley Rd. Cov —1J 145
Brierley Trad. Est. Brie H —6C 88
Brier Mill Rd. Hale —6C 110
Briertey Hill La. Rug —5H 11
Briery Clo. Crad H —2M 109
Briery Rd. Hale —6L 109
Briffen Ho. B16 —7H 93 (5B 4)
Brigfield Cres. B13 —4B 136
Brigfield Rd. B13 —4B 136
Bright Cres. Tam —7C 32
Brightmere Rd. Cov —5B 144 (1A 6)
Brighton Clo. Wals —6K 39
Brighton Pl. Wolv —7A 36
Brighton Rd. B12 —4M 113
Brighton St. Cov —6F 144
(in two parts)
Bright Rd. O'bry —4H 91
Brightstone Clo. Wolv —5F 22
Brightstone Rd. Redn —7H 133
Bright St. Cov —3E 144
Bright St. Stourb —4K 107
Bright St. W'bry —4D 52
Bright St. Wolv —6B 36 (1G 7)
Bright Ter. Hand —2E 92
Bright Walton Rd. Cov —2D 166
Brightwell Cres. Dorr —6E 160
Brill Clo. Cov —4J 165
Brimstone La. D'frd —2J 179
Brindle Av. Cov —8J 145
Brindle Clo. Sheld —4L 115
Brindle Ct. B23 —6B 70
Brindlefields Way. Tip —7A 66
Brindle Rd. Wals —5C 54
Brindley Av. Wolv —8A 24
Brindley Brae. Kinv —5C 106
Brindley Bus. Pk. Cann —6H 9
Brindley Clo. Stourb —8L 87
Brindley Clo. Wals —4F 38
Brindley Clo. Wom —3D 62
Brindley Ct. B30 —7G 135
Brindley Ct. O'bry —2H 111
Brindley Ct. Tip —4L 65
Brindley Cres. Cann —2J 9
Brindley Dri. B1 —7J 93 (5C 4)
Brindley Dri. Amin —3F 32
Brindley Paddocks. Cov —5C 144 (1C 6)
Brindley Pl. B1 —7H 93 (6B 4)
Brindley Rd. Bay I —2H 123
Brindley Rd. Hinc —1E 80
Brindley Rd. Rugby —8G 173
Brindley Rd. W Brom —1G 67
Brindley St. Stour S —4E 174
Brindley Way. Smeth —4C 92
Brineton Gro. B29 —8A 112
Brineton Ind. Est. Wals —8J 39
Brineton St. Wals —8J 39
Bringewood Gro. B32 —1H 133
Brinklow. —6L 147
Brinklow Castle. —5M 147
Brinklow Clo. Redd —1K 209
Brinklow Cft. B34 —2D 96
Brinklow Rd. B29 —7M 111
Brinklow Rd. Ansty —5E 124
Brinklow Rd. Bin —7M 145
Brinley Way. K'wfrd —3J 87
Brinsford. —2D 22
Brinsford La. Wolv —2D 22
Brinsford Rd. Wolv —6C 22
Brinsley Clo. Sol —7B 138
Brinsley Rd. B26 —1B 116
Brinton Clo. Kidd —6J 149
Brinton Cres. Kidd —6J 149
Brisbane Clo. Cov —3E 166
Brisbane Ct. Bed —7G 103
Brisbane Ho. B34 —3E 96
Brisbane Rd. Smeth —4L 91
Brisbane Way. Cann —7L 9
Briscoe Rd. Cov —5C 122
Briseley Clo. Brie H —1D 108
Bristam Clo. O'bry —3E 90
Bristnall Fields. —7H 91
Bristnall Hall Cres. O'bry —6J 91
Bristnall Hall La. O'bry —6J 91
Bristnall Hall Rd. O'bry —7H 91
Bristnall Ho. Smeth —5K 91
Bristol Clo. Cann —8H 9
Bristol Pas. B5 —1K 113
Bristol Rd. Cov —7M 143
Bristol Rd. Dud —7K 89
Bristol Rd. Erd —6E 70
Bristol Rd. S Oak & B5 —2D 134
Bristol Rd. S. Redn & N'fld —1G 155
Bristol St. B5 —1K 113 (7F 4)
Bristol St. Wolv —1B 50
Briston Clo. Brie H —1C 108
Britannia Gdns. Row R —6C 90
Britannia Grn. Dud —4E 64
Britannia Pk. W'bry —7D 52
Britannia Rd. Bils —6M 51
Britannia Rd. Hinc —4A 82
Britannia Rd. Row R —7C 90
Britannia Rd. Wals —4K 53
Britannia Shop. Cen. Hinc —8D 84
Britannia St. Cov —6F 144
Britannia St. Tiv —7C 66
Britannia Way. Brit E —1L 19
Britannic Gdns. Mose —7K 113
Britford Clo. B14 —6M 135
British Road Transport Mus. —6C 144 (3C 6)
Briton Rd. Cov —5G 145
Brittan Clo. B34 —3E 96
Britten Clo. Nun —2A 104
Britten St. Redd —5D 204
Britton Dri. S Cold —1J 71
Britwell Rd. S Cold —7G 57
Brixfield Way. Shir —4G 159
Brixham Clo. Nun —4M 79
Brixham Dri. Cov —3J 145
Brixham Rd. B16 —5D 92
Brixworth Clo. Bin —1M 167
Broach Rd. Stour S —8H 175
Broadacres. B31 —3L 133
Broad Clo. Ufton —8M 217
Broad Cft. Tip —3C 66
Broadfern Rd. Know —1H 161
Broadfield Clo. K'wfrd —4K 87
Broadfield Clo. W Brom —8M 53
Broadfield House Glass Mus. —4K 87
Broadfields. Hag —3A 130
Broadfields Rd. B23 —2H 71
Broadfield Wlk. B16 —8H 93 (7B 4)
Broadgate. Cov —7C 144 (5C 6)
Broad Green. —8G 181
Broad Ground Rd. Redd —7H 205
Broadhaven Clo. Lea S —2C 216
Broad Heath Clo. Redd —4C 204
Broadheath Dri. Shelf —1D 40
Broadhidley Dri. B32 —8H 111
Broadhurst Grn. Cann —1F 8
Broadhurst Grn. Penk —1A 8
Broadlands Clo. Cov —7J 143
Broadlands Dri. Brie H —4E 88
Broadlands Ri. Lich —2K 19
Broad La. B14 —5K 135
Broad La. Beo —8B 184
Broad La. Ess & Wals —3C 24
Broad La. Hudd —5A 18
Broad La. Lich —2K 19
Broad La. Mer & Cov —5A 142
Broad La. Pels —8C 26
Broad La. Tan A —7C 184
Broad La. Wolv —1L 49
Broad La. Gdns. Wals —7G 25
Broad La. N. W'hall —3B 38
Broad Lanes. Bils —6J 51
Broad La. S. Wolv —4M 37
Broad La. Trad. Est. Cov —5C 142
Broadlee. Wiln —8J 33
Broadmead Ct. Cov —7J 143
Broadmeadow. K'wfrd —1L 87
Broadmeadow. Wals —1H 41
Broadmeadow Clo. B30 —6H 135
Broad Mdw. Grn. Bils —2J 51
Broad Mdw. La. B30 —6H 135
Broadmeadow La. Wals —7G 15
Broadmeadows Clo. W'hall —1E 38
Broadmeadows Rd. W'hall —1E 38
Broadmere Ri. Cov —7G 143
Broadmoor Av. O'bry & Smeth —7K 91
Broadmoor Clo. Bils —5J 51
Broadmoor Rd. Bils —5J 51
Broad Oak Ct. Lea S —7A 212
Broadoaks. S Cold —1A 72
Broadoaks Clo. Cann —3M 15
Broad Oaks Ho. Sol —5A 138
Broad Oaks Rd. Sol —3M 137
Broad Pk. Rd. Cov —2K 145
Broad Rd. B27 —6H 115
Broadsmeath. Tam —7C 32
Broadstone Av. Hale —5H 109
Broadstone Av. Wals —3K 39
Broadstone Clo. Wolv —4D 50
Broadstone Rd. B26 —7M 95
Broad St. B15 & B1 —8H 93 (8A 4)
Broad St. Bils —3J 51
Broad St. Brin —6L 147
Broad St. B'gve —6L 179
Broad St. Cann —3E 14
Broad St. Cose —1J 65
Broad St. Cov —2E 144
Broad St. Kidd —2L 149
Broad St. K'wfrd —4K 87
Broad St. O'bry —4G 91
Broad St. Pens —3C 88
Broad St. Warw —2F 214
Broad St. Wolv —7D 36 (3K 7)
Broad St. Jetty. Cov —2E 144
Broad St. Junct. Wolv —7D 36 (3L 7)
Broadsword Way. Burb —5K 81
Broadwalk Retail Pk. Wals —3K 53
Broadwas Clo. Redd —4J 205
Broadwater. Cov —1A 166
Broadwaters. —8M 127
Broadwaters Av. W'bry —5C 52
Broadwaters Dri. Hag —5B 130
Broadwaters Dri. Kidd —1A 150
Broadwaters Rd. W'bry —5C 52
Broadway. Bush —7E 22
Broadway. Cann —3F 8
Broadway. Cod —6E 20
Broadway. Cov —8A 144
Broadway. Finc —8J 35
Broadway. Lea S —4E 212
Broadway. O'bry —8J 91
Broad Way. Pels —7C 26
Broadway. Shir —5G 137
Broadway. Wals —3M 53
Broadway Av. B9 —7G 95
Broadway Av. Hale —7A 110
Broadway Cft. B26 —3A 116
Broadway Cft. O'bry —8J 91
Broadway Ho. B31 —7D 134
Broadway Mans. Cov —8A 144
Broadway N. Wals —7M 39
Broadway, The. B20 —7K 69
Broadway, The. Dud —6G 65
Broadway, The. Stourb —7K 107
Broadway, The. W Brom —2G 67
Broadway, The. Wom —4G 63
Broadway W. Wals —3J 53
Broadwell Ind. Est. O'bry —1F 90
Broadwell Rd. O'bry —1G 91
Broadwell Rd. Sol —7A 116
Broadwells Ct. Cov —3F 164
Broadwells Cres. Cov —4F 164
Broadyates Gro. B25 —3J 115
Broadyates Rd. B25 —3J 115
Brobury Cft. Sol —5K 137
Brockencote. —1K 177
Brockenhurst Way. Longf —3H 123
Brockeridge Clo. W'hall —8C 24
Brocket Clo. Stour S —3E 174
Brockey Clo. Barw —2H 85
Brockfield Ho. Wolv —5F 36
Brockhall Gro. B37 —4F 96
Brockhill La. A'chu —6H 157
Brockhill La. Beo —6M 183
Brockhill La. Redd —2L 203
Brockhill La. Tard —8H 181
Brockhurst Av. Hinc —5K 81
Brockhurst Cres. Wals —4L 53
Brockhurst Dri. B28 —4G 137
Brockhurst Dri. Cov —7D 142
Brockhurst Dri. Wolv —5A 36
Brockhurst Ho. Wals —6K 39
Brockhurst La. Can —8B 30
Brockhurst Pl. Wals —4M 53
Brockhurst Rd. B36 —3J 95
Brockhurst Rd. S Cold —8K 43
Brockhurst St. Wals —3L 53
Brockley Clo. Brie H —6D 88
Brockley Gro. B13 —8J 113
Brockley Pl. B7 —2C 94
Brockley's Wlk. Kinv —6C 106
Brockmoor. —5B 88
Brockmoor Clo. Stourb —7C 108
Brock Rd. Tip —5C 66
Brockton Pl. Stour S —8E 174
Brockton Rd. B29 —8A 112
Brockwell Gro. B44 —5L 55
Brockwell Rd. B44 —5L 55
Brockworth Rd. B14 —7J 135
Brocton Clo. Bils —6H 51
Brocton Clo. Wals —1F 38
Brodick Clo. Hinc —1G 81
Brodick Rd. Hinc —1F 80
Brodick Way. Nun —6F 78
Brogden Clo. W Brom —1M 67
Bromage Av. K'bry —3C 60
Brome Hall La. Lapw —7J 187
Bromfield Clo. B6 —2L 93
Bromfield Ct. Wolv —7H 35
Bromfield Cres. W'bry —5J 53
Bromfield Rd. Redd —7D 204
Bromfield Rd. W'bry —6J 53
Bromford. —7K 71
Bromford Clo. B20 —8G 69
Bromford Clo. Erd —4E 70
Bromford Ct. B31 —8B 134
Bromford Cres. B24 —7G 71
Bromford Dale. Wolv —6A 36
Bromford Dri. B36 —1H 95
Bromford Hill. B20 —6J 69
Bromford La. Erd —7G 71
Bromford La. Wash H —3H 95
Bromford La. W Brom —8G 67
Bromford Mere. Sol —1L 137
Bromford Mills Ind. Est. Erd —8H 71
Bromford Pk. Ind. Est. W Brom —8G 67
Bromford Ri. Wolv —1B 50 (8G 7)
Bromford Rd. B36 —2H 95
Bromford Rd. Dud —3G 89
Bromford Rd. O'bry & W Brom —1G 91
Bromford Rd. Ind. Est. O'bry —8G 67
Bromford Wlk. B43 —8F 54
Bromleigh Dri. Cov —7J 145
Bromleigh Vs. Bag —7F 166
Bromley. —4A 88
Bromley. Brie H —4B 88
Bromley Clo. Ken —3E 190
Bromley Gdns. Cod —5G 21
Bromley Ho. Wals —5B 54
Bromley La. K'wfrd —5L 87
Bromley Pl. Wolv —4A 50
Bromley St. B9 —8A 94 (7L 5)
Bromley St. Stourb —3F 108
Bromley St. Wolv —2C 50
Brompton Dri. Brie H —2B 108
Brompton Lawns. Wolv —6G 35
Brompton Pool Rd. B28 —6E 136
Brompton Rd. B44 —5L 55
Bromsgrove. —7M 179
Bromsgrove Eastern By-Pass. B'gve —5B 180
Bromsgrove Highway. B'gve —7C 180
Bromsgrove Highway. Redd —5M 203
Bromsgrove Mus. —6A 180
Bromsgrove Rd. D'frd —3K 179
Bromsgrove Rd. Hag & Clent —3C 130
Bromsgrove Rd. Hale —6C 110
Bromsgrove Rd. Redd —6A 204
Bromsgrove Rd. Rom & Hunn —5A 132
Bromsgrove Rd. Stone —7E 150
Bromsgrove Rd. Stud —6J 209
Bromsgrove St. B5 —8L 93 (8F 4)
Bromsgrove St. Hale —5C 110
Bromsgrove St. Kidd —3L 149
Bromsgrove Tourist Info. Cen. —6A 180
Bromwall Rd. B13 —3B 136
Bromwich Clo. Bin —1M 167
Bromwich Dri. S Cold —2J 57
Bromwich La. Stourb —2B 130
Bromwich Rd. Rugby —8F 172
Bromwich Wlk. B9 —6G 95
Bromwynd Clo. Wolv —3B 50
Bromyard Av. S Cold —1A 72
Bromyard Rd. B11 —6E 114
Bronte Clo. Gall C —4M 77
Bronte Clo. Rugby —6C 172
Bronte Clo. Shir —8K 137
Bronte Ct. Shir —8K 137
Bronte Ct. Tam —3A 32
Bronte Dri. Cann —7J 9
Bronte Dri. Kidd —3B 150
Bronte Farm Rd. Shir —8K 137
Bronte Rd. Wolv —3F 50
Bronwen Rd. Bils —2J 65
Bronze Clo. Nun —1L 103
Brook Av. Wiln —2G 47
Brookbank Av. B34 —3D 96
Brookbank Gdns. Dud —7B 64
Brookbank Rd. Dud —7B 64
Brook Clo. B33 —5L 95
Brook Clo. Cov —6E 144
Brook Clo. K'bry —4D 60
Brook Clo. Lich —8G 13
Brook Clo. Shir —8F 136
Brook Clo. Wals —6G 27
Brook Cottage Clo. Col —5K 75
Brook Cres. Hag —4B 130
Brook Cres. K'wfrd —2J 87
Brook Cres. Stourb —6F 108
Brook Cft. Mars G —2H 117
Brook Cft. Sheld —2B 116
Brookdale. Dud —6C 64

Brookdale. Hinc —1H 81
Brookdale. Kidd —1M 149
Brookdale Clo. Redn —8G 133
Brookdale Dri. Wolv —3L 49
Brookdale Rd. Nun —2K 79
Brook Dri. B32 —8K 111
Brooke Clo. Warw —4F 214
Brook End. —7L 61
Brook End. Burn —5G 17
Brook End. Faz —1A 46
Brook End. Longd —1M 11
Brookend Dri. Redn —1F 154
Brooke Rd. Cann —3F 8
Brooke Rd. Ken —5H 191
Brookes Ho. Wals —8M 39 (off Paddock La.)
Brooke St. Dud —1J 89
Brook Farm Wlk. B37 —6K 97
Brookfield. Sharn —4J 83
Brookfield Clo. Redd —5D 208
Brookfield Clo. Wals —8G 27
Brookfield Dri. Cann —2E 14
Brookfield Dri. Wlvy —5K 105
Brookfield Precinct. B18 —5H 93 (2A 4)
Brookfield Rd. B18 —4G 93
Brookfield Rd. Cod —6H 21
Brookfield Rd. Hinc —3J 81
Brookfield Rd. Lea S —4E 212
Brookfield Rd. Wals —8G 27
Brookfields. —1B 4
Brookfields Clo. Marl —8C 154
Brookfields Rd. O'bry —5J 91
Brookfield Way. Sol —2K 137
Brookfield Way. Tip —3A 66
Brookford Av. Cov —6A 122
Brook Grn. La. Bars —8A 140
Brook Gro. Cod —6H 21
Brookhampton Clo. Redd —5E 208
Brookhill Clo. W'hall —8D 24
Brookhill Dri. Redd —5M 203
Brook Hill Rd. B8 —5G 95
Brookhill Way. W'hall —8D 24
Brook Holloway. Stourb —5F 108
Brook Ho. Clo. F'stne —2H 23
Brook Ho. La. F'stne —3E 22
Brookhouse Rd. B'wll & B Grn —2E 180
Brookhouse Rd. Wals —2B 54
Brookhurst Ct. Lea S —8K 211
Brookhurst La. Shir —4H 159
Brookhus Farm Rd. S Cold —1A 72
Brooking Clo. B43 —5K 55
Brookland Gro. Wals —7G 27
Brookland Rd. Hag —5A 130
Brookland Rd. Wals —6F 26
Brooklands. Stourb —8M 87
Brooklands. Wals —6B 54
Brooklands Av. Wals —5F 14
Brooklands Clo. B28 —8F 114
Brooklands Dri. B14 —4L 135
Brooklands Dri. Kidd —8K 127
Brooklands La. Redd —4H 205
Brooklands Pde. Wolv —8G 37
Brooklands Rd. B28 —8F 114
Brooklands Rd. Cann —5G 9
Brooklands, The. Swind —8E 62
Brook La. B13 —1A 136
Brook La. Crad H —7L 89
Brook La. Gt Wyr —6G 15
Brook La. Nun —3J 79
Brook La. Sol —1K 137
Brook La. Wals W —6F 26
Brooklea. Bed —7F 102
Brooklea Gro. B38 —8G 135
Brooklime Dri. Rugby —1E 172
Brooklime Gdns. F'stne —2H 23
Brooklyn Av. B6 —2M 93
Brooklyn Gro. Bils —1K 65
Brooklyn Gro. K'wfrd —1H 87
Brooklyn Rd. Burn —5G 17
Brooklyn Rd. Cann —8K 9
Brooklyn Rd. Cov —3D 144
Brookmans Av. B32 —5K 111
Brook Mdw. Rd. B34 —3A 96
Brook Mdw. Rd. Shelf —1D 40
Brook Piece Wlk. B35 —6B 72
Brook Rd. B'gve —8L 179
Brook Rd. Edg —2F 112
Brook Rd. Fair —8J 153
Brook Rd. O'bry —7G 91
Brook Rd. Redn —2E 154
Brook Rd. Stourb —6B 108
Brook Rd. Wals —4E 14
Brook Rd. W'hall —8L 37
Brook Rd. Wom —3F 62
Brooksbank Dri. Crad H —5M 89
Brooksby Gro. Dorr —7G 161
Brooks Cft. B35 —7A 72
Brookshaw Way. Cov —1M 145
Brookside. Dud —7D 64
Brookside. Gt Barr —2E 68
Brookside. Hinc —3K 81
Brookside. N'fld —4M 133
Brookside. Shir —5K 159
Brookside. Stret D —3F 194
Brookside. W'bry —6H 53
Brookside Av. B13 —2B 136
Brookside Av. Cov —6J 143
Brookside Av. Ken —5E 190
Brookside Clo. B23 —2C 70
Brookside Clo. A'chu —3B 182
Brookside Clo. Hale —6K 109
Brookside Clo. Rugby —8A 172
Brookside Clo. Wom —3E 62
Brookside Dri. Cats —1M 179
Brookside Ind. Est. W'bry —6H 53
Brookside Rd. M Oak —8K 31
Brookside Way. Blak —7H 129
Brookside Way. K'wfrd —2H 87
Brookside Way. Wiln —3F 46
Brooks Rd. S Cold —1J 71
Brookstray Flats. Cov —6H 143
Brook St. B3 —6J 93 (3D 4)
Brook St. Bed —4H 103
Brook St. Bils —4L 51
Brook St. Gorn W —6C 64
Brook St. Kidd —3J 149
Brook St. Lye —4F 108
Brook St. Prem B —8K 39
Brook St. Quar B —1G 109
Brook St. Redd —5G 205
Brook St. Smeth —3B 92
Brook St. Stourb —4L 107
Brook St. Tip —3L 65
Brook St. W Hth —8H 63
Brook St. Warw —3E 214
Brook St. W Brom —6H 67
Brook St. Wols —6G 169
Brook St. Woods —2G 65
Brook St. Word —8M 87
Brook Ter. Bils —4L 51
Brookthorpe Dri. W'hall —5C 38
Brook Va. Bew —6C 148
Brook Va. Cann —1F 14
Brookvale Av. Bin —8L 145
Brookvale Clo. B'gve —5B 180
Brookvale Gro. Sol —8K 115
Brookvale Pk. Rd. B23 —4B 70
Brookvale Rd. Sol —8K 115
Brookvale Rd. Witt & Erd —7A 70
Brookvale Trad. Est. B6 —6M 69
Brook Vw. Dunc —6J 197
Brookview. Smeth —6M 91
Brook Vw. Clo. B19 —3J 93
Brook Wlk. B32 —7K 111
Brookweed. Tam —6G 33
Brookwillow Rd. Hale —8K 109
Brookwood Av. B28 —4D 136
Brookwood Dri. B Grn —1J 181
Broom Clo. B'gve —7B 180
Broom Clo. Rugby —8L 171
Broom Covert Rd. Lich —1L 29
Broom Cres. Kidd —3A 150
Broomcroft Rd. B37 —4F 96
Broomdene Av. B34 —2A 96
Broom Dri. B14 —5L 135
Broome. —7A 130
Broome Av. B43 —2C 68
Broome Clo. Hale —6A 110
Broome Ct. B36 —1C 96
Broome Ct. Cov —6B 122
Broomehill Clo. Brie H —2C 108
Broome La. Blak —6L 129
Broome Rd. Wolv —2E 36
Broomfield. Smeth —4M 91
Broomfield Av. Faz —1A 46
Broomfield Clo. Kidd —2H 149
Broomfield Grn. Kidd —2J 149
Broomfield Pl. Cov —7A 144
Broomfield Ri. Nun —7F 78
Broomfield Rd. B23 —7D 70
Broomfield Rd. Cov —8M 143
Broomfield Rd. Kidd —2H 149
Broomfields Av. Sol —4D 138
Broomfields Clo. Sol —4D 138
Broomfields Farm Rd. Sol —4D 138
Broomhall Av. Wolv —3K 37
Broom Hall Cres. B27 —2H 137
Broom Hall Gro. B27 —1J 137
Broom Hill. —6D 152 (Blakedown)
Broomhill. —5E 8 (Cannock)
Broomhill Bank. Cann —6E 8
Broomhill Clo. B43 —1D 68
Broomhill Clo. Cann —5E 8
Broomhill La. B43 —1D 68
Broomhill Rd. B23 —2B 70 (in two parts)
Broom Ho. W Brom —8M 53
Broomhurst. B15 —1E 112
Broomie Clo. S Cold —4K 57
Broom La. Shir —3G 159
Broomlea Clo. S Cold —1L 55
Broom Rd. Dud —4G 65
Broom Rd. Wals —6B 54
Broom St. B12 —1A 114 (8L 5)
Broomybank. Ken —3H 191
Broomy Clo. B34 —4A 96
Broomy Clo. Stour S —4D 174
Brosdale Dri. Hinc —8A 84
Broseley Av. B31 —1B 156
Broseley Brook Clo. B9 —8C 94
Brosil Av. B20 —6E 68
Brotherton Av. Redd —7M 203
Brougham St. B19 —2H 93 (in two parts)
Brough Clo. B7 —3B 94
Brough Clo. Wolv —6F 50
Broughton Ct. Pert —6G 35
Broughton Cres. B31 —1K 155
Broughton Rd. B20 —1G 93
Broughton Rd. Stourb —6D 108
Broughton Rd. Wolv —8J 35
Browett Rd. Cov —4M 143
Brownfield Rd. B34 —3C 96
Brownhills. —2F 26
Brownhills Common. —8D 16
Brownhills Rd. Nort C —3M 15
Brownhills Rd. Wals —4F 26
Brownhills West. —7C 16
Browning Av. Warw —4C 214
Browning Clo. Gall C —4A 78
Browning Clo. Kidd —3B 150
Browning Clo. Tam —1M 31
Browning Clo. W'hall —2E 38
Browning Cres. Wolv —7C 22
Browning Dri. Hinc —8C 84
Browning Gro. Pert —5E 34
Browning Rd. Burn —2J 17
Browning Rd. Cov —6J 145
Browning Rd. Dud —5A 64
Browning Rd. Rugby —1H 199
Browning St. B16 —7H 93 (6A 4)
Browning Tower. B31 —6C 134
Brownley Rd. Shir —2K 159
Brown Lion St. Tip —2L 65
Brownlow St. Lea S —7A 212
Brown Rd. W'bry —2C 52
Brown's Clo. Sap —1L 83
Brown's Coppice Av. Sol —4K 137
Brown's Dri. S Cold —1F 70
Brownsea Clo. Redn —8E 132
Brownsea Dri. B1 —8K 93 (7E 4)
Brownsfield Rd. Lich —8J 13 (in two parts)
Brown's Green. —6F 68 (Handsworth)
Brown's Green. —5L 185 (Hockley Heath)
Browns Grn. B20 —6F 68
Brownshill Ct. Cov —1M 143
Brownshill Green. —8K 121
Brownshill Grn. Rd. Cov —8K 121
Brownshore La. Ess —5A 24
Brown's La. Alle —1G 143
Browns La. Dord —4M 47
Browns La. Know —3E 160
Browns La. Tam —1C 32
Brownsover. —2D 172
Brownsover Clo. B36 —8B 72
Brownsover La. Rugby —2B 172
Brownsover Rd. Rugby —2L 171
Brown St. Tip —4M 65
Brown St. Wolv —2D 50 (8K 7)
Brownswall Est. Dud —2B 64
Brownswall Rd. Dud —2B 64
Brown Westhead Pk. W'ley —6M 127
Browsholme. Tam —3K 31
Broxell Clo. Warw —8C 210
Broxell Clo. Ind. Est. Warw —8C 210
Broxwood Pk. Wolv —6H 35
Bruce Rd. Cov —1A 144
Bruce Rd. Exh —2F 122
Bruce Rd. Kidd —2B 150
Bruce Williams Way. Rugby —7B 172
Brueton Av. B'gve —1A 202
Brueton Av. Sol —6D 138
Brueton Dri. B24 —6G 71
Brueton Dri. Redd —6G 205
Brueton Rd. Bils —2A 52
Bruford Rd. Wolv —1A 50
Brunel Clo. B12 —4A 114
Brunel Clo. Burn —1H 17
Brunel Clo. Cov —6F 144
Brunel Clo. Stour S —4G 175
Brunel Clo. Tam —3B 32
Brunel Clo. W'nsh —6B 216
Brunel Ct. Bils —1L 65
Brunel Ct. W'bry —3F 52
Brunel Gro. Pert —3E 34
Brunel Rd. Hinc —1J 81
Brunel Rd. O'bry —3D 90
Brunel St. B2 —7K 93 (6E 4)
Brunel Wlk. W'bry —3F 52
Brunel Way. E'shll —2G 51
Brunes Ct. Rugby —2D 172
Brunslow Clo. W'hall —8C 38
Brunslow Clo. Wolv —8C 22
Brunswick Clo. Rugby —3C 172
Brunswick Ct. Lea S —4A 216
Brunswick Ct. W'bry —6J 53
Brunswick Gdns. B19 —2J 93
Brunswick Gdns. B21 —8F 68
Brunswick Ga. Stourb —8A 108
Brunswick Ho. B34 —2A 96
Brunswick Ho. B37 —1F 116
Brunswick Pk. Rd. W'bry —6G 53
Brunswick Rd. Cann —7E 8
Brunswick Rd. Cov —7A 144
Brunswick Rd. Hand —8F 68
Brunswick Rd. S'brk —4A 114
Brunswick Sq. B1 —7H 93 (6B 4)
Brunswick St. B1 —7H 93 (6B 4)
Brunswick St. Lea S —3A 216
Brunswick St. Wals —2J 53
Brunswick Ter. W'bry —6F 52
Bruntingthorpe Way. Bin —1L 167
Brunton Clo. Bin —8B 146
Brunton Rd. B10 —2F 114
Brushfield Rd. B42 —1K 69
Brutus Dri. Col —8L 73
Bryan Av. Wolv —5K 49
Bryan Rd. Wals —3J 53
Bryanston Clo. Cov —5A 146
Bryanston Ct. Sol —2M 137
Bryanston Rd. Sol —3M 137
Bryans Way. L'wth —5M 9
Bryant Rd. Bay I —2G 123
Bryant St. B18 —4E 92
Bryce Rd. Brie H —4A 88 (in two parts)
Bryher Wlk. Redn —8E 132
Brylan Cft. B44 —3M 69
Brymill Ind. Est. Tip —2L 65
Brympton Rd. Cov —7J 145
Bryn Arden Rd. B26 —4L 115
Bryndale Av. B14 —4J 135
Bryn Jones Clo. Bin —1M 167
Brynmawr Rd. Bils —6G 51
Bryn Rd. Cov —2F 144
Brynside Clo. B14 —7K 135
Bryony Cft. Erd —2B 70
Bryony Gdns. Darl —2D 52
Bryony Rd. B29 —2B 134
Bubbenhall. —3J 193
Bubbenhall Rd. Bag —8F 166
Buccleuch Clo. Dunc —5J 197
Buchanan Av. Wals —6A 40
Buchanan Clo. Wals —6A 40
Buchanan Rd. Rugby —8L 171
Buchanan Rd. Wals —6A 40
Buchan Clo. Gall C —5M 77
Buckbury Clo. Stourb —8D 108
Buckbury Cft. Shir —3B 160
Buckden. Wiln —8J 33
Buckden Clo. Warw —8F 210
Buckfast Clo. B'gve —8K 179
Buckfast Clo. Cov —4E 166
Buckhold Dri. Cov —4H 143
Buckingham Clo. Berm I —8H 79
Buckingham Clo. Hinc —5F 84
Buckingham Clo. W'bry —5J 53
Buckingham Ct. B29 —8E 112
Buckingham Dri. W'hall —2B 38
Buckingham Gdns. Lich —3H 19
Buckingham Gro. K'wfrd —2J 87
Buckingham M. S Cold —6G 57
Buckingham Pl. Cann —8J 9
Buckingham Ri. Cov —5H 143
Buckingham Ri. Dud —7E 64
Buckingham Rd. B36 —2F 96
Buckingham Rd. Row R —5D 90
Buckingham Rd. Tam —3K 31
Buckingham Rd. Wolv —5A 50
Buckingham St. B19 —5K 93 (1D 4)
Buckinghams Way. Sharn —5H 83
Buckland Clo. Cann —8K 9
Buckland End. —2M 95
Buckland End. B34 —3A 96
Buckland Rd. Cov —7B 122
Bucklands End La. B34 —3M 95
Buckle Clo. Wals —1M 53
Buckley Rd. Lea S —7B 212
Buckley Rd. Wolv —4K 49
Buckleys Grn. A'chu —3A 182
Buckleys, The. A'chu —3A 182
Bucklow Wlk. B33 —5M 95
Buckminster Dri. Dorr —5E 160
Bucknall Cres. B32 —1G 133
Bucknall Rd. Wolv —8B 24
Bucknell Clo. Sol —4C 138
Bucknill Cres. Rugby —1H 199
Buckpool. —7L 87
Buckridge Clo. B38 —2D 156
Bucks Hill. Nun —2B 78
Buckthorn Clo. Cann —1F 8
Buckton Clo. S Cold —6L 43
Buckwell La. Clift D —4G 173 (in two parts)
Buckwell Rd. Sap —1K 83
Budbrooke. —2A 214
Budbrooke Clo. Cov —7K 123
Budbrooke Gro. B34 —3E 96
Budbrooke Ind. Est. Warw —2C 214
Budbrooke Rd. Warw —2B 214
Budden Rd. Cose —2K 65
Bude Rd. Wals —2D 54
Buds Rd. Rug —4F 10
Buffery Rd. Dud —2K 89
Bufferys Clo. Sol —1B 160
Buildwas Clo. Wals —7F 24
Bulford Clo. B14 —7M 135
Bulger Rd. Bils —2J 51
Bulkington. —7B 104 (Bedworth)
Bulkington. —7F 190 (Kenilworth)
Bulkington La. Nun —1A 104
Bulkington Rd. Bed —7J 103
Bulkington Rd. Shil —2D 124
Bulkington Rd. Wlvy —5J 105
Bullace Cft. B15 —6E 112
Bulldog La. Lich —8H 13
Buller St. Wolv —4E 50
Bullfield Av. Cov —8E 142
Bullfields Clo. Row R —4M 89
Bullfinch Clo. Dud —1E 88
Bullfurlong La. Hinc —4M 81
Bullimore Gro. Ken —7G 191
Bullivents Clo. Ben H —4F 160
Bull La. Bils —6B 52
Bull La. W Brom —6G 67
Bull La. Wom —1G 63
Bull Mdw. La. Wom —1G 63
Bullmoor La. Lich —8A 18
Bullock's Row. Wals —8M 39
Bullock St. B7 —4A 94 (1L 5)
Bullock St. W Brom —1K 91
Bullows Rd. Bwnhls —3C 26
Bull Ring. B5 —7L 93 (6H 5)
Bull Ring. Dud —1D 64
Bull Ring. Hale —6B 110
Bull Ring. Kidd —3L 149
Bull Ring. Nun —7H 79
Bull Ring. W'hall —6A 38
Bull Ring Cen. B5 —7L 93 (6G 5)
Bull Ring Trad. Est. B12 —8M 93 (7K 5)
Bull's Head La. Cov —7H 145
Bull's La. Wis —6B 58 (in two parts)
Bull St. B4 —6L 93 (4G 5)
Bull St. Brie H —7A 88 (in two parts)
Bull St. Dud —1G 89
Bull St. Gorn W —7C 64
Bull St. Harb —3D 112
Bull St. Nun —7K 79
Bull St. W'bry —3E 52
Bull St. W Brom —6K 67
Bull St. Trad. Est. Brie H —8B 88
Bullus Rd. Stour S —4G 175
Bull Yd. Cov —7C 144 (6B 6)
Bulwell Clo. B6 —2A 94
Bulwer Rd. Cov —2A 144
Bulwer St. Wolv —6D 36 (1L 7)
Bulwick Clo. Bin —8B 146
Bumble Bee Gdns. Sharn —5J 83
Bumble Bee La. Sharn —8G 83
Bumble Hole. —4L 89
Bumble Hole La. D'frd —2L 179 (in three parts)
Bumblehole Meadows. Wom —2F 62
Bunbury Gdns. B30 —5C 134
Bunbury Rd. B31 —5B 134
Bundle Hill. Hale —5A 110
Bungalow Est. Cvn. Pk. Longf —5F 122
Bungalow, The. W Brom —5F 66
Bungay Lake La. U War —5F 178
Bunker's Hill. —2L 51
Bunkers Hill La. Bils —1L 51
Bunkers Hill La. Bret —4K 169
Bunn's La. Dud —8M 65
Buntsford Hill. Stoke H & Stoke P —3L 201
Buntsford Pk. Rd. B'gve —3M 201
Bunyan Pl. Cann —5E 8
Burbage. —3A 82
Burbage Clo. Wolv —3F 36
Burbage Common Country Pk. —6H 85
Burbage Comn. Rd. Elme —6H 85
Burbage Common Vis. Cen. —6H 85
Burbage Rd. Hinc —1M 81
Burbages La. Longf —4D 122
Burbage Woods Country Pk. —8J 85
Burberry Gro. Bal C —3G 163
Burbidge Rd. B9 —6D 94
Burbury Clo. Bed —5J 103
Burbury Clo. Lea S —7C 212
Burbury Ct. Warw —1H 215
Burbury St. B19 —2J 93
Burbury St. S. B19 —3J 93
Burcher Grn. Kidd —4B 150
Burcombe Tower. B23 —3H 71
Burcot. —5E 180
Burcot Av. B'gve —5B 180
Burcot Av. Wolv —7G 37
Burcote Rd. B24 —6K 71
Burcot Ho. B'gve —6B 180 (off Burcot La.)
Burcot La. B'gve & Burc —6B 180 (in two parts)
Burcot Wlk. Wolv —7G 37
Burdock Clo. Cann —6H 9
Burdock Clo. Wals —6A 54
Burdock Rd. B29 —3A 134
Burdons Clo. B34 —4A 96
Bure Gro. W'hall —7D 38
Burfield Rd. Hale —3J 109
Burford Clo. Sol —6A 116
Burford Clo. Wals —6A 54
Burford M. Lea S —3C 216
Burford Pk. Rd. B38 —1E 156
Burford Rd. H'wd —3M 157
Burford Rd. K'sdng —2M 69
Burgage Pl. Nun —5J 79
Burgage Wlk. Nun —4H 79 (in two parts)
Burges Gro. Warw —8F 210
Burgess Cft. Sol —2F 138
Burgesses, The. Kinv —6B 106
Burges, The. Cov —6C 144 (3C 6)
Burghley Clo. Nun —7M 79
Burghley Dri. Kidd —4H 149
Burghley Dri. W Brom —7M 53
Burghley Wlk. Brie H —1B 108
Burgh Way. Wals —4G 39
Burgoyne St. Cann —4G 9
Burhill Way. B37 —4H 97
Burke Av. B13 —8D 114
Burkitt Dri. Tip —1C 66
Burland Av. Wolv —2L 35
Burleigh Clo. Bal C —2H 163
Burleigh Clo. Hed —1G 9
Burleigh Clo. W'hall —3B 38
Burleigh Cft. Burn —5G 17
Burleigh Rd. Hinc —7C 84
Burleigh Rd. Wolv —2A 50
Burleigh St. Wals —8A 40
Burleton Rd. B33 —7E 96
Burley Clo. Shir —7F 136
Burley Way. B38 —1C 156
Burlington Arc. B2 —5F 4
Burlington Av. W Brom —8L 67
Burlington Clo. Kidd —5A 150
Burlington Ct. Faz —8B 32
Burlington Pas. B2 —5F 4
Burlington Rd. B10 —8E 94
Burlington Rd. Berm I —1H 103
Burlington Rd. Cov —5F 144 (in two parts)
Burlington Rd. W Brom —8L 67
Burlington St. B6 —3L 93
Burlish Av. Sol —8M 115
Burlish Clo. Stour S —3E 174
Burlish Crossing. Stour S —3E 174
Burlish Park. —3F 174
Burman Clo. Shir —7G 137
Burman Dri. Col —4M 97
Burman Rd. Shir —7F 136
Burmarsh Wlk. Wolv —1M 35
Burmese Way. Row R —3M 89
Burnaby Clo. Nun —4B 78
Burnaby Rd. Cov —8A 122
Burnaston Cres. Shir —3C 160
Burnaston Rd. B28 —8E 114
Burnbank Gro. B24 —5H 71
Burn Clo. Smeth —5A 92
Burncross Way. Wolv —3F 36
Burnell Gdns. Wolv —1L 49
Burnel Rd. B29 —7A 112
Burnet Gro. F'stne —1H 23
Burnett Ho. O'bry —4D 90
Burnett Rd. S Cold —7B 42
Burney La. B8 —4J 95
Burnfields Clo. Wals —2G 41
Burnham Av. B25 —3J 115
Burnham Av. Wolv —1B 36
Burnham Clo. K'wfrd —5M 87
Burnham Ct. Brie H —7D 88 (off Hill St.)
Burnham Grn. Cann —1B 14
Burnham Mdw. B28 —3G 137
Burnham Ri. Nun —3A 80
Burnham Rd. B44 —2L 69
Burnham Rd. Cov —3G 167
Burnhill Gro. B29 —1A 134
Burnlea Gro. B31 —8C 134
Burnsall Clo. B37 —7F 96
Burnsall Clo. Pend —6A 22
Burnsall Gro. Cov —1K 165
Burnsall Rd. Cov —1J 165
Burns Av. Tip —1A 66
Burns Av. Warw —4C 214
Burns Av. Wolv —7D 22
Burns Clo. Kidd —3B 150
Burns Clo. Lich —3H 19
Burns Clo. Redd —1C 208
Burns Clo. Stourb —1A 108
Burns Dri. Burn —2J 17
Burns Gro. Dud —5A 64
Burnside. Cov —7A 146
Burnside. Rugby —7L 171
Burnside Ct. S Cold —8G 57
Burnside Gdns. Wals —3D 54
Burnside Way. B31 —2M 155
Burns Pl. W'bry —4A 52
Burns Rd. Cov —6J 145
Burns Rd. Lea S —5B 212
Burns Rd. Tam —3A 32
Burns Rd. W'bry —4A 52
Burns St. Cann —5F 8
Burns Wlk. Bed —8J 103
Burnsway. Hinc —8C 84
Burnthorne La. Dunl —8B 174
Burnthurst Cres. Shir —2A 160
Burnthurst La. Prin —7A 194
Burnt Mdw. Rd. Moons I & Redd —3L 205
Burnt Oak Dri. Stourb —4B 108
Burnt Tree. —7M 65

Burnt Tree. Tip —7M 65
Burnt Tree Ho. Tip —7M 65
Burntwood. —3J 17
Burntwood Green. —3L 17
Burntwood Rd. Cann —3A 16
Burntwood Rd. Hamm —5K 17
Burntwood Town Shop. Cen. Burn —2E 16
Burrelton Way. B43 —1D 68
Burrington Rd. B32 —1G 133
Burrowes St. Wals —6K 39
Burrow Hill Clo. B36 —1C 96
Burrow Hill Hill Fort. —2J 121
Burrow Hill La. Cor —2J 121
Burrows Clo. W'nsh —6B 216
Burrows Ho. Wals —6K 39 (off Burrowes St.)
Burrows Rd. K'wfrd —5M 87
Bursledon Wlk. Wolv —1J 51
Burslem Clo. Wals —5G 25
Bursnips Rd. Ess —7B 24
Burton Av. Wals —1B 40
Burton Clo. Alle —7J 121
Burton Clo. Tam —2C 32
Burton Cres. Wolv —6E 36 (1M 7)
Burton Farm Rd. Wals —6B 40
Burton Green. —5C 164
Burton Hastings. —1G 105
Burton La. Burt H —3F 104
Burton La. Redd —6F 204
Burton Old Rd. Lich —1M 19 (in two parts)
Burton Old Rd. E. Lich —1L 19
Burton Old Rd. W. Lich —1J 19
Burton Rd. Dud —5F 64
Burton Rd. S'hay —8M 13
Burton Rd. Wolv —6E 36 (1M 7)
Burton Rd. E. Dud —5F 64
Burton Wood Dri. B20 —7K 69
Buryfield Rd. Sol —3A 138
Bury Hill Rd. O'bry —1D 90
Bury Mound Ct. Shir —7C 136
Bury Rd. Lea S —2L 215
Busby Clo. Bin —2M 167
Bush Av. Smeth —4C 92
Bushbery Av. Cov —8F 142
Bushbury. —8E 22
Bushbury Ct. Bush —7E 22
Bushbury Cft. B37 —6J 97
Bushbury La. Wolv —3C 36
Bushbury Rd. B33 —4A 96
Bushbury Rd. Wolv —3G 37
Bush Clo. Cov —6F 142
Bushell Dri. Sol —5D 138
Bushey Clo. S Cold —7M 41
Bushey Fields Rd. Dud —1E 88
Bush Gro. B21 —8C 68
Bush Gro. Wals —7A 26
Bushley Clo. Redd —2G 209
Bushley Cft. Sol —1B 160
Bushman Way. B34 —4E 96
Bushmore Rd. B28 —3G 137
Bush Rd. Dud —7J 89
Bush Rd. Tip —5L 65
Bush St. W'bry —2D 52
Bushway Clo. Brie H —7A 88
Bushwood Dri. Dorr —6G 161
Bushwood Rd. B29 —8B 112 (in two parts)
Bustleholme Av. W Brom —8M 53
Bustleholme Cres. W Brom —8L 53
Bustleholme La. W Brom (in two parts) —8L 53
Butcher's Clo. Brin —6M 147
Butchers La. Cov —3J 143
Butchers La. Hale —2J 109
Butchers Rd. H Ard —3A 140
Butcroft. —3E 52
Butcroft Gdns. W'bry —3E 52
Bute Clo. Hinc —8C 84
Bute Clo. Redn —8E 132
Bute Clo. W'hall —3B 38
Butler Clo. Ken —2J 191
Butler Rd. Sol —6M 115
Butlers Clo. Erd —8D 56
Butlers Clo. Hand —6G 69
Butler's Cres. Exh —8G 103
Butlers End. Beau —7H 189
Butler's Hill La. Redd —4B 204
Butlers La. S Cold —6F 42
Butlers Leap. Rugby —4C 172
Butlers Precinct. Wals —7L 39
Butler's Rd. B20 —6G 69
Butler St. A'wd B —8E 208
Butler St. Small H —1C 114
Butler St. W Brom —5G 67
Butlin Rd. Cov —5C 122
Butlin Rd. Rugby —6D 172
Butlin St. B7 —2C 94
Buttercup Clo. Wals —6A 54
Buttercup Dri. L End —3C 180
Butterfield Clo. Pert —6D 34
Butterfield Ct. Dud —7G 65
Butterfield Rd. Brie H —2B 88
Butterfly Way. Crad H —8M 89
Buttermere. Rugby —2D 172
Buttermere. Wiln —2H 47
Buttermere Av. Nun —3A 80
Buttermere Clo. Bin —2M 167
Buttermere Clo. Brie H —2B 108
Buttermere Clo. Cann —6G 9
Buttermere Clo. Tett —1K 35
Buttermere Ct. Pert —5F 34
Buttermere Dri. B32 —6M 111
Buttermere Dri. Ess —7A 24
Buttermere Gro. W'hall —8B 24
Buttermere Rd. Stour S —3F 174
Butter Wlk. B38 —1C 156
Butterworth Clo. Bils —8G 51
Butterworth Dri. Cov —3G 165
Buttery Rd. Smeth —3L 91
Butt La. Alle —2H 143
Butt La. Hinc —8E 84
Butt La. Clo. Hinc —8E 84
Buttons Farm Rd. Wolv —6K 49
Buttress Way. Smeth —3A 92
Butts. Cov —7B 144
Butts Clo. Cann —5L 15
Butts La. Cann —5L 15
Butts La. Stone —7D 150
Butts La. Tan A —7G 185
Butts Rd. Cov —7A 144
Butts Rd. Wals —6M 39
Butts Rd. Wolv —5M 49
Butts St. Wals —6M 39
Butts, The. Lich —7D 18
Butts, The. Wals —6M 39
Butts, The. Warw —2E 214
Butts Way. Cann —5L 15
Buxton Av. Faz —1B 46
Buxton Clo. Wals —6J 25
Buxton Rd. B23 —3B 70
Buxton Rd. Dud —3F 88
Buxton Rd. S Cold —1G 71
Buxton Rd. Wals —6J 25
Byeways. Wals —6J 25
Byfield Clo. B33 —1E 116
Byfield Pas. B9 —7E 94
Byfield Pl. Bal C —4K 163
Byfield Rd. Cov —4L 143
Byfield Vw. Dud —2E 64
Byfleet Clo. Bils —6G 51
Byford Clo. Redd —7E 204
Byford Ct. Nun —5F 78
Byford St. Nun —5F 78
Byland. Glas —6D 32
Byland Clo. B'gve —8L 179
Byland Way. Wals —7F 24
By-Pass Link. Sol —6E 138
Byrchen Moor Gdns. Brie H —2B 88
Byrne Rd. Wolv —2D 50
Byron Av. B23 —6B 70
Byron Av. Bed —7K 103
Byron Av. Lich —4H 19
Byron Av. Warw —5C 214
Byron Clo. B10 —2D 114
Byron Clo. Burn —8F 10
Byron Clo. Kidd —4B 150
Byron Ct. Know —3G 161
Byron Ct. S Cold —4G 43
Byron Cres. Dud —4H 65
Byron Cft. Dud —4A 64
Byron Cft. S Cold —3F 42
Byron Gdns. W Brom —4H 67
Byron Ho. Hale —4H 109
Byron Pl. Cann —4E 8
Byron Rd. B10 —2D 114
Byron Rd. Redd —1D 208
Byron Rd. Tam —2A 32
Byron Rd. W'hall —2E 38
Byron Rd. Wolv —1G 37
Byron St. Barw —1H 85
Byron St. Brie H —2D 88
Byron St. Cov —5D 144 (1D 6)
Byron St. Earl S —2L 85
Byron St. W Brom —3H 67
Byron Way. Cats —1A 180
Bywater Clo. Cov —5B 166
Bywater Ho. Wals —8M 39 (off Paddock La.)

Caban Clo. B31 —4L 133
Cable Dri. Wals —4J 39
Cable St. Wolv —1E 50
Cabot Gro. Wolv —5E 34
Cadbury Dri. B35 —8A 72
Cadbury Ho. B19 —4K 93 (off Gt. Hampton Row)
Cadbury Rd. B13 —5B 114
Cadbury Way. B17 —4B 112
Cadbury World. —2F 134
Cadden Dri. Cov —7H 143
Caddick Cres. W Brom —2K 67
Caddick Rd. B42 —8H 55
Caddick St. Bils —1G 65 (in two parts)
Cadec Trad. Est. Smeth —6M 91
Cadgwith Gdns. Bils —7A 52
Cadine Gdns. B13 —8J 113
Cadleigh Gdns. B17 —6C 112
Cadle Rd. Wolv —2E 36
Cadman Clo. Bed —6J 103
Cadman Cres. Wolv —3G 37
Cadman's La. Wals —1J 25 (in two parts)
Cadnam Clo. B17 —6C 112
Cadnam Clo. W'hall —1B 52
Cadogan Rd. Dost —4D 46
Caen Clo. H Mag —2A 214
Caernarfon Dri. Nun —6K 79
Caernarvon Clo. W'hall —2C 38
Caernarvon Way. Dud —7E 64
Caesar Rd. Ken —6E 190
Caesar Way. Col —8M 73
Cahill Av. Wolv —5G 37
Cairndhu Dri. Kidd —2A 150
Cairn Dri. Wals —7F 38
Cairns St. Wals —6J 39
Caister. Amin —3G 33
Caister Dri. W'hall —1M 51
Caistor Clo. M Oak —1H 45
Caithness Clo. Cov —5G 143
Cakebole. —4H 177
Cakebole La. Rush & Kidd —7J 177
Cakemore La. O'bry —7F 90
Cakemore Rd. Row R —7E 90
Cala Dri. B15 —2H 113
Calcot Dri. Wolv —2L 35
Calcott Ho. Cov —3H 167
Caldecote Clo. Nun —2J 79
Caldecote Gro. B9 —7J 95
Caldecote Rd. Cov —4C 144
Caldecott Ct. Rugby —5B 172
Caldecott Pl. Rugby —7C 172
Caldecott St. Rugby —7C 172
Caldeford Av. Shir —2A 160
Calder. Wiln —7H 33
Calder Av. Wals —7A 40
Calder Clo. Bulk —7B 104
Calder Clo. Cov —2E 166
Calder Dri. S Cold —1M 71
Calderfields Clo. Wals —6A 40
Calder Gro. B20 —7F 68
Calder Ri. Dud —3F 64
Calder Rd. Stour S —2E 174
Calder Wlk. Lea S —3C 216
Caldmore. —1K 53
Caldmore Grn. Wals —1L 53
Caldmore Rd. Wals —8L 39
Caldon Clo. Hinc —1H 81
Caldwall Cres. Kidd —4K 149
Caldwell Cvn. Pk. Nun —1K 103
Caldwell Ct. Nun —8K 79
Caldwell Ct. Sol —4C 138
Caldwell Gro. Sol —4C 138
Caldwell Ho. W Brom —7J 67
Caldwell Rd. B9 —6H 95
Caldwell Rd. Nun —7J 79
Caldwell St. W Brom —1K 67
Caldy Wlk. Redn —8F 132
Caldy Wlk. Stour S —3E 174
Cale Clo. Tam —7C 32
Caledonia. Brie H —2D 108
Caledonian. Tam —7F 32
Caledonian Clo. Wals —6C 54
Caledonia Rd. Wolv (in two parts) —1D 50 (8L 7)
Caledonia St. Bils —3L 51
Caledon Pl. Wals —2J 53
Caledon St. Wals —2J 53 (in two parts)
Calewood Rd. Brie H —2D 108
California. —6A 112
Californian Gro. Burn —1F 16
California Rd. Tiv —1B 90
California Way. B32 —6M 111
Callaghan Gro. Cann —7J 9
Callcott Dri. Brie H —2D 108
Callear Rd. W'bry —8D 52
Callendar Clo. Nun —2A 80
Calley Clo. Tip —6M 65
Callis Wlk. Wiln —3F 46
Callow Bri. Rd. Redn —2F 154
Callowbrook La. Redn —1F 154
Callow Clo. Stour S —8D 174
Callow Hill. —3A 208
Callow Hill La. Call H —3A 208
Callow Hill Rd. A'chu —2M 181
Callows La. Kidd —3L 149
Calmere Clo. Cov —1M 145
Calpurnia Av. H'cte —6L 215
Calshot Rd. B42 —8F 54
Calstock Rd. W'hall —5D 38
Calthorpe Clo. Wals —3E 54
Calthorpe Mans. Edg —8H 93 (8A 4)
Calthorpe Rd. Edg —1G 113 (8A 4)
Calthorpe Rd. Hand —7J 69
Calthorpe Rd. Wals —3D 54
Caludon Castle. —4L 145
Caludon Pk. Av. Cov —4L 145
Caludon Rd. Cov —5G 145
Calver Cres. Sap —2L 83
Calver Cres. Wed —4M 37
Calver Gro. B44 —6K 55
Calverley Rd. B38 —8D 134
Calvert Clo. Cov —3D 166
Calvert Clo. Rugby —2E 172
Calverton Gro. B43 —1E 68
Calverton Wlk. Wolv —4B 36
Calves Cft. W'hall —6A 38
Calvin Clo. Wolv —6D 22
Calvin Clo. Wom —4F 62
Calving Hill. Cann —7E 8
Camberley. W Brom —8M 53
Camberley Cres. Wolv —7E 50
Camberley Dri. Wolv —5A 50
Camberley Gro. B23 —3E 70
Camberley Rd. K'wfrd —6M 87
Camberwell Ter. Lea S —2A 216
Camborne Clo. B6 —2L 93
Camborne Ct. Wals —2D 54
Camborne Dri. Nun —4M 79
Camborne Rd. Wals —2D 54
Cambourne Rd. Burb —3A 82
Cambourne Rd. Row R —6C 90
Cambrai Dri. B28 —1E 136
Cambria Clo. Shir —2E 158
Cambrian. Tam —7F 32
Cambria St. Cann —5D 8
Cambridge Av. Sol —6L 137
Cambridge Av. S Cold —1H 71
Cambridge Clo. Wals —1G 41
Cambridge Cres. B15 —2J 113
Cambridge Dri. B37 —1F 116
Cambridge Dri. Nun —6E 78
Cambridge Gdns. Lea S —8A 212
Cambridge Rd. B14 & B13 —8M 113
Cambridge Rd. Dud —2G 89
Cambridge Rd. Smeth —2A 92 (Halford's La.)
Cambridge Rd. Smeth —1B 92 (Middlemore Rd.)
Cambridge St. B1 —7J 93 (5C 4)
Cambridge St. Cov —4E 144 (1F 6)
Cambridge St. Rugby —6C 172
Cambridge St. Wals —2L 53
Cambridge St. W Brom —7H 67
Cambridge St. Wolv —5D 36 (1L 7)
Cambridge Tower. B1 —7J 93 (5C 4)
Cambridge Way. B27 —5K 115
Camden Clo. B36 —1A 96
Camden Clo. Wals —6A 54
Camden Dri. B1 —6H 93 (3B 4)
Camden Dri. Glas —6E 32
Camden Gro. B1 —6H 93 (3B 4)
Camden St. B18 & Hock —5G 93 (2A 4)
Camden St. Cov —5G 145
Camden St. Wals —1K 53
Camden St. Wals W —5E 26
Camden Way. K'wfrd —8K 63
Camelia Rd. Cov —7H 123
Camellia Gdns. Pend —6M 21
Camelot Clo. Cann —5F 8
Camelot Gro. Ken —4J 191
Camelot Way. B10 —1C 114
Cameo Dri. Stourb —1M 107
Cameron Clo. Alle —2G 143
Cameron Clo. Lea S —5A 212
Cameronian Cft. B36 —1J 95
Cameron Rd. Wals —6A 40
Camford Gro. B14 —6M 135
Cam Gdns. Brie H —3B 88
Camhouses. Wiln —8H 33
Camino Rd. B32 —6M 111
Camomile Clo. Wals —6A 54
Campbell Clo. Tam —1M 31
Campbell Clo. Wals —6A 40
Campbell Pl. W'bry —3D 52
Campbells Grn. B26 —4B 116
Campbell St. Brie H —5C 88
Campbell St. Rugby —6L 171
Campden Clo. Redd —3D 208
Campden Grn. Sol —6A 116
Camp Hill. —3D 78
Camp Hill. B12 —1A 114 (8M 5)
Camp Hill. Stourb —8L 87
Camp Hill Dri. Nun —2D 78
Camp Hill Ind. Est. B12 —2A 114
Camphill Ind. Est. Nun —4F 78
Camphill La. W'bry —7F 52
Camphill Precinct. W'bry —7F 52
Camp Hill Rd. Nun —2B 78
Campion Clo. B34 —3B 96
Campion Clo. B38 —1F 156
Campion Clo. Cov —3D 166
Campion Clo. Wals —6A 54
Campion Clo. Wom —3E 62
Campion Ct. Lea S —7A 212
Campion Ct. Tip —4K 65
Campion Dri. F'stne —2G 23
Campion Dri. Tam —6C 32
Campion Grn. Lea S —7A 212
Campion Gro. Hale —6K 109
Campion Ho. Wolv —5F 36
Campion Rd. Lea S —7A 212
Campions Av. Wals —7D 14
Campion Ter. Lea S —8A 212
Campion Way. Rugby —1D 172
Campion Way. Shir —4G 159
Camp La. B21 & Hand —8B 68
Camp La. K Nor —6F 134
Camplea Cft. B37 —7G 97
Camplin Cres. B20 —4E 68
Campling Clo. Bulk —7B 104
Camp Rd. Lich & S Cold —2H 43
Camp St. B9 —8C 94
Camp St. W'bry —7F 52
Camp St. Wolv —6C 36 (1J 7)
Campton Clo. Hinc —2L 81
Campville Cres. W Brom —8L 53
Campville Gro. B37 —4F 96
Campwood Clo. B30 —1E 134
Camrose Cft. Bal H —4M 113
Camrose Cft. Buc E —4B 96
Camrose Gdns. Pend —6A 22
Camrose Tower. B7 —3B 94
Camsey La. Burn —1L 17
Camville. Bin —7A 146
Canal Cotts. Neth —6H 89
Canal La. B24 —8G 71
Canal Rd. Cov —1F 144
Canal Side. A'chu —7B 156
Canal Side. Dud —5L 89
Canal Side. K Nor —6G 135
Canal Side. O'bry —1G 91 (in two parts)
Canalside. Stour S —5H 175
Canalside Clo. Wals —8M 25
Canalside Clo. W'bry —7L 53
Canalside Ind. Est. Brie H —8C 88
Canal St. Bils —1J 65
Canal St. Brie H —4E 88
Canal St. O'bry —2F 90
Canal St. Stourb —3M 107
Canal St. Tip —5K 65
Canal St. Wals —7K 39
Canal Vw. Ind. Est. Brie H —8B 88
Canary Gro. B19 —1J 93
Canberra Ct. Bed —7G 103
Canberra Ho. B34 —3E 96
Canberra Rd. Cov —5J 123
Canberra Rd. Wals —4C 54
Canberra Way. B12 —1A 114
Candle La. Earl S —1M 85
Canford Clo. B12 —2M 113
Canford Clo. Cov —6C 166
Canford Cres. Cod —6E 20
Canford Pl. Cann —8F 8
Canley. —3J 165
Canley Ford. Cov —3L 165
Canley Rd. Cov —2K 165 (in two parts)
Cannel Rd. C Ter —3D 16
Canning Clo. Wals —3D 54
Canning Gdns. B18 —5E 92
Canning Rd. Tam —5E 32
Canning Rd. Wals —3D 54
Canning St. Hinc —8C 84
Cannock. —8E 8
Cannock Chase Tourist Info. Cen. —3K 9
Cannock Ind. Cen. Cann —4D 14
Cannock Motor Village. Cann —6H 9
Cannock New Enterprise Cen. Cann —1K 9
Cannock Rd. Burn —2H 17
Cannock Rd. Cann —7F 8 (WS11)
Cannock Rd. Cann —1J 15 (WS12)
Cannock Rd. F'stne —4H 23
Cannock Rd. Hth H & Burn —1M 15
Cannock Rd. W'hall —2C 38
Cannock Rd. Wolv —5D 36 (1K 7)
Cannock Shop. Cen. Cann —8E 8
Cannocks La. Cov —3K 165
Cannock Wood. —4F 10
Cannock Wood Ind. Est. Cann —3C 10
Cannock Wood Rd. Cann —4B 10
Cannock Wood St. Cann —3A 10
Cannon Clo. Cov —3L 165
Cannon Dri. Bils —7J 51
Cannon Hill Gro. B12 —4L 113
Cannon Hill Pl. B12 —4L 113
Cannon Hill Rd. B12 —4K 113
Cannon Hill Rd. Cov —4K 165
Cannon Pk. Rd. Cov —4L 165
Cannon Pk. Shop. Cen. Cov —3J 165
Cannon Rd. Wom —3G 63
Cannon St. B2 —7L 93 (5F 4)
Cannon St. Wals —5L 39
Cannon St. W'hall —7B 38
Cannon St. N. Wals —5L 39
Canon Dri. Cov —3D 122
Canon Hudson Clo. Cov —3J 167
Canon Young Rd. W'nsh —5B 216
Canterbury Av. W'hall —7D 38
Canterbury Clo. Ken —6J 191
Canterbury Clo. Lich —7J 13
Canterbury Clo. Row R —5E 90
Canterbury Clo. Stud —5J 209
Canterbury Clo. Wals —5A 26
Canterbury Clo. W Brom —1L 67
Canterbury Dri. B37 —2G 117
Canterbury Dri. Burn —3K 17
Canterbury Dri. Pert —5D 34
Canterbury Rd. B20 —8K 69
Canterbury Rd. Kidd —2F 148
Canterbury Rd. W Brom —1K 67
Canterbury Rd. Wolv —4L 49
Canterbury St. Cov —5E 144 (2F 6)
Canterbury Tower. B1 —3A 4
Canterbury Way. Cann —8H 9
Canterbury Way. Nun —1A 80
Cantlow Clo. Cov —6G 143
Cantlow Rd. B13 —3A 136
Canton La. Col —4A 74
Canute Clo. Wals —2M 53
Canvey Clo. Redn —8E 132
Canwell Av. B37 —4F 96
Canwell Dri. Can —4A 44
Canwell Gdns. Bils —5J 51
Capcroft Rd. B13 —3B 136
Cape Clo. Wals —3G 27
Cape Hill. Smeth —5B 92
Cape Hill Retail Cen. Smeth —5B 92
Cape Ind. Est. Warw —2E 214
Capel Pits La. Wych —7D 200
Capener Rd. B43 —7G 55
Capern Gro. B32 —4M 111
Cape Rd. Warw —1D 214
Cape St. B18 —5D 92
Cape St. W Brom —5E 66
Cape, The. —1D 214
Capethorn Rd. Smeth —6A 92
Capilano Rd. B23 —2C 70
Capmartin Rd. Cov —2B 144
Capponfield Clo. Bils —6H 51
Capstone Av. B18 —5G 93
Capstone Av. Wolv —1B 36
Captain's Clo. Wolv —7K 35
Captain's Pool Rd. Kidd —7A 150
Capulet Clo. Cov —3J 167
Capulet Clo. Rugby —3L 197
Capulet Dri. H'cte —6L 215
Caradoc. Tam —7G 33
Caradoc Clo. Cov —2K 145
Carcroft Rd. B25 —1K 115
Cardale Cft. Bin —8M 145
Cardale St. Row R —7D 90
Carden Clo. W Brom —5F 66
Carder Cres. Bils —5K 51
Carder Dri. Brie H —7C 88
Cardiff Clo. Cov —4K 167
Cardiff St. Wolv —1B 50
Cardigan Clo. W Brom —2J 67
Cardigan Dri. W'hall —3B 38
Cardigan Pl. Cann —4J 9
Cardigan Rd. Bed —8B 102
Cardigan St. B4 —6M 93 (3K 5)
Cardinal Cres. B'gve —8K 179
Cardinal Dri. Kidd —6B 150
Cardinal Way. Cann —7D 8
Carding Clo. Cov —5G 143
Cardington Av. B42 —8H 55
Cardington Clo. Redd —6M 205
Cardoness Pl. Dud —7F 64
Cardy Clo. Redd —5A 204
Careless Grn. Stourb —5F 108
Carew Wlk. Rugby —8J 171
Carey. H'ley —4G 47
Careynon Ct. Blox —1H 39
Carey St. Cov —8H 123
Carfax. Cann —1E 14
Cargill Clo. Longf —4F 122
Carhampton Rd. S Cold —3A 58
Carisbrooke. Tam —7G 33
Carisbrooke Av. B37 —7J 97
Carisbrooke Clo. W'bry —7L 53
Carisbrooke Cres. W'bry —6L 53
Carisbrooke Dri. Hale —5D 110
Carisbrooke Gdns. Wolv —6E 22
Carisbrooke Rd. B17 —8B 92
Carisbrooke Rd. Bush —6E 22
Carisbrooke Rd. Pert —6G 35
Carisbrooke Rd. W'bry —7K 53
Carisbrook Rd. Nun —3K 79
Carlcroft. Wiln —7H 33
Carless Av. B17 —2B 112
Carless St. Wals —1L 53
Carlisle Rd. Cann —2B 14
Carlisle St. B18 —4E 92
Carl St. Wals —4K 39
Carlton Av. B21 —8E 68
Carlton Av. Bils —2M 51
Carlton Av. Stourb —6E 108
Carlton Av. S Cold —7M 41
Carlton Av. Wolv —2G 37
Carlton Clo. Bulk —6B 104
Carlton Clo. Cann —8K 9
Carlton Clo. Dud —3J 65
Carlton Clo. Kidd —1G 149
Carlton Clo. Redd —8B 204
Carlton Clo. S Cold —2K 57
Carlton Ct. Cov —7M 143
Carlton Cres. Burn —1G 17
Carlton Cres. Tam —1M 31
Carlton Cft. S Cold —7A 42
Carlton Gdns. Cov —1A 166
Carlton Gro. S'hll —4C 114
Carlton M. B36 —1D 96
Carlton M. Flats. B36 —1D 96
Carlton Rd. Cov —8F 122
Carlton Rd. Rugby —8K 171
Carlton Rd. Small H —8D 94
Carlton Rd. Smeth —1A 92
Carlton Rd. Wolv —2A 50

Carlyle Av. Kidd —3B 150
Carlyle Bus. Pk. Swan V —4F 66
Carlyle Clo. Gall C —4M 77
Carlyle Gro. Wolv —1G 37
Carlyle Rd. B'gve —1B 202
Carlyle Rd. Edg —8E 92
Carlyle Rd. Loz —1J 93
Carlyle Rd. Row R —7C 90
Carlyle Rd. Wolv —1G 37
Carmel Clo. Cann —4J 9
Carmel Gro. B32 —8H 111
Carmelite Rd. Cov —7E 144
Carmichael Clo. Lich —2K 19
Carmodale Av. B42 —3H 69
Carnbroe Av. Bin —2M 167
Carnegie Av. Tip —5A 66
Carnegie Clo. Cov —4H 167
Carnegie Dri. W'bry —6G 53
Carnegie Rd. Row R —7B 90
Carnford Rd. B26 —3B 116
Carnforth Clo. K'wfrd —2H 87
Carnforth Rd. B'gve —8B 180
Carnoustie. Tam —4H 33
Carnoustie Clo. B'gve —1K 201
Carnoustie Clo. Nun —1C 104
Carnoustie Clo. S Cold —1J 57
Carnoustie Clo. Wals —6G 25
Carnwath Rd. S Cold —7E 56
Carol Av. B'gve —6K 179
Carol Cres. Hale —4M 109
Carol Cres. Wolv —3L 37
Carol Gdns. Stourb —1M 107
Carol Green. —1M 163
Caroline Clo. Nun —2M 103
Caroline Rd. B13 —5M 113
Caroline St. B3 —5J 93 (2D 4)
Caroline St. Dud —8L 65
Caroline St. W Brom —7H 67
Carolyn La. Ct. Rugby —6M 171
Carousel Pk. Barw —1F 84
Carpenter Rd. B15 —2G 113
Carpenters Clo. Hinc —4M 81
Carpenter's Hill. —8L 183
Carpenter's Rd. B19 —2J 93
Carpet Trades Way. Kidd —2K 149
Carrick Clo. Wals —4A 26
Carriers Clo. Wals —8F 38
Carrington Rd. W'bry —7K 53
Carroll Wlk. Kidd —3B 150
Carroway Head. —5C 44
Carroway Head Hill. Can —6B 44
Carr's Dri. Earl S —1M 85
Carrs La. B4 —7L 93 (5H 5)
Carrs Rd. Earl S —1M 85
Carsal Clo. Exh —4D 122
Carshalton Gro. Wolv —2E 50 (8M 7)
Carshalton Rd. B44 —7A 56
Cartbridge Cres. Wals —3M 39 (in two parts)
Cartbridge La. Wals —4A 40
Cartbridge La. S. Wals —5A 40
Cartbridge Wlk. Wals —3A 40
Carter Av. Cod —6H 21
Carter Av. Kidd —5H 149
Carter Ct. Kidd —5J 149
Carter Rd. B43 —7F 54
Carter Rd. Cov —1G 167
Carter Rd. Wolv —4B 36
Carters Clo. B'gve —2K 201
Carters Clo. S Cold —6M 57
Cartersfield La. Wals —3K 27
Carters Grn. W Brom —5H 67
Carter's Hurst. B33 —8B 96
Carter's La. Hale —4F 110
Carthorse La. Redd —4A 204
Carthusian Rd. Cov —1C 166
Cartland Rd. S'brk —2C 114
Cartland Rd. Stir & K Hth —1H 135
Cartmel Clo. Cov —5G 143
Cartmel Ct. B23 —5B 70
Cartway, The. Pert —5D 34
Cartwright Gdns. Tiv —7C 66
Cartwright Ho. Blox —8H 25
Cartwright Rd. S Cold —6J 43
Cartwright St. Wolv —1D 50 (8K 7)
Carver Clo. Cov —7L 145
Carver Gdns. Stourb —7L 107
Carver St. B1 —5H 93 (2A 4)
Cascade Clo. Cov —3E 166
Case La. Hatt —8D 188
Casewell Rd. K'wfrd —1J 87
Casey Av. B23 —1D 70
Cash-Joynson Av. W'bry —1C 52
Cashmore Av. Lea S —4M 215
Cashmore Rd. Bed —8E 102
Cashmore Rd. Ken —5J 191
Cash's Bus. Cen. Cov —4D 144
Cash's La. Cov —3D 144
Casita Gro. Ken —5J 191
Caslon Cres. Stourb —5K 107
Caslon Rd. Hale —3J 109
Caslow Flats. Hale —5J 109
Caspian Way. Cov —1A 146
Cassandra Clo. Brie H —8C 64
Cassandra Clo. Cov —6K 165
Cassandra Gro. H'cte —5K 215
Cassino Dri. Cov —3D 166
Cassowary Rd. B20 —6F 68
Castello Dri. B36 —8D 72
Castle. —2K 83 (Sapcote)
Castlebridge Gdns. Wolv —2M 37
Castlebridge Rd. Wolv —3M 37
Castle Bromwich. —8C 72
Castle Bromwich Bus. Pk. Cas V —8M 71
Castle Bromwich Hall. Cas B —1A 96
Castle Bromwich Hall Gardens. —1A 96
Castle Clo. Cov —3D 166
Castle Clo. Crad H —8B 90
Castle Clo. Earl S —1M 85
Castle Clo. Fill —7E 100
Castle Clo. Sap —2K 83
Castle Clo. Sol —8B 116
Castle Clo. Tam —5E 32
Castle Clo. Wals —7F 16
Castle Clo. Warw —3E 214
Castle Ct. B34 —2E 96
Castle Ct. Hinc —3K 81
Castle Ct. Ken —3G 191
Castle Ct. Warw —3E 214
Castle Cres. B36 —1C 96
Castlecroft. —8G 35
Castlecroft. Cann —4L 15
Castle Cft. O'bry —1K 111
Castlecroft Av. Wolv —1G 49
Castlecroft Gdns. Wolv —1J 49
Castlecroft La. Wolv —1F 48
Castle Cft. Rd. Bils —2L 51
Castlecroft Rd. Wolv —1F 48
Castleditch La. Redd —2E 208
Castle Dri. Asty —2L 101
Castle Dri. Col —4M 97
Castle Dri. W'hall —4B 38
Castle Dyke. Lich —2H 19
Castle End. —6G 191
Castleford Gro. B11 —5C 114
Castleford Rd. B11 —5C 114
Castlefort Rd. Wals —6G 27
Castle Ga. M. Warw —2F 214
Castle Green. —4D 190
Castle Grn. Ken —4D 190
Castle Gro. Ken —5E 190
Castle Gro. Stourb —6B 108
Castlehall. Tam —7G 33
Castle Heights. Crad H —1B 110
Castle Hill. Dud —7K 65
Castle Hill. Ken —4E 190
Castle Hill. Warw —3E 214
Castlehill Rd. Wals —6H 27
Castlehills Dri. B36 —1A 96
Castle La. Bew —6C 148
Castle La. Col —7E 74
Castle La. Sol —8M 115
Castle La. Warw —3E 214
Castlemaine Dri. Hinc —6E 84
Castle M. Rugby —6B 172
Castle Mill Rd. Dud —5J 65
Castle Mound. Barby —7J 199
Castle Pl. Ind. Est. Cov —5E 144 (1E 6)
Castle Ring. —3E 10
Castle Rd. B29 —7A 112
Castle Rd. B30 —5F 134
Castle Rd. Cookl —4A 128
Castle Rd. Harts —1B 78
Castle Rd. H'ley —4F 46
Castle Rd. Ken —4E 190
Castle Rd. Kidd —4K 149
Castle Rd. Nun —2J 79
Castle Rd. Stud —5L 209
Castle Rd. Tip —5K 65
Castle Rd. Wals —7G 27
Castle Rd. E. O'bry —1K 111
Castle Rd. W. O'bry —1J 111
Castle Sq. B29 —8A 112
Castle St. B4 —7L 93 (5H 5)
Castle St. A'wd B —7E 208
Castle St. Bils —1J 65
Castle St. Cov —5E 144 (2F 6)
Castle St. Dud —8K 65
Castle St. Hinc —1K 81
Castle St. Kinv —5A 106
Castle St. Rugby —6B 172
Castle St. Sed —1D 64
Castle St. Tip —4L 65
Castle St. Wals —7F 16
Castle St. Warw —3E 214
Castle St. W'bry —1D 52 (in two parts)
Castle St. W Brom —1G 67
Castle St. Wolv —7D 36 (4K 7)
Castleton Rd. B42 —2K 69
Castleton Rd. Wals —6J 25
Castleton St. Dud —4J 89
Castle Vale. —5B 72
Castle Va. Ind. Est. Min —4A 72
Castle Va. Shop. Cen. B35 —7M 71
Castle Vw. Dud —7H 65
Castle Vw. Tam —6C 32
Castle Vw. Clo. Mox —5A 52
Castle Vw. Rd. Bils —5A 52
Castle Vw. Ter. Bils —1H 65
Castle Yd. Cov —5D 6
Castle Yd. Wolv —7D 36 (4K 7)
Caswell Rd. Dud —1C 64
Caswell Rd. Lea S —3B 216
Cat & Kittens La. F'stne —2E 22
Catchems Corner. —4L 163
Catchems End. —4D 148
Cater Dri. S Cold —7M 57
Caterham Dri. K'wfrd —6M 87
Catesby Dri. K'wfrd —1K 87
Catesby Ho. B37 —4F 96
Catesby La. Lapw —7H 187
Catesby Rd. Cov —1B 144
Catesby Rd. Rugby —8D 172
Catesby Rd. Shir —8H 137
Cateswell Rd. Hall G —8F 114
Cateswell Rd. S'hll —7F 114
Cathcart Rd. Stourb —4L 107
Cathedral Av. Kidd —3G 149
Cathedral Clo. Lich —1G 19
Cathedral Lanes Shop. Cen. Cov —6C 144 (4C 6)
Cathedral Ri. Lich —1G 19
Cathel Dri. B42 —2G 69
Catherine Clo. B'gve —1M 201
Catherine-de-Barnes. —4H 139
Catherine de Barnes La. Bick —3J 139
Catherine Dri. S Cold —3G 57
Catherine Rd. Bils —8G 51
Catherines Clo. Cath B —5H 139
Catherine St. B6 —2A 94
Catherine St. Cov —6F 144
Catherton Clo. Tip —7C 52
Cathiron La. Brin —6M 147
Cathiron La. Harb M —1G 171 (in three parts)
Catholic La. Dud —3C 64
Catisfield Cres. Wolv —8M 21
Cat La. B34 —2B 96
Caton Gro. B28 —2G 137
Cato St. B7 —5B 94
Cato St. N. B7 —4C 94
Catshill. —1A 180 (Bromsgrove)
Catshill. —2G 27 (Brownhills)
Catshill Rd. Wals —2G 27
Cattell Dri. S Cold —4B 58
Cattell Rd. B9 —8C 94
Cattell Rd. Warw —2E 214
Cattells Gro. B7 —3C 94
Cattermole Gro. B43 —6J 55
Cattock Hurst Dri. S Cold —2K 71
Caunsall. —2B 128
Caunsall Rd. Cau —3B 128
Causeway. Row R —7C 90
Causeway Green. —6F 90
Causeway Grn. Rd. O'bry —6F 90
Causeway Rd. Bils —1K 65
Causeway, The. B25 —2K 115
Causey Farm Rd. Hale —1J 131
Cavalier Cir. Wolv —5E 22
Cavalier Clo. Nun —7L 79
Cavandale Av. B44 —8L 55
Cavans Clo. Bin I —1A 168
Cavans Clo. Cann —5E 8
Cavans Way. Bin I —1A 168
Cavan's Wood Cvn. Site, The. Cann —4D 8
Cavell Clo. Wals —7K 39
Cavell Ct. Rugby —6D 172
Cavell Rd. Dud —8M 65
Cavendish. Tam —2L 31
Cavendish Clo. B38 —8H 135
Cavendish Clo. K'wfrd —5K 87
Cavendish Clo. Marl —8C 154
Cavendish Ct. Dorr —6D 161
Cavendish Dri. Hag —5M 129
Cavendish Dri. Kidd —2B 150
Cavendish Gdns. Wals —5G 39
Cavendish Gdns. Wolv —8J 37
Cavendish Rd. B16 —6D 92
Cavendish Rd. Cov —7E 142
Cavendish Rd. Hale —5F 110
Cavendish Rd. Wals —4G 39
Cavendish Rd. Wolv —8H 37
Cavendish Wlk. Nun —1C 104
Cavendish Way. Wals —4H 41
Caversham Clo. Nun —2M 79
Caversham Rd. B44 —7A 56
Cawdon Gro. Dorr —7F 160
Cawdor Cres. B16 —8F 92
Cawney Hill. Dud —1L 89
Cawnpore Rd. Cov —7B 122
Cawston. —2G 197
Cawston La. Caw —2G 197
Cawston Way. Rugby —1J 197
Cawthorne Clo. Cov —5E 144
Caxton Ct. Cann —1E 14
Caxton Gro. B44 —8C 56
Caxton St. Cann —1E 14
Caynham Clo. Redd —5K 205
Caynham Rd. B32 —1H 133
Cayton Gro. B23 —3F 70
Cecil Dri. Tiv —7D 66
Cecil Leonard Knox Cres. Bram —3F 104
Cecil Rd. Erd —6F 70
Cecil Rd. S Oak —8J 113
Cecil St. B19 —5L 93 (1G 5)
Cecil St. Cann —5F 8
Cecil St. Stourb —4M 107
Cecil St. Wals —6M 39
Cecily Rd. Cov —2D 166
Cedar Av. B36 —1C 96
Cedar Av. Bils —2H 65
Cedar Av. Wals —1G 27
Cedar Bri. Cft. S Cold —1H 57
Cedar Clo. B30 —3E 134
Cedar Clo. Burn —3G 17
Cedar Clo. Cann —1G 9
Cedar Clo. K'bry —3D 60
Cedar Clo. Lea S —5A 212
Cedar Clo. Lich —2M 19
Cedar Clo. O'bry —1J 111
Cedar Clo. Stourb —7K 107
Cedar Clo. Stour S —7F 174
Cedar Clo. Wals —5B 54
Cedar Ct. Alle —3G 143
Cedar Ct. Hinc —3A 82
Cedar Ct. Wiln —3E 46
Cedar Cres. Kidd —3J 149
Cedar Dri. B24 —4J 71
Cedar Dri. B'gve —8A 180
Cedar Dri. Kidd —2J 149
Cedar Dri. S Cold —8L 41
Cedar Dri. Tam —1A 32
Cedar Gdns. Kinv —3A 106
Cedar Gro. Bils —2M 51
Cedar Gro. Cod —6H 21
Cedargrove. Hag —3A 130
Cedar Gro. Warw —8G 211
Cedar Gro. Wolv —2M 49
Cedarhill Dri. Cann —7F 8
Cedar Ho. B36 —1M 95
Cedar Ho. Sol —8M 137
Cedarhurst. B32 —4A 112
Cedarhurst. Sol —6D 138
Cedar Pk. Rd. Redd —5D 204
Cedar Pk. Rd. W'hall —8C 24
Cedar Ri. Stour S —5E 174
Cedar Rd. B30 —3E 134
Cedar Rd. Burn —2G 17
Cedar Rd. Dud —6H 65 (in two parts)
Cedar Rd. Earl S —2K 85
Cedar Rd. Nun —3D 78
Cedar Rd. Redd —5C 204
Cedar Rd. Tip —4K 65
Cedar Rd. W'bry —7G 53
Cedar Rd. W'hall —7L 37
Cedars Av. B27 —5J 115
Cedars Av. Cov —4L 143
Cedars Av. K'wfrd —5K 87
Cedars Av. Wom —4G 63
Cedars Rd. Exh —8H 103
Cedars, The. B25 —8L 95
Cedars, The. Exh —1G 123
Cedars, The. Lea S —1K 215
Cedars, The. Wolv —4K 35
Cedar Ter. B'gve —8A 180
Cedar Vw. Redd —5C 204
Cedar Wlk. B37 —7H 97
Cedar Way. B31 —8M 133
Cedar Way. Wolv —2J 37
Cedarwood. S Cold —1H 57
Cedarwood Cft. B42 —1F 68
Cedarwood Dri. Bal C —3H 163
Cedarwood Rd. Dud —4D 64
Cedric Clo. Cov —4J 167
Celandine. Rugby —1E 172
Celandine. Tam —6C 32
Celandine Clo. K'wfrd —5J 87
Celandine Rd. Cov —7K 123
Celandine Rd. Dud —5G 65
Celandines, The. Wom —3E 62
Celbury Way. B43 —1D 68
Celtic Rd. Cann —6E 8
Celts Clo. Row R —5C 90
Cemetery La. Harts —1B 78
Cemetery La. Hock —4H 93
Cemetery La. Redd —6D 204
Cemetery Rd. Cann —5D 8
Cemetery Rd. O'bry —3J 91
Cemetery Rd. Smeth —5M 91
Cemetery Rd. Stourb —4D 108 (in two parts)
Cemetery Rd. S Cold —3K 57
Cemetery Rd. W'bry —1F 52
Cemetery Rd. W'hall —6A 38
Cemetery St. Bils —3J 51
Cemetery St. Wals —7C 14
Cemetery Way. Wals —8H 25
Centaur Rd. Cov —7M 143
Centenary Bus. Pk. Attl F —6L 79
Centenary Clo. B31 —8A 134
Centenary Dri. B21 —8E 68
Centenary Rd. Cov —2K 165
Centenary Sq. B1 —7J 93 (5D 4)
Central Arc. Wolv —7C 36 (4J 7)
Central Av. B31 —1L 155
Central Av. Bils —2L 51
Central Av. Cann —4F 8
Central Av. Cov —7G 145
Central Av. Crad H —1J 109
Central Av. Lea S —3M 215
Central Av. Nun —4H 79
Central Av. Row R —7C 90
Central Av. Stourb —6E 108
Central Av. Tip —2M 65
Central Bldgs. Cov —8C 144 (7B 6)
Central City Ind. Est. Cov —4F 144
Central Clo. Wals —8G 25
Central Dri. B24 —7J 71
Central Dri. Bils —2J 65
Central Dri. Dud —7C 64
Central Dri. Wals —1F 38
Central Gro. B27 —7J 115
Central Links Ind. Est. B7 —3B 94
Central Pk. Ind. Est. Dud —6L 89
Central Rd. B'gve —8A 180
Central Six. Cov —8B 144 (7A 6)
Central Sq. Erd —5G 71
Central Trad. Est. Wolv —1F 50
Central Way. Brie H —6E 88
Centre City. B5 —7F 4
Centre La. Hale —6B 110
Centreway, The. B14 —5D 136
Centrovell Ind. Est. Nun —7J 79
Centurion Clo. Col —8M 73
Centurion Pk. Wiln —3H 47
Centurion Way. Wiln —3H 47
Century Ho. O'bry —3D 90
Century Ind. Est. B44 —6L 55
Century Pk. B9 —7C 94
Century Rd. O'bry —1G 91
Century Tower. B5 —4J 113
Ceolmund Cres. B37 —7H 97
Chace Av. Cov —4H 167
Chaceley Clo. Cov —1A 146
Chaceley Ct. Redd —1D 208
Chaceley Gro. B23 —2D 70
Chadbrook Crest. B15 —2E 112
Chadbury Cft. Sol —1B 160
Chadbury Rd. Hale —6C 110
Chadcote Way. Cats —8M 153
Chaddersley Clo. Redn —8F 132
Chaddesley. —1L 177
Chaddesley Clo. O'bry —4D 90
Chaddesley Clo. Redd —8F 204
Chaddesley Dri. Stourb —8B 108
Chaddesley Gdns. Kidd —4A 150
Chaddesley Rd. B31 —7D 134
Chaddesley Rd. Hale —7M 109
Chaddesley Rd. Kidd —4A 150
Chaddesley Wood Nature Reserve. — 2C 178
Chadley Clo. Sol —3A 138
Chad Rd. B15 —1F 112
Chad Rd. Bils —2G 65
Chadshunt Clo. B36 —7D 72
Chadsmoor. —5G 9
Chadsmoor Ter. B7 —3B 94
Chad Sq. B15 —2E 112
Chadstone Clo. Shir —4B 160
Chadswell Heights. Lich —7K 13
Chad Valley. —2D 112
Chad Valley Clo. B17 —3D 112
Chadwell Dri. Shir —3H 137
Chadwell Gdns. Cod —5F 20
Chadwich La. Belb & Chad —3L 153
Chadwick Av. Redn —3H 155
Chadwick Bank Ind. Est. Stour S —8K 175
Chadwick Clo. Cov —6H 143
Chadwick Clo. Wolv —3J 49
Chadwick End. —2B 188
Chadwick La. Know —6A 162
Chadwick La. Stour S & Hartl (in two parts) —8K 175
Chadwick M. Chad E —3B 188
Chadwick M. Redd —2G 209
Chadwick Rd. S Cold —4M 57
Chadworth Av. Dorr —5E 160
Chaffcombe Rd. B26 —3C 116
Chaffinch Clo. Cann —5H 9
Chaffinch Clo. Dud —7C 50
Chaffinch Dri. B36 —2H 97
Chaffinch Dri. Kidd —7M 149
Chaffinch Rd. Stourb —6D 108
Chainmakers Clo. Cose —7K 51
Chain Wlk. B19 —1K 93
Chalcot Dri. Cann —2F 8
Chalcot Gro. B20 —4E 68
Chaldon Clo. Wolv —8A 22
Chale Gro. B14 —6A 136
Chalfield. Tam —3K 31
Chalfont Av. Cann —1C 14
Chalfont Clo. Bed —5G 103
Chalfont Clo. Cov —5H 143
Chalfont Pl. Stourb —7E 108
Chalfont Rd. B20 —7H 69
Chalford Rd. B23 —1C 70
Chalford Way. Shir —8K 137
Chalgrove Av. B38 —8E 134
Chalgrove Cres. Sol —8B 138
Challenge Clo. Cov —5D 144 (1D 6)
Challenor Av. W'hall —7K 37
Chalybeate Clo. Redn —8F 132
Chamberlain Clo. Cubb —4D 212
Chamberlain Clo. Tiv —7D 66
Chamberlain Ct. K Hth —8L 113
Chamberlain Cres. Shir —7G 137
Chamberlaine St. Bed —6H 103
Chamberlain Rd. B13 —3M 135
Chamberlain Rd. Rugby —1H 199
Chamberlains Grn. Cov —2M 143
Chamberlains La. Wolv —6L 49
Chamberlain Sq. B3 —7K 93 (5E 4)
Chamberlain Wlk. Smeth —4B 92
Chance Cft. O'bry —1H 111
Chance Fields. Rad S —3F 216
Chancel Ind. Est. W'bry —4D 52
Chancel Ind. Est. W'hall —7B 38
Chancel Ind. Est. Wolv —8G 37
Chancellors Clo. B15 —2E 112
Chancellors Clo. Cov —5K 165
Chancel Way. B6 —4M 69
Chancel Way. Hale —3C 110
Chancery Ct. Nun —2A 78
Chancery Dri. Cann —2J 9
Chancery La. Nun —2B 78
Chancery Way. Brie H —7F 88
Chanders Rd. Warw —8D 210
Chandler Av. Kinv —4A 106
Chandler Ct. Cov —1B 166 (8A 6)
Chandler Dri. Penn —6K 49
Chandler Ho. O'bry —5D 90
Chandlers Clo. Redd —3D 208
Chandlers Clo. Wolv —8A 22
Chandlers Dri. Tam —4H 33
Chandlers Keep. Bwnhls —3F 26
Chandlers Rd. W'nsh —6A 216
Chandos Av. B13 —6M 113
Chandos Rd. B12 —1A 114
Chandos St. Cov —6G 145
Chandos St. Lea S —8M 211
Chandos St. Nun —5G 79
Change Brook Clo. Nun —1M 79
Channon Dri. Brie H —1D 108
Chanston Av. B14 —5L 135
Chanterelle Gdns. Wolv —5A 50
Chantrey Cres. B43 —5K 55
Chantrey Cres. Bils —2M 51
Chantries, The. Cov —4E 144
Chantry Av. Wals —1J 39
Chantry Clo. H'wd —2A 158
Chantry Dri. Hale —3G 111
Chantry Heath Cres. Know —1J 161
Chantry Heath La. S'lgh —3E 192
Chantry Rd. Hand —1F 92
Chantry Rd. Mose —5L 113
Chantry Rd. Stourb —2J 107
Chantry, The. Warw —8G 211
Chapel Ash. Wolv —7B 36 (4G 7)
Chapel Ash Island. Wolv —7B 36 (4G 7)
Chapel Av. Wals —7E 16
Chapel Clo. Crad H —1B 110
Chapel Clo. Wom —4F 62
Chapel Ct. A'wd B —8E 208
Chapel Ct. Brie H —7D 88 (off Promenade, The)
Chapel Ct. Kidd —8A 128
Chapel Ct. Lea S —1A 216
Chapel Dri. Bal C —1H 163
Chapel Dri. Wals —7E 16
Chapel Dri. Wyt —6M 157
Chapel End. —2B 78
Chapel Farm Clo. Cov —3J 167
Chapelfield Rd. Redn —2G 155
Chapel Fields. —7L 143
Chapel Fields Rd. Sol —7M 115
Chapel Green. —2C 120
Chapel Grn. W'hall —7B 38
Chapel Hill. Kidd —8A 128
Chapel Ho. La. Hale —3J 109
Chapelhouse Rd. B37 —7F 96
Chapel Ho. St. B12 —8M 93 (7K 5)
Chapel La. A'chu —5E 182
Chapel La. Aston C —5K 207
Chapel La. Barn —3B 124
Chapel La. Belb —2K 153
Chapel La. Beo —1M 205
Chapel La. Cann W —4E 10
Chapel La. Cod —6E 20
Chapel La. Cov —6A 144 (off Up. Spon St.)
Chapel La. Gent —5G 11
Chapel La. Gt Barr —6E 54
Chapel La. Lapw —2K 187
Chapel La. Lich —3H 19
Chapel La. Rom —3J 131
Chapel La. Ryton D —7A 168
Chapel La. S Oak —7E 112
Chapel La. Sharn —5J 83
Chapel La. Swind —5C 62
Chapel La. Wych —8E 200
Chapel La. Wyt —7L 157
Chapelon. Tam —8G 33
Chapel Pas. O'bry —5G 91
Chapel Rd. A'wd B —8E 208
Chapel Row. Warw —2E 214
Chapel Sq. Wals —6D 14
Chapel St. B4 —6M 93 (4J 5)
Chapel St. A'wd B —8E 208
Chapel St. Barw —3G 85
Chapel St. Bed —6H 103 (in two parts)
Chapel St. Bils —4M 51

Chapel St. B'gve —7A 180
Chapel St. Bwnhls —7E 16
Chapel St. Burn —1E 16
Chapel St. Cov —6C 144 (3B 6)
Chapel St. Dud —5K 89
Chapel St. Earl S —1M 85
Chapel St. Hag —4A 130
Chapel St. Hale —6A 110
Chapel St. Hand —2D 92
Chapel St. Head X —8D 204
Chapel St. Hth H —8L 9
Chapel St. Kidd —3K 149
Chapel St. Kils —7M 199
Chapel St. Lea S —2A 216
Chapel St. Long L —5F 170
Chapel St. Lye —4E 108
Chapel St. Nort C —4L 15
Chapel St. Nun —5J 79
Chapel St. O'bry —2E 90
Chapel St. Pels —6M 25
Chapel St. Pens —2C 88
Chapel St. Quar B —1G 109
Chapel St. Rugby —6A 172
Chapel St. Sharn —5J 83
Chapel St. Stourb —5A 108
Chapel St. Tip —4L 65 (in two parts)
Chapel St. W Hth —1H 87
Chapel St. Wals —1K 39
Chapel St. Warw —2E 214
Chapel St. W'bry —6E 52
Chapel St. W Brom —4H 67
Chapel St. Wolv —2D 50
Chapel St. Wom —4F 62 (in two parts)
Chapel St. Word —6K 87
Chapel St. Precinct. B'gve —7A 180
Chapel Vw. Smeth —5M 91
Chapel Wlk. B30 —7G 135
Chapel Wlk. B'gve —7A 180
Chapel Wlk. Dud —7C 64
Chapelwood Gro. B42 —4K 69
Chapel Yd. Cov —6B 144 (off Up. Spon St.)
Chapel Yd. Hinc —1K 81
Chaplain Rd. Cann —7L 9
Chapman Clo. Rad S —4E 216
Chapman Ct. Warw —1J 215
Chapman Rd. Small H —1C 114
Chapman's Hill. —1B 154
Chapman's Hill. Rom —8B 132
Chapmans Pas. B1 —8K 93 (7E 4)
Chapman St. W Brom —6H 67
Chard Rd. Bin —1K 167
Charfield Clo. B30 —2D 134
Charford. —1M 201
Charford Rd. B'gve —1L 201
Charingworth Rd. Sol —7C 116
Chariot Way. Gleb F —2A 172
Charity Rd. Ker E —2A 122
Charlbury Av. B37 —7F 96
Charlbury Cres. B26 —1M 115
Charlbury M. Lea S —3C 216
Charlecoat Tower. B15 —8D 4
Charlecote Clo. Redd —7K 205
Charlecote Cft. Shir —1J 159
Charlecote Dri. B23 —2E 70
Charlecote Dri. Dud —6E 64
Charlecote Gdns. S Cold —1G 71
Charlecote Gdns. Syd —4D 216
Charlecote Ri. W'hall —1M 51
Charlecote Rd. Cov —7A 122
Charlecote Wlk. Nun —1M 103
Charlecott Clo. B13 —2D 136
Charlemont. —1K 67
Charlemont Av. W Brom —1L 67
Charlemont Clo. Wals —3C 54
Charlemont Cres. W Brom —1L 67
Charlemonte Clo. Cann —6K 9
Charlemont Gdns. Wals —3C 54
Charlemont Rd. Wals —3B 54
Charlemont Rd. W Brom —1L 67
Charles Av. Ess —5M 23
Charles Av. Kidd —8A 128
Charles Av. Row R —5C 90
Charles Av. Wolv —4B 50
Charles Clo. B8 —5D 94
Charles Clo. C Hay —8D 14
Charles Ct. S Cold —6M 57
Charles Ct. Warw —1H 215
Charles Cres. Wals —4A 26
Charlesdale Dri. Wals —5H 41
Charles Dri. B7 —3B 94
Charles Eaton Rd. Bed —6F 102
Charles Edward Rd. B26 —3K 115
Charlesfield Rd. Rugby —1A 198
Charles Foster St. W'bry —3C 52
Charles Gardner Rd. Lea S —3A 216
Charles Hayward Flats. Wolv —4B 36
Charles Henry St. B12 —1M 113 (8J 5)
Charles Holland St. W'hall —7B 38
Charles Lakin Clo. Shil —4C 124
Charles Pearson Ct. Smeth —4B 92 (off Mill Dri.)
Charles Rd. Aston —8A 70
Charles Rd. Brie H —8G 89
Charles Rd. Hale —5M 109
Charles Rd. Hand —8J 69
Charles Rd. Small H —7E 94
Charles Rd. Sol —7L 137
Charles Rd. Stourb —5L 107
Charles Rd. Tip —2A 66
Charles St. Cov —5E 144 (2F 6)
Charles St. Gun H —1G 101
Charles St. Hinc —8D 84
Charles St. Hurl —4J 61
Charles St. Kidd —3M 149
Charles St. Nun —4G 79
Charles St. Redd —8C 204
Charles St. Rugby —6M 171
Charles St. Smeth —2C 92
Charles St. Wals —7K 39
Charles St. Warw —1G 215
Charles St. W Brom —4E 66
Charles St. W'hall —6C 38
Charleston Cres. Barw —3G 85
Charles Wlk. Row R —4C 90
Charles Warren Clo. Rugby —6B 172
Charles Watson Ct. Lea S —7A 212
Charles Wesley Ct. Wolv —2A 50 (off Claremont Rd.)
Charlesworth Av. Shir —3B 160
Charleville Rd. B19 —2H 93
Charlewood Rd. Cov —7B 122
Charlock Gro. Cann —6J 9
Charlotte Clo. Tiv —7A 66
Charlotte Gdns. Smeth —4B 92
Charlotte Rd. Edg —2J 113
Charlotte Rd. Stir —3G 135
Charlotte Rd. W'bry —8C 52
Charlotte St. B3 —6J 93 (4D 4)
Charlotte St. Dud —1H 89
Charlotte St. Lea S —3M 215
Charlotte St. Rugby —6B 172
Charlotte St. Wals —7A 40
Charlton. —6L 175
Charlton Dri. Cong F —2K 109
Charlton La. Hartl —6L 175
Charlton Pl. B8 —4D 94
Charlton Rd. B44 —1A 70
Charlton St. Brie H —6A 88
Charlton St. Dud —8H 65
Charminster Av. B25 —1K 115
Charminster Dri. Cov —5D 166
Charnley Dri. S Cold —7L 43
Charnwood Av. Dud —7D 50
Charnwood Av. Nun —7E 78
Charnwood Bus. Pk. Bils —4J 51
Charnwood Clo. Bils —6B 52
Charnwood Clo. Brie H —2B 108
Charnwood Clo. Cann —6J 9
Charnwood Clo. Hinc —7E 84
Charnwood Clo. Lich —8J 13
Charnwood Clo. Redn —6H 133
Charnwood Ct. Stourb —7E 108
Charnwood Ho. Lich —7H 13
Charnwood Rd. B42 —2F 68
Charnwood Rd. Barw —1H 85
Charnwood Rd. Hinc —7D 84
Charnwood Rd. Wals —5A 54
Charnwood Way. Lea S —6C 212
Charter App. Warw —4D 214
Charter Av. Cov —2D 164
Charter Cl. Tip —4L 65
Charter Clo. Cann —5L 15
Charter Cres. Crad H —1B 110
Charterfield Cen. K'wfrd —1K 87
Charterfield Dri. Cann —8J 9
Charterfield Dri. K'wfrd —1K 87
Charterhouse Dri. Sol —8B 138
Charterhouse Rd. Cov —7E 144
Charter Rd. Rugby —1E 198
Charter Rd. Tip —8C 52
Charters Av. Cod —8H 21
Charters, The. Lich —8H 13
Charter St. Brie H —4E 88
Chartist Rd. B8 —3D 94
Chartley Clo. Dorr —6E 160
Chartley Clo. Wolv —5F 34
Chartley Rd. B23 —8D 70
Chartley Rd. W Brom —3K 67
Chartway, The. Wals —5A 26
Chartwell. Tam —2K 31
Chartwell Clo. Dud —3H 65
Chartwell Clo. Nun —8M 79
Chartwell Dri. Shir —4K 159
Chartwell Dri. S Cold —5D 42
Chartwell Dri. Wolv —8E 22
Chartwell Dri. Wom —4F 62
Charwelton Dri. Rugby —3E 172
Chase Av. Wals —6F 14
Chase Clo. Nun —3K 79
Chase Gro. B24 —3K 71
Chaselands. Burn —2D 16
Chase La. Ken —3A 190
Chaseley Av. Cann —7C 8
Chaseley Cft. Cann —7C 8
Chaseley Gdns. Burn —2J 17
Chase Pk. Ind. Est. Burn —2D 16
Chasepool Rd. Swind —2C 86
Chase Rd. Bwnhls —8G 17
Chase Rd. Burn —4G 17
Chase Rd. Dud & Brie H —8B 64
Chase Rd. Wals —1G 39
Chaseside Dri. Cann —6H 9
Chaseside Ind. Est. Cann —6H 9
Chase Terrace. —1E 16
Chase, The. S Cold —2K 71
Chase, The. Wolv —3B 36
Chasetown. —4F 16
Chasetown Ind. Est. Burn —2E 16
Chase Va. Burn —3E 16
Chase Vw. Wolv —7E 50
Chase Wlk. Cann —5C 8
Chasewater Heath Bus. Pk. Burn —2C 16
Chasewater Railway & Mus. —6C 16
Chasewater Way. Cann —4M 15
Chasewood Pk. Bus. Cen. Cann —8L 9
Chassieur Wlk. Col —1M 97
Chater Dri. S Cold —8A 58
Chatham Clo. Cov —1J 167
Chatham Rd. B31 —6A 134
Chatsworth. Tam —2J 31
Chatsworth Av. B43 —8C 54
Chatsworth Clo. Hinc —3M 81
Chatsworth Clo. Shir —4K 159
Chatsworth Clo. S Cold —2K 71
Chatsworth Clo. W'hall —4B 38
Chatsworth Cres. Wals —2D 40
Chatsworth Dri. Cann —5G 9
Chatsworth Dri. Nun —7M 79
Chatsworth Gdns. Syd —3D 216
Chatsworth Gdns. Wolv —2G 35
Chatsworth Gro. Ken —4J 191
Chatsworth M. Stourb —7H 87
Chatsworth Ri. Cov —3E 166
Chatsworth Rd. Hale —2A 110
Chatsworth Tower. B15 —1J 113 (8D 4)
Chattaway Dri. Bal C —3H 163
Chattaway St. B7 —2C 94
Chatterton Wlk. Kidd —3B 150
Chattle Hill. —7K 73
Chattle Hill. Col —7L 73
Chattock Av. Sol —5E 138
Chattock Clo. B36 —2L 95
Chatwell Gro. B29 —7B 112
Chatwin Pl. Bils —6L 51
Chatwin St. Smeth —2M 91
Chatwins Wharf. Tip —4M 65
Chaucer Av. Dud —4A 64
Chaucer Av. Tip —1B 66
Chaucer Av. W'hall —2E 38
Chaucer Clo. B23 —6B 70
Chaucer Clo. Bils —1K 65
Chaucer Clo. Lich —3H 19
Chaucer Clo. Stourb —1A 108
Chaucer Clo. Tam —3A 32
Chaucer Cres. Kidd —3C 150
Chaucer Dri. Burn —8G 11
Chaucer Dri. Gall C —4A 78
Chaucer Gro. B27 —7H 115
Chaucer Ho. Hale —4H 109
Chaucer Rd. B'gve —1B 202
Chaucer Rd. Rugby —3M 197
Chaucer Rd. Wals —1L 39
Chauntry Pl. Cov —6D 144 (3D 6)
Chauson Gro. Sol —1A 160
Chavasse Rd. S Cold —6J 57
Chawner Clo. Burn —8E 10
Chawnhill. —6D 108
Chawn Hill. Stourb —6C 108
Chawn Hill Clo. Stourb —6C 108
Chawn Pk. Dri. Stourb —6C 108
Chaynes Gro. B33 —6D 96
Chaytor Rd. Pole —1M 47
Cheadle Clo. Cov —5G 123
Cheadle Dri. B23 —1D 70
Cheam Clo. Cov —8G 123
Cheam Gdns. Wolv —1L 35
Cheapside. B5 & B12 —8M 93 (8J 5)
Cheapside. Stour S —7G 175
Cheapside. W'hall —8A 38
Cheapside. Wolv —7C 36 (4J 7)
Cheapside Ind. Est. B12 —8M 93 (8K 5)
Cheatham St. B7 —3C 94
Cheatle Ct. Dost —4D 46
Checketts St. Wals —7J 39
Checkley Cft. S Cold —1M 71
Cheddar Rd. B12 —3L 113
Chedworth Clo. B29 —3A 134
Chedworth Clo. Redd —4J 205
Chedworth Ct. B29 —1E 134
Cheedon Clo. Dorr —7E 160
Chelford Cres. K'wfrd —6A 88
Chells Gro. B13 —4B 136
Chelmar Clo. B36 —1F 96
Chelmar Dri. Brie H —3A 88
Chelmarsh Av. Wolv —8G 35
Chelmarsh Clo. Redd —2J 205
Chelmorton Rd. B42 —2K 69
Chelmscote Rd. Sol —8M 115
Chelmsley Av. Col —3M 97
Chelmsley Circ. B37 —7H 97
Chelmsley Gro. B33 —6E 96
Chelmsley La. B37 —1F 116 (in two parts)
Chelmsley Rd. B37 —6F 96
Chelmsley Wood. —7J 97
Chelney Wlk. Bin —8A 146
Chelsea Clo. B32 —5M 111
Chelsea Clo. Nun —2M 79
Chelsea Dri. S Cold —5F 42
Chelsea Trad. Est. B7 —3A 94
Chelsea Way. K'wfrd —3K 87
Chelsey Rd. Cov —1L 145
Chelston Dri. Wolv —5L 35
Chelston Rd. B31 —7L 133
Cheltenham Av. Cats —8B 154
Cheltenham Clo. Bed —5H 103
Cheltenham Clo. Wolv —3B 36
Cheltenham Cft. Cov —2M 145
Cheltenham Dri. B36 —1K 95
Cheltenham Dri. K'wfrd —3H 87
Chelthorn Way. Sol —7C 138
Cheltondale Rd. Sol —3M 137
Chelveston Cres. Sol —8B 138
Chelveston Rd. Cov —4L 143
Chelwood Gdns. Bils —4H 51
Chelwood Gro. Cov —8M 123
Chelworth Rd. B38 —7H 135
Chem Rd. Bils —4J 51
Chenies Clo. Cov —6H 143
Cheniston Rd. W'hall —3C 38
Chepstow Clo. Cov —4J 167
Chepstow Clo. Pert —5F 34
Chepstow Dri. Cats —8B 154
Chepstow Gro. Redn —3H 155
Chepstow Rd. Wals —8F 24
Chepstow Rd. Wolv —4D 22
Chepstow Way. Wals —8F 24
Chequerfield Dri. Wolv —3A 50
Chequers Av. Wom —8G 49
Chequers Clo. Stour S —8F 174
Chequers Ct. Cann —4A 16
Chequers La. Wych —8E 200
Chequers, The. Lich —1J 19
Chequer St. Bulk —7C 104
Chequer St. Wolv —3A 50
Cherhill Covert. B14 —7J 135
Cherington Clo. Redd —8M 205
Cherington Rd. B29 —1G 135
Cheriton Clo. Cov —5K 143
Cheriton Gro. Wolv —6E 34
Cheriton Wlk. B23 —6B 70
Cherrington Clo. B31 —2M 133
Cherrington Dri. Wals —5F 14
Cherrington Gdns. Stourb —1C 130
Cherrington Gdns. Wolv —7H 35
Cherrington Way. Sol —8B 138
Cherrybank. Cann —3J 9
Cherry Blossom Gro. W'nsh —7B 216
Cherrybrook Way. Cov —8J 123
Cherry Clo. Bew —2B 148
Cherry Clo. Burn —3F 16
Cherry Clo. Cov —7D 122
Cherry Clo. Hurl —5J 61
Cherry Cres. B'gve —7L 179
Cherry Cres. Erd —6F 70
Cherry Dri. B9 —8B 94
Cherry Dri. Crad H —8M 89
Cherry Grn. Dud —5F 64
Cherry Gro. Rugby —1L 197
Cherry Gro. Smeth —4C 92 (off Rosedale Av.)
Cherry Gro. Stourb —5L 107
Cherry Gro. Wolv —2J 37
Cherry Hill Av. B Grn —1J 181
Cherry Hill Dri. B Grn —1J 181
Cherry Hill Rd. B Grn —1H 181
Cherry Hill Wlk. Dud —1G 89
Cherry La. Himl —6J 63
Cherry La. S Cold —2G 71
Cherry La. W'bry —7G 53
Cherry Lea. B34 —3B 96
Cherry Orchard. —8A 90
Cherry Orchard. Crad H —8M 89
Cherry Orchard. Ken —4G 191
Cherry Orchard. Kidd —4M 149
Cherry Orchard. Lich —2J 19
Cherry Orchard Av. Hale —4M 109
Cherry Orchard Cres. Hale —4M 109
Cherry Orchard Dri. B'gve —6L 179
Cherry Orchard Rd. B20 —4F 68
Cherry Pit La. Beo —8A 184
Cherry Rd. Tip —2M 65
Cherry St. B2 —7L 93 (5G 5)
Cherry St. Hale —4M 109
Cherry St. Stourb —5L 107
Cherry St. Tam —4B 32
Cherry St. Warw —2F 214
Cherry St. Wolv —8B 36
Cherry Tree Av. Nun —3E 78
Cherry Tree Av. Wals —5A 54
Cherry Tree Ct. B30 —4F 134
Cherrytree Ct. Stourb —6E 108
Cherry Tree Cft. B27 —4J 115
Cherry Tree Dri. Barw —1H 85
Cherry Tree Gdns. Cod —6H 21
Cherry Tree La. Cod —6H 21
Cherry Tree La. Hale —8K 109
Cherry Tree Rd. Cann —1D 8
Cherry Tree Rd. K'wfrd —1L 87
Cherry Tree Rd. Nort C —5B 16
Cherry Tree Wlk. Redd —5B 204
Cherry Tree Wlk. Tam —1A 32
Cherry Wlk. H'wd —4B 158
Cherry Way. Ken —4G 191
Cherrywood Ct. Sol —7A 116
Cherrywood Cres. Sol —1C 160
Cherrywood Grn. Bils —1K 51
Cherrywood Gro. Cov —4F 142
Cherrywood Ind. Est. B9 —7D 94
Cherrywood Rd. B9 —7D 94
Cherrywood Rd. S Cold —8K 41
Cherrywood Way. Lit A —4D 42
Chervil Clo. B42 —2J 69
Chervil Ri. Wolv —6F 36
Cherwell. Tam —8D 32
Cherwell Clo. Hinc —1G 81
Cherwell Dri. B36 —1F 96
Cherwell Dri. Wals —7C 16 (in two parts)
Cherwell Gdns. B6 —1K 93
Cherwell Way. Rugby —5H 171
Chesford Cres. Cov —7H 123
Chesford Cres. Warw —8H 211
Chesham St. Lea S —2B 216
Cheshire Av. Shir —6G 137
Cheshire Clo. Rugby —1J 197
Cheshire Clo. Stourb —1K 107
Cheshire Ct. B34 —2B 96
Cheshire Gro. Kidd —2G 149
Cheshire Gro. Pert —5E 34
Cheshire Rd. B6 —7A 70
Cheshire Rd. Smeth —5A 92
Cheshire Rd. Wals —7F 38
Chesholme Rd. Cov —6B 122
Cheshunt Ho. B37 —7H 97
Chesils, The. Cov —4C 166
Cheslyn Dri. Wals —6D 14
Cheslyn Gro. B14 —6A 136
Cheslyn Hay. —6C 14
Chessetts Gro. B13 —3A 136
Chessetts Wood. —2K 187
Chessetts Wood Rd. Know & Lapw —1H 187
Chessher St. Hinc —8C 84
Chesshire Av. Stour S —8E 174
Chesshire Clo. Stour S —8E 174
Chestall Rd. Rug —4F 10
Chester Av. Wolv —2M 35
Chester Clo. B37 —7G 97
Chester Clo. Cann —8H 9
Chester Clo. Lich —7J 13
Chester Clo. W'hall —7D 38
Chester Ct. B37 —7K 97 (off Hedingham Gro.)
Chesterfield. —1E 28
Chesterfield Clo. B31 —7B 134
Chesterfield Ct. Wals W —5F 26
Chesterfield Rd. Lich —4G 19
Chesterfield Way. Barw —2J 85
Chestergate Cft. B24 —5K 71
Chester Hayes Ct. Erd —4J 71
Chester House. —3J 161
Chester Pl. Wals —8H 39
Chester Ri. O'bry —1H 111
Chester Road. —2J 71
Chester Rd. Bwnhls & Wals W —4H 27
Chester Rd. Cas B & K'hrst —1A 96
Chester Rd. Chel W & Col —4H 97
Chester Rd. Crad H —1J 109
Chester Rd. Dud —7K 89
Chester Rd. Env —2A 106
Chester Rd. Erd & Cas V —4J 71
Chester Rd. S'tly —8M 41
Chester Rd. S Cold & Erd —8D 56
Chester Rd. Wals & S Cold —4L 41
Chester Rd. W Brom —8H 53
Chester Rd. N. Bwnhls —8D 16
Chester Rd. N. Kidd —1M 149
Chester Rd. N. S Cold —4A 56
Chester Rd. S. Kidd —7L 149
Chester St. B6 & Aston —4M 93
Chester St. Cov —6B 144
Chester St. Rugby —5C 172
Chester St. Wolv —5B 36
Chester St. Wharf. B6 —4M 93
Chesterton Av. B12 —4B 114
Chesterton Av. B18 —5E 92
Chesterton Clo. Redd —5D 208
Chesterton Clo. Sol —4L 137
Chesterton Dri. Gall C —4M 77
Chesterton Dri. Lea S —4C 216
Chesterton Rd. B12 —4B 114
Chesterton Rd. Cov —2A 144
Chesterton Rd. Wolv —1G 37
Chesterton Way. Tam —3A 32
Chesterwood. A'rdge —7M 41
Chesterwood. H'wd —3A 158
Chesterwood Gdns. B20 —7K 69
Chesterwood Rd. B13 —3M 135
Chestnut Av. Dud —6J 65
Chestnut Av. Ken —6F 190
Chestnut Av. Tam —2B 32
Chestnut Av. Tip —2M 65
Chestnut Clo. B27 —5J 115
Chestnut Clo. Cann —7J 9
Chestnut Clo. Cod —7F 20
Chestnut Clo. K'bry —3D 60
Chestnut Clo. Sol —1K 137
Chestnut Clo. Stourb —7J 107
Chestnut Clo. S Cold —6A 42
Chestnut Ct. Cas B —2E 96
Chestnut Ct. H'cte —7L 215
Chestnut Ct. Kidd —1H 149
Chestnut Ct. Smeth —2L 91
Chestnut Ct. Tam —6C 32
Chestnut Cres. Nun —3E 78
Chestnut Dri. Attl F —6L 79
Chestnut Dri. Cas B —1A 96
Chestnut Dri. C Hay —6D 14
Chestnut Dri. Erd —5J 71
Chestnut Dri. Gt Wyr —6F 14
Chestnut Dri. Lich —4F 28
Chestnut Dri. Redn —5K 155
Chestnut Dri. Wals —8B 26
Chestnut Dri. Wom —4G 63
Chestnut Fld. Rugby —6A 172
Chestnut Gro. Col —2A 98
Chestnut Gro. Cov —7G 143
Chestnut Gro. Harb —4D 112
Chestnut Gro. Kidd —1H 149
Chestnut Gro. K'wfrd —2M 87
Chestnut Gro. Kinv —4A 106
Chestnut Gro. Wols —6G 169
Chestnut Gro. Wolv —2J 37
Chestnut Ho. B7 —5A 94 (1M 5)
Chestnut Pl. B12 —3A 114
Chestnut Pl. K Hth —1M 135
Chestnut Pl. Wals —3K 39
Chestnut Rd. B13 —5A 114
Chestnut Rd. A'wd B —8E 208
Chestnut Rd. Bed —5K 103
Chestnut Rd. B'gve —5M 179
Chestnut Rd. O'bry —2J 111
Chestnut Rd. Wals —3L 39
Chestnut Rd. W'bry —8G 53
Chestnuts Av. B26 —2B 116
Chestnut Sq. Lea S —7B 212
Chestnuts, The. Bed —7E 102
Chestnuts, The. Cov —1H 167
Chestnut Tree Av. Cov —7G 143
Chestnut Wlk. B37 —7H 97
Chestnut Way. Wolv —1K 49
Chestom Rd. Bils —3H 51
Chestom Rd. Ind. Est. Bils —3H 51
Cheston Ind. Est. B7 —3B 94
Cheston Rd. B7 —3A 94
Cheswell Clo. Wolv —7H 35
Cheswick Clo. Cov —2G 145
Cheswick Clo. Redd —6A 206
Cheswick Clo. W'hall —1M 51
Cheswick Green. —5J 159
Cheswick Way. Shir —5K 159
Cheswood Dri. Min —3B 72
Chesworth Rd. B'gve —8B 180
Chetland Cft. Sol —2F 138
Chettle Rd. Bils —6M 51
Chetton Grn. Wolv —6B 22
Chetwode Clo. Cov —5H 143
Chetwood Clo. Wolv —4A 36
Chetwynd Clo. Wals —6C 38
Chetwynd Dri. Nun —2B 104
Chetwynd Gdns. Cann —6D 8
Chetwynd Rd. B8 —4H 95
Chetwynd Rd. Pole —1M 47
Chetwynd Rd. Wolv —3B 50
Cheveley Av. Redn —2H 155
Chevening Clo. Dud —2E 64
Cheveral Av. Cov —3B 144
Cheveral Rd. Bed —6G 103
Cheverel Pl. Nun —7H 79
Cheverel St. Nun —6H 79
Cheveridge Clo. Sol —7B 138
Cheverton Rd. B31 —5L 133
Cheviot. Wiln —8J 33
Cheviot Clo. Nun —6B 78
Cheviot Clo. Stour S —8D 174
Cheviot Ri. Cann —4J 9
Cheviot Ri. Lea S —6C 212
Cheviot Rd. Stourb —3A 108
Cheviot Rd. Wolv —2F 50
Cheviot Way. Hale —6K 109
Cheviot Way. Salt —3C 94
Cheylesmore. —2D 166
Cheylesmore. Cov —7C 144 (6C 6)
Cheylesmore Clo. S Cold —5H 57
Cheylesmore Shop. Pde. Cov —2D 166
Cheyne Gdns. B28 —6E 136
Cheyne Pl. Harb —4D 112
Cheyne Wlk. Brie H —2C 108
Cheyne Way. Harb —4D 112
Cheyney Clo. Wolv —4A 36
Chichester Av. Dud —5K 89
Chichester Av. Kidd —8J 127
Chichester Clo. Nun —2A 80
Chichester Ct. S Cold —4H 57
Chichester Dri. B32 —4G 111
Chichester Dri. Cann —8J 9
Chichester Gro. B37 —8G 97
Chicory Dri. Rugby —1D 172
Chideock Hill. Cov —3A 166
Chiel Clo. Cov —5F 142

Chigwell Clo. B35 —6A 72
Chilcote Clo. B28 —5F 136
Childs Av. Bils —7G 51
Childs Oak Clo. Bal C —3G 163
Chilgrove Gdns. Wolv —4J 35
Chilham Dri. B37 —7J 97
Chillaton Rd. Cov —7B 122
Chillenden Ct. W'hall —7C 38 (off Mill St.)
Chillingham. Tam —2C 46
Chillinghome Rd. B36 —1K 95
Chillington Clo. Wals —8F 14
Chillington Dri. Cod —5F 20
Chillington Dri. Dud —6E 64
Chillington Fields. Wolv —8G 37
Chillington La. Cod —4D 20
Chillington Pl. Bils —4J 51
Chillington Rd. Tip —8C 52
Chillington St. Wolv —1F 50
Chillington Wlk. Row R —6C 90
Chiltern Clo. Dud —6D 64
Chiltern Clo. Hale —7J 109
Chiltern Dri. W'hall —8K 37
Chiltern Ho. Redd —8L 205
Chiltern Leys. Cov —5A 144
Chiltern Rd. Stourb —3B 108
Chiltern Rd. Tam —8J 33
Chilterns, The. Cov —5H 143
Chilterns, The. O'bry —4E 90
Chilton Ct. B23 —7C 70 (off Park App.)
Chilton Rd. B14 —5D 136
Chilvers Coton. —8J 79
Chilvers Ct. Nun —5J 79
Chilwell Clo. Sol —8B 138
Chilwell Cft. B19 —4L 93
Chilworth Av. Wolv —2M 37
Chilworth Clo. B6 —3M 93
Chilworth Clo. Nun —1L 103
Chimes Clo. B33 —8E 96
Chimney Rd. Tip —2D 66
Chines, The. Nun —2K 79 (CV10)
Chines, The. Nun —7K 79 (CV11)
Chingford Clo. Stourb —5J 87
Chingford Rd. B44 —1A 70
Chingford Rd. Cov —5G 123
Chinley Gro. B44 —8C 56
Chinn Brook Rd. B13 —4B 136
Chip Clo. B38 —7D 134
Chipperfield Rd. B36 —1L 95
Chipstead Rd. B23 —2D 70
Chipstone Clo. Sol —1C 160
Chirbury Gro. B31 —8B 134
Chirk Clo. Kidd —7L 149
Chirton Gro. B14 —3K 135
Chiseldon Cft. B14 —6A 136
Chisholm Gro. B27 —1J 137
Chiswell Rd. B18 —5E 92
Chiswick Ct. B23 —7E 70
Chiswick Ho. B15 —8C 4
Chiswick Wlk. B37 —7K 97
Chivenor Ho. B35 —7A 72
Chivers Gro. B37 —4F 96
Chivington Clo. Shir —3B 160
Chorley. —6L 11
Chorley Av. B34 —3M 95
Chorley Gdns. Bils —4H 51
Chorley Rd. Burn —8F 10
Christchurch Clo. B15 —1E 112
Christ Chu. Gdns. Lich —2F 18
Christ Chu. Gro. Wals —2A 54
Christchurch La. Lich —2F 18
Christchurch Rd. Amin —3F 32
Christchurch Rd. Cov —3M 143
Christine Clo. Tip —7C 52
Christine Ledger Sq. Lea S —3A 216
Christopher Hooke Ho. Cov —8E 122
Christopher Rd. B29 —7C 112
Christopher Rd. Hale —6E 110
Christopher Rd. Wolv —1E 50 (8M 7)
Christophers Wlk. Lich —6G 13
Christopher Taylor Ct. B30 —4E 134
Chub. Tam —2D 46
Chubb St. Wolv —7D 36 (3L 7)
Chuckery Rd. Wals —8A 40
Chuckery, The. —8A 40
Chudleigh Av. B23 —5E 70
Chudleigh Gro. B43 —1D 68
Chudleigh Rd. B23 —5E 70
Chudleigh Rd. Cov —2L 145
Churchacre. B23 —1C 70
Church Av. B20 —1J 93
Church Av. Clent —7E 130
Church Av. Mose —6M 113
Church Av. Stourb —2A 108
Church Av. Stour S —5G 175
Church Av. Wat O —6H 73
Churchbridge. —4F 14
Churchbridge. O'bry —4F 90 (in two parts)
Churchbridge Ind. Est. O'bry (off Churchbridge) —4F 90
Church Clo. B37 —3G 97
Church Clo. Barw —3G 85
Church Clo. B'gve —7M 179
Church Clo. Burb —4A 82
Church Clo. Dray B —4L 45
Church Clo. Nun —1B 78
Church Clo. Ryton D —7A 168
Church Clo. Shen —4G 29
Church Clo. W'nsh —5B 216
Church Clo. Wood E —8J 47
Church Clo. Wyt —6A 158
Church Ct. A'wd B —7E 208
Church Ct. Cov —8M 121
Church Ct. Crad H —8L 89
Church Cres. Ess —6M 23
Churchcroft. B17 —5B 112
Church Cft. Hale —5A 110
Church Cross Vw. Dud —1E 88
Churchdale Clo. Nun —5C 78
Church Dale Rd. B44 —6K 55
Church Down Clo. Redd —3D 208
Church Dri. Hop —2H 31
Church Dri. Ken —4F 190
Church Dri. Stir —2H 135
Church Dri. Stour S —5G 175
Church End. —7J 75 (Coleshill)
Church End. —5H 145 (Coventry)
Church End. —3F 76 (Nuneaton)
Church End. Rad S —3E 216
Church Farm Clo. Dost —5C 46
Church Farm Ct. Aston F —3E 82
Churchfield. —3L 67
Churchfield Av. Tip —1M 65
Churchfield Clo. B7 —3C 94
Churchfield Rd. Wolv —1B 36
Churchfields. —6M 179
Churchfields. B'gve —6M 179
Churchfields. Kidd —2L 149
Churchfields Clo. B'gve —6M 179
Churchfields Gdns. B'gve —6M 179
Churchfields Rd. B'gve —6M 179
Churchfields Rd. W'bry —5F 52
Churchfield St. Dud —1J 89
Church Gdns. Smeth —5A 92
Church Grn. B20 —7F 68
Church Grn. Bils —1J 51
Church Grn. E. Redd —5E 204
Church Grn. W. Redd —5E 204
Church Gro. Hand —8H 69
Church Gro. Mose —4C 136
Church Hill. —4K 9 (Cannock)
Church Hill. —3J 205 (Redditch)
Church Hill. —6F 52 (Wednesbury)
Church Hill. Belb —3D 152
Church Hill. Beo —1J 205
Church Hill. Brie H —7D 88
Church Hill. Cann —4J 9
Church Hill. Cod —4F 20
Church Hill. Col —2A 98
Church Hill. Cubb —4E 212
Church Hill. Kinv —7A 106
Church Hill. Lea S —1L 215
Church Hill. N'fld —6B 134 (in two parts)
Church Hill. Penn —6L 49
Church Hill. Quin —4G 133
Church Hill. Rug —1A 12
Church Hill. Rush —6J 177
Church Hill. Stret D —4F 194
Church Hill. S Cold —4J 57
Church Hill. Ullen —6J 207
Church Hill. Wals —8M 39
Church Hill. W'bry —6F 52 (in two parts)
Church Hill. Wlvy —5K 105
Church Hill Cen. Redd —3K 205
Church Hill Clo. Sol —7C 138
Church Hill Ct. W'bry —6F 52
Church Hill Dri. Wolv —4L 35
Church Hill Rd. B20 —8H 69
Church Hill Rd. Sol —6C 138
Church Hill Rd. Wolv —3K 35
Church Hill St. Smeth —3M 91
Church Hill Way. Redd —4H 205
Church Ho. Wals —2J 53
Church Ho. Dri. S Cold —4J 57
Churchill. —5J 129
Churchill Av. Cov —8E 122
Churchill Av. Ken —3G 191
Churchill Clo. Tiv —7C 66
Churchill Dri. Row R —7B 90
Churchill Dri. Stourb —2A 108
Churchill Gdns. Dud —2C 64
Churchill Ho. Wals —5B 54
Churchill La. Blak —8H 129
Churchill Pde. S Cold —4A 58
Churchill Pl. B33 —8B 96
Churchill Rd. B9 —6F 94
Churchill Rd. Cats —8A 154
Churchill Rd. Hale —7M 109
Churchill Rd. Lich —4G 29
Churchill Rd. New O —6D 56
Churchill Rd. Rugby —8A 172
Churchill Rd. S Cold —4A 58
Churchill Rd. Wals —7D 38
Churchill Shop. Precinct, The. Dud —8K 65
Churchill Wlk. Tip —1A 66
Church La. B6 & Aston —1A 94
Church La. Ansl —4F 76
Church La. Arly —7E 76
Church La. Asty —8K 77
Church La. Barw —3G 85
Church La. Berk —6J 141
Church La. Bick —8K 117
Church La. B'gve —7M 179
Church La. Cod —5F 20
Church La. Col —7G 99
Church La. Cor —2F 120
Church La. Cov —6H 145
Church La. Cubb —3E 212
Church La. Curd —3H 73
Church La. E Grn —4C 142
Church La. Exh —2E 122
Church La. Fill —6E 100
Church La. Hale —5B 110
Church La. Hamm —6K 17
Church La. Hand —7F 68
Church La. K'bry —4D 60
Church La. Kitts G —6M 95
Church La. Lapw —7D 186
Church La. Lea M —2A 74
Church La. Lea S —6A 212
Church La. Mer —1K 141
Church La. Midd —8H 45
Church La. Nun —2J 79
Church La. Seis —7A 48 (in two parts)
Church La. Shut —2L 33
Church La. S'lgh —3C 192
Church La. Ston —5L 27
Church La. Tam —4B 32
Church La. Tard —2H 203
Church La. T'ton —7F 196
Church La. W Brom —3H 67
Church La. W'nsh —5B 216
Church La. Wig P —8F 82
Church La. Wis —8F 58
Church La. Wolv —8C 36 (6H 7)
Church La. Wych —8E 200
Church La. Ind. Est. W Brom —3J 67
Church Lawford. —4B 170
Church M. Tip —2M 65
Church Moat Way. Wals —1H 39
Churchover Clo. S Cold —3K 71
Church Pk. Clo. Cov —8M 121
Church Path. H Mag —3A 214
Church Pl. Wals —1K 39
Church Rd. Aston —2B 94
Church Rd. A'wd B —7E 208
Church Rd. Bag —7E 166
Church Rd. Belb —3D 152
Church Rd. Bils —8K 51
Church Rd. B'mre —2L 49
Church Rd. B'gve —6M 179
Church Rd. Bwnhls —2F 26
Church Rd. Bubb —3J 193
Church Rd. Burn —2K 17
Church Rd. Cann —8A 8
Church Rd. Cats —1M 179
Church Rd. Chu L —4C 170
Church Rd. Cod —5F 20
Church Rd. Col —7F 74
Church Rd. D'frd —2F 178
Church Rd. Dost —5C 46
Church Rd. Dud —4H 89
Church Rd. Edg —2G 113
Church Rd. Erd —5F 70
Church Rd. Hale —2J 109
Church Rd. Harts —1B 78
Church Rd. Lye —4E 108
Church Rd. Maney —6H 57
Church Rd. Mose —6A 114
Church Rd. N'fld —5A 134
Church Rd. Nort C —5L 15
Church Rd. Nun —6C 78
Church Rd. Oxl —8C 22
Church Rd. Pels —6A 26
Church Rd. P Barr —4K 69
Church Rd. Pert —5E 34
Church Rd. Redd —7L 203
Church Rd. Redd & Web —5D 204
Church Rd. Row R —6C 90
Church Rd. Ryton D —7B 168
Church Rd. Share —1K 23
Church Rd. Sheld —4B 116
Church Rd. Shen —4F 28
Church Rd. Shil —4E 124
Church Rd. Shir —7H 137
Church Rd. Smeth —5M 91
Church Rd. Ston —6L 27
Church Rd. Stourb —6B 108
Church Rd. S Cold —1F 70
Church Rd. Swind —6D 62
Church Rd. Tett —4L 35
Church Rd. Tett W —6H 35
Church Rd. Ullen —7H 207
Church Rd. W'hall —3D 38
Church Rd. Wom —2H 63
Church Rd. Word —7K 87
Church Rd. Yard —2K 115
Churchside Way. Wals —7H 27
Church Sq. O'bry —2G 91
Churchstone Clo. Cats —1M 179
Church St. B3 —6K 93 (4F 4)
Church St. Bils —4K 51
Church St. B'twn —3D 14
Church St. Brie H —8C 88
Church St. B'gve —7M 179
Church St. Bulk —7C 104
Church St. Burb —3A 82
Church St. Cann —8E 8 (in two parts)
Church St. C'mr —5G 9
Church St. Chase —4E 16
Church St. Clay —3E 26
Church St. Clift D —4G 173
Church St. Cov —5D 144 (1E 6)
Church St. Crad H —8L 89
Church St. Darl —2D 52
Church St. Dud —1J 89
Church St. Earl S —1M 85
Church St. Gorn W —6D 64
Church St. Hag —4A 130
Church St. Hale —8D 90
Church St. Hth T —5G 37
Church St. Kidd —3L 149
Church St. Lea S —2A 216
Church St. Lich —1J 19 (in two parts)
Church St. Loz —2J 93
Church St. Mox —5B 52
Church St. Nun —5J 79
Church St. O'bry —1G 91
Church St. Pens —2D 88
Church St. Quar B —8F 88
Church St. Rugby —6A 172
Church St. Sap —2K 83
Church St. Stourb —4A 108
Church St. Stud —6L 209
Church St. Tam —4B 32
Church St. Tip —7A 66
Church St. Wals —8M 39 (WS1)
Church St. Wals —1H 39 (WS3)
Church St. Warw —3E 214
Church St. Wed —4J 37
Church St. W Brom —5J 67
Church St. W'hall —7B 38 (in two parts)
Church St. Wolv —8C 36 (6H 7)
Church Ter. Cubb —4E 212
Church Ter. Lea S —2A 216
Church Ter. S Cold —6H 43
Church Ter. Yard —8L 95
Church Va. B20 —8H 69
Church Va. Cann —5L 15
Church Va. W Brom —3K 67
Church Vw. Bew —6A 148
Church Vw. Ryton D —7A 168
Church Vw. Wals —4H 41
Church Vw. Wals W —6F 26
Church Vw. Wiln —2F 46
Church Vw. Clo. Wals —1J 39
Church Vw. Dri. Crad H —8M 89
Church View Gdns. Kinv —5A 106
Church Wlk. B8 —3G 95
Church Wlk. Alle —3J 143
Church Wlk. Barby —8J 199
Church Wlk. Bed —7H 103
Church Wlk. Bil —1K 197
Church Wlk. Col —2A 98
Church Wlk. Hinc —1K 81
Church Wlk. Kidd —3J 149
Church Wlk. Lea S —2M 215
Church Wlk. Nun —7L 79
Church Wlk. Penn F —2M 49
Church Wlk. Row R —5C 90
Church Wlk. Rugby —6A 172
Church Wlk. Sap —2K 83
Church Wlk. Stour S —7E 174
Church Wlk. Tett —4L 35
Church Wlk. T'ton —6F 196
Church Wlk. W'hall —8B 38
Churchward Clo. Stourb —3B 108
Churchward Gro. Wolv —2G 63
Church Way. Bed —7H 103
Church Way. Wals —7B 26
Churchwell Ct. Hale —6B 110
Churchwell Gdns. W Brom —3L 67
Churchyard Rd. Tip —4B 66
Churnet Gro. Wolv —5F 34
Churn Hill Rd. Wals —5G 41
Churston Clo. Wals —6G 25
Churwell Ct. Wom —3G 63
Chylds Ct. Cov —4G 143
Cicero App. H'cte —6L 215
Cicey La. Burt H —1G 105 (in two parts)
Cider Av. Brie H —1E 108 (in two parts)
Cinder Bank. Dud —2H 89
Cinder Hill. —8F 50
Cinder Rd. C Ter —2E 16
Cinder Rd. Dud —8B 64
Cinder Way. W'bry —6E 52
Cinquefoil Leasow. Tip —3C 66
Circle, The. B17 —3C 112
Circle, The. Nun —5E 78
Circuit Clo. W'hall —6B 38
Circular Rd. B27 —7J 115
Circus Av. B37 —7J 97
Cirencester Clo. B'gve —7B 180
City Arc. B2 —7L 93 (5G 5) (off Corporation St.)
City Arc. Cov —7C 144 (5B 6)
City Arc. Lich —2H 19
City Est. Crad H —1K 109
City Plaza. B2 —5G 5
City Rd. B17 & B16 —8B 92
City Rd. Tiv —2B 90
City, The. Tip —6A 66
City Trad. Est. B16 —6G 93
City Vw. B8 —5D 94
City Wlk. B5 —8L 93 (7G 5)
Civic Clo. B1 —7J 93 (5C 4)
Cladsworth Ho. Redd —5A 204 (off Lock Clo.)
Claerwen Av. Stour S —2E 174
Claerwen Gro. B31 —4L 133
Claines Cres. Kidd —4B 150
Claines Rd. B31 —5C 134
Claines Rd. Hale —4K 109
Claire Ct. B26 —2C 116
Clanbrook Rd. Env —2A 106
Clandon Clo. B14 —7J 135
Clanfield Av. Wolv —1M 37
Clapgate Gdns. Bils —6G 51
Clap Ga. Gro. Wom —3E 62
Clapgate La. B32 —7G 111
Clapgate Rd. Wom —2E 62
Clapham Sq. Lea S —2B 216
Clapham St. Lea S —3B 216
Clapham Ter. Lea S —2B 216
Clapton Gro. B44 —8B 56
Clara St. Cov —7G 145
Clare Av. Wolv —8M 23
Clare Clo. Lea S —7C 212
Clare Ct. Rugby —6M 171
Clare Ct. Shir —7D 136
Clare Cres. Bils —7F 50
Clare Dri. B15 —1F 112
Clarel Av. B8 —6C 94
Claremont Clo. Bulk —5B 104
Claremont Ct. Crad H —8L 89
Claremont M. Wolv —2A 50
Claremont Pl. B18 —4F 92
Claremont Rd. Dud —1E 64
Claremont Rd. Hock —3H 93
Claremont Rd. Lea S —3M 215
Claremont Rd. Rugby —6C 172
Claremont Rd. Smeth —5B 92
Claremont Rd. S'brk —2B 114
Claremont Rd. Tam —1M 31
Claremont Rd. Wolv —2A 50
Claremont St. Bils —3J 51
Claremont St. Crad H —8L 89
Claremont Wlk. Alle —3J 143
Claremont Way. Hale —6B 110
Clarence Av. B21 —1C 92
Clarence Ct. Hinc —1L 81
Clarence Ct. O'bry —7J 91
Clarence Gdns. S Cold —7F 42
Clarence Rd. Bils —2L 51
Clarence Rd. Dud —3K 89
Clarence Rd. Erd —6D 70
Clarence Rd. Hand —1C 92
Clarence Rd. Harb —3D 112
Clarence Rd. Hinc —1L 81
Clarence Rd. K Hth & Mose —8A 114
Clarence Rd. Rugby —6L 171
Clarence Rd. S'hll —5C 114
Clarence Rd. S Cold —4E 42
Clarence Rd. Wolv —7C 36 (3H 7)
Clarence St. Cov —5E 144
Clarence St. Dud —3E 64
Clarence St. Kidd —3M 149
Clarence St. Lea S —3A 216
Clarence St. Nun —5G 79
Clarence St. Wolv —7C 36 (4H 7)
Clarence Ter. Lea S —8M 211
Clarence Way. Bew —5B 148
Clarenden Pl. B17 —4C 112
Clarendon Av. Lea S —8M 211
Clarendon Clo. Redd —4B 204
Clarendon Cres. Lea S —8L 211
Clarendon Dri. Tip —8D 52
Clarendon Pl. Hale —3G 111
Clarendon Pl. Lea S —8L 211
Clarendon Pl. Wals —5M 25
Clarendon Rd. B16 —8E 92
Clarendon Rd. Hinc —2J 81
Clarendon Rd. Ken —6G 191
Clarendon Rd. Smeth —3G 91
Clarendon Rd. S Cold —6J 43
Clarendon Rd. Wals —7C 26
Clarendon Sq. Lea S —8L 211 (in two parts)
Clarendon St. Cov —8M 143
Clarendon St. Lea S —8A 212
Clarendon St. Wals —8H 25
Clarendon St. Wolv —7A 36
Clarendon Way. Sol —6C 138
Clare Rd. Wals —3M 39
Clare Rd. Wolv —2E 36
Clare's Ct. Kidd —3J 149
Clarewell Av. Sol —1B 160
Clare Witnell Clo. Kidd —1H 149
Clarion Way. Cann —4E 8
Clarke Ho. Wals —8H 25
Clarke's Av. Cann —1G 9
Clarke's Av. Ken —6G 191
Clarkes Gro. Tip —3C 66
Clarke's La. W Brom —2J 67
Clarke's La. W'hall —6C 38
Clarke St. Redd —5D 204
Clarkes Yd. Hinc —8D 84
Clark Rd. Wolv —7M 35
Clarkson Dri. W'nsh —5A 216
Clarkson Rd. W'bry —5G 53
Clark St. B16 —7F 92
Clark St. Cov —8G 123
Clark St. Stourb —4L 107
Clarry Dri. S Cold —1F 56
Clary Gro. Wals —6A 54
Clatterbach La. Clent —5G 131
Clatterbatch. —4B 108
Clattercut La. Rush & Chad C —8L 177
Claughton Rd. Dud —8K 65
Claughton St. Kidd —4J 149
Clausen Clo. B43 —5L 55
Clavedon Clo. B31 —2L 133
Claverdon Clo. Redd —5D 208
Claverdon Clo. Sol —6L 137
Claverdon Dri. B43 —1D 68
Claverdon Dri. S Cold —5G 42
Claverdon Gdns. B27 —4H 115
Claverdon Rd. Cov —6H 143
Claverley Ct. Dud —8H 65
Claverley Dri. Wolv —4K 49
Clay Av. Nun —2L 79
Claybrook Dri. Redd —2L 209
Claybrook St. B5 —8L 93 (8G 5)
Claycroft Pl. Stourb —4E 108
Claycroft Ter. Dud —3H 65
Claydon Gro. B14 —6A 136
Claydon Rd. K'wfrd —8J 63
Clay Dri. B32 —4G 111
Claygate Rd. Cann —6L 9
Clayhanger. —3E 26
Clayhanger La. Wals —2D 26
Clayhanger Rd. Wals —3F 26
Clayhill La. Long L —3F 170
Clay La. B26 —4L 115
Clay La. Alle —5E 120
Clay La. Cov —5G 145
Clay La. O'bry —5G 91
Claymore. Wiln —2D 46
Claypit Clo. W Brom —6G 67
Claypit La. B'hth —8L 153
Claypit La. Lich —6E 18
Clay Pit La. Shir —4G 159
Claypit La. W Brom —6G 67
Clayton Clo. Wolv —2C 50 (8H 7)
Clayton Dri. B36 —1C 96
Clayton Dri. B'gve —2B 202
Clayton Gdns. Redn —7G 155
Clayton Rd. B8 —4D 94
Clayton Rd. Bils —2H 65
Clayton Rd. Cov —4L 143
Clayton Wlk. B35 —7A 72
Clear Vw. K'wfrd —3H 87
Clearwell Gdns. Dud —6E 64
Clearwell Rd. Redd —6J 205
Cleasby. Wiln —8J 33
Cleaver Gdns. Nun —3J 79
Clee Av. Kidd —7J 149
Clee Hill Dri. Wolv —8G 35
Clee Hill Rd. Dud —5C 64
Clee Rd. B31 —1A 156
Clee Rd. Cookl —4B 128
Clee Rd. Dud —2G 89
Clee Rd. O'bry —5J 91
Clee Rd. Stourb —3A 108
Cleeton St. Cann —8K 9
Cleeve. Glas —6D 32
Cleeve Clo. Redd —4K 205
Cleeve Clo. Stour S —8D 174
Cleeve Dri. S Cold —3F 42
Cleeve Ho. Erd —7G 71
Cleeve Rd. B14 —5C 136
Cleeve Rd. Wals —6F 24
Cleeves Av. Warw —3J 215
Cleeve Way. Wals —7F 24
Clee Vw. Mdw. Dud —7D 50
Clee Vw. Rd. Wom —4E 62
Clematis. Tam —6F 32
Clematis Dri. Pend —6M 21
Clemens St. Lea S —2A 216
Clement Pl. Bils —2K 51
Clement Rd. Bils —2K 51
Clement Rd. Hale —8D 90
Clements Clo. O'bry —5F 90
Clements Rd. B25 —1K 115
Clements St. Cov —6G 145
Clement St. B1 —6H 93 (4B 4)
Clement St. Nun —6H 79
Clement St. Prem B —8K 39
Clements Way. B38 —2D 156
Clemson St. W'hall —7A 38
Clennon Ri. Cov —1K 145
Clensmore St. Kidd —2K 149
Clent. —6F 130
Clent Av. Kidd —8H 149
Clent Av. Redd —2D 208
Clent Ct. Dud —8H 65
Clent Dri. Hag —3D 130
Clent Dri. Nun —6B 78
Clent Hill Dri. Row R —4A 90
Clent Hills. —5G 131
Clent Hills Country Pk. —4G 131

Clent Ho. B'gve —6B 180 (off Burcot La.)
Clent Rd. Hand —8D 68
Clent Rd. O'bry —1J 111
Clent Rd. Redn —1E 154
Clent Rd. Stourb —3A 108
Clent Vw. Smeth —6B 92
Clent Vw. Rd. B32 —8G 111
Clent Vw. Rd. Hale —5J 109
Clent Vw. Rd. Stourb —6J 107
Clent Vs. B12 —5B 114
Clent Way. B32 —1G 133
Cleobury Clo. Redd —3B 204
Cleobury La. Shir & Earls —4F 158
Cleobury Rd. Bew —3A 148
Cleton St. Tip —6B 66
Cleton St. Bus. Pk. Tip —6B 66
Clevedon Av. B36 —1E 96
Clevedon Rd. B12 —3L 113
Cleveland Clo. W'hall —8K 37
Cleveland Clo. Wolv —8M 23
Cleveland Ct. Lea S —7M 211
Cleveland Dri. B Grn —7G 155
Cleveland Dri. Cann —5H 9
Cleveland Pas. Wolv —8C 36 (5J 7)
Cleveland Rd. Bulk —6B 104
Cleveland Rd. Cov —5G 145
Cleveland Rd. Hinc —1J 81
Cleveland Rd. Wolv —8D 36 (6L 7)
Cleveland St. Dud —8H 65
Cleveland St. Stourb —5L 107
Cleveland St. Wolv —8C 36 (5J 7)
Cleveland Tower. B1 —7F 4
Cleveley Dri. Nun —2D 78
Cleves Cres. C Hay —8D 14
Cleves Dri. Redn —2E 154
Cleves Rd. Redn —1E 154
Clewley Dri. Wolv —6A 22
Clewley Gro. B32 —4H 111
Clews Clo. Wals —2L 53
Clewshaw La. B38 —5H 157
Clews Rd. Redd —2F 208
Cley Clo. B5 —3K 113
Clifden Gro. Ken —3J 191
Cliffe Ct. Lea S —8K 211
Cliffe Dri. B33 —6C 96
Cliffe Rd. Lea S —8K 211
Cliffe Way. Warw —1F 214
Cliff Hall La. Cliff —8B 46
Clifford Bri. Rd. Cov & Bin —4M 145
Clifford Clo. Glas —6F 32
Clifford Rd. Ben H —5F 160
Clifford Rd. Smeth —8M 91
Clifford Rd. W Brom —7H 67
Clifford St. B19 —2K 93
Clifford St. Dud —1H 89
Clifford St. Glas —6E 32
Clifford St. Wolv —6A 36
Clifford Wlk. B19 —2K 93 (in two parts)
Cliff Rock Rd. Redn —2H 155
Cliff, The. Kinv —6A 106
Clift Clo. W'hall —3C 38
Clifton Av. A'rdge —1J 41
Clifton Av. Bwnhls —2D 26
Clifton Av. Cann —2C 14
Clifton Av. Tam —2M 31
Clifton Clo. B6 —2M 93
Clifton Clo. O'bry —5G 91
Clifton Clo. Redd —8K 205
Clifton Ct. Hinc —8B 84
Clifton Cres. Sol —8L 137
Clifton Dri. S Cold —3H 57
Clifton Gdns. Cod —6J 21
Clifton Grn. B28 —4G 137
Clifton Ho. Bal H —4A 114
Clifton La. W Brom —1L 67
Clifton Rd. Aston —2M 93
Clifton Rd. Bal H —4M 113
Clifton Rd. Cas B —1E 96
Clifton Rd. Hale —1D 110
Clifton Rd. Kidd —8G 149
Clifton Rd. Nun —5F 78
Clifton Rd. Rugby —6B 172
Clifton Rd. Smeth —5M 91
Clifton Rd. S Cold —5G 57
Clifton Rd. Wolv —4K 35
Clifton St. Bils —8F 50
Clifton St. Cov —5E 144 (1F 6)
Clifton St. Crad H —8M 89
Clifton St. Stourb —5L 107
Clifton St. Wolv —7B 36
Clifton Ter. Erd —5F 70
Clifton Ter. Ken —3G 191
Clifton upon Dunsmore. —4F 172
Clifton Way. Hinc —7A 84
Clinic Dri. Nun —6J 79
Clinic Dri. Stourb —4E 108
Clinton Av. H Mag —2A 214
Clinton Av. Ken —3D 190
Clinton Cres. Burn —1H 17
Clinton Gro. Shir —8L 137
Clinton La. Ken —2D 190
Clinton Rd. Bils —2A 52
Clinton Rd. Col —3M 97
Clinton Rd. Cov —7F 122
Clinton Rd. Shir —1K 159
Clinton St. B18 —4E 92
Clinton St. Lea S —2A 216
Clipper Vw. B16 —8E 92
Clipstone Rd. Cov —3L 143
Clipston Rd. B8 —5F 94
Clissold Clo. B12 —2L 113
Clissold Pas. B18 —5G 93
Clissold St. B18 —5G 93
Clive Clo. S Cold —7K 43
Cliveden Av. B42 —5J 69
Cliveden Av. Wals —8H 27
Cliveden Coppice. S Cold —8F 42
Cliveden Wlk. Nun —1L 103
Clivedon Way. Hale —2A 110
Cliveland St. B19 —5L 93 (1G 5)
Clive Pl. B19 —5K 93 (2F 4)
Clive Rd. B32 —2K 111
Clive Rd. Bal C —4J 163
Clive Rd. B'gve —1B 202
Clive Rd. Burn —2G 17
Clive Rd. Redd —5D 204
Clive St. W Brom —4J 67
Clives Way. Hinc —7C 84
Clockfields Dri. Brie H —8A 88
Clock Ho., The. B'hth —2L 179
Clock La. Bick —7J 117
Clockmill Av. Wals —6L 25
Clockmill Pl. Wals —6M 25
Clockmill Rd. Wals —6L 25
Clock Towers Shop. Cen. Rugby —6A 172
Clodeshall Rd. B8 —5E 94
Cloister Cft. Cov —3M 145
Cloister Crofts. Lea S —6M 211
Cloister Dri. Hale —6D 110
Cloisters, The. Earl S —1L 85
Cloisters, The. Lea S —6M 211
Cloisters, The. Stud —5K 209
Cloister Way. Lea S —6M 211
Clonmel Rd. B30 —3G 135
Clopton Cres. B37 —5H 97
Clopton Rd. B33 —1C 116
Close, The. Barw —2H 85
Close, The. Bran —4F 168
Close, The. Dud —5C 64
Close, The. Hale —3K 109
Close, The. Harb —2M 111
Close, The. H'wd —4A 158
Close, The. Hunn —2A 132
Close, The. Ken —3G 191
Close, The. Lea S —3A 216
Close, The. S Oak —1D 134
Close, The. Sharn —5H 83
Close, The. Sol —1M 137
Close, The. Swind —7E 62
Close, The. W'bry —6E 52
Clothier Gdns. W'hall —6A 38
Clothier St. W'hall —6A 38
Cloudbridge Dri. Sol —2F 138
Cloud Grn. Cov —4K 165
Cloudsley Bush La. Wlvy —3M 105
Cloudsley Gro. Sol —6M 115
Clovelly Gdns. Cov —4J 145
Clovelly Ho. B31 —7J 133
Clovelly Rd. Cov —4H 145
Clovelly Way. Nun —4L 79
Clover Av. B37 —7K 97
Clover Clo. Rugby —1D 172
Cloverdale. Pert —5D 34
Cloverdale. S Prior —6J 201
Clover Dri. B32 —7J 111
Cloverfield. Hinc —6C 84
Clover Hill. Wals —1E 54
Clover La. K'wfrd —2G 87
Clover Lea Sq. B8 —3G 95
Clover Ley. Wolv —6F 36
Clover Meadows. Cann —8J 9
Clover Pk. Hinc —6B 84
Clover Piece. Tip —3C 66
Clover Ridge. C Hay —6C 14
Clover Rd. B29 —2A 134
Cloweswood La. Earls —1F 184
Club Row. Dud —4E 64
Club Vw. B38 —7D 134
Clunbury Cft. B34 —4B 96
Clunbury Rd. B31 —1A 156
Clun Clo. Tiv —8M 65
Clunes Av. Nun —3L 79
Clun Rd. B31 —3M 133
Clyde Av. Hale —1E 110
Clyde Ct. S Cold —4H 57
Clyde M. Brie H —3B 88
Clyde Rd. Bulk —6A 104
Clyde Rd. Dorr —7G 161
Clydesdale. B26 —4A 116
Clydesdale Rd. B32 —3H 111
Clydesdale Rd. Clay —3E 26
Clydesdale Rd. Dud —6J 89
Clydesdale Tower. B1 —8F 4
Clyde St. Bord —8A 94 (8L 5)
Clyde St. Crad H —8L 89
Clyde Tower. B19 —2K 93
Coach Ho. Ri. Wiln —2F 46
Coalash La. Hnbry —8C 202
Coalbournbrook. —1M 107
Coalbourne Gdns. Hale —4J 109
Coalbourn La. Stourb —2M 107
Coalbourn Way. Brie H —6A 88
Coalheath La. Wals —1C 40
Coalmeadow Clo. Wals —6F 24
Coalpit Field. —7K 103
Coalpit Fields Rd. Bed —7J 103
Coalpit La. Law H —1M 195
Coalpit La. Wols —5J 169
Coal Pit La. Wlvy —8J 105
Coal Pool. —4M 39
Coalpool La. Wals —5L 39
Coalpool Pl. Wals —3M 39
Coalport La. Wals —3M 39
Coalport Rd. Wolv —8G 37
Coalway Av. B26 —5C 116
Coalway Av. Wolv —3A 50
Coalway Gdns. Wolv —3K 49
Coalway Rd. Wals —1G 39
Coalway Rd. Wolv —3K 49
Coates Rd. Kidd —2B 150
Coat of Arms Bri. Rd. Cov —3M 165
Coatsgate Wlk. Pend —8M 21
Cobbett Rd. Burn —2C 16
Cobbles, The. S Cold —2J 71
Cobble Wlk. B18 —4G 93
Cobb's Engine House. —4L 89
Cobbs Rd. Ken —3D 190
Cobbs Wlk. Row R —4M 89
Cobden Av. Lea S —4C 216
Cobden Clo. Cann —2J 9
Cobden Clo. Tip —1M 65
Cobden Clo. W'bry —3F 52
Cobden Gdns. B12 —3L 113
Cobden St. Cov —4E 144
Cobden St. Kidd —3J 149
Cobden St. Stourb —3K 107
Cobden St. Wals —2K 53
Cobden St. W'bry —3F 52
Cobham Clo. B35 —6M 71
Cobham Clo. B'gve —2M 201
Cobham Ct. M. Hag —3D 130
Cobham Cres. Bew —6A 148
Cobham Grn. W'nsh —5M 215
Cobham Rd. B9 —7D 94
Cobham Rd. Hale —5B 110
Cobham Rd. Kidd —5L 149
Cobham Rd. Stourb —7A 108
Cobham Rd. W'bry —7L 53
Cobia. Tam —2D 46
Cob La. B30 —2C 134
Cobley Hill. —6L 181
Cobley Hill. A'chu —5L 181
Cobnall Rd. Cats —7A 154
Cobs Fld. B30 —3C 134
Coburg Cft. Tip —3C 66
Coburn Dri. S Cold —7K 43
Cochrane Clo. Stourb —1C 130
Cochrane Clo. Tip —3C 66
Cochrane Rd. Dud —3E 88
Cock All. Lich —2H 19
Cockerills Mdw. Rugby —1G 199
Cockermouth Clo. Lea S —7K 211
Cock Green. —5A 90
Cock Hill La. Redn —8F 132
Cockley Wharf Ind. Est. Brie H —5B 88
Cockshed La. Hale —1C 110
Cockshut Hill. B26 —1A 116
Cockshutt La. D'frd —3K 179
Cockshutt La. Wolv —2D 50
Cocksmead Cft. B14 —4K 135
Cocksparrow La. Cann —5A 8
Cocksparrow St. Warw —3D 214
Cockspur St. B'moor —2L 47
Cockthorpe Clo. B17 —2M 111
Cocton Clo. Wolv —4E 34
Codeshill Ct. S Cold —5L 57
Codsall. —5F 20
Codsall Gdns. Cod —5E 20
Codsall Ho. Cod —5E 20
Codsall Rd. Cod —8J 21
Codsall Rd. Crad H —1L 109
Codsall Rd. Wolv —2L 35
Codsall Wood. —2B 20
Cofield Rd. S Cold —8F 56
Cofton Chu. La. Redn & B Grn —7J 155
Cofton Ct. Redn —2K 155
Cofton Gro. B31 —3L 155
Cofton Lake Rd. Redn —6J 155
Cofton Rd. B31 —2A 156
Cokeland Pl. Crad H —1K 109
Colaton Clo. Wolv —5E 36
Colbourne Gro. Lea S —7K 211
Colbourne Rd. Tam —7A 32
Colbourne Rd. Tip —5A 66
Colbrand Gro. B15 —1K 113
Colbrook. Tam —8D 32
Colchester St. Cov —6E 144 (3F 6)
Coldbath Rd. B13 —1B 136
Coldfield Dri. Redd —1D 208
Coldridge Clo. Pend —8M 21
Coldstream Clo. Hinc —8A 84
Coldstream Dri. Stourb —6L 87
Coldstream Rd. S Cold —1L 71
Coldstream Way. Witt —7L 69 (in two parts)
Cold Well. —5H 11
Cole Bank Rd. Mose & Hall G —1D 136
Colebourne Rd. B13 —2C 136
Colebridge Cres. Col —1M 97
Colebrook Clo. Cov —7M 145
Colebrook Cft. Shir —7F 136
Colebrook Rd. B11 —4D 114
Colebrook Rd. Shir —7E 136
Coleby Clo. Cov —2D 164
Cole Ct. B37 —7H 97
Cole End. —1A 98
Coleford Clo. Redd —7A 204
Coleford Clo. Stourb —7J 87
Coleford Dri. B37 —7G 97
Cole Grn. Shir —8E 136
Colehall. —4B 96
Cole Hall La. B34 & B33 —3A 96 (in three parts)
Colehill. Tam —4B 32
Cole Holloway. B31 —1L 133
Colehurst Cft. Shir —3M 159
Coleman Rd. W'bry —4G 53
Coleman St. Cov —6F 142
Coleman St. Wolv —5M 35
Colemeadow Rd. B13 —4B 136
Colemeadow Rd. Col —2M 97
Colemeadow Rd. Moons I —3L 205
Colenso Rd. B16 —5D 92
Coleraine Rd. B42 —3G 69
Coleridge Clo. Redd —1C 208
Coleridge Clo. Tam —3A 32
Coleridge Clo. Wals —4A 26
Coleridge Clo. W'hall —2E 38
Coleridge Dri. Wolv —5E 34
Coleridge Pas. B4 —6L 93 (3H 5)
Coleridge Ri. Dud —5A 64
Coleridge Rd. B43 —2E 68
Coleridge Rd. Cov —6J 145
Colesbourne Av. B14 —7J 135
Colesbourne Rd. Sol —6A 116
Coles Cres. W Brom —2H 67
Colesden Wlk. Wolv —3J 49
Coleshaven. Col —3A 98
Coleshill. —3A 98
Coleshill Clo. Redd —4C 208
Coleshill Heath. —1J 117
Coleshill Heath Rd. B37 & Col —2J 117
Coleshill Ind. Est. Col —7A 74
Coleshill Rd. B36 —3K 95
Coleshill Rd. Ansl —2J 77
Coleshill Rd. Col —4D 98 (Arnolds La.)
Coleshill Rd. Col —7D 74 (Blythe Rd.)
Coleshill Rd. Curd —3H 73 (in two parts)
Coleshill Rd. F End —6J 75
Coleshill Rd. Mars G —2G 117
Coleshill Rd. Nun —2A 78
Coleshill Rd. S Cold —4J 57
Coleshill Rd. Tam & Faz —3M 45
Coleshill Rd. Wat O —6H 73
Coleshill St. B4 —6M 93 (3J 5)
Coleshill St. Faz —1A 46
Coleshill St. S Cold —4J 57
Coleshill Trad. Est. Col —8M 73
Coleside Av. B13 —2D 136
Coles La. S Cold —5J 57
Coles La. W Brom —2G 67
Colesleys, The. Col —3A 98
Cole St. Dud —6L 89
Cole Valley Rd. B28 —3D 136
Coleview Cres. B33 —6E 96
Coleville Rd. Min —3B 72
Coley Clo. Hinc —2K 81
Coley Pits La. Wych —4D 200
Coley's La. B31 —7A 134
Colgreave Av. B11 —7D 114
Colina Clo. Cov —4J 167
Colindale Rd. B44 —6A 56
Colinwood Clo. Wals —8F 14
Collector Rd. B36 —8B 72
Colledge Clo. Brin —6L 147
Colledge Rd. Cov —8D 122
Colleen Av. B30 —6H 135
College Clo. W'bry —8G 53
College Ct. Tett —5K 35
College Dri. B20 —7F 68
College Dri. Lea S —7M 211
College Farm Dri. B23 —1D 70
College Gro. Hand —2H 93
College Hill. S Cold —5H 57
College La. Hinc —8E 84
College La. Tam —4B 32
College Rd. B8 —6E 94
College Rd. B44 & P Barr —4L 69
College Rd. B'gve —7A 180
College Rd. Hand —7E 68
College Rd. Kidd —5L 149
College Rd. Mose —7C 114
College Rd. Quin —3G 111
College Rd. Stourb —5A 108
College Rd. Wolv —5K 35
College St. B18 —5G 93
College St. Nun —7H 79
College Vw. Wolv —6K 35
College Wlk. B29 —1D 134
College Wlk. B'gve —7A 180 (in two parts)
Collegiate Church of St Mary. —3E 214
Collet Rd. Pert —4E 34
Collets Brook. Bass P —7B 44
Collett. Tam —8G 33
Collett Clo. Stourb —3A 108
Colletts Gro. B37 —4F 96
Collett Wlk. Cov —6B 144
Colley Av. Wolv —1F 36
Colley Ga. Hale —3J 109
Colley La. Hale —2J 109
Colley Orchard. Hale —3J 109
Colley St. W Brom —5K 67
Collier Clo. C Hay —7D 14
Collier Clo. Wals —2C 26
Collier's Clo. W'hall —3B 38
Colliers Fold. Brie H —4B 88
Colliers Way. Arly —1E 100
Colliery Dri. Wals —6F 24
Colliery La. Exh —8H 103
Colliery La. N. Exh —8H 103
Colliery Rd. W Brom —8A 68
Colliery Rd. Wolv —7F 36
Collindale Ct. K'wfrd —8K 63
Collingbourne Av. B36 —2K 95
Collingdon Av. B26 —3C 116
Colling Wlk. B37 —3G 97
Collingwood Av. Bil —8K 171
Collingwood Cen., The. B43 —6K 55
Collingwood Dri. B43 —5J 55
Collingwood Rd. Cov —7A 144
Collingwood Rd. Wolv —7E 22
Collins Clo. B32 —4G 111
Collins Gro. Cov —4K 165
Collins Hill. Lich —7G 13
Collinson Clo. Redd —8G 205
Collins Rd. H'cte I —4K 215
Collins Rd. Wals —4G 27
Collins Rd. W'bry —6J 53
Collins St. Wals —2L 53
Collins St. W Brom —6E 66
Collis Clo. B'gve —2L 201
Collis St. Stourb —1M 107
Collister Clo. Shir —5H 137
Collycroft. —5H 103
Colly Cft. B37 —4F 96
Collycroft Pl. A Grn —4H 115
Colman Av. Wolv —3M 37
Colman Cres. O'bry —7J 91
Colman Hill. Hale —4K 109
Colman Hill Av. Hale —3K 109
Colmers Wlk. B31 —8K 133
Colmore Av. B14 —2K 135
Colmore Cir. Queensway. B4 —6L 93 (4G 5)
Colmore Cres. B13 —8B 114
Colmore Dri. S Cold —4A 58
Colmore Flats. B19 —5K 93 (1F 4)
Colmore Ga. B2 —4G 5
Colmore Rd. B14 —2K 135
Colmore Row. B3 —7K 93 (5E 4)
Coln Clo. B31 —3M 133
Colonial Rd. B9 —6F 94
Colshaw Rd. Stourb —5L 107
Colston Rd. B24 —7H 71
Colt Clo. S Cold —2L 55
Coltham Rd. W'hall —3C 38
Coltishall Clo. B35 —7M 71
Coltman Clo. Lich —2K 19
Colton Hills. —6A 50
Colts Clo. Hinc —5K 81
Coltsfoot Clo. Wed —4L 37
Coltsfoot Vw. Wals —7E 14
Colts La. Redd —6K 205
Columbia Clo. B5 —2K 113
Columbia Gdns. Bed —7K 103
Columbian Cres. Burn —1F 16
Columbian Dri. Cann —6F 8
Columbian Way. Cann —6F 8
Columbine Clo. Wals —6A 54
Colville Clo. Tip —1D 66
Colville Rd. B12 —4B 114
Colville Wlk. B12 —4B 114
Colwall Rd. Dud —5D 64
Colwall Wlk. B27 —5K 115
Colworth Rd. B31 —5L 133
Colyere Clo. Ker E —3A 122
Colyns Gro. B33 —4M 95
Combe Fields Rd. Bin & Ansty —6F 146
Comber. —6A 106
Comber Cft. B13 —1D 136
Comber Dri. Brie H —3B 88
Comberford Ct. W'bry —7G 53
Comberford Dri. W'bry —4K 53
Comberford Rd. Tam —1A 32
Comber Gro. Kinv —6A 106
Comber Rd. Kinv —7A 106
Comberton. —4B 150
Comberton Av. Kidd —4B 150
Comberton Ct. Kidd —5A 150
Comberton Hill. Kidd —4M 149
Comberton Mans. Kidd —4A 150
Comberton Pk. Rd. Kidd —5B 150
Comberton Pl. Kidd —4M 149
Comberton Rd. B26 —2B 116
Comberton Rd. Kidd —4M 149
Comberton Ter. Kidd —4M 149
Combrook Grn. B34 —3D 96
Commainge Clo. Warw —2D 214
Commercial Rd. Wals —2G 39
Commercial Rd. Wolv —8E 36 (5M 7)
Commercial St. B1 —8J 93 (7D 4)
Commissary Rd. Birm A —6G 117
Comn. Barn La. Cookl —4C 128
Commonfield Cft. B8 —4D 94
Common La. Cann —6G 9
Common La. Cor —3E 120
Common La. Ken —2H 191
Common La. Map G —6B 206
Common La. Sheld —4A 116
Common La. Tam —5B 32
Common La. Wash H —3F 94
Common La. Ind. Est. Ken —2J 191
Common Rd. Wom —5F 62
Common Side. —7A 16
Commonside. Brie H —3C 88
Commonside. Bwnhls —3G 27
Commonside. Pels —7A 26
Commonside. Rug —5G 11
Common, The. —2H 191
Common, The. Barw —3H 85
Common Vw. Burn —8G 11
Common Vw. Cann —2H 9
Common Wlk. Cann —4C 8
Common Way. Cov —3G 145
Communication Row. B15 —8J 93 (8C 4)
Compass Ct. Cov —6B 144 (4A 6)
Compa, The. Kinv —6A 106
Compton. —7J 35
Compton Clo. Kinv —5A 106
Compton Clo. Lea S —7C 212
Compton Clo. Redd —7E 204
Compton Clo. Sol —5K 137
Compton Ct. Dud —3J 89
Compton Ct. Wolv —7M 35
Compton Cft. B37 —8K 97
Compton Dri. Dud —1M 89
Compton Dri. K'wfrd —4K 87
Compton Dri. S Cold —2L 55
Compton Gdns. Kinv —5A 106
Compton Gro. Hale —5J 109
Compton Gro. K'wfrd —4K 87
Compton Hill Dri. Wolv —7K 35
Compton Pk. Wolv —7L 35
Compton Rd. B24 —8E 70
Compton Rd. Cov —7D 122
Compton Rd. Crad H —8J 89
Compton Rd. Hale —4F 110
Compton Rd. Kinv —5A 106
Compton Rd. Stourb —8D 108
Compton Rd. Tam —2M 31
Compton Rd. Wolv —7L 35
Compton Rd. W. Wolv —7J 35
Comrie Clo. Cov —3M 145
Comsey Rd. B43 —6H 55
Comwall Clo. Wals —3J 39 (in two parts)
Comyn St. Lea S —8B 212
Conally Dri. Redn —8H 133
Conchar Clo. S Cold —7J 57
Conchar Rd. S Cold —7J 57
Concorde Tower. B35 —7M 71
Condor Gro. Cann —8J 9
Condover Clo. Wals —6D 38
Condover Rd. B31 —1B 156
Conduit Rd. Nort C —5A 16
Conduit St. Lich —1H 19
Coneybury Wlk. Min —4D 72
Coneyford Rd. B34 —3C 96 (in two parts)
Coneygree Ind. Est. Tip —6M 65
Coney Grn. Stourb —4B 108
Coney Grn. Dri. B31 —1M 155
Coneygree Rd. Tip —7M 65
Coneygree Ter. Dud —7M 65
Congleton Clo. Cov —7E 122
Congleton Clo. Redd —4B 204
Congreve Clo. Warw —7F 210
Congreve Pas. B3 —7K 93 (5E 4)
Congreve Wlk. Bed —7H 103
Conifer Clo. Bed —5J 103
Conifer Clo. Brie H —1C 108
Conifer Clo. Cann —1G 9
Conifer Ct. B13 —7L 113
Conifer Ct. Bed —5J 103
Conifer Dri. B31 —6B 134
Conifer Dri. Hand —2E 92
Conifer Gro. B'gve —6M 179
Conifer Gro. Lea S —4A 216
Conifer Paddock. Cov —8L 145
Conifer Paddock. Hale —1E 110
Conifer Rd. S Cold —1L 55
Coningsby Clo. Lea S —3C 216
Coningsby Dri. Kidd —2G 149
Conington Gro. B17 —4A 112
Coniston. Wiln —2H 47
Coniston Av. Sol —5M 115
Coniston Clo. B28 —2F 136
Coniston Clo. B'gve —8B 180
Coniston Clo. Bulk —6C 104
Coniston Clo. Earl S —1M 85
Coniston Clo. Rugby —3D 172
Coniston Ct. Earl S —1M 85
Coniston Ct. Nun —2M 79

Coniston Cres. B43 —2F 68
Coniston Cres. Stour S —3F 174
Coniston Dri. Cov —5D 142
Coniston Dri. K'wfrd —2H 87
Coniston Grange. Ken —4G 191
Coniston Ho. B17 —4D 112
Coniston Ho. Kidd —2L 149
Coniston Ho. O'bry —4D 90
Coniston Rd. B23 —4D 70
Coniston Rd. Cov —8M 143
Coniston Rd. Lea S —8K 211
Coniston Rd. S Cold —6M 41
Coniston Rd. Wolv —1K 35
Coniston Way. Bew —2A 148
Coniston Way. Cann —8E 8
Coniston Way. Nun —2M 79
Conker La. Dorr —5E 160
Connaught Av. Kidd —6J 149
Connaught Av. W'bry —6J 53
Connaught Clo. Wals —2C 54
Connaught Dri. Wom —8G 49
Connaught Rd. Bils —2M 51
Connaught Rd. Wolv —7A 36
Connops Way. Stourb —4E 108
Connor Rd. W Brom —1L 67
Conrad Clo. B11 —2A 114
Conrad Clo. Rugby —3M 197
Conrad Rd. Cov —2A 144
Consort Cres. Brie H —3C 88
Consort Dri. W'bry —1D 52
Consort Rd. B30 —6G 135
Constable Clo. B43 —6K 55
Constable Clo. Bed —4G 103
Constable Rd. Rugby —8H 173
Constables, The. O'bry —7H 91
Constance Av. W Brom —8K 67
Constance Clo. Bed —1F 122
Constance Rd. B5 —4K 113
Constantine La. Col —8M 73
Constantine Way. Bils —7A 52
Constitution Hill. B19 —5K 93 (1D 4)
Constitution Hill. Dud —1J 89
Consul Rd. Rugby —2M 171
Convent Clo. Cann —1D 14
Convent Clo. Ken —2G 191
Conway Av. B32 —3H 111
Conway Av. Cov —1D 164
Conway Av. O'bry —7H 91
Conway Av. W Brom —8H 53
Conway Clo. Dud —3J 65
Conway Clo. K'wfrd —5M 87
Conway Clo. Shir —8K 137
Conway Cres. W'hall —2C 38
Conway Gro. B43 —2D 68
Conway Ho. Wals —3K 39
Conway Rd. B'gve —8M 179
Conway Rd. Cann —1B 14
Conway Rd. F'bri —6H 97
Conway Rd. Lea S —1K 215
Conway Rd. Shir —8K 137
Conway Rd. S'brk —3C 114
Conway Rd. Wolv —6F 34
Conwy Clo. Nun —6K 79
Conwy Clo. Wals —5G 39
Conybere St. B12 —2L 113
Conyworth Clo. B27 —5K 115
Cook Av. Dud —2K 89
Cook Clo. Know —3J 161
Cook Clo. Rugby —2C 172
Cook Clo. Wolv —5E 34
Cooke Clo. Longf —5G 123
Cooke Clo. Warw —8F 210
Cooke Ct. B37 —4H 97
Cookes Cft. B31 —7B 134
Cookesley Clo. B43 —5K 55
Cooke St. Wolv —2C 50 (8J 7)
Cookley. —4A 128
Cookley Clo. Hale —7M 109
Cookley La. Kinv —8B 106
Cookley Way. O'bry —4E 90
Cooknell Dri. Stourb —7L 87
Cook Rd. Wals —7K 25
Cooksey Corner. —4D 200
Cooksey Green. —1B 200
Cooksey Grn. La. Elmb & U War —3A 200
Cooksey La. B43 & B44 —5L 55
Cooksey Rd. B10 —2C 114
Cook's La. B37 —6F 96
Cooks La. F'ton —8J 195
Cooks La. Sap —2K 83
Cookspiece Wlk. B33 —6M 95
Cook St. B7 —2C 94
Cook St. Cov —6C 144 (3C 6)
Cook St. W'bry —3F 52
Coombe Abbey Country Pk. —6D 146
Coombe Abbey Country Pk. Vis. Cen. —6E 146
Coombe Abbey Gardens. —5E 146
Coombe Av. Bin —2M 167
Coombe Ct. Cov —7A 146
Coombe Cft. Wolv —6A 22
Coombe Dri. Bin W —2E 168
Coombe Hill. Crad H —1B 110
Coombe Hill Rd. Crad H —1B 110
Coombe Pk. S Cold —2F 56
Coombe Pk. Rd. Cov —7M 145
Coombe Rd. B20 —8L 69
Coombe Rd. Shir —7J 137
Coombes La. B31 —3M 155
Coombe St. Cov —7H 145
Coombeswood. —2C 110
Coombs Rd. Hale —3B 110
Co-Operative St. Cov —6H 123
Cooper Av. Brie H —7A 88
Cooper Clo. B'gve —3L 201
Cooper Clo. W Brom —7L 67
Cooper's Bank. —8C 64
Cooper's Bank Rd. Brie H & Dud —8C 64
Coopers Hill. A'chu —3K 181
Cooper's La. Smeth —4M 91
Coopers La. Stour S —6F 174
Coopers Rd. B20 —6G 69
Cooper St. Nun —5K 79
Cooper St. W Brom —6K 67
Cooper St. Wolv —1F 50
Coopers Wlk. Bubb —3J 193
Cope Arnolds Clo. Cov —5F 122
Copeland. Brow —2C 172
Copelands, The. Kinv —5A 106
Copeley Hill. B23 —8C 70
Copes Cres. Wolv —3G 37
Copes Dri. Tam —2A 32
Cope St. B18 —6G 93
Cope St. Cov —6D 144 (4E 6)
Cope St. Wals —3J 39
Cope St. W'bry —3E 52
Cophall St. Tip —4D 66
Cophams Clo. Sol —7C 116
Copland Pl. Cov —8E 142
Coplow Clo. Bal C —3G 163
Coplow Cotts. B16 —6F 92
Coplow St. B16 —6F 92
Coplow Ter. B16 —6F 92 (off Coplow St.)
Copnor Gro. B26 —3L 115
Coppenhall Gro. B33 —6A 96
Copperas St. Cov —7H 123
Copperbeech Clo. B32 —4M 111
Copper Beech Clo. Cov —8E 122
Copperbeech Dri. B12 —4A 114
Copper Beech Dri. K'wfrd —8K 63
Copper Beech Dri. Wom —3H 63
Copperbeech Gdns. Hand —7F 68
Copperfield Rd. Cov —6H 145
Copperfields. Lich —2K 19
Copperkins Rd. Cann —5K 9
Coppermill Clo. Cann —2F 8
Coppice Ash Cft. B19 —1K 93
Coppice Av. Stourb —6F 108
Coppice Clo. Brie H —8F 88
Coppice Clo. C Ter —1F 16
Coppice Clo. C Hay —5D 14
Coppice Clo. Dud —2B 64
Coppice Clo. Hinc —6F 84
Coppice Clo. Redd —6C 204
Coppice Clo. Redn —2F 154
Coppice Clo. Shir —5J 159
Coppice Clo. Sol —2A 138
Coppice Clo. Wolv —8A 24
Coppice Ct. Cann —2B 14
Coppice Cres. Wals —2D 26
Coppice Dri. B27 —7H 115
Coppice Dri. Dord —2M 47
Coppice Farm Way. W'hall —8B 24
Coppice Gro. Lich —2M 19
Coppice Heights. Kidd —8H 149
Coppice Hollow. B32 —8H 111
Coppice La. Brie H —8F 88
Coppice La. Bwnhls —1C 26
Coppice La. C Hay —5D 14
Coppice La. Hamm —6M 17
Coppice La. Midd —7C 44
Coppice La. Wals W —8F 26
Coppice La. W'hall —3C 38
Coppice La. Wolv —3H 35
Coppice Ri. Brie H —8G 89
Coppice Rd. B13 —6A 114
Coppice Rd. Bils —1G 65
Coppice Rd. Crad H —2L 109
Coppice Rd. Sol —2E 138
Coppice Rd. Wals —5F 26
Coppice Rd. W'nsh —8B 216
Coppice Rd. Wolv —1K 49
Coppice Side. Bwnhls —1D 26
Coppice Side Ind. Est. Wals —2C 26
Coppice St. Dud —5K 65
Coppice St. Tip —3L 65
Coppice St. W Brom —5G 67
Coppice, The. B20 —7G 69
Coppice, The. Burb —1A 82
Coppice, The. Cann —8L 9
Coppice, The. Cov —1H 167
Coppice, The. Nun —2J 79
Coppice, The. Tip —8C 52
Coppice, The. W'hall —3C 38
Coppice Vw. Rd. S Cold —5A 56
Coppice Wlk. Hinc —6F 84
Coppice Wlk. Shir —5J 159
Coppice Way. B37 —7H 97
Copplestone Clo. B34 —3B 96
Copps Rd. Lea S —1K 215
Coppy Hall Gro. Wals —8H 27
Coppy Nook La. Hamm —4H 17
Copse Clo. B31 —7A 134
Copse Cres. Wals —5A 26
Copse Dri. Cov —1B 142
Copse Rd. Dud —6H 89
Copse, The. Exh —1G 123
Copse, The. S Cold —8F 42
Copsewood Av. Nun —2A 104
Copsewood Ter. Cov —7J 145
Copstone Dri. Dorr —6F 160
Copston Gro. B29 —1B 134
Copthall Rd. B21 —7C 68
Copthall Ter. Cov —8C 144 (7C 6)
Copt Heath. —8G 139
Copt Heath Cft. Know —1H 161
Copt Heath Dri. Know —2G 161
Copthorne Av. Burn —5F 16
Copthorne Rd. B44 —6L 55
Copthorne Rd. Cov —1M 143
Copthorne Rd. Wolv —2A 50
Copt Oak Clo. Cov —2C 164
Copyholt. —5B 202
Copyholt La. S Prior & Lwr B —5A 202
Coral Clo. Burb —5M 81
Coral Clo. Cov —7J 143
Coralin Clo. B37 —7H 97
Corbett Clo. B'gve —1B 202
Corbett Cres. Stourb —2A 108
Corbett Dri. S Prior —8J 201
Corbett Rd. Brie H —8D 88
Corbett Rd. H'wd —2A 158
Corbett Rd. Kidd —1G 149
Corbetts Clo. H Ard —2B 140
Corbett St. Rugby —5C 172
Corbett St. Smeth —5B 92
Corbin Rd. Dord —3M 47
Corbison Clo. Warw —8D 210
Corbizum Av. Stud —5K 209
Corbridge Av. B44 —8M 55
Corbridge Rd. S Cold —7F 56
Corbyn Rd. B9 —6H 95
Corbyn Rd. Dud —1F 88
Corbyn's Clo. Brie H —2B 88
Corbyn's Hall La. Brie H —2B 88
Corbyn's Hall Rd. Brie H —3B 88
Cordelia Grn. H'cte —5L 215
Cordelia Way. Rugby —3L 197
Cordle Marsh Rd. Bew —4C 148
Cordley St. W Brom —5H 67
Corfe Clo. B32 —4M 111
Corfe Clo. Cov —4M 145
Corfe Clo. Wolv —6F 34
Corfe Dri. Tiv —1A 90
Corfe Rd. Bils —1G 65
Corfe Way. Nun —6H 79
Corfton Dri. Wolv —5J 35
Coriander Clo. Redn —8H 133
Coriander Clo. S Prior —8J 201
Corinne Clo. Redn —3G 155
Corinne Cft. B37 —5G 97
Corinthian Pl. Cov —3K 145
Corisande Rd. B29 —7C 112
Corley. —2J 121
Corley Ash. —1G 121
Corley Av. B31 —6B 134
Corley Clo. Shir —8E 136
Corley Moor. —3E 120
Corley Vw. Ash G —2C 122
Cormorant Gro. Kidd —6B 150
Cornbrook Rd. B29 —2M 133
Cornbury Gro. Sol —5K 137
Corncrake Clo. S Cold —7K 57
Corncrake Dri. B36 —1G 97
Corncrake Rd. Dud —6E 64
Corndon Clo. Kidd —7H 149
Cornel. Tam —6F 32
Cornel Clo. B37 —1J 117
Cornelius St. Cov —1D 166
Cornerstone Country Club. B31 —4B 134
Cornerstone Ho. Cov —1E 6
Cornerway. B38 —2F 156
Cornets End. —3H 141
Cornets End La. Mer —2E 140
Cornfield. Hinc —5C 84
Cornfield. Wolv —8L 21
Cornfield Av. Stoke H —3K 201
Cornfield Clo. W Hth —1G 87
Cornfield Cft. B37 —6K 97
Cornfield Cft. S Cold —6M 57
Cornfield Dri. Lich —1L 19
Cornfield Pl. Row R —5M 89
Cornfield Rd. B31 —5B 134
Cornfield Rd. Row R —5M 89
Cornfield, The. Cov —8J 145
Cornflower Clo. F'stne —2G 23
Cornflower Cres. Dud —1M 89
Corn Flower Dri. Rugby —1D 172
Cornflower Rd. Clay —3D 26
Corngreaves Rd. Crad H —8K 89
Corngreaves, The. B34 —3C 96
Corngreaves Trad. Est. Crad H —2K 109
Corngreaves Wlk. Crad H —2L 109
Cornhampton Clo. Redd —4B 204
Cornhill. Cann —4E 8
Corn Hill. Wals —1E 54
Corn Hill. Wolv —7D 36 (4L 7)
Cornhill Gro. B30 —2J 135
Cornhill Gro. Ken —4J 191
Cornish Clo. Nun —1M 77
Cornish Cres. Nun —7G 79
Corn Mill Clo. B32 —8L 111
Corn Mill Clo. Wals —2K 53
Cornmill Gro. Pert —6D 34
Cornovian Clo. Wolv —4E 34
Corns Gro. Wom —4F 62
Corns Ho. W'bry —3E 52 (off Birmingham St.)
Corns St. W'bry —4E 52
Cornwall Av. Kidd —8J 127
Cornwall Av. O'bry —1H 111
Cornwall Av. Tam —8A 32
Cornwall Clo. K'wfrd —1L 87
Cornwall Clo. Wals —8G 27
Cornwall Clo. Warw —8F 210
Cornwall Clo. W'bry —5K 53
Cornwall Ga. W'hall —4B 38
Cornwall Ind. Est. Smeth —2B 92
Cornwallis Rd. Rugby —8H 171
Cornwallis Rd. W Brom —8G 67
Cornwall Pl. Lea S —8K 211
Cornwall Pl. Wals —6E 38
Cornwall Rd. B20 —7F 68
Cornwall Rd. Cann —4H 9
Cornwall Rd. Cov —8E 144 (7F 6)
Cornwall Rd. Redn —8E 132
Cornwall Rd. Smeth —2B 92
Cornwall Rd. Stourb —1K 107
Cornwall Rd. Wals —2B 54
Cornwall Rd. Wolv —5J 35
Cornwall St. B3 —6K 93 (4E 4)
Cornwall Tower. B18 —4H 93
Cornwall Way. Hinc —5E 84
Cornwell Clo. Redd —4H 209
Cornwell Clo. Tip —4A 66
Cornyx La. Sol —3D 138
Coronation Av. M Oak —8K 31
Coronation Av. W'hall —7D 38
Coronation Ct. Nun —5H 79
Coronation Cres. Shut —2M 33
Coronation Rd. Bils —4J 51
Coronation Rd. Chu L —5B 170
Coronation Rd. Cov —5F 144
Coronation Rd. Earl S —3K 85
Coronation Rd. Gt Barr —5E 54
Coronation Rd. Hurl —5J 61
Coronation Rd. Pels —7B 26
Coronation Rd. Salt —3F 94
Coronation Rd. S Oak —7F 112
Coronation Rd. Tip —1A 66
Coronation Rd. Wals W —6G 27
Coronation Rd. W'bry —6J 53
Coronation Rd. Wolv —4G 37
Coronation St. Tam —4A 32
Coronation Ter. B'gve —2B 202
Coronation Way. Kidd —4B 150
Coronel Av. Longf —5E 122
Corporation Rd. Dud —7L 65
Corporation Sq. B4 —6L 93 (4H 5)
Corporation St. B2 & B4 (in two parts) —7L 93 (5G 5)
Corporation St. Cov (in three parts) —6C 144 (5B 6)
Corporation St. Kidd —4L 149
Corporation St. Nun —4H 79
Corporation St. Rugby —6A 172
Corporation St. Tam —4B 32
Corporation St. Wals —1L 53
Corporation St. W'bry —7G 53
Corporation St. Wolv —7C 36 (4H 7)
Corporation St. W. Wals —1K 53
Correen. Wiln —8J 33
Corrie Cft. B26 —2B 116
Corrie Cft. Bart G —1H 133
Corrie Ho. Cov —5A 6
Corrin Gro. K'wfrd —1J 87
Corron Hill. Hale —5B 110 (off Cobham Rd.)
Corser St. Dud —7F 64
Corser St. Stourb —6A 108
Corser St. Wolv —8F 36
Corsican Clo. Burn —1G 17
Corsican Clo. W'hall —2E 38
Corsican Dri. Cann —1G 9
Corston M. Lea S —3C 216
Cort Dri. Burn —1H 17
Corvedale Rd. B29 —3A 134
Corve Gdns. Wolv —4L 35
Corve Vw. Dud —8C 50
Corville Gdns. B26 —5C 116
Corville Rd. Hale —3F 110
Corwen Cft. B31 —2K 133 (in two parts)
Cory Cft. Tip —4A 66
Coseley. —6J 51
Coseley Hall. Bils —1J 65
Coseley Rd. Bils —4J 51
Cosford Clo. Lea S —6B 212
Cosford Clo. Redd —8M 205
Cosford Ct. Wolv —4E 34
Cosford Cres. B35 —6A 72
Cosford Dri. Dud —5L 89
Cosford La. Swift I —1M 171
Cosgrove Wlk. Wolv —8M 21
Cossington Rd. B23 —2D 70
Costers La. Redd —6M 205
Cote La. Env —1A 106
Coten End. Warw —2F 214
Cotes Rd. Burb —4M 81
Cotford Rd. B14 —7A 136
Cotheridge Clo. Shir —3C 160
Cot La. K'wfrd & Stourb —3J 87
Cotleigh Gro. B43 —6K 55
Cotman Clo. B43 —6J 55
Cotman Clo. Bed —5G 103
Cotman Dri. Hinc —6A 84
Coton. —2J 31
Coton Grn. Precinct. Tam —2M 31
Coton Gro. Shir —7E 136
Coton La. B23 —5F 70
Coton La. Mars —7B 60
Coton La. Tam —2K 31
Coton Lawn. —8D 78
Coton Rd. Mars & Col —7B 60
Coton Rd. Nun —5J 79
Coton Rd. Rugby —1G 199
Coton Rd. Wolv —4B 50
Cotsdale Rd. Wolv —6L 49
Cotsford. Sol —6A 138
Cotswold Av. Gt Wyr —6F 14
Cotswold Av. Stour S —8D 174
Cotswold Clo. A'rdge —8J 27
Cotswold Clo. Kidd —7J 149
Cotswold Clo. O'bry —4E 90
Cotswold Clo. Redn —7H 133
Cotswold Cres. Nun —6B 78
Cotswold Cft. Hale —8J 109
Cotswold Dri. Cov —6C 166
Cotswold Gro. W'hall —8B 24
Cotswold Rd. Cann —1G 9
Cotswold Rd. Stourb —3B 108
Cotswold Rd. Wolv —2F 50
Cotswold Way. B'gve —4A 180
Cottage Clo. Burn —4F 16 (in two parts)
Cottage Clo. Cann —4K 9
Cottage Clo. Lea S —3C 216
Cottage Clo. Wed —3J 37 (in two parts)
Cottage Ct. Burn —4F 16
Cottage Dri. Marl —8C 154
Cottage Farm La. Marl —7C 154
Cottage Farm Lodge. Cov —8A 122
Cottage Farm Rd. Cov —8A 122
Cottage Farm Rd. Two G & Dost —2D 46
Cottage Gdns. Earl S —1M 85
Cottage Gdns. Redn —4F 154
Cottage La. Burn —4F 16
Cottage La. Col —3D 74
Cottage La. Marl —7C 154
Cottage La. Min —3D 72
Cottage La. Wolv —6D 22
Cottage Leap. Rugby —5D 172
Cottage M. A'rdge —5L 41
Cottage St. Brie H —6D 88
Cottage St. K'wfrd —2K 87
Cottage Vw. Cod —5H 21
Cottage Wlk. W Brom —7K 67
Cottage Wlk. Wiln —3F 46
Cotterell Rd. Rugby —3M 171
Cotteridge. —5F 134
Cotteridge Rd. B30 —5G 135
Cotterills Av. B8 —5J 95
Cotterills Clo. W'nsh —6B 216
Cotterills La. B8 —5G 95
Cotterills Rd. Tip —2B 66
Cottesbrook Clo. Bin —8L 145
Cottesbrook Rd. B27 —5K 115
Cottesfield Clo. B8 —5H 95
Cottesmore Clo. W Brom —1M 67
Cottesmore Ho. B20 —6F 68
Cottle Clo. Wals —6F 38
Cotton Ct. Earl S —1M 85
Cotton Dri. Ken —3J 191
Cotton Gro. Cann —1G 9
Cotton La. B13 —7M 113
Cotton Mill Spinney. Cubb —3E 212
Cotton Pool Rd. B'gve —7L 179
Cotton Way. Burn —8F 10
Cottrells Clo. B14 —5C 136
Cottrell St. W Brom —5K 67
Cottsmeadow Dri. B8 —5J 95
Cotwall End. —2C 64
Cotwall End Countryside Cen. —3C 64
Cotwall End Rd. Dud —5B 64
Cotysmore Rd. S Cold —3K 57
Couchman Rd. B8 —5E 94
Coughton Dri. Syd —4D 216
Coulson Clo. Burn —8D 10
Coulter Gro. Pert —5D 34
Coulter La. Burn —1L 17 (in two parts)
Council Cres. W'hall —5C 38
Council Rd. Hinc —8D 84
Coundon. —2L 143
Coundon Grn. Cov —2L 143
Coundon Rd. Cov —5B 144
Coundon St. Cov —5B 144 (3A 6)
Coundon Wedge Dri. Alle —8K 121
Counterfield Dri. Row R —4M 89
Countess Cft., The. Cov —2D 166
Countess Dri. Wals —2D 40
Countess Rd. Nun —5G 79
Countess St. Wals —2K 53
Counting Ho. Way. Stoke H —3L 201
County Bridge. —7E 38
County Clo. B30 —3H 135
County Clo. W'gte —6J 111
County Dri. Tam —7A 32
County La. Alb & Cod W —4A 20
County La. Iver —1K 129 (in two parts)
County Pk. Av. Hale —6C 110
Courtaulds Ind. Est. Cov —3D 144
Courtaulds Way. Cov —3D 144
Court Clo. Kidd —8H 127
Court Cres. K'wfrd —4H 87
Court Dri. Lich —4F 28
Courtenay Gdns. B43 —7E 54
Courtenay Rd. B44 —2L 69
Ct. Farm Rd. B23 —3E 70
Ct. Farm Way. B29 —2M 133
Courthouse Cft. Ken —5J 191
Court House Green. —1H 145
Courtland Av. Cov —4M 143
Courtland Rd. K'wfrd —1L 87
Courtlands Clo. B5 —3J 113
Courtlands, The. Wolv —5L 35
Court La. B23 —1E 70
Court Leet. Bin W —2D 168
Ct. Leet Rd. Cov —2E 166
Courtney Clo. Nun —2M 79
Ct. Oak Gro. B32 —3M 111
Ct. Oak Rd. B32 & B17 —3L 111
Court Pde. Wals —3H 41
Court Pas. Dud —8J 65
Court Rd. Bal H —3L 113
Court Rd. Lane —6G 51
Court Rd. S'hll —5C 114
Court Rd. Wolv —5M 35
Court St. Crad H —8L 89
Court St. Lea S —2A 216
Court St. Stourb —4A 108
Court Way. Wals —7L 39
Courtway Av. B14 —8B 136
Courtyard, The. Col —7M 73
Courtyard, The. Ken —5J 191
Courtyard, The. Sol —5C 138
Courtyard, The. Warw —3F 214
Cousins St. Wolv —2D 50
Coveley Gro. B18 —4G 93
Coven Clo. Wals —4A 26
Coven Gro. B29 —7B 112
Coven Heath. —3D 22
Coven La. Coven —4M 21
Coven Lawn. —1B 22
Coven St. Wolv —5D 36
Coventry. —7C 144 (5C 6)
Coventry Airport. —7H 167
Coventry Bus. Pk. Cov —8J 143
Coventry Canal Basin. Cov —2C 6
Coventry Cathedral. —6D 144 (4D 6)
Coventry Cathedral Vis. Cen. —6D 144 (4D 6) (off Priory St.)
Coventry Eastern By-Pass. Bin & Cov —5K 167
Coventry Highway. Redd —5F 204
Coventry Old Cathedral. —7D 144 (5D 6) (off Bayley La.)
Coventry Rd. Bag —6E 166
Coventry Rd. Barn & Bulk —2M 123
Coventry Rd. Bed —8H 103
Coventry Rd. Berk —6K 141
Coventry Rd. Bick —6G 117
Coventry Rd. Bret —3L 169
Coventry Rd. Brin —6H 147
Coventry Rd. Burb —5L 81
Coventry Rd. Chu L —5C 170
Coventry Rd. Col —6A 98
Coventry Rd. Fill —6E 100
Coventry Rd. Griff & Nun —4H 103
Coventry Rd. Hinc —2E 80
Coventry Rd. Ken —3F 190
Coventry Rd. Ken & Cov —8J 165
Coventry Rd. K'bry —5D 60
Coventry Rd. Sharn & Sap —4L 83
Coventry Rd. Sheld & Elmd —3L 115
Coventry Rd. Small H & Yard —8A 94 (8M 5)
Coventry Rd. S'lgh & Cubb —3C 192
Coventry Rd. T'ton & Dunc —5D 196
Coventry Rd. Warw —2F 214
Coventry Rd. Wig P & Sharn —8E 82

Coventry Rd. Wlvy —6K 105
Coventry Rd. Exhall. Exh —2G 123
Coventry St. B5 —7M 93 (6J 5)
Coventry St. Cov —5G 145
Coventry St. Kidd —3L 149
Coventry St. Nun —5J 79
Coventry St. Stourb —4A 108
Coventry St. Wolv —7G 37
Coventry Tourist Info. Cen. —7D 144 (5D 6)
Coventry Toy Mus. —7D 144 (6E 6)
Coventry Trad. Est. Cov —6J 167
Coventry University Technology Pk. Cov (in two parts) —8D 144 (7D 6)
Cove Pl. Cov —2J 145
Cover Cft. S Cold —8A 58
Coverdale Rd. Sol —5A 116
Coverley Pl. Rugby —6L 171
Covers, The. Stud —3L 209
Covert La. Stourb —8K 107
Covert, The. Wolv —8L 21
Covey Clo. Lich —8K 13
Cowan Clo. Rugby —8J 171
Cowdray Clo. Lea S —2C 216
Cow La. What —6F 46
Cowles Cft. B25 —8L 95
Cowley. Tam —7E 32
Cowley Clo. B36 —8F 72
Cowley Dri. B27 —5K 115
Cowley Dri. Dud —7F 64
Cowley Grn. Cann —1F 8
Cowley Gro. B11 —4E 114
Cowley Rd. B11 —4E 114
Cowley Rd. Cov —5K 145
Cowley Way. Kils —7M 199
Cowper Clo. Warw —8F 210
Cowper Clo. W'hall —2E 38
Cowper Rd. Hinc —3K 81
Cowper Wlk. Kidd —3C 150
Cowslip Clo. K Nor —1F 156
Cowslip Clo. S Oak —2A 134
Cowslip Wlk. Brie H —3C 108
Cox Cres. Dunc —5J 197
Coxcroft Av. Brie H —1F 108
Coxmoor Clo. Wals —6F 24
Cox Rd. Bils —8L 51
Coxs Clo. Nun —6H 79
Cox's La. Crad H —7M 89
Cox's Orchard. W'nsh —5A 216
Cox St. B3 —5K 93 (2D 4)
Cox St. Cov —6D 144 (3E 6)
Coxwell Av. Wolv —3C 36
Coxwell Gdns. B16 —7F 92
Coyne Clo. Tip —4K 65
Coyne Rd. W Brom —7H 67
Cozens Clo. Bed —5G 103
Crabbe St. Stourb —4F 108
Crabbs Cross. —3D 208
Crabbs Cross La. Redd —4D 208
Crab La. Cann —6G 9
Crab La. K'wfrd —5A 88
Crab La. W'hall —8D 24
Crabmill Clo. B38 —2E 156
Crabmill Clo. Know —2J 161
Crabmill La. B38 —2J 157
Crabmill La. Cov —2F 144
Crabourne Rd. Dud —7H 89
Crabtree Clo. B31 —7C 134
Crabtree Clo. Hag —3B 130
Crabtree Clo. Redd —7F 204
Crabtree Clo. W Brom —1M 67
Crabtree Ct. B'gve —6L 179
Crabtree Dri. B37 —7F 96
Crabtree Dri. B'gve —6M 179
Crabtree Gro. Lea S —3C 216
Crab Tree Ho. B33 —6L 95
Crabtree La. B'gve —5L 179
Crabtree Rd. B18 —4G 93
Crabtree Rd. Barw —4F 84
Crackley. —1H 191
Crackley Cotts. Ken —1H 191
Crackley Cres. Ken —1H 191
Crackley La. Ken —5E 164
Crackley Way. Dud —3G 89
Craddock Ct. Nun —2C 78
Craddock Dri. Nun —2C 78
Craddock Rd. Smeth —3L 91
Craddock St. Wolv —5A 36
Cradley Clo. Redd —7M 205
Cradley Cft. B21 —6C 68
Cradley Fields. Hale —4K 109
Cradley Forge. Brie H —1G 109
Cradley Heath. —1J 109
Cradley Heath Factory Cen. Crad H —1J 109
Cradley Mill. Brie H —2F 108
Cradley Pk. Rd. Dud —7J 89
Cradley Rd. Crad H —1J 109
Cradley Rd. Dud —5K 89
Cradock Rd. Salt —4E 94
Craig Clo. Lea S —3B 216
Craig Cft. B37 —7K 97
Craigends Av. Bin —3M 167
Crail Gro. B43 —5H 55
Crakston Clo. Cov —7L 145
Cramlington Rd. B42 —1G 69
Crammond Clo. Hinc —1H 81
Crampers Fld. Cov —4A 144
Cramp Hill. W'bry —3D 52
Cranberry Dri. Stour S —5E 174
Cranborne Chase. Cov —4M 145
Cranbourne Av. Wolv —6E 50
Cranbourne Clo. Redn —7G 133
Cranbourne Gro. B44 —1A 70
Cranbourne Pl. W Brom —5K 67
Cranbourne Rd. B44 —1A 70
Cranbourne Rd. Stourb —5A 108
Cranbrook Ct. W'hall —7C 38 (off Mill St.)
Cranbrook Gro. Wolv —6F 34
Cranbrook Rd. B21 —8C 68
Cranby St. B8 —4D 94
Craneberry Rd. B33 & B37 —7E 96
Cranebrook Hill. Dray B —4E 44
Cranebrook La. Hltn —3M 27
Crane Clo. Warw —8D 210
Crane Ct. Wals —6A 40
Crane Dri. Burn —5G 17
Crane Fields. Lich —8G 13
Crane Hollow. Wom —4E 62
Cranehouse Rd. B44 —7B 56
Cranemoor Clo. B7 —3C 94
Crane Rd. Bils —6M 51
Craner's Rd. Cov —5F 144
Cranesbill Clo. F'stne —2J 23
Cranesbill Rd. B29 —3A 134
Cranes Pk. Rd. B26 —4C 116
Crane St. Kidd —3J 149
Crane Ter. Wolv —4L 35
Cranfield Gro. B26 —1M 115
Cranfield Pl. Wals —5M 53
Cranfield Rd. Burn —2G 17
Cranford Gro. Sol —8B 138
Cranford Rd. Cov —5K 143
Cranford Rd. Wolv —1J 49
Cranford St. Smeth —4C 92
Cranford Way. Smeth —4C 92
Cranham Clo. Redd —1B 208
Cranham Dri. K'wfrd —4L 87
Cranhill Clo. Sol —8B 116
Crankhall La. W'bry & W Brom —6H 53
Cranleigh Clo. Wals —4H 41
Cranleigh Clo. W'hall —8C 24
Cranleigh Ho. B23 —3F 70
Cranleigh Pl. B44 —4L 69
Cranleigh Way. Lich —2L 19
Cranley Dri. Cod —5F 20
Cranmer Av. W'hall —2D 38
Cranmere Av. Wolv —3G 35
Cranmere Clo. C Hay —8D 14
Cranmer Gro. H'cte —6K 215
Cranmer Gro. S Cold —3F 42
Cranmoor Cres. Hale —4A 110
Cranmore Av. B21 —2D 92
Cranmore Av. Shir —1L 159
Cranmore Boulevd. Shir —1K 159
Cranmore Clo. Tip —1A 66
Cranmore Dri. Shir —8L 137
Cranmore Rd. B36 —8D 72
Cranmore Rd. Shir —1K 159
Cranmore Rd. Wolv —6M 35
Cransley Gro. Sol —8A 138
Crantock Clo. Ess —8C 24
Crantock Rd. B42 —5J 69
Crantock Way. Nun —5M 79
Cranwell Grn. Wom —4F 62
Cranwell Gro. B24 —6K 71
Cranwell Ri. M Oak —8J 31
Cranwell Way. B35 —6A 72
Crathie Clo. Cov —3M 145
Crathorne Av. Wolv —8C 22
Craufurd Ct. Stourb —6A 108
Craufurd St. Stourb —6A 108
Craven. Wiln —8G 33
Craven Av. Bin W —2C 168
Craven Heights. H Ard —2A 140
Craven Rd. Rugby —5B 172
Craven St. Cov —7M 143
Craven St. Wolv —3F 50
Crawford Av. Smeth —5M 91
Crawford Av. W'bry —2C 52
Crawford Av. Wolv —6F 50
Crawford Clo. Lea S —4B 212
Crawford Rd. S Cold —1M 71
Crawford Rd. Wolv —7A 36
Crawford St. B8 —4C 94
Crawley Wlk. Crad H —8K 89
Crawshaws Rd. B36 —8C 72
Crayford Rd. B44 —8A 56
Craythorne Av. B20 —4E 68
Crecy Clo. S Cold —5L 57
Crecy Rd. Cov —2E 166
Credenda Rd. W Brom —8G 67
Crediton Clo. Nun —4M 79
Crendon Gro. Edg —5F 112
Cregoe St. B15 —8J 93 (8D 4)
Cremore Av. B8 —4E 94
Cremorne Rd. S Cold —7H 43
Crendon Clo. Stud —4L 209
Crendon Rd. Row R —3A 90
Crescent Av. Brie H —7C 88
Crescent Av. Cov —7J 145
Crescent Av. Hock —3H 93
Crescent Rd. Dud —4H 89
Crescent Rd. Kidd —3J 149
Crescent Rd. W'bry —3D 52
Crescent Rd. W'hall —7C 38
Crescent, The. B43 —6K 55 (Collingwood Dri.)
Crescent, The. B43 —8G 55 (Queslett Rd.)
Crescent, The. Bils —3K 51
Crescent, The. Birm P —1L 117
Crescent, The. Brin —5M 147
Crescent, The. B'gve —8M 179
Crescent, The. Burn —8F 10
Crescent, The. Cookl —5B 128
Crescent, The. Crad H —2A 110
Crescent, The. Dud —5L 65
Crescent, The. Elme —4K 85
Crescent, The. Gt Wyr —7G 15
Crescent, The. Hag —4M 129
Crescent, The. H Ard —2B 140
Crescent, The. Hock —3H 93
Crescent, The. Ker E —3M 121
Crescent, The. Kidd —1M 175
Crescent, The. Law H —3C 196
Crescent, The. Row R —7C 90
Crescent, The. Shir —5G 137
Crescent, The. Sol —5B 138
Crescent, The. Stourb —5C 108
Crescent, The. Wals —1A 54
Crescent, The. Wat O —6H 73
Crescent, The. W'bry —5G 53
Crescent, The. W'hall —8C 38
Crescent, The. Wolv —6H 35
Crescent Tower. B1 —5C 4
Crescent Wlk. B1 —6C 4
Cressage Av. B31 —8A 134
Cressage Rd. Cov —3A 146
Cressett Av. Brie H —5B 88
Cressett La. Brie H —5C 88
Cressington Dri. S Cold —8G 43
Cresswell Clo. Nun —1J 79
Cresswell Ct. Pend —6A 22
Cresswell Cres. Wals —7F 24
Cresswell Gro. B24 —5K 71
Crest Pk. Redd —3M 205
Crest, The. B31 —2B 156
Crest, The. Lea S —6C 212
Crest Vw. B14 —5B 136
Crest Vw. S Cold —1M 55
Crestwood. Tam —4G 33
Crestwood Av. Kidd —4G 149
Crestwood Dri. B44 —2L 69
Crestwood Glen. Wolv —2L 35
Creswell Green. —8L 11
Creswell Rd. B28 —2H 137
Creswick Gro. Redn —2J 155
Crew La. Ken —3J 191
Crew Rd. W'bry —5G 53
Creynolds Clo. Shir —5K 159
Creynolds La. Shir —6K 159
Cricket Clo. Cov —6M 143
Cricket Clo. Wals —2B 54
Cricketers Mdw. Crad H —2L 109
Cricket La. Lich —5J 19
Cricket Mdw. Dud —4E 64
Cricket Mdw. Wolv —5D 22
Cricket St. W Brom —2F 66
Crick La. B20 —1G 93
Cricklewood Dri. Hale —6D 110
Crick Rd. Rugby & Hillm —1H 199
Crigdon. Wiln —7J 33
Crimmond Ri. Hale —4L 109
Crimscote Clo. Shir —3M 159
Cringlebrook. Tam —8D 32
Cripps Rd. Wals —6E 38
Critchley Dri. Dunc —6K 197
Criterion Works. W'hall —1B 52
Crocketts Av. B21 —2D 92
Crockett's La. Smeth —4A 92
Crocketts Rd. B21 —2C 92
Crockett St. Dud —7G 65
Crockford Dri. S Cold —6H 43
Crockford Rd. W Brom —8J 53
Crockington La. Seis —7A 48
Crocus Cres. Pend —6A 22
Croft Apartments. W'hall —7A 38 (off Croft St.)
Croft Av. Cann —1G 9
Croft Clo. B25 —1L 115
Croft Clo. Barw —3H 85
Croft Clo. Redd —6K 205
Croft Clo. Stret D —3F 194
Croft Clo. Warw —2J 215
Croft Clo. Wlvy —5L 105
Croft Ct. Cas B —1B 96
Croft Cres. Wals —2D 26
Croftdown Rd. B17 —3M 111
Cft. Down Rd. Sol —5D 116
Croft Dri. B26 —1M 115
Crofters Clo. Stourb —5B 108
Crofters Ct. B15 —3E 112
Crofters Wlk. Wolv —8L 21
Croft Fields. Bed —7H 103
Croft Gdns. B36 —1M 95
Croft Gdns. Burn —1G 17
Croft Ho. Wals —8M 39 (off Paddock La.)
Croft Ind. Est. B37 —7K 97
Croft Ind. Est. W'hall —7A 38
Croft La. Wolv —2G 37
Croftleigh Gdns. Sol —7L 137
Croft Mead. Nun —6J 77
Crofton Common. —2A 156
Crofton Hackett. —7K 155
Croft Pde. Wals —3H 41
Croft Pool. Bed —7F 102
Croft Rd. B26 —1L 115
Croft Rd. Bed —7F 102
Croft Rd. Cov —7B 144 (5A 6)
Croft Rd. Leek W —2G 211
Croft Rd. Nun —7E 78
Crofts La. A'wd B —7A 208
Crofts, The. S Cold —2A 72
Croft St. Tam —3B 32
Croft St. Wals —6K 39
Croft St. W'hall —7A 38 (in two parts)
Croft, The. B31 —6B 134
Croft, The. Blak —7J 129
Croft, The. Bulk —7B 104
Croft, The. Dud —3F 88
Croft, The. Longf —5F 122
Croft, The. Mer —8J 119
Croft, The. Sed —8E 50
Croft, The. Wals —1E 54
Croft, The. W'hall —3D 38
Croft, The. Wom —4D 62
Croftway, The. B20 —3E 68
Croftwood Rd. Stourb —5D 108
Cromane Sq. B43 —2E 68
Cromarty Clo. Cov —5G 143
Cromarty Dri. Hinc —1F 80
Cromdale. Wiln —8J 33
Cromdale Clo. Nun —6A 78
Cromdale Dri. Hale —6K 109
Cromer Gdns. Wolv —4M 35
Crome Rd. B43 —6K 55
Cromer Rd. B12 —4M 113
Cromer Rd. Lea S —7B 212
Cromes Wood. Cov —8D 142
Crompton Av. Hand —8J 69
Crompton Clo. Wals —4G 39
Crompton Rd. Hand —8J 69
Crompton Rd. Nech —1C 94
Crompton Rd. Redn —8D 132
Crompton Rd. Tip —5A 66
Crompton St. Warw —3D 214
Cromwell Clo. Bntly —5E 38
Cromwell Clo. Row R —4M 89
Cromwell Dri. Dud —1M 89
Cromwell La. B31 —1K 133
Cromwell La. Burt G & Cov —5B 164
Cromwell Mdw. Lich —4J 19
Cromwell Rd. Cann —8L 9
Cromwell Rd. Rugby —8C 172
Cromwell Rd. Tam —1L 31
Cromwell Rd. Wolv —6E 22
Cromwell St. B7 —4B 94
Cromwell St. Cov —3F 144
Cromwell St. Dud —1L 89
Cromwell St. W Brom —5J 67
Crondal Pl. B15 —2H 113
Crondal Rd. Exh —2H 123
Cronehills Linkway. W Brom —5K 67
Cronehills St. W Brom —6K 67
Cronehills, The. —6J 67
Crooked Ho. La. Dud —7M 63
Crookham Clo. B17 —2M 111
Crookhay La. W Brom —1G 67
Crook Ho. Yd. Brin —5M 147
Crook La. Wals —2G 55
Crooks La. Stud —5K 209
Croome Clo. Cov —5M 143
Croome Clo. Redd —8M 205
Croome Clo. S'hll —6B 114
Cropredy Rd. B31 —1A 156
Cropthorne Clo. Redd —2G 209
Cropthorne Dri. H'wd —2B 158
Cropthorne Ho. B'gve —6B 180 (off Burcot La.)
Cropthorne Rd. Shir —6J 137
Crosbie Rd. B17 —3B 112
Crosbie Rd. Cov —6L 143
Crosby Clo. B1 —6H 93 (4A 4)
Crosby Clo. Wolv —4M 35
Cross Cheaping. Cov (in two parts) —6C 144 (4C 6)
Cross Clo. Crad H —7M 89
Cross Farm Rd. B17 —5C 112
Cross Farms La. Redn —8F 132
Crossfell. Wiln —8H 33
Crossfield Ind. Est. Lich —1L 19
Crossfield Rd. B33 —5B 96
Crossfield Rd. Lich —1L 19
Crossfields Rd. Warw —1F 214
Crossgate Rd. Dud —3F 88
Crossgate Rd. Park I & Redd —1J 209
Cross Green. —1D 22
Crossings Ind. Est., The. Wals —1G 39
Crossings, The. Lich —1L 19
Cross in Hand La. Fare —5A 12 (in two parts)
Crosskey Clo. B33 —7E 96
Cross Keys. Lich —1H 19
Cross Keys M. Hag —5M 129
Crosskirk Rd. Hinc —1F 80
Crossland Cres. Wolv —3M 35
Crossland Rd. B31 —5M 133
Crossland Row. Burb —3A 82
Cross La. B43 —8E 54
Cross La. Cubb —5E 212
Cross La. Dud —1D 64
Cross La. Lich —3M 19
Cross La. Wtgtn —8E 28
Crossley Ct. Cov —2F 144
Crossley Est. Kidd —2K 149
Crossley St. Dud —5K 89
Crossley Wlk. B'gve —2L 201
Cross Pl. Dud —8E 50
Cross Point Bus. Pk. Cross P —1B 146
Cross Rd. Cov —1E 144
Cross Rd. Ker E —3M 121
Cross Rd. Lea S —1K 215
Cross Rd. Ind. Est. Cov —2F 144
Cross Row. Cann —5F 8
Cross St. B21 —1C 92
Cross St. Bils —7L 51 (in two parts)
Cross St. Burn —1E 16
Cross St. Cann —4E 14
Cross St. C Hay —7D 14
Cross St. Cov —5D 144 (2E 6)
Cross St. Dud —8J 65
Cross St. Hale —6A 110
Cross St. Hth H —8L 9
Cross St. Kett —6C 32
Cross St. K'wfrd —1H 87
Cross St. Lea S —8A 212
Cross St. Long L —4G 171
Cross St. Nun —6D 78
Cross St. O'bry —5G 91
Cross St. Pels —8A 26
Cross St. Row R —8C 90
Cross St. Rugby —5C 172
Cross St. Smeth —3A 92
Cross St. Stourb —4L 107
Cross St. Tam —4B 32
Cross St. Warw —2F 214
Cross St. W'bry —2D 52 (Blockhall)
Cross St. W'bry —6E 52 (Meeting St.)
Cross St. W'hall —8A 38
Cross St. Wolv —8F 36
Cross St. Word —6K 87
Cross St. N. Wolv —5D 36 (1K 7)
Cross St. S. Wolv —2C 50
Cross, The. K'wfrd —3K 87
Cross Wlk. Dord —3M 47
Cross Wlk. Tiv —1C 90
Cross Walks Rd. Stourb —4E 108
Crossway La. B44 —3M 69
Crossway Rd. Cov —5B 166
Crossways. Hinc —4M 81
Crossways Cotts. Fill —5G 101
Crossways Ct. B44 —2B 70
Crossways Grn. B44 —2B 70
Crosswells Rd. O'bry —4H 91
Crowberry Clo. Clay —3D 26
Crowberry La. Midd —8J 45
Crowden Rd. Wiln —8G 33
Crowesbridge M. Bils —1H 65
Crowhill Rd. Nun —7M 79
Crowhurst Rd. B31 —2L 155
Crowland Av. Wolv —5E 34
Crowle Dri. Stourb —4C 108
Crowley's Clo. Ullen —6J 207
Crowmere Rd. Cov —2M 145
Crown & Anchor Yd. Hinc —8D 84
Crown Av. B20 —7K 69
Crown Cen., The. Stourb —4A 108
Crown Clo. B'gve —7M 179
Crown Clo. Dud —8D 50
Crown Clo. Row R —5D 90
Crown Ct. Hinc —8D 84
Crown Ct. W'bry —1C 52
Crown Grn. Cov —7E 122
Crown Hill Rd. Burb —5K 81
Crown La. Iver —2J 129
Crown La. Stourb —4M 107
Crown La. S Cold —6E 42
Crown La. Ware —3L 149
Crown La. Wych —5A 200
Crown Mdw. A'chu —3A 182
Crownmeadow Dri. Tip —2D 66
Crown Rd. B9 —7D 94
Crown Rd. B30 —5G 135
Crown St. Wolv —5D 36
Crown Wlk. Tip —7A 66
Crown Way. Lea S —6B 212
Crows Nest Clo. S Cold —6M 57
Crowther Gdns. Hale —2J 109
Crowther Gro. Wolv —5M 35
Crowther Rd. B23 —4C 70
Crowther Rd. Wolv —5L 35
Crowther St. Kidd —3J 149
Crowther St. Wolv —5E 36
Crowthorns. Rugby —2C 172
Croxall Way. Smeth —4B 92
Croxdene Av. Wals —8F 24 (in two parts)
Croxhall Dri. Col —7G 75
Croxhall St. Bed —7J 103
Croxley Dri. Cann —6J 9
Croxley Gdns. W'hall —1M 51
Croxstalls Av. Wals —1G 39
Croxstalls Clo. Wals —8G 25
Croxstalls Pl. Wals —1G 39
Croxstalls Rd. Wals —8G 25
Croxton Gro. B33 —5A 96
Croyde Av. B42 —2G 69
Croydon Clo. Cov —3E 166
Croydon Rd. B'brk —6F 112
Croydon Rd. Erd —8F 70
Croy Dri. B35 —5B 72
Crummock Clo. Cov —6D 122
Crumpfields La. Redd —8L 203
Crusader Clo. O'bry —4E 90
Crutch La. Elmb & U War —8A 200
Crutchley Av. Tam —7A 32
Crutchley Way. W'nsh —7A 216
Crychan Clo. Redn —7H 133
Cryersoak Clo. Shir —2B 160
Cryfield Grange Rd. Ken & Cov —7J 165
Cryfield Halls. Cov —5H 165
Cryfield Heights. Cov —7K 165
Cryfield Hurst Flats. Cov —5H 165
Cryfield Redfern Flats. Cov —6H 165
Crystal Av. Stourb —8M 87
Crystal Dri. Smeth —1J 91
Crystal Ho. Smeth —3B 92
Cubbington. —4E 212
Cubbington Rd. Cov —7G 123
Cubbington Rd. Lea S —6A 212
Cubley Rd. B28 —8E 114
Cuckoo Clo. Cann —6J 9
Cuckoo La. Cov —6D 144 (4D 6)
Cuckoo Rd. B6 & B7 —1C 94
Cuin Dri. Smeth —4C 92
Cuin Rd. Smeth —4C 92
Cuin Wlk. Smeth —4C 92 (off Cuin Rd.)
Culey Gro. B33 —7D 96
Culey Wlk. B37 —7K 97
Culford Dri. B32 —1J 133
Culham Clo. B27 —7K 115
Cullwick St. Wolv —2G 51
Culmington Rd. B31 —1M 155
Culmore Clo. W'hall —5D 38
Culmore Rd. Hale —8E 90
Culpeper Clo. Nun —5E 78
Culverhouse Dri. Brie H —8A 88
Culverley Cres. Know —3F 160
Culvert Way. Smeth —2K 91
Culwell Ind. Est. Wolv —5F 36
Culwell St. Wolv —6D 36 (2L 7)
Culworth Clo. Brow —2F 172
Culworth Clo. Lea S —4M 215
Culworth Ct. Cov —2E 144
Culworth Ct. Lea S —4A 216
Culworth Row. Cov —1E 144
Cumberford Av. B33 —8E 96
Cumberland Av. B5 —2L 113
Cumberland Clo. K'wfrd —5L 87
Cumberland Cres. Burn —1G 17
Cumberland Cres. Lea S —6D 212
Cumberland Dri. Nun —6E 78
Cumberland Dri. Tam —8A 32
Cumberland Ho. Wolv —1J 7
Cumberland Rd. Bils —2K 51
Cumberland Rd. Cann —5G 9
Cumberland Rd. O'bry —2H 111
Cumberland Rd. W Brom —3K 67
Cumberland Rd. W'hall —7D 38
Cumberland St. B1 —7J 93 (6C 4)
Cumberland St. N. B1 —7H 93 (6B 4)
Cumberland Wlk. Cov —3A 146
Cumberland Wlk. S Cold —4B 58
Cumberland Way. Barw —2G 85
Cumberledge Hill. Rug —4D 10
Cumbrae Dri. Hinc —8B 84
Cumbria Clo. Cov —6A 144
Cumbrian Cft. Hale —7K 109
Cumbria Way. Salt —3D 94
Cumming St. Lea S —2A 216
Cundall Clo. Lea S —3B 216
Cunningham Rd. Pert —5E 34
Cunningham Rd. Wals —7E 38
Cunningham Way. Rugby —7J 171
Cupfields Av. Tip —1B 66
Cupfields Cres. Tip —2C 66
Curbar Rd. B42 —3J 69
Curborough. —4J 13
Curborough Rd. Lich —6H 13
Curdale Rd. B32 —1H 133
Curdworth. —3H 73
Curdworth La. Wis —8F 58
Curie Clo. Rugby —6D 172
Curlew. Wiln —2G 47
Curlew Clo. Kidd —7B 150
Curlew Clo. Lich —2L 19
Curlew Hill. Cann —6G 9
Curlews Clo. B23 —1C 70
Curlieu Clo. H Mag —2A 214
Curral Rd. Row R —6C 90
Curran Clo. W'nsh —5B 216
Curriers Clo. Char I —2D 164
Curriers Clo. Ind. Est. Cov —2D 164
Curr La. Up Ben —6H 203

Cursley La. Kidd —8F 150
Curtin Dri. W'bry —5B 52
Curtis Clo. Smeth —5C 92
Curtis Clo. Tard —1F 202
Curtis Rd. Cov —3K 145
Curzon Av. Cov —1E 144
Curzon Circ. B4 —6A 94 (3L 5)
Curzon Clo. Burb —2M 81
Curzon Gro. Lea S —3C 216
Curzon St. B4 —6M 93 (4K 5)
Curzon St. Wolv —2D 50
Cuthbert Rd. B18 —5E 92
Cutlers Rough Clo. B31 —4M 133
Cutler St. Smeth —3B 92
Cutsdean Clo. B31 —3M 133
Cutshill Clo. B36 —1C 96
Cut Throat La. H'ley H —2K 185
Cut-Throat La. Wool —8K 197
Cutting, The. Wals —6M 39
Cuttle Mill La. Wis —6K 59
Cuttle Pool La. Know —5M 161
Cutty Sark Dri. Stour S —7H 175
Cutworth Clo. S Cold —6A 58
Cwerne Ct. Dud —6C 64
Cygnet Clo. A'chu —2A 182
Cygnet Clo. Hed —2J 9
Cygnet Clo. Wolv —7J 35
Cygnet Ct. Kidd —8A 150
Cygnet Gro. B23 —3A 70
Cygnet Ho. Cov —2E 6
Cygnet La. Pens —2C 88
Cygnet Rd. W Brom —4G 67
Cygnus Bus. Pk. Ind. Cen. W Brom —3F 66
Cygnus Way. W Brom —4F 66
Cymbeline Way. Rugby —3K 197
Cypress Av. Dud —4D 64
Cypress Ct. Kidd —5A 150
Cypress Cft. Bin —1M 167
Cypress Gdns. K'wfrd —5J 87
Cypress Gdns. Wals —5C 54
Cypress Gro. B31 —8L 133
Cypress La. W'nsh —6B 216
Cypress Ri. Cann —3A 10
Cypress Rd. Dud —8M 65
Cypress Rd. Wals —5C 54
Cypress Sq. B27 —4J 115
Cypress Way. B31 —1M 155
Cyprus Av. A'wd B —7D 208
Cyprus Clo. B29 —2A 134
Cyprus St. O'bry —1G 91
(in two parts)
Cyprus St. Wolv —3C 50
Cyril Rd. B10 —1D 114

Dace. Tam —2D 46
Dacer Clo. B30 —4H 135
Dadford Vw. Brie H —7B 88
Dad's La. B13 —8J 113
Daffern Av. Gun H —1G 101
Daffern Rd. Exh —8G 103
Daffodil Clo. Dud —2E 64
Daffodil Pl. Wals —1D 54
Daffodil Rd. Wals —1D 54
Daffodil Way. B31 —8L 133
Dagger La. W Brom —5L 67
Dagnall Rd. B27 —6K 115
Dagnell End Rd. Redd —2E 204
Dagtail End. —6E 208
Dagtail La. Redd —6D 208
Dahlia Clo. Hinc —3L 81
Daimler Clo. B36 —8F 72
Daimler Rd. B14 —6D 136
Daimler Rd. Cov —4C 144
Dainton Gro. B32 —8J 111
Daintree Cft. Cov —2C 166
Daintry Dri. Hop —2H 31
Dairy Clo. Tip —4B 66
Dairy Ct. O'bry —2K 111
Dairy La. Redd —4A 204
Daisy Bank. —1E 54
Daisy Bank. Cann —1F 8
Daisy Bank Clo. Wals —7B 26
Daisy Bank Cres. Wals —1D 54
Daisy Dri. Erd —4A 70
Daisy Farm Rd. B14 —7B 136
Daisy Mdw. Tip —3C 66
Daisy Rd. B16 —7F 92
Daisy St. Bils —7K 51
Daisy Wlk. Pend —6A 22
Dalbeg Clo. Wolv —1L 35
Dalbury Rd. B28 —4E 136
Dalby Clo. Bin —1L 167
Dalby Rd. Wals —3M 39
Dale Clo. B43 —8D 54
Dale Clo. B'hth —2M 179
Dale Clo. Smeth —6A 92
Dale Clo. Tip —4D 66
Dale Clo. Warw —1G 215
Dalecote Av. Sol —1E 138
Dale Dri. Burn —2H 17
Dale End. B4 —6L 93 (5H 5)
Dale End. Nun —4E 78
Dale End. W'bry —2D 52
(in two parts)
Dale End Clo. Hinc —2G 81
Dale Hill. B'wll —3F 180
Dalehouse La. Ken —3H 191
Dale La. L End —2E 180
Dale Mdw. Clo. Bal C —3H 163
Dale Rd. B29 —6E 112
Dale Rd. Hale —2E 110
Dale Rd. Redd —4F 204
Dale Rd. Stourb —7M 107
Dales Clo. Wolv —3B 36
Dales La. Wals —4C 40
Dalesman Clo. K'wfrd —2H 87
Dale St. Bils —4M 51
Dale St. Lea S —1L 215
Dale St. Rugby —5A 172
Dale St. Smeth —6A 92
Dale St. Tip —3D 66
Dale St. Wals —2K 53
(in two parts)
Dale St. W'bry —6E 52
Dale St. Wolv —8B 36 (6G 7)
Dale Ter. Tiv —1C 90
Daleview Rd. B14 —5C 136
Dale Wlk. B25 —2H 115
Daleway Rd. Cov —6B 166
Dalewood Cft. B26 —3M 115
Dalewood Rd. B37 —4F 96
Daley Clo. B1 —6H 93 (4A 4)
Daley Rd. Bils —7M 51
Dalkeith Av. Rugby —2K 197
Dalkeith Rd. S Cold —7D 56
Dalkeith St. Wals —6J 39
Dallas Rd. B23 —5C 70
Dallimore Clo. Sol —6M 115
Dallington Rd. Cov —3L 143
Dalloway Clo. B5 —3K 113
Dalmahoy Clo. Nun —1C 104
Dalmeny Rd. Cov —2D 164
Dalston Clo. Dud —3K 89
Dalston Rd. B27 —5J 115
Dalton Clo. Chu L —3B 170
Dalton Ct. B23 —5B 70
Dalton Gdns. Cov —5M 145
Dalton Rd. Bed —7F 102
Dalton Rd. Cov —1B 166 (8A 6)
Dalton Rd. Wals —6G 39
Dalton St. B4 —6L 93 (4H 5)
Dalton St. Wolv —1B 50
Dalton Tower. B4 —2J 5
Dalton Way. B4 —6L 93 (4G 5)
Dalvine Rd. Dud —7H 89
Dalwood Clo. Bils —2H 65
Dalwood Way. Cov —5H 123
Daly Av. H Mag —3A 214
Damar Cft. B14 —5K 135
Dama Rd. Faz —1M 45
Dame Agnes Gro. Cov —1H 145
Damian Clo. Smeth —4M 91
Damson Clo. Call H —3C 208
Damson Ct. Hinc —2H 81
Damson La. Sol —4E 138
Damson Parkway. Sol —6F 116
Damson Way. Bew —5C 148
Dam St. Lich —1H 19
Danbury Clo. S Cold —7A 58
Danbury Rd. Shir —7H 137
Danby Dri. Cann —5C 10
Danby Gro. B24 —7H 71
Dando Rd. Dud —1K 89
Dandy Bank Rd. K'wfrd —1A 88
Dandy's Wlk. Wals —8M 39
Dane Gro. B13 —1K 135
Danehill Wlk. Wolv —1M 35
Danelagh Clo. Tam —2M 31
Dane Rd. Cov —5G 145
Danesbury Cres. B44 —1A 70
Danesbury Cres. Lea S —3D 216
Danes Clo. Ess —5M 23
Danescourt Rd. Wolv —3J 35
Danescroft. Stour S —5F 174
Daneswood Dri. Wals —6F 26
Daneswood Rd. Bin W —2E 168
Dane Ter. Row R —4C 90
Daneways Clo. S Cold —1A 56
Danford Clo. Stourb —5A 108
Danford Gdns. B10 —1C 114
Danford La. Sol —6L 137
Danford Rd. H'wd —3M 157
Danford Way. B43 —1D 68
Dangerfield Ho. W Brom —8L 67
Dangerfield La. W'bry —4C 52
Daniel Av. Nun —6C 78
Daniels La. Wals —5J 41
Daniels Rd. B9 —7G 95
Danilo Rd. Cann —8D 8
Danks St. Tip —7A 66
Danzey Clo. Redd —4H 209
Danzey Green. —1J 207
Danzey Grn. La. Tan A —8H 185
Danzey Green Postmill. —4L 201
Danzey Grn. Rd. B36 —8B 72
Danzey Gro. B14 —6J 135
Daphne Clo. Cov —6J 123
Darby Clo. Bils —7G 51
Darby End. —5L 89
Darby End Rd. Dud —5L 89
Darby Ho. Wals —2J 53
(off Caledon St.)
Darby Rd. O'bry —4J 91
Darby Rd. W'bry —6H 53
Darby's Hill Rd. Tiv —1A 90
Darby St. Row R —8C 90
Darell Cft. S Cold —6L 57
Daren Clo. B36 —1F 96
Dare Rd. B23 —5E 70
Dares Wlk. Hinc —8D 84
Darfield Ct. Bubb —4J 193
Darfield Wlk. B12 —1M 113
Darges La. Wals —5F 14
Darkhouse La. Bils —7J 51
Darkies, The. N'fld —6B 134
(in two parts)
Dark La. A'wd B —8C 208
Dark La. Bed —8D 102
Dark La. Belb —2E 152
Dark La. B'moor —1L 47
Dark La. Cov —5C 144 (1B 6)
Dark La. C Grn —1D 22
Dark La. F'stne —2J 23
Dark La. K Nor & H'wd —2J 157
Dark La. Kinv —6B 106
Dark La. Lich —8A 12
Dark La. Rom —5M 131
Dark La. Rug —3K 11
Dark La. Stoke H —3K 201
Dark La. Wals —8J 15
Darlaston. —3D 52
Darlaston Central Trad. Est. W'bry —2E 52
Darlaston Ct. Mer —8K 119
Darlaston Green. —1D 52
Darlaston La. Bils —2A 52
Darlaston Rd. Wals —2F 52
Darlaston Rd. W'bry —3D 52
Darlaston Rd. Ind. Est. W'bry —4D 52
Darlaston Row. Mer —8H 119
Darley Av. B34 —3M 95
Darleydale Av. B44 —8L 55
Darley Dri. Wolv —4B 36
Darley Green. —1H 187
Darley Grn. Rd. Know —1H 187
Darley Ho. O'bry —3D 90
Darley Mead Ct. Sol —5E 138
Darley Rd. Hinc —4L 81
Darley Way. S Cold —2A 56
Darlings La. Rug —4G 11
Darlington St. W'bry —5D 52
Darlington St. Wolv —7B 36 (4G 7)
Darlington Yd. Wolv —7C 36 (4H 7)
Darnbrook. Wiln —8J 33
Darnel Cft. B10 —8B 94
Darnel Hurst Rd. S Cold —6J 43
Darnford. —3M 19
Darnford Clo. B28 —4G 137
Darnford Clo. Cov —2M 145
Darnford Clo. S Cold —2K 71
Darnford La. Lich —3L 19
Darnford Moors. Lich —3L 19
Darnford Vw. Lich —8L 13
Darnick Rd. S Cold —6D 56
Darnley Rd. B16 —7G 93
Darnwell Pk. Tam —7J 33
Darrach Clo. Cov —8L 123
Darris Rd. B29 —1G 135
Dart. H'ley —4G 47
Dart Clo. Hinc —1G 81
Dartford Rd. Wals —8F 24
Dartington Way. Nun —1M 103
Dartmoor Clo. Redn —7G 133
Dartmouth Av. Cann —1C 14
Dartmouth Av. Stourb —5K 87
Dartmouth Av. Wals —4L 39
Dartmouth Av. W'hall —7A 38
Dartmouth Cir. B6 —4M 93
Dartmouth Clo. Wals —4L 39
Dartmouth Cres. Bils —2A 52
Dartmouth Dri. Wals —4F 40
Dartmouth Middleway. B6 & B7 —4M 93 (1K 5)
Dartmouth Pl. Wals —3M 39
Dartmouth Rd. Cann —8D 8
Dartmouth Rd. Cov —4J 145
Dartmouth Rd. S Oak —7F 112
Dartmouth Rd. Smeth —1M 91
Dartmouth Sq. W Brom —7K 67
Dartmouth St. W Brom —6H 67
Dartmouth St. Wolv —1D 50 (7L 7)
Dart St. B9 —8B 94
Darvel Rd. W'hall —5D 38
Darwall St. Wals —7L 39
Darwin Clo. Burn —2H 17
Darwin Clo. Cann —7L 9
Darwin Clo. Cov —3A 146
Darwin Clo. Hinc —6E 84
Darwin Clo. Lich —1G 19
Darwin Ct. Bed —7G 103
Darwin Ct. Wolv —5E 34
Darwin Ho. B37 —8H 97
Darwin Pl. Wals —3H 39
Darwin Rd. Wals —4H 39
Darwin St. B12 —1M 113
(in two parts)
Dassett Gro. B9 —7J 95
Dassett Rd. Ben H —5F 160
Datchet Clo. Cov —5J 143
Datteln Rd. Cann —5G 9
D'Aubeny Rd. Cov —2J 165
Dauntsey Covert. B14 —7K 135
Davena Dri. B29 —7L 111
Davena Gro. Bils —6K 51
Davenport Dri. B35 —6C 72
Davenport Dri. B'gve —8B 180
Davenport Rd. Cov —1B 166 (8A 6)
Davenport Rd. Tett —4H 35
Davenport Rd. Wed —3L 37
Davenport Ter. Hinc —1L 81
Daventry Gro. B32 —3K 111
Daventry Rd. Barby —8J 199
Daventry Rd. Cov —2C 166
Daventry Rd. Dunc —6K 197
Daventry Rd. Kils —6M 199
Davey Rd. B20 —8L 69
Davey Rd. W Brom —4G 67
David Cox Tower. B31 —2M 133
David Garrick Gdns. Lich —7H 13
David Peacock Clo. Tip —4A 66
David Rd. B20 —7H 69
David Rd. Cov —7E 144
David Rd. Exh —1F 122
David Rd. Rugby —1K 197
David Rd. Tip —2A 66
Davidson Av. Lea S —2A 216
Davidson Rd. Lich —2H 19
Davids, The. B31 —3C 134
Davies Av. Bils —6K 51
Davies Ho. Blox —7H 25
Davies Rd. Exh —1F 122
Davis Av. Tip —5L 65
Davis Clo. Lea S —7K 211
Davis Gro. B25 —3K 115
Davis Ho. O'bry —2G 91
Davison Rd. Smeth —6M 91
Davis Rd. Tam —5F 32
Davis Rd. W'hall —1D 38
Davy Rd. Wals —4G 39
Dawberry Clo. B14 —4K 135
Dawberry Fields Rd. B14 —4J 135
Dawberry Rd. B14 —4J 135
Daw End. —3C 40
Daw End. Wals —3C 40
Daw End La. Wals —2B 40
Dawes Av. W Brom —8J 67
Dawes Clo. Cov —5G 145
Dawes La. Wals —8G 17
Dawley Brook Rd. K'wfrd —2K 87
Dawley Clo. Wals —2H 53
Dawley Cres. B37 —8H 97
Dawley Rd. K'wfrd —1J 87
Dawley Trad. Est. K'wfrd —1K 87
Dawley Wlk. Cov —2A 146
Dawlish Clo. Nun —4L 79
Dawlish Dri. Cov —4D 166
Dawlish Rd. B29 —6F 112
Dawlish Rd. Dud —3H 65
Dawlish Rd. Smeth —4B 92
Daw Mill La. Col & Arly —8J 75
Dawn Dri. Tip —7C 52
Dawney Dri. S Cold —5G 43
Dawn Rd. B31 —3L 133
Dawson Av. Bils —7G 51
Dawson Clo. W'nsh —7A 216
Dawson Rd. B21 —1E 92
Dawson Rd. B'gve —7K 179
Dawson Rd. Cov —8H 145
Dawsons La. Barw —3H 85
Dawson Sq. Bils —4J 51
Dawson St. Smeth —6A 92
Dawson St. Wals —1K 39
Day Av. Wolv —2L 37
Daybrook Clo. Redd —4B 204
Day Ho. Tip —1C 66
Dayhouse Bank. —8A 132
Dayhouse Bank. Rom —8B 132
Daylesford Rd. Sol —6A 116
Days Clo. Cov —6E 144
Day's La. Cov —6E 144
Day St. Wals —6L 39
Daytona Dri. Alle —1B 142
Deacon Clo. Rugby —8C 172
Deacon St. Nun —6J 79
Deakin Av. Wals —8F 16
Deakin Rd. B24 —6F 70
Deakin Rd. S Cold —2L 57
Deakins Rd. B25 —2H 115
Deal Av. Burn —1G 17
Deal Dri. Tiv —8A 66
Deal Gro. B31 —5A 134
Deanbrook Clo. Shir —3A 160
Dean Clo. B44 —1B 70
Dean Clo. Hinc —7E 84
Dean Clo. Stourb —3B 108
Dean Clo. S Cold —2J 71
Dean Ct. Brie H —7D 88
(off Promenade, The)
Dean Ct. Pert —3E 34
Deane Pde. Hillm —1G 199
Deane Rd. Hillm —1G 199
Deanery Row. Wolv —6C 36 (2J 7)
Dean Rd. B23 —4F 70
Dean Rd. Hinc —7E 84
Dean Rd. Wals —2C 40
Dean Rd. Wom —4F 62
Dean Rd. W. Hinc —7E 84
Deans Bank Cen., The. Wals —1K 53
Deans Clo. Redd —4K 205
Deans Cft. Lich —1J 19
Deanscroft Dri. L End —3C 180
Deansfield Rd. Wolv —7G 37
Deansford La. Kidd —1F 150
Dean's Green. —4L 207
Deans Pl. Wals —3M 39
Dean's Rd. Wolv —6G 37
Deanston Cft. Cov —8M 123
Dean St. B5 —8L 93 (7H 5)
Dean St. Cov —6G 145
Dean St. Dud —1D 64
Deansway. B'gve —8K 179
Deans Way. Cov —3D 122
Deansway. Warw —7D 210
Deansway Ho. Kidd —1A 150
Deansway, The. Kidd —2A 150
Dearman Rd. B11 —2B 114
Dearmont Rd. B31 —2L 155
Dearne Ct. Dud —3G 65
Deasy Ho. Cov —4H 167
Deavall Way. Cann —7H 9
Debdale Clo. Sol —4D 138
Debden Clo. Dorr —7E 160
Debenham Cres. B25 —8K 95
Debenham Rd. B25 —8K 95
Deblen Dri. B16 —8D 92
Deborah Clo. Wolv —3C 50
De Compton Clo. Ker E —2A 122
Deedmore Rd. Cov —1J 145
Deegan Clo. Cov —4G 145
Dee Gro. B38 —1E 156
Dee Gro. Cann —2D 14
Deelands Rd. Redn —1F 154
Deeley. Tam —8G 33
Deeley Clo. B15 —2J 113
Deeley Clo. Crad H —2L 109
Deeley Dri. Tip —3C 66
Deeley Pl. Wals —1H 39
Deeley St. Brie H —8E 88
Deeley St. Wals —1H 39
Deepdale. Wiln —7K 33
Deepdale Av. B26 —5B 116
Deepdale La. Dud —6E 64
Deepdales. Wom —3E 62
Deepfields. —7H 51
Deep La. Col —3F 74
Deeplow Clo. S Cold —5J 57
Deepmoor Rd. B33 —6M 95
Deepmore Av. Wals —6H 39
Deepmore Rd. Rugby —1K 197
Deepwood Clo. Wals —1B 40
Deepwood Gro. B32 —1H 133
Deer Barn Hill. Redd —8G 205
Deer Clo. Nort C —2A 16
Deer Clo. Wals —8J 25
Deerdale Ter. Bin —1M 167
Deerdale Way. Bin —1M 167
Deerfold Cres. Burn —2H 17
Deerham Clo. B23 —2D 70
Deerhill. Wiln —8J 33
Deerhurst Clo. Redd —2J 205
Deerhurst Ct. Sol —5D 138
Deerhurst M. Dunc —6J 197
Deerhurst Ri. Cann —3M 9
Deerhurst Rd. B20 —4F 68
Deerhurst Rd. Cov —7B 122
Deerings Rd. Rugby —1F 198
Deer Leap, The. Ken —3H 191
Dee Rd. Wals —8L 25
Deerpark Dri. Warw —1E 214
Deer Pk. Rd. Faz —8L 31
Deer Pk. Way. Sol —8C 138
Deer Wlk. Wolv —7M 21
Dee Wlk. B36 —1G 97
(in two parts)
Defford Av. Wals —8C 26
Defford Dri. O'bry —5H 91
Deighton Rd. Wals —5B 54
De-la-Bere Cres. Hinc —3A 82
Delage Clo. Cov —5H 123
Delamere Clo. B36 —8D 72
Delamere Dri. Wals —6C 54
Delamere Rd. B28 —2F 136
Delamere Rd. Bed —7F 102
Delamere Rd. Bew —5C 148
Delamere Rd. W'hall —2C 38
Delamere Way. Lea S —5C 212
Delancey Keep. S Cold —4A 58
Delaware Rd. Cov —4C 166
Delf Ho. Cov —8K 123
Delhi Av. Cov —8D 122
Delhurst Rd. B44 —8K 55
Delhurst Rd. Wolv —6E 50
Delius Ho. B16 —7H 93 (6B 4)
Delius St. Cov —6E 142
Della Dri. B32 —1K 133
Dell Clo. Cov —4J 167
Dell Farm Clo. Know —3J 161
Dellow Gro. A'chu —4A 182
Dellows Clo. B38 —2D 156
Dell Rd. B30 —4G 135
Dell Rd. Brie H —4B 88
Dell, The. B36 —8F 72
Dell, The. Cann —5M 9
Dell, The. Lich —2F 18
Dell, The. N'fld —3K 133
Dell, The. Sol —8A 116
Dell, The. Stourb —3L 107
Dell, The. S Cold —1G 57
Dell, The. Tam —3B 32
Delmore Way. Min —3B 72
Delph Dri. Brie H —2E 108
Delphi Clo. Tach P —5L 215
Delphinium Clo. B9 —6F 94
Delphinium Clo. Kidd —8J 127
Delph La. Brie H —1D 108
Delph Rd. Brie H —8C 88
Delph Rd. Ind. Est. Brie H —8C 88
Delrene Rd. Hall G & Shir —6F 136
Delta Way. Cann —3D 14
Delta Way Bus. Cen. Cann —3D 14
Deltic. Tam —8G 33
Delves Cres. Wals —4A 54
Delves Cres. Wood E —8J 47
Delves Grn. Rd. Wals —3A 54
Delves Rd. Wals —2M 53
Delville Clo. W'bry —5F 52
Delville Rd. W'bry —5F 52
Delville Ter. W'bry —5F 52
De Marnham Clo. W Brom —8L 67
De Montfort Ho. B37 —4F 96
De Montfort Rd. Hinc —7E 84
De Montfort Rd. Ken —3E 190
De Montfort Way. Cov —3J 165
De Moram Gro. Sol —2F 138
Dempster Ct. Nun —5K 79
Dempster Rd. Bed —5G 103
Demuth Way. O'bry —3F 90
Denaby Gro. B14 —5D 136
Denbigh Clo. Dud —7F 64
Denbigh Cres. W Brom —3H 67
Denbigh Dri. W'bry —5K 53
Denbigh Dri. W Brom —2G 67
Denbigh Rd. Cov —3L 143
Denbigh Rd. Tip —4C 66
Denbigh St. B9 —7D 94
Denbury Clo. Cann —8K 9
Denby Clo. B7 —4B 94
Denby Clo. Lea S —7C 212
Denby Cft. Shir —3B 160
Dencer Clo. Redn —1G 155
Dencer Dri. Ken —4J 191
Dencil Clo. Hale —4K 109
Dene Av. K'wfrd —5J 87
Dene Ct. Rd. Sol —8M 115
Denegate Clo. Min —3A 72
Dene Hollow. B13 —3C 136
Denehurst Clo. B Grn —8G 155
Denehurst Way. Nun —6F 78
Dene Rd. Stourb —6M 107
Dene Rd. Wolv —5F 48
Denewood Av. B20 —7G 69
Denewood Way. Ken —3J 191
(in two parts)
Denford Gro. B14 —4K 135
Dengate Dri. Bal C —2H 163
Denham Av. Cov —5H 143
Denham Ct. B23 —7C 70
(off Park App.)
Denham Gdns. Wolv —1H 49
Denham Rd. B27 —4H 115
Denholme Gro. B14 —6A 136
Denholm Rd. S Cold —6D 56
Denise Dri. Bils —1H 65
Denise Dri. Harb —5C 112
Denise Dri. K'hrst —5F 96
Denis Rd. Hinc —4J 81
Denleigh Rd. K'wfrd —5M 87
Denmark Clo. Wolv —5A 36
Denmark Ri. Cann —2K 9
Denmead Dri. Wolv —1M 37
Denmore Gdns. Wolv —7H 37
Dennett Clo. Warw —7F 210
Dennis. Tam —7E 32
Dennis Hall Rd. Stourb —1A 108
Dennis Rd. B12 —5B 114
Dennis Rd. Cov —4H 145
Dennis St. Stourb —1M 107
Denshaw Cft. Cov —1A 146
Denshaw Rd. B14 —3K 135
Denton Clo. Ken —3D 190
Denton Cft. Dorr —6D 160
Denton Gro. Gt Barr —2D 68
Denton Gro. Stech —7K 95
Denton Rd. Stourb —5G 109
Dent St. Tam —4C 32
Denver Rd. B14 —7A 136
Denville Clo. Bils —2L 51
Denville Cres. B9 —6H 95
Denville Rd. Lea S —6A 212
Derby Av. Wolv —2L 35
Derby Dri. B37 —7H 97
Derby Rd. Hinc —7D 84
Derby St. B9 —7A 94 (5M 5)
Derby St. Wals —5K 39
Dereham Clo. B8 —5D 94
Dereham Ct. Lea S —7A 212
Dereham Wlk. Bils —7L 51
Dereton Clo. Dud —1E 88
Derick Burcher's Mall. Kidd —3L 149
Dering Clo. Cov —1J 145
Deritend. —8A 94 (7L 5)
Deronda Clo. Bed —6G 103
Derron Av. B26 —4L 115
Derry Clo. B17 —6A 112
Derry Clo. Wols —5G 169
Derrydown Clo. B23 —6E 70
Derrydown Rd. B42 —4H 69
Derry St. Brie H —7D 88
Derry St. Wolv —1D 50 (8K 7)

Dersingham Dri. Cov —7H 123
Derwent. Tam —8D 32
Derwent Av. Stour S —4F 174
Derwent Clo. Brie H —3A 88
Derwent Clo. Cov —5E 142
Derwent Clo. Earl S —2M 85
Derwent Clo. Lea S —8K 211
Derwent Clo. Rugby —3C 172
Derwent Clo. S Cold —7M 41
Derwent Clo. W'hall —7C 38
Derwent Dri. Bew —1B 148
Derwent Gro. B30 —1J 135
Derwent Gro. Burn —3K 17
Derwent Gro. Cann —1D 14
Derwent Ho. B17 —4D 112
Derwent Ho. Kidd —2M 149
Derwent Ho. O'bry —4D 90
Derwent Rd. B30 —1J 135
Derwent Rd. Bed —7G 103
Derwent Rd. Cov —7A 122
Derwent Rd. Wolv —1K 35
Derwent Way. B'gve —8B 180
Derwent Way. Nun —3M 79
Desford Av. B42 —2J 69
Despard Rd. Cov —4D 142
Dettonford Rd. B32 —1H 133
Devereux Clo. B36 —1C 96
Devereux Clo. Cov —8C 142
Devereux Ho. Tam —5A 32
Devereux Rd. S Cold —8J 43
Devereux Rd. W Brom —8L 67
Deveron Way. Hinc —8B 84
Devey Dri. Tip —3D 66
Devil's Elbow La. Wolv —2L 37
Devil's Spittleful & Rifle Range Nature Reserve. —7F 148
Devine Cft. Tip —4A 66
Devitts Clo. Shir —2M 159
Devitts Green. —8C 76
Devitts Grn. La. Arly —8A 76
Devon Clo. B20 —7F 68
Devon Clo. Kidd —8J 127
Devon Clo. Nun —6F 78
Devon Ct. Cann —1E 14
Devon Cres. Dud —2F 88
Devon Cres. Wals —8G 27
Devon Cres. W Brom —3J 67
Devon Grn. Cann —1F 14
Devon Gro. Cov —3H 145
Devon Ho. B31 —7J 133
Devon Ox Rd. Kils —7M 199
Devonport Clo. Redd —4B 204
Devon Rd. Cann —1F 14
Devon Rd. Redn —7E 132
Devon Rd. Smeth —2L 111
Devon Rd. Stourb —2L 107
Devon Rd. W'bry —5J 53
Devon Rd. W'hall —7D 38
Devon Rd. Wolv —6B 36 (1G 7)
Devonshire Av. B18 —3F 92
Devonshire Ct. S Cold —7F 42
Devonshire Dri. Tam —8A 32
Devonshire Dri. W Brom —6L 67
Devonshire Rd. B20 —7F 68
Devonshire Rd. Smeth —3L 91
Devonshire St. B18 —3F 92
Devon St. B7 —5C 94
Devoran Clo. Exh —1H 123
Devoran Clo. Wolv —5B 36
Dewar Gro. Rugby —7E 172
Dewberry Clo. Stour S —5E 174
Dewberry Dri. Wals —6A 54
Dewberry Rd. Stourb —8M 87
Dew Clo. Dunc —6J 197
Dewhurst Cft. B33 —6B 96
Dewis Ho. Cov —8H 123
Dewsbury Av. Cov —4B 166
Dewsbury Clo. A'wd B —8E 208
Dewsbury Clo. Stourb —6L 87
Dewsbury Dri. Burn —3J 17
Dewsbury Dri. Wolv —6A 50
Dewsbury Gro. B42 —4J 69
De Wyche Clo. Wych —8E 200
De Wyche Rd. Wych —8E 200
Dexter Ct. Hurl —5J 61
Dexter La. Hurl —7H 61
Dexter Way. B'moor —1M 47
Deykin Av. B6 —7A 70
Deyncourt Rd. Wolv —2G 37
Dial Clo. B14 —7L 135
Dialhouse La. Cov —5F 142
Dial La. Stourb —1L 107
Dial La. W Brom —3F 66
Diamond Gro. Cann —6J 9
Diamond Pk. Dri. Stourb —8L 87
Diana Clo. Wals W —6H 27
Diana Dri. Cov —8L 123
Diane Clo. Tip —7B 52
Dibble Clo. W'hall —4D 38
Dibble Rd. Smeth —3M 91
Dibdale Rd. Dud —6E 64
Dibdale Rd. W. Dud —6E 64
Dibdale St. Dud —7F 64
Dice Pleck. B31 —7C 134
Dickens Clo. Dud —4B 64
Dickens Clo. Gall C —5A 78
Dickens Gro. B14 —6A 136
Dickens Heath. —4F 158
Dickens Heath Rd. Tid G & Shir —5E 158
Dickens Rd. Bils —7K 51
Dickens Rd. Cov —8A 122
Dickens Rd. Rugby —3M 197
Dickens Rd. Wolv —1G 37
Dickinson Av. Wolv —1E 36
Dickinson Ct. Rugby —8A 172
Dickinson Dri. S Cold —5L 57
Dickinson Dri. Wals —3J 53
Dickinson Rd. Wom —5G 63
Dickins Rd. Warw —1H 215
Dick Sheppard Av. Tip —1B 66
Dick's La. Row —8K 187
Didcot Clo. Redd —4C 208
Diddington Av. B28 —4G 137
Diddington La. H Ard —1C 140
Didgley Gro. B37 —4G 97
Didgley La. Fill —5C 100
Didsbury Rd. Exh —8G 103
Digbeth. —8M 93 (7J 5)
Digbeth. B5 —8M 93 (6H 5)
Digbeth. Wals —8L 39
Digby Clo. Alle —3H 143
Digby Cres. Wat O —6H 73
Digby Dri. B37 —3G 117
Digby Ho. B37 —5F 96
Digby Pl. Mer —8J 119
Digby Rd. Col —3M 97
Digby Rd. K'wfrd —1K 87
Digby Rd. S Cold —5G 57
Digby Wlk. B33 —1C 116
Dilcock Way. Cov —2F 164
Dilke Rd. Wals —4F 40
Dillam Clo. Longf —5G 123
Dilliars Wlk. W Brom —4G 67
Dillington Ho. B37 —7H 97
Dillon Ct. Nun —4H 79
Dillotford Av. Cov —2C 166
Dilloway's La. W'hall —8L 37
Dilwyn Clo. Redd —8M 205
Dimbles Hill. Lich —8H 13
Dimbles La. Lich —6G 13
Dimbles, The. Lich —6G 13
Dimmingsdale Bank. B32 —5J 111
Dimmingsdale Rd. Wolv —4E 48
Dimminsdale. W'hall —8A 38
Dimmocks Av. Bils —1K 65
Dimmock St. Wolv —4E 50
Dimsdale Gro. B31 —6L 133
Dimsdale Rd. B31 —6K 133
Dinedor Clo. Redd —6K 205
Dingle Av. Crad H —1L 109
Dingle Clo. B30 —2D 134
Dingle Clo. Cov —3A 144
Dingle Clo. Dud —2L 89
Dingle Ct. O'bry —1E 90
Dingle Ct. Sol —8M 137
Dingle Hollow. O'bry —1D 90
Dingle La. Col —5F 74
Dingle La. Sol —7M 137
Dingle La. W'hall —5A 38
Dingle Mead. B14 —5J 135
Dingle Rd. Dud —2L 89
Dingle Rd. K'wfrd —5A 88
Dingle Rd. Stourb —7B 108
Dingle Rd. Wals —3E 26
Dingle Rd. Wom —3F 62
Dingleside. Redd —6E 204
Dingle St. O'bry —1D 90
Dingle, The. Nun —3E 78
Dingle, The. O'bry —1D 90
Dingle, The. S Oak —7E 112
Dingle, The. Shir —4K 159
Dingle, The. Wolv —8K 35
Dingle Vw. Dud —3C 64
Dingley Rd. Bulk —7B 104
Dingley Rd. W'bry —4G 53
Dingleys Pas. B4 —6L 93 (5H 5)
Dinham Gdns. Dud —6E 64
Dinmore Av. B31 —5B 134
Dinmore Clo. Redd —6K 205
Dinsdale Wlk. Wolv —4A 36
Dippons Dri. Wolv —6G 35
Dippons La. Wergs —3F 34
Dippons La. Wolv —3E 34
Dippons Mill Clo. Wolv —6G 35
Dirtyfoot La. Wolv —4G 49
Discovery Clo. Tip —4C 66
Discovery Rd. Stour S —7H 175
Discovery Way. Bin —2A 168
Ditchford Clo. Redd —5D 208
Ditch, The. Wals —8M 39
Ditton Clo. Rugby —8J 171
Ditton Gro. B31 —3M 155
Dixon Clo. B35 —7A 72
Dixon Clo. Tip —3C 66
Dixon Ct. Kidd —1C 150
Dixon Rd. B10 —1B 114
Dixon's Green. —2L 89
Dixon's Grn. Ct. Dud —1L 89 (off Dixon's Grn.)
Dixon's Grn. Rd. Dud —1K 89
Dixon St. Kidd —4L 149
Dixon St. Wolv —3E 50
Dobbins Oak Rd. Stourb —8D 108
Dobbs Mill Clo. B29 —7H 113
Dobbs St. Wolv —1C 50 (7J 7)
Dobes La. Kidd —3J 177
Dobson La. W'nsh —5A 216
Dockar Rd. B31 —7L 133
Dockers Clo. Bal C —2J 163
Dock La. Dud —8H 65
Dock La. Ind. Est. Dud —8H 65 (off Dock La.)
Dock Mdw. Dri. Wolv —5G 51
Dock Rd. Stourb —7M 87
Dock, The. Cats —1A 180
Dock, The. Stourb —4F 108
Doctor Cookes Clo. Barw —3G 85
Doctors Fields. Earl S —2K 85
Doctors Hill. B'hth —8K 153
Doctors Hill. Stourb —6C 108
Doctor's Hill. Tan A —7G 185
Doctors La. K'wfrd —4F 86
Doctors La. Shen —3G 29
Doctor's Piece. W'hall —7B 38
Dodd Av. Warw —2J 215
Doddington Gro. B32 —1H 133
Dodds La. Lich —6J 11
Dodford. —3F 178
Dodford Clo. Redn —2F 154
Dodford Ho. B'gve —6B 180 (off Burcot La.)
Dodford Rd. B'hth —8K 153
Dodgson Clo. Longf —5G 123
Dodwells Bri. Ind. Est. Hinc —1E 80
Dodwells Rd. Hinc —2D 80
Doe Bank. —1H 57
Doe Bank Ct. S Cold —1H 57
Doe Bank La. Cov —6A 144
Doe Bank La. Wals & B43 —3J 55
Doe Bank Rd. Tip —8C 52
Dogberry Clo. Cov —3J 167
Dogberry Way. H'cte —7M 215
Dogge La. Cft. B27 —7H 115
Dogkennel La. Hale —6B 110
Dogkennel La. O'bry —4J 91
Dog Kennel La. Shir —2J 159
Dog Kennel La. Wals —7M 39
Doglands, The. Lea S —5B 216
Dog La. Amin —3H 33
Dog La. Bew —6B 148
Dog La. Bod H —4M 59
Dog La. Col —3G 75
Dog La. U War —2B 200
Dog La. W'frd —5A 30
Dogpool La. B30 —8H 113
Doidge Rd. B23 —6D 70
Dolben La. Redd —6K 205
Dollery Dri. B5 —4J 113
Dollis Gro. B44 —6M 55
Dollman St. B7 —6B 94
Dollymakers Hill. Rug —4H 11
Dolman Rd. B6 —1L 93
Dolobran Rd. B11 —2B 114
Dolomite Av. Ken —8K 143
Dolphin Clo. Wals —8M 25
Dolphin Ho. Wals —1M 39
Dolphin La. B27 —8H 115 (in two parts)
Dolphin Rd. B11 —4D 114
Dolphin Rd. Redd —4G 205
Dolton Way. Tip —3L 65
Domar Rd. Kidd —2H 149
Dominic Dri. B30 —5D 134
Doncaster Clo. Cov —2K 145
Doncaster Way. B36 —1J 95
Don Clo. B15 —1D 112
Done-Cerce Clo. Dunc —6J 197
Donegal Clo. Cov —2G 165
Donegal Rd. S Cold —4M 55
Dongan Rd. Warw —2E 214
Don Gro. Cann —2D 14
Donibristle Cft. B35 —5A 72
Donkey La. Sap —3J 83
Donnington Av. Cov —4L 143
Donnington Clo. Redd —4H 205
Donnithorne Av. Nun —8J 79
Dooley Clo. W'hall —7L 37
Doone Clo. Cov —3L 145
Dorado. Tam —2D 46
Doran Clo. Hale —8K 109
Doranda Way. W Brom —8M 67
Dora Rd. Hand —2E 92
Dora Rd. Small H —1E 114
Dora Rd. W Brom —8J 67
Dora St. Wals —2H 53
Dorcas Clo. Nun —1C 104
Dorchester Clo. W'hall —1C 38
Dorchester Ct. Sol —5A 138
Dorchester Dri. B17 —5B 112
Dorchester Rd. Cann —8B 8
Dorchester Rd. Hinc —2B 82
Dorchester Rd. Sol —5A 138
Dorchester Rd. Stourb —7D 108
Dorchester Rd. W'hall —1C 38
Dorchester Way. Cov —4M 145
Dorchester Way. Nun —2A 80
Dordale. —8E 152
Dordale Rd. Belb & B'hth —6D 152
Dordon. —4M 47
Dordon Clo. Shir —8E 136
Dordon Rd. Dord —1M 47
Doreen Gro. B24 —7H 71
Doris Rd. Bord G —7C 94
Doris Rd. Col —1M 97
Doris Rd. S'hll —5B 114
Dorking Gro. B15 —8J 93 (8D 4)
Dorlcote Rd. B8 —5G 95
Dorlecote Ct. Nun —8J 79
Dorlecote Pl. Nun —1J 103
Dorlecote Rd. Nun —8J 79
Dormer Av. Tam —4D 32
Dormer Harris Av. Cov —8F 142
Dormer Pl. Lea S —1M 215
Dormie Clo. B38 —8D 134
Dormington Rd. B44 —6L 55
Dormston Clo. Redd —8F 204
Dormston Clo. Sol —2C 160
Dormston Dri. B29 —7M 111
Dormston Dri. Dud —1E 64
Dormston Trad. Est. Dud —5E 64
Dormy Dri. B31 —2A 156
Dorncliffe Av. B33 —2D 116
Dorney Clo. Cov —1L 165
Dornie Dri. B38 —8F 134
Dornton Rd. B30 —1J 135
Dorothy Gdns. Hand —7G 69
Dorothy Powell Way. W'grve S —8M 123
Dorothy Rd. B11 —4H 115
Dorothy Rd. Smeth —6A 92
Dorothy St. Wals —2K 53
Dorridge. —6G 161
Dorridge Clo. Redd —8B 204
Dorridge Cft. Dorr —7F 160
Dorridge Rd. Dorr —7G 161
Dorrington Grn. B42 —4G 69
Dorrington Rd. B42 —3G 69
Dorset Clo. Nun —6F 78
Dorset Clo. Redn —7F 132
Dorset Clo. Tam —8A 32
Dorset Cotts. B30 —3G 135
Dorset Dri. Wals —8G 27
Dorset Rd. B17 —6B 92
Dorset Rd. Cann —8L 9
Dorset Rd. Cov —4C 144
Dorset Rd. Stourb —2K 107
Dorset Tower. Hock —5H 93 (2A 4)
Dorsett Pl. Wals —2J 39
Dorsett Rd. Darl —3C 52
Dorsett Rd. Stour S —4F 174
Dorsett Rd. W'bry —7K 53
Dorsett Rd. Ter. W'bry —3C 52
Dorset Way. Salt —3D 94
Dorsheath Gdns. B23 —5F 70
Dorsington Rd. B27 —8K 115
Dorstone Covert. B14 —7J 135
Dorville Clo. B38 —1D 156
Dosthill. —4C 46
Dosthill Rd. Two G —2D 46
Dotterel Pl. Kidd —8A 150
Douay Rd. B23 & B24 —3H 71
Double Row. Dud —5L 89
Doughty St. Tip —4C 66
Douglas Av. B36 —3K 95
Douglas Av. O'bry —4K 91
Douglas Davies Clo. W'hall —5C 38
Douglas Ho. Cov —2E 6
Douglas Pl. Wolv —3C 36
Douglas Rd. A Grn —5H 115
Douglas Rd. Bils —1K 65
Douglas Rd. Dud —1K 89
Douglas Rd. Hale —8E 90
Douglas Rd. Hand —1E 92
Douglas Rd. H'wd —2A 158
Douglas Rd. O'bry —5K 91
Douglas Rd. Rugby —3C 172
Douglas Rd. S Cold —6J 57
Doulton Clo. B32 —6M 111
Doulton Clo. Cov —8L 123
Doulton Rd. Crad H & Row R —6M 89
Doulton Trad. Est. Row R —5M 89
Dovebridge Clo. S Cold —5M 57
Dove Clo. B25 —1L 115
Dove Clo. Bed —5J 103 (Furnace Rd.)
Dove Clo. Bed —5E 102 (Woodlands La.)
Dove Clo. Burn —3K 17
Dove Clo. Hinc —1G 81
Dove Clo. Kidd —7B 150
Dove Clo. W'bry —5G 53
Dovecote Clo. Cov —4K 143
Dovecote Clo. Sap —2K 83
Dovecote Clo. Sol —1B 138
Dovecote Clo. Tip —4C 66
Dovecote Clo. Wolv —5J 35
Dovecote Rd. B'gve —8L 179
Dovecotes, The. Alle —4H 143
Dovecotes, The. S Cold —6H 43
Dovecote Way. Barw —3H 85
Dovedale. Cann —4G 9
Dove Dale. Rugby —2C 172
Dovedale Av. Cov —7F 122
Dovedale Av. Shir —8H 137
Dovedale Av. Wals —4A 26
Dovedale Av. W'hall —4A 38
Dovedale Ct. Wat O —6G 73
Dovedale Ct. Wolv —7F 50
Dovedale Dri. B28 —3F 136
Dovedale Rd. B23 —1C 70
Dovedale Rd. K'wfrd —1L 87
Dovedale Rd. Wolv —6E 50
Dove Dri. Stourb —1A 108
Dove Gdns. B38 —7H 135
Dove Hollow. Cann —5K 9
Dove Hollow. Wals —8F 14
Dove Ho. Ct. Sol —2M 137
Dovehouse Fields. Lich —3H 19
Dove Ho. La. Sol —2M 137
Dovehouse Pool Rd. B6 —1L 93
Dover Clo. B32 —2G 133
Dovercourt Rd. B26 —4C 116
Doverdale Av. Kidd —4B 150
Doverdale Clo. Hale —4K 109
Doverdale Clo. Redd —2H 209
Dover Farm Clo. Wiln —1H 47
Dove Ridge. Stourb —2A 108
Doveridge Clo. Sol —2L 137
Doveridge Pl. Wals —1M 53
Doveridge Rd. B28 —4E 136
Doversley Rd. B14 —4J 135
Dover St. B18 —3G 93
Dover St. Bils —3K 51
Dover St. Cov —6B 144 (4A 6)
Dovestone. Wiln —8K 33
Dove Way. B36 —1F 96
Dovey Dri. S Cold —2A 72
Dovey Rd. B13 —7D 114
Dovey Rd. Tiv —1D 90
Dovey Tower. B7 —5A 94 (2M 5)
Dowar Rd. Redn —2J 155
Dowells Clo. B13 —7M 113
Dowells Gdns. Stourb —6K 87
Doweries, The. Redn —1F 154
Dower Rd. S Cold —8H 43
Dowlers Hill Cres. Redd —1G 209
Dowles Clo. B29 —3B 134
Dowles Rd. Kidd —7H 149
Dowley Cft. Bin —8B 146
Downcroft Av. B38 —7E 134
Downderry Way. Cov —3G 145
Downend Clo. Wolv —5F 22
Downes Ct. Tip —4L 65
Downesway. Cann —7C 8 (in two parts)
Downey Clo. B11 —2B 114
Downfield Clo. Wals —5G 25
Downfield Dri. Sed —3E 64
Downham Clo. Wals —8E 40
Downham Pl. Wolv —1M 49
Downham Wood. Wals —1E 54
Downie Rd. Cod —6J 21
Downing Clo. Know —5G 161
Downing Clo. Row R —8C 90
Downing Clo. Wolv —2A 38
Downing Ct. O'bry —2H 111
Downing Cres. Bed —5J 103
Downing Dri. Tam —4L 31
Downing Ho. B37 —8H 97
Downing St. Hale —4A 110
Downing St. Smeth —2B 92
Downing St. Ind. Est. Smeth —2C 92
Downland Clo. B38 —8F 134
Downsell Rd. Redd —7A 204
Downsfield Rd. B26 —2B 116
Downside Rd. B24 —8E 70
Downs Rd. W'hall —1C 52
Downs, The. A'rdge —7L 41
Downs, The. Wolv —3C 36
Downton Clo. Cov —1A 146
Downton Cres. B33 —6E 96
Dowry Ho. Redn —1F 154 (off Rubery La. S.)
Dowty Av. Bed —8D 102
Dowty Way. Wolv —6A 22
Doyle Dri. Blac I —6F 122
Dragoon Fields. B'gve —1B 202
Drake Clo. Wals —8H 25
Drake Cres. Kidd —2F 148
Drake Cft. Lich —1J 19
Drake Ho. Tip —2A 66
Drakelow. —3H 127
Drakelow La. W'ley —3H 127
Drake Rd. B23 —7B 70
Drake Rd. Smeth —2L 91
Drake Rd. Wals —8H 25
Drakes Clo. Redd —3C 208
Drakes Cross Pde. H'wd —4A 158
Drakes Grn. Bils —6M 51
Drakes Hill Clo. Stourb —5J 107
Drake St. Cov —2D 144
Drake St. W Brom —4J 67
Drake Way. Hinc —5D 84
Drancy Av. W'hall —3D 38
Draper Clo. Ken —5J 191
Draper's Fields. —5C 144 (2C 6)
Drapers Fields. Cov —5C 144 (2C 6)
Drawbridge Rd. Shir —1E 158
Draycote. —8B 196
Draycote Clo. Sol —2D 138
Draycott Av. B23 —5D 70
Draycott Clo. Redd —4C 204
Draycott Clo. Wolv —4J 49
Draycott Cres. Tam —8C 32
Draycott Dri. B31 —2L 133
Draycott Rd. Cov —2H 145
Draycott Rd. Smeth —2L 91
Drayton. —4A 152
Drayton Bassett. —4L 45
Drayton Clo. Nun —1A 78
Drayton Clo. Redd —1K 209
Drayton Clo. S Cold —6H 43
Drayton Ct. B'gve —1B 202
Drayton Ct. Nun —3C 78
Drayton Ct. Warw —7F 210
Drayton Cres. Cov —4D 142
Drayton La. Dray B —3F 44
Drayton Leys. Rugby —2A 198
Drayton Mnr. Dri. Faz —1M 45
Drayton Mnr. Dri. Tam —2M 45
Drayton Manor Pk. —1M 45
Drayton Manor Pk. Zoo. (Drayton Manor Park) —1M 45
Drayton Rd. B14 —1L 135
Drayton Rd. Bed —7K 103
Drayton Rd. Belb —7M 151
Drayton Rd. Shir —1L 159
Drayton Rd. Smeth —8A 92
Drayton St. Wals —7H 39
Drayton St. Wolv —1C 50 (8J 7)
Drayton St. E. Wals —7J 39
Drayton Way. Nun —2C 78
Dreadnought Rd. Brie H —2B 88
Dreel, The. B15 —2E 112
Dreghorn Rd. B36 —1L 95
Drem Cft. B35 —7A 72
Dresden Clo. Wolv —5G 51
Drew Cres. Ken —5G 191
Drew Cres. Stourb —6D 108
Drew Rd. Stourb —6D 108
Drew's Holloway. Hale —4K 109
Drew's Holloway S. Hale —4K 109
Drews La. B8 —3G 95
Drews Mdw. Clo. B14 —7J 135
Dreyer Clo. Rugby —7J 171
Driffield Clo. Redd —7K 205
Driffold. —5G 57
Driffold. S Cold —5H 57
Driffold Vs. S Cold —6H 57
Driftwood Clo. B38 —2D 156
Drinkwater Ho. Cov —7B 144 (off Butts)
Drive Fields. Wolv —3H 49
Drive, The. A'chu —6B 156
Drive, The. Barw —1H 85
Drive, The. Brie H —4C 88
Drive, The. Cod —6F 20
Drive, The. Cov —6K 145
Drive, The. Dunc —5K 197
Drive, The. Erd —7E 70
Drive, The. Hale —4K 109 (Drew's Holloway)
Drive, The. Hale —6A 110 (Hagley Rd.)
Drive, The. Hand —7G 69
Drive, The. Lich —8L 19
Drive, The. Redd —3J 203 (B97)
Drive, The. Redd —6E 204 (B98)
Drive, The. Wals —7L 25 (WS3)
Drive, The. Wals —8C 26 (WS4)
Drive, The. Wolv —4J 35
Droitwich Rd. Tort —2A 176
Dronfield Rd. Cov —6H 145
Drovers Way. B'gve —3L 201
Droveway, The. Wolv —7L 21
Droxford Wlk. Wolv —8L 21
Droylesdon Pk. Rd. Cov —6B 166
Druid Pk. Rd. W'hall —8C 24
Druid Rd. Cov —6H 145
Druids Av. Row R —5D 90
Druids Av. Wals —8J 27
Druid's Heath. —8J 27
Druids La. B14 —7J 135
Druids Pl. Hinc —8D 84
Druid St. Hinc —8D 84
Druids Wlk. Wals —6G 27
Drummond Clo. Cov —2M 143
Drummond Clo. Wolv —7A 24
Drummond Gro. B43 —6J 55
Drummond Rd. B9 —7F 94
Drummond Rd. B'gve —1B 202
Drummond Rd. Stourb —5F 108
Drummond St. Wolv —6C 36 (2H 7)
Drummond Way. B37 —7J 97
Drury La. Cod —5F 20
Drury La. Rugby —6A 172
Drury La. Sol —6C 138 (in two parts)
Drury La. Stourb —4A 108
Drybrook Clo. B38 —1E 156
Drybrooks Clo. Bal C —3H 163
Dryden Clo. Gall C —4M 77
Dryden Clo. Ken —6F 190
Dryden Clo. Tip —2A 66
Dryden Clo. W'hall —1E 38
Dryden Gro. B27 —7H 115
Dryden Pl. Rugby —6L 171
Dryden Pl. Wals —2L 39
Dryden Rd. Tam —2A 32
Dryden Rd. Wals —2L 39
Dryden Rd. Wolv —8F 22
Dryden Wlk. Rugby —6L 171
Drylea Gro. B36 —1M 95
Dry Mill La. Bew —1A 148
Dual Way. Cann —1C 8
Dubarry Av. K'wfrd —2J 87
Duchess Pl. B16 —8G 93

Duchess Rd. B16 —8G 93
Duchess Rd. Wals —4K 53
Duckhouse Rd. Wolv —2K 37
Duck La. Bils —4L 51
Duck La. Cod —7H 21
Duddeston Dri. B8 —5D 94
Duddeston Mnr. Rd. B7 —5A 94 (1M 5)
Duddeston Mill Rd. Vaux & Salt —5B 94
Duddeston Mill Trad. Est. Salt —5C 94
Dudding Rd. Wolv —4D 50
Dudhill Rd. Row R —6A 90
Dudhill Wlk. Row R —6M 89
Dudley. —8J 65
Dudley Castle. —7K 65
Dudley Central Trad. Est. Dud —1J 89
Dudley Clo. Row R —3A 90
Dudley Cres. Wolv —3L 37
Dudley Fields. —5C 88
Dudley Grn. Lea S —7B 212
Dudley Gro. B18 —5E 92
Dudley Mus. & Art Galley. —8J 65
Dudley Pk. Rd. B27 —6J 115
Dudley Port. —5A 66
Dudley Port. Tip —6A 66
Dudley Ri. Burb —3J 81
Dudley Rd. B18 —5D 92
Dudley Rd. Brie H —6D 88
Dudley Rd. Dud —2E 64
Dudley Rd. Hale —3B 110
Dudley Rd. Himl —6J 63
Dudley Rd. Ken —7E 190
Dudley Rd. O'bry —8E 66
Dudley Rd. Row R —3M 89
Dudley Rd. Stourb —3E 108
Dudley Rd. Tip —4K 65
Dudley Rd. W Hth —1J 87
Dudley Rd. Wolv —1D 50 (8K 7)
Dudley Rd. E. Tiv & O'bry —7C 66
Dudley Rd. W. Tip & Tiv —7A 66
Dudley Row. Dud —8K 65
Dudley's Fields. —1G 39
Dudley Southern By-Pass. Dud —2G 89
Dudley St. B5 —7L 93 (6G 5)
Dudley St. Bils —4K 51
Dudley St. Cov —8G 123
Dudley St. Crad H —7M 89
Dudley St. Kidd —2L 149
Dudley St. Sed —1D 64
Dudley St. Wals —8L 39
Dudley St. W'bry —7E 52
Dudley St. W Brom —4F 66
Dudley St. Wolv —7C 36 (4J 7)
Dudley Ter. S'lgh —3B 192
Dudley Tourist Info. Cen. —8K 65
Dudley Tunnel. —5K 65
(Black Country Mus.)
Dudley Wlk. Wolv —4C 50
Dudley Wood Av. Dud —7J 89
Dudley Wood Rd. Dud —8J 89
Dudley Zoo. —7K 65
Dudmaston Way. Dud —6E 64
Dudnill Gro. B32 —1G 133
Duffield Clo. Pend —8M 21
Duffy Pl. Rugby —1G 199
Dufton Rd. B32 —4L 111
Dugdale Clo. Cann —6L 9
Dugdale Ct. Lea S —3A 216
Dugdale Cres. S Cold —6J 43
Dugdale Ho. W Brom —1A 68
Dugdale Rd. Cov —3A 144
Dugdale St. B18 —5D 92
Dugdale St. Nun —5J 79
(in two parts)
Duggins La. Cov —1A 164
Duke Barn Fld. Cov —4G 145
Duke End. —5D 98
Duke Rd. Burn —8E 10
Dukes Jetty. Rugby —6A 172
Dukes Rd. B30 —6G 135
Dukes Rd. Dord —3M 47
Duke St. Cov —7M 143
Duke St. Dud —4D 64
Duke St. Lea S —8A 212
Duke St. Nun —5G 79
Duke St. Penn F —2A 50
Duke St. Row R —7B 90
Duke St. Rugby —5A 172
Duke St. Stourb —3A 108
Duke St. S Cold —5H 57
Duke St. Wed —4K 37
Duke St. W Brom —5H 67
Duke St. Wolv —8E 36 (5M 7)
Dulais Clo. Redd —8E 204
Dulvern Gro. B14 —4K 135
Dulverton Av. Cov —4K 143
Dulverton Ct. Cov —5K 143
Dulverton Rd. B6 —8A 70
Dulwich Gro. B44 —1B 70
Dulwich Rd. B44 —1A 70
Dumbleberry Av. Dud —2C 64
Dumblederry La. Wals —1E 40
(in two parts)
Dumble Pit La. A'chu —2L 183
Dumolos La. Glas —6F 32
Dumphouse La. A'chu —6J 183
Dunard Rd. Shir —6F 136
Dunbar Clo. B32 —8K 111
Dunbar Clo. Kidd —3C 150
Dunbar Gro. B43 —5H 55
Dunblane Dri. Lea S —4C 212
Dunblane Way. Hinc —7A 84
Duncalfe Dri. S Cold —6H 43
Duncan Dri. Rugby —3K 197
Duncan Edwards Clo. Dud —1G 89
Duncan St. Wolv —2C 50
Dunchurch. —6J 197
Dunchurch Clo. Bal C —2H 163
Dunchurch Clo. Redd —8M 205
Dunchurch Cres. S Cold —6C 56
Dunchurch Dri. B31 —2L 133
Dunchurch Highway. Cov —3G 143
Dunchurch Rd. Rugby —4L 197
Dunchurch Trad. Est. Dunc —4D 196
Dunclent Cres. Kidd —4B 150
Duncombe Grn. Col —2M 97
Duncombe Gro. B17 —2M 111
Duncombe St. Stourb —3K 107
Duncroft Av. Cov —2M 143
Duncroft Rd. B26 —1M 115
Duncroft Wlk. Dud —3H 65
Duncumb Rd. S Cold —4A 58
Dundalk La. Wals —7D 14
Dundas Av. Dud —1M 89
Dunedin. Tam —8G 33
Dunedin Dri. B Grn —8H 155
Dunedin Ho. B32 —5M 111
Dunedin Rd. B44 —6L 55
Dunham Cft. Dorr —6D 160
Dunhampton Dri. Kidd —8B 128
Dunhill Av. Cov —6E 142
Dunkirk Av. W Brom —5D 66
Dunkley St. Wolv —6C 36 (2H 7)
Dunley Cft. Shir —3M 159
Dunley Gdns. Stour S —7E 174
Dunlin Clo. B23 —7C 70
Dunlin Clo. F'stne —2G 23
Dunlin Clo. K'wfrd —3A 88
Dunlin Dri. Kidd —7M 149
Dunlop Rd. Redd —4C 208
Dunlop Way. Cas V —8L 71
(in two parts)
Dunmore Rd. Bew —4C 148
Dunnerdale. Brow —2D 172
Dunnerdale Rd. Clay —3D 26
Dunnigan Rd. B32 —6M 111
Dunnington Av. Kidd —8A 128
Dunnose Clo. Cov —1E 144
Dunn's Bank. Brie H —2F 108
Dunrose Clo. Cov —7L 145
Dunsfold Clo. Bils —6G 51
Dunsfold Cft. B6 —3M 93
Dunsford Clo. Brie H —2B 108
Dunsford Rd. Smeth —7A 92
Dunsink Rd. B6 —8M 69
Dunslade Cres. Brie H —1F 108
Dunslade Rd. B23 —2E 70
Dunsley. —5C 106
Dunsley Dri. Kinv —5C 106
Dunsley Dri. Stourb —6L 87
Dunsley Gro. Wolv —5A 50
Dunsley Rd. Kinv —6B 106
Dunsley Rd. Stourb —5J 107
Dunsmore Av. Cov —3J 167
Dunsmore Av. Rugby —1E 198
Dunsmore Dri. Brie H —1F 108
Dunsmore Gro. Sol —2M 137
Dunsmore Heath. Dunc —6J 197
Dunsmore Rd. B28 —7E 114
Dunstall Av. Wolv —4C 36
Dunstall Clo. Redd —7B 204
Dunstall Gro. B29 —1M 133
Dunstall Hill. —4B 36
Dunstall Hill. Wolv —4C 36
Dunstall La. Hop —3J 31
Dunstall La. Wolv —4A 36
Dunstall Pk. Wolv —3B 36
Dunstall Pk. Race Course. —3A 36
Dunstall Rd. Hale —6K 109
Dunstall Rd. Wolv —5B 36
Dunstan Cft. Shir —1J 159
Dunster. Tam —2C 46
Dunster Clo. B30 —5H 135
Dunster Gro. Wolv —6F 34
Dunster Pl. Cov —6D 122
Dunster Rd. B37 —6J 97
Dunston Clo. K'wfrd —2K 87
Dunston Clo. Wals —1E 24
Dunston Dri. Burn —1G 17
Dunsville Dri. Cov —1M 145
Dunton Clo. S Cold —5G 43
Dunton Hall Rd. Shir —1G 159
Dunton Ind. Est. B7 —2D 94
Dunton La. Wis —8H 59
Dunton Rd. K'hrst —5F 96
Dunvegan Clo. Cov —7A 146
Dunvegan Clo. Ken —5J 191
Dunvegan Rd. B24 —5G 71
Duport Rd. Hinc —2M 81
Durant Clo. Redn —7D 132
Durban Rd. Smeth —5C 92
Durbar Av. Cov —1D 144
D'Urberville Clo. Wolv —3F 50
(off D'Urberville Rd.)
D'Urberville Rd. Wolv —2F 50
(in two parts)
D'Urberville Wlk. Cann —7G 9
Durham Av. W'hall —6C 38
Durham Clo. B'gve —5L 179
Durham Clo. Ker E —5M 121
Durham Clo. Tam —7A 32
Durham Ct. Wolv —1J 7
Durham Cres. Alle —2H 143
Durham Cft. B37 —7H 97
Durham Dri. W Brom —2K 67
Durham Pl. Wals —8H 39
Durham Rd. B11 —5B 114
Durham Rd. Dud —7K 89
Durham Rd. Row R —5E 90
Durham Rd. Stourb —1K 107
Durham Rd. Wals —1H 53
Durham Rd. W'bry —5K 53
Durham Tower. B1 —6H 93 (4A 4)
Durley Dean Rd. B29 —7C 112
Durley Dri. S Cold —6C 56
Durley Rd. B25 —3J 115
Durlston Clo. Amin —3F 32
Durlston Gro. B28 —1G 137
Durnford Cft. B14 —8L 135
Dursley Clo. Sol —1B 138
Dursley Clo. W'hall —5D 38
Dursley Dri. Cann —7B 8
Dursley La. Redd —6A 206
Dursley Rd. Burn —2G 17
Dusthouse La. Fins & Tard —3C 202
Dutchess Pde. W Brom —6K 67
Dutton Rd. Ald I —6K 123
Dutton's La. S Cold —5L 43
Duxford Clo. Redd —1B 208
Duxford Rd. B42 —1H 69
Dwarris Wlk. Warw —7E 210
Dwellings La. B32 —4H 111
Dyas Av. B42 —2F 68
Dyas Rd. Gt Barr —8K 55
Dyas Rd. H'wd —2A 158
Dyce Clo. B35 —5A 72
Dyers La. H'ley H —2K 185
Dyer's La. Wols —6G 169
Dyers Rd. Bram —3E 104
Dymoke St. B12 —1M 113
Dymond Rd. Cov —6C 122
Dynes Wlk. Smeth —4A 92
Dyott Clo. Lich —8M 13
Dyott Rd. B13 —8A 114
Dysart Clo. Cov —5E 144 (2F 6)
Dyson Clo. Rugby —8F 172
Dyson Clo. Wals —6F 38
Dyson Gdns. Wash H —4E 94
Dyson St. Cov —6E 142

Eachelhurst Rd. B24 & S Cold —5L 71
Eachus Rd. Bils —1K 65
Eachway. —3F 154
Eachway. Redn —3F 154
Eachway Farm Clo. Redn —3G 155
Eachway La. Redn —3G 155
Eacott Clo. Cov —6A 122
Eadgar Ct. B43 —2D 68
Eadie M. Redd —8D 204
Eadie St. Nun —5D 78
Eagle Clo. Dud —1F 88
Eagle Clo. Nun —1B 104
Eagle Clo. Row R —5M 89
Eagle Clo. Wals —7D 14
Eagle Cft. B14 —7L 135
Eagle Dri. Tam —5H 33
Eagle Gdns. Erd —7G 71
Eagle Gro. B36 —1G 97
Eagle Gro. Cann —8J 9
Eagle Ind. Est. Tip —2E 66
Eagle La. Ken —6F 190
Eagle La. Tip —3D 66
Eagle Rd. Moons M —4L 205
Eagle St. Cov —4D 144 (1D 6)
Eagle St. Lea S —3A 216
Eagle St. Penn F —2A 50
Eagle St. Tip —3C 66
Eagle St. Wolv —1E 50 (7M 7)
Eagle St. E. Cov —4D 144 (1E 6)
Eagle Trad. Est. Hale —5A 110
Eales Yd. Hinc —8D 84
Ealing Gro. B44 —8A 56
Ealingham. Wiln —7H 33
Eardisley Clo. Redd —8M 205
Earl Dri. Burn —8E 10
Earleswood Trad. Est. Earls —3C 184
Earl Rivers Av. H'cte —6K 215
Earlsbury Gdns. B20 —8K 69
Earls Clo. Redd —7M 203
Earls Ct. Rd. B17 —3A 112
Earl's Cft., The. Cov —2D 166
Earlsdon. —1M 165
Earlsdon Av. N. Cov —7M 143
Earlsdon Av. S. Cov —8A 144
Earlsdon Bus. Cen. Cov —1M 165
Earlsdon St. Cov —1M 165
Earls Ferry Gdns. B32 —2H 133
Earl Shilton. —1M 85
Earlsmead Rd. B21 —1C 92
Earlsmere. Earls —8H 159
Earls Rd. Nun —4G 79
Earls Rd. Wals —2C 40
Earlston Way. B43 —1D 68
Earl St. Bed —7J 103
Earl St. Bils —4K 51
Earl St. Cose —1K 65
Earl St. Cov —7D 144 (5D 6)
Earl St. Earl S —1M 85
Earl St. K'wfrd —5K 87
Earl St. Lea S —8A 212
Earl St. Rugby —6B 172
Earl St. Wals —1K 53
Earl St. W Brom —5H 67
Earls Wlk. Bin W —2D 168
Earls Way. Hale —5B 110
Earlswood. —8E 158
Earlswood Comn. Earls —5G 185
Earlswood Ct. B20 —7G 69
Earlswood Cres. Pend —6A 22
Earlswood Dri. S Cold —2J 57
Earlswood Rd. Dorr —7D 160
Earlswood Rd. K'wfrd —2L 87
Early River Pl. Bew —2B 148
Easby Way. B8 —4E 94
Easby Way. Wals —7F 24
Easedale Clo. Cov —3B 166
Easedale Clo. Nun —3A 80
Easemore Rd. Redd —5E 204
Easenhall Clo. Know —5G 161
Easenhall La. Redd —8L 205
Easmore Clo. B14 —7K 135
Eastacre. W'hall —8A 38
East Av. Bed —7K 103
East Av. Cov —6G 145
East Av. Tiv —2C 90
East Av. Wolv —3J 37
Eastborough Ct. Attl F —7L 79
Eastboro' Way. Nun —7L 79
Eastbourne Av. B34 —3K 95
Eastbourne Clo. Cov —3L 143
Eastbourne St. Wals —6M 39
Eastbrook Clo. S Cold —5K 57
Eastburn. Wiln —8H 33
Eastbury Dri. Sol —6A 116
Eastbury Dri. Sol —6A 116
E. Cannock Ind. Est. Cann —6H 9
E. Cannock Rd. Cann —6H 9
E. Car Pk. Rd. B40 —5M 117
East Clo. Hinc —2K 81
East Clo. Wych —8E 200
Eastcote. —6M 139
Eastcote Clo. Shir —6K 137
Eastcote Cres. Burn —4G 17
Eastcote La. Brad M —6M 139
Eastcote Rd. B27 —8G 115
Eastcote Rd. Wolv —4F 36
Eastcotes. Cov —8H 143
E. Croft Rd. Wolv —5J 49
Eastdean Clo. B23 —3D 70
East Dene. Lea S —7B 212
East Dri. B5 —5J 113
Eastern Av. Brie H —7B 88
Eastern Av. Lich —7E 12
Eastern Clo. W'bry —6C 52
Eastern Grn. Rd. Cov —6F 142
Eastern Hill. —7F 208
Eastern Hill. A'wd B —7E 208
Eastern Rd. B29 —6H 113
Eastern Rd. S Cold —8H 57
Eastern Way. Cann —8G 9
Easterton Cft. B14 —7L 135
E. Farm Cft. B10 —1D 114
Eastfield Dri. Sol —1E 138
Eastfield Gro. Wolv —7F 36
Eastfield Pl. Rugby —6A 172
Eastfield Retreat. Wolv —7F 36
Eastfield Rd. Lea S —1A 216
Eastfield Rd. Nun —3K 79
Eastfield Rd. Salt & Bord G —5J 95
Eastfield Rd. Tip —1A 66
Eastfield Rd. Wolv —7F 36
East Ga. B16 —6E 92
Eastgate. Cann —4A 10
Eastgate M. Warw —3E 214
Eastgate St. Burn —1E 16
East Grn. Barw —3G 85
East Grn. Wolv —3K 49
East Gro. Lea S —3A 216
Eastham Rd. B13 —3C 136
East Holme. B9 —7C 94
Easthope Rd. B33 —5A 96
Easthorpe Clo. Stour S —8E 174
E. House Dri. Hurl —5K 61
Eastlake Clo. B43 —6K 55
Eastlands Gro. Cov —5L 143
Eastlands Pl. Rugby —6D 172
Eastlands Rd. B13 —8A 114
Eastlands Rd. Rugby —6D 172
Eastlang Rd. Fill —6E 100
Eastleigh. Dud —1C 64
Eastleigh Av. Cov —2M 165
Eastleigh Cft. S Cold —2A 72
Eastleigh Dri. Rom —5A 132
Eastleigh Gro. B25 —1K 115
Eastley Cres. Warw —1B 214
East Meadway. B33 —7D 96
East M. B44 —7K 55
E. Moons Moat Ind. Area. Redd —4L 205
E. Moor Clo. S Cold —7B 42
Eastney Cres. Wolv —1L 35
Eastnor Clo. Kidd —8L 149
Eastnor Clo. Redd —8E 204
Eastnor Gro. Lea S —2B 216
Easton Gdns. Wolv —4M 37
Easton Gro. B27 —8J 115
Easton Gro. H'wd —2B 158
E. Park Trad. Est. Wolv —1F 50
East Pk. Way. Wolv —8H 37
East Pathway. B17 —3C 112
Eastridge Cft. Lich —4G 29
East Ri. S Cold —3K 57
East Rd. B24 —7K 71
East Rd. B'frd —1F 22
East Rd. B'gve —8A 180
East Rd. Stour S —4G 175
East Rd. Tip —1B 66
East St. Brie H —1G 109
East St. Cann —3E 14
East St. Cov —6E 144
East St. Dost —4D 46
East St. Dud —1L 89
East St. Gorn W —6D 64
East St. Kidd —3M 149
East St. Rugby —5D 172
East St. Wals —2M 53
East St. Wolv —8E 36 (5M 7)
E. Union St. Rugby —7A 172
East Vw. Tam —6E 32
E. View Rd. S Cold —6K 57
Eastville. B31 —6B 134
Eastward Glen. Cod —8J 21
East Way. B17 —3C 112
Eastway. B40 & H Ard —6M 117
Eastwood Av. Burn —1G 17
Eastwood Clo. Lea S —3D 216
Eastwood Ct. A'wd B —8E 208
Eastwood Dri. Kidd —5B 150
Eastwood Gro. Rugby —1J 199
Eastwood Rd. Bal H —4K 113
Eastwood Rd. Dud —3L 89
Eastwood Rd. Gt Barr —1E 68
Eastwoods Rd. Hinc —7F 84
Easy La. Rugby —6M 171
Eatesbrook Rd. B33 —6C 96
Eathorpe Clo. B34 —3D 96
Eathorpe Clo. Cov —8J 123
Eathorpe Clo. Redd —1L 209
Eaton Av. W Brom —5G 67
Eaton Clo. Lea S —7K 211
Eaton Ct. S Cold —2H 57
Eaton Cres. Dud —6B 64
Eaton Pl. K'wfrd —4L 87
Eaton Ri. W'hall —3B 38
Eaton Rd. Cov —8C 144 (7B 6)
Eaton Wood. B24 —6K 71
Eaton Wood Dri. B26 —4K 115
Eaves Ct. Dri. Dud —8C 50
Eaves Green. —7M 119
Eaves Grn. Gdns. B27 —4H 115
Eaves Grn. La. Mer —8L 119
Ebbw Va. Ter. Cov —2D 166
Ebenezer St. Bils —1H 65
Ebenezer St. Cann —2G 9
Ebenezer St. W Brom —3F 66
Ebley Rd. B20 —5G 69
Ebmore Dri. B14 —7K 135
Eborall Clo. Warw —7E 210
Ebourne Clo. Ken —5G 191
Ebrington Av. Sol —6B 116
Ebrington Clo. B14 —5K 135
Ebrington Rd. W Brom —3K 67
Ebro Cres. Bin —8M 145
Ebrook Rd. S Cold —5J 57
Ebstree. —5C 48
Ebstree Rd. Seis —7A 48
Eburne Rd. Cov —6H 123
Ebury Rd. B30 —5H 135
Eccles Clo. Cov —1J 145
Eccleshall Av. Wolv —1B 36
Eccleston Clo. S Cold —4M 57
Ecclestone Rd. Wolv —1A 38
Echells Clo. B'gve —7K 179
Echo Way. Wolv —5G 51
Eckersall Rd. B38 —6E 134
Eckington Clo. Redd —1H 209
Eckington Wlk. B38 —2E 156
Ecton Leys. Rugby —2A 198
Edale. Wiln —8H 33
Edale Clo. K'wfrd —2H 87
Edale Clo. Wolv —6E 50
Edale Grn. Hinc —3M 81
Edale Rd. B42 —2J 69
Edale Way. Cov —2G 145
Eddens Wood Clo. Dray B —4L 45
Eddie Miller Ct. Bed —7H 103
Eddish Rd. B33 —6B 96
Eddison Rd. Col —5L 73
Eddy Rd. Kidd —2L 149
Edenbridge Rd. B28 —1G 137
Edenbridge Vw. Dud —6E 64
Eden Clo. B31 —1L 155
Eden Clo. Cann —7L 9
Eden Clo. Stud —6K 209
Eden Clo. Tiv —7D 66
Eden Ct. Lea S —6D 212
Eden Cft. Ken —5H 191
Edendale Dri. Hinc —5E 84
Edendale Rd. B26 —3B 116
Edenfield Clo. Redd —4A 204
Edenfield Pl. Wiln —8H 33
Eden Gro. B37 —8K 97
Eden Gro. W Brom —4K 67
Edenhall Rd. B32 —3H 111
Edenhurst Rd. B31 —3M 155
Eden Pl. B3 —7K 93 (5E 4)
Eden Rd. Cov W —8A 124
Eden Rd. Rugby —8F 172
Eden Rd. Sol —6D 116
Edensor Clo. Wolv —5E 36 (1M 7)
Eden St. Cov —2F 144
Edgar Clo. Tam —2M 31
Edgbaston. —2F 112
Edgbaston Pk. Rd. B15 —4G 113
Edgbaston Rd. B5 —4K 113
Edgbaston Rd. B12 —5L 113
Edgbaston Rd. Smeth —5A 92
Edgbaston Rd. E. B12 —4M 113
Edgbaston Shop. Cen. B16 —1G 113 (8A 4)
Edgbaston St. B5 —8L 93 (7G 5)
Edgcombe Rd. B28 —8F 114
Edgecote Clo. Rugby —8F 172
Edgefield Rd. Cov —1A 146
Edge Hill. —7J 47
Edge Hill. Kinv —5A 106
Edge Hill. Wood E —7G 47
Edge Hill Av. Wolv —7G 23
Edge Hill Dri. Dud —7C 50
Edge Hill Dri. Pert —6E 34
Edgehill Pl. Cov —8C 142
Edgehill Rd. B31 —8A 134
Edge Hill Rd. S Cold —5D 42
Edgemond Av. B24 —5M 71
Edgemoor Mdw. Cann —8J 9
Edge St. Bils —1K 65
Edge Vw. Wlk. Kinv —3A 106
Edgewood Clo. Crad H —1M 109
Edgewood Dri. B Grn —8H 155
(in two parts)
Edgewood Rd. K Nor —2E 156
Edgewood Rd. Redn —2H 155
Edgeworth Clo. Redd —4J 205
Edgeworth Clo. W'hall —5C 38
Edgeworth Ho. Lich —7G 13
Edgmond Clo. Redd —5K 205
Edgware Rd. B23 —4D 70
Edgwick. —1E 144
Edgwick Pk. Ind. Est. Cov —1F 144
Edgwick Rd. Cov —2F 144
Edial. —3M 17
Edinburgh Av. Wals —6E 38
Edinburgh Clo. Kidd —2L 149
Edinburgh Ct. B24 —5K 71
Edinburgh Cres. Lea S —3M 215
Edinburgh Cres. Stourb —8J 87
Edinburgh Dri. Wals —2D 40
Edinburgh Dri. W'hall —3B 38
Edinburgh La. Wals —5G 39
Edinburgh Rd. Bils —6M 51
Edinburgh Rd. Dud —3K 89
Edinburgh Rd. Earl S —2K 85
Edinburgh Rd. Hurl —4J 61
Edinburgh Rd. Nun —3C 78
Edinburgh Rd. O'bry —1H 111
Edinburgh Rd. Wals —1B 54
Edinburgh Way. Long L —4H 171
Edingale Rd. Cov —8M 123
Edison Clo. Cann —2J 9
Edison Gro. B32 —4K 111
Edison Rd. Wals —4G 39
Edison Wlk. Wals —4H 39
Edith Rd. Smeth —6B 92
Edith St. W Brom —6H 67
Edmondes Clo. Warw —8F 210
Edmonds Clo. B33 —7B 96
Edmondscote Rd. Lea S —1J 215
Edmondson Clo. Dunc —5K 197
Edmonds Rd. O'bry —7J 91
Edmonton Av. B44 —8B 56
Edmonton Clo. Cann —7H 9
Edmoor Clo. W'hall —3C 38
Edmund Rd. B8 —5D 94
Edmund Rd. Cov —4D 144
Edmund Rd. Dud —3E 64
Edmund St. B3 —6K 93 (4E 4)
Ednall La. B'gve —8M 179
Ednam Clo. W Brom —1M 67
Ednam Gro. Wom —8G 49
Ednam Rd. Dud —8J 65
Ednam Rd. Wolv —3C 50
Edsome Way. B36 —1M 95
Edstone Clo. Dorr —5F 160
Edstone M. B36 —1M 95
Edward Av. Wals —2G 41
Edward Bailey Clo. Bin —2L 167
Edward Clo. Bils —6L 51
Edward Ct. Tam —5E 32
Edward Ct. Wals —1A 54
Edward Fisher Dri. Tip —4A 66
Edward Rd. Bal H —3K 113
Edward Rd. Bed —6J 103

Edward Rd. Cov —5F 144 (CV1)
Edward Rd. Cov —6A 122 (CV6)
Edward Rd. Hale —5M 109
Edward Rd. May —8M 135
Edward Rd. O'bry —1J 111
Edward Rd. Smeth —5M 91
Edward Rd. Tip —2A 66
Edward Rd. Wat O —6J 73
Edward Rd. Wolv —4E 34
Edwards Gro. Ken —4J 191
Edwards Rd. B24 —4G 71
Edward's Rd. Burn —4F 16
Edwards Rd. Dud —5J 89
Edwards Rd. S Cold —6K 43
Edward St. B1 —7H 93 (5B 4)
Edward St. Cann —5E 8
Edward St. Cov —4E 144
Edward St. Dud —8H 65
Edward St. Hinc —7C 84
Edward St. Lea S —8J 211
Edward St. Nun —5H 79
Edward St. O'bry —5G 91
Edward St. P'flds —3F 50
Edward St. Redd —5D 204
Edward St. Rugby —5M 171
Edward St. Tam —4A 32
Edward St. Wals —6H 39
Edward St. Warw —2D 214
Edward St. W'bry —3E 52
Edward St. W Brom —6J 67
Edward Tyler Rd. Exh —8G 103
Edwin Av. Kidd —8L 149
Edwin Ct. B'gve —1M 201
Edwin Cres. B'gve —1M 201
Edwin Rd. B30 —2H 135
Edyth Rd. Cov —5L 145
Edyvean Clo. Rugby —3L 197
Edyvean Walker Ct. Nun —4H 79
Eel St. O'bry —2F 90
Effingham Rd. B13 —3C 136
Egbert Clo. B6 —1B 94
Egelwin Clo. Wolv —4E 34
Egerton Clo. Rugby —3M 171
Egerton Rd. B24 —6K 71
Egerton Rd. S Cold —8M 41
Egerton Rd. Wolv —6E 22
Egg Hill. —6H 133
Egghill La. Fran & N'fld —5G 133
Eggington Rd. Stourb —2K 107
Egginton Rd. B28 —4E 136
Egg La. Belb —1L 151
Egmont Gdns. Wolv —4M 37
Egret Ct. Kidd —8A 150
Eider Clo. Kidd —8B 150
Eileen Gdns. B37 —5F 96
Eileen Rd. B11 —6B 114
Elan Av. Stour S —2E 174
Elan Clo. Cookl —5B 128
Elan Clo. Dud —6D 64
Elan Clo. Lea S —6C 212
Elan Rd. B31 —7J 133
Elan Rd. Dud —1C 64
Elborow St. Rugby —6A 172
Elbow St. Crad H —7M 89
Elbury Cft. Know —4F 160
Elcock Dri. B42 —4K 69
Eldalade Way. W'bry —7K 53
Elderberry Clo. Stourb —6J 107
Elderberry Clo. Stour S —5E 174
Elderberry Way. Cov —3H 145
Elder Clo. Cann —7J 9
Elder Clo. K'bry —2D 60
Elder Clo. Rugby —8H 171
Elderfield. B33 —1B 116
Elderfield Rd. B30 —6H 135
Elder Gro. Wom —3F 62
Elder La. Burn —2J 17
Eldersfield Clo. Redd —2L 205
Eldersfield Gro. Sol —2B 160
Elderside Clo. Bwnhls —1F 26
Elder Way. B23 —7E 70
Eldon Ct. Wals —8M 39
(off Eldon St.)
Eldon Dri. S Cold —2L 71
Eldon Rd. B16 —8F 92
Eldon Rd. Hale —6G 111
Eldon St. Wals —8M 39
Eldorado Clo. Stud —5K 209
Eldridge Clo. Wolv —7M 21
Eld Rd. Cov —2E 144
Eleanor Rd. Bils —3K 51
Electra Pk. B6 —8B 70
Electric Av. B6 —8B 70
Elenor Harrison Dri. Cookl —4B 128
Elford Clo. B14 —4L 135
Elford Gro. B37 —8H 97
Elford Gro. Bils —5J 51
Elford Rd. B17 & B29 —6B 112
Elford Rd. W Brom —8L 53
Elgar Clo. Cann —4E 8
Elgar Clo. Lich —7H 13
Elgar Clo. Nun —2A 104
Elgar Cres. Brie H —2D 88
Elgar Ho. B1 —7H 93 (6B 4)
Elgar M. B'gve —7M 179
Elgar Rd. Cov —1H 145
Elgin Clo. Dud —8E 50
Elgin Clo. Stourb —2A 108
Elgin Ct. Wolv —5E 34
Elgin Gro. B25 —2J 115
Elgin Rd. Wals —5G 25
Elias Clo. Lich —3L 19
Eliot Clo. Tam —2A 32
Eliot Clo. Warw —7E 210
Eliot Ct. Bil —6L 171
Eliot Cft. Bils —7K 51
Eliot St. B7 —1C 94
Eliot Wlk. Kidd —3C 150
Elizabeth Av. Bils —6M 51
Elizabeth Av. W'bry —6J 53
Elizabeth Av. Wolv —4B 50
Elizabeth Ct. Warw —3H 215
Elizabeth Cres. O'bry —7K 91
Elizabeth Dri. Tam —3A 32
Elizabeth Gro. Dud —2M 89
Elizabeth Gro. Shir —7J 137
Elizabeth Ho. S Cold —6M 57
Elizabeth Ho. Wals —2D 54
Elizabeth M. Tiv —7A 66
Elizabeth Prout Gdns. Row R —8B 90
Elizabeth Rd. Cann —3E 8
Elizabeth Rd. Hale —6M 109
Elizabeth Rd. Hinc —6D 84
Elizabeth Rd. Lea S —3L 215
Elizabeth Rd. Mose —7J 113
Elizabeth Rd. Stech —6J 95
Elizabeth Rd. S Cold —8C 56
Elizabeth Rd. Wals —2B 54
Elizabeth Rd. W Brom —5D 66
Elizabeth Wlk. Tip —8A 52
Elizabeth Way. Ken —4E 190
Elizabeth Way. Long L —4H 171
Elizabeth Way. Redd —4D 204
Elkington Cft. Shir —4A 160
Elkington La. Barby —8G 199
Elkington St. B6 —4L 93
Elkington St. Cov —1F 144
Elkstone Clo. Sol —6B 116
Elkstone Covert. B14 —7J 135
Ellacombe Rd. Cov —1K 145
Elland Gro. B27 —7J 115
Ellards Dri. Wolv —4M 37
Ellenbrook Clo. Redd —4B 204
Ellen St. B18 —5G 93 (2A 4)
(in two parts)
Ellenvale Clo. Bils —1G 65
Ellerbeck. Wiln —8H 33
(in two parts)
Ellerby Gro. B24 —5L 71
Ellerdene Clo. Redd —1D 208
Ellerside Gro. B31 —7M 133
Ellerslie Clo. Brie H —1D 108
Ellerslie Rd. B13 —2C 136
Ellerton Rd. B44 —8B 56
Ellerton Wlk. Wolv —4F 36
Ellesborough Rd. B17 —1B 112
Ellesmere Ct. O'bry —1D 90
Ellesmere Dri. Bew —2B 148
Ellesmere Rd. B8 —5D 94
Ellesmere Rd. Bed —7G 103
Ellesmere Rd. Cann —1B 14
Ellice Dri. B36 —2H 97
Elliots Fld. Retail Pk. Rugby —2B 172
Elliott Clo. Cann —4F 8
Elliott Ct. Cov —8K 143
Elliott Gdns. Redn —4J 155
Elliott Rd. B29 —8E 112
Elliotts La. Cod —6G 21
Elliotts Rd. Tip —4L 65
Elliot Way. Witt —6M 69
Ellis Av. Brie H —7A 88
Ellis Gro. Hag —5A 130
Ellison St. W Brom —8J 67
Ellis St. B1 —8K 93 (7E 4)
Elliston Av. B44 —1L 69
Elliston Gro. Lea S —3C 216
Ellis Wlk. Cann —1F 14
Ell La. Brin —5M 147
Ellowes Rd. Dud —5C 64
Ellys Rd. Cov —4C 144 (1B 6)
Elm Av. B12 —4A 114
Elm Av. Bils —3K 51
Elm Av. W'bry —5F 52
Elm Av. Wolv —1H 37
Elmay Rd. B26 —2A 116
Elm Bank. Mose —6A 114
Elm Bank Clo. Lea S —5A 212
Elmbank Gro. B20 —4E 68
Elmbank Rd. Ken —3E 190
Elmbank Rd. Wals —5C 54
Elmbridge. —5A 200
Elmbridge Clo. Hale —4K 109
Elmbridge Dri. Shir —3B 160
Elmbridge Ho. B31 —7D 134
Elmbridge La. Elmb —2A 200
Elmbridge Rd. B44 —3L 69
Elmbridge Way. Sed —3E 64
Elm Clo. Bin W —2C 168
Elm Clo. Cookl —5B 128
Elm Clo. Dud —7B 64
Elm Clo. Stourb —7K 107
Elm Ct. Cov —1C 142
Elm Ct. Redd —5D 204
Elm Ct. Smeth —1J 91
Elm Ct. Wals —1A 54
Elm Cres. Tip —3M 65
Elm Cft. O'bry —2J 111
Elmcroft. Smeth —4C 92
Elmcroft Av. B32 —8G 111
Elmcroft Ct. Cann —8E 8
Elmcroft Gdns. Wolv —6E 22
Elmcroft Rd. B26 —2M 115
Elmdale. Hale —2G 111
Elmdale Cres. B31 —4L 133
Elmdale Dri. Kidd —4C 150
Elmdale Dri. Wals —1J 41
Elmdale Gro. B31 —5L 133
Elmdale Rd. Bils —2G 65
Elmdale Rd. Earl S —3K 85
Elmdale Rd. Wolv —4A 50
Elmdene Clo. Wols —5G 169
Elmdene Rd. Ken —5H 191
Elmdon. —7F 116
Elmdon Clo. Sol —7D 116
Elmdon Clo. Wolv —8A 22
Elmdon Coppice. Sol —2F 138
Elmdon Ct. Mars G —2G 117
Elmdon Heath. —3E 138
Elmdon La. Birm A —6G 117
Elmdon La. Mars G —2F 116
Elmdon Pk. Rd. Sol —6D 116
Elmdon Rd. A Grn —5K 115
Elmdon Rd. Mars G —2G 117
Elmdon Rd. S Oak —7G 113
Elmdon Rd. Wolv —8A 22
Elmdon Trad. Est. B37 —4J 117
Elm Dri. B43 —8D 54
Elm Dri. Blak —7H 129
Elm Dri. Hale —8E 90
Elmesthorpe Est. Elme —4L 85
Elmesthorpe La. Earl S —3K 85
Elm Farm Av. B37 —2F 116
Elm Farm Rd. Wolv —2D 50 (8K 7)
Elmfield Av. B24 —5M 71
Elmfield Cres. B13 —7M 113
Elmfield Rd. B36 —2E 96
Elmfield Rd. Hartl —8A 176
Elmfield Rd. Nun —2J 79
Elmfield Wlk. Stour S —5D 174
Elm Gdns. Lich —2J 19
Elm Grn. Dud —4G 65
Elm Gro. B37 —3F 96
Elm Gro. Arly —7E 76
Elm Gro. Bal C —3J 163
Elm Gro. B'gve —5A 180
Elm Gro. Cann —1D 8
Elm Gro. Cod —6G 21
Elm Gro. Hurl —5J 61
Elm Gro. Kinv —6C 106
Elmhurst. —4G 13
Elmhurst Av. Row R —6C 90
Elmhurst Clo. Redd —5D 208
Elmhurst Dri. Burn —5G 17
Elmhurst Dri. K'wfrd —5M 87
Elmhurst Dri. Tam —6A 32
Elmhurst Rd. B21 —8E 68
Elmhurst Rd. Cov —5G 123
Elmley Clo. Cose —2H 65
Elmley Clo. Kidd —6H 149
Elmley Gro. B30 —7H 135
Elmley Gro. Wolv —6F 34
Elmley Ho. Redd —5A 204
(off Cardy Clo.)
Elmley Lovett. —8F 176
Elm Lodge. H Ard —2A 140
Elmore Clo. Cov —1K 167
Elmore Clo. F'bri —5G 97
Elmore Grn. Clo. Wals —1H 39
Elmore Grn. Rd. Wals —8G 25
Elmore Rd. B33 —6A 96
Elmore Rd. Rugby —8M 171
Elmore Row. Wals —8H 25
Elm Pl. Cookl —5B 128
Elm Rd. B30 —1F 134
Elm Rd. Cann —4B 16
Elm Rd. Dud —5J 65
Elm Rd. Kidd —3A 150
Elm Rd. K'wfrd —3L 87
Elm Rd. Lea S —6B 212
Elm Rd. Redd —5D 204
Elm Rd. S Cold —7M 57
Elm Rd. Wals —3K 39
Elms Clo. B38 —1C 156
Elms Clo. Sol —4D 138
Elmsdale. Wolv —7G 35
Elmsdale Av. Cov —7E 122
Elmsdale Ct. Wals —1M 53
Elms Dri. Cann —8C 8
Elms Dri. Rugby —1F 198
Elms La. Share —1K 23
Elms Paddock, The. Clift D —4F 172
Elms Rd. Edg —5F 112
Elms Rd. S Cold —6J 57
Elmstead Av. B33 —2D 116
Elmstead Clo. Wals —8E 40
Elmstead Wood. Wals —8E 40
Elms, The. B16 —6F 92
Elms, The. Bed —7E 102
Elms, The. Leek W —3F 210
Elmstone Clo. Redd —4C 208
Elm St. W'hall —7C 38
Elm St. Wolv —8A 36
Elm Ter. Tiv —8A 66
Elm Tree Av. Cov —7G 143
Elm Tree Clo. K'bry —3D 60
Elm Tree Clo. Wom —4F 62
Elm Tree Dri. Hinc —1M 81
Elm Tree Gro. Hale —3K 109
Elm Tree Ri. H Ard —3A 140
Elm Tree Rd. Bulk —7D 104
Elm Tree Rd. Harb —2A 112
Elmtree Rd. Stir —3G 135
Elmtree Rd. S Cold —8K 41
Elm Tree Wlk. Tam —2M 31
Elm Tree Way. Crad H —8M 89
Elm Way. Harts —1A 78
Elmwood Av. Cov —4M 143
Elmwood Av. Ess —6A 24
Elmwood Clo. B5 —3K 113
Elmwood Clo. Bal C —2H 163
Elmwood Clo. Cann —6G 9
Elmwood Ct. Cov —5C 144 (1B 6)
Elmwood Ct. S Cold —4A 56
Elmwood Gdns. B20 —7H 69
Elmwood Gro. H'wd —3A 158
Elmwood Ri. Dud —8B 50
Elmwood Rd. B24 —7J 71
Elmwood Rd. Stourb —6J 87
Elmwood Rd. S Cold —4A 56
Elmwoods. B32 —7H 111
Elphin Clo. Cov —6A 122
Elphinstone End. B24 —3J 71
Elsee Rd. Rugby —6B 172
Elsma Rd. O'bry —1J 111
Elston Hall La. Wolv —8D 22
Elstree Rd. B23 —4D 70
Elswick Gro. B44 —1B 70
Elswick Rd. B44 —8B 56
Elsworth Gro. B25 —3J 115
Elsworth Ho. B31 —7D 134
Elter Clo. Rugby —2D 172
Eltham Gro. B44 —8B 56
Eltham Rd. Cov —2E 166
Elton Clo. Lea S —7C 212
Elton Clo. Wolv —5E 22
Elton Cft. Dorr —5F 160
Elton Gro. B27 —7G 115
Eltonia Cft. B26 —3B 116
Elton Rd. Bew —2B 148
Elunda Gro. Burn —3E 16
Elva Cft. B36 —8F 72
Elvers Grn. La. Know —3L 161
Elvetham Rd. B15 —1J 113
Elvetham Rd. N. B15 —1J 113 (8C 4)
Elviron Dri. Wolv —4H 35
Elwell Av. Darw —1H 85
Elwell Cres. Dud —3F 64
Elwells Clo. Bils —6G 51
Elwell St. W'bry —6H 53
Elwell St. W Brom —4E 66
Elwy Circ. Ash G —2B 122
Elwyn Rd. S Cold —6G 57
Ely Clo. B37 —7H 97
Ely Clo. Cann —8H 9
Ely Clo. Cov —3A 146
Ely Clo. Kidd —3G 149
Ely Clo. Row R —5E 90
Ely Cres. W Brom —2H 67
Ely Gro. B32 —5M 111
Ely Pl. Wals —8H 39
Ely Rd. Wals —8H 39
Emay Clo. W Brom —1F 66
Embankment, The. Brie H —6E 88
Embassy Dri. Edg —1G 113 (8A 4)
Embassy Dri. O'bry —1E 90
Embassy Rd. O'bry —1E 90
Embassy Wlk. Cov —1K 145
Emberton Way. Amin —4F 32
Embleton Clo. Hinc —8B 84
Embleton Gro. B34 —3A 96
Emerald Ct. B8 —4J 95
Emerald Ct. Sol —8M 115
Emerald Way. Lea S —4M 215
Emerson Clo. Dud —5A 64
Emerson Gro. Wolv —1F 36
Emerson Rd. B17 —3C 112
Emerson Rd. Cov —6J 145
Emerson Rd. Wolv —8F 22
Emery Clo. B23 —8D 70
Emery Clo. Cov —2L 145
Emery Clo. Wals —1M 53
Emery Ct. Kidd —2L 149
Emery St. Wals —1M 53
Emily Gdns. B16 —6F 92
Emily Rd. B26 —3K 115
Emily St. B12 —1M 113
Emily St. W Brom —7H 67
Emmanuel Rd. Burn —2H 17
Emmanuel Rd. S Cold —2H 71
Emmeline St. B9 —8B 94
Emmott Dri. Lea S —3B 216
Emperor Way. Gleb F —2M 171
Empire Clo. Wals —1F 40
Empire Ind. Pk. A'rdge —1F 40
Empire Rd. Cov —7E 142
Empress Arc. Cov —7H 145
Empress Dri. B36 —1L 95
Empress Way. Darl —1D 52
Emscote. —2G 215
Emscote Dri. S Cold —2H 71
Emscote Grn. Sol —7L 137
Emscote Rd. B6 —8M 69
Emscote Rd. Cov —7J 145
Emscote Rd. Warw —2G 215
Emsworth Cres. Wolv —7A 22
Emsworth Gro. B14 —3K 135
Ena Rd. Cov —4D 144
Endeavour Pl. Stour S —7G 175
Endemere Rd. Cov —1D 144
Enderby Dri. Wolv —5M 49
Enderby Rd. B23 —2C 70
Enderley Clo. Wals —6H 25
Enderley Dri. Wals —6H 25
End Hall Rd. Wolv —6G 35
Endhill Rd. B44 —5A 56
Endicott Rd. B6 —8M 69
Endmoor Gro. B23 —3D 70
Endsleigh Gdns. Lea S —3B 216
Endsleigh Gro. B28 —1G 137
Endwood Ct. Hand —7G 69
Endwood Ct. Rd. B20 —7G 69
Endwood Dri. Sol —7M 137
Endwood Dri. S Cold —5C 42
Enfield. —4D 204
Enfield Clo. B23 —3F 70
Enfield Ind. Est. Redd —4D 204
Enfield Rd. B15 —1H 113 (8B 4)
Enfield Rd. Cov —6H 145
Enfield Rd. Redd —4D 208
(in two parts)
Enfield Rd. Row R —6D 90
Enford Clo. B34 —3D 96
Engine La. Brie H —6F 88
Engine La. Bwnhls —1B 26
Engine La. Glas —7G 33
Engine La. Stourb —3D 108
Engine La. Stour S —6F 174
Engine La. W'bry —5A 52
Engine St. O'bry —3G 91
Engine St. Smeth —3B 92
England Cres. Lea S —2L 215
Englestede Clo. B20 —6F 68
Engleton Rd. Cov —3A 144
Englewood Dri. B28 —1G 137
Ennerdale. Rugby —2C 172
Ennerdale Clo. Clay —2E 26
Ennerdale Clo. Lea S —7K 211
Ennerdale Cres. Nun —3M 79
Ennerdale Dri. Hale —7K 109
Ennerdale Dri. Pert —5F 34
Ennerdale La. Cov —5M 145
Ennerdale Rd. B43 —3F 68
Ennerdale Rd. Stour S —3F 174
Ennerdale Rd. Tett —1K 35
Ennersdale Bungalows. Col —8M 73
Ennersdale Clo. Col —8M 73
Ennersdale Rd. Col —8M 73
Enright Clo. Lea S —7L 211
Ensall Dri. Stourb —8L 87
Ensbury Clo. W'hall —5D 38
Ensdale Row. W'hall —8A 38
Ensdon Gro. B44 —8B 56
Ensford Clo. S Cold —4E 42
Ensign Bus. Cen. W'wd B —3F 164
Ensign Clo. Cov —8D 142
Ensign Ho. B35 —5A 72
Ensor Clo. Nun —4A 80
Ensor Dri. Pole —8M 33
Enstone Rd. B23 —2G 71
Enstone Rd. Dud —1F 88
Enterprise Dri. Stourb —3F 108
Enterprise Dri. S Cold —2L 55
Enterprise Gro. Pels —4B 26
Enterprise Ind. Pk. Brit E —1M 19
Enterprise Trad. Est. Brie H —6F 88
Enterprise Way. B7 —5M 93 (1J 5)
Enville Clo. Wals —6G 25
Enville Gro. B11 —4D 114
Enville Rd. Dud —5D 64
Enville Rd. K'wfrd —1G 87
Enville Rd. Kinv —3A 106
Enville Rd. Wolv —5J 49
Enville St. Stourb —4M 107
Enville Towermill. —5B 86
Epperston Ct. Lea S —2M 215
Epping Clo. Redn —7H 133
Epping Clo. Wals —3M 39
Epping Gro. B44 —2A 70
Epping Way. Lea S —5C 212
Epsom Clo. Bed —5H 103
Epsom Clo. Lich —2K 19
Epsom Clo. Pert —5F 34
Epsom Clo. Redd —1C 208
Epsom Dri. Cov —3J 167
Epsom Gro. B44 —1B 70
Epsom Rd. Cats —8A 154
Epsom Rd. Lea S —5C 212
Epsom Rd. Rugby —8K 171
Epwell Gro. B44 —3M 69
Epwell Rd. B44 —3M 69
Epworth Ct. Brie H —4B 88
Equity Rd. Earl S —2L 85
Equity Rd. E. Earl S —1L 85
Erasmus Rd. B11 —2A 114
Erasmus Way. Lich —1G 19
Ercall Clo. B23 —3A 70
Erdington. —5G 71
Erdington Hall Rd. B24 —7F 70
Erdington Ind. Pk. B24 —5M 71
Erdington Rd. Wals —5H 41
Erica Av. Bed —7F 102
Erica Clo. B29 —1A 134
Erica Clo. Kidd —8K 127
Erica Dri. W'nsh —7B 216
Erica Rd. Wals —6B 54
Eric Grey Clo. Cov —4G 145
Eric Inott Ho. Cov —3E 166
Eringden. Wiln —8H 33
Erithway Rd. Cov —5B 166
Ermington Cres. B36 —1L 95
Ermington Rd. Wolv —4D 50
Erneley Clo. Stour S —8F 174
Ernest Clarke Clo. W'hall —5C 38
Ernest Richards Rd. Bed —5H 103
Ernest Rd. B12 —5B 114
Ernest Rd. Dud —8M 65
Ernest Rd. Smeth —3L 91
Ernest St. B1 —8K 93 (8E 4)
Ernsford Av. Cov —8H 145
Ernsford Clo. Dorr —7F 160
Erskine Clo. Hinc —7A 84
Erskine St. B7 —5B 94 (2M 5)
Erwood Clo. Redd —7B 204
Esher Dri. Cov —2E 166
Esher Rd. B44 —5M 55
Esher Rd. W Brom —3K 67
Eskdale. Rugby —1C 172
Eskdale Clo. Wolv —7G 37
Eskdale Rd. Hinc —1G 81
Eskdale Wlk. Brie H —1B 108
Eskdale Wlk. Cov —2K 167
Eskrett St. Cann —4H 9
Esme Rd. B11 —5B 114
Esmond Clo. B30 —4D 134
Essendon Gro. B8 —5H 95
Essendon Rd. B8 —5H 95
Essendon Wlk. B8 —5H 95
Essen La. Kils —6M 199
Essex Av. K'wfrd —4H 87
Essex Av. W'bry —5J 53
Essex Av. W Brom —2J 67
Essex Clo. Cov —6H 143
Essex Clo. Ken —7E 190
Essex Ct. B29 —2C 134
Essex Ct. Warw —1E 214
Essex Dri. Cann —5H 9
Essex Gdns. Stourb —2K 107
Essex Ho. Wolv —1J 7
Essex Rd. Dud —3G 89
Essex Rd. S Cold —8K 43
Essex St. B5 —8L 93 (8F 4)
Essex St. Rugby —5A 172
Essex St. Wals —4L 39
Essington. —5M 23
Essington Clo. Lich —4G 19
Essington Clo. Shen —3F 28
Essington Clo. Stourb —8L 87
Essington Ho. B8 —4G 95
Essington Ind. Est. Ess —5M 23
Essington Rd. Ess & W'hall —7B 24
Essington St. B16 —8H 93 (7B 4)
Essington Way. Wolv —8H 37
Este Rd. B26 —1A 116
Esterton Clo. Cov —7C 122
Estone Wlk. B6 —2M 93
Estria Rd. B15 —2H 113
Estridge La. Wals —7G 15
Etchell Rd. Tam —6M 31
Ethelfield Rd. Cov —6H 145
Ethelfleda Rd. H'ley —4F 46
Ethelfleda Ter. W'bry —6F 52
Ethelred Clo. S Cold —6G 43
Ethel Rd. B17 —4D 112
Ethel St. B2 —7K 93 (5F 4)
Ethel St. O'bry —5G 91
Ethel St. Smeth —7M 91
Etheridge Rd. Bils —2J 51
Eton Clo. Dud —2F 64
Eton Ct. Lich —3H 19
Eton Dri. Stourb —6A 108
Etone Ct. Nun —4H 79
Eton Rd. B12 —5B 114
Eton Wlk. Hag —3A 130
Etruria Way. Bils —2L 51
Etta Gro. B44 —5M 55
Ettingley Clo. Redd —4H 209
Ettingshall. —4G 51
Ettingshall Park. —5E 50
Ettingshall Pk. Farm La. Wolv —5E 50
Ettingshall Rd. Bils —7G 51
Ettingshall Rd. Wolv —2G 51
Ettington Clo. Dorr —7D 160
Ettington Rd. B6 —1L 93
Ettington Rd. Cov —6G 143
Ettymore Clo. Dud —1D 64
Ettymore Rd. Dud —1D 64
Ettymore Rd. W. Dud —1C 64
Etwall Rd. B28 —4E 136
Euan Clo. B17 —1C 112
Euro Bus. Pk. O'bry —2E 90
Europa Av. W Brom —7M 67
Europa Way. Birm A —5J 117
Europa Way. Brit E —1M 19
Europa Way. Warw —5J 215
Eustace Rd. Bulk —8D 104
Euston Cres. Cov —2J 167
Euston Pl. Lea S —1M 215
Euston Sq. Lea S —1M 215

Evans Clo. Bed —6J 103
Evans Clo. Kidd —6J 127
Evans Clo. Tip —4J 65
Evans Cft. Faz —8A 32
Evans Gdns. B29 —8D 112
Evans Gro. W'nsh —7A 216
Evans Pl. Bils —2L 51
Evans Rd. Rugby —7J 171
Evans St. Bils —8F 50
Evans St. W'hall —8K 37
Evans St. Wolv —5A 36
Eva Rd. B18 —3D 92
Eva Rd. O'bry —6J 91
Evason Ct. B6 —8L 69
Eve Hill. —7H 65
Eve La. Dud —4F 64
Evelyn Av. Cov —7E 122
Evelyn Cft. S Cold —1G 71
Evelyn Rd. B11 —5C 114
Evenlode Clo. Redd —8F 204
Evenlode Clo. Sol —6B 116
Evenlode Cres. Cov —4M 143
Evenlode Gro. W'hall —8D 38
Evenlode Rd. Sol —6A 116
Everall Pas. Tam —4L 31
Everard Clo. Clift D —4G 173
Everard Ct. Nun —7L 79
Everdon Clo. Rugby —1D 198
Everdon Rd. Cov —7C 122
(in two parts)
Evered Bardon Ho. O'bry
(off Round's Grn. Rd.) —2E 90
Everest Clo. Smeth —1L 91
Everest Rd. B20 —6G 69
Everest Rd. Rugby —1L 197
Everest Rd. Wals —6F 38
Everglade Rd. Wood E —7H 47
Evergreen Clo. Cose —1H 65
Evergreen Heights. Cann —1G 9
Everitt Dri. Know —3G 161
Eversleigh Rd. Cov —2L 143
Eversley Dale. B24 —7G 71
Eversley Gro. Dud —7C 50
Eversley Gro. Wolv —3J 37
Eversley Rd. B9 —8D 94
(in two parts)
Evers St. Brie H —1G 109
Everton Rd. B8 —5J 95
Eves Cft. B32 —8J 111
Evesham Cres. Wals —6F 24
Evesham Ho. B'gve —6B 180
(off Burcot La.)
Evesham M. Redd —6E 204
Evesham Ri. Dud —6K 89
Evesham Rd. A'wd B —6E 208
Evesham Rd. Redd —8D 204
Evesham Sq. Redd —6E 204
Evesham St. Redd —6E 204
Evesham Wlk. Cov —4K 165
Evesham Wlk. Redd —5E 204
Eveson Rd. Stourb —7K 107
Evreux Way. Rugby —6A 172
Ewart Rd. Wals —6E 38
Ewell Rd. B24 —5H 71
Ewhurst Av. B29 —8F 112
(Heeley Rd.)
Ewhurst Av. B29 —1G 135
(Umberslade Rd.)
Ewhurst Clo. W'hall —1M 51
Ewloe Clo. Kidd —8L 149
Exbury Clo. Wolv —7M 21
Exbury Way. Nun —1L 103
Excelsior Gro. Pels —4B 26
Exchange Ind. Est., The. Cann —3E 14
Exchange St. Brie H —5D 88
Exchange St. Kidd —4L 149
Exchange St. W Brom —7H 67
Exchange St. Wolv —7C 36 (4J 7)
Exchange, The. Wals —8H 25
Exe Cft. B31 —1B 156
Exeter Clo. Cov —1K 167
Exeter Clo. Kidd —3G 149
Exeter Dri. B37 —1F 116
Exeter Dri. Tam —3L 31
Exeter Ho. B31 —7J 133
Exeter Pas. B1 —8K 93 (8F 4)
Exeter Pl. Wals —8H 39
Exeter Rd. B29 —7F 112
Exeter Rd. Cann —1B 14
Exeter Rd. Dud —7K 89
Exeter Rd. Smeth —4B 92
Exeter St. B1 —8K 93 (8F 4)
Exford Clo. Brie H —2B 108
Exhall. —2E 122
Exhall Basin. Longf —4H 123
Exhall Clo. Redd —4K 205
Exhall Clo. Sol —7L 137
Exhall Grn. Exh —2F 122
Exhall Mobile Homes. Ash G —2B 122
Exhall Rd. Ker E —3M 121
Exham Clo. Warw —8E 210
Exhibition Way. B40 —4K 117
Exis Ct. Attl F —7L 79
Exley. Tam —8D 32
Exminster Rd. Cov —4E 166
Exmoor Ct. B'gve —5A 180
Exmoor Dri. B'gve —5A 180
Exmoor Dri. Lea S —5C 212
Exmoor Grn. Wed —2J 37
Exmouth Clo. Cov —2J 145
Exonbury Wlk. Cann —7F 8
Exon Ct. Tip —3M 65
Expressway, The. W Brom —5J 67
Exton Clo. Ash G —2C 122
Exton Clo. Wolv —1M 37
Exton Way. B8 —4D 94
Eydon Clo. Rugby —3E 172
Eyffler Dri. Warw —2D 214
Eyland Gro. Wals —7M 39
Eymore Clo. B29 —3B 134
Eyre St. B18 —6G 93
Eyston Av. Tip —1D 66
Eyton Clo. Redd —6K 205
Eyton Cft. B12 —2M 113
Ezekiel La. W'hall —3C 38

Fabian Clo. Cov —2K 167
Fabian Clo. Redn —7F 132
Fabian Cres. Shir —8H 137
Facet Rd. B38 —7G 135
Factory La. B'gve —8L 179
Factory Rd. B18 —3F 92
Factory Rd. Hinc —8D 84
Factory Rd. Tip —3L 65
Factory St. W'bry —3C 52
Fair Acre Rd. Barw —3G 85
Fairbanks Clo. Cov —2A 146
Fairbourne Av. B44 —7L 55
Fairbourne Av. Row R —5E 90
Fairbourne Gdns. Redd —1C 208
Fairbourne Way. Cov —1L 143
Fairbourn Tower. B23 —3G 71
Fairburn Cres. Pels —4B 26
Fair Clo. F'ton —8J 195
Faircroft. Ken —6F 190
Faircroft Av. S Cold —3M 71
Faircroft Rd. B36 —8D 72
Fairdene Way. B43 —1D 68
Fairfax Ct. S Cold —5A 58
Fairfax Ct. Warw —2F 214
Fairfax Rd. B31 —1A 156
Fairfax Rd. S Cold —4M 57
Fairfax Rd. Wolv —7D 22
Fairfax St. Cov —6D 144 (4D 6)
Fairfield. —6K 153
(Bromsgrove)
Fairfield. —6H 127
(Kidderminster)
Fairfield. Exh —8G 103
Fairfield Clo. Cann —8K 9
Fairfield Ct. Cov —2G 167
Fairfield Dri. Cod —5E 20
Fairfield Dri. Hale —8E 90
Fairfield Dri. Kinv —6A 106
Fairfield Dri. Wals —5B 26
Fairfield Gro. Hale —8E 90
Fairfield Ho. B'gve —6B 180
(off Burcot La.)
Fairfield La. Kidd —6H 127
Fairfield Mt. Wals —1M 53
Fairfield Pk. Ind. Est. Hale —7E 90
Fairfield Pk. Rd. Hale —8E 90
Fairfield Ri. Mer —8J 119
Fairfield Ri. Stourb —4J 107
Fairfield Rd. B14 —1L 135
Fairfield Rd. B'hth —8K 153
Fairfield Rd. Dud —2K 89
Fairfield Rd. Hale —7A 110
Fairfield Rd. H Grn —8E 90
Fairfield Rd. Stourb —7M 87
Fairfields Hill. Pole —1M 47
Fairford Clo. Redd —2L 205
Fairford Clo. Sol —4K 137
Fairford Gdns. Burn —3J 17
Fairford Gdns. Stourb —6L 87
Fairford Rd. B44 —3M 69
Fairgreen Gdns. Brie H —4B 88
Fairgreen Way. B29 —8F 112
Fairgreen Way. S Cold —8A 42
Fair Ground Way. Wals —1K 53
Fairhaven Cft. H Grn —8E 90
Fairhills. Dud —1D 64
Fairhill Way. B11 —2B 114
Fairholme Rd. B8 & B36 —2H 95
Fairhurst Dri. Lea S —6L 211
Fair Isle Dri. Nun —6F 78
Fair Lady Dri. Burn —8D 10
Fairlands Pk. Cov —4L 165
Fairlawn. Edg —2G 113
Fairlawn Clo. Lea S —8K 211
Fairlawn Clo. W'hall —8C 24
Fairlawn Dri. K'wfrd —5K 87
Fairlawns. B26 —8A 96
Fairlawns. S Cold —1A 72
Fairlawn Way. W'hall —8C 24
Fairlie Cres. B38 —8D 134
Fairlight Dri. B Grn —8G 155
Fairmead Ri. B38 —8E 134
Fairmile Clo. Bin —1J 167
Fairmile Rd. Hale —3M 109
Fairmont Rd. B'gve —1B 202
Fairmount Dri. Cann —1E 14
Fairoak Dri. B'gve —3L 201
Fairoak Dri. Wolv —6H 35
Fair Oaks Dri. Wals —1G 25
Fairview Av. B42 —3H 69
Fairview Clo. C Hay —7D 14
Fairview Clo. Tam —4F 32
Fairview Clo. Wolv —3H 37
Fairview Ct. Wals —7D 38
Fairview Cres. K'wfrd —4M 87
Fairview Cres. Wolv —2H 37
Fairview Gro. Wolv —2H 37
Fairview Rd. Dud —6G 65
Fairview Rd. Penn —5J 49
Fairview Rd. Wed —2H 37
Fairview Wlk. Cov —7E 122
Fairway. Cann —3D 14
Fairway. N'fld —7L 133
Fairway. Nun —8B 80
Fairway. Wals —8D 26
Fairway. Wiln —4E 46
Fairway Av. Tiv —1A 90
Fairway Ct. Rugby —5D 172
Fairway Ct. Tam —6J 33
Fairway Dri. Redn —3F 154
Fairway Grn. Bils —2K 51
Fairway Ri. Ken —3J 191
Fairway Rd. O'bry —7F 90
Fairways Av. Stourb —7L 107
Fairways Clo. Cov —3G 143
Fairways Clo. Stourb —7L 107
Fairways Ct. Hinc —6G 85
(in two parts)
Fairways Ct. Kidd —5A 150
Fairways Dri. B'wll —4G 181
Fairways, The. Lea S —7K 211
Fairway, The. Hinc —2M 81
Fairway, The. K Nor —7D 134
Fairyfield Av. B43 —8D 54
Fairyfield Ct. B43 —8D 54
Fakenham Cft. B17 —2M 111
Falcon. Wiln —3G 47
Falcon Av. Bin —1M 167
Falcon Clo. Cann —7C 8
Falcon Clo. Kidd —6L 149
Falcon Clo. Nun —1B 104
Falcon Clo. Wals —7C 14
Falcon Cres. Bils —7F 50
Falcondale Rd. W'hall —8C 24
Falconers Grn. Hinc —3M 81
Falconhurst Rd. B29 —7C 112
Falcon Lodge. —4B 58
Falcon Lodge Cres. S Cold —4M 57
Falcon Pl. Tiv —2C 90
Falcon Ri. Stourb —3J 107
Falcon Rd. O'bry —7F 90
Falconry Cen., The. —6M 129
Falcons, The. S Cold —4B 58
Falcon Way. Dud —8F 64
Falfield Clo. Row R —3D 90
Falfield Gro. B31 —2L 155
Falkener Ho. Cov —2E 144
Falkland Clo. Char I —2D 164
Falkland Cft. B30 —3H 135
Falklands Clo. Swind —7E 62
Falkland Way. B36 —4H 97
Falkwood Gro. Know —3F 160
Fallindale Rd. B26 —3B 116
Fallings Heath. —3F 52
Fallings Heath Clo. W'bry —2F 52
Fallings Park. —4F 36
Fallings Pk. Ind. Est. Wolv —4F 36
Fallow Fld. Cann —6E 8
Fallow Fld. Lich —6J 13
Fallowfield. Pend —7L 21
Fallowfield. Pert —5D 34
Fallow Fld. S Cold —6B 42
Fallowfield Av. B28 —4F 136
Fallowfield Rd. Hale —6K 109
Fallowfield Rd. Row R —6A 90
Fallowfield Rd. Sol —7C 116
Fallowfield Rd. Wals —1E 54
Fallowfields Clo. B'gve —6L 179
Fallow Hill. Lea S —3C 216
Fallow Rd. Faz —8M 31
Fallows Ho. B19 —4L 93
Fallows Rd. B11 —3C 114
Fallow Wlk. B32 —7G 111
Falmouth Clo. Nun —4A 80
Falmouth Dri. Amin —4F 32
Falmouth Dri. Hinc —5E 84
Falmouth Rd. B34 —4L 95
Falmouth Rd. Wals —2D 54
Falna Cres. Tam —2M 31
Falstaff Av. H'wd —3A 158
Falstaff Clo. Nun —8A 80
(in two parts)
Falstaff Clo. S Cold —2B 72
Falstaff Ct. S Cold —4C 58
Falstaff Dri. Rugby —4K 197
Falstaff Gro. H'cte —6L 215
Falstaff Rd. Cov —7E 142
Falstaff Rd. Shir —7H 137
Falstone Rd. S Cold —7D 56
Fancott Dri. Ken —3F 190
Fancott Rd. B31 —4A 134
Fancourt Av. Wolv —5K 49
Fane Rd. Wolv —8A 24
Fanshawe Rd. B27 —8J 115
Fanum Ho. Hale —6B 110
Faraday Av. B32 —4K 111
Faraday Av. Col —4M 73
Faraday Rd. Hinc —2E 80
Faraday Rd. Rugby —8C 172
Faraday Rd. Wals —3H 39
Farber Rd. Cov —3A 146
Farbrook Way. W'hall —3B 38
Farcroft Av. B21 —1D 92
Farcroft Av. Cov —5D 142
Farcroft Gro. B21 —8D 68
Farcroft Rd. B21 —8D 68
Fareham Av. Rugby —1E 198
Fareham Cres. Wolv —3J 49
Farewell. —5A 12
Farewell Hall M. Fare —5A 12
Farewell La. Burn —3L 17
Farfield. Kidd —4M 149
Farfield. Stoke P —5M 201
Farfield Clo. B31 —7B 134
Far Gosford St. Cov —7E 144 (5F 6)
Far Highfield. S Cold —5K 57
Farhill Clo. W Brom —1M 67
Faringdon. Tam —8F 32
Farlands Dri. Stourb —6A 108
Farlands Gro. B43 —2F 68
Farlands Rd. Stourb —6A 108
Far Lash. Hinc —2M 81
Far Lash Extension. Hinc —3M 81
Farleigh Dri. Wolv —1G 49
Farleigh Rd. Pert —6G 35
Farley Cen. W Brom —7K 67
Farley La. Rom —1L 153
Farley Rd. B23 —5B 70
Farley St. Lea S —2B 216
Farley St. Tip —4D 66
Farlow Clo. Cov —3G 145
Farlow Clo. Redd —5K 205
Farlow Cft. Mars G —1F 116
Farlow Rd. B31 —6C 134
Farmacre. B9 —7B 94 (6M 5)
Farman Rd. Cov —7M 143
Farm Av. O'bry —6G 91
Farmbridge Clo. Wals —6D 38
Farmbridge Rd. Wals —6D 38
Farmbridge Way. Wals —6D 38
Farmbrook Av. Wolv —6D 22
Farm Clo. Cann —6J 9
Farm Clo. Cod —7H 21
Farm Clo. Cov —6B 122
Farm Clo. Dud —2B 64
Farm Clo. Kidd —7H 149
Farm Clo. Sol —7C 116
Farm Clo. Tam —2C 32
Farmcote Clo. Redd —5D 208
Farmcote Lodge. Cov —5H 123
(off Loach Dri.)
Farmcote Rd. B33 —5A 96
Farmcote Rd. Cov —5H 123
Farm Cft. B19 —3J 93
Farmcroft Rd. Stourb —6E 108
Farmdale Gro. Redn —3G 155
Farmer Rd. B10 —2G 115
Farmers Clo. S Cold —5L 57
Farmers Ct. Hale —5M 109
Farmers Fold. Wolv —4J 7
Farmers Rd. B'gve —3L 201
Farmers Wlk. B21 —2D 92
Farmer Ward Rd. Ken —5G 191
Farmer Way. Tip —8B 52
Farm Fld. La. Redd —7L 205
Farm Gro. Rugby —8C 172
Farmhouse Rd. W'hall —4D 38
Farm Ho. Way. B43 —5E 54
Farmhouse Way. Shir —2B 160
Farmhouse Way. W'hall —4E 38
Farmoor Gro. B34 —3E 96
Far Moor La. Redd —4M 205
Farmoor Way. Wolv —5E 22
Farm Rd. B11 —2B 114
Farm Rd. Barw —1H 85
Farm Rd. Brie H —8E 88
Farm Rd. Dud —6G 89
Farm Rd. Hinc —3L 81
Farm Rd. Ken —7E 190
Farm Rd. Lea S —6B 212
Farm Rd. O'bry —6G 91
Farm Rd. Redd —6G 205
Farm Rd. Row R —5A 90
Farm Rd. Smeth —6L 91
Farm Rd. Stour S —4H 175
Farm Rd. Tip —2C 66
Farm Rd. Wolv —1J 49
Farmside. Cov —4K 167
Farmside Grn. Wolv —7M 21
Farmstead Rd. Sol —7C 116
Farmstead, The. Cov —1J 167
Farm St. B19 —3H 93
Farm St. Wals —5L 39
Farm St. W Brom —8J 67
Farnborough Clo. Redd —8M 205
Farnborough Ct. S Cold —7H 43
Farnborough Dri. Shir —3M 159
Farnborough Rd. B35 —7A 72
Farnbury Cft. B38 —7H 135
Farn Clo. B33 —6M 95
Farncote Dri. S Cold —6F 42
Farndale Av. Cov —6D 122
Farndale Av. Wolv —4M 35
Farndale Clo. Brie H —3B 108
Farndon Av. Mars G —2H 117
Farndon Clo. Bulk —6B 104
Farndon Rd. B8 —5F 94
Farndon Way. B23 —2D 70
Farneway. Hinc —8B 84
Farnham Clo. B43 —1F 68
Farnham Rd. B21 —7D 68
Farnhurst Rd. B8 & B36 —2H 95
Farnol Rd. B26 —1M 115
Farnworth Gro. B36 —8E 72
Farquhar Rd. Edg —3F 112
Farquhar Rd. Mose —6M 113
Farquhar Rd. E. B15 —3F 112
Farran Way. B43 —2E 68
Farr Dri. Cov —7H 143
Farren Rd. B31 —8K 133
Farren Rd. Cov —5K 145
Farrier Clo. B'gve —3L 201
Farrier Clo. S Cold —1M 71
Farrier Rd. B43 —6K 55
Farriers Mill. Pels —5L 25
Farriers, The. B26 —4B 116
Farriers Way. Hinc —4M 81
Farriers Way. Nun —7M 79
Farrier Way. K'wfrd —2G 87
Farringdon Ho. Wals —6K 39
(off Green La.)
Farringdon St. Wals —7K 39
Farrington Rd. B23 —4B 70
Farrington Rd. Wolv —6D 50
Farrow Rd. B44 —6L 55
Farthing La. Curd —3J 73
Farthing La. Redd —4B 204
Farthing La. S Cold —5H 57
Farthing Pools Clo. S Cold —5J 57
Farthings, The. B17 —3D 112
Farvale Rd. Min —3C 72
Far Vw. Wals —7H 27
Farway Gdns. Cod —7F 20
Far Wood Rd. B31 —1L 133
Faseman Av. Cov —6F 142
Fashoda Rd. B29 —8H 113
Fastlea Rd. Bart G —8K 111
Fastmoor Oval. B33 —8E 96
Fast Pits Rd. B25 —1H 115
Fatherless Barn Cres. Hale —5J 109
Faulconbridge Av. Cov —5E 142
Faulconbridge Way. H'cte —6L 215
Faulkland Cres. Wolv —6D 36 (2K 7)
Faulkner Clo. Stourb —5M 107
Faulkner Rd. Sol —8B 116
Faulkners Farm Dri. B23 —3B 70
Faulknor Dri. Brie H —2B 88
Faultlands Clo. Nun —1M 103
Faversham Clo. Wals —6D 38
Faversham Clo. Wolv —1L 35
Fawdry Clo. S Cold —4H 57
Fawdry St. B9 —7A 94 (5M 5)
Fawdry St. Smeth —4C 92
Fawdry St. Wolv —6B 36 (1G 7)
Fawley Clo. Cov —3K 167
Fawley Clo. W'hall —1M 51
Fawley Gro. B14 —4H 135
Fawsley Leys. Rugby —2A 198
Faygate Clo. Cov —6A 146
Fazeley. —8L 31
Fazeley Rd. Tam —8B 32
Fazeley St. B5 —7M 93 (5J 5)
Fazeley St. Ind. Est. B5 —7A 94 (5K 5)
Feamings Cotts. Redd —4D 208
Fearon Pl. Smeth —4A 92
Featherbed La. Cov —4G 165
Featherbed La. H End —4C 208
Featherbed La. Lich —6E 12
Featherbed La. Rugby —1G 199
Featherbed La. Withy —3M 125
Featherston Dri. Hinc —2K 81
Featherstone. —3H 23
Featherstone Clo. Nun —7J 79
Featherstone Clo. Shir —7K 137
Featherstone Cres. Shir —7K 137
Featherstone La. F'stne & Share —1H 23
Featherstone Rd. B14 —3L 135
Featherston Rd. S Cold —7A 42
Feckenham Ho. B'gve —6B 180
(off Burcot La.)
Feckenham Rd. A'wd B —7E 208
Feckenham Rd. H End —5B 208
Feckenham Rd. H End & Head X —1C 208
Fecknam Way. Lich —7J 13
Feiashill. —2B 62
Feiashill Clo. Try —2B 62
Feiashill Rd. Try —1B 62
Felbrigg Clo. Brie H —1C 108
Feldings, The. B24 —5J 71
Feldon La. Hale —2E 110
Felgate Clo. Shir —3A 160
Fellbrook Clo. B33 —5M 95
Fell Gro. B21 —7C 68
Fell Gro. Lea S —6C 212
Fellmeadow Rd. B33 —7A 96
Fellmeadow Way. Sed —3E 64
Fellmore Gro. Lea S —2C 216
Fellows Av. K'wfrd —1J 87
Fellows La. B17 —3A 112
Fellows Rd. Bils —2K 51
Fellows St. Wolv —1C 50 (8H 7)
Fellows Way. Hillm —2F 198
Felspar Rd. Tam —6G 33
Felstead Clo. Dost —5D 46
Felsted Way. B7 —5A 94 (2M 5)
Felstone Rd. B44 —8L 55
Feltham Clo. B33 —8E 96
Felton Clo. Cov —8L 123
Felton Clo. Redd —8L 205
Felton Cft. B33 —6A 96
Felton Gro. Sol —8B 138
Fenbourne Clo. Wals —1C 40
Fenchurch Clo. Wals —5K 39
Fencote Av. F'bri —5G 97
Fen End Rd. Ken —6E 162
Fen End Rd. W. Know —4B 162
Fenmere Clo. Wolv —4D 50
Fennel Clo. Wals —6D 14
Fennel Cft. B34 —2B 96
Fennell Ho. Cov —7B 144
(off Meadow St.)
Fennel Rd. Brie H —2C 108
Fennis Clo. Dorr —6F 160
Fenn Ri. Stourb —6J 87
Fenn Ri. W'hall —3B 38
Fenn St. Tam —8E 32
Fens Cres. Brie H —4C 88
Fenside Av. Cov —5D 166
Fens Pool Av. Brie H —4D 88
Fensway, The. B34 —4A 96
Fenter Clo. B13 —4M 113
Fentham Clo. H Ard —3B 140
Fentham Ct. Sol —1M 137
Fentham Grn. H Ard —2A 140
Fentham Rd. Aston —1K 93
Fentham Rd. Erd —6D 70
Fentham Rd. H Ard —3A 140
Fenton Rd. B27 —4H 115
Fenton Rd. H'wd —2A 158
Fenton St. Brie H —6C 88
Fenton St. Smeth —2L 91
Fenton Way. B27 —5H 115
Fenwick Clo. Redd —8B 204
Fenwick Dri. Rugby —1G 199
Fereday Rd. Wals —6H 27
Fereday's Cft. Dud —2D 64
Fereday St. Tip —1M 65
Ferguson Dri. Kidd —8G 149
Ferguson Rd. O'bry —4K 91
Ferguson St. Wolv —8A 24
Fern Av. Tip —2M 65
Fern Bank Clo. Hale —7K 109
Fernbank Cres. Wals —5C 54
Fernbank Rd. B8 —5G 95
Ferncliffe Rd. B17 —5B 112
Fern Clo. Bils —1H 65
Fern Clo. Cov —7H 123
Fern Clo. Rugby —1D 172
Fern Clo. Shelf —8C 26
Fern Cft. Lich —8F 12
Ferndale Av. B43 —2F 68
Ferndale Clo. Burn —3H 17
Ferndale Clo. Cats —8A 154
Ferndale Clo. Hag —4A 130
Ferndale Clo. Lich —8F 12
Ferndale Clo. Nun —4L 79
Ferndale Clo. Stour S —6J 175
Ferndale Ct. Col —4A 98
Ferndale Cres. B12 —1A 114
Ferndale Cres. Kidd —1G 149
Ferndale Dri. Ken —7G 191
Ferndale Housing Est. Kidd —1G 149
Ferndale M. Col —4A 98
Ferndale Pk. Stourb —1B 130
Ferndale Rd. B28 —1F 136
Ferndale Rd. Bal C —3F 162
Ferndale Rd. Bin W —2D 168
Ferndale Rd. Col —4A 98
Ferndale Rd. Ess —6B 24
Ferndale Rd. Lich —7F 12
Ferndale Rd. O'bry —8F 90
Ferndale Rd. S Cold —1M 55
Ferndell Clo. Cann —7C 8
Ferndene Rd. B11 —6F 114
Ferndown Av. Dud —2C 64
Ferndown Clo. B26 —8A 96
Ferndown Clo. Cov —6F 142
Ferndown Clo. Wals —5H 25
Ferndown Ct. Rugby —8L 171
Ferndown Gdns. Wolv —4M 37
Ferndown Rd. Rugby —8L 171
Ferndown Rd. Sol —3B 138
Ferndown Ter. Rugby —8L 171
Fern Dri. Wals —5G 15
Ferneley Av. Hinc —6A 84
Ferness Clo. Hinc —7B 84
Ferness Rd. Hinc —7B 84
Ferney Hill Av. Redd —6C 204
Fernfell Ct. B23 —4E 70
Fernhill Clo. Ken —3E 190
Fernhill Dri. Lea S —8B 212
Fernhill Gro. B44 —6M 55
Fernhill La. Ken —5E 162
Fernhill Rd. Sol —7L 115
Fern Hill Way. Wlvy —5K 105
Fernhurst Dri. Brie H —2B 88
Fernhurst Rd. B8 —6G 95
Fernleigh. B'gve —8A 180
(off New Rd.)
Fernleigh Av. Burn —1G 17
Fernleigh Ct. Sol —4C 138
Fernleigh Gdns. Stourb —6J 87
Fernleigh Rd. Wals —6B 40
Fernley Av. B29 —7H 113

Fernley Rd. *B11* —5C **114**
Fern Leys. *Wolv* —8K **35**
Fern Rd. *B24* —5G **71**
Fern Rd. *Cann* —4D **8**
Fern Rd. *Dud* —5J **65**
Fern Rd. *Wolv* —1B **50** (7G **7**)
Fernside Gdns. *B13* —6B **114**
Fernside Rd. *W'hall* —6K **37**
Fernwood Clo. *Redd* —4H **209**
Fernwood Clo. *S Cold* —8E **56**
Fernwood Cft. *B14* —3L **135**
Fernwood Cft. *Tip* —5M **65**
Fernwood Rd. *S Cold* —1E **70**
Fernwoods. *B32* —7H **111**
Ferrers Clo. *Cov* —7F **142**
Ferrers Clo. *S Cold* —7K **43**
Ferrers Rd. *Tam* —5D **32**
Ferrie Gro. *Bwnhls* —2E **26**
Ferrieres Clo. *Dunc* —6J **197**
Ferris Gro. *B27* —8G **115**
Festival Av. *W'bry* —5C **52**
Festival Ct. *Cann* —4E **8**
Festival M. *Hed* —3F **8**
Festival Way. *Wolv* —4B **36**
Fetherston Ct. *Lea S* —3M **215**
Fetherstone Cres. *Ryton D* —8B **168**
Fibbersley. *Wolv & W'hall* —5M **37**
Fibbersley Bank. *W'hall* —5M **37**
Fiddlers Grn. *H Ard* —2A **140**
Field Av. *B31* —4M **133**
Field Barn Rd. *H Mag* —2A **214**
Field Clo. *B26* —3A **116**
Field Clo. *Blox* —1J **39**
Field Clo. *Hinc* —6F **84**
Field Clo. *Ken* —4H **191**
Field Clo. *Pels* —7B **26**
Field Clo. *Stoke H* —3L **201**
Field Clo. *Stourb* —7A **88**
Field Clo. *Warw* —2H **215**
Field Cottage Dri. *Stourb* —6B **108**
Field Ct. *Wals* —7B **26**
Field End. *Stour S* —5E **174**
Fieldfare. *Hamm* —4K **17**
Fieldfare Clo. *Crad H* —5M **89**
Fieldfare Ct. *Kidd* —8A **150**
Fieldfare Cft. *B36* —1G **97**
Fieldfare Rd. *Stourb* —5D **108**
Field Farm Rd. *Tam* —7D **32**
Fieldgate La. *Ken* —3E **190**
Fieldgate La. *W'nsh* —7B **216**
Fieldgate Lawn. *Ken* —3F **190**
Fieldgate Trad. Est. *Wals* —8M **39**
Fieldhead La. *Warw* —3H **215**
Field Head Pl. *Wolv* —5H **35**
Fieldhead Rd. *B11* —6G **115**
Fieldhouse La. *Rom* —5K **131**
Fieldhouse Rd. *B25* —1J **115**
Fieldhouse Rd. *Burn* —2G **17**
Fieldhouse Rd. *Cann* —2F **8**
Fieldhouse Rd. *Wolv* —5E **50**
Fielding Clo. *Cov* —3A **146**
Fielding Way. *Gall C* —4A **78**
Field La. *B32* —1G **133**
Field La. *Clent* —5C **130**
Field La. *Gt Wyr* —6G **15**
Field La. *Pels* —7B **26**
Field La. *Sol* —3G **139**
Field La. *Stourb* —6A **108**
Field March. *Cov* —3L **167**
Field M. *Dud* —6L **89**
Fieldon Clo. *Shir* —6J **137**
Field Rd. *Dud* —8L **65**
Field Rd. *Lich* —6H **13**
Field Rd. *Tip* —1M **65**
Field Rd. *Wals* —1J **39**
Fields Ct. *Warw* —1F **214**
Fieldside La. *Cov* —6M **145**
Fieldside Wlk. *Bils* —1K **51**
Field St. *Bils* —6L **51**
Field St. *Cann* —6F **8**
Field St. *W'hall* —7A **38**
Field St. *Wolv* —6E **36** (1M **7**)
Fieldview Clo. *Cose* —7L **51**
Field Vw. Clo. *Exh* —1G **123**
Field Vw. Dri. *Row R* —6F **90**
Field Wlk. *Wals* —2H **41**
Field Way. *Earl S* —1K **85**
Fieldway. *H'ley H* —3C **186**
Fieldways Clo. *H'wd* —2A **158**
Fiery Hill Dri. *B Grn* —2J **181**
Fiery Hill Rd. *B Grn* —1H **181**
Fife Rd. *Cov* —7M **143**
Fife St. *Nun* —5G **79**
Fifield Clo. *Nun* —7K **79**
Fifield Gro. *B33* —6M **95**
Fifth Av. *B9* —7F **94**
Fifth Av. *Wolv* —2D **36**
Filey. *Amin* —3F **32**
Filey Clo. *Cann* —1C **14**
Filey Rd. *Wolv* —7B **22**
Fillingham Clo. *B37* —8K **97**
Fillongley. —6E 100
Fillongley Rd. *Col* —4H **99**
Fillongley Rd. *Mer* —8J **119**
Filton Av. *Burn* —1G **17**
Filton Cft. *B35* —5A **72**
Fimbrell Clo. *Brie H* —1A **108**
Finbury Clo. *Sol* —8M **115**
Finchall Cft. *Sol* —2E **138**
Fincham Clo. *Wolv* —6A **22**
Finch Clo. *Cov* —7C **122**
Finch Clo. *Row R* —5M **89**
Finchdene Gro. *Wolv* —8K **35**
Finch Dri. *S Cold* —4A **56**
Finches End. *B34* —4C **96**
Finchfield Clo. *Stourb* —5J **107**
Finchfield Gdns. *Wolv* —8L **35**
Finchfield Hill. *Wolv* —7J **35**
Finchfield La. *Wolv* —1J **49**
Finchfield Rd. *Wolv* —8L **35**
Finchfield Rd. W. *Wolv* —8K **35**
Finchley Av. *B19* —1J **93**
Finchley Clo. *Dud* —7D **64**
Finchley Rd. *B44* —7B **56**
Finchmead Rd. *B33* —8E **96**
Finchpath Rd. *W Brom* —3G **67**
Finch Rd. *B19* —1J **93**
Findlay Rd. *B14* —8L **113**
Findon Clo. *Bulk,* —6C **104**
Findon Rd. *B8* —3H **95**
Findon St. *Kidd* —3M **149**
Fineacre La. *Ryton D & Stret D* —4C **194**
Finfold Cft. *Bal C* —3H **163**
Fingal Clo. *Cov* —3J **167**
Fingerpost Dri. *Pels* —4A **26**
Fingest Clo. *Cov* —5H **143**
Finham. —6C 166
Finham Cres. *Ken* —3H **191**
Finham Flats. *Ken* —3H **191**
Finham Grn. Rd. *Cov* —6B **166**
Finham Gro. *Cov* —6C **166**
Finham Rd. *Ken* —3H **191**
Finings Ct. *Lea S* —7M **211**
Finlarigg Dri. *B15* —3F **112**
Finlay Ct. *Cov* —8D **144** (7C **6**)
Finmere. *Rugby* —3D **172**
Finmere Rd. *B28* —1F **136**
Finmore Clo. *A'wd B* —8D **208**
Finnemore Clo. *Cov* —4B **166**
Finnemore Rd. *B9* —7G **95**
Finneywell Clo. *Bils* —6H **51**
Finsbury Dri. *Brie H* —2C **108**
Finsbury Gro. *B23* —3D **70**
Finstall. —8D 180
Finstall Clo. *B7* —5A **94** (2M **5**)
Finstall Clo. *S Cold* —8J **57**
Finstall Rd. *B'gve & Fins* —1B **202**
Finwood Clo. *Sol* —1E **138**
Finwood Rd. *Row* —8L **187**
Fir Av. *B12* —4A **114**
Firbank Clo. *B30* —2E **134**
Firbank Way. *Wals* —7M **25**
Firbarn Clo. *S Cold* —6K **57**
Firbeck Gro. *B44* —8A **56**
Firbeck Rd. *B44* —8A **56**
Fir Clo. *Cann* —1D **8**
Fircroft. *B31* —1M **133**
Fircroft. *Bils* —6A **52**
Fir Cft. *Brie H* —1C **108**
Fircroft. *K'bry* —2C **60**
Fircroft. *Sol* —3M **137**
Fircroft Clo. *Cann* —6G **9**
Fircroft Clo. *Stoke H* —3K **201**
Fircroft Ho. *B37* —7G **97**
Firecrest Clo. *Cann* —7J **9**
Firecrest Clo. *Erd* —2B **70**
Firecrest Way. *Kidd* —8B **150**
Fire Sta. Rd. *Birm A* —4H **117**
Firethorn Cres. *W'nsh* —7A **216**
Fir Gro. *B14* —4M **135**
Fir Gro. *Cov* —7G **143**
Fir Gro. *Stourb* —3J **107**
Fir Gro. *Wolv* —8A **36**
Firhill Cft. *B14* —7K **135**
Firleigh Dri. *Bulk* —6D **104**
Firmstone Ct. *Stourb* —2L **107**
Firmstone St. *Stourb* —2L **107**
Firsbrook Clo. *Wolv* —4M **35**
Firsby Rd. *B32* —4L **111**
Firs Clo. *Kidd* —4A **150**
Firs Clo. *Marl* —8C **154**
Firs Clo. *Smeth* —4A **92**
Firs Dri. *Rugby* —7M **171**
Firs Dri. *Shir* —8G **137**
Firs Farm Dri. *B36* —1M **95**
Firsholm Clo. *S Cold* —2G **71**
Firs Ho. *B36* —1M **95**
Firs Ind. Est. *Kidd* —2H **175**
Firs La. *Smeth* —4A **92**
Firs Rd. *K'wfrd* —3L **87**
Firs St. *Dud* —8K **65**
First Av. *Bord G* —8E **94**
First Av. *Cov* —8J **145**
First Av. *Min* —4A **72**
First Av. *Pens T* —8A **64**
First Av. *S Oak* —6H **113**
First Av. *Wals* —1G **27**
First Av. *Witt* —7M **69**
First Av. *Wolv* —3E **36**
First Exhibition Av. *B40* —4K **117**
Firs, The. *B11* —3C **114**
Firs, The. *Bed* —7E **102**
Firs, The. *Cann* —7G **9**
Firs, The. *Cov* —1A **166**
Firs, The. *K'bry* —2D **60**
Firs, The. *Mer* —8H **119**
Firs, The. *Rug* —4F **10**
First Mdw. Piece. *B32* —5L **111**
Fir St. *Sed* —2M **63**
Firsvale Rd. *Wolv* —4M **37**
Firsway. *Wolv* —7G **35**
Firswell La. *Barw* —2G **85**
Firswood Rd. *B33* —8C **96**
Firth Dri. *B14* —4B **136**
Firth Dri. *Hale* —1E **110**
Firth Pk. Cres. *Hale* —1E **110**
Fir Tree Av. *Cov* —7G **143**
Firtree Clo. *B44* —2L **69**
Fir Tree Clo. *Barw* —1H **85**
Firtree Clo. *Redd* —5D **204**
Firtree Clo. *Tam* —2L **31**
Fir Tree Dri. *Dud* —2E **64**
Fir Tree Dri. *Wals* —5B **54**
Fir Tree Gro. *Nun* —8K **79**
Fir Tree Gro. *S Cold* —8F **56**
Firtree La. *Gun H* —1G **101**
Firtree Rd. *B24* —6H **71**
Fir Tree Rd. *Wolv* —1K **49**
Fisher Av. *Rugby* —1E **198**
Fisher Clo. *Redn* —7E **132**
Fisher Rd. *Cov* —1E **144**
Fisher Rd. *O'bry* —2J **91**
Fisher Rd. *Wals* —7F **24**
Fishers Clo. *Kils* —7M **199**
Fishers Ct. *Warw* —5D **214**
Fishers Dri. *Shir* —4F **158**
Fisher St. *Brie H* —6B **88**
Fisher St. *Cann* —1F **8**
Fisher St. *Dud* —8K **65**
Fisher St. *Dud P* —6A **66**
Fisher St. *Gt Bri* —4D **66**
Fisher St. *W'hall* —7C **38**
Fisher St. *Wolv* —1B **50**
Fish Hill. *Redd* —5E **204**
Fish Ho. La. *S Prior & Stoke P* —5L **201**
Fishing Line Rd. *Redd* —4E **204**
Fishley. —5J 25
Fishley Clo. *Wals* —5J **25**
Fishley La. *Wals* —6K **25**
Fishpond La. *Mer* —3B **118**
Fishponds Rd. *Ken* —6E **190**
Fishpool Clo. *B36* —1J **95**
Fistral Gdns. *Wolv* —2M **49**
Fitchetts Bank. *Burn* —3M **17**
Fithern Clo. *Dud* —4E **64**
Fitters Mill Clo. *B5* —3L **113**
Fitton Av. *K'wfrd* —4A **88**
Fitton St. *Nun* —6H **79**
Fitzalan Clo. *Chu L* —3B **170**
Fitzgerald Pl. *Brie H* —3B **108**
Fitzguy Clo. *W Brom* —8L **67**
Fitzmaurice Rd. *Wolv* —2M **37**
Fitz Roy Av. *B17* —2M **111**
Fitzroy Clo. *Cov* —3B **146**
Fitzroy Rd. *B31* —6J **133**
Fivefield Rd. *Ker E* —4K **121**
Five Fields Rd. *W'hall* —4A **38**
Five Foot. *Hinc* —7D **84**
Five Oaks Rd. *W'hall* —1L **51**
Five Ways. —1H 113 (8A 4)
(Birmingham)
Five Ways. —8F 188
(Hatton Green)
Five Ways. *Brie H* —7D **88**
Five Ways. *Dud* —6D **64**
Five Ways. *Hase* —8F **188**
Five Ways. *Stech* —7K **95**
Five Ways. *Wolv* —5C **36**
(WV1)
Five Ways. *Wolv* —2J **49**
(WV3)
Five Ways. *Wlvy* —8J **105**
Five Ways Rd. *Hatt* —8F **188**
Five Ways Shop. Cen. *B15* —8H **93** (8A **4**)
Flackwell Rd. *B23* —2E **70**
Fladbury Clo. *Dud* —6K **89**
Fladbury Clo. *Redd* —1H **209**
Fladbury Cres. *B29* —8D **112**
Fladbury Gdns. *Hand* —1J **93**
Fladbury Pl. *B19* —2J **93**
Flamborough Clo. *B34* —2A **96**
Flamborough Clo. *Bin* —1M **167**
Flamborough Way. *Cose* —2H **65**
Flamville Rd. *Hinc* —4B **82**
Flanders Clo. *Redd* —4K **205**
Flanders Dri. *K'wfrd* —1K **87**
Flash La. *Lwr P* —7E **48**
Flash Rd. *O'bry* —2G **91**
Flats La. *Lich* —4A **30**
Flats, The. *B'gve* —6M **179**
Flatts, The. *W'bry* —2E **52**
Flaunden Clo. *Cov* —5H **143**
Flavel Cres. *Lea S* —2M **215**
Flavell Av. *Bils* —8K **51**
Flavell Clo. *B32* —8H **111**
Flavells La. *B25* —1J **115**
Flavells La. *Dud* —7B **64**
Flavell St. *Cov* —4F **144**
Flavell St. *Dud* —3H **65**
Flavel Rd. *B'gve* —2L **201**
Flax Clo. *H'wd* —4A **158**
Flax Gdns. *B38* —1F **156**
Flaxhall St. *Wals* —1H **53**
Flaxley Clo. *B33* —6M **95**
Flaxley Clo. *Redd* —5A **206**
Flaxley Parkway. *B33* —5L **95**
Flaxley Rd. *B33* —5K **95**
Flaxton Gro. *B33* —5A **96**
Flaxton Wlk. *Wolv* —4A **36**
Flecknoe Clo. *B36* —8C **72**
Flecknose St. *Cov* —3J **167**
Fledburgh Dri. *S Cold* —5K **57**
Fleet Cres. *Rugby* —7E **172**
Fleet Ho. *Cov* —7C **144** (5B **6**)
Fleet St. *B3* —6J **93** (4D **4**)
Fleet St. *Bils* —4K **51**
Fleet St. *Cov* —6B **144** (4B **6**)
Fleetwood Gro. *B26* —8A **96**
Fleming Pl. *Wals* —3G **39**
Fleming Rd. *B32* —4K **111**
Fleming Rd. *Hinc* —2E **80**
Fleming Rd. *Wals* —3G **39**
Flemmynge Clo. *Cod* —5E **20**
Fletchamstead Highway. *Cov* —7J **143**
Fletcher Gro. *Know* —5G **161**
Fletcher Rd. *Hinc* —2L **81**
Fletcher Rd. *W'hall* —8D **24**
Fletcher's La. *W'hall* —7C **38**
Fletcher St. *Stourb* —4F **108**
Fletchers Wlk. *B3* —7J **93** (5D **4**)
Fletchworth Ga. *Cov* —1K **165**
Fletton Gro. *B14* —6A **136**
Fleur-de-Lys Ct. *Warw* —1H **215**
Flinkford Clo. *Wals* —3D **54**
Flinn Clo. *Lich* —2K **19**
Flint Clo. *Kidd* —7L **149**
Flint Grn. Rd. *B27* —6H **115**
Flintham Clo. *B27* —6L **115**
Flint Ho. *Wolv* —1J **7**
Flint's Green. —4B 142
Flintway, The. *B33* —5L **95**
Floodgate St. *B5* —8M **93** (7K **5**)
Flood St. *Dud* —1K **89**
Flora Clo. *Tam* —2C **32**
Flora Rd. *B25* —2H **115**
Florence Av. *S'hll* —3C **114**
Florence Av. *S Cold* —2H **71**
Florence Av. *Wolv* —5F **50**
Florence Bldgs. *B29* —7F **112**
Florence Clo. *Bed* —1F **122**
Florence Dri. *S Cold* —2H **71**
Florence Gro. *B18* —5E **92**
Florence Gro. *W Brom* —8L **53**
Florence Rd. *A Grn* —5K **115**
Florence Rd. *Cod* —6J **21**
Florence Rd. *Hand* —1D **92**
Florence Rd. *K Hth* —1M **135**
Florence Rd. *O'bry* —2D **90**
Florence Rd. *Smeth* —5B **92**
Florence Rd. *S Cold* —2H **71**
Florence Rd. *Tip* —2A **66**
Florence Rd. *W Brom* —8L **67**
Florence St. *B1* —8K **93** (8E **4**)
Florence St. *Cann* —2G **9**
Florence St. *Wals* —8A **40**
Florendine St. *Amin* —4F **32**
Florian Gro. *W'bry* —2E **52**
Florida Way. *K'wfrd* —3A **88**
Flowerdale Clo. *Bils* —1H **65**
Flowerdale Dri. *Cov* —3H **145**
Floyds La. *Wals* —3C **40**
Floyer Rd. *B10* —8E **94**
Flude Rd. *Cov* —3C **122**
Flyford Clo. *Redd* —8F **204**
Flyford Cft. *B29* —7M **111**
Flynt Av. *Cov* —3G **143**
Fockbury Mill La. *D'frd & B'gve* —4K **179**
Fockbury Rd. *D'frd* —5G **179**
Foden Clo. *Shen* —3F **28**
Foden Rd. *B42* —1G **69**
Foinavon Clo. *Row R* —3M **89**
Fold St. *Wolv* —8C **36** (5H **7**)
Fold, The. *B38* —8G **135**
Fold, The. *Seis* —7A **48**
Fold, The. *W'bry* —3D **52**
Fold, The. *Wolv* —5M **49**
Foldyard Clo. *S Cold* —1A **72**
Foleshill. —8G 123
Foleshill Rd. *Cov* —5C **144** (1C **6**)
Foley Av. *Wolv* —6J **35**
Foley Chu. Clo. *S Cold* —7A **42**
Foley Dri. *Wolv* —6J **35**
Foley Gdns. *S Prior* —6K **201**
Foley Gro. *Wom* —4E **62**
Foley Ho. *O'bry* —1H **111**
Foley Ind. Est. *Kidd* —6J **149**
Foley Park. —6H 149
Foley Rd. *B8* —4H **95**
Foley Rd. *Stourb* —7B **108**
Foley Rd. E. *S Cold* —8M **41**
Foley Rd. W. *S Cold* —8K **41**
Foley St. *Kinv* —5A **106**
Foley St. *W'bry* —6G **53**
Foley Wood Clo. *S Cold* —8L **41**
Foliot Fields. *B25* —1K **115**
Folkes Rd. *Stourb* —3G **109**
Folkestone Cft. *B36* —1L **95**
Folkland Grn. *Cov* —2M **143**
Folliott Rd. *B33* —6A **96**
Follyhouse Clo. *Wals* —2M **53**
Follyhouse La. *Wals* —2M **53**
Fontenaye Rd. *Tam* —1M **31**
Fontley Clo. *B26* —8M **95**
Fontmell Clo. *Cov* —5A **146**
Fontwell Rd. *Wolv* —5D **22**
Footherley. —6E 28
Footherley La. *Lich* —5B **28**
Footherley Rd. *Shen* —4F **28**
Fordbridge. —6G 97
Fordbridge Clo. *Redd* —8C **204**
Fordbridge Rd. *B37* —5F **96**
Ford Brook La. *Wals* —7B **26**
Forde Hall La. *Tan A* —1E **206**
Forder Gro. *B14* —7A **136**
Forde Way Gdns. *B38* —2E **156**
Fordfield Rd. *B33* —5C **96**
Fordham Gro. *Pend* —6A **22**
Fordhouse Ind. Est. *Wolv* —1D **36**
Fordhouse La. *B30* —3H **135**
Fordhouse Rd. *B'gve* —8A **180**
Fordhouse Rd. *Wolv* —8D **22**
Fordhouses. —6B 22
Ford La. *Lich* —7M **11**
Fordraught La. *Rom* —8B **132**
Fordrift, The. *B37* —3G **117**
Ford Rd. *B'gve* —8L **179**
Fordrough. *Yard* —2F **114**
Fordrough Av. *B9* —6E **94**
Fordrough La. *B9* —6E **94**
Fordrough, The. *N'fld* —8B **134**
Fordrough, The. *Shir* —1B **158**
Fordrough, The. *S Cold* —8G **43**
Fords Rd. *Shir* —2E **158**
Ford St. *B18* —4H **93**
Ford St. *Cov* —6D **144** (3E **6**)
Ford St. *Nun* —5E **78**
Ford St. *Smeth* —3M **91**
Ford St. *Wals* —2J **53**
Fordwater Rd. *S Cold* —3M **55**
Fordwell Clo. *Cov* —6M **143**
Foredraft Clo. *B32* —7J **111**
Foredraft St. *Hale* —4K **109**
Foredraught. *Stud* —5L **209**
Foredrift Clo. *Redd* —8E **204**
Foredrove La. *Sol* —3E **138**
Foregate St. *A'wd B* —8E **208**
Forelands Gro. *B'gve* —1K **201**
Foreland Way. *Cov* —6A **122**
Forest Av. *Wals* —2K **39**
Forest Clo. *Bew* —2B **148**
Forest Clo. *L End* —3B **180**
Forest Clo. *Smeth* —2L **91**
Forest Clo. *S Cold* —2L **55**
Forest Ct. *Dorr* —6F **160**
Forest Ct. *W'hall* —1C **38**
Forest Dale. *Redn* —3H **155**
Forest Dri. *B17* —3D **112**
Forest Dri. *Crad H* —7M **89**
Forest Dri. *Kinv* —6A **106**
Foresters Pl. *Rugby* —2H **199**
Foresters Rd. *Cov* —3E **166**
Forester Way. *Kidd* —6L **149**
Forest Ga. *W'hall* —1D **38**
Forest Hill Rd. *B26* —4C **116**
Forest La. *Wals* —4K **39**
Forest Pk. *S Cold* —5L **57**
Forest Pl. *Wals* —3L **39**
Fore St. *B2* —7L **93** (5G **5**)
Forest Rd. *Dorr* —6G **161**
Forest Rd. *Dud* —5J **65**
Forest Rd. *Hinc* —1M **81**
Forest Rd. *Mose* —6A **114**
Forest Rd. *O'bry* —2J **111**
Forest Rd. *Yard* —3J **115**
Forest Vw. *Redd* —3D **208**
Forest Vw. Rd. *Barw* —2J **85**
Forest Way. *H'wd* —3B **158**
Forest Way. *Nun* —7E **78**
Forest Way. *Wals* —8G **15**
Forfar Wlk. *B38* —7D **134**
Forfield Pl. *Lea S* —2A **216**
Forfield Rd. *Cov* —3L **143**
Forge Clo. *Hamm* —4K **17**
Forge Clo. *Pend* —8L **21**
Forge Cft. *Min* —3B **72**
Forge Dri. *B'gve* —6M **179**
Forge Hall La. *Ullen* —4H **207**
Forge La. *A'rdge* —4G **41**
Forge La. *Belb* —2D **152**
Forge La. *Blak* —8H **129**
Forge La. *Burn* —3M **17**
Forge La. *Crad H* —1H **109**
Forge La. *Foot & Lit A* —1B **42**
Forge La. *Hale* —4C **110**
Forge La. *K'wfrd* —1G **87**
Forge La. *Lich* —8G **13**
Forge La. *Min* —3B **72**
(in two parts)
Forge La. *Wals* —2M **41**
Forge La. *W Brom* —2A **68**
Forge Leys. *Wom* —3E **62**
Forge Mill National Needle Mus. —3F 204
Forge Mill Rd. *Redd* —4F **204**
Forge Rd. *Col* —7G **75**
Forge Rd. *Ken* —3G **191**
Forge Rd. *Stourb* —3M **107**
Forge Rd. *Wals* —4M **25**
Forge Rd. *W'bry* —3C **52**
Forge Rd. *W'hall* —5C **38**
Forge St. *Cann* —5J **9**
Forge St. *Wals* —6K **39**
Forge St. *W'bry* —5E **52**
Forge St. *W'hall* —6B **38**
Forge, The. *Hale* —1H **109**
Forge, The. *Tam* —4A **32**
Forge Trad. Est. *Hale* —4C **110**
Forge Valley Way. *Wom* —3E **62**
Forge Way. *Cov* —6C **122**
Forge Way. *O'bry* —3E **90**
Forhill. —5G 157
Forknell Av. *Cov* —4J **145**
Forman's Rd. *B11* —6D **114**
Formby Av. *Pert* —5D **34**
Formby Way. *Wals* —6G **25**
Fornside Clo. *Rugby* —2D **172**
Forrell Gro. *B31* —2B **156**
Forrest Av. *Cann* —1E **14**
Forrest Av. *Ess* —5A **24**
Forresters Clo. *Hinc* —3M **81**
Forresters Rd. *Hinc* —3M **81**
Forrester St. *Wals* —7J **39**
Forrester St. Precinct. *Wals* —7J **39**
Forrest Rd. *Ken* —5E **190**
Forryan Rd. *Hinc* —2M **81**
Forshaw Heath. —2C 184
Forshaw Heath La. *Earls* —2M **183**
Forshaw La. *Earls* —1B **184**
Forster St. *B4 & B7* —6A **94** (3L **5**)
Forster St. *Smeth* —2L **91**
Forsythia Clo. *B31* —1M **133**
Forsythia Gro. *Cod* —6G **21**
Fort Cres. *Wals* —6G **27**
Forth Dri. *B37* —5H **97**
Forth Gro. *B38* —1E **156**
Forth Way. *Hale* —1E **110**
Forties. *Wiln* —2D **46**
Fort Ind. Est., The. *Cas V* —8L **71**
Fort Mahon Pl. *Bew* —2B **148**
Fortnum Clo. *B33* —7D **96**
Forton Clo. *Wolv* —7H **35**
Fort Parkway. *B24* —1H **95**
Fort Shop. Pk., The. *B24* —8H **71**
Forum Dri. *Rugby* —3A **172**
Forward Rd. *Birm A* —6G **117**
Fosberry Clo. *Warw* —1H **215**
Fosbrooke Rd. *B10* —1G **115**
Fossdale Rd. *Wiln* —1G **47**
Fosse Clo. *Sharn* —5H **83**
Fosse Cres. *Prin* —6E **194**
Fosse Meadows Country Park. —6J 83
Fosse, The. *Wols* —5J **169**
Fosse Way. *Bret* —4K **169**
Fosse Way. *Ches & Rad S* —8G **217**
Fosseway. *Lich* —4G **19**
Fosse Way. *Stret D* —4G **195**
Fosse Way. *Ufton* —5J **217**
Fosseway Dri. *B23* —1E **70**
Fosseway La. *Lich* —4C **18**
Fosseway Rd. *Cov* —5B **166**
Fossil Dri. *Redn* —2G **155**
Foster Av. *Bils* —8H **51**
Foster Av. *Cann* —3F **8**
Foster Av. *Stud* —6K **209**
Foster Cres. *Kinv* —5A **106**
Fosterd Rd. *Rugby* —4M **171**
Foster Gdns. *B18* —3F **92**
Foster Grn. *Pert* —6E **34**
Foster Pl. *Stourb* —3L **107**
Foster Rd. *Cov* —2A **144**
Foster Rd. *Wolv* —3E **36**
Foster St. *Kinv* —5A **106**
Foster St. *Stourb* —4A **108**
Foster St. *Wals* —1K **39**
Foster St. *W'bry* —2D **52**
Foster St. E. *Stourb* —4A **108**
Fosters Wharf. *Pole* —8M **33**
Foster Way. *B5* —4J **113**
(in two parts)
Fotherley Brook Rd. *Wals* —4M **41**
Foul End. —7J 61
Founder Clo. *Cov* —1F **164**
Foundry La. *Smeth* —2C **92**
Foundry La. *Wals* —6L **25**
Foundry Rd. *B18* —4D **92**
Foundry Rd. *K'wfrd* —1H **87**
Foundry St. *Bils* —8J **51**
Foundry St. *K'wfrd* —1H **87**
Foundry St. *Mox* —5A **52**
Foundry St. *Stour S* —5G **175**
Foundry St. *Tip* —1L **65**
Fountain Arc. *Dud* —8J **65**
Fountain Clo. *B31* —3L **155**
Fountain Ho. *Hale* —6B **110**
Fountain La. *Bils & Tip* —1K **65**
Fountain La. *O'bry* —8F **66**
Fountain Rd. *B17* —8B **92**
Fountains Rd. *Wals* —7E **24**
Fountains Way. *Wals* —7E **24**
Four Acres. *B32* —5J **111**
Four Ashes Rd. *Dorr & Ben H* —6D **160**
Four Crosses Rd. *Wals* —8C **26**
Fourfields Way. *Arly* —2F **100**
Fourlands Av. *S Cold* —2K **71**
Fourlands Rd. *B31* —3L **133**
Four Lanes End. —8D 102
Four Oaks. —3J 141
(Meriden)
Four Oaks. —6G 43
(Sutton Coldfield)

Four Oaks Clo. Redd —1D 208
Four Oaks Comn. Rd. S Cold —6E 42
Four Oaks Park. —1G 57
Four Oaks Rd. S Cold —7G 43
Four Pounds Av. Cov —6M 143
Four Stones Clo. Sol —8A 138
Four Stones Gro. B5 —3L 113
Fourth Av. Bord G —7F 94
Fourth Av. S Oak —6J 113
Fourth Av. Wals —8G 17
Fourth Av. Wolv —3D 36
Four Winds Rd. Dud —3L 89
Fowey Clo. S Cold —2A 72
Fowey Rd. B34 —3M 95
Fowgay Dri. Sol —8M 137
Fowler Clo. Pert —3E 34
Fowler Clo. Smeth —1A 92
Fowler Pl. Stour S —4G 175
Fowler Rd. Cov —4B 144
Fowler Rd. S Cold —4A 58
Fowler St. B7 —4B 94
Fowler St. Wolv —3C 50
Fowlmere Rd. B42 —1H 69
Fownhope Clo. Redd —6L 205
Fox & Goose Shop. Cen. B8 —4J 95
Fox Av. Nun —1J 79
Foxbury Dri. Dorr —6G 161
Fox Clo. Rugby —8H 173
Foxcote. —6G 109
Foxcote Av. B21 —2E 92
Foxcote Clo. Redd —5L 205
Foxcote Clo. Shir —1K 159
Foxcote Dri. Shir —1K 159
Foxcote La. Hale —6H 109
Fox Covert. Stourb —4M 107
Fox Cres. B11 —5D 114
Foxcroft Clo. Burn —4G 17
Foxdale Dri. Brie H —6B 88
Foxdale Gro. B33 —7C 96
Foxdale Wlk. Lea S —3C 216
Foxes Clo. B'wll —4H 181
Foxes Mdw. S Cold —1A 72
Foxes Rake. Cann —6E 8
Foxes Ridge. Crad H —1L 109
Foxes Way. Bal C —3H 163
Foxes Way. Warw —5D 214
Foxfield Dri. Stourb —6A 108
Foxfields Way. Hunt —2C 8
Fox Foot Dri. Brie H —5C 88
Foxford Clo. B36 —8D 72
Foxford Clo. S Cold —2K 71
Foxford Cres. Cov —5H 123
Foxglove. Tam —5G 33
Foxglove Clo. Cov —7C 122
Foxglove Clo. F'stne —2H 23
Foxglove Clo. Rugby —1E 172
Foxglove Clo. Wals —4A 26
Foxglove Clo. Wed —4L 37
Foxglove Cres. B37 —6E 96
Foxglove Rd. Dud —5F 64
Foxglove Wlk. Cann —2J 9
Foxglove Way. Hand —2D 92
Foxglove Way. L End —3C 180
Fox Grn. Cres. B27 —8G 115
Fox Gro. B27 —7G 115
Fox Hill. B29 —1C 134
Foxhill Barns. A'chu —4L 181
Fox Hill Clo. B29 —1C 134
Foxhill Clo. Cann —7K 9
Foxhill La. A'chu —3K 181
Fox Hill Rd. S Cold —7L 43
Foxhill's Clo. Burn —4G 17
Foxhills Clo. Nun —8C 80
Foxhills Pk. Dud —5J 89
Foxhills Rd. Stourb —8K 87
Foxhills Rd. Wolv —6J 49
Foxholes La. Call H —3A 208
Foxholes, The. Kidd —1M 149
Fox Hollies. Sharn —5H 83
Foxhollies Dri. Hale —5L 109
Fox Hollies Rd. Hall G & A Grn —2F 136
Fox Hollies Rd. S Cold —1M 71 (in two parts)
Foxhollow. B'gve —1K 201
Fox Hollow. Wolv —7J 35
Foxhope Clo. B38 —7J 135
Foxhunt Rd. Hale —7L 109
Foxland Av. Redn —2J 155
Foxland Av. Wals —6G 15
Foxland Clo. B37 —7K 97
Foxland Clo. Shir —5K 159
Foxlands Av. Wolv —6K 49
Foxlands Cres. Wolv —6J 49
Foxlands Dri. Dud —4D 64
Foxlands Dri. S Cold —2K 71
Foxlands Dri. Wolv —6J 49
Fox La. B'gve —1K 201
Fox La. Elmh —5G 13
Fox La. Kidd —3K 177
Foxlea Rd. Hale —8K 109
Foxley Dri. Cath B —4H 139
Foxlydiate. —6L 203
Foxlydiate Clo. Redd —6A 204
Foxlydiate Cres. Redd —5M 203
Foxlydiate La. Redd —7L 203
Foxmeadow Clo. Sed —2E 64
Foxoak St. Crad H —8J 89
Foxon's Barn Rd. Rugby —3C 172
Fox's La. Wolv —5C 36
Fox St. B5 —6M 93 (4J 5)
Fox St. Dud —3J 65
Foxton Rd. B8 —4F 94
Foxton Rd. Bin —8L 145
Fox Wlk. Wals W —6H 27
Foxwalks Av. B'gve —1K 201
Foxwell Gro. B9 —6J 95
Foxwell Rd. B9 —6H 95
Foxwood Av. B43 —7H 55
Foxwood Gro. B37 —4F 96
Foxwood Rd. B'moor —1M 47
Foxyards Rd. Tip —4K 65
Foyle Rd. B38 —8E 134
Fozdar Cres. Bils —8H 51
Fradley Clo. B30 —5D 134
Framefield Dri. Sol —3E 138
Framlingham Gro. Ken —3J 191
Framlingham Gro. Pert —6G 35
Frampton Clo. B30 —2D 134
Frampton Clo. Chel W —6K 97
Frampton Wlk. Cov —5M 145
Frampton Way. B43 —5K 55
Frances Av. Warw —2G 215
Frances Cres. Bed —6G 103
Frances Dri. Wals —7H 25
Frances Gibbs Gdns. W'nsh —5A 216
Frances Havergal Clo. Lea S —3M 215
Frances Rd. Erd —6D 70
Frances Rd. K Nor —4G 135
Frances Rd. Loz —1J 93
Franche. —8H 127
Franche Ct. Kidd —8H 127
Franchecourt Dri. Kidd —8H 127
Franche Rd. Kidd —1H 149
Franche Rd. Wlvy —7J 127
Franchise Gdns. W'bry —4F 52
Franchise St. B42 —7L 69
Franchise St. Kidd —4J 149
Franchise St. W'bry —4E 52
Franciscan Rd. Cov —1C 166
Francis Clo. K'wfrd —1K 87
Francis Clo. Pole —7M 33
Francis Clo. S Cold —1M 55
Francis Rd. A Grn —4K 115
Francis Rd. Bag —6E 166
Francis Rd. B'gve —2M 201
Francis Rd. Edg —8G 93
Francis Rd. Lich —7G 13
Francis Rd. Smeth —4K 91
Francis Rd. Stech —7K 95
Francis Rd. Stourb —4J 107
Francis Rd. Stour S —3E 174
Francis Rd. Yard —3G 115
Francis Sharp Ho. Wals —7G 25
Francis St. B7 —5A 94 (2M 5)
Francis St. Cov —2E 144
Francis St. W Brom —8K 67
Francis St. Wolv —5C 36 (1H 7)
Francis Wlk. B31 —2A 156
Francis Ward Clo. W Brom —1G 67
Frankburn Rd. S Cold —1L 55
Frankel Gdns. Warw —8F 210
Frankel Pl. Hinc —8D 84
Frankfort St. B19 —3K 93
Frankholmes Dri. Shir —3M 159
Frankland Rd. Cov —8G 123
Frankley. —6G 133
Frankley Av. Hale —4F 110
Frankley Beeches. —5G 133
Frankley Beeches Rd. B31 —7J 133
Frankley Grn. B32 —4D 132
Frankley Grn. La. B32 —4E 132
Frankley Hill. —6F 132
Frankley Hill La. B32 —6F 132
Frankley Hill Rd. Redn —6F 132
Frankley Ind. Pk. Redn —7H 133
Frankley La. Quin & N'fld —3J 133
Frankley Lodge Rd. B31 —5K 133
Frankley Rd. O'bry —1H 111
Frankley Ter. B17 —4B 112
Franklin Ct. Nun —8K 79
Franklin Dri. Burn —3H 17
Franklin Gro. Cov —8E 142
Franklin Rd. B30 —4E 134
Franklin Rd. Nun —8K 79
Franklin Rd. W'nsh —6A 216
Franklin St. B18 —4E 92
Franklin Way. B'vlle —3F 134
Franklyn Clo. Wolv —4E 34
Frankpledge Rd. Cov —2E 166
Frank Rd. Smeth —3L 91
Frank St. B12 —2M 113
Frank St. Nun —6H 79
Franks Way. B33 —7L 95
Frank Tommey Clo. Row R —8C 90
Frankton. —8J 195
Frankton Av. Cov —4C 166
Frankton Clo. Redd —1L 209
Frankton Clo. Sol —7B 116
Frankton Gro. B9 —7H 95
Frankton La. Stret D —4G 195
Frankton Rd. Bour —7L 195
Frank Walsh Ho. Cov —5D 144 (1E 6)
Frankwell Dri. Cov —8L 123
Fraser Clo. Nun —3B 78
Fraser Rd. B11 —4D 114
Fraser Rd. Cov —8A 122
Fraser St. Bils —4L 51 (in two parts)
Frayne Av. K'wfrd —2J 87
Freasley. —5J 47
Freasley Clo. Shir —7K 137
Freasley La. Wiln —3G 47
Freasley Rd. B34 —4D 96
Freda Eddy Ct. Kidd —3L 149
Freda Ri. Tiv —1D 90
Freda Rd. W Brom —8K 67
Freda's Gro. B17 —4A 112
Frederick Av. Hinc —7A 84
Frederick Neal Av. Cov —5D 142
Frederick Press Way. Rugby —6M 171
Frederick Rd. Aston —1L 93
Frederick Rd. Edg —1H 113 (8A 4)
Frederick Rd. Erd —7E 70
Frederick Rd. Gun H —1F 100
Frederick Rd. Kidd —8L 149
Frederick Rd. O'bry —2K 111
Frederick Rd. S Oak —7D 112
Frederick Rd. S'hll —5C 114
Frederick Rd. Stech —6K 95
Frederick Rd. S Cold —7G 57
Frederick Rd. Wolv —4J 37
Fredericks Clo. Stourb —5L 107
Frederick St. B1 —5J 93 (2C 4)
Frederick St. Rugby —6M 171
Frederick St. Wals —7K 39
Frederick St. W Brom —5J 67
Frederick St. Wolv —1C 50 (7J 7)
Frederick William St. W'hall —7B 38
Fred Lee Gro. Cov —5D 166
Freeboard La. Ryton D —2E 194
Freeburn Causeway. Cov —2J 165
Freeford Gdns. Lich —3L 19
Freehold St. Cov —4F 144
Freeland Gro. K'wfrd —5M 87
Freeman Clo. Nun —5D 78
Freeman Ct. Kidd —6H 149
Freeman Dri. S Cold —5M 57
Freeman Pl. Bils —1L 51
Freeman Rd. B7 —3B 94
Freeman Rd. Cov —4F 144
Freeman Rd. W'bry —6J 53
Freemans Clo. Lea S —8L 211
Freemans La. Hinc —4A 82
Freeman St. B5 —7L 93 (5H 5)
Freeman St. Cov —3F 144
Freeman St. Wolv —7F 36
Freeman's Way. Cov —7C 144 (6B 6)
Freemantle Ho. B34 —3E 96
Freemantle Rd. Rugby —7J 171
Freemount Sq. B43 —2E 68
Freer Rd. B6 —1K 93
Freer St. Nun —7L 79
Freer St. Wals —7L 39
Freesland Ri. Nun —3B 78
Freeth Rd. Wals —8G 17
Freeth St. B16 —7F 92
Freeth St. O'bry —1F 90
Freezeland St. Bils —3H 51
Fremantle Dri. Cann —7L 9
Fremont Dri. Dud —6E 64
French Av. M Oak —8J 31
Frenchmans Wlk. Lich —2J 19
French Rd. Dud —8L 65
French Walls. Smeth —4C 92
Frensham Clo. B37 —7J 97
Frensham Clo. Wals —5E 14
Frensham Dri. Nun —4B 78
Frensham Way. B17 —3C 112
Frenshaw Gro. B44 —2M 69
Freshfield Clo. Cov —8J 121
Freshwater Dri. Brie H —1B 108
Freshwater Gro. Lea S —3C 216
Freswick Clo. Hinc —1F 80
Fretton Clo. Cov —2F 144
Freville Clo. Tam —3A 32
Frevill Rd. Cov —1H 145
Frewen Dri. Sap —1K 83
Friardale Clo. W'bry —6K 53
Friar Park. —7K 53
Friar Pk. Rd. W'bry —6J 53
Friars All. Lich —2H 19
Friars Clo. Bin W —2E 168
Friars Clo. Stourb —6J 87
Friars Gorse. Stourb —2J 107
Friars Rd. Cov —7C 144 (7C 6)
Friars St. Warw —3D 214
Friar St. W'bry —6H 53
Friars Wlk. B37 —7K 97
Friary Av. Lich —2G 19
Friary Av. Shir —3A 160
Friary Clo. B20 —6F 68
Friary Clo. Hinc —8E 84
Friary Cres. Wals —3C 40
Friary Gdns. B21 —7D 68
Friary Gdns. Lich —2G 19
Friary Rd. B20 —7E 68
Friary Rd. Lich —2G 19
Friary St. Nun —4H 79
Friary, The. Lich —2G 19
Friday Acre. Lich —8G 13
Friday La. Cath B & Bars —4J 139
Friends Clo. Bag —6D 166
Friesland Dri. Wolv —6H 37
Friezeland Rd. Wals —7H 39
Friezland La. Wals —4F 26
Friezland Way. Wals —4G 27
Frilsham Way. Cov —5H 143
Fringe Grn. B'gve —2A 202
Fringe Grn. Clo. B'gve —2A 202
Fringe Mdw. Rd. Moons I —3M 205
Frinton Gro. B21 —2C 92
Frisby Ct. Attl F —7L 79
Frisby Rd. Barw —2H 85
Frisby Rd. Cov —7E 142
Friston Av. B16 —8H 93 (7A 4)
Friswell Dri. Cov —1F 144
Friswell Ho. Cov —1K 145
Frith Way. Hinc —6A 84
Frobisher Clo. Hinc —5D 84
Frobisher Clo. Wals —8F 14
Frobisher Rd. Cov —4C 166
Frobisher Rd. Rugby —8J 171
Frobisher Way. Smeth —2K 91
Frodesley Rd. B26 —1B 116
Froggatt Rd. Bils —2K 51
Froggatts Ride. S Cold —6M 57
Frog La. Bal C —4G 163
Frog La. Lich —2H 19
Frogmere Clo. Cov —3H 143
Frogmill Rd. Redn —8H 133
Frogmill Shop. Cen. Redn —7H 133
Frogmore La. Ken —7F 162
Frolesworth Rd. Sharn —4K 83
Frome Clo. Dud —7D 64
Frome Dri. Wolv —4J 37
Frome Way. B14 —3J 135
Front Cotts. A'chu —3M 181
Frost St. Wolv —3G 51
Froxmere Clo. Sol —1B 160
Froyle Clo. Wolv —4J 35
Froysell St. W'hall —7B 38
Fryer Av. Lea S —7L 211
Fryer Rd. B31 —2B 156
Fryer's Clo. Wals —2H 39
Fryer's Rd. Wals —3G 39
Fryer St. Wolv —7D 36 (3K 7)
Frythe Clo. Ken —3J 191
Fuchsia Clo. Cov —7H 123
Fuchsia Dri. Pend —6M 21
Fugelmere Clo. B17 —2M 111
Fulbrook Clo. Redd —4J 205
Fulbrook Gro. B29 —1M 133
Fulbrook La. Sher —8A 214
Fulbrook Rd. Cov —8J 123
Fulbrook Rd. Dud —8G 65
Fulford Dri. Min —4B 72
Fulford Gro. B26 —3C 116
Fulford Hall Rd. Earls & Tid G —6D 158
Fulford Heath. —7D 158
Fulham Rd. B11 —4B 114
Fullbrook. —3M 53
Fullbrook Clo. Shir —4A 160
Fullbrook Rd. Wals —4L 53
Fullelove Rd. Wals —2G 27
Fullers Clo. Cov —2M 143
Fullerton Clo. Wolv —8L 21
Fullwood Clo. Ald I —7L 123
Fullwood Cres. Dud —3E 88
Fullwoods End. Bils —8J 51
Fulmar Cres. Kidd —7B 150
Fulmer Wlk. B18 —6G 93
Fulton Clo. B'gve —8B 180
Fulwell Gro. B44 —2A 70
Fulwood Av. Hale —1F 110
Furber Pl. K'wfrd —3M 87
Furlong La. Hale —3J 109
Furlong Mdw. B31 —7C 134
Furlongs Rd. Dud —3D 64
Furlongs, The. Stourb —6B 108
Furlongs, The. Wolv —4H 37
Furlong, The. W'bry —4E 52
Furlong Wlk. Dud —5D 64
Furnace Clo. Wom —4E 62
Furnace End. —6K 75
Furnace Hill. Hale —3B 110
Furnace La. Hale —4B 110
Furnace Pde. Tip —3L 65
Furnace Rd. Bed —5K 103
Furnace Rd. Dud —1J 89
Furness. Glas —6D 32
Furness Clo. Rugby —2D 172
Furness Clo. Wals —6F 24
Furnivall Cres. Lich —8K 13
Furrows, The. Stoke H —3K 201
Furst St. Wals —1G 27
Furzebank Way. W'hall —5E 38
Furze La. Redd —5A 206
Furze Way. Wals —1E 54
Fylde Ho. Cov —5K 145
Fynford Rd. Cov —4B 144

Gable Clo. Rugby —1K 197
Gable Cft. Lich —3L 19
Gables, The. K'wfrd —1H 87
Gables, The. Pole —7M 33
Gabor Clo. Rugby —3C 172
Gaddesby Rd. B14 —1M 135
Gadds Dri. Row R —5D 90
Gadsby Av. Wolv —2A 38
Gadsby Ct. Nun —6L 79
Gadsby St. Nun —6K 79
Gads Grn. Cres. Dud —3L 89
Gadshill. H'cte —5L 215
Gads La. Dud —8J 65
Gads La. W Brom —7G 67
Gadwell Cft. B23 —6B 70
Gaelic Rd. Cann —5D 8
Gagarin. Tam —4M 31
Gaiafields Rd. Lich —8H 13
Gaialands Cres. Lich —8H 13
Gaia La. Lich —1G 19
Gaia Stowe. Lich —8H 13
Gail Clo. Wals W —5H 27
Gailey Cft. B44 —6L 55
Gail Pk. Wolv —2K 49
Gainford Clo. Pend —8M 21
Gainford Ri. Cov —6M 145
Gainford Rd. B44 —8C 56
Gainsborough Av. Hinc —6A 84
Gainsborough Cres. B43 —5K 55
Gainsborough Cres. Hillm —8H 173
Gainsborough Cres. Know —3G 161
Gainsborough Dri. Bed —5G 103
Gainsborough Dri. Lea S —3C 216
Gainsborough Dri. M Oak —1H 45
Gainsborough Dri. Wolv —5F 34
Gainsborough Dri. S. Lea S —3B 216
Gainsborough Hill. Stourb —6M 107
Gainsborough M. Kidd —4H 149
Gainsborough Pl. Dud —7E 64
Gainsborough Rd. B42 —3H 69
Gainsborough Trad. Est. Stourb —5C 108
Gainsbrook Cres. Cann —4M 15
Gainsford Dri. Hale —3B 110
Gains La. Cann —7J 15
Gairloch Rd. W'hall —8B 24
Gaitskell Ter. Tiv —7D 66
Gaitskell Way. Smeth —2M 91
Galahad Way. Stour S —5F 174
Galahad Way. W'bry —7G 53
Galbraith Clo. Bils —1K 65
Galena Clo. Tam —7H 33
Galena Way. B6 —3L 93
Gale Wlk. Row R —4M 89
Galey's Rd. Cov —1D 166
Gallagher Bus. Pk. Cov —4E 122
Gallagher Retail Pk. Cov —1F 144
Gallagher Rd. Bed —7G 103
Gallagher Way. Cov —2F 144
Gallery, The. Wolv —8C 36 (5J 7)
Galley Common. —4L 77
Galliards, The. Cov —5K 165
Galliers Clo. Wiln —4F 46
Galloway Av. B34 —3M 95
Galloway Clo. Barw —3F 84
Gallows Hill. Warw —4G 215
Galmington Dri. Cov —3B 166
Galton Clo. B24 —5M 71
Galton Clo. Tip —3C 66
Galton Dri. Dud —3H 89
Galton Rd. Smeth —7M 91
Galtons La. Belb —2G 153
Galton Tower. B1 —5C 4
Galway Rd. Burn —2G 17
Gamecock Barracks. Bram —4F 104
Gamesfield Grn. Wolv —8M 35
Gammage St. Dud —1H 89
Gamson Clo. Kidd —5L 149
Ganborough Clo. Redd —8L 205
Gandy Rd. W'hall —3A 38
Gannah's Farm Clo. S Cold —6M 57
Gannow Green. —8D 132
Gannow Grn. La. Redn —8C 132
Gannow Mnr. Cres. Redn —7E 132
Gannow Mnr. Gdns. Redn —8F 132
Gannow Rd. Redn —2E 154
Gannow Shop. Cen. Redn —8E 132
Gannow Wlk. Redn —2E 154
Ganton Rd. Wals —5G 25
Ganton Wlk. Wolv —1M 35
Garage Clo. Tam —4D 32
Garden Clo. B8 —4G 95
Garden Clo. Burb —3J 81
Garden Clo. Know —3F 160
Garden Clo. Redn —7G 133
Garden Ct. Warw —1J 215
Garden Cres. Wals —6M 25
Garden Cft. Wals —2H 41
Gardeners Clo. Kidd —1J 149
Gardeners Wlk. Sol —5C 138
Gardeners Way. Wom —5F 62
Garden Fields. Kinv —5A 106
Garden Flats. Cov —4D 142
Garden Gro. B20 —3E 68
Garden Gro. Bed —1F 122
Gardenia Dri. Alle —3G 143
Garden Rd. Hinc —8D 84
Gardens, The. Erd —6E 70
Gardens, The. Ken —6G 191
Gardens, The. Rad S —4E 216
Gardens, The. T'ton —6F 196
Garden St. Wals —6L 39
Garden Wlk. Bils —3M 51
Garden Wlk. Dud —8J 65 (DY2)
Garden Wlk. Dud —7C 64 (DY3)
Gardner Ho. Cov —7B 144 (off Vincent St.)
Gardners Mdw. Bew —6B 148
Gardner Way. Ken —7G 191
Garfield Rd. B26 —1B 116
Garganey Ct. Kidd —8M 149
Garibaldi Ter. B'gve —8A 180
Garland Cres. Hale —1E 110
Garland Rd. Stour S —3D 174
Garland St. B9 —6C 94
Garland Way. B31 —4B 134
Garlick Dri. Ken —3J 191
Garman Clo. B43 —7E 54
Garner Clo. Bils —6K 51
Garnet Av. B43 —5H 55
Garnet Clo. Ston —5L 27
Garnet Ct. Sol —8M 115
Garnett Dri. S Cold —3L 57
Garnette Clo. Nun —4B 78
Garrard Gdns. S Cold —4H 57
Garratt Clo. Long L —4H 171
Garratt Clo. O'bry —5J 91
Garratt's La. Crad H —7M 89
Garratt St. Brie H —4E 88
Garratt St. W Brom —4H 67
Garret Clo. K'wfrd —1K 87
Garrett's Green. —1D 116
Garrett's Grn. Ind. Est. B33 —8C 96
Garretts Grn. La. B26 & B33 —2M 115
Garrett St. Nun —7L 79
Garretts Wlk. B14 —7L 135
Garrick Clo. Cov —5C 142
Garrick Clo. Dud —6F 64
Garrick Clo. Lich —7F 12
Garrick Ri. Burn —2H 17
Garrick Rd. Cann —5D 8
Garrick Rd. Lich —7F 12
Garrick St. Wolv —8D 36 (5K 7)
Garrigill. Wiln —8G 33
Garrington St. W'bry —2C 52
Garrison Cir. B9 —7A 94 (5M 5)
Garrison La. B9 —7B 94 (5M 5)
Garrison St. B9 —7B 94 (5M 5)
Garston Way. B43 —1D 68
Garth Cres. Bin —1K 167
Garth Ho. Cov —2K 167
Garth, The. B14 —5D 136
Garth, The. Lich —7H 13
Gartree Cres. Earl S —1K 85
Garway Clo. Lea S —5A 212
Garway Clo. Redd —8L 205
Garway Gro. B25 —3H 115
Garwood Rd. B26 —7M 95
Garyth Williams Clo. Rugby —1L 197
Gas Sq. B'gve —8L 179
Gas St. B1 —7J 93 (6C 4)
Gas St. Lea S —2M 215
Gas St. Rugby —6B 172
Gatacre St. Dud —6D 64
Gatcombe Clo. Wolv —5F 22
Gatcombe Rd. Dud —7E 64
Gatehouse Clo. Hillm —1G 199
Gatehouse Fold. Dud —8K 65
Gatehouse La. Bed —7G 103
Gatehouse Trad. Est. Bwnhls —8H 17
Gate La. Col —3F 74
Gate La. H'ley H & Dorr —5B 160
Gate La. S Cold —7F 56
Gateley Clo. Redd —5A 206
Gateley Rd. O'bry —2L 111
Gateside Rd. Cov —7E 122
Gate St. B8 —4D 94
Gate St. Dud —2E 64
Gate St. Tip —7A 66
Gatis St. Wolv —5A 36
Gatwick Rd. B35 —5C 72
Gauden Rd. Stourb —8D 108
Gaulby Wlk. Bin —8A 146
Gaunts, The. A'chu —3B 182
Gaveston Clo. Warw —1F 214
Gaveston Rd. Cov —3L 143
Gaveston Rd. Lea S —8L 211
Gawne La. Crad H —5M 89
Gawsworth. Tam —2K 31
Gaydon Clo. Cov —1G 145
Gaydon Clo. Redd —8F 204
Gaydon Clo. Wolv —4E 34
Gaydon Gro. B29 —7A 112
Gaydon Pl. S Cold —5H 57
Gaydon Rd. Sol —6D 116
Gaydon Rd. Wals —5G 41
Gayer St. Cov —8G 123
Gayfield Av. Brie H —8D 88

Gay Hill. —2H 157
Gayhill La. B38 —8H 135
Gayhurst Clo. Bin —1L 167
Gayhurst Dri. B25 —1L 115
Gayle. Wiln —8G 33
Gayle Gro. B27 —1J 137
Gaymore Rd. Cookl —4B 128
Gayton Rd. W Brom —3K 67
Gaywood Cft. B15 —1J 113 (8D 4)
Gaza Clo. Cov —8G 143
Gazelle Clo. Cov —6E 144 (3F 6)
Geach St. B19 —3K 93
Geach Tower. B19 —4K 93 (off Uxbridge St.)
Gedney Clo. Shir —6C 136
Geeson Clo. B35 —5B 72
Gee St. B19 —3K 93
Gem Ho. B4 —3J 5
Gemini Dri. Cann —3F 14
Geneva Rd. Tip —4K 65
Genge Av. Wolv —5E 50
Genners App. N'fld —1K 133
Genners La. Bart G & B31 —1J 133
Genners La. N'fld —3L 133
Genthorn Clo. Wolv —5F 50
Gentian. S Cold —5F 42
Gentian Clo. B31 —3M 133
Gentian Way. Rugby —1E 172
Gentlemans La. Ullen —4H 207
Gentleshaw. —5G 11
Geoffrey Clo. Cov —4H 145
Geoffrey Clo. S Cold —2B 72
Geoffrey Pl. B11 —6C 114
Geoffrey Rd. B11 —6C 114
Geoffrey Rd. Shir —6F 136
George Arthur Rd. B8 —5D 94
George Av. M Oak —8J 31
George Av. Row R —7D 90
George Birch Clo. Brin —6L 147
George Bird Clo. Smeth —3A 92
George Clo. Dud —1L 89
George Dance Clo. Kidd —3B 150
George Eliot Av. Bed —7K 103
George Eliot Bldgs. Nun —5J 79
George Eliot Rd. Cov —4D 144
George Eliot St. Nun —7J 79
George Foster Clo. Earl S —1M 85
George Frederick Rd. S Cold —5A 56
George Geary Clo. Barw —2J 85
George Henry Rd. Tip —2E 66
George Hodgkinson Clo. Cov —6F 142
George La. Lich —1J 19
George Marston Rd. Bin —8L 145
George Pk. Clo. Cov —8J 123
George Poole Ho. Cov —7B 144 (off Butts)
George Rd. A'chu —3A 182
George Rd. Bils —8K 51
George Rd. Edg —1H 113 (8B 4)
George Rd. Erd —5B 70
George Rd. Gt Barr —7F 54
George Rd. Hale —5M 109
George Rd. O'bry —7H 91
George Rd. S Oak —6E 112
George Rd. Sol —6C 138
George Rd. S Cold —8D 56
George Rd. Tip —3K 65
George Rd. Warw —1G 215
George Rd. Wat O —6J 73
George Rd. Yard —3G 115
George Robertson Clo. Bin —2L 167
George Rose Gdns. W'bry —3C 52
George Ryan Cen. Bone —8K 31
George St. B3 —6J 93 (4C 4)
George St. Attl —7L 79
George St. Bal H —4L 113
George St. Barw —3H 85
George St. Bed —6H 103
George St. B'gve —7M 179
George St. Cann —5J 9
George St. Cov —4D 144 (1E 6) (in two parts)
George St. E'shll —2G 51
George St. Gun H —1G 101
George St. Hand —1C 92
George St. Hinc —1K 81
George St. Kidd —3M 149
George St. Lea S —2A 216
George St. Loz —2H 93
George St. Rugby —6M 171
George St. Stourb —8M 87
George St. Tam —5B 32
George St. Wals —8L 39
George St. W Brom —7K 67
George St. W'hall —6A 38
George St. Wolv —8D 36 (6K 7)
George St. Woods —3H 65
George St. Ringway. Bed —6H 103
George St. W. B18 —5G 93 (2A 4)
George Wlk. Redd —6E 204
George Ward Clo. Barw —2H 85
Georgian Gdns. W'bry —6F 52
Georgian Pl. Cann —7E 8
Georgina Av. Bils —6K 51
Geraldine Rd. B25 —2H 115
Gerald Rd. Stourb —2L 107
Geranium Gro. B9 —6F 94
Geranium Rd. Dud —1M 89
Gerard. Tam —2L 31
Gerard Av. Cov —1H 165
Gerardsfield Rd. B33 —6D 96
Germander Dri. Wals —6B 54
Gerrard Clo. B19 —2J 93
Gerrard Rd. W'hall —8L 37
Gerrard St. B19 —2J 93
Gerrard St. Warw —3E 214
Gervase Dri. Dud —6J 65
Geston Rd. Dud —1F 88
Gheluvelt Av. Kidd —2M 149
Gheluvelt Ct. Stour S —5F 174
Gibbet Hill. —7K 165
Gibbet Hill Rd. Cov —4H 165
Gibbet La. Kinv —4E 106
Gibbins Rd. B29 —8C 112
Gibb La. Cats —1A 180
Gibbons Clo. Cov —7F 142
Gibbons Cres. Stour S —5F 174
Gibbons Gro. Wolv —5M 35
Gibbons Hill Rd. Dud —7D 50
Gibbon's La. Brie H —2A 88
Gibbons Rd. S Cold —6H 43
Gibbons Rd. Wolv —5M 35
Gibbs Clo. Cov —3B 146
Gibbs Hill Rd. B31 —2B 156
Gibbs Rd. Redd —4G 205
Gibbs Rd. Stourb —4G 109
Gibbs St. Wolv —5A 36
Gibb St. B12 & B9 —8M 93 (7K 5)
Gib Heath. —3G 93
Gibraltar. Kinv —5B 106
Gibson Cres. Bed —8G 103
Gibson Dri. B20 —8H 69
Gibson Dri. Rugby —8G 173
Gibson Rd. B20 —1H 93
Gibson Rd. Pert —6E 34
Giddywell La. Longd —1M 11
Gideon Clo. B25 —3K 115
Gideons Clo. Dud —4D 64
Gielgud Way. Cross P —1B 146
Giffard Rd. Bush —6E 22
Giffard Rd. Stow H —2H 51
Giffard Way. Warw —8E 210
Gifford Ct. Brie H —7D 88 (off Hill St.)
Giffords Cft. Lich —8G 13
Giggetty La. Wom —3F 62
Gigg La. Wis —6H 59
Gigmill Way. Stourb —5L 107
Gilbanks Rd. Stourb —2K 107
Gilberry Clo. Know —4G 161
Gilbert Av. Rugby —7K 171
Gilbert Av. Tiv —2B 90
Gilbert Clo. Cov —6E 144
Gilbert Clo. Wolv —2A 38
Gilbert Ct. Wals —5A 40 (off Lichfield Rd.)
Gilbert Enterprise Pk. W'hall —5B 38
Gilbert La. Wom —2H 63
Gilbert Rd. B'gve —2L 201
Gilbert Rd. Lich —7J 13
Gilbert Rd. Smeth —5B 92
Gilbert Scott Way. Kidd —2M 149
Gilbert's Green. —6E 184
Gilbertstone. —2L 115
Gilbertstone Av. B26 —4L 115
Gilbertstone Clo. Redd —8E 204
Gilbert St. Tip —7A 66
Gilbert Wlk. Lich —7J 13 (off Gilbert Rd.)
Gilbeys Clo. Stourb —8L 87
Gilby Rd. B16 —7G 93 (7A 4)
Gilchrist Dri. B15 —1E 112
Gildas Av. B38 —8G 135
Giles Clo. B33 —6L 95
Giles Clo. Cov —7C 122
Giles Clo. Sol —2F 138
Giles Clo. Ho. B33 —6L 95
Giles Hill. Stourb —3A 108
Giles Rd. Lich —6G 13
Giles Rd. O'bry —4H 91
Gilfil Rd. Nun —8H 79
Gilgal. Stour S —5G 175
Gilldown Pl. B15 —2H 113
Gillespie Cft. B6 —2M 93
Gillett Clo. Nun —6H 79
Gillhurst Rd. B17 —2B 112
Gillians Wlk. Cov —1A 146
Gillies Ct. Stech —6K 95
Gilling Gro. B34 —3A 96
Gillingham Clo. W'bry —4K 53
Gillity Av. Wals —1B 54
Gillity Clo. Wals —1B 54
Gillity Ct. Wals —2D 54
Gilliver Rd. Shir —7H 137
Gillman Clo. B26 —5D 116
Gillott Clo. Sol —6E 138
Gillott Rd. B16 —8C 92
Gillows Cft. Shir —2A 160
Gillscroft Rd. B33 —5A 96
Gills Fld. Brie H —5C 88
Gill St. Dud —5L 89
Gill St. W Brom —8J 67
Gillway. —1B 32
Gillway La. Tam —1A 32
Gilmorton Clo. B17 —2B 112
Gilmorton Clo. Sol —8C 138
Gilpin Clo. B8 —2J 95
Gilpin Cres. Wals —5A 26
Gilpins Arm. Wals —4B 26
Gilson. —8K 73
Gilson Dri. Col —2K 97
Gilson Rd. Col —8K 73
Gilson St. Tip —1C 66
Gilson Way. B37 —4G 97
Gilwell Rd. B34 —3E 96
Gilwell Rd. Rug —3F 10
Gimble Wlk. B17 —1A 112 (in two parts)
Gin Cridden. Stourb —3E 108
Gingles Ct. Hillm —1G 199
Ginkgo Wlk. Lea S —4M 215
Gipsy Clo. Bal C —4H 163
Gipsy La. B23 —4A 70
Gipsy La. Bal C —4J 163
Gipsy La. Nun —3J 103
Gipsy La. W'hall —8B 38
Gipsy La. W'ley —1M 127
Gipsy La. Wlvy —1L 105
Girdlers Clo. Cov —4B 166
Girtin Clo. Bed —5G 103
Girton Ho. B36 —1F 96
Girton Rd. Cann —1E 14
Girvan Gro. Lea S —4C 212
Gisborn Clo. B10 —1B 114
Gisburn Clo. Redd —4B 204
Gisburn Clo. Warw —8F 210
Givens Ho. Cov —5A 6
Gladeside Clo. Wals —1D 40
Glades, The. Wals —2H 41
Glade, The. B26 —5D 116
Glade, The. Cann —7C 8
Glade, The. Cov —6F 142
Glade, The. Stourb —4E 108
Glade, The. S Cold —8L 41
Glade, The. Wolv —8L 21
Gladiator Way. Gleb F —2M 171
Gladstone Clo. Hinc —6E 84
Gladstone Dri. Stourb —4K 107
Gladstone Dri. Tiv —7C 66
Gladstone Gro. K'wfrd —1K 87
Gladstone Rd. Cann —8K 9
Gladstone Rd. Dorr —7G 161
Gladstone Rd. Erd —6D 70
Gladstone Rd. S'brk —3B 114
Gladstone Rd. Stourb —3K 107
Gladstone Rd. Yard —3K 115
Gladstone St. B6 —1A 94
Gladstone St. Rugby —5M 171
Gladstone St. Wals —5K 39
Gladstone St. W'bry —3E 52
Gladstone St. W Brom —3J 67
Gladstone Ter. Hand —2E 92
Gladstone Ter. Hinc —1L 81
Gladys Rd. B25 —2H 115
Gladys Rd. Smeth —7M 91
Gladys Ter. Smeth —7M 91
Glaisdale Av. Cov —6E 122
Glaisdale Gdns. Wolv —4A 36
Glaisdale Rd. B28 —1G 137
Glaisedale Gro. W'hall —7C 38
Glaisher Dri. Wolv —3C 36
Glamis Rd. W'hall —2B 38
Glamorgan Clo. Cov —4K 167
Glanville Dri. S Cold —5G 43
Glarmara Clo. Rugby —2D 172
Glasbury Cft. B38 —2E 156
Glascote. —7F 32
Glascote Clo. Shir —5G 137
Glascote Ct. Tam —5E 32
Glascote Gro. B34 —2C 96
Glascote La. Wiln —2F 46 (in two parts)
Glascote Rd. Tam & Glas —5C 32
Glasscroft Cotts. Burn —2M 17
Glasshouse Hill. Stourb —6B 108
Glasshouse La. H'ley H —4E 186
Glasshouse La. Ken —4J 191
Glastonbury Clo. Kidd —3G 149
Glastonbury Cres. Wals —7E 24
Glastonbury Rd. B14 —5C 136
Glastonbury Rd. W Brom —8K 53
Glastonbury Way. Wals —8E 24
Glaston Dri. Sol —8A 138
Gleads Cft. Hale —6G 111
Gleaston Wlk. Wolv —8J 37
Gleave Rd. B29 —8E 112
Gleave Rd. W'nsh —6A 216
Glebe Av. Bed —8E 102
Glebe Clo. Cov —2G 165
Glebe Clo. Redd —7K 205
Glebe Cres. Ken —6G 191
Glebe Cres. Rugby —6L 171
Glebe Dri. S Cold —1F 70
Glebe Farm. —5B 96
Glebe Farm Gro. Cov —6M 145
Glebe Farm Ind. Est. Gleb F —2M 171
Glebe Farm Rd. B33 —4A 96
Glebe Farm Rd. Gleb F —2M 171
Glebe Fields. Curd —3H 73
Glebefields Rd. Tip —1A 66
Glebeland Clo. B16 —8H 93 (7A 4)
Glebe La. Nun —3M 79 (in two parts)
Glebe La. Stourb —5L 107
Glebe Pl. Lea S —2B 216
Glebe Pl. W'bry —3B 52
Glebe Rd. A'chu —2A 182
Glebe Rd. Hinc —1M 81
Glebe Rd. Nun —5K 79
Glebe Rd. Sol —4D 138
Glebe Rd. W'hall —1M 51
Glebe St. Wals —1L 53
Glebe, The. Belb —3E 152
Glebe, The. Beo —2M 205
Glebe, The. Cor —2H 121
Glebe Way. Bal C —2G 163
Gledhill Pk. Lich —4J 19
Gleeson Dri. Warw —8E 210
Glenavon Rd. B14 —6M 135
Glen Bank. Hinc —8E 84
Glenbarr Clo. Hinc —1G 81
Glenbarr Dri. Hinc —1G 81
Glen Clo. Cann —4E 8
Glen Clo. Wals —6A 40
Glencoe Dri. Cann —5G 9
Glencoe Rd. B16 —5C 92
Glencoe Rd. Cov —7H 145
Glen Ct. Cod —5G 21
Glen Ct. Wolv —7L 35
Glencroft Rd. Sol —5D 116
Glendale Av. Ken —3G 191
Glendale Clo. Hale —5B 110
Glendale Clo. Wolv —1J 49
Glendale Ct. Wiln —3H 47
Glendale Dri. B33 —6M 95
Glendale Dri. Wom —3G 63
Glendale Tower. B23 —3H 71
Glendawn Clo. Cann —6G 9
Glendene Cres. B38 —2C 156
Glendene Dri. B43 —1D 68
Glendene Rd. Cann —3K 9
Glendevon Clo. Redn —7G 133
Glendon Gdns. Bulk —6C 104
Glendon Rd. B23 —3D 70
Glendon Way. Dorr —6D 160
Glendower App. H'cte —6L 215
Glendower Av. Cov —7K 143
Glendower Rd. B42 —5J 69
Glendower Rd. Wals —8H 27
Gleneagles. Tam —4H 33
Gleneagles Clo. Nun —8C 80
Gleneagles Dri. B43 —6E 54
Gleneagles Dri. B'wll —4G 181
Gleneagles Dri. S Cold —2J 57
Gleneagles Dri. Tiv —2A 90
Gleneagles Rd. B26 —1A 116
Gleneagles Rd. Blox —6F 24
Gleneagles Rd. Cov —3L 145
Gleneagles Rd. Pert —4D 34
Glenelg Dri. Stourb —7B 108
Glenelg M. Wals —4D 54
Glenfern Rd. Bils —1G 65
Glenfield. Tam —8C 32
Glenfield. Wolv —7L 21
Glenfield Av. Nun —2J 79
Glenfield Clo. Redd —3D 208
Glenfield Clo. Sol —1C 160
Glenfield Clo. S Cold —6L 57
Glenfield Gro. B29 —8G 113
Glengarry Clo. B32 —2H 133
Glengarry Gdns. Wolv —8M 35
Glenhurst Clo. Wals —6D 38
Glenmead Rd. B44 —1K 69
Glenmore Av. Burn —3G 17
Glenmore Clo. Wolv —2L 49
Glenmore Dri. B38 —8D 134
Glenmore Dri. Cov —4F 122
Glenmount Av. Longf —4F 122
Glenn St. Cov —6D 122
Glenpark Rd. B8 —4E 94
Glen Pk. Rd. Dud —7D 64
Glenridding Clo. Cov —4F 122
Glen Ri. B13 —3C 136
Glen Rd. Dud —3E 64
Glen Rd. Stourb —6M 107
Glenrosa Wlk. Cov —2G 165
Glenroy Clo. Cov —3L 145
Glenroyde. B38 —2E 156
Glen Side. B32 —7K 111
Glenside Av. Sol —6B 116
Glen, The. B'wll —3G 181
Glenthorne Dri. Wals —6E 14
Glenthorne Rd. B24 —7G 71
Glenthorne Way. B24 —7G 71
Glentworth. S Cold —7A 58
Glentworth Av. Cov —7A 122
Glentworth Gdns. Wolv —4B 36
Glenville Av. Wood E —8J 47
Glenville Dri. B23 —4E 70
Glenwood Clo. Brie H —1D 108
Glenwood Dri. Shir —5K 159
Glenwood Gdns. Bed —5G 103
Glenwood Ri. Wals —6K 27
Glenwood Rd. B38 —1D 156
Globe St. W'bry —8F 52
Gloster Dri. Ken —3F 190
Gloucester Clo. Lich —6H 13
Gloucester Clo. Nun —2A 80
Gloucester Flats. Row R —5E 90
Gloucester Ho. Wolv —1J 7
Gloucester Pl. W'hall —7D 38
Gloucester Rd. Dud —7K 89
Gloucester Rd. Wals —1B 54
Gloucester Rd. W'bry —6J 53
Gloucester St. B5 —8L 93 (7G 5)
Gloucester St. Cov —6B 144 (4A 6)
Gloucester St. Lea S —2A 216
Gloucester St. Wolv —5B 36
Gloucester Way. B37 —8G 97
Gloucester Way. Bew —5B 148
Gloucester Way. Cann —8H 9
Glover Clo. B28 —3F 136
Glover Clo. Warw —5B 214
Glover Rd. S Cold —4M 57
Glovers Clo. Cann —4A 10
Glovers Clo. Mer —8J 119
Glovers Cft. B37 —6F 96
Glovers Fld. Dri. B7 —2C 94
Glover's Rd. B10 —1C 114
Glover St. B9 —7A 94 (6M 5)
Glover St. Cann —6M 9
Glover St. Cov —1D 166
Glover St. Redd —6E 204
Glover St. W Brom —8K 67
Glovers Trust Homes. S Cold —1F 70
Glyme Dri. Wolv —4L 35
Glyn Av. Bils —6B 52
Glyn Clo. Barw —2G 85
Glyndebourne. Tam —2K 31
Glyn Dri. Bils —6B 52
Glyn Farm Rd. B32 —4J 111
Glynn Cres. Hale —2H 109
Glynne Av. K'wfrd —5K 87
Glyn Rd. B32 —3K 111
Glynside Av. B32 —3K 111
Goat Ho. La. Bal C —5J 163
Godfrey Clo. Rad S —4E 216
Godiva Pl. Cov —6E 144 (4F 6)
Godolphin. Tam —3K 31
Godson Cres. Kidd —6H 149
Godson Pl. Kidd —6J 149
Goffs Clo. B32 —6M 111
Gofton. Wiln —8G 33
Goldacre Clo. W'nsh —5M 215
Gold Clo. Nun —1L 103
Goldcrest. Wiln —4G 47
Goldcrest Clo. Dud —7J 89
Goldcrest Cft. B36 —1G 97
Goldcrest Dri. Kidd —7B 150
Goldenacres La. Cov —2M 167
Goldencrest Dri. O'bry —1E 90
Golden Cft. B20 —8F 68
Golden Cross La. Cats —8A 154
Golden End. —3K 161
Golden End Dri. Know —3K 161
Golden Hillock Rd. Dud —6J 89
Golden Hillock Rd. Small H —2D 114
Golden Hillock Rd. S'brk & New S —4D 114
Golden Hind Dri. Stour S —7G 175
Goldfinch Clo. B30 —1D 134
Goldfinch Rd. Stourb —6D 108
Goldicroft Rd. W'bry —5G 53
Goldieslie Clo. S Cold —7H 57
Goldieslie Rd. S Cold —7H 57
Golding St. Dud —3J 89
Goldsborough. Wiln —8G 33
Golds Green. —1E 66
Golds Hill Gdns. B21 —2F 92
Golds Hill Rd. B21 —1F 92
Golds Hill Way. Tip —2D 66
Goldsmith Av. Rugby —2M 197
Goldsmith Av. Warw —4C 214
Goldsmith Pl. Tam —2A 32
Goldsmith Rd. B14 —1M 135
Goldsmith Rd. Wals —2L 39
Goldsmith Wlk. Kidd —4C 150
Goldstar Way. B33 —7C 96
Goldthorn Av. Cann —7F 8
Goldthorn Av. Wolv —3B 50
Goldthorn Clo. Cov —5D 142
Goldthorn Cres. Wolv —3A 50
Goldthorne Av. B26 —5C 116
Goldthorne Clo. Head X —8C 204
Goldthorn Hill. —3B 50
Goldthorn Hill. Wolv —3A 50
Goldthorn Hill Rd. Wolv —3B 50
Goldthorn Park. —5C 50
Goldthorn Pl. Kidd —7J 149
Goldthorn Rd. Kidd —6H 149
Goldthorn Rd. Wolv —3B 50
Goldthorn Ter. Wolv —2B 50
Goldthorn Wlk. Brie H —1D 108
Golf Club Dri. Wals —3A 54
Golf Dri. Nun —1A 104
Golf La. Bils —2K 51
Golf La. W'nsh —6B 216
Golson Clo. S Cold —3M 57
Gomeldon Av. B14 —6M 135
Gomer St. W'hall —7A 38
Gomer St. W. W'hall —7A 38
Gonville Ho. B36 —1F 96
Gooch Clo. Stourb —3A 108
Gooch St. B5 —1L 113
Gooch St. N. B5 —8L 93 (8G 5)
Gooch's Way. W'nsh —5A 216
Goodacre Clo. Clift D —4G 173
Goodall Gro. B43 —4L 55
Goodall St. Wals —8M 39
Goodby Rd. B13 —6K 113
Goode Av. B18 —4G 93
Goode Clo. O'bry —5J 91
Goode Cft. Cov —7F 142
Goodere Av. Pole —1M 47
Goodere Dri. Pole —7M 33
Goodeve Wlk. S Cold —4B 58
Goodfellow St. Lea S —8J 211
Goodison Gdns. B24 —4H 71
Goodleigh Av. B31 —3L 155
Goodman Clo. B28 —3F 136
Goodman St. B1 —6H 93 (4A 4)
Goodman Way. Cov —8C 142
Goodrest Av. Hale —4F 110
Goodrest Cft. B14 —5C 136
Goodrest La. B38 —3F 156 (in two parts)
Goodrich Av. Pert —6G 35
Goodrich Clo. Redd —7M 205
Goodrich Covert. B14 —7J 135
Goodrick Way. B7 —3B 94
Good's Green. —3A 126
Goodway Rd. B44 —1L 69
Goodway Rd. Sol —6E 116
Goodwin Clo. Kidd —2J 149
Goodwood Clo. B36 —1K 95
Goodwood Clo. Cann —3A 10
Goodwood Clo. Cov —3J 167
Goodwood Clo. Lich —2K 19
Goodwood Dri. S Cold —2M 55
Goodwood Rd. Cats —8B 154
Goodwyn Av. O'bry —2K 111
Goodyear Av. Wolv —1E 36
Goodyear Rd. Smeth —7L 91
Goodyers End. —1C 122
Goodyers End La. Bed —1C 122
Goosehill Clo. Redd —8L 205
Goosehills Rd. Hinc —4L 81
Goose La. Barw —4G 85
Goosemoor Green. —5J 11
Goosemoor La. B23 —2E 70
Goostry Clo. Tam —5D 32
Goostry Rd. Tam —4D 32
Gopsall Rd. Hinc —7D 84
Gopsal St. B4 —6A 94 (3L 5)
Gorcott Hill. —3C 206
Gorcott Hill. Beo —4B 206
Gordon Av. B19 —2K 93
Gordon Av. W Brom —1J 67
Gordon Av. Wolv —6F 50
Gordon Clo. Bed —5H 103
Gordon Clo. Tiv —7D 66
Gordon Cres. Brie H —4E 88
Gordon Dri. Tip —3C 66
Gordon Pas. Lea S —2A 216
Gordon Pl. Bils —4J 51
Gordon Rd. Harb —3D 112
Gordon Rd. Loz —1J 93
Gordon St. B9 —7B 94 (off Garrison La.)
Gordon St. Cov —8A 144
Gordon St. Lea S —2A 216
Gordon St. W'bry —3D 52
Gordon St. Wolv —1D 50 (7L 7)
Gorey Clo. W'hall —1B 38
Gorge Rd. Dud & Bils —1E 64
Goring Rd. Cov —5G 145
Gorleston Gro. B14 —7B 136
Gorleston Rd. B14 —7B 136
Gornalwood. —7C 64
Gorsebrook Rd. Wolv —4B 36
Gorse Clo. F'bri —7F 96
Gorse Clo. Rugby —8L 171
Gorse Clo. S Oak —1A 134
Gorse Dri. Cann —4D 8
Gorse Farm Rd. B43 —1E 68
Gorse Farm Rd. Nun —1B 104
Gorsefield Rd. B34 —4C 96
Gorse Grn. La. Belb —1G 153
Gorse La. Lich —3M 13 (WS13)
Gorse La. Lich —3K 19 (WS14)
Gorse La. Try —3A 62
Gorsemeadow Dri. B Grn —1H 181
Gorsemoor Rd. Cann —8J 9
Gorsemoor Way. Ess —6B 24
Gorse Rd. Dud —5G 65
Gorse Rd. Wolv —1A 38
Gorseway. Burn —4H 17
Gorseway. Cov —6J 143
Gorse Way. Hed —1J 9
Gorseway, The. S Cold —5H 57
Gorsey Clo. A'wd B —8E 208
Gorsey La. Cann —8B 8
Gorsey La. Col —7L 73
Gorsey La. Gt Wyr —8F 14
Gorsey La. Pels —7K 15
Gorsey La. Wyt —5A 158
Gorsey Way. Col —7L 73
Gorsey Way. Wals —4E 40
Gorsly Piece. B32 —5J 111
Gorstey Lea. Burn —2J 17
Gorstey Ley. —1J 17
Gorstie Cft. B43 —1E 68
Gorsty Av. Brie H —6C 88
Gorsty Bank. Lich —1L 19
Gorsty Clo. W Brom —1M 67

Gorsty Hayes. *Cod* —6F **20**
Gorsty Hill Rd. *Row R* —1B **110**
Gorsy Bank Rd. *H'ley* —4F **46**
Gorsymead Gro. *B31* —7J **133**
Gorsy Rd. *B32* —5K **111**
Gorsy Way. *Nun* —4D **78**
Gorton Cft. *Bal C* —2H **163**
Gorway Clo. *Wals* —2M **53**
Gorway Gdns. *Wals* —2A **54**
Gorway Rd. *Wals* —2M **53**
Goscote. —7L 25
Goscote Clo. *Wals* —2M **39**
Goscote Ind. Est. *Wals* —8L **25**
Goscote La. *Wals* —7L **25**
Goscote Lodge Cres. *Wals* —2M **39**
Goscote Pl. *Wals* —2A **40**
Goscote Rd. *Wals* —8M **25**
Gosford Dri. *Hinc* —8A **84**
Gosford Green. —7F 144
Gosford Ind. Est. *Cov* —7F **144**
Gosford St. *B12* —3M **113**
Gosford St. *Cov* —7D **144** (5E **6**)
Gosford Wlk. *Sol* —8A **116**
Gospel End Rd. *Dud* —1A **64**
Gospel End St. *Dud* —2D **64**
Gospel End Village. —1M 63
Gospel Farm Rd. *B27* —1H **137**
Gospel La. *B27* —2J **137**
Gospel Oak Rd. *Cov* —5B **122**
Gospel Oak Rd. *Tip* —8B **52**
Gosport Clo. *Wolv* —2H **51**
Gosport Rd. *Cov* —1E **144**
Goss Cft. *B29* —8D **112**
Gossett La. *Bin W & Bran* —2E **168**
Gossey La. *B33* —7C **96**
Goss, The. *Brie H* —8D **88**
Gosta Grn. *B4* —5M **93** (2J **5**)
Gotham Rd. *B26* —3L **115**
Gothersley. —6E 86
Gothersley La. *Stourb* —7C **86**
Goths Clo. *Row R* —5C **90**
Gough Av. *Wolv* —1H **37**
Gough Rd. *Bils* —8J **51**
Gough Rd. *Edg* —2J **113**
Gough Rd. *Greet* —4D **114**
Gough St. *B1* —8K **93** (7E **4**)
Gough St. *W'hall* —6C **38**
Gough St. *Wolv* —7E **36** (4M **7**)
Gould Av. E. *Kidd* —7G **149**
Gould Av. W. *Kidd* —8G **149**
Gould Firm La. *Wals* —3L **41**
Gould Rd. *H Mag* —2A **214**
Gowan Rd. *B8* —5E **94**
Gower Av. *K'wfrd* —5M **87**
Gower Rd. *Dud* —1B **64**
Gower Rd. *Hale* —3E **110**
Gower St. *B19* —2K **93**
Gower St. *Wals* —2H **53**
Gower St. *W'hall* —7A **38**
Gower St. *Wolv* —1E **50** (7M **7**)
(in two parts)
Gowland Dri. *Cann* —8B **8**
Gowrie Clo. *Hinc* —7B **84**
Goya Clo. *Cann* —7J **9**
Gozzard St. *Bils* —4L **51**
Gracechurch Cen. *S Cold* —4H **57**
Gracemere Cres. *B28* —6E **136**
Grace Moore Ct. *Cann* —5F **8**
Grace Rd. *B11* —2C **114**
Grace Rd. *Alle* —1A **142**
Grace Rd. *Sap* —1L **83**
Grace Rd. *Tip* —2A **66**
Grace Rd. *Tiv* —1C **90**
Gracewell Homes. *B13* —8D **114**
Gracewell Rd. *B13* —8D **114**
Grafton Clo. *Redd* —2H **209**
Grafton Cres. *B'gve* —2L **201**
Grafton Dri. *W'hall* —1K **51**
Grafton Gdns. *Dud* —6B **64**
Grafton Gro. *B19* —2J **93**
*Grafton Ho. B'gve —6B **180***
(off Burcot La.)
Grafton La. *U War* —2H **201**
Grafton Manor. —2H 201
Grafton Pl. *Bils* —2L **51**
Grafton Rd. *Hand* —8D **68**
Grafton Rd. *O'bry* —8F **90**
Grafton Rd. *Shir* —7C **136**
Grafton Rd. *S'brk* —2B **114**
Grafton Rd. *W Brom* —5K **67**
Grafton St. *Cov* —7E **144**
Graham Clo. *Cov* —8H **123**
Graham Clo. *Tip* —8B **52**
Graham Cres. *Redn* —2G **155**
Graham Rd. *B25* —3J **115**
Graham Rd. *Hale* —1C **110**
Graham Rd. *Rugby* —5C **172**
Graham Rd. *Stourb* —5K **87**
Graham Rd. *W Brom* —5K **67**
Graham St. *B1* —6J **93** (3C **4**)
Graham St. *Loz* —2J **93**
Graham St. *Nun* —4J **79**
Grainger Clo. *Tip* —3D **66**
Grainger Ct. *Cann* —7D **8**
Graingers La. *Crad H* —1J **109**
Grainger St. *Dud* —2K **89**
Graiseley Ct. *Wolv* —6H **7**
Graiseley Hill. *Wolv* —1C **50** (8G **7**)
Graiseley La. *Wolv* —4H **37**
Graiseley Row. *Wolv* —1C **50** (8H **7**)
Graiseley St. *Wolv* —8B **36** (6G **7**)
Graith Clo. *B28* —6E **136**
Grammar School La. *Hale* —5A **110**
Grampian Rd. *Stourb* —3A **108**
Granada Ind. Est. *O'bry* —2F **90**
Granary Clo. *Cann* —4H **9**
Granary Clo. *K'wfrd* —1G **87**
Granary La. *S Cold* —6M **57**
Granary Rd. *Stoke H* —3L **201**
Granary Rd. *Wolv* —8L **21**
Granary, The. *A'rdge* —2H **41**
Granborough Clo. *Bin* —1M **167**
Granborough Ct. *Lea S* —6A **212**
Granbourne Rd. *Wals* —5D **38**
Granby Av. *B33 & Kitts G* —8C **96**
Granby Bus. Pk. *B33* —8C **96**
Granby Clo. *Hinc* —2J **81**
Granby Clo. *Redd* —5M **205**
Granby Clo. *Sol* —2L **137**
Granby Rd. *Hinc* —2J **81**
Granby Rd. *Nun* —6F **78**
Grandborough Dri. *Sol* —8A **138**
Grand Clo. *Smeth* —6B **92**
Grand Depot Rd. *Bram* —3F **104**
Grand Junct. Way. *Wals* —3K **53**
Grand Theatre. —7D 36 (4K 7)
Grandys Cft. *B37* —6F **96**
Grange Av. *A'rdge* —7G **27**
Grange Av. *Bin* —2M **167**
Grange Av. *Burn* —3H **17**
Grange Av. *Cov* —6C **166**
Grange Av. *Ken* —2E **190**
Grange Av. *S Cold* —6J **43**
Grange Clo. *Nun* —2C **78**
Grange Clo. *Tam* —1C **46**
Grange Clo. *Warw* —1J **215**
Grange Ct. *Redd* —5F **204**
Grange Ct. *Stourb* —6C **108**
Grange Ct. *Wals* —7D **38**
Grange Ct. *Wolv* —8B **36** (6G **7**)
Grange Cres. *Hale* —6B **110**
Grange Cres. *Redn* —1E **154**
Grange Cres. *Wals* —1B **40**
Grange Dri. *Burb* —4L **81**
Grange Dri. *Cann* —7F **8**
Grange Estate. —5C 108
Grange Farm Dri. *B38* —8D **134**
Grangefield Clo. *Wolv* —8M **21**
Grange Hill. *Hale* —7C **110**
Grange Hill Rd. *B38* —8E **134**
Grange La. *A'chu* —6L **181**
Grange La. *K'wfrd* —5M **87**
Grange La. *Lich* —6E **12**
(Featherbed La.)
Grange La. *Lich* —2C **18**
(Walsall Rd.)
Grange La. *Shen* —1G **29**
Grange La. *Stourb* —6C **108**
Grange La. *S Cold* —6J **43**
Grange M., The. *Lea S* —8K **211**
Grangemouth Rd. *Cov* —3B **144**
Granger Clo. *W'bry* —6E **52**
Grange Ri. *B38* —2F **156**
Grange Rd. *Aston* —1L **93**
Grange Rd. *Bal C* —2F **162**
Grange Rd. *Bils* —2H **65**
Grange Rd. *Burn* —4G **17**
Grange Rd. *Cann* —3B **16**
Grange Rd. *Crad H* —2A **90**
Grange Rd. *Dud* —8H **65**
Grange Rd. *Erd* —4H **71**
Grange Rd. *Hale* —6B **110**
Grange Rd. *H'ley H & Dorr* —2E **186**
Grange Rd. *Kidd* —2G **149**
(Beaufort Av.)
Grange Rd. *Kidd* —2H **149**
(Habberley Rd.)
Grange Rd. *K Hth* —1L **135**
Grange Rd. *Lea S* —6B **212**
Grange Rd. *Longf* —5G **123**
Grange Rd. *Redd* —5F **204**
Grange Rd. *Rugby* —3L **171**
Grange Rd. *S Oak* —6F **112**
Grange Rd. *Small H* —8D **94**
Grange Rd. *Smeth* —6A **92**
Grange Rd. *Sol* —2L **137**
Grange Rd. *Stourb* —5C **108**
Grange Rd. *Tett* —4J **35**
Grange Rd. *W Brom* —6H **67**
Grange Rd. *Wolv* —3B **50**
Grangers La. *Redd* —4F **208**
Grange St. *Dud* —8H **65**
Grange St. *Wals* —2M **53**
Grange, The. *Cubb* —4F **212**
Grange, The. *Earl S* —2L **85**
Grange, The. *Hale* —3F **110**
Grange, The. *Lea S* —8B **212**
Grange, The. *Warw* —2H **215**
Grange, The. *Wom* —2G **63**
Grangewood. *S Cold* —2G **71**
Grangewood Ct. *Sol* —2L **137**
Granhill Clo. *Redd* —1G **209**
Granleigh Ct. *Lea S* —4E **212**
Granmore Ho. *Shir* —8L **137**
Granoe Clo. *Cov* —1L **167**
Granshaw Clo. *B38* —8F **134**
Grant Clo. *K'wfrd* —1K **87**
Grant Clo. *W Brom* —4J **67**
Grant Ct. *K Nor* —4G **135**
Grantham Rd. *B11* —3B **114**
Grantham Rd. *Smeth* —6B **92**
Grantham St. *Cov* —6F **144**
Grantley Cres. *K'wfrd* —3J **87**
Grantley Dri. *B37* —6H **97**
Granton Clo. *B14* —4K **135**
Granton Rd. *B14* —4K **135**
Grantown Rd. *Wals* —5G **25**
Grant Rd. *Cov* —7H **145**
Grant Rd. *Exh* —1G **123**
Grant St. *B15* —1K **113** (8E **4**)
Grant St. *Wals* —1H **39**
Granville. *Tam* —8F **32**
Granville Clo. *B'gve* —8B **180**
Granville Clo. *Wolv* —1D **50** (7L **7**)
Granville Crest. *Kidd* —3B **150**
Granville Dri. *K'wfrd* —4M **87**
Granville Gdns. *Hinc* —1J **81**
Granville Rd. *Crad H* —1B **110**
Granville Rd. *Dorr* —7G **161**
Granville Rd. *Hinc* —1J **81**
Granville Sq. *B15* —8J **93** (7C **4**)
Granville St. *B1* —8J **93** (7C **4**)
Granville St. *Lea S* —7A **212**
Granville St. *W'hall* —6A **38**
Granville St. *Wolv* —1D **50** (7L **7**)
Grapes Clo. *Cov* —4B **144**
Grasdene Gro. *B17* —5C **112**
Grasmere Av. *Cov* —3M **165**
Grasmere Av. *Pert* —6F **34**
Grasmere Av. *S Cold* —7A **42**
Grasmere Clo. *B43* —2F **68**
Grasmere Clo. *Kidd* —2L **149**
Grasmere Clo. *K'wfrd* —2H **87**
Grasmere Clo. *Rugby* —3D **172**
Grasmere Clo. *Tett* —1L **35**
Grasmere Clo. *Wed* —2J **37**
Grasmere Ct. *Wals* —6D **14**
Grasmere Cres. *Nun* —2M **79**
Grasmere Gro. *Stour S* —3F **174**
Grasmere Ho. *O'bry* —5D **90**
Grasmere Pl. *Cann* —4E **8**
Grasmere Rd. *B21* —2F **92**
Grasmere Rd. *Bed* —7H **103**
Grasscroft Dri. *Cov* —3E **166**
Grassholme. *Wiln* —1G **47**
Grassington Av. *Warw* —8F **210**
Grassington Dri. *B37* —8F **96**
Grassington Dri. *Nun* —7A **80**
Grassmere Dri. *Stourb* —6M **107**
Grassmoor Rd. *B38* —7E **134**
Grassy La. *Wolv* —8H **23**
(in two parts)
Graston Clo. *B16* —7G **93** (6A **4**)
Gratham Clo. *Brie H* —2B **108**
Gratley Cft. *Cann* —5C **8**
Grattidge Rd. *B27* —7K **115**
Gratton Ct. *Cov* —3M **165**
Gravel Bank. *B32* —6K **111**
Gravel Hill. *Cov* —8E **142**
Gravel Hill. *Wom* —3H **63**
Gravel La. *Cann* —3B **8**
(in two parts)
Gravelly Hill. —7E 70
Gravelly Hill. *B23* —8D **70**
Gravelly Hill N. *B23* —7E **70**
Gravelly Ind. Pk. *B24 & Erd* —1E **94**
(in two parts)
Gravelly La. *B23* —4F **70**
Gravelly La. *Wals* —7L **27**
Gravel Pit La. *A'chu* —5E **182**
Gravel, The. *Wis* —7M **59**
Gray Clo. *Kidd* —3B **150**
Graydon Ct. *S Cold* —2H **57**
Grayfield Av. *B13* —6M **113**
Grayland Clo. *B27* —7H **115**
Graylands, The. *Cov* —5C **166**
Grayling. *Dost* —3D **46**
Grayling Clo. *W'bry* —6B **52**
Grayling Rd. *Stourb* —3C **108**
Grayling Wlk. *B37* —6J **97**
Gray Rd. *Cann* —3F **8**
Grayshott Clo. *B23* —4E **70**
Grayshott Clo. *B'gve* —6L **179**
Grays Orchard. *T'ton* —7F **196**
Grays Rd. *B17* —3D **112**
Grayston Av. *Tam* —5E **32**
Gray St. *B9* —7B **94**
Grayswood Av. *Cov* —5K **143**
Grayswood Pk. Rd. *B32* —3J **111**
Grayswood Rd. *B31* —2M **155**
Grazebrook Cft. *B32* —1K **133**
Grazebrook Ind. Pk. *Dud* —3H **89**
Grazebrook Rd. *Dud* —2J **89**
Grazewood Clo. *W'hall* —1B **38**
Grazing La. *Redd* —7L **203**
Grazings, The. *Kinv* —7C **106**
Greadier St. *W'hall* —4C **38**
Gt. Arthur St. *Smeth* —2M **91**
Great Balance. *Brin* —6K **147**
Gt. Barn La. *Redd* —8B **204**
Great Barr. —6E 54
Gt. Barr St. *B9* —7A **94** (6L **5**)
Great Borne. *Rugby* —1C **172**
Gt. Brickkiln St. *Wolv* —8A **36** (6G **7**)
Great Bridge. —3D 66
Great Bri. *Tip* —3D **66**
Gt. Bridge Ind. Est. *Tip* —2C **66**
Gt. Bridge Rd. *Bils* —5A **52**
Gt. Bridge St. *W Brom & Swan V* —4D **66**
Gt. Bridge W. Ind. Est. *Tip* —3D **66**
Gt. Brook St. *B7* —5A **94** (2L **5**)
Gt. Central Way. *Rugby* —5D **172**
Gt. Central Way Ind. Est. *Rugby* —4D **172**
Gt. Charles St. *Wals* —1F **26**
Gt. Charles St. Queensway. *B3* —6K **93** (4E **4**)
Gt. Colmore St. *B15* —1J **113** (8D **4**)
Great Cornbow. *Hale* —6B **110**
*Gt. Croft Ho. W'bry —3D **52***
(off Lawrence Way)
*Gt. Croft St. W'bry —3D **52***
(off Lawrence Way)
Greatfield Rd. *Kidd* —5H **149**
Gt. Francis St. *B7* —5B **94**
Gt. Hampton Row. *B19* —5J **93** (1D **4**)
Gt. Hampton St. *B18* —4J **93** (1C **4**)
Gt. Hampton St. *Wolv*
(in two parts) —6B **36** (1G **7**)
Great Heath. —3E 144
Greatheed Rd. *Lea S* —8L **211**
Great Hill. *Dud* —8H **65**
Gt. King St. *B19* —4J **93**
(in two parts)
Gt. King St. N. *B19* —3J **93**
Gt. Lister St. *B7* —5M **93** (1K **5**)
Great Mead. *Tam* —8C **32**
Gt. Moor Rd. *Patt* —7A **34**
Great Oaks. *B26* —4B **116**
Greatorex Ct. *W Brom* —1H **67**
Gt. Stone Rd. *B31* —6A **134**
Gt. Tindal St. *B16* —7G **93** (5A **4**)
Gt. Western Arc. *B2* —6L **93** (4G **5**)
Gt. Western Clo. *B18* —3E **92**
Gt. Western Dri. *Crad H* —8A **90**
Gt. Western Ind. Est. *B18* —3E **92**
Gt. Western St. *W'bry* —7E **52**
Gt. Western St. *Wolv* —6D **36** (1K **7**)
Gt. Western Way. *Gt Bri* —3D **66**
Gt. Western Way. *Stour S* —4G **175**
Gt. Wood Rd. *B10* —8C **94**
Great Wyrley. —7E 14
Greaves Av. *Wals* —2C **54**
Greaves Clo. *Wals* —1C **54**
Greaves Clo. *Warw* —2J **215**
Greaves Cres. *W'hall* —1C **38**
Greaves Gdns. *Kidd* —8H **127**
Greaves Rd. *Dud* —4K **89**
Greaves Sq. *B38* —8H **135**
Grebe Clo. *B23* —6B **70**
Greenacre Clo. *Tam* —4H **33**
Greenacre Dri. *Cod* —7H **21**
Greenacre Rd. *Tip* —8A **52**
Green Acres. *B27* —7H **115**
Green Acres. *Dud* —8B **50**
Greenacres. *S Cold* —1A **72**
Greenacres. *Wolv* —4H **35**
Green Acres. *Wom* —4F **62**
Greenacres Av. *Wolv* —7H **23**
Greenacres Clo. *A'rdge* —7L **41**
Greenacres La. *Bew* —5A **148**
Greenacres Rd. *B38* —1D **156**
Greenacres Rd. *B'gve* —6L **179**
Greenaleigh Rd. *B14* —5D **136**
Green Av. *B28* —8E **114**
Greenaway Clo. *B43* —6J **55**
Greenbank. *B Grn* —1K **181**
Grn. Bank Av. *B28* —8E **114**
Greenbank Gdns. *Word* —7L **87**
Greenbank Rd. *Bal C* —3F **162**
Greenbank Rd. *Bew* —2A **148**
Grn. Barns La. *Lich* —8J **29**
Greenbush Dri. *Hale* —4A **110**
Green Clo. *Long L* —5F **170**
Green Clo. *Stud* —6L **209**
Green Clo. *W'nsh* —5B **216**
Green Clo. *Wyt* —6A **158**
Greencoat Tower. *B1* —7J **93** (5C **4**)
Green Ct. *B24* —7E **70**
Green Ct. *Hall G* —1F **136**
Green Ct. *Rugby* —5D **172**
Green Cft. *B9* —6G **95**
Green Cft. *Bils* —3K **51**
Greencroft. *K'wfrd* —5K **87**
Greencroft. *Lich* —7G **13**
Greendale Clo. *Cats* —1B **180**
Greendale Rd. *Cov* —6K **143**
Green Dri. *B32* —8J **111**
Green Dri. *Wolv* —2C **36**
Green End. —8M 99
Greenend Rd. *B13* —7M **113**
Grn. End Rd. *Fill* —7J **99**
Grn. Farm Clo. *Lilb* —3M **173**
Greenfels Ri. *Dud* —1M **89**
Greenfield Av. *Bal C* —2G **163**
Greenfield Av. *Crad H* —8H **89**
Greenfield Av. *Marl* —8D **154**
Greenfield Av. *Stourb* —4M **107**
Greenfield Cres. *B15* —1G **113**
Greenfield Cft. *Bils* —7K **51**
Greenfield La. *Wolv* —4D **22**
Greenfield Rd. *Gt Barr* —2C **68**
Greenfield Rd. *Harb* —4C **112**
Greenfield Rd. *Smeth* —5L **91**
Greenfields. *Cann* —7E **8**
Greenfields. *Redd* —7E **204**
Green Fields. *Wals* —2G **41**
Greenfields Rd. *K'wfrd* —4K **87**
Greenfields Rd. *Wals* —7D **26**
Greenfields Rd. *Wom* —4G **63**
Green Field, The. *Cov* —1H **167**
Greenfield Vw. *Dud* —2B **64**
Greenfinch Clo. *B36* —2G **97**
Greenfinch Clo. *Kidd* —6B **150**
Greenfinch Rd. *B36* —2G **97**
Greenfinch Rd. *Stourb* —6D **108**
Greenford Clo. *Redd* —4B **204**
Greenford Rd. *B14* —6C **136**
Green Gables. *S Cold* —2H **57**
Grn. Gables Dri. *H'wd* —2A **158**
Greenheart. *Tam* —5G **33**
Green Heath. —2G 9
Grn. Heath Rd. *Cann* —2G **9**
Green Hill. —4F 180
(Bromsgrove)
Greenhill. —2A 150
(Kidderminster)
Green Hill. *Burc & B'wll* —5E **180**
Greenhill. *Lich* —1J **19**
Greenhill. *Wom* —3H **63**
Greenhill Av. *Kidd* —1M **149**
Grn. Hill Av. *K Hth* —8M **113**
Greenhill Clo. *Dost* —4C **46**
Grn. Hill Clo. *L End* —3D **180**
Greenhill Clo. *W'hall* —4B **38**
Greenhill Ct. *Wom* —4H **63**
Greenhill Dri. *B29* —8C **112**
Greenhill Dri. *Barw* —2H **85**
Greenhill Gdns. *B43* —7E **54**
Greenhill Gdns. *Wom* —4H **63**
Greenhill Oak. *Kidd* —2M **149**
Greenhill Rd. *Dud* —4E **64**
Greenhill Rd. *Hale* —2D **110**
Greenhill Rd. *Hand* —7D **68**
Greenhill Rd. *Mose* —8M **113**
Greenhill Rd. *Rugby* —8M **171**
Greenhill Rd. *S Cold* —1H **71**
Greenhill Rd. *W'nsh* —5B **216**
Greenhill Wlk. *Wals* —1M **53**
Grn. Hill Way. *Shir* —4H **137**
Greenhill Way. *Wals* —8H **27**
Greenholm Rd. *B44* —2L **69**
Greenhough Rd. *Lich* —1F **18**
Greenhurst Dri. *B Grn* —8H **155**
Greening Dri. *B15* —2H **113**
Greenland Av. *Cov* —4F **142**
Greenland Clo. *K'wfrd* —1L **87**
Greenland Ct. *B8* —3E **94**
Greenland Ct. *Cov* —4F **142**
Greenland Ri. *Sol* —2D **138**
Greenland Rd. *B29* —8H **113**
Greenlands. —1G 209
Greenlands. *Wom* —2F **62**
Greenlands Av. *Redd* —1G **209**
Greenlands Bus. Cen. *Redd* —8H **205**
Greenlands Ct. *B14* —6L **135**
Greenlands Dri. *Redd* —7F **204**
Greenlands Rd. *B37 & Chel W* —7H **97**
Green Lane. —5B 166
(Coventry)
Green Lane. —3J 209
(Studley)
Green La. *B38* —1E **156**
Green La. *Bal C* —2H **163**
Green La. *Bir H* —1D **76**
Green La. *B'moor* —2K **47**
Green La. *Brin* —5K **147**
Green La. *Burn* —8K **11**
(in two parts)
Green La. *Call H* —8M **203**
Green La. *Cann* —3E **14**
Green La. *Cas B* —1D **96**
Green La. *Cats* —8A **154**
Green La. *Chel W* —6J **97**
Green La. *Chor* —6J **11**
Green La. *Chu L* —4C **170**
Green La. *Col* —4M **97**
(in two parts)
Green La. *Cor* —3D **120**
Green La. *Cov* —3A **166**
Green La. *Dud* —4F **64**
Green La. *Earl S* —1M **85**
Green La. *Fill* —6F **100**
Green La. *Gt Barr* —1D **68**
Green La. *Hale* —8D **90**
Green La. *Hamm* —7G **17**
Green La. *Hand* —1C **92**
Green La. *K'wfrd* —2K **87**
Green La. *Midd* —2G **59**
Green La. *Nun* —3C **78**
Green La. *Pels* —5A **26**
Green La. *Quin* —3J **111**
Green La. *Shelf* —8C **26**
Green La. *Shir* —8E **136**
Green La. *Small H* —8C **94**
Green La. *Stourb* —4D **108**
Green La. *Stud* —4H **209**
Green La. *Wall* —5D **18**
(in two parts)
Green La. *Wals* —3J **39**
(WS2)
Green La. *Wals* —2J **39**
(WS3)
Green La. *Wals* —4L **41**
(WS9)
Green La. *Warw* —1F **214**
Green La. *Wat O* —1H **97**
Green La. *Wiln* —3J **47**
(in two parts)
Green La. *Wolv* —2L **35**
Green La. Ind. Est. *Bord G* —8E **94**
Green Lanes. —2J 51
Green Lanes. *Bils* —2J **51**
Green Lanes. *S Cold* —2H **71**
Green La. Wlk. *B38* —1F **156**
Greenleaf Clo. *Cov* —6G **143**
Greenleas Gdns. *Hale* —6C **110**
Greenlee. *Wiln* —1G **47**
Green Leigh. *B23* —1F **70**
Greenleighs. *Dud* —6D **50**
Greenly Rd. *Wolv* —4D **50**
Grn. Man Entry. *Dud* —8K **65**
Green Mdw. *Stourb* —1B **130**
Green Mdw. *Wed* —4L **37**
Grn. Meadow Clo. *Wom* —4E **62**
Grn. Mdw. Rd. *B29* —2M **133**
Grn. Mdw. Rd. *W'hall* —2B **38**
Green Meadows. *Cann* —8J **9**
Greenmoor Rd. *Hinc* —4K **81**
Greenmoor Rd. *Nun* —5G **79**
Greenoak Cres. *B30* —1J **135**
Greenoak Cres. *Bils* —2G **65**
Grn. Oak Rd. *Cod* —7H **21**
Greenodd Dri. *Cov* —4F **122**
Grn. Park Av. *Bils* —1J **51**
Grn. Park Dri. *Bils* —1J **51**
Grn. Park Rd. *B31* —7L **133**
Grn. Park Rd. *B'gve* —8B **180**
Grn. Park Rd. *Dud* —1M **89**
Greenridge Rd. *B20* —4E **68**
Green Rd. *Dud* —2K **89**
Green Rd. *Mose & Hall G* —8D **114**
Grn. Rock La. *Wals* —8K **25**
Greenroyde. *Stourb* —8B **108**
Greensforge. —3D 86
Greensforge La. *Stourb* —2C **106**
Greenside. *B17* —4C **112**
Greenside. *Shir* —5K **159**
Greenside. *S Prior* —7J **201**
Greenside Clo. *Nun* —8C **80**
Greenside Gdns. *Wals* —5B **54**
Greenside Rd. *B24* —4J **71**
Greenside Way. *Wals* —5M **53**
Greensill Av. *Tip* —1M **65**
Greens Ind. Est. *Cann* —2J **9**
Grn. Slade Cres. *Marl* —8C **154**
Greenslade Cft. *B31* —7A **134**
Greenslade Gro. *Cann* —2J **9**
Greenslade Rd. *Dud* —7B **50**
Greenslade Rd. *Shir* —7C **136**
Greenslade Rd. *Wals* —2C **54**
Greensleeves. *S Cold* —8F **42**
Greensleeves Clo. *Cov* —7B **122**
Green's Rd. *Cov* —8M **121**
Greenstead Rd. *B13* —8D **114**
Green St. *B12* —8M **93** (8K **5**)
Green St. *Bils* —1J **65**
Green St. *Kidd* —5L **149**
Green St. *O'bry* —2G **91**
Green St. *Smeth* —4M **91**
Green St. *Stourb* —4M **107**
Green St. *Wals* —6J **39**
Green St. *W Brom* —8L **67**
Green St. Ind. Est. *Kidd* —5L **149**
Greensward Clo. *Ken* —3H **191**
Grn. Sward La. *Redd* —8K **205**
Greensward, The. *Cov* —7A **146**
Greensway. *Wolv* —1H **37**
Greens Yd. *Bed* —6H **103**
Green, The. *A'rdge* —3H **41**
(in two parts)
Green, The. *Amin* —4H **33**
Green, The. *Attl* —7L **79**
Green, The. *Barby* —8J **199**
Green, The. *Bil* —1J **197**
Green, The. *Blox* —8H **25**
(in two parts)
Green, The. *Bone* —7L **31**
Green, The. *Cann* —8D **8**
Green, The. *Cas B* —2B **96**
Green, The. *Chad C* —8L **151**
Green, The. *Col* —7F **74**
Green, The. *Darl* —1D **52**
Green, The. *Dord* —4J **47**
Green, The. *Erd* —4G **71**
Green, The. *K'bry* —3C **60**
Green, The. *K Nor* —7F **134**
Green, The. *Lea M* —2A **74**
Green, The. *Lilb* —2M **173**
Green, The. *O'bry* —7H **91**
Green, The. *Quin* —3G **111**

Green, The. Sam —8J 209
Green, The. Sharn —5J 83
Green, The. Sol —4D 138
Green, The. S'lgh —3C 192
Green, The. Stourb —7K 87
Green, The. S Cold —8K 57
Green, The. Tan A —7G 185
Green, The. W'bry —2D 52
Greenvale. B31 —4M 133
Greenvale Av. B26 —3D 116
Green Wlk. B17 —2M 111
Greenway. B20 —3F 68
Greenway. Dud —8E 50
Greenway. Nun —1B 104
Greenway. Wals —7H 27
Greenway. Warw —8E 210
Greenway Av. Stourb —8L 87
Greenway Dri. S Cold —6C 56
Greenway Gdns. B38 —2E 156
Greenway Gdns. Dud —8E 50
Greenway Rd. Bils —5L 51
Greenways. Hale —4J 109
Greenways. Lich —6L 11
Greenways. N'fld —1M 133
Greenways. Stourb —8J 87
Greenways, The. Lea S —6B 212
Greenway St. B9 —8C 94
Greenway, The. B37 —3G 117
Greenway, The. Hag —4M 129
Greenway, The. S Cold —6B 56
Greenway Wlk. B33 —8E 96
Greenwood. B25 —1K 115
Greenwood Av. B27 —7G 115
Greenwood Av. O'bry —4H 91
Greenwood Av. Row R —6D 90
Greenwood Clo. B14 —4L 135
Greenwood Clo. Long L —4G 171
Greenwood Cotts. Dud —4G 65 (off Pine Grn.)
Greenwood Ct. Attl F —6M 79
Greenwood Ct. Lea S —8B 212
Greenwood Dri. Lich —3H 19
Greenwood Pk. Cann —1H 9
Greenwood Pk. Wals —7J 27
Greenwood Pl. B44 —8B 56
Greenwood Rd. Wals —7G 27
Greenwood Rd. W Brom —1H 67
Greenwood Rd. Wolv —2B 36
Greenwood Sq. B37 —7H 97
Greenwoods, The. Stourb —4L 107
Greenwood Way. B37 —7H 97
Greet. —4D 114
Greethurst Dri. B13 —7C 114
Greets Green. —6E 66
Greets Grn. Ind. Est. W Brom —5F 66
Greets Grn. Rd. W Brom —6F 66
Greetville Clo. B34 —4A 96
Gregory Av. B29 —1M 133
Gregory Av. Cov —3A 166
Gregory Clo. W'bry —7F 52
Gregory Ct. Wolv —4K 37
Gregory Dri. Dud —7G 65
Gregory Hood Rd. Cov —4D 166
Gregory Rd. Stourb —4J 107
Gregston Ind. Est. O'bry —2H 91
Greig Ct. Cann —7J 9
Grendon Clo. Cov —8C 142
Grendon Clo. Redd —8K 205
Grendon Dri. Rugby —2E 172
Grendon Dri. S Cold —6D 56
Grendon Gdns. Wolv —3K 49
Grendon Rd. B14 —6A 136
Grendon Rd. Pole —8M 33
Grendon Rd. Sol —1L 137
Grenfell Clo. Lea S —3D 216
Grenfell Dri. B15 —1F 112
Grenfell Rd. Wals —6K 25
Grenville Av. Cov —6H 145
Grenville Clo. Rugby —8J 171
Grenville Clo. Wals —6D 38
Grenville Dri. B23 —6B 70
Grenville Dri. Smeth —1K 91
Grenville Pl. W Brom —6E 66
Grenville Rd. Dud —8E 64
Grenville Rd. Shir —7H 137
Gresham Av. Lea S —7B 212
Gresham Pl. Lea S —7B 212
Gresham Rd. B28 —3F 136
Gresham Rd. Berm I —1H 103
Gresham Rd. Cann —6F 8
Gresham Rd. O'bry —3J 91
Gresham St. Cov —7G 145
Gresley. Tam —8F 32
Gresley Clo. S Cold —5G 43
Gresley Gro. B23 —8C 70
Gresley Rd. Cov —2K 145
Gresley Row. Lich —2H 19 (in two parts)
Gressel La. B33 —6C 96
Grestone Av. B20 —5E 68
Greswold Clo. Cov —8F 142
Greswolde Dri. B24 —5H 71
Greswolde Pk. Rd. B27 —5H 115
Greswolde Rd. B11 —6C 114
Greswolde Rd. B33 —7L 95
Greswolde Rd. Sol —3L 137
Greswoldes, The. Rad S —3F 216
Greswold Gdns. B34 —4A 96
Greswold St. W Brom —4H 67
Gretna Rd. Cov —5M 165
Gretton Cres. Wals —4E 40
Gretton Rd. B23 —2D 70
Gretton Rd. Wals —4F 40
Greville Dri. B15 —3J 113
Greville Rd. Ken —5F 190
Greville Rd. Warw —8H 211
Greville Smith Av. W'nsh —5B 216
Grevis Clo. B13 —5M 113
Grevis Rd. B25 —8L 95
Greycoat Rd. Cov —7A 122
Greyfort Cres. Sol —8M 115
Greyfriars Clo. Dud —6E 64
Greyfriars Clo. Sol —3K 137
Greyfriars Dri. Tam —3L 31
Greyfriars La. Cov —7C 144 (6C 6)
Greyfriars Rd. Cov —7C 144 (6B 6)
Grey Grn. La. Bew —4B 148
Greyhound La. Stourb —7K 107
Greyhound La. Wolv —4E 48
Greyhurst Cft. Sol —1C 160
Grey Mill Clo. Shir —3M 159
Greysbrook Dri. Shen —4G 29
Greys Rd. Stud —6L 209
Greystoke Av. B36 —2K 95
Greystoke Dri. K'wfrd —3K 87
Greystone Clo. Redd —3J 205
Greystone Pas. Dud —8H 65
Greystone St. Dud —8J 65
Greytree Cres. Dorr —6E 160
Grice St. W Brom —1J 91
Griff. —3H 103
Griff Clara Ind. Est. Griff —2G 103
Griff Hollow. —1J 103
Griffin Av. Kidd —5L 149
Griffin Clo. B31 —3B 134
Griffin Clo. Burn —1E 16
Griffin Gdns. B17 —5D 112
Griffin Ind. Est. Row R —6F 90
Griffin Rd. B23 —4C 70
Griffin Rd. Warw —2J 215
Griffin's Brook Clo. B30 —2D 134
Griffin's Brook La. B30 —3C 134
Griffin St. Dud —5J 89
Griffin St. W Brom —6K 67
Griffin St. Wolv —8F 36
Griffiths Dri. Wolv —1M 37
Griffiths Dri. Wom —4G 63
Griffiths Rd. Dud —3G 65
Griffiths Rd. W Brom —8J 53
Griffiths Rd. W'hall —1D 38
Griffiths St. Tip —4L 65
Griff La. Griff —3F 102
Grigg Gro. B31 —8L 133
Grimley Clo. Redd —8F 204
Grimley La. Fins —2E 202
Grimley Rd. B31 —7D 134
Grimley Way. Cann —5F 8
Grimpits La. B38 —2G 157
Grimshaw Hill. Ullen —7K 207
Grimshaw Rd. B27 —8G 115
Grimston Clo. Bin —7A 146
Grimstone St. Wolv —6D 36 (2L 7)
Grindleford Rd. B42 —2K 69
Grindle Rd. Longf —5F 122
Grindley Ho. Cov —7B 144 (off Windsor St.)
Grindsbrook. Wiln —1G 47
Gristhorpe Rd. B29 —8G 113
Grizebeck Dri. Cov —4G 143
Grizedale. Rugby —2C 172
Grizedale Clo. Redn —7H 133
Grocott Rd. W'bry —5B 52
Grosmont Av. B12 —3A 114
Grosvenor Av. B20 —7J 69
Grosvenor Av. Kidd —3M 149
Grosvenor Av. S Cold —8M 41
Grosvenor Clo. Lich —3K 19
Grosvenor Clo. S Cold —8J 43
Grosvenor Clo. Wolv —7D 22
Grosvenor Ct. B20 —7J 69
Grosvenor Ct. Dud —7D 64
Grosvenor Ct. Lea S —8M 211
Grosvenor Ct. Stourb —8B 108 (off Redlake Rd.)
Grosvenor Ct. Wolv —6H 7 (WV3)
Grosvenor Ct. Wolv —4K 37 (WV11)
Grosvenor Cres. Hinc —3A 82
Grosvenor Cres. Wolv —7D 22
Grosvenor Gdns. B'gve —4B 180
Grosvenor Ho. Cov —7B 144 (7A 6)
Grosvenor Link Rd. Cov —8B 144 (7A 6)
Grosvenor Rd. B20 & Hand —7J 69
Grosvenor Rd. Aston —1B 94
Grosvenor Rd. Bush —7D 22
Grosvenor Rd. Cov —8B 144 (7A 6)
Grosvenor Rd. Dud —7D 64
Grosvenor Rd. E'shll P —6E 50
Grosvenor Rd. Harb —3A 112
Grosvenor Rd. Lea S —4A 216
Grosvenor Rd. O'bry —6G 91
Grosvenor Rd. Rugby —6B 172
Grosvenor Rd. Sol —8M 137
Grosvenor Rd. S. Dud —7D 64
Grosvenor Shop. Cen. N'fld —5A 134
Grosvenor Sq. B28 —4F 136
Grosvenor St. B5 —6M 93 (4J 5)
Grosvenor St. Wolv —6F 36
Grosvenor St. W. B16 —8H 93 (7A 4)
Grosvenor Ter. B16 —8H 93 (7B 4)
Grosvenor Way. Brie H —2D 108
Grosvenor Wood. Bew —2B 148
Grotto La. Wolv —4L 35
Groucutt St. Bils —1J 65
Grounds Dri. S Cold —6F 42
Grounds Rd. S Cold —6F 42
Grout St. W Brom —5E 66
Grove Av. B27 —6H 115
Grove Av. B29 —8E 112
Grove Av. Hale —6M 109
Grove Av. Hand —1F 92
Grove Av. Mose —7A 114
Grove Av. Sol —4C 138
Grove Clo. Cann —4M 15
Gro. Cottage Rd. B9 —8D 94
Grove Cotts. Wals —1H 39
Grove Ct. B42 —3F 68
Grove Ct. Cov —1B 166
Grove Cres. Brie H —4C 88
Grove Cres. Wals —6M 25
Grove Cres. W Brom —8L 67
Grove End. —6F 58
Gro. Farm Dri. S Cold —4M 57
Grove Fields. Nun —1J 79
Grove Gdns. B20 —7F 68
Grove Hill. Wals —1E 54
Gro. Hill Rd. B21 —8F 68
Groveland Rd. Tip —6A 66
Grovelands Cres. Wolv —6D 22
Grovelands Ind. Est. Exh —3G 123
Grove La. Hand —7F 68 (B20)
Grove La. Hand —1F 92 (B21)
Grove La. Harb —5C 112
Grove La. Ker F —2M 121
Grove La. Lapw —5F 186
Grove La. Pels —8L 15
Grove La. Smeth —4C 92 (in two parts)
Grove La. Wis —6F 58
Grove La. Wolv —7H 35
Groveley La. Redn & B31 —5J 155
Grovely Fall Rd. B31 —2B 156
Grove M. N'fld —1B 156
Grove Pk. Hinc —3A 82
Grove Pk. K'wfrd —1J 87
Grove Pl. Lea S —3A 216 (in two parts)
Grove Pl. Nun —6D 78
Grove Rd. Ansty —6C 124
Grove Rd. Hinc —4M 81
Grove Rd. K Hth —2K 135
Grove Rd. Know —5G 161
Grove Rd. Nun —6D 78
Grove Rd. O'bry —8K 91
Grove Rd. Sol —4C 138
Grove Rd. S'hll —6C 114
Grove Rd. Stourb —5F 108
Groveside Way. Wals —4A 26
Grove St. Cov —6D 144 (4E 6)
Grove St. Dud —1L 89
Grove St. Hth T —6F 36
Grove St. Lea S —1L 215
Grove St. Redd —5E 204
Grove St. Smeth —5D 92
Grove St. Wolv —1D 50 (8K 7)
Grove Ter. Wals —8M 39
Grove, The. Bed —6H 103
Grove, The. Brie H —1C 108
Grove, The. Burn —1D 16
Grove, The. Col —5M 97
Grove, The. Gt Barr —5E 54
Grove, The. H Ard —8A 118
Grove, The. Hinc —1J 81
Grove, The. Lane —4E 50
Grove, The. N'fld —1B 156
Grove, The. Redn —5K 155
Grove, The. Row R —7C 90
Grove, The. Salt —5C 94
Grove, The. Stour S —7H 175
Grove, The. Stud —6K 209
Grove, The. S Cold —4D 42
Grove, The. Wals —6B 54
Grove, The. Wed —3H 37
Grove Vale. —8C 54
Grove Va. Av. B43 —8C 54
Grove Vs. Crad H —2K 109
Grove Way. S Cold —2M 55
Grovewood Dri. B38 —8E 134
Guardhouse Rd. Cov —1B 144
Guardian Ct. B'gve —7A 180
Guardian Ct. Sol —6D 138
Guardian Ho. Lich —2J 19
Guardian Ho. O'bry —2J 111
Guardians Way. B31 —1L 133
Guernsey Dri. B36 —3H 97
Guest Av. Wolv —1J 37
Guest Gro. B19 —3J 93
Guild Av. Wals —2K 39
Guild Clo. B16 —7G 93
Guild Cotts., The. Warw —3E 214
Guild Ct. B'gve —7M 179
Guild Cft. B19 —3K 93
Guildford Clo. Kidd —3G 149
Guildford Ct. Cov —2D 144
Guildford Ct. B37 —1F 116
Guildford Dri. B19 —3K 93
Guildford St. B19 —2K 93
Guildhall M., The. Wals —8M 39 (off Goodall St.)
Guild Rd. B'gve —8M 179
Guild Rd. Cov —2D 144
Guillemard Ct. B37 —8H 97
Guilsborough Rd. Bin —1L 167
Guinness Clo. Redd —1D 208
Guiting Clo. Redd —8B 204
Guiting Rd. B29 —2A 134
Gulistan Ct. Lea S —8L 211
Gulistan Rd. Lea S —8L 211
Gullane Clo. B38 —8D 134
Gullet, The. Pole —8M 33
Gulliman's Way. Lea S —3D 216
Gullswood Clo. B14 —7K 135
Gulson Rd. Cov —7E 144 (6F 6)
Gumbleberrys Clo. B8 —5J 95
Gun Barrel Ind. Est. Crad H —3M 109
Gundry Clo. Lea S —2A 216
Gun Hill. —2F 100
Gun Hill. Arly —1G 101
Gun La. Cov —4G 145
Gunmakers Wlk. B19 —2K 93
Gunner La. Redn —2D 154
Gunners La. Stud —5L 209
Gunnery Ter. Lea S —8K 211
Gunns Way. Sol —2K 137
Gunns La. W Brom —5H 67
Gunstock Clo. S Cold —2L 55
Gunstone. —2G 21
Gunstone La. Cod —4F 20 (in three parts)
Guns Village. —5H 67
Gunter Rd. B24 —6L 71
Gunton Av. Cov —3J 167
Guphill Av. Cov —6K 143
Gurnard. Dost —3D 46
Gurnard Clo. W'hall —8B 24
Gurney Clo. Cov —6E 142
Gurney Pl. Wals —4G 39
Gurney Rd. Wals —4G 39
Guthrie Clo. B19 —3K 93
Guthrum Clo. Wolv —4F 34
Gutteridge Av. Cov —7A 122
Gutter, The. Belb —2L 153
Guy Av. Wolv —3D 36
Guy Pl. E. Lea S —8M 211
Guy Pl. W. Lea S —8M 211
Guy Rd. Ken —7F 190
Guy's Cliffe. —6G 211
Guy's Cliffe Av. Lea S —7J 211
Guys Cliffe Av. S Cold —8M 57
Guy's Cliffe House. —7G 211
Guy's Cliffe Rd. Lea S —8K 211
Guy's Cliffe Ter. Warw —2F 214
Guys Clo. Tam —2M 31
Guys Clo. Warw —1F 214
Guys Cross Pk. Rd. Warw —1F 214
Guy's La. Dud —7B 64
Guy St. Lea S —8M 211
Guy St. Warw —2F 214
Guys Wlk. B'gve —4A 180
Gwalia Gro. Erd —5F 70
Gwendoline Av. Hinc —7A 84
Gwendoline Way. Wals W —5H 27
GWS Ind. Est. W'bry —8D 52
Gypsy La. Dord —5M 47
Gypsy La. Ken —7F 190
Gypsy La. Redd —4J 203
Gypsy La. Wat O —7K 73

Habberley. —3F 148
Habberley Cft. Sol —8B 138
Habberley La. Kidd —1F 148
Habberley Rd. Bew & Kidd —5D 148
Habberley Rd. Kidd —2G 149
Habberley Rd. Row R —7D 90
Habberley St. Kidd —3J 149
Habitat Ct. S Cold —6M 57
Hackett Clo. Bils —8F 50
Hackett Ct. O'bry —2G 91 (off Canal St.)
Hackett Dri. Smeth —2K 91
Hackett Rd. Row R —6E 90
Hackett St. Tip —2C 66
Hackford Rd. Wolv —5F 50
Hackman's Gate. —8L 129
Hackmans Ga. La. Belb —1L 151
Hack St. B9 —8A 94 (7L 5)
Hackwood Ho. O'bry —4D 90
Hackwood Rd. W'bry —7H 53
Hadcroft Grange. Stourb —5D 108
Hadcroft Rd. Stourb —5C 108
Haddock Rd. Bils —2J 51
Haddon Cres. W'hall —2C 38
Haddon Cft. Hale —8J 109
Haddon End. Cov —3E 166
Haddon Rd. B42 —3K 69
Haddon Rd. Lea S —7B 212
Haddon St. Cov —1G 145
Haden Clo. Crad H —2A 110
Haden Clo. Stourb —7K 87
Haden Cres. Wolv —3A 38
Haden Cross Dri. Crad H —2A 110
Haden Dale. Crad H —2A 110
Haden Hill. Wolv —7A 36
Haden Hill House. —1M 109
Haden Hill Rd. Hale —3A 110
Haden Pk. Rd. Crad H —2L 109
Haden Rd. Crad H —7L 89
Haden Rd. Tip —8A 52
Haden St. B12 —3M 113
Haden Wlk. Row R —6C 90
Haden Way. B12 —3M 113
Hadfield Clo. B24 —6K 71
Hadfield Clo. Clift D —4G 173
Hadfield Cft. B19 —4J 93
Hadfield Way. F'bri —5G 97
Hadland Rd. B33 —8B 96
Hadleigh Cft. Min —3A 72
Hadleigh Rd. Cov —6C 166
Hadley Clo. Wyt —4A 158
Hadley Cft. Smeth —2A 92
Hadley Pl. Bils —2J 51
Hadley Rd. Bils —2J 51
Hadley Rd. Wals —3F 38
Hadleys Clo. Dud —5L 89
Hadleys Cft. Kidd —4D 60
Hadley St. O'bry —5G 91
Hadley Way. Wals —3F 38
Hadlow Cft. B33 —2D 116
Hadrian Clo. Lea S —5B 212
Hadrian Dri. Col —8M 73
Hadrians Clo. Two G —1D 46
Hadrians Way. Gleb F —2M 171
Hadyn Gro. B26 —3B 116
Hadzor Ho. Redd —5A 204
Hadzor Rd. O'bry —1K 111
Hafren Clo. Redn —7H 133
Hafren Ct. Bew —6B 148
Hafren Way. Stour S —5F 174
Hafton Gro. B9 —8D 94
Haggar St. Wolv —3C 50
Hagley. —3D 130
Hagley Causeway. Hag —2F 130
Hagley Clo. Hag —3C 130
Hagley Hall. —3D 130
Hagley Hill. Hag —2E 130
Hagley Ho. B'gve —6B 180 (off Burcot La.)
Hagley Mall. Hale —6B 110
Hagley M. Hag —3D 130
Hagley Pk. Dri. Redn —3G 155
Hagley Rd. B17 & Edg —8B 92 (8A 4)
Hagley Rd. Hale & Hay G —1J 131
Hagley Rd. Stourb —5A 108
Hagley Rd. W. B32 & B17 —3G 111
Hagley Rd. W. Hale & O'bry —3G 111
Hagley St. Hale —6B 110
Hagley Vw. Rd. Dud —1J 89
Hagley Wood La. Hag & Rom —1H 131
Haig Clo. Cann —4G 9
Haig Clo. S Cold —2J 57
Haig Ct. Rugby —8L 171
Haig Pl. B13 —2A 136
Haig Rd. Dud —8M 65
Haig St. W Brom —4J 67
Hailes Pk. Clo. Wolv —3E 50
Hailsham Rd. B23 —4F 70
Hailstone Clo. Row R —4A 90
Haines Clo. Tip —5B 66
Haines St. W Brom —7K 67
Hainfield Dri. Sol —4E 138
Hainge Rd. Tiv —7C 66
Hainult Clo. Stourb —5K 87
Halberd Clo. Burb —5K 81
Halberton St. Smeth —5D 92
Haldon Gro. B31 —2L 155
Halecroft Av. Wolv —4K 37
Hale Gro. B24 —5K 71
Halesbury Ct. Hale —7M 109 (off Ombersley Rd.)
Hales Cres. Smeth —6L 91
Halescroft Sq. B31 —3L 133
Hales Gdns. B23 —1C 70
Hales Ind. Pk. Cov —5E 122
Hales La. Smeth —5L 91
Halesmere Way. Hale —6C 110
Halesowen. —5B 110
Halesowen Abbey. —7D 110
Halesowen By-Pass. Hale —8M 109
Halesowen Ind. Pk. Hale (in two parts) —3B 110
Halesowen Rd. Crad H —7L 89
Halesowen Rd. Dud —4J 89
Halesowen Rd. Hale —3E 110
Halesowen Rd. L Ash —7C 154
Halesowen St. O'bry —2F 90
Halesowen St. Row R —8C 90
Hales Park. —2B 148
Hales Pk. Bew —2B 148
Hales Rd. Hale —6A 110 (in two parts)
Hales Rd. W'bry —5G 53
Hales St. Cov —6C 144 (3C 6)
Hales Way. O'bry —2F 90
Halesworth Rd. Wolv —8M 21
Hale, The. Tip —4B 66
Halewood Gro. B28 —2G 137
Haley St. W'hall —4C 38
Halfcot. —2F 106
Halfcot Av. Stourb —6C 108
Halford Cres. Wals —4M 39
Halford Gro. B24 —5L 71
Halford La. Cov —8A 122
Halford La. Tam —4A 32
Halford Lodge. Cov —7A 122
Halford Rd. Sol —3L 137
Halford's La. Smeth & W Brom —2A 92
Halford's La. Ind. Est. Smeth —1A 92
Halford St. Tam —4A 32
Halfpenny Fld. Wlk. B35 —7A 72
Halfs Hire La. Blak —8H 129
Halfway Clo. B44 —3L 69
Halfway La. Dunc —6H 197
Halifax Clo. Cov —2G 143
Halifax Ct. Kidd —1G 149
Halifax Rd. Shir —6H 137
Haliscombe Gro. Aston —1L 93
Halkett Glade. B33 —6K 95
Halladale. B38 —8F 134
Hallam Clo. W Brom —4L 67
Hallam Ct. W Brom —4K 67
Hallam Cres. Wolv —3E 36
Hallam Rd. Cov —6B 122
Hallam St. B12 —4L 113
Hallam St. W Brom —5K 67
Hallbridge Clo. Wals —7M 25
Hallbridge Way. Tiv —7B 66
Hallbrook Rd. Cov —6A 122
Hallchurch Rd. Dud —2F 88
Hall Clo. S'lgh —3B 192
Hall Clo., The. Dunc —7J 197
Hall Ct. Pole —8M 33
Hallcourt Clo. Cann —1E 14
Hallcourt Cres. Cann —1E 14
Hallcourt La. Cann —1E 14
Hall Cres. W Brom —3J 67
Hallcroft Clo. S Cold —2J 71
Hallcroft Way. Know —3G 161
Hallcroft Way. Wals —4J 41
Hall Dale Clo. B28 —4F 136
Hall Dri. B37 —2G 117
Hall Dri. Bag —6E 166
Hall Dri. Hag —3D 130
Hall End. —4L 47 (Dordon)
Hallend. —6M 207 (Ullenhall)
Hall End. —3K 67 (West Bromwich)
Hall End. Nun —7K 79
Hall End. W'bry —6F 52
Hall End Pl. Nun —7K 79
Hallens Dri. W'bry —6D 52
Hallett Dri. Wolv —8B 36 (6G 7)
Hallewell Rd. B16 —6D 92
Hall Farm La. Trim —1C 148
Hallfields. Rad S —4E 216
Hall Flat. —2C 180
Hall Green. —1F 136 (Acock's Green)
Hall Green. —7L 51 (Coseley)
Hall Green. —7H 123 (Coventry)
Hall Green. —8J 53 (Wednesbury)
Hall Grn. Rd. Cov —7H 123
Hall Grn. Rd. W Brom —8J 53
Hall Grn. St. Bils —6L 51
Hall Gro. Bils —1J 65
Hall Gro. Brin —5L 147
Hall Hays Rd. B34 —2E 96
Hall La. Bils —8F 50
Hall La. Cov —3M 145
Hall La. Dud —3J 89
Hall La. Gt Wyr —5F 14
Hall La. Hag —3D 130
Hall La. Hamm —5K 17
Hall La. Hamm & Lich —7M 17
Hall La. Pels —6M 25
Hall La. Tip —1B 66
Hall La. Wals W —5E 26
Hall La. Wlvy —5K 105
Hall Mdw. Cann —3B 14
Hall Mdw. Hag —2D 130
Hallmoor Rd. B33 —6B 96
Hall of Memory. —7J 93 (5D 4) (War Memorial)
Hallot Clo. B23 —1D 70
Halloughton Rd. S Cold —2G 57
Hallow Ho. B31 —7D 134
Hall Pk. St. Bils —3H 51
Hall Rd. Cas B —1A 96
Hall Rd. Hand —1G 93
Hall Rd. Hinc —3K 81

Hall Rd. Lea S —8M 211
Hall Rd. Salt —5D 94
Hall Rd. Smeth —5L 91
Hall Rd. Wlvy —5K 105
Hall Rd. Av. Hand —1G 93
Hall's Clo. W'nsh —6B 216
Halls Cres. Sharn —4J 83
Hallstead Rd. B13 —4B 136
Hall St. B18 —5J 93 (1D 4)
Hall St. Bils —4L 51
Hall St. Brie H —7D 88
Hall St. Crad H —7M 89
Hall St. Dud —8K 65
Hall St. O'bry —4H 91
Hall St. Sed —1D 64
Hall St. Stourb —6A 108
Hall St. Tip —4L 65
Hall St. Wals —6K 39
Hall St. W'bry —2B 52
Hall St. W Brom —7J 67
Hall St. W'hall —8B 38
Hall St. Wolv —4J 37
Hall St. E. W'bry —2C 52
Hall St. S. W Brom —1K 91
Hallswelle Gro. B43 —5L 55
Hall Wlk. Col —4L 97
(in two parts)
Hallway Dri. Shil —3E 124
Halsbury Gro. B44 —1B 70
Halstead Gro. Sol —1A 160
Halston Rd. Burn —1H 17
Haltonlea. Wiln —1G 47
Halton Rd. S Cold —6D 56
Halton St. Dud —4J 89
Hamar Way. B37 —8G 97
Hamberley Ct. B18 —5D 92
Hamble. Tam —7D 32
Hamble Clo. Brie H —3A 88
Hambledon Clo. Wolv —7A 22
Hamble Gro. Pert —6E 34
Hamble Rd. B43 & B42 —8F 54
Hamble Rd. Wolv —3J 49
Hambleton Rd. Hale —7K 109
Hambletts Rd. W Brom —6G 67
Hambrook Clo. Wolv —4A 36
Hambury Dri. B14 —2K 135
Hamelin St. Cann —6E 8
Hamilton Av. B17 —1A 112
Hamilton Av. Hale —6C 110
Hamilton Av. Stourb —3K 107
Hamilton Clo. Bed —8C 102
Hamilton Clo. Cann —5M 9
Hamilton Clo. Dud —2C 64
Hamilton Clo. Hinc —7A 84
Hamilton Clo. L End —3C 180
Hamilton Clo. Nun —5D 78
Hamilton Clo. Stourb —7J 87
Hamilton Ct. B30 —5E 134
Hamilton Ct. Nun —5D 78
Hamilton Dri. S Oak —1D 134
Hamilton Dri. Stourb —7J 87
Hamilton Dri. Stud —6K 209
Hamilton Dri. Tiv —7C 66
Hamilton Gdns. Wolv —6E 22
Hamilton Ho. Smeth —5C 92
Hamilton Ho. Wals —8J 25
Hamilton Rd. B21 —1D 92
Hamilton Rd. Cov —6G 145
Hamilton Rd. Kidd —6H 149
Hamilton Rd. Rad S —4E 216
Hamilton Rd. Redd —1C 208
Hamilton Rd. Smeth —7L 91
Hamilton Rd. Tip —3C 66
Hamilton St. Wals —8J 25
Hamilton Ter. Lea S —1M 215
Ham La. K'wfrd —8L 63
Ham La. Stourb —8C 108
Hamlet Clo. Nun —8A 80
Hamlet Clo. Rugby —3K 197
Hamlet Gdns. B28 —1F 136
Hamlet Rd. B28 —1F 136
Hamlet, The. Cann —4L 15
Hamlet, The. Leek W —2G 211
Hammer Bank. Brie H —1G 109
Hammersley Clo. Hale —2J 109
Hammersley St. Bed —8E 102
Hammerwich. —6K 17
Hammerwich Rd. Burn —3K 17
Hammond Av. Wolv —1E 36
Hammond Bus. Pk. Attl F —6L 79
Hammond Clo. Attl F —6L 79
Hammond Dri. B23 —4F 70
Hammond Rd. Cov —5F 144
Hammonds Ter. Ken —4D 190
Hammond Way. Stourb —2A 108
Hampden Clo. Brie H —1G 109
Hampden Ct. O'bry —1D 90
Hampden Retreat. B12 —3L 113
Hampden Way. Rugby —2J 197
Hamps Clo. Burn —2K 17
Hampshire Clo. Bin —1M 167
Hampshire Clo. Tam —7A 32
Hampshire Dri. B15 —1E 112
Hampshire Rd. W Brom —1G 67
Hampson Clo. B11 —3B 114
Hampstead. —2E 68
Hampstead Glade. Hale —7C 110
Hampton Av. B'gve —1A 202
Hampton Av. Nun —5B 78
Hampton Clo. Cov —3F 144
Hampton Clo. Redd —2H 209
Hampton Clo. S Cold —7C 56
Hampton Clo. Tam —2C 32
Hampton Ct. Rd. B17 —3M 111
Hampton Dri. S Cold —1H 57
Hampton Grn. Cann —2E 14
Hampton Gro. Kinv —5C 106
Hampton Gro. Lea S —8B 212
Hampton Gro. Wals —5M 25
Hampton in Arden. —2A 140
Hampton La. Mer —1E 140
Hampton La. Sol & Cath B
(in two parts) —5D 138
Hampton Magna. —3A 214
Hampton Pl. W'bry —1C 52
Hampton Rd. Aston —8K 69
Hampton Rd. Cov —3F 144
Hampton Rd. Erd —5D 70
Hampton Rd. Know —2J 161
Hampton Rd. Warw —4A 214
Hampton Rd. Wolv —8B 22
Hampton St. B19 —5K 93 (1E 4)
Hampton St. Cann —2D 14
Hampton St. Cose —1H 65
Hampton St. Dud —4J 89
Hampton St. Warw —3D 214
Hampton Vw. Wolv —5F 36
Hams La. Col & Lea M —4K 73
Hams Rd. B8 —5D 94
Hamstead. —1F 68
Hamstead Clo. Wolv —3K 37
Hamstead Hall Av. B20 —4E 68
Hamstead Hall Rd. B20 —5E 68
Hamstead Hill. B20 —6F 68
Hamstead Ho. B43 —2F 68
Hamstead Ind. Est. Hamp I —4G 69
Hamstead Rd. Gt Barr —1C 68
Hamstead Rd. Hand & Hock —8H 69
Hamstead Ter. W'bry —7G 53
Hanam Clo. S Cold —3M 57
Hanbury Clo. B'gve —1A 202
Hanbury Clo. Hale —7M 109
Hanbury Ct. Stourb —5A 108
(off College Rd.)
Hanbury Cres. Wolv —3L 49
Hanbury Cft. B27 —6L 115
Hanbury Hill. Stourb —5A 108
Hanbury Ho. Redd —5B 204
(off Cardy Clo.)
Hanbury Pas. Stourb —5A 108
Hanbury Pl. Cov —7G 123
Hanbury Rd. Bed —5J 103
Hanbury Rd. Cann —4M 15
Hanbury Rd. Dorr —5F 160
Hanbury Rd. Stoke H & S Prior —3K 201
Hanbury Rd. Tam —5F 32
Hanbury Rd. Wals —7E 16
Hanbury Rd. W Brom —6G 67
Hanch Hall. —1E 12
Hanch Pl. Wals —1M 53
Hancock Grn. Cov —1F 164
Hancock Rd. B8 —5F 94
Hancox Clo. W Weth —2K 213
Hancox St. O'bry —7H 91
Handcross Gro. Cov —4A 166
Handel Ct. Cann —7J 9
Handel Wlk. Lich —7J 13
Handley Gro. B31 —7J 133
Handley Gro. Warw —8D 210
Handleys Clo. Ryton D —8A 168
Handley St. W'bry —5G 53
Handsworth. —8D 68
Handsworth Clo. B21 —2D 92
Handsworth Cres. Cov —5E 142
Handsworth Dri. B43 —6G 55
(in two parts)
Handsworth New Rd. B18 —3E 92
Handsworth Wood. —7G 69
Handsworth Wood Rd. B20 & Hand —6F 68
Hanford Clo. Cov —3E 144
Hanger Rd. Birm A —6G 117
Hanging La. B31 —7L 133
Hangleton Dri. B11 —3D 114
Hangmans La. Hinc —6D 84
Hanley Clo. Hale —5L 109
Hanley St. B19 —5L 93 (1F 4)
Hanlith. Wiln —1G 47
Hannaford Way. Cann —7F 8
Hannafore Rd. B16 —6D 92
Hannah Rd. Bils —6A 52
Hanney Hay Rd. Burn —5G 17
Hannon Rd. B14 —4L 135
Hanover Clo. B6 —2L 93
Hanover Ct. Hinc —3L 81
Hanover Ct. Redd —1D 208
Hanover Ct. Tam —2L 31
Hanover Ct. Wals —8E 38
Hanover Ct. Wolv —5J 35
Hanover Dri. Erd —1F 94
Hanover Gdns. Lea S —8A 212
Hanover Glebe. Nun —7J 79
Hanover Pl. B'gve —8M 179
Hanover Pl. Cann —7E 8
Hanover Rd. Row R —5C 90
Hanover St. B'gve —7M 179
Hans Clo. Cov —5F 144
Hansell Dri. Dorr —7E 160
Hansom Rd. B32 —4J 111
Hansom Rd. Hinc —7F 84
Hanson Ct. Hinc —1K 81
Hanson Gro. Sol —4M 115
Hansons Bri. Rd. B24 —4M 71
Hanson Way. Longf —4G 123
Hanstone Rd. Stour S —8F 174
Hanwell Clo. S Cold —2B 72
Hanwood Clo. B12 —1M 113
Hanwood Clo. Cov —5C 142
Hanworth Clo. Lea S —6B 212
Hanworth Rd. Warw —1D 214
Harald Clo. Wolv —4E 34
Harbeck Av. B44 —1M 69
Harberrow Clo. Hag —3A 130
Harbet Dri. B40 —5L 117
Harbinger Rd. B38 —7H 135
Harborne. —3A 112
Harborne La. Harb & S Oak —6D 112
Harborne Pk. Rd. B17 —4C 112
Harborne Rd. B15 —3E 112 (8A 4)
Harborne Rd. O'bry —8K 91
Harborough Cotts. Lapw —6J 187
Harborough Ct. S Cold —7G 43
Harborough Dri. B36 —8D 72
Harborough Dri. Wals —4G 41
Harborough Rd. Cov —7B 122
Harborough Rd. Harb M —1J 171
Harborough Wlk. Stourb —7C 108
Harbours Clo. B'gve —2K 201
Harbours Hill. —8M 201
Harbours Hill. Belb & Wild —3L 153
Harbour Ter. Wolv —8A 36
Harbury Clo. Min —3B 72
Harbury Clo. Redd —8K 205
Harbury La. H'cte —5J 215
Harbury La. Ufton —8M 217
Harbury Rd. B12 —4K 113
Harcourt. Cov —4L 167
Harcourt Dri. Dud —7D 64
Harcourt Dri. S Cold —5F 42
Harcourt Gdns. Nun —6J 79
Harcourt Ho. Tam —5A 32
Harcourt Rd. B23 —3E 70
Harcourt Rd. Crad H —1M 109
Harcourt Rd. W'bry —5F 52
Harden. —2M 39
Harden Clo. Wals —2L 39
Harden Ct. N'fld —8L 133
Harden Gro. Wals —2L 39
Harden Mnr. Ct. Hale —6C 110
Harden Rd. Wals —2K 39
Harden Va. Hale —4L 109
Hardie Grn. Cann —6F 8
Harding St. Bils —7K 51
Hardingwood La. Fill —7L 99
Hardon Rd. Wolv —4F 50
Hardware St. W Brom —5K 67
Hardwick. —7L 41
Hardwick Clo. Cov —5G 143
Hardwick Ct. Tam —4C 32
Hardwick Dri. Hale —2A 110
Hardwicke Wlk. B14 —7K 135
Hardwicke Way. Stourb —4D 108
Hardwick Fld. Dud —7D 50
Hardwick La. Out —8E 206
Hardwick La. Stud —4M 209
Hardwick Rd. Sol —5L 115
Hardwick Rd. S Cold —7M 41
Hardwyn Clo. Bin —8A 146
Hardy Av. Kidd —3A 150
Hardy Clo. Gall C —5A 78
Hardy Clo. Hinc —5D 84
Hardy Clo. Rugby —7J 171
Hardy Rd. Cov —2A 144
Hardy Rd. Wals —1L 39
Hardy Rd. W'bry —6G 53
Hardy Sq. Wolv —3F 50
Hare & Hounds La. Nun —7G 79
Harebell. Tam —5G 33
Harebell Clo. Cann —7K 9
Harebell Clo. F'stne —2G 23
Harebell Clo. Wals —6A 54
Harebell Cres. Dud —5G 65
Harebell Gdns. B38 —1F 156
Harebell Wlk. B37 —7K 97
Harebell Way. Rugby —1D 172
Harecroft Cres. Sap —1L 83
Harefield La. Arb —1E 102
Harefield Rd. Cov —6H 145
Harefield Rd. Nun —5J 79
Hare Gro. B31 —6K 133
Haresfield Clo. Redd —7D 204
Hare St. Bils —4M 51
(in two parts)
Harewell Dri. S Cold —8J 43
Harewood Av. B43 —7C 54
Harewood Av. W'bry —6J 53
Harewood Clo. B28 —4E 136
Harewood Rd. Cov —6J 143
Harford St. B19 —5J 93 (1D 4)
Hargate La. W Brom —5J 67
Harger Ct. Ken —5F 190
Hargrave Clo. Bin —8A 146
Hargrave Clo. Wat O —6H 73
Hargrave Rd. Shir —7C 136
Hargreave Clo. S Cold —2M 71
Hargreaves Ct. Kidd —6H 149
Hargreaves St. Wolv —2G 51
Harland Rd. S Cold —6G 43
Harlech Clo. B32 —2G 133
Harlech Clo. Ken —4J 191
Harlech Clo. Tiv —8A 66
Harlech Ho. Wals —3J 39
(off Providence Clo.)
Harlech Rd. W'hall —3C 38
Harlech Tower. B23 —3G 71
Harlech Way. Dud —7F 64
Harlech Way. Kidd —7L 149
Harleston Rd. B44 —1M 69
Harley Clo. Wals —3G 27
Harley Dri. Bils —5H 51
Harley St. Cov —6G 145
Harlow Gro. B28 —3G 137
Harlow Wlk. Cov —2A 146
Harlstones Clo. Stourb —2A 108
Harlyn Clo. Bils —7A 52
Harman Rd. S Cold —2H 71
Harmar Clo. Warw —8D 210
Harmer Clo. Cov —2A 146
Harmer St. B18 —4G 93
Harmon Rd. Stourb —4J 107
Harnall Clo. Shir —2L 159
Harnall La. Cov —5D 144 (1D 6)
Harnall La. E. Cov —5D 144 (1E 6)
Harnall La. Ind. Est. Cov —5D 144 (1E 6)
Harnall La. W. Cov —5D 144 (1C 6)
Harnall Row. Cov —6E 144
Harness Clo. Wals —5M 53
Harold Cox Pl. Rugby —3L 197
Harold Evers Way. Kidd —2M 149
Harold Rd. B16 —8F 92
Harold Rd. Cov —7K 145
Harold Rd. Smeth —6L 91
Harold St. Nun —6J 79
Harpenden Dri. Cov —4G 143
Harper Av. Wolv —2J 37
Harper Rd. Bils —3K 51
Harper Rd. Cov —7E 144 (6F 6)
Harpers Bldgs. B12 —4A 114
Harpers Rd. May —8A 136
Harpers Rd. N'fld —7A 134
Harper St. W'hall —7A 38
Harport Rd. Redd —8G 205
Harpur Clo. Wals —5A 40
Harpur Rd. Wals —5A 40
Harrier Rd. B27 —7K 115
Harriers Grn. Kidd —1B 150
Harriers Ind. Est. Agg —4M 149
Harrier Way. P Barr —6K 69
Harriet Clo. Brie H —4B 88
Harrietts Hayes Rd. Cod W —2A 20
Harringay Dri. Stourb —6L 107
Harringay Rd. B44 —7A 56
Harrington Rd. Cov —4A 144
Harringworth Ct. Shelf —1C 40
Harriott Dri. H'cte I —5K 215
Harris Ct. Hock —3G 93
Harris Dri. B42 —1G 69
Harris Dri. Rugby —1M 197
Harris Dri. Smeth —6B 92
Harris Ind. Pk. S Prior —7L 201
Harrison Clo. Earl S —1M 85
Harrison Clo. Rugby —1H 199
Harrison Clo. Wals —8J 25
Harrison Ct. Brie H —8A 88
Harrison Ct. Wom —4F 62
Harrison Cres. Bed —7G 103
Harrison Rd. B23 & B24 —5F 70
Harrison Rd. Cann —2E 14
Harrison Rd. Redd —1C 208
Harrison Rd. Stourb —8A 88
Harrison Rd. S Cold —4E 42
Harrison Rd. Wals —7C 26
Harrison's Fold. Dud —4J 89
Harrisons Grn. B15 —3E 112
Harrisons Pleck. B13 —6M 113
Harrison's Rd. B15 —3E 112
Harrison St. Wals —8H 25
Harris Rd. Cov —7H 145
Harris Rd. Warw —1C 214
Harrold Av. Row R —6E 90
Harrold Rd. Row R —6E 90
Harrold St. Tip —2C 66
Harrop Way. Stourb —1L 107
Harrowbrook Ind. Est. Hinc —2E 80
Harrowbrook Rd. Hinc —2E 80
Harrowby Dri. Tip —5A 66
Harrowby Pl. Bils —5A 52
Harrowby Pl. W'hall —8D 38
Harrowby Rd. Bils —5A 52
Harrowby Rd. Wolv —6B 22
Harrow Clo. Hag —3A 130
Harrow Clo. Longf —5G 123
Harrow Clo. Stoke H —3L 201
Harrowfield Rd. B33 —5L 95
Harrow Rd. B29 —6F 112
Harrow Rd. K'wfrd —8K 63
Harrow Rd. W'nsh —6B 216
Harrow St. Wolv —5B 36 (1G 7)
Harry Edwards Ho. Cov —1K 145
Harry Perks St. W'hall —6A 38
Harry Price Ho. O'bry —4D 90
Harry Rose Rd. Cov —6L 145
Harry Salt Ho. Cov —3F 6
Harry Taylor Ho. Redd —6G 205
Harry Truslove Clo. Cov —2A 144
Harry Weston Rd. Bin —8M 145
Hart Clo. Rugby —7D 172
Hart Dri. S Cold —1G 71
Hartfield Cres. B27 —7G 115
Hartfields Way. Row R —4M 89
Hartford Clo. B17 —2A 112
Hartford Rd. B'gve —1B 202
Hartill Rd. Wolv —6K 49
Hartill St. W'hall —1B 52
Hartington Clo. Dorr —6E 160
Hartington Cres. Cov —8M 143
Hartington Grn. Hinc —4L 81
Hartington Rd. B19 —1K 93
Hartland Av. Bils —1G 65
Hartland Av. Cov —3H 145
Hartland Rd. B31 —3L 155
Hartland Rd. Tip —4K 65
Hartland Rd. W Brom —1M 67
Hartland St. Brie H —2D 88
Hartle. —3F 152
Hartlebury. —7A 176
Hartlebury Castle. —6M 175
Hartlebury Clo. Cann —6J 9
Hartlebury Clo. Dorr —6F 160
Hartlebury Clo. Redd —2K 205
Hartlebury Common Nature Reserve. —7J 175
Hartlebury Rd. Hale —7M 109
Hartlebury Rd. O'bry —4D 90
Hartlebury Rd. Stour S —6H 175
Hartlebury Trad. Est. Hartl —8D 176
Hartledon Rd. B17 —4B 112
Hartle La. Belb —2E 152
Hartlepool Rd. Cov —5E 144 (1F 6)
Hartleyburn. Wiln —1G 47
Hartley Dri. Wals —5H 41
Hartley Gro. B44 —6B 56
Hartley Pl. Edg —1F 112
Hartley Rd. B44 —6B 56
Hartley St. Wolv —7A 36
Harton Way. B14 —4J 135
Hartopp Rd. B8 —5E 94
Hartopp Rd. S Cold —8F 42
Hartridge Wlk. Cov —5H 143
Hart Rd. B24 —4G 71
Hart Rd. Wolv —5K 37
Hartsbourne Dri. Hale —5D 110
Harts Clo. B17 —3D 112
Harts Green. —4A 112
Harts Grn. Rd. B17 —4A 112
Hart's Hill. —4E 88
(Brierly Hill)
Hartshill. —1B 78
(Nuneaton)
Hartshill Rd. A Grn —7K 115
Hartshill Rd. S End —3A 96
Hartshorn St. Bils —4K 51
Hartside Clo. Hale —7K 109
Hartslade. Lich —3L 19
Harts Rd. B8 —4E 94
Hart St. Wals —1L 53
Hartswell Dri. B13 —3M 135
Hartwell Clo. Sol —8B 138
Hartwell La. Wals —6G 15
Hartwell Rd. B24 —7H 71
Harvard Clo. Dud —5F 64
Harvard Rd. Sol —5A 116
Harvest Clo. B30 —3H 135
Harvest Clo. Dud —4E 64
Harvest Clo. Stoke H —3K 201
Harvest Ct. Row R —5A 90
Harvesters Clo. A'rdge —7L 41
Harvesters Clo. Bin —7A 146
Harvesters Rd. W'hall —4D 38
Harvesters Wlk. Pend —8L 21
Harvesters Way. W'hall —4D 38
Harvester Way. K'wfrd —1G 87
Harvest Gdns. O'bry —5G 91
Harvest Hill Clo. Lea S —3C 216
Harvest Hill La. Alle —5A 120
Harvest Rd. Row R —5A 90
Harvest Rd. Smeth —6K 91
Harvest Wlk. Row R —5A 90
Harvey Clo. Alle —2G 143
Harvey Ct. B30 —2E 134
Harvey Ct. B33 —6D 96
Harvey Dri. S Cold —7J 43
Harvey M. B30 —2E 134
Harvey Rd. B26 —2K 115
Harvey Rd. Wals —4H 39
Harvey's Ter. Dud —5K 89
Harvills Hawthorn. —2F 66
Harvills Hawthorn. W Brom —2F 66
Harvine Wlk. Stourb —6L 107
Harvington. —7G 151
Harvington Clo. Kidd —1G 149
Harvington Clo. Redd —4B 204
Harvington Dri. Shir —3B 160
Harvington Hall. —8H 151
Harvington Hall La. Harv —7H 151
Harvington Rd. B29 —1A 134
Harvington Rd. Bils —1H 65
Harvington Rd. B'gve —1A 202
Harvington Rd. Hale —7M 109
Harvington Rd. O'bry —2G 111
Harvington Wlk. Row R —6C 90
Harvington Way. S Cold —1A 72
Harwell Clo. Tam —2C 32
Harwin Clo. Wolv —2M 35
Harwood Dri. Dost —5D 46
Harwood Dri. Hinc —5F 84
Harwood Gro. Shir —1J 159
Harwood Rd. Lich —6H 13
Harwood St. W Brom —6H 67
Hasbury. —7L 109
Hasbury Clo. Hale —7L 109
Hasbury Rd. B32 —1G 133
Haselbech Rd. Bin —8M 145
Haseley Clo. Lea S —4B 216
Haseley Clo. Redd —8L 205
Haseley Grange. Hase —8F 188
Haseley Knob. —6G 189
Haseley Rd. B21 —2E 92
Haseley Rd. Cov —8J 123
Haseley Rd. Sol —3L 137
Haselor Rd. S Cold —8E 56
Haselour Rd. B37 —4F 96
Hasilwood Sq. Cov —7H 145
Haskell St. Wals —2M 53
Haslemere Gro. Cann —1B 14
Haslucks Clo. Shir —2E 158
Haslucks Cft. Shir —6G 137
Haslucks Green. —7F 136
Haslucks Grn. Rd. Shir —2E 158
Hassop Rd. B42 —2K 69
Hastings Clo. Wiln —3F 46
Hastings Ct. Dud —7E 64
Hastings Dri. Barw —2H 85
Hastings Rd. B23 —2B 70
(in two parts)
Hastings Rd. B'gve —2L 201
Hastings Rd. Cov —5G 145
Haswell Clo. Rugby —7C 172
Haswell Rd. Hale —6K 109
Hatcham Rd. B44 —7C 56
Hatchett St. B19 —4L 93
Hatchford Av. Sol —6C 116
Hatchford Brook Rd. Sol —6C 116
Hatchford Ct. Sol —6C 116
Hatchford Wlk. B37 —8H 97
Hatch Heath Clo. Wom —2F 62
Hateley Dri. Wolv —5E 50
Hateley Heath. —1J 67
Hatfield Clo. B23 —2D 70
Hatfield Clo. Redd —8L 205
Hatfield Rd. B19 —1K 93
Hatfield Rd. Stourb —5C 108
Hathaway Clo. Bal C —2H 163
Hathaway Clo. W'hall —1M 51
Hathaway Dri. Nun —8A 80
Hathaway Dri. Warw —7D 210
Hathaway Gro. Tys —4H 115
Hathaway M. Stourb —6H 87
Hathaway Rd. Cov —8D 142
Hathaway Rd. Shir —8H 137
Hathaway Rd. S Cold —5G 43
Hatherden Dri. S Cold —7A 58
Hatherell Rd. Rad S —4E 216
Hathersage Rd. B42 —2K 69
Hatherton. —8A 8
Hatherton Cft. Cann —8C 8
Hatherton Gdns. Wolv —7E 22
Hatherton Grn. B29 —8M 111
Hatherton Pl. Wals —2G 41
Hatherton Rd. Bils —3M 51
Hatherton Rd. Cann —8B 8
Hatherton Rd. Wals —7L 39
Hatherton St. C Hay —7C 14
Hatherton St. Wals —7L 39
Hattersley Gro. B11 —6G 115
Hatton Cres. Wolv —2G 37
Hatton Gdns. B42 —2H 69
Hatton Rd. Cann —8A 8
Hatton Rd. Wolv —6M 35
Hattons Gro. Cod —7H 21
Hatton St. Bils —5L 51
Haughton Rd. B20 —8K 69
Hauley Gro. W'nsh —5A 216
Haunch La. B13 —3M 135
Haunch La. Lea M —1A 74
Haunchwood Dri. S Cold —2M 71
Haunchwood Pk. Dri. Gall C —5L 77
Haunchwood Pk. Ind. Est. Gall C —5L 77
Haunchwood Rd. Nun —5D 78
Havacre La. Bils —7J 51
Havefield Av. Lich —2K 19
Havelock Clo. Wolv —1L 49
Havelock Rd. Greet —5E 114
Havelock Rd. Hand —8J 69
Havelock Rd. Salt —4D 94
Havelock Ter. Hand —2E 92
Haven Cft. B43 —1D 68
Havendale Clo. Cov —4B 144
Haven Dri. B27 —6H 115
Haven, The. B14 —5D 136
Haven, The. B Grn —1G 181
Haven, The. Stourb —7K 87
Haven, The. Wolv —1C 50 (8J 7)
Haverford Dri. Redn —3H 155

Havergal Wlk. Hale —5H 109
Haverhill Clo. Wals —6G 25
Hawbridge Clo. Shir —3B 160
Hawbush. —7A 88
Hawbush Gdns. Brie H —8A 88
Hawbush Rd. Brie H —8A 88
Hawbush Rd. Wals —3K 39
Hawcroft Gro. B34 —3C 96
Hawes Clo. Wals —3M 53
Hawes La. Row R —5B 90
Hawes Rd. Wals —3M 53
Haweswater Dri. K'wfrd —3K 87
Hawfield Clo. Tiv —2C 90
Hawfield Gro. S Cold —2J 71
Hawfield Rd. Tiv —2C 90
Hawfinch. Wiln —3G 47
Hawfinch Ri. Kidd —7A 150
Hawford Av. Kidd —4A 150
Hawk Clo. Nun —1B 104
Hawker Dri. B35 —7M 71
Hawkesbury. —3J 123
Hawkesbury La. Cov —4K 123
Hawkesbury Rd. Shir —8F 136
Hawkes Clo. B30 —1G 135
Hawkes Dri. H'cte I —5K 215
Hawkes End. —7H 121
Hawkesford Clo. B36 —1A 96
Hawkesford Clo. S Cold —8H 43
Hawkesford Rd. B33 —6D 96
Hawkeshead. Rugby —2D 172
Hawkes La. W Brom —2G 67
Hawkesley. —1E 156
Hawkesley Cres. B31 —8M 133
Hawkesley Dri. B31 —1M 155
Hawkesley End. B38 —1E 156
Hawkesley Mill La. B31 —7M 133
Hawkesley Rd. Dud —1F 88
Hawkesley Sq. B38 —2E 156
Hawkes Mill La. Alle —7G 121
Hawkesmoor Dri. Lich —1K 19
Hawkes St. B10 —1D 114
Hawkestone Cres. W Brom —3F 66
Hawkestone Rd. B29 —2A 134
Hawkesville Dri. Cann —7F 8
Hawkeswell Clo. Sol —8L 115
Hawkeswell La. Col —6A 98
Hawkesworth Dri. Ken —3G 191
Hawkesyard Rd. B24 —8E 70
Hawkhurst Rd. B14 —7M 135
Hawkinge Dri. B35 —6A 72
Hawkins Clo. B5 —3L 113
Hawkins Clo. Hinc —5D 84
Hawkins Clo. Lich —7H 13
Hawkins Clo. Rugby —8L 171
Hawkins Cft. Tip —6A 66
Hawkins Dri. Cann —5C 14
Hawkins Pl. Bils —6M 51
Hawkins Rd. Cov —7A 144
Hawkins St. W Brom —1G 67
Hawkley Clo. Wolv —7H 37
Hawkley Rd. Wolv —7H 37
Hawkmoor Gdns. B38 —1G 157
Hawksbury Clo. Redd —4K 205
Hawks Clo. Wals —7D 14
Hawksford Cres. Wolv —2D 36
Hawk's Green. —8H 9
Hawks Grn. La. Cann —7G 9
(in three parts)
Hawkshead Dri. Know —3F 160
Hawkside. Wiln —1H 47
Hawksmoor Dri. Pert —6D 34
Hawkstone Clo. Kidd —1K 149
Hawkstone Ct. Pert —4D 34
Hawkswell Av. Wom —4G 63
Hawkswell Dri. W'hall —8M 37
Hawkswood Dri. Bal C —2H 163
Hawkswood Dri. W'bry —6B 52
Hawkswood Gro. B14 —6B 136
Hawksworth. Tam —7F 32
Hawksworth Dri. Cov —6A 144
Hawkyard Ct. Cann —5G 9
Hawlands. Rugby —3C 172
Hawley Rd. Hinc —2J 81
Hawnby Gro. S Cold —7A 58
Hawne. —3M 109
Hawne Clo. Hale —3L 109
Hawnelands, The. Hale —4M 109
Hawne La. Hale —3L 109
Hawthorn Av. Hurl —4J 61
Hawthorn Av. Wals —8G 15
Hawthorn Brook Way. B23 —1E 70
Hawthorn Clo. B9 —8B 94
Hawthorn Clo. B23 —2F 70
Hawthorn Clo. Lich —1K 19
Hawthorn Coppice. B30 —5E 134
Hawthorn Coppice. Hag —3A 130
Hawthorn Cres. Bew —3A 148
Hawthorn Cres. Burb —4L 81
Hawthorn Cft. O'bry —2K 111
Hawthornden Ct. S Cold —2K 71
Hawthorn Dri. H'wd —3B 158
Hawthorne Av. Gun H —1H 101
Hawthorne Av. Tam —1A 32
Hawthorne Clo. Wols —5G 169
Hawthorne Ct. Cov —8E 142
Hawthorne Cres. Burn —3G 17
Hawthorne Gro. Dud —7D 64
Hawthorne Ho. Wolv —6F 36
Hawthorne La. Cod —7F 20
Hawthorne Rd. Cas B —2E 96
Hawthorne Rd. C Hay —5E 14
Hawthorne Rd. Dud —5J 65
Hawthorne Rd. Edg —2E 112
Hawthorne Rd. Hale —7L 109
Hawthorne Rd. K Nor —5D 134
Hawthorne Rd. Wals —4M 53
Hawthorne Rd. Wed —4M 37
Hawthorne Rd. W'hall —2D 38
Hawthorne Rd. Wim —1D 8
(Cherry Tree Rd.)
Hawthorne Rd. Wim —6M 9
(Sycamore Rd.)
Hawthorne Rd. Wolv —3D 50
Hawthorne Ter. Nun —4E 78
Hawthorne Way. Barw —3H 85
Hawthorn Gro. B19 —1J 93
Hawthorn Gro. Kidd —3G 149
Hawthorn Ho. Lich —2K 19
Hawthorn La. Cov —6E 142
(Broad La.)
Hawthorn La. Cov —7E 142
(Tile Hill La.)
Hawthorn Pk. B20 —6E 68
Hawthorn Pk. Dri. B20 —6F 68
Hawthorn Pl. Wals —6E 38
Hawthorn Rd. B44 —1M 69
Hawthorn Rd. Brie H —1E 108
Hawthorn Rd. B'gve —4A 180
Hawthorn Rd. Ess —6A 24
Hawthorn Rd. Lea S —3M 215
Hawthorn Rd. Redd —5A 204
Hawthorn Rd. Shelf —8B 26
Hawthorn Rd. Stow H —1H 51
Hawthorn Rd. S'tly —8A 42
Hawthorn Rd. Tip —1A 66
Hawthorn Rd. W'bry —5F 52
Hawthorn Rd. W Grn —8J 57
Hawthorns Ind. Est. Hand —8B 68
Hawthorns, The. Hag —5M 129
(off Cavendish Dri.)
Hawthorns, The. Kidd —4A 150
Hawthorns, The. K'bry —2C 60
Hawthorn Ter. W'bry —5F 52
Hawthorn Way. Harts —1A 78
Hawthorn Way. Kinv —6C 106
Hawthorn Way. Rugby —8H 171
Haxby Av. B34 —3A 96
Haybarn, The. S Cold —1A 72
Haybridge Av. Hag —4M 129
Haybrook Dri. B11 —5F 114
Hay Clo. Kidd —2J 149
Haycock Pl. W'bry —2C 52
Haycroft Av. B8 —4E 94
Haycroft Dri. S Cold —5G 43
Haydn Sanders Sq. Wals —1L 53
Haydock Clo. B36 —1J 95
Haydock Clo. Cov —5H 123
Haydock Clo. Wolv —3B 36
Haydock Rd. Cats —8B 154
Haydon Clo. Dorr —7F 160
Haydon Cft. B33 —6A 96
Haydon Way. Cou —8M 209
Hayehouse Gro. B36 —2L 95
Haye La. Map G —8A 206
Hayes Clo. Rugby —2D 172
Hayes Cres. O'bry —4K 91
Hayes Cft. B38 —2E 156
Hayes Green. —1G 123
Hayes Grn. Rd. Bed —8F 102
Hayes Gro. B24 —3K 71
Hayes La. Exh —1F 122
Hayes La. Stourb —3G 109
Hayes Mdw. S Cold —2K 71
Hayes Rd. Kidd —6H 127
(in two parts)
Hayes Rd. Nun —1A 78
Hayes Rd. O'bry —4K 91
Hayes St. W Brom —5G 67
Hayes, The. —3G 109
Hayes, The. B31 —2C 156
Hayes, The. Lye & Stourb —4F 108
Hayes, The. W'hall —3B 38
Hayes Vw. Lich —8F 12
Hayes Vw. Dri. Wals —5E 14
Hayes Way. Hth H —8G 9
Hayfield Ct. B13 —7B 114
Hayfield Gdns. B13 —7C 114
Hayfield Hill. Rug —6F 10
Hayfield Rd. B13 —7B 114
Hayford Clo. Redd —4G 205
Hay Green. —4D 108
Hay Grn. Stourb —4D 108
Hay Grn. Clo. B30 —3D 134
Hay Grn. La. B30 —4C 134
Hay Gro. Bwnhls —1F 26
Hay Hall Rd. B11 —4F 114
Hay Hill. Wals —1E 54
Hayland Rd. B23 —3E 70
Hay La. Cov —7D 144 (5D 6)
Hay La. Longd G —2A 12
Hay La. Shir —3M 159
Hayle. Tam —8D 32
Hayle Av. Warw —8F 210
Hayle Clo. B38 —7H 135
Hayle Clo. Nun —4A 80
Hayley Ct. Erd —3J 71
Hayley Green. —8K 109
Hayley Grn. Rd. B32 —1H 133
Hayley Pk. Rd. Hale —1J 131
Hayling Clo. Redn —8F 132
Hayling Gro. Wolv —3B 50
Hayloft Clo. Stoke H —3L 201
Haylofts, The. Hale —8J 109
Haymarket, The. Pend —8L 21
Hay Mills. —3H 115
Haymoor. Lich —2L 19
Haynes Clo. Cats —1B 180
Haynes La. Wals —5B 54
Haynestone Rd. Cov —3L 143
Haynes Way. Swift I —1M 171
Hay Pk. B5 —3K 113
Haypits Clo. W Brom —2L 67
Hayrick Dri. K'wfrd —2G 87
Hay Rd. B25 —2G 115
Hayseech. Crad H —2M 109
Hayseech Rd. Hale —3M 109
Hays Kent Moat, The. B26 —8A 96
Hays La. Hinc —2H 81
Hayton Grn. Cov —1F 164
(in two parts)
Haytor Av. B14 —4K 135
Haytor Ri. Cov —2J 145
Haywain Clo. Wolv —7A 22
Hayward Rd. S Cold —2J 57
Haywards Clo. B23 —4E 70
Haywards Clo. Wals —6M 25
Haywards Grn. Cov —2A 144
Haywards Ind. Est. Cas V —7B 72
Hayward St. Bils —1H 65
Hayway, The. Wals —6G 39
Haywharf Rd. Brie H —4B 88
Haywood Dri. Hale —1C 110
Haywood Dri. Wolv —5J 35
Hay Wood La. Know —4A 188
Haywood Rd. B33 —7E 96
Haywood's Farm. W Brom —7M 53
Hayworth Clo. Tam —1M 31
Hayworth Rd. Lich —7J 13
Hazel Av. S Cold —8C 56
Hazel Av. W'bry —5G 53
Hazelbank. B38 —7E 134
Hazelbeach Rd. B8 —4F 94
Hazelbeech Rd. W Brom —7H 67
Hazel Clo. Harts —1A 78
Hazel Clo. Lea S —7A 212
Hazel Cft. Chel W —8H 97
Hazel Cft. K'bry —2C 60
Hazel Cft. N'fld —6A 134
Hazeldene. Stour S —6J 175
Hazeldene Gro. Aston —1L 93
Hazeldene Rd. B33 —2D 116
Hazeldene Rd. Hale —7L 109
Hazel Dri. Cann —3A 10
Hazel Dri. H'wd —4B 158
Hazeley Clo. B17 —2M 111
Hazel Gdns. B27 —5J 115
Hazel Gdns. Cod —5G 21
Hazelgarth. Wiln —1G 47
Hazel Gro. Bed —6K 103
Hazel Gro. Bils —2L 51
Hazel Gro. H'ley H —3C 186
Hazel Gro. Lich —2J 19
Hazel Gro. Stourb —6J 107
Hazel Gro. W Brom —8J 67
Hazel Gro. Wolv —2J 37
Hazel Gro. Wom —2G 63
Hazelhead Ind. Est. Cov —7F 144
Hazelhurst Rd. Cas B —2E 96
Hazelhurst Rd. K Hth —3L 135
Hazel La. Wals —7H 15
Hazell Way. Nun —8G 79
Hazelmead Ct. S Cold —2G 71
Hazelmere Clo. Cov —5H 143
Hazelmere Ct. O'bry —1D 90
Hazelmere Dri. Burn —5F 16
Hazelmere Dri. Wolv —8G 35
Hazelmere Rd. B28 —8F 114
Hazeloak Rd. Shir —8G 137
Hazel Rd. Cov —8H 123
Hazel Rd. Dud —7J 65
Hazel Rd. K'wfrd —4L 87
Hazel Rd. Nun —4D 78
Hazel Rd. Redd —4C 204
Hazel Rd. Redn —3F 154
Hazel Rd. Tip —8C 52
Hazel Rd. Wolv —2L 49
Hazelslade. —2A 10
Hazels, The. Hag —4M 129
(off Greenway, The)
Hazelton Clo. Marl —1C 180
Hazelton Clo. Sol —8B 138
Hazelton Rd. Marl —1B 180
Hazeltree Cft. B27 —7H 115
Hazeltree Gro. Dorr —6E 160
Hazelville Gro. B28 —3G 137
Hazelville Rd. B28 —3G 137
Hazel Way. Barw —2G 85
Hazelwell Cres. B30 —3H 135
Hazelwell Fordrough. B30 —2H 135
Hazelwell La. B30 —2H 135
Hazelwell Rd. B30 —3G 135
Hazelwell St. B30 —2G 135
Hazelwood Clo. Dunc —6H 197
Hazelwood Clo. Kidd —5G 149
Hazelwood Clo. Wals —7D 14
Hazelwood Dri. Wolv —4G 37
Hazelwood Gro. Cann —1C 14
Hazelwood Gro. W'hall —4D 38
Hazelwood Rd. B27 —7H 115
Hazelwood Rd. Dud —4F 64
Hazelwood Rd. S Cold —8K 41
Hazlemere Dri. S Cold —1G 57
Hazlitt Gro. B30 —5D 134
Headborough Rd. Cov —4G 145
Headborough Wlk. Wals —8H 27
Headingley Rd. B21 —7E 68
Headington Av. Cov —7A 122
Headland Dri. B8 —4D 94
Headland Rd. Wolv —8F 34
Headlands, The. Cov —5K 143
Headlands, The. S Cold —6C 42
Headless Cross. —1C 208
Headless Cross Dri. Redd —8D 204
Headley Cft. B38 —1D 156
Headley Heath. —3J 157
Headley Heath La. B38 —2H 157
Headley Ri. Shir —7K 137
Heale Clo. Hale —2G 109
Healey. Tam —7E 32
Healey Clo. Rugby —2C 172
Healey Ct. Warw —2F 214
Health Cen. Rd. Cov —5J 165
Heanley La. Hurl —2K 61
Heanor Cft. B6 —1B 94
Heantum Cft. Wolv —4G 37
Heantun Ho. Wolv —5H 7
Heantun Mill Ct. W'bry —8D 52
Heantun Ri. Wolv —5C 36 (1H 7)
Hearsall Comn. Cov —7L 143
Hearsall Ct. Cov —7K 143
Hearsall La. Cov —7M 143
Heartland M. Row R —7B 90
Heartland Parkway. B7 —4C 94
Heartlands Pl. B8 —5E 94
Heart of England Way. Nun —6M 79
Heart of England Way. Rug —1D 10
Heath. —5J 197
(Dunchurch)
Heath. —5M 107
(Stourbridge)
Heath Acres. W'bry —5C 52
Heath Av. Bed —8E 102
Heathbank Dri. Hunt —3C 8
Heath Bri. Clo. Wals —1A 40
Heathbrook Av. K'wfrd —2H 87
Heathcliff Rd. B11 —5F 114
Heathcliff Rd. Dud —2M 89
Heath Clo. B30 —4D 134
Heath Clo. Stoke H —3L 201
Heath Clo. Ston —4L 27
Heath Clo. Tip —4B 66
Heathcote. —6K 215
Heathcote Av. Sol —6L 137
Heathcote Ind. Est. H'cte I —5J 215
Heathcote La. H'cte —5J 215
Heathcote Pk. H'cte —7L 215
Heathcote Rd. B30 —4G 135
Heathcote Rd. W'nsh —6M 215
Heathcote St. Cov —3A 144
Heathcote Way. H'cte I —5K 215
Heath Ct. Earl S —2K 85
Heath Cres. Cov —3G 145
Heath Cft. B31 —2A 156
Heath Cft. Rd. S Cold —8J 43
Heath Dri. Kidd —8B 128
Heath End. —8A 26
(Bloxwich)
Heath End. —7F 78
(Nuneaton)
Heath End Rd. Belb —2J 153
Heath End Rd. Nun —7E 78
Heather Av. Wals —5B 54
Heather Clo. B36 —1G 97
Heather Clo. Nun —6F 78
Heather Clo. Rugby —8L 171
Heather Clo. Wals —1G 39
Heather Clo. Wed —4L 37
Heather Ct. Gdns. S Cold —1H 57
Heather Cft. B44 —8M 55
Heather Dale. B13 —7K 113
Heather Dri. Bed —7E 102
Heather Dri. Cann —4D 8
Heather Dri. Kinv —5A 106
Heather Dri. Redn —3F 154
Heather Gro. Sol —3E 138
Heather Gro. W'hall —5E 38
Heatherleigh Rd. B36 —1F 96
Heather M. Cann —1G 9
Heather Rd. B10 & Small H —2F 114
Heather Rd. Bin W —2C 168
Heather Rd. Cann —1G 9
Heather Rd. Cov —7H 123
Heather Rd. Dud —5J 65
Heather Rd. Gt Barr —1C 68
Heather Rd. Smeth —3L 91
Heather Rd. Wals —1G 39
Heather Valley. Hed —3K 9
Heath Farm Rd. Cod —7H 21
Heath Farm Rd. Stourb —7K 107
Heathfield Av. B20 —1H 93
Heathfield Clo. Crad H —7M 89
Heathfield Clo. Know —4G 161
Heathfield Ct. Loz —2H 93
Heathfield Cres. Kidd —5H 149
Heathfield Dri. Wals —7H 25
Heathfield Gdns. Stourb —5M 107
Heathfield La. W'bry —3C 52
Heathfield La. W. W'bry —4B 52
Heathfield Rd. Bew —5C 148
Heathfield Rd. Cov —7J 143
Heathfield Rd. Hale —6L 109
Heathfield Rd. Hand —1H 93
Heathfield Rd. K Hth —1L 135
Heathfield Rd. Redd —8M 203
Heathfield Rd. Stour S —8H 175
Heathfield Rd. S Cold —6F 42
Heath Gap Rd. Cann —6F 8
Heath Gdns. Sol —3D 138
Heath Green. —6M 183
Heath Grn. Dud —4F 64
Heathgreen Clo. B37 —6K 97
Heath Grn. Rd. B18 —5E 92
Heath Grn. Way. Cov —3F 164
Heath Gro. Cod —6H 21
Heath Hayes. —8M 9
Heath Hill Rd. Wolv —8E 34
Heath Ho. B14 —7M 135
Heath Ho. Dri. Wom —4D 62
Heath Ho. La. Cod —1E 34
Heathland Av. B34 —2A 96
Heathland Clo. Cann —7K 9
Heathlands. Wom —4D 62
Heathlands Clo. K'wfrd —1L 87
Heathlands Cres. S Cold —8F 56
Heathlands Gro. N'fld —8A 134
Heathlands Rd. S Cold —7F 56
Heathlands, The. Row R —8C 90
Heathlands, The. Stourb —5B 108
Heathlands, The. Stour S —6H 175
Heathlands, The. Wals —6G 39
Heath La. Brin —7K 147
Heath La. Earl S —1H 85
Heath La. Shens —8C 150
Heath La. Stourb —5A 108
Heath La. W Brom —2K 67
Heath La. S. Earl S —1K 85
Heathleigh Rd. B38 —1C 156
Heathley La. Dray B —3K 45
Heathmere Av. B25 —1K 115
Heathmere Dri. B37 —7F 96
Heath Mill Clo. Wom —5D 62
Heath Mill La. B9 —8A 94 (7L 5)
Heath Mill Rd. Wom —5D 62
Heath Mobile Home Pk. Cov H —3C 22
Heath Ri. B14 —8A 136
Heath Rd. B30 —4C 134
Heath Rd. Bed —8F 102
Heath Rd. Cov —5F 144
Heath Rd. Dud —7H 89
Heath Rd. H'wd —2A 158
Heath Rd. Sol —3D 138
Heath Rd. W'bry —1E 52
Heath Rd. W'hall —1C 38
Heath Rd. S. B31 —5B 134
Heathside Dri. B38 —8H 135
Heathside Dri. Wals —5A 26
Heath St. Cann —1G 9
Heath St. Row R —8C 90
Heath St. Smeth & B18 —4D 92
Heath St. Stourb —4M 107
Heath St. Tam —4C 32
Heath St. S. B18 —5F 92
Heath Ter. Beau —7J 189
Heath Ter. Lea S —8L 211
Heath, The. —4E 148
Heath, The. Dunc —6J 197
Heath Town. —5H 37
Heath Trad. Est. Smeth —4D 92
Heath Vw. Wals —6F 38
Heath Way. B34 —2M 95
Heath Way. Cann —7H 9
Heath Way. Rugby —1D 198
Heathy Farm Clo. B32 —8H 111
Heathy Ri. B32 —7G 111
Heaton Clo. Wolv —4E 22
Heaton Dri. B15 —1F 112
Heaton Dri. S Cold —1F 56
Heaton Rd. Sol —3M 137
Heaton St. B18 —4H 93
Hebden. Wiln —1H 47
Hebden Av. Warw —8E 210
Hebden Gro. B28 —6E 136
Hebden Gro. W'hall —8B 24
Hebden Way. Nun —7A 80
Heckley Rd. Exh —2G 123
Heddle Gro. Cov —1H 145
Heddon Pl. B7 —6A 94 (3M 5)
Hedera Clo. Wals —6B 54
Hedera Rd. Redd —3M 205
Hedgefield Gro. Hale —5J 109
Hedgerow Clo. Cann —2F 8
Hedgerow Dri. K'wfrd —8K 63
Hedgerows, The. Nun —3F 78
Hedgerows, The. Rom —5M 131
Hedgerows, The. Wiln —1F 46
Hedgerow Wlk. Cov —5B 122
Hedgerow Wlk. Wolv —8L 21
Hedges, The. Wom —3E 62
Hedges Way. B'gve —8B 180
Hedgetree Cft. B37 —7J 97
Hedging La. Dost & Wiln —4D 46
Hedging La. Ind. Est. Wiln —4E 46
Hedgings, The. B34 —3B 96
Hedgley Gro. B33 —5A 96
Hedingham Gro. B37 —7K 97
Hedley Cft. B35 —5B 72
Hednesford. —4J 9
Hednesford Rd. Cann —8E 8
Hednesford Rd. Hth H —7K 9
Hednesford Rd. Nort C —2M 15
Hednesford Rd. Wals —6C 16
Hednesford St. Cann —8E 8
Heeley Rd. B29 —7E 112
Heemstede La. Lea S —7A 212
Heenan Gro. Lich —7F 12
Heera Clo. Cov —2D 144
Heightington Pl. Stour S —8E 174
Helena Clo. Nun —6F 78
Helena Pl. Smeth —2J 91
Helena St. B1 —6J 93 (4C 4)
Helenny Clo. Wolv —4G 37
Helen St. Cov —3F 144
Hele Rd. Cov —3D 166
Helford Clo. Tip —4K 65
Heligan Pl. Cann —7K 9
Hellaby Clo. S Cold —5H 57
Hellidon Clo. Lea S —7A 212
Hellier Av. Tip —5B 66
Hellier Rd. Wolv —7E 22
Hellier St. Dud —1J 89
Helmdon Clo. Rugby —3D 172
Helming Dri. Wolv —6H 37
Helmingham. Tam —2K 31
Helmsdale Rd. Lea S —5B 212
Helmsdale Way. Dud —2G 65
Helmsley Clo. Brie H —1C 108
Helmsley Rd. Wolv —1J 37
Helmswood Dri. B37 —1J 117
Helston Clo. Nun —4A 80
Helston Clo. Stourb —7J 87
Helston Clo. Tam —1C 32
Helston Clo. Wals —2D 54
Helstone Gro. B11 —6G 115
Helston Rd. Wals —3D 54
Helvellyn Way. Rugby —2D 172
Hembs Cres. B43 —1C 68
Hemdale. Nun —5A 80
Hemdale Bus. Pk. Nun —5A 80
Hemingford Rd. Cov —1M 145
Heming Rd. Redd —2L 209
Hemlingford Cft. B37 —2G 117
Hemlingford Rd. B37 —3E 96
Hemlingford Rd. K'bry —5D 60
Hemlingford Rd. S Cold —2A 72
Hemlock Pk. Cann —7H 9
Hemlock Way. Cann —7H 9
Hemmings Clo. Rad S —4E 216
Hemmings Clo. Stourb —4M 107
Hemmings Clo. Wolv —6E 36
Hemmings Entry. Redd —5D 204
Hemmings St. W'bry —1C 52
Hemming St. Kidd —5J 149
Hemming Way. Chad C —1L 177
Hemplands Rd. Stourb —4M 107
Hempole La. Tip —3D 66
Hemsby Clo. Cov —1G 165
Hemsworth Dri. Bulk —7B 104
Hemyock Rd. B29 —1B 134
Henbrook. —7F 200
Henbury Rd. B27 —6K 115
Henderson Cl. Alle —2J 143
Henderson Clo. Lich —2K 19
Henderson Ct. O'bry —1H 111
Henderson Wlk. Tip —1B 66
Henderson Way. Row R —8C 90
Hendon Clo. Dud —7D 64
Hendon Clo. Wolv —1E 36
Hendon Rd. B11 —4B 114
Hendre Clo. Cov —7J 143
Hendy Vs. Redd —4J 205
Heneage Pl. B7 —5A 94 (2L 5)
Heneage St. B7 —5A 94 (1L 5)
Heneage St. W. B7
(in two parts) —5M 93 (2K 5)
Henfield Clo. Wolv —2K 37
Hengham Rd. B26 —8A 96
Hen La. Cov —6C 122
Henley Clo. Burn —4H 17
Henley Clo. Nun —1M 79
Henley Clo. S Cold —1H 71
Henley Clo. Tam —3C 32
Henley Clo. Tip —4D 66
Henley Clo. Wals —8L 25
Henley Ct. Lich —3H 19
Henley Cres. Sol —2B 138
Henley Dri. S Cold —6G 43
Henley Green. —1K 145
Henley Mill La. Cov —2H 145
Henley Pk. Ind. Est. Cov —2L 145
Henley Rd. Cov —8H 123
Henley Rd. Lea S —4B 216
Henley Rd. Map G & Out —7B 206
Henley Rd. Wolv —8B 22
Henley St. B11 —2A 114

Henlow Clo. Tip —4K 65
Henlow Rd. B14 —7M 135
Hennalls, The. B36 —2M 95
Hennals Av. Redd —7M 203
Henn Dri. Tip —1L 65
Henne Dri. Bils —8J 51
Henn St. Tip —1A 66
Henrietta St. B19 —5K 93 (2E 4)
Henrietta St. Cov —4E 144
Henry Boteler Rd. Cov —2H 165
Henry Caplan Ho. Cov —3H 143
Henry Rd. B25 —2J 115
Henry St. Cov —6C 144 (3C 6)
Henry St. Hinc —7A 84
Henry St. Ken —4G 191
Henry St. Nun —7J 79
Henry St. Rugby —6A 172
Henry St. Wals —8K 39
Henry Tanday Ct. Lea S —8L 211
Henry Wlk. B'gve —2L 201
Hensborough. Shir —4G 159
Hensel Dri. Wolv —1J 49
Henshaw Gro. B25 —2J 115
Henshaw Rd. B10 —1D 114
Henson Rd. Bed —8E 102
Henson Way. Sharn —4H 83
Henstead St. B5 —1K 113 (8F 4)
Hentland Clo. Redd —5K 205
Henwood Clo. Wolv —6J 35
Henwood Cft. B29 —7M 111
Henwood La. Cath B —4H 139
Henwood Rd. Wolv —7J 35
Henwood Wharf. Sol —7H 139
Hepburn Clo. Wals —5G 41
Hepburn Edge. B24 —5H 71
Hepworth Clo. Wolv —5F 34
Hepworth Rd. Bin —7A 146
Herald Av. Cov —8J 143
Herald Bus. Pk. Cov —2M 167
Herald Ct. Dud —8J 65
Heralds Ct. Warw —1H 215
Herald Way. Bin I —2A 168
Herald Way. Burb —4K 81
Herbert Art Gallery & Mus. —7D 144 (5D 6)
Herbert Austin Dri. Marl —8E 154
Herbert Rd. B10 & Small H —8C 94
Herbert Rd. Hand —8F 68
Herbert Rd. Smeth —8A 92
Herbert Rd. Sol —6B 138
Herbert Rd. Wals —8G 27
Herberts La. Ken —4G 191
Herberts Pk. Rd. W'bry —3B 52
Herbert St. Bils —3H 51
Herbert St. Nun —6E 78
Herbert St. Redd —5E 204
Herbert St. W Brom —6K 67
Herbert St. Wolv —6D 36 (2K 7)
Herbhill Clo. Wolv —5D 50
Hereford & Worcester County Mus. —6M 175
Hereford Av. S'brk —3A 114
Hereford Clo. Barw —3F 84
Hereford Clo. Kidd —4G 149
Hereford Clo. Nun —5E 78
Hereford Clo. Redn —7G 133
Hereford Clo. Wals —1G 41
Hereford Ho. Wolv —1J 7
Hereford Pl. W Brom —2H 67
Hereford Rd. Bram —3F 104
Hereford Rd. Cann —5H 9
Hereford Rd. Dud —6L 89
Hereford Rd. O'bry —2H 111
Hereford Sq. Salt —4D 94
Hereford St. Wals —5L 39
Hereford Wlk. B37 —8F 96
Hereford Way. Tam —7A 32
Hereward Ri. Hale —4B 110
Herford Way. Hinc —3M 81
Heritage Clo. O'bry —5J 91
Heritage Ct. Cov —6K 165
Heritage Ct. Lich —3K 19
Heritage, The. Wals —1L 53 (off Sister Dora Gdns.)
Heritage Way. B33 —6D 96
Hermes Clo. Warw —4L 215
Hermes Ct. S Cold —6F 42
Hermes Cres. Cov —2K 145
Hermes Ho. B35 —5A 72
Hermes Rd. Lich —8K 13
Hermitage Dri. S Cold —5A 58
Hermitage La. Pole —8L 33
Hermitage Rd. Cov —5J 145
Hermitage Rd. Edg —1C 112
Hermitage Rd. Erd —6D 70
Hermitage Rd. Sol —4C 138
Hermitage, The. Sol —3C 138
Hermitage Way. Ken —6G 191
Hermitage Way. Stour S —8E 174
Hermit's Cft. Cov —1D 166 (8E 6)
Hermit St. Dud —4D 64
Hermon Row. B11 —4D 114
Hernall Cft. B26 —2A 116
Herne Clo. B18 —5G 93
Hernefield Rd. B34 —2A 96
Hernehurst. B32 —4H 111
Herne's Nest. Bew —7A 148
Hern Rd. Brie H —3C 108
Heron Clo. A'chu —2A 182
Heron Clo. Shir —5K 159
Heron Ct. S Cold —2H 71 (off Florence Av.)
Herondale Cres. Stourb —5J 107
Herondale Rd. B26 —3M 115
Herondale Rd. Cann —5H 9
Heronfield Clo. Redd —3J 205
Heronfield Dri. B31 —3M 155
Heronfield Way. Sol —4E 138
Heron Ho. Cov —6H 145
Heron Mill. Pels —6L 25
Heron Rd. O'bry —7G 91
Heronry, The. Wolv —7F 34
Heronsdale Rd. Stourb —6J 107
Herons Way. B29 —6C 112
Heronswood Dri. Brie H —8D 88
Heronswood Rd. Kidd —7M 149
Heronswood Rd. Redn —3H 155
Heronville Dri. W Brom —2G 67
Heronville Ho. Tip —6B 66
Heronville Rd. W Brom —3F 66
Heron Way. Redn —2F 154
Herrick Rd. B8 —4E 94
Herrick Rd. Cov —6K 145
Herrick St. Wolv —8B 36 (5G 7)
Herringshaw Cft. S Cold —6L 57
Hertford Pl. Cov —7B 144 (6A 6)
Hertford St. B12 —4A 114
Hertford St. Cov —7C 144 (5C 6)
Hertford Ter. B12 —4A 114
Hertford Way. Know —5H 161
Hervey Gro. B24 —3K 71
Hesketh Cres. B23 —4C 70
Heskett Av. O'bry —8J 91
Hesleden. Wiln —1H 47
Heslop Clo. Bin —1M 167
Hessian Clo. Bils —7H 51
Hestia Dri. B29 —1E 134
Heston Av. B42 —1G 69
Hetton Clo. Warw —8F 210
Hever Av. B44 —8A 56
Hever Clo. Dud —6E 64
Hewell Av. B'gve —2M 201
Hewell Clo. B31 —2M 155
Hewell Clo. K'wfrd —8K 63
Hewell Clo. Redd —3J 203
Hewell La. B Grn —1J 181
Hewell La. Tard & Redd —6F 180
Hewell Park. —2J 203
Hewell Rd. B Grn —1K 181
Hewell Rd. Redd —4C 204
Hewitson Gdns. Smeth —7M 91
Hewitt Av. Cov —4B 144 (1A 6)
Hewitt Clo. Lich —7G 13
Hewitt St. W'bry —3C 52
Hewston Cft. Cann —5K 9
Hexby Clo. Cov —3A 146
Hexham Cft. B36 —1J 95
Hexham Way. Dud —7F 64
Hexton Clo. Shir —7D 136
Hexworthy Av. Cov —4B 166
Heybarnes Cir. Small H —2F 114
Heybarnes Rd. B10 —2F 114
Heybrook Clo. Cov —2J 145
Heycott Gro. B38 —7J 135
Heycroft. Cov —5K 165
Heydon Rd. Brie H —4B 88
Heydon Rd. Fins —8D 180
Heyford Gro. Sol —1C 160
Heyford Leys. Rugby —3M 197
Heyford Way. B35 —4B 72
Heygate Way. Wals —7H 27
Heynesfield Rd. B33 —6C 96
Heythrop Gro. B13 —1D 136
Heyville Cft. Ken —6J 191
Heywood Clo. Cov —2G 145
Hibberd Ct. Ken —5F 190
Hibbert Clo. Rugby —8M 171
Hickman Av. Wolv —8G 37
Hickman Gdns. B16 —8F 92
Hickman Pl. Bils —3J 51
Hickman Rd. B11 —3B 114
Hickman Rd. Bils —4J 51
Hickman Rd. Brie H —5C 88
Hickman Rd. Gall C —5L 77
Hickman Rd. Tip —1M 65
Hickman's Av. Crad H —7L 89
Hickmans Clo. Hale —3G 111
Hickman St. Stourb —3C 108
Hickmerelands La. Dud —1D 64
Hickory Ct. Cann —7J 9
Hickory Dri. B17 —7B 92
Hicks Clo. Warw —7F 210
Hidcote Av. S Cold —1A 72
Hidcote Clo. Nun —1M 103
Hidcote Clo. Syd —4C 216
Hidcote Gro. Kitts G —1C 116
Hidcote Gro. Mars G —2G 117
Hidcote Rd. Ken —3J 191
Hidson Rd. B23 —4C 70
Higgins Av. Bils —7K 51
Higgins La. B32 —4J 111
Higgins Wlk. Smeth —3B 92
Higgs Fld. Cres. Crad H —8A 90
Higgs Rd. Wolv —8A 24
Higham La. Nun —4L 79
Highams Clo. Row R —6B 90
Higham Way. Burb —2L 81
Higham Way. Wolv —3E 36
Higham Way Ho. Burb —2L 81
High Arcal Dri. Dud —2F 64
High Arcal Rd. Dud —6M 63
High Ash Clo. Exh —2F 122
High Av. Crad H —1M 109
High Bank. Cann —1E 14
High Beech. Cov —3G 143
High Beeches. B43 —8D 54
Highbridge. —3A 26
Highbridge Rd. Dud —6G 89
Highbridge Rd. S Cold —8G 57
High Brink Rd. Col —2M 97
Highbrook Clo. Wolv —7A 22
High Brow. B17 —2B 112
High Bullen. W'bry —6F 52
Highbury Av. Hand —1F 92
Highbury Av. Row R —6D 90
Highbury Clo. Row R —6D 90
Highbury Grn. Nun —2C 78
Highbury Rd. B14 —1K 135
Highbury Rd. O'bry —4H 91
Highbury Rd. Smeth —2K 91
Highbury Rd. S Cold —6C 42
Highclere. Bew —7A 148
Highclere. Crad H —2A 110
Highclere Dri. Bew —7A 148
Highcliffe Rd. Tam —8D 32
Highcrest Clo. B31 —2A 156
High Cft. B43 —8C 54
Highcroft. A'rdge —7H 27
High Cft. Pels —4B 26
Highcroft Av. Stourb —6J 87
Highcroft Clo. Lich —3J 19
Highcroft Clo. Sol —7C 116
Highcroft Cres. Lea S —8J 211
Highcroft Dri. S Cold —6E 42
Highcroft Rd. B23 —6E 70
Highdown Cres. Shir —3A 160
Highdown Rd. Lea S —3B 216
High Elms La. Lwr B —8E 202
High Ercal. —7C 88
High Ercal Av. Brie H —7C 88
High Farm Rd. Hasb —6L 109
High Farm Rd. H Grn —1F 110
Highfield. Mer —8J 119
Highfield Av. Burn —2H 17
Highfield Av. Redd —1D 208
Highfield Av. Shelf —1C 40
Highfield Av. Tam —4G 33
Highfield Av. Wolv —7G 23
Highfield Clo. B28 —4D 136
Highfield Clo. Burn —2H 17
Highfield Clo. Ken —5E 190
Highfield Ct. Cann —4H 9
Highfield Ct. Earl S —2L 85
Highfield Ct. S Cold —8H 57
Highfield Ct. Wolv —3J 49
Highfield Cres. Hale —3K 109
Highfield Cres. Row R —1B 110
Highfield Cres. Wolv —3H 37
Highfield Dri. S Cold —2F 70
Highfield Gdns. Lich —3L 19
Highfield La. B32 —4H 111
Highfield La. Clent —7F 130
Highfield La. Cor —8H 101
Highfield La. Hale —6M 109
Highfield Pas. Wals —1L 53
Highfield Pl. B14 —4D 136
Highfield Rd. B15 & Edg —1G 113
Highfield Rd. B'gve —1L 201
Highfield Rd. Burn —2H 17
Highfield Rd. Cann —8L 9
Highfield Rd. Cookl —4A 128
Highfield Rd. Cov —5F 144
Highfield Rd. Dud —8L 65
Highfield Rd. Gt Barr —2C 68
Highfield Rd. Hale —4K 109
Highfield Rd. Kidd —1A 150
Highfield Rd. Mose —6B 114
Highfield Rd. Nun —7K 79
Highfield Rd. Pels —5A 26
Highfield Rd. Redd —1D 208
Highfield Rd. Row R —8B 90
Highfield Rd. Salt —5E 94
Highfield Rd. Sed —8D 50
Highfield Rd. Smeth —4M 91
Highfield Rd. Stourb —7A 88
Highfield Rd. Stud —5K 209
Highfield Rd. Tip —2A 66
Highfield Rd. Yard W & Hall G —4D 136
Highfield Rd. N. Pels —4M 25
Highfields. —5F 16
Highfields. B'gve —8L 179
Highfields. Burn —2H 17
Highfields Av. Bils —5L 51
Highfields Dri. Bils —6K 51
Highfields Dri. Wom —4G 63
Highfields Rd. Bils —6J 51
Highfields Rd. Chase —5F 16
Highfields Rd. Hinc —8E 84
Highfields, The. Wolv —7G 35
Highfield St. Earl S —2K 85
Highfield Ter. Lea S —8K 211
Highfield Ter. Wash H —4E 94
Highfield Way. Wals —7H 27
Highgate. —2M 113
Highgate. Dud —4E 64
Highgate. S Cold —8A 42
Highgate Av. Wals —1M 53
Highgate Av. Wolv —3K 49
Highgate Clo. B12 —2M 113
Highgate Clo. Kidd —5G 149
Highgate Clo. Wals —2M 53
Highgate Common Country Pk. —1A 86
Highgate Dri. Wals —2M 53
Highgate Ho. B5 —1L 113 (off Southacre Av.)
Highgate Middleway. B12 —2M 113
Highgate Pl. B12 —2A 114
Highgate Rd. B12 —3A 114
Highgate Rd. Dud —3F 88
Highgate Rd. Wals —1M 53
Highgate Sq. B12 —2M 113
Highgate St. B12 —2M 113
Highgate St. Crad H —7M 89 (in two parts)
Highgate Trad. Est. B12 —2A 114
High Grange. Cann —4G 9
High Grange. Lich —7F 12
High Grn. Cann —8D 8
Highgrove. Cov —4F 164
Highgrove. Rugby —2K 197
Highgrove. Tett —6J 35
Highgrove Clo. W'hall —2B 38
Highgrove Ct. Kidd —8A 128
Highgrove Pl. Dud —7F 64
High Habberley. —2F 148
High Haden Cres. Crad H —1A 110
High Haden Rd. Crad H —1A 110
High Harcourt. Crad H —1M 109
High Heath. —7C 26 **(Bloxwich)**
High Heath. —1B 58 **(Sutton Coldfield)**
High Heath Clo. B30 —4D 134
High Hill. Ess —7A 24
High Holborn. Dud —2D 64
High Ho. Dri. Redn —6F 154
High Ho. La. Tard —3G 203
Highland M. Bils —8K 51
Highland Ridge. Hale —4E 110
Highland Rd. Cann —5C 8
Highland Rd. Cov —8M 143
Highland Rd. Crad H —7L 89
Highland Rd. Dud —6G 65
Highland Rd. Erd —4F 70
Highland Rd. Gt Barr —6E 54
Highland Rd. Ken —2H 191
Highland Rd. Lea S —5B 212
Highland Rd. Wals W —6H 27
Highlands Clo. Kidd —4G 149
Highlands Clo. Warw —1F 214
Highlands Ct. Shir —1L 159
Highlands Rd. Shir —1L 159
Highlands Rd. Wolv —1K 49
Highland Way. Redd —1G 209
High Leasowes. Hale —5A 110
High Lees. Sharn —5H 83
Highley Clo. Kidd —7H 149
Highley Clo. Redd —5L 205
Highlow Av. Kidd —8J 127
High Mdw. Rug —4F 10
High Mdw. Rd. B38 —7G 135
High Meadows. Stoke H —3K 201
High Meadows. Wolv —6J 35
High Meadows. Wom —3G 63
Highmoor Clo. Bils —6K 51
Highmoor Clo. W'hall —2B 38
Highmoor Rd. Row R —6B 90
Highmore Dri. B32 —1J 133
High Mt. St. Cann —3H 9
High Oak. Brie H —2C 88
Highpark Av. Stourb —4K 107
High Pk. Clo. Cov —6F 142
High Pk. Clo. Dud —8D 50
High Pk. Clo. Smeth —4B 92
High Pk. Cres. Dud —8D 50
High Park Estate. —4J 107
High Pk. Rd. Hale —4J 109
High Point. B15 —3E 112
High Ridge. Wals —4F 40
High Ridge Clo. A'rdge —4E 40
High Ridge Clo. W'bry —5A 52
High Rd. W'hall —4C 38
High St. B'gve —7M 179
High St. B4 & B2 —7L 93 (5G 5)
High St. A'rdge —3H 41 (in two parts)
High St. Amb —1M 107
High St. Aston —2L 93
High St. A'wd B —8E 208
High St. Barw —4G 85
High St. Bed —7H 103
High St. Belb —2D 152
High St. Bew —6B 148
High St. Bils —4K 51
High St. Blox —1H 39
High St. Bord —8A 94 (7L 5)
High St. Brie H —7D 88
High St. Brock —5B 88
High St. Bwnhls —2F 26
High St. Cann —4B 16
High St. C Ter —1E 16
High St. Chase —4F 16 (in two parts)
High St. C Hay —7C 14
High St. Clay —3E 26
High St. Col —1M 97
High St. Cov —7C 144 (5C 6)
High St. Crad H —1J 109
High St. Cubb —4E 212
High St. Der —8M 93 (7K 5)
High St. Dost —5C 46
High St. Dud —8J 65
High St. Earl S —1M 85
High St. Erd —5F 70
High St. Hale —5B 110
High St. H Ard —3A 140
High St. Harb —4C 112
High St. Hillm —1F 198
High St. Hurl —4J 61
High St. Ken —4E 190
High St. Ker —8M 121
High St. Kidd —3L 149
High St. K Hth —1L 135
High St. K'wfrd —3K 87
High St. Kinv —5A 106
High St. Know —3J 161
High St. Lea S —2M 215
High St. Lye —4E 108
High St. Mox —5A 52
High St. Nun —5H 79
High St. Pels —5A 26
High St. Pens —2A 88
High St. Pole —7M 33
High St. P End —1L 65
High St. Quar B —8F 88
High St. Quin —3G 111
High St. Row R —8B 90
High St. Rugby —6A 172
High St. Ryton D —8B 168
High St. Salt —4D 94
High St. Sed —8D 50
High St. Shir —7C 136
High St. Smeth —3M 91
High St. Sol —5C 138
High St. Stourb —3A 108
High St. Stour S —6G 175
High St. Stud —5L 209
High St. S Cold —3J 57
High St. Swind —7E 62
High St. Tett —5K 35
High St. Tip —4L 65
High St. W Hth —1H 87
High St. Wals —8L 39
High St. Wals W —6F 26
High St. Warw —3E 214
High St. Wed —4J 37
High St. W Brom —5H 67
High St. W'hall —8L 37
High St. Woll —3L 107
High St. Wom —3H 63
High St. Word —6L 87
High St. Precinct. Mox —3D 52
Highters Clo. B14 —7B 136
Highter's Heath La. B14 —8A 136
Highters Rd. B14 —6A 136
High Timbers. Redn —8F 132
High Tor E. Earl S —1L 85
High Tor W. Earl S —1L 85
High Tower. B7 —4B 94
High Town. —4H 9
Hightown. Hale —3J 109
High Town. Prin —7E 194
Hightree Clo. B32 —8H 111
High Trees. B20 —6F 68
High Trees Clo. Redd —2E 208
High Trees Rd. Know —2G 161
High Vw. Bils —8F 50
Highview. Hurl —5J 61
Highview. Wals —1M 53 (off Highgate Rd.)
High Vw. Dri. Ash G —2C 122
Highview Dri. K'wfrd —5M 87
High Vw. Rd. Lea S —4C 212
Highview St. Dud —8L 65
Highwayman's Cft. Cov —4K 165
Highwood Av. Sol —8A 116
High Wood Clo. K'wfrd —3J 87
Highwood Cft. B38 —8D 134
Hiker Gro. B37 —7K 97
Hilary Cres. Dud —3H 65
Hilary Dri. S Cold —6A 58
Hilary Dri. Wals —4G 41
Hilary Dri. Wolv —2K 49
Hilary Gro. B31 —5M 133
Hilary Rd. Cov —3K 165
Hilary Rd. Nun —4F 78
Hilden Rd. B7 —5A 94 (2M 5)
Hilderic Cres. Dud —2F 88
Hilderstone Rd. B25 —3J 115
Hildicks Cres. Wals —2M 39
Hildicks Pl. Wals —2M 39
Hill. —5G 43
Hillaire Clo. B38 —7J 135
Hillaries Rd. B23 —7D 70
Hillary Av. W'bry —6J 53
Hillary Crest. Dud —4E 64
Hillary Rd. Rugby —1L 197
Hillary Rd. Stour S —2K 175
Hillary St. Wals —2J 53
Hill Av. Wolv —6F 50
Hill Bank. Stourb —4F 108
Hillbank. Tiv —8D 66
Hill Bank Dri. B33 —5K 95
Hill Bank Rd. B38 —7G 135
Hillbank Rd. Hale —3K 109
Hillboro Ri. Kinv —4A 106
Hillborough Rd. B27 —7L 115
Hillbrook Gro. B33 —6M 95
Hillbrow Cres. Hale —1F 110
Hillbury Dri. W'hall —1B 38
Hill Clo. B31 —8B 134
Hill Clo. A'wd B —8E 208
Hill Clo. Dud —8E 50
Hill Clo. Lea S —6A 212
Hill Cres. Stret D —3F 194
Hillcrest. Dud —5C 64
Hillcrest. Lea S —4E 212
Hillcrest Av. B43 —7E 54
Hillcrest Av. Brie H —8C 88
Hillcrest Av. Hale —2H 109
Hillcrest Av. Wolv —8E 22
Hillcrest Clo. Dud —4J 89
Hillcrest Clo. Tam —3B 32
Hill Crest Dri. Lich —8G 13
Hillcrest Gdns. W'hall —4D 38
Hillcrest Gro. B44 —2A 70
Hillcrest Ind. Est. Crad H —1K 109
Hillcrest Ri. Burn —5H 17
Hillcrest Rd. B43 —7E 54
Hillcrest Rd. Dord —2M 47
Hillcrest Rd. Dud —8L 65
Hill Crest Rd. Mose —7L 113
Hillcrest Rd. Nun —3D 78
Hillcrest Rd. Rom —5A 132
Hillcrest Rd. S Cold —1J 71
Hillcroft Ho. B14 —7M 135
Hill Cft. Rd. K Hth —3J 135
Hillcroft Rd. K'wfrd —2L 87
Hillcross Wlk. B36 —1M 95
Hilldene Rd. K'wfrd —5J 87
Hillditch La. Hartl —7L 175
Hilldrop Gro. B17 —6D 112
Hilleys Cft. B37 —6F 96
Hill Farm Av. Nun —8B 80
Hillfield. —8A 138
Hillfield M. Sol —1B 160
Hillfield Rd. B11 —6D 114
Hillfield Rd. Rugby —8J 171
Hillfield Rd. Sol —1B 160 (in three parts)
Hillfields. —5E 144 (2F 6)
Hillfields. Smeth —6K 91
Hillfields Ho. Cov —6E 144 (3F 6)
Hillfields Rd. Brie H —2B 108
Hillfield Wlk. Row R —4M 89
Hillfray Dri. Cov —4G 167
Hill Gro. B20 —7J 69
Hill Gro. Cres. Kidd —4A 150
Hillgrove Gdns. Kidd —5A 150
Hill Hook. —4E 42
Hill Hook Rd. S Cold —4E 42
Hill Ho. La. B33 —6M 95 (in two parts)
Hillhurst Gro. B36 —8D 72
Hilliard Clo. Bed —5G 103
Hilliards Cft. B42 —1G 69
Hillingford Av. B43 —6J 55
Hill La. A'chu & Wyt —8J 157
Hill La. Bass P —7B 44
Hill La. B'gve —8M 179
Hill La. Burn —8E 10
Hill La. Clent —5E 130
Hill La. Gt Barr —7E 54
Hill La. Lwr B & Up Ben —8G 203
Hillman. Tam —7E 32
Hillman Dri. Dud —2L 89
Hillman Gro. B36 —8F 72
Hillmeads Dri. Dud —2L 89
Hillmeads Rd. B38 —8G 135
Hillmorton. —1G 199
Hillmorton. S Cold —6F 42
Hillmorton Clo. Redd —3L 205
Hillmorton La. Lilb —4M 173
Hillmorton La. Rugby & Clift D —7G 173
Hillmorton Rd. Cov —7J 123
Hillmorton Rd. Know —4G 161
Hillmorton Rd. Rugby —7A 172
Hill Morton Rd. S Cold —5F 42
Hillmount Clo. B28 —7E 114
Hill Pk. Wals W —5G 27
Hill Pas. Crad H —7L 89
Hill Pl. Wolv —8A 24
Hillpool. —4M 151
Hillrise. Hinc —1M 81
Hill Ri. Vw. L End —3C 180
Hill Rd. Ker E —3M 121
Hill Rd. Stourb —4E 108
Hill Rd. Tiv —7A 66
Hill Rd. W'hall —1K 51
Hillside. Cov —3G 145
Hillside. Dud —5C 64
Hillside. Harts —1A 78
Hill Side. K'bry —5D 60
Hillside. Lich —3K 19
Hillside. Redd —7D 204
Hillside. Wals —3G 27
Hillside Av. Brie H —1G 109
Hillside Av. Hale —3K 109
Hillside Av. Row R —1B 110
Hillside Clo. B32 —1G 133
Hillside Clo. Hed —2G 9
Hillside Clo. Stour S —8E 174
Hillside Clo. Wals —3G 27
Hillside Ct. B43 —7D 54

Hillside Cres. Wals —7M 25
Hillside Cft. Sol —5E 116
Hillside Dri. Gt Barr —3G 69
Hillside Dri. Kidd —2G 149
Hillside Dri. K'hrst —5F 96
Hillside Dri. L End —3B 180
Hillside Dri. Nun —2C 78
Hillside Dri. S Cold —2M 55
Hillside Gdns. K'hrst —5F 96
Hillside Gdns. Wolv —6G 37
Hillside Ho. Redn —1F 154
Hillside N. Cov —3G 145
Hillside Rd. Dud —4G 65
Hillside Rd. Erd —7D 70
Hillside Rd. Gt Barr —7D 54
Hillside Rd. Hinc —3K 81
Hillside Rd. S Cold —5F 42
Hillside Wlk. Wolv —6G 37
Hillstone Gdns. Wolv —1F 36
Hillstone Rd. B34 —4D 96
Hill St. B2 & B5 —7K 93 (5E 4)
Hill St. Barw —3H 85
Hill St. Bed —4H 103
Hill St. Bils —6L 51
Hill St. Brie H —7D 88
Hill St. Burn —4E 16
Hill St. Cann —5J 9
Hill St. C Hay —7C 14
Hill St. Cov —6B 144 (4A 6)
Hill St. Ess —6M 23
Hill St. Hale —6A 110
Hill St. Hinc —1K 81
Hill St. Kidd —3K 149
Hill St. Lea S —8A 212
Hill St. Lye —4F 108
Hill St. Neth —4H 89
Hill St. Nort C —3M 15
Hill St. Nun —5D 78
Hill St. Quar B —1G 109
Hill St. Rugby —5M 171
Hill St. Smeth —3A 92
Hill St. Stourb —1M 107 (Brettell La.)
Hill St. Stourb —5M 107 (Worcester St.)
Hill St. Tip —5M 65
Hill St. Up Gor —4D 64
Hill St. Wals —8M 39
Hill St. Warw —1H 215
Hill St. W'bry —3E 52
Hill, The. B32 —7L 111
Hill Top. —8K 179 (Bromsgrove)
Hill Top. —5J 9 (Cannock)
Hill Top. —8H 77 (New Arley)
Hill Top. —2G 67 (Wednesbury)
Hill Top. Cov —6D 144 (4D 6)
Hill Top. Earl S —1M 85
Hill Top. Redd —8M 203
Hilltop. Stourb —6E 108
Hill Top. W Brom —1G 67
Hilltop Av. Bew —5D 148
Hill Top Av. Hale —2E 110
Hill Top Av. Tam —1B 32
Hill Top Clo. B44 —3L 69
Hilltop Clo. Hon —1E 188
Hill Top Dri. B36 —2K 95
Hill Top Ind. Est. W Brom —1F 66
Hill Top Rd. B31 —6M 133
Hilltop Rd. Dud —1L 89
Hill Top Rd. O'bry —7J 91
Hill Top Wlk. Wals —8J 27
Hillview. Wals —7H 27
Hillview Clo. Hale —3L 109
Hillview Clo. L End —3C 180
Hillview Rd. L End —3C 180
Hillview Rd. Redn —1E 154
Hill Village Rd. S Cold —4G 43
Hillville Gdns. Stourb —6B 108
Hill Wood. —5J 43
Hillwood. Wals —7M 25
Hillwood Av. Shir —3A 160
Hillwood Clo. K'wfrd —5J 87
Hillwood Comn. Rd. S Cold —5H 43
Hillwood Rd. B31 —2L 133
Hillwood Rd. Hale —2C 110
Hill Wootton. —3J 211
Hill Wootton Rd. Leek W —3G 211
Hillyfields Rd. B23 —5C 70
Hilly Rd. Bils —7L 51
Hilmore Way. Tam —1E 46
Hilsea Clo. Pend —8M 21
Hilston Av. Hale —5M 109
Hilston Av. Wolv —5J 49
Hilton. —1A 28
Hilton Av. B28 —5E 136
Hilton Av. Nun —3B 78
Hilton Clo. Wals —8F 24
Hilton Ct. Cov —7M 143
Hilton Dri. S Cold —1J 71
Hilton La. Share & Ess —1K 23
Hilton La. Wals —7F 14
Hilton Main Ind. Est. F'stne —4J 23
Hilton Pl. Bils —4M 51
Hilton Rd. F'stne —2H 23
Hilton Rd. Lane —4F 50
Hilton Rd. Tiv —1C 90
Hilton Rd. W'hall —1C 38
Hilton St. W Brom —6G 67
Hilton St. Wolv —6E 36 (1M 7)
Hilton Way. W'hall —1C 38
Himbleton Clo. Redd —8F 204
Himbleton Cft. Shir —2A 160
Himley. —6H 63
Himley Av. Dud —7F 64
Himley By-Pass. Himl —6G 63
Himley Clo. B43 —7C 54
Himley Clo. W'hall —4B 38
Himley Cres. Wolv —4B 50
Himley Gdns. Dud —5M 63
Himley Gro. Redn —3H 155
Himley La. Himl —7E 62 (in two parts)
Himley Model Village. —6J 63
Himley Pk. —4K 63
Himley Ri. Shir —5L 159
Himley Rd. Bed —7D 102
Himley Rd. Dud & Gorn W —6M 63
Himley St. Dud —8G 65
Himley Wood Nature Reserve. —6G 63
Hinbrook Rd. Dud —8E 64
Hinchliffe Av. Bils —7H 51
Hinckes Rd. Wolv —4H 35
Hinckley. —1K 81
Hinckley Bus. Pk. Hinc —1E 80
Hinckley Ct. O'bry —2H 111
Hinckley Fields Ind. Est. Hinc —6C 84
Hinckley Rd. Ansty —7C 124
Hinckley Rd. Aston F —2C 82
Hinckley Rd. Barw —3E 84
Hinckley Rd. Burb —2A 82
Hinckley Rd. Burt H & Hinc —1G 105
Hinckley Rd. Cov —2A 146
Hinckley Rd. Earl S —2J 85
Hinckley Rd. Nun —4K 79
Hinckley Rd. Sap —1C 82
Hinckley Rd. Stap —1F 84
Hinckley Rd. S Stan —1J 83
Hinckley Rd. Wlvy —3L 105
Hinckley St. B5 —8K 93 (7F 4)
Hinckley Tourist Info. Cen. —1K 81
Hincks St. Wolv —2G 51
Hind Clo. Warw —7F 210
Hinde Clo. Rugby —2C 172
Hindhead Rd. B14 —5C 136
Hindlip Clo. Hale —7M 109
Hindlip Clo. Redd —5A 206
Hindlow Clo. B7 —5B 94 (2M 5)
Hindon Gro. B27 —2J 137
Hindon Sq. Edg —1F 112
Hindon Wlk. B32 —7J 111
Hingeston St. B18 —5H 93 (1A 4)
Hingley Cft. Wals —6M 41
Hingley Rd. Hale —3G 109
Hingley St. Crad H —8K 89
Hinksford. —1F 86
Hinksford Gdns. Swind —7E 62
Hinksford La. Swind & K'wfrd —7E 62
Hinksford Mobile Homes. K'wfrd —1E 86
Hinsford Clo. K'wfrd —1L 87
Hinstock Clo. Wolv —5A 50
Hinstock Rd. B20 —8F 68
Hintlesham Av. B15 —4D 112
Hinton Av. A'chu —3A 182
Hinton Fields. B'hth —2L 179
Hinton Gro. Wolv —4M 37
Hintons Coppice. Know —3E 160
Hints. —7D 30
Hints Ct. Hints —7D 30
Hints Hill. —6E 30
Hints La. Hints —6E 30 (in two parts)
Hints Rd. Hop —2H 31
Hints Rd. M Oak —7F 30
Hipkins St. Tip —2L 65
Hiplands Rd. Hale —5F 110
Hipsley Clo. B36 —8C 72
Hipsley La. Hurl —4L 61
Hipsmoor Clo. B37 —6F 96
Hipswell Highway. Cov —5K 145
Hirdemons Way. Shir —4G 159
Hiron Cft. Cov —1C 166
Hiron, The. Cov —1C 166
Hiron Way. Warw —2B 214
Hirsel Gdns. Lea S —7M 211
Hirst Clo. Long L —4G 171
Histons Dri. Cod —7F 20
Histons Hill. Cod —7F 20
Hitchcock Clo. Smeth —4K 91
Hitches La. B15 —2H 113
Hitchman Ct. Lea S —4A 216
Hitchman M. Lea S —4A 216
Hitchman Rd. Lea S —3A 216
Hither Grn. La. Redd —2F 204
Hitherside. Shir —4H 159
Hive Ind. Est. B18 —3G 93
Hoarestone Av. Nun —2A 104
Hoarstone. Hag —4M 129
Hoarstone Clo. Bew —4C 148
Hoarstone La. Bew —2C 148
Hobacre Clo. Redn —1G 155
Hobart Ct. S Cold —6G 43
Hobart Cft. B7 —5A 94 (1M 5)
Hobart Dri. Wals —3C 54
Hobart Rd. Cann —7L 9
Hobart Rd. Tip —8L 51
Hobble End. —2H 25
Hobble End La. Wals —3G 25
Hobgate Clo. Wolv —5F 36
Hobgate Rd. Wolv —5F 36
Hobgoblin La. Fill —7F 100
Hob Grn. Rd. Stourb —7E 108
Hobhouse Clo. B42 —2F 68
Hob La. Bal C & Burt G —4K 163
Hob La. Bars —3A 162
Hobley Clo. Rugby —2K 197
Hobley St. W'hall —7C 38
Hobmoor Cft. B25 —2K 115
Hob Moor Rd. Small H & Yard —8F 94
Hobnock Rd. Ess —5A 24
Hobro. —3G 127
Hobs Hole La. Wals —2H 41
Hob's Mdw. Sol —7A 116
Hobs Moat Rd. Sol —7B 116
Hobson Clo. B18 —4G 93
Hobson Rd. B29 —8H 113
Hobs Rd. Lich —8L 13
Hobs Rd. W'bry —5G 53
Hobstone Hill. —8M 11
Hobstone Hill La. Lich —8L 11
Hockett St. Cov —1D 166 (8E 6)
Hocking Rd. Cov —4K 145
Hockley. —4H 93 (Birmingham)
Hockley. —5C 142 (Coventry)
Hockley. —4F 46 (Tamworth)
Hockley Brook Clo. B18 —4G 93
Hockley Brook La. Belb —5E 152
Hockley Brook Trad. Est. B18 —3G 93
Hockley Cen. B18 —5J 93 (1C 4)
Hockley Cir. B19 —3H 93
Hockley Clo. B19 —3K 93
Hockley Flyover. B19 —3H 93
Hockley Heath. —3C 186
Hockley Hill. B18 —4J 93
Hockley Hill Ind. Est. B18 —4H 93 (1A 4)
Hockley Ind. Est. B18 —4H 93 (1A 4)
Hockley La. Cov —5C 142
Hockley La. Dud —6H 89
Hockley Pool Clo. B18 —4H 93
Hockley Port Bus. Cen. B18 —4G 93
Hockley Rd. B23 —5D 70
Hockley Rd. Bils —2G 65
Hockley Rd. H'ley & Wiln —4F 46
Hockley St. B18 & B19 —5J 93 (1C 4)
Hodgehill. —3K 95
Hodge Hill Av. Stourb —6E 108
Hodge Hill Comn. B36 —2L 95
Hodgehill Ct. B36 —2L 95
Hodge Hill Rd. B34 —3L 95
Hodge La. Tam —4H 33
Hodgetts Clo. Smeth —6K 91
Hodgetts Dri. Hale —1K 131
Hodgetts La. Berk & Burt G —1M 163
Hodgkins Clo. Wals —3G 27
Hodnell Clo. B36 —8C 72
Hodnet Clo. Bils —4H 51
Hodnet Clo. Ken —4H 191
Hodnet Dri. Pens —3C 88
Hodnet Gro. B5 —1L 113
Hodnet Pl. Cann —7H 9
Hodson Av. W'hall —8C 38
Hodson Clo. Wolv —1M 37
Hodson Way. Cann —7H 9
Hoff Beck Ct. B9 —7B 94
Hogarth Clo. B43 —4K 55
Hogarth Clo. Bed —5G 103
Hogarth Clo. Hinc —6A 84
Hogarth Clo. W'hall —7L 37
Hogarth Dri. Hinc —6A 84
Hoggrill's End. —5E 74
Hoggrills End La. Col —5F 74
Hogg's La. B31 —5L 133
Holbeache. —8J 63
Holbeache La. K'wfrd —8J 63
Holbeache Rd. K'wfrd —1J 87
Holbeach Rd. B33 —7B 96
Holbeche Cres. Fill —6E 100
Holbeche Rd. Know —2G 161
Holbeche Rd. S Cold —4B 58
Holbein Clo. Bed —5G 103
Holberg Gro. Wolv —4M 37
Holborn Av. Cov —7C 122
Holborn Hill. B6 & B7 —1B 94
Holbrook Av. Rugby —5A 172
Holbrook La. Cov —6C 122 (in two parts)
Holbrook Rd. Long L —4H 171
Holbrooks. —6C 122
Holbrook Tower. B36 —1J 95
Holbrook Way. Cov —8D 122
Holbury Clo. Wolv —7A 22
Holcombe Rd. B11 —5G 115
Holcot Leys. Rugby —2A 198
Holcroft Rd. Hale —4J 109
Holcroft Rd. K'wfrd —8J 63
Holcroft Rd. Stourb —5C 108
Holcroft St. Tip —7A 66
Holcroft St. Wolv —2G 51
Holden Clo. B23 —7E 70
Holden Cres. Wals —4L 39
Holden Cft. Tip —6A 66
Holden Pl. Wals —5L 39
Holden Rd. W'bry —7G 53
Holden Rd. Wolv —6K 49
Holdens, The. B28 —3E 136
Holder Dri. Cann —7B 8
Holder Rd. S'brk —3C 114
Holder Rd. Yard —2J 115
Holders Gdns. B13 —7J 113
Holders La. B13 —7J 113
Holdford Rd. B6 & Witt —7M 69
Holdgate Rd. B29 —2C 134
Hole Farm Rd. B31 —5C 134
Hole Farm Way. B38 —2F 156
Hole Ho. La. Lapw —8E 186
Hole La. B31 —3C 134
Holford Av. Wals —3J 53
Holford Dri. P Barr & Holf —5L 69
Holford Way. Holf —5M 69
Holifast Rd. S Cold —2H 71
Holioake Dri. Warw —3G 215
Holland Av. Know —1H 161
Holland Av. O'bry —5K 91
Holland Clo. Lich —8M 13
Holland Ho. B19 —4K 93 (off Gt. Hampton Row)
Holland Ind. Pk. W'bry —1D 52
Holland Rd. Bils —2L 51
Holland Rd. Cov —3A 144
Holland Rd. Gt Barr —2D 68
Holland Rd. S Cold —6H 57
Holland Rd. E. Aston —3A 94
Holland Rd. W. Aston —3M 93
Hollands Pl. Wals —8K 25
Hollands Rd. Wals —8K 25
Holland St. B3 —6J 93 (4C 4)
Holland St. Dud —1H 89
Holland St. S Cold —5H 57
Holland St. Tip —2C 66
Hollands Way. Wals —5M 25
Hollemeadow Av. Wals —2K 39
Holliars Gro. B37 —4F 96
Hollick Cres. Gun H —1G 101
Hollick Way. Wlvy —5K 105
Hollicombe Ter. Cov —1K 145
Holliday Pas. B1 —8J 93 (7D 4)
Holliday Rd. Erd —5G 71
Holliday Rd. Hand —2F 92
Holliday St. B1 —8J 93 (7C 4)
Holliday Wharf. B1 —8J 93 (7D 4)
Hollie Lucas Rd. B13 —2M 135
Hollier's Wlk. Hinc —8D 84
Hollies Av. Cann —8F 8
Hollies Cft. B5 —4J 113
Hollies Dri. Hale —3D 110
Hollies Dri. W'bry —6F 52
Hollies Hill. —1G 153
Hollies Ind. Est., The. Wolv —1C 50 (8H 7)
Hollies La. Kidd —6D 126
Hollies La. Patt —5A 34
Hollies Ri. Crad H —1M 109
Hollies Rd. Tiv —1A 90
Hollies St. Brie H —2D 88
Hollies, The. B6 —1B 94
Hollies, The. B16 —6F 92
Hollies, The. Lich —1K 19
Hollies, The. Newt —1F 172
Hollies, The. Smeth —5C 92
Hollies, The. Stour S —3E 174
Hollies, The. Wolv —1C 50 (7H 7)
Hollies, The. Wom —2H 63
Hollin Brow Clo. Know —6H 161
Hollingbury La. S Cold —6M 57
Hollings Gro. Sol —1B 160
Hollington Cres. B33 —5A 96
Hollington Rd. Wolv —1H 51
Hollington Way. Shir —2C 160
Hollinwell Clo. Nun —1C 104
Hollinwell Clo. Wals —6G 25
Hollis La. Ken —8E 164
Hollis Rd. Cov —7G 145
Hollister Dri. B32 —6M 111
Holloway. B31 —3L 133
Holloway. Tam —5B 32
Holloway Bank. W'bry & W Brom —8F 52
Holloway Cir. Queensway. B1 —8K 93 (7F 4)
Holloway Ct. Hale —4K 109
Holloway Dri. Redd —7F 204
Holloway Dri. Wom —4E 62
Holloway End. —3B 108
Holloway Fld. Cov —3M 143
Holloway Head. B1 —8K 93 (8E 4)
Holloway La. Redd —6F 204
Holloway Pk. Redd —6G 205
Holloway St. Dud —5D 64
Holloway St. Wolv —2G 51
Holloway St. W. Dud —4D 64
Holloway, The. A'chu —6C 182
Holloway, The. Chad C —7L 151
Holloway, The. Stourb —2M 107
Holloway, The. Swind —8D 62
Holloway, The. Warw —3D 214
Holloway, The. Wolv —7J 35
Hollow Cres. Cov —4B 144
Hollow Cft. B31 —6B 134
Hollowcroft Rd. W'hall —1B 38
Hollowell Way. Rugby —2C 172
Hollow Fields Clo. Redd —8E 204
Hollowmeadow Ho. B36 —1K 95
Hollows, The. Nun —8M 79
Hollow, The. B13 —5L 113
Hollow, The. Earl S —1L 85
Hollowtree La. Tard —6G 181
Holly Acre. Erd —5J 71
Holly Av. B12 —4A 114
Holly Av. S Oak —8H 113
Holly Bank. —6H 27
Hollybank. Cov —1A 166
Holly Bank Av. Ess —6A 24
Hollybank Clo. B13 —3A 136
Hollybank Clo. Wals —7G 25
Hollybank Gro. Hale —8K 109
Hollybank Rd. B13 —2A 136
Hollyberry Av. Sol —1A 160
Hollyberry Clo. Redd —5A 206
Hollyberry Cft. B34 —3C 96
Hollyberry End. —5C 120
Hollybrow. B29 —2A 134
Hollybush Gro. B32 —2K 111
Hollybush Ho. Nun —5J 79
Hollybush La. Cod —7D 20
Hollybush La. Longf —5G 123
Holly Bush La. Share —1M 23 (in two parts)
Hollybush La. Stourb —2M 107
Hollybush La. Wolv —5K 49
Holly Bush Wlk. Crad H —8K 89
Holly Clo. Burb —4L 81
Holly Clo. Kinv —4A 106
Holly Clo. S Cold —7M 57
Holly Clo. Tam —2B 32
Holly Clo. W'hall —3C 38
Hollycot Gdns. B12 —3M 113
Holly Ct. B23 —4G 71
Holly Ct. Bal C —6H 163
Hollycroft. —8B 84
Hollycroft. Hinc —7B 84
Hollycroft Cres. Hinc —8C 84
Hollycroft Rd. B21 —8D 68
Hollydale Rd. B24 —6J 71
Hollydale Rd. Row R —6D 90
Holly Dell. B38 —7H 135
Hollydene Cres. Earl S —2K 85
Holly Dri. B27 —7H 115
Holly Dri. H'wd —2B 158
Holly Dri. Hurl —5K 61
Holly Farm Bus. Pk. Hon —2H 189
Hollyfaste Rd. B33 —8B 96
Hollyfast La. Cor —5H 121
Hollyfast Rd. Cov —2L 143
Hollyfield Av. Sol —6L 137
Hollyfield Ct. S Cold —4L 57
Hollyfield Cres. S Cold —5L 57
Hollyfield Dri. B Grn —8G 155
Hollyfield Dri. S Cold —4L 57
Hollyfield Rd. S Cold —4L 57
Hollyfield Rd. S. S Cold —5M 57
Holly Gro. B29 —7F 112 (in two parts)
Holly Gro. B30 —1F 134
Holly Gro. B'gve —5M 179
Holly Gro. Chu L —4B 170
Holly Gro. Cov —7H 143
Holly Gro. Hand —1H 93
Holly Gro. Stourb —4M 107
Holly Gro. Wolv —2M 49
Holly Gro. La. Burn —8E 10
Holly Hall Rd. Dud —2G 89 (in two parts)
Hollyhedge Clo. B31 —3K 133
Hollyhedge Clo. Wals —7J 39
Hollyhedge La. Wals —6J 39
Hollyhedge Rd. W Brom —2L 67
Holly Hill. Redn —8F 132
Hollyhill La. Lich —5E 28
Holly Hill Rd. Redn —7G 133
Holly Hill Rd. Rug —4E 10
Holly Hill Rd. Shen —4F 28
Holly Hill Shop. Cen. Redn —8G 133
Hollyhock Rd. B27 —8F 114
Hollyhock Rd. Dud —8M 65
Hollyhurst. Bed —8F 102
Hollyhurst. Wat O —6J 73
Hollyhurst Dri. Stourb —6K 87
Hollyhurst Gro. B26 —3L 115
Hollyhurst Gro. Shir —1H 159
Hollyhurst Rd. S Cold —6B 56
Hollyland. Col —8F 74
Holly La. A'chu —4M 183
Holly La. Bal C —7G 163
Holly La. Barw —2H 85
Holly La. Erd —4H 71
Holly La. Gt Wyr —1E 24
Holly La. Hunt —2C 8
Holly La. Mars G —1F 116
Holly La. Smeth —4K 91
Holly La. S Cold —6G 43
Holly La. Wals W —1M 41 (Back La.)
Holly La. Wals W —5G 27 (Wolverson Rd., in two parts)
Holly La. Wis —6D 58
Holly Lodge Wlk. B37 —7F 96
Hollymoor Way. B31 —8H 133
Hollymount. Hale —2G 111
Hollyoak Cft. N'fld —1B 156
Hollyoake Clo. O'bry —7G 91
Hollyoak Gro. Sol —8A 138
Hollyoak Rd. S Cold —3M 55
Hollyoak St. W Brom —5K 67
Holly Pk. Dri. B24 —6H 71
Holly Pl. Aston —1K 93
Holly Pl. S Oak —7H 113
Holly Rd. B'gve —5M 179
Holly Rd. Dud —6G 65
Holly Rd. Edg —8D 92
Holly Rd. Hand —1F 92
Holly Rd. K Nor —5G 135
Holly Rd. O'bry —1J 111
Holly Rd. Row R —8B 90
Holly Rd. Stour S —5H 175
Holly Rd. W'bry —4F 52
Holly Rd. W Brom —1L 67
Holly Stitches Rd. Nun —3E 78
Holly St. Cann —3F 8
Holly St. Dud —3C 88
Holly St. Lea S —8A 212
Holly St. Smeth —4M 91
Holly Vw. Ess —6A 24
Holly Wlk. Bag —7E 166
Holly Wlk. Lea S —1M 215 (in two parts)
Holly Wlk. Nun —7M 79
Hollywell Rd. B26 —3B 116
Hollywell Rd. Know —4G 161
Hollywell St. Bils —8G 51
Hollywood. —1A 158
Holly Wood. B43 —8G 55
Hollywood By-Pass. K Nor —3L 157
Hollywood Cft. B42 —1F 68
Hollywood Gdns. H'wd —1A 158
Hollywood La. H'wd —1A 158
Holman Clo. W'hall —7L 37
Holman Rd. W'hall —7K 37
Holman St. Kidd —4J 149
Holman Way. Nun —6K 79
Holman Way. W'hall —7L 37
Holman Way Ind. Est. Nun —6K 79
Holmcroft. Cov —1M 145
Holmcroft Rd. Kidd —3A 150
Holme Clo. Rugby —3C 172
Holme Mill. Wolv —5D 22
Holmes Clo. B43 —2E 68
Holmes Ct. Ken —4F 190
Holmes Dri. Cov —4D 142
Holmes Dri. Redn —3F 154
Holmesfield Rd. B42 —2J 69
Holmes La. Hnbry —8B 202
Holmes Rd. W'nsh —6B 216
Holmes Rd. W'hall —2D 38
Holmes, The. Wolv —6D 22
Holme Way. Barby —8K 199
Holme Way. Wals —2B 40
Holmewood Clo. Ken —4H 191
Holmfield Rd. Cov —6H 145
Holmsdale Rd. Cov —2E 144
Holm Vw. Clo. Lich —3F 28
Holmwood Av. Kidd —3G 149
Holmwood Dri. Redd —6C 204
Holmwood Ho. Redd —6C 204
Holmwood Rd. B10 —8D 94
Holroyd Ho. Cov —7F 142
Holston Clo. Cann —8M 9
Holsworth Clo. Tam —8D 32
Holsworthy Clo. Nun —4L 79
Holt Ct. N. B7 —5M 93 (2K 5)
Holt Ct. S. B7 —5M 93 (2K 5)
Holte Cres. Cann —7H 9
Holte Dri. S Cold —7K 43
Holt End. —1L 205
Holte Rd. B11 —4D 114
Holte Rd. Aston —8A 70
Holtes Wlk. B6 —1B 94
Holt Gdns. Stud —7L 209
Holt Hill. Beo —1M 205
Holt La. Rom —4K 131
Holt Rd. Hale —8E 90
Holt Rd. Hinc —2L 81
Holt Rd. Stud —7L 209
Holtshill La. Wals —7M 39
Holt St. B7 —5M 93 (1J 5)
Holt, The. Lea S —6B 212
Holwick. Wiln —1H 47
Holy Cross. —7E 130
Holy Cross Ct. Cov —5L 145
Holy Cross Grn. Clent —7E 130
Holy Cross La. Belb —2E 152
Holyhead Rd. B21 —8B 68
Holyhead Rd. Cod —7B 20
Holyhead Rd. Cov —4J 143
Holyhead Rd. W'bry —5C 52 (Heath Acres)

Holyhead Rd. W'bry —6D 52 (Portway Rd.)
Holyhead Rd. Ind. Est. W'bry —6D 52
Holyhead Way. B21 —1D 92
Holyoak Clo. Bed —8F 102
Holyoak Clo. Rugby —1J 197
Holyoak Dri. Sharn —4H 83
Holyoakes La. B'ley —3H 203
Holyoak Rd. Aston —8M 69
Holyoke Gro. W'nsh —7B 216
Holyrood Ct. Nun —4E 78
Holyrood Gro. Aston —1L 93
Holy Well Clo. B16 —7G 93
Holywell Clo. Cov —8D 142
Holywell La. Redn —3D 154
Holywell Ri. Lich —3K 19
Home Clo. B28 —3F 136
Home Clo. Bubb —3J 193
Homecroft Rd. B25 —1L 115
Homedene Rd. B31 —2L 133
Home Farm. Leek W —3F 210
Home Farm Cres. W'nsh —5B 216
Homefield La. Dunc —5K 197
Homefield Rd. Cod —6H 21
Homelands. B42 —2H 69
Homelea Rd. B25 —1K 115
Homemead Gro. Redn —2F 154
Home Mdw. La. Redd —2L 205
Home Pk. Rd. Nun —6J 79
Homer Clo. Tach P —4L 215
Homer Hill. Hale —2H 109
Homer Hill Rd. Hale —2J 109
Homer Rd. Sol —6B 138
Homer Rd. S Cold —7J 43
Homers Fold. Bils —4K 51
Homer St. B12 —4M 113
Homerton Rd. B44 —8B 56
Homestead Clo. Dud —4E 64
Homestead Dri. S Cold —6J 43
Homestead Rd. B33 —8B 96
Home Tower. B7 —4B 94
Homeward Way. Bin —8A 146
Homewood Clo. S Cold —6L 57
Homfray Rd. Kidd —8M 127
Honesty Clo. Clay —3D 26
Honeswode Clo. B20 —1G 93
Honeyborne Rd. S Cold —2K 57
Honeybourne. Tam —7D 32
Honeybourne Clo. Cov —6H 143
Honeybourne Clo. Hale —6A 110
Honeybourne Cres. Wom —4F 62
Honeybourne Rd. B33 —1C 116
Honeybourne Rd. Hale —6C 110
Honeybourne Way. W'hall —7C 38
Honeybrook. Kidd —8H 127
Honeybrook Clo. Kidd —7K 127
Honeybrook Gdns. Kidd —8H 127
Honeybrook La. Kidd —8H 127
Honeyfield Rd. Cov —4D 144
Honeysuckle Av. K'wfrd —2L 87
Honeysuckle Clo. B32 —4H 111
Honeysuckle Clo. Rugby —1D 172
Honeysuckle Cotts. A'chu —3M 181
Honeysuckle Dri. Cov —7H 123
Honeysuckle Dri. F'stne —2J 23
Honeysuckle Dri. Wals —6A 54
Honeysuckle Gro. B27 —4J 115
Honeytree Clo. K'wfrd —6M 87
Honiley. —4H 189
Honiley Dri. S Cold —7C 56
Honiley Rd. B33 —7A 96
Honiley Rd. Beau —4H 189
Honiley Rd. Ken —8G 163
Honiley Way. Cov —8K 123
Honister Clo. Brie H —8F 88
Honiton Clo. B31 —5L 133
Honiton Cres. B31 —5L 133
Honiton Rd. Cov —4H 145
Honiton Wlk. Smeth —4B 92
Honiton Way. Wals —4F 40
Honor Av. Wolv —4C 50
Hoobrook. —8L 149
Hoobrook Enterprise Cen. Kidd —7L 149
Hoobrook Ind. Est. Kidd —7K 149
Hood Gro. B30 —5D 134
Hood La. Ansl —5F 76
Hood St. Cov —6E 144 (4F 6)
Hood's Way. Rugby —7K 171
Hoo Farm Ind. Est. Kidd —8L 149
Hook Dri. S Cold —6F 42
Hook La. Wals —6C 28
Hoopers La. A'wd B —8E 208
Hooper St. B18 —5F 92
Hoo Rd. Kidd —5L 149
Hoosen Clo. Hale —3G 111
Hope Clo. Ker E —2A 122
Hopedale Clo. Cov —6L 145
Hopedale Rd. B32 —4J 111
Hope Dri. Nort C —4B 16
Hope Pl. B29 —7F 112
Hope Rd. Tip —3C 66
Hope St. B5 —1L 113
Hope St. Cov —7B 144
Hope St. Dud —1J 89
Hope St. Hale —1D 110
Hope St. Stourb —6K 87
Hope St. Wals —1L 53
Hope St. W Brom —7L 67
Hope Ter. Dud —4J 89
Hope Ter. W'bry —5D 52
Hopgardens Av. B'gve —7B 180
Hopkins Ct. W'bry —6G 53
Hopkins Dri. W Brom —2L 67
Hopkins Rd. Cov —5A 144
Hopkins St. Tip —7A 66
Hopley's Clo. Tam —5E 32
Hop Pole La. Bew —2A 148
Hopsford. —4J 125
Hopstone Gdns. Wolv —4M 49
Hopstone Rd. B29 —8A 112
Hopton Clo. Cov —5G 143
Hopton Clo. Pert —6F 34
Hopton Clo. Tip —7C 52
Hopton Cres. Wolv —3L 37
Hopton Crofts. Lea S —7J 211
Hopton Dri. Kidd —8L 149
Hopton Gdns. Dud —6G 65
Hopton Gro. B13 —4C 136
Hopton Mdw. Cann —8J 9
Hopwas. —3G 31
Hopwas Gro. B37 —4F 96
Hopwas Hill. Hop —2F 30
Hopwood. —6C 156
Hopwood Clo. Hale —7A 110
Hopwood Gro. B31 —3L 155
Hopyard Clo. Dud —6B 64
Hopyard Gdns. Bils —6H 51
Hopyard La. Dud —7B 64
Hopyard La. Redd —6K 205
Hopyard Rd. Wals —7E 38
Horace Partridge Rd. W'bry —4A 52
Horace St. Bils —1G 65
Horatio Dri. Mose —5M 113
Hordern Clo. Wolv —4M 35
Hordern Cres. Brie H —1D 108
Hordern Gro. Wolv —4M 35
Hordern Mobile Home Pk. Cov H —3C 22
Hordern Rd. Wolv —4M 35
Horeston Grange. —4M 79
Horeston Grange Shop. Cen. Nun —4A 80
Hornbeam. Tam —5G 33
Hornbeam Clo. B29 —2B 134
Hornbeam Clo. Bew —2A 148
Hornbeam Cres. Cann —3A 10
Hornbeam Dri. Cov —8D 142
Hornbeam Gro. Lea S —3C 216
Hornbeam Wlk. Wolv —8A 36
Hornbrook Gro. Sol —2J 137
Hornby Gro. B14 —5D 136
Hornby Rd. Wolv —5C 50
Hornchurch Clo. Cov —8C 144 (8C 6)
Hornchurch Clo. Ind. Est. Cov —8C 144 (8C 6)
Horndean Clo. Cov —1E 144
Horne Clo. Rugby —1H 199
Horner Way. Row R —8C 90
Horne Way. B34 —4E 96
Horngrove. —1B 176
Horning Dri. Bils —6J 51
Horninghold Clo. Bin —1L 167
Hornsey Clo. Cov —2L 145
Hornsey Gro. B44 —7A 56
Hornsey Rd. B44 —7A 56
Hornton Clo. S Cold —4D 42
Horobins Yd. Bed —4H 103
Horrell Rd. B26 —2A 116
Horrell Rd. Shir —7F 136
Horse Bri. La. Kinv —7C 106
Horsecroft Dri. W Brom —1A 68 (off Tompstone Rd.)
Horse Fair. B5 & B1 —8K 93 (7F 4)
Horse Fair. Kidd —2L 149
Horsefair, The. Hinc —1K 81
Horsehills Dri. Wolv —7L 35
Horselea Cft. B8 —5J 95
Horseley Fields. Wolv —7D 36 (4L 7)
Horseley Heath. —3C 66
Horseley Heath. Tip —5B 66
Horseley Rd. Tip —3C 66
Horsepool. Hinc —4A 82
Horseshoe Clo. Wals —2H 53 (off Wellington St.)
Horse Shoe Rd. Cov —5G 123
Horse Shoes La. B26 —4B 116
Horseshoe, The. O'bry —7J 91
Horseshoe Wlk. Tip —4L 65 (off Owen St.)
Horsey La. Rug —1J 11
Horsfall Rd. S Cold —4A 58
Horsford Rd. Cov —3D 166
Horsham Av. Stourb —6J 87
Horsley La. Lich —1D 28
Horsley Rd. B43 —5K 55
Horsley Rd. S Cold —7B 42
Horton Clo. Dud —1C 64
Horton Clo. W'bry —2D 52
Horton Cres. Rugby —7A 172
Horton Gro. Shir —4A 160
Horton Pl. Darl —2D 52
Horton Rd. Kinv —4A 106
Horton Sq. B12 —2L 113
Horton St. Tip —4D 66
Horton St. W'bry —2D 52
Horton St. W Brom —7J 67
Hosiery St. Bed —7J 103
Hoskyn Clo. Rugby —1F 198
Hospital Dri. Edg —5E 112
Hospital La. Bed —7B 102
Hospital La. Bils —2H 65 (in two parts)
Hospital La. Tiv —7B 66
Hospital Rd. Burn —5G 17
Hospital St. B19 —4K 93 (1F 4) (in two parts)
Hospital St. Tam —4B 32
Hospital St. Wals —5K 39
Hospital St. Wolv —8D 36 (6L 7)
Hossil La. Clent —2B 152
Hotchkiss Way. Bin I —2A 168
Hothersall Dri. S Cold —1F 70
Hothorpe Clo. Bin —8M 145
Hotspur Rd. B44 —8M 55
Hough Pl. Wals —2H 53
Hough Rd. B14 —3K 135
Hough Rd. Wals —2G 53
Houghton Ct. Hall G —5D 136
Houghton St. O'bry —3F 90
Houghton St. W Brom —1K 91
Houlbrooke Ho. Lich —1J 19
Houldey Rd. B31 —8B 134
Houldsworth Cres. Cov —5C 122
Houliston Clo. W'bry —4H 53
Houndsfield Clo. H'wd —3C 158
Houndsfield Ct. Wyt —4A 158
Houndsfield Gro. Wyt —4A 158 (in two parts)
Houndsfield La. H'wd & Wyt —4A 158
Houndsfield La. Shir —3D 158
Houndsfield M. Wyt —4B 158
Housman Clo. B'gve —1L 201
Housman Ct. B'gve —7A 180 (off Housman Pk.)
Housman Pk. B'gve —7A 180
Housman Wlk. Kidd —3C 150
Houston Rd. Rugby —3C 172
Houting. Dost —4D 46
Houx, The. Stourb —1L 107
Hove Av. Cov —5E 142
Hovelands Clo. Cov —1J 145
Hove Rd. B27 —8J 115
Howard Av. B'gve —6L 179
Howard Clo. Barw —2G 85
Howard Clo. Cov —5E 142
Howard Clo. Dunc —5K 197
Howard Cres. Cann —2J 9
Howard Rd. Bils —6M 51
Howard Rd. Gt Barr —1C 68
Howard Rd. Hand —7H 69
Howard Rd. K Hth —2K 135
Howard Rd. Nun —6G 79
Howard Rd. Park I —1H 209
Howard Rd. Sol —6L 115
Howard Rd. Wolv —1M 37
Howard Rd. Yard —2J 115
Howard Rd. E. B13 —2M 135
Howard St. B19 —5K 93 (1E 4)
Howard St. Cov —5D 144 (1D 6)
Howard St. Tip —4B 66
Howard St. W Brom —2F 66
Howard St. Wolv —1D 50 (7K 7)
Howard Wlk. Warw —3K 215
Howarth Way. B6 —2A 94
Howat Rd. Ker E —2M 121
Howcotte Grn. Cov —2E 164
Howden Pl. B33 —4A 96
Howdle's La. Wals —7F 16
Howe Clo. Hinc —5D 84
Howe Clo. S Stan —1J 83
Howe Cres. W'hall —3C 38
Howe Green. —4K 101
Howe Grn. La. Fill & Asty —5K 101
Howell Rd. Wolv —2E 50
Howells Clo. Bed —8D 102
Howes Cft. B35 —7A 72
Howes La. Cov —7C 166
Howe St. B4 —6M 93 (3K 5)
Howford Gro. B7 —5B 94
Howkins Rd. Rugby —3C 172
Howland Clo. Wolv —7M 21
Howlette Rd. Cov —7E 142
Howley Av. B44 —8L 55
Howley Grange Rd. Hale —4F 110
Howl Pl. Tip —4M 65
Hoylake. Tam —5H 33
Hoylake Clo. Nun —8B 80
Hoylake Clo. Wals —6H 25
Hoylake Dri. Tiv —2A 90
Hoylake Rd. Pert —4D 34
Hoyland Way. B30 —1E 134
Huband Clo. Redd —4G 205
Hubert Cft. B29 —7F 112
Hubert Rd. B29 —7F 112
Hubert St. B6 —4M 93
Hucker Clo. Wals —2G 53
Hucker Rd. Wals —2G 53
Huddisdon Clo. Warw —8F 210
Huddlestone Clo. F'stne —3H 23
Huddleston Way. B29 —8C 112
Huddocks Vw. Wals —4M 25
Hudson Av. Col —3M 97
Hudson Clo. Cann —7H 9
Hudson Dri. Burn —3J 17
Hudson Gro. Wolv —4E 34
Hudson Rd. B20 —5F 68
Hudson Rd. Rugby —8L 171
Hudson Rd. Tip —5C 66
Hudson's Dri. B30 —5G 135
Hudswell Dri. Brie H —1D 108
Hughes Av. Wolv —1M 49
Hughes Clo. W'nsh —7A 216
Hughes Clo. Wood P —7D 210
Hughes Pl. Bils —2K 51
Hughes Rd. Bils —2K 51
Hughes Rd. W'bry —4A 52
Hughes, The. Warw —3E 214
Hugh Rd. B10 —8E 94
Hugh Rd. Cov —7G 145
Hugh Rd. Smeth —4K 91
Huins Clo. Redd —5G 205
Hulbert Dri. Dud —3H 89
Hulborn Shop. Cen., The. Dud —2D 64
Hulland Pl. Brie H —6C 88
Hullbrook Rd. B13 —4C 136
Hulme Clo. Bin —8B 146
Humber Av. Cov —8E 144 (in two parts)
Humber Av. S Cold —2A 72
Humber Ct. Cov —2G 167
Humber Gro. B36 —8F 72
Humber Rd. Cov —8F 144
Humber Rd. Wolv —8A 36
Humberstone Rd. B24 —5L 71
Humberstone Rd. Cov —4A 144
Humber Tower. B7 —5A 94 (1M 5)
Hume St. Kidd —4J 149
Hume St. Smeth —5B 92
Humpage Rd. B9 —7E 94
Humphrey Av. B'gve —2L 201
Humphrey Burton's Rd. Cov —1C 166
Humphrey-Davy Rd. Bed —1D 122
Humphrey Middlemore Dri. B17 —5D 112
Humphrey's Rd. Wolv —2D 36
Humphrey St. Dud —6D 64
Humphries Cres. Bils —8M 51
Humphries Dri. Kidd —7M 149
Humphries Ho. Wals —2F 26
Humphris St. Warw —1H 215
Hundred Acre Rd. S Cold —2M 55
Hungary Clo. Stourb —4C 108
Hungary Hill. Stourb —4C 108
Hungerfield Rd. B36 —8C 72
Hungerford Rd. Stourb —7L 107
Hungry La. Lich —5M 29
Hunningham. —4L 213
Hunningham Gro. Sol —1B 160
Hunnington. —2B 132
Hunnington Clo. B32 —8G 111
Hunnington Cres. Hale —7B 110
Hunscote Clo. Shir —8F 136
Hunslet Rd. B32 —5M 111
Hunslet Rd. Burn —1H 17
Hunstanton Av. B17 —2M 111
Hunstanton Clo. Brie H —2C 108
Hunt End. —4C 208
Hunt End La. Redd —4C 208
Hunter Av. Burn —2H 17
Hunter Clo. Lich —3K 19
Hunter Ct. B5 —4K 113
Hunter Cres. Wals —3M 39
Hunter Rd. Cann —1E 14
Hunters Clo. Bils —2A 52
Hunters Clo. Cov —7A 146
Hunter's Heath. —7A 136
Hunters La. Rugby —4A 172
Hunters Ride. Stourb —7H 87
Hunters Ri. Hale —8K 109
Hunter's Rd. B19 —2H 93
Hunter St. Rugby —5C 172
Hunter St. Wolv —5A 36
Hunter's Va. B19 —3J 93
Hunters Wlk. B23 —1C 70
Hunter Ter. Cov —1K 165
Huntfield Dri. Ken —8E 190
Huntingdon Clo. Tam —7M 31
Huntingdon Gdns. Hale —2J 109
Huntingdon Rd. Cov —8A 144
Huntingdon Rd. W Brom —3H 67
Huntingdon Way. Nun —6E 78
Huntington. —2D 8
Huntington Clo. Redd —7L 205
Huntington Rd. W'hall —2D 38
Huntington Ter. Rd. Cann —5F 8
Huntingtree Rd. Hale —5L 109
Huntlands Rd. Hale —7L 109
Huntley Dri. Sol —7B 138
Huntly Rd. B16 —8G 93
Hunton Ct. B23 —7E 70 (off Gravelly Hill N.)
Hunton Hill. B23 —6D 70
Hunton Rd. B23 —6E 70
Hunts Green. —2J 59
Hunt's La. W'hall —3D 38
Huntsmans Ga. Burn —1H 17
Huntsmans Ri. Cann —1C 8
Hunts Mill Dri. Brie H —8C 64
Hunt's Rd. B30 —2G 135
Hunt Ter. Cov —2H 165
Hurcott. —1B 150
Hurcott Ct. Kidd —2M 149
Hurcott La. Kidd —1C 150
Hurcott Rd. Kidd —2L 149
Hurcott Village. Kidd —1C 150
Hurdis Rd. Shir —6G 137
Hurdlow Av. B18 —4H 93
Hurlbutt Rd. H'cte I —5J 215
Hurley. —5H 61
Hurley Clo. Lea S —7A 212
Hurley Clo. S Cold —7J 57
Hurley Clo. Wals —3D 54
Hurley Common. —2H 61
Hurley Comn. Hurl —4H 61
Hurley Gro. B37 —4F 96
Hurley La. Col —3K 75
Hurley's Fold. Dud —4H 89
Hurlingham Rd. B44 —7A 56
Hurn Way. Cov —5H 123
Huron Clo. Cann —7H 9
Hursey Dri. Tip —4A 66
Hurstbourne Cres. Wolv —8H 37
Hurst Clo. B36 —2E 96
Hurstcroft Rd. B33 —6B 96
Hurst Dri. Stourb —8M 87
Hurst Grn. Rd. Ben H —5F 160
Hurst Grn. Rd. Hale —8E 90
Hurst Grn. Rd. Min —3D 72
Hurst Hill. —8G 51
Hurst La. B34 —3D 96
Hurst La. Brie H —6F 88
Hurst La. Tip —4K 65
Hurst La. N. B36 —2E 96
Hurst Rd. Bed —6H 103
Hurst Rd. Bils —8G 51
Hurst Rd. Earl S —2L 85
Hurst Rd. Hinc —1K 81
Hurst Rd. Longf —5G 123 (in two parts)
Hurst Rd. Smeth —6K 91
Hurst St. B5 —8L 93 (7G 5) (in two parts)
Hurst, The. H'wd —3A 158
Hurst, The. Mose —2D 136
Hurstway, The. B23 —1C 70
Hurstwood Rd. B23 —1C 70
Husphins La. Cod W —4A 20
Hussey Rd. Cann —4M 15
Hussey Rd. Wals —1E 26
Husum Way. Kidd —2C 150
Hut Hill La. Wals —5G 15
Hutton Av. B8 —4D 94
Hutton Rd. Hand —8H 69
Hutton Rd. Salt —4D 94
Huxbey Dri. Sol —1F 138
Huxley Clo. Pend —6A 22
Hyacinth Way. Hinc —4K 81
Hyatt Sq. Brie H —2C 108
Hyatts Wlk. Row R —4M 89
Hyde Clo. B'gve —7C 180
Hyde Clo. Kinv —4A 106
Hyde La. Kinv —4A 106
Hyde Pl. Lea S —1L 215
Hyde Rd. B16 —7F 92
Hyde Rd. Cov —5L 145
Hyde Rd. Ken —4G 191
Hyde Rd. Wolv —3K 37
Hydes La. Hinc —5E 80
Hydes Rd. W'bry —6G 53
Hydes Rd. W Brom —8J 53
Hyde, The. Stourb —7D 108
Hyett Way. Bils —7B 52
Hylda Rd. B20 —8H 69
Hylstone Cres. Wolv —3K 37
Hylton St. B18 —4J 93 (1B 4)
Hyperion Dri. Wolv —6A 50
Hyperion Rd. B36 —8L 71
Hyperion Rd. Stourb —2J 107
Hyron Hall Rd. B27 —7J 115
Hyssop Clo. B7 —4A 94
Hyssop Clo. Cann —7H 9
Hytall Rd. Shir —7C 136
Hythe Gro. B25 —1K 115

Ibberton Rd. B14 —6B 136
Ibex Clo. Bin —8M 145
Ibis Clo. Kidd —6B 150
Ibis Gdns. K'wfrd —3A 88
Ibstock Clo. Redd —5L 205
Ibstock Dri. Stourb —5A 108
Ibstock Ho. Redd —5L 205
Ibstock Rd. Cov —4G 123
Icknield Clo. S Cold —8A 42
Icknield Port Rd. B16 —5E 92
Icknield Sq. B16 —6G 93
Icknield St. Beo & Chu H —7J 183
Icknield St. Hock —5H 93 (3A 4) (in two parts)
Icknield St. Ips —7K 205
Icknield St. K Nor & A'chu —1G 157
Icknield St. Dri. Redd & Stud —7K 205
Ida Rd. Wals —8H 39
Ida Rd. W Brom —8K 67
Idbury Rd. B44 —2A 70
Ideal Bldgs. Kidd —3K 149
Iden Rd. Cov —5E 144
Idmiston Cft. B14 —7M 135
Idonia Rd. Wolv —4E 34
Ikon Gallery. —7J 93 (6C 4)
Ilam Pk. Ken —4J 191
Ilex Ct. Warw —2G 215
Ilford Clo. Bed —6G 103
Ilford Ct. Bin W —2D 168
Ilford Dri. Cov —4B 166
Ilford Rd. B23 —3D 70
Ilfracombe Gro. Cov —4A 166
Iliffe Way. B17 —5D 112
Ilkley Gro. B37 —7F 96
Illey. —1E 132
Illeybrook Sq. B32 —7K 111
Illey Clo. B31 —8H 133
Illey La. Hale & B32 —8C 110
Illshaw. Wolv —6B 22
Illshaw Clo. Redd —5A 206
Illshaw Heath. —8L 159
Illshaw Heath Rd. H'ley H —6K 159
Ilmer Clo. Rugby —2E 172
Ilmington Clo. Cov —4B 166
Ilmington Clo. Redd —8K 205
Ilmington Dri. S Cold —6C 56
Ilmington Rd. B29 —8M 111
Ilminster Clo. Hinc —2B 82
Ilsham Gro. B31 —3L 155
Ilsley Rd. B23 —5E 70
Imber Rd. Kidd —8A 150
Imex Bus. Pk. B9 —7D 94
Imex Bus. Pk. Wolv —2C 50
Imogen Gdns. H'cte —6L 215
Imperial Av. Kidd —1M 149
Imperial Gro. Kidd —1M 149
Imperial Ri. Col —7L 73
Imperial Rd. B9 —7E 94
Impney Clo. Redd —3K 205
Impsley Clo. B36 —1B 96
Inca Clo. Bin —1M 167
Ince Rd. W'bry —2C 52
Inchbrook Rd. Ken —2J 191
Inchcape Av. B20 —6G 69
Inchford Av. Warw —7E 210
Inchford Clo. Nun —8M 79
Inchford Rd. Sol —2E 138
Inchlaggan Rd. Wolv —3F 36
Independent St. Kils —6M 199
Ingatestone Dri. Stourb —6J 87
Ingestre Clo. Cann —8H 9
Ingestre Clo. Wals —6F 24
Ingestre Dri. B43 —8D 54
Inge St. B5 —8L 93 (8F 4)
Ingestre Rd. B28 —2F 136
Ingestre Rd. Wolv —8C 22
Ingeva Dri. B Grn —8G 155
Ingham Way. B17 —1A 112
Ingleby Gdns. Wolv —4M 35
Ingle Ct. Lea S —2L 215
Ingledew Clo. Wals —6D 38
Inglefield Rd. B33 —6M 95
Inglemere Gro. B29 —2M 133
Inglenook Dri. B20 —7H 69
Ingleton Clo. Nun —7A 80
Ingleton Rd. B8 —2G 95
Inglewood Av. Wolv —1M 49
Inglewood Clo. K'wfrd —4K 87
Inglewood Clo. Lea S —6A 212
Inglewood Gro. S Cold —7M 41
Inglewood Rd. B11 —4C 114
Ingoldsby Rd. B31 —5C 134
Ingot Clo. Wals —3H 39
Ingram Cres. Bew —5A 148
Ingram Gro. B27 —7G 115
Ingram Pit La. Tam —4G 33
Ingram Pl. Wals —8K 25
Ingram Rd. Cov —1K 165
Ingram Rd. Wals —8J 25
Inhedge St. Dud —4E 64
Inhedge, The. Dud —8J 65
Inkberrow Rd. Hale —7M 109
Inkerman Gro. Wolv —7F 36
Inkerman St. B7 —6B 94 (in two parts)
Inkerman St. Wolv —6F 36
Inkford. —8M 157
Inland Rd. B24 —7H 71
Innage Clo. Lea S —1A 216
Innage Rd. B31 —5B 134
Innage, The. H'wd —4A 158
Innis Rd. Cov —1L 165
Inn La. Hartl —7A 176
Innsworth Dri. B35 —5A 72
Insetton Clo. Redd —5K 205
Inshaw Clo. B33 —6L 95
Institute Rd. B14 —1M 135
Instone Rd. Cov —8A 122
Instone Rd. Hale —6M 109
Instow Clo. W'hall —1B 38
Insull Av. B14 —8B 136
Intended St. Hale —2J 109
International Convention Cen. —7J 93 (5C 4)
International Dri. Birm A —5J 117
International Ho. B37 —4K 117
International Ho. Cov —5J 165
Intown. Wals —7M 39

Intown Row. Wals —7M 39
Inverary Clo. Ken —5J 191
Inverclyde Rd. B20 —6G 69
Inverness Clo. Cov —5G 143
Inverness Ho. Wolv —1J 7
Inverness Rd. B31 —6L 133
Invicta Rd. Bin —1M 167
Inworth. Wolv —6B 22
Ipsley. —7J 205
Ipsley Alders Nature Reserve. —5M 205
Ipsley Chu. La. Redd —7J 205
Ipsley Gro. B23 —4A 70
Ipsley La. Redd —7K 205
Ipsley St. Redd —6E 204
Ipstones Av. B33 —5M 95
Ipswich Cres. B42 —2H 69
Ipswich Wlk. B37 —7H 97
Ireland Grn. Rd. W Brom —7H 67
Ireton Clo. Cov —8C 142
Ireton Rd. B20 —5G 69
Ireton Rd. Wolv —6E 22
Iris Clo. B29 —1B 134
Iris Clo. Dud —8M 65
Iris Clo. Hinc —4L 81
Iris Clo. Tam —3C 32
Iris Dri. B14 —5K 135
Irnham Rd. S Cold —7G 43
Iron Bri. Wlk. Stourb —1B 130
Iron La. B33 —5K 95
Ironmonger Row. Cov —6C 144 (4C 6)
Ironside Clo. Bew —2B 148
Ironstone Rd. Burn —8D 10
Ironstone Rd. Cann —6C 10 (in two parts)
Irvan Av. W Brom —4F 66
Irvine Clo. Wals —2H 39
Irvine Rd. Wals —1H 39
Irving Clo. Dud —5A 64
Irving Clo. Lich —7E 12
Irving Rd. Cov —7E 144
Irving Rd. Sol —5E 116
Irving Rd. Tip —8A 52
Irving St. B1 —8K 93 (8E 4)
Irwell. Tam —8E 32
Irwin Av. Redn —3J 155
Isaac Walton Pl. W Brom —2E 66
Isbourne Way. B9 —7B 94
Isis Gro. B36 —1F 96
Isis Gro. W'hall —7C 38
Island Clo. Hinc —7E 84
Island Dri. Kidd —5L 149
Islandpool. —4C 128
Island Rd. B21 —8C 68
Island, The. M Oak —8J 31
Islington. Hale —5A 110
Islington Row Middleway. B15 —8H 93 (8A 4)
Ismere. —5F 128
Ismere Rd. B24 —7H 71
Ismere Way. Kidd —8M 127
Itchen Gro. Wolv —6E 34
Ithon Gro. B38 —1E 156
Ivanhoe Av. Nun —8L 79
Ivanhoe Rd. B43 —6H 55
Ivanhoe Rd. Lich —3H 19
Ivanhoe Rd. Wolv —3G 51
Ivanhoe St. Dud —2G 89
Ivatt. Tam —7F 32
Ivatt Clo. Wals —2B 40
Iverley. —1K 129
Iverley La. Stourb —5J 129
Iverley Rd. Hale —5C 110
Iverley Wlk. Stourb —7B 108
Ivor Rd. B11 —5B 114
Ivor Rd. Cov —7F 122
Ivor Rd. Redd —7D 204
Ivy Av. B12 —4B 114 (Chesterton Rd.)
Ivy Av. B12 —4A 114 (Runcorn Rd.)
Ivybridge Gro. B42 —6J 69
Ivybridge Rd. Cov —3D 166
Ivy Clo. Cann —1D 14
Ivy Cft. Pend —6M 21
Ivydale Av. B26 —4C 116
Ivydene Clo. Earl S —1M 85
Ivy Farm La. Cov —3K 165
Ivyfield Rd. B23 —4B 70
Ivy Gro. B18 —5E 92
Ivy Gro. Nun —3D 78
Ivyhouse La. Bils —1H 65
Ivyhouse Rd. B38 —1C 156
Ivy Ho. Rd. O'bry —3D 90
Ivyhouse Wlk. Wiln —3F 46
Ivy La. B9 —7A 94 (5M 5)
Ivy La. Rom —4K 131
Ivy La. Rug —4F 10
Ivy Lodge Clo. Mars G —2G 117
Ivy Pl. B29 —7F 112
Ivy Rd. Dud —5G 65
Ivy Rd. Hand —2G 93
Ivy Rd. Stir —3G 135
Ivy Rd. S Cold —7F 56
Ivy Rd. Tip —2M 65
Ivy Wlk. Shir —3G 159
Izons La. W Brom —8F 66
Izons La. Ind. Est. W Brom —8F 66
Izons Rd. W Brom —6J 67

Jacey Rd. B16 —7D 92
Jacey Rd. Shir —5H 137
Jack Ball Ho. Cov —8M 123
Jack David Ho. Tip —4D 66
Jackdaw Clo. Dud —7C 50
Jackdaw Dri. B36 —1G 97
Jacker's Rd. Cov —5H 123
Jack Holden Av. Bils —7G 51
Jacklin Dri. Cov —5C 166
Jacknell Clo. Hinc —1D 80
Jacknell Ind. Pk. Hinc —1D 80
Jacknell Rd. Hinc —1D 80
Jack Newell Ct. Cose —1J 65 (off Castle St.)
Jack O'Watton Ind. Est. Wat O —6K 73
Jackson Av. B8 —5F 94
Jackson Clo. Cann —5L 15
Jackson Clo. F'stne —3G 23
Jackson Clo. Ker E —2A 122
Jackson Clo. O'bry —4H 91
Jackson Clo. Tip —8B 52
Jackson Ct. Brie H —8F 88
Jackson Cres. Stour S —8E 174
Jackson Dri. Smeth —4K 91
Jackson Ho. O'bry —2G 91
Jackson Rd. B8 —5F 94
Jackson Rd. Cov —8D 122
Jackson Rd. Lich —6H 13
Jackson Rd. Rugby —8G 173
Jackson St. O'bry —5H 91
Jackson St. Stourb —3E 108
Jackson St. Wolv —5B 36
Jackson Wlk. B35 —7A 72
Jackson Way. B32 —4G 111
Jackwood Grn. Bed —1C 122
Jacmar Cres. Smeth —3L 91
Jacobean La. Know —8G 139
Jacob's Hall La. Wals —8G 15
Jacob's Ladder. Low H —8D 126
Jacoby Pl. B5 —4H 113
Jacox Cres. Ken —4J 191
Jacquard Clo. Cov —5D 166
Jade Clo. Cov —5E 144 (1E 6)
Jade Gro. Cann —7J 9
Jaffray Cres. B24 —6F 70
Jaffray Rd. B24 —6F 70
Jaguar. Tam —7E 32
Jakeman Rd. B12 —4L 113
Jakemans Clo. Redd —5L 205
James Bri. Clo. Wals —2H 53
James Brindley Wlk. B1 —7J 93 (5C 4)
James Clift Ho. O'bry —4D 90
James Clo. Smeth —4A 92
James Clo. W'bry —3F 52
James Ct. Warw —2F 214
Jamescroft. Cov —3L 167
James Dawson Dri. Alle —1B 142
James Dee Clo. Brie H —8G 89
James Diskin Ct. Nun —7L 79
James Eaton Clo. W Brom —4J 67
James Galloway Clo. Bin —2L 167
James Gilbert Rugby Football Mus. —6A 172
James Grn. Rd. Cov —7F 142
James Greenway. Lich —7G 13
James Ho. B19 —3J 93 (off Newtown Dri.)
James Ho. Cov —1J 145
James Hutchens Ct. Burn —4F 16
James Memorial Homes. B7 (off Stuart St.) —2C 94
Jameson Rd. B6 —1C 94
Jameson St. Wolv —5B 36
James Rd. Col —1M 97
James Rd. Gt Barr —2E 68
James Rd. Kidd —1A 150
James Rd. Tys —3F 114
James Scott Rd. Hale —3G 109
James St. B3 —6J 93 (3D 4)
James St. Bils —3L 51
James St. Cann —4F 8
James St. Earl S —2L 85
James St. Gun H —1G 101
James St. Kinv —5A 106
James St. Nun —4G 79
James St. Rugby —6B 172
James St. W'hall —6A 38
James Turner St. B18 —3E 92
James Wlk. Rugby —6B 172
James Watt Dri. B19 —1H 93
James Watt Ho. Smeth —4B 92
James Watt Point. B6 —1B 94
James Watt Queensway. B4 —6L 93 (3H 5)
James Watt St. B4 —6L 93 (4H 5)
James Watt St. W Brom (in two parts) —1H 67
Jane La. Clo. Wals —5F 38
Janice Gro. B14 —5B 136
Janine Av. Wolv —2L 37
Jaques Clo. Wat O —7H 73
Jardine Cres. Cov —7F 142
Jardine Rd. B6 —8M 69
Jardine Shop. Cen. Cov —7F 142
Jarvis Clo. Hinc —5D 84
Jarvis Cres. O'bry —5F 90
Jarvis Rd. B23 —3F 70
Jarvis Way. B24 —1E 94
J A S Ind. Pk. Row R —5E 90
Jasmin Cft. B14 —5L 135
Jasmine Clo. Pend —6M 21
Jasmine Gro. B'gve —5M 179
Jasmine Gro. Cod —6H 21
Jasmine Gro. Cov —1J 167
Jasmine Gro. Lea S —7A 212
Jasmine Rd. Dud —8M 65
Jasmine Rd. Tam —5G 33
Jasmine Way. Darl —2D 52
Jason Clo. Tam —4D 32
Jason Rd. Stourb —5F 108
Jaydon Ind. Est. Earl S —1L 85
Jayne Clo. W Brom —8L 53
Jayne Clo. Wolv —2K 37
Jay Pk. Cres. Kidd —7A 150
Jay Rd. K'wfrd —1K 87
Jay's Av. Tip —5B 66
Jays Clo. Redd —6A 206
Jays Cres. A'chu —8B 156
Jayshaw Av. B43 —1E 68
Jeal Clo. Wyt —7L 157
Jean Dri. Tip —3D 66
Jeavons Pl. Bils —4J 51
Jedburgh Av. Wolv —5E 34
Jedburgh Gro. Cov —5A 166
Jeddo St. Wolv —1C 50 (7H 7)
Jeffcock Rd. Wolv —1M 49
Jefferson Clo. W Brom —1H 67
Jeffrey Av. Wolv —4F 50
Jeffrey Clo. Bed —1D 122
Jeffrey Rd. Row R —6E 90
Jeffries Clo. Hinc —7E 84
Jeffries Ho. O'bry —2G 91
Jeffs Av. Wolv —1D 50 (8L 7)
Jeliff St. Cov —7F 142
Jelleyman Clo. Kidd —3H 149
Jellicoe Way. Hinc —5D 84
Jenkins Av. Cov —5F 142
Jenkins Clo. Bils —4J 51
Jenkinson Rd. W'bry —8D 52
Jenkins Rd. Rugby —8G 173
Jenkins St. B10 —1C 114
Jenkinstown Rd. Cann —3A 10
Jenks Av. Klnv —4A 106
Jenks Av. Wolv —1E 36
Jenks Rd. Wom —4F 62
Jennens Rd. B4 & B7 —6M 93 (4J 5)
Jenner Clo. Wals —3G 39
Jenner Ho. Wals —3F 38
Jenner Rd. Wals —3F 38
Jenner St. Cov —5D 144 (1E 6)
Jenner St. Wolv —8E 36 (6M 7)
Jennifer Wlk. B25 —1L 115
Jennings St. Crad H —7M 89
Jenny Clo. Bils —8L 51
Jennyns Ct. W'bry —6F 52
Jenny Walkers La. Wolv —1D 48
Jensen. Tam —7E 32
Jenton Rd. Lea S —3B 216
Jephcott Gro. B8 —5G 95
Jephcott Ho. Cov —3F 6
Jephcott Rd. B8 —5G 95
Jephson Dri. B26 —2M 115
Jephson Gardens. —1A 216
Jephson Pl. Lea S —2B 216
Jeremy Gro. Sol —5B 116
Jeremy Rd. Wolv —4C 50
Jerome Clo. Cann —4A 16
Jerome Ct. S Cold —8M 41
Jerome Dri. Cann —4A 16
Jerome K Jerome Birthplace Mus. —7M 39 (Central Library)
Jerome Rd. Cann —4M 15
Jerome Rd. S Cold —5K 57
Jerome Rd. Wals —8H 39
Jerome Way. Burn —2H 17
Jerrard Ct. S Cold —4J 57
Jerrard Dri. S Cold —4J 57
Jerry's La. B23 —2D 70
Jerry's La. Lich —2B 30
Jersey Clo. Redd —2K 205
Jersey Cft. B36 —3H 97
Jersey Rd. B8 —5D 94
Jersey Way. Barw —3G 85
Jerusalem Wlk. Kidd —2L 149
Jervis Clo. Brie H —2C 88
Jervis Ct. Wals —7M 39 (off Dog Kennel La.)
Jervis Cres. S Cold —6D 42
Jervis Rd. H'ley —4F 46
Jervoise Dri. B31 —4B 134
Jervoise La. W Brom —8L 53
Jervoise Rd. B29 —8M 111
Jervoise St. W Brom —5G 67
Jesmond Clo. Cann —3A 10
Jesmond Gro. B24 —5L 71
Jesmond Rd. Cov —5F 144
Jessel Rd. Wals —7J 39
Jessie Rd. Wals —8G 27
Jesson Clo. Wals —2A 54
Jesson Ct. Wals —1A 54
Jesson Rd. Dud —3G 65
Jesson Rd. S Cold —4A 58
Jesson Rd. Wals —1M 53
Jesson St. W Brom —7L 67
Jessop Dri. Tam —4D 32
Jevons Rd. S Cold —6C 56
Jevon St. Bils —1H 65 (in two parts)
Jewellery Quarter. —5H 93 (2B 4)
Jewellery Quarter Discovery Cen. —4J 93 (1C 4)
Jew's La. Dud —5E 64
Jiggin's La. B32 —1J 133
Jill Av. B43 —1C 68
Jillcot Rd. Sol —6B 116
Jill La. Sam & Stud —8F 208
Jim Forrest Clo. Cov —1M 167
Jinnah Clo. B12 —1M 113
Jitty, The. Warw —3D 214
J M Halls. Cov —5J 165
Joanna Dri. Cov —6C 166
Joan of Arc Ho. Cov —3E 166
Joans Clo. Lea S —3C 216
Joan St. Wolv —3E 50
Joan Ward St. Cov —1D 166 (8D 6)
Job's La. Cov —6G 143
Jockey Fld. Dud —3E 64
Jockey La. W'bry —5G 53
Jockey Rd. S Cold —7D 56
Jodrell St. Nun —3H 79
Joe Jones Ct. Dud —8D 50
Joe O'Brien Clo. Cov —3J 167
Joe Williams Clo. Bin —1M 167
Joey's La. Cod —5J 21
John Bright Clo. Tip —1M 65
John Bright St. B1 —7K 93 (6F 4)
John Dory. Dost —4D 46
John Feeney Tower. B31 —2M 133
John F Kennedy Wlk. Tip —1A 66
John Fletcher Clo. W'bry —5H 53
John Grace St. Cov —1D 166
John Harper St. W'hall —7B 38
John Howell Dri. Tip —4A 66
John Kempe Way. B12 —2A 114
John Knight Rd. Bed —5H 103
John McGuire Cres. Bin —2L 167
John Nash Sq. Ken —6F 190
John Nichols St. Hinc —2H 81
John of Gaunt Ho. Cov —2E 166
John O'Gaunt Rd. Ken —6E 190
John Riley Dri. W'hall —1C 38
John Rd. Hale —6F 110
John Rous Av. Cov —2H 165
John's Clo. Hinc —4K 81
John's Clo. Stud —5J 209
Johns Gro. B43 —1C 68
John Shelton Dri. Cov —5C 122
John Simpson Clo. Wols —6G 169
John Sinclair Ct. Cov —2C 6
John's La. Tip —5B 66
John's La. Tiv —6C 66
Johns La. Wals —6F 14
John Smith Ho. B1 —6J 93 (4C 4)
Johnson Av. Rugby —7K 171
Johnson Av. Wolv —2M 37
Johnson Clo. Lich —8J 13
Johnson Clo. Redd —4G 205
Johnson Clo. S'hll —4C 114
Johnson Clo. W End —3J 95
Johnson Clo. W'bry —4D 52
Johnson Dri. B35 —6M 71
Johnson Pl. Bils —2M 51
Johnson Rd. B23 —4F 70
Johnson Rd. Bed —6J 103
Johnson Rd. Burn —1F 16
Johnson Rd. Cann —5D 8
Johnson Rd. Cov —1G 145
Johnson Rd. W'bry —4D 52 (Lodge Rd.)
Johnson Rd. W'bry —7J 53 (Walton Rd.)
Johnson Rd. W'hall —2D 38
Johnson Row. Bils —8F 50
Johnsons Bri. Rd. W Brom —3J 67
Johnsons Gro. O'bry —1J 111
Johnson St. B7 —3C 94
Johnson St. Bils —8F 50
Johnson St. Wolv —2D 50 (8K 7)
Johnson St. Wood E —8J 47
Johnstone St. B19 —1K 93
Johnston St. W Brom —8K 67
John St. B19 —2H 93
John St. Bed —7G 103
John St. Brie H —5D 88
John St. Cann —4F 8
John St. Cot —7J 79
John St. Hinc —8E 84
John St. Lea S —1M 215
John St. O'bry —2G 91
John St. Row R —8C 90
John St. Stock —6E 78
John St. Stourb —8M 87
John St. Swan V —4F 66
John St. Tam —6E 32
John St. Wals —6L 39
John St. W Brom —5H 67
John St. W'hall —8B 38
John St. Wim —6M 9 (in two parts)
John St. Wolv —3G 51
John St. N. W Brom —4H 67
John Thwaites Clo. Rugby —7A 172
John Tofts Ho. Cov —5C 144 (2C 6)
John Wooton Ho. W'bry (off Lawrence Way) —3D 52
Joiners Cft. Sol —1E 138
Joinings Bank. O'bry —5H 91
Jolly Sailor Island. Tam —5A 32
Jolly Sailor Retail Pk. Tam —6M 31
Jonathan Rd. Cov —1M 145
Jon Baker Ct. Hinc —1L 81
Jones Fld. Cres. Wolv —7G 37
Jones Ho. Wals —6K 39
Jones' La. Burn —2M 17
Jones Rd. Exh —8G 103
Jones Rd. W'hall —8D 24
Jones Rd. Wolv —3C 36
Jones's La. Wals —8G 15
Jones Wood Clo. S Cold —2M 71
Jonkel Av. H'ley —4F 46
Jordan Clo. Ken —7H 191
Jordan Clo. Lich —1G 19
Jordan Clo. Smeth —4B 92
Jordan Clo. S Cold —8H 43
Jordan Ho. B36 —1L 95
Jordan Leys. Tip —4B 66
Jordan Pl. Bils —6L 51
Jordan Rd. S Cold —8H 43
Jordans Clo. Redd —3D 208
Jordans, The. Cov —5J 143
Jordan Way. Wals —8H 27
Jordan Well. Cov —7D 144 (5D 6)
Jorden's Wlk. Bew —5C 148
Joseph Creighton Clo. Bin —2L 167
Joseph Halpin Ho. Cov —2E 6
Joseph Latham Ho. Cov —8H 123
Joseph Luckman Rd. Bed —5G 103
Joseph St. O'bry —3F 90
Josiah Mason Mall. Kidd —3L 149
Josiah Rd. B31 —7K 133
Jourdain Pk. H'cte —6L 215
Jowett. Tam —7D 32
Jowett's La. W Brom —1H 67
Joyberry Dri. Stourb —6M 107
Joyce Pool. Warw —2E 214
Joynson St. W'bry —4E 52
Jubilee Av. Redd —2D 208
Jubilee Av. W Brom —2H 67
Jubilee Clo. Gt Wyr —7F 14
Jubilee Clo. Wals —3L 39
Jubilee Ct. K'bry —4D 60
Jubilee Cres. Cov —1B 144
Jubilee Dri. N. Kidd —7H 149
Jubilee Dri. S. Kidd —7H 149
Jubilee Rd. Bils —5A 52
Jubilee Rd. Redn —7E 132
Jubilee Rd. Tip —2A 66
Jubilee St. Rugby —6L 171
Jubilee St. W Brom —2K 67
Jubilee Ter. Bed —5H 103
Jubilee Ter. Dud —3J 89
Jubilee Ter. S Prior —8J 201
Judd Clo. Bed —6F 102
Judd's La. Longf —5E 122
Jude Wlk. Lich —7F 12
Judge Clo. Long L —4G 171
Judge Clo. O'bry —2G 91
Judge Rd. Brie H —2F 108
Juggins La. Earls —2B 184
Julia Av. B24 —5M 71
Julia Gdns. W Brom —1M 67
Julian Clo. Cats —1A 180
Julian Clo. Cov —1M 145
Julian Clo. Wals —6G 15
Julian Clo. Wolv —7H 37
Julian Rd. Wolv —7H 37
Julie Cft. Bils —8L 51
Juliet Clo. Nun —8A 80
Juliet Dri. Rugby —3K 197
Juliet Rd. Hale —6F 110
Julius Dri. Col —8M 73
Junction Rd. B21 —1C 92
Junction Rd. B'gve —6L 179
Junction Rd. Stourb —1L 107 (Camp Hill)
Junction Rd. Stourb —5B 108 (Church St.)
Junction Rd. Wolv —2H 51
Junction St. Cov —7B 144 (6A 6)
Junction St. Dud —1H 89
Junction St. O'bry —8E 66
Junction St. Wals —1K 53
Junction St. S. O'bry —4G 91
Junction, The. Stourb —1L 107
June Cres. Amin —4E 32
June Cft. B26 —4D 116
Junewood Clo. Rugby —2D 172
Juniper. Tam —5G 33
Juniper Clo. B27 —4H 115
Juniper Clo. Bed —7E 102
Juniper Clo. Cann —3A 10
Juniper Clo. S Cold —6M 57
Juniper Ct. Kidd —5A 150
Juniper Dri. Cov —4F 142
Juniper Dri. S Cold —2A 72
Juniper Dri. Wals —5B 54
Juniper Ho. B20 —6F 68
Juniper Ho. B36 —2M 95
Juniper Ri. Hale —4J 109
Juno Dri. Lea S —4M 215
Jury Rd. Brie H —2F 108
Jury St. Warw —3E 214
Justice Clo. W'nsh —5A 216
Jutland Rd. B13 —2B 136

Kanzan Rd. Cov —5H 123
Kareen Gro. Bin W —2C 168
Karen Clo. Nun —2E 78
Karen Way. Brie H —1D 108
Karlingford Clo. Cov —1K 165
Kate's Hill. —8L 65
Kateshill Rd. Bew —7B 148
Katherine Rd. Smeth —7M 91
Kathleen Av. Bed —8E 102
Kathleen Fld. Ct. B'gve —6M 179
Kathleen Rd. B25 —2J 115
Kathleen Rd. S Cold —5J 57
Katie Rd. B29 —8E 112
Katrine Clo. Nun —4C 78
Katrine Rd. Stour S —2E 174
Kay Clo. Rugby —2C 172
Kayne Clo. K'wfrd —3J 87
Kaysbrook Dri. Stret D —3G 195
Kean Clo. Lich —7E 12
Keanscott Dri. O'bry —5J 91
Keasden Gro. W'hall —6C 38
Keating Gdns. S Cold —5G 43
Keatley Av. B33 —7E 96
Keats Av. B10 —2D 114
Keats Av. Cann —4E 8
Keats Clo. Dud —4A 64
Keats Clo. Earl S —1M 85
Keats Clo. Gall C —4A 78
Keats Clo. Stourb —1A 108
Keats Clo. S Cold —3F 42
Keats Clo. Tam —1M 31
Keats Dri. Bils —7K 51
Keats Gro. B27 —8H 115
Keats Gro. Wolv —1G 37
Keats Ho. O'bry —5J 91
Keats Ho. Redd —1C 208
Keats La. Earl S —1L 85
Keats Pl. Kidd —3B 150
Keats Rd. Cov —7K 145
Keats Rd. Wals —2L 39
Keats Rd. W'hall —2E 38
Keats Rd. Wolv —7G 23
Keble Clo. Burn —2J 17
Keble Clo. Cann —1E 14
Keble Gro. B26 —3B 116
Keble Gro. Wals —2A 54
Keble Ho. B37 —7G 97
Keble Wlk. Tam —3A 32 (in two parts)
Kebull Grn. Cov —1E 164
Kedleston Clo. Wals —6G 25
Kedleston Ct. B28 —5F 136
Kedleston Rd. B28 —3F 136
Keegan Wlk. Wals —5F 38
Keel Dri. B13 —8D 114
Keele Clo. Redd —3K 205
Keele Ho. B37 —5H 97
Keeley St. B9 —7B 94 (7M 5)
Keeling Dri. Cann —8B 8
Keelinge St. Tip —4B 66
Keeling Rd. Ken —4H 191
Keenan Dri. Bed —8D 102
Keen St. Smeth —5D 92
Keeper's Clo. Burn —3G 17
Keepers Clo. Col —5M 97
Keepers Clo. K'wfrd —1H 87
Keepers Clo. Lich —2L 19
Keepers Clo. Wals W —6F 26
Keepers Ga. Clo. S Cold —2J 57
Keepers La. Cod & Wolv —7G 21
Keepers Rd. S Cold —4C 42
Keepers Wlk. Bed —8D 102
Keer Ct. B9 —7B 94
Kegworth Clo. Cov —5G 123
Kegworth Rd. B23 —7C 70
Keir Clo. Lea S —7A 212
Keir Hardie Wlk. Tiv —7D 66
Keir Pl. Stourb —1L 107
Keir Rd. W'bry —7J 53
Keith Rd. Lea S —5B 212
Keith Winter Clo. B'gve —3M 179
Kelby Clo. B31 —5L 133
Kelby Rd. B31 —5M 133
Keldy Clo. Wolv —4M 35
Kele Rd. Cov —2F 164
Kelfield Av. B17 —5B 112
Kelham Pl. Sol —8B 116
Kelia Dri. Smeth —3M 91
Kellett Rd. B7 —5A 94 (1L 5)
Kelling Clo. Brie H —1C 108
Kellington Clo. B8 —5F 94

Kelmarsh Dri. Sol —8B 138
Kelmscote Rd. Cov —1M 143
Kelmscott Rd. B17 —2B 112
Kelsall Clo. Wolv —7H 37
Kelsall Cft. B1 —6H 93 (4A 4)
Kelsey Clo. B7 —5B 94 (1M 5)
Kelsey Clo. Attl F —6L 79
Kelsey La. Bal C —4J 163
Kelsey's Clo. Wols —6F 168
Kelso Gdns. Wolv —5D 34
Kelsull Cft. B37 —7G 97
Kelton Ct. B15 —2G 113
Kelvedon Gro. Sol —4C 138
Kelverdale Gro. B14 —5J 135
Kelverley Gro. W Brom —8A 54
Kelvin Av. Cov —4K 145
Kelvin Clo. Kidd —1G 149
Kelvin Dri. Cann —6G 9
Kelvin Pl. Wals —3H 39
Kelvin Rd. B31 —8A 134
Kelvin Rd. Lea S —4B 212
Kelvin Rd. Wals —3G 39
Kelvin Way. W Brom —8H 67
Kelvin Way Ind. Est. W Brom —1H 91
Kelway. Bin —7A 146
Kelway Av. B43 —6H 55
Kelwood Dri. Hale —4A 110
Kelynmead Rd. B33 —7A 96
Kemberton Clo. Wolv —8J 35
Kemberton Rd. B29 —7A 112
Kemberton Rd. Wolv —8J 35
Kemble Clo. W'hall —6D 38
Kemble Cft. B5 —2L 113
Kemble Dri. B35 —6A 72
Kemble Tower. B35 —6A 72
Kemelstowe Cres. Hale —1J 131
Kemerton Ho. Redd —5A 204
Kemerton Way. Shir —4M 159
Kemp Clo. Warw —2G 215
Kempe Rd. B33 —5A 96
Kempley Av. Cov —6J 145
Kempsey Clo. Hale —5L 109
Kempsey Clo. O'bry —5E 90
Kempsey Clo. Redd —2H 209
Kempsey Clo. Sol —6A 116
Kempsey Covert. B38 —2E 156
Kempsey Ho. B32 —1G 133
Kempsford Clo. Redd —3F 208
Kemps Green. —8A 186
Kemps Grn. Rd. Bal C —3H 163
Kemps Grn. Rd. H'ley H —8M 185
Kempson Av. S Cold —8J 57
Kempson Av. W Brom —4H 67
Kempson Rd. B36 —1L 95
Kempsons Gro. Bils —6H 51
Kempthorne Av. Wolv —8E 22
Kempthorne Gdns. Wals —7G 25
Kempthorne Rd. Bils —3M 51
Kempton Clo. Cann —3A 10
Kempton Ct. Cats —8A 154
Kempton Cres. Lea S —5C 212
Kempton Dri. Wals —7F 14
Kempton Pk. Rd. B36 —1K 95
Kempton Way. Stourb —6L 107
Kemsey Dri. Bils —6M 51
Kemshead Av. B31 —1L 155
Kemsley Rd. B14 —7M 135
Kem St. Nun —7K 79
Kenchester Clo. Redd —7L 205
Kenchester Ho. B16 —6A 4
Kendal Av. Col —2M 97
Kendal Av. Lea S —7J 211
Kendal Av. Redn —2H 155
Kendal Clo. B'gve —8B 180
Kendal Clo. Nun —3A 80
Kendal Clo. Redd —6A 206
Kendal Clo. Wolv —3M 35
Kendal Ct. B23 —6B 70
Kendal Ct. Cann —1B 14
Kendal Ct. Wals W —5F 26
Kendal Dri. Redn —8K 155
Kendal End. —7J 155
Kendal End Rd. Redn —7K 155
Kendal Gro. Sol —1F 138
Kendal Ho. O'bry —5D 90
Kendall Ri. K'wfrd —4M 87
Kendal Ri. Cov —5J 143
Kendal Ri. O'bry —6H 91
Kendal Ri. Wolv —3M 35
Kendal Ri. Rd. Redn —2H 155
Kendal Rd. B11 —2B 114
Kendal Tower. B17 —4D 112
Kendlewood Rd. Kidd —8B 128
Kendon Av. Cov —3L 143
Kendrick Av. B34 —4E 96
Kendrick Clo. Cov —5G 123
Kendrick Clo. Sol —3F 138
Kendrick Pl. Bils —5A 52
Kendrick Rd. Bils —5A 52
Kendrick Rd. S Cold —4M 71
Kendrick Rd. Wolv —3E 36
Kendricks Rd. W'bry —2F 52
Kendrick St. W'bry —6G 53
Keneggy M. B29 —7F 112
Kenelm Ct. Cov —4J 167
Kenelm Rd. B10 —1E 114
Kenelm Rd. Bils —8J 51
Kenelm Rd. O'bry —6G 91
Kenelm Rd. S Cold —5H 57
Kenelm's Ct. Rom —5A 132
Kenilcourt. Ken —3D 190
Kenilworth. —5F 190
Kenilworth By-Pass. Ken —4G 211
Kenilworth Castle. —4D 190
Kenilworth Clo. Redd —3D 208
Kenilworth Clo. Stourb —7K 87
Kenilworth Clo. S Cold —1G 57
Kenilworth Clo. Tip —5K 65
Kenilworth Ct. B16 —1F 112
Kenilworth Ct. B24 —7E 70
Kenilworth Ct. Cann —8E 8
Kenilworth Ct. Cov —1C 166
Kenilworth Ct. Dud —1F 88
Kenilworth Cres. Wals —5G 39
Kenilworth Cres. Wolv —5E 50
Kenilworth Dri. Cann —5D 8
Kenilworth Dri. Kidd —7L 149
Kenilworth Dri. Nun —6G 79
Kenilworth Ho. Wals —3J 39 (off Providence La.)
Kenilworth M. Ken —4F 190
Kenilworth Rd. B20 —8L 69
Kenilworth Rd. Bal C & Ken —8G 141
Kenilworth Rd. Col —8A 98
Kenilworth Rd. Cov —7K 165
Kenilworth Rd. Cubb —3C 212
Kenilworth Rd. H Ard —3D 140
Kenilworth Rd. Ken —1H 191
Kenilworth Rd. Ken & B'dwn —1J 211
Kenilworth Rd. Know —3K 161
Kenilworth Rd. Lich —3H 19
Kenilworth Rd. Mer —7C 118
Kenilworth Rd. O'bry —1K 111
Kenilworth Rd. Pert —5F 34
Kenilworth Rd. Tam —5E 32
Kenilworth St. Lea S —8M 211
Kenilworth Tourist Info. Cen. —5F 190
Kenley Gro. B30 —6H 135
Kenley Way. Sol —5K 137
Kenmare Way. Wolv —5J 37
Kenmore Av. Cann —2F 8
Kenmore Dri. Hinc —7B 84
Kenmure Rd. B33 —2C 116
Kennan Av. Lea S —2M 215
Kennedy Clo. Kidd —6M 149
Kennedy Clo. S Cold —5J 57
Kennedy Clo. Tam —8C 32
Kennedy Cres. Dud —5D 64
Kennedy Cres. W'bry —2C 52
Kennedy Cft. B26 —2A 116
Kennedy Dri. Rugby —7J 171
Kennedy Gro. B30 —3H 135
Kennedy Ho. O'bry —1H 111
Kennedy Rd. Wolv —6D 36 (2L 7)
Kennedy Sq. Lea S —8A 212
Kennedy Tower. B4 —3F 4
Kennerley Rd. B25 —3K 115
Kennet. Tam —8D 32
Kennet Clo. Cov —1J 145
Kennet Clo. Wals —7C 16
Kennet Gro. B36 —1F 96
Kenneth Gro. B23 —4A 70
Kennford Clo. Row R —3C 90
Kennington Rd. Wolv —4F 36
Kenpas Highway. Cov —3M 165
Kenrick Cft. B35 —7A 72
Kenrick Ho. W Brom —8L 67
Kenrick Way. W Brom —1K 91 (B70)
Kenrick Way. W Brom —8M 67 (B71)
Kensington Av. B12 —5A 114
Kensington Ct. Cov —8A 144
Kensington Ct. Nun —3C 78
Kensington Dri. S Cold —4F 42
Kensington Gdns. Cann —7C 8
Kensington Gdns. Stourb —8J 87
Kensington Pl. Cann —8J 9
Kensington Rd. B29 —7G 113
Kensington Rd. Cov —8M 143
Kensington Rd. W'hall —2B 38
Kensington St. B19 —3K 93
Kenstone Cft. B12 —2M 113
Kenswick Dri. Hale —7A 110
Kent Av. Tam —7M 31
Kent Av. Wals —6H 39
Kent Clo. A'rdge —8H 27
Kent Clo. Cov —3E 166
Kent Clo. Kidd —6L 149
Kent Clo. Wals —4L 39
Kent Clo. W Brom —2H 67
Kent Dri. Hinc —5E 84
Kenthurst Clo. Cov —5C 142
Kentish Rd. B21 & Midd I —1C 92
Kentmere Clo. Cov —7L 123
Kentmere Tower. B23 —3H 71
Kenton Av. Wolv —5M 35
Kenton Wlk. B29 —7F 112
Kent Pl. Cann —8L 9
Kent Pl. Dud —3G 89
Kent Rd. Hale —3E 110
Kent Rd. Redn —8F 132
Kent Rd. Stourb —2K 107
Kent Rd. Wals —6F 38
Kent Rd. W'bry —5J 53
Kent Rd. Wolv —2E 50
Kents Clo. Sol —6M 115
Kent St. B5 —1L 113 (8G 5)
Kent St. Dud —4E 64
Kent St. Wals —4L 39
Kent St. N. B18 —4F 92
Kent, The. Rugby —7G 173
Kentwell. Tam —2K 31
Kenward Cft. B17 —2M 111
Kenway. H'wd —2A 158
Kenwick Rd. B17 —5B 112
Kenwood Rd. B9 —6H 95
Kenwyn Grn. Exh —1H 123
Kenyon Clo. B'gve —8A 180
Kenyon Clo. Stourb —2A 108
Kenyon St. B18 —5J 93 (2D 4)
Kepler. Tam —2L 31
Keppel Clo. Rugby —8J 171
Keppel St. Cov —4E 144
Kerby Rd. B23 —5C 70
Keresley. —7M 121
Keresley Brook Rd. Cov —7M 121
Keresley Clo. Cov —7A 122
Keresley Clo. Sol —4C 138
Keresley Grn. Rd. Cov —8M 121
Keresley Gro. B29 —7M 111
Keresley Newland. —3M 121
Keresley Rd. Cov —1M 143
Kernthorpe Rd. B14 —5K 135
Kerr Dri. Tip —1L 65
Kerria Cen. Tam —5G 33
Kerria Ct. B15 —1K 113 (8E 4)
Kerria Rd. Tam —5H 33
Kerridge Clo. Wolv —7A 22
Kerrls Way. Bin —8A 146
Kerry Clo. B31 —3M 133
Kerry Clo. Barw —2F 84
Kerry Clo. Brie H —5C 88
Kerry Ct. Wals —1A 54
Kerry Hill. B'gve —3L 201
Kerrys Ho. Cov —7B 144 (off Windsor St.)
Kersley Gdns. Wolv —4M 37
Kerswell Clo. Redd —4B 204
Kerswell Dri. Shir —4M 159
Kesterton Rd. S Cold —4E 42
Kesterton Tower. B23 —4B 70
Kesteven Clo. B15 —3H 113
Kesteven Rd. W Brom —2J 67
Keston Rd. B44 —5M 55
Kestrel. Wiln —3G 47
Kestrel Av. B25 —1H 115
Kestrel Clo. B23 —3D 70
Kestrel Clo. Burb —3M 81
Kestrel Clo. Kidd —6L 149
Kestrel Cft. Bin —1M 167
Kestrel Dri. S Cold —4F 42
Kestrel Gro. B30 —1D 134
Kestrel Gro. Cann —8J 9
Kestrel Gro. W'hall —1C 38
Kestrel Ri. Wolv —2M 35
Kestrel Rd. Dud —1F 88
Kestrel Rd. Hale —2H 109
Kestrel Rd. O'bry —7F 90
Kestrel Way. Wals —7C 14
Keswick Clo. Nun —3A 80
Keswick Dri. Brow —1C 172
Keswick Dri. K'wfrd —3K 87
Keswick Grn. Lea S —8K 211
Keswick Gro. S Cold —7M 41
Keswick Ho. O'bry —5D 90
Keswick Rd. Sol —5M 115
Keswick Wlk. Cov —5M 145
Ketley Cft. B12 —2M 113
Ketley Fields. K'wfrd —4A 88
Ketley Hill Rd. Dud —1F 88
Ketley Rd. K'wfrd —3M 87 (in two parts)
Kettlebrook. —6B 32
Kettlebrook Rd. Shir —3B 160
Kettlebrook Rd. Tam —5C 32
Kettlehouse Rd. B44 —6M 55
Kettles Bank Rd. Dud —7B 64 (in two parts)
Kettles Wood Dri. B32 —7H 111
Kettlewell Clo. Warw —8E 210
Kettlewell Way. B37 —7F 96
Ketton Gro. B33 —2D 116
Keviliok St. Cov —3D 166
Kew Clo. B37 —6F 96
Kew Clo. Ken —4J 191
Kew Dri. Dud —7G 65
Kew Gdns. B33 —8K 95
Kew Rd. Rugby —5A 172
Kewstoke Clo. W'hall —8B 24
Kewstoke Cft. B31 —3L 133
Kewstoke Rd. W'hall —8B 24
Key Clo. Cann —6J 9
Keyes Dri. K'wfrd —8K 63
Keyes Dri. Rugby —7J 171
Key Hill. B18 —4H 93
Key Hill Dri. B18 —4H 93
Key Ind. Est. W'hall —6K 37
Keynell Covert. B30 —6J 135
Keynes Dri. Bils —3L 51
Keys Cres. W Brom —3J 67
Keyse Rd. S Cold —2M 57
Keys Pk. Rd. Cann —6J 9
Keyte Clo. Tip —4A 66
Keyway. W'hall —1A 52
Keyway Junct. W'hall —1B 52
Keyway, The. W'hall —8M 37
Keyworth Clo. Tip —4A 66
Khyser Clo. W'bry —2C 52
Kidd Cft. Tip —7C 52
Kidderminster. —3L 149
Kidderminster Railway Mus. —4M 149
Kidderminster Rd. Bew —6B 148
Kidderminster Rd. D'frd & B'gve —4C 178
Kidderminster Rd. Hag —4A 130
Kidderminster Rd. Ism & I'ley —3H 129
Kidderminster Rd. K'wfrd —1F 106
Kidderminster Rd. S. Hag —6L 129
Kidderminster Tourist Info. Cen. —4M 149
Kielder Clo. Cann —7L 9
Kielder Clo. Wals —6C 54
Kielder Dri. Nun —7E 78
Kielder Gdns. Stourb —8B 108
Kier's Bri. Clo. Tip —6A 66
Kilberry Clo. Hinc —8A 84
Kilburn Dri. Cov —6M 143
Kilburn Dri. K'wfrd —8L 63
Kilburn Gro. B44 —6M 55
Kilburn Pl. Dud —3K 89
Kilburn Rd. B44 —6M 55
Kilby Av. B16 —7G 93 (5A 4) (in two parts)
Kilbye Clo. H'ley —4F 46
Kilby Grn. Hinc —3M 81
Kilbys Gro. B20 —7F 68
Kilcote Rd. Shir —7C 136
Kildale Clo. Cov —6E 144 (3F 6)
Kildwick Way. Warw —8E 210
Kilmarie Clo. Hinc —8A 84
Kilmet Wlk. Smeth —4A 92
Kilmore Cft. B36 —8L 71
Kilmorie Rd. B27 —4J 115
Kilmorie Rd. Cann —7C 8
Kiln Clo. Lea S —7A 212
Kiln Clo. Nun —6E 78
Kiln Clo. Stud —5J 209
Kiln Cft. Row R —5A 90
Kiln La. B25 —3H 115
Kiln La. Shir —4G 159
Kilnsey Gro. Warw —8E 210
Kiln Way. Pole —8M 33
Kiln Way. Shil —2E 124
Kilpeck Clo. Redd —7M 205
Kilsby. —6M 199
Kilsby Gro. Sol —1C 160
Kilsby La. Rugby —2J 199
Kilsby Rd. Barby —8J 199
Kilvert Rd. W'bry —7H 53
Kilworth Rd. Rugby —2H 199
Kimbells Wlk. Know —3J 161
Kimberlee Av. Cookl —5B 128
Kimberley. Wiln —2F 46
Kimberley Av. B8 —4E 94
Kimberley Clo. Cov —5F 142
Kimberley Clo. Redd —2H 205
Kimberley Clo. S Cold —6A 42
Kimberley Pl. Cose —2H 65
Kimberley Rd. Bag —7E 166
Kimberley Rd. Bed —5J 103
Kimberley Rd. Rugby —5B 172
Kimberley Rd. Smeth —2A 92
Kimberley Rd. Sol —7A 116
Kimberley St. Wolv —8A 36
Kimberley Wlk. Min —3D 72
Kimble Clo. Cov —5H 143
Kimble Gro. B24 —6K 71
Kimbolton Dri. B'wll —4G 181
Kimpton Clo. B14 —7L 135
Kimsan Cft. S Cold —2A 56
Kinchford Clo. Sol —1C 160
Kineton Clo. Redd —8K 205
Kineton Cft. B32 —1K 133
Kineton Grn. Rd. Sol —1K 137
Kineton La. H'ley H —8M 159
Kineton Ri. Dud —7C 50
Kineton Rd. Cov —3J 145
Kineton Rd. Ken —5J 191
Kineton Rd. Redn —2E 154
Kineton Rd. S Cold —8E 56
Kinfare Dri. Wolv —5H 35
Kinfare Ri. Dud —5E 64
King Alfreds Pl. B1 —7J 93 (5C 4)
King Charles Av. Wals —7E 38
King Charles Clo. Kidd —3J 149
King Charles Ct. K'sdng —7B 56
King Charles Rd. Hale —5F 110
King Charles Sq. Kidd —3L 149
King Edmund St. Dud —7H 65 (in two parts)
King Edward Av. B'gve —5M 179
King Edward Rd. B13 —6M 113
King Edward Rd. B'gve —4M 179
King Edward Rd. Cov —5E 144
King Edward Rd. Nun —5K 79
King Edward Rd. Rugby —5B 172
King Edwards Clo. B20 —1H 93
King Edwards Gdns. B20 —2H 93
King Edwards Rd. B1 (Edward St.) —7H 93 (5B 4)
King Edwards Rd. B1 —6G 93 (3A 4) (Ladywood Middleway)
King Edward's Row. Wolv —1C 50 (8J 7)
King Edwards Sq. S Cold —3J 57
King Edward St. W'bry —3D 52
Kingfield Ind. Est. Cov —3C 144
Kingfield Rd. Cov —3C 144
Kingfield Rd. Shir —7C 136
Kingfisher. Wiln —3G 47
Kingfisher Av. Nun —4C 78
Kingfisher Bus. Pk. Redd —6G 205
Kingfisher Clo. B26 —3A 116
Kingfisher Clo. Dud —7C 50
Kingfisher Ct. A'chu —2A 182
Kingfisher Dri. B36 —1G 97
Kingfisher Dri. Cann —5J 9
Kingfisher Dri. Stourb —6J 107
Kingfisher Gro. Kidd —6B 150
Kingfisher Gro. W'hall —1B 38
Kingfisher Shop. Cen. Redd —5E 204
Kingfisher Vw. B34 —4A 96
Kingfisher Wlk. Redd —5D 204
Kingfisher Way. B30 —1D 134
King George Av. B'gve —5M 179
King George Clo. B'gve —5L 179
King George Cres. Wals —3B 40
King George Pl. Wals —3B 40
King George's Av. Bed —4H 103
King George's Av. Cov —7E 122
King George's Ct. Long L —4G 171
King George VI Av. Wals —1C 54
King George's Way. Hinc —2H 81
Kingham Clo. Dud —7C 64
Kingham Clo. Redd —5M 205
Kingham Covert. B14 —7K 135
Kingland Dri. Lea S —8J 211
King Richard Rd. Hinc —7C 84
King Richard St. Cov —6F 144
Kings Av. Cann —5J 9
Kings Av. Tiv —7B 66
Kingsbridge Rd. B32 —8K 111
Kingsbridge Rd. Nun —3K 79
Kingsbridge Wlk. Smeth —4B 92
Kingsbrook Dri. Sol —1B 160
Kingsbury. —4D 60
Kingsbury Av. B24 —6K 71
Kingsbury Clo. Min —4D 72
Kingsbury Clo. Wals —5B 40
Kingsbury Ind. Pk. Min —3E 72
Kingsbury Link. Picc —8G 47
Kingsbury Rd. B24 & Erd —7E 70
Kingsbury Rd. Cas V —6M 71
Kingsbury Rd. Cov —3K 143
Kingsbury Rd. Curd & Mars —1K 73
Kingsbury Rd. Mars —6B 60
Kingsbury Rd. Min —4C 72
Kingsbury Rd. Tip —1A 66
Kingsbury Water Pk. —3B 60
Kingsbury Water Pk. Vis. Cen. —5A 60
Kings Bus. Pk. Gt Barr —6L 55
Kingsclere Wlk. Wolv —3J 49
Kingscliff Rd. B10 —1G 115
King's Clo. B14 —3J 135
Kingscote Clo. Redd —2K 205
Kingscote Gro. Cov —5A 166
Kingscote Rd. B15 —3D 112
Kingscote Rd. Dorr —7E 160
Kings Ct. S Cold —6H 43
Kings Ct. W'bry —6E 52
Kings Cft. B26 —4A 116
Kings Cft. Cann —5L 9
Kings Cft. Cas B —2F 96
Kingscroft Clo. S Cold —2A 56
Kingscroft Rd. S Cold —1A 56
Kingsdene Av. K'wfrd —5J 87
Kingsdown Av. B42 —3F 68
Kingsdown Rd. B31 —8M 111
Kingsdown Rd. Burn —8D 10
Kingsfield Rd. B14 —1L 135
Kingsfield Rd. Barw —2H 85
Kingsford. —1H 127
Kingsford Clo. B36 —8D 72
Kingsford Country Pk. —1K 127
Kingsford La. W'ley —3H 127
Kingsford Nouveau. K'wfrd —4A 88
Kings Gdns. B30 —5E 134
Kings Gdns. Bed —7J 103
Kingsgate Ho. B37 —7G 97
Kings Grn. Av. B38 —7F 134
Kings Gro. Cov —6H 145
Kingshayes Rd. Wals —7H 27
King's Heath. —2A 136
King's Hill. —4E 52
Kings Hill Bus. Pk. W'bry —5E 52
Kings Hill Clo. W'bry —4E 52 (in two parts)
Kingshill Dri. B38 —7F 134
Kings Hill Fld. W'bry —4E 52
King's Hill La. Cov —8M 165
Kings Hill M. W'bry —4D 52
King's Hill Rd. Lich —3J 19
Kingshurst. —4G 97
Kingshurst. Rad S —3E 216
Kingshurst Ho. B37 —4F 96
Kingshurst Rd. B31 —6A 134
Kingshurst Rd. Shir —8F 136
Kingshurst Way. B37 —5F 96
Kingsland Av. Cov —7M 143
Kingsland Dri. Dorr —6E 160
Kingsland Rd. B44 —5L 55
Kingsland Rd. Wolv —6B 36
Kingslea Rd. Sol —7L 137
Kingsleigh Dri. B36 —1A 96
Kingsleigh Rd. B20 —7H 69
Kingsley Av. Cann —2J 9
Kingsley Av. Redd —6G 205
Kingsley Av. Rugby —8E 172
Kingsley Av. Wolv —5H 35
Kingsley Clo. Tam —3A 32
Kingsley Ct. Bin W —3D 168
Kingsley Ct. Yard —1L 115
Kingsley Cres. Bulk —6B 104
Kingsley Gdns. Cod —6E 20
Kingsley Gro. Dud —4A 64
Kingsley Orchard. Rugby —8E 172
Kingsley Rd. Bal H —3A 114
Kingsley Rd. K Nor —5D 134
Kingsley Rd. K'wfrd —4H 87
Kingsley St. Dud —4J 89
Kingsley St. Wals —2H 53
Kingsley Ter. Cov —1L 145
Kingsley Wlk. W'grve S —1M 145
Kingslow Av. Wolv —3K 49
Kingsmead M. Cov —3K 167
Kings Mdw. Clent —7E 130
Kingsmere Clo. B24 —7E 70
King's Newnham. —2C 170
Kings Newnham La. Bret —2L 169
Kings Newnham Rd. Chu L —2B 170
King's Norton. —6E 134
King's Norton Bus. Cen. B30 —5G 135
Kings Pde. B4 —5H 5
Kingspiece Ho. B36 —1L 95
King's Rd. Dud —1E 64
King's Rd. Kidd —3J 149
King's Rd. K Hth —3J 135
Kings Rd. Stock G —5C 70
King's Rd. S Cold —7C 56
Kings Rd. Tys & Yard —4G 115
Kings Rd. Wals —2C 40
King's Row. Earl S —1L 85
Kings Sq. Bils —1G 65
Kings Sq. W Brom —6K 67
Kingstanding. —5M 55
Kingstanding Cen., The. B44 —6M 55
Kingstanding Rd. B44 & Gt Barr —3M 69
King's Ter. K Hth —3K 135
Kingsthorpe Rd. B14 —6A 136
Kingston Arc. Cann —8E 8
Kingston Clo. Tam —2C 32
Kingston Ct. S Cold —2H 57
Kingston Dri. Hinc —5E 84
Kingston M. Lea S —3C 216
Kingston Rd. B9 —8B 94
Kingston Rd. Cov —7M 143
Kingston Row. B1 —7J 93 (5C 4)
Kingston Way. K'wfrd —2J 87
King St. B11 —2A 114
King St. Barw —3H 85
King St. Bed —7H 103 (in two parts)
King St. Bils —6L 51
King St. Brad —1G 65
King St. Brie H —1G 109
King St. Burn —4F 16
King St. Cov —5C 144 (3B 6)
King St. Crad H —8M 89
King St. Dud —1J 89
King St. Hale —5A 110
King St. Hinc —8D 84
King St. Lea S —8A 212
King St. Lye —5F 108
King St. Rugby —5A 172
King St. Smeth —2B 92
King St. Stourb —3L 107
King St. Tam —4B 32
King St. Wals —2K 53
King St. Wals W —7F 26
King St. W'bry —6E 52
King St. W'hall —7B 38
King St. Wolv —7C 36 (4J 7)
King St. Pas. Brie H —1G 109
King St. Pas. Dud —8J 65
King St. Precinct. W'bry —3D 52
King's Wlk. Earl S —1L 85
King's Wall. Earl S —1L 85
Kingsway. Cann —5G 9
Kingsway. Cov —6G 145

Kingsway. Ess —5A 24
Kingsway. K'bry —3C 60
Kingsway. Lea S —3L 215
Kingsway. Nun —5H 79
Kingsway. O'bry —2G 111
Kingsway. Rugby —8A 172
Kingsway. Stourb —1K 107
Kingsway. Stour S —2E 174
Kingsway. Wolv —3G 37
Kingsway Av. Tip —1A 66
Kingsway Dri. B38 —7F 134
Kingsway Rd. Wolv —3G 37
Kingswear Av. Wolv —6F 34
Kingswinford. —3L 87
Kingswinford Rd. Dud —2E 88
Kingswood. —6K 187 (Chadwick End)
Kingswood. —7A 20 (Codsall)
King's Wood. —1L 157 (Yardley Wood)
Kingswood Av. Cann —2C 14
Kingswood Av. Cor —2H 121
Kingswood Brook. —7K 187
Kingswood Clo. Cov —8D 122
Kingswood Clo. Lapw —4L 187
Kingswood Clo. Shir —8K 137
Kingswood Common. —7A 20
Kingswood Ct. Nun —5B 78
Kingswood Cft. B7 —2C 94
Kingswood Dri. Cann —4M 15
Kingswood Dri. S Cold —5M 55
Kingswood Dri. Wals —5G 15
Kingswood Gdns. Wolv —3M 49
Kingswood Ho. B14 —7L 135
Kingswood Lock Flight. —6J 187
Kingswood Rd. K'wfrd —5J 87
Kingswood Rd. Mose —5A 114
Kingswood Rd. N'fld —3M 155
Kingswood Rd. Nun —5A 78
Kington Clo. W'hall —1B 38
Kington Gdns. B37 —8F 96
Kington Way. B33 —7K 95
King William St. Cov —5E 144 (2F 6)
King William St. Stourb —1M 107
Kiniths Cres. W Brom —4L 67
Kiniths Way. Hale —8E 90
Kiniths Way. W Brom —5L 67
Kinlet Clo. Redd —5L 205
Kinlet Clo. Wolv —1G 49
Kinlet Gro. B31 —7C 134
Kinloch Dri. Dud —6F 64
Kinman Way. Rugby —3C 172
Kinnerley St. Wals —8A 40
Kinnersley Clo. Redd —6L 205
Kinnersley Cres. O'bry —4D 90
Kinnerton Cres. B29 —7M 111
Kinross Av. Cann —2F 8
Kinross Clo. Nun —7F 78
Kinross Cres. B43 —5H 55
Kinross Rd. Lea S —5B 212
Kinross Way. Hinc —1F 80
Kinsall Grn. Wiln —3J 47
Kinsey Gro. B14 —5M 135
Kinsham Dri. Sol —1B 160
Kinswinford Railway Walk Vis. Cen. —1G 63
Kintore Cft. B32 —2H 133
Kintyre Clo. Hinc —8B 84
Kintyre Clo. Redn —8E 132
Kintyre, The. Cov —2B 146
Kinver. —5A 106
Kinver Av. Kidd —1G 175
Kinver Av. W'hall —4B 38
Kinver Clo. Cov —8L 123
Kinver Cres. Wals —8J 27
Kinver Cft. B12 —2L 113
Kinver Cft. S Cold —1A 72
Kinver Dri. Hag —2C 130
Kinver Dri. Wolv —4J 49
Kinver La. Cau —3A 128
Kinver Rd. B31 —7D 134
Kinver St. Stourb —8K 87
Kinver Ter. Dud —3E 88
Kinver Tourist Info. Cen. —6B 106
Kinwalsey. —2M 119
Kinwalsey La. Mer —4H 119
Kinwarton Clo. B25 —3K 115
Kipling Av. Bils —8H 51
Kipling Av. Burn —8G 11
Kipling Av. Warw —5C 214
Kipling Clo. Gall C —4A 78
Kipling Clo. Tip —1A 66
Kipling Ho. Hale —4H 109
Kipling Ri. Tam —1M 31
Kipling Rd. B30 —5C 134
Kipling Rd. Cov —1A 144
Kipling Rd. Dud —4A 64
Kipling Rd. W'hall —2E 38
Kipling Rd. Wolv —7D 22
Kipling Wlk. Kidd —3B 150
Kirby Av. Warw —8F 210
Kirby Clo. Bils —6L 51
Kirby Clo. Bran —4F 168
Kirby Clo. Cov —3D 144
Kirby Clo. Sap —1K 83
Kirby Corner. —4G 165
Kirby Corner. Cov —3J 165
Kirby Corner Rd. Cov —4H 165
Kirby Dri. Dud —6E 64
Kirby Rd. B18 —3E 92
Kirby Rd. Cov —7M 143
Kirfield Dri. Hinc —6F 84
Kirkby Clo. Rugby —3E 172
Kirkby Grn. S Cold —6H 57
Kirkby La. Withy —4M 125
Kirkby Rd. Barw —3G 85
Kirkby Rd. Rugby —8F 172
Kirkdale Av. Cov —6D 122
Kirkham Gdns. Pens —3C 88
Kirkham Gro. B33 —5M 95
Kirkham Way. Tip —4A 66
Kirkland Way. M Oak —1H 45
Kirkside Gro. Bwnhls —2F 26
Kirkside M. Bwnhls —2F 26
Kirkstall Clo. Wals —7F 24
Kirkstall Cres. Wals —7F 24
Kirkstone. Brow —2D 172
Kirkstone Ct. Brie H —2B 108
Kirkstone Cres. B43 —3F 68
Kirkstone Cres. Wom —3F 62
Kirkstone Rd. Bed —7G 103
Kirkstone Wlk. Nun —3A 80
Kirkstone Way. Brie H —2B 108
Kirkwall Rd. B32 —8K 111
Kirkwood Av. B23 —2F 70
Kirmond Wlk. Wolv —4B 36
Kirstead Gdns. Wolv —6H 35
Kirtley. Tam —7E 32
Kirton Clo. Cov —8M 121
Kirton Clo. W'nsh —6B 216
Kirton Gro. B33 —5A 96
Kirton Gro. Sol —8A 138
Kirton Gro. Wolv —4J 35
Kitchener Rd. B29 —8H 113
Kitchener Rd. Cov —1E 144
Kitchener Rd. Dud —8M 65
Kitchener St. Smeth —3D 92
Kitchen La. Ess & Wed —8L 23
Kitebrook Clo. Redd —5L 205
Kitebrook Clo. Shir —2A 160
Kite La. Redd —4A 204
Kites Clo. Warw —7E 210
Kites Nest La. Beau —8J 189
Kitsland Rd. B34 —3E 96
Kitswell Gdns. B32 —1G 133
Kittermaster Rd. Mer —8J 119
Kittiwake Dri. Brie H —2C 108
Kittiwake Dri. Kidd —6B 150
Kittoe Rd. S Cold —6F 42
Kitt's Green. —6B 96
Kitts Grn. B33 —6B 96
Kitts Grn. Rd. B33 & Kitts G —5A 96
Kitwell La. B32 —1G 133
(in two parts)
Kitwood Av. Dord —3M 47
Kitwood Dri. Sol —2D 138
Kixley La. Know —3J 161
Klevedon Clo. Nun —8A 80
Knapton Clo. Hinc —6A 84
Knarsdale Clo. Brie H —1C 108
Knaves Castle Av. Wals —7F 16
Knebley Cres. Nun —8J 79
Knebworth Clo. B44 —1L 69
Knight Av. Cov —8E 144
Knightcote Dri. Lea S —1L 215
Knightcote Dri. Sol —1B 160
Knight Ct. S Cold —4C 58
Knightley Clo. Lea S —4E 212
Knightley Rd. Sol —7M 137
Knightlow Av. Cov —3J 167
Knightlow Clo. Ken —6J 191
Knightlow Hill. —1F 194
Knightlow Lodge. Cov —3J 167
Knightlow Rd. B17 —1A 112
Knighton Clo. S Cold —6F 42
Knighton Dri. S Cold —7F 42
Knighton Rd. B31 —5C 134
Knighton Rd. Cann —6L 9
Knighton Rd. Dud —5K 89
Knighton Rd. S Cold —4D 42
Knight Rd. Burn —8E 10
Knight Rd. Kidd —6J 127
Knights Av. Wolv —3K 35
Knightsbridge Av. Bed —4J 103
Knightsbridge Clo. S Cold —5F 42
Knightsbridge La. W'hall —3C 38
Knightsbridge Rd. Sol —8M 115
Knights Clo. B23 —7E 70
Knights Clo. Burb —5K 81
Knights Ct. Cann —5A 16
Knights Ct. Hinc —1E 80
Knights Cres. Wolv —2L 35
Knightsford Clo. Redd —7M 203
Knights Hill. Wals —6H 41
Knight's Rd. B11 —5G 115
Knights Templar Way. Cov —8G 143
Knightstowe Av. B18 —5G 93 (1A 4)
Knightswood Clo. S Cold —2K 57
Knightwick Cres. B23 —4C 70
Knipersley Rd. S Cold —3G 71
Knob Hill. Stret D —3F 194
Knoll Clo. Burn —4G 17
Knollcroft. B16 —7G 93
Knoll Cft. Cov —3C 166
Knoll Cft. Shir —4K 159
Knoll Cft. Wals —8J 27
Knoll Dri. Cov —3C 166
Knoll Dri. Warw —8E 210
Knoll, The. B32 —8J 111
Knoll, The. K'wfrd —4L 87
Knott Ct. Brie H —7D 88
Knottesford Clo. Stud —6J 209
Knottsall La. O'bry —6H 91
Knotts Farm Rd. K'wfrd —5A 88
Knowesley Clo. B'gve —7B 180
Knowlands Rd. Shir —2A 160
Knowle. —3J 161
Knowle Clo. Redd —3J 205
Knowle Clo. Redn —2K 155
Knowle Grove. —6H 161
Knowle Hill. Hurl —5H 61
Knowle Hill. Ken —3J 191
Knowle Hill Rd. Dud —5H 89
Knowle La. Lich —7G 19
Knowle Rd. B11 —6D 114
Knowle Rd. Know & H Ard —1K 161
Knowle Rd. Row R —5M 89
Knowles Av. Nun —5C 78
Knowles Dri. S Cold —2G 57
Knowles Rd. Wolv —8F 36
Knowles St. W'bry —6G 53
Knowle Wood Rd. Dorr —6H 161
Knox Cres. Nun —1M 79
Knox Rd. Wolv —3D 50
Knox's Grave La. Hop —2B 30
(in two parts)
Knutsford St. B12 —3M 113
Knutswood Clo. B13 —2D 136
Kohima Dri. Stourb —4L 107
Koi Water Gardens. —2E 126
Kossuth Rd. Bils —8G 51
Kurtus. Dost —3D 46
Kyle Clo. Wolv —8B 22
Kylemilne Way. Stour S —6J 175
Kyles Way. B32 —2H 133
Kynaston Cres. Cod —7H 21
Kyngsford Rd. B33 —6D 96
Kynner Way. Bin —8A 146
Kyotts Lake Rd. B11 —2A 114
Kyrwicks La. B11 & B12 —3A 114
Kyter La. B36 —1B 96

Laburnum Av. B12 —4A 114
Laburnum Av. B37 —3F 96
Laburnum Av. Cann —2D 14
Laburnum Av. Cov —4M 143
Laburnum Av. Ken —5G 191
Laburnum Av. Smeth —5L 91
Laburnum Av. Tam —1B 32
Laburnum Clo. B37 —3F 96
Laburnum Clo. Bed —7E 102
Laburnum Clo. Cann —2E 14
Laburnum Clo. H'wd —4A 158
Laburnum Clo. K'bry —3D 60
Laburnum Clo. Kinv —4A 106
Laburnum Clo. Redd —7E 204
Laburnum Clo. Stourb —2L 107
Laburnum Clo. Wals —7A 26
Laburnum Cotts. Hand —1E 92
Laburnum Ct. Lich —4J 19
Laburnum Cft. Tiv —7B 66
Laburnum Dri. Earl S —2K 85
Laburnum Dri. S Cold —6A 58
Laburnum Dri. W'nsh —6B 216
Laburnum Gro. B13 —6M 113
Laburnum Gro. B'gve —5M 179
Laburnum Gro. Burn —3F 16
Laburnum Gro. Kidd —1H 149
Laburnum Gro. Nun —3D 78
Laburnum Gro. Rugby —1K 197
Laburnum Gro. Wals —6F 38
Laburnum Gro. Warw —8H 211
Laburnum Ho. B30 —2F 134
Laburnum Rd. B30 —1F 134
Laburnum Rd. Dud —5H 65
Laburnum Rd. K'wfrd —3L 87
Laburnum Rd. Lane —6E 50
Laburnum Rd. Stow H —1H 51
Laburnum Rd. Tip —2M 65
Laburnum Rd. Wals —5C 54
Laburnum Rd. Wals W —6G 27
Laburnum Rd. W'bry —5H 53
Laburnum St. Stourb —2K 107
Laburnum St. Wolv —8A 36
Laburnum Trees. H'wd —3A 158 (off May Farm Clo.)
Laburnum Vs. S'hll —4C 114
Laburnum Way. B31 —8A 134
Laceby Gro. B13 —8D 114
Lacell Clo. Warw —8D 210
Ladbroke Dri. S Cold —7M 57
Ladbroke Gro. B27 —1J 137
Ladbroke Pk. Warw —8E 210
Ladbrook Clo. Redd —2E 208
Ladbrook Gro. Dud —6A 64
Ladbrook Rd. Cov —5G 143
Ladbrook Rd. Sol —6C 138
Ladbury Gro. Wals —5M 53
Ladbury Rd. Wals —5A 54
Ladeler Gro. B33 —7E 96
Ladies Holloway. Stone —5F 150
Ladies Wlk. Dud —1D 64
Lady Bank. B32 —2H 133
Lady Bank. Tam —5B 32
Lady Bracknell M. N'fld —5C 134
Lady Byron La. Know —2F 160
Ladycroft. B16 —7G 93 (6A 4)
Ladycroft. Lea S —5E 212
Ladyfields Way. Cov —5B 122
Lady Godiva Statue. —7C 144 (4C 6)
Lady Grey Av. H'cte —6L 215
Lady Grey's Wlk. Stourb —5K 107
Ladygrove Clo. Redd —1G 209
Lady Harriet's La. Redd —5F 204
Lady La. Earls & Shir —8G 159
Lady La. Ken —5F 190
Lady La. Longf —5F 122
Ladymead Dri. Cov —7B 122
Ladymoor Rd. Bils —6J 51
Ladypool Av. B11 —3B 114
Ladypool Clo. Hale —5C 110
Ladypool Clo. Wals —4A 40
Ladypool Rd. B12 & B11 —5A 114
Ladysmith Rd. Hale —3J 109
Ladysmock. Rugby —1D 172
Ladywalk Bird Sanctuary. —5C 74
Lady Warwick Av. Bed —7J 103
Ladywell Clo. Wom —1G 63
Ladywell Wlk. B5 —8L 93 (7G 5)
Ladywood. —7H 93 (5A 4)
Ladywood Clo. Brie H —8F 88
Ladywood Middleway. B16 & B1 —6G 93 (3A 4)
Ladywood Rd. B16 —8G 93
Ladywood Rd. S Cold —2G 57
Laertes Gro. H'cte —7M 215
Laggan Clo. Nun —4C 78
Lagonda. Tam —6D 32
Lagrange. Tam —3L 31
Laing Ho. O'bry —4D 90
Lair, The. B'moor —1M 47
Lake Av. Wals —2B 54
Lake Clo. Wals —2C 54
Lakedown Clo. B14 —8L 135
Lakefield Clo. B28 —1H 137
Lakefield Rd. Wolv —4L 37
Lakehouse Ct. B23 —1E 70
Lakehouse Gro. B38 —6D 134
Lakehouse Rd. S Cold —1E 70
Lakeland Dri. Wiln —2G 47
Lakeland Ho. Warw —2G 215
Lakenheath Rd. Tam —2C 32
Laker Clo. Stourb —2A 108
Lake's Clo. Kidd —2J 149
Lakes Ct. Bew —2B 148
Lakeside. —7G 205
Lakeside. Bed —7G 103
Lakeside. Redd —2K 203
Lakeside. S Cold —4B 42
Lakeside Clo. W'hall —6L 37
Lakeside Ct. Brie H —1B 108
Lakeside Dri. Cann —3A 16
Lakeside Dri. Shir —2M 159
Lakeside Ind. Est. Redd —6G 205
Lakeside Rd. W Brom —3G 67
Lakeside Wlk. B23 —6B 70
Lakes Rd. B23 —4A 70
Lakes Rd., The. Bew —2B 148
Lakes, The. —1B 148
Lake St. Dud —6D 64
Lake Vw. Rd. Cov —5L 143
Lakey La. B28 —1G 137
Lakin Ct. Warw —1F 214
Lakin Rd. Warw —1F 214
Lambah Clo. Bils —2M 51
Lamb Clo. B34 —4E 96
Lamb Cres. Wom —3F 62
(in two parts)
Lambert Clo. B23 —3D 70
Lambert Ct. K'wfrd —1K 87
Lambert Dri. Burn —2G 17
Lambert End. W Brom —6H 67
Lambert Fold. Dud —1L 89
Lambert Rd. Wolv —3F 36
Lambert's End. —6G 67
Lambert St. W Brom —6H 67
Lambeth Clo. B37 —5H 97
Lambeth Clo. Cov —2L 145
Lambeth Rd. B44 —6L 55
Lambeth Rd. Bils —2H 51
Lambourn Clo. Wals —7J 25
Lambourn Cres. Lea S —3C 216
Lambourne Clo. Cov —5G 143
Lambourne Clo. Gt Wyr —6F 14
Lambourne Clo. Lich —1L 19
Lambourne Dri. Bew —1B 148
Lambourne Gro. B37 —7E 96
Lambourne Way. Brie H —1B 108
Lambourn Rd. B23 —5D 70
Lambourn Rd. W'hall —8D 38
Lambscote Clo. Shir —7C 136
Lamb St. Cov —6C 144 (3B 6)
Lamford Clo. Hinc —8B 84
Lamintone Dri. Lea S —6K 211
Lammas Clo. Sol —8C 116
Lammas Cft. Wols —6G 169
Lammas Cft. W'nsh —6A 216
Lammas Ho. Cov —5A 144
Lammas Rd. Cov —5M 143
Lammas Rd. Stourb —6J 87
Lammas Wlk. Warw —2D 214
Lammermoor Av. B43 —7F 54
Lammerton Clo. Cov —3J 145
Lamont Av. B32 —6M 111
Lamorna Clo. Nun —5M 79
Lamp La. Arly —2F 100
Lamprey. Dost —3D 46
Lanark Clo. K'wfrd —4M 87
Lanark Cft. B35 —6M 71
Lancaster Av. Redn —1G 155
Lancaster Av. Wals —1H 41
Lancaster Av. W'bry —6J 53
Lancaster Cen. B36 —8E 72
Lancaster Cir. Queensway. B4 —5L 93 (2H 5)
Lancaster Clo. B30 —3G 135
Lancaster Dri. B35 —7B 72
Lancaster Gdns. Wolv —4L 49
Lancaster Ho. Row R —5E 90
Lancaster Pl. Ken —7E 190
Lancaster Pl. Wals —7J 25
Lancaster Rd. Bew —2B 148
Lancaster Rd. Brie H —7C 88
Lancaster Rd. Hinc —1K 81
Lancaster Rd. Rugby —5A 172
Lancaster St. B4 —5L 93 (1H 5)
Lance Clo. Hinc —4K 81
Lance Dri. Burn —8E 10
Lancelot Clo. B8 —6E 94
Lancelot Ho. Kidd —1C 150
Lancelot Pl. W Brom —5E 66
Lanchester Clo. Tam —2L 31
Lanchester Rd. B38 —8G 135
Lanchester Rd. Cov —3B 144
Lanchester Way. B36 —8E 72
Lancia Clo. Cov —5H 123
Lancing Rd. Bulk —6C 104
Lander Clo. Redn —3G 155
Landgate Rd. B21 —7C 68
Land La. B37 —2G 117
Land Oak Dri. Kidd —1B 150
Landor Ho. W'nsh —7A 216
Landor Rd. Know —3G 161
Landor Rd. Redd —8G 205
Landor Rd. Warw —1D 214
Landor Rd. W'nsh —6A 216
Landor St. B8 —6B 94 (4M 5)
Landport Rd. Wolv —1F 50
Landrail Wlk. B36 —1G 97
(in two parts)
Landrake Rd. K'wfrd —4M 87
Landsberg. Tam —3L 31
Landsdale Av. Sol —1F 138
Landsdowne Clo. Dud —3M 89
Landseer Clo. Rugby —8H 173
Landseer Dri. Hinc —6B 84
Landseer Gro. B43 —5K 55
Landsgate. Stourb —8A 108
Land Society La. Earl S —1L 85
Landswood Clo. B44 —8A 56
Landswood Rd. O'bry —5J 91
Landywood. —7G 15
Landywood Enterprise Pk. Gt Wyr —1F 24
Landywood La. Gt Wyr —7D 14
Lane Av. Wals —6H 39
Lane Clo. Wals —6H 39
Lane Ct. Wolv —1J 7
Lane Cft. S Cold —1A 72
Lane End. —6J 21
Lane End Wlk. Stour S —8F 174
Lane Grn. Av. Cod —8J 21
Lane Grn. Ct. Cod —6H 21
Lane Grn. Rd. Cod —6H 21
Lane Head. —4C 38
Lane Rd. Wolv —6G 51
Lanes Clo. Wom —4E 62
Lanesfield. —5G 51
Lanesfield Dri. Wolv —5G 51
Lanesfield Ind. Est. Wolv —5G 51
Lane Side. Cov —3L 167
Laneside Av. S Cold —2M 55
Laneside Dri. Hinc —6F 84
Laneside Gdns. Wals —7H 39
Lanes Shop. Cen., The. S Cold —2H 71
Lane St. Bils —6K 51
Laney Green. —7A 14
Langbank Av. Bin —1J 167
Langbay Ct. Cov —3M 145
Langcliffe Av. Warw —8F 210
Langcomb Rd. Shir —1G 159
Langdale Av. Cov —6D 122
Langdale Clo. Clay —3E 26
Langdale Clo. Lea S —6D 212
Langdale Clo. Rugby —2C 172
Langdale Ct. Amin —3G 33
Langdale Cft. B21 —2E 92
Langdale Dri. Bils —2K 51
Langdale Dri. Cann —2B 14
Langdale Dri. Nun —3A 80
Langdale Grn. Cann —2C 14
Langdale Rd. B43 —2F 68
Langdale Rd. Hinc —1G 81
Langdale Rd. Stour S —8D 174
Langdale Way. Stourb —5D 108
Langdon St. B9 —7B 94 (5M 5)
Langdon Wlk. B26 —5L 115
Langfield Rd. Know —2G 161
Langford Av. B43 —1E 68
Langford Clo. Wals —8A 40
Langford Cft. Sol —7C 138
Langford Gro. B17 —6C 112
Langham Clo. B26 —2A 116
Langham Grn. S Cold —8M 41
Langholm Dri. Cann —7K 9
Langholme Dri. B44 —8D 56
Langland Dri. Dud —1C 64
Langley. —4G 91
Langley Av. Bils —1J 65
Langley Clo. Redd —8K 205
Langley Ct. O'bry —4G 91
Langley Ct. Wolv —3K 49
Langley Cres. O'bry —5H 91
Langley Cft. Cov —7G 143
Langley Dri. B35 —8A 72
Langley Gdns. O'bry —5H 91
Langley Gdns. Wolv —2K 49
Langley Green. —5H 91
Langley Grn. Rd. O'bry —5G 91
Langley Gro. B10 —1D 114
Langley Hall Dri. S Cold —4B 58
Langley Hall Rd. Sol —2J 137
Langley Hall Rd. S Cold —4B 58
Langley Heath Dri. S Cold —6M 57
Langley High St. O'bry —4G 91
Langley Ri. Sol —6E 116
Langley Rd. B10 —1D 114
Langley Rd. Lea S —5A 216
Langley Rd. O'bry —5H 91
Langley Rd. Wolv —4E 48
Langleys Rd. B29 —8E 112
Langlodge Rd. Cov —7B 122
Langmead Clo. Wals —6D 38
Langnor Rd. Cov —3J 145
Langsett Rd. Wolv —5E 36
Langstone Rd. B14 —7B 136
Langstone Rd. Dud —8E 64
Langton Clo. B36 —3H 97
Langton Clo. Bin —1L 167
Langton Ct. Lich —8G 13
Langton Pl. Bils —3A 52
Langton Rd. B8 —5E 94
Langton Rd. Rugby —8E 172
Langtree Av. Sol —8B 138
Langtree Clo. Cann —8K 9
Langwood Clo. Cov —2H 165
Langwood Ct. B36 —1B 96
Langworth Av. B27 —4J 115
Lannacombe Rd. B31 —3L 155
Lansbury Av. W'bry —5C 52
Lansbury Clo. Cov —2L 145
Lansbury Dri. Cann —5E 8
Lansbury Grn. Crad H —1B 110
Lansbury Rd. Crad H —1B 110
Lansbury Wlk. Tip —1A 66
Lansdowne Av. Cod —7E 20
Lansdowne Cir. Lea S —8A 212
Lansdowne Clo. Bed —6G 103
Lansdowne Clo. Cose —2G 65
Lansdowne Ct. Stourb —8B 108
Lansdowne Cres. Lea S —8A 212
Lansdowne Cres. Stud —6K 209
Lansdowne Cres. Tam —8D 32
Lansdowne Ho. B15 —1K 113 (8E 4)
Lansdowne Pl. Rugby —7D 172
Lansdowne Rd. Bils —2L 51
Lansdowne Rd. Erd —6F 70
Lansdowne Rd. Hand —2G 93
Lansdowne Rd. Hay G —7K 109
Lansdowne Rd. H Grn —1F 110
Lansdowne Rd. Lea S —8A 212
Lansdowne Rd. Stud —6K 209
Lansdowne Rd. Wolv —6B 36 (2G 7)
Lansdowne St. B18 —5F 92
(in two parts)
Lansdowne St. Cov —6F 144
Lansdowne St. Lea S —8A 212
Lansdown Grn. Kidd —4H 149
Lansdown Pl. B18 —4F 92
Lant Clo. Cov —1B 164
Lantern Rd. Dud —7J 89
Lapal. —6F 110
Lapal La. B32 —7G 111
Lapal La. N. Hale —6E 110
Lapal La. S. Hale —6E 110
Lapley Clo. Wolv —7H 37
Lapper Av. Wolv —6F 50
Lapwing. Wiln —3G 47
Lapwing Clo. Kidd —8B 150
Lapwing Clo. Wals —8C 14
Lapwing Dri. H Ard —2B 140
Lapwood Av. K'wfrd —3M 87
Lapworth. —6E 186
Lapworth Clo. Redd —2F 208
Lapworth Dri. S Cold —6C 56
Lapworth Gro. B12 —3M 113
Lapworth Mus. —6F 112

Lapworth Oaks. Lapw —6K 187
Lapworth Rd. Cov —7J 123
Lapworth St. Lapw —6H 187
Lara Clo. Harb —1B 112
Lara Gro. Tip —7A 66
Larch Av. B21 —7D 68
Larch Clo. Kinv —6C 106
Larch Clo. Lich —2L 19
Larch Clo. Rugby —7H 171
Larch Cft. B37 —7H 97
Larch Cft. Tiv —7B 66
Larches Cottage Gdns. Kidd —6J 149
Larches La. Wolv —7A 36
Larches Pas. B12 —3A 114
Larches Rd. Kidd —6K 149
Larches St. B11 —3A 114
Larches, The. Exh —1G 123
Larches, The. K'bry —2D 60
Larchfield Clo. B20 —6H 69
Larchfields. Wols —5G 169
Larch Gro. Dud —2E 64
Larch Gro. Warw —8G 211
Larch Ho. B20 —6F 68
Larch Ho. B36 —1M 95
Larchmere Dri. B28 —1F 136
Larchmere Dri. B'gve —6L 179
Larchmere Dri. Ess —6B 24
Larch Rd. K'wfrd —3L 87
Larch Tree Av. Cov —6G 143
Larch Wlk. B25 —1H 115
Larchwood Cres. S Cold —1L 55
Larchwood Dri. Cann —5G 9
Larchwood Grn. Wals —5B 54
Larchwood Rd. Exh —1H 123
Larchwood Rd. Wals —5A 54
Larcombe Dri. Wolv —4D 50
Larford Wlk. Stour S —8F 174
Large Av. W'bry —5C 52
Lark Clo. B14 —7A 136
Larkfield Av. B36 —1B 96
Larkfield Rd. Redd —8G 205
Larkfield Way. Cov —3G 143
Larkhill. —1L 149
Larkhill. Kidd —2L 149
Larkhill Rd. Stourb —5J 107
Larkhill Wlk. B14 —8K 135
Larkin Clo. Bulk —6B 104
Larkin Clo. Wolv —8G 23
Lark Mdw. Dri. B37 —6E 96
Larksfield M. Brie H —2C 108 (off Hillfields Rd.)
Larks Mill. Pels —5L 25
Larkspur. Dost —5D 46
Larkspur. Rugby —1D 172
Larkspur Av. Burn —4G 17
Larkspur Ct. Bed —1C 122
Larkspur Cft. B36 —1K 95
Larkspur Dri. F'stne —2H 23
Larkspur Rd. Dud —1M 89
Larkspur Way. Clay —3D 26
Larkswood Dri. Dud —2D 64
Larkswood Dri. Wolv —6J 49
Larne Rd. B26 —2A 116
Lashbrooke Ho. Redn —2F 154
Lash Hill. —1M 81
Lash Hill Path. Hinc —1L 81
Lassington Clo. Redd —5L 205
Latches Clo. Darl —3E 52
Latchford Clo. Redd —3L 205
Latelow Rd. B33 —7A 96
Latham Av. B43 —2E 68
Latham Cres. Tip —6A 66
Latham Rd. Cov —7A 144
Lath La. Smeth —1K 91
Lathom Gro. B33 —4M 95
Latimer Clo. Ken —7F 190
Latimer Gdns. B15 —2K 113
Latimer Pl. B18 —3E 92
Latimer Rd. A'chu —4A 182
Latimer St. W'hall —6B 38
Latymer Clo. S Cold —2A 72
Lauder Clo. Dud —8C 50
Lauder Clo. W'hall —8K 37
Lauderdale Av. Cov —6D 122
Lauderdale Clo. Clay —3E 26
Lauderdale Clo. Rugby —5H 171
Lauderdale Gdns. Wolv —6E 22
Launce Gro. H'cte —7M 215
Launceston Clo. Tam —7D 32
Launceston Clo. Wals —2D 54
Launceston Dri. Nun —5M 79
Launceston Rd. Wals —2D 54
Launde, The. B28 —6E 136
Laundry Rd. Smeth —6C 92
Laureates Wlk. S Cold —8G 43
Laurel Av. B12 —4A 114
Laurel Bank. Tam —3B 32
Laurel Bank M. B'wll —5F 180
Laurel Clo. Cov —7L 123
Laurel Clo. Dud —6G 65
Laurel Clo. Lich —1K 19
Laurel Clo. Redd —7E 204
Laurel Ct. Mose —7M 113
Laurel Dri. Burn —2J 17
Laurel Dri. Cann —5L 9
Laurel Dri. Harts —1A 78
Laurel Dri. Rugby —8H 171
Laurel Dri. Smeth —1A 92
Laurel Dri. S Cold —1L 55
Laurel Gdns. B21 —8E 68
Laurel Gdns. A Grn —4J 115
Laurel Gdns. Rugby —1M 197
Laurel Gro. B30 —3E 134
Laurel Gro. Bils —5A 52
Laurel Gro. B'gve —5M 179
Laurel Gro. Wolv —2K 49
Laurel La. Hale —6B 110
Laurel Rd. Dud —5F 64
Laurel Rd. Hand —8E 68
Laurel Rd. K Nor —5G 135
Laurel Rd. Tip —2M 65
Laurel Rd. Wals —5B 54
Laurels Cres. Bal C —3J 163
Laurels, The. B16 —6F 92 (off Marroway St.)
Laurels, The. B26 —4C 116
Laurels, The. Bed —7E 102
Laurels, The. K'bry —2D 60
Laurels, The. Smeth —5C 92
Laurel Ter. Aston —8M 69
Laurence Ct. B31 —4B 134
Laurence Gro. Wolv —2L 35
Lauriston Clo. Dud —6F 64
Lavender Av. Cov —4L 143
Lavender Clo. Pend —6M 21
Lavender Clo. Rugby —1E 172
Lavender Ct. W Brom —2J 67 (off Sussex Av.)
Lavender Gro. Bils —3M 51
Lavender Hall La. Berk —1H 163
Lavender La. Stourb —6K 107
Lavender Rd. Dud —6H 65
Lavender Rd. Tam —5F 32
Lavendon Rd. B42 —4H 69
Lavenham Clo. Nun —1C 104
Lavinia Rd. Hale —6E 110
Law Cliff Rd. B42 —3H 69
Law Clo. Tiv —7D 66
Lawden Rd. B10 —1B 114 (8M 5)
Lawford Av. Lich —2L 19
Lawford Clo. B7 —6A 94 (3M 5)
Lawford Clo. Bin —8L 145
Lawford Gro. B5 —1L 113
Lawford Gro. Shir —7D 136
Lawford Heath. —2C 196
Lawford Heath Ind. Est. Law H —2B 196
Lawford Heath La. Law H —3B 196
Lawford La. Rugby —7H 171
Lawford Rd. Lea S —4B 216
Lawford Rd. Rugby —5J 171
Lawfred Av. Wolv —4K 37
Lawley Clo. Cov —7G 143
Lawley Clo. Wals —8B 26
Lawley Middleway. B4 —5A 94 (2L 5)
Lawley Rd. Bils —3H 51
Lawley St. Dud —8G 65
Lawley St. W Brom —6F 66
Lawley, The. Hale —8K 109
Lawn Av. Stourb —5L 107
Lawn La. Coven —4M 21
Lawn Oaks Clo. Wals —7D 16
Lawn Rd. Wolv —3F 50
Lawnsdale Clo. Col —2M 97
Lawnsdown Rd. Brie H —2F 108
Lawnsfield Gro. B23 —3D 70
Lawnside Grn. Bils —1K 51
Lawns, The. Bed —7D 102
Lawns, The. Hinc —1L 81
Lawns, The. Kils —7M 199
Lawn St. Stourb —5L 107
Lawns Wood. —7G 87
Lawns Wood. Hinc —1G 81
Lawnswood. Stourb —5G 87
Lawnswood. S Cold —1A 72
Lawnswood Av. Burn —4F 16
Lawnswood Av. P'flds —5E 50
Lawnswood Av. Shir —6K 137
Lawnswood Av. Stourb —5J 87
Lawnswood Av. Tett —1L 35
Lawnswood Clo. Cann —8K 9
Lawnswood Dri. Stourb —7G 87
Lawnswood Dri. Wals —6G 27
Lawnswood Gro. B21 —8C 68
Lawnswood Ri. Wolv —1M 35
Lawnswood Rd. Dud —4D 64
Lawnswood Rd. Stourb —6J 87
Lawnwood Rd. Dud —7H 89
Lawrence Av. Hth T —5G 37
Lawrence Av. Wed —3M 37
Lawrence Ct. O'bry —1H 111
Lawrence Ct. Tam —3A 32
Lawrence Dri. Min —3D 72
Lawrence Gdns. Ken —3F 190
Lawrence La. Crad H —8L 89
Lawrence Rd. Exh —1G 123
Lawrence Rd. Rugby —6D 172
Lawrence Saunders Rd. Cov —4A 144
Lawrence Sheriff St. Rugby —6A 172
Lawrence St. Stourb —3C 108
Lawrence St. W'hall —6A 38
Lawrence Tower. B4 —3H 5
Lawrence Wlk. B43 —5K 55
Lawson Clo. Wals —5H 41
Lawson St. B4 —5L 93 (2H 5)
Law St. W Brom —4J 67
Lawton Av. B29 —7H 113
Lawton Clo. Hinc —1F 80
Lawton Clo. Row R —3D 90
Lawyers Wlk. Wals —8M 39
Laxey Rd. B16 —6D 92
Laxford Clo. B12 —3L 113
Laxford Clo. Hinc —1F 80
Lax Lane. Bew —6B 148
Laxton Clo. K'wfrd —4A 88
Laxton Dri. Bew —2B 148
Laxton Gro. B25 —8K 95
Layamon Wlk. Stour S —8E 174
Lay Gdns. Rad S —4E 216
Lazy Hill. B38 —7H 135
Lazy Hill. Ston —7J 27
Lazy Hill Rd. A'rdge —1H 41
Lea Av. W'bry —8D 52
Lea Bank. Wolv —7J 35
Lea Bank Av. Kidd —4G 149
Lea Bank Rd. Dud —6H 89
Leabon Gro. B17 —5C 112
Leabrook. B26 —1M 115
Leabrook Rd. Tip & W'bry —8C 52
Leabrook Rd. N. W'bry —8D 52
Lea Castle Clo. Kidd —8M 127
Lea Causeway, The. Kidd —4G 149
Leach Grn. La. Redn —2G 155
Leach Heath La. Redn —2F 154
Leacliffe Way. Wals —6M 41
Leacote Dri. Wolv —5J 35
Lea Cres. Rugby —3K 171
Leacrest Rd. Cov —7A 122
Leacroft. —3F 14
Leacroft. W'hall —2C 38
Leacroft Av. Wolv —1E 36
Leacroft Clo. Wals —8H 27
Leacroft Gro. W Brom —1H 67
Leacroft La. Cann —1G 15
Lea Cft. La. C'bri —4F 14
Leacroft Rd. K'wfrd —1L 87
Lea Cft. Rd. Redd —4D 208
Leadbeater Ho. Wals —1H 39 (off Somerfield Rd.)
Leadbetter Dri. B'gve —7K 179
Lea Dri. B26 —3A 116
Lea End. —6F 156
Lea End La. A'chu & B38 —5C 156
Leaf Ct. Cov —5D 166
Leafdown Clo. Cann —5K 9
Leafenden Av. Burn —3G 17
Leafield Clo. Cov —8M 123
Leafield Cres. B33 —4A 96
Leafield Gdns. Hale —1D 110
Leafield Rd. Sol —8B 116
Leaf La. Cov —5E 166
Lea Ford Rd. B33 —5C 96
Leaford Way. K'wfrd —4M 87
Leafy Glade. S Cold —6A 42
Leafy La. Earls —1H 185
Leafy Ri. Dud —5D 64
Lea Gdns. Wolv —1B 50 (8G 7)
Leagh Clo. Ken —2H 191
Lea Grn. Av. Tip —4J 65
Lea Grn. La. Wyt —3C 158
Lea Hall Dri. C Ter —8D 10
Lea Hall Rd. B33 —6A 96
Leahill Cft. B37 —7F 96
Lea Hill Rd. B20 —7J 69
Leaholme Ct. Cov —1M 165
Leaholme Gdns. Stourb —7B 108
Leahouse Gdns. O'bry —6G 91
Lea Ho. Rd. B30 —2G 135
Leahouse Rd. O'bry —6G 91
Leahurst Cres. B17 —5C 112
Lea La. Cookl —6L 127
Lea La. Wals —6G 15
Lea Mnr. Dri. Wolv —6L 49
Lea Marston. —2A 74
Leam Clo. Nun —8M 79
Leam Cres. Sol —8B 116
Leam Dri. Burn —2K 17
Leam Grn. Cov —4K 165
Leamington Clo. Cann —1C 14
Leamington Rd. Bal H —4B 114
Leamington Rd. Cov —1B 166
Leamington Rd. Ken —7G 191
Leamington Rd. Prin —8A 194
Leamington Rd. Ryton D —1A 194
Leamington Spa Art Gallery & Mus. —2M 215
Leamonsley. —2F 18
Leamore. —4H 39
Leamore Clo. Wals —2G 39
Leamore Enterprise Pk. Wals (in two parts) —2G 39
Leamore Ind. Est. Wals —3H 39
Leamore La. Wals —2G 39
Leamount Dri. B44 —7C 56
Leam Rd. Lea S —2K 215
Leam St. Lea S —2B 216
Leam Ter. Lea S —2A 216
Leam Ter. E. Lea S —1B 216
Leander Clo. Burn —8D 10
Leander Clo. Wals —8F 14
Leander Gdns. B14 —4M 135
Leander Rd. Stourb —5F 108
Leandor Dri. S Cold —2A 56
Lea Pk. Ri. B'gve —4M 179
Leapgate La. Stour S & Hartl —4K 175
Lear Gro. H'cte —5L 215
Lea Rd. B11 —5D 114
Lea Rd. Wolv —2A 50 (8G 7)
Lear Rd. Wom —1H 63
Leas Clo. Bed —6G 103
Leason La. Wolv —1G 37
Leasow Dri. B17 & B15 —6D 112
Leasowe Dri. Pert —5D 34
Leasowe Rd. Redn —1F 154
Leasowe Rd. Tip —5L 65
Leasowes Av. Cov —5M 165
Leasowes Country Pk., The. —5D 110
Leasowes Dri. Wolv —3K 49
Leasowes La. Hale —4D 110 (in two parts)
Leasowes Rd. B14 —8M 113
Leasowe, The. Lich —8G 13
Leasow, The. Wals —4E 40
Leas, The. F'stne —2J 23
Lea St. Kidd —4M 149
Lea, The. B33 —7A 96
Lea, The. Kidd —4G 149
Leatherhead Clo. B6 —3M 93
Lea Va. Rd. Stourb —7M 107
Leavesden Gro. B26 —4A 116
Lea Vw. Wals —4E 40
Lea Vw. W'hall —4A 38
Lea Wlk. Redn —1F 154
Leaward Clo. Nun —7E 78
Leawood Gro. Kidd —4G 149
Lea Yield Clo. B30 —2G 135
Lebanon Gro. Burn —1F 16
Lechlade Clo. Redd —2H 205 (in two parts)
Lechlade Rd. B43 —1E 68
Leckie Rd. Wals —5L 39
Ledbrook Rd. Lea S —4D 212
Ledbury Clo. B16 —7G 93
Ledbury Clo. Redd —7M 205
Ledbury Clo. Wals —8J 27
Ledbury Dri. Wolv —8H 37
Ledbury Ho. B33 —7E 96
Ledbury Ho. Redd —5B 204
Ledbury Rd. Lea S —3C 216
Ledbury Way. S Cold —1A 72
Ledsam Gro. B32 —3M 111
Ledsam St. B16 —7G 93
Lee Bank. —1J 113 (8D 4)
Lee Bank Middleway. B15 —1J 113 (8C 4)
Leebank Rd. Hale —7L 109
Leech St. Tip —4C 66
Lee Clo. Warw —7E 210
Lee Ct. Wals —6F 26
Lee Cres. B15 —1J 113
Leecrofts, The. Earl S —1M 85
Leeder Clo. Cov —7C 122
Leedham Av. Tam —4D 32
Lee Gdns. Smeth —4L 91
Leek Wootton. —3F 210
Leeming Clo. Cov —4J 165
Lee Rd. Crad H —1M 109
Lee Rd. H'wd —2A 158
Lee Rd. Lea S —2L 215
Leeson Wlk. B17 —5D 112
Lees Rd. Bils —6M 51
Lees St. B18 —4F 92
Lees Ter. Bils —6M 51
Lee St. W Brom —1G 67
Lee, The. Cov —5J 143
Lee Wlk. Cann —5K 15
Legge La. B1 —6H 93 (3B 4)
Legge La. Bils —7K 51
Legge St. B4 —5M 93 (1J 5)
Legge St. W Brom —6K 67
Legge St. Wolv —3E 50
Legion Clo. Cann —3A 16
Legion Rd. Redn —2E 154
Legs La. Wolv —5E 22
Le Hanche Clo. Ker E —2A 122
Leicester Causeway. Cov —5D 144 (1D 6)
Leicester Clo. Smeth —8L 91
Leicester Ct. Bulk —7C 104
Leicester Ct. Lea S —8B 212
Leicester La. Lea S —4A 212
Leicester Pl. W Brom —2J 67
Leicester Rd. Bed —5H 103
Leicester Rd. Hinc —8E 84
Leicester Rd. Nun —4K 79
Leicester Rd. Rugby —4A 172
Leicester Rd. Sap —2K 83
Leicester Rd. Sharn —5H 83
Leicester Rd. Shil —4E 124 (Church Rd.)
Leicester Rd. Shil —1A 146 (Parkway)
Leicester Rd. Wlvy —4L 105
Leicester Row. Cov —5C 144 (2C 6)
Leicester Sq. Wolv —6A 36
Leicester St. Bed —6H 103
Leicester St. Bulk —7C 104
Leicester St. Lea S —8A 212
Leicester St. Wals —7L 39
Leicester St. Wolv —5B 36 (1G 7)
Leigham Dri. B17 —2A 112
Leigh Av. Burn —2H 17
Leigh Av. Cov —6C 166
Leigh Clo. Wals —5A 40
Leigh Ct. Wals —6A 40 (off Leigh Rd.)
Leigh Rd. B8 —3E 94
Leigh Rd. S Cold —3B 58
Leigh Rd. Swift I —1M 171
Leigh Rd. Wals —6A 40
Leighs Clo. Pels —8C 26
Leighs Rd. Pels —8B 26
Leigh St. Cov —5E 144
Leighswood. —1G 41
Leighswood Av. Wals —2G 41
Leighswood Clo. Cann —4M 15
Leighswood Ct. Wals —3H 41
Leighswood Gro. Wals —2G 41
Leighswood Ind. Est. Wals (Brickyard Rd.) —8F 26
Leighswood Ind. Est. Wals (Vigo Pl.) —2G 41
Leighswood Rd. Wals —2G 41
Leigh Ter. H'ham —4M 213
Leighton Clo. B43 —6J 55
Leighton Clo. Cov —7K 165
Leighton Clo. Dud —7E 64
Leighton Clo. Lea S —5C 212
Leighton Cres. Elme —4M 85
Leighton Rd. B13 —7M 113
Leighton Rd. Bils —5A 52
Leighton Rd. Wolv —3M 49
Leisure Wlk. Wiln —3F 46
Leith Gro. B38 —1E 156
Lelant Gro. B17 —4A 112
Lellow St. W Brom —1H 67
Le More. S Cold —7G 43
Lemox Rd. W Brom —1G 67
Lench Clo. B13 —7M 113
Lench Clo. Hale —8C 90
Lench Clo. Redd —4A 204
Lenchs Grn. B5 —2L 113
Lench St. B4 —5L 93 (2H 5)
Lenchs Trust. B32 —3K 111
Lench's Trust Houses. B12 (Conybere St.) —2M 113
Lench's Trust Houses. B12 (Ravenhurst St.) —1A 114
Lenchville. Kidd —8A 128
Len Davis Rd. W'hall —2B 38
Lennard Gdns. Smeth —3D 92
Lennon Clo. Rugby —1J 199
Lennox Clo. Cov —3L 167
Lennox Gdns. Wolv —1A 50
Lennox Gro. S Cold —2G 71
Lennox St. B19 —3K 93
Lenton Cft. B26 —5L 115
Lenton's La. Cov —4K 123
Lenwade Rd. O'bry —1K 111
Leofric St. Cov —4A 144
Leomansley Clo. Lich —2F 18
Leomansley Ct. Lich —2E 18
Leomansley Rd. Lich —2F 18
Leomansley Vw. Lich —2E 18
Leominster Ho. B33 —7E 96
Leominster Rd. B11 —6E 114
Leominster Wlk. Redn —1F 154
Leonard Av. B19 —1K 93
Leonard Av. Kidd —8A 128
Leonard Gro. B19 —1K 93
Leonard Perkins Ho. Bulk (off Elm Tree Rd.) —7D 104
Leonard Rd. B19 —1J 93
Leonard Rd. Stourb —4J 107
Leopold Av. B20 —4E 68
Leopold Rd. Cov —5F 144
Leopold St. B12 —1M 113
Lepid Gro. B29 —7D 112
Lerryn Clo. K'wfrd —4M 87
Lerwick Clo. K'wfrd —4M 87
Lesingham Dri. Cov —8E 142
Lesley Dri. K'wfrd —5L 87
Leslie Bentley Ho. B1 —4C 4
Leslie Dri. Tip —8A 52
Leslie Ri. Tiv —1C 90
Leslie Rd. Edg —7F 92
Leslie Rd. Hand —7K 69
Leslie Rd. S Cold —7B 42
Leslie Rd. Wolv —4F 36
Lesscroft Clo. Wolv —6A 22
Lester Gro. Wals —7L 41
Lester St. Bils —4M 51
Lestock Clo. Rugby —7J 171
Leswell Gro. Kidd —3M 149
Leswell La. Kidd —3M 149
Leswell St. Kidd —3M 149
Letchlade Clo. Cov —1J 145
Levante Gdns. B33 —7K 95
Leve La. W'hall —7B 38
Level St. Brie H —6D 88
Leven Clo. Hinc —8B 84
Leven Cft. S Cold —2A 72
Leven Dri. W'hall —8B 24
Leven Way. Cov —1A 146
Levenwick Way. K'wfrd —4A 88
Leverretts, The. B21 —7C 68
Lever Rd. Rugby —8G 173
Lever St. Wolv —1D 50 (7K 7)
Leverton Ri. Wolv —3C 36
Leveson Av. Wals —7E 14
Leveson Clo. Dud —1L 89
Leveson Ct. W'hall —7A 38
Leveson Cres. Bal C —3J 163
Leveson Dri. Tip —4L 65
Leveson Rd. Wolv —1M 37
Leveson St. W'hall —7A 38
Leveson Wlk. Dud —1L 89
Levett Rd. Tam —4H 33
Levetts Fields. Lich —2J 19
Levetts Hollow. Cann —6K 9
Levett's Sq. Lich —2H 19
Levington Clo. Wolv —5F 34
Levy Clo. Rugby —5M 171
Lewis Av. Wolv —6H 37
Lewis Clo. Lich —2L 19
Lewis Clo. W'hall —4D 38
Lewis Gro. Wolv —3K 37
Lewisham Ind. Est. Smeth —2B 92
Lewisham Rd. Smeth —2A 92
Lewisham Rd. Wolv —7B 22
Lewisham St. W Brom —5K 67
Lewis Rd. B30 —2J 135
Lewis Rd. Cov —4D 144
Lewis Rd. O'bry —2H 111
Lewis Rd. Rad S —5E 216
Lewis Rd. Stourb —4D 108
Lewis St. Bils —3L 51
Lewis St. Tip —4D 66
Lewis St. Wals —5K 39
Lewthorn Ri. Wolv —5D 50
Lexington Ct. Nun —4H 79
Lexington Grn. Brie H —2C 108
Leybourne Cres. Wolv —7M 21
Leybourne Gro. B25 —3H 115
Leybrook Rd. Redn —1H 155
Leyburn Clo. Cov —7D 122
Leyburn Clo. Nun —7A 80
Leyburn Clo. Wals —5D 38
Leyburn Clo. Warw —8E 210
Leyburn Rd. B16 —8G 93
Leycester Clo. B31 —2A 156
Leycester Pl. Warw —3E 214
Leycester Rd. Ken —7F 190
Leycroft Av. B33 —5D 96
Leydon Cft. B38 —7H 135
Leyes La. Ken —4H 191
Leyfields. —2A 32
Leyfields. Lich —7H 13
Leyfields Cres. Warw —5D 214
Ley Hill. —8G 43
Ley Hill Farm Rd. B31 —4L 133
Ley Hill Ho. B31 —3L 133
Ley Hill Rd. S Cold —8J 43
Leylan Cft. B13 —2C 136
Leyland Av. Wolv —8M 35
Leyland Cft. Wals —5M 25
Leyland Dri. Dud —1K 89
Leyland Rd. Bulk —7B 104
Leyland Rd. Cov —5K 143
Leyland Rd. Nun —8L 79
Leyland Rd. Tam —6E 32
Leyman Clo. B14 —5C 136
Leymere Clo. Mer —8J 119
Ley Ri. Dud —8C 50
Leys Clo. Stourb —7C 108
Leys Cres. Brie H —6B 88
Leysdown Gro. B27 —1J 137
Leysdown Rd. B27 —1J 137
Leyside. Cov —4L 167
Leys La. Mer —8J 119
Leysmill Clo. Hinc —1F 80
Leys Rd. Brie H —6A 88
Leys Rd. Rugby —2J 199
Leysters Clo. Redd —6L 205
Leys, The. —4A 32
Leys, The. B31 —4B 134
Leys, The. Redn —1H 155
Leys, The. W'bry —3C 52
Leys Wood Cft. B26 —3A 116
Leyton Clo. Brie H —1C 108
Leyton Gro. B44 —8A 56
Leyton Rd. B21 —1F 92
Libbards Ga. Sol —1C 160
Libbards Way. Sol —1B 160
Liberty Rd. H'ley —4F 46
Liberty Way. Attl F —6M 79
Libra Clo. Tam —2M 31
Library Clo. Burb —4A 82
Library Rd. Cov —5H 165
Library Way. Redn —2F 154
Lich Av. Wolv —2L 37
Lichen Clo. Hunt —3C 8
Lichen Gdns. B38 —2E 156
Lichen Grn. Cov —4K 165
Lichfield. —2H 19
Lichfield Av. Kidd —3F 148
Lichfield Bus. Cen. Lich —8K 13
Lichfield Cathedral. —1H 19
Lichfield Clo. Arly —1G 101
Lichfield Clo. Nun —2A 80
Lichfield Ct. Shir —7D 136
Lichfield Ct. Wals —5A 40 (off Lichfield Rd.)
Lichfield Cres. Hop —2H 31
Lichfield Heritage Exhibition. —1H 19
Lichfield Ind. Est. Tam —3L 31

Lichfield Pas. Wolv —7D 36 (3K 7)
Lichfield Rd. B6 & Aston —3A 94
Lichfield Rd. Blox —7H 25
Lichfield Rd. Bwnhls —1F 26
Lichfield Rd. Burn —3K 17
Lichfield Rd. Cann —8E 8
Lichfield Rd. Cov —1D 166
Lichfield Rd. Curd —5K 73
Lichfield Rd. Hop & Tam —2H 31
Lichfield Rd. Midd & Wis —4F 58
Lichfield Rd. Pels —4A 26
Lichfield Rd. Rug & Lich —1D 12
Lichfield Rd. S Cold —4F 42
Lichfield Rd. Wals —5A 40
Lichfield Rd. Wals W —6F 26
Lichfield Rd. Wat O & Col —5K 73
Lichfield Rd. Wolv & W'hall —4K 37
Lichfield Rd. Ind. Est. Tam (in three parts) —2L 31
Lichfield St. Bils —3L 51
Lichfield St. Faz —8L 31
Lichfield St. Stour S —6G 175
Lichfield St. Tam —4A 32
Lichfield St. Tip —1M 65
Lichfield St. Wals —7M 39
Lichfield St. Wolv —7C 36 (4J 7)
Lichfield Tourist Info. Cen. —2H 19
Lich Gates. Wolv —7C 36 (3J 7)
Lichwood Rd. Wolv —2M 37
Lickey. —6G 155
Lickey Coppice. Redn —5J 155
Lickey End. —3C 180
Lickey Grange Dri. Marl —8E 154
Lickey Gro. Kidd —7H 149
Lickey Hills Country Pk. —5G 155
Lickey Hills Country Pk. Vis. Cen. —6H 155
Lickey Rd. Redn —4J 155
Lickey Rd. Stourb —3B 108
Lickey Rock. —1D 180
Lickey Rock. Marl —8D 154
Lickey Square. —7F 154
Lickey Sq. Redn —7F 154
Lickhill. —4D 174
Lickhill Rd. Stour S —5F 174
Lickhill Rd. N. Stour S —3D 174
Liddon Gro. B27 —1J 137
Liddon Rd. B27 —1J 137
Lifford. —4H 135
Lifford Clo. B14 —4H 135
Lifford La. B30 —4G 135
Lifford Way. Bin I —2A 168
Lifton Cft. K'wfrd —4M 87
Lightfields Wlk. Row R —4M 89
Lighthorne Av. B16 —7G 93 (5A 4)
Lighthorne Rd. Sol —3C 138
Lighthouse, The. Wolv —3K 7
Light La. Cov —5C 144 (2B 6)
Lightning Way. B31 —2B 156
Lightoak Clo. Redd —3C 208
Lightwood Clo. Know —1H 161
Lightwood Rd. Dud —6G 65
Lightwoods Hill. Smeth —1L 111
Lightwoods Rd. Smeth —7A 92
Lightwoods Rd. Stourb —8C 108
Lilac Av. B12 —4A 114
Lilac Av. Cann —2D 14
Lilac Av. Cov —4M 143
Lilac Av. P Barr —2L 69
Lilac Av. S Cold —1L 55
Lilac Av. Tip —2L 65
Lilac Av. Wals —5A 54
Lilac Clo. Hinc —3L 81
Lilac Clo. Redd —7E 204
Lilac Dri. Rugby —7H 171
Lilac Dri. Wom —3F 62
Lilac Gro. Burn —2F 16
Lilac Gro. Stour S —5E 174
Lilac Gro. Wals —6E 38
Lilac Gro. Warw —8G 211
Lilac Gro. W'bry —7G 53
Lilac La. Wals —1F 24
Lilac Rd. Bed —4K 103
Lilac Rd. Dud —5H 65
Lilac Rd. Tam —1A 32
Lilac Rd. W'hall —2E 38
Lilac Rd. Wolv —1H 51
Lilacvale Way. Cov —4K 165
Lilac Way. Hale —1F 110
Lilbourne Castle. —2M 173
Lilbourne Rd. Clift D —4G 173
Lilian Gro. Bils —8L 51
Lilleshall Clo. Redd —6L 205
Lilleshall Cres. Wolv —2D 50 (8L 7)
Lilleshall Rd. B26 —2B 116
Lilley Clo. Cov —7C 122
Lilley Grn. Rd. A'chu —6J 183
Lilley La. B31 —1B 156
Lillington. —6C 212
Lillington Av. Lea S —7M 211
Lillington Clo. Lea S —6A 212
Lillington Clo. Lich —1G 19
Lillington Clo. S Cold —5A 58
Lillington Gro. B34 —4D 96
Lillington Rd. Cov —8K 123
Lillington Rd. Lea S —7A 212
Lillington Rd. Shir —1H 159
Lillycroft La. B38 —2G 157
Lily Cres. B9 —7A 94 (5M 5)
Lily Grn. La. Redd —4A 204
Lily Rd. B26 —3K 115
Lily St. W Brom —4J 67
Limberlost Clo. B20 —6G 69
Limbrick Av. Cov —8F 142
Limbrick Clo. Shir —7F 136
Limbury Gro. Sol —1F 138
Lime Av. B29 —7F 112
Lime Av. Lea S —5A 212
Lime Av. Wals —6E 38
Lime Clo. Bntly —6E 38
Lime Clo. Gt Wyr —5F 14
Lime Clo. H'wd —4A 158
Lime Clo. Tip —4L 65
Lime Clo. W Brom —5G 67
Lime Ct. B11 —5C 114
Lime Ct. Kidd —5A 150
Lime Gro. B10 —1D 114
Lime Gro. Bal H —4M 113
Lime Gro. Bils —2J 51
Lime Gro. B'gve —5M 179
Lime Gro. Burn —3J 17
Lime Gro. Chel W —8H 97
Lime Gro. Cov —7H 143
Lime Gro. Earl S —2L 85
Lime Gro. Hurl —5H 61
Lime Gro. Ken —5G 191
Lime Gro. Kinv —6C 106
Lime Gro. Lich —1K 19
Lime Gro. Loz —1J 93
Lime Gro. Nun —4E 78
Lime Gro. Smeth —6B 92 (Florence Rd.)
Lime Gro. Smeth —5B 92 (Windmill La.)
Lime Gro. S Cold —2H 71
Lime Gro. Wals —3C 40
Limehurst Av. Wolv —1J 49
Limehurst Rd. Wals —4C 40
Lime Kiln Clo. B38 —2D 156
Limekiln La. B14 —5A 136
Limekiln La. Earls —8J 159
Lime Kiln Wlk. Dud —7K 65
Lime La. Pels —7M 15
Limepit La. Dud —6G 65
Limepit La. Hunt —3C 8
Lime Rd. Cann —1D 8
Lime Rd. Dud —8F 50
Lime Rd. W'bry —5F 52
Limes Av. Brie H —4C 88
Limes Av. Row R —7C 90
Limes Coppice. Nun —2L 77
Limes Rd. Dud —6H 65
Limes Rd. Wolv —5J 35
Limes, The. B11 —3C 114
Limes, The. B16 —6F 92
Limes, The. Bed —7E 102
Limes, The. Erd —6F 70
Limes, The. Wals —2D 44
Limestone Hall La. Chu L —8M 169
Lime St. Bils —1G 65
Lime St. Wals —8M 39
Lime St. Wolv —1A 50
Limes Vw. Dud —2D 64
Lime Ter. Aston —8M 69
Lime Tree Av. Bil —2H 197
Lime Tree Av. Cov —7G 143
Lime Tree Av. Wolv —6G 35
Lime Tree Cres. Redd —5B 204
Lime Tree Gdns. Cod —6H 21
Lime Tree Gro. B31 —7B 134
Lime Tree Park. —7G 143
Lime Tree Rd. B8 —3F 94
Lime Tree Rd. A Grn —4J 115
Lime Tree Rd. Cod —6H 21
Limetree Rd. S Cold —8K 41
Lime Tree Rd. Wals —5A 54
Lime Tree Wlk. Stour S —4E 174
Lime Wlk. B38 —1E 156
Linacre Ho. B37 —7F 96
Linaker Rd. Cov —4J 167
Linchmere Rd. B21 —7C 68
Lincoln Av. Nun —2B 78
Lincoln Av. Tam —3L 31
Lincoln Av. W'hall —6D 38
Lincoln Clo. B27 —6L 115
Lincoln Clo. Lich —6J 13
Lincoln Clo. Warw —8E 210
Lincoln Cres. Kidd —3F 148
Lincoln Cft. Lich —3F 28
Lincoln Dri. Cann —1F 14
Lincoln Grn. Wolv —7D 22
Lincoln Gro. B37 —8G 97
Lincoln Ho. Wolv —6E 36
Lincoln Rd. B27 —7K 115
Lincoln Rd. Barw —3G 85
Lincoln Rd. B'gve —5L 179
Lincoln Rd. Dud —6K 89
Lincoln Rd. Smeth —7L 91
Lincoln Rd. Wals —7A 40
Lincoln Rd. W Brom —8K 53
Lincoln Rd. N. B27 —6L 115
Lincoln St. B12 —4L 113
Lincoln St. Cov —5D 144 (2C 6)
Lincoln St. Wolv —6E 36 (2M 7)
Lincoln Tower. B16 —8G 93 (7A 4)
Lincroft Cres. Cov —5K 143
Lindale. Rugby —1D 172
Lindale Av. B36 —3J 95
Lindale Cres. Brie H —3B 108
Lindale Dri. Wom —3F 62
Linden Av. B43 —1D 68 (in two parts)
Linden Av. Burn —1G 17
Linden Av. Hale —2E 110
Linden Av. Kidd —2A 150
Linden Av. Stour S —8E 174
Linden Av. Tiv —1D 90
Linden Clo. Tam —5F 32
Linden Clo. Wals —7D 38
Linden Clo. Warw —7E 210
Linden Dri. Stourb —6A 108
Linden Gdns. Kidd —3A 150
Linden Glade. Hale —5A 110
Linden Gro. Kidd —2A 150
Linden La. W'hall —2E 38
Linden Lea. Bed —6H 103
Linden Lea. Wolv —8K 35
Linden Rd. B30 —1E 134
Linden Rd. Dud —6H 65
Linden Rd. Hinc —8C 84
Linden Rd. Smeth —7A 92
Lindens Dri. S Cold —4M 55
Lindens, The. B32 —2L 111
Lindens, The. Wolv —6L 35
Linden Ter. Bal H —4B 114
Linden Vw. Cann —5H 9
Lindenwood. S Cold —3H 57
Lindera. Tam —5G 33
Lindfield, The. Cov —1J 167
Lindford Way. B38 —7H 135
Lindhurst Dri. H'ley H —3B 186
Lindisfarne. Glas —6D 32
Lindisfarne Dri. Ken —5H 191
Lindley Av. Tip —6M 65
Lindley Rd. Bed —7D 102
Lindley Rd. Cov —7H 145
Lindon Clo. Bwnhls —3G 27
Lindon Dri. Wals —2F 26
Lindon Rd. Wals —4F 26
Lindon Vw. Wals —4G 27
Lindrick Clo. Wals —6F 24
Lindridge Clo. Redd —6A 206
Lindridge Dri. Min —3C 72
Lindridge Rd. B23 —5B 70
Lindridge Rd. Shir —8F 136
Lindridge Rd. S Cold —2M 57
Lindrosa Rd. S Cold —6M 41
Lindsay Rd. B42 —8H 55
Lindsey Av. B31 —5C 134
Lindsey Cres. Ken —8F 190
Lindsey Gdns. W Brom —2J 67
Lindsey Pl. Brie H —6C 88
Lindsey Rd. W Brom —2J 67
Lindsworth App. B30 —6J 135
Lindsworth Ct. B30 —6J 135
Lindsworth Rd. B30 —6H 135
Lineholt Clo. Redd —3G 209
Linehouse La. Marl & L End —8D 154
Linen St. Warw —3D 214
Linfield Gdns. Dud —8C 50
Linford Gro. B25 —8K 95
Linford Wlk. W'grve S —8M 123
Linforth Dri. S Cold —2A 56
Lingard Clo. B7 —4B 94
Lingard Ho. S Cold —1M 71
Lingard Rd. S Cold —4M 57
Lingen Clo. Redd —6L 205
Lingfield Av. B44 —8L 55
Lingfield Av. Wolv —4D 22
Lingfield Clo. Wals —7F 14
Lingfield Ct. B43 —2D 68
Lingfield Ct. Cov —5H 123
Lingfield Dri. Wals —7F 14
Lingfield Gdns. B34 —3B 96
Lingfield Gro. Pert —5F 34
Lingfield Rd. Bew —4D 148
Lingfield Wlk. Cats —8B 154
Lingfield Way. K'wfrd —4A 88
Lingham Clo. Sol —2D 138
Ling Ho. Wolv —6F 36
Ling Rd. Cann —4C 8
Lingwood Dri. Nun —6F 78
Linhope Dri. K'wfrd —4A 88
Link One Ind. Pk. Tip —3E 66
Link Rd. B16 —6E 92
Link Rd. Wals —6H 27
Link Rd. Wom —2G 63
Links Av. Wolv —2K 35
Links Cres. O'bry —1H 111
Links Dri. Redn —4G 155
Links Dri. Sol —3B 138
Links Dri. Stourb —7L 107
Links Rd. B14 —8A 136
Links Rd. Cov —1A 144
Links Rd. O'bry —1H 111
Links Rd. Wolv —6A 50
Links Side Way. Wals —1J 41
Links, The. Kidd —5A 150
Links Vw. Hale —5D 110
Links Vw. S Cold —8B 42
Linkswood Clo. B13 —8B 114
Link, The. B27 —8G 115
Linkway. Lea S —3L 215
Linkway Retail Pk. Cann —3B 14
Linkwood Ind. Est. Stourb —3L 107
Linley Clo. A'rdge —4E 40
Linley Dri. Wolv —8E 22
Linley Gro. B14 —3J 135
Linley Gro. Dud —7B 64
Linley Lodge Ind. Est. A'rdge —3E 40
Linley Rd. Wals —2D 40
Linley Wood Rd. Wals —4E 40
Linnell Rd. Rugby —7E 172
Linnet Clo. B30 —1E 134
Linnet Clo. Cov —4K 167
Linnet Clo. Hale —3B 110 (Lodgefield Rd.)
Linnet Clo. Hale —8L 109 (Manor Way)
Linnet Clo. Hunt —2D 8
Linnet Gro. B23 —3B 70
Linnet Gro. W'hall —1B 38
Linnet Ri. Kidd —8M 149
Linpole Wlk. B14 —7J 135
Linsey Rd. Sol —7C 116
Linslade Clo. Wolv —5D 50
Linstock Way. Cov —5H 123
Linthouse La. Wolv —1K 37
Linthouse Wlk. Wiln —3F 46
Linthurst. —3G 181
Linthurst Newtown. B'wll —4G 181
Linthurst Rd. B'wll & B Grn —3G 181
Lintly. Wiln —8H 33
Linton Av. Sol —8A 138
Linton Clo. Hale —4K 109
Linton Clo. Redd —7M 205
Linton Cft. Bils —4K 51
Linton M. Redd —7M 205 (in two parts)
Linton Rd. Crad H —6M 89
Linton Rd. Gt Barr —5J 55
Linton Rd. Tys —5G 115
Linton Rd. Wolv —4L 49
Linton Wlk. B23 —6B 70
Linwood Clo. Hinc —7B 84
Linwood Dri. Cann —2F 8
Linwood Dri. Cov —8M 123
Linwood Rd. B21 —1E 92
Linwood Rd. Dud —4H 65
Linwood Rd. Sol —4K 137
Lionel St. B3 —6J 93 (4D 4)
Lion Fields Av. Cov —3H 143
Lionfields Clo. Cookl —4A 128
Lionfields Rd. Cookl —5A 128
Lion Hill. Stour S —6G 175
Lion Ind. Est. Wals —1G 41
Lion Pas. Stourb —4M 107
Lion Rd. Crad H —8A 90
Lion's Den. Hamm —7L 17
Lion Sq. Kidd —3L 149
Lion St. Kidd —3L 149
Lion St. Stourb —4M 107
Liskeard Clo. Nun —4A 80
Liskeard Rd. Wals —2D 54
Lisko Clo. Brie H —1A 108
Lisle Av. Kidd —6J 149
Lismore Clo. Redn —8E 132
Lismore Cft. W'grve R —2B 146
Lismore Dri. B17 —6A 112
Lismore Dri. Hinc —8B 84
Lissimore Dri. Tip —7A 66
Lisson Gro. B44 —5M 55
Listelow Clo. B36 —1B 96
Lister Clo. Tip —5A 66
Lister Clo. Wals —4H 39
Lister Rd. Dud —2J 89
Lister Rd. Kidd —6H 149
Lister Rd. Wals —4H 39
Lister St. B7 —5M 93 (2J 5)
Lister St. Nun —6K 79
Lister St. W'hall —8B 38
Listowel Rd. B14 —3K 135
Lisures Dri. S Cold —5K 57
Little Acre. Redd —3D 208
Lit. Albert St. Wals —7L 39
Lit. Ann St. B5 —7M 93 (6K 5)
Little Aston. —3C 42
Lit. Aston Hall Dri. Lit A —4A 42
Lit. Aston La. S Cold —3C 42
Lit. Aston Pk. Rd. S Cold —6A 42
Lit. Aston Rd. Wals —3H 41
Lit. Barrow Wlk. Lich —8G 13
Lit. Barr St. B9 —7A 94 (5M 5)
Little Bedworth Heath. —1F 122
Little Birches. Wolv —1M 49
Little Bloxwich. —6K 25
Lit. Brick Kiln St. Wolv —8C 36 (6H 7)
Little Bromwich. —7F 94
Lit. Bromwich Rd. B9 —8H 95
Lit. Broom St. B12 —1A 114
Little Caldmore. Wals —1L 53
Lit. Checkhill La. Stourb —5D 86
Lit. Church La. Tam —4B 32
Lit. Church St. Cov —5D 144 (1D 6)
Lit. Church St. Rugby —6A 172
Lit. Clothier St. W'hall —6A 38
Lit. Clover Clo. B7 —3C 94
Little Comn. Wals —5A 26
Little Cornbow. Hale —6B 110
Littlecote. Tam —2K 31
Littlecote Cft. B14 —6A 136
Littlecote Dri. B23 —2F 70
Lit. Cottage St. Brie H —7D 88
Little Cft. B43 —8C 54
Lit. Cross St. W'bry —2C 52
Little Cryfield. Cov —7J 165
Lit. Duke St. Nun —5H 79
Lit. Edward St. B9 —7A 94 (6M 5)
Lit. Elborow St. Rugby —6A 172
Little Farm. Cov —3K 167
Little Fields. Cov —4G 145
Lit. Fields Way. O'bry —2F 90
Lit. Forge Rd. Redd —1J 209
Lit. Francis Gro. B7 —4B 94 (1M 5)
Little Gorway. Wals —2M 53
Little Grange. Lich —8F 12
Lit. Grebe Rd. Kidd —6B 150
Lit. Green La. B9 —8C 94
Lit. Green Lanes. S Cold —2H 71
Little Gro. Rugby —8C 172
Lit. Hall Rd. B7 —5B 94
Lit. Hardwick Rd. Wals —7J 41
Little Hay. —8J 29
Little Hayes. Kidd —6J 127
Lit. Hay La. Lich —2H 43
Little Heath. —3D 180 (Bromsgrove)
Little Heath. —7F 122 (Coventry)
Lit. Heath Cft. B34 —2B 96
Lit. Heath Ind. Est. Cov —8F 122 (in two parts)
Littleheath La. L End —3C 180
Little Hill. W'bry —6F 52
Lit. Hill Gro. B38 —8G 135
Lit. Hill Way. B32 —7K 111
Lit. Johnsons La. Wals —1H 55
Lit. John St. Brie H —5D 88
Little La. B'gve —7M 179
Little La. W Brom —4K 67
Little La. W'hall —2D 38
Little Lawford. —2F 170
Lit. Lawford La. Lit L & Rugby —2E 170
Lit. Lawns Clo. Wals —5G 27
Little London. —7J 177 (Cooksey Green)
Little London. —6M 37 (Wednesfield)
Little London. —6E 100 (Fillongley)
Lit. London. Wals —2L 53
Lit. London Ho. Wals —2M 53
Lit. London La. Newt —1G 173
Littlemead Av. B31 —8C 134
Lit. Meadow Cft. B31 —4M 133
Lit. Meadow Wlk. B33 —6L 95
Littlemead Rd. Shir —1E 158
Lit. Moor Hill. Smeth —4M 91
Lit. Newport St. Wals —8L 39 (off Newport St.)
Lit. Oaks Dri. Stourb —7G 87
Lit. Oaks Rd. B6 —1L 93
Littleover Av. B28 —3F 136
Little Packington. —3D 118
Little Pk. B32 —5H 111
Lit. Park St. Cov —7D 144 (6D 6)
Lit. Park St. Wolv —7D 36 (4L 7)
Lit. Pennington St. Rugby —6M 171
Lit. Pipe La. Lich —8M 11
Lit. Pitts Clo. B24 —4K 71
Lit. Potter St. Brie H —7D 88
Lit. Pountney St. Wolv —1C 50 (7J 7)
Lit. Shadwell St. B4 —5L 93 (2G 5)
Littleshaw Cft. Wyt —5C 158
Littleshaw La. Wyt —5C 158
Little's La. Wolv —7D 36 (3K 7) (in two parts)
Lit. Station St. Wals —7L 39
Little St. Dud —8K 65
Little St. Wals —6K 39
Little Sutton. —7K 43
Lit. Sutton La. S Cold —2J 57
Lit. Sutton Rd. S Cold —7J 43
Littlethorpe. Cov —3K 167
Littleton Bus. Pk. Cann —2C 8
Littleton Clo. Ken —2G 191
Littleton Clo. S Cold —7A 58
Littleton Cft. Sol —1C 160
Littleton Dri. Cann —2C 8
Littleton Rd. W'hall —2C 38
Littleton St. E. Wals —7M 39
Littleton St. W. Wals —7L 39
Littleton Way. Burn —8D 10
Littlewood. —5E 14
Littlewood Clo. Sol —1B 160
Littlewood Green. —7K 209
Littlewood Grn. Stud —7K 209
Littlewood La. Wals —5E 14 (in two parts)
Littlewood Rd. Wals —5E 14
Littlewoods. Redd —4D 208
Lit. Wood St. W'hall —7A 38
Littleworth. —5L 9
Littleworth Av. Dud —3H 65
Littleworth End. —1D 58
Littleworth Gro. S Cold —5M 57
Littleworth Hill. Cann —5K 9
Littleworth Rd. Cann —5J 9
Little Wyrley. —1L 25
Litton. Wiln —8J 33
Liveridge Clo. Know —3F 160
Liverpool Cft. B37 —1F 116
Liverpool St. B9 —7A 94 (6L 5)
Livery St. B3 —5K 93 (1D 4) (in two parts)
Livery St. Lea S —1M 215
Livesey Ct. Sap —2J 83
Livesey Dri. Sap —2J 83
Livingstone Av. Long L —5F 170
Livingstone Av. Wolv —4E 34
Livingstone Rd. Bils —4H 51
Livingstone Rd. Cov —2D 144
Livingstone Rd. Hand —8J 69
Livingstone Rd. K Hth —3L 135
Livingstone Rd. Wals —7L 25
Livingstone Rd. W Brom —8H 67
Liza Ct. Rugby —1C 172
Lizafield Ct. Smeth —2L 91
Llangorse Clo. Stour S —2E 174
Llewellyn Rd. Lea S —3A 216
Lloyd Clo. H Mag —3A 214
Lloyd Clo. Nun —7K 79
Lloyd Cres. Cov —6L 145
Lloyd Dri. Wolv —7J 49
Lloyd George Gro. Cann —7J 9
Lloyd Hill. Wolv —6K 49
Lloyd Ho. B19 —3J 93 (off Newtown Dri.)
Lloyd Rd. B20 —5G 69
Lloyd Rd. Rugby —3C 172
Lloyd Rd. Wolv —4K 35
Lloyds Rd. Hale —1C 110
Lloyds Sq. B15 —1E 112
Lloyd St. B10 —1D 114
Lloyd St. Cann —8D 8
Lloyd St. Dud —1K 89
Lloyd St. W'bry —6E 52
Lloyd St. W Brom —5L 67
Lloyd St. Wolv —5M 35
Loach Dri. Cov —5H 123
Load St. Bew —6B 148
Lobelia Clo. Hinc —4L 81
Lobelia Clo. Kidd —8J 127
Locarno Rd. Tip —3M 65
Lochalsh Gro. W'hall —7B 24
Lochmore Clo. Hinc —1G 81
Lochmore Dri. Hinc —1G 81
Lochmore Way. Hinc —1G 81
Lochranza Cft. B43 —7E 54
Lochsong Clo. Dost —5D 46
Lock Clo. Redd —5A 204
Lock Dri. B33 —6K 95
Locke Clo. Cov —8A 122
Locke Pl. B7 —6A 94 (4M 5)
Locket Clo. Wals —5F 38
Lockfield Clo. Stourb —8M 87
Lockhart Clo. Ken —5G 191
Lockhart Dri. S Cold —8J 43
Lockheed Clo. Lea S —4M 215
Lock Ho. La. Curd —8K 59
Lockhurst La. Cov —1D 144
Locking Cft. B35 —6B 72
Lockington Cft. Hale —3F 110
Lock Keepers Clo. Nort C —5M 15
Lock La. Warw —1D 214
Lockley Clo. Wolv —5F 36
Lock Mus., The. —8A 38
Lockside. A'rdge —2F 40
Lock Side. Tip —4L 65
Lockside. Wom —2E 62
Locksmith Clo. W'hall —7B 38
Locks, The. Hillm —8H 173
Lock St. Wolv —6D 36 (2L 7) (in two parts)
Locks Vw. Stourb —8L 87
Lockton Rd. B30 —1J 135
Lockwood Rd. B31 —5M 133
Lode Heath. —4D 138
Lode La. Sol —8B 116
Lode Mill Ct. Sol —1B 138
Loder Clo. Cov —6F 142
Lodge Clo. Bew —5D 148
Lodge Clo. Hale —6E 110
Lodge Clo. Hinc —4A 82
Lodge Clo. Wals —3D 54
Lodge Cres. Dud —5G 89
Lodge Cres. Hag —4B 130
Lodge Cres. Warw —5D 214
Lodge Cft. B31 —3L 133
Lodge Cft. Know —3H 161
Lodge Dri. B26 —1M 115
Lodge Farm Clo. S Cold —6M 57
Lodgefield Rd. Hale —3B 110
Lodge Forge Rd. Crad H —2J 109
Lodge Green. —6L 119

Lodge Grn. La. *Mer* —6L 119
Lodge Grn. La. N. *Mer* —6L 119
Lodge Gro. *Wals* —4G 41
Lodge Hill. —7B 112
Lodge Hill Rd. *B29* —8D 112
Lodge La. *Cann* —5B 14
Lodge La. *Chor* —6K 11
Lodge La. *K'wfrd* —3G 87
Lodge Park. —7F 204
Lodge Pool Clo. *B44* —3L 69
Lodge Pool Dri. *Redd* —8F 204
Lodge Rd. *Aston* —1L 93
Lodge Rd. *Bils* —5M 51
Lodge Rd. *Burn* —8F 10
Lodge Rd. *Cov* —8H 145
Lodge Rd. *Hock* —3E 92
(in three parts)
Lodge Rd. *Know* —3H 161
Lodge Rd. *Pels* —8B 26
Lodge Rd. *Redd* —6E 204
Lodge Rd. *Rugby* —5B 172
Lodge Rd. *Smeth* —2L 91
Lodge Rd. *Stour S* —6G 175
Lodge Rd. *Wals* —4A 54
Lodge Rd. *W'bry* —4D 52
Lodge Rd. *W Brom* —6H 67
Lodge Rd. *Wolv* —1B 36
Lodge St. *O'bry* —2G 91
Lodge St. *W'hall* —4C 38
Lodge Ter. *Harb* —4C 112
Lodge Vw. *Wals* —6C 14
Loeless Rd. *B33* —6A 96
Lofthouse Cres. *B31* —6M 133
Lofthouse Gro. *B31* —6M 133
Lofthouse Rd. *B20* —6E 68
Loftus Clo. *B29* —1M 133
Loftus Ct. *Burn* —4G 17
Logan Clo. *Wolv* —3C 36
Logan Rd. *Cov* —2L 145
Lole Clo. *Longf* —5G 123
Lollard Cft. *Cov* —1D 166
Lomaine Dri. *B30* —5E 134
Lomas Dri. *B31* —6L 133
Lomas St. *Wolv* —5C 36 (1J 7)
Lomax Clo. *Lich* —8G 13
Lomax Rd. *Cann* —2H 9
Lombard Av. *Dud* —6K 89
Lombard St. *B12* —1M 113 (8K 5)
Lombard St. *Lich* —1H 19
Lombard St. *Stour S* —5G 175
Lombard St. *W Brom* —6J 67
Lombard St. W. *W Brom* —6J 67
Lombardy Cft. *Hale* —3G 111
Lombardy Gdns. *W'hall* —2E 38
Lombardy Gro. *Burn* —1F 16
Lomita Cres. *Tam* —1D 46
Lomond Clo. *B34* —3E 96
Lomond Clo. *Hinc* —1H 81
Lomond Clo. *Tam* —1M 31
Lomond Rd. *Dud* —8C 50
Lomond Way. *Nun* —4C 78
Lomsey Clo. *Cov* —8G 143
Londonderry. —5K 91
Londonderry Gro. *Smeth* —4M 91
Londonderry La. *Smeth* —5K 91
Londonderry Rd. *O'bry* —5K 91
London Fields. —7E 64
London Heights. *Dud* —7G 65
London La. *Tard* —2F 202
London Rd. *B20* —7L 69
London Rd. *Bass P & Midd* —6B 44
London Rd. *Cov* —8E 144 (7F 6)
London Rd. *Cov & Ryton D* —5K 167
London Rd. *Hinc* —1L 81
London Rd. *Lich* —4J 19
London Rd. *Lich & Can* —5L 29
London Rd. *Stret D* —2H 195
London St. *Smeth* —4C 92
London St. Ind. Est. *Smeth* —4D 92
Lones Rd. *W Brom* —1B 92
Long Acre. *B7* —3B 94
Long Acre. *Cod* —7F 20
Long Acre. *Kidd* —2M 149
Longacre. *W'hall* —1A 52
Long Acre Ind. Est. *B7* —2B 94
(in two parts)
Longacres. *Cann* —4M 9
Longacres. *S Cold* —5C 42
Long Acre St. *Wals* —6K 39
Longbank Rd. *Tiv* —1C 90
Longboat La. *Stourb* —1L 107
Longboat La. *Stour S* —5G 175
Longboat Quay. *Dud* —5K 89
Longborough Clo. *Redd* —3B 208
Longbow Rd. *B29* —2M 133
Longbridge. —1L 155
(Bromsgrove)
Longbridge. —7B 214
(Warwick)
Longbridge La. *B31* —1L 155
Long Bri. Rd. *Lich* —4J 19
Longbrook La. *Bal C & Ken* —3E 162
Long Clo. *Hag* —5M 129
Long Clo. Av. *Cov* —3H 143
Long Clo. Wlk. *B35* —6B 72
Long Compton Dri. *Hag* —3A 130
Long Cft. *Cann* —5C 8
Longcroft Av. *W'bry* —6G 53
Longcroft Clo. *B35* —7M 71
Longcroft, The. *Hale* —6L 109
Longcroft, The. *Wals* —2C 40
Longdales Rd. *B38* —2D 156
Longdon Av. *Wolv* —4D 50
Longdon Clo. *Redd* —2H 209
Longdon Cft. *Know* —1G 161
Longdon Dri. *S Cold* —5E 42
Longdon Green. —1B 12
Longdon Rd. *Know* —3G 161
Long Eye. —4D 180
Longfellow Av. *Warw* —5C 214
Longfellow Clo. *Redd* —2C 208
Longfellow Grn. *Kidd* —3B 150
Longfellow Pl. *Cann* —5E 8
Longfellow Rd. *B30* —5D 134
Longfellow Rd. *Burn* —8F 10
Longfellow Rd. *Cov* —6J 145
Longfellow Rd. *Dud* —4A 64
Longfellow Wlk. *Tam* —1M 31
Longfield Clo. *B28* —3F 136
Longfield Clo. *Amin* —5D 32
Longfield Dri. *S Cold* —5D 42
Longfield Ho. *Cov* —1G 145
Longfield Ho. *Wolv* —6F 36
Longfield Rd. *B31* —1L 133
Longfield Rd. *Lea S* —3B 216
Longfield Rd. *Stourb* —4D 108
Longford. —2B 14
(Cannock)
Longford. —5F 122
(Coventry)
Longford Clo. *B32* —2G 133
Longford Clo. *Dorr* —6H 161
Longford Clo. *Wom* —4D 62
Longford Ct. *Cann* —1B 14
Longford Grn. *Cann* —2C 14
Longford Gro. *B44* —6A 56
Longford Ind. Est. *Cann* —3D 14
Longford Rd. *B44* —6A 56
Longford Rd. *Cann* —8B 8
Longford Rd. *Exh* —3G 123
Longford Rd. *Longf* —6F 122
Longford Rd. *Wolv* —5F 36
Longford Sq. *Longf* —5F 122
Long Furlong. *Rugby* —2M 197
Long Furrow. *Wolv* —8L 21
Longham Cft. *B32* —5M 111
Longhope Clo. *Redd* —5A 206
Longhurst Cft. *B31* —2B 156
Long Hyde Rd. *Smeth* —8M 91
Long Innage. *Hale* —3H 109
Long Knowle La. *Wolv* —1H 37
Longlake Av. *Wolv* —6G 35
Longlands Clo. *B38* —1C 156
Longlands Dri. *Tam* —5F 32
Longlands Rd. *Hale* —6E 110
Longlands, The. *B Grn* —2K 181
Longlands, The. *Wom* —3G 63
Long La. *Alle* —7K 121
Long La. *Cann* —1L 15
Long La. *Row R & Hale* —8D 90
Long La. *Wals* —4D 24
Long Lawford. —5G 171
Long Leasow. *B29* —2B 134
Longleat. *B43* —7C 54
Longleat. *Tam* —2K 31
Longleat Dri. *Dud* —7E 64
Longleat Dri. *Shir* —4L 159
Longleat Gro. *Lea S* —3C 216
Longleat Rd. *Wals* —8G 27
Longleat Tower. *B15* —8J 93 (8C 4)
Long Ley. *Wolv* —6F 36
Longley Av. *Min* —3D 72
Longley Cres. *B26* —5L 115
Long Leys Ct. *Wat O* —6H 73
Long Leys Cft. *Wat O* —7H 73
Longley Wlk. *B37* —7J 97
Long Mdw. *Row R* —6C 90
Longmeadow Clo. *S Cold* —4M 57
Longmeadow Cres. *B34* —3E 96
Long Mdw. Dri. *Dud* —7B 50
Longmeadow Gro. *B31* —3A 156
Long Mdw. Rd. *L End* —3C 180
Longmeadow Rd. *Wals* —1E 54
Long Mill Av. *Wolv* —2H 37
Long Mill N. *Wolv* —2H 37
Long Mill S. *Wolv* —2H 37
Longmoor Clo. *Redd* —3B 204
Longmoor Clo. *Wolv* —4M 37
Longmoor Rd. *Hale* —6L 109
Longmoor Rd. *S Cold* —6B 56
Longmore Av. *Wals* —8F 38
Longmore Rd. *Shir* —7J 137
Longmore St. *B12* —2L 113
Longmore St. *W'bry* —6F 52
Long Mynd. *Hale* —8K 109
Long Mynd Clo. *W'hall* —8B 24
Long Mynd Rd. *B31* —3L 133
Longmynd Way. *Stour S* —8D 174
Long Nuke Rd. *B31* —2L 133
Longrood Rd. *Rugby* —3K 197
Longshaw Gro. *B34* —3D 96
Long Shoot, The. *Nun* —4A 80
Longstaff Av. *Cann* —5C 10
Longstaff Cft. *Lich* —7F 12
Longstone Clo. *Shir* —3B 160
Longstone Rd. *B42* —2J 69
Long St. *B11* —3A 114
Long St. *Bulk* —7D 104
Long St. *Dord* —4M 47
Long St. *Prem B* —8K 39
Long St. *Wolv* —7D 36 (3K 7)
Long Wood. *B30* —4E 134
Longwood Clo. *W'wd B* —3F 164
Longwood La. *Wals* —7E 40
Longwood Pathway. *B34* —4C 96
Longwood Ri. *W'hall* —4D 38
Longwood Rd. *Redn* —2G 155
Longwood Rd. *Wals* —6H 41
Lonicera Clo. *Wals* —6B 54
Lonscale Dri. *Cov* —4B 166
Lonsdale Clo. *B33* —7K 95
Lonsdale Clo. *W'hall* —4B 38
Lonsdale Rd. *B17* —3B 112
Lonsdale Rd. *Bils* —3M 51
Lonsdale Rd. *Lea S* —5B 212
Lonsdale Rd. *Smeth* —2K 91
Lonsdale Rd. *Wals* —3C 54
Lonsdale Rd. *Wolv* —2B 50 (8G 7)
Lord Austin Dri. *Marl* —8E 154
Lord Cromwell Ct. *Cann* —4G 9
Lord Leycester Hospital.
(High St.) —3E 214
Lord Lytton Av. *Cov* —7K 145
Lords Dri. *Wals* —6L 39
Lords La. *Stud* —6L 209
Lordsmore Clo. *Cose* —8L 51
Lord St. *B7* —5M 93 (1K 5)
Lord St. *Bils* —6L 51
Lord St. *Cov* —7M 143
Lord St. *Wals* —2K 53
Lord St. *Wolv* —7B 36 (5G 7)
(in two parts)
Lord St. W. *Bils* —6L 51
Lordswood Clo. *Redd* —7M 203
Lordswood Rd. *B17* —1A 112
Lordswood Sq. *B17* —2B 112
Lorenzo Clo. *Cov* —3K 167
Lorimer Way. *B43* —4K 55
Lorne Gro. *Kidd* —3A 150
Lorne St. *Burn* —1E 16
Lorne St. *Kidd* —4A 150
Lorne St. *Stour S* —4G 175
Lorne St. *Tip* —1M 65
Lorrainer Av. *Brie H* —1A 108
Lorton. *Tam* —2K 31
Lossiemouth Rd. *Hinc* —1F 80
Lothersdale. *Wiln* —1H 47
(in two parts)
Lothians Rd. *Wals* —4A 26
Lothians Rd. *Wolv* —3L 35
Lottie Rd. *B29* —8E 112
Lotus. *Tam* —6E 32
Lotus Clo. *B16* —8E 92
Lotus Cft. *Smeth* —5M 91
Lotus Dri. *Cann* —4E 8
Lotus Dri. *Crad H* —7M 89
Lotus Wlk. *B36* —8F 72
Lotus Way. *Row R* —5M 89
Loudon Av. *Cov* —4A 144
Loudon Ga. *Nun* —8M 79
Loughshaw. *Wiln* —8J 33
Loughton Gro. *Hale* —5M 109
Louisa Pl. *B18* —4G 93
Louisa St. *B1* —6J 93 (4C 4)
Louis Ct. *Smeth* —4M 91
Louise Ct. *Sol* —8L 137
Louise Cft. *B14* —7L 135
Louise Lorne Rd. *B13* —5M 113
Louise Rd. *B21* —2F 92
Louise St. *Dud* —6B 64
Lound Rd. *Sap* —1K 83
Lount Wlk. *B19* —4L 93
Lovage Rd. *Redd* —3M 205
Lovatt Clo. *Tip* —8C 52
Lovatt Pl. *Cann* —4E 8
Lovatt St. *Wolv* —7B 36 (4G 7)
(in two parts)
Loveday Dri. *Lea S* —7L 211
Loveday Ho. *W Brom* —6K 67
Loveday St. *B4* —5L 93 (2G 5)
(in two parts)
Lovelace Av. *Sol* —1D 160
Lovelace Cres. *Elme* —4M 85
Love La. *B7* —5M 93 (1J 5)
Love La. *Gt Wyr* —6G 15
Love La. *Hinc* —3A 82
Love La. *H'wd* —2L 157
Love La. *Ken* —3F 190
Love La. *Lye* —4F 108
Love La. *Stourb* —6A 108
Love La. *Tiv* —8A 66
Love La. *Wals* —2L 53
Love La. *Wolv* —3K 35
Lovell. *Tam* —3M 31
Lovell Clo. *B29* —3A 134
Lovell Clo. *Exh* —1G 123
Lovell Rd. *Bed* —6G 103
Love Lyne. *H End* —3A 208
Loveridge Clo. *Cod* —6F 20
Loverock Cres. *Rugby* —7E 172
Lovers Wlk. *Aston* —1B 94
Lovers Wlk. *Tam* —5A 32
Lovers Wlk. *W'bry* —6F 52
Lovett Av. *O'bry* —4D 90
Lovetts Clo. *Hinc* —1F 80
Lowans Hill Vw. *Redd* —5C 204
Low Av. *B43* —7F 54
Lowbridge Clo. *W'hall* —4C 38
Lowbrook La. *Tid G* —5D 158
Lowcroft Gdns. *Wolv* —1E 36
Lowden Cft. *B26* —5L 115
Lowdham. *Wiln* —8J 33
Lowe Av. *W'bry* —2B 52
Lowe Dri. *K'wfrd* —5L 87
Lowe Dri. *S Cold* —6D 56
Lowe La. *Kidd* —7H 127
Lower Av. *Lea S* —2M 215
Lwr. Beeches Rd. *B31* —7J 133
Lower Bentley. —8D 202
Lwr. Bentley La. *Lwr B* —8D 202
Lwr. Bond St. *Hinc* —8D 84
Lower Bradley. —6A 52
Lwr. Cape. *Warw* —8D 210
Lwr. Chapel St. *Tiv* —7C 66
Lwr. Church La. *Tip* —4B 66
Lwr. City Rd. *Tiv* —8C 66
Lower Clent. —5D 130
Lwr. Common La. *Redd* —7B 204
Lowercroft Way. *S Cold* —4E 42
Lwr. Dartmouth St. *B9* —7B 94 (5M 5)
Lwr. Darwin St. *B12* —1M 113
Lwr. Derry St. *Brie H* —7D 88
Lower Eastern Green. —5E 142
Lwr. Eastern Grn. La. *Cov* —5F 142
Lwr. Eldon St. *W'bry* —2D 52
Lower End. *Bubb* —3J 193
Lwr. Essex St. *B5* —8L 93 (8G 5)
Lwr. Ford St. *Cov*
(in two parts) —6D 144 (3E 6)
Lwr. Forster St. *Wals* —7M 39
Lower Friars. *Warw* —4D 214
Lwr. Gambolds La. *Fins* —3B 202
Lower Gornal. —6D 64
Lower Grn. *Tip* —4L 65
Lower Grn. *W'bry* —1D 52
Lower Grn. *Wolv* —4L 35
Lwr. Grinsty La. *Call H* —2A 208
Lwr. Ground Clo. B6 —8M 69
(off Emscote Rd.)
Lower Gungate. *Tam* —4B 32
Lwr. Hall La. *Wals* —8L 39
Lwr. Hall St. W'hall —8B 38
(off Walsall St.)
Lower Heath. —8H 175
Lwr. High St. *Crad H* —1J 109
Lwr. High St. *Stourb* —3M 107
Lwr. High St. *W'bry* —7F 52
Lwr. Higley Clo. *B32* —5L 111
Lwr. Hillmorton Rd. *Rugby* —6B 172
Lwr. Holyhead Rd. *Cov* —6B 144 (4A 6)
Lwr. Horseley Fld. *Wolv* —7F 36
Lwr. House La. *Bad E* —8L 47
Lower Ladyes Hills. —4F 190
Lwr. Ladyes Hills. *Ken* —3G 191
Lower La. *Lich* —7J 11
Lwr. Leam St. *Lea S* —1B 216
Lwr. Lichfield St. *W'hall* —7A 38
Lwr. Lickhill Rd. *Stour S* —4D 174
Lwr. Loveday St. *B19 & B4* —5K 93 (1F 4)
Lower Marlbrook. —8C 154
Lwr. Mill St. *Kidd* —3K 149
Lower Moor. *B30* —1E 134
Lwr. North St. *Wals* —6M 39
Lowe Rd. *Cov* —7M 121
Lower Pde. *S Cold* —4J 57
Lower Pk. *Bew* —6B 148
Lowerpark. *Tam* —8C 32
Lower Parklands. *Kidd* —4J 149
Lower Path. *M Oak* —8K 31
Lower Penn. —5G 49
Lower Precinct. *Cov* —6C 144 (4B 6)
Lwr. Prestwood Rd. *Wolv* —2J 37
Lwr. Queen St. *S Cold* —5J 57
Lower Reddicroft. *S Cold* —4J 57
Lower Rd. *Barn* —3B 124
Lower Rd. *Cann* —6H 9
Lower Rowney Green. —5F 182
Lwr. Rushall St. *Wals* —7M 39
Lwr. Sandford St. *Lich* —2G 19
Lwr. Severn St. *B1* —7K 93 (6F 4)
Lwr. Shepley La. *L End* —3D 180
Lowerstack Cft. *B37* —6F 96
Lower Stoke. —7G 145
Lower Stonnall. —5A 28
Lower St. *Rugby* —8H 173
Lower St. *Wolv* —4L 35
Lwr. Temple St. *B2* —7K 93 (5F 4)
Lwr. Tower St. *B19* —4L 93 (1F 4)
Lwr. Trinity St. *B9* —8A 94 (7L 5)
Lwr. Valley Rd. *Brie H* —7A 88
Lower Vauxhall. *Wolv* —7A 36
Lwr. Villiers St. *Lea S* —8A 212
Lwr. Villiers St. *Wolv* —2C 50 (8J 7)
Lwr. Walsall St. *Wolv* —8E 36
Lwr. White Rd. *B32* —4K 111
Lowes Av. *Warw* —8E 210
Lowes Hill. —4A 180
Lowesmoor Rd. *B26* —2C 116
Lowe St. *B12* —1A 114
Lowe St. *Wolv* —5A 36
Loweswater Clo. *Nun* —3A 80
Loweswater Rd. *Bin* —8L 145
Loweswater Rd. *Stour S* —2E 174
Lowfield Clo. *Hale* —6G 111
Lowfield La. *Redd* —4B 204
Low Force. *Wiln* —1J 47
Low Habberley. —1F 148
Low Hill. —2A 176
(Kidderminster)
Low Hill. —2E 36
(Wednesfield)
Low Hill Cres. *Wolv* —1E 36
Lowhill La. *Redn* —3J 155
Lowland Clo. *Crad H* —8M 89
Lowland Rd. *Cann* —4C 8
(in two parts)
Lowlands Av. *S Cold* —1K 55
Lowlands Av. *Wolv* —3L 35
Lowlands La. *Redd* —6K 205
Lowndes Rd. *Stourb* —3L 107
Lowry Clo. *Bed* —5G 103
Lowry Clo. *Smeth* —3M 91
Lowry Clo. *W'hall* —7K 37
Lowry Clo. *Wolv* —5F 34
Low St. *Wals* —6D 14
Low Thatch. *B38* —2E 156
Lowther Ct. *Brie H* —7D 88
Lowther St. *Cov* —5F 144
Low Town. *O'bry* —2G 91
Low Wood Rd. *B23* —4D 70
Loxdale Sidings. *Bils* —5M 51
Loxdale St. *Bils* —5M 51
Loxdale St. *W'bry* —7F 52
Loxley Av. *B14* —6C 136
Loxley Av. *Shir* —8F 136
Loxley Clo. *B31* —1L 133
Loxley Clo. *Cov* —7K 123
Loxley Clo. *Redd* —3K 205
Loxley Ct. *Cov* —7K 123
Loxley Rd. *Smeth* —8M 91
Loxley Rd. *S Cold* —5K 43
Loxley Way. *Lea S* —7A 212
Loxton Clo. *Lit A* —4D 42
Loynells Rd. *Redn* —2H 155
Loyns Clo. *B37* —6F 96
Lozells. —2H 93
Lozells Rd. *B19* —2H 93
Lozells St. *B19* —2J 93
Lozells Wood Clo. *B19* —2H 93
Lucas Ct. *Rugby* —5B 172
Lucas Rd. *Hinc* —3K 81
Lucas Way. *Earl S* —2L 85
Lucas Way. *Shir* —2J 159
Luce Clo. *B35* —5B 72
Lucerne Ct. *B23* —3D 70
Luce Rd. *Wolv* —3E 36
Lucian Clo. *Cov* —2B 146
Lucknow Rd. *W'hall* —5B 38
Lucy Edwards Ct. *Kidd* —4J 149
Luddington Rd. *Sol* —1E 138
Ludford Clo. *Ansl* —5H 77
Ludford Clo. *S Cold* —2L 57
Ludford Rd. *B32* —8G 111
Ludford Rd. *Nun* —3C 78
Ludgate. *Tam* —4A 32
Ludgate Av. *Kidd* —4G 149
Ludgate Clo. *Wat O* —6G 73
Ludgate Ct. *Wals* —2D 54
Ludgate Ct. *Wat O* —6G 73
Ludgate Hill. *B3* —6K 93 (3E 4)
Ludgate St. *Dud* —8H 65
Lud La. *Tam* —4A 32
Ludlow Clo. *B37* —7J 97
Ludlow Clo. *Cann* —7J 9
Ludlow Clo. *W'hall* —3B 38
Ludlow Ho. Wals —3J 39
(off Providence La.)
Ludlow La. *Wals* —5G 39
Ludlow Rd. *B8* —6F 94
Ludlow Rd. *Cov* —7A 144
Ludlow Rd. *Kidd* —7L 149
Ludlow Rd. *Redd* —6D 204
Ludlow Way. *Dud* —7E 64
Ludmer Way. *B20* —7J 69
Ludstone Av. *Wolv* —4K 49
Ludstone Rd. *B29* —8M 111
Luff Clo. *Cov* —1H 167
Lugtrout La. *Sol & Cath B* —3E 138
Lukes Wlk. *Lich* —7G 13
Lulworth Clo. *Hale* —3J 109
Lulworth Pk. *Ken* —3J 191
Lulworth Rd. *B28* —1G 137
Lulworth Rd. *Burn* —2G 17
Lulworth Wlk. *Wolv* —3J 49
Lumley Gro. *B37* —7K 97
Lumley Rd. *Wals* —8A 40
Lumsden Clo. *Cov* —1M 145
Lunar Clo. *Cov* —4K 165
Lundy Clo. *Hinc* —8B 84
Lundy Vw. *B36* —4H 97
Lunn Av. *Ken* —6E 190
Lunnon La. *Rush* —7J 177
Lunn's Cft. *Lich* —1J 19
Lunt Gro. *B32* —4K 111
Lunt Pl. *Bils* —3A 52
Lunt Rd. *Bils* —3M 51
Lunt Roman Fort. —6E 166
Lunt, The. —2A 52
Lupin Clo. *Burb* —3K 81
Lupin Gro. *B9* —6F 94
Lupin Rd. *Dud* —8M 65
Lupton Av. *Cov* —2C 166
Lupton Ct. *B'gve* —8A 180
Lusbridge Clo. *Hale* —5H 109
Luscombe Rd. *Cov* —1L 145
Luther Way. *Cov* —5F 142
Lutley. —7H 109
Lutley Av. *Hale* —5L 109
Lutley Clo. *Wolv* —2L 49
Lutley Dri. *Stourb* —6C 108
Lutley Gro. *B32* —8H 111
Lutley La. *Hay G* —6H 109
(in two parts)
Lutley Mill Rd. *Hale* —5L 109
Luton Rd. *B29* —6F 112
Lutterworth Rd. *Bram & Wlvy* —3F 104
Lutterworth Rd. *Brin* —5M 147
Lutterworth Rd. *Burb & Hinc* —4A 82
Lutterworth Rd. *Cov* —4J 145
Lutterworth Rd. *Nun* —7L 79
Lutterworth Rd. Trad. Est. *Burb* —4A 82
Luttrell Rd. *S Cold* —1F 56
Luxor La. *Alle* —1B 142
Lyall Gdns. *Redn* —8E 132
Lyall Gro. *B27* —7G 115
Lychgate Av. *Stourb* —8C 108
Lychgate Clo. *Burb* —4A 82
Lychgate La. *Hinc* —4A 82
Lydate Rd. *Hale* —5F 110
Lydbrook Covert. *B38* —1E 156
Lydbury Gro. *B33* —5A 96
Lyd Clo. *Wolv* —4H 37
Lydd Cft. *B35* —5B 72
Lyddington Dri. *Hale* —2B 110
Lyde Grn. *Hale* —2H 109
Lydford Clo. *Cov* —2J 145
Lydford Gro. *B24* —7G 71
Lydford Rd. *Wals* —6H 25
Lydgate Ct. *Bed* —5G 103
Lydgate Ct. *Nun* —6J 79
Lydgate Rd. *Cov* —4B 144
Lydgate Rd. *K'wfrd* —3M 87
Lydget Gro. *B23* —2D 70
Lydham Clo. *B44* —3A 70
Lydham Clo. *Bils* —5H 51
Lydham Clo. *Redd* —4E 204
Lydia Cft. *S Cold* —3E 42
Lydian Clo. *Wolv* —5B 36
Lydiate Ash. —6C 154
Lydiate Ash Rd. *L Ash* —6B 154
Lydiate Av. *B31* —8K 133
Lydiates Clo. *Dud* —2B 64
Lydney Clo. *Redd* —2K 205
Lydney Clo. *W'hall* —6D 38
Lydney Gro. *B31* —6M 133
Lydstep Gro. *Lea S* —2C 216
Lye. —3F 108
Lye Av. *B32* —7G 111
Lye Clo. *B32* —7F 110
Lye Clo. La. *Hale & B32*
(in two parts) —7F 110
Lyecroft Av. *B37* —7K 97
Lye Cross Rd. *Tiv* —2B 90
Lye Valley Ind. Est. *Stourb* —3F 108
Lygon Clo. *Redd* —4G 205
Lygon Ct. *Hale* —3B 110
Lygon Gro. *B32* —5L 111
Lymedene Rd. *B42* —4H 69
Lyme Grn. Rd. *B33* —5M 95
Lymer Rd. *Wolv* —8C 22
Lymesy St. *Cov* —3D 166
Lymington Clo. *Cov* —1D 144
Lymington Dri. *Longf* —4H 123
Lymington Rd. *Burn* —8F 10
Lymington Rd. *W'hall* —7D 38
Lymore Cft. *Cov* —1A 146
Lymsey Cft. *Stourb* —6J 87
Lyn Av. *Lich* —8F 12
Lynbrook Clo. *Dud* —3K 89
Lynbrook Clo. *H'wd* —2A 158
Lynbrook Rd. *Cov* —1K 165
Lynchgate Ct. *Cov* —3J 165
Lynchgate Rd. *Cov* —3J 165
Lynch, The. *Nun* —7K 79
Lynch, The. *Pole* —8M 33
Lyncourt Gro. *B32* —3H 111
Lyncroft Rd. *B11* —7F 114
Lyndale. *Wiln* —3F 46
Lyndale Clo. *Cov* —6J 143
(in two parts)
Lyndale Dri. *Wolv* —3L 37
Lyndale Rd. *Cov* —6J 143

Lyndale Rd. Dud —3L 89
Lyndale Rd. Sed —7B 50
Lynden Clo. B'gve —6L 179
Lyndene Clo. Earl S —2M 85
Lyndenwood. Redd —7A 204
Lyndholm Rd. Kidd —3A 150
Lyndhurst Clo. Burb —3A 82
Lyndhurst Clo. Longf —4H 123
Lyndhurst Cft. E Grn —5C 142
Lyndhurst Dri. Kidd —1L 149
Lyndhurst Dri. Stourb —8M 87
Lyndhurst Rd. B24 —7F 70
Lyndhurst Rd. Cann —8K 9
Lyndhurst Rd. Rugby —1F 198
Lyndhurst Rd. W Brom —2L 67
Lyndhurst Rd. Wolv —2A 50
Lyndon. —5K 67
Lyndon. W Brom —4K 67
Lyndon Clo. Cas B —1C 96
Lyndon Clo. Dud —8E 50
Lyndon Clo. Hale —5L 109
Lyndon Clo. Hand —7J 69
Lyndon Ct. Lea S —1L 215
Lyndon Cft. B37 —2H 117
Lyndon Green. —2A 116
Lyndon Gro. K'wfrd —1H 87
Lyndon Gro. W Brom —5K 67
Lyndon Ho. W Brom —4K 67
Lyndon Rd. Redn —2E 154
Lyndon Rd. Sol —7M 115
Lyndon Rd. Stech —6L 95
Lyndon Rd. S Cold —4H 57
Lyndworth Rd. B30 —2J 135
Lyneham Clo. Hinc —8A 84
Lyneham Clo. Tam —1B 32
Lyneham Gdns. Min —3A 72
Lyneham Way. B35 —6M 71
Lyne Ho. Cov —8K 123
Lynfield Clo. B38 —2F 156
Lynfield Rd. Lich —8F 12
Lyng Clo. Cov —6G 143
Lyng La. W Brom —6J 67
(in two parts)
Lynmouth Clo. Nun —4L 79
Lynmouth Clo. Wals —4G 41
Lynmouth Rd. Cov —1L 145
Lynn. —4M 27
Lynn Gro. B29 —6C 112
Lynn La. Lynn —4M 27
Lynton Av. Smeth —3A 92
Lynton Av. W Brom —2J 67
Lynton Av. Wolv —2L 35
Lynton Clo. Warw —8D 210
Lynton Ho. O'bry —8E 66
Lynton Rd. Aston —2A 94
Lynton Rd. Cov —8F 122
Lynval Rd. Brie H —2F 108
Lynwood Av. K'wfrd —2H 87
Lynwood Clo. W'hall —1E 38
Lynwood Dri. Blak —7H 129
Lynwood Wlk. B17 —5D 112
Lynwood Wlk. Lea S —3C 216
Lyon Ct. S Cold —4J 57
(off Midland Dri.)
Lyons Gro. B11 —6C 114
Lysander Rd. Redn —7G 133
Lysander Way. Cann —6E 8
Lyster Clo. Warw —1B 214
Lysways La. Rug —1B 12
Lysways St. Wals —1M 53
Lythall Clo. Rad S —4F 216
Lythalls La. Cov —7D 122
Lythalls La. Ind. Est. Cov —8E 122
Lytham. Tam —4H 33
Lytham Clo. Min —3B 72
Lytham Clo. Stourb —7A 108
Lytham Cft. B15 —1K 113 (8E 4)
Lytham Gro. Wals —5G 25
Lytham Rd. Pert —5D 34
Lytham Rd. Rugby —8K 171
Lythwood Dri. Brie H —1C 108
Lyttelton Rd. Edg —8D 92
Lyttelton Rd. Stourb —4K 107
Lyttleton Av. B'gve —2L 201
Lyttleton Av. Hale —2E 110
Lyttleton Av. W Brom —7H 67
Lyttleton Clo. Bin —8A 146
Lyttleton Clo. Dud —5J 89
Lyttleton Pl. Hag —3C 130
Lyttleton Rd. Bew —5A 148
Lyttleton Rd. Stech —7K 95
Lyttleton Rd. Warw —1E 214
Lyttleton St. W Brom —7J 67
Lytton Av. Wolv —5K 49
Lytton Gro. B27 —8H 115
Lytton La. B32 —6M 111

Maas Rd. B31 —6A 134
Mabey Av. Redd —4F 204
Macadam Clo. Burn —1H 17
Macarthur Rd. Crad H —1J 109
Macaulay Ho. W Brom —8K 67
Macaulay Rd. Cov —5K 145
Macaulay Rd. Rugby —2L 197
McBean Rd. Wolv —5M 35
Macbeth App. H'cte —5K 215
Macbeth Clo. Rugby —3L 197
McConnell Clo. B'gve —2B 202
Macdonald Clo. Tiv —7D 66
Macdonald Rd. Cov —6K 145
Macdonald St. B5 —1L 113
McDonnell Dri. Exh —3F 122
McDougall Rd. W'bry —6J 53
Macefield Clo. Ald I —6K 123
Mace St. Crad H —8L 89
McGeough Wlk. Cann —4H 9
McGhie St. Cann —3H 9
McGregor Clo. B6 —8M 69
MacGregor Cres. Tam —5F 32
MacGregor Tithe. Tam —4B 32
Machin Rd. B23 —5F 70
Mackadown La. B33 —7D 96
Mackay Rd. Wals —7K 25
McKean Rd. O'bry —8G 67
McKen Ct. W Brom —7J 67
Mackenzie Clo. Cov —2G 143
Mackenzie Ct. B31 —1L 133
Mackenzie Rd. B11 —7C 114
McKinnell Cres. Rugby —7E 172
Mackmillan Rd. Row R —7B 90
McLean Rd. Wolv —7C 22
McMahon Rd. Bed —1E 122
Macmillan Clo. Tiv —7C 66
Macrome Rd. Wolv —2L 35
Madams Hill Rd. Shir —2K 159
Madden Pl. Rugby —7J 171
Maddocks Hill. S Cold —7J 57
Madehurst Rd. B23 —3E 70
Madeira Av. Cod —7G 21
Madeira Cft. Cov —7L 143
Madeley Heath. —2L 153
Madeley Rd. B11 —4C 114
Madeley Rd. Belb —4K 153
Madeley Rd. K'wfrd —5M 87
Madeley Rd. Moons I —4M 205
Madin Rd. Tip —5L 65
Madison Av. B36 —3K 95
Madison Av. Wals —7H 39
Madley Clo. Redn —1E 154
Madox Clo. Tam —2L 31
Madresfield Dri. Hale —7B 110
Madrona. Tam —5H 33
Maer Clo. Row R —5C 90
Mafeking Rd. Smeth —2A 92
Magdala St. B18 —4E 92
Magdalen Clo. Dud —7G 65
Magdalene Rd. Wals —2A 54
Magee Clo. Hinc —7C 84
Magna Clo. Wals —6E 14
Magness Cres. W'hall —4C 38
Magnet La. Rugby —1J 197
Magneto Rd. Cov —8J 145
Magnet Wlk. B23 —6C 70
Magnolia. Tam —5G 33
Magnolia Clo. B29 —2A 134
Magnolia Clo. Cov —4B 166
Magnolia Gro. Cod —6G 21
Magnolia Way. Stourb —1M 107
Magnum Clo. S Cold —2M 55
Magnus. Wiln —3E 46
Magpie Clo. Dud —6L 89
Magpie Ho. Cov —4D 142
Magpie La. Bal C —2E 162
Magpie Way. Kidd —7B 150
Maguire Ind. Est. Cov —1F 164
Magyar Cres. Nun —1M 103
Maidavale Cres. Cov —4C 166
Maidendale Rd. K'wfrd —2H 87
Maidenhair Dri. Rugby —1D 172
Maidensbridge Dri. K'wfrd —1J 87
Maidensbridge Gdns. K'wfrd —8H 63
Maidensbridge Rd. K'wfrd —8H 63
Maidstone Dri. Burn —3K 17
Maidstone Dri. Stourb —6L 87
Maidstone Rd. B20 —8L 69
Maidwell Dri. Shir —1L 159
Main Av. Birm A —5J 117
Main Rd. Ansty —6D 124
Main Rd. Birm A —6F 116
Main Rd. Mer —8J 119
Main Rd. Shut —2L 33
Main Rd. Tam —1B 32
Mainstone Clo. Redd —6L 205
Mainstream 47 Ind. Pk. B7 —4C 94
Mainstream Way. B7 —5C 94
Main St. B11 —2A 114
Main St. Bil —1J 197
Main St. Bour —7L 195
Main St. Clift D —4F 172
Main St. F'ton —8K 195
Main St. Frol —7M 83
Main St. Long L —5G 171
Main St. N'bld —2J 171
Main St. Newt —1G 173
Main St. Shen —3F 28
Main St. Ston —6K 27
Main St. T'ton —7F 196
Main St. Wols —5F 168
Main St. Wlvy & Withy —8J 105
Main Ter. B11 —2A 114
Mainwaring Dri. S Cold —7L 43
Maisemore Clo. Redd —2K 205
Maitland. Tam —7F 32
Maitland Ho. B34 —3E 96
Maitland Rd. B8 —5F 94
Maitland Rd. Dud —8E 64
Maizefield. Hinc —6C 84
Majestic Way. Row R —5C 90
Major St. Wolv —1E 50
Majuba Rd. B16 —5C 92
Makepeace Av. Warw —8F 210
Malam Clo. Cov —8G 143
Malcolm Av. B24 —4J 71
Malcolm Av. B'gve —6L 179
Malcolm Ct. Sheld —4A 116
Malcolm Ct. Wolv —6A 36
Malcolm Gro. Redn —2G 155
Malcolm Rd. Shir —8H 137
Malcolmson Clo. B15 —1F 112
Maldale. Wiln —8J 33
Malfield Dri. B27 —6L 115
Malfield Dri. Redd —6M 203
Malham Clo. Nun —7A 80
Malham Rd. Stour S —2E 174
Malham Rd. Warw —8F 210
Malham Rd. Wiln —1H 47
Malins Rd. B17 —4D 112
Malins Rd. Wolv —4E 50
Malins, The. Warw —3H 215
Malkit Clo. Wals —5F 38
Mallaby Clo. Shir —1G 159
Mallard Av. Kidd —6B 150
Mallard Av. Nun —4C 78
Mallard Clo. B27 —6J 115
Mallard Clo. Brie H —2C 108
Mallard Clo. Redd —4F 204
Mallard Clo. Wals —3A 26
Mallard Cft. Lich —1J 19
Mallard Dri. B23 —6B 70
Mallard Dri. O'bry —5F 90
Mallard Rd. Stud —5M 209
Mallards Reach. Sol —1L 137
Mallender Dri. Know —3M 160
Mallerin Cft. Nun —4B 78
Mallicot Clo. Lich —8K 13
Mallin Gdns. Dud —1E 88
Mallin St. Smeth —2K 91
Mallory Cres. Wals —7K 25
Mallory Dri. Kidd —8K 127
Mallory Dri. Warw —2D 214
Mallory Ri. B13 —8C 114
Mallory Rd. Pert —6E 34
Mallory St. Earl S —1J 85
Mallory Way. Gall P —5E 122
Mallow Clo. Wals —6A 54
Mallow Way. Rugby —1C 172
Malmesbury Pk. B15 & Edg —2E 112
Malmesbury Rd. B10 —3E 114
Malmesbury Rd. Cov —7A 122
Malpas Dri. B32 —1J 133
Malpass Gdns. Cod —5E 20
Malpass Rd. Brie H —2F 108
Malpas Wlk. Wolv —4G 37
Malt Clo. B17 —3D 112
Malthouse. Smeth —2L 91
Malthouse Clo. Ansl —5H 77
Malthouse Cft. B6 —1L 93
Malthouse Gdns. B19 —2K 93
Malthouse Gro. B25 —8L 95
Malthouse La. Chad —4B 154
(in three parts)
Malthouse La. Earls —3E 184
Malthouse La. Gt Barr —1K 69
Malthouse La. Ken —2E 190
Malthouse La. Wash H —3E 94
Malt Ho. La. W'hall —7A 38
Malthouse La. Wolv —3L 35
Malt Ho. Rd. Rug —4G 11
Malthouse Rd. Tip —4L 65
Malt Ho. Row. Mars G —1G 117
Maltings, The. Lea S —7M 211
(in two parts)
Maltings, The. Nun —4L 79
Maltings, The. Stud —5K 209
Maltings, The. Wals —3J 41
Maltings, The. Wolv —6D 36 (1K 7)
Maltings, The. Wom —3G 63
Malt Mill Bank. Barw —3G 85
Malt Mill La. Hale —1C 110
Malton Av. O'bry —3D 90
Malton Gro. B13 —2B 136
Malton Ho. O'bry —3D 90
(off Malton Av.)
Malvern Av. Nun —6B 78
Malvern Av. Rugby —8D 172
Malvern Av. Stourb —4C 108
Malvern Clo. Edg —1C 112
Malvern Clo. Stour S —8D 174
Malvern Clo. W Brom —4K 67
Malvern Clo. W'hall —5B 38
Malvern Ct. A Grn —5J 115
Malvern Ct. Wolv —1D 36
Malvern Cres. Dud —3F 88
Malvern Dri. Kidd —6L 149
Malvern Dri. S Cold —1A 72
Malvern Dri. Wals —8J 27
Malvern Dri. Wolv —8H 37
Malvern Hill Rd. B7 —2C 94
Malvern Ho. Redd —8C 204
Malvern Pk. Av. Sol —6D 138
Malvern Rd. A Grn —5J 115
Malvern Rd. Bal C —3J 163
Malvern Rd. B'gve —2K 201
Malvern Rd. Cov —5M 143
Malvern Rd. Hand —8C 68
Malvern Rd. O'bry —1H 111
Malvern Rd. Redd —1D 208
Malvern Rd. Redn —7G 155
Malvern St. S'brk —4A 114
Malvern Vw. Chad C —8L 151
Malvern Vw. Kidd —8H 149
Malvern Vw. Rd. Dud —5D 64
Mamble Rd. Stourb —4L 107
Manby Clo. Wolv —5B 36
Manby Rd. B35 —5A 72
Manby St. Tip —1M 65
Mancetter Rd. Nun —2D 78
Mancetter Rd. Shir —6J 137
Manchester St. B6 —4L 93 (1G 5)
Manchester St. O'bry —2H 91
Mancroft Clo. K'wfrd —2H 87
Mancroft Gdns. Wolv —4J 35
Mancroft Rd. Wolv —4J 35
Mandale Rd. Wolv —3F 36
Mandarin Av. Kidd —6B 150
Mander Cen. Wolv —7C 36 (4J 7)
Mander Gro. Warw —5B 214
Manderley Clo. Cov —4C 142
Manderley Clo. Dud —7C 50
Mander Sq. Wolv —5J 7
Mander St. Wolv —1B 50 (7G 7)
Manderville Gdns. K'wfrd —3J 87
Manderville Ho. B31 —1M 155
Mandeville Gdns. Wals —1M 53
Mandeville Way. B'gve —4A 180
Mandrake Clo. Cov —5D 122
Maney. —5J 57
Maney Corner. S Cold —5H 57
Maney Hill Rd. S Cold —6H 57
Manfield Av. Cov —2A 146
Manfield Rd. W'hall —6J 37
Manifold Clo. Burn —3K 17
Manilla Rd. B29 —8H 113
Manitoba Cft. B38 —1F 156
Manley Clo. W Brom —6H 67
Manley Rd. Lich —8K 13
Manlove St. Wolv —1A 50
Manningford Ct. B14 —7M 135
Manningford Rd. B14 —7L 135
Mann's Clo. Ryton D —1B 194
Mnr. Abbey Rd. Hale —6E 110
Manor Av. Cann —8D 8
Manor Av. Kidd —2G 149
Manor Av. Wals —5G 15
Manor Av. S. Kidd —2G 149
Manor Clo. Cod —5H 21
Manor Clo. Hinc —4J 81
Manor Clo. Kidd —3G 149
Manor Clo. Stour S —4H 175
Manor Clo. W'hall —6A 38
Manor Clo. Wolv —5M 49
Manor Ct. Dorr —7F 160
Manor Ct. Dud —4J 89
Manor Ct. Ken —3G 191
Manor Ct. Lea S —2M 215
Manor Ct. Wals —7J 39
Manor Ct. Av. Nun —4H 79
Manor Ct. Rd. B'gve —1L 201
Manor Ct. Rd. Nun —5G 79
Manor Dri. Dud —6B 64
Manor Dri. Stret D —3F 194
Manor Dri. S Cold —5H 57
Manor Dri. Swind —7E 62
Manor Est. Wols —6F 168
Mnr. Farm Clo. Barby —7J 199
Mnr. Farm Dri. W'hall —4D 38
Mnr. Farm Rd. B11 —5E 114
Manor Fold. Oaken —7D 20
Manorford Av. W Brom —8A 54
Manor Gdns. B33 —7K 95
Manor Gdns. W'bry —5F 52
Manor Gdns. Wom —2H 63
Mnr. Hall M. Cov —3K 167
Manor Hill. S Cold —5H 57
Manor Ho. A'wd B —6E 208
Manor Ho. Cov —2M 145
Manor Ho. Clo. B29 —8M 111
Manor Ho. Clo. Aston F —3E 82
Manor Ho. Clo. N'bld —2K 171
Manor Ho. Dri. B31 —2B 134
Manor Ho. Dri. Cov —7C 144 (7B 6)
Manor Ho. La. B26 —3M 115
Manor Ho. La. Wat O —6H 73
Manor Ho. Pk. Cod —5H 21
Manor Ho. Rd. W'bry —6F 52
Manor Ind. Est. Wals —8J 39
Manor La. Chad —4C 154
Manor La. Clift D —3G 173
(in two parts)
Manor La. Hale —6D 110
Manor La. Stourb —6K 107
Manor La. Wrox —6F 188
Manor M. Stud —5L 209
Manor Pk. K'wfrd —3K 87
Manor Pk. Gro. B31 —8J 133
Manor Pk. Rd. B36 —2D 96
Manor Pk. Rd. Nun —4G 79
Manor Pl. Hinc —8D 84
Manor Ri. Burn —4G 17
Manor Ri. Lich —2J 19
Manor Rd. Aston —8M 69
Manor Rd. Cov —8C 144 (7B 6)
Manor Rd. Dorr —6E 160
Manor Rd. Edg —8D 92
Manor Rd. E'shll —4G 51
Manor Rd. Ken —3F 190
Manor Rd. Kils —6M 199
Manor Rd. Lea S —6B 212
Manor Rd. M Oak —8K 31
Manor Rd. Oxl —2C 36
Manor Rd. Penn —5M 49
Manor Rd. Rugby —5B 172
Manor Rd. Sap —1K 83
Manor Rd. Smeth —4K 91
Manor Rd. Sol —4B 138
Manor Rd. Stech —6L 95
Manor Rd. Stourb —7L 87
Manor Rd. Stour S —4G 175
Manor Rd. S'tly —1A 56
Manor Rd. Stud —5L 209
Manor Rd. S Cold —4H 57
Manor Rd. Tam —5C 32
Manor Rd. Tip —5M 65
Manor Rd. Up Ben —8G 203
Manor Rd. Wals —7J 39
Manor Rd. W'bry —7K 53
Manor Rd. Wyt —6A 158
Manor Rd. N. B16 —8D 92
Manor Rd. Precinct. Wals —7J 39
Manor St. Hinc —8C 84
Manor St. Wolv —4J 35
Manor Ter. Cov —6C 6
Manor Wlk. Sol —6C 138
Manor Way. Burb —4K 81
Manor Way. Hale —8K 109
Manor Way. S Cold —5H 57
Manor Yd. Cov —7C 144 (6C 6)
Mansard Clo. B'mre —1M 49
Mansard Clo. Wed —1G 37
Mansard Ct. Col —2A 98
Manse Clo. Exh —8G 103
Mansell Clo. Hale —2H 109
Mansell Rd. Redd —2D 208
Mansell Rd. Tip —1A 66
Mansel Rd. B10 —2E 114
Mansel St. Cov —1E 144
Mansfield Clo. Tam —3L 31
Mansfield Ho. B37 —6J 97
Mansfield Rd. Aston —1K 93
Mansfield Rd. Yard —4J 115
Mansion Clo. Dud —6F 64
Mansion Cres. Smeth —5L 91
Mansion Dri. Hamm —5K 17
Mansion Dri. Tip —4C 66
Mansion St. Hinc —8D 84
Manston Dri. Wolv —4E 34
Manston Rd. B26 —2B 116
Manston Vw. Tam —1C 32
Mansty La. Penk & Cann —1A 8
Manta Rd. Dost —3D 46
Mantilla Dri. Cov —4A 166
Manton Cft. Dorr —6E 160
Manway Clo. B20 —4F 68
Manwoods Clo. Hand —7H 69
Maple Av. Exh —8H 103
Maple Av. W'bry —5J 53
Maplebeck Clo. Cov —6A 144
Maplebeck Ct. Sol —4C 138
Maple Bus. Pk. B7 —3B 94
Maple Cen., The. W'bry —6B 52
Maple Clo. B21 —8E 68
Maple Clo. Bils —2G 65
Maple Clo. Burb —4L 81
Maple Clo. Burn —2F 16
Maple Clo. Kidd —1H 149
Maple Clo. Kinv —4A 106
Maple Clo. Stourb —7K 107
Maple Clo. Stour S —5E 174
Maple Ct. Lich —4J 19
Maple Ct. Smeth —1K 91
Maple Cres. Cann —8C 8
Maple Cft. B13 —3M 135
Mapledene Rd. B26 —3D 116
Maple Dri. B44 —1B 70
Maple Dri. Cann —1D 8
Maple Dri. Dud —7B 64
Maple Dri. K'bry —2D 60
Maple Dri. Shelf —1B 40
Maple Dri. Wals —5B 54
Maple Dri. W'bry —5B 52
Maple Grn. Dud —4G 65
Maple Gro. B19 —1J 93
Maple Gro. B37 —3F 96
Maple Gro. Bils —5M 51
Maple Gro. K'wfrd —3L 87
Maple Gro. Lich —2M 19
Maple Gro. Rugby —5A 172
Maple Gro. Warw —8G 211
Maple Gro. Wolv —7J 35
Maple Leaf Dri. B37 —1H 117
Maple Leaf Ind. Est. Wals —6G 39
Maple Leaf Rd. W'bry —8C 52
Maple Ri. O'bry —7J 91
Maple Ri. Tam —5G 33
Maple Rd. B30 —1E 134
Maple Rd. Dud —6J 65
Maple Rd. Hale —1D 110
Maple Rd. Lea S —3M 215
Maple Rd. Nun —4E 78
Maple Rd. Redn —3F 154
Maple Rd. S Cold —6J 57
Maple Rd. Wals —7M 25
Maple Rd. Wolv —2L 49
Maples, The. Bed —7E 102
Maple St. Wals —7K 25
Mapleton Gro. B28 —2H 137
Mapleton Rd. B28 —2H 137
Mapleton Rd. Cov —1M 143
Maple Tree La. Hale —3J 109
Maple Wlk. B37 —7H 97
Maple Way. B31 —8M 133
Maple Way. Earl S —3K 85
Maplewood. S Cold —1A 72
Mapperley Clo. Cov —1A 146
Mapperley Gdns. B13 —6J 113
Mappleborough Clo. Redd —4B 204
Mappleborough Green. —8A 206
Mappleborough Rd. Shir —8E 136
Marans Cft. B38 —2D 156
Marble All. Stud —5L 209
Marbury Clo. B38 —7D 134
Marbury M. Brie H —8D 88
Marchant Rd. Bils —2J 51
Marchant Rd. Hinc —1J 81
Marchant Rd. Wolv —7M 35
March End. —4L 37
March End Rd. Wolv —4K 37
(in two parts)
Marchfont Clo. Nun —5A 80
(Eastboro' Way)
Marchfont Clo. Nun —7A 80
(Rainsbrook Dri.)
March Gro. Bew —5B 148
Marchmont Rd. B9 —7G 95
Marchmount Rd. S Cold —1J 71
March Way. Cov —2K 167
March Way. Wals —8J 27
Marchwood Clo. Redd —4A 204
Marcliff Cres. Shir —7C 136
Marconi Pl. Cann —2J 9
Marcos Dri. B36 —8F 72
Marcot Rd. Sol —4M 115
Marcroft Pl. Lea S —3D 216
Marden Clo. W'hall —8M 37
Marden Gro. B31 —2A 156
Marden Wlk. B23 —6B 70
Mardol Clo. Cov —2K 145
Mardon Rd. B26 —4B 116
Maree Gro. W'hall —8B 24
Marfield Clo. Min —3A 72
Margam Cres. Wals —7F 24
Margam Ter. Wals —7F 24
Margam Way. Wals —7F 24
Margaret Av. Bed —6G 103
Margaret Av. Hale —5M 109
Margaret Clo. Brie H —1E 108
Margaret Dri. Cann —3E 8
Margaret Dri. Stourb —5B 108
Margaret Gdns. Smeth —4L 91
Margaret Gro. B17 —2C 112
Margaret Rd. B17 —4C 112
Margaret Rd. S Cold —8D 56
Margaret Rd. Wals —6E 38
Margaret Rd. W'bry —5C 52
Margarets Ho. S Cold —6M 57
Margaret St. B3 —6K 93 (4E 4)
Margaret St. W Brom —7H 67
Margaret Va. Tip —8C 52
Margaret Vine Ct. Hale —8F 90
Margeson Clo. Cov —7L 145
Margesson Dri. B Grn —8K 155
Margetts Clo. Ken —5F 190
Marholm Clo. Wolv —7M 21
Marian Cft. B26 —4D 116
Maria St. W Brom —1L 91
Marie Brock Clo. Cov —8G 143
Marie Dri. B27 —8H 115
Marigold Clo. Cann —6J 9
Marigold Cres. Dud —5G 65
Marigold Dri. Hinc —4L 81
Marina Clo. Cov —2E 164
Marina Cres. Cann —4G 9
Marine Cres. Stourb —8L 87
Marine Dri. B44 —3L 69
Marine Gdns. Stourb —8L 87
Mariner. Tam —2L 31
Mariner Av. B16 —8E 92
Marion Clo. Brie H —7F 88
Marion Rd. Cov —2D 144
Marion Rd. Smeth —3K 91
Marion Way. B28 —2E 136
Marita Clo. Dud —6L 89
Marjoram Clo. B38 —1F 156
Marjorie Av. B30 —6H 135
Mark Antony Dri. H'cte —5K 215
Mark Av. W'bry —6E 52
Markby Rd. B18 —3E 92
Mark Ct. Wals —6A 40
Market Corner. Lea S —3M 215
Market End. —7D 102
Mkt. End Clo. Bed —8D 102
Mkt. Hall Precinct. Cann —8E 8
Mkt. Hall St. Cann —8E 8
Market La. Lich —7D 18
Market La. Wolv —3F 48
Market Pl. Blox —8H 25
Market Pl. B'gve —7M 179
Market Pl. Cann —8D 8
(in two parts)

Market Pl. Dud —4J 89 (Halesowen Rd.)
Market Pl. Dud —8J 65 (Stone St.)
Market Pl. Gt Bri —4D 66
Market Pl. Hinc —1K 81
Market Pl. Nun —5J 79
Market Pl. Redd —5E 204
Market Pl. Row R —8C 90
Market Pl. Rugby —6A 172
Market Pl. Warw —3E 214
Market Pl. W'bry —7F 52
Market Pl. W'hall —8A 38
Market Sq. Crad H —1J 109
Market St. B'gve —7M 179
Market St. Hed —3H 9
Market St. Kidd —4L 149
Market St. K'wfrd —3K 87
Market St. Lich —2H 19 (in two parts)
Market St. O'bry —1G 91
Market St. Pole —8M 33
Market St. Rugby —5B 172
Market St. Stourb —4A 108
Market St. Tam —5B 32
Market St. Warw —3D 214
Market St. Wolv —7D 36 (4K 7)
Market Wlk. Redd —5E 204
Market Way. Bils —4K 51
Market Way. Cov —7C 144 (5B 6)
Market Way. Hag —3C 130
Markfield Rd. B26 —1B 116
Markford Wlk. B19 —3K 93
Markham Cres. Sol —8F 116
Markham Cft. Wolv —7A 22
Markham Dri. K'wfrd —5L 87
Markham Dri. W'nsh —6B 216
Markham Rd. S Cold —6C 56
Mark Ho. B13 —7A 114
Marklew Clo. Wals —4G 27
Marklin Av. Wolv —8D 22
Mark Rd. W'bry —6E 52
Marksbury Clo. Wolv —4A 36
Marks M. Warw —3E 214
Marks Wlk. Lich —7G 13
Marlbank Rd. Stourb —8A 88
Marlborough Av. B'gve —2A 202
Marlborough Clo. Hinc —2B 82
Marlborough Clo. S Cold —3E 42
Marlborough Ct. B'gve —1B 202
Marlborough Ct. Lich —2H 19
Marlborough Dri. Stourb —6A 108
Marlborough Dri. Stour S —8E 174
Marlborough Dri. Syd —3D 216
Marlborough Gdns. Stourb —7J 87
Marlborough Gdns. Wolv —5L 35
Marlborough Gro. B25 —8K 95
Marlborough Rd. B10 —8E 94
Marlborough Rd. Cas B —1C 96
Marlborough Rd. Cov —7G 145
Marlborough Rd. Dud —2F 64
Marlborough Rd. Nun —5H 79
Marlborough Rd. Rugby —8L 171
Marlborough Rd. Smeth —6A 92
Marlborough St. Kidd —4L 149
Marlborough St. Wals —8H 25
Marlborough Way. Tam & Two G —8D 32
Marlbrook Clo. Sol —5C 116
Marlbrook Dri. Wolv —3B 50
Marlbrook La. Marl —8D 154
Marlburn Way. Wom —3E 62
Marlcliff Gro. B13 —3A 136
Marlcroft. Cov —3L 167
Marldon Rd. B14 —3L 135
Marlene Cft. B37 —8J 97
Marler Rd. Cov —2F 164
Marley Rd. K'wfrd —5A 88
Marlfield. Redd —4H 205
Marlfield La. Redd —5H 205 (in two parts)
Marlin. Dost —3D 46
Marling Cft. Sol —2E 138
Marlissa Dri. Cov —7E 122
Marloes Wlk. Syd —3C 216
Marlow Clo. Cov —5H 143
Marlow Clo. Dud —6K 89
Marlowe Clo. Gall C —4M 77
Marlowe Clo. Kidd —3B 150
Marlowe Dri. W'hall —2A 38
Marlow Rd. B23 —4D 70
Marlow Rd. Hurl —4J 61
Marlow Rd. Tam —4D 32
Marlow St. Row R —8B 90
Marlow St. Wals —5L 39
Marlpit La. Redd —8B 204 (in two parts)
Marlpit La. S Cold —6K 43
Marlpool Clo. Kidd —8H 127
Marlpool Dri. Pels —8A 26
Marlpool Dri. Redd —6C 204
Marlpool La. Kidd —8J 127
Marlpool Pl. Kidd —1H 149
Marl Rd. Dud —5H 89
Marlston Wlk. Cov —5H 143
Marl Top. B38 —7F 134
Marlwood Clo. Longf —5F 122
Marmion Dri. B43 —7F 54
Marmion Gro. Dud —1G 89
Marmion St. Tam —4B 32
Marmion Way. W Brom —3F 66
Marnel Dri. Wolv —1K 49
Marner Cres. Cov —3B 144
Marner Rd. Bed —6G 103
Marner Rd. Nun —8H 79
Marnhull Clo. Cov —5M 145
Marquis Dri. Hale —2A 110
Marrick. Wiln —1J 47
Marriner's La. Cov —4H 143
Marriott Rd. Bed —7D 102
Marriott Rd. Cov —5A 144
Marriott Rd. Dud —5J 89
Marriott Rd. Smeth —2K 91
Marroway St. B16 —6F 92
Marrowfat La. B21 —2F 92
Mars Clo. Bils —8G 51
Marsdale Dri. Nun —6E 78
Marsden Clo. Sol —8L 115
Marsden Rd. Redd —6E 204
Marsett. Wiln —2J 47
Marshall Clo. Wals —5H 41
Marshall Gro. B44 —2M 69
Marshall Ho. Wals —1J 53 (off St Quentin St.)
Marshall Lake Rd. Shir —1K 159
Marshall Rd. Exh —1F 122
Marshall Rd. O'bry —8J 91
Marshall Rd. W'hall —8J 37
Marshalls Ind. Est. Wolv —2C 50 (8J 7)
Marshall St. B1 —8K 93 (7E 4)
Marshall St. Smeth —2K 91
Marshall St. Tam —4E 32
Marsham Clo. Warw —1H 215
Marsham Ct. Rd. Sol —2M 137
Marsham Rd. B14 —6M 135
Marshbrook Clo. Ald I —7L 123
Marshbrook Rd. B24 —5K 71
Marsh Cres. Stourb —6J 87
Marshdale Av. Cov —6E 122
Marsh End. B38 —1G 157
Marshfield Clo. Redd —2H 205
Marshfield Dri. Cov —7K 165
Marshfield Gdns. B24 —7E 70
Marsh Gro. Swind —7E 62
Marsh Hill. B23 —5B 70
Marsh Ho. Cov —2A 146
Marsh Ho. Farm La. Brad M —6D 140
Marshland Way. Wals —8E 38
Marsh La. B23 —4D 70
Marsh La. Curd —4J 73
Marsh La. H Ard —3A 140 (in two parts)
Marsh La. Lich —4H 19
Marsh La. Sol —5E 138
Marsh La. Wals —7K 39
Marsh La. Wat O —6H 73
Marsh La. W Brom —1K 67
Marsh La. Wolv —6B 22
Marsh La. Pde. Wolv —7C 22
Marshmont Way. B23 —1D 70
Marsh St. Wals —7K 39
Marsh, The. W'bry —6E 52
Marsh Way. Cats —8M 153
Marshwood Clo. Cann —7G 9
Marshwood Cft. Hale —6G 111
Marsland Clo. B17 —8C 92
Marsland Rd. Sol —2L 137
Mars St. Wolv —3H 51
Marston. —7B 60 (Kingsbury)
Marston. —4J 169 (Wolston)
Marston Av. W'bry —3C 52
Marston Clo. Lea S —7B 212
Marston Clo. Stourb —5K 107
Marston Cft. B37 —2F 116
Marston Dri. B37 —4G 97
Marston Green. —1G 117
Marston Gro. B43 —1C 68
Marston Jabbett. —4M 103
Marston La. Bed —5H 103
Marston La. Curd —8L 59
Marston La. Nun —7L 79
Marston Rd. B29 —1M 133
Marston Rd. Cann —3F 8
Marston Rd. Dud —1D 88
Marston Rd. S Cold —2G 71
Marston Rd. Wolv —2B 50 (8G 7)
Marston Rd. Ind. Est. Wolv —2B 50 (8H 7)
Marston St. W'hall —7C 38
Marten Clo. H Mag —2A 214
Martham Dri. Wolv —7H 35
Martin Clo. B25 —3K 115
Martin Clo. Bils —2K 65
Martin Clo. B'gve —8L 179
Martin Clo. Cov —5E 142
Martin Cft. Lich —8G 13
Martindale. Cann —7G 9
Martindale Rd. Exh —1J 123
Martindale Trad. Est. Cann —7G 9
Martindale Wlk. Brie H —3B 108
Martin Dri. W'hall —4C 38
Martineau Sq. B2 —7L 93 (5G 5)
Martineau Tower. B19 —4K 93 (off Uxbridge St.)
Martineau Way. B2 —7L 93 (5G 5)
Martingale Clo. B'gve —3L 201
Martingale Clo. Wals —5M 53
Martin Hill St. Dud —1J 89
Martin La. Rugby —2K 197
Martin Ri. B37 —1F 116
Martin Rd. Bils —6M 51
Martin Rd. Tip —4A 66
Martin Rd. Wals —1C 54
Martins Rd. Bed —8E 102
Martin St. Wolv —4F 50
Martins Way. Stour S —6F 174
Mart La. Stour S —6G 175
Martlesham Sq. B35 —5A 72
Martley Clo. Redd —2H 209
Martley Ct. Stourb —5C 108
Martley Cft. B32 —5L 111
Martley Cft. Sol —1B 160
Martley Dri. Stourb —5C 108
Martley Rd. O'bry —3D 90
Martley Rd. Stour S —8D 174
Martley Rd. Wals —8C 26
Marton Av. Burn —1G 17
Marton Clo. B7 —3B 94
Martyrs Clo., The. Cov —1D 166
Marwood Cft. S Cold —7A 42
Mary Ann St. B3 —5K 93 (2E 4)
Mary Herbert St. Cov —2D 166
Maryland Av. B34 —4L 95
Maryland Clo. Barw —3F 84
Maryland Dri. B31 —4B 134
Maryland Rd. Brie H —2F 108
Marylebone Clo. Stourb —2A 108
Mary Macarthur Dri. Crad H —8J 89
Mary Rd. Hand —2E 92
Mary Rd. Stech —6K 95
Mary Rd. Tiv —1C 90
Mary Rd. W Brom —8K 67
Mary Slessor St. Cov —3J 167
Marystow Clo. Alle —1H 143
Mary St. B3 —5J 93 (2D 4)
Mary St. Bal H —4L 113
Mary St. Cann —2H 9
Mary St. Earl S —1M 85
Mary St. Wals —6K 39
Maryvale Ct. Lich —2K 19
Maryvale Ct. Wals —8L 39
Mary Va. Rd. B30 —3E 134
Marywell Clo. B32 —2H 133
Marywell Clo. Hinc —1F 80
Masefield Av. Dud —2J 65
Masefield Av. Warw —5C 214
Masefield Clo. Barw —1J 85
Masefield Clo. Bils —7M 51
Masefield Clo. Burn —8G 11
Masefield Clo. Lich —3H 19
Masefield Dri. Tam —2A 32
Masefield Gdns. Kidd —3B 150
Masefield Gro. Cann —5E 8
Masefield Ri. Hale —6D 110
Masefield Rd. Dud —5A 64
Masefield Rd. Wals —2L 39
Masefield Rd. Wolv —8G 23
Masefield Sq. B31 —5C 134
Masham Clo. B33 —7L 95
Mashie Gdns. B38 —8D 134
Maslen Pl. Hale —6B 110
Maslin Dri. Bils —8G 51
Mason Av. Lea S —6B 212
Mason Clo. Redd —2D 208
Mason Ct. Hinc —1H 81
Mason Cres. Wolv —4L 49
Mason Ho. Shir —8E 136
Mason La. Earls —8F 158
Masonleys Rd. B31 —6K 133
Mason Rd. B24 —5G 71
Mason Rd. Cov —8F 122
Mason Rd. Kidd —3J 149
Mason Rd. Redd —2C 208
Mason Rd. Wals —4M 39
Mason's Clo. Hale —3J 109
Masons Cotts. B24 —4H 71
Mason St. Bils —2H 65
Mason St. W Brom —5H 67
Mason St. Wolv —2C 50 (8J 7)
Masons Way. Sol —7L 115
Massbrook Gro. Wolv —3F 36
Massbrook Rd. Wolv —3F 36
Masser Rd. Cov —5C 122
Massers Yd. Cov —5G 123
Masshouse Cir. Queensway. B4 —6L 93 (4H 5)
Masshouse La. B5 —6M 93 (4J 5)
Masshouse La. K Nor —8F 134
Masters La. Hale —8E 90
Masters Rd. Lea S —4A 216
Matchborough. —8L 205
Matchborough Shop. Cen. Redd —8L 205
Matchborough Way. Redd —2L 209
Matchlock Clo. S Cold —2L 55
Matfen Av. S Cold —7F 56
Mathecroft. Lea S —4C 216
Math Mdw. B32 —4M 111
Matlock Clo. Dud —6K 89
Matlock Clo. Rugby —2C 172
Matlock Clo. Wals —6J 25
Matlock Dri. Cann —5G 9
Matlock Rd. B11 —6F 114
Matlock Rd. Cov —3D 144
Matlock Rd. Wals —6J 25
Matterson Rd. Cov —4A 144
Matthew Dri. Hand —3E 92
Matthew La. Kidd —8M 149
Matthews Clo. Row R —8B 90
Matthews Wlk. Lich —7G 13
Mattox Rd. Wolv —3K 37
Matty Rd. O'bry —5H 91
Maud Rd. Wat O —6K 73
Maud Rd. W Brom —8J 67
Maudslay Rd. Cov —7L 143
Maughan St. Brie H —1F 108
Maughan St. Dud —8G 65
Maughan St. Earl S —1M 85
Maund Clo. B'gve —2L 201
Maureen Clo. Cov —8C 142
Maurice Gro. Wolv —3G 37
Maurice Rd. B14 —4L 135
Maurice Rd. Smeth —7L 91
Mavis Gdns. O'bry —1H 111
Mavis Rd. B31 —8L 133
Mavis Rd. Cann —2H 9
Mavor Av. Burn —8D 10
Mavor Dri. Bed —8D 102
Mawgan Dri. Lich —3K 19
Mawnan Clo. Exh —1H 123
Maw St. Wals —3M 53
Maxholm Rd. S Cold —1L 55
Max Rd. B32 —4K 111
Max Rd. Cov —4M 143
Maxstoke. —7H 99
Maxstoke Castle. —2E 98
Maxstoke Clo. B32 —2G 133
Maxstoke Clo. Dost —5C 46
Maxstoke Clo. Mer —8H 119
Maxstoke Clo. Redd —8K 205
Maxstoke Clo. S Cold —7E 56
Maxstoke Clo. Wals —6G 25
Maxstoke Ct. Col —5A 98
Maxstoke Cft. Shir —1J 159
Maxstoke Gdns. Lea S —3M 215
Maxstoke La. Col —3A 98
Maxstoke La. Mer —1M 119
Maxstoke Rd. S Cold —7E 56
Maxstoke St. B9 —7B 94
Maxted Rd. B23 —1C 70
Maxwell Av. B20 —8H 69
Maxwell Clo. Lich —2J 19
Maxwell Rd. Wolv —1D 50 (7L 7)
Mayall Dri. S Cold —5J 43
Mayama Rd. Faz —1M 45
May Av. B12 —4A 114
Maybank. B9 —6F 94
Maybank Clo. Lich —1L 19
Maybank Pl. B44 —3L 69
Maybank Rd. Dud —6J 89
Mayberry Clo. B14 —7B 136
Mayberry Clo. Stour S —5E 174
Maybridge Dri. Sol —1B 160
Maybrook Ho. Hale —5A 110
Maybrook Ind. Est. Wals —4F 26 (in two parts)
Maybrook Rd. Min —4A 72
Maybrook Rd. Wals —5F 26
Maybury Clo. Cod —5E 20
Maybush Gdns. Wolv —8C 22
May Clo. Burn —8F 10
Maycock Rd. Cov —2D 144
Maycroft Clo. Cann —2F 8
Maydene Cft. B12 —3M 113
Mayers Green. —5L 67
Mayfair. Stourb —7D 108
Mayfair Clo. B44 —2B 70
Mayfair Clo. Dud —7G 65
Mayfair Dri. Faz —2A 46
Mayfair Dri. K'wfrd —2J 87
Mayfair Dri. Nun —5M 77
Mayfair Gdns. Tip —5A 66
Mayfair Gdns. Wolv —7K 35
Mayfair Pde. B44 —2B 70
May Farm Clo. H'wd —3A 158
Mayfield. Bed —6H 103
Mayfield. Wiln —1J 47
Mayfield Av. B29 —7H 113
Mayfield Clo. Bed —6H 103
Mayfield Clo. Cats —8M 153
Mayfield Clo. Kidd —1G 149
Mayfield Clo. Lea S —3C 216
Mayfield Clo. Sol —8C 138
Mayfield Cres. Row R —6A 90
Mayfield Dri. Ken —5J 191
Mayfield Gdns. Redd —7D 204
Mayfield Rd. B11 & A Grn —5G 115
Mayfield Rd. A Grn —6G 115
Mayfield Rd. Cov —1A 166
Mayfield Rd. Dud —4J 65
Mayfield Rd. Hand —1J 93
Mayfield Rd. Hasb —7K 109
Mayfield Rd. H Grn —8F 90
Mayfield Rd. Mose —7A 114
Mayfield Rd. Nun —7L 79
Mayfield Rd. Stir —3G 135
Mayfield Rd. S'tly —1M 55
Mayfield Rd. Wolv —8H 37
Mayfield Rd. W Grn —7G 57
Mayfields Dri. Bwnhls —7B 16
Mayfields, The. Redd —7D 204
Mayfield Way. Barw —2J 85
Mayflower Clo. B19 —3K 93
Mayflower Clo. Stour S —7G 175
Mayflower Dri. Brie H —2A 88
Mayflower Dri. Cov —7K 145
Mayford Gro. B13 —3B 136
Maygrove Rd. K'wfrd —2J 87
Mayhurst Clo. H'wd —2C 158
Mayhurst Clo. Tip —1A 66
Mayhurst Rd. H'wd —2B 158
Mayland Dri. S Cold —4M 55
Mayland Rd. B16 —7C 92
May La. B14 —4M 135
May La. H'wd —2A 158
May La. Rugby —8K 171
Maynard Av. Bed —1D 122
Maynard Av. Stourb —6K 107
Maynard Av. Warw —2G 215
Mayo Dri. Ken —5G 191
Mayor's Cft. Cov —2H 165
Maypole Clo. Bew —6C 148
Maypole Clo. Crad H —1H 109
Maypole Dri. Stourb —4L 107
Maypole Fields. Hale —2G 109
Maypole Gro. B14 —7B 136
Maypole Hill. Hale —1G 109
Maypole La. B14 —7M 135
Maypole Rd. O'bry —8H 91
Maypole St. Wom —2H 63
May St. Cov —1E 144
May St. Wals —3J 39
Mayswood Dri. Wolv —8F 34
Mayswood Gro. B32 —5K 111
Mayswood Rd. Sol —7C 116
Maythorn Av. S Cold —3A 72
Maythorn Gdns. Wolv —6J 35
Maythorn Gro. Sol —1B 160
Maytree Clo. B37 —7G 97
May Tree Gro. B20 —6F 68
May Trees. H'wd —3M 157
Maywell Dri. Sol —1F 138
Maywood Clo. K'wfrd —3J 87
Meaburn Clo. B29 —2A 134
Mead Clo. Wals —3H 41
Mead Cres. B9 —6H 95
Meadfoot Av. B14 —6M 135
Meadfoot Dri. K'wfrd —2H 87
Meadfoot Rd. Cov —3K 167
Meadlands, The. Wom —3E 62
Meadow Av. W Brom —8M 53
Meadowbank Rd. Lich —6H 13
Mdw. Brook Rd. B31 —4M 133
Meadowbrook Rd. Hale —6K 109
Meadowbrook Rd. Lich —6H 13
Meadow Clo. B17 —8B 92
Meadow Clo. Ansty —6K 141 (Coventry Rd.)
Meadow Clo. Ansty —6D 124 (Grove Rd.)
Meadow Clo. H'ley H —3C 186
Meadow Clo. K'bry —4D 60
Meadow Clo. Lea S —5C 212
Meadow Clo. Shir —1K 159
Meadow Clo. Stret D —3G 195
Meadow Clo. S Cold —7M 41
Meadow Clo. Wals —1C 40
Meadow Clo. W'hall —1C 38
Meadow Clo. Wlvy —5K 105
Meadow Ct. Nun —4H 79
Mdw. Court Rd. Earl S —2M 85
Meadow Cft. Arly —8E 76
Meadow Cft. Cann —5C 8
Meadow Cft. Hag —5M 129
Meadow Cft. Lich —8M 13
Meadow Cft. Pert —6D 34
Meadow Cft. Wyt —6A 158
Meadow Dri. H Ard —2B 140
Meadow Dri. Hinc —2A 82
Meadowfield Rd. Redn —2G 155
Meadowfields Clo. Stourb —7L 87
Mdw. Grange Dri. W'hall —2B 38
Meadow Gro. Gt Wyr —7G 15
Meadow Gro. Sol —8K 115
Mdw. Hill Clo. Kidd —4G 149
Meadowhill Cres. Redd —4F 204
Mdw. Hill Dri. Cann —7G 9
Mdw. Hill Dri. Stourb —7L 87
Mdw. Hill Rd. B38 —7E 134
Meadowhill Rd. Redd —4F 204
Meadow Ho. Cov —6B 144
Meadowlands Dri. Shelf —1D 40
Meadow La. A'chu —3B 182
Meadow La. Bils —7H 51 (in two parts)
Meadow La. Cov H —3C 22
Meadow La. Lapw —6K 187
Meadow La. W'hall —4A 38
Meadow La. Wom —1G 63
Meadowlark Clo. Cann —5H 9
Mdw. Mills Est. Kidd —4L 149
Meadow Pk. Tam —4M 31
Mdw. Park Rd. Stourb —1K 107
Meadow Ri. B30 —2D 134
Meadow Ri. Bew —5C 148
Meadow Rd. Barw —2J 85
Meadow Rd. Cats —1M 179
Meadow Rd. Cov —5B 122
Meadow Rd. Dud —5G 65
Meadow Rd. Hale —1C 110
Meadow Rd. Harb —8B 92
Meadow Rd. Hurl —4J 61
Meadow Rd. Nun —1A 78
Meadow Rd. O'bry —7H 91
Meadow Rd. Quin —3G 111
Meadow Rd. Rugby —3K 171
Meadow Rd. Smeth —5A 92
Meadow Rd. Tam —6L 31
Meadow Rd. Wals —5G 41
Meadow Rd. Warw —2G 215
Meadow Rd. Wols —5G 169
Meadow Rd. Wolv —1J 49
Meadow Rd. Wyt —6A 158
Meadowside. Nun —8B 80
Meadowside Clo. B43 —8E 54
Meadowside Rd. S Cold —5F 42
Meadows, The. Hinc —3A 82
Meadows, The. Leek W —2G 211
Meadows, The. Stourb —1B 130
Meadows, The. Wals —4E 40
Meadow St. Cov —7B 144
Meadow St. Crad H —1M 109
Meadow St. Nun —4H 79
Meadow St. Tam —6C 32
Meadow St. Wals —1K 53
Meadow St. Wolv —7B 36
Meadowsweet. Rugby —1C 172
Meadowsweet Av. B38 —8F 134
Meadowsweet Way. K'wfrd —3A 88
Meadow Va. Cod —7H 21
Meadowvale Rd. L End —3C 180
Meadow Vw. B13 —1C 136
Meadow Vw. Burn —3K 17
Meadow Vw. Dud —8C 50
Mdw. View Ter. Wolv —5L 35 (in two parts)
Meadow Wlk. B14 —8L 135
Meadow Wlk. Crad H —1K 109
Meadow Way. Cann —8J 9
Meadow Way. Cod —7E 20
Meadow Way. Stourb —7J 87
Meadow Wyrthe. Tam —2B 32
Mead Ri. B15 —3F 112
Mead, The. Dud —1B 64
Meadthorpe Rd. B44 —1K 69
Meadvale Rd. Redn —3H 155
Meadway. B33 —7M 95
Meadway. Cov —3H 145
Meadway Clo. Cann —6J 9
Meadway N. Cov —3H 145
Meadway St. Burn —4G 17
Meadway, The. Hinc —2M 81
Meadway, The. Redd —8C 204
Meadway, The. Wolv —4G 35
Meadwood Ind. Est. Bils —4L 51
Mears Clo. B23 —1D 70
Mears Coppice. Brie H —3E 108
Mears Dri. B33 —5K 95
Mearse Clo. B18 —4G 93
Mearse La. B Grn —1F 180
Mearse La. Belb —3F 152
Mease Av. Burn —3K 17
Mease Cft. B9 —7B 94
Measham Gro. B26 —4L 115
Measham Way. Wolv —2L 37
Meaton Gro. B32 —1H 133
Medcroft Av. B20 —5E 68
Meddins Clo. Kinv —5A 106
Meddins La. Kinv —5A 106
Meddins Ri. Kinv —5A 106
Medhurst Clo. Dunc —6H 197
Medina. Tam —8E 32
Medina Clo. Wolv —5F 22
Medina Rd. B11 —5E 114
Medina Rd. Cov —8E 122
Medina Way. K'wfrd —3J 87
Medland Av. Cov —4M 165
Medley Gdns. Tip —5D 66
Medley Gro. W'nsh —6M 215
Medley Rd. B11 —4D 114
Medlicott Rd. B11 —3C 114
Medway. Tam —8D 32
Medway Clo. Brie H —3A 88
Medway Cft. B36 —2F 96
Medway Gro. B38 —1E 156
Medway Rd. Wals —7C 16
Medway Tower. B7 —4B 94
Medway Wlk. Wals —7C 16
Medwin Gro. B23 —2D 70
Meerash La. Hamm —6H 17
Meer End. —8J 163
Meer End. B38 —2E 156
Meer End Rd. Hon —1H 189
Meerhill Av. Shir —3A 160
Meetinghouse La. B31 —5A 134
Meeting Ho. La. Bal C —2J 163
Meeting La. Brie H —8B 88 (in two parts)
Meeting La. Ind. Est. Brie H —8B 88
Meeting St. Dud —4J 89
Meeting St. Tip —3D 66
Meeting St. W'bry —6E 52

Meg La. Burn —8G 11
Meir Rd. Redd —1J 209
Melbourne Av. B19 —3J 93
Melbourne Av. B'gve —5L 179
Melbourne Av. Smeth —2B 92
Melbourne Clo. B'gve —6L 179
Melbourne Clo. K'wfrd —5L 87
Melbourne Clo. Nun —1L 103
Melbourne Clo. W Brom —2G 67
Melbourne Ct. Bed —7G 103
Melbourne Cres. Cann —7M 9
Melbourne Gdns. Wals —3B 54
Melbourne Ho. B34 —3E 96
Melbourne Rd. B'gve —5L 179
Melbourne Rd. Cann —8L 9
Melbourne Rd. Cov —7A 144
Melbourne Rd. Hale —4B 110
Melbourne Rd. Smeth —2A 92
Melbourne St. Wolv —8D 36 (6K 7)
Melbury Clo. Wolv —8A 36
Melbury Gro. B14 —4L 135
Melbury Way. Cann —7F 8
Melchester Wlk. Cann —7F 8
Melchett Rd. B30 —6F 134
Melcote Gro. B44 —1L 69
Meldon Dri. Bils —7A 52
Meldrum Rd. Nun —6D 78
Melen St. Redd —5D 204
Melford. Tam —3K 31
Melford Clo. Dud —7C 50
Melford Grange. Burn —8E 10
Melford Hall Rd. Sol —2M 137
Melford Ri. Burn —8F 10
Melfort Clo. Cov —7M 145
Melfort Clo. Nun —4C 78
Melfort Gro. B14 —6A 136
Melksham Sq. B35 —6A 72
Mellis Gro. B23 —4A 70
Mellish Ct. Rugby —8L 171
Mellish Ct. Wals —6A 40 (off Mellish Rd.)
Mellish Dri. Wals —6B 40
Mellish Rd. Rugby —8L 171
Mellish Rd. Wals —6A 40
Mellor Dri. S Cold —6E 42
Mellor Rd. Rugby —1H 199
Mellors Clo. B17 —6B 112
Mellowdew Rd. Cov —5J 145
Mellowdew Rd. Stourb —6J 87
Mellowship Rd. Cov —4C 142
Mell Sq. Sol —5C 138
Mellwaters. Wiln —1J 47
Melmerby. Wiln —1J 47
Melplash Av. Sol —5A 138
Melrose Av. B11 —3B 114 (in two parts)
Melrose Av. Bed —1D 122
Melrose Av. S'brk —3A 114
Melrose Av. Stourb —7M 107
Melrose Av. S Cold —7E 56
Melrose Av. W Brom —1K 67
Melrose Clo. B38 —8F 134
Melrose Clo. Hinc —1H 81
Melrose Cotts. Lich —8M 17
Melrose Dri. Cann —2F 8
Melrose Dri. Wolv —5D 34
Melrose Gro. Loz —2H 93
Melrose Pl. Smeth —1K 91
Melrose Rd. B20 —8L 69
Melstock Clo. Tip —4K 65
Melstock Rd. B14 —2K 135
Melton Av. Sol —5A 116
Melton Dri. B15 —2J 113
Melton Rd. B14 —1M 135
Melton Rd. Lea S —5B 212
Melton St. Earl S —1L 85
Melverley Gro. B44 —1M 69
Melverton Av. Wolv —1D 36
Melville Clo. Exh —1G 123
Melville Clo. Rugby —8L 171
Melville Hall. Edg —8D 92
Melville Rd. B16 —8C 92
Melville Rd. Cov —6A 144
Melvina Rd. B7 —5B 94
Membury Rd. B8 —3D 94
Memorial Clo. W'hall —7A 38
Memory La. Darl —1D 52
Memory La. Wolv —4H 37
Menai Clo. W'hall —3C 38
Menai Wlk. B37 —5H 97
Mendip Av. B8 —4E 94
Mendip Clo. B'gve —4A 180
Mendip Clo. Dud —6D 64
Mendip Clo. Hale —8K 109
Mendip Clo. Wolv —3F 50
Mendip Dri. Nun —6B 78
Mendip Ho. Redd —3K 205
Mendip Rd. B8 —4E 94
Mendip Rd. Cann —1G 9
Mendip Rd. Hale —8J 109
Mendip Rd. Stourb —3B 108
Mendip Way. Wiln —8J 33
Menin Cres. B13 —2B 136
Menin Pas. B13 —1B 136
Menin Rd. B13 —1B 136
Menin Rd. Tip —4K 65
Menteith Clo. Stour S —2E 174
Mentone Ct. B20 —6E 68
Meon Gro. B33 —1B 116
Meon Gro. Pert —5F 34
Meon Ri. Stourb —6C 108
Meon Way. Wolv —2M 37
Meranti Clo. W'hall —1C 38
Mercer Av. Cov —4G 145
Mercer Av. Wat O —6G 73
Mercer Ct. Rugby —1F 198
Mercer Gro. Wolv —2L 37
Merchants Way. Wals —2G 41
Mercia Av. Ken —5E 190
Mercia Bus. Village. W'wd B —3F 164
Mercia Clo. B'gve —2M 201
Mercia Clo. Tam —2L 31
Mercia Dri. Wolv —4E 34
Mercia Ho. Cov —6C 144 (4B 6)
Mercian Ct. Lich —2J 19
Mercian Pk. Tam —6G 33
Mercian Way. Tam —4G 33
Mercia Way. Warw —2H 215
Mercot Clo. Redd —3G 209
Mercote Hall La. Mer —4G 141
Mercury Ct. Tam —6J 33
Mercury Rd. Cann —4G 9
Mere Av. B35 —6A 72
Mere Clo. W'hall —4A 38
Merecote Rd. Sol —2K 137
Meredith Grn. Kidd —8G 149
Meredith Pool Clo. B18 —3F 92
Meredith Rd. Cov —6K 145
Meredith Rd. Dud —4A 64
Meredith Rd. Wolv —1J 37
Meredith St. Crad H —8K 89
Mere Dri. S Cold —7H 43
Mere Green. —6H 43
Mere Grn. Clo. S Cold —7J 43
Mere Grn. Rd. S Cold —7H 43
Mere Oak Rd. Wolv —4E 34
Mere Pool Rd. S Cold —7K 43
Mere Rd. B23 —6C 70
Mere Rd. Stourb —6L 107
Mereside Way. Sol —1L 137
Meres Rd. Hale —4J 109
Merevale Av. Hinc —2J 81
Merevale Av. Nun —5G 79
Merevale Clo. Hinc —2J 81
Merevale Clo. Redd —1K 209
Merevale Rd. Sol —7B 116
Mere Vw. Wals —1C 40
Merganser. Wiln —3G 47
Merganser Way. Kidd —7B 150
Meriden. —8J 119
Meriden Av. Stourb —3K 107
Meriden Clo. B25 —2H 115
Meriden Clo. Cann —1B 14
Meriden Clo. Redd —6A 206
Meriden Clo. Stourb —3K 107
Meriden Cross. —8H 119
Meriden Dri. B37 —3G 97
Meriden Hall Mobile Home Pk. Mer —1J 141
Meriden Ri. Sol —6D 116
Meriden Rd. H Ard —2B 140
Meriden Rd. Mer —4J 141
Meriden Rd. Wolv —1A 36
Meriden St. B5 —7M 93 (7J 5)
Meriden St. Cov —6B 144
Meridian Pl. B'gve —8A 180
Merino Av. B31 —1A 156
Merlin Av. Nun —3B 78
Merlin Clo. Cann —7C 8
Merlin Clo. Dud —1F 88
Merlin Clo. Wiln —3G 47
Merlin Dri. Kidd —6B 150
Merlin Gro. B26 —4B 116
Merrick Clo. Hale —7K 109
Merrick Ct. Burb —4M 81
Merrick Rd. Wolv —3A 38
Merricks Clo. Bew —2B 148
Merricks La. Bew —2B 148
Merridale. —8M 35
Merridale Av. Wolv —8M 35
Merridale Cemetery Nature Reserve. —1A 50
Merridale Ct. Wolv —8M 35
Merridale Cres. Wolv —7A 36
Merridale Gdns. Wolv —8A 36
Merridale Gro. Wolv —8L 35
Merridale La. Wolv —7A 36
Merridale Rd. Wolv —8M 35
Merridale St. Wolv —8B 36 (6G 7)
Merridale St. W. Wolv —1A 50
Merriemont Dri. B Grn —8G 155
Merrifield Gdns. Burb —4L 81
Merrill Clo. Wals —7E 14
Merrill Gdns. Marl —8D 154
Merrill's Hall La. Wolv —5L 37
Merrington Clo. Sol —1C 160
Merrions Clo. B43 —5E 54
Merrishaw Rd. B31 —1A 156
Merritts Brook Clo. B29 —4A 134
Merritt's Brook La. B31 —5L 133
Merritt's Hill. B31 & N'fld —3K 133
Merrivale Rd. Cov —6L 143
Merrivale Rd. Hale —1F 110
Merrivale Rd. Smeth —7A 92
Merryfield Clo. Sol —2D 138
Merryfield Gro. B17 —5C 112
Merryfield Rd. Dud —1D 88
Merryfields Way. Cov —8M 123
Merry Hill. —8F 88 (Brierley Hill)
Merry Hill. —2K 49 (Wolverhampton)
Merry Hill. Brie H —8F 88
Merry Hill Cen. Brie H —6F 88
Merry Hill Ct. Smeth —3D 92
Merryhill Dri. B18 —3F 92
Merse Rd. Moons I & Redd —3L 205
Mersey Gro. B38 —1E 156
Mersey Pl. Wals —8L 25
Mersey Rd. Bulk —7A 104
Mersey Rd. Wals —8L 25
Merstal Dri. Sol —2F 138
Merstone Clo. Bils —3J 51
Merstowe Clo. B27 —6H 115
Merton Clo. Bew —1B 148
Merton Clo. Kidd —2A 150
Merton Clo. O'bry —7H 91
Merton Ho. B37 —7F 96
Merton Rd. B13 —6B 114
Merttens Dri. Rugby —7M 171
Mervyn Pl. Bils —6M 51
Mervyn Rd. B21 —8E 68
Mervyn Rd. Bils —6M 51
Meryhurst Rd. W'bry —4G 53
Merynton Av. Cov —3L 165
Meschede Way. Cov —7D 144 (5D 6)
Meschines St. Cov —3D 166
Mesnes Grn. Lich —2J 19
Messenger La. W Brom —6K 67
Messenger Rd. Smeth —3B 92
Mesty Croft. —6H 53
Metcalf Clo. Burn —1J 17
Metcalfe Clo. Cann —3J 9
Metcalfe St. Earl S —2L 85
Metchley Ct. B17 —5D 112
Metchley Ct. Shir —3M 159
Metchley Dri. B17 —4C 112
Metchley Ho. B17 —4D 112
Metchley La. B17 —5D 112
Metchley Pk. Rd. B15 —5D 112
Meteor Ho. B35 —5A 72
Metfield Clo. Tam —1C 32
Metfield Cft. B17 —5D 112
Metfield Cft. K'wfrd —3M 87
Metlin Gro. B33 —6E 96
Metric Wlk. Smeth —4A 92
Metro Triangle. B7 —2D 94
Metro Way. Smeth —2C 92
Mews Rd. Lea S —1K 215
Mews, The. B44 —2B 70
Mews, The. A Grn —6J 115
Mews, The. Bed —7H 103
Mews, The. Ken —6E 190
Mews, The. Row R —7B 90
Mews, The. Rugby —8G 173
Meynell Ho. B20 —6F 68
Meyrick Rd. W Brom —3G 67
Meyrick Wlk. B16 —8F 92
Miall Pk. Rd. Sol —4L 137
Miall Rd. B28 —1G 137
Mica Clo. Tam —7H 33
Michael Blanning Gdns. Dorr —6E 160
Michael Dri. B15 —2J 113
Michaelmas Rd. Cov —8C 144 (8B 6)
Michael Rd. Smeth —3L 91
Michael Rd. W'bry —2B 52
Michaelwood Clo. Redd —7M 203
Michel Ho. Cov —5D 144 (1E 6)
Michell Clo. Cov —1H 167
Michigan Clo. Cann —7H 9
Micklehill Dri. Shir —1H 159
Mickle Mdw. Wat O —6H 73
Mickleover Rd. B8 —4J 95
Mickleton. Wiln —1J 47
Mickleton Av. B33 —1C 116
Mickleton Clo. Redd —2E 208
Mickleton Rd. Cov —8A 144
Mickleton Rd. Sol —1K 137
Mickley Av. Wolv —4E 36
Midacre. W'hall —8A 38
Middle Acre Rd. B32 —7L 111
Middle Av. W'hall —1L 51
Middle Bickenhill La. H Ard —4A 118
Middleborough Rd. Cov —6B 144 (3A 6)
Middleburg Clo. Nun —8A 80
Middlecotes. Cov —8H 143
Middle Cres. Wals —2A 40
Middle Cross. Wolv —8D 36 (4M 7)
Middle Cross St. Wolv —8E 36 (5M 7) (off Warwick St.)
Middle Dri. Redn —5K 155
Middle Entry. Tam —4B 32
Middlefield. —6C 84
Middlefield. Wolv —7L 21
Middlefield Av. Hale —1F 110
Middlefield Av. Know —6H 161
Middlefield Clo. Hale —8F 90
Middlefield Clo. Hinc —7D 84
Middlefield Ct. Hinc —7D 84
Middlefield Dri. Bin —8A 146
Middlefield Gdns. Hale —1F 110 (off Hurst Grn. Rd.)
Middlefield La. Hag —3B 130
Middlefield La. Hinc —6D 84
Middlefield Pl. Hinc —6D 84
Middle Fld. Rd. B31 —7C 134
Middlefield Rd. B'gve —2B 202
Middlefield Rd. Tiv —1A 90
Middle Gdns. W'hall —7B 38
Middlehill Ri. B32 —7K 111
Middle Ho. Dri. Marl —8D 154
Middlehouse La. Redd —3E 204
Middle La. Col —3E 74
Middle La. Coven —5M 21 (in two parts)
Middle La. K Nor & Wyt —3J 157
Middle La. Oaken —7C 20
Middle Leaford. B34 —4A 96
Middle Leasowe. B32 —5J 111
Middlemarch Bus. Pk. Cov (Siskin Dri.) —5K 167
Middlemarch Bus. Pk. Cov (Siskin Parkway E.) —8J 167
Middlemarch Rd. Cov —3B 144
Middlemarch Rd. Nun —8H 79
Middle Mdw. Av. B32 —4J 111
Middlemist Gro. B43 —3F 68
Middlemore Bus. Pk. Wals —4D 40
Middlemore Clo. Stud —6K 209
Middlemore Ind. Est. Hand —1B 92
Middlemore La. A'rdge —3F 40
Middlemore La. W. Wals —3D 40
Middlemore Rd. N'fld —7B 134
Middlemore Rd. Smeth & Hand —2B 92
Middle Pk. Clo. B29 —1B 134
Middle Pk. Rd. B29 —1B 134
Middlepark Rd. Dud —1E 88
Middle Piece Dri. Redd —7A 204
Middle Ride. Cov —3L 167
Middle Rd. Up Ben —7G 203
Middle Rd. Wild —5M 153
Middle Roundhay. B33 —6A 96
Middlesmoor. Wiln —1J 47
Middle Stoke. —6H 145
Middle St. Kils —6M 199
Middleton. —8H 45
Middleton Clo. Redd —7M 205
Middleton Clo. Wals —4M 53 (in two parts)
Middleton Gdns. B30 —5D 134
Middleton Grange. B31 —5C 134
Middleton Hall. —8L 45
Middleton Hall Rd. B30 —5D 134
Middleton La. Midd —3F 58
Middleton M. Redd —7M 205
Middleton Rd. B14 —2L 135
Middleton Rd. B'gve —5M 179
Middleton Rd. Kidd —8J 127
Middleton Rd. Shir —7G 137
Middleton Rd. S Cold —8A 42
Middleton Rd. Wals —8G 17
Middletown. —7J 209
Middletown. Stud —8K 209
Middletown La. Sam & Stud —8J 209
Middletree Rd. Hale —2J 109
Middle Vauxhall. Wolv —7A 36
Middleway. Cann —3A 10
Middleway Av. Stourb —6J 87
Middleway Grn. Bils —1J 51
Middleway Rd. Bils —1J 51
Middleway Vw. B18 —6G 93 (3A 4)
Midford Gro. B15 —1J 113 (8D 4)
Midgley Dri. S Cold —7G 43
Midhill Dri. Row R —3C 90
Midhurst Dri. Cann —2J 9
Midhurst Gro. Wolv —4J 35
Midhurst Rd. B30 —6H 135
Midland Air Mus. —6H 167
Midland Clo. B21 —2G 93
Midland Ct. B3 —2E 4
Midland Cft. B33 —6D 96
Midland Dri. S Cold —4J 57
Midland Rd. B30 —4F 134
Midland Rd. Cann —4C 8
Midland Rd. Cov —4E 144
Midland Rd. Nun —4G 79
Midland Rd. S Cold —2G 57
Midland Rd. Wals —8K 39
Midland Rd. W'bry —1C 52
Midland St. B8 & B9 —6C 94
Midland Trad. Est. Cov —7E 122
Midpoint Boulevd. Min —4C 72
Midvale Dri. B14 —7K 135
Milburn. Wiln —1J 47
Milburn Rd. B44 —6A 56
Milby Ct. Nun —7J 79
Milby Dri. Nun —1M 79
Milcote Clo. Redd —2F 208
Milcote Dri. S Cold —6C 56
Milcote Dri. W'hall —8K 37
Milcote Rd. B29 —1A 134
Milcote Rd. Smeth —7M 91
Milcote Rd. Sol —5B 138
Milcote Way. K'wfrd —2H 87
Mildenhall. Tam —1C 32
Mildenhall Rd. B42 —8G 55
Mildred Rd. Crad H —7L 89
Mildred Way. Row R —3C 90
Milebrook Gro. B32 —1H 133
Mile Flat. K'wfrd —3E 86
Mile La. Cov —8D 144 (7D 6)
Mile Oak. —8J 31
Mile Oak Ct. Smeth —3B 92
Milesbush Av. B36 —8D 72
Miles Gro. Dud —2M 89
Miles Mdw. Cov —8H 123
Miles Mdw. Clo. W'hall —1C 38
Milestone Ct. Wolv —6G 35
Milestone Dri. Hag —5M 129
Milestone Dri. Rugby —1M 197
Milestone Ho. Cov —7B 144 (off Windsor St.)
Milestone La. Hand —1D 92
Milestone Way. W'hall —1B 38
Mile Tree La. Cov —3L 123
Milford Av. B12 —3A 114
Milford Av. Stour S —3E 174
Milford Av. W'hall —4A 38
Milford Clo. Alle —3H 143
Milford Clo. Redd —2B 208
Milford Clo. Stourb —6L 87
Milford Cft. B19 —4K 93 (1E 4)
Milford Cft. Row R —3M 89
Milford Gro. Shir —2C 160
Milford Pl. K Hth —1L 135
Milford Rd. B17 —4B 112
Milford Rd. Wolv —2C 50 (8H 7)
Milford St. Nun —7H 79
Milhill Rd. Redd —8L 205
Milholme Grn. Sol —1D 138
Milking Bank. Dud —7D 64
Milk St. B5 —8M 93 (7K 5)
Millais Clo. Bed —5G 103
Millais Rd. Hinc —6A 84
Millard Rd. Bils —8H 51
Millards Ind. Est. W Brom —8G 67
Mill Bank. Dud —1D 64
Millbank. Warw —8G 211
Millbank Gro. B23 —3B 70 (in two parts)
Millbank M. Ken —3H 191
Millbank St. Wolv —8M 23
Millbeck. Brow —2D 172
Millbrook Clo. Cann —7F 8
Mill Brook Dri. B31 —1L 155
Millbrook Dri. Lich —3F 28
Millbrook Rd. B14 —3J 135
Millbrook Way. Brie H —1B 108
Millburn Hill Rd. Cov —3H 165
Mill Burn Way. B9 —7B 94
Mill Clo. Blak —7H 129
Mill Clo. B'gve —3M 201
Mill Clo. Cov —6H 123
Mill Clo. H'wd —2A 158
Mill Clo. Nun —8M 79
Mill Clo. Sap —1L 83
Mill Clo. Stour S —6H 175
Mill Ct. Shen —3G 29
Mill Cres. Cann —7H 9
Mill Cres. K'bry —4D 60
Mill Cft. Bils —3L 51
Millcroft Clo. B32 —7L 111
Millcroft Rd. S Cold —1A 56
Milldale Clo. Kidd —1L 149
Milldale Cres. Wolv —5D 22
Milldale Rd. Wolv —5D 22
Mill Dri. Smeth —4B 92
Mill End. —3H 191
Mill End. Ken —3G 191
Millennium Clo. Wals —6A 26
Millennium Point. —6M 93 (4K 5)
Miller Clo. B'gve —3L 201
Miller Cres. Bils —8G 51
Millers Clo. Dunc —5G 197
Millers Clo. Wals —8F 38
Millers Ct. Smeth —4B 92 (off Corbett St.)
Millers Dale Clo. Rugby —2C 172
Millersdale Dri. W Brom —7M 53
Millers Grn. Hinc —3M 81
Millers Grn. Dri. K'wfrd —1G 87
Millers Rd. Warw —1D 214
Miller St. B6 —4L 93
Millers Va. Cann —8K 9
Millers Va. Wom —4D 62
Millers Wlk. Pels —6L 25
Millers Wharf. Pole —8M 33
Mill Farm Cvn. Pk. Bulk —3B 104
Mill Farm Clo. Dunc —6J 197
Mill Farm Rd. B17 —6C 112
Millfield. N'fld —5A 134
Millfield Av. Pels —8B 26
Millfield Av. Wals —7K 25
Millfield Ct. Dud —7G 65 (off Eve Hill)
Millfield Gdns. Kidd —3K 149
Millfield Rd. B20 —4E 68
Millfield Rd. B'gve —8K 179
Millfield Rd. Wals —2G 27
Millfields. B33 —6D 96
(in two parts)
Mill Fields. Kinv —6B 106
Millfields Av. Rugby —1F 198
Millfields Clo. W Brom —8H 53
Millfields Rd. W Brom —8H 53
Millfields Rd. Wolv —4G 51
Millfields Way. Wom —3E 62
Millfield Vw. Hale —5L 109
Millford Clo. B28 —4G 137
Mill Gdns. B14 —4D 136
Mill Gdns. Nun —7H 79
Mill Gdns. Smeth —6M 91
Mill Green. —1F 14 (Cannock)
Mill Green. —2M 41 (Sutton Coldfield)
Mill Grn. Wolv —5D 22
Mill Gro. Cod —6J 21
Millhaven Av. B30 —3H 135
Mill Hill. Bag —5D 166
Mill Hill. Smeth —6M 91
Mill Hill Rd. Hinc —8C 84
Mill Ho. Clo. Lea S —1J 215
Mill Ho. Ct. Cov —2F 144
Mill Ho. Dri. Lea S —1J 215
Millhouse Rd. B25 —1H 115
Mill Ho. Ter. Lea S —1J 215
Millicent Clo. Cann —3H 9
Millicent Pl. B12 —3A 114
Millichip Rd. W'hall —8L 37
Millington Rd. B36 —1L 95
Millington Rd. Tip —8M 51
Millington Rd. Wolv —3E 36
Millison Gro. Shir —2A 160
Mill La. B5 —8M 93 (7J 5)
Mill La. A'rdge —2M 41
Mill La. Bin —7M 145
Mill La. Blak —7H 129
Mill La. B'gve —7M 179
Mill La. Bulk —6A 104
Mill La. Burt H —1F 104
Mill La. Clift D —3E 172
Mill La. Cod —3E 20
Mill La. Cubb —4F 212
Mill La. Dorr & Ben H —5E 160
Mill La. Earl S —1M 85
Mill La. Env —6A 86
Mill La. Faz —1A 46
Mill La. Fill —4C 100
Mill La. Hale —5C 110
Mill La. Hamm —6K 17
Mill La. Kidd —6K 127 (Franche Rd.)
Mill La. Kidd —3K 149 (Mill St.)
Mill La. Kidd —7M 149 (Worcester Rd.)
Mill La. Lapw —6J 187
Mill La. Lich —3G 29
Mill La. N'fld —8M 133
Mill La. O'bry —5G 91
Mill La. Quin —7K 111
Mill La. Row —8M 187
Mill La. Sharn —4J 83
Mill La. Sol —6C 138
Mill La. Ston —4A 28
Mill La. Stour S —5H 175
Mill La. Swind —6D 62
Mill La. Tam —4C 32
Mill La. Tett W —6G 35
Mill La. Wals —5M 39
Mill La. Wed —2G 37
Mill La. Wild —6L 153
Mill La. W'hall —4B 38
Mill La. Wlvy —4M 105
Mill La. Wom —2H 63
Mill La. Wych —8E 200
Mill La. Wyt —8B 158
Millmead Lodge. B13 —1D 136
Millmead Rd. B32 —7L 111
Mill Pk. Cann —7G 9
Mill Pk. Ind. Est. Cann —7G 9
Mill Pl. Wals —5L 39
Mill Pleck. Stud —6L 209
Mill Pond, The. Lich —7J 13
Millpool Clo. Hag —5A 130
Mill Pool Clo. Wom —4D 62
Millpool Gdns. B14 —6M 135
Millpool Hill. B14 —5M 135
Mill Pool La. Dorr —8F 160
Millpool Rd. Cann —3H 9
Millpool, The. Seis —7A 48
Millpool Way. Smeth —5A 92
Mill Race La. Cov —6G 123
Mill Race La. Stourb —3A 108
Millrace Rd. Redd —3E 204
Millridge Way. Ware —8M 175
Mill Rd. Bwnhls —2G 27
Mill Rd. Crad H —2L 109
Mill Rd. Lea S —1A 216
Mill Rd. Pels —8B 26
Mill Rd. Rugby —4C 172
Mill Rd. Stour S —5H 175
Mill Rd. Yard —3F 114
Mill Row. Wlvy —4M 105
Mills Av. S Cold —5L 57
Millsborough Rd. Redd —6E 204 (in two parts)
Mills Clo. Wolv —1H 37
Mills Cres. Wolv —1E 50 (8M 7)
Millside. B28 —6E 136

Mill Side. Wom —4E 62
Millside Ct. Bew —6B 148
Mills Rd. Wolv —1E 50 (8M 7)
Millstream Clo. Cod —5H 21
Mill St. B6 —4M 93 (1J 5)
Mill St. Barw —4F 84
Mill St. Bed —6H 103
Mill St. Bils —4J 51
Mill St. Brie H —7D 88
Mill St. Cann —8E 8
Mill St. Cov —6B 144 (2A 6)
Mill St. Darl —3C 52
Mill St. Hale —2J 109
Mill St. Kidd —2J 149
Mill St. Lea S —2A 216
Mill St. Nun —5J 79
Mill St. Redd —5D 204
Mill St. S Cold —4J 57
Mill St. Tip —4D 66
Mill St. Wals —6L 39
Mill St. Warw —3F 214
Mill St. W Brom —5J 67
Mill St. W'hall —7C 38
Mill St. Word —7L 87
Mill St. Chambers. Cann —8E 8 (off Mill St.)
Mill St. Ind. Est. Barw —3G 85
Millsum Ho. Wals —8M 39 (off Paddock La.)
Mills Wlk. Tip —2M 65
Mill Ter. Bed —4H 103
Millthorpe Clo. B8 —4F 94
Mill Vw. B33 —5C 96
Mill Vw. Hinc —8E 84
Mill Wlk. Nun —5J 79
Millwalk Dri. Wolv —6A 22
Mill Wlk., The. B31 —8M 133
Millward St. B9 —8C 94
Millward St. W Brom —6G 67
Millwright Clo. Tip —4B 66
Milner Clo. Bulk —7D 104
Milner Cres. Cov —8L 123
Milner Dri. Shut —2L 33
Milner Rd. B29 —8G 113
Milner Way. B13 —1D 136
Milnes Walker Ct. B44 —8L 55
Milo Cres. Tam —7A 32
Milrose Way. Cov —1F 164
Milsom Gro. B34 —3D 96
Milstead Rd. B26 —8A 96
Milston Clo. B14 —8L 135
Milton Av. B12 —3A 114
Milton Av. Tam —2A 32
Milton Av. Warw —4C 214
Milton Clo. Bed —8K 103
Milton Clo. Ben H —5F 160
Milton Clo. Hinc —8C 84
Milton Clo. Kidd —3G 149
Milton Clo. Redd —1C 208
Milton Clo. Stourb —2A 108
Milton Clo. Wals —3K 53
Milton Clo. W'hall —2E 38
Milton Ct. Pert —5E 34
Milton Ct. Smeth —8A 92
Milton Cres. B25 —2K 115
Milton Cres. Dud —4A 64
Milton Dri. Hag —2C 130
Milton Gro. S Oak —6F 112
Milton Pl. Wals —3K 53
Milton Rd. Ben H —5F 160
Milton Rd. Bils —1K 65
Milton Rd. Cann —5E 8
Milton Rd. Cats —1A 180
Milton Rd. Smeth —4K 91
Milton Rd. Wolv —4G 37
Milton St. B19 —3L 93
Milton St. Brie H —3D 88
Milton St. Cov —4G 145
Milton St. Wals —1K 53
Milton St. W Brom —4H 67
Milverton. —1L 215
Milverton Clo. Hale —3A 110
Milverton Clo. S Cold —2M 71
Milverton Ct. Lea S —1L 215
Milverton Cres. Lea S —8L 211
Milverton Cres. W. Lea S —8L 211
Milverton Hill. Lea S —1L 215
Milverton Rd. B23 —5E 70
Milverton Rd. Cov —7J 123
Milverton Rd. Know —4J 161
Milverton Ter. Lea S —1L 215
Milward Sq. Redd —6E 204
Mimosa Clo. B29 —1B 134
Mimosa Wlk. K'wfrd —1L 87
Mincing La. Row R —6D 90
Mindelsohn Way. Edg —5D 112
Minden Gro. B29 —8B 112
Minehead Rd. Dud —1D 88
Minehead Rd. Wolv —7B 22
Miner St. Wals —6J 39
Minerva Clo. Tam —4D 32
Minerva Clo. W'hall —5E 38
Minerva La. Wolv —8E 36
Minewood Clo. Wals —6F 24
Minith Rd. Bils —1K 65
Miniva Dri. S Cold —8A 58
Minivet Dri. B12 —3L 113
Minley Av. B17 —2M 111
Minories. B4 —6L 93 (4G 5)
Minories, The. Dud —8J 65
Minors Hill. Lich —3K 19
Minors Wlk. Pole —8M 33
Minstead Rd. B24 —8D 70
Minster Clo. Know —1H 161
Minster Clo. Row R —6E 90
Minster Ct. Mose —5A 114
Minster Dri. B10 —2D 114
Minsterley Clo. Wolv —1L 49
Minsterpool Wlk. Lich —1H 19
Minster Rd. Cov —6B 144
Minster Rd. Stour S —5G 175
Minster, The. Wolv —2M 49
Minster Wlk. Cats —1M 179
Mintern Rd. B25 —1J 115
Minton Clo. Wolv —8G 37
Minton M. B'gve —1B 202
Minton Rd. B32 —5M 111
Minton Rd. Cov —1M 145
Minworth. —4D 72
Minworth Clo. Redd —7B 204
Minworth Ind. Est. Min —3A 72
Minworth Ind. Pk. Min —3C 72
Minworth Rd. Wat O —6G 73
Miranda Clo. Cov —2K 167
Miranda Clo. Redn —6G 133
Miranda Dri. H'cte —6L 215
Mirfield Clo. Pend —6A 22
Mirfield Rd. B33 —7B 96
Mirfield Rd. Sol —3A 138
Mission Clo. Crad H —8A 90
Mission Dri. Tip —6A 66
Mistletoe Dri. Wals —6B 54
Mistral Clo. Hinc —1M 81
Mitcham Clo. Cann —2F 8
Mitcham Gro. B44 —8B 56
Mitcheldean Clo. Redd —2E 208
Mitcheldean Covert. B14 —7K 135
Mitchell Av. Bils —8H 51
Mitchell Av. Cov —2G 165
Mitchell Rd. Bed —7J 103
Mitchells Ct. Tam —4B 32 (off Lwr. Gungate)
Mitchel Rd. K'wfrd —5M 87
Mitchison Clo. Barby —8J 199
Mitford Dri. Sol —2D 138
Mitre Clo. Ess —6A 24
Mitre Clo. W'hall —2D 38
Mitre Ct. B'gve —6A 180 (off Strand, The)
Mitre Ct. S Cold —3J 57
Mitre Fold. Wolv —7C 36 (3H 7)
Mitre Rd. Stourb —4E 108
Mitre Rd. Wals —7C 14
Mitten Av. Redn —8F 132
Mitton Clo. Stour S —5G 175
Mitton Gdns. Stour S —6G 175
Mitton Rd. B20 —7E 68
Mitton St. Stour S —6G 175
Mitton Wlk. Stour S —6G 175
Moat Av. Cov —5M 165
Moat Bank. —7B 18
Moatbrook Av. Cod —5E 20
Moatbrook La. Cod —4C 20
Moat Clo. Bubb —3J 193
Moat Clo. T'ton —7F 196
Moat Coppice. W'gte —8H 111
Moat Cft. B37 —7G 97
Moat Cft. S Cold —2B 72
Moat Dri. Dray B —4L 45
Moat Dri. Hale —8E 90
Moat Farm Dri. B32 —8G 111
Moat Farm Dri. Bed —1C 122
Moat Farm Dri. Rugby —2G 199
Moat Farm La. Ullen —4K 207
Moat Farm Way. Wals —4A 26
Moatfield Ter. W'bry —6G 53
Moat Gdns. Sap —2K 83
Moat Grn. Sher —8A 214
Moat Grn. Av. Wolv —2L 37
Moat Ho. La. Col —8F 74
Moat Ho. La. Cov —2J 165
Moat Ho. La. E. Wolv —2K 37
Moat Ho. La. W. Wolv —2K 37
Moat Ho. Rd. B8 —5G 95
Moat La. B5 —8L 93 (7H 5)
Moat La. Sol —3C 138
Moat La. Wals —7G 15
Moat La. Wlvy —3L 105
Moat La. Yard —2L 115
Moat Meadows. B32 —5L 111
Moatmead Wlk. B36 —1L 95
Moat Mill La. B'gve —8L 179
Moat Rd. O'bry —7H 91
Moat Rd. Tip —2A 66
Moat Rd. Wals —7H 39
Moatside Clo. Wals —4A 26
Moat St. W'hall —7A 38
Moat Way. Barw —3F 84
Moatway, The. B38 —2E 156
Mobberley Rd. Bils —8G 51
Mob La. Wals —7C 26
Mockleywood Rd. Know —2H 161
Modbury Av. B32 —8K 111
Modbury Clo. Cov —4D 166
Moden Clo. Dud —4D 64
Moden Hill. Dud —3C 64
Moffit Way. Stour S —5E 174
Mogul La. Hale —2G 109
Moilliett Ct. Smeth —3C 92
Moilliett St. B18 —5D 92
Moira Cres. B14 —5C 136
Moises Hall Rd. Wom —2H 63
Moland St. B4 —5L 93 (1H 5)
Mole St. B12 & B11 —3B 114
Molesworth Av. Cov —8G 145
Molineux All. Wolv (in two parts) —6C 36 (1H 7)
Molineux Fold. Wolv —6C 36 (2J 7)
Molineux St. Wolv —6C 36 (2J 7)
Molineux Way. Wolv —6C 36 (1H 7)
Mollington Cres. Shir —6J 137
Mollington Rd. W'nsh —6A 216
Molyneux Rd. Dud —7L 89
Momus Boulevd. Cov —7J 145
Monaco Ho. B5 —1K 113 (8F 4)
Monarch Dri. Tip —3C 66
Monarch's Way. Hag —3B 130
Monarch's Way. Stourb —4L 129
Monarch's Way. Wolv —4E 48
Monarch Way. Dud —5J 89
Mona Rd. Erd —4F 70
Monastery Dri. Sol —3K 137
Mona St. Earl S —2L 85
Monckton Rd. O'bry —2G 111
Moncrieff Dri. Lea S —4C 216
Moncrieffe Clo. Dud —1L 89
Moncrieffe St. Wals —8A 40
Money La. Chad —4A 154
Monica Rd. B10 —2F 114
Monins Av. Tip —6A 66
Monk Clo. Tip —6B 66
Monk Rd. B8 —4H 95
Monks Clo. Wom —3E 62
Monks Cft., The. Cov —2C 166
Monks Dri. Stud —5K 209
Monkseaton Rd. S Cold —7H 57
Monksfield Av. B43 —8D 54
Monk's Fld. Clo. Cov —8G 143
Monkshood M. Erd —2B 70
Monkshood Retreat. B38 —1F 156
Monks Kirby Rd. S Cold —5M 57
Monks Path. Redd —5M 203
Monkspath. S Cold —8M 57
Monkspath Bus. Pk. Shir —2M 159
Monkspath Clo. Shir —2K 159
Monkspath Hall Rd. Shir & Sol —3M 159
Monkspath Street. —4B 160
Monks Rd. Bin W —2C 168
Monks Rd. Cov —7F 144
Monksway. B38 —8H 135
Monks Way. Amin —4F 32
Monks Way. Warw —3D 214
Monkswell Clo. B10 —2D 114
Monkswell Clo. Brie H —8D 88
Monkswood Cres. Cov —1K 145
Monkswood Rd. B31 —7C 134
Monkton Rd. B29 —6A 112
Monmar Ct. W'hall —4B 38
Monmer Clo. W'hall —6B 38
Monmer La. W'hall —5B 38
Monmore Green. —1E 50
Monmore Pk. Ind. Est. Wolv —2F 50
Monmore Rd. Wolv —1G 51
Monmouth Clo. Cov —6H 143
Monmouth Clo. Ken —3F 190
Monmouth Dri. S Cold —6C 56
Monmouth Dri. W Brom —2H 67
Monmouth Gdns. Nun —6E 78
Monmouth Ho. B33 —7E 96
Monmouth Rd. B32 —1K 133
Monmouth Rd. Smeth —1L 111
Monmouth Rd. Wals —6E 38
Monsal Av. Wolv —5E 36 (1M 7)
Monsaldale Clo. Clay —3D 26
Monsal Rd. B42 —2J 69
Monsieurs Hall La. D'frd —7H 179
Mons Rd. Dud —8L 65
Montague Dri. Kils —6M 199
Montague Rd. Edg —8E 92
Montague Rd. Erd —8G 71
Montague Rd. Hand —1F 92
Montague Rd. Rugby —4K 197
Montague Rd. Smeth —6B 92
Montague Rd. Warw —8G 211
Montague St. Aston —1B 94
Montague St. Bord —7A 94 (6M 5)
Montalt Rd. Cov —2D 166
Montana Av. B42 —4G 69
Montana Wlk. Nun —6E 78
Monteagle Dri. K'wfrd —8K 63
Montford Gro. Dud —2D 64
Montfort Rd. Col —4M 97
Montfort Rd. Wals —3H 53
Montfort Wlk. B32 —7G 111
Montgomery Clo. Cats —8A 154
Montgomery Clo. Cov —5J 167
Montgomery Cres. Brie H —2F 108
Montgomery Cft. B11 —2C 114
Montgomery Dri. Rugby —8J 171
Montgomery Rd. Earl S —1M 85 (in two parts)
Montgomery Rd. Wals —7E 38
Montgomery Rd. W'nsh —5M 215
Montgomery St. B11 —2B 114
Montgomery Wlk. W Brom —5K 67
Montgomery Way. B8 —5G 95
Montjoy Clo. Cov —2K 167
Montley. Wiln —1J 47
Montpelier Rd. B24 —8G 71
Montpellier Clo. Cov —3C 166
Montpellier Gdns. Dud —7E 64
Montpellier St. B12 —3A 114
Montrose Av. Lea S —5A 212
Montrose Clo. Cann —4F 8
Montrose Dri. B35 —6A 72
Montrose Dri. Dud —1G 89
Montrose Dri. Nun —6F 78
Montrose Rd. Rugby —8A 172
Montsford Clo. Know —3F 160
Monument Av. Stourb —5E 108
Monument Dri. Share —1J 23
Monument La. Dud —8E 50
Monument La. Hag —2D 130
Monument La. Redn —5F 154
Monument Rd. B16 —8F 92 (in two parts)
Monway Ind. Est. W'bry —6E 52 (off Monway Ter.)
Monway Ter. W'bry —6E 52
Monwode Lea. —6B 76
Monwode Lea La. Col —5A 76
Monwood Gro. Sol —7M 137
Monyhull Hall Rd. B30 —7H 135
Moodyscroft Rd. B33 —6C 96
Moons La. Wals —7D 14
Moons Moat. —4M 205
Moons Moat Dri. Redd —4K 205
Moorbrooke. Harts —2A 78
Moor Cen., The. Brie H —7D 88
Moorcroft Clo. Call H —3B 208
Moorcroft Clo. Nun —8B 80
Moorcroft Dri. W'bry —7C 52
Moorcroft Gdns. Call H —3B 208
Moorcroft Pl. B7 —5A 94 (2L 5)
Moorcroft Rd. B13 —6L 113
Moordown Av. Sol —7A 116
Moore Clo. Longf —5G 123
Moore Clo. Pert —5F 34
Moore Clo. S Cold —3F 42
Moore Clo. Warw —7E 210
Moore Cres. O'bry —6J 91
Moorend Av. B37 —1F 116
Moor End La. B24 —5G 71
Moore Rd. Barw & Earl S —1H 85
Moore Rd. W'hall —1D 38
Moore's Row. B5 —8M 93 (7K 5)
Moore St. Cann —2J 9
Moore St. Wolv —8F 36
Moore Wlk. Warw —2J 215
Moor Farm Clo. Stret D —3F 194
Moorfield Av. Know —3E 160
Moorfield Dri. B'gve —6M 179
Moorfield Dri. Hale —3M 109
Moorfield Dri. S Cold —1F 70
Moorfield Rd. B34 —3A 96
Moorfield Rd. Wolv —2C 50
Moorfield, The. Cov —1G 167
Moorfoot Av. Hale —8J 109
Moorgate. Tam —4A 32
Moorgate Clo. Redd —3L 205
Moorgate Rd. S Prior —8M 201
Moor Green. —7J 113
Moor Grn. La. B13 —8J 113
Moor Hall Dri. Clent —7G 131
Moor Hall Dri. Stour S —5F 174
Moor Hall Dri. S Cold —1J 57
Moorhall La. Stour S —5E 174
Moorhill Rd. W'nsh —6A 216
Moorhills Cft. Shir —1H 159
Moorings, The. Hurst B —5G 89
Moorings, The. Lea S —2K 215
Moorings, The. O'bry —1E 90
Moorings, The. Wolv —7M 21
Moorland Av. Wolv —3C 36
Moorland Rd. B16 —8D 92
Moorland Rd. Cann —4E 8
Moorland Rd. Wals —1G 39
Moorlands Av. Ken —6F 190
Moorlands Ct. Row R —5D 90
Moorlands Dri. Shir —6J 137
Moorlands Rd. W Brom —8J 53
Moorlands, The. S Cold —8F 42
Moor La. B44 & B6 —3M 69
Moor La. Amin —3G 33
Moor La. Bol & Tam —4D 32
Moor La. Lich —8D 28
Moor La. Row R —7A 90
Moor La. Ind. Est. B6 —4M 69
Moor Leasow. B31 —7C 134
Moor Mdw. Rd. S Cold —2K 57
Moor Pk. Pert —4D 34
Moor Pk. Wals —6H 25
Moorpark Clo. Nun —1C 104
Moorpark Rd. B31 —8A 134
Moor Pool Av. B17 —3C 112
Moorpool Ter. B17 —3C 112
Moor Rd. Nun —1A 78
Moors Av. Hartl —7B 176
Moors Cft. B32 —8H 111
Moorside Gdns. Wals —6H 39
Moorside Rd. B14 —5C 136
Moor's La. B31 —1L 133
Moor's La. Hillm —1J 199
Moors Mill La. Tip —2D 66
Moorsom St. B6 —4L 93
Moorsom Way. B'gve —2B 202
Moors, The. B36 —1M 95
Moor Street. —7G 111
Moor St. B5 —6H 5
Moor St. Brie H —6A 88
Moor St. Cov —8M 143
Moor St. Tam —4A 32
Moor St. W'bry —7H 53
Moor St. W Brom —7J 67
Moor St. Ind. Est. Brie H —7C 88
Moor St. Queensway. B4 —7L 93 (5H 5)
Moor St. S. B'hll —2C 50
Moor, The. S Cold —1A 72
Moor Vw. Rug —7H 11
Moorville Wlk. B11 —2A 114
Moorwood Cres. Harts —1A 78
Moorwood La. Nun —1A 78
Morar Clo. B35 —5C 72
Moray Clo. Hale —1E 110
Moray Clo. Hinc —1G 81
Morcom Rd. B11 —4E 114
Morcroft. Bils —6A 52
Mordaunt Dri. S Cold —7L 43
Morden Rd. B33 —6K 95
Mordiford Clo. Redd —6L 205
Moreall Meadows. Cov —6K 165
Moreland Cft. Min —3B 72
Morelands, The. B31 —8B 134
Morella Clo. Bew —2B 148
Morestead Av. B26 —4C 116
Moreton Av. B43 —7J 55
Moreton Av. Wolv —5E 50
Moreton Clo. B32 —4M 111 (in two parts)
Moreton Clo. Tip —7B 52
Moreton Rd. Shir —7J 137
Moreton Rd. Wolv —8D 22
Moreton St. B1 —5H 93 (2A 4)
Moreton St. Cann —5F 8
Morfa Gdns. Cov —4K 143
Morford Rd. Wals —2G 41
Morgan Clo. Arly —1F 100
Morgan Clo. Stud —7L 209
Morgan Clo. W'hall —5B 38
Morgan Dri. Bils —1H 65
Morgan Gro. B36 —8F 72
Morgan Rd. Tam —7A 32
Morgans Rd. Cov —5C 142
Morgrove Av. Know —3F 160
Morillon Ct. Kidd —8A 150
Morjon Dri. B43 —7F 54
Morland Clo. Bulk —7D 104
Morland Dri. Hinc —6B 84
Morland Rd. B43 —5J 55
Morland Rd. Cov —7C 122
Morley Gro. Wolv —5C 36
Morley Rd. B8 —3H 95
Morley Rd. Burn —2G 17
Morley Rd. Sap —2L 83
Morley Rd. Shop. Cen. Burn —2H 17
Morlich Ri. Brie H —1B 108
Morlings Dri. Burn —1H 17
Morning Pines. Stourb —5L 107
Morningside. Cov —1B 166 (8A 6)
Morningside. S Cold —3H 57
Mornington Ct. Col —2A 98 (off High St.)
Mornington Rd. Smeth —2B 92
Morpeth. Tam —2C 46
Morrell St. Lea S —8M 211
Morris Av. Cov —5K 145
Morris Av. Wals —7E 38
Morris Clo. B27 —5K 115
Morris Clo. N'bld —3M 171
Morris Cft. B36 —8F 72
Morris Dri. Nun —8K 79
Morris Dri. W'nsh —7B 216
Morris Fld. Cft. B28 —5E 136
Morris Hill. Pole —2M 47
Morrison Av. Wolv —1D 36
Morrison Rd. Tip —5C 66
Morris Rd. B8 —3H 95
Morris St. W Brom —8J 67
Morris Wlk. B'gve —1L 201
Morsefield La. Redd —8K 205
Morse Rd. W'nsh —6B 216
Morson Cres. Rugby —7E 172
Morston. Dost —5D 46
Mortimer Gro. Bew —5B 148
Mortimer Rd. Ken —7F 190
Mortimers Clo. B14 —8B 136
Morton Clo. Cov —8A 122
Morton Gdns. Rugby —7B 172
Morton Ho. Redd —6A 204
Morton La. Redd —3B 208
Morton Rd. Brie H —2D 108
Morton Rd. Harv —7H 151
Morton St. Lea S —8M 211
Morvale Gdns. Stourb —4E 108
Morvale St. Stourb —4E 108
Morven Rd. S Cold —6G 57
Morville Clo. Dorr —6D 160
Morville Cft. Bils —5H 51
Morville Rd. Dud —5K 89
Morville St. B16 —8G 93 (6A 4) (in two parts)
Mosborough Cres. B19 —4J 93
Mosedale. Rugby —2D 172
Mosedale Dri. Wolv —4M 37
Moseley. —6A 114 (Birmingham)
Moseley. —5F 22 (Oxley)
Moseley. —7J 37 (Wolverhampton)
Moseley Av. Cov —5A 144
Moseley Ct. Ess —6M 23
Moseley Ct. W'hall —8K 37
Moseley Dri. B37 —1F 116
Moseley Hall Dovecote. —6L 113
Moseley Old Hall. —4G 23
Moseley Old Hall La. F'stne —4G 23
Moseley Rd. B12 (in two parts) —4M 113 (8L 5)
Moseley Rd. Ken —6H 191
Moseley Rd. W'hall & Bils —8K 37
Moseley Rd. Wolv & Westc —4F 22
Moseley St. B5 & B12 —8M 93 (8J 5)
Moseley St. Tip —2C 66
Moseley St. Wolv —5C 36
Mossbank Av. Burn —3G 17
Moss Clo. A'rdge —4G 41
Moss Clo. Rugby —8L 171
Moss Clo. Wals —6A 40
Moss Cres. Cann —4C 8
Mossdale. Wiln —1J 47
Mossdale Clo. Cov —3A 144
Mossdale Cres. Nun —7F 78
Mossdale Way. Sed —2E 64
Moss Dri. S Cold —6J 57
Mossfield Rd. B14 —2L 135
Moss Gdns. Bils —6H 51
Moss Gro. B14 —3K 135
Moss Gro. Ken —2H 191
Moss Gro. K'wfrd —2K 87
Moss Ho. Clo. B15 —8H 93 (8B 4)
Moss La. Beo —1M 205
Moss La. Clo. Beo —1M 205
Mossley Clo. Wals —8F 24
Mossley La. Wals —7F 24
Mosspaul Clo. Lea S —7K 211
Moss Rd. Cann —6G 9
Moss St. Cann —5G 9
Moss St. Lea S —2A 216
Mossvale Clo. Crad H —8M 89
Mossvale Gro. B8 —4F 94
Moss Way. S Cold —2M 55
Mosswood St. Cann —2D 14
Mostyn Cres. W Brom —2H 67
Mostyn Pl. Aston —8L 69
Mostyn Rd. Edg —7F 92
Mostyn Rd. Hand —1F 92
Mostyn Rd. Stour S —3E 174
Mostyn St. Wolv —5B 36 (1G 7)
Mother Teresa Ho. W Brom —6H 67
Motorway Trad. Est. B6 —4M 93 (1J 5)
Mott Clo. Ock H —1C 66
Mottistone Clo. Cov —3D 166
Mottram Clo. W Brom —7G 67
Mottrams Clo. S Cold —7J 57
Mott St. B19 —5K 93 (1D 4)
Mott St. Ind. Est. B19 —5K 93 (1D 4)
Motts Way. Col —4A 98
Moule Clo. Kidd —3H 149
Moultrie Rd. Rugby —7B 172
Moundsley Gro. B14 —6A 136
Moundsley Ho. B14 —7M 135
Mounds, The. B38 —1E 156
Mountain Ash Dri. Stourb —7C 108
Mountain Ash Rd. Clay —4E 26
Mountain Pine Clo. Hed —1G 9
Mount Av. Barw —2J 85
Mount Av. Brie H —5C 88
Mount Av. Cann —2H 9
Mountbatten Av. Ken —5J 191
Mountbatten Clo. Burn —8F 10
Mountbatten Clo. W Brom —7M 67
Mountbatten Rd. Wals —7F 38
Mount Clo. Dud —8C 64
Mount Clo. Mose —5M 113
Mount Clo. Wals —7E 14
Mount Clo. Wom —2G 63
Mount Ct. Wolv —6H 35
Mount Dri. Bed —6G 103
Mount Dri. Wom —2G 63
Mountfield Clo. B14 —7A 136
Mount Fld. Ct. Cov —5E 144 (2F 6)
Mountfield Rd. Earl S —1L 85

Mountford Clo. Row R —6C 90
Mountford Cres. Wals —1J 41
Mountford Dri. S Cold —1H 57
Mountford La. Bils —2K 51
Mountford Rd. Shir —8D 136
Mountford St. B11 —4D 114
Mount Gdns. Cod —5F 20
Mount Gdns. Cov —1B 166
Mountjoy Cres. Sol —6C 116
Mount La. Clent —5E 130
Mount La. Dud —7C 64
Mt. Nod Way. Cov —6G 143
Mount Pleasant. —6G 103
Mt. Pleasant. B10 —8B 94
Mt. Pleasant. Bils —3L 51
Mt. Pleasant. Brie H —8E 88
Mt. Pleasant. K Hth —8M 113
Mt. Pleasant. K'wfrd —4H 87
Mt. Pleasant. Redd —8D 204
Mt. Pleasant. Tam —8C 32
Mt. Pleasant. Wals —7D 14
Mt. Pleasant Av. B21 —8E 68
Mt. Pleasant Av. Wom —2F 62
Mt. Pleasant La. Aston C —6K 207
Mt. Pleasant Rd. Bed —6G 103
Mt. Pleasant St. Bils —1H 65
Mt. Pleasant St. W Brom —7J 67
Mt. Pleasant Ter. Nun —3F 78
Mountrath St. Wals —8L 39
Mount Rd. B21 —2D 92
Mount Rd. Burn —4H 17
Mount Rd. Fair —8K 153
Mount Rd. Hinc —1K 81
Mount Rd. Lane —7F 50
Mount Rd. Pels —5A 26
Mount Rd. Penn —4A 50
Mount Rd. Row R —6E 90
Mount Rd. Stourb —4B 108
Mount Rd. Tett W —7G 35
Mount Rd. Tiv —1C 90
Mount Rd. W'hall —1L 51
Mount Rd. Wom —2G 63
Mount Rd. Word —7K 87
Mt. Side St. Cann —2H 9
Mounts Rd. W'bry —7F 52
Mount St. B7 & Nech —3C 94
Mount St. Cann —2H 9
Mount St. Cov —7M 143
Mount St. Hale —7A 110
Mount St. Nun —5H 79
Mount St. Redd —6E 204
Mount St. Stourb —4A 108
Mount St. Tip —3C 66
Mount St. Wals —1L 53
Mount St. Ind. Est. B7 —2D 94
Mount St. Pas. Nun —5H 79
Mounts Way. B7 —2C 94
Mount, The. B23 —8D 70
Mount, The. Cov —1D 166
Mount, The. Crad H —8A 90
Mount, The. Curd —3J 73
Mount, The. S Cold —5L 57
Mt. Vernon Dri. B'gve —4A 180
Mount Vw. S Cold —5L 57
Mountwood Covert. Wolv —6H 35
Mousehall Farm Rd. Brie H —1D 108
Mouse Hill. Wals —6M 25
Mouse La. Kidd —1H 149
Mouse Sweet. —6L 89
Mousesweet Clo. Dud —5L 89
Mousesweet La. Dud —6L 89
Mousesweet Wlk. Crad H —1H 109
Mousley End. —8C 188
Mowbray Clo. Redn —7G 133
Mowbray Cft. Burn —8E 10
Mowbray St. B5 —1L 113
Mowbray St. Cov —6F 144
Mowe Cft. B37 —2G 117
Mows Hill Rd. Tan A —8A 186
Moxhull Clo. W'hall —8C 24
Moxhull Dri. S Cold —1L 71
Moxhull Gdns. W'hall —8C 24
Moxhull Rd. B37 —4G 97
Moxley. —5B 52
Moxley Ct. W'bry —5A 52
Moxley Ind. Cen. W'bry —5C 52
Moxley Rd. W'bry —5B 52
Moyeady Av. Rugby —1E 198
Moyle Cres. Cov —5E 142
Moyle Dri. Hale —2H 109
Moyses Cft. Smeth —1A 92
Mozart Ct. Cann —7J 9
Muchall Rd. Wolv —4A 50
Much Pk. St. Cov —7D 144 (5D 6)
Muckley Corner. —8A 18
Mucklow Hill. Hale —5C 110
Mucklow Hill Trad. Est. Hale —4C 110
Muirfield. Tam —4H 33
Muirfield Clo. Blox —6G 25
Muirfield Clo. Nun —1C 104
Muirfield Cres. Tiv —2B 90
Muirfield Gdns. B38 —8D 134
Muirhead Ho. B5 —3J 113
Muirville Clo. Stourb —6K 87
Mulberry Clo. Lea S —7A 212
Mulberry Dri. B13 —8B 114
Mulberry Dri. Warw —1F 214
Mulberry Grn. Dud —4G 65
Mulberry Pl. Wals —8F 24
Mulberry Rd. B30 —4C 134
Mulberry Rd. Cann —6E 8
Mulberry Rd. Cov —3G 145
Mulberry Rd. Rugby —7H 171
Mulberry Rd. Wals —8F 24
Mulberry Wlk. S Cold —1L 55
Mulberry Way. Harts —1M 77
Muldoon Clo. Cann —4G 9
Mullard Dri. W'nsh —6B 216
Mull Clo. Redn —8E 132
Mull Cft. B36 —2G 97
Mullens Gro. Rd. B37 —4G 97
Mullett Rd. Wolv —2H 37
Mullett St. Brie H —4B 88
Mulliners Clo. B37 —7J 97
Mulliner St. Cov —4F 144
Mullion Cft. B38 —8E 134
Mulroy Rd. S Cold —3H 57
Mulwych Rd. B33 —7E 96
Munches La. Rom —1H 153
Munnings Dri. Hinc —6A 84
Munro Clo. Kidd —3C 150
Munsley Clo. Redd —7M 205
Munslow Gro. B31 —1M 155
Muntz Cres. H'ley H —3C 186
Muntz St. B10 —1D 114
Murcott Ct. W'nsh —6A 216
Murcott Rd. W'nsh —6A 216
(in two parts)
Murcott Rd. E. W'nsh —6B 216
Murcroft Rd. Stourb —8D 108
Murdoch Rd. Bils —3A 52
Murdock Gro. B21 —2E 92
Murdock Pl. Smeth —5B 92
(off Corbett St.)
Murdock Point. B6 —1B 94
Murdock Rd. B21 —1E 92
Murdock Rd. Smeth —3D 92
Murdock Way. Wals —3F 38
(in two parts)
Murray Ct. S Cold —6G 57
Murrayian Clo. Rugby —6B 172
Murray Rd. Cov —2A 144
Murray Rd. Rugby —6B 172
Murrell Clo. B5 —2K 113
Murton. Wiln —1J 47
Musborough Clo. B36 —8C 72
Muscott Gro. B17 —4B 112
Muscovy Rd. B23 —6C 70
Musgrave Clo. S Cold —6L 57
Musgrave Rd. B18 —3F 92
Mushroom Green. —7H 89
Mushroom Grn. Dud —8H 89
Mushroom Hall Rd. O'bry —4H 91
Musketts Ct. Redd —7B 204
Musketts Way. Redd —7C 204
Musk La. Dud —6B 64
Musk La. W. Dud —6B 64
Muskoka. Bew —2B 148
Mustow Green. —8G 151
Muswell Clo. Sol —4D 138
Muxloe Clo. Wals —6G 25
Myatt Av. A'rdge —4F 40
Myatt Av. Burn —2G 17
Myatt Av. Wolv —3E 50
Myatt Clo. Wolv —3E 50
Myatt Way. Wals —4F 40
Myddleton St. B18 —5G 93
Myers Rd. Rugby —1J 199
Myles Ct. Brie H —5D 88
Mylgrove. Cov —6D 166
Mynors Cres. H'wd —4A 158
Myring Dri. S Cold —3M 57
Myrtle Av. B12 —4A 114
Myrtle Av. K Hth —7M 135
Myrtle Av. Redd —7E 204
Myrtle Clo. Barw —2G 85
Myrtle Clo. W'hall —2E 38
Myrtle Gro. B19 —1J 93
Myrtle Gro. Cov —8M 143
Myrtle Gro. Wolv —3L 49
Myrtle Pl. S Oak —7H 113
Myrtle Rd. Dud —6H 65
Myrtle St. Wolv —3F 50
Myrtle Ter. Tip —7B 52
Myton. —3H 215
Myton Cres. Warw —3H 215
Myton Crofts. Lea S —2K 215
Myton Dri. Shir —7D 136
Myton Gdns. Warw —3G 215
Myton La. Warw —3H 215
Myton Rd. Warw & Lea S —3G 215
Mytton Clo. Dud —8L 65
Mytton Gro. Tip —4L 65
Mytton Rd. B30 —4C 134
Mytton Rd. Wat O —6G 73
Myvod Rd. W'bry —4G 53

Naden Rd. B19 —3H 93
Nadin Rd. S Cold —1G 71
Nafford Gro. B14 —7M 135
Nagersfield Rd. Brie H —6A 88
Nailcote Av. Cov —8C 142
Nailcote La. Berk —3A 164
Nailers Clo. B32 —7F 110
Nailers Clo. Stoke H —3L 201
Nailers Ct. B'gve —7M 179
Nailers Dri. Burn —3J 17
Nailors Fold. Cose —7K 51
Nailstone Cres. B27 —1J 137
Nailsworth Rd. Dorr —7D 160
Nailsworth Rd. Redd —7F 204
Nairn Clo. B28 —4F 136
Nairn Clo. Nun —7G 79
Nairn Clo. Redd —5L 205
Nairn Rd. Wals —5G 25
Nally Dri. Bils —7G 51
Nanaimo Way. K'wfrd —5A 88
Nansen Rd. Salt —4E 94
Nansen Rd. S'hll —6C 114
Nantmel Gro. B32 —1J 133
Naomi Way. Wals W —5H 27
Napier. Tam —6E 32
Napier Dri. Tip —3C 66
Napier Rd. Wals —4G 39
Napier Rd. Wolv —2D 50
Napier St. Cov —6E 144
Napier St. Ind. Est. Cov —6E 144
(off Napier St.)
Napton Clo. Redd —8K 205
Napton Dri. Lea S —7A 212
Napton Grn. Cov —6G 143
Napton Gro. B29 —7M 111
Narberth Way. Cov —2M 145
Narborough Ct. Lea S —1K 215
Nares Clo. Rugby —8L 171
Narraway Gro. Tip —1D 66
Narrowboat Way. Dud —4G 89
Narrowboat Way. Hurst B —5G 89
Narrow La. Bwnhls —1F 26
Narrow La. Hale —1E 110
Narrow La. Wals —2H 53
Narrows, The. Hinc —1L 81
Naseby Clo. Bin —8M 145
Naseby Clo. Redd —3K 205
Naseby Dri. Hale —7K 109
Naseby Rd. B8 —4F 94
Naseby Rd. Rugby —8C 172
Naseby Rd. Sol —3B 138
Naseby Rd. Wolv —6F 34
Nash Av. Wolv —6E 34
Nash Clo. Kidd —4C 150
Nash Clo. Row R —8C 90
Nash Ho. B15 —1K 113
Nash La. Belb —2D 152
Nash La. Lich —4G 13
Nash Sq. B42 —5K 69
Nash Wlk. Smeth —4C 92
(off Poplar St.)
Nately Gro. B29 —7C 112
Nathan Clo. S Cold —1H 57
National Agricultural Cen. S'lgh P —5A 192
National Agricultural Cen. Showground. —5A 192
National Distribution Pk. Col —4M 73
National Driving Cen. —1L 83
National Exhibiton Cen. —5K 117
National Indoor Arena. —7H 93 (5B 4)
National Motorcycle Mus. —7M 117
National Sea Life Cen. —7H 93 (5B 4)
Naul's Mill Ho. Cov —5B 144 (2A 6)
Naunton Clo. B29 —2A 134
Naunton Rd. Wals —6G 39
Navenby Clo. Shir —6C 136
Navigation Dri. Hurst B —5G 89
Navigation La. W'bry —7M 53
Navigation Roundabout. Tip —3E 66
Navigation St. B2 & B5 —7K 93 (6E 4)
Navigation St. Wals —7K 39
Navigation St. Wolv —8E 36 (6M 7)
Navigation Way. Cann —7G 9
Navigation Way. Cov —1G 145
Navigation Way. W Brom —7F 66
Nayland Cft. B28 —4G 137
Nayler Clo. Rugby —3C 172
Naylor Clo. Kidd —6H 149
Naylors Gro. Dud —5E 64
Neachell. —7K 37
Neachells La. Wolv & W'hall —4K 37
Neachless Av. Wom —4G 63
Neachley Gro. B33 —5M 95
Neal Clo. Bulk —8C 104
Neal Ct. Cov —1A 146
Neale Av. Cov —3G 143
Neale Ho. W Brom —8K 67
Neale St. Wals —7J 39
Neal's Green. —3D 122
Neander. Tam —3M 31
Nearhill Rd. B38 —1C 156
Near Lands Clo. B32 —5H 111
Nearmoor Rd. B34 —3D 96
Neasden Gro. B44 —1B 70
Neath Rd. Wals —7F 24
Neath Way. Dud —3G 65
Neath Way. Wals —7F 24
Nebsworth Clo. Shir —4K 137
Nechells. —2D 94
Nechells Green. —1M 5
Nechells Pk. Rd. B7 —3B 94
Nechell's Parkway. B7 —5A 94 (2L 5)
Nechells Pl. B7 —3B 94
NEC Ho. B37 —4K 117
(in two parts)
Needham St. B7 —2C 94
Needhill Clo. Know —3F 160
Needle Clo. Stud —5L 209
Needle Mill La. Redd —3E 204
Needlers End. —3H 163
Needlers End La. Bal C —3F 162
Needless All. B2 —7K 93 (5F 4)
Needwood Clo. Wolv —3B 50
Needwood Dri. Wolv —5F 50
Needwood Gro. W Brom —8L 53
Needwood Hill. Lich —7G 13
Neighbrook Clo. Redd —7M 203
Neilston St. Lea S —2A 216
Nelson Av. Bils —2J 51
Nelson Av. Warw —1G 215
Nelson Building. B4 —2J 5
Nelson Dri. Cann —5L 9
Nelson Dri. Hinc —5D 84
Nelson Ho. Tip —2A 66
Nelson La. Warw —1F 214
Nelson Rd. B6 —8M 69
Nelson Rd. Dud —8H 65
Nelson Rd. Stour S —8H 175
Nelson St. B1 —6H 93 (4B 4)
Nelson St. Cov —5E 144
Nelson St. O'bry —3H 91
Nelson St. W Brom —4J 67
Nelson St. W'hall —6B 38
Nelson St. Wolv —1C 50 (7J 7)
Nelson Way. Rugby —8J 171
Nemesia. Tam —5H 33
Nene Clo. Bin —2K 167
Nene Clo. Stourb —5A 108
Nene Ct. Rugby —5J 171
Nene Way. B36 —1F 96
Neptune Ind. Est. W'hall —1B 52
Neptune St. Tip —4L 65
Nesbit Gro. B9 —6H 95
Nesfield Clo. B38 —8C 134
Nesfield Gro. H Ard —2B 140
Nesscliffe Gro. B23 —2D 70
Nest Comn. Wals —4M 25
(in three parts)
Neston Gro. B33 —7J 95
Netheravon Clo. B14 —7K 135
Nether Beacon. Lich —8G 13
Netherbridge Av. Lich —1L 19
Netherby Rd. Dud —1C 64
Nethercote Gdns. Shir —6E 136
Netherdale Clo. S Cold —2J 71
Netherdale Rd. B14 —8A 136
Netherend. —2G 109
Netherend Clo. Hale —2G 109
Netherend La. Hale —2H 109
Netherend Sq. Hale —2G 109
Netherfield. Redd —1G 209
Netherfield Gdns. B27 —6H 115
Nethergate. Dud —4F 64
Nether La. Burn —1J 17
Netherley Rd. Hinc —6D 84
Nethermill Rd. Cov —4A 144
Netherstone Gro. S Cold —4F 42
Nether Stowe. —7J 13
Netherstowe. Lich —8J 13
Netherstowe La. Lich —7J 13
Netherton. —4H 89
Netherton Bus. Pk. Dud —5K 89
Netherton Gro. B33 —6D 96
Netherton Hill. Dud —4J 89
Netherton La. Bew —7C 148
Netherton Lodge. Dud —4J 89
Netherton Tunnel. —2M 89
Nether Whitacre. —3G 75
Netherwood Clo. Sol —3L 137
Netherwood La. Chad E —2M 187
Nethy Dri. Wolv —4H 35
Netley Gro. B11 —6F 114
Netley Rd. Wals —7E 24
Netley Way. Wals —7E 24
Nevada Way. B37 —8J 97
Neve Av. Wolv —8F 22
Neve's Opening. Wolv —7F 36
Nevill Clo. Lea S —3M 215
Neville Av. Kidd —6K 149
Neville Av. Wolv —4D 50
Neville Clo. Redd —4F 204
Neville Ct. Kidd —6K 149
Neville Gro. Warw —8F 210
Neville Rd. Cas B —8E 72
Neville Rd. Erd —6C 70
Neville Rd. Shir —8F 136
Neville Smith Clo. Sap —2K 83
Neville St. Glas —6E 32
Neville Wlk. B35 —7A 72
Nevill St. Tam —4A 32
Nevin Gro. B42 —4J 69
Nevis Ct. Wolv —7L 35
Nevis Gro. W'hall —8B 24
Nevison Gro. B43 —5H 55
Newall Clo. Clift D —4E 172
Newark Cft. B26 —3B 116
Newark Rd. Dud —7K 89
Newark Rd. W'hall —2C 38
New Arley. —1G 101
New Ash Dri. Cov —4F 142
New Bank Gro. B9 —6G 95
New Barns La. Lich —5B 28
New Bartholomew St. B5 —7M 93 (5J 5)
New Bilton. —6L 171
New Birmingham Rd. Tiv —7M 65
Newbold Clo. Ben H —4F 160
Newbold Clo. Bin —8M 145
Newbold Comyn Country Pk. —1C 216
Newbold Cft. B7 —4B 94
Newbold Footpath. Rugby —5M 171
(in two parts)
Newbold on Avon. —3L 171
Newbold Pl. Lea S —1M 215
Newbold Rd. Rugby —2L 171
Newbolds. —3G 37
Newbolds Rd. Wolv —3G 37
Newbold St. Lea S —1A 216
Newbold Ter. Lea S —1M 215
Newbold Ter. E. Lea S —1A 216
Newbolt Rd. Bils —3L 51
Newbolt St. Wals —4L 53
New Bond St. B9 —8B 94 (7M 5)
New Bond St. Dud —1K 89
Newborough Gro. B28 —5F 136
Newborough Rd. Hall G & Shir —5F 136
Newbourne Hill. A'chu —5E 182
Newbridge. —6L 35
Newbridge Av. Wolv —6L 35
Newbridge Cres. Wolv —5L 35
Newbridge Dri. Wolv —5L 35
Newbridge Gdns. Wolv —5L 35
Newbridge M. Wolv —5M 35
Newbridge Rd. B9 —1H 115
Newbridge Rd. K'wfrd —1J 87
Newbridge St. Wolv —5M 35
New Brook St. Lea S —1L 215
New Bldgs. Cov —6D 144 (4C 6)
New Bldgs. Hinc —8D 84
New Bldgs. Kidd —3K 149
Newburgh Cres. Warw —1E 214
Newburn Cft. B32 —4H 111
Newbury Clo. Cats —8B 154
Newbury Clo. Hale —6D 110
Newbury Clo. Lea S —3D 216
Newbury Clo. Wals —6F 14
Newbury Ho. O'bry —4D 90
Newbury La. O'bry —3C 90
Newbury Rd. B19 —2L 93
Newbury Rd. Stourb —7J 87
Newbury Rd. Wolv —7C 22
Newbury Wlk. Row R —3C 90
Newby Clo. Cov —3E 166
Newby Gro. B37 —4H 97
New Canal St. B5 —7M 93 (6J 5)
New Cannon Pas. B2 —7L 93 (5G 5)
Newcastle Cft. B35 —6C 72
New Century Pk. Cov —8K 145
New Century Way. Nun —5H 79
Newchurch Gdns. B24 —7E 70
New Chu. Rd. S Cold —1G 71
New Cole Hall La. B34 —4B 96
New College Clo. Wals —2A 54
Newcombe Clo. Dunc —6J 197
Newcombe Rd. B21 —7D 68
Newcombe Rd. Cov —8M 143
Newcomen Clo. Bed —1D 122
Newcomen Clo. Burn —1J 17
Newcomen Ct. Wals —2B 40
Newcomen Dri. Tip —6M 65
Newcomen Rd. Bed —8D 102
New Cotts. Nun —6F 78
New Cotts. Off —1H 217
Newcott Clo. Wolv —7M 21
New Ct. Brie H —7D 88
(off Promenade, The)
New Coventry Rd. B26 —4M 115
New Cft. B19 —2L 93
Newcroft Gro. B26 —2L 115
New Cross. —4H 37
New Cross Ind. Est. Wolv —6G 37
New Cross St. Tip —4L 65
New Cross St. W'bry —4D 52
Newdegate Pl. Nun —5J 79
Newdegate St. Nun —5J 79
Newdigate. Lea S —4C 216
Newdigate Clo. Bed —6G 103
Newdigate Rd. Bed —5G 103
Newdigate Rd. Cov —3F 144
Newdigate Rd. S Cold —4A 58
New Dudley Rd. K'wfrd —1J 87
Newells Dri. Tip —2D 66
Newells Rd. B26 —1A 116
New End Rd. Col —5G 99
New England. Hale —2E 110
New England Clo. O'bry —8E 66
Newent Clo. Redd —6A 206
Newent Clo. W'hall —6D 38
New Enterprise Workshops. B7 —3C 94
Newent Rd. B31 —5C 134
Newey Av. Bed —1D 122
Newey Clo. Redn —3G 155
Newey Dri. Ken —7G 191
Newey Rd. B28 —3F 136
Newey Rd. Cov —5K 145
Newey Rd. Wolv —1A 38
Newey St. Dud —7G 65
New Farm Rd. Stourb —5C 108
Newfield Av. Ken —6H 191
Newfield Clo. Sol —3D 138
Newfield Clo. Wals —3J 39
Newfield Cres. Hale —4A 110
Newfield Dri. K'wfrd —5L 87
Newfield Gdns. Hag —5A 130
Newfield La. Hale —4A 110
Newfield Rd. Cov —4C 144
Newfield Rd. Hag —5A 130
Newfield Rd. O'bry —1F 90
New Forest Rd. Wals —4L 39
Newgale Wlk. Lea S —2C 216
New Gas St. W Brom —4G 67
(in two parts)
Newgate Ct. Cov —7D 144 (6E 6)
Newgate St. Burn —4G 17
New Grn. Pk. Cvn. Site. Cov —2K 145
Newhall Cres. Cann —6H 9
New Hall Dri. S Cold —5K 57
(in two parts)
Newhall Farm Clo. S Cold —5K 57
Newhall Gdns. Cann —7F 8
Newhall Green. —8A 100
Newhall Hill. B1 —6J 93 (3C 4)
Newhall Ho. Wals —1L 53
(off Newhall St.)
Newhall Pl. B1 —6J 93 (3C 4)
New Hall Pl. W'bry —6G 53
Newhall Rd. Cov —2K 145
Newhall Rd. Row R —6C 90
Newhall St. B3 —6J 93 (3D 4)
Newhall St. Cann —1D 14
Newhall St. Tip —1L 65
Newhall St. Wals —1L 53
Newhall St. W Brom —7J 67
Newhall St. W'hall —7A 38
Newhall Wlk. S Cold —5J 57
Newham Grn. Nun —2C 78
New Hampton Rd. E. Wolv —6B 36 (1G 7)
New Hampton Rd. W. Wolv —5M 35
Newhaven Clo. B7 —5A 94 (1L 5)
Newhaven Clo. Cov —3L 143
Newhay Cft. B19 —2J 93
New Hayes Rd. Cann —5C 10
New Heath Clo. Wolv —4H 37
New Henry St. O'bry —5G 91
Newholme Gdns. Sol —6D 138
Newhope Clo. B15 —1K 113
New Hope Rd. Smeth —5C 92
New Horse Rd. Wals —6E 14
New Ho. Cres. Bal C —3H 163
Newhouse Farm Clo. S Cold —6M 57
Newhouse La. U War —1D 200
Newick Av. S Cold —6B 42
Newick Gro. B14 —4J 135
Newick St. Dud —5J 89
Newington Clo. Cov —3K 143
Newington Rd. B37 —1H 117
New Inn Rd. B19 —8K 69
New Inns Clo. B21 —1D 92
New Inns La. Redn —8E 132
New Invention. —2D 38
New John St. B6 —4L 93
New John St. Hale —8C 90
New John St. W. B19 —3J 93
New King St. Dud —8J 65
Newland Clo. Redd —2H 209
Newland Clo. Wals —7C 26
Newland Ct. B23 —7C 70
Newland Gdns. Crad H —2L 109
Newland Gro. Dud —2F 88
Newland La. Cov —2B 122
Newland Rd. B9 —8F 94
Newland Rd. Cov —4D 144 (1E 6)
Newland Rd. Lea S —6C 212
Newlands Clo. Kidd —2J 149
Newlands Clo. W'hall —8A 38
Newlands Ct. Cann —1L 15
Newlands Dri. Hale —2E 110
Newlands Grn. Smeth —5A 92
Newlands La. B37 —3G 117
Newlands La. Cann —1H 15
Newlands Rd. B30 —2H 135
Newlands Rd. Barw —2H 85
Newlands Rd. Ben H —5F 160
Newlands, The. B34 —2C 96
Newlands, The. Stud —6K 209
Newland St. Rugby —6L 171
Newlands Wlk. O'bry —5H 91
(off Jackson St.)
New Landywood La. Ess —3E 24
New Leasow. S Cold —2A 72
Newlyn Clo. Lich —2K 19
Newlyn Clo. Nun —5M 79

Newlyn Rd. B31 —6M 133
Newlyn Rd. Crad H —1K 109
Newman Av. Wolv —5F 50
Newman Clo. Bed —5H 103
Newman College Clo. B32 —1J 133
Newman Ct. Hand —8E 68
Newman Pl. Bils —2M 51
Newman Rd. B23 & B24 —5F 70
Newman Rd. Tip —8C 52
Newman Rd. Wolv —8G 23
Newmans Clo. Smeth —5C 92
Newman Way. Redn —2G 155
Newmarket Clo. Cov —5H 123
Newmarket Clo. Wolv —4A 36
New Mkt. St. B3 —6K 93 (4E 4)
Newmarket Way. B36 —1H 95
Newmarsh Rd. Min —3A 72
New Mdw. Clo. B31 —7B 134
New Mdw. Rd. Redd —6H 205
New Meeting St. B4 —7L 93 (5H 5)
New Meeting St. O'bry —1G 91
New Mill La. Faz —2A 46
New Mills St. Wals —2K 53
New Mill St. Dud —8J 65
Newmore Gdns. Wals —4C 54
New Moseley Rd. B12 —1A 114
Newnham Gro. B23 —3E 70
Newnham Ho. B36 —4H 97
Newnham La. Brin —7M 147
Newnham Ri. Shir —6K 137
Newnham Rd. B16 —7C 92
Newnham Rd. Cov —4F 144
Newnham Rd. Lea S —6B 212
New Oscott. —8C 56
New Penkridge Rd. Cann —5A 8
New Pool Rd. Crad H —1H 109
Newport. Amin —4F 32
Newport Clo. Redd —3B 208
Newport Rd. B36 —1M 95
Newport Rd. Bal H —5A 114
Newport Rd. Cov —8D 122
Newport St. Wals —8L 39
Newport St. Wolv —5E 36
Newport Ter. Kidd —6K 149
Newquay Clo. Hinc —5F 84
Newquay Clo. Nun —4M 79
Newquay Clo. Wals —2E 54
Newquay Rd. Wals —2D 54
New Railway St. W'hall —7B 38
New River Wlk. Lea S —1K 215
New Rd. A'rdge —4G 41
New Rd. Ash G —3C 122
New Rd. A'wd B —8E 208
New Rd. Bed —5M 101
(in two parts)
New Rd. Bew —4D 148
New Rd. B'gve —7M 179
New Rd. Bwnhls —2F 26
New Rd. Burn —3H 17
New Rd. Cau —2B 128
New Rd. Cov —8M 121
New Rd. Dud —3J 89
New Rd. F'stne —1D 22
New Rd. Hale —5B 110
New Rd. Hinc —3A 82
New Rd. H'wd —1M 157
New Rd. Kidd —5L 149
New Rd. Lich —3F 28
New Rd. N'bri —5L 35
New Rd. Redn —2F 154
New Rd. Shut —1L 33
New Rd. Side —7L 153
(Stourbridge Rd.)
New Rd. Side —6L 179
(Willow Rd.)
New Rd. Sol —6C 138
New Rd. Stourb —4A 108
New Rd. Stud —5L 209
New Rd. Swind —6A 62
New Rd. Tip —3D 66
New Rd. Wat O —6H 73
New Rd. W'bry —3D 52
New Rd. Wed —1H 37
New Rd. W'hall —8A 38
New Rd. Wiln —2F 46
New Row. Dray B —4L 45
New Rowley Rd. Dud —2L 89
Newsholme Clo. Warw —8E 210
New Spring St. B18 —5G 93 (1A 4)
New Spring St. N. B18 —4G 93
Newstead. Tam —3K 31
Newstead Av. Hinc —5K 81
Newstead Clo. Nun —7M 79
Newstead Rd. B44 —6B 56
Newstead Way. Bin —8B 146
New St. B2 —7K 93 (5E 4)
New St. Bed —7J 103
New St. B'moor —2L 47
New St. Blox —8H 25
New St. B'twn —3D 14
New St. Bulk —7C 104
New St. Cann —1E 14
New St. Cas B —1B 96
New St. C Ter —2E 16
New St. Chase —4E 16
New St. Cubb —4E 212
New St. Dord —4M 47
New St. Dud —8J 65
New St. Earl S —1L 85
New St. Erd —4F 70
New St. Ess —6A 24
New St. E'shll —3G 51
New St. Faz —1B 46
New St. Gorn W —6C 64
New St. Gt Wyr —7G 15
New St. Hed —5J 9
New St. Hill T —2G 67
New St. Hinc —8D 84
New St. Ken —3F 190
New St. K'wfrd —1J 87
New St. Lea S —2A 216
New St. Mer H —3K 49
New St. P'flds —4E 50
New St. Quar B —1G 109
New St. Redn —7F 132
New St. Rugby —6L 171
New St. Rus —2B 40
New St. Shelf —8D 26
New St. Smeth —3A 92
New St. Stour S —6F 174
New St. Tam —6E 32
(B77)
New St. Tam —5A 32
(B79)
New St. Tip —4M 65
New St. Two G —8C 32
New St. Wals —8M 39
New St. Warw —3E 214
New St. W'bry —8F 52
(Potter's La.)
New St. W'bry —3D 52
(St Lawrence Way)
New St. W Brom —6K 67
(in two parts)
New St. W'hall —8L 37
New St. Word —4M 107
(Bath Rd.)
New St. Word —7K 87
(Ryder St.)
New St. N. W Brom —6K 67
New Summer St. B19 —5K 93 (1F 4)
New Swan La. W Brom —4G 67
Newton. —1G 173
(Brownsover)
Newton. —1C 68
(Hamstead)
Newton Bldgs. Bed —7H 103
Newton Clo. B43 —8C 54
Newton Clo. Bew —1B 148
Newton Clo. Cov —2M 145
Newton Clo. Redd —3G 209
Newton Gdns. B43 —1B 68
Newton Gro. B29 —7F 112
Newton Ho. W'hall —8B 38
Newton La. Newt —1F 172
Newton Mnr. Clo. B43 —1D 68
Newton Mnr. La. Newt —1C 172
Newton Pl. B18 —2F 92
Newton Pl. Wals —3H 39
Newton Rd. B'gve —2A 202
Newton Rd. Hinc —2E 80
Newton Rd. Know —2H 161
Newton Rd. Lich —7F 12
Newton Rd. Newt —1G 173
Newton Rd. S'hll —4B 114
Newton Rd. Wals —4H 39
Newton Rd. W Brom & Gt Barr —3L 67
Newton Sq. B43 —8E 54
Newton St. B4 —6L 93 (3H 5)
Newton St. W Brom —2L 67
Newtown. —3K 93
(Birmingham)
Newtown. —4G 25
(Bloxwich)
New Town. —7F 16
(Brownhills)
Newtown. —1J 153
(Holy Cross)
Newtown. —7J 89
(Netherton)
New Town. —5E 66
(West Bromwich)
New Town. Brie H —5C 88
(in two parts)
Newtown. Dud —8K 89
Newtown Dri. B19 —3J 93
Newtown La. Belb —1K 153
Newtown La. Crad H —8K 89
Newtown La. Rom —8C 132
Newtown Middleway. B6 —4L 93
Newtown Rd. Bed —7F 102
(in two parts)
Newtown Rd. Nun —4J 79
New Town Row. —3L 93
New Town Row. B6 —3L 93 (1G 5)
Newtown Shop. Cen. B19 —3L 93
Newtown St. Crad H —7K 89
New Union St. Cov —7C 144 (6C 6)
New Village. Dud —8J 89
New Wlk. Redd —5E 204
New Wlk. Sap —2K 83
New Wharf. Tard —2H 203
New Wharf Cotts. Tard —2G 203
New Wood. —1J 107
New Wood Clo. Stourb —1J 107
New Wood Gro. Wals —6G 27
New Wood La. Blak —1G 151
Ney Ct. Tip —7M 65
Niall Clo. B15 —1E 112
Nibletts Hill. D'frd —2H 179
Nicholas Rd. S Cold —1L 55
Nicholds Clo. Bils —8H 51
Nicholls Fold. Wolv —4K 37
Nicholls Rd. Tip —8L 51
Nicholls St. Cov —6F 144
Nicholls St. W Brom —7L 67
Nicholls Way. Cann —8M 9
Nichols Clo. Sol —2F 138
Nicholson Clo. Warw —8F 210
Nickson Rd. Cov —1E 164
Nigel Av. B31 —4A 134
Nigel Rd. B8 —3E 94
Nigel Rd. Dud —7G 65
Nightingale. Wiln —3G 47
Nightingale Av. B36 —1G 97
Nightingale Clo. Hunt —2C 8
Nightingale Cres. Brie H —2D 108
Nightingale Cres. W'hall —1B 38
Nightingale Dri. Kidd —7B 150
Nightingale Dri. Tip —4C 66
Nightingale La. Cov —1K 165
(in two parts)
Nightingale Pl. Bils —3K 51
Nightingale Wlk. B15 —2J 113
Nightjar Gro. B23 —3C 70
Nighwood Dri. S Cold —2M 55
Nijon Clo. B21 —8C 68
Nimbus. Dost —5D 46
Nimmings Clo. B31 —3M 155
Nimmings Rd. Hale —1D 110
Nimmings Vis. Cen. —3H 131
Nina Clo. Stour S —6H 175
Nineacres Dri. B37 —7G 97
Nine Days La. Redd —3H 209
Nine Elms La. Wolv —4E 36
Ninefoot La. Tam —1E 46
Ninefoot La. Wiln —2E 46
Nine Leasowes. Smeth —2L 91
Nine Locks Ridge. Brie H —7D 88
Nine Pails Wlk. W Brom —8K 67
Nineveh Av. B21 —2F 92
Nineveh Rd. B21 —2E 92
Ninfield Rd. B27 —6G 115
Ninian Pk. Wiln —3D 46
Ninian Way. Wiln —4E 46
Nirvana Clo. Cann —7C 8
Nith Pl. Dud —7H 65
Niton Rd. Nun —3K 79
Niven Clo. Alle —3G 143
Noakes Ct. W'bry —2F 52
Noble Clo. Warw —4D 214
Nocke Rd. Wolv —8M 23
Nock St. Tip —2C 66
Noddy Pk. Wals —2H 41
Noddy Pk. Rd. Wals —2H 41
Node Hill. Stud —6K 209
Node Hill Clo. Stud —6K 209
Nod Ri. Cov —5G 143
Noel Av. B12 —3A 114
Noel Ct. Redd —1C 208
Noel Rd. B16 —8F 92
Nolan Clo. Longf —5D 122
Nolton Clo. B43 —1D 68
No Name Rd. Burn —2E 16
Nooklands Cft. B33 —7A 96
Nook, The. Brie H —4B 88
Nook, The. Nun —7L 79
Nook, The. Wals —8C 14
Noose Cres. W'hall —7L 37
Noose La. W'hall —7L 37
Nora Rd. B11 —6C 114
Norbiton Rd. B44 —1A 70
Norbreck Clo. B43 —8E 54
Norbury Av. Wals —6M 25
Norbury Clo. Redd —2H 205
Norbury Cres. Wolv —5F 50
Norbury Dri. Brie H —8D 88
Norbury Gro. Sol —6A 116
Norbury Rd. B44 —6M 55
Norbury Rd. Bils —3M 51
Norbury Rd. W Brom —2G 67
Norbury Rd. Wolv —3F 36
Norcombe Gro. Shir —4A 160
Nordic Drift. Cov —2A 146
Nordley Rd. Wolv —4J 37
Nordley Wlk. Wolv —3J 37
Norfolk Av. W Brom —2K 67
Norfolk Clo. B30 —3H 135
Norfolk Clo. Burb —5K 81
Norfolk Cres. Nun —6E 78
Norfolk Cres. Wals —1H 41
Norfolk Dri. Tam —8M 31
Norfolk Dri. W'bry —5K 53
Norfolk Gdns. S Cold —1H 57
Norfolk Gro. Wals —8F 14
Norfolk New Rd. Wals —5G 39
Norfolk Pl. Wals —4K 39
Norfolk Rd. Dud —2G 89
Norfolk Rd. Edg —2D 112
Norfolk Rd. Erd —4F 70
Norfolk Rd. O'bry —2H 111
Norfolk Rd. Redn —7F 132
Norfolk Rd. Stourb —1K 107
Norfolk Rd. S Cold —2H 57
Norfolk Rd. Wolv —1A 50
Norfolk St. Cov —6B 144
Norfolk St. Lea S —8A 212
Norfolk Tower. Hock —4H 93
Norgrave Rd. Sol —7C 116
Norlan Dri. B14 —6M 135
Norland Rd. B27 —8J 115
Norley Gro. B13 —2C 136
Norley Trad. Est. B33 —1C 116
Norman Ashman Coppice. Bin W —2C 168
Norman Av. B32 —2L 111
Norman Av. Cov —8M 123
Norman Av. Nun —5H 79
Normanby Meadows. W'nsh —7A 216
Norman Clo. Tam —2L 31
Normandy Clo. H Mag —2A 214
Normandy Rd. B20 —8L 69
Normandy Way. Hinc —8A 84
Norman Gro. Burn —2H 17
Norman Pl. Rd. Cov —2L 143
Norman Rd. N'fld —6B 134
Norman Rd. Rugby —3M 171
Norman Rd. Smeth —8K 91
Norman Rd. Wals —1C 54
Norman St. B18 —4E 92
Norman St. Dud —1K 89
Norman Ter. Row R —5C 90
Normanton Av. B26 —4D 116
Normanton Tower. B23 —3G 71
Norrington Gro. B31 —6J 133
Norrington Rd. B31 —6J 133
Norris Dri. B33 —6M 95
Norris Rd. B6 —8M 69
Norris Way. S Cold —4K 57
Northampton La. Dunc —5D 196
(in two parts)
Northampton St. B18 —5J 93 (1C 4)
Northam Wlk. Wolv —5B 36
Northanger Rd. B27 —7H 115
North Av. B40 —4L 117
North Av. Bed —7K 103
North Av. Cov —6G 145
North Av. Wolv —3J 37
Northbourne Dri. Nun —2L 103
Northbrook Ct. Shir —4J 137
Northbrook Rd. Cov —1K 143
Northbrook Rd. Shir —4J 137
Northbrook St. B16 —5F 92
Northcliffe Heights. Kidd —2J 149
North Clo. Hinc —3L 81
North Clo. Lea S —4E 212
Northcote Rd. B33 —5K 95
Northcote Rd. Rugby —7M 171
Northcote St. Lea S —2B 216
Northcote St. Wals —5K 39
Northcott Rd. Bils —5M 51
Northcott Rd. Dud —5K 89
North Cres. F'stne —2H 23
North Dale. Wolv —5H 35
Northdown Rd. Sol —8M 137
North Dri. B5 —4J 113
North Dri. Hand —1H 93
North Dri. S Cold —3J 57
Northern Perimeter Rd. W. Hinc —1F 80
Northey Rd. Cov —1D 144
Northfield. —6A 134
Northfield Clo. Redd —3K 205
Northfield Gro. Wolv —2J 49
Northfield Rd. B30 & K Nor —5D 134
Northfield Rd. Cov —7E 144
Northfield Rd. Dud —4K 89
Northfield Rd. Harb —6A 112
Northfield Rd. Hinc —2H 81
Northfields Way. Clay —3D 26
Northfleet Tower. B31 —7J 133
Northfolk Ter. Cov —2H 165
North Ga. B17 —2C 112
Northgate. Crad H —1J 109
Northgate. Wals —7G 27
Northgate. Warw —2E 214
Northgate Clo. Kidd —5G 149
Northgate St. Warw —2E 214
Northgate Way. Wals —1G 41
North Grn. Wolv —3K 49
North Holme. B9 —7C 94
Northland Rd. Shir —8L 137
Northlands Rd. B13 —8A 114
Northleach Av. B14 —7K 135
Northleach Clo. Redd —4H 205
Northleigh Rd. B8 —3G 95
Northleigh Way. Earl S —2M 85
Northmead. B33 —7A 96
N. Moons Moat Ind. Area. Redd —4L 205
Northolt Dri. B35 —6A 72
Northolt Gro. B42 —8F 54
North Oval. Dud —4E 64
Northover Clo. Wolv —7A 22
N. Park Rd. B23 —6B 70
North Pathway. B17 —2B 112
North Rd. B'gve —7A 180
North Rd. Clift D —4F 172
North Rd. Hand —7L 69
North Rd. Harb —3D 112
North Rd. S Oak —6F 112
North Rd. Stour S —4G 175
North Rd. Tip —1B 66
North Rd. Wolv —5C 36 (1J 7)
North Roundhay. B33 —5A 96
Northside Clo. Redd —2E 208
Northside Dri. S Cold —1M 55
North-South Link Rd. W'bry —1E 52
North Springfield. Dud —8E 50
North St. Brie H —7C 88
North St. Burn —8F 10
North St. Cann —3E 14
North St. Cov —4G 145
North St. Dud —8K 65
North St. Kils —6M 199
North St. Nun —6F 78
North St. Rugby —6A 172
North St. Smeth —4M 91
North St. Wals —5L 39
North St. W'bry —5F 52
North St. Wolv —7C 36 (3J 7)
(in two parts)
North St. Ind. Est. Brie H —7C 88
Northumberland Av. Kidd —6J 149
Northumberland Av. Nun —5E 78
Northumberland Clo. Tam —8A 32
Northumberland Rd. Cov —6A 144
Northumberland Rd. Lea S —6L 211
Northumberland St. B7 —6A 94 (3M 5)
Northvale Clo. Ken —3H 191
North Vw. Cov W —8A 124
N. View Dri. Brie H —4D 88
N. Villiers St. Lea S —8A 212
North Wlk. B31 —8C 134
N. Warwick St. B9 —8D 94
Northway. B37 —3M 117
Northway. Dud —6C 50
Northway. Lea S —3A 216
N. Western Arc. B2 —6L 93 (4G 5)
N. Western Rd. Smeth —3M 91
N. Western Ter. B18 —2F 92
Northwick Cres. Sol —8B 138
Northwood Ct. Brie H —7D 88
Northwood Pk. Clo. Wolv —6D 22
Northwood Pk. Rd. Wolv —6E 22
Northwood St. B3 —5J 93 (3D 4)
Northwood Way. Brie H —1B 108
N. Worcestershire Path. Rom —8M 131
Northycote Farm Country Pk. —6G 23
Northycote La. Wolv —5F 22
Nortoft La. Kils —4L 199
Norton. —7L 107
Norton Canes. —4A 16
Norton Clo. B31 —6A 134
Norton Clo. Redd —7M 205
Norton Clo. Smeth —4C 92
Norton Clo. Tam —2C 32
Norton Clo. Wolv —6J 49
Norton Cres. B9 —6H 95
Norton Cres. Bils —8K 51
Norton Cres. Dud —6L 89
Norton Dri. Warw —7E 210
Norton Dri. Wyt —5C 158
Norton East. —3A 16
Norton E. Rd. Cann —4A 16
Norton Grange. Cann —5M 15
Norton Grange Cres. Cann —5M 15
Norton Green. —6M 15
(Brownhills)
Norton Green. —8H 161
(Dorridge)
Norton Grn. La. Cann —5L 15
Norton Grn. La. Know —7H 161
Norton Hall La. Cann —6K 15
Norton Hill Dri. Cov —3L 145
Norton La. Cann —2J 15
Norton La. Earls —6E 158
Norton La. Gt Wyr —5G 15
Norton La. Hamm —4J 17
Norton La. Wyt & Tid G —5C 158
Norton Leys. Rugby —2M 197
Norton Rd. Col —8M 73
Norton Rd. Earl S —2J 85
Norton Rd. Hth H —1M 15
Norton Rd. Kidd —3B 150
Norton Rd. Pels —3A 26
Norton Rd. Stourb —8K 107
Norton Springs. Cann —4M 15
Norton St. B18 —4G 93
Norton St. Cov —3D 6
Norton Ter. Cann —3M 15
Norton Tower. B1 —5C 4
Norton Vw. B14 —2K 135
Norton Wlk. B23 —6C 70
Nortune Clo. B38 —7D 134
Norwich Av. Kidd —3F 148
Norwich Clo. Lich —6J 13
Norwich Clo. Nun —1A 80
Norwich Cft. B37 —8F 96
Norwich Dri. B17 —1M 111
Norwich Dri. Cov —4B 166
Norwich Rd. Dud —7K 89
Norwich Rd. Wals —8H 39
Norwood Av. Crad H —2L 109
Norwood Clo. Hinc —6E 84
Norwood Gro. B19 —2H 93
Norwood Gro. Cov —7L 123
Norwood Rd. B9 —7E 94
Norwood Rd. Brie H —6C 88
Notley Mnr. Dri. Barw —1J 85
Nottingham Dri. W'hall —2C 38
Nottingham New Rd. Wals —4G 39
Nottingham Way. Brie H —7F 88
Nova Ct. B43 —8H 55
Nova Cft. Cov —5C 142
Nova Scotia St. B4 —6M 93 (4J 5)
Novotel Way. Birm A —5J 117
Nowell St. W'bry —4E 52
Nuffield Ho. B36 —1G 97
Nuffield Rd. Cov —1G 145
Nuffield Rd. Hinc —2E 80
Nugent Clo. B6 —2L 93
Nugent Gro. Shir —5K 159
Nuneaton. —5J 79
Nuneaton Mus. & Art Gallery. —6J 79
Nuneaton Rd. Bed —4H 103
Nuneaton Rd. Bulk —3B 104
Nuneaton Rd. Fill —6E 100
Nuneaton Rd. F End —6L 75
Nuneaton Rd. Harts —1C 78
Nuneaton Tourist Info. Cen. —5J 79
Nunts La. Cov —6B 122
Nunts Pk. Av. Cov —5B 122
Nunwood La. Prin —5M 193
Nursery Av. B12 —4M 113
Nursery Av. Wals —4H 41
Nursery Clo. B30 —4F 134
Nursery Clo. Hag —5A 130
Nursery Clo. Kidd —1H 149
Nursery Cft. Lich —8F 12
Nursery Dri. B30 —4F 134
Nursery Dri. Wom —5F 62
Nursery Gdns. Cod —5F 20
Nursery Gdns. Earl S —2K 85
Nursery Gdns. Shir —1E 158
Nursery Gdns. Stourb —8M 87
Nursery Gro. Kidd —1H 149
Nursery La. Hop —3H 31
Nursery La. Lea S —4A 216
Nursery Rd. Bew —5B 148
Nursery Rd. Edg —3D 112
Nursery Rd. Hock —3H 93
Nursery Rd. Nun —1L 77
Nursery Rd. Wals —1H 39
Nursery St. Wolv —6C 36 (2J 7)
Nursery Vw. Clo. A'rdge —7L 41
Nursery Wlk. Wolv —5K 35
Nurton. —6A 34
Nurton Bank. Patt —6A 34
Nutbrook Av. Cov —7E 142
Nutbush Dri. B31 —3K 133
Nutfield Wlk. B32 —4M 111
Nutgrove Clo. B14 —2M 135
Nuthatch Dri. Brie H —2C 108
Nuthurst. —5B 186
Nuthurst. S Cold —5B 58
Nuthurst Cres. Ansl —6J 77
Nuthurst Dri. Cann —5F 14
Nuthurst Grange Rd. H'ley H —5C 186
Nuthurst Gro. B14 —7M 135
Nuthurst Gro. Ben H —5G 161
Nuthurst La. Asty —6J 77
Nuthurst Rd. B31 —3M 155
Nuthurst Rd. H'ley H —7A 186
Nutley Dri. Tip —1D 66
Nuttall Gro. B21 —2C 92
Nutt's La. Hinc —3F 80
Nymet. Tam —1E 46

Oakalls Av. B'gve —7B 180
Oak Apple Rd. Cats —1B 180
Oak Av. B12 —4A 114
Oak Av. Arly —7E 76
Oak Av. Cann —1D 8
Oak Av. Gt Wyr —8G 15
Oak Av. Wals —6E 38
Oak Av. W Brom —6H 67
Oak Bank. B18 —3G 93
Oak Barn Rd. Hale —1E 110
Oak Clo. B17 —3A 112
Oak Clo. Bag —7F 166
Oak Clo. Bed —5J 103
Oak Clo. Burb —4L 81
Oak Clo. Kinv —6C 106
Oak Clo. Tip —8A 52
Oak Cotts. B7 —6B 94
Oak Ct. Hale —7M 109
Oak Ct. H'cte —7L 215
Oak Ct. Smeth —1J 91
Oak Ct. Stourb —5A 108

Oak Cres. Tiv —8B 66
Oak Cres. Wals —3K 39
Oak Cft. B37 —6F 96
Oakcroft Rd. B13 —2B 136
Oakdale Clo. Brie H —2B 88
Oakdale Clo. O'bry —7G 91
Oakdale Rd. B36 —1L 95
Oakdale Rd. Bin W —2C 168
Oakdale Rd. Earl S —2K 85
Oakdale Rd. O'bry —7G 91
Oakdale Trad. Est. K'wfrd —8K 63
Oakdene. Stour S —6H 175
Oakdene Clo. Wals —7D 14
Oakdene Cres. Nun —2J 79
Oakdene Dri. B Grn —1J 181
Oakdene Rd. Burn —3G 17
Oak Dri. B23 —2C 70
Oak Dri. Harts —1M 77
Oak Dri. Seis —7A 48
Oaken. —7D 20
Oaken Covert. Cod —7E 20
Oaken Dri. Cod —7D 20
Oaken Dri. Sol —4M 137
Oaken Dri. W'hall —2E 38
Oakenfield. Lich —7G 13
Oaken Gdns. Burn —1G 17
Oaken Gro. Cod —7E 20
Oakenhayes Cres. Min —4C 72
Oakenhayes Cres. Wals —8F 16
Oakenhayes Dri. Wals —8F 16
Oaken La. Oaken —6C 20
Oaken Lanes. Cod —6E 20
Oaken Pk. Cod —7G 21
Oakenshaw. —3E 208
Oakenshaw Rd. Redd —1F 208
Oakenshaw Rd. Shir —8K 137
Oakeswell St. W'bry —6G 53
Oakey Clo. Cov —5F 122
Oakeywell St. Dud —8K 65
Oakfarm. —8L 63
Oak Farm Clo. S Cold —2A 72
Oak Farm Rd. B30 —4D 134
Oakfield Av. B11 —3C 114
Oakfield Av. B12 —3A 114
Oakfield Av. Dud —2H 65
Oakfield Av. Hand —2D 92
Oakfield Av. K'wfrd —4L 87
Oakfield Clo. Smeth —3C 92
Oakfield Clo. Stourb —8M 87
Oakfield Ct. Brie H —7D 88 (off Promenade, The)
Oakfield Dri. Redn —5K 155
Oakfield Dri. Wals —4B 26
Oakfield Ho. Lea S —7M 211
Oakfield Rd. Bal H —4L 113
Oakfield Rd. Cod —7H 21
Oakfield Rd. Cov —4M 143
Oakfield Rd. Erd —6F 70
Oakfield Rd. Kidd —4H 149
Oakfield Rd. Rugby —7M 171
Oakfield Rd. S Oak —6G 113
Oakfield Rd. Smeth —3C 92
Oakfield Rd. W'cte —7F 108
Oakfield Rd. Word —8A 88
Oakfields Way. Cath B —4H 139
Oakfield Trad. Est. Crad H —1K 109
Oakford Dri. Cov —3F 142
Oak Grn. Dud —4G 65
Oak Grn. Wolv —6H 35
Oak Gro. B31 —8M 133
Oak Gro. Kidd —5A 150
Oak Gro. Wolv —2H 37
Oakhall Dri. Dorr —5F 160
Oakham. —2A 90
Oakham Av. Dud —2L 89
Oakham Clo. Redd —4G 209
Oakham Ct. Dud —1L 89
Oakham Cres. Bulk —7D 104
Oakham Cres. Dud —2L 89
Oakham Dri. Dud —1M 89
Oakhampton Rd. Stour S —8E 174
Oakham Rd. B17 —2B 112
Oakham Rd. Dud —1L 89
Oakham Rd. Tiv —2A 90
Oakham Way. Sol —8A 116
Oak Hill. Wolv —1J 49
Oakhill Av. Kidd —5L 149
Oakhill Cres. B27 —1H 137
Oak Hill Dri. B15 —2E 112
Oakhill Dri. Brie H —2B 108
Oakhill Rd. Cann —7F 8
Oak House Mus. —7H 67
Oakhurst. Lich —2J 19
Oakhurst Dri. B'gve —6A 180
Oakhurst Rd. B27 —8H 115
Oakhurst Rd. S Cold —1J 71
Oakington Ho. B35 —6A 72
Oakland Clo. Sol —5F 138
Oakland Dri. Dud —7B 64
Oakland Gro. B'gve —5B 180
Oakland Rd. Hand —1E 92 (in two parts)
Oakland Rd. Mose —6A 114
Oakland Rd. Wals —2L 39
Oaklands. Curd —3H 73
Oaklands. Hale —5G 111
Oaklands Av. B17 —4B 112
Oaklands Clo. Cann —3C 8
Oaklands Ct. Ken —7G 191
Oaklands Cft. S Cold —2B 72
Oaklands Dri. B20 —7F 68
Oaklands Dri. S Cold —8M 41
Oaklands Grn. Bils —1K 51
Oaklands Ind. Est. Cann —6H 9
Oaklands Rd. S Cold —1H 57
Oaklands Rd. Wolv —1B 50 (8G 7)
Oaklands, The. B37 —2G 117
Oaklands, The. Cov —7G 143
Oaklands, The. Kidd —2A 150
Oaklands Way. B31 —8H 133
Oaklands Way. Wals —6A 26
Oak La. Alle —1C 142
Oak La. Bars —8B 140
Oak La. Burn —8F 10
Oak La. K'wfrd —8L 63
Oak La. W Brom —6H 67
Oak La. Pk. Homes. Alle —8D 120
Oaklea Dri. Crad H —7M 89
Oakleaf Clo. B32 —7K 111
Oak Leaf Dri. Mose —6A 114
Oak Leasow. B32 —5H 111
Oakleigh. B31 —7C 134
Oakleigh Dri. Cod —6G 21
Oakleigh Dri. Dud —2C 64
Oakleigh Rd. Stourb —7A 108
Oakleighs. Stourb —8J 87
Oakleigh Wlk. K'wfrd —1L 87
Oakley Av. A'rdge —4G 41
Oakley Av. Tip —3A 66
Oakley Clo. Lich —7H 13
Oakley Ct. Bed —8D 102
Oakley Est. Ken —8F 162
Oakley Gro. Wolv —4K 49
Oakley Ho. B'gve —8A 180
Oakley Rd. B10 & Small H (in two parts) —2C 114
Oakley Rd. K Nor —4H 135
Oakley Rd. Wolv —4K 49
Oak Leys. Wolv —8J 35
Oakley Wood Dri. Sol —5E 138
Oakley Wood Rd. Bis T (in two parts) —8M 215
Oakly Rd. Redd —6D 204
Oakmeadow Clo. B33 —7D 96
Oakmeadow Clo. Yard —4K 115
Oakmeadow Way. Erd —6K 71
Oakmoor Rd. Cov —6G 123
Oakmount Clo. Wals —6M 25
Oak Mt. Rd. S Cold —2A 56
Oak Pk. Rd. Stourb —8M 87
Oakridge Clo. Redd —2J 205
Oakridge Clo. W'hall —5C 38
Oakridge Dri. W'hall —5C 38
Oakridge Rd. Lea S —5C 212
Oak Ri. Col —4M 97
Oak Rd. Cats —1B 180
Oak Rd. Dud —6J 65
Oak Rd. O'bry —2J 111
Oak Rd. Pels —4M 25
Oak Rd. Tip —2L 65
Oak Rd. Wals —8C 26
Oak Rd. Wals W —6G 27
Oak Rd. W Brom —7H 67
Oak Rd. W'hall —7L 37
Oakroyd Cres. Nun —2D 78
Oaks Cres. Wolv —8A 36
Oaks Dri. Cann —8C 8
Oaks Dri. F'stne —1F 22
Oaks Dri. Wolv —7A 36
Oaks Dri. Wom —4G 63
Oakslade Dri. Sol —1E 138
Oak's Pl. Longf —6G 123
Oaks Precinct. Ken —6E 190
Oaks Rd. Ken —7E 190
Oaks, The. B17 —1B 112
Oaks, The. B34 —2B 96
Oaks, The. Bed —7F 102
Oaks, The. K Nor —3F 156
Oaks, The. Lea S —1K 215
Oaks, The. Smeth —4M 91
Oaks, The. S Cold —6A 58
Oak St. Bils —2H 65
Oak St. Crad H —8K 89
Oak St. Dud —5L 89
Oak St. K'wfrd —4J 87
Oak St. Quar B —8F 88
Oak St. Rugby —7A 172
Oak St. Wolv —3H 51 (WV2)
Oak St. Wolv —8A 36 (WV3)
Oak St. Trad. Est. Brie H —8F 88
Oaks Way. Earl S —1L 85
Oakthorpe Dri. B37 —4F 96
Oakthorpe Gdns. Tiv —7A 66
Oak Tree Av. Cov —3A 166
Oak Tree Av. Redd —5B 204
Oak Tree Clo. A'chu —2A 182
Oak Tree Clo. Ben H —5E 160
Oaktree Clo. K'bry —3D 60
Oak Tree Clo. Lea S —7A 212
Oaktree Cres. Hale —3F 110
Oak Tree Gdns. Stourb —8A 88
Oak Tree La. H'wd —3B 158
Oak Tree La. Sam —7H 209
Oak Tree La. S Oak & B'vlle —8E 112
Oak Tree Rd. Bin —2A 168
Oaktree Rd. W'bry —6H 53
Oak Trees. H'wd —3M 157
Oak Tree Wlk. Tam —2L 31
Oak Vw. Wals —6E 38
Oak Wlk., The. B31 —8A 134
Oak Way. Cov —7D 142
Oak Way. S Cold —7M 57
Oakwood Clo. Ess —6B 24
Oakwood Clo. Shen —3G 29
Oakwood Clo. Wals —5E 26
Oakwood Cres. Dud —3F 88
Oakwood Cft. Sol —8C 138
Oakwood Dri. B14 —5K 135
Oakwood Dri. S Cold —1L 55
Oakwood Gro. Warw —8G 211
Oakwood Rd. Bew —2B 148
Oakwood Rd. H'wd —3A 158
Oakwood Rd. Smeth —5M 91
Oakwood Rd. S'hll —6C 114
Oakwood Rd. S Cold —7E 56
Oakwood Rd. Wals —2L 39
Oakwoods. Cann —1D 14
Oakwood St. W Brom —4H 67
Oakworth Clo. Cov —1M 145
Oasthouse Clo. K'wfrd —2G 87
Oasthouse Clo. Stoke H —3K 201
Oaston Rd. B36 —1D 96
Oaston Rd. Nun —5K 79
Oatfield Clo. Burn —5G 17
Oatlands Wlk. B14 —7J 135
Oatlands Way. Pert —6D 34
Oat Mill Clo. W'bry —4E 52
Oban Dri. Nun —7G 79
Oban Rd. Cov —4F 122
Oban Rd. Hinc —2G 81
Oban Rd. Sol —8M 115
Oberon Clo. H'cte —5L 215
Oberon Clo. Nun —8A 80
Oberon Clo. Redn —7G 133
Oberon Clo. Rugby —3K 197
Oberon Dri. Shir —8G 137
Occupation Rd. Cov —6J 145
Occupation Rd. Wals —5G 27
Occupation St. Dud —7G 65
Ocean Dri. W'bry —8D 52
Ockam Cft. B31 —7C 134
Ocker Hill. —1C 66
Ocker Hill Rd. Tip —8B 52
O'Connor Dri. Tip —8C 52
Oddicombe Cft. Cov —4D 166
Oddingley Ct. B23 —7B 70
Oddingley Rd. B31 —7C 134
Odell Cres. Wals —2J 39
Odell Pl. B5 —4J 113
Odell Rd. Wals —2H 39
Odell Way. Wals —2H 39
Odensil Grn. Sol —7B 116
Odiham Clo. Tam —1C 32
Odin Clo. Cann —4G 9
Odnall La. Clent —5E 130
Odstone Dri. Hinc —1F 80
Offa Dri. Ken —4G 191
Offadrive. Tam —4B 32
Offa Rd. Lea S —3B 216
Offa's Dri. Wolv —4E 34
Offa St. Tam —4B 32
Offchurch. —1H 217
Offchurch La. Rad S —3F 216
Offchurch Rd. Cubb —4D 212
Offenham Clo. Redd —3H 205
Offenham Covert. B38 —1E 156
Offini Clo. W Brom —7M 67
Offmoor Rd. B32 —1H 133
Offmore Farm. —3A 150
Offmore Farm Clo. Kidd —3C 150
Offmore La. Kidd —3A 150
Offmore Rd. Kidd —3M 149
Offwell Clo. Redd —8K 205
Ofield La. Kils —6M 199
Ogbury Clo. B14 —7J 135
Ogley Cres. Wals —2G 27
Ogley Dri. S Cold —4M 57
Ogley Hay Rd. Bwnhls —7G 17
Ogley Hay Rd. Burn —7G 11
Ogley Rd. Wals —2G 27
Ogmore Rd. Lea S —2B 216
O'Hare Ho. Wals —6M 39
O'Keefe Clo. B11 —3B 114
Okehampton Rd. Cov —4E 166
Okement Dri. Wolv —4H 37
Okement Gro. Long L —4H 171
Oken Ct. Warw —2D 214
Oken Rd. Warw —1D 214
Olaf Pl. Cov —2A 146
Old Abbey Gdns. B17 —5D 112
Oldacre Clo. S Cold —3K 71
Old Acre Dri. Hand —2E 92
Oldacre Rd. O'bry —2G 111
Oldany Way. Nun —7F 78
Old Arley. —7E 76
Old Bakery Ct. Hag —4A 130
Old Bank Pl. S Cold —4J 57
Old Bank Top. B31 —7B 134
Old Barn Rd. B30 —3D 134
Old Barn Rd. Stourb —8A 88
Old Beeches. B23 —1C 70
Old Bell Rd. B23 —3H 71
Oldberrow. —8J 207
Oldberrow Clo. Shir —3A 160
Oldberrow Hill. —4E 206
Oldberrow La. Hen A —8L 207
Old Birchills. Wals —6J 39
Old Birmingham Rd. A'chu —1A 182
Old Birmingham Rd. L End & Marl —2C 180
Old Birmingham Rd. Redn —7F 154
Old Bri. St. B19 —3J 93
Old Bri. Wlk. Row R —4M 89
Old Bromford La. B8 —2H 95
Old Brookside. B33 —7L 95
Old Budbrooke Rd. H Mag —2A 214
Oldbury. —1G 91
Oldbury Bus. Cen. O'bry —7G 91
Oldbury Clo. Redd —3H 205
Oldbury Ct. Tam —3B 32
Oldbury Grn. Retail Pk. O'bry —1E 90
Oldbury Ho. O'bry —7J 91
Oldbury Ringway. O'bry —1F 90
Oldbury Rd. Nun —1J 77
Oldbury Rd. Row R —7D 90
Oldbury Rd. Smeth —2J 91
Oldbury Rd. W Brom —6E 66
Oldbury Rd. Ind. Est. Smeth —2K 91
Oldbury Rd. Ind. Est. W Brom —7F 66
Oldbury St. W'bry —6H 53
Old Bush St. Brie H —6E 88
Old Camp Hill. B11 —1A 114 (8M 5)
Old Canal Wlk. Tip —4B 66
Old Cannock Rd. Share —1K 23
Old Castle Gro. Bwnhls —7F 16
Old Chapel Rd. Smeth —6M 91
Old Chapel Wlk. O'bry —5G 91
Old Chester Rd. S. Kidd —7L 149
Old Chu. Av. Harb —4C 112
Old Chu. Grn. B33 —7L 95
Old Chu. Rd. B17 & Harb —4B 112
Old Chu. Rd. Cov —8F 122
Old Chu. Rd. Wat O —6H 73
Old College La. Ken —8E 162
Old Colliery Trad. Est. Ker E —3M 121
Old Coton La. Tam —3M 31
Old Ct. Cft. B9 —8C 94
Old Ct. Yd., The. W Weth —2K 213
Old Crest Av. Redd —7E 204
Old Cft. La. B36 & B34 —2C 96
Old Cross. B4 —3J 5
Old Cross St. B4 —6M 93 (3J 5)
Old Cross St. Tip —4L 65
Old Crown Clo. B32 —8H 111
Old Crown M. Cov —5K 123
Old Damson La. Sol —7G 117
Old Dickens Heath Rd. Shir —4G 159
Olde Hall Ct. F'stne —2J 23
Olde Hall La. Gt Wyr —5F 14
Olde Hall Rd. F'stne —2J 23
Old End La. Bils —2J 65
Old Fallings. —1F 36
Old Fallings Cres. Wolv —2E 36
Old Fallings La. Wolv —8F 22
Oldfallow. —6D 8
Old Fallow Av. Cann —6E 8
Old Fallow Rd. Cann —6E 8
Old Falls Clo. C Hay —6D 14
Old Farm Gro. B14 —4D 136
Old Farm La. Col —5F 74
Old Farm Mdw. Wolv —1J 49
Old Farm Rd. B33 —5L 95
Oldfield Dri. Stourb —6A 108
Oldfield Rd. B12 —3A 114
Old Fld. Rd. Bils —1G 65
Oldfield Rd. Cov —6K 143
Old Fld. Rd. W'bry —8E 52
Oldfields. Crad H —1K 109
Oldfields. Hag —3B 130
Old Fire Sta., The. B17 —3D 112
Old Fordrove. S Cold —6K 57
Old Ford Wlk. Stour S —8E 174
Old Forest Way. B34 —3B 96
Old Forge Clo. Wals —1M 53
Old Forge Dri. Redd —7H 205
Old Forge Gdns. Hartl —7B 176
Old Forge Trad. Est. Stourb —3E 108
Old Grange Rd. B11 —5C 114
Old Grn. La. Know & Ken —7B 162
Old Gro. Gdns. Stourb —6D 108
Old Hall Clo. Stourb —1A 108
Old Hall La. A'rdge —4H 55
Old Hall La. Cann —2H 15
Old Hall St. Wolv —8D 36 (5K 7)
Oldham Av. Cov —5K 145
Old Ham La. Stourb —7C 108
Old Hampton La. Westc —7J 23
Oldham Way. Long L —5H 171
Old Hawne La. Hale —4A 110
Old Heath Cres. Wolv —8G 37
Old Heath Rd. Wolv —8G 37
Old Hedging La. Dost —4D 46
Old Hednesford Rd. Cann —7F 8
Old High St. Brie H —8F 88
Old Hill. —7M 89
Old Hill. Wolv —4K 35
Old Hill By-Pass. Crad H —7M 89
Old Hinckley Rd. Nun —4K 79
Old Hobicus La. O'bry —4H 91
Old Horns Cres. B43 —7J 55
Oldhouse Farm Clo. B28 —3F 136
Old Ho. La. Cor —2G 121
Old Ho. La. Rom —8B 132
Oldington Gro. Sol —1B 160
Oldington La. Kidd —1H 175
Oldington Trad. Est. Kidd —8H 149
Old Kingsbury Rd. Mars —7A 60
Old Kingsbury Rd. Min —4C 72
Oldknow Rd. B10 —3E 114
Old Landywood La. Ess —3C 24
Old La. A'chu —5J 183
Old La. F'stne —2J 23
Old La. Wals —2J 39
Old La. Wolv —7F 34
Old Leicester Rd. Rugby (in two parts) —2A 172
Old Level Way. Neth —5K 89
Old Lime Gdns. B38 —1E 156
Old Lindens Clo. S Cold —2L 55
Old Lode La. Sol —5B 116
Old Mnr. Clo. Dray B —4L 45
Old Mnr., The. Wolv —4K 35
Old Marsh La. Curd —4J 73
Old Mdw. Rd. B31 —2C 156
Old Meeting Rd. Bils —1J 65
Old Meeting St. W Brom (in two parts) —4H 67
Old Meeting Yd. Bed —6H 103
Old Mill Av. Cov —4K 165
Old Mill Clo. Shir —7D 136
Old Mill Ct. Col —2M 97
Old Mill Gdns. B33 —7L 95
Old Mill Gdns. Wals —7C 26
Old Mill Gro. B20 —7J 69
Old Mill Rd. Col —2M 97
Old Milverton. —6J 211
Old Milverton La. Lea S —6J 211
Old Milverton Rd. Lea S —6J 211
Old Moat Dri. B31 —6B 134
Old Moat Way. B8 —3H 95
Old Moxley. —5B 52
Oldnall Clo. Stourb —5F 108
Oldnall Rd. Kidd —5M 149
Oldnall Rd. Stourb & Hale —5F 108
Old Oak Clo. Wals —1H 41
Old Oak Rd. B38 —7G 135
Old Oscott. —8L 55
Old Oscott Hill. B44 —8M 55
Old Oscott La. B44 —1L 69
Old Pk. B31 & B29 —4A 134
Old Pk. Clo. Aston —2L 93
Old Pk. La. O'bry —4G 91
Old Pk. Rd. Cann —4A 10
Old Pk. Rd. Dud —5F 64
Old Pk. Rd. W'bry —3E 52
Old Pk. Rd. Ind. Est. W'bry —5E 52
Old Pk. Wlk. Aston —2L 93
Old Penkridge M. Cann —8D 8
Old Penkridge Rd. Cann —7C 8
Old Penns La. Col —2M 97 (off Penns La.)
Old Pl. Wals —1J 39
Old Pleck Rd. Wals —1H 53
Old Port Clo. Tip —7B 66
Old Portway. B38 —2E 156
Old Postway. B19 —2K 93 (in two parts)
Old Pound. Warw —2E 214
Old Quarry Clo. Redn —1F 154
Old Quarry Dri. Dud —4D 64
Old Rectory Gdns. Wals —3J 41
Old Rectory La. A'chu —2B 182
Old Repertory Theatre. —7K 93 (6F 4) (off Station St.)
Old Rd. Mer —8L 119
Old School Clo. W'hall —7A 38
Old School Dri. Row R —6C 90
Old School M. Lea S —6B 212
Old School Row. Dray B —4L 45 (off Drayton La.)
Old Scott Clo. B33 —7C 96
Old Smithy Pl. B18 —4G 93
Old Snow Hill. B4 —5K 93 (2F 4)
Old Sq. B4 —6L 93 (4H 5)
Old Sq. Warw —3E 214
Old Sq. Shop. Cen. Wals —8L 39
Old Stables Wlk. B7 —2C 94
Old Stafford Rd. S Hth & C Grn —1C 22
Old Sta. Rd. B33 —5K 95
Old Sta. Rd. B'gve —8M 179
Old Sta. Rd. H Ard —7M 117
Old Stone Clo. Redn —8F 132
Old Stone Yd. Lea S —8L 211
Old Stow Heath La. Wolv —8J 37
Old Swinford. —7A 108
Old Tamworth Rd. Amin —4G 33
Old Tokengate. B17 —3D 112
Old Town Clo. B38 —7F 134
Old Town La. Wals —6M 25
Old Vicarage Clo. Wals —7A 26
Old Vicarage Clo. Wom —2H 63
Old Vicarage Gdns. Stud —5L 209
Old Walsall Rd. B42 & Hamp I —4F 68
Old Warstone La. Ess —1B 24
Old Warwick Ct. Sol —8L 115
Old Warwick Rd. Lapw —4C 186
Old Warwick Rd. Lea S —2L 215
Old Warwick Rd. Sol —8L 115
Oldway Dri. Sol —7E 138
Old Well Clo. Rus —2B 40
Old Wharf. Tard —8H 181
Old Wharf Rd. Stourb —3M 107
Oldwich Lane. —8C 162
Oldwich La. E. Ken —8D 162
Oldwich La. W. Chad E —2B 188
Old Winnings Rd. Ker E —3M 121
Olga Dri. Tip —8B 52
Olinthus Av. Wolv —2L 37
Olive Av. Cov —4K 145
Olive Av. Wolv —4E 50
Olive Dri. Hale —1C 110
Olive Gro. Stour S —5F 174
Olive Hill Rd. Hale —1D 110
Olive La. Hale —1C 110
Olive Mt. O'bry —1D 90
Olive Pl. B14 —2M 135
Oliver Clo. Dud —1L 89
Oliver Ct. Row R —7B 90
Oliver Cres. Bils —7L 51
Oliver Rd. Erd —3F 70
Oliver Rd. Lady —7F 92
Oliver Rd. Smeth —6C 92
Oliver St. B7 —4A 94
Oliver St. Cov —3F 144
Oliver St. Rugby —6M 171
Olivier Way. Cross P —1B 146
Ollerton Rd. B26 —2M 115
Ollison Dri. S Cold —7M 41
Olliver Clo. Hale —6G 111
Olorenshaw Rd. B26 —4D 116
Olton. —8K 115
Olton Av. Cov —5F 142
Olton Boulevd. E. B27 —7G 115
Olton Boulevd. W. B11 —6F 114
Olton Clo. Burt H —1G 105
Olton Cft. B27 —6K 115
Olton Mere. Sol —8L 115
Olton Pl. Nun —5F 78
Olton Rd. Shir —5H 137
Olton Wharf. Sol —7L 115
Olympus Av. Tach P —4K 215
Olympus Clo. Alle —1B 142
Olympus Dri. Gt Bri —3D 66
Olympus Gdns. Stour S —6J 175
Omar Rd. Cov —7K 145
Ombersley Clo. O'bry —4D 90
Ombersley Clo. Redd —2H 209
Ombersley Ho. B31 —7D 134
Ombersley Rd. B12 —3A 114
Ombersley Rd. Hale —7M 109
One O'Clock Ride. Bin —2E 168
One Stop Shop. Cen. P Barr —6K 69
Onibury Rd. B21 —8D 68
Onley. —8C 198
Onley La. Rugby —3C 198
Onley Ter. Cov —2J 165
Onslow Cres. Sol —8A 116
Onslow Cft. Lea S —7M 211
Onslow Rd. B11 —5G 115
Ontario Clo. B38 —1G 157
Oozells Pl. B1 —6C 4
Oozells Sq. B1 —6C 4
Oozells St. B1 —7J 93 (6C 4)
Oozells St. N. B1 —7J 93 (6C 4)
Open Fld. Clo. B31 —7B 134
Openfield Cft. Wat O —7J 73
Ophelia Dri. H'cte —5L 215
Orangery, The. Beo —8J 183
Oratory Dri. Cov —3J 167
Orbital Retail Cen. Cann —3F 14
Orbital Way. Cann —3F 14
Orchard Av. Cann —7C 8
Orchard Av. Sol —4D 138
Orchard Blythe. Col —3A 98
Orchard Bus. Pk. Rugby —5A 172
Orchard Clo. Burb —4A 82
Orchard Clo. C Hay —6E 14
Orchard Clo. Col —2M 97
Orchard Clo. Curd —3H 73
Orchard Clo. Dost —4C 46
Orchard Clo. Hag —5B 130
Orchard Clo. Hale —3J 109
Orchard Clo. Hand —7F 68
Orchard Clo. Hurl —5J 61
Orchard Clo. Lich —8F 12
Orchard Clo. Nun —2A 78
Orchard Clo. Row R —6B 90

Orchard Clo. Rus —4C 40
Orchard Clo. Stour S —5H 175
Orchard Clo. S Cold —1G 71
Orchard Clo. W'hall —8B 38
Orchard Clo. Wolv —2H 49
Orchard Clo. Wlvy —5K 105
Orchard Ct. Bin —8A 146
Orchard Ct. Erd —5B 70
Orchard Ct. K'wfrd —3K 87
Orchard Ct. Lea S —7M 211
Orchard Ct. Row R —6B 90
Orchard Cres. Cov —1C 166 (8B 6)
Orchard Cres. S Prior —6J 201
Orchard Cres. Wolv —2H 49
Orchard Cft. B Grn —1K 181
Orchard Dri. B31 —2M 155
Orchard Dri. Cov —5C 142
Orchard Gro. Cau —3A 128
Orchard Gro. Dud —6B 64
Orchard Gro. Kinv —5B 106
Orchard Gro. S Cold —6F 42
Orchard Gro. Wals —5H 41
Orchard Gro. Wolv —5A 50
Orchard La. Cod —6H 21
Orchard La. Ken —6J 191
Orchard La. Stourb —3E 108
Orchard Mdw. Wlk. B35 —6B 72
Orchard Pl. Map G —1M 209
Orchard Retail Pk. Cov —5K 167
Orchard Ri. B26 —2M 115
Orchard Ri. Bew —6A 148
Orchard Rd. B24 —4G 71
Orchard Rd. Bal H —3M 113
Orchard Rd. B'gve —5M 179
Orchard Rd. Dud —7J 89
Orchard Rd. H'ley H —3C 186
Orchard Rd. Wals —6B 54
Orchard Rd. W'hall —8B 38
Orchard Rd. Wolv —2J 37
Orchards, The. Four O —1G 57
Orchards, The. H'wd —2A 158
Orchards, The. Kidd —8H 127
Orchards, The. Newt —1F 172
Orchards, The. Shir —5K 159
Orchard St. Bed —4H 103
Orchard St. Brie H —5C 88
Orchard St. Hinc —1L 81
Orchard St. Kett —6C 32
Orchard St. Kidd —3L 149
Orchard St. Nun —5K 79
Orchard St. Redd —6E 204
Orchard St. Tam —4B 32
Orchard St. Tip —7M 65
Orchards Way. B12 —3L 113
Orchard, The. B37 —1F 116
Orchard, The. Bils —4L 51
Orchard, The. Blox —7K 25
Orchard, The. B'gve —5L 179
Orchard, The. O'bry —5J 91
Orchard, The. Warw —4F 214
Orchard, The. Wolv —3L 35
Orchard Tower. B31 —2M 133
Orchard Vs. Fair —7K 153
Orchard Way. B27 —5H 115
Orchard Way. Bubb —4J 193
Orchard Way. Crad H —8M 89
Orchard Way. Gt Barr —8F 54
Orchard Way. H'wd —1A 158
Orchard Way. Nun —3C 78
Orchard Way. Rugby —1K 197
Orchard Way. Stret D —3F 194
Orchard Way. Stud —7L 209
Orcheston Wlk. B14 —8K 135
Orchid Clo. Smeth —2K 91
Orchid Dri. Hock —3K 93
Orchid Way. Rugby —1D 172
Ordnance Rd. Cov —4E 144
Oregon Clo. K'wfrd —3M 87
Oregon Dri. W'hall —2E 38
Oregon Gdns. Burn —1F 16
Orford Gro. B21 —1C 92
Orford Ri. Gall C —5L 77
Oriel Clo. Cann —1E 14
Oriel Clo. Dud —7E 64
Oriel Dri. Wolv —6D 22
Oriel Ho. B37 —6G 97
Oriole Gro. Kidd —7B 150
Orion Clo. B8 —5H 95
Orion Clo. Wals —8F 14
Orion Cres. Cov —7L 123
Orion Way. Cann —4F 8
Orkney Av. B34 —3M 95
Orkney Clo. Hinc —8B 84
Orkney Clo. Nun —7F 78
Orkney Cft. B36 —2H 97
Orkney Dri. Wiln —2F 46
Orlando Clo. Rugby —3K 197
Orlando Clo. Wals —1L 53
Orlando Ho. Wals —1M 53 (off Barleyfield Row)
Orlescote Rd. Cov —3K 165
Orme Clo. Brie H —1A 108
Ormes La. Wolv —6J 35
Ormond Clo. Barw —2G 85
Ormonde Clo. Hale —2H 109
Ormond Pl. Bils —3M 51
Ormond Rd. Redn —8E 132
Ormsby Ct. B15 —2F 112
Ormsby Gro. B27 —2H 137
Ormscliffe Rd. Redn —3H 155
Orphanage Rd. B24 & Erd —4G 71
Orphanage Rd. S Cold —3J 71
Orpington Dri. Cov —5D 122
Orpington Rd. B44 —6L 55
Orpwood Rd. B33 —7A 96
Orsino Clo. H'cte —7L 215
Orslow Wlk. Wolv —4G 37
Orson Leys. Rugby —2M 197
Orton Av. S Cold —3M 71
Orton Clo. Wat O —6G 73
Orton Gro. Wolv —5K 49
Orton La. Wolv —6F 48
Orton Rd. Cov —6C 122
Orton Way. B35 —8A 72
Orwell Clo. Clift D —4G 173
Orwell Clo. Nun —4A 78
Orwell Clo. Stourb —5J 107
Orwell Clo. Wolv —4M 37
Orwell Ct. Cov —5D 144 (2E 6)
Orwell Dri. B38 —1B 156
Orwell Dri. W Brom —3K 67
Orwell Pas. B5 —7L 93 (6H 5)
Orwell Rd. Cov —8F 144
Orwell Rd. Wals —1B 54
Osbaston Clo. Cov —5E 142
Osbaston Clo. Hinc —6F 84
Osberton Dri. Dud —7F 64
Osborne. Tam —2K 31
Osborne Clo. Kidd —3B 150
Osborne Ct. W'nsh —5A 216
Osborne Dri. Darl —1D 52
Osborne Gro. B19 —2J 93
Osborne Rd. Cov —1A 166
Osborne Rd. Erd —4F 70
Osborne Rd. Hand —1F 92
Osborne Rd. W Brom —6J 67
Osborne Rd. Wolv —4M 49
Osborne Rd. S. B23 —5F 70
Osborn Rd. B11 —3C 114
Osbourne Clo. B6 —2A 94
Osbourne Clo. Brie H —1F 108
Osbourne Cft. Shir —4K 159
Oscott Ct. B23 —1E 70
Oscott Gdns. P Barr —6L 69
Oscott Rd. P Barr & Holf —6L 69
Oscott School La. B44 —7L 55
Osier Gro. B23 —3B 70
Osier Pl. Wolv —7F 36
Osier St. Wolv —7F 36
Osler St. B16 —7F 92
Oslo Gdns. Cov —2A 146
Osmaston Rd. B17 —6A 112
Osmaston Rd. Stourb —7L 107
Osmington Gro. Hale —3K 109
Osnor Ct. B'gve —2B 202
Osprey. Wiln —3G 47
Osprey Clo. Cov —2B 146
Osprey Clo. Nun —1B 104
Osprey Dri. Dud —8F 64
Osprey Gro. Cann —8J 9
Osprey Pk. Dri. Kidd —6B 150
Osprey Rd. B27 —7K 115
Osprey Rd. Erd —3C 70
Ostler Clo. K'wfrd —2G 87
Oswald Rd. Lea S —1K 215
Oswald St. Redd —6E 204
Oswald Way. Rugby —6K 171
Oswestry Clo. Redd —2C 208
Oswin Gro. Cov —5J 145
Oswin Pl. Wals —4M 39
Oswin Rd. Wals —4M 39
Othello Av. H'cte —6M 215
Othello Clo. Rugby —4K 197
Other Rd. Redd —5E 204
Other Rd. Redn —4J 155
Otley Gro. B9 —6J 95
Otterburn Clo. Cann —7L 9
Otter Clo. Redd —6M 205
Otter Cft. B34 —4D 96
Otterstone Clo. Dud —7C 50
Ottery. H'ley —4G 47
Oughton Rd. B12 —2A 114
Oulton Clo. Kidd —1K 149
Oundle Rd. B44 —2M 69
Ounsdale. —3F 62
Ounsdale Cres. Wom —2G 63
Ounsdale Dri. Dud —6J 89
Ounsdale Rd. Wom —2E 62
Ounty John La. Stourb —1M 129
Ousterne La. Fill —6D 100
Outermarch Rd. Cov —2C 144
Outhill. —8E 206
Outlands Dri. Hinc —7A 84
Outmore Rd. B33 —8B 96
Outwood. —4A 178
Outwood Clo. Redd —2E 208
Outwoods. —3J 119
Outwoods, The. Hinc —1M 81
Oval Rd. B24 —8E 70
Oval Rd. Rugby —1D 198
Oval Rd. Tip —3M 65
Oval, The. Dud —1E 88
Oval, The. Smeth —6K 91
Oval, The. W'bry —5F 52
Overberry Clo. Cov —7K 123
Over Borrowcop. Lich —3J 19
Overbrook Clo. Dud —7C 64
Over Brunton Clo. B31 —7B 134
Overbury Clo. B31 —6C 134
Overbury Clo. Hale —7B 110
Overbury Rd. B31 —5C 134
Overdale. A'wd B —8E 208
Overdale Av. S Cold —4M 71
Overdale Clo. Wals —6C 38
Overdale Dri. Wals —6C 38
Overdale Rd. B32 —5L 111
Overdale Rd. Cov —6J 143
Overell Gro. Lea S —7K 211
Overend Rd. Hale & Crad H —2K 109
Overend St. W Brom —6K 67
Overfield Dri. Bils —6G 51
Overfield Rd. B32 —8L 111
Overfield Rd. Dud —1E 88
Over Green. —8F 58
Over Grn. Dri. B37 —3F 96
Overhill Rd. Burn —4G 17
Overlea Av. B27 —6H 115
Over Mill Dri. B29 —7H 113
Over Moor Clo. B19 —2J 93
Over Pool Rd. B8 —3G 95
Overseal Rd. Wolv —1L 37
Overslade. —1L 197
Overslade Cres. Cov —2L 143
Overslade La. Rugby —2K 197
Overslade Mnr. Dri. Rugby —1M 197
Overslade Rd. Sol —8M 137
Oversley Clo. Redd —4A 204
Oversley Rd. Min —3A 72
Overstone Rd. Withy —3L 125
Overstrand. Wolv —6M 21
Over St. Cov —1G 145
Overton Clo. B28 —3G 137
Overton Dri. Wat O —6J 73
Overton Gro. B27 —1J 137
Overton La. Hamm —5J 17
Overton Pl. B7 —6A 94 (2M 5)
Overton Pl. W Brom —3K 67
Overton Rd. B27 —1H 137
Overtons Clo. Rad S —4F 216
Overton Wlk. Wolv —3J 49
Over Whiteacre. —6L 75
Over Wood Cft. B8 —6E 94
Overwoods Rd. H'ley —5G 47
Overwoods Rd. H'ley & Wiln —3F 46
Owenford Rd. Cov —1C 144
Owen Pl. Bils —3K 51
Owen Rd. Bils —3K 51
Owen Rd. W'hall —8B 38
Owen Rd. Wolv —8A 36
Owen Rd. Ind. Est. W'hall —8C 38
Owens Cft. B38 —8G 135
Owen St. Dud —1L 89
Owen St. Tip —4L 65
Owen St. W'bry —2D 52
Owens Way. Crad H —8A 90
Owen Wlk. Cann —4G 9
Ownall Rd. B34 —3C 96
Oxbarn Av. Wolv —2L 49
Oxbridge Way. Tam —3K 31
Ox Clo. Cov —3G 145
Oxendon Way. Bin —8L 145
Oxenton Cft. Hale —7K 109
Oxford Clo. B8 —4H 95
Oxford Clo. Nun —1M 79
Oxford Clo. Wals —6F 14
Oxford Dri. B27 —5K 115
Oxford Dri. Stourb —5M 107
Oxford Grn. Cann —1F 14
Oxford Pas. Dud —8H 65
Oxford Pl. Lea S —8M 211
Oxford Rd. A Grn —6J 115
Oxford Rd. Cann —1F 14
Oxford Rd. Erd —5F 70
Oxford Rd. Mose —7M 113
Oxford Rd. Ryton D & Prin —7L 167
Oxford Rd. Smeth —1A 92 (in two parts)
Oxford Rd. W Brom —6H 67
Oxford Row. Lea S —8M 211
Oxford St. B5 —8M 93 (7J 5)
Oxford St. Barw —2H 85
Oxford St. Bils —4L 51
Oxford St. Cov —6E 144
Oxford St. Dud —8H 65
Oxford St. Earl S —1M 85
Oxford St. Kidd —3L 149
Oxford St. Lea S —8M 211
Oxford St. Rugby —6C 172
Oxford St. Stir —2G 135
Oxford St. Wals —2J 53
Oxford St. W'bry —6H 53
Oxford St. Wolv —8E 36 (5L 7)
Oxford St. Ind. Pk. Bils —4M 51
Oxford Ter. W'bry —7H 53
Oxhayes Clo. Bal C —3J 163
Oxhill Clo. Redd —8L 205
Oxhill Rd. B21 —7C 68
Oxhill Rd. Shir —7C 136
Ox Leasow. B32 —7J 111
Oxleasow Rd. Redd —5L 205
Oxley. —8B 22
Oxley Av. Wolv —3C 36
Oxley Clo. Dud —7H 89
Oxley Clo. Wals —8F 14
Oxley Dri. Cov —6C 166
Oxley Gro. B29 —1A 134
Oxley La. Wolv —6C 36 (1J 7)
Oxley Links Rd. Wolv —1B 36
Oxley Moor Rd. Wolv —1M 35
Ox Leys Rd. S Cold & Wis —5B 58
Oxley St. Wolv —5C 36 (1J 7)
Oxlip Clo. Wals —6A 54
Oxpiece Dri. B36 —1K 95
Oxstall Clo. Min —3D 72
Ox St. Dud —4D 64
Oxted Clo. Wolv —4M 37
Oxted Cft. B23 —6E 70
Oxwood La. Rom & Quin —5D 132
Oxygen St. B7 —5M 93 (1J 5)

Pace Cres. Bils —7A 52
Pacific Av. W'bry —8D 52
Packhorse La. K Nor & H'wd —3K 157
Packington Av. B34 —4C 96
Packington Av. Cov —3H 143
Packington Ct. S Cold —5E 42
Packington La. Col —7H 99
Packington La. Col & Mer —5A 98
Packington La. Hop —4F 30
Packington Pl. Lea S —2A 216
Packmores. —1F 214
Packmore St. Warw —1F 214
Packwood. —2G 187
Packwood Av. Rugby —1H 199
Packwood Clo. B20 —7G 69
Packwood Clo. Ben H —5E 160
Packwood Clo. Lea S —4C 216
Packwood Clo. Redd —8M 203
Packwood Clo. W'hall —1M 51
Packwood Ct. Sol —4C 138
Packwood Dri. B43 —8D 54
Packwood Grn. Cov —6G 143
Packwood Gullet. —8E 160
Packwood House. —4G 187
Packwood Ho. B15 —8D 4
Packwood La. Lapw —6G 187
Packwood Rd. B26 —1B 116
Packwood Rd. Lapw —3G 187
Packwood Rd. Tiv —8A 66
Padarn Clo. Dud —8C 50
Padbury. Wolv —6B 22
Padbury La. Burn —7J 11
Paddiford Pl. Nun —6C 78
Paddington Rd. B21 —8C 68
Paddington Wlk. Wals —5F 38
Paddock Dri. B26 —3A 116
Paddock Dri. Dorr —7G 161
Paddock La. A'rdge —4G 41
Paddock La. Gt Wyr —6G 15
Paddock La. Hinc —4M 81
Paddock La. Redd —2E 208
Paddock La. Wals —8M 39 (in two parts)
Paddocks Clo. Pole —8M 33
Paddocks Clo. Wols —6G 169
Paddocks Dri. H'wd —3M 157
Paddocks Grn. B18 —4G 93
Paddocks Rd. H'wd —3A 158
Paddocks, The. Bulk —6B 104
Paddocks, The. Edg —1H 113
Paddocks, The. Stret D —3F 194
Paddocks, The. Warw —2F 214
Paddock, The. B31 —5C 134
Paddock, The. Bils —8K 51
Paddock, The. Cod —7F 20
Paddock, The. Dud —4E 64
Paddock, The. Lich —4H 19
Paddock, The. Newt —1F 172
Paddock, The. Pert —5D 34
Paddock, The. Stoke H —3K 201
Paddock, The. Stourb —8B 108
Paddock, The. Wolv —3B 50
Paddock, The. Wom —3E 62
Paddock Vw. Wolv —3B 36
Paddox Clo. Rugby —1F 198
Padgate Clo. B35 —6B 72
Padgets La. Redd —5K 205
Padmore Ct. Lea S —3B 216
Padstow. Amin —4F 32
Padstow Clo. Nun —4M 79
Padstow Rd. B24 —5K 71
Padstow Rd. Cov —1E 164
Paganal Dri. W Brom —8L 67
Paganel Dri. Dud —6J 65
Paganel Rd. B29 —7A 112
Page Rd. Cov —2E 164
Pages Clo. S Cold —4J 57
Pages Ct. B43 —8E 54
Pages La. B43 —8E 54
Paget Clo. Bils —1H 65
Paget Clo. B'gve —7L 179
Paget Clo. Lich —7H 13
Paget Ct. Cov —6H 123
Paget Dri. Burn —8E 10
Paget Ho. Tip —6B 66
Paget M. S Cold —7M 57
Paget Rd. B24 —5K 71
Paget Rd. Wolv —7M 35
Pagets Chase. Cann —5C 10
Paget's La. Bubb —4K 193
Paget St. Wolv —6B 36 (1G 7)
Pagham Clo. Wolv —7M 21
Pagnell Gro. B13 —3C 136
Paignton Rd. B16 —6D 92
Pailton Clo. Cov —7J 123
Pailton Gro. B29 —8B 112
Pailton Rd. Shir —4H 137
Painswick Clo. Redd —3E 208
Painswick Clo. Wals —6B 54
Painswick Rd. B28 —2E 136
Paintcup Row. Dud —7J 89
Painters Corner. Smeth —4C 92 (off Grove La.)
Painters Cft. Cose —8L 51
Pakefield Rd. B30 —6J 135
Pakenham Clo. S Cold —1M 71
Pakenham Rd. B15 & Edg —2J 113
Pake's Cft. Cov —4A 144
Pakfield Wlk. B6 —1M 93
Palace Clo. Row R —5D 90
Palace Dri. Smeth —1K 91
Palace Rd. B9 —7E 94
Palefield Rd. Shir —3M 159
Pale La. B17 —1M 111
Palermo Av. Cov —3E 166
Pale St. Dud —4E 64
Palethorpe Rd. Tip —1A 66
Palfrey. —2K 53
Palfrey Rd. Stourb —4K 107
Pallasades Shop. Cen., The. B2 —7K 93 (6F 4)
Pallett Dri. Nun —2M 79
Palmcourt Av. B28 —2E 136
Palm Cft. Brie H —1C 108
Palmer Clo. Wolv —8M 23
Palmer La. Cov —6C 144 (4C 6)
Palmer Pl. Bed —6H 103
Palmer Rd. Hinc —7B 84
Palmer Rd. W'nsh —5B 216
Palmer's Clo. Cod —8J 21
Palmer's Clo. Rugby —1H 199
Palmers Clo. Shir —4H 137
Palmers Gro. B36 —1L 95
Palmers Rd. Redd —4M 205
Palmerston Dri. Tiv —7D 66
Palmerston Rd. B11 —3B 114
Palmerston Rd. Cov —1M 165
Palmer St. B9 —7A 94 (6M 5)
Palmer's Way. Cod —8J 21
Palm Ho. B20 —6F 68
Palm Tree Av. Cov —7J 123
Palmvale Cft. B26 —3A 116
Palomino Pl. B16 —7F 92
Pamela Rd. B31 —7A 134
Pancras Clo. Cov —8L 123
Pan Cft. B36 —2J 95
Pandora Rd. Cov —2L 145
Pangbourne Clo. Nun —1M 79
Pangbourne Rd. Cov —1J 145
Pangfield Pk. Cov —5J 143
Pannel Cft. B19 —3K 93
Panther Cft. B34 —4D 96
Pantolf Pl. Rugby —2L 171
Papenham Grn. Cov —1G 165
Paper Mill Dri. Redd —4H 205
Paper Mill End. B44 —3K 69
Paper Mill End Ind. Est. B44 —3K 69
Paper Mill La. Wych —8E 200
Papworth Dri. B'gve —4M 179
Papyrus Way. B36 —8M 71
Parade. B1 —6J 93 (4C 4)
Parade. Lea S —8M 211
Parade. S Cold —4J 57
Parade, The. Bwnhls —8E 16
Parade, The. Crad H —1L 109
Parade, The. Dud —7H 65
Parade, The. Kidd —1M 149
Parade, The. K'hrst —3G 97
Parade, The. K'wfrd —2H 87
Parade, The. Nun —6J 79
Parade Vw. Wals —1E 26
Paradise. —3F 144 (Coventry)
Paradise. —1K 89 (Dudley)
Paradise. Dud —1K 89
Paradise Cir. Queensway. B1 —7J 93 (4D 4)
Paradise La. B28 —3E 136
Paradise La. S Hth —1E 22
Paradise La. Wals —6M 25
Paradise Pl. B3 —7K 93 (5E 4)
Paradise Row. B'gve —7M 179
Paradise St. B1 —7K 93 (5E 4)
Paradise St. Cov —8D 144 (7E 6)
Paradise St. Rugby —6C 172
Paradise St. Warw —1F 214
Paradise St. W Brom —6J 67 (in two parts)
Paradise Way. Cov W —8A 124
Paragon Way. Bay I —1H 123
Parbrook Clo. Cov —1E 164
Parbury. Dost —4D 46
Parchments, The. Lich —8H 13
Pardington Clo. Sol —1E 138
Pargeter Ct. Wals —7J 39
Pargeter Rd. Smeth —7M 91
Pargeter St. Stourb —5M 107
Pargeter St. Wals —7J 39
Par Grn. B38 —8D 134
Parish Gdns. Stourb —8B 108
Parish Hill. B'hth —8K 153
Park App. B23 —7C 70
Park Av. Bal H —4M 113
Park Av. Burn —4H 17
Park Av. Cann —4A 16
Park Av. Col —3M 97
Park Av. Cov —2K 165
Park Av. Gold P —4C 50
Park Av. Hock —2G 93
Park Av. K Nor —4G 135
Park Av. Nun —6L 79
Park Av. O'bry —6H 91
Park Av. Row R —6C 90
Park Av. Smeth —5M 91
Park Av. Sol —6D 138
Park Av. Stour S —5F 174
Park Av. Stud —6L 209
Park Av. Tip —4L 65
Park Av. W'hall —7M 37
Park Av. Wolv —6B 36 (3G 7)
Park Av. Wom —4F 62
Park Bldgs. Lwr G —5C 64 (off Park Rd.)
Pk. Butts Ringway. Kidd —3K 149
Park Cir. Aston —2M 93 (in two parts)
Park Clo. B24 —4K 71
Park Clo. Bew —6A 148
Park Clo. Bwnhls —1F 26
Park Clo. C Hay —6E 14
Park Clo. Dud —2H 65
Park Clo. Earl S —1L 85
Park Clo. Ken —4H 191
Park Clo. Sol —7D 116
Park Clo. Tiv —2C 90
Park Ct. Cov —3H 143
Park Ct. Redd —6G 205
Park Ct. Row V —6C 90
Park Ct. Rugby —5A 172
Park Ct. S Cold —8F 56
Park Cres. Stour S —5F 174
Park Cres. W Brom —5K 67
Park Cres. Wolv —7B 36 (3G 7)
Park Cft. H'wd —4A 158
Park Dale. —6A 36
Parkdale. Dud —1D 64
Park Dale. Wals —3C 54
Parkdale Av. W'bry —5G 53
Parkdale Clo. B24 —7F 70
Park Dale Ct. Wolv —6A 36
Parkdale Dri. B31 —2A 156
Park Dale E. Wolv —6A 36
Parkdale Rd. B26 —4C 116
Park Dale W. Wolv —6A 36
Park Dingle. Bew —3A 148
Park Dri. Four O —7G 43
Park Dri. Lea S —2L 215
Park Dri. Lit A —5C 42
Park Dri. Wolv —4C 50
Park Edge. B17 —2C 112
Park End. B32 —8K 111
Parkend. Brow —2C 172
Park End. Lich —2L 19
Parker Rd. Wolv —8M 23
Parker St. B16 —8F 92
Parker St. Wals —8G 25
Parkes Av. Cod —7H 21
Parkes Ct. Warw —2D 214
Parkes Hall Rd. Dud —3G 65
Parkes La. Dud —2G 65
Parkes La. Tip —1M 65
Parkes Pas. Stour S —6G 175
Parkes St. Brie H —6D 88
Parkes St. Smeth —5M 91
Parkes St. Warw —2D 214
Parkes St. W'hall —8B 38
Parkeston Cres. B44 —8C 56
Park Farm. —1H 209
Park Farm Ind. Est. Park I —2K 209
Park Farm Ind. Est. Redd —2J 209
Park Farm Rd. B43 —6H 55
Park Farm Rd. Kett —8C 32
Park Farm South. —3K 209
Parkfield. —4F 50
Parkfield. B32 —7F 110
Parkfield Av. Tam —1C 46
Parkfield Clo. B15 —2J 113
Parkfield Clo. Hale —4G 111
Parkfield Clo. Hartl —7A 176
Parkfield Clo. Redd —3H 205
Parkfield Clo. Tam —1C 46
Parkfield Ct. Col —2M 97 (in two parts)
Parkfield Cres. Tam —8C 32
Parkfield Cres. Wolv —3E 50
Parkfield Dri. B36 —8C 72
Parkfield Dri. Ken —4H 191
Parkfield Gro. Wolv —3E 50
Parkfield Pl. Stourb —4A 108
Parkfield Rd. B8 —6E 94
Parkfield Rd. Col —2M 97
Parkfield Rd. Dud —3K 89
Parkfield Rd. Ker E —3A 122
Parkfield Rd. O'bry —6G 91
Parkfield Rd. Rugby —2K 171
Parkfield Rd. Stourb —4A 108

Parkfield Rd. Wolv —3D 50
Park Gdns. Stourb —6F 108
Park Gate. —6G 179
Parkgate Rd. Cov —6B 122
Park Gate Rd. Rug —3F 10
Park Gate Rd. W'ley —7B 128
Park Gro. B10 —1D 114
Park Gro. Wat O —6J 73
Park Hall Clo. Wals —3C 54
Park Hall Cres. B36 —1B 96
Parkhall Cft. B34 —2C 96
Park Hall Rd. Wals —2C 54
Park Hall Rd. Wolv —5D 50
Parkhead Cres. Dud —1H 89
Parkhead Rd. Dud —1H 89
Park Hill. —3J 191
Park Hill. B13 —5L 113
Park Hill. Ken —3G 191
Park Hill. Row R —8B 90
Park Hill. W'bry —5H 53
Park Hill Dri. B20 —5F 68
Parkhill Dri. Cov —5F 142
Park Hill La. Alle —4G 143
Park Hill Rd. B17 —3C 112
Parkhill Rd. Burn —1G 17
Park Hill Rd. Smeth —4M 91
Parkhill Rd. S Cold —3M 71
Parkhill St. Dud —1K 89
Park Ho. Ess —6A 24
Park Ho. Smeth —4C 92
Parkhouse Av. Wolv —3H 37
Park Ho. Ct. Sap —2K 83
Parkhouse Dri. B23 —4A 70
Parkhouse Gdns. Dud —5C 64
Parkland Av. Kidd —4H 149
Parkland Clo. Cov —6C 122
Parklands. Redn —1G 155
Parklands. Sol —6A 138
Parklands Av. Lea S —5C 212
Parklands Clo. Redd —4A 204
Parklands Ct. Blox —8H 25
Parklands Dri. S Cold —1F 56
Parklands Gdns. Wals —1A 54
Parklands Rd. Bils —7K 51
Parklands Rd. W'bry —4E 52
Parklands Rd. Wolv —8G 37
Parklands, The. B23 —3D 70
Parklands, The. Stourb —6C 108
Parklands, The. Wolv —8K 35
Park La. Aston —2L 93
Park La. Berk —7G 141
Park La. Bew —3B 148
Park La. Birm A —5J 117
Park La. Bone —7L 31
Park La. Cas V & Min —5B 72
Park La. Fill & Asty —4G 101
Park La. Hale —3G 109
Park La. Hand —4B 68
Park La. Harv —7G 151
Park La. Kidd —3K 149
Park La. K'wfrd —2L 87
Park La. Midd —1J 59
Park La. Min —5C 72
Park La. Nun —5M 77
Park La. O'bry —3G 91
Park La. Rush —7J 177
Park La. Shen —4G 29
Park La. Wals —6F 14
Park La. W'bry —2F 52
Park La. Wolv —3E 36
Park La. E. Tip —5A 66
Park La. Ind. Est. Kidd —5K 149
Park La. Ind. Est. W Brom —8B 68
Park La. Trad. Est. O'bry —3F 90
Park La. W. Tip —4L 65
Park Lime Dri. Wals —5B 40
Pk. Lime Pits Nature Reserve. —4C 40
Park Mall. Wals —7L 39
Park Mdw. Av. Bils —1J 51
Park M. B29 —8B 112
Park Mill Wlk. B7 —2C 94
Park Paling, The. Cov —2E 166
Park Pl. B7 —2C 94
Park Retreat. Smeth —5B 92
Park Ridge. S Cold —2G 57
Pk. Ridge Dri. Hale —3H 109
Park Ri. Wolv —7L 35
Park Rd. Aston —2A 94
Park Rd. Bed —7H 103
Park Rd. Bils —4J 51
Park Rd. Blox —8H 25
(in two parts)
Park Rd. Brie H —1F 108
Park Rd. Burn —4H 17
Park Rd. Cann —8D 8
Park Rd. C Ter —1E 16
Park Rd. Col —3M 97
Park Rd. Cov —8C 144 (7C 6)
Park Rd. Dost —4C 46
Park Rd. Earl S —1L 85
Park Rd. Erd —7C 70
Park Rd. F'stne —1K 23
Park Rd. Hag —4A 130
Park Rd. Hale —4G 109
Park Rd. Hinc —1L 81
Park Rd. Hock —3F 92
Park Rd. Ken —3G 191
Park Rd. Lea S —5A 212
Park Rd. Lwr G —5C 64
Park Rd. Mose —5M 113
Park Rd. Neth —3J 89
Park Rd. Nort C —4A 16
Park Rd. Rugby —5A 172
Park Rd. Rus —4C 40
Park Rd. Sap —2K 83
Park Rd. Smeth —7M 91
Park Rd. Sol —6C 138
Park Rd. S'hll —6C 114
Park Rd. Stourb —4K 107
Park Rd. S Cold —4H 57
Park Rd. Tiv —1C 90
Park Rd. Wals —4D 54
Park Rd. Warw —1F 214
Park Rd. W'hall —6M 37
Park Rd. Woods —3H 65
Park Rd. E. Wolv —6B 36 (1G 7)
Park Rd. N. B6 —2A 94
Park Rd. S. B18 —4H 93 (1A 4)
Park Rd. W. Stourb —4J 107
Park Rd. W. Wolv —6A 36 (3G 7)
Parkrose Ind. Est. Smeth —1B 92
Parks Cres. Ess —6A 24
Parkside. B32 —7J 111
Parkside. Birm P —2K 117
Parkside. B'gve —6A 180
Parkside. Cov —7D 144 (6D 6)
Parkside. Wiln —8E 32
Parkside Av. W'hall —7L 37
Parkside Clo. W'bry —6H 53
Parkside Ct. Hinc —1L 81
Parkside Ind. Est. Wolv —8F 36
Parkside La. Cann —6A 8
Parkside Rd. B20 —3E 68
Parkside Rd. Hale —4K 109
Parkside Way. B31 —8J 133
Parkside Way. S Cold —8A 42
Park Sq. Birm P —1K 117
Parkstone Av. B'gve —1K 201
Parkstone Clo. Wals —8C 26
Parkstone Rd. Cov —7F 122
Park St. B5 —7L 93 (6H 5)
Park St. Aston —2A 94
(in two parts)
Park St. Cann —3E 14
Park St. C Hay —6E 14
Park St. Cov —2E 144
Park St. Crad H —7L 89
Park St. Darl —4C 52
Park St. Dud —3F 88
Park St. Kidd —3K 149
Park St. K'wfrd —3K 87
Park St. Lea S —8M 211
Park St. Lye —4F 108
Park St. Nun —6K 79
Park St. O'bry —3F 90
Park St. Row R —8D 90
Park St. Stourb —1M 107
(Brettell La.)
Park St. Stourb —5A 108
(Chapel St.)
Park St. Tam —4A 32
Park St. Tip —4A 66
Park St. Wals —7L 39
Park St. W'bry —6F 52
Park St. W Brom —6K 67
Park St. Arc. Wals —7L 39
(off Park St.)
Park St. Ind. Est. Cov —2D 144
Park St. S. Wolv —3C 50
Park Ter. Hand —1E 92
Park Ter. W'bry —3B 52
Park, The. Redd —2J 203
Park Venture Cen. Cann —3E 14
Park Vw. B10 —2D 114
Park Vw. B18 —5E 92
Park Vw. Cov —7G 145
Park Vw. H'ley H —3C 186
Park Vw. Sharn —4H 83
Park Vw. S Cold —3G 57
Park Vw. W'bry —3C 52
Pk. View Clo. Exh —1G 123
Pk. View Ct. Nun —5D 78
Parkview Cres. Wals —5G 39
Parkview Dri. B8 —3G 95
Parkview Dri. Bwnhls —7F 16
Parkview Flats. Cov —8B 144 (8A 6)
Pk. View Rd. B31 —6L 133
Pk. View Rd. Bils —1J 51
Pk. View Rd. Stourb —5F 108
Pk. View Rd. S Cold —6D 42
Pk. View Trad. Est. B30 —6F 134
Park Village. —4F 36
Park Vs. B9 —7B 94
Parkville Av. B17 —5B 112
Parkville Clo. Cov —6C 122
Parkville Highway. Cov —6B 122
Park Wlk. Brie H —1F 108
Park Wlk. Redd —6E 204
Park Wlk. Rugby —5A 172
Parkway. B8 —4G 95
Parkway. Cross P —1B 146
Park Way. Redd —4G 205
Park Way. Redn —8H 133
Park Way. Wolv —8A 24
Parkway Ind. Cen. B7 —5A 94 (1L 5)
Parkway Ind. Est., The. W'bry —8E 52
Parkway Rd. Dud —7G 65
Parkway Roundabout. W'bry —8E 52
Parkway, The. Pert —3D 34
Parkway, The. Wals —1C 40
Parkwood Clo. Wals —4G 27
Parkwood Ct. Ken —4H 191
Park Wood Ct. S Cold —7F 42
Parkwood Cft. B43 —8H 55
Parkwood Dri. S Cold —7C 56
Park Wood La. Cov —2D 164
Parkwood Rd. B'gve —6L 179
Parkyn St. Wolv —1E 50
Parliament St. Aston —3L 93
Parliament St. Small H —1C 114
Parliament St. W Brom —8K 67
Parlows End. B38 —2D 156
Parmington Clo. Call H —3B 208
Parmiter Ho. Lea S —7M 211
Parnell Clo. Rugby —6M 171
Parr Clo. Warw —3K 215
Parrotts Gro. Cov —4K 123
(in two parts)
Parry Rd. Cov —2H 145
Parry Rd. Kidd —6H 149
Parry Rd. Wolv —1A 38
Parsonage Dri. Hale —2G 109
Parsonage Dri. Redn —5K 155
Parsonage St. O'bry —2H 91
Parsonage St. W Brom —3K 67
Parson's Hill. B30 —7G 135
Parsons Hill. O'bry —8H 91
Parsons La. Hartl —8M 175
Parson's La. Hinc —1L 81
Parsons Nook. Cov —4G 145
Parsons Rd. Redd —7E 204
Parson's St. Dud —8J 65
Parson St. Wiln —2E 46
Parsons Way. Wals —3F 38
Partons Rd. B14 —3K 135
Partridge Av. W'bry —3B 52
Partridge Clo. B37 —6J 97
Partridge Clo. Hunt —2D 8
Partridge Ct. W'bry —6F 52
Partridge Cft. Cov —8G 123
Partridge Cft. Lich —1J 19
Partridge Gro. Kidd —7A 150
Partridge La. Call H —3A 208
Partridge Mill. Pels —6L 25
Partridge Rd. B26 —8A 96
Partridge Rd. Stourb —5J 107
Passey Rd. B13 —7D 114
Passfield Av. Cann —2J 9
Passfield Rd. B33 —6A 96
Pasture Ga. Cann —7C 8
Pastures, The. Pert —5D 34
Pastures Wlk. B38 —2D 156
Pasture Vw. Pels —7M 25
Patchetts La. Bew —5A 148
Patch La. Redd —3F 208
Pat Davis Ct. Kidd —2L 149
Patent Dri. W'bry —6C 52
Patent Shaft Roundabout. W'bry —6D 52
Paternoster Row. B5 —7L 93 (5H 5)
Paternoster Row. Kidd —3K 149
Paternoster Row. Wolv —7C 36 (3H 7)
Paterson Ct. Know —3J 161
Paterson Pl. Wals —4H 27
Pathlow Cres. Shir —8F 136
Pathway, The. B14 —4H 135
Patios, The. Kidd —2J 149
Paton Gro. B13 —7M 113
Patricia Av. B14 —5C 136
Patricia Av. Wolv —4C 50
Patricia Clo. Cov —8C 142
Patricia Cres. Dud —3H 65
Patricia Dri. Tip —7A 66
Patrick Collection, The. —6G 135
Patrick Gregory Rd. Wolv —2M 37
Patrick Rd. B26 —2L 115
Patriot Clo. Wals —3K 53
Patshull Av. Wolv —6B 22
Patshull Clo. B43 —8D 54
Patshull Gro. Wolv —6B 22
Patshull Pl. B19 —2J 93
Pattens Rd. Warw —8G 211
Patterdale. Rugby —2D 172
Patterdale Rd. B23 —5D 70
Patterdale Rd. Cann —5G 9
Patterdale Way. Brie H —1B 108
Patterton Dri. S Cold —1A 72
Pattingham Rd. Pert & Wolv —6A 34
Pattison Gdns. B23 —7D 70
Pattison St. Wals —4L 53
Paul Byrne Ct. B20 —8H 69
Pauline Av. Cov —7H 123
Paul Pursehouse Rd. Bils —6K 51
Pauls Coppice. Wals —4F 26
Paul Stacey Ho. Cov —2F 6
Paul St. Bils —8G 51
Paul St. W'bry —7G 53
Paul St. Wolv —1C 50 (7H 7)
Pauls Wlk. Lich —6G 13
Paul Va. Tip —4B 66
Pavenham Dri. B5 —5J 113
Pavilion Av. Smeth —6K 91
Pavilion Clo. A'rdge —2H 41
Pavilion Gdns. B'gve —4M 179
Pavilion Gdns. Dud —7J 89
Pavilion Rd. Witt —6M 69
Pavilions, The. B4 —7L 93 (5H 5)
Pavilion, The. Tam —6H 33
Pavilion Vw. Cann —2J 9
Pavilion Way. Cov —6M 143
Pavior's Rd. Burn —5E 16
Paxford Clo. Redd —3H 205
Paxford Way. B31 —3M 133
Paxmead Clo. Cov —7A 122
Paxton Av. Pert —6E 34
Paxton Clo. B'gve —8B 180
Paxton Rd. B18 —4G 93
Paxton Rd. Cov —5A 144
Paxton Rd. Stourb —5G 109
Payne Clo. Lea S —7A 212
Paynell Clo. Cov —7B 122
Paynes La. Cov —6F 144
Paynes La. Rugby —6K 171
Payne St. Row R —8C 90
Paynton Wlk. B15 —1K 113
Payton Clo. O'bry —8E 66
Payton Rd. B21 —1D 92
Peace Clo. Wals —6E 14
Peacehaven Cotts. Nun —7G 79
Peace Wlk. B37 —8H 97
Peach Av. W'bry —3C 52
Peachley Clo. Hale —6B 110
Peach Ley Rd. B29 —2M 133
Peach Rd. W'hall —3A 38
Peacock Av. Cov —8M 123
Peacock Av. Wolv —1A 38
Peacock Clo. Tip —5B 66
Peacock Cft. Wals —7G 15
Peacock Rd. B13 —3M 135
Peacock Rd. W'bry —2B 52
Peacocks, The. Warw —7B 214
Peak Cft. B36 —1K 95
Peak Dri. Dud —6D 64
Peake Av. Nun —1L 79
Peake Cres. Wals —4F 26
Peake Dri. Tip —5B 66
Peake Rd. Wals —4G 27
Peak Ho. Rd. B43 —6E 54
Peakman Clo. Redn —3G 155
Peakman St. Redd —5E 204
Peak Rd. Stourb —3B 108
Peal St. Wals —8M 39
Pearce Clo. Dud —1E 88
Pearl Gro. B18 —5E 92
Pearl Gro. B27 —6H 115
Pearl Hyde Ho. Cov —2E 6
Pearl La. Stour S —8D 174
Pearman Rd. Redn —8D 132
Pearman Rd. Smeth —6A 92
Pearmans Cft. H'wd —3A 158
Pearsall Dri. O'bry —1E 90
Pears Clo. Ken —4F 190
Pearson Av. Cov —8H 123
Pearson Ct. W'hall —5D 38
Pearson St. Brie H —6D 88
Pearson St. Crad H —8L 89
Pearson St. Stourb —5F 108
Pearson St. W Brom —5H 67
Pearson St. Wolv —1C 50 (8J 7)
Peart Dri. Stud —5J 209
Pear Tree Av. K'bry —4D 60
Pear Tree Av. Nun —3E 78
Pear Tree Av. Tip —4M 65
Peartree Av. W'hall —8B 38
Pear Tree Clo. B43 —8B 54
Pear Tree Clo. Barw —1H 85
Peartree Clo. Cann —2C 8
Pear Tree Clo. Cov —7H 123
Pear Tree Clo. Kidd —2B 150
Peartree Clo. Shir —7D 136
Pear Tree Clo. Shut —2L 33
Pear Tree Clo. Stech —7K 95
Pear Tree Ct. B43 —1C 68
Peartree Cres. Shir —6C 136
Pear Tree Dri. B43 —1B 68
Peartree Dri. Stourb —7A 108
Peartree Gro. Shir —7C 136
Peartree Ho. O'bry —4J 91
Peartree Ind. Est. Dud —3G 89
Peartree La. Bils —1K 65
Peartree La. Crad H —8L 89
Peartree La. Dud —4F 88
Pear Tree La. Wals —7C 16
Pear Tree La. Wolv —8H 23
Pear Tree Rd. Gt Barr —8B 54
Pear Tree Rd. S End —3C 96
Pear Tree Rd. Smeth —5L 91
Pear Tree Way. Rugby —8H 171
Peascroft La. Bils —2L 51
(in two parts)
Peasefield Clo. B21 —1C 92
Peat Clo. Rugby —8L 171
Pebble Clo. Stourb —4B 108
Pebble Clo. Tam —6H 33
Pebble Mill Clo. Cann —7F 8
Pebble Mill Dri. Cann —7F 8
Pebble Mill Rd. B5 —5J 113
Pebworth Av. Shir —3B 160
Pebworth Clo. Cov —6H 143
Pebworth Clo. Redd —2J 205
Pebworth Clo. S Oak —7H 113
Pebworth Gro. B33 —1C 116
Pebworth Gro. Dud —6G 65
Peckham Rd. B44 —7A 56
Peckingham St. Hale —6B 110
Peckleton Grn. Barw —1H 85
Peckover Clo. Row R —8C 90
Peddimore La. Min —3B 72
(in two parts)
Pedmore. —8D 108
Pedmore Clo. Redd —2H 209
Pedmore Ct. Rd. Stourb —8B 108
Pedmore Gro. B44 —7M 55
Pedmore Hall La. Stourb —1C 130
Pedmore La. Stourb —8C 108
Pedmore Rd. Brie H & Dud —6F 88
Pedmore Rd. Stourb —4D 108
Pedmore Rd. Ind. Est. Brie H —5F 88
Pedmore Wlk. O'bry —4D 90
Peel Clo. Cov —3E 144
Peel Clo. Darl —1D 52
Peel Clo. Dray B —4L 45
Peel Clo. H Ard —3B 140
Peel Clo. W'hall —8A 38
Peel Ct. Faz —1B 46
Peel Dri. Cann —1G 9
Peelers Way. Tam —6C 32
Peel Ho. Tam —5A 32
Peel La. Cov —4F 144
Peel Rd. Warw —1E 214
Peel St. B18 —4E 92
Peel St. Cov —3E 144
Peel St. Dud —1L 89
Peel St. Kidd —4K 149
Peel St. Tip —5A 66
Peel St. W Brom —4J 67
Peel St. W'hall —8A 38
Peel St. Wolv —8C 36 (5H 7)
Peel Wlk. B17 —2M 111
Peel Way. Tiv —7C 66
Pegasus Wlk. B29 —8D 112
Pegasus Wlk. Tam —2M 31
Peggs Clo. Earl S —1M 85
Peggs Row. Burn —2L 17
Pegleg Wlk. B14 —7J 135
Pegmill Clo. Cov —1F 166
Pelham Dri. Dud —7G 65
Pelham Lodge. Kidd —4M 149
Pelham Rd. B8 —5H 95
Pelham St. Wolv —8A 36
Pelsall. —6A 26
Pelsall La. Blox —6K 25
Pelsall La. Wals —8A 26
Pelsall Rd. Wals —3C 26
Pelsall Wood. —4M 25
Pemberley Rd. B27 —7G 115
Pemberton Clo. Smeth —6B 92
Pemberton Cres. W'bry —4J 53
Pemberton Rd. Bils —8K 51
Pemberton Rd. W Brom —3G 67
Pemberton St. B18 —5H 93 (1B 4)
Pembridge Clo. B32 —2G 133
Pembridge Clo. Brie H —8F 88
Pembridge Clo. Redd —6K 205
Pembridge Rd. Dorr —6D 160
Pembroke Av. Wolv —2G 51
Pembroke Clo. Bed —8C 102
Pembroke Clo. Tam —3L 31
Pembroke Clo. Warw —8F 210
Pembroke Clo. W Brom —8H 53
Pembroke Clo. W'hall —3C 38
Pembroke Cft. B28 —4G 137
Pembroke Gdns. Stourb —8J 87
Pembroke Ho. Wals —3J 39
(off Comwall Clo.)
Pembroke Rd. B12 —5A 114
Pembroke Rd. W Brom —1H 67
Pembroke Way. B28 —4G 137
Pembroke Way. Nun —6K 79
Pembroke Way. Salt —4C 94
Pembroke Way. Stour S —3E 174
Pembroke Way. W Brom —2H 67
Pembrook Rd. Cov —7C 122
Pembury Av. Cov —6G 123
Pembury Clo. S Cold —3M 55
Pembury Cft. B44 —8A 56
Penarth Gro. Bin —2M 167
Pencombe Dri. Wolv —4D 50
Pencraig Clo. Ken —4J 191
Pencroft Rd. B34 —2B 96
Penda Ct. Hand —1G 93
Penda Gro. Wolv —4F 34
Pendeen Rd. B14 —5B 136
Pendeford. —7M 21
Pendeford Av. Wolv —1L 35
Pendeford Bus. Pk. Wolv —6M 21
Pendeford Clo. Wolv —1L 35
Pendeford Hall La. Coven —4H 21
Pendeford La. Wolv —5A 22
Pendeford Mill La. Cod —6H 21
Pendenis Clo. Cov —1G 145
Pendennis Clo. B30 —4D 134
Pendennis Dri. Tiv —1A 90
Penderell Clo. F'stne —3G 23
Penderel St. Wals —1J 39
Pendigo Way. B40 —5L 117
Pendinas Dri. Wolv —6H 21
Pendine Ct. Lea S —1K 215
Pendle Hill. Cann —5J 9
Pendleton Gro. B27 —1H 137
Pendragon Rd. B42 —5J 69
Pendred Rd. Rugby —6L 171
Pendrel Clo. Wals —1F 24
Pendrell Clo. B37 —6G 97
Pendrell Clo. Cod —6G 21
Pendrell Ct. Cod —6G 21
Pendrill Rd. Wolv —6E 22
Penfields Rd. Stourb —3A 108
Penfold Clo. Sap —1K 83
Penge Gro. B44 —6L 55
Penhallow Dri. Wolv —4E 50
Penk Dri. Burn —3K 17
Penkridge Clo. Wals —5K 39
Penkridge Gro. B33 —5M 95
Penkridge St. Wals —6K 39
Penk Ri. Wolv —5G 35
Penleigh Gdns. Wom —2F 62
Penley Gro. B8 —3H 95
Penmanor. Fins —8D 180
Penn. —4L 49
Pennant Ct. Row R —6B 90
Pennant Gro. B29 —7A 112
Pennant Rd. Burb —4K 81
Pennant Rd. Crad H —8K 89
Pennant Rd. Row R —6B 90
Pennard Gro. B32 —5M 111
Penn Clo. Wals —1J 39
Penn Comn. Rd. Wolv —8L 49
Penncricket La. Row R & O'bry —6E 90
Penn Fields. —3A 50
Penn Gro. B29 —7B 112
Penn Ho. Cov —8F 142
Pennhouse Av. Wolv —4M 49
Penn Ind. Est. Crad H —8J 89
Pennine Dri. Cann —7E 8
Pennine Dri. Dud —6D 64
Pennine Rd. B'gve —4A 180
Pennine Way. Nun —6B 78
Pennine Way. Salt —4D 94
Pennine Way. Stourb —3A 108
Pennine Way. W'hall —4D 38
Pennine Way. Wiln —8H 33
Pennington Clo. W Brom —7G 67
Pennington Ho. O'bry —1D 90
Pennington M. Rugby —6M 171
Pennington St. Rugby —6M 171
(in two parts)
Pennington Way. Cov —1E 144
Pennis Ct. S Cold —2M 71
Penn La. Port & Tan A —5A 184
Penn Rd. Dud —8M 49
Penn Rd. Row R —6E 90
Penn Rd. Wolv —6K 49 (8G 7)
Penn Rd. Island. Wolv —8C 36 (6H 7)
Penns Clo. Lea S —4E 212
Penns Lake Rd. S Cold —1L 71
Penns La. Col —2M 97
Penns La. S Cold —2J 71
Penn St. B4 —6A 94 (3L 5)
Penn St. Crad H —1M 109
Penn St. Wolv —1B 50 (7G 7)
Penns Wood Clo. Dud —7C 50
Penns Wood Dri. S Cold —2M 71
Pennwood La. Wolv —6M 49
Pennyacre Rd. B14 —7K 135
Penny Ct. Wals —1F 24
Pennycress Gdns. F'stne —2J 23
Pennycress Grn. Cann —5M 15
Pennycroft Ho. B33 —6L 95
Pennyfield Cft. B33 —6L 95
Pennyford Clo. Redd —4A 204
Pennyhill La. W Brom —2L 67
Penny La. Barw —2G 85
Pennymoor Rd. Wiln —1H 47
Penny Pk. La. Cov —6M 121
Penny Royal Clo. Dud —7D 64
Pennyroyal Clo. Wals —6B 54
Pennys Cft. Lich —8L 13
Pennystone Clo. Lea S —3D 216
Penrice Dri. Tiv —8M 65
Penrith Clo. Brie H —1B 108
Penrith Clo. Cov —7C 122
Penrith Clo. Lea S —7J 211
Penrith Cft. B32 —1K 133
Penrith Gro. B37 —7J 97
Penrose Clo. Cov —2G 165
Penryhn Clo. Ken —4J 191
Penryn Clo. Nun —5A 80
Penryn Clo. Wals —2D 54
Penryn Rd. Wals —2D 54
Pensby Clo. B13 —1D 136
Pensford Rd. B31 —6C 134
Pensham Cft. Shir —3A 160
Penshaw Clo. Wolv —6A 22
Penshaw Gro. B13 —8D 114
Penshurst Av. B20 —8K 69
Penshurst Way. Nun —1M 103
Pensilva Way. Cov —5E 144
Pensnett. —3C 88
Pensnett Rd. Brie H —4C 88

Pensnett Rd. Brie H & Dud —2E 88
Pensnett Trad. Est. K'wfrd —1M 87
Penstock Ct. Kidd —1C 150
Penstone La. Wolv —5E 48
Pentire Clo. Nun —4M 79
Pentire Rd. Lich —2K 19
Pentland Clo. Hinc —8B 84
Pentland Cft. B12 —2M 113
Pentland Gdns. Wolv —7L 35
Pentos Dri. B11 —5D 114
Pentridge Clo. S Cold —4M 71
Penzance Clo. Hinc —5E 84
Penzance Way. Nun —4M 79
Penzer Dri. B Grn —1K 181
Penzer St. K'wfrd —2K 87
Peolsford Rd. Pels —5A 26
Peony Wlk. B23 —6B 70
Peplins Way. B30 —6H 135
Peplow Rd. B33 —5A 96
Pepperbox Dri. Tip —4A 66
Peppercorn Pl. W Brom —5J 67
Pepper Hill. Stourb —5A 108
Pepper La. Cov —7C 144 (5C 6)
Pepperwood Clo. Fair —6J 153
Pepper Wood Nature Reserve. —7H 153
Pepys Corner. Cov —6E 142
Pepys Ct. B43 —2E 68
Perch Av. B37 —6G 97
Perch Rd. Wals —5G 39
Percival Rd. B16 —8C 92
Percival Rd. Rugby —1D 198
Percy Bus. Pk. O'bry —2F 90
Percy Cres. Ken —7E 190
Percy Rd. B11 —6D 114
Percy Rd. Ken —7E 190
Percy Rd. Warw —1E 214
Percy St. Cov —6B 144 (4A 6)
Percy Ter. B11 —5D 114
Percy Ter. Lea S —8K 211
Peregrine Clo. Dud —8F 64
Peregrine Dri. Cov —4G 143
Peregrine Gro. Kidd —7A 150
Pereira Rd. B17 —2C 112
Perimeter Rd. B40 —5K 117
(in two parts)
Perivale Gro. Bils —1K 65
Perivale Way. Stourb —1A 108
Periwinkle Clo. Clay —3D 26
Perkins Clo. Dud —3J 65
Perkins Gro. Rugby —8F 172
Perkins St. Cov —6D 144 (3E 6)
Perks Rd. Wolv —8A 24
Permian Clo. Rugby —3C 172
Perott Dri. S Cold —7K 43
Perrett Wlk. Kidd —3K 149
Perrin Av. Kidd —5H 149
Perrins Gro. B8 —3G 95
Perrin's La. Stourb —5F 108
Perrins Ri. Stourb —5F 108
Perrott Gdns. Brie H —8A 88
Perrott's Folly. —8F 92
Perrott St. B18 —3D 92
Perry. —3L 69
Perry Av. B42 —4J 69
Perry Av. Wolv —1F 36
Perry Barr. —4H 69
Perry Beeches. —2G 69
Perry Clo. Dud —1K 89
Perry Common. —1D 70
Perry Comn. Rd. B23 —2B 70
Perry Crofts. —3C 32
Perrycrofts Cres. Tam —2C 32
Perryfields. —5K 179
Perryfields Clo. Redd —4F 208
Perryfields Cres. B'gve —4M 179
Perryfields Rd. B'gve —6K 179
Perryford Dri. Sol —1C 160
Perry Hall Dri. W'hall —4B 38
Perry Hall Rd. Wolv —3M 37
Perry Hill Cres. O'bry —2H 111
Perry Hill Ho. O'bry —1J 111
Perry Hill La. O'bry —2H 111
Perry Hill Rd. O'bry —2H 111
Perry La. B'gve —7M 179
Perry La. Tort —4B 176
Perryman Dri. Picc —1F 60
Perrymill La. Sam —8H 209
Perry Mill La. Ullen —4J 207
Perry Pk. Cres. B42 —3J 69
Perry Pk. Rd. Crad H & Row R —8B 90
Perry St. Bils —6L 51
Perry St. Darl —1D 52
(in two parts)
Perry St. Smeth —2M 91
Perry St. Tip —5A 66
Perry St. W'bry —7F 52
Perry Trad. Est. Bils —6L 51
Perry Villa Dri. B42 —4K 69
Perry Wlk. B23 —3B 70
Perrywell Rd. B6 —4M 69
Perry Wood Rd. B42 —1G 69
Persehouse St. Wals —7M 39
Pershore Av. B29 —7H 113
Pershore Clo. Wals —7F 24
Pershore Pl. Cov —3L 165
Pershore Rd. B30 & B29 —5G 135
Pershore Rd. Hale —7A 110
Pershore Rd. Kidd —3G 149
Pershore Rd. Wals —7F 24
Pershore Rd. S. B30 —5F 134
Pershore St. B5 —8L 93 (7G 5)
Pershore Tower. B31 —7J 133
Pershore Way. Wals —7F 24
Perth Ri. Cov —5G 143
Perth Rd. W'hall —3B 38
Perton. —5D 34
Perton Brook Va. Wolv —7F 34
Perton Gro. B29 —8A 112
Perton Gro. Wolv —7F 34
Perton Rd. Wolv —7E 34
Pestilence La. A'chu —8C 156
(in two parts)
Peter Av. Bils —7M 51
Peterborough Dri. Cann —8J 9
Peterbrook. Shir —8C 136
Peterbrook Clo. Redd —2F 208
Peterbrook Ri. Shir —8D 136
Peterbrook Rd. Shir —7C 136
Peterdale Dri. Wolv —6M 49
Peter Hall La. W'grve S —3F 146
Peterhead. Amin —4F 32
Peter Lee Wlk. Cov —3A 146
Peters Av. B31 —7M 133
Petersfield. Cann —5F 8
Petersfield Ct. Hall G —1F 136
Petersfield Dri. Row R —6E 90
Petersfield Rd. B28 —2E 136
Peter's Finger. B'gve —8M 179
Petersham Pl. B15 —3E 112
Petersham Rd. B44 —8C 56
Peter's Hill Rd. Brie H —2C 108
Petershouse Dri. S Cold —4F 42
Peter's La. Burn —4A 18
Peter's St. W Brom —2G 67
Peters Wlk. Lich —7G 13
Peters Wlk. Longf —5G 123
Petford St. Crad H —8L 89
Petitor Cres. Cov —1J 145
Pettitt Clo. B14 —7L 135
Pettiver Cres. Rugby —8F 172
Petton Clo. Redd —6M 205
Pettyfield Clo. B26 —3B 116
Pettyfields Clo. Know —4F 160
Petworth Clo. W'hall —1M 51
Petworth Gro. B26 —3L 115
Pevensey Clo. Tiv —1M 89
Peverell Dri. B28 —2F 136
Peveril Dri. Cov —4B 166
Peveril Gro. S Cold —5L 57
Peverill Rd. Pert —5F 34
Peverill Rd. Wolv —6E 50
Peveril Way. B43 —7F 54
Pewterers All. Bew —5B 148
Peyto Clo. Cov —7B 122
Pheasant Clo. Bed —8D 102
Pheasant Clo. Kidd —7A 150
Pheasant Cft. B36 —1G 97
Pheasant La. Redd —3E 208
Pheasant Rd. Smeth —7K 91
Pheasant St. Brie H —6C 88
Pheasey. —5K 55
Philip Ct. S Cold —6M 57
Philip Gro. Cann —3E 8
Philip Rd. Hale —6M 109
Philip Rd. Tip —4D 66
Philip Sidney Rd. B11 —6C 114
Philips Ter. Redd —5F 204
Philip St. Bils —8K 51
Philip Victor Rd. B20 —8F 68
Phillimore Rd. B8 —4D 94
Phillip Docker Ct. Bulk —7B 104
Phillippes Rd. Warw —8F 210
Phillip Rd. Wals —3J 53
Phillips Av. Wolv —8M 23
Phillips St. B6 —3L 93
Phillips St. Ind. Est. B6 —3M 93
Phipp Ho. Rugby —1G 199
Phipps Av. Rugby —8F 172
(in two parts)
Phipson Rd. B11 —6B 114
Phoenix Bus. Pk. Hinc —1E 80
Phoenix Cen. B'twn —3E 14
Phoenix Dri. Wals —2G 41
Phoenix Grn. B15 —2E 112
Phoenix Ho. Cov —2E 6
Phoenix Ind. Est. Bils —5M 51
Phoenix Ind. Est. W Brom —4F 66
Phoenix Pk. B7 —3A 94
Phoenix Pk. Bay I —2H 123
Phoenix Ri. B23 —2B 70
Phoenix Ri. W'bry —5D 52
Phoenix Rd. Cann —7G 9
Phoenix Rd. Tip —3M 65
Phoenix Rd. Wolv —6K 37
Phoenix Rd. Ind. Est. Wolv —6K 37
Phoenix St. W Brom —5F 66
Phoenix St. Wolv —3D 50
Phoenix Way. Cov —7F 144
Phoenix Way. Longf & Cov —5E 122
Picasso Clo. Cann —7K 9
Piccadilly. —8F 46
Piccadilly. Picc —8F 46
Piccadilly Arc. B2 —5F 4
Piccadilly Clo. B37 —8J 97
Piccadilly Cres. Picc —1F 60
Piccadilly Way. K'bry —5D 60
Pickard Clo. Rugby —2E 172
Pickard St. Warw —2G 215
Pickenham Rd. B14 —8A 136
Pickering Cft. B32 —8J 111
Pickering Rd. Wolv —4K 37
Pickersleigh Clo. Hale —6A 110
Pickford. —1D 142
Pickford Clo. Nun —8A 80
Pickford Grange La. Alle —2C 142
Pickford Green. —2C 142
Pickford Grn. La. Cov —4C 142
Pickford St. B5 —7M 93 (6K 5)
Pickford Way. Cov —3G 143
Pickrell Rd. Bils —8H 51
Pickwick Gro. B13 —7C 114
Pickwick Pl. Bils —5L 51
Picton Cft. B37 —7K 97
Picton Gro. B13 —4B 136
Picturedrome Way. Darl —3D 52
Piddock Rd. Smeth —4A 92
Pierce Av. Sol —6L 115
Piercy St. W'bry —6H 53
Piercy St. W Brom —6G 67
Piers Clo. Warw —1F 214
Piers Rd. B21 —2G 93
(in two parts)
Pier St. Wals —2F 26
Piggotts Cft. B37 —6F 96
Pike Clo. Burb —4K 81
Pike Clo. Hand —8F 68
Pike Dri. B37 —6J 97
Pikehelve St. W Brom —2E 66
Pike Hill. B'wll —2G 181
(in two parts)
Pikehorne Cft. B36 —7D 72
Pike Rd. Wals —5G 39
Piker's La. Cor —6G 121
Pikes Pool La. Fins & Burc —8D 180
Pikes, The. Redn —1F 154
Pikewater Rd. B9 —7E 94
Pilgrims Ga. Burb —3A 82
Pilgrims La. Newt —1F 172
Pilkington Av. S Cold —6H 57
Pilkington Rd. Cov —8K 143
Pillar Box Cotts. Cor —2D 120
Pillaton Dri. Hunt —3C 8
Pilling Clo. Cov —1M 145
Pilson Clo. B36 —1M 95
Pimbury Rd. W'hall —3D 38
Pimlico Ct. Dud —6D 64
Pimpernel Dri. Wals —6A 54
Pinbury Cft. B37 —1H 117
Pinchers Clo. Belb —2E 152
Pinders Ct. Rugby —6B 172
Pinders La. Rugby —5B 172
(in two parts)
Pineapple Gro. B30 —1J 135
Pineapple Rd. B30 —2J 135
Pine Av. Smeth —2L 91
Pine Av. W'bry —4F 52
Pine Clo. Gt Wyr —5F 14
Pine Clo. K'wfrd —4K 87
Pine Clo. Kinv —6C 106
Pine Clo. Sol —7M 137
Pine Clo. Tam —1B 32
Pine Clo. Wolv —8A 36
Pine Ct. Lea S —6B 212
Pinedene. Stour S —6H 175
Pine Grn. Dud —3G 65
Pine Gro. Burn —4F 16
Pine Gro. K Hth —4A 136
Pine Gro. Redn —7F 154
Pine Gro. Rugby —8G 173
Pine Ho. B36 —1M 95
Pinehurst. Cubb —3E 212
Pinehurst Dri. B38 —6F 134
Pine Leigh. S Cold —8H 43
Pine Needle Cft. W'hall —5E 38
Pineridge Dri. Kidd —4H 149
Pine Rd. Dud —4J 65
Pine Rd. Tiv —1A 90
Pineside Av. Rug —3F 10
Pine Sq. B37 —7H 97
Pines, The. Bed —7E 102
Pines, The. Cov —2D 164
Pines, The. Lich —2M 19
Pines, The. Redn —8G 133
Pines, The. Shir —4K 159
Pines, The. Wals —1M 53
Pines, The. Wolv —8K 35
Pine St. Wals —7K 25
Pine Tree Av. Cov —7G 143
Pine Tree Clo. Cann —1G 9
Pine Tree Clo. Redd —6M 203
Pine Tree Ct. Bed —5J 103
Pinetree Dri. S Cold —8K 41
Pine Tree Rd. Bed —5J 103
Pinetree Rd. Bew —3B 148
Pineview. B31 —7M 133
Pine Wlk. B31 —6B 134
Pine Wlk. Cod —7F 20
Pine Wlk. Stourb —6D 108
Pine Wlk. Stour S —5E 174
Pinewall Av. B38 —8G 135
Pineways. Stourb —7J 87
Pineways. S Cold —6C 42
Pineways Dri. Wolv —5L 35
Pineways, The. O'bry —4C 90
Pinewood Av. Cann —5D 8
Pinewood Av. Wood E —8J 47
Pinewood Clo. Bwnhls —7E 16
Pinewood Clo. Gt Barr —2L 69
Pinewood Clo. Kidd —8J 127
Pinewood Clo. Redn —1D 154
Pinewood Clo. Wals —5B 54
Pinewood Clo. W'hall —3D 38
Pinewood Clo. Wolv —1G 49
Pinewood Clo. Wom —3G 63
Pinewood Dri. B32 —8G 111
Pinewood Dri. Bin W —2C 168
Pinewood Gro. Cov —1B 166
Pinewood Gro. Sol —7M 137
Pinewoods. Bart G —7G 111
Pinewoods. Hale —2G 111
Pinewoods. N'fld —1M 133
Pinewoods Av. Hag —5M 129
Pinewoods Clo. Hag —5M 129
Pinewoods Ct. Hag —5M 129
Pinewood Wlk. K'wfrd —1L 87
Pinfield Dri. B Grn —8H 155
Pinfold Ct. W'bry —4C 52
Pinfold Cres. Wolv —3K 49
Pinfold Gdns. Wolv —4K 37
Pinfold Gro. Wolv —3K 49
Pinfold Hill. Lich —3F 28
Pinfold La. Cann —5L 15
Pinfold La. C Hay —7C 14
Pinfold La. Wals —2H 55
Pinfold La. Wolv —3K 49
Pinfold Rd. Lich —8F 12
Pinfold Rd. Sol —4E 138
Pinfold St. B2 —7K 93 (5E 4)
Pinfold St. Bils —4K 51
Pinfold St. O'bry —1G 91
Pinfold St. Rugby —6L 171
Pinfold St. W'bry —4C 52
(in two parts)
Pinfold St. Extension. W'bry —4C 52
Pinfold, The. Wals —1J 39
Pingle Clo. W Brom —8M 53
Pingle Ct. Nun —7K 79
Pingle La. Hamm —4K 17
Pinkett's Booth. —8C 120
Pink Green. —1B 206
Pink Grn. La. Beo —1B 206
Pink Grn. La. Redd —5A 204
Pinkney Pl. O'bry —6J 91
Pink Pas. Smeth —5B 92
Pinley. —2J 167
Pinley Fields. Cov —1H 167
Pinley Gro. B43 —6H 55
Pinley Way. Sol —1A 160
Pinner Gro. B32 —5L 111
Pinner's Cft. Cov —4G 145
Pinnock Pl. Cov —8F 142
Pinson Rd. W'hall —8M 37
Pinta Dri. Stour S —6H 175
Pintail Dri. B23 —7C 70
Pintail Gro. Kidd —6B 150
Pinto Clo. B16 —7F 92
Pinvin Ho. Redd —5A 204
Pinza Cft. B36 —1K 95
Pioli Pl. Wals —4K 39
Pioneer Ho. Cov —2F 6
Pioneer Units. Attl F —6L 79
Pipehill. —4C 18
Piper Clo. Pert —5F 34
Piper Pl. Stourb —1M 107
Piper Rd. Wolv —1J 49
Pipers Clo. B'gve —2K 201
Pipers Cft. Lich —7G 13
Piper's End. Wlvy —5K 105
Pipers Grn. B28 —4F 136
Pipers La. Ken —4G 191
Pipers La. Nun —1J 77
Pipers Rd. Park I —3K 209
Piper's Row. Wolv —7D 36 (4L 7)
Pipes Mdw. Bils —4L 51
Pipewell Clo. Rugby —8J 171
Pipit Ct. Kidd —7A 150
Pippin Av. Hale —2H 109
Pirbright Clo. Bils —6L 51
Pirrey Clo. Cose —8L 51
Pitcairn Clo. B30 —3H 135
Pitcairn Dri. Hale —4B 110
Pitcairn Rd. Smeth —8K 91
Pitcheroak Cotts. Redd —6A 204
Pitclose Rd. B31 —8B 134
Pitfield Rd. B33 —8D 96
Pitfield Row. Dud —8H 65
Pitfields Clo. O'bry —1G 111
Pitfields Rd. O'bry —1G 111
Pitfield St. Dud —8J 65
Pithall Rd. B34 —4D 96
Pit Hill. Bubb —4J 193
Pit Leasow Clo. B30 —1H 135
Pitman Rd. B32 —4J 111
Pitmaston Ct. B13 —6K 113
Pitmaston Rd. B28 —3G 137
Pitney St. B7 —5B 94
Pitsford St. B18 —4G 93 (1A 4)
Pitt La. Bick —7K 117
Pittoms La. Barby —8J 199
Pitts Farm Rd. B24 —4J 71
Pitts La. Kidd —3L 149
Pitt St. B4 —6A 94 (3L 5)
Pitt St. Kidd —8A 128
Pitt St. Wolv —8C 36 (5H 7)
Pixall Dri. Edg —2H 113
Pixhall Wlk. B35 —6B 72
Plainview Clo. A'rdge —7L 41
Plaistow Av. B36 —2J 95
Plane Gro. B37 —8H 97
Planetary Ind. Est. W'hall —6J 37
Planetary Rd. W'hall —5J 37
Planetree Clo. B'gve —7B 180
Plane Tree Clo. Kidd —2M 149
Plane Tree Rd. S Cold —1K 55
Plane Tree Rd. Wals —5B 54
Planet Rd. Brie H —5D 88
Plank La. Wat O —7G 73
Planks La. Wom —3F 62
Plantagenet Dri. Rugby —3L 197
Plantagent Pk. H'cte —6L 215
Plantation La. Himl —5H 63
Plantation La. Hop & M Oak
(in two parts) —3G 31
Plantation Rd. Cann —1G 9
Plantation Rd. Wals —6A 54
Plantation, The. Brie H —2B 88
Plant Ct. Brie H —7D 88
(off Hill St.)
Plant La. C Ter —2D 16
Plants Brook Nature Reserve. —4A 72
Plants Brook Rd. S Cold —3M 71
Plants Clo. Gt Wyr —1G 25
Plant's Clo. S Cold —8D 56
Plants Gro. B24 —4J 71
Plants Hill Cres. Cov —1E 164
Plants Hollow. Brie H —8E 88
Plant St. Crad H —8L 89
Plant St. Stourb —7L 87
Plant Way. Wals —5M 25
Plascom Rd. Wolv —8G 37
Plato Clo. Tach P —4K 215
Platts Cres. Stourb —1L 107
Platts Dri. Stourb —1L 107
Platts Rd. Stourb —1L 107
Platt St. Cann —4G 9
Platt St. W'bry —4D 52
Playdon Gro. B14 —6A 136
Pleasant Clo. K'wfrd —5J 87
Pleasant Harbour. Bew —5B 148
Pleasant Mead. Wals —4E 40
Pleasant St. Hill T —1G 67
Pleasant St. Kidd —2L 149
Pleasant St. Lyng —7J 67
Pleasant Vw. Dud —7D 64
Pleasant Way. Lea S —7A 212
Pleck. —2H 53
Pleck Bus. Pk. Wals —8J 39
Pleck Ind. Est. Wals —1J 53
Pleck Rd. Wals —1J 53
Pleck, The. Hock —2F 92
Pleck Wlk. B38 —8G 135
Plestowes Clo. Shir —4H 137
Plexfield Rd. Rugby —8J 171
Pleydell Clo. Cov —4J 167
Plimsoll Gro. B32 —4J 111
Plimsoll St. Kidd —4K 149
Plomer Clo. Rugby —1J 197
Plott La. Ryton D & Stret D —3E 194
Plough & Harrow Rd. B16 —8F 92
Plough Av. B32 —7J 111
Plough Hill Rd. Nun —4M 77
Ploughmans Wlk. K'wfrd —2G 87
Ploughmans Wlk. Lich —6J 13
Ploughmans Wlk. Stoke H —3K 201
Ploughmans Wlk. Wolv —8L 21
Plover Clo. F'stne —2H 23
Ploverdale Cres. K'wfrd —2A 88
Plover Gro. Kidd —8B 150
Plowden Rd. B33 —5M 95
Plowman St. Rugby —6M 171
Plume St. B6 —1C 94
Plumstead Rd. B44 —1A 70
Plym Clo. Wolv —4J 37
Plymouth Clo. B31 —2A 156
Plymouth Clo. Cov —2J 145
Plymouth Clo. Redd —7C 204
Plymouth Ct. Redd —8C 204
Plymouth Dri. B Grn —1G 181
Plymouth Pl. Lea S —2A 216
Plymouth Rd. B Grn —8G 155
Plymouth Rd. K Nor —2H 135
Plymouth Rd. Redd —7D 204
Plymouth Rd. S. Redd —8C 204
Pochard Clo. Kidd —8M 149
Pocklington Pl. B31 —3C 134
Podmoor. —5E 176
Poets Corner. Small H —2D 114
Pointon Clo. Bils —7G 51
Poitiers Rd. Cov —3D 166
Polden Clo. Hale —8J 109
Polesworth. —7M 33
Polesworth Clo. Redd —8K 205
Polesworth Gro. B34 —3B 96
Pollard Rd. B27 —8J 115
Pollards, The. B23 —1E 70
Polo Fields. Stourb —8B 108
Polperro Dri. Cov —4G 143
Pomeroy Clo. Cov —2D 164
Pomeroy Rd. Bart G —8J 111
Pomeroy Rd. Gt Barr —5K 55
Pommel Clo. Wals —5M 53
Pond Cres. Wolv —2E 50
Pond Gro. Wolv —2E 50
Pond La. Wolv —1D 50 (8L 7)
Pondthorpe. Cov —3L 167
Ponesfield Rd. Lich —7H 13
Ponesgreen. Lich —7H 13
Pontypool Av. Bin —3M 167
Pool Av. Cann —4B 16
Pool Bank. Redd —8D 204
Pool Bank St. Nun —5H 79
Pool Clo. Rugby —1K 197
Pool Clo. Share —1K 23
Pool Cotts. Burn —5E 16
Poole Cres. B17 —6C 112
Poole Cres. Bils —7K 51
Poole Cres. Wals —7C 16
Poole Ho. Rd. B43 —6E 54
Pool End Clo. Know —3F 160
Poole Rd. Cov —3M 143
Pooles Ct. Kidd —2L 149
Pooles La. W'hall —1E 38
Poole St. Stourb —5L 107
Poole's Way. Burn —2J 17
Pooley La. Pole —8M 33
Pooley Vw. Pole —7M 33
Pool Farm Rd. B27 —8H 115
Pool Fld. Av. B31 —3L 133
Poolfield Dri. Sol —6M 137
Pool Furlong. Clent —8E 130
Pool Green. —4G 41
Pool Grn. Wals —4G 41
Pool Grn. Ter. Wals —4G 41
Pool Hall Cres. Wolv —1F 48
Pool Hall Rd. Wolv —1F 48
Pool Hayes La. W'hall —4A 38
Poolhead La. Earls & Tan A —1B 184
Pool Ho. Rd. Wom —4D 62
Pool La. O'bry —5F 90
Poolmeadow. S Cold —1A 72
Pool Mdw. Clo. B13 —8D 114
Pool Mdw. Clo. Sol —8F 138
Pool Pl. Redd —6E 204
Pool Rd. Burn & Bwnhls
(in three parts) —5E 16
Pool Rd. Hale —6B 110
Pool Rd. Nun —4F 78
Pool Rd. Smeth —4B 92
Pool Rd. Stud —5L 209
Pool Rd. Wolv —3A 38
Poolside Gdns. Cov —4A 166
Pool St. B6 —3M 93
Pool St. Dud —3G 65
Pool St. Wals —8M 39
Pool St. Wolv —1C 50 (7H 7)
(in two parts)
Pooltail Wlk. B31 —8K 133
Pool Vw. Gt Wyr —5G 15
Pool Vw. Rus —2D 40
Pool Way. B26 & B33 —8A 96
Pope Gro. Cann —3F 8
Pope Rd. Wolv —1G 37
Popes La. B30 & B38 —5D 134
Popes La. A'wd B —7E 208
Pope's La. O'bry —3H 91
Popes La. Wolv —3G 35
Pope St. B1 —6H 93 (2A 4)
Pope St. Rugby —6L 171
Pope St. Smeth —2B 92
Poplar Av. B11 —3B 114
Poplar Av. B12 —5A 114
Poplar Av. B19 —1J 93
Poplar Av. Bed —7K 103
Poplar Av. Bntly —6D 38
Poplar Av. Bwnhls —1G 27
Poplar Av. Burn —3F 16
Poplar Av. Cann —5F 8
Poplar Av. Chel W —1J 117
Poplar Av. Edg —8A 92
Poplar Av. Erd —5F 70
Poplar Av. K Hth —1M 135
Poplar Av. O'bry —5G 91
Poplar Av. S Cold —2M 57
Poplar Av. Tip —4K 65
Poplar Av. Tiv —1B 90
Poplar Av. Wals —5A 54
Poplar Av. W Brom —7L 67
Poplar Av. Wolv —2H 37
Poplar Clo. Cats —1M 179
Poplar Clo. Tiv —8C 66
Poplar Clo. Wals —5E 38
Poplar Clo. Wom —3H 63
Poplar Cres. Dud —6H 65
Poplar Cres. Stourb —6L 107
Poplar Dri. B Grn —1K 181
Poplar Dri. Witt —4M 69
Poplar Grn. Dud —3G 65
Poplar Gro. B19 —1J 93
Poplar Gro. Rugby —5A 172
Poplar Gro. Smeth —6B 92
Poplar Gro. W Brom —8L 67
Poplar Ho. Bed —7K 103
Poplar La. Cann —1A 14
Poplar La. Rom —5A 132
Poplar Ri. S Cold —4D 42
Poplar Ri. Tiv —1C 90

Poplar Rd. Bils —2M 51
Poplar Rd. Bwnhls —1G 27
Poplar Rd. Cov —8M 143
Poplar Rd. Dorr —5F 160
Poplar Rd. Gt Wyr —8F 14
Poplar Rd. Kidd —5J 149
Poplar Rd. K Hth —1L 135
Poplar Rd. K'wfrd —4L 87
Poplar Rd. O'bry —1G 91
Poplar Rd. Redd —6A 204
Poplar Rd. Smeth —8A 92
Poplar Rd. Sol —5C 138
Poplar Rd. S'hll —4B 114
Poplar Rd. Stourb —6L 107
Poplar Rd. W'bry —3G 53
Poplar Rd. Wolv —3A 50
Poplar Row. Kidd —5J 149
Poplars Dri. B36 —1B 96
Poplars Dri. Cod —7F 20
Poplars Ind. Est., The. B6 —4M 69
Poplars La. A'wd B —8A 208
Poplars, The. B11 —3C 114
Poplars, The. B16 —5F 92
Poplars, The. Cann —5E 8
Poplars, The. Nun —6D 78
Poplars, The. Smeth —5C 92
Poplars, The. Stourb —7M 87
Poplar St. Cann —3A 16
Poplar St. Smeth —4C 92
Poplar St. Wolv —3D 50
Poplar Trees. H'wd —3A 158 (off May Farm Clo.)
Poplar Way. Harts —2A 78
Poplar Way Shop. Cen. Sol —5C 138
Poplarwoods. B32 —7H 111
Poppy Dri. Rugby —1E 172
Poppy Dri. Wals —6A 54
Poppyfield Ct. Cov —6K 165
Poppy Gro. Salt —5F 94
Poppy La. B24 —4J 71
Poppymead. Erd —1B 70
Porchester Clo. Bin —7A 146
Porchester Clo. Wals W —6G 27
Porchester Dri. B19 —3K 93
Porchester St. B19 —3K 93
Porlock Clo. Cov —4E 166
Porlock Cres. B31 —6K 133
Porlock Rd. Stourb —3A 108
Portal Rd. Wals —7F 38
Portchester Dri. Wolv —4K 37
Porter Clo. Cov —1E 164
Porter Clo. S Cold —2H 71
Porters Cft. B17 —1A 112
Porter's Fld. Dud —8K 65
Portersfield Ind. Est. Crad H —2K 109
Portersfield Rd. Crad H —1J 109
Portershill Dri. Shir —8J 137
Porter St. Dud —8K 65
Porters Way. B9 —7E 94
Portfield Dri. Tip —6A 66
Portfield Gro. B23 —3G 71
Porth Kerry Gro. Dud —2B 64
Port Hope Rd. B11 —2A 114
Porthouse Gro. Bils —6H 51
Portia Av. Shir —7H 137
Portia Clo. Nun —8A 80
Portland Av. Tam —1M 31
Portland Av. Wals —4H 41
Portland Ct. Lea S —8M 211
Portland Ct. Wals —4H 41
Portland Cres. Stourb —8B 108
Portland Dri. Hinc —6E 84
Portland Dri. Nun —5B 78
Portland Dri. Stourb —8B 108
Portland M. Lea S —1M 215
Portland Pl. Bils —2H 65
Portland Pl. Cann —2C 14
Portland Pl. Rugby —7D 172
Portland Pl. E. Lea S —1M 215
Portland Pl. W. Lea S —1L 215
Portland Rd. B17 & B16 —6B 92
Portland Rd. Rugby —7D 172
Portland Rd. Wals —3H 41
Portland Row. Lea S —1L 215
Portland St. B6 —2A 94
Portland St. Lea S —1M 215
Portland St. Wals —6L 39
Port La. Coven —3H 21
Portleys La. Dray B —5J 45
Portman Rd. B13 —2M 135
Port Manteau M. H'ley H —3C 186
Portobello. —1L 51
Portobello Clo. W'hall —8K 37
Portobello Rd. W Brom —1F 66
Portree Av. Cov —7M 145
Portrush Av. B38 —8D 134
Portrush Rd. Pert —5D 34
Portsdown Clo. Wolv —2F 36
Portsdown Rd. Hale —8J 109
Portsea Clo. Cov —3D 166
Portsea St. Wals —3J 39
Port St. Wals —2K 53
Portswood Clo. Wolv —8M 21
Portway. —4C 90 (Langley)
Portway. —3M 183 (Redditch)
Portway Clo. Cov —1E 164
Portway Clo. K'wfrd —4L 87
Portway Clo. Lea S —3D 216
Portway Clo. Sol —8L 137
Portway Hill. Row R —3B 90
Portway La. W'bry —7E 52
Portway Pl. Cookl —4A 128
Portway Rd. Bils —2L 51
Portway Rd. O'bry —2E 90
Portway Rd. Row R —5B 90
Portway Rd. W'bry —6E 52
Portway, The. K'wfrd —4K 87
Portway Wlk. Row R —3C 90
Portwrinkle Av. Cov —3G 145
Posey Clo. B21 —6D 68
Postbridge Rd. Cov —4D 166
Postle Clo. Kils —7M 199
Post Office Rd. Seis —6A 48
Post Office Row. Asty —2L 101
Post Office Wlk. A'wd B —8E 208
Post Office Yd. Brin —5M 147
Poston Cft. B14 —5K 135
Potter Clo. B23 —1D 70
Potter Ct. Brie H —7D 88 (off Promenade, The)
Potters Clo. Brin —6L 147
Potter's Cross. —4A 106
Potter's Green. —8L 123
Potter's Grn. Rd. Cov —8L 123
Potters La. Aston —3L 93
Potters La. Pole —1M 47
Potter's La. W'bry —7E 52
Potters Rd. Bed —8E 102
Potterton Way. Smeth —1M 91
Potterton Works. Warw —1J 215
Pottery Rd. O'bry —8J 91
Pottery Rd. Smeth —2A 92
Potton Clo. Cov —3L 167
Potts Clo. Ken —5J 191
Pougher Clo. Sap —2L 83
Pouk Hill Clo. Wals —6G 39
Pouk La. Lich —1L 27
Poultney Rd. Cov —3A 144
Poultney St. W Brom —2F 66
Poulton Clo. B13 —7A 114
Pound Clo. Berk —6K 141
Pound Clo. Lapw —6H 187
Pound Clo. O'bry —6F 90
Pound Grn. B8 —3F 94
Pound Ho. La. H'ley H —5L 185
Pound La. Col —5A 98 (Packington La.)
Pound La. Col —5K 75 (Tamworth Rd.)
Pound La. Fran —6F 132
Pound La. Lea S —6A 212
Poundley Clo. B36 —1C 96
Pound Rd. B14 —8L 135
Pound Rd. O'bry —6F 90 (in two parts)
Pound Rd. W'bry —6G 53
Pountney St. Wolv —1C 50 (7H 7)
Poverty. A'wd B —7E 208
Powell Av. B32 —3G 111
Powell Pl. Bils —6L 51
Powell Pl. Tip —4C 66
Powell Rd. Cov —5G 145
Powell St. B1 —6H 93 (3B 4)
Powell St. Hale —6B 110
Powell St. Wolv & Hth T —5F 36
Powell Way. Nun —5J 79
Power Cres. B16 —7G 93
Powers Ct. Lea S —8M 211
Powers Rd. Barw —4F 84
Power Sta. Rd. Stour S —7G 175
Power Way. Tip —1D 66
Powick Pl. B19 —2J 93
Powick Rd. B23 —8D 70
Powis Av. Tip —3A 66
Powis Gro. Ken —4J 191
Powke Ind. Est. Row R —7A 90
Powke La. Crad H —6M 89
Powke La. Row R —7A 90
Powlers Clo. Stourb —7E 108
Powlett St. Wolv —8D 36 (6L 7)
Poxon Rd. Wals —5G 27
Poynings, The. Wolv —4J 35
Poyser Rd. Nun —1J 103
Pratts La. Map G —2M 209
Precinct, The. Cov —7C 144 (5B 6)
Precinct, The. Tam —4B 32
Precinct, The. Warw —8G 211
Precinct, The. W'hall —4B 38
Premier Bus. Pk. Prem B —8K 39
Premier Ct. B30 —6J 135
Premier Partnership Ind. Est. K'wfrd —6B 88
Premier St. B7 —1D 94
Premier Trad. Est. B7 —4M 93 (1J 5)
Premier Way. S Cold —7D 56
Prentice Clo. Long L —4H 171
Prescelly Clo. Nun —6B 78
Prescot Rd. Stourb —5C 108
Prescott St. Hock —5H 93 (1A 4)
Presidential Pk. S Cold —1F 56
Prestbury Clo. Redd —6A 206
Prestbury Rd. B6 —1L 93
Presthope Rd. B29 —2B 134
Preston Av. S Cold —6L 57
Preston Clo. Cov —2F 164
Preston Clo. Redd —3H 205
Preston Ho. Wals —8M 39 (off Paddock La.)
Preston Rd. Hinc —7B 84
Preston Rd. Hock —3E 92
Preston Rd. Yard —3K 115
Prestons Row. Bils —6G 51
Preston Clo. S Cold —1J 57
Prestwick Rd. B35 —5B 72
Prestwick Rd. K'wfrd —3J 87
Prestwood. —8F 86
Prestwood Av. Wolv —2K 37
Prestwood Dri. Stourb —1F 106
Prestwood Rd. B29 —1B 134
Prestwood Rd. Stourt —2E 106
Prestwood Rd. Wolv —4G 37
Prestwood Rd. W. Wolv —3G 37
Pretorian Way. Gleb F —2A 172
Pretoria Rd. B9 —6E 94
Priam Gro. Pels —3B 26
Price Av. M Oak —8K 31
Price Cres. Bils —2K 51
Price Rd. Lea S —5E 212
Price Rd. W'bry —6J 53
Prices Rd. Dud —6C 64
Price St. B4 —5L 93 (2G 5)
Price St. Bils —4M 51
Price St. Cann —8E 8
Price St. Dud —8L 65
Price St. Smeth —4B 92
Price St. W Brom —6J 67
Pridmore Rd. Cov —2D 144 (in two parts)
Priestfield. —3H 51
Priestfield Clo. B44 —7J 55
Priestfield Rd. Redd —4E 208
Priestfield St. Bils —3H 51
Priesthills Rd. Hinc —1K 81
Priestland Rd. B34 —2B 96
Priestley Clo. B20 —8G 69
Priestley Clo. Hale —3H 109
Priestley Point. B6 —1B 94
Priestley Rd. B11 —2A 114
Priestley Rd. Wals —4G 39
Priest Mdw. Clo. A'wd B —8D 208
Priest St. Crad H —8M 89
Primley Av. B36 —2K 95
Primley Av. H'ley —4F 46
Primley Av. Wals —8H 39
Primley Clo. Wals —7H 39
Primrose Av. S'hll —3C 114
Primrose Av. Tip —1C 66
Primrose Av. Wolv —6D 22
Primrose Bank. O'bry —5H 91
Primrose Clo. Crad H —1H 109
Primrose Clo. L End —3C 180
Primrose Clo. Rugby —1E 172
Primrose Clo. Wals —4A 26
Primrose Cres. Dud —5J 65
Primrose Cft. B28 —4F 136
Primrose Dri. Hinc —4L 81
Primrose Gdns. B38 —1F 156
Primrose Gdns. Cod —6G 21
Primrose Gdns. F'stne —2H 23
Primrose Hill. —5K 89
Primrose Hill. B38 —8F 134 (in two parts)
Primrose Hill. Smeth —5K 91
Primrose Hill. Stourb —7L 87
Primrose Hill. Warw —8C 210
Primrose Hill St. Cov —5D 144 (2E 6)
Primrose Hill Trad. Est. Dud —5K 89
Primrose La. B28 —4F 136
Primrose La. Shir —4G 159
Primrose La. Wolv —1F 36
Primrose Mdw. Cann —7J 9
Primrose Pk. Brie H —2C 88
Primrose Rd. Dud —5J 89
Primrose Woods. B32 —7H 111
Primsland Clo. Shir —2C 160
Prince Albert St. B9 —8D 94 (in two parts)
Prince Andrew Cres. Redn —7E 132
Prince Charles Clo. Redn —7E 132
Prince Charles Rd. Bils —6M 51
Prince Edward Dri. Redn —7E 132
Prince George Rd. W'bry —4G 53
Prince of Wales Ct. Dud —7G 65
Prince of Wales La. B14 —7C 136
Prince of Wales Rd. Cov —6L 143
Prince of Wales Way. Smeth —4C 92
Princep Clo. B43 —5K 55
Prince Philip Clo. Redn —7E 132
Prince Regent Ct. Lea S —3M 215
Prince Rd. B30 —6G 135
Prince Rupert M. Lich —1G 19
Prince Rupert Rd. Stour S —7E 174
Prince Rupert's Way. Lich —1G 19
Princes Av. Nun —6H 79
Princes Av. Wals —1A 54
Princes Clo. Cov —1H 167
Princes Dri. Cod —6G 21
Princes Dri. Ken —2H 191
Prince's Dri. Lea S —1K 215
Princes End. —1L 65
Princes End Ind. Est. Tip —8L 51
Princes Gdns. Cod —6F 20
Princes Ga. Sol —5B 138
Princes Rd. Hurl —4J 61
Princes Rd. Stourb —7K 107
Princes Rd. Tiv —7A 66
Princess Alice Dri. S Cold —7D 56
Princess All. Wolv —7D 36 (4K 7)
Princess Anne Dri. Redn —7E 132
Princess Anne Rd. Bils —6M 51
Princess Anne Rd. Wals —6F 38
Princess Clo. Burn —2E 16
Princess Ct. Wolv —3G 37
Princess Cres. Hale —3L 109
Princess Diana Way. Redn —7E 132
Princess Gro. W Brom —1K 67
Princess Pde. W Brom —6K 67
Princes Sq. Wolv —7D 36 (3K 7)
Princess Rd. B5 —3L 113
Princess Rd. Hinc —1L 81
Princess Rd. O'bry —7K 91
Princess Sq. Bils —6M 51
Princess St. Burn —1E 16
Princess St. Cann —4E 8
Princess St. Cov —2F 144
Princess St. Wolv —7D 36 (4K 7)
Prince's St. Lea S —8B 212
Princes St. Nun —6H 79
Princes St. Rugby —5A 172
Princess Way. Darl —1C 52
Princess Way. Stour S —8E 174
Prince St. Cann —3E 8
Prince St. Crad H —1K 109
Prince St. Dud —3J 89
Prince St. Wals —1J 53
Prince St. Wals W —7F 26
Prince's Way. Sol —5B 138
Princethorpe. —7E 194
Princethorpe Clo. B34 —2D 96
Princethorpe Clo. Shir —7G 137
Prince Thorpe Ct. Bin —2L 167
Princethorpe Rd. B29 —8A 112
Princethorpe Way. Bin —2K 167
Princeton Gdns. Wolv —7M 21
Prince William Clo. B23 —7D 70
Prince William Clo. Cov —3L 143
Principe St. B4 —5L 93 (2G 5)
Printing Ho. St. B4 —6L 93 (3G 5)
Prior Av. S Prior —6J 201
Prior Clo. Kidd —4C 150
Prior Deram Wlk. Cov —1H 165
Priors Clo. Bal C —3H 163
Priorsfield Rd. Cov —5A 144
Priorsfield Rd. Ken —2D 190
Priorsfield Rd. N. Cov —5A 144
Priorsfield Rd. S. Cov —5A 144
Priors Harnall. Cov —5E 144 (1F 6)
Priors Mill. Dud —4E 64
Priors Oak. Redd —5B 204
Priors, The. Bed —7J 103
Priors Way. B23 —1D 70
Priory Av. Hand —8E 68
Priory Av. S Oak —7H 113
Priory Clo. Col —4A 98
Priory Clo. Dud —7H 65
Priory Clo. Lapw —4K 187
Priory Clo. Smeth —5C 92
Priory Clo. Stourb —6B 108
Priory Clo. Tam —2M 31
Priory Clo. W Brom —7M 67
Priory Ct. Dud —8J 65
Priory Ct. Nun —5G 79
Priory Ct. Shir —2B 160
Priory Ct. Stourb —6B 108
Priory Ct. Wals W —5G 27
Priory Cft. Ken —5F 190
Priory Dri. O'bry —4J 91
Priory Fld. Clo. Bils —8F 50
Priory Fields Nature Reserve. —6D 136
Priory Ga. Way. B9 —7E 94
Priory Ho. Ind. Est. B18 —4G 93 (1A 4)
Priory La. Dud —2D 64
Priory M. Warw —2E 214
Priory New Way Ind. Est. B6 —4M 93
Priory Queensway, The. B4 —6L 93 (4G 5)
Priory Rd. Aston —1B 94
Priory Rd. Cann —5K 9
Priory Rd. D'frd —4G 179
Priory Rd. Dud —5J 65
Priory Rd. Edg —3H 113
Priory Rd. Hale —5E 110
Priory Rd. Hall G —4D 136
Priory Rd. Ken —4F 190
Priory Rd. K Hth —2J 135
Priory Rd. Stourb —6B 108
Priory Rd. Warw —2E 214
Priory Rd. Wols —5H 169
Priory Row. Cov —6D 144 (4D 6)
Priory Sq. Stud —4L 209
Priory Sq. Shop. Cen. B4 —4H 5
Priory St. Cov —6D 144 (5D 6)
Priory St. Dud —8J 65
Priory St. Lea S —3M 215
Priory St. Nun —6C 78
Priory Ter. Lea S —2M 215
Priory, The. Dud —1D 64
Priory, The. Stour S —4G 175
Priory Wlk. B4 —6L 93 (4H 5)
Priory Wlk. Hinc —8E 84
Priory Wlk. S Cold —2J 71
Priory Wlk. Warw —2F 214
Pritchard Av. Wolv —3L 37
Pritchard Clo. Smeth —4B 92
Pritchard Ct. Bew —6B 148
Pritchard St. Brie H —6B 88
Pritchard St. W'bry —6G 53
Pritchatts Rd. B15 —4E 112
Pritchett Av. Wolv —6F 50
Pritchett Rd. B31 —2B 156
Pritchett St. B6 —4L 93 (1J 5)
Private Rd. Warw —1B 214
Private Way. Redn —5J 155
Privet Clo. Gt Barr —6L 55
Privet Rd. Cov —7H 123
Probert Rd. Wolv —1A 36
Proctors Barn La. Redd —5H 205
Proctor St. B7 —4A 94 (1L 5)
Proffitt Av. Cov —8G 123
Proffitt Clo. Bwnhls —4G 27
Proffitt Clo. Wals —5L 39
Proffitt St. Wals —5L 39
Progress Clo. Bin —2A 168
Progress Dri. Cann —2E 14
Progress Ind. Cen. Cann —3E 14
Progress Way. Bin I —1A 168
Prole St. Wolv —5E 36
Promenade, The. Brie H —7D 88
Prophet's Clo. Redd —6D 204
Prospect Dri. Brit E —1M 19
Prospect Gdns. Stourb —5A 108
Prospect Hill. Kidd —3L 149
Prospect Hill. Redd —5E 204
Prospect Hill. Stourb —5A 108
Prospect La. Kidd —3L 149
Prospect La. Sol —4K 137
Prospect Mnr. Ct. Cann —6J 9
Prospect Pk. Cann —2D 14
Prospect Pl. B12 —4M 113
Prospect Rd. B13 —8M 113
Prospect Rd. Burn —3H 17
Prospect Rd. Dud —7B 64
Prospect Rd. Hale —4C 110
Prospect Rd. Lea S —4B 216
Prospect Rd. Stour S —5G 175
Prospect Rd. N. Redd —5G 205
Prospect Rd. S. Redd —5G 205
Prospect Row. Dud —2K 89
Prospect Row. Stourb —6A 108
Prospect St. Bils —3L 51
Prospect St. Tam —4A 32
Prospect St. Tip —8C 52
Prospect Ter. Kidd —3L 149
Prospect Trad. Est. B1 —4C 4
Prospect Village. —5C 10
Prospect Way. Earl S —1L 85
Prospect Way. Rugby —4C 172
Prosper Mdw. K'wfrd —2L 87
Prospero Clo. Redn —7G 133
Prospero Dri. H'cte —6L 215
Prosser St. Bils —4K 51
Prosser St. Wolv —4E 36
Prossers Wlk. Col —2M 97
Proud Cross Ringway. Kidd —3J 149
Prouds La. Bils —1K 51
Provence Clo. Wolv —5F 36
Providence Clo. Wals —2J 39 (in two parts)
Providence Dri. Stourb —3F 108
Providence La. Wals —2J 39
Providence Rd. B'gve —6M 179
Providence Row. Bils —1H 65
Providence St. Cov —1M 165
Providence St. Crad H —8K 89
Providence St. Stourb —3E 108
Providence St. Tip —4C 66
Pruden Av. Wolv —6F 50
Pryor Rd. O'bry —6J 91
Ptarmigan Pl. Attl F —6M 79
Puckerings La. Warw —3E 214
Pudding Bag La. T'ton —7F 196
Pudsey Dri. S Cold —6J 43
Pugh Cres. Wals —7E 38
Pughe's Clo. Burb —3A 82
Pugh Rd. B6 —2A 94
Pugh Rd. Bils —7F 50
Pugh Rd. Woodc —6L 51
Pugin Clo. Wolv —6D 34
Pugin Gdns. B23 —1D 70
Pullman Clo. Stour S —5G 175
Pullman Clo. Tam —7G 33
Puma Way. Cov —8D 144 (7D 6)
Pumphouse La. B Grn & B'wll —1F 180
Pumphouse La. Redd —8H 203
Pump La. Fill —7B 100
Pump St. Kidd —5L 149
Pump St. Wolv —2G 51
Puppy Grn. Tip —4A 66
Purbeck Clo. Hale —8K 109
Purbeck Cft. B32 —4M 111
Purbrook. Tam —1E 46
Purbrook Rd. Wolv —1G 51
Purcell Av. Lich —7H 13
Purcell Av. Nun —2A 104
Purcell Clo. Lea S —1A 216
Purcell Ho. Kidd —3F 148
Purcell Rd. Cov —1H 145
Purcel Rd. Wolv —1D 36
Purdy Rd. Bils —7L 51
Purefoy Rd. B13 —4C 136
Purefoy Rd. Cov —1D 166
Purley Gro. B23 —4A 70
Purlieu La. Ken —4D 190
Purnells Way. Know —4G 161
Purser Dri. Warw —5B 214
Purshall Clo. Redd —6C 204
Purshull Green. —5A 178
Purshull Grn. La. Elmb —7L 177
Purslet Rd. Wolv —8G 37
Purslow Gro. B31 —7A 134
Purton M. Lea S —3C 216
Putney Av. B20 —8J 69
Putney La. Rom —7A 132
Putney Rd. B20 —8H 69
Putney Wlk. B37 —6H 97
Puxton Dri. Kidd —8K 127
Puxton La. Kidd —2J 149
Pye Grn. Rd. Cann —7D 8
Pyeharps Rd. Burb —4L 81
Pye Hill. Hartl —7D 176
Pype Hayes Rd. B24 —6K 71
Pytchley Ho. B20 —6F 68
Pytchley Rd. Rugby —8C 172
Pytman Dri. S Cold —2A 72
Pyt Pk. Cov —5J 143

Quadrangle, The. B30 —3F 134
Quadrangle, The. Shir —1L 159
Quadrant, The. Attl F —6L 79
Quadrant, The. Cov —7C 144 (6B 6)
Quadrant, The. Dud —8D 50
Quadrille Lawns. Wolv —7M 21
Quail Grn. Wolv —7F 34
Quail Pk. Dri. Kidd —7A 150
Qualcast Rd. Wolv —7F 36
Quantock Clo. Hale —7K 109
Quantock Clo. Redn —7H 133
Quantock Dri. Kidd —3A 150
Quantock Dri. Nun —6B 78
Quantock Rd. Stourb —3B 108
Quantry La. Belb —2L 153
Quarrington Gro. B14 —6A 136
Quarry Bank. —8G 89
Quarry Bank. Hartl —7A 176
Quarry Brow. Dud —4E 64
Quarry Clo. Leek W —2F 210
Quarry Clo. Rugby —2M 171
Quarry Clo. Wals —6E 14
Quarryfield La. Cov —8E 144 (7F 6)
Quarry Fields. Leek W —2F 210
Quarry Hill. Hale —7M 109
Quarry Hill. Wiln —2F 46
Quarry Hills La. Lich —4K 19
Quarry Ho. Redn —1F 154
Quarry Ho. Clo. Redn —8F 132
Quarry La. B31 —6M 133
Quarry La. B'gve —1K 201
Quarry La. Hale —7M 109
Quarry La. Nun —8M 79
Quarry La. Row —8B 188
Quarry Pk. Rd. Stourb —1A 130
Quarry Ri. Tiv —1B 90
Quarry Rd. B29 —8M 111
Quarry Rd. Dud —7H 89
Quarry Rd. Ken —3E 190
Quarry St. Lea S —1J 215
Quarry, The. Kidd —1M 149
Quarry Wlk. Redn —2G 155
Quarrywood Gro. Cov —5G 145
Quarry Yd. Nun —5C 78
Quasar Cen. Wals —7L 39
Quatford Gdns. Wolv —4E 36
Quayle Gro. Stourb —6K 87
Quayside Clo. O'bry —1E 90
Quayside Dri. Wals —1J 53
Queen Eleanors Dri. Know —1H 161
Queen Elizabeth Av. Wals —6F 38
Queen Elizabeth Ct. B19 —3J 93
Queen Elizabeth Rd. Kidd —3B 150
Queen Elizabeth Rd. Nun —3C 78

Queen Elizabeth Rd. Redn —7E 132
Queen Isabel's Av. Cov —1D 166
Queen Margaret's Rd. Cov —1H 165
Queen Mary's Rd. Bed —4J 103
Queen Mary's Rd. Cov —1D 144
Queen Mary St. Wals —3K 53
Queen Mother Gdns. Harb —3A 112
Queen Philippa St. Cov —3D 166
Queens Arc. Nun —5J 79
Queen's Arc. Wolv —7C 36 (4J 7)
Queens Av. B18 —3F 92
Queen's Av. K Hth —1L 135
Queen's Av. Shir —8H 137
Queens Av. Tiv —8A 66
Queensbridge Rd. B13 —7L 113
Queens Clo. B24 —7F 70
Queen's Clo. Ken —6F 190
Queens Clo. Smeth —4A 92
Queen's Cotts. Redd —5B 204
Queens Ct. B3 —5K 93 (2E 4)
Queens Ct. Wolv —3G 37
Queens Ct. Trad. Est. W Brom —6F 66
Queens Cres. Bils —8G 51
Queens Cres. Stourb —2A 108
Queens Cross. Dud —1H 89
Queens Dri. B5 —7K 93 (6F 4)
Queens Dri. B30 —5G 135
Queens Dri. Burn —4F 16
Queen's Dri. Row —8A 188
Queen's Dri. Row R —5D 90
Queens Dri., The. Hale —4C 110
Queensferry Clo. Rugby —1J 197
Queens Gdns. Bils —2K 51
Queens Gdns. Cod —6F 20
Queens Gdns. Dud —5J 89
Queens Gdns. W'bry —6E 52
Queen's Head Rd. B21 —2E 92
Queens Hill. Belb —2D 152
Queens Hospital Clo. B15 —8J 93 (8C 4)
Queensland Av. Cov —7M 143
Queens Lea. W'hall —4C 38
Queens Pde. Wals —8H 25
Queen's Pk. Lea S —3L 215
Queen's Pk. Flats. Hinc —1L 81 (off Queen's Rd.)
Queen's Pk. Rd. B32 —3M 111
Queens Pk. Ter. Hinc —1L 81
Queen Sq. Wolv —7C 36 (4J 7)
Queen's Ride. B5 —5K 113
Queens Rd. Aston —1A 94
Queens Rd. Bret —2L 169
Queens Rd. Cov —7B 144 (6A 6)
Queens Rd. Dud —1E 64
Queen's Rd. Erd —6C 70
Queens Rd. Hinc —1L 81
Queen's Rd. Ken —6F 190
Queens Rd. Nun —5G 79
Queens Rd. Rus —2C 40
Queen's Rd. Smeth —5K 91
Queen's Rd. Stourb —3M 107
Queen's Rd. Stour S —8F 174
Queens Rd. Tip —4L 65
Queen's Rd. Wals —3B 54
Queens Rd. Yard —8M 95
Queens Sq. Cann —8E 8
Queens Sq. Warw —3D 214
Queens Sq. W Brom —6K 67
Queens Tower. B7 —4B 94
Queen St. B12 —4B 114
Queen St. A'wd B —8E 208
Queen St. Barw —3H 85
Queen St. Bed —7J 103
Queen St. Bils —4L 51
Queen St. Bils & Mox —5B 52
Queen St. Burn —4F 16
Queen St. Cann —8D 8
Queen St. C Hay —6D 14
Queen St. Cov —5D 144 (2E 6)
Queen St. Crad H —8K 89
Queen St. Cubb —4D 212
Queen St. Darl —1D 52
Queen St. Hale —5A 110
Queen St. Hed —4G 9
Queen St. Kidd —2L 149
Queen St. K'wfrd —2K 87
Queen St. Lea S —8A 212
Queen St. Lich —2G 19
Queen St. O'bry —1G 91
Queen St. Pens —3C 88 (in two parts)
Queen St. Prem B —8K 39
Queen St. Quar B —1G 109
Queen St. Redd —5E 204
Queen St. Rugby —6A 172
Queen St. Stourb —4M 107
Queen St. S Cold —5J 57
Queen St. Tip —1M 65
Queen St. Wals W —7E 26
Queen St. W'bry —6E 52
Queen St. W Brom —6K 67
Queen St. Wolv —7D 36 (4K 7) (in two parts)
Queen St. Word —6K 87
Queen St. Pas. Brie H —1G 109
Queensway. Barw —2H 85
Queens Way. Bew —4C 148
Queens Way. Dord —3M 47
Queensway. Hale —6A 110
Queens Way. Hurl —5J 61
Queensway. Lea S —3L 215
Queensway. Nun —3K 79
Queensway. O'bry —8H 91
Queensway. Stourb —7E 108
Queensway. S Cold —1A 56
Queensway. Tam —1A 32
Queensway. Witt —6M 69
Queensway Clo. O'bry —8H 91
Queensway Mall. Hale —6B 110
Queensway Trad. Est. B5 —4J 5
Queensway Trad. Est. Lea S —3L 215
Queenswood Ct. Ker E —5K 121
Queenswood Rd. B13 —5A 114
Queenswood Rd. S Cold —8H 43
Queen Victoria Rd. Cov (in two parts) —7C 144 (6B 6)
Queen Victoria St. Rugby —6C 172
Quenby Dri. Dud —6G 65
Quendale. Wom —3E 62
Quentin Dri. Dud —1F 88
Queslade Clo. B43 —8G 55
Queslett. —7J 55
Queslett Rd. B43 —8F 54 (in two parts)
Queslett Rd. E. B43 & S Cold —5L 55
Quibery Clo. Redd —6M 205
Quicksand La. Wals —5F 40
Quigley Av. B9 —7B 94
Quillets Rd. Stourb —6J 87
Quilletts Clo. Cov —8G 123
Quilter Clo. Bils —1G 65
Quilter Clo. Wals —6F 38
Quilter Rd. B24 —7H 71
Quince. Tam —6H 33
Quincey Dri. B24 —6J 71
Quincy Ri. Brie H —2C 108
Quinn Clo. Cov —2G 167
Quinneys La. Redd —3H 209
Quinton. —3F 110
Quinton Av. Wals —5F 14
Quinton Clo. Redd —8K 205
Quinton Clo. Sol —6D 116
Quintondale. Shir —1J 159
Quinton Expressway. Quin —5H 111
Quinton La. B32 —3J 111
Quinton Lodge. Cov —2D 166
Quinton Pde. Cov —2D 166
Quinton Pk. Cov —2D 166
Quinton Rd. B17 —6A 112
Quinton Rd. Cov —8D 144 (8D 6)
Quinton Rd. W. B32 —4H 111
Quonian's La. Lich —1H 19
Quorn Cres. Stourb —6J 87
Quorn Gro. B24 —7H 71
Quorn Ho. B20 —6F 68
Quorn Way. Bin —1L 167

Rabbit La. Bed —5C 102
Rabbit La. F'stne —2G 23
Rabone La. Smeth —3B 92
Raby Clo. Tiv —1M 89
Raby St. Wolv —1D 50 (7L 7)
Racecourse La. Stourb —7L 107
Racecourse Rd. Wolv —4A 36
Rachael Gdns. W'bry —5J 53
Rachel Clo. Tip —8C 52
Rachel Gdns. B29 —7D 112
Radbourn Dri. S Cold —2J 57
Radbourne Dri. Hale —2G 109
Radbourne Rd. Shir —6K 137
Radbrook Way. Lea S —3D 216
Radcliffe Dri. Hale —3E 110
Radcliffe Gdns. Lea S —3A 216
Radcliffe Ho. Cov —5H 165
Radcliffe Rd. Cov —1M 165
Raddens Rd. Hale —6F 110
Raddington Dri. Sol —1K 137
Raddlebarn Farm Dri. B29 —8F 112
Raddlebarn Rd. B29 & S Oak —8E 112
Radford. —4A 144
Radford Av. Kidd —2L 149
Radford Circ. Cov —5B 144
Radford Clo. Wals —6A 54
Radford Dri. Wals —7C 26
Radford Hall. Rad S —3E 216
Radford Ho. Cov —2A 144
Radford Ho. Redd —5A 204
Radford La. Wolv —3F 48
Radford Radial. Cov —5C 144 (2B 6)
Radford Ri. Sol —5E 138
Radford Rd. A'chu —3B 182
Radford Rd. Cov —2A 144 (1A 6)
Radford Rd. Lea S —2A 216
Radford Rd. W Cas —3A 134
Radford Semele. —4E 216
Radley Dri. Nun —8G 79
Radley Gro. B29 —7A 112
Radley Rd. Stourb —5F 108
Radley Rd. Wals —2C 40
Radleys, The. B33 —2C 116
Radley's Wlk. B33 —2C 116
Radmore Clo. Burn —1D 16
Radmore Rd. Hinc —6D 84
Radnell Ho. O'bry —3D 90
Radnor Clo. Redn —7H 133
Radnor Ct. Wals —5F 26
Radnor Cft. Wals —6C 54
Radnor Dri. Nun —7D 78
Radnor Grn. W Brom —2J 67
Radnor Ri. Cann —5H 9
Radnor Rd. B20 —1H 93
Radnor Rd. Dud —1C 64
Radnor Rd. O'bry —2H 111
Radnor St. B18 —3G 93
Radnor Wlk. W'grve S —1M 145
Radstock Av. B36 —2J 95
Radstock Rd. W'hall —8C 24
Radway Clo. Redd —3H 205
Radway Rd. Shir —2L 159
Raeburn Rd. B43 —5J 55
Raford Rd. B23 —3D 70
Ragees Rd. K'wfrd —5M 87
Raglan Av. Smeth —5C 92
Raglan Av. Wolv —6F 34
Raglan Clo. Dud —2B 64
Raglan Clo. Nun —6K 79
Raglan Clo. Wals —6M 41
Raglan Ct. B'gve —8A 180
Raglan Ct. Cov —6E 144 (3F 6)
Raglan Gro. Ken —4H 191
Raglan Rd. B5 —3K 113
Raglan Rd. Hand —1C 92
Raglan Rd. Smeth —5C 92
Raglan St. Brie H —5C 88
Raglan St. Cov —6E 144 (4F 6)
Raglan St. Wolv —7B 36 (4G 7)
Raglan Way. B37 —7K 97
Ragley Clo. Know —2H 161
Ragley Clo. Wals —8G 25
Ragley Cres. B'gve —1A 202
Ragley Dri. Gt Barr —7D 54
Ragley Dri. Sheld —3C 116
Ragley Dri. W'hall —1M 51
Ragley Ho. Redd —5A 204
Ragley Wlk. Row R —6C 90
Ragley Way. Nun —7M 79
Raglis Clo. Redd —7A 204
Ragnall Av. B33 —2D 116
Raikes La. Lich —2C 28
Rail Bri. Est. W Brom —8G 67
Railswood Dri. Wals —6A 26
Railway Clo. Stud —5K 209
Railway Dri. Bils —4L 51 (in two parts)
Railway Dri. Wolv —7D 36 (3L 7)
Railway La. Burn —8E 10
Railway La. W'hall —8A 38
Railway Rd. B20 —7M 69
Railway Rd. S Cold —4H 57
Railwayside Clo. Smeth —2L 91 (off Forest Clo.)
Railway St. Bils —4L 51
Railway St. Cann —1E 14
Railway St. Gt Bri —4C 66
Railway St. Long L —5G 171
Railway St. Nort C —4A 16
Railway St. W Brom —5H 67
Railway St. W'hall —8A 38
Railway St. Wolv —7D 36 (3L 7)
Railway Ter. B42 —3F 68
Railway Ter. Bed —7J 103
Railway Ter. Nech —3B 94
Railway Ter. Rugby —6B 172
Railway Ter. W'bry —7F 52
Railway Vw. B10 —2C 114
Railway Wlk. Cann —1F 14 (Mill St.)
Railway Wlk. Cann —5A 16 (Red Lion La.)
Rainbow St. Bils —6K 51
Rainbow St. Wolv —1C 50 (8K 7)
Rainford Way. B38 —1C 156
Rainham Clo. Tip —4K 65
Rainsbrook. —2C 198
Rainsbrook Av. Rugby —1E 198
Rainsbrook Dri. Nun —8M 79
Rainsbrook Dri. Shir —3M 159
Rainscar. Wiln —2H 47
Raison Av. Nun —1M 79
Rake Hill. Burn —1H 17
Rake Way. B15 —8H 93 (7B 4)
Raleigh Clo. B21 —8B 68
Raleigh Clo. Hinc —5D 84
Raleigh Cft. B43 —6E 54
Raleigh Ind. Est. Hand —8B 68
Raleigh Rd. B9 —7D 94
Raleigh Rd. Bils —6M 51
Raleigh Rd. Cov —6H 145
Raleigh St. Wals —7J 39
Raleigh St. W Brom —5J 67
Ralph Barlow Gdns. B44 —1B 70
Ralph Cres. K'bry —3C 60
Ralph Rd. B8 —5D 94
Ralph Rd. Cov —4M 143
Ralph Rd. Shir —5H 137
Ralphs Mdw. B32 —7K 111
Ralston Clo. Blox —5G 25
Ramillies Cres. Wals —8F 14
Ramp Rd. Birm A —4J 117
Ramsay Cres. Cov —2H 143
Ramsay Rd. O'bry —8J 91
Ramsden Av. Nun —2C 78
Ramsden Clo. B29 —2B 134
Ramsey Clo. Hinc —8B 84
Ramsey Clo. Redn —8E 132
Ramsey Clo. W Brom —1M 67
Ramsey Ho. Wals —2J 53
Ramsey Rd. B7 —2C 94
Ramsey Rd. Lea S —2B 216
Ramsey Rd. Tip —2L 65
Ramsey Rd. Wals —4G 39
Ramshill La. Tan A —2K 207
Ranby Rd. Cov —5F 144
Randall Av. A'chu —3A 182
Randall Clo. K'wfrd —5M 87
Randall Rd. Ken —6F 190
Randle Dri. S Cold —6J 43
Randle Rd. Nun —5D 78
Randle Rd. Stourb —5C 108
Randle St. Cov —4A 144
Randolph Clo. Lea S —3C 216
Randwick Gro. B44 —8K 55
Ranelagh Rd. Wolv —3C 50
Ranelagh St. Lea S —3A 216
Ranelagh Ter. Lea S —3M 215
Range Mdw. Clo. Lea S —6J 211
Rangemoor. Cov —3K 167
Range Way. K'bry —4D 60
Rangeways Rd. Kidd —1G 149
Rangeways Rd. K'wfrd —5M 87
Rangeworthy Clo. Redd —2C 208
Rangifer Rd. Faz —1M 45
Rangoon Rd. Sol —5E 116
Rankine Clo. Rugby —2K 171
Ranleigh Av. K'wfrd —5M 87
Rann Clo. B16 —8G 93
Rannoch Clo. Brie H —1B 108
Rannoch Clo. Hinc —1H 81
Rannoch Clo. Stour S —2E 174
Rannoch Dri. Nun —4C 78
Rannock Clo. Cov —7A 146
Ranscombe Dri. Dud —7D 64
Ransome Rd. Gun H —1G 101
Ransom Rd. B23 —5C 70
Ransom Rd. Cov —1E 144
Ranton Bus. Pk. Cann —7G 9
Ranulf Cft. Cov —2C 166
Ranulf St. Cov —2C 166
Ranworth Ri. Wolv —5D 50
Raphael Clo. Cov —6J 143
Ratcliffe Clo. Dud —2F 64
Ratcliffe Ct. Nun —5C 78
Ratcliffe Rd. Hinc —3M 81
Ratcliffe Rd. Sol —2C 138
Ratcliffe Rd. Wolv —3A 38
Ratcliff Wlk. O'bry —2G 91
Ratcliff Way. Tip —2D 66
Rathbone Clo. B5 —2L 113
Rathbone Clo. Bils —4K 51
Rathbone Clo. Ker E —3M 121
Rathbone Clo. Rugby —1G 199
Rathbone Rd. Smeth —7M 91
Rathlin Clo. Pend —6A 22
Rathlin Cft. B36 —3H 97
Rathmore Clo. Stourb —7K 107
Rathwell Clo. Wolv —7A 22
Ratliffe Rd. Rugby —2M 197
Rattle Cft. B33 —6L 95
Raveloe Dri. Nun —8K 79
Ravenall Clo. B34 —2B 96
Raven Clo. Cann —5C 8
Raven Clo. Hed —5L 9
Raven Clo. Hunt —2C 8
Raven Clo. Wals —7D 14
Raven Ct. Brie H —7D 88 (off Hill St.)
Raven Cragg Rd. Cov —1L 165
Raven Cres. Wolv —1M 37
Ravenfield Clo. B8 —4F 94
Ravenglass. Brow —2D 172
Ravenhayes La. B32 —2G 133
Raven Hays Rd. B31 —7J 133
Ravenhill Dri. Cod —6G 21
Ravenhurst Dri. B43 —6E 54
Ravenhurst M. Erd —6E 70
Ravenhurst Rd. B17 —2C 112
Ravenhurst St. B12 —1A 114
Raven Rd. Wals —3B 54
Ravensbank Bus. Pk. Redd —3M 205
Ravensbank Dri. Moons I & Redd —2J 205
Ravensbourne Gro. W'hall —7C 38
Ravensbury Ho. Edg —2G 113
Ravens Ct. Wals —2F 26
Ravenscroft. Stourb —3J 107
Ravenscroft Rd. Sol —1A 138
Ravenscroft Rd. W'hall —4B 38
Ravensdale Av. Lea S —7J 211
Ravensdale Clo. Wals —2B 54
Ravensdale Gdns. Wals —3B 54
Ravensdale Rd. B10 —2F 114
Ravensdale Rd. Cov —6J 145
Ravenshaw. Sol —7H 139
Ravenshaw La. Sol —5G 139
Ravenshaw Rd. B16 —7C 92
Ravenshaw Way. Sol —7G 139
Ravenshill Rd. B14 —5C 136
Ravensholme. Wolv —7F 34
Ravenside Retail Pk. Erd —6L 71
Ravensitch Wlk. Brie H —8E 88
Ravensmere Rd. Redd —8H 205
Ravensthorpe Clo. Bin —1L 167
Ravenstone. Wiln —1H 47
Raven St. Stour S —6F 174
Ravenswood. B15 —1E 112
Ravenswood Clo. S Cold —1H 57
Ravenswood Dri. Sol —8M 137
Ravenswood Dri. S. Sol —8L 137
Ravenswood Hill. Col —2M 97
Raven Wlk. B15 —2K 113
Raven Way. Nun —7M 79
Rawdon Gro. B44 —1B 70
Rawlings Rd. Smeth —7M 91
Rawlins Cft. B35 —6C 72
Rawlinson Rd. Lea S —7B 212
Rawlins St. B16 —8G 93 (7A 4)
Rawnsley. —4A 10
Rawnsley Dri. Ken —3H 191
Rawnsley Rd. Cann —2K 9
Raybon Cft. Redn —3G 155
Rayboulds Bri. Rd. Wals —5J 39
Raybould's Fold. Dud —4J 89
Rayford Dri. W Brom —7M 53
Raygill. Wiln —1H 47
Ray Hall La. B43 —8A 54
Rayleigh Rd. Wolv —1A 50
Raymond Av. B42 —3H 69
Raymond Clo. Cov —4F 122
Raymond Clo. Wals —4K 39
Raymond Gdns. Wolv —4L 37
Raymond Rd. B8 —5E 94
Raymont Gro. B43 —5H 55
Rayners Cft. B26 —8M 95
Raynor Cres. Bed —8D 102
Raynor Rd. Wolv —3F 36
Raynsford Wlk. Warw —8D 210
Raywoods, The. Nun —6F 78
Rea Av. Redn —1E 154
Reabrook Rd. B31 —1L 155
Rea Clo. B31 —2A 156
Readers Wlk. B43 —8F 54
Reading Av. Nun —1M 79
Reading Clo. Cov —6H 123
Read St. Cov —6E 144
Rea Fordway. Redn —8F 132
Reansway Sq. Wolv —5A 36
Reapers Clo. W'hall —4D 38
Reapers Wlk. Pend —8M 21
Rear Cotts. A'chu —3M 181
Reardon Ct. Warw —8E 210
Reaside Cres. B14 —4H 135
Reaside Cft. B12 —3L 113
Rea St. B5 —8M 93 (8J 5)
Rea St. S. B5 —1L 113 (8J 5)
Rea Ter. B5 —7M 93 (6K 5)
Rea Tower. B19 —4J 93 (off Mosborough Cres.)
Rea Valley Dri. B31 —7B 134
Reaview Dri. S Oak —7H 113
Reaymer Clo. Wals —3H 39
Reay Nadin Dri. S Cold —5B 56
Rebecca Dri. B29 —7E 112
Rebecca Gdns. Penn —5M 49
Recreation Rd. B'gve —6M 179
Recreation Rd. Cov —6G 123
Recreation St. Dud —4K 89
Rectory Av. W'bry —3D 52
Rectory Clo. Alle —3J 143
Rectory Clo. Barby —8J 199
Rectory Clo. Dray B —4L 45
Rectory Clo. Exh —8G 103
Rectory Clo. Stourb —6B 108
Rectory Clo. W'nsh —5B 216
Rectory Dri. Exh —8G 103
Rectory Fields. Stourb —7L 87
Rectory Gdns. B36 —1A 96
Rectory Gdns. O'bry —4H 91
Rectory Gdns. Sol —6C 138
Rectory Gdns. Stourb —6B 108
Rectory Gro. B18 —3E 92
Rectory La. B36 —1A 96
Rectory La. Alle —3J 143
Rectory La. Barby —8J 199
Rectory La. Hartl —6A 176
Rectory La. Stour S —7D 174
Rectory La. U War —5F 200
Rectory Pk. Av. S Cold —5L 57
Rectory Pk. Clo. S Cold —5L 57
Rectory Pk. Rd. B26 —4B 116
Rectory Rd. B31 —6B 134
Rectory Rd. Arly —8E 76
Rectory Rd. Redd —8D 204
Rectory Rd. Sol —6C 138
Rectory Rd. Stourb —6B 108
Rectory Rd. S Cold —4J 57
Rectory St. Stourb —6B 108
Redacre Rd. S Cold —7F 56
Redacres. Wolv —3L 35
Redbank Av. B23 —6C 70
Redbourn Rd. Wals —5G 25
Red Brick Clo. Crad H —2K 109
Redbrook Clo. Cann —7K 9
Redbrook Covert. B38 —1E 156
Red Brook Rd. Wals —4G 39
Redbrooks Clo. Sol —8A 138
Redburn Dri. B14 —7K 135
Redcap Cft. Cov —5D 122
Redcar Clo. Cats —8A 154
Redcar Clo. Lea S —5B 212
Redcar Cft. B36 —1J 95
Redcar Rd. Cov —4E 144 (1F 6)
Redcar Rd. Wolv —5D 22
Redcliff. Amin —4F 32
Redcliffe Dri. Wom —3H 63
Redcott's Clo. Wolv —1G 37
Redcroft Dri. B24 —4J 71
Redcroft Rd. Dud —3L 89
Red Cross. —6K 179
Reddal Hill Rd. Crad H —8L 89
Red Deeps. Nun —1K 103
Reddicap Heath. —5L 57
Reddicap Heath Rd. S Cold —5M 57
Reddicap Hill. S Cold —5L 57
Reddicap Trad. Est. S Cold —4K 57
Reddicroft. S Cold —4J 57
Reddings La. Col —4G 75
Reddings La. Hall G & Tys —7E 114
Reddings Rd. B13 —7K 113
Reddings, The. H'wd —4A 158
Redditch. —5E 204
Redditch Ho. B33 —7E 96
Redditch Ringway. Redd —5D 204
Redditch Rd. B31 & B38 —2C 156
Redditch Rd. A'chu —7C 156 (Birmingham Rd.)
Redditch Rd. A'chu —4B 182 (Swan St.)
Redditch Rd. Stoke H —4K 201
Redditch Rd. Stud —4K 209
Redditch Rd. Ullen —7F 206
Redditch Tourist Info. Cen. —6E 204
Redditch Wlk. Cov —2A 146
Redesdale Av. Cov —5M 143
Redfern Av. Ken —3G 191
Redfern Clo. Sol —8B 116
Redfern Dri. Burn —4H 17
Redfern Pk. Way. B11 —4G 115
Redfern Rd. B11 —4F 114
Redfly La. Brie H —3C 88
Redford Clo. B13 —7B 114
Redgate Clo. B38 —7D 134
Red Hall Dri. Barw —2H 85
Redhall Rd. B32 —2L 111
Red Hall Rd. Barw —2J 85
Redhall Rd. Dud —7C 64
Red Hill. —8G 101
Red Hill. Bew —7B 148
Redhill. Dud —1K 89
Red Hill. Redd —7F 204
Red Hill. Stourb —5B 108
Redhill Av. Wom —3G 63
Red Hill Clo. Stourb —5B 108
Redhill Clo. Tam —2A 32
Red Hill Gro. B38 —2F 156
Red Hill Gro. Stud —3L 209
Redhill La. Chad & Redn —4C 154
Redhill Pl. Hunn —2A 132
Redhill Rd. Cann —5E 8
Redhill Rd. N'fld & K Nor —1B 156
Redhill Rd. Yard —3G 115
Red Hill St. Wolv —6C 36 (1J 7)
Redhill Ter. Yard —3H 115
Redholme Ct. Stourb —5A 108
Red Ho. Av. W'bry —6H 53
Redhouse Clo. Ben H —4E 160
Redhouse Glassworks Mus. —8L 87
Redhouse Ind. Est. A'rdge —3D 40
Redhouse La. Wals —4E 40
Red Ho. Pk. Rd. B43 —7E 54
Redhouse Rd. B33 —6L 95
Redhouse Rd. Wolv —4G 35
Redhouse St. Wals —2L 53
Redhurst Dri. Wolv —6B 22
Redlake. Tam —1F 46
Redlake Dri. Stourb —8B 108
Redlake Rd. Stourb —8B 108
Redland Clo. Ald I —7L 123
Redland Clo. Marl —8C 154
Redland La. Ryton D —7A 168
Redland Rd. Lea S —4B 216
Redlands Clo. Sol —4D 138
Redlands Rd. Sol —4C 138
Redlands Way. S Cold —8A 42
Red La. Asty —2L 101
Red La. Burt G —5B 164
Red La. Cov —4E 144
Red La. Dud —1B 64
Red La. Ind. Est. Cov —3F 144
Red Leasowes Rd. Hale —6M 109
Redliff Av. B36 —8D 72

Red Lion Av. Cann —5A 16
Red Lion Clo. Tiv —1A 90
Red Lion Cres. Cann —5A 16
Red Lion La. Cann —5A 16
Red Lion St. A'chu —3B 182
Red Lion St. Redd —5E 204
Red Lion St. Wals —6L 39
Red Lion St. Wolv —7C 36 (3H 7)
Redlock Fld. Lich —4G 19
Red Lodge Dri. Rugby —1L 197
Redmead Clo. B30 —5C 134
Redmoor Gdns. Wolv —4A 50
Redmoor Rd. Rug —6F 10
Redmoor Way. Min —3C 72
Rednal. —3J 155
Rednal Hill La. Redn —3F 154
Rednall Dri. S Cold —6J 43
Rednal Mill Dri. Redn —2K 155
Rednal Rd. B38 —1C 156
Redoak Ho. Wolv —6F 36
Redpine Crest. W'hall —5D 38
Red River Rd. Wals —4G 39
Red Rock Dri. Cod —7F 20
Redruth Clo. Cov —1G 145
Redruth Clo. K'wfrd —1K 87
Redruth Clo. Nun —5A 80
Redruth Clo. Wals —2D 54
Redruth Rd. Wals —2D 54
Red Sands Rd. Kidd —1L 149
Redstart Av. Kidd —7B 150
Redstone Clo. Redd —3J 205
Redstone Dri. Wolv —4M 37
Redstone Farm Rd. B28 —3H 137
Redstone La. Stour S —8E 174
Redstone Nature Reserve. —8G 175
Redthorn Gro. B33 —6K 95
Redvers Rd. B9 —8E 94
Redway Ct. S Cold —5L 57
Redwell Clo. Tam —4D 32
Redwing. Wiln —3G 47
Redwing Clo. Hamm —4K 17
Redwing Ct. Kidd —8A 150
Redwing Dri. Cann —2C 8
Redwing Gro. Erd —2B 70
Red Wing Wlk. B36 —1G 97
Redwood Av. Dud —4F 64
Redwood Clo. B30 —5E 134
Redwood Clo. S Cold —7M 41
Redwood Cft. B14 —2L 135
Redwood Cft. Nun —7G 79
Redwood Dri. Burn —1F 16
Redwood Dri. Cann —6G 9
Redwood Dri. K'bry —2D 60
Redwood Dri. Tiv —7B 66
Redwood Gdns. B27 —4H 115
Redwood Ho. B37 —4G 97
Redwood Rd. B30 —5E 134
Redwood Rd. Bils —7K 51
Redwood Rd. Kinv —6B 106
Redwood Rd. Wals —5B 54
Redwood Way. W'hall —1B 38
Redworth Ho. Redn —1F 154 (off Deelands Rd.)
Reedham Gdns. Wolv —4K 49
Reedly Rd. W'hall —8C 24
Reedmace. Tam —7C 32
Reedmace Clo. B38 —1F 156
Reeds Pk. Ufton —8M 217
Reed Sq. B35 —5B 72
Reedswood Clo. Wals —6J 39
Reedswood Gdns. Wals —6J 39
Reedswood La. Wals —6J 39
Reedswood Way. Wals —5G 39
Rees Dri. Cov —5C 166
Rees Dri. Wom —2H 63
Reeve Ct. Kidd —8A 150
Reeve Dri. Ken —5G 191
Reeves Gdns. Cod —5G 21
Reeves Green. —1B 164
Reeves Rd. B14 —3J 135
Reeves Rd. Hinc —3M 81
Reeves St. Wals —1H 39
Reflex Ind. Pk. W'hall —6M 37
Reform St. W Brom —6K 67
Regal Cft. B36 —1H 95
Regal Dri. Wals —1J 53
Regan Av. Shir —8G 137
Regan Ct. S Cold —4C 58
Regan Cres. B23 —3E 70
Regency Arc. Lea S —1M 215
Regency Clo. B9 —8D 94
Regency Clo. Nun —3K 79
Regency Ct. Cov —1M 165
Regency Ct. Hinc —2A 82
Regency Ct. Wolv —6C 36 (2H 7)
Regency Dri. B38 —7F 134
Regency Dri. Cov —4M 165
Regency Dri. Ken —6F 190
Regency Gdns. B14 —6C 136
Regency M. Lea S —1A 216
Regency Wlk. S Cold —4D 42
Regent Av. Tiv —8A 66
Regent Clo. B5 —3K 113
Regent Clo. Hale —5A 110
Regent Clo. K'wfrd —3K 87
Regent Clo. Tiv —1A 90
Regent Ct. Hinc —1K 81
Regent Ct. Smeth —4A 92
Regent Dri. Tiv —8A 66
Regent Gro. Lea S —1M 215
Regent Ho. Wals —6K 39 (off Green La.)
Regent M. B'gve —1L 201
Regent Pde. B1 —5J 93 (2C 4)
Regent Pde. Hinc —1K 81 (off Regent St.)
Regent Pk. Rd. B10 —8C 94
Regent Pl. B1 —5J 93 (2C 4)
Regent Pl. Lea S —2A 216
Regent Pl. Rugby —5A 172
Regent Pl. Tiv —7B 66
Regent Rd. Hand —1D 92
Regent Rd. Harb —3D 112
Regent Rd. Tiv —1A 90
Regent Rd. Wolv —4L 49
Regent Row. B1 —5J 93 (2C 4)
Regents Pk. Rd. B'gve —7B 180
Regents, The. Edg —1D 112
Regent St. B1 —5J 93 (2C 4)
Regent St. Barw —2H 85
Regent St. Bed —5J 103
Regent St. Bils —3K 51
Regent St. Cov —8B 144 (7A 6)
Regent St. Crad H —7M 89
Regent St. Dud —3J 65
Regent St. Hinc —1K 81
Regent St. Lea S —1M 215
Regent St. Nun —4J 79
Regent St. Rugby —6A 172
Regent St. Smeth —3A 92
Regent St. Stir —2G 135
Regent St. Tip —1L 65
Regent St. W'hall —6A 38
Regent Wlk. B8 —2H 95
Reg Haddon Ct. Nun —3K 79
Regimental Mus. of the Queen's Own Hussars. —3E 214
Regina Av. B44 —1L 69
Regina Clo. Redn —7E 132
Regina Cres. Cov —2A 146
Regina Cres. Wolv —5H 35
Regina Dri. B42 —6J 69
Regina Dri. Wals —5A 40
Reginald Rd. B8 —5D 94
Reginald Rd. Smeth —7M 91
Regis Beeches. Wolv —4J 35
Regis Gdns. Row R —7C 90
Regis Heath Rd. Row R —7D 90
Regis Ho. O'bry —7J 91
Regis Rd. Row R —8C 90
Regis Rd. Wolv —4H 35
Regis Wlk. Cov —2M 145
Regnier Pl. H'cte —7M 215
Reid Av. W'hall —3D 38
Reid Rd. O'bry —8J 91
Reigate Av. B8 —5H 95
Reindeer Rd. Faz —8L 31
Relay Dri. Wiln —2J 47
Reliance Trad. Est. Bils —4H 51
Relko Dri. B36 —2J 95
Rembrandt Clo. Cann —7K 9
Rembrandt Clo. Cov —6J 143
Remburn Gdns. Warw —1F 214
Remembrance Rd. Cov —3K 167
Remembrance Rd. W'bry —6J 53
Remington Dri. Cann —1F 14
Remington Pl. Wals —4J 39
Remington Rd. Wals —3H 39
Rene Rd. Tam —4E 32
Renfrew Clo. Stourb —6J 87
Renfrew Gdns. Kidd —4J 149
Renfrew Sq. B35 —5B 72
Renfrew Wlk. Cov —1G 165
Renison Rd. Bed —8E 102
Rennie Gro. B32 —4K 111
Rennison Dri. Wom —3G 63
Renolds Clo. Cov —7J 143
Renown Av. Cov —8K 143
Renown Clo. Brie H —1B 88
Renton Gro. Wolv —8A 22
Renton Rd. Wolv —8A 22
Repertory Theatre. —7J 93 (5D 4)
Repington Rd. N. Tam —4G 33
Repington Rd. S. Tam —4G 33
Repington Way. S Cold —3B 58
Repton Av. Wolv —6E 34
Repton Clo. Cann —1B 14
Repton Dri. Cov —7H 123
Repton Gro. B9 —6H 95
Repton Ho. B23 —3F 70
Repton Rd. B9 —6H 95
Reservoir Clo. Wals —1H 53
Reservoir Dri. Col —7F 74
Reservoir Pas. W'bry —6F 52
Reservoir Pl. Wals —1H 53
Reservoir Retreat. B16 —8F 92
Reservoir Rd. Cann —5K 9
Reservoir Rd. Edg —7F 92
Reservoir Rd. Erd —5D 70
Reservoir Rd. Kidd —6J 149
Reservoir Rd. O'bry —5J 91
Reservoir Rd. Redn —6J 155
Reservoir Rd. Row R —6C 90
Reservoir Rd. Rugby —3C 172
Reservoir Rd. S Oak —6B 112
Reservoir Rd. Sol —1M 137
Reservoir St. Wals —1H 53
Resolution Way. Stour S —7H 175
Retallack Clo. Smeth —1B 92
Retford Dri. S Cold —5L 57
Retford Gro. B25 —3J 115
Retreat Gdns. Dud —2E 64
Retreat St. A'wd B —8E 208
Retreat St. Wolv —1B 50 (7G 7)
Retreat, The. Crad H —2L 109
Revesby Wlk. B7 —5A 94 (2M 5)
Revival St. Wals —8H 25
Rex Clo. Cov —1D 164
Reyde Clo. Redd —7M 203
Reynards Clo. Dud —2G 65
Reynards Clo. Redd —6M 203
Reynolds Clo. Hinc —6A 84
Reynolds Clo. Lich —7H 13
Reynolds Clo. Rugby —1H 199
Reynolds Clo. Swind —7E 62
Reynolds Ct. O'bry —2H 111
Reynolds Gro. Wolv —4F 34
Reynolds Rd. B21 —2E 92
Reynolds Rd. Bed —5G 103
Reynoldstown Rd. B36 —1J 95
Reynolds Wlk. Wolv —1B 38
Rhayader Rd. B31 —4L 133
Rhodes Clo. Dud —5A 64
Rhone Clo. B11 —6C 114
Rhoose Cft. B35 —7B 72
Rhuddlan Way. Kidd —8L 149
Rhyl Rd. Bram —3F 104
Rhys Thomas Clo. W'hall —5D 38
Ribbesford. —1B 174
Ribbesford Av. Wolv —1B 36
Ribbesford Clo. Hale —4K 109
Ribbesford Cres. Bils —8K 51
Ribbesford Dri. Stour S —5E 174
Ribbesford Rd. Stour S —6C 174
Ribble Clo. Bulk —7B 104
Ribble Rd. Cov —7F 144
Ribblesdale. Wiln —2H 47
Ribblesdale Av. Hinc —6E 84
Ribblesdale Rd. B30 —2G 135
Ribble Wlk. B36 —1F 96
Ribbonbrook. Nun —6K 79
Ribbonfields. Nun —6K 79
Richard Cooper Rd. Lich —4F 28
Richard Joy Clo. Cov —7C 122
Richard Lighton Ho. B1 —4C 4
Richard Pl. Wals —1C 54
Richard Rd. Wals —1C 54
Richards Clo. B31 —3M 155
Richards Clo. Ken —4F 190
Richards Clo. Row R —5E 90
Richards Ct. Cann —3M 15
Richards Gro. Lea S —4A 216
Richards Ho. O'bry —5E 90
Richards Ho. Wals —6K 39 (off Burrowes St.)
Richardson Clo. Warw —8F 210
Richardson Dri. Stourb —1L 107
Richardson Way. Cross P —1B 146
Richards Rd. Tip —8M 51
Richards St. W'bry —1D 52
Richard St. B7 —4M 93 (1K 5)
Richard St. W Brom —6H 67
Richard St. S. W Brom —7J 67
Richard St. W. W Brom —7H 67
Richard Williams Rd. W'bry —7H 53
Richborough Dri. Dud —6E 64
Rich Clo. Warw —2G 215
Riches St. Wolv —6M 35
Richford Gro. B33 —7D 96
Richmere Ct. Wolv —6H 35
Richmond Ashton Dri. Tip —4A 66
Richmond Av. B12 —4M 113
Richmond Av. Wolv —8M 35
Richmond Clo. B20 —6G 69
Richmond Clo. Cann —4G 9
Richmond Clo. H'wd —2B 158
Richmond Clo. Tam —4A 32
Richmond Ct. Hale —6L 109
Richmond Ct. O'bry —4J 91
Richmond Ct. Stourb —8B 108 (off Redlake Rd.)
Richmond Ct. S Cold —2H 71
Richmond Cft. B42 —3F 68
Richmond Dri. Lich —2K 19
Richmond Dri. Pert —5F 34
Richmond Dri. Wolv —8L 35
Richmond Gdns. Amb —2M 107
Richmond Gdns. Wom —4G 63
Richmond Gro. Stourb —1L 107
Richmond Hill. O'bry —4J 91
Richmond Hill Gdns. B15 —2E 112
Richmond Hill Rd. B15 —3E 112
Richmond Ho. B37 —8J 97
Richmond Pk. K'wfrd —1J 87
Richmond Pl. B14 —1M 135
Richmond Rd. Bew —1B 148
Richmond Rd. Dud —1J 89
Richmond Rd. Hinc —6C 84
Richmond Rd. Hock —3H 93
Richmond Rd. Nun —6G 79
Richmond Rd. Redn —2E 154
Richmond Rd. Rugby —7C 172
Richmond Rd. Sed —2E 64
Richmond Rd. Smeth —7A 92
Richmond Rd. Sol —8L 115
Richmond Rd. Stech —7K 95
Richmond Rd. S Cold —3H 57
Richmond Rd. Wolv —7L 35
Richmond St. Cov —6G 145
Richmond St. Hale —5A 110
Richmond St. Wals —8M 39
Richmond St. W Brom —3F 66
Richmond St. S. W Brom —4E 66
Richmond Way. B37 —6J 97
Rickard Clo. Know —4E 160
Rickman Dri. B15 —1K 113 (8F 4)
Rickyard Clo. Pole —8M 33
Rickyard Clo. S Oak —3A 134
Rickyard Clo. Yard —8K 95
Rickyard La. Redd —4K 205
Rickyard Piece. B32 —5L 111
Riddfield Rd. B36 —1L 95
Ridding La. W'bry —7F 52
Riddings Clo. Bew —4C 148
Riddings Cres. Wals —5M 25
Riddings Gdns. Pole —1M 47
Riddings, The. B33 —5L 95
Riddings, The. Amin —4E 32
Riddings, The. Cov —2K 165
Riddings, The. Stourb —7D 108
Riddings, The. S Cold —1B 72
Riddings, The. Wolv —2G 37
Riddon Dri. Hinc —1H 81
Rideswell Gro. W'nsh —8A 216
Ridgacre. —3K 111
Ridgacre Enterprise Pk. W Brom —3H 67
Ridgacre La. B32 —3H 111
Ridgacre Rd. B32 —3H 111
Ridgacre Rd. W Brom —3H 67
Ridgacre Rd. W. B32 —3G 111
Ridge Clo. B13 —3C 136
Ridge Clo. Wals —6D 38
Ridge Ct. Cov —3G 143
Ridgefield Rd. Hale —1C 110
Ridge Gro. Stourb —4C 108
Ridge Hill. Stourb —6M 87
Ridge La. Oldb —1J 77
Ridge La. Wolv —2K 37
Ridgeley Clo. Warw —7E 210
Ridgemount Dri. B38 —2D 156
Ridge Rd. K'wfrd —4H 87
Ridge St. Stourb —3J 107
Ridgethorpe. Cov —4L 167
Ridgewater Clo. Redn —3M 155
Ridgeway. A'rdge —5H 41
Ridgeway. Edg —7B 92
Ridgeway Av. Cov —3C 166
Ridgeway Av. Hale —3G 111
Ridgeway Clo. Stud —7L 209
Ridgeway Dri. Wolv —6M 49
Ridgeway Rd. Stourb —7M 87
Ridgeway Rd. Tip —1A 66
Ridgeway, The. Burn —4G 17
Ridgeway, The. Dud —3D 64
Ridgeway, The. Erd —3A 70
Ridgeway, The. Hinc —3K 81
Ridgeway, The. Kils —8L 199
Ridgeway, The. Stour S —4F 174
Ridgeway, The. Warw —8G 211
Ridgewood. B34 —3B 96
Ridgewood Av. Stourb —2J 107
Ridgewood Clo. Lea S —8J 211
Ridgewood Clo. Wals —1M 53
Ridgewood Dri. S Cold —8H 43
Ridgewood Gdns. B44 —2L 69
Ridgewood Ri. Tam —4G 33
Ridgley Rd. Cov —8E 142
Ridgmont Cft. B32 —4L 111
Riding Clo. W Brom —1M 67
Ridings Brook Dri. Cann —7G 9
Ridings La. Redd —2H 205
Ridings Pk. Cann —6G 9
Riding Way. W'hall —3D 38
Ridley La. Col —4G 75
Ridley St. B1 —8J 93 (8D 4)
Ridpool Rd. B33 —6B 96
Rifle Range Rd. Kidd —6H 149
Rifle St. Bils —1G 65
Rigby Clo. H'cte I —5K 215
Rigby Dri. Cann —5E 8
Rigby La. B'gve —1B 202
Rigby St. W'bry —8F 52
Rigdale Clo. Cov —7L 145
Righton Ho. Tam —8D 32
Riland Av. S Cold —4K 57
Riland Ct. S Cold —2J 71
Riland Gro. S Cold —4J 57
Riland Ind. Est. S Cold —4K 57
Riland Rd. S Cold —4K 57
Riley. Tam —6E 32
Riley Clo. Ken —5J 191
Riley Cres. Wolv —3M 49
Riley Dri. B36 —8G 73
Riley Rd. B14 —6D 136
Riley Sq. Cov —8H 123
Riley St. W'hall —7B 38
Rills, The. Hinc —7E 84
Rilstone Rd. B32 —4M 111
Rindleford Av. Wolv —3J 49
Ringhills Rd. Cod —7H 21
Ringinglow Rd. B44 —7J 55
Ringmere Av. B36 —1B 96
Ring Rd. Burn —2D 16
Ring Rd. St Andrews. Wolv —7B 36 (4G 7)
Ring Rd. St Davids. Wolv —7D 36 (4L 7)
Ring Rd. St Georges. Wolv —8D 36 (6K 7)
Ring Rd. St Johns. Wolv —8C 36 (6H 7)
Ring Rd. St Marks. Wolv —8B 36 (5G 7)
Ring Rd. St Patricks. Wolv —6D 36 (2K 7)
Ring Rd. St Peters. Wolv —7C 36 (3H 7)
Ringswood Rd. Sol —5L 115
Ring, The. B25 —1J 115
Ringway. Cann —8E 8
Ringway Hillcross. Cov —6B 144 (4A 6)
Ringway Ind. Est. Lich —6J 13
Ringway Queens. Cov —7B 144 (6A 6)
Ringway Rudge. Cov —7B 144 (5A 6)
Ringway St Johns. Cov —7D 144 (6D 6)
Ringway St Nicholas. Cov —6C 144 (3B 6)
Ringway St Patrick's. Cov —8C 144 (7B 6)
Ringway Swanswell. Cov —6D 144 (2D 6)
Ringway, The. Kidd —3L 149
Ringway Whitefriars. Cov —7D 144 (4E 6)
Ringwood Av. Wals —4H 41
Ringwood Dri. Redn —8G 133
Ringwood Highway. Cov —7L 123
Ringwood Rd. Wolv —8D 22
Rinill Gro. Lea S —3D 216
Ripley Clo. Tiv —1M 89
Ripley Gro. B23 —4B 70
Ripon Clo. Alle —1G 143
Ripon Dri. W Brom —8K 53
Ripon Rd. B14 —5C 136
Ripon Rd. Wals —7H 39
Ripon Rd. Wolv —2C 36
Rippingille Rd. B43 —5J 55
Ripple Rd. B30 —2H 135
Risborough Clo. Cov —6J 143
Risborough Ho. B31 —1M 155
Rischale Way. Wals —1D 40
Risdale Clo. Lea S —7K 211
Rise Av. Redn —2G 155
Riseley Cres. B5 —2K 113
Rise, The. A'chu —5B 156
Rise, The. Gt Barr —1G 69
Rise, The. K'wfrd —4L 87
Rise, The. Mars G —2G 117
Rising Brook. Wolv —5H 35
Rising La. Lapw & Know —4L 187
Rising Rd. Lapw —5H 187
Rissington Av. B29 —1G 135
Ritchie Clo. B13 —8A 114
Rivendell Gdns. Wolv —4H 35
Riverbank Rd. W'hall —7D 38
River Brook Dri. B30 —1H 135
River Clo. Bed —8F 102
River Clo. Lea S —1K 215
River Ct. Cov —6B 144
Riverdrive. Tam —6A 32
Riverfield Gro. Tam —4D 32
Riverford Cft. Cov —5K 165
River Lee Rd. B11 —4E 114
Rivermead. Nun —5G 79
Rivermead Pk. B34 —4A 96
Riversdale. Lea S —1L 215
Riversdale Rd. B14 —6D 136
Riverside. —4F 204
Riverside. Stud —5L 209
Riverside Cvn. Pk. Bew —5A 148
Riverside Clo. Cov —2F 166
Riverside Clo. L End —3C 180
Riverside Ct. B31 & B38 —6D 134
Riverside Ct. Col —2A 98 (off Prossers Wlk.)
Riverside Cres. B28 —5D 136
Riverside Dri. Sol —7F 138
Riverside Ind. Est. Faz —8B 32
Riverside N. Bew —5B 148
Riverside Wlk. Warw —3F 214
Riversleigh Dri. Stourb —1L 107
Riversleigh Rd. Lea S —8J 211
Riversley Rd. Nun —6J 79
River St. B5 —7A 94 (6L 5)
River Wlk. Cov —7J 123
Riverway. W'bry —7H 53
Riverway Dri. Bew —5B 148
Rivington Clo. Stourb —5L 107
Rivington Cres. B44 —8C 56
Roach. Dost —3D 46
Roach Clo. B37 —6J 97
Roach Clo. Brie H —4D 88
Roach Cres. Wolv —1M 37
Roach Pool Cft. B16 —7C 92
Road No. 1. Kidd —7L 149 (DY10)
Road No. 1. Kidd —2J 175 (DY11)
Road No. 3. Kidd —7L 149
Road No. 2. Kidd —7L 149 (DY10)
Road No. 2. Kidd —2H 175 (DY11)
Roadway Clo. Bed —7H 103
Roanne Ringway. Nun —5H 79
Robbins Ct. Rugby —1F 198
Robert Av. B23 —3E 70
Robert Clo. Cov —5J 167
Robert Clo. Tam —2M 31
Robert Cramb Av. Cov —1F 164
Robert Hill Clo. Hillm —8G 173
Robert Rd. B20 —8H 69
Robert Rd. Exh —1F 122
Robert Rd. Tip —3M 65
Roberts Clo. Stret D —3F 194
Roberts Clo. Wals —7F 26
Roberts Clo. W'bry —5B 52
Roberts Ct. Erd —3J 71
Roberts Grn. Rd. Dud —5E 64
Roberts La. Stourb —1B 130
Robertson Clo. Clift D —4G 173
Robertson Knoll. B36 —2M 95
Robertsons Gdns. B7 —2C 94
Roberts Rd. B27 —6J 115
Roberts Rd. Wals —4M 39
Roberts Rd. W'bry —6L 53
Robert St. Dud —5D 64
Robert Wynd. Bils —8F 50
Robeson Clo. Tip —4K 65
Robey's La. A'cte —7K 33
Robin Clo. B36 —1G 97
Robin Clo. Hunt —2C 8
Robin Clo. K'wfrd —3A 88
Robin Ct. Kidd —7A 150
Robin Gro. Wolv —2J 37
Robin Hood Cres. B28 —2E 136
Robin Hood Cft. B28 —3F 136
Robin Hood La. B13 & B28 —2D 136
Robin Hood Rd. Brie H —7F 88
Robin Hood Rd. Cov —3J 167
Robinia. Tam —5G 33
Robinia Clo. Lea S —8B 212
Robin Rd. B23 —5E 70
Robins Bus. Pk. Tip —2E 66
Robins Clo. C Hay —8D 14
Robins Clo. Stourb —6A 108
Robinsfield Dri. B31 —2A 156
Robins Gro. Warw —5B 214
Robins Hill Dri. A'chu —4A 182
Robins La. Redd —4A 204
Robinson Clo. Tam —2L 31
Robinson Rd. Bed —1D 122
Robinson Rd. Burn —8F 10
Robinson's End. —6M 77
Robinsons Way. Min —4D 72
Robinson Way. Burb —5M 81
Robins Rd. C Ter —3D 16
Robins Way. Nun —6A 78
Robin Wlk. Wals —6F 38
Robotham Clo. Rugby —3M 171
Robottom Clo. Wals —3H 39
Robson Clo. Wals —4F 26
Rocester Av. Wolv —2L 37
Rochdale Wlk. B10 —2C 114
Rocheberie Way. Rugby —1M 197
Roche Rd. Wals —8F 24
Rochester Av. Burn —2G 17
Rochester Clo. Head X —1C 208
Rochester Clo. Nun —6H 79
Rochester Cft. Wals —5G 39
Rochester Rd. B31 —5A 134
Rochester Rd. Cov —1L 165
Rochester Wlk. Kidd —4B 150
Rochester Way. Cann —8J 9
Roche, The. Lich —8M 11
Roche Way. Wals —8F 24
Rochford Clo. Hale —7M 109
Rochford Clo. Redn —2E 154
Rochford Clo. S Cold —1A 72
Rochford Clo. Wals —2J 53
Rochford Ct. Lea S —2L 215
Rochford Ct. Shir —3A 160
Rochford Gro. Wolv —4K 49
Rock Av. Redn —2J 155
Rock Clo. Cov —8H 123
Rock Clo. Gall C —5M 77
Rocken End. Cov —1D 144
Rocket Pool Dri. Bils —7M 51
Rock Farm La. Bag —1F 192
Rockford Clo. Redd —4F 208
Rockford Rd. B42 —2G 69
Rock Gro. Sol —6L 115
Rock Hill. —2K 201
Rock Hill. B'gve —2K 201
Rockingham Clo. Dorr —7D 160
Rockingham Clo. Dud —6B 64
Rockingham Clo. Wals —8H 25
Rockingham Dri. Wolv —6E 34
Rockingham Gdns. S Cold —3H 57

Rockingham Hall Gdns. Hag —2D 130
Rockingham Rd. B25 —1K 115
Rockland Dri. B33 —5L 95
Rockland Gdns. W'hall —1M 51
Rocklands Cres. Lich —8K 13
Rocklands Dri. S Cold —1H 57
Rock La. Cor —2J 121
Rockley Gro. Redn —2H 155
Rockley Rd. Row R —3A 90
Rockmead Av. B44 —7M 55
Rock Mill La. Lea S —8J 211
Rockmoor Clo. B37 —6E 96
Rock Rd. Bils —1F 64
Rock Rd. Sol —6L 115
Rockrose Gdns. F'stne —2G 23
Rocks Hill. Brie H —8D 88
Rocks, The. Clent —6E 130
Rock St. Dud —4E 64
Rock, The. Wolv —4K 35
Rockville Rd. B8 —5G 95
Rockwell La. A'chu —5E 182
Rocky La. B7 —3B 94
Rocky La. Aston & Nech —3A 94
Rocky La. B'hth —1L 179
Rocky La. Gt Barr & P Barr —3G 69
Rocky La. Ken —6J 191
(in two parts)
Rocky La. Ind. Est. B7 —3A 94
Rodborough Rd. B26 —3B 116
Rodborough Rd. Dorr —7E 160
Rodbourne Rd. B17 —6C 112
Roddis Clo. B23 —1D 70
Roden Av. Kidd —2M 149
Roderick Dri. Wolv —2K 37
Roderick Rd. B11 —4C 114
Rodhouse Clo. Cov —8D 142
Rodlington Av. B44 —8M 55
Rodman Clo. B15 —1D 112
Rodney Clo. B16 —7G 93
Rodney Clo. Hinc —5D 84
Rodney Clo. Rugby —8J 171
Rodney Clo. Sol —8B 116
Rodney Rd. Sol —8B 116
Rodway Clo. B19 —2L 93
Rodway Clo. Brie H —2D 108
Rodway Clo. Wolv —6D 50
Rodway Dri. Cov —5D 142
Rodwell Gro. B44 —1A 70
Roebuck Clo. B34 —4E 96
Roebuck Glade. W'hall —5E 38
Roebuck La. Smeth —2L 91
Roebuck La. W Brom —8L 67
Roebuck Pl. Wals —3L 39
Roebuck Rd. Wals —3L 39
Roebuck St. W Brom —8M 67
Roebuck Wlk. Erd —1C 70
Roe Clo. Warw —1F 214
Roedean Clo. B44 —2B 70
Roford Ct. Dud —3E 64
Rogerfield Rd. B23 —3G 71
Rogers Clo. Wolv —8A 24
Rogers Rd. B8 —4H 95
Rogers Way. Warw —5B 214
Rogue's La. Hinc —4A 84
Rokeby Clo. S Cold —5L 57
Rokeby Rd. B43 —7F 54
Rokeby St. Rugby —6D 172
Rokeby Wlk. B34 —3A 96
Rokewood Clo. K'wfrd —8K 63
Rokholt Cres. Cann —8C 8
Roland Av. Cov —6B 122
Roland Gdns. B19 —1J 93
Roland Gro. B19 —1J 93
Roland Mt. Cov —6C 122
Rolan Dri. Shir —1E 158
Roland Rd. B19 —1J 93
Rolfe St. Smeth —3A 92
Rollason Clo. Cov —1C 144
Rollason Rd. B24 —6G 71
Rollason Rd. Cov —1B 144
Rollason Rd. Dud —1K 89
Rollasons Yd. Cov —6G 123
Rollesby Dri. W'hall —1M 51
Rolling Mill Clo. B5 —2L 113
Rollingmill St. Wals —8J 39
Rollswood Dri. Sol —5M 137
Roman Army Mus. —6E 166
Roman Clo. Earl S —1M 85
Roman Clo. Wals —7E 16
Roman Ct. B'twn —4E 14
Roman Ct. Wiln —2E 46
Roman La. S Cold —5B 42
Roman Pk. S Cold —5B 42
Roman Rd. Cov —6H 145
Roman Rd. Stourb —5J 107
(in two parts)
Roman Rd. S Cold —4C 42
Roman Vw. Cann —4F 14
Roman Wlk. Wall —7D 18
Roman Way. B15 —6D 112
Roman Way. B'gve —5B 180
Roman Way. Col —7L 73
Roman Way. Cov —6D 166
Roman Way. Dord —3M 47
Roman Way. Gleb F —2A 172
Roman Way. Lich —2K 19
Roman Way. Row R —5C 90
Roman Way. Tam —2L 31
Romany Rd. Redn —8D 132
Romany Way. Stourb —6J 107
Roma Rd. B11 —4E 114
Romeo Arbour. H'cte —6L 215
Romford Clo. B26 —3B 116
Romford Rd. Cov —7B 122
Romilly Av. B20 —7H 69
Romilly Clo. Lich —2L 19
Romilly Clo. Stourb —3L 107
Romilly Clo. S Cold —5A 58
Romney. Tam —1F 46
Romney Clo. B28 —2F 136
Romney Clo. Hinc —6A 84
Romney Ho. Ind. Est. W'bry —2B 52
(off Wolverhampton St.)
Romney Way. B43 —5K 55
Romsey Av. Nun —1K 79
Romsey Gro. Wolv —6C 22
Romsey Rd. Wolv —6C 22
Romsey Way. Wals —6F 24
Romsley. —5A 132
Romsley Clo. Hale —7B 110
Romsley Clo. Redd —6M 205
Romsley Clo. Redn —1E 154
Romsley Clo. Wals —7C 26
Romsley Ct. Dud —1H 89
Romsley Hill. —7A 132
Romsley Hill Grange. Rom —8L 131
Romsley La. Shat —1B 126
Romsley Rd. B32 —1H 133
Romsley Rd. O'bry —7H 91
Romsley Rd. Stourb —4C 108
Romulus Clo. B20 —6H 69
Ronald Gro. B36 —8D 72
Ronald Pl. B9 —7E 94
Ronald Rd. B9 —7D 94
Ronald Toon Rd. Earl S —1M 85
Ron Davis Clo. Smeth —4B 92
Ro-Oak Rd. Cov —4M 143
Rood End. —3J 91
Rood End Rd. O'bry —2J 91
Rooker Av. Wolv —2E 50
Rooker Cres. Wolv —3F 50
Rookery Av. Brie H —7A 88
Rookery Av. Wolv —6G 51
Rookery Clo. Redd —8D 204
Rookery Ct. Lich —2E 18
Rookery La. A'rdge —3H 41
Rookery La. Cov —5B 122
Rookery La. Hale —6F 110
Rookery La. S Cold —7C 30
Rookery La. Wolv —3A 50
Rookery Pde. A'rdge —3H 41
Rookery Pk. Brie H —4B 88
Rookery Ri. Wom —3H 63
Rookery Rd. Hand —1E 92
Rookery Rd. S Oak —7F 112
Rookery Rd. Wolv —6G 51
Rookery Rd. Wom —3H 63
Rookery St. Wolv —4J 37
Rookery, The. Gall C —4L 77
Rookery, The. Hale —7G 111
Rooks Mdw. Hag —3B 130
Rooks Nest. Brin —6L 147
Rookwood Dri. Wolv —7F 34
Rookwood Rd. B27 —5H 115
Roosevelt Dri. Cov —7E 142
Rootes Halls. Cov —5J 165
Rooth St. W'bry —5H 53
Roper Clo. Rugby —1G 199
Roper Wlk. Dud —3F 64
Roper Way. Dud —3F 64
Rope Wlk. Bew —5D 148
(off Heathfield Rd.)
Rope Wlk. Wals —8A 40
Rosafield Av. Hale —3F 110
Rosalind Av. Dud —2H 65
Rosalind Gro. Wolv —4A 38
Rosamond St. Wals —2K 53
Rosary Rd. B23 —6D 70
Rosary Vs. S'hll —4C 114
Rosaville Cres. Alle —3G 143
Rose Av. A'chu —3A 182
Rose Av. Cov —4M 143
Rose Av. K'wfrd —4M 87
Rose Av. O'bry —2K 111
Rose Bank. S Cold —4D 42
Rose Bank Dri. Wals —5L 39
Rosebay Av. B38 —1F 156
Rosebay Mdw. Cann —7J 9
Roseberry Av. Cov —8H 123
Rosebery Rd. Dost —5C 46
Rosebery Rd. Smeth —5C 92
Rosebery St. B18 —5G 93
Rosebery St. Wolv —8B 36
Rosebury Gro. Wom —3E 62
Rose Clo. Smeth —4C 92
Rose Cotts. B29 —7F 112
Rose Cotts. Cov —4D 142
Rose Ct. Bal C —1H 163
Rose Cft. Ken —3E 190
Rosecroft Rd. B26 —3C 116
Rosedale Av. B23 —6E 70
Rosedale Av. Smeth —4C 92
Rosedale Clo. Redd —4A 204
Rosedale Gro. B25 —1J 115
Rosedale Pl. W'hall —1A 52
Rosedale Rd. B25 —1J 115
Rosedale Wlk. K'wfrd —1L 87
Rose Dene. Stour S —5E 174
Rosedene Dri. B20 —7F 68
Rose Dri. Wals —3E 26
Rosefield Ct. Smeth —5A 92
Rosefield Cft. B6 —2M 93
Rosefield Pl. Lea S —1M 215
Rosefield Rd. Smeth —5A 92
Rosefields. B31 —4B 134
Rosefield St. Lea S —1M 215
Rosefield Wlk. Lea S —1M 215
Rosegreen Clo. Cov —3E 166
Rosehall Clo. Redd —3E 208
Rosehall Clo. Sol —8M 137
Rose Hill. Brie H —8G 89
Rosehill. Cann —1F 8
Rose Hill. Redn —6G 155
Rose Hill. W'hall —1A 52
Rose Hill Clo. B36 —1B 96
Rose Hill Gdns. W'hall —8A 38
Rose Hill Rd. B21 —2G 93
Rose Hill Shop. Cen. Cann —1F 8
Rosehip Clo. Wals —6A 54
Rosehip Dri. Cov —3H 145
Roseland Av. Dud —1M 89
Roseland Rd. Ken —6F 190
Roselands Av. Cov —1K 145
Roseland Way. B15 —8H 93 (8B 4)
Rose La. Burn —2J 17
Rose La. Nun —6J 79
Rose La. Tiv —7C 66
Rose La. W Brom —5D 66
Roseleigh Rd. Redn —3H 155
Rosemary Av. Bils —3M 51
Rosemary Av. Wals —6D 14
Rosemary Av. Wolv —3C 50
Rosemary Clo. Clay —3D 26
Rosemary Clo. Cov —6E 142
Rosemary Cres. Dud —3F 64
Rosemary Cres. Wolv —4C 50
Rosemary Cres. W. Wolv —4B 50
Rosemary Dri. S Prior —8J 201
Rosemary Dri. S Cold —6C 42
Rosemary Hill. Ken —4F 190
Rosemary Hill Rd. S Cold —6C 42
Rosemary La. Stourb —6K 107
Rosemary M. Ken —4F 190
Rosemary Nook. S Cold —4D 42
Rosemary Rd. B33 —7M 95
Rosemary Rd. Hale —7K 109
Rosemary Rd. Kidd —2B 150
Rosemary Rd. Tam —5F 32
Rosemary Rd. Tip —3A 66
Rosemary Rd. Wals —5D 14
(in two parts)
Rosemary Way. Hinc —2H 81
Rosemoor Dri. Brie H —2B 108
Rosemount. B32 —5L 111
Rosemount Clo. Cov —2L 145
Rosemullion Clo. Exh —1H 123
Rosenhurst Dri. Bew —6A 148
Rose Pl. B1 —5J 93 (2C 4)
Rose Rd. B17 —3D 112
Rose Rd. Col —1M 97
Rose St. Bils —7M 51
Rose Ter. B Grn —1K 181
Rosetti Clo. Kidd —3C 150
Roseville. —2H 65
Roseville Ct. Bils —1J 65
(off Castle St.)
Roseville Gdns. Cod —5G 21
Roseville Precinct. Bils —1J 65
(off Castle St.)
Rosewood. Nun —8M 79
Rosewood Av. Rugby —1A 198
Rose Wood Clo. Hinc —3M 81
Rosewood Clo. Lit A —4D 42
Rosewood Clo. Tam —5D 32
Rosewood Ct. Tam —5D 32
Rosewood Cres. Lea S —7B 212
Rosewood Dri. B23 —7D 70
Rosewood Dri. B Grn —2J 181
Rosewood Dri. W'hall —1B 38
Rosewood Gdns. Ess —6B 24
Rosewood Pk. Wals —7D 14
Rosewood Rd. Dud —4H 65
Roshven Av. B12 —5A 114
Roshven Rd. B12 —5A 114
Roslin Clo. B'gve —8B 180
Roslin Gro. B19 —3J 93
Roslyn Clo. Smeth —3A 92
Ross. Row R —7B 90
Ross Clo. Cov —4G 143
Ross Clo. Wolv —7L 35
Ross Dri. K'wfrd —2J 87
Rosse Ct. Sol —1F 138
Rossendale Clo. Hale —3K 109
Rossendale Rd. Earl S —1K 85
Rossendale Way. Nun —7D 78
Ross Heights. Row R —6B 90
Rosslyn Av. Cov —3L 143
Rosslyn Rd. S Cold —3M 71
Ross Rd. Wals —3M 39
Ross Way. Nun —2B 104
Roston Dri. Hinc —1F 80
Rostrevor Rd. B10 —8F 94
Rosy Cross. Tam —4C 32
Rothay. Tam —1F 46
Rothbury Grn. Cann —7L 9
Rotherby Gro. Mars G —2H 117
Rotherfield Clo. Lea S —2B 216
Rotherfield Rd. B26 —1B 116
Rotherham Rd. Cov —7B 122
Rotherhams Oak La. H'ley H —3M 185
Rothesay Av. Cov —7H 143
Rothesay Clo. Nun —7G 79
Rothesay Cft. B32 —2H 133
Rothesay Dri. Stourb —6J 87
Rothesay Way. W'hall —3B 38
Rothley Dri. Rugby —2F 172
Rothley Wlk. B38 —1C 156
Rothwell Dri. Sol —4K 137
Rothwell Rd. Warw —8C 210
Rotten Row. —5J 161
Rotten Row. Know —5J 161
Rotten Row. Lich —2J 19
Rotton Pk. Rd. B16 —5D 92
(in two parts)
Rotton Pk. St. Edg —6F 92
Rough Coppice Wlk. B35 —7A 72
Rough Hay. —2C 52
Rough Hay Pl. W'bry —2C 52
Rough Hay Rd. W'bry —2C 52
Rough Hill Dri. Redd —4E 208
Rough Hill Dri. Row R —3M 89
Rough Hills Clo. Wolv —3F 50
Rough Hills Rd. Wolv —3F 50
Roughknowles Rd. Cov —3D 164
Roughlea Av. B36 —2M 95
Roughley. —6K 43
Roughley Dri. S Cold —7J 43
Rough Rd. B44 —6A 56
Rough, The. Head X & Redd —1D 208
Rough Wood Country Pk. —3E 38
Rouncil Clo. Sol —2D 138
Rouncil La. Ken —7M 189
Roundabout, The. B31 —8K 133
Round Av. Long L —4G 171
Round Cft. W'hall —7A 38
Round Hill. Dud —7D 50
Round Hill Av. Stourb —8C 108
Roundhill Clo. S Cold —6L 57
Roundhill Ho. K'wfrd —8K 63
Roundhills Rd. Hale —1F 110
Roundhills, The. Elme —4M 85
Roundhill Ter. Hale —8E 90
Roundhill Way. Wals —7F 16
Round Ho. Rd. Cov —1G 167
Roundhouse Rd. Dud —5E 64
Roundlea Clo. W'hall —1B 38
Roundlea Rd. B31 —1L 133
Round Moor Wlk. B35 —6A 72
Round Oak. —5D 88
Round Oak Rd. W'bry —5E 52
Round Rd. B24 —7H 71
Roundsaw Cft. Redn —1F 154
Rounds Gdns. Rugby —6M 171
Round's Grn. Rd. O'bry —2E 90
Rounds Hill. Ken —7E 190
Rounds Hill Rd. Bils —1K 65
Rounds Rd. Bils —6K 51
Round St. Dud —3J 89
Round St. Rugby —6M 171
Roundway Down. Wolv —6E 34
Rousay Clo. Redn —8F 132
Rousdon Gro. B43 —1D 68
Rover Dri. B36 —8F 72
Rover Dri. A Grn —5K 115
Rover Rd. Cov —7C 144 (5B 6)
Rovex Bus. Pk. B11 —4F 114
Rowallan Rd. S Cold —8K 43
Rowanberry Clo. Stour S —5E 174
Rowan Clo. Bin W —2D 168
Rowan Clo. B'gve —7L 179
Rowan Clo. H'wd —4B 158
Rowan Clo. K'bry —3D 60
Rowan Clo. Lich —1K 19
Rowan Clo. S Cold —7M 57
Rowan Ct. Cann —8E 8
Rowan Ct. Smeth —1K 91
Rowan Cres. Bils —8H 51
Rowan Cres. Redd —5A 204
Rowan Cres. Wolv —2L 49
Rowan Dri. B28 —4G 137
Rowan Dri. Ess —6B 24
Rowan Dri. Rugby —7H 171
Rowan Dri. Warw —1F 214
Rowan Gro. Burn —2F 16
Rowan Gro. Cov —7L 123
Rowan Ho. Kidd —8B 127
Rowan Ho. W'wd B —3F 164
Rowan Ri. K'wfrd —3L 87
Rowan Rd. Cann —7B 8
Rowan Rd. Dud —8F 50
Rowan Rd. Nun —3C 78
Rowan Rd. Redd —5A 204
Rowan Rd. S Cold —7J 57
Rowan Rd. Wals —5M 53
Rowans, The. Bed —7E 102
Rowantrees. Redn —4H 155
Rowan Way. Chel W —8J 97
Rowan Way. Harts —1M 77
Rowan Way. N'fld —1M 155
Roway La. O'bry —8E 66
Rowborough Clo. A'wd B —7E 208
Rowbrook Clo. Shir —1E 158
Rowcroft Covert. B14 —6J 135
Rowcroft Rd. Cov —3A 146
Rowdale Rd. B42 —2J 69
Rowden Dri. B23 —3G 71
Rowden Dri. Sol —7L 137
Rowena Gdns. Dud —7C 50
Rowheath Rd. B30 —5F 134
Rowington Av. Row R —6D 90
Rowington Clo. Cov —4K 143
Rowington Green. —8M 187
Rowington Grn. Row —8M 187
Rowington Rd. B34 —3E 96
Rowland Av. Stud —6L 209
Rowland Ct. Arly —8E 76
Rowland Gdns. Wals —6J 39
Rowland Hill Av. Kidd —4H 149
Rowland Hill Cen. Kidd —3L 149
(off Worcester St.)
Rowland Hill Dri. Tip —4C 66
Rowlands Av. Wals —6E 38
Rowlands Av. Wolv —7H 37
Rowlands Clo. Wals —5E 38
Rowlands Cres. Sol —1B 138
Rowlands Rd. B26 —2L 115
Rowland St. Rugby —6M 171
Rowland St. Wals —6J 39
Rowland Way. Kidd —8L 149
Rowley Clo. Cann —1H 9
Rowley Dri. Cov —5H 167
Rowley Gro. B33 —6D 96
Rowley Hall Av. Row R —5C 90
Rowley Hill Vw. Crad H —1M 109
Rowley Pl. Wals —2B 40
Rowley Regis. —6B 90
Rowley Rd. Bag & Cov —6F 166
Rowley Rd. W'nsh —6A 216
Rowleys Green. —5E 122
Rowley's Grn. Longf —5E 122
Rowleys Grn. Ind. Est. Cov —5E 122
Rowley's Grn. La. Longf —5E 122
Rowley St. Wals —7M 39
Rowley Vw. Bils —6A 52
Rowley Vw. W'bry —5C 52
Rowley Vw. W Brom —6H 67
Rowley Village. Row R —6C 90
Rowney Cft. B28 —5E 136
Rowney Green. —5E 182
Rowney Grn. La. A'chu —2E 182
Rowood Dri. Sol —2C 138
Rowse Clo. Rugby —2C 172
Row, The. Ansty —6D 124
Row, The. Bag —7F 166
Rowthorn Clo. S Cold —2A 56
Rowthorn Dri. Shir —3A 160
Rowton Av. Wolv —6E 34
Rowton Dri. S Cold —4M 55
Roxall Clo. Blak —7J 129
Roxborough Ho. Redd —7D 204
Roxburgh Cft. Lea S —4B 212
Roxburgh Gro. B43 —5J 55
Roxburgh Rd. Nun —8L 79
Roxburgh Rd. S Cold —6G 57
Roxby Gdns. Wolv —4A 36
Royal Birmingham Society of Artists Gallery. —7K 93 (5E 4)
Royal Brierley Crystal. —6D 88
Royal Clo. Brie H —1C 108
Royal Clo. Row R —4C 90
Royal Ct. Hinc —2K 81
Royal Ct. S Cold —7H 57
Royal Cres. Cov —4J 167
Royal Doulton Crystal. —2M 107
Royal Leamington Spa. —2A 216
Royal Leamington Spa Tourist Info. Cen. —1M 215
Royal Mail St. B1 —7K 93 (6E 4)
Royal Oak La. Bed & Cov —2C 122
Royal Oak Rd. Hale —5F 110
Royal Oak Rd. Row R —4M 89
Royal Oak Yd. Bed —5H 103
Royal Priors Shop. Cen. Lea S —1M 215
Royal Rd. S Cold —4J 57
Royal Scot Gro. Wals —4L 53
Royal Sq. Redd —6E 204
Royal Star Clo. B33 —7C 96
Royal, The. —8E 36 (6M 7)
Royal Way. Tip —7A 66
Roydon Rd. B27 —1J 137
Roylesden Cres. S Cold —7C 56
Royston Chase. S Cold —6B 42
Royston Clo. Cov —6A 146
Royston Cft. B12 —3M 113
Royston Way. Dud —1C 64
Rozel Av. Kidd —8B 128
Rubens Clo. Cov —6J 143
Rubens Clo. Dud —4D 64
Rubery. —2F 154
Rubery By-Pass. Redn —2E 154
Rubery Ct. W'bry —2C 52
Rubery Farm Gro. Redn —1F 154
Rubery La. Redn —8F 132
Rubery La. S. Redn —1F 154
Rubery St. W'bry —1D 52
Ruckley Av. B19 —2J 93
Ruckley Rd. B29 —1B 134
Ruddington Way. B19 —4L 93
Rudgard Rd. Longf —5G 123
Rudge Av. Wolv —6H 37
Rudge Clo. W'hall —5C 38
Rudge Cft. B33 —5A 96
Rudge Rd. Cov —7B 144 (5A 6)
Rudge St. Bils —7L 51
Rudge Wlk. B18 —6G 93
Rudgewick Cft. B6 —3M 93
Rudyard Clo. Wolv —5E 22
Rudyard Gro. B33 —6B 96
Rudyngfield Dri. B33 —6M 95
Rufford. Tam —3L 31
Rufford Clo. B23 —1D 70
Rufford Clo. Hinc —6K 81
Rufford Rd. Stourb —5C 108
Rufford St. Stourb —3D 108
Rufford Way. Wals —2E 40
Rugby. —6A 172
Rugby La. Stret D —3G 195
Rugby Rd. Barby —7J 199
Rugby Rd. Bin W —1B 168
Rugby Rd. Bran —4G 169
Rugby Rd. Brin —6M 147
Rugby Rd. Bulk —7D 104
Rugby Rd. Chu L —4C 170
Rugby Rd. Clift D —4F 172
Rugby Rd. Dunc —6K 197
Rugby Rd. Harb M —1J 171
Rugby Rd. Hinc —1J 81
Rugby Rd. Kils —3K 199
Rugby Rd. Lea S —8K 211
Rugby Rd. Lea S & W Weth —4C 212
Rugby Rd. Lilb —3L 173
Rugby Rd. Long L —5H 171
Rugby Rd. Prin —7E 194
Rugby Rd. Stourb —2K 107
Rugby Rd. Withy —5L 125
Rugby School Mus. —6A 172
Rugby St. Wolv —6B 36 (1G 7)
Rugby Tourist Info. Cen. —6A 172
Rugeley Av. W'hall —1D 38
Rugeley Cl. Tip —4L 65
Rugeley Gro. B7 —3B 94
Rugeley Rd. Burn —7J 11
Rugeley Rd. C Ter —2F 16
Rugeley Rd. Haz S —3M 9
Rugeley Rd. Hed —4J 9
Ruislip Clo. B35 —5A 72
Ruiton. —5D 64
Ruiton St. Dud —5D 64
Rumbow. Hale —5B 110
Rumbow La. Rom —5J 131
Rumbush. —7E 158
Rumbush La. Earls —8D 158
Rumbush La. Shir —3G 159
Rumer Hill. —1E 14
Rumer Hill Bus. Est. Cann —2F 14
Rumer Hill Rd. Cann —1E 14
Runcorn Clo. B37 —5J 97
Runcorn Clo. Redd —1F 208
Runcorn Rd. B12 —4M 113
Runcorn Wlk. Cov —2A 146
Runnymede Dri. Bal C —4J 163
Runnymede Gdns. Nun —6F 78
Runnymede Rd. B11 —6E 114
Rupert Brooke Rd. Rugby —2L 197
Rupert Rd. Cov —1B 144
Rupert St. B7 —5A 94 (1L 5)
Rupert St. Wolv —7A 36
Rushall. —2C 40
Rushall Clo. Stourb —1L 107
Rushall Clo. Wals —5B 40
Rushall Ct. B43 —2E 68
(off West Rd.)
Rushall Mnr. Clo. Wals —5B 40
Rushall Mnr. Rd. Wals —5B 40
Rushall Path. Cov —2H 165
Rushall Rd. Wolv —7E 22
Rushbrook. —6D 184
Rushbrook Clo. Clay —3E 26
Rushbrook Clo. Sol —7L 115
Rushbrooke Clo. B13 —5M 113
Rushbrooke Dri. S Cold —6C 56
Rushbrook Gro. B14 —6J 135
Rushbrook La. Tan A —5C 184
Rushbury Clo. Bils —4H 51
Rushbury Clo. Sol —5K 137
Rushden Cft. B44 —8M 55
Rushes Mill. Pels —6L 25
Rushey La. B11 —4G 115
Rushford Av. Wom —3G 63
Rushford Clo. Shir —2A 160
Rush Grn. B32 —7L 111
Rushlake Grn. B34 —4B 96
Rush La. Dost —6D 46
Rush La. Redd —3H 205
Rushleigh Rd. Shir —1E 158
Rushmead Gro. Redn —2G 155
Rushmere Rd. Tip —1A 66
Rushmoor Clo. S Cold —3H 57
Rushmoor Dri. Cov —6M 143

Rushmore Ho. Redn —1F 154
Rushmore Pl. Lea S —2B 216
Rushmore St. Lea S —2B 216
Rushock. —6J 177
Rushock Clo. Redd —2J 209
Rushton Clo. Bal C —2J 163
Rushwater Clo. Wom —3E 62
Rushwick Cft. B34 —3D 96
Rushwick Gro. Shir —3A 160
Rushwood Clo. Wals —6A 40
Rushy Piece. B32 —6K 111
Ruskin Av. Dud —4A 64
Ruskin Av. Kidd —3C 150
Ruskin Av. Row R —7D 90
Ruskin Av. Wolv —7F 50
Ruskin Clo. B6 —2M 93
Ruskin Clo. Cov —3K 143
Ruskin Clo. Gall C —4A 78
Ruskin Clo. Rugby —3M 197
Ruskin Gro. B27 —7H 115
Ruskin Rd. Wolv —1F 36
Ruskin St. W Brom —4J 67
Russel Cft. B'gve —2A 202
Russell Av. Dunc —5K 197
Russell Bank Rd. S Cold —5E 42
Russell Clo. Tip —8C 52
Russell Clo. Tiv —7D 66
Russell Clo. Wolv —8M 23
Russell Ct. Wolv —8B 36 (6G 7)
Russell Ho. Cod —5E 20
Russell Ho. W'bry —7F 52
Russell Rd. Bils —2M 51
Russell Rd. Hall G —7E 114
Russell Rd. Kidd —5M 149
Russell Rd. Mose —6K 113
Russell's Hall. —8F 64
Russells Hall Rd. Dud —8E 64
Russells, The. Mose —6K 113
Russell St. Cov —5D 144 (1D 6)
Russell St. Dud —8H 65
Russell St. Lea S —8M 211
Russell St. W'bry —7F 52
Russell St. W'hall —7B 38
Russell St. Wolv —8B 36 (6G 7)
Russell St. N. Cov —5D 144 (1D 6)
Russell Ter. Lea S —2A 216
Russelsheim Way. Rugby —7A 172
Russett Clo. Burn —3G 17
Russett Clo. Wals —1E 54
Russett Way. Bew —1B 148
Russett Way. Brie H —2B 88
Russet Wlk. Pend —8L 21
Russet Way. B31 —3L 133
Ruston St. B16 —8H 93 (7A 4)
Ruthall Clo. B29 —2C 134
Ruth Chamberlain Ct. Kidd (off Paternoster Row) —3K 149
Ruth Clo. Tip —7C 52
Rutherford Glen. Nun —8M 79
Rutherford Rd. B23 —2E 70
Rutherford Rd. B'gve —3B 202
Rutherford Rd. Wals —3G 39
Rutherglen Av. Cov —3G 167
Rutland Av. Hinc —2J 81
Rutland Av. Nun —5F 78
Rutland Av. Wolv —5K 49
Rutland Ct. B29 —2C 134
Rutland Cres. Bils —2K 51
Rutland Cres. Wals —8H 27
Rutland Cft. Bin —1M 167
Rutland Dri. B26 —2L 115
Rutland Dri. B'gve —1A 202
Rutland Dri. Tam —8A 32
Rutland Pas. Dud —8J 65
Rutland Pl. Stourb —1K 107
Rutland Rd. Cann —8L 9
Rutland Rd. Smeth —8A 92
Rutland Rd. W'bry —5J 53
Rutland Rd. W Brom —2J 67
Rutland St. Wals —4L 39
Rutley Gro. B32 —5M 111
Rutters Mdw. B32 —5H 111
Rutter St. Wals —2K 53
Ryan Av. Wolv —1A 38
Ryan Pl. Dud —3J 89 (in two parts)
Rycroft Gro. B33 —7C 96
Rydal. Wiln —2G 47
Rydal Av. Nun —3A 80
Rydal Clo. Alle —1H 143
Rydal Clo. Hed —1G 9
Rydal Clo. Hinc —2F 80
Rydal Clo. Rugby —3D 172
Rydal Clo. Stour S —3F 174
Rydal Clo. S Cold —7M 41
Rydal Clo. Wolv —2J 37
Rydal Dri. Pert —5F 34
Rydal Ho. O'bry —4D 90
Rydal Way. B28 —2F 136
Rydding La. W Brom —1H 67
Rydding Sq. W Brom —1H 67
Ryde Av. Nun —3K 79
Ryde Gro. B27 —8G 115
Ryde Pk. Rd. Redn —3J 155
Ryder Clo. H Mag —3A 214
Ryder Ho. W Brom —6E 66
Ryder Row. Gun H —1G 101
Ryders Grn. Rd. W Brom —5E 66
Ryders Hayes La. Wals —5A 26
Ryders Hill Cres. Nun —2C 78
Ryder St. B4 —6L 93 (3H 5)
Ryder St. Stourb —7K 87
Ryder St. W Brom —4E 66
Ryebank Clo. B30 —4C 134
Ryeclose Cft. B37 —6K 97
Ryecroft. —5L 39
Rye Cft. B27 —4J 115
Rye Cft. H'wd —4A 158
Rye Cft. Stourb —7E 108
Ryecroft Av. Wolv —4B 50
Ryecroft Clo. Dud —1C 64
Ryecroft Dri. Burn —1G 17
Ryecroft Pk. Wals —6L 39
Ryecroft Pl. Wals —3M 39
Ryecroft Shop. Cen. Burn —1G 17
Ryecroft St. Wals —6L 39
Ryefield. Wolv —7L 21
Ryefield Clo. Hag —5A 130
Ryefield Clo. Sol —5L 137
Ryefield La. Wis —8H 59
Ryefields Rd. S Prior —6J 201
Ryegrass La. Redd —3C 208
Rye Grass Wlk. B35 —6B 72
Rye Gro. B11 —5F 114
Rye Hill. Cov —3G 143
Rye Hill La. Cov —3G 143
Ryeland La. Elm L & Hartl —7F 176
Ryelands, The. Law H —2C 196
Ryemarket. Stourb —4A 108
Rye Piece Ringway. Bed —6H 103
Ryhope Clo. Bed —8C 102
Ryhope Wlk. Wolv —6A 22 (in two parts)
Ryknild Clo. S Cold —3F 42
Ryknild St. Lich —3L 19
Ryland Clo. Hale —7L 109
Ryland Clo. Lea S —3C 216
Ryland Clo. Tip —4B 66
Ryland Ho. B19 —4K 93 (off Gt. Hampton Row)
Ryland Rd. Edg —2J 113
Ryland Rd. Erd —8F 70
Ryland Rd. S'hll —5D 114
Rylands Dri. Wolv —5M 49
Ryland St. B16 —8H 93 (7A 4)
Ryle St. Wals —7J 25
Ryley St. Cov —6C 144 (4A 6)
Rylston Av. Cov —8A 122
Rylstone Way. Warw —8E 210
Rymond Rd. B34 —3L 95
Ryton. —6D 104
Ryton. Tam —1F 46
Ryton Clo. Cov —1H 165
Ryton Clo. Redd —8K 205
Ryton Clo. S Cold —4H 57
Ryton Clo. Wolv —4G 37
Ryton End La. Bars —8C 140
Ryton Gro. B34 —2D 96
Ryton-on-Dunsmore. —8B 168
Ryton Organic Gardens. —0C 168
Ryvere Clo. Stour S —7F 174

Sabell Rd. Smeth —3M 91
Sabin Dri. W Weth —2K 213
Sabrina Dri. Bew —5A 148
Sabrina Rd. Wolv —8E 34
Sackville Ho. Cov —1F 6
Saddington Rd. Bin —1L 167
Saddle Dri. B32 —6M 111
Saddlers Cen. Wals —8L 39
Saddlers Clo. Hinc —3M 81
Saddlers Ct. Wals —2H 53
Saddlers Ct. Ind. Est. Wals —2G 39
Saddlers M. Sol —8C 138
Saddlestones, The. Pert —5D 34
Saddleworth Rd. Wals —5G 25
Sadler Ho. B19 —3J 93
Sadler Rd. Cov —8A 122
Sadler Rd. S Cold —2M 57
Sadler Rd. Wals —2G 27
Sadlers Mill. Wals —2G 27
Sadlers Wlk. B16 —8G 93
Sadlerswell La. H'ley H —3B 186
Saffron. Tam —5H 33
Saffron Clo. Barw —1H 85
Saffron Clo. Rugby —1E 172
Saffron Gdns. Wolv —5A 50
Sagebury Dri. S Prior —8J 201
Sage Cft. B31 —4M 133
St Agatha's Rd. B8 —4H 95
St Agatha's Rd. Cov —6G 145
St Agnes Clo. B13 —7B 114
St Agnes Clo. Stud —5J 209
St Agnes La. Cov —6C 144 (3C 6)
St Agnes Rd. B13 —7B 114
St Agnes Way. Nun —5L 79
St Aidan's Rd. Cann —5E 8
St Aidans Wlk. B10 —1C 114
St Alban's Av. Kidd —2G 149
St Albans Clo. Lea S —7J 211
St Albans Clo. Smeth —3L 91
St Albans Clo. Wolv —1A 38
St Albans Rd. B13 —6A 114
St Alban's Rd. Smeth —3L 91
St Alphege Clo. Sol —6C 138
St Andrew Clo. Cann —4A 10
St Andrews. Tam —5H 33
St Andrew's Av. Wals —4A 26
St Andrews Clo. B32 —6A 112
St Andrews Clo. Dud —6A 64
St Andrews Clo. Stourb —7M 107
St Andrew's Clo. Wolv —5A 36
St Andrews Cres. Rugby —1A 198
St Andrews Dri. Nun —8B 80
St Andrews Dri. Pert —4D 34
St Andrews Dri. Tiv —2B 90
St Andrews Grn. Kidd —5L 149
St Andrew's Ho. Wolv —5B 36
St Andrews Ind. Est. B9 —7C 94
St Andrew's Rd. B9 —7B 94 (5M 5)
St Andrew's Rd. Cov —1M 165
St Andrew's Rd. Lea S —4B 212
St Andrews Rd. S Cold —2J 57
St Andrews St. B9 —7B 94
St Andrew's St. Dud —4J 89
St Andrews Way. B'gve —1K 201
St Annes Clo. B20 —5F 68
St Anne's Clo. Burn —5E 16
St Annes Ct. B13 —5L 113
St Annes Ct. B44 —2A 70
St Annes Ct. Crad H —8J 89
St Anne's Ct. W'hall —8B 38
St Annes Gro. Know —3G 161
St Annes Ind. Est. W'hall —6B 38
St Anne's Rd. Dud & Crad H —8J 89
St Annes Rd. Lich —6H 13
St Anne's Rd. Rugby —8L 171
St Annes Rd. W'hall —6B 38
St Anne's Rd. Wolv —7C 22
St Anne's Way. B44 —2A 70
St Ann's Clo. Lea S —2C 216
St Ann's Rd. Cov —6G 145
St Ann's Ter. W'hall —6B 38
St Anthony's Dri. Wals —4B 26
St Asaphs Av. Stud —5K 209
St Athan Cft. B35 —6B 72
St Audries Ct. Sol —7M 137
St Augustine's Rd. B16 —8D 92
St Augustine's Wlk. Cov —2A 144
St Augustus Clo. W Brom —7M 67
St Austell Clo. Nun —4A 80
St Austell Clo. Tam —3A 32
St Austell Rd. Cov —6L 145
St Austell Rd. Wals —2E 54
St Bartholomews Clo. Bin —7A 146
St Bartholomew's Ter. W'bry —6F 52
St Benedict's Clo. W Brom —7M 67
St Benedicts Rd. B10 —2F 114
St Benedict's Rd. Burn —3H 17
St Benedicts Rd. Wom —3G 63
St Bernards Clo. Cann —5C 10
St Bernard's Rd. Sol —4F 138
St Bernards Rd. S Cold —7J 57
St Bernards Wlk. Cov —3K 167
St Blaise Av. Wat O —7H 73
St Blaise Rd. S Cold —6K 43
St Brades Clo. Tiv —2C 90
St Brides Clo. Dud —1C 64
St Brides Clo. Lea S —3C 216
Saintbury Dri. Sol —2C 160
St Caroline Clo. W Brom —7M 67
St Catharines Clo. Wals —2A 54
St Catherines Clo. B'wll —4G 181
St Catherine's Clo. Burb —2M 81
St Catherine's Clo. Cov —1H 167
St Catherine's Clo. Dud —8A 66
St Catherines Clo. S Cold —2M 57
St Catherine's Cres. W'nsh —6M 215
St Catherine's Cres. Wolv —5M 49
St Catherines Lodge. Cov —5A 144
St Catherine's Rd. B'wll —3F 180
St Catherines Rd. Lich —6H 13
St Cecilia Clo. Kidd —7L 149
St Chads Cir. Queensway. B4 —5K 93 (2F 4)
St Chads Clo. Cann —5G 9
St Chad's Clo. Dud —6B 64
St Chad's Clo. Lich —8H 13
St Chads Ind. Est. B19 —4L 93 (1G 5)
St Chads M. Lapw —6K 187
St Chad's Queensway. B4 —5L 93 (3F 4)
St Chads Rd. Bils —2M 51
St Chad's Rd. Lich —8H 13
St Chad's Rd. Redn —2F 154
St Chads Rd. Stud —5J 209
St Chads Rd. S Cold —4L 57
St Chads Rd. Wolv —1F 36
St Christian's Cft. Cov —1E 166 (8E 6)
St Christian's Rd. Cov —1E 166
St Christopher Clo. Cann —4A 10
St Christopher Clo. W Brom —7M 67
St Christophers. B20 —5F 68
St Christopher's Clo. Warw —1D 214
St Christophers Dri. Tam —8C 32
St Clements Av. Wals —2K 39
St Clements Ct. Cov —1K 145
St Clements Ct. Hale —6A 110
St Clements La. W Brom —5K 67
St Clements Rd. B7 —3C 94
St Columbas Clo. Cov —5C 144 (2B 6)
St Columbas Dri. Redn —2K 155
St Cuthbert's Clo. W Brom —7M 67
St David Clo. Cann —3A 10
St Davids Clo. Bin —2M 167
St David's Clo. Kidd —3F 148
St Davids Clo. Lea S —2C 216
St David's Clo. Wals —4B 26
St David's Clo. W Brom —7M 67
St Davids Dri. B32 —4H 111
St Davids Gro. B20 —5F 68
St David's Ho. Redd —5B 204
St Davids Pl. Wals —7K 25
St Davids Way. Berm I —3G 103
St Denis Rd. B29 —3A 134
St Dominic's Rd. B24 —8E 70 (in two parts)
St Edburgh's Rd. B25 —8L 95
St Editha's Clo. Tam —4B 32
St Edithas Rd. Pole —1M 47
St Ediths Grn. Warw —1H 215
St Edmonds Rd. Hurl —4J 61
St Edmund's Clo. W Brom —7M 67
St Edmund's Clo. Wolv —6M 35
St Edwards Rd. B29 —7F 112
St Eleanors Clo. W Brom —7M 67
St Elizabeth's Rd. Cov —2E 144
St Francis Av. Sol —3L 137
St Francis Clo. Cann —4A 10
St Francis' Clo. Wals —4B 26
St Francis Factory Est. W Brom —7K 67
St George Dri. Cann —4A 10
St George Dri. Smeth —2A 92
St George's. —5F 204 (Redditch)
St Georges. —8D 36 (5K 7) (Wolverhampton)
St Georges Av. B23 —4G 71
St George's Av. Hinc —8C 84
St Georges Av. Rugby —8A 172
St Georges Clo. B15 —2G 113
St George's Clo. S Cold —3M 57
St George's Clo. W'bry —2D 52
St Georges Ct. B'vlle —2E 134
St Georges Ct. Kidd —3M 149
St Georges Ct. S Cold —4E 42
St Georges Ct. Wals —7M 39 (off Persehouse St.)
St George's Ct. W'bry —2D 52 (off St George's St.)
St Georges Gdns. Redd —5F 204
St George's Pde. Wolv —8D 36 (5K 7)
St George's Pl. Kidd —2L 149
St Georges Pl. Wals —7M 39
St Georges Pl. W Brom —5J 67
St George's Rd. Cov —7F 144
St George's Rd. Dud —3K 89
St Georges Rd. Lea S —3M 215
St Georges Rd. Redd —5F 204
St Georges Rd. Shir —1K 159
St George's Rd. Stourb —7K 107
St George's St. B19 —5K 93 (1E 4)
St George's St. W'bry —2D 52
St George's Ter. Kidd —3M 149
St Georges Way. Berm I —8H 79
St Georges Way. Tam —5E 32
St Gerards Ct. Sol —7L 137
St Gerards Rd. Sol —7L 137
St Giles Av. Row R —5B 90
St Giles Clo. Row R —5C 90
St Giles Ct. Row R —6D 90
St Giles Ct. W'hall —8B 38
St Giles Cres. Wolv —7G 37
St Giles Rd. B33 —7D 96
St Giles Rd. Burn —3H 17
St Giles Rd. Cov —3D 122
St Giles Rd. W'hall —8B 38
St Giles Rd. Wolv —7G 37
St Giles St. Dud —4J 89
St Godwald's Cres. B'gve —1B 202
St Godwalds Rd. B'gve —2B 202
St Govans Clo. Lea S —3C 216
St Helens Av. Tip —4C 66
St Helen's Clo. Sharn —4J 83
St Helens Pas. B1 —6J 93 (2C 4)
St Helens Rd. Lea S —4M 215
St Helens Rd. Lich —6H 13
St Helens Rd. Sol —3A 138
St Helen's Way. Alle —1H 143
St Heliers Rd. B31 —5L 133
St Ives Clo. Tam —3B 32
St Ives Rd. Cov —6K 145
St Ives Rd. Wals —2D 54
St Ives Way. Nun —4M 79
St James Av. Row R —5B 90
St James Clo. Longd —1A 12
St James' Clo. Wals —4B 26
St James Clo. W Brom —7M 67
St James Ct. B'gve —6A 180 (off Strand, The)
St James Ct. Cov —3L 167
St James Gdns. Bulk —7C 104
St James La. Cov —4J 167
St James Mdw. Rd. Lea S —7J 211
St James Pl. B7 —6A 94 (3M 5)
St James Pl. Shir —7H 137
St James Rd. Cann —8C 8
St James' Rd. Edg —1H 113
St James' Rd. Hand —1D 92
St James Rd. Nort C —4B 16
St James Rd. O'bry —1D 90
St James Rd. S Cold —7J 43
St James's Clo. Hinc —4K 81
St James's Priory. —6J 65
St James's Rd. Dud —7H 65
St James's Ter. Dud —7G 65
St James' St. Dud —6D 64
St James St. W'bry —7E 52
St James St. Wolv —8E 36 (5M 7)
St James Wlk. Wals —2F 26
St John. Hinc —8E 84
St John Bosco Clo. W Brom —2H 67
St John Clo. S Cold —5K 43
St Johns. Warw —2F 214
St John's Arc. Wolv —7C 36 (4J 7)
St John's Av. Ken —6F 190
St John's Av. Kidd —2G 149
St Johns Av. Row R —5B 90
St Johns Av. Rugby —1E 198
St John's Clo. Cann —1D 14
St John's Clo. Kidd —3J 149
St John's Clo. Know —3H 161
St John's Clo. Lich —3H 19
St Johns Clo. Nun —1L 77
St John's Clo. Swind —7D 62
St John's Clo. Wals —6F 26
St John's Clo. W Brom —7M 67
St Johns Ct. Brie H —7D 88 (off Hill St.)
St Johns Ct. Hth H —8L 9
St Johns Ct. Wals —8H 25
St John's Ct. Warw —2F 214
St Johns Dri. Shen —4F 28
St John's Flats. Ken —6G 191
St Johns Gro. B37 —6F 96
St Johns Hill. Shen —4F 28
St John's House. —2F 214
St John's Ho. W Brom —7J 67
St John's La. Long L —4G 171
St Johns Retail Pk. Wolv —8C 36 (6J 7)
St John's Rd. Cann —1D 14
St John's Rd. Dud —1L 89
St Johns Rd. Ess —6A 24
St John's Rd. Hale —5L 109
St John's Rd. Harb —3D 112
St Johns Rd. Lea S —3A 216
St John's Rd. O'bry —4J 91
St John's Rd. S'hll —4C 114
St Johns Rd. Stourb —3A 108
St John's Rd. Stour S —4G 175
St Johns Rd. Tip —2M 65
St John's Rd. Wals —1H 53 (WS2)
St John's Rd. Wals —4B 26 (WS3)
St Johns Rd. Wals —4G 27 (WS8)
St John's Rd. W'bry —4C 52
St John's Sq. Wolv —8C 36 (6J 7)
St John's St. Cov —7D 144 (6D 6)
St John's St. Dud —4J 89
St John's St. Ken —6G 191
St John's St. Kidd —3J 149
St Johns St. Tam —4B 32
St Johns St. Wolv (off Victoria St.) —8C 36 (5J 7)
St John St. B'gve —7M 179
St John St. Lich —2H 19
St John St. Rugby —5A 172
St Johns Wlk. B42 —5K 69
St John's Way. Know —3J 161
St Johns Wood. Redn —4H 155
St Joseph's Av. B31 —4B 134
St Josephs Clo. Wals —5A 26
St Joseph's Ct. Wolv —3J 49
St Joseph's Rd. B8 —4J 95
St Joseph St. Dud —8K 65
St Judes Av. Stud —5J 209
St Jude's Clo. B14 —7M 135
St Judes Clo. S Cold —3M 57
St Jude's Cres. Cov —2K 167
St Judes Pas. B5 —8K 93 (7F 4)
St Jude's Rd. Wolv —6M 35
St Jude's Rd. W. Wolv —6M 35
St Just's Rd. Cov —5M 145
St Katherines Rd. O'bry —7H 91
St Kenelms Av. Hale —8L 109
St Kenelm's Clo. W Brom —7M 67
St Kenelm's Pass. Clent —5G 131
St Kenelm's Rd. Rom —3K 131
St Kilda's Rd. B8 —5E 94
St Laurence Av. Warw —4D 214
St Laurence Clo. A'chu —3B 182
St Laurence M. B31 —6A 134
St Laurence Rd. B31 —4B 134
St Lawrence Clo. Know —4H 161
St Lawrence Dri. Cann —7H 9
St Lawrences Rd. Ansl —5H 77
St Lawrence's Rd. Cov —8F 122
St Lawrence Way. W'bry —2D 52
St Leonard's Clo. B37 —2G 117
St Leonards Sq. Clent —6F 130
St Leonards Vw. Pole & Dord —1M 47
St Leonard's Wlk. Ryton D —8A 168
St Loye's Clo. Hale —2D 110
St Luke's Clo. Cann —1C 14
St Lukes Clo. Row R —5B 90
St Luke's Cotts. Redd —8D 204
St Luke's Rd. B5 —1K 113 (in two parts)
St Luke's Rd. Burn —3J 17
St Luke's Rd. Cov —6D 122
St Luke's Rd. W'bry —6G 53 (in two parts)
St Lukes St. Crad H —8K 89
St Luke's Ter. Dud —1G 89
St Luke's Way. Nun —5C 78
St Margaret Rd. Cov —7F 144
St Margaret's. S Cold —6C 42
St Margarets Av. B8 —3H 95
St Margarets Dri. Hale —7M 109
St Margaret's Rd. B8 —3G 95
St Margaret's Rd. Gt Barr —7F 54
St Margaret's Rd. Lea S —4B 216
St Margarets Rd. Lich —7H 13
St Margarets Rd. Sol —8L 115
St Margaret's Rd. Tam —2B 32
St Margarets Rd. Wals —5A 26
St Mark's Av. Rugby —2J 197
St Mark's Clo. Nun —5C 78
St Mark's Clo. Ullen —5J 207
St Marks Cres. B1 —6G 93 (4A 4)
St Mark's La. Lea S —8L 211
St Mark's M. Lea S —8L 211
St Marks Rd. Bwnhls —4G 27
St Mark's Rd. Burn —3J 17
St Marks Rd. Dud —7M 65
St Mark's Rd. Lea S —8K 211
St Mark's Rd. Pels —5A 26
St Marks Rd. Smeth —6K 91
St Marks Rd. Stourb —4D 108
St Marks Rd. Tip —1M 65
St Mark's Rd. Wolv (in two parts) —8A 36 (5G 7)
St Marks St. B1 —6H 93 (3A 4)
St Mark's St. Wolv —8B 36 (5G 7)
St Martin's. Hinc —3K 81
St Martin's Av. Stud —5K 209
St Martin's Cir. Queensway. B2 —7L 93 (6G 5)
St Martin's Clo. W Brom —7M 67
St Martins Clo. Wolv —3E 50
St Martins Dri. Tip —4A 66
St Martins La. B5 —7L 93 (6H 5)
St Martin's Rd. Cov —5C 166
St Martin's Rd. S Cold —4M 57
St Martin's St. B15 —8H 93 (8B 4)
St Martin's Ter. Bils —5L 51
St Mary's Abbey. —4E 190
St Mary's Av. Barw —4F 84
St Mary's Clo. B24 —5K 71
St Marys Clo. B27 —6H 115
St Marys Clo. Dud —1F 64
St Mary's Clo. Ullen —6J 207
St Marys Clo. Warw —1D 214
St Mary's Ct. Barw —3G 85
St Marys Ct. Brie H —7D 88
St Mary's Ct. Nun —4H 79
St Mary's Ct. W'hall —7A 38 (off Wolverhampton St.)
St Mary's Cres. Lea S —2B 216

St Mary's Guildhall. —7D 144 (5D 6) (off St Mary St.)
St Mary's La. Stourb —6B 108
St Mary's Mobile Home Pk. Wyt —7L 157
St Mary's Ringway. Kidd —3K 149
St Mary's Rd. Fill —6E 100
St Mary's Rd. Harb —4C 112
St Mary's Rd. Hinc —1K 81
St Mary's Rd. Lea S —2B 216
St Marys Rd. Lich —6H 13
St Mary's Rd. Nun —4H 79
St Mary's Rd. Smeth —8M 91
St Mary's Rd. W'bry —6F 52
St Mary's Row. B4 —6L 93 (3G 5)
St Marys Row. Mose —6M 113
St Mary's St. Wolv —7D 36 (3K 7)
St Mary's Ter. Lea S —2B 216
St Mary St. Cov —7D 144 (5D 6)
St Mary's Vw. B23 —1D 70
St Marys Way. Tam —5E 32
St Marys Way. Wals —4G 41
St Matthew Clo. Cann —4A 10
St Matthew's Av. Burn —2M 17
St Matthew's Clo. Nun —5C 78
St Matthew's Clo. Pels —4B 26
St Matthews Clo. Wals —8M 39
St Matthew's Rd. Burn —2L 17
St Matthews Rd. O'bry —7G 91 (in two parts)
St Matthews Rd. Smeth —4C 92
St Matthews St. Rugby —6A 172
St Matthews St. Wolv —8F 36
St Mawes Rd. Pert —6F 34
St Mawgan Clo. B35 —5C 72
St Michael Rd. Lich —8J 13
St Michael's Clo. Arly —1G 101
St Michael's Clo. Ufton —8M 217
St Michaels Clo. Wals —7A 26
St Michael's Clo. W Weth —2J 213
St Michaels Clo. Wood E —8J 47
St Michaels Ct. W Brom —6J 67
St Michaels Ct. Wolv —4L 35
St Michaels Cres. O'bry —5F 90
St Michaels Dri. Cann —4A 10
St Michael's Gro. Dud —8A 66
St Michael's Hill. B18 —2G 93
St Michael's M. Tiv —7A 66
St Michael's Rd. B18 —2G 93
St Michael's Rd. Cov —6G 145
St Michael's Rd. Dud —4M 63
St Michael's Rd. S Cold —1F 70
St Michaels Rd. Warw —1C 214
St Michael St. Wals —1L 53
St Michael St. W Brom —6J 67
St Michael's Way. Nun —5C 78
St Michaels Way. Tip —6A 66
St Nicholas Av. Ken —6F 190
St Nicholas Chu. St. Warw —3F 214
St Nicholas Clo. Cov —5C 144 (1B 6)
St Nicholas Clo. Wals —5A 26
St Nicholas Ct. B38 —7F 134
St Nicholas Ct. Cov —2F 144 (Crabmill La.)
St Nicholas Ct. Cov —3B 144 (Radford Rd.)
St Nicholas Gdns. B38 —7F 134
St Nicholas Rd. Rad S —4F 216
St Nicholas St. Cov —5C 144 (1B 6)
St Nicholas Ter. Rad S —5E 216
St Nicholas Wlk. Curd —3H 73
St Nicolas Park. —2M 79
St Nicolas Pk. Dri. Nun —2L 79
St Nicolas Rd. Nun —4K 79
St Osburgh's Rd. Cov —6G 145
St Oswalds Clo. Kidd —1M 149
St Oswald's Rd. B10 —1E 114
St Patrick Clo. Cann —4A 10
St Patricks Clo. B14 —4L 135
St Patricks Ct. Kidd —8H 149
St Patricks Rd. Cov —7C 144 (7C 6)
St Paul's Av. B12 —4A 114
St Paul's Av. Kidd —3G 149
St Paul's Clo. Cann —8H 9
St Paul's Clo. Wals —7L 39
St Paul's Clo. Warw —3D 214
St Pauls Ct. B3 —5J 93 (2D 4)
St Paul's Ct. Dost —5C 46
St Pauls Ct. Row R —8D 90
St Pauls Ct. Wat O —6H 73
St Paul's Cres. Col —2M 97
St Paul's Cres. Wals —5B 26
St Paul's Cres. W Brom —2E 66
St Pauls Dri. Hale —8D 90
St Pauls Dri. Tip —5B 66
St Paul's Gdns. Hinc —8E 84
St Paul's Rd. B12 —3M 113
St Paul's Rd. Burn —3J 17
St Paul's Rd. Cann —6L 9
St Paul's Rd. Cov —3E 144
St Paul's Rd. Dud —4K 89
St Paul's Rd. Nun —6C 78
St Paul's Rd. Smeth —2K 91
St Paul's Rd. W'bry —4H 53
St Paul's Sq. B3 —6J 93 (3D 4)
St Pauls Sq. Lea S —8A 212
St Paul's St. Wals —7L 39
St Pauls Ter. B3 —5J 93 (2D 4)
St Paul's Ter. Warw —3D 214
St Peters Clo. B28 —3D 136
St Peter's Clo. Redd —4E 208
St Peter's Clo. Ston —5L 27
St Peter's Clo. S Cold —6H 57
St Peters Clo. Tam —8C 32
St Peter's Clo. Tip —5D 66
St Peters Clo. Wat O —7H 73
St Peters Clo. Wolv —7C 36 (3J 7)
St Peters Ct. Blox —8H 25
St Peter's Dri. Gall C —5M 77
St Peter's Dri. Wals —5A 26
St Peters La. Sol —8K 117
St Peter's Rd. Burn —3J 17
St Peters' Rd. Cann —5K 9
St Peter's Rd. Dud —3K 89
St Peter's Rd. Hand —8J 69
St Peter's Rd. Harb —4B 112
St Peter's Rd. Lea S —1M 215
St Peter's Rd. Rugby —7C 172
St Peters Rd. Stourb —8C 108
St Peter's Sq. Wolv —7C 36 (3J 7)
St Peters Ter. Wals —5L 39
St Philips Av. Wolv —2M 49
St Philips Gro. Wolv —2M 49
St Philips Pl. B3 —6L 93 (4G 5)
St Phillips Ct. Col —2A 98
St Quentin St. Wals —1J 53
St Richards Clo. Wych —8E 200
St Richards Rd. Wych —8E 200
St Saviours Clo. Wolv —3F 50
St Saviour's Rd. B8 —5D 94
St Silas' Sq. B19 —2H 93
St Simons Clo. S Cold —3M 57
St Stephens Av. W'hall —7M 37
St Stephens Ct. Cann —5J 9
St Stephen's Ct. W'hall —8M 37
St Stephen's Gdns. Redd —4F 204
St Stephens Gdns. W'hall —7A 38
St Stephen's Rd. Burn —3J 17
St Stephens Rd. S Oak —1H 135
St Stephens Rd. W Brom —1B 92
St Stephen's St. B6 —3L 93
Saints Way. Nun —4K 79
St Thomas' Clo. A'rdge —8H 27
St Thomas Clo. S Cold —4M 57
St Thomas Clo. Wals —3L 39
St Thomas' Ct. Cov —7B 144
St Thomas Dri. Cann —4A 10
St Thomas Ho. Cov —7B 144 (off Gordon St.)
St Thomas' Rd. B23 —6D 70
St Thomas Rd. Cov —6G 123
St Thomas's Clo. Nun —6C 78
St Thomas St. Dud —4J 89
St Thomas St. Stourb —4M 107
St Valentines Clo. W Brom —7M 67
St Vincent Cres. W Brom —3F 66
St Vincent St. B16 —7H 93 (5A 4)
St Vincent St. W. B16 —7G 93 (6A 4)
Saladin Av. O'bry —4E 90
Salcombe Av. B26 —4C 116
Salcombe Clo. Cann —2C 14
Salcombe Clo. Cov —3K 167
Salcombe Clo. Nun —4M 79
Salcombe Dri. Brie H —2C 108
Salcombe Gro. Bils —8K 51
Salcombe Rd. Smeth —4B 92
Saldavian Ct. Wals —3H 53
Salem Rd. Hinc —4M 81
Salem St. Tip —4D 66
Salford Circ. B6 —8D 70
Salford Clo. Cov —4G 145
Salford Clo. Redd —3H 209
Salford St. B6 —1C 94
Salford Trad. Est. B6 —1C 94
Salisbury Av. Cov —3C 166
Salisbury Av. Nun —2B 78
Salisbury Clo. B13 —5L 113
Salisbury Clo. Dud —6F 64
Salisbury Clo. Lich —6J 13
Salisbury Ct. Sol —5C 138
Salisbury Dri. Cann —8H 9
Salisbury Dri. Kidd —3F 148
Salisbury Dri. Nun —2B 78
Salisbury Dri. Wat O —6J 73
Salisbury Gro. S Cold —2J 71
Salisbury Pl. Ind. Est. Wolv —8B 36 (off Rosebery St.)
Salisbury Rd. B'fld —1K 93
Salisbury Rd. Hinc —2A 82
Salisbury Rd. Mose —5L 113
Salisbury Rd. Salt —4E 94
Salisbury Rd. Smeth —5B 92
Salisbury Rd. W Brom —8L 67
Salisbury St. W'bry —2E 52
Salisbury St. Wolv —8B 36
Salisbury Tower. B18 —6G 93 (3A 4)
Sallow Gro. Wals —8F 16
Sally Ward Dri. Wals —5G 27
Salop Clo. W Brom —3H 67
Salop Dri. Cann —1F 14
Salop Dri. O'bry —7J 91
Salop Rd. O'bry —6J 91
Salop Rd. Redd —7D 204
Salop St. B12 —1M 113
Salop St. Bils —5L 51
Salop St. Dud —7H 65
Salop St. O'bry —8E 66
Salop St. Wolv —8C 36 (5H 7)
Salstar Clo. B6 —3L 93
Saltash Gro. B25 —8J 95
Saltbrook Rd. Stourb & Hale (in two parts) —3F 108
Saltbrook Trad. Est. Hale —2G 109
Salter Rd. Tip —2M 65
Salter's La. Redd —5A 204
Salters La. Tam —3B 32
Salter's La. W Brom —5L 67
Salter's Rd. Wals —5G 27
Salter Street. —7J 159
Salter St. Earls & H'ley H —2J 185
Salters Va. W Brom —8L 67
Saltisford. Warw —2D 214
Saltisford Gdns. Warw —1D 214
Salt La. Cov —7C 144 (5C 6)
Saltley. —5D 94
Saltley Bus. Pk. Salt —3D 94
Saltley Ind. Est. B8 —6C 94
Saltley Rd. B7 —4B 94
Saltley Trad. Est. B8 —3D 94
Saltley Viaduct. B7 —4C 94
Saltney Clo. B24 —4K 71
Salts La. Dray B —4L 45
Saltwells. Brie H —7G 89
Saltwells La. Brie H —7F 88
Saltwells Rd. Dud —7H 89
Saltwells Wood Nature Reserve. —6G 89
Salwarpe Gro. B29 —7M 111
Salwarpe Rd. B'gve —1L 201
Sam Barber Ct. Hth H —8L 9
Sambar Rd. Faz —8M 31
Sambourn Clo. Sol —3E 138
Sambourne. —8H 209
Sambourne Dri. B34 —2D 96
Sambourne La. A'wd B & Sam —8E 208
Sambourne Pk. Sam —8G 209
Sambrook Rd. Wolv —3G 37
Sam Gault Clo. Bin —2M 167
Sammons Way. Cov —8D 142
Sampson Clo. B21 —8C 68
Sampson Clo. Cov —8J 123
Sampson Clo. Tiv —2C 90
Sampson Rd. B11 —2B 114
Sampson Rd. N. B11 —1B 114
Sampson St. W'bry —6H 53
Sams La. W Brom —7J 67
Sam Spencer Ct. Harv —8G 151
Samuel Clo. Lich —7J 13
Samuel Hayward Ho. Cov (off Roseberry Av.) —8H 123
Samuel Johnson Birthplace Mus. —1H 19
Samuels Rd. B32 —4G 111
Samuel St. Wals —8H 25
Samuel Va. Ho. Cov —5C 144 (2B 6)
Sanda Cft. B36 —3H 97
Sandalls Clo. B31 —8K 133
Sandal Ri. Sol —6E 138
Sandals Ri. Hale —6D 110
Sandalwood Clo. W'hall —1B 38
Sandbank. Wals —8G 25
Sandbarn Clo. Shir —3M 159
Sandbeds Rd. W'hall —5C 38
Sandbourne Dri. Bew —6C 148
Sandbourne Rd. B8 —5G 95
Sandby Clo. Bed —5G 103
Sandcroft, The. B33 —8D 96
Sanderling Clo. F'stne —2H 23
Sanderling Ct. Kidd —8A 150
Sanderling Ri. Burn —1H 17
Sanderling Ri. K'wfrd —3A 88
Sanders Clo. Dud —2L 89
Sanders Clo. Redd —5A 204
Sanders Ct. Warw —1J 215
Sanders Ind. Est. B'gve —8L 179
Sanderson Ct. Kidd —4J 149
Sanders Rd. B'gve —8L 179
Sanders Rd. Cov —3H 123
Sanders St. Tip —4B 66
Sandfield. Smeth —2L 91
Sandfield Bri. K'wfrd —8B 64
Sandfield Clo. Shir —1G 159
Sandfield Gro. Dud —7B 64
Sandfield Rd. Stourb —7M 87
Sandfield Rd. W Brom —8L 53
Sandfields. —4G 19
Sandfields Av. B10 —1B 114
Sandfields Rd. O'bry —7J 91
Sandford Av. Row R —6C 90
Sandford Clo. Ald I —6K 123
Sandford Ri. Wolv —3L 35
Sandford Rd. B13 —5A 114
Sandford Rd. Dud —8E 64
Sandford St. Lich —2H 19
Sandford Wlk. B12 —4M 113
Sandford Way. Dunc —6J 197
Sandgate Cres. Cov —7K 145
Sandgate Rd. B28 —5F 136
Sandgate Rd. Tip —1A 66
Sandhill Farm Clo. B19 —2K 93
Sandhills Cres. Sol —1B 160
Sandhills Grn. B Grn & A'chu —1L 181
Sandhills La. B Grn —2K 181
Sandhills Rd. B Grn —1K 181
Sandhill St. Wals —8G 25
Sandhurst Av. B36 —3K 95
Sandhurst Av. Stourb —7D 108
Sandhurst Clo. Redd —3J 205
Sandhurst Dri. Wolv —5A 50
Sandhurst Gro. Cov —4B 144
Sandhurst Gro. Stourb —6L 87
Sandhurst Rd. B13 —7L 113
Sandhurst Rd. K'wfrd —5A 88
Sandhurst Rd. S Cold —4F 42
Sandicliffe Clo. Kidd —1J 149
Sandilands Clo. Cov —5L 145
Sandland Clo. Bils —3M 51
Sandland Rd. W'hall —1D 38
Sandmartin Clo. Dud —7J 89
Sand Martin Way. Kidd —7A 150
Sandmere Gro. B14 —6D 136
Sandmere Ri. Wolv —8E 22
Sandmere Rd. B14 —6D 136
Sandon Clo. Redd —6G 205
Sandon Gro. B24 —5H 71
Sandon Rd. Nun —4H 79
Sandon Rd. Smeth & B16 —7A 92
Sandon Rd. Stourb —5F 108
Sandon Rd. Wolv —7B 22
Sandown. Amin —4F 32
Sandown Av. Cov —7F 122
Sandown Av. Wals —6E 14
Sandown Clo. Burn —8F 10
Sandown Clo. Cann —3A 10
Sandown Clo. Lea S —5C 212
Sandown Dri. Cats —8B 154
Sandown Dri. Pert —5F 34
Sandown Rd. B36 —1K 95
Sandown Rd. Rugby —5C 172
Sandown Tower. B31 —8A 134
Sandpiper. Wiln —4G 47
Sandpiper Clo. Hed —2J 9
Sandpiper Clo. Kidd —7B 150
Sandpiper Clo. Stourb —4F 108
Sandpiper Gdns. B38 —2F 156
Sandpiper Rd. Ald G —6H 123
Sandpit Clo. W'bry —7L 53
Sand Pits. B1 —6H 93 (4B 4)
Sandpits Clo. Curd —3H 73
Sandpits Ind. Est. B1 —6H 93 (4B 4)
Sandpits La. Ker E & Cov —7L 121
Sandpits, The. B30 —1E 134
Sandpits, The. Bulk —7C 104
Sandra Clo. Wals —4H 41
Sandringham Av. Earl S —2K 85
Sandringham Av. W'hall —2B 38
Sandringham Clo. Burn —8E 10
Sandringham Ct. Nun —3F 78
Sandringham Dri. Row R —5C 90
Sandringham Dri. Wals —8H 27
Sandringham Pl. Stourb —8K 87
Sandringham Rd. B42 —3H 69
Sandringham Rd. Hale —2B 110
Sandringham Rd. Stourb —8J 87
Sandringham Rd. Wolv —5A 50
Sandringham Rd. Wom —3F 62
Sandringham Way. Brie H —1C 108
Sandstone Av. Redn —1G 155
Sandstone Clo. Dud —5D 64
Sandstone Ct. Wiln —2G 47
Sandstone Rd. Bew —6C 148
Sand St. W Brom —5E 66
Sandway Gdns. B8 —3D 94
Sandway Gro. B13 —2C 136
Sandwell. —1A 92
Sandwell Av. W'bry —4B 52
Sandwell Bus. Development Cen. Smeth —2J 91
Sandwell Bus. Pk. Smeth —1J 91
Sandwell Cen. W Brom —6K 67 (in two parts)
Sandwell Ind. Est. Smeth —1J 91
Sandwell Pk. Farm & Mus. —6M 67
Sandwell Pl. Smeth —1A 92
Sandwell Pl. W'hall —2D 38
Sandwell Rd. B21 —8D 68
Sandwell Rd. W Brom —5J 67
Sandwell Rd. Wolv —8B 22
Sandwell Rd. N. W Brom —5K 67
Sandwell Rd. Pas. W Brom —5J 67
Sandwell St. Wals —1M 53
Sandwell Valley Bird Sanctuary. —3C 68
Sandwell Valley Country Pk. —6M 67
Sandwell Wlk. Wals —1M 53
Sandwick Clo. Cov —1M 167
Sandwood Dri. B44 —1M 69
Sandyacre Way. Stourb —4B 108
Sandy Bank. Bew —6A 148
Sandy Cres. Hinc —8B 84
Sandy Cres. Wolv —1A 38
Sandy Cft. B13 —2C 136
Sandycroft. S Cold —6J 57
Sandyfields Est. Dud —2C 64
Sandyfields Rd. Dud —4M 63
Sandygate Clo. Redd —7M 203
Sandy Gro. Bwnhls —8F 16
Sandy Hill Ri. Shir —4G 137
Sandy Hill Rd. Shir —5G 137
Sandy Hollow. Wolv —7J 35
Sandy La. Aston —2B 94
Sandy La. B'dwn —3L 211
Sandy La. Blak —1H 151
Sandy La. Cann —8A 8 (in two parts)
Sandy La. Cod —4F 20
Sandy La. Col —5L 75
Sandy La. Cov —4C 144 (1B 6)
Sandy La. Fill —6F 100
Sandy La. Gt Barr —1J 69
Sandy La. Kidd —8F 126 (in two parts)
Sandy La. Kinv —1M 127
Sandy La. New B —6L 171
Sandy La. Stourb —5K 107
Sandy La. Stour S —8H 175
Sandy La. Tett —3L 35
Sandy La. W'bry —6M 53
Sandy La. Wild & L Ash —4K 153
Sandy La. Wolv & Bush —8E 22
Sandy La. Bus. Pk. Cov —4C 144 (1B 6)
Sandy La. Ind. Est. Stour S —8H 175
Sandy Mt. Wom —2H 63
Sandymount Rd. Wals —1M 53
Sandy Rd. Stourb —8K 107
Sandys Gro. Tip —4L 65
Sandythorpe. Cov —3L 167
Sandy Wlk. Hinc —7A 84
Sandy Way. B15 —8H 93 (7B 4)
Sandy Way. Amin & Tam —6G 33
Sangwin Rd. Bils —2J 65
Sankey Rd. Cann —6F 8
Sansome Ri. Shir —7F 136
Sansome Rd. Shir —7F 136
Sanstone Clo. Wals —6J 25
Sanstone Rd. Wals —6H 25
Santa Maria Way. Stour S —6H 175
Santolina Dri. Wals —6A 54
Santos Clo. Bin —1M 167
Santridge Ct. B'gve —5A 180 (off Bewell Head)
Santridge La. B'gve —5A 180
Sant Rd. B31 —2B 156
Sapcote Gro. Cov —5H 123
Sapcote Rd. Burb & Hinc —1A 82
Sapcote Rd. S Stan —1L 83
Sapcote Trad. Est. Crad H —6M 89
Saplings, The. S Cold —1A 72
Sapphire Ct. B3 —5J 93 (2D 4)
Sapphire Ct. Cov W —8B 124
Sapphire Ct. Sol —8M 115
Sapphire Dri. Cann —7J 9
Sapphire Dri. Lea S —4M 215
Sapphire Ga. Cov —7J 145
Sapphire Tower. Aston —3M 93 (off Park La.)
Saracen Dri. Bal C —3E 162
Sara Clo. S Cold —6G 43
Sarah Clo. Bils —8L 51
Sarah Gdns. Wals —5M 53
Sarah Seager Clo. Stour S —3E 174
Sarah St. B9 —7B 94
Saredon Clo. Pels —8A 26
Saredon Rd. C Hay —5B 14
Sarehole Rd. B28 —2D 136
Sarehole Watermill. —1D 136
Sargeaunt St. Lea S —2M 215
Sargent Clo. B43 —5K 55
Sargent Ho. B16 —7H 93 (5B 4)
Sargent's Hill. Wals —3C 54
Sark Dri. B36 —3H 97
Satchwell Ct. Lea S —1M 215
Satchwell Pl. Lea S —2A 216
Satchwell Wlk. Lea S —1M 215
Saturn Rd. Cann —4F 8
Saumur Way. Warw —3J 215
Saunders Av. Bed —7H 103
Saunders Clo. Cann —3M 9
Saunton Clo. Alle —8H 121
Saunton Rd. Rugby —8L 171
Saunton Rd. Wals —6G 25
Saunton Way. B29 —8C 112
Saveker Dri. S Cold —5L 57
Savernake Clo. Redn —7G 133
Saville Clo. Hinc —6E 84
Saville Clo. Redn —2H 155
Saville Gro. Ken —3J 191
Savoy Clo. B32 —4M 111
Saw Mill Clo. Wals —6L 39
Sawpits La. Lit H —8K 29
Saxelby Clo. B14 —7L 135 (in two parts)
Saxelby Ho. B14 —7L 135
Saxon Bus. Pk. S Prior —7L 201
Saxon Clo. Bin W —2D 168
Saxon Clo. Pole —8M 33
Saxon Clo. Stud —4L 209
Saxon Clo. Wals —7G 15
Saxon Clo. Wiln —3F 46
Saxon Ct. Lich —2E 18
Saxon Ct. Wolv —4J 35
Saxondale Av. B26 —3M 115
Saxon Dri. Row R —5C 90
Saxon Dri. Tam —5C 32
Saxonfields. Wolv —4J 35
Saxon Meadows. Lea S —7J 211
Saxon Mill La. Tam —4C 32
Saxon Rd. Cov —5H 145
Saxons Way. B14 —7A 136
Saxon Wlk. Lich —2E 18
Saxon Way. B37 —6F 96
Saxon Wood Clo. B31 —5A 134
Saxon Wood Rd. Shir —4K 159
Saxton Dri. S Cold —3F 42
Sayer Ho. B19 —3K 93
Scafell. Rugby —2D 172
Scafell Clo. Cov —5G 143
Scafell Dri. B23 —4D 70
Scafell Dri. Bils —2M 51
Scafell Rd. Stourb —3B 108
Scaife Rd. B'gve —2B 202
Scammerton. Wiln —2H 47
Scampton Clo. Wolv —4E 34
Scampton Way. Tam —1C 32
Scar Bank. Warw —8E 210
Scarborough Clo. Wals —1H 53
Scarborough Rd. Wals —1H 53
Scarborough Way. Cov —2F 164
Scarfield Hill. A'chu —4K 181
Scarman Ho. Cov —4H 165
Scarman Rd. Cov —4H 165
Scarsdale Rd. B42 —1K 69
Schofield Av. W Brom —1H 67
Schofield Rd. B37 —4G 97
Scholars Ga. B33 —7B 96
Scholars Ga. Burn —3K 17
Scholefield Tower. B19 —4K 93 (off Uxbridge St.)
Scholfield Rd. Ker E —3A 122
Schoolacre Ri. S Cold —8L 41
Schoolacre Rd. B34 —3B 96
School Av. Wals —1J 39 (WS3)
School Av. Wals —1F 26 (WS8)
School Bell M. S'lgh —3B 192
School Clo. B37 —3G 97
School Clo. Burb —3A 82
School Clo. Burn —1D 16
School Clo. Cann —3A 16
School Clo. Cov —7F 144
School Clo. Tiv —2C 90
School Clo. Try —1C 62
School Clo. Wolv —2H 49
School Ct. Cann —3J 9
School Cres. Cann —3A 16
School Cft. Beau —7J 189
School Dri. Bils —7A 52
School Dri. B'gve —7A 180
School Dri. Stourb —1M 107
School Dri. Wyt —6A 158
School Dri., The. Dud —2K 89
Schoolfield Gro. Rugby —6M 171
Schoolfields Rd. Shen —4G 29
School Gdns. Rugby —8G 173
Schoolgate Clo. B8 —3G 95
Schoolgate Clo. Shelf —8D 26
School Grn. Bils —1J 51
School Hill. Nun —2A 78
School Hill. Off —1H 217
Schoolhouse Clo. B38 —7H 135
School Ho. La. Cov —3A 146
School La. A'chu —4B 182
School La. Beau —7H 189
School La. Brie H —5B 88
School La. Buc E —2B 96
School La. Burn —1D 16
School La. Dost —4D 46
School La. Exh —2E 122
School La. Gall C —3L 77
School La. Gent —4G 11
School La. Hag —3D 130
School La. Hale —7M 109
School La. Hints —6D 30
School La. Hon & Wrox —3E 188
School La. Hop —2H 31
School La. H'ham —5L 213

School La. Ken —4F 190
School La. Kitts G —8M 95
School La. Lea M —2A 74
School La. L End —3B 180
School La. Pels —7L 15 (Gorsey La.)
School La. Pels —5M 25 (Wolverhampton Rd.)
School La. Rad S —4E 216
School La. Sharn —5J 83
School La. Shut —2M 33
School La. Sol —4D 138
School La. Stret D —3F 194
School La. U War —6F 200
School La. Wolv —8C 36 (5H 7) (WV3)
School La. Wolv —7D 22 (WV10)
School La. Wlvy —5L 105
School Pas. Brie H —8G 89
School Rd. Brie H —7G 89
School Rd. Bulk —7B 104
School Rd. Cann —3A 16
School Rd. Hall G —1F 136
School Rd. Himl —6H 63
School Rd. H'ley H —1M 185
School Rd. Mose —8M 113
School Rd. Redn —3E 154
School Rd. Shir —7H 137
School Rd. Tett W —5G 35
School Rd. Try —1C 62
School Rd. W'bry —7K 53
School Rd. Wed —3H 37
School Rd. Wom —2H 63
School Rd. Wych —8E 200
School Rd. Yard W —5B 136
School St. Bils —1J 65
School St. Brie H —2D 88
School St. Chu L —4B 170
School St. Crad H —8K 89
School St. Darl —3C 52
School St. Dud —8H 65 (in two parts)
School St. Dunc —6J 197
School St. Hillm —8G 173
School St. Long L —5G 171
School St. Sed —1E 64
School St. Stourb —3M 107
School St. Tam —5E 32
School St. Wals —8D 26
School St. W'bry —4D 52 (in two parts)
School St. W'hall —7M 37
School St. Wols —6G 169
School St. Wolv —8C 36 (5H 7)
School St. W. Bils —1J 65
School Ter. B29 —7F 112
School Wlk. Bils —1J 51
School Wlk. Burn —1D 16
School Wlk. Nun —7L 79
Scimitar Clo. Tam —2L 31
Scorers Clo. Shir —3H 137
Scotchill, The. Cov —8A 122
Scotchings, The. B36 —1L 95
Scotch Orchard. Lich —8K 13
Scotia Rd. Cann —6D 8
Scotland La. B32 —1H 133
Scotland Pas. W Brom —6K 67
Scotlands. —1G 37
Scotland St. B1 —6J 93 (4C 4)
Scots Clo. Rugby —2J 197
Scots La. Cov —3M 143
Scott Arms Shop. Cen. Gt Barr —8F 54
Scott Av. Nun —1K 79
Scott Av. W'bry —7H 53
Scott Av. Wolv —5L 49
Scott Clo. Lich —3H 19
Scott Clo. W Brom —4K 67
Scott Gro. Sol —6L 115
Scott Ho. B43 —2F 68
Scott Rd. B43 —7F 54
Scott Rd. Ken —7E 190
Scott Rd. Lea S —3B 216
Scott Rd. Redd —1C 208
Scott Rd. Sol —6L 115
Scott Rd. Tam —5E 32
Scott Rd. Wals —3D 54
Scott's Green. —1G 89
Scotts Grn. Clo. Dud —1F 88
Scott's Rd. Stourb —3M 107
Scott St. Cann —6L 9
Scott St. Tip —4C 66
Scott Way. Burn —8F 10
Scotwell Clo. Row R —6B 90
Scout Clo. B33 —7C 96
Scribbans Clo. Smeth —5B 92
Scriber's La. B28 —5E 136
Scrimshaw Ho. Wals —2J 53 (off Pleck Rd.)
Sculthorpe Rd. Blak —7H 129
Seabroke Av. Rugby —6M 171
Seacroft Av. B25 —8L 95
Seafield. Amin —4F 32
Seafield Clo. K'wfrd —5L 87
Seafield La. A'chu & Beo —3L 183
Seaford Clo. Cov —5H 123
Seaforth Dri. Hinc —8A 84
Seaforth Gro. W'hall —8B 24
Seagar St. W Brom —5L 67
Seagers La. Brie H —7D 88
Seagrave Rd. Cov —7E 144 (6F 6)
Seagull Bay Dri. Cose —8K 51
Sealand Dri. Bed —6G 103
Seal Clo. S Cold —5L 57
Seals Grn. B38 —2D 156
Seamless Dri. Wolv —5K 37
Sear Hills Clo. Bal C —3H 163
Seathwaite. Rugby —2C 172
Seaton. Tam —1F 46
Seaton Clo. Hinc —2A 82
Seaton Clo. Nun —4M 79
Seaton Clo. Wolv —4M 37
Seaton Gro. B13 —8K 113
Seaton Pl. Stourb —7J 87
Seaton Rd. Smeth —4B 92
Seaton Tower. B31 —7J 133
Sebastian Clo. Cov —4H 167
Sebright Grn. Kidd —6J 127
Sebright Rd. Kidd —6H 127
Sebright Wlk. Kidd —6J 127
Seckham Rd. Lich —1G 19
Second Av. Bord G —8E 94
Second Av. Cov —8J 145
Second Av. K'wfrd —2M 87
Second Av. S Oak —6H 113
Second Av. Wals —8G 17
Second Av. Witt —6M 69
Second Av. Wolv —2E 36
Second Exhibition Av. B40 —4K 117
Security Ho. Wolv —5J 7
Sedge Av. B38 —6F 134
Sedgeberrow Covert. B38 —1E 156
Sedgeberrow Rd. Hale —7A 110
Sedgefield Clo. Dud —6E 64
Sedgefield Gro. Pert —5F 34
Sedgefield Wlk. Cats —8B 154
Sedgeford Clo. Brie H —1D 108
Sedgehill Av. B17 —5B 112
Sedgemere Gro. Bal C —4J 163
Sedgemere Gro. Wals —1C 40
Sedgemere Rd. B26 —8M 95
Sedgemoor Av. Burn —4H 17
Sedgemoor Rd. Cov —4H 167
Sedgley. —8D 50
Sedgley Clo. Redd —5F 204
Sedgley Gro. B20 —5E 68
Sedgley Hall Av. Dud —1C 64
Sedgley Hall Est. Dud —8C 50
Sedgley Rd. Dud & Tip —3H 65
Sedgley Rd. Wolv —6L 49
Sedgley Rd. E. Tip —5A 66
Sedgley Rd. W. Tip —3K 65
Sedgley St. Wolv —2C 50
Sedlescombe Pk. Rugby —1M 197
Seed Fld. Cft. Cov —2D 166
Seedgreen Clo. Stour S —8E 174
Seedhouse Ct. Crad H —1A 110
Seeds La. Wals —1F 26
Seedymill La. Lich —2E 12
Seekings, The. W'nsh —6B 216
Seeleys Rd. B11 —4D 114
Seeney La. Mars —7B 60
Seeswood Clo. Nun —7C 78
Sefton Dri. Row R —3M 89
Sefton Gro. Tip —7C 52
Sefton Rd. B16 —7F 92
Sefton Rd. Cov —3L 165
Sefton Rd. Dost —4D 46
Segbourne Rd. Redn —1E 154
Segundo Clo. Wals —5M 53
Segundo Rd. Wals —5M 53
Seisdon. —6A 48
Seisdon Rd. Try —7A 48
Selba Dri. Kidd —3F 148
Selborne Clo. Wals —8A 40
Selborne Gro. B13 —4C 136
Selborne Rd. B20 —7G 69
Selborne Rd. Dud —2K 89
Selborne Rd. Rugby —1K 197
Selborne St. Wals —8A 40
Selbourne Cres. Wolv —8H 37
Selby Clo. B26 —8M 95
Selby Gro. B13 —4B 136
Selby Ho. O'bry —3D 90
Selby Way. Nun —4B 78
Selby Way. Wals —7E 24
Selcombe Way. B38 —2F 156
Selcroft Av. B32 —4L 111
Selecta Av. B44 —7K 55
Selina Dix Ho. Cov —2E 6
Selker Dri. Amin —4E 32
Selkirk Clo. W Brom —3J 67
Selly Av. B29 —7G 113
Selly Clo. B29 —7H 113
Selly Hall Cft. B30 —3G 135
Selly Hill Rd. B29 —7F 112
Selly Manor Mus. —2F 134
Selly Oak. —7D 112
Selly Oak Rd. B30 —2E 134
Selly Park. —7H 113
Selly Pk. Rd. B29 —6G 113
Selly Wharf. S Oak —7E 112
Selly Wick Dri. B29 —7H 113
Selly Wick Rd. B29 —7G 113
Sellywood Rd. B30 —1E 134
Selma Gro. B14 —4D 136
Selman's Hill. Wals —6J 25
Selman's Pde. Wals —7J 25
Selsdon Clo. Kidd —4H 149
Selsdon Clo. Wyt —4C 158
Selsdon Rd. Wals —6F 24
Selsey Av. B17 —6B 92
Selsey Clo. Cov —5J 167
Selsey Rd. B17 —6B 92
Selside. Rugby —2D 172
Selston Rd. B6 —2L 93
Selvey Av. B43 —6H 55
Selworthy Rd. B36 —2F 96
Selworthy Rd. Cov —6D 122
Selwyn Clo. Wolv —2C 50 (8J 7)
Selwyn Ho. B37 —6K 97
Selwyn Rd. B16 —6D 92
Selwyn Rd. Bils —3M 51
Selwyn Wlk. S Cold —5C 42
Semele Clo. Rad S —4E 216
Senate Ho. Cov —5H 165
Senator Ho. Shir —1L 159
Seneschal Rd. Cov —2E 166
Senior Clo. Ess —6A 24
Senneley's Pk. Rd. B31 —1L 133
Sennen Clo. Nun —4A 80
Sennen Clo. W'hall —8M 37
Sensall Rd. Stourb —6F 108
Sephton Dri. Longf —3J 123
Serin Clo. Kidd —8M 149
Serpentine Rd. Aston —8A 70
Serpentine Rd. Harb —3C 112
Serpentine Rd. S Oak —6G 113
Serpentine, The. Kidd —5J 149
Servite Ct. B14 —7A 136
Servite Ho. Ken —6F 190
Settle Av. B34 —3A 96
Settle Cft. B37 —8F 96
Setton Dri. Dud —2E 64
Seven Acres. Wals —4H 41
Sevenacres La. Redd —4J 205
Seven Acres Rd. B31 —8C 134
Seven Acres Rd. Hale —4G 111
Sevens Rd. Cann & Rug —5C 10
Seven Star Rd. Sol —4A 138
Seven Stars Ind. Est. Cov —2G 167
Seven Stars Rd. O'bry —2G 91
Severn Av. Hinc —1G 81
Severn Clo. B36 —2F 96
Severn Clo. Cats —1A 180
Severn Clo. Lea S —6C 212
Severn Clo. Tip —4M 65
Severn Clo. W'hall —2A 38
Severn Ct. B23 —6B 70
Severn Dri. Brie H —2B 88
Severn Dri. Burn —3K 17
Severn Dri. Wolv —5E 34
Severne Gro. B27 —8J 115
Severne Rd. B27 —1J 137
Severn Gro. B11 —3C 114
Severn Gro. B19 —2J 93 (in two parts)
Severn Gro. Kidd —6H 149
Severnhills Dri. Stour S —8D 174
Severn Quay. Bew —6B 148
Severn Ri. Stour S —4E 174
Severn Rd. Bwnhls —7C 16
Severn Rd. Bulk —6A 104
Severn Rd. Cov —8F 144
Severn Rd. Hale —4H 109
Severn Rd. Stourb —6M 107
Severn Rd. Stour S —7G 175
Severn Rd. Wals —8L 25
Severn Side. Stour S —7G 175
Severnside Mill. Bew —6B 148
Severn Side S. Bew —6B 148
Severn St. B1 —8K 93 (7E 4)
Severn Tower. B7 —4B 94
Severn Valley Railway. —4M 149 (Kidderminster Town Station)
Severn Way. Bew —3B 148
Severn Way. Wyt —7L 157
Sevington Clo. Sol —1C 160
Sewall Highway. Cov —1G 145
Seward Clo. Lich —3K 19
Seymour Clo. B29 —7G 113
Seymour Clo. Cov —4J 167
Seymour Clo. Wals —8D 14
Seymour Dri. Redd —4G 205
Seymour Gdns. S Cold —6E 42
Seymour Gro. Warw —3K 215
Seymour Pl. Ken —3E 190
Seymour Rd. Kidd —1H 149
Seymour Rd. Nun —6K 79
Seymour Rd. O'bry —2J 91
Seymour Rd. Rugby —3C 172
Seymour Rd. Stourb —4F 108
Seymour Rd. Tip —8C 52
Seymour St. B5 —6M 93 (5J 5)
Seymour St. B12 —2M 113
Shackleton Dri. Wolv —4E 34
Shackleton Rd. Wals —7K 25
Shadowbrook La. H Ard —1K 139
Shadowbrook Rd. Cov —4A 144
Shadwell Dri. Dud —6D 64
Shadwell St. B4 —5K 93 (2F 4)
Shady La. B44 —7K 55
Shadymoor Dri. Brie H —1C 108
Shaftesbury Av. Hale —2H 109
Shaftesbury Av. Ker E —2A 122
Shaftesbury Av. Stourb —6C 108
Shaftesbury Clo. B'gve —7B 180
Shaftesbury Dri. Cann —2J 9
Shaftesbury Rd. Cov —1M 165
Shaftesbury Rd. W'bry —7H 53
Shaftesbury Sq. W Brom —4J 67
Shaftesbury St. W Brom —5J 67
Shaft La. Mer —5M 119
Shaftmoor Ind. Est. Hall G —7F 114
Shaftmoor La. Hall G & A Grn —7E 114
Shaftsbury Clo. Bils —2M 51
Shaftsbury Rd. B26 —4C 116
Shakespeare Av. Bed —7K 103
Shakespeare Av. Lich —3H 19
Shakespeare Av. Redd —7G 205
Shakespeare Av. Warw —4C 214
Shakespeare Clo. Bils —7K 51
Shakespeare Clo. Tam —3A 32
Shakespeare Cres. Wals —1L 39
Shakespeare Dri. Hinc —8C 84
Shakespeare Dri. Kidd —3A 150
Shakespeare Dri. Nun —8A 80
Shakespeare Dri. Shir —8G 137
Shakespeare Gdns. Rugby —1L 197
Shakespeare Gro. Cann —5D 8
Shakespeare Pl. Wals —2L 39
Shakespeare Rd. B23 —6B 70
Shakespeare Rd. Burn —1F 16
Shakespeare Rd. Dud —5A 64
Shakespeare Rd. Shir —8K 137
Shakespeare Rd. Smeth —5L 91
Shakespeare Rd. Tip —1A 66
Shakespeare St. B11 —4C 114
Shakespeare St. Cov —4H 145
Shakespeare St. Wolv —8E 36 (5M 7)
Shakleton Rd. Cov —7A 144
Shaldon Wlk. Smeth —4B 92
Shales, The. Wom —4E 62
Shale St. Bils —4J 51
Shalford Rd. Sol —5L 115
Shallcross La. Dud —6D 64
Shalnecote Gro. B14 —4J 135
Shambles. W'bry —7F 52
Shandon Clo. B32 —6M 111
Shanklin Dri. Nun —3K 79
Shanklin Rd. Cov —5H 167
Shanklyn Clo. Wals —6F 14
Shannon. Tam —1F 46
Shannon Dri. Wals —7C 16
Shannon Rd. B38 —2D 156
Shannons Mill. Tam —4A 32
Shannon Wlk. Wals —7C 16
Shanti Niketan. Wolv —8K 7
Shapfell. Rugby —2D 172
Shapinsay Dri. Redn —8F 132
Shard End. —2C 96
Shard End Cres. B34 —3C 96
Shardlow Rd. Wolv —1L 37
Shardway, The. B34 —4C 96
Sharesacre St. W'hall —6B 38
Sharington Clo. Dud —1L 89
Sharman Rd. Wolv —3M 36
Sharmans Cross. —6K 137
Sharmans Cross Rd. Sol —5L 137
Sharnbrook Gdns. Sharn —5J 83
Sharnford. —4J 83
Sharnford Rd. Aston F —3E 82
Sharnford Rd. Sap —2L 83
Sharon Clo. Wolv —4E 50
Sharon Way. Cann —6J 9
Sharp Clo. Cov —7B 122
Sharpe Clo. Warw —1E 214
Sharpe St. Tam —4G 33
Sharpless Rd. Hinc —2L 81
Sharpley Ct. Cov —1A 146
Sharps Clo. Redn —2G 155
Sharrat Fld. S Cold —7K 43
Sharratt Rd. Bed —7G 103
Sharrocks St. Wolv —8E 36 (6M 7)
Shatterford. —3C 126
Shaver's End. —6H 65
Shaw Av. Kidd —3B 150
Shawbank Rd. Redd —6H 205
Shawberry Av. B35 —6A 72
Shawberry Rd. B37 —4F 96
Shawbrook. —5A 158
Shawbrook Gro. B14 —6A 136
Shawbury Clo. Redd —6L 205
Shawbury Gro. B12 —1M 113
Shawbury Gro. Wolv —4E 34
Shawbury La. Col —7J 75
Shawbury Rd. Wolv —4F 36
Shaw Dri. B33 —7L 95
Shaw Dri. Burn —8G 11
Shawe Av. Nun —2J 79
Shawfield. H'wd —4A 158
Shaw Hall La. Cov H —2C 22
Shaw Hedge Rd. Bew —5C 148
Shawhellier Av. Brie H —7E 88
Shaw Hill Gro. B8 —5G 95
Shaw Hill Rd. B8 —5G 95
Shawhurst Cft. H'wd —2A 158
Shawhurst La. H'wd —4A 158
Shaw La. Hanch —1E 12
Shaw La. Lich —1G 19
Shaw La. Rug —5G 11
Shaw La. S Prior —8F 200
Shaw La. Wolv —6H 35
Shaw La. Ind. Est. S Prior —7J 201
Shawley Cft. B27 —5L 115
Shaw Pk. Bus. Village. Wolv —3D 36
Shaw Rd. Bils —8H 51
Shaw Rd. B'hll —3C 50
Shaw Rd. Dud —2H 89 (in two parts)
Shaw Rd. Tip —5C 66
Shaw Rd. Wolv —3C 36 (in two parts)
Shaws Clo. Redd —7M 203
Shawsdale Rd. B36 —2M 95
Shaws La. Wals —7G 15
Shaw's Pas. B5 —7M 93 (6J 5)
Shaw St. Wals —7K 39 (in two parts)
Shaw St. W Brom —1E 66
Shayler Gro. Wolv —2D 50
Sheaf La. B26 —4B 116
Shearwater Clo. Kidd —8B 150
Shearwater Clo. Redn —3F 154
Shearwater Dri. Brie H —2C 108
Shearwater Wlk. Erd —2B 70
Sheaves Clo. Bils —6H 51
Shedden St. Dud —1K 89
Sheddington Rd. B23 —2D 70
Sheen Rd. B44 —5L 55
Sheepclose Dri. B37 —6G 97
Sheepcote Clo. Lea S —8A 212
Sheepcote Grange. B'gve —4M 179
Sheepcote La. Tam —6F 32
Sheepcote St. B16 —7H 93 (5A 4)
Sheepcroft Clo. Redd —7M 203
Sheep Dip La. Prin —6E 194
Sheepfold Clo. Row R —5A 90
Sheepmoor Clo. B17 —1M 111
Sheep St. B4 —5M 93 (2J 5)
Sheep St. Rugby —6A 172
Sheepwash La. Tip —4D 66
Sheepwash La. W'ley —1J 127
Sheffield Rd. S Cold —2G 71
Sheffield St. Brie H —8G 89
Shefford Rd. B6 —4M 93
Sheila Av. Wolv —2L 37
Shelah Rd. Hale —3M 109
Shelbourne Clo. Tiv —7D 66
Sheldon. —4D 116
Sheldon Av. W'bry —5G 53
Sheldon Clo. Bils —6K 51
Sheldon Country Pk. —2E 116
Sheldon Dri. B31 —7K 133
Sheldonfield Rd. B26 —4D 116
Sheldon Gro. B26 —4B 116
Sheldon Gro. Warw —8F 210
Sheldon Hall Av. B33 —6D 96 (in two parts)
Sheldon Heath Rd. B26 —8A 96
Sheldon Rd. Redd —8G 205
Sheldon Rd. W Brom —1L 67
Sheldon Rd. Wolv —8A 22
Sheldon Wlk. B33 —8C 96
Sheldrake Clo. Bin —8A 146
Shelduck Gro. Kidd —6B 150
Shelfield. —8D 26
Shelfield Clo. Cov —6H 143
Shelfield Rd. B14 —6J 135
Shelley Av. Kidd —2L 149
Shelley Av. Tip —1A 66
Shelley Av. Warw —5C 214
Shelley Clo. Bed —8K 103
Shelley Clo. Cats —1A 180
Shelley Clo. Dud —4A 64
Shelley Clo. Redd —1C 208
Shelley Clo. Stourb —1A 108
Shelley Dri. B23 —6B 70
Shelley Dri. S Cold —3F 42
Shelley Gdns. Hinc —6E 84
Shelley Rd. Burn —8G 11
Shelley Rd. Cann —4E 8
Shelley Rd. Cov —6J 145
Shelley Rd. Tam —2M 31
Shelley Rd. W'hall —2E 38
Shelley Rd. Wolv —7D 22
Shelley Tower. B31 —6C 134
Shellon Clo. Bin —1M 167
Shelly Clo. B37 —7F 96
Shelly Cres. Shir —2B 160
Shelly Cft. B33 —6A 96
Shelly Ho. O'bry —5H 91
Shelly La. Shir —3B 160
Shelly Shop. Cen. Shir —2B 160
Shelsley Av. O'bry —4D 90
Shelsley Dri. B13 —8B 114
Shelsley Way. Sol —8B 138
Shelton Clo. W'bry —4J 53
Shelton La. Hale —4L 109
Shelton Sq. Cov —7C 144 (5B 6)
Shelton St. Wiln —2F 46
Sheltwood Clo. Redd —7A 204
Sheltwood La. Up Ben —6G 203
Shelwick Gro. Dorr —5E 160
Shenley Av. Dud —3H 65
Shenley Fields. —2M 133
Shenley Fields Dri. B31 —1L 133
Shenley Fields Rd. B29 —2M 133
Shenley Gdns. B29 —2A 134
Shenley Grn. B29 —3M 133
Shenley Hill. B31 —3L 133
Shenley La. B29 —8M 111
Shenstone. —3F 28 (Brownhills)
Shenstone. —2D 176 (Kidderminster)
Shenstone Av. Hale —4E 110
Shenstone Av. Rugby —8E 172
Shenstone Av. Stourb —6K 107
Shenstone Clo. B'gve —6A 180
Shenstone Clo. S Cold —3E 42
Shenstone Ct. B'gve —6B 180
Shenstone Ct. Shir —7D 136
Shenstone Ct. Wolv —3A 50
Shenstone Dri. Bal C —3G 163
Shenstone Dri. Wals —1G 41
Shenstone Flats. Hale —4F 110
Shenstone Rd. Edg —6C 92
Shenstone Rd. Gt Barr —1E 68
Shenstone Rd. May —8A 136
Shenstone Trad. Est. Hale —5C 110
Shenstone Valley Rd. Hale —3E 110
Shenstone Wlk. Hale —4D 110
Shenstone Woodend. —8G 29
Shenton Rd. Barw —2H 85
Shenton Wlk. B37 —4G 97
Shepheard Rd. B26 —4D 116
Shepherd Clo. Cov —6F 142
Shepherd Clo. Lich —6J 13
Shepherd Dri. W'hall —4C 38
Shepherds Brook Rd. Stourb —4D 108
Shepherds Fold. Row R —7B 90
Shepherds Gdns. B15 —8H 93 (8C 4)
Shepherds Grn. Rd. B24 —7F 70
Shepherds La. Mer —6G 119
Shepherds Pool Rd. S Cold —7L 43
Shepherds Standing. B34 —3B 96
Shepherds Wlk. B'gve —2L 201
Shepherds Wlk. Wolv —7M 21
Shepherds Way. B23 —1C 70
Shepley Rd. B Grn —2G 181
Shepley Rd. Redn —3H 155
Shepperton Bus. Pk. Nun —8J 79
Shepperton Ct. Nun —7J 79
Shepperton St. Nun —7J 79
Sheppey Dri. B36 —4H 97
Shepwell Gdns. Share —1J 23
Shepwell Green. —7D 38
Shepwell Grn. W'hall —8C 38
Sherard Cft. B36 —3H 97
Sheraton Clo. Cann —2F 8
Sheraton Clo. Wals —3H 41
Sheraton Dri. Kidd —3B 150
Sheraton Grange. Stourb —7M 107
Sherborne Clo. Col —5A 98
Sherborne Clo. Wals —2J 39
Sherborne Gdns. Cod —6G 21
Sherborne Gro. B1 —6G 93 (4A 4)
Sherborne Rd. Hinc —2B 82
Sherborne Rd. Wolv —8D 22
Sherborne St. B16 —7H 93 (6A 4)
Sherbourne. —8A 214
Sherbourne Av. Cann —5L 9
Sherbourne Av. Nun —4B 78
Sherbourne Clo. Redd —7K 205
Sherbourne Ct. A Grn —5J 115
Sherbourne Ct. Cov —8C 144 (7C 6)
Sherbourne Ct. Sher —8A 214
Sherbourne Cres. Cov —5L 143
Sherbourne Dri. B27 —5J 115
Sherbourne Pl. Lea S —7A 212
Sherbourne Rd. A Grn —5J 115
Sherbourne Rd. Bal H —2L 113
Sherbourne Rd. Crad H —1A 110
Sherbourne Rd. Stourb —5B 108
Sherbourne Rd. E. Bal H —3M 113
Sherbourne St. Cov —7A 144
Sherbourne Ter. Lea S —8A 212
Sherbrooke Av. Wiln —3E 46
Sherbrook Rd. Cann —8C 8
Sherdmore Cft. Shir —3A 160
Sheridan Clo. Rugby —2M 197
Sheridan Clo. Wals —2H 53
Sheridan Dri. Gall C —4M 77
Sheridan Gdns. Dud —4M 63
Sheridan St. Wals —2H 53
Sheridan St. W Brom —5K 67
Sheridan Wlk. B35 —6A 72
Sheriff Av. Cov —2H 165

Sheriff Dri. Brie H —7F 88
Sheriff Rd. Rugby —6D 172
Sheriffs Clo. Lich —3L 19
Sheriffs Orchard. Cov —7C 144 (6B 6)
Sherifoot La. S Cold —5H 43
Sheringham. B15 —1E 112
Sheringham Clo. Nun —7M 79
Sheringham Rd. B30 —6H 135
Sherington Av. Cov —5J 143
Sherington Dri. Wolv —4D 50
Sherlock Clo. W'hall —4D 38
Sherlock Rd. Cov —6K 143
Sherlock St. B5 —1L 113 (8H 5)
Sherrans Dell. Wolv —6E 50
Sherratt Clo. S Cold —1M 71
Sherringham Dri. Ess —8C 24
Sherron Gdns. B12 —4M 113
Sherston Covert. B30 —7J 135
Shervale Clo. Wolv —3A 50
Sherwin Av. Bils —7G 51
Sherwood Av. Tip —5M 65
Sherwood Clo. B28 —4F 136
Sherwood Clo. Sol —2M 137
Sherwood Clo. Wood E —8H 47
Sherwood Dri. Brie H —8F 88
Sherwood Dri. Cann —6G 9
Sherwood Jones Clo. Cov —3B 144
Sherwood M. B28 —3E 136
Sherwood Rd. B28 —2E 136
Sherwood Rd. B'gve —2A 202
Sherwood Rd. Smeth —8A 92
Sherwood Rd. Stourb —2L 107
Sherwood St. Wolv —6C 36 (1H 7)
Sherwood Wlk. Lea S —5C 212
Sherwood Wlk. Redn —6H 133
Sherwood Wlk. Wals —2E 40
Shetland Av. Wiln —2F 46
Shetland Clo. B16 —7F 92
Shetland Clo. Cov —5G 143
Shetland Clo. Wolv —4B 36
Shetland Dri. Nun —7F 78
Shetland Dri. Smeth —2K 91
Shetland Rd. Cov —4H 167
Shetland Wlk. B36 —3H 97
Shevlock Way. Cov —3G 145
Shidas La. O'bry —2E 90
Shifnal Rd. Alb —8A 20
Shifnal Wlk. B31 —1M 155
Shillcock Gro. B19 —4L 93
Shillingstone Clo. Cov —5A 146
Shilton. —4F 124
Shilton Clo. Shir —3M 159
Shilton Gro. B29 —1M 133
Shilton Ind. Est. Shil —2E 124
Shilton La. Bulk —7D 104
Shilton La. Cov & Shil —7L 123
Shilton Rd. Barw —3H 85
Shilton Rd. Withy —5L 125
Shinwell Cres. Tiv —7D 66
Shipbourne Clo. B32 —4M 111
Shipley Fields. B24 —6G 71
Shipley Gro. B29 —1A 134
Shipston Clo. Redd —5A 204
Shipston Rd. B31 —8B 134
Shipston Rd. Cov —3J 145
Shipton Clo. Dud —6E 64
Shipton Rd. S Cold —6J 57
Shipway Rd. B25 —2G 115
Shirebrook Clo. B6 —1L 93
Shirebrook Clo. Cov —7K 123
Shire Brook Ct. B19 —2K 93
Shire Clo. B16 —7F 92
Shire Clo. Cov —8H 123
Shire Clo. O'bry —7H 91
Shire Hall Pl. Cann —7H 9
Shirehampton Clo. Redd —7M 203
Shireland Brook Gdns. B18 —5D 92
Shireland Clo. B20 —6E 68
Shireland La. Redd —5A 204
Shireland Rd. Smeth —5B 92
Shire Lea. Bwnhls —3H 27
Shirelea Clo. Burn —1H 17
Shire Oak. —4G 27
Shire Ridge. Wals W —5G 27
Shires Ind. Est., The. Lich —3G 19
Shires Retail Pk., The. Warw —3K 215
Shirestone Rd. B33 —7D 96
Shireview Gdns. Wals —5B 26
Shireview Rd. Wals —5A 26
Shirlett Clo. Cov —5H 123
Shirley. —8J 137
Shirley Dri. S Cold —5J 57
Shirley Heath. —8H 137
Shirley La. Mer —4A 142
Shirley Pk. Rd. Shir —7H 137
Shirley Rd. Cov —2M 145
Shirley Rd. Dud —1L 89
Shirley Rd. Hall G & A Grn —3G 137
Shirley Rd. K Nor —4G 135
Shirley Rd. O'bry —3J 91
Shirley Street. —6J 137
Shirley Trad. Est. Shir —1L 159
Shirley Wlk. Tam —2M 31
Shirrall Dri. Dray B —5C 44
Shirrall Gro. B37 —4F 96
Shoal Hill Clo. Cann —7B 8
Shoesmith Clo. Barw —3G 85
Sholing Clo. Pend —8M 21
Shooters Clo. B5 —3K 113
Shooters Hill. S Cold —7K 57
Shop La. Oaken —8C 20
Shop La. Tres —2B 48
Shopping Cen., The. Lea S —4B 216
Shopton Rd. B34 —2A 96
Shoreham Clo. W'hall —8K 37
Shorncliffe Rd. Cov —3K 143
Short Acre St. Wals —6K 39
Shortbutts La. Lich —4H 19
Short Cross. —4A 110
Shorters Av. B14 —5B 136
Shortfield Clo. Bal C —2H 163
Short Heath. —3D 70
(Aston)
Short Heath. —3E 38
(Darlaston)
Short Heath Rd. B23 & Erd —3D 70
Shortland Clo. Know —2G 161
Shortlands. Cov —3D 122
Shortlands Clo. B30 —7G 135
Shortlands La. Wals —5M 25
Short La. Wals —6E 14
Shortley Rd. Cov —1E 166
Short Rd. Smeth —6K 91
Short Rd. Wolv —8E 22
Short St. Bils —3K 51
Short St. Bwnhls —1F 26
Short St. Cann —6F 8
Short St. Cov —7D 144 (6E 6)
Short St. Darl —2F 52
Short St. Dud —7G 65
Short St. Hale —5M 109
Short St. Nun —5C 78
Short St. Prem B —8K 39
Short St. Row R —7C 90
(in two parts)
Short St. Stourb —4M 107
Short St. Tip —1L 65
Short St. W'bry —6E 52
Short St. W'hall —4C 38
Short St. Wolv —7D 36 (3K 7)
Shortwood Clo. B34 —3A 96
Shortwood Ct. Cov —8M 123
Shortwoods, The. Dord —4M 47
Shortyard, The. W'ley —5L 127
Shorwell Pl. Brie H —1B 108
Shottery Clo. Cov —6H 143
Shottery Clo. S Cold —8M 57
Shottery Gro. S Cold —8M 57
Shottery Gro. Tys —4H 115
Shottery Rd. Shir —8H 137
Shotteswell Rd. Shir —2H 159
Showell Cir. Wolv —2E 36
Showell Green. —5B 114
Showell Grn. La. B11 —6B 114
Showell Ho. O'bry —2G 91
Showell La. Mer —7A 120
Showell La. Wolv —6G 49
Showell Rd. Wolv —2D 36
Showells Gdns. B7 —2C 94
Shrawley Av. Kidd —6H 149
Shrawley Clo. Hale —7A 110
Shrawley Clo. Redn —2F 154
Shrawley Ho. B31 —7D 134
Shrawley Rd. B31 —7C 134
Shrewley Cres. B33 —8E 96
Shrewsbury Clo. Barw —2G 85
Shrewsbury Clo. Wals —8F 24
Shrewsbury Rd. Kidd —4G 149
Shrewton Av. B14 —8K 135
Shrops Row. K'wfrd —8A 64
Shrubberies, The. Cov —5L 165
Shrubbery Av. Tip —4K 65
Shrubbery Clo. Cookl —4B 128
Shrubbery Clo. S Cold —3K 71
Shrubbery Ct. Kidd —2M 149
Shrubbery Hill. Cookl —4A 128
Shrubbery Pl. Tip —3L 65
Shrubbery Rd. B'gve —8L 179
Shrubbery St. Kidd —2M 149
Shrubbery, The. B16 —6F 92
Shrubbery, The. Tip —3C 66
Shrublands Av. O'bry —2H 111
Shrubland St. Lea S —3M 215
(in two parts)
Shrub La. B24 —6H 71
Shuckburgh Cres. Bour —7L 195
Shuckburgh Cres. Rugby —1D 198
Shuckburgh Gro. Lea S —7B 212
Shugborough Clo. Blox —8H 25
Shugborough Dri. Dud —7E 64
Shugborough Way. Cann —8H 9
Shulmans Wlk. Cov —2K 145
Shultern La. Cov —3J 165
Shuna Cft. Cov —2A 146
Shustoke. —7F 74
Shustoke La. Wals —5B 54
Shustoke Rd. B34 —3C 96
Shustoke Rd. Sol —4D 138
Shute Hill. Lich —6L 11
Shut End. —8A 64
Shut La. B4 —7L 93 (5H 5)
Shutlock La. B13 —8K 113
Shut Mill La. Rom —1K 153
Shuttington. —2M 33
Shuttington Rd. A'cte —3H 33
Shutt La. Earls —8H 159
Shuttle St. Cov —1H 145
Shuttleworth Rd. Clift D —4F 172
Shylock Gro. H'cte —7L 215
Shyltons Cft. B16 —7G 93 (6A 4)
Sibdon Gro. B31 —1B 156
Sibree Rd. Cov —5H 167
Sibton Clo. Cov —8H 123
Sidaway Clo. Row R —3C 90
Sidaway St. Crad H —8L 89
Sidbury Gro. Dorr —6E 160
Sidcup Clo. Bils —6H 51
Sidcup Rd. B44 —8A 56
Siddeley Av. Cov —8G 145
Siddeley Av. Ken —6E 190
Siddeley Wlk. B36 —8F 72
Siddons Clo. Lich —7F 12
Siddons Factory Est. W Brom —1F 66
Siddons Rd. Bils —7K 51
Siddons Way. W Brom —2G 67
Sidemoor. —5L 179
Sidenhill Clo. Shir —1H 159
Sidford Gdns. B24 —6J 71
Sidford Gro. B23 —2E 70
Sidings, The. Cann —2J 9
Sidings, The. Hand —1J 93
Sidings, The. Stourb —3A 130
Sidlaw Clo. Hale —7K 109
Sidlaw Clo. Wolv —3C 36
Sidmouth Clo. Cov —2J 145
Sidmouth Clo. Nun —4M 79
Sidney Rd. Rugby —1D 198
Sidney St. Wolv —1C 50 (7H 7)
Sidon Hill Way. Cann —6J 9
Sidwick Cres. Wolv —3H 51
Sigmund Clo. Wolv —6H 37
Signal Gro. Wals —8G 25
Signal Hayes Rd. S Cold
(in two parts) —7M 57
Signal Wlk. Tam —7G 33
Silesbourne Clo. B36 —1C 96
Silhill Hall Rd. Sol —3A 138
Silica Rd. Tam —7H 33
Silksby St. Cov —1D 166
Sillins Av. Redd —6G 205
Silva Av. K'wfrd —5M 87
Silver Birch Av. Bed —7E 102
Silverbirch Clo. Harts —2A 78
Silver Birch Coppice. S Cold —4D 42
Silverbirch Ct. B24 —3H 71
Silver Birch Dri. H'wd —3B 158
Silver Birch Dri. Kidd —4C 150
Silver Birch Dri. Wiln —4A 106
Silver Birches Bus. Pk. B'gve —3A 202
Silver Birch Gro. Lea S —4M 215
Silver Birch Rd. Cann —1D 8
Silver Birch Rd. Erd —3H 71
Silver Birch Rd. K'hrst —3F 96
Silver Birch Rd. Nort C —5B 16
Silverbirch Rd. Sol —6E 138
Silver Birch Rd. S Cold —8M 41
Silver Birch Rd. Wolv —2E 50
Silver Ct. Wals —2F 26
Silver Ct. Gdns. Wals —2F 26
Silvercroft Av. B20 —6D 68
Silverdale. B'gve —5M 179
Silverdale Clo. Cov —5H 123
Silverdale Dri. Wolv —5E 36
Silverdale Gdns. Stourb —6J 87
Silverdale Rd. B24 —4K 71
Silver End. —8C 88
Silver End Ind. Est. Brie H —8B 88
Silver End Trad. Est. Brie H —8C 88
Silverfield Clo. B14 —1L 135
Silver Fir Clo. Cann —1G 9
Silver Innage. Hale —2J 109
Silverlands Av. O'bry —6H 91
Silverlands Clo. B28 —8F 114
Silver Link Rd. Tam —7F 32
Silvermead Rd. S Cold —8G 57
Silvermere Rd. B26 —3D 116
Silvers Clo. Wals —4M 25
Silverstone Av. Kidd —8K 127
Silverstone Clo. Wals —6E 38
Silverstone Dri. Gall P —4E 122
Silverstone Dri. S Cold —3M 55
Silver Street. —4L 157
Silver St. Brie H —7B 88
Silver St. Bwnhls —2E 26
Silver St. Cov —6C 144 (3C 6)
Silver St. Kidd —2L 149
Silver St. K Hth —1L 135
Silver St. K Nor & Wyt —4K 157
Silver St. Newt —1G 173
Silver St. Redd —6E 204
Silver St. Tam —5B 32
Silverthorne Av. Tip —4K 65
Silverthorne La. Crad H —8H 89
Silverton Cres. B13 —8D 114
Silverton Heights. Smeth —3M 91
Silverton Rd. Cov —2F 144
Silverton Rd. Smeth —3L 91
Silverton Way. Wolv —4M 37
Silver Trees Dri. Bulk —5B 104
Silver Wlk. Nun —6F 78
Silvester Ct. W Brom —6K 67
Silvester Rd. Bils —3L 51
Silvester Way. Brie H —1B 108
Silvington Clo. B29 —2C 134
Simcox Gdns. B32 —7K 111
Simcox Rd. W'bry —4F 52
Simcox St. Cann —5K 9
Simeon Bissell Clo. Tip —4A 66
Simeon's Wlk. Brie H —2F 108
Simmonds Clo. Wals —6K 25
Simmonds Pl. Wals —6K 25
Simmonds Pl. W'bry —2E 52
Simmonds Rd. Wals —6K 25
Simmonds Way. Wals —4G 27
Simmons Clo. Midd —8H 45
Simmons Dri. B32 —4J 111
Simmons Leasow. B32 —7K 111
Simmons Rd. Wolv —8B 24
Simms La. Dud —4J 89
Simms La. H'wd —4A 158
(in two parts)
Simon Cl. Tip —4L 65
Simon Clo. Nun —7K 79
Simon Clo. W Brom —8L 53
Simon Ct. Exh —1G 123
Simon Rd. H'wd —2A 158
Simon Stone St. Cov —1F 144
Simpkins Clo. Wals —6G 27
Simpkins Clo. W Weth —2K 213
Simpson Gro. Wolv —3E 36
Simpson Rd. Lich —6H 13
Simpson Rd. S Cold —8J 57
Simpson Rd. Wals —4H 39
Simpson Rd. Wolv —3E 36
Simpson St. O'bry —2G 91
Singer Clo. Cov —1G 145
Singer Cft. B36 —8F 72
Singh Clo. B21 —8E 68
Singing Cavern Experience.
(Black Country Mus.) —5K 65
Sion Av. Kidd —8M 127
Sion Clo. Brie H —6D 88
Sion Gdns. Stour S —6F 174
Sion Hill. Kidd —7M 127
Sir Alfred's Way. S Cold —6L 57
Sir George's Mall. Kidd —3L 149
Sir Harrys Rd. Edg & B5 —3H 113
Sir Henry Parkes Rd. Cov —2J 165
Sir Hilton's Rd. B31 —2B 156
Sir Johns Rd. B29 —6J 113
Sir Richards Dri. B17 —2M 111
Sir Thomas White's Rd. Cov —7M 143
Sir Walters Mall. Kidd —3L 149
Sir William Lyons Rd. Cov —3J 165
Sir Winston Churchill Pl. Bin W —2C 168
Sisefield Rd. B38 —8G 135
Siskin Clo. Hamm —4K 17
Siskin Dri. B12 —3L 113
Siskin Dri. Cov —5J 167
Siskin Parkway E. Mid B —8J 167
Siskin Parkway W. Mid B —8H 167
Siskin Rd. Stourb —6D 108
Siskin Way. Kidd —8B 150
Sisley Way. Hinc —6A 84
Sister Dora Gdns. Wals —8L 39
Siviters Clo. Row R —6C 90
Siviters La. Row R —6B 90
Siviter St. Hale —5B 110
Six Acres. B32 —5J 111
Six Foot Rd. Dud —4J 89
Six Towers Rd. Wals —5J 39
Six Ways. B23 —5F 70
Skelcher Rd. Shir —5G 137
Skelwith Ri. Nun —3A 80
Skemp Clo. Bils —6K 51
Sketchley. —4K 81
Sketchley Clo. Smeth —3A 92
Sketchley Hill. —3L 81
Sketchley La. Hinc —4J 81
Sketchley La. Ind. Est. Hinc —4J 81
Sketchley Mnr. Gdns. Hinc —4J 81
Sketchley Mnr. La. Hinc —4K 81
Sketchley Meadows. Burb & Hinc —4J 81
Sketchley Meadows Bus. Pk. Hinc —4J 81
Sketchley Old Village. Burb —4J 81
Sketchley Rd. Hinc —4L 81
Skiddaw. Rugby —2C 172
Skiddaw Clo. B23 —3D 70
Skidmore Av. Dost —4C 46
Skidmore Av. Wolv —1M 49
Skidmore Dri. W Brom —6G 67
Skidmore Rd. Bils —7K 51
Skilts Av. Redd —8F 204
Skinner La. B5 —8L 93 (8H 5)
Skinner St. Wolv —7C 36 (4H 7)
Skip La. Wals —4D 54
Skipness. Amin —4E 32
Skipton Gdns. Cov —3H 145
Skipton Grn. Wolv —4A 36
Skipton Pl. Cann —2B 14
Skipton Rd. B16 —8G 93
Skipwith Clo. Brin —6K 147
Skipworth Rd. Bin —7A 146
Skomer Clo. Redn —8E 132
Sky Blue Way. Cov —6E 144 (5F 6)
Skye Clo. B36 —3H 97
Skye Clo. Nun —7F 78
Skye Clo. Wiln —2F 46
Skye Wlk. Crad H —8L 89
Sky Lark Clo. Brie H —8C 64
Skylark Clo. Cann —2C 8
Skylark Way. Kidd —7A 150
Skywalk. B40 —5L 117
Slack La. B20 —7E 68
Slacky La. Wals —8L 25
Sladd La. W'ley —4G 127
Sladd, The. —4G 127
Slade Av. Burn —1G 17
Slade Clo. Nun —1C 104
Slade Clo. W Brom —7M 53
Sladefield Rd. B8 —4G 95
Slade Gdns. Cod —5G 21
Slade Gro. Know —3F 160
Slade Hill. H Mag —2A 214
Slade Hill. Wolv —6M 35
Slade La. B28 —6E 136
Slade La. Dost —5C 46
Slade La. S Cold —6A 44
Slade Lanker. B34 —4M 96
Slade Mdw. Rad S —4E 216
Sladepool Farm Rd. B14 —6M 135
Slade Rd. B23 —5D 70
Slade Rd. Hale —3J 109
Slade Rd. Rugby —7C 172
Slade Rd. S Cold & Can —6L 43
Slade Rd. Wolv —6C 22
Slade Vw. Ri. Cann —3A 10
Slad, The. Stour S —3K 175
Slaithwaite Rd. W Brom —5L 67
Slaney Ct. Wals —2J 53
Slaney Rd. Wals —3H 53
Slang La. Rug —4E 10
Slatch Ho. Rd. Smeth —7L 91
Slate La. Cod —4D 20
Slateley Cres. Shir —3A 160
Slate Row. Wals —6A 26
Slater Rd. Ben H —5E 160
Slater's La. Wals —2H 53
Slater's Pl. Wals —2H 53
Slater St. Bils —5L 51
Slater St. Gt Bri —4D 66
Slater St. Tip —5A 66
Slater St. W'bry —2D 52
Slater St. W'hall —6C 38
Sleaford Gro. B28 —2G 137
Sleaford Rd. B28 —2H 137
Sleath's Yd. Bed —6H 103
Sledmere Clo. Cov —6H 123
Sledmore Rd. Dud —2K 89
Slideslow. —7C 180
Slideslow Av. B'gve —7B 180
Slieve, The. B20 —6G 69
Slim Av. Bils —6L 51
Slimbridge Clo. Redd —4E 208
Slimbridge Clo. Shir —3A 160
Slim Rd. Wals —7E 38
Slims Ga. Hale —5A 110
Slingfield Rd. B31 —7C 134
Slingsby. Tam —2C 46
Slingsby Clo. Attl F —7L 79
Sling, The. Dud —3J 89
Slitting Mill Clo. B21 —1C 92
Sloane Ho. B1 —3C 4
Sloane St. B1 —6J 93 (4C 4)
Slough La. K Nor & H'wd
(in two parts) —1L 157
Slough, The. Redd —4E 208
Slowley Hill. Arly —8A 76
Smallbrook La. Wom —2H 63
Smallbrook Queensway. B5 —8K 93 (7F 4)
Small Clo. Smeth —4K 91
Smalldale Rd. B42 —2K 69
Smalley Clo. Cann —4G 9
Smalley Pl. Ken —5F 190
Small Heath. —1D 114
Small Heath Bri. B11 —2B 114
Small Heath Bus. Pk. B10 —2F 114
Small Heath Highway. B10 —1B 114
Small Heath Trad. Est. B11 —3D 114
Small La. Earls —3D 184
Smallridge. Lich —7F 12
Smallshire Way. Stourb —1K 107
Small St. Wals —1L 53
Small St. W Brom —3H 67
Smallwood. —6F 204
Smallwood Almshouses. Redd —6E 204
Smallwood Clo. B24 —6K 71
Smallwood Clo. S Cold —6L 57
Smallwood Rd. Pend —7L 21
Smallwood St. Redd —6E 204
Smarts Av. Lich —2G 43
Smarts Est. Kils —6M 199
Smarts Rd. Bed —8F 102
Smeaton Gdns. B18 —5E 92
Smeaton La. Stret F —3J 147
Smedley Crooke Pl. A'chu —7C 156
Smeed Gro. B24 —6H 71
Smercote Clo. Bed —8D 102
Smestow. —5C 62
Smestow La. Swind —5C 62
Smestow St. Wolv —5D 36
Smestow Wildlife Cen. —5D 62
Smethwick. —3M 91
Smethwick Ho. O'bry —7J 91
Smethwick New Enterprise Cen. Smeth —3A 92
Smillie Pl. Cann —6F 8
Smirrells Rd. B28 —4E 136
Smith Av. W'bry —5D 52
Smith Clo. Bils —8G 51
Smith Clo. Smeth —6K 91
Smithfield Ri. Lich —1J 19
Smithfield Rd. Wals —8K 25
Smithfields. Stourb —4A 108
Smithfield St. B5 —8M 93 (7J 5)
Smithford Way. Cov —6C 144 (4B 6)
Smith Ho. Wals —6J 25
Smithmoor Cres. W Brom —1M 67
Smith Pl. Tip —5B 66
Smith Rd. Wals —3J 53
Smith Rd. W'bry —8E 52
Smiths Clo. B32 —7H 111
Smith's Clo. C Ter —2D 16
Smiths La. Know —3E 160
Smith St. B19 —4J 93 (1D 4)
Smith St. Bed —8E 102
Smith St. Bils —4K 51
Smith St. Cov —4F 144
Smith St. Dud —2K 89
Smith St. Lea S —2M 215
Smith St. Redd —5E 204
Smith St. Warw —2E 214
Smith St. Wood E —8J 47
Smiths Way. Wat O —6G 73
Smith's Wood. —2G 97
Smithy Dri. Wals —5A 26
Smithy La. Brie H —8B 64
Smithy La. Chu L —4B 170
Smithy La. Lich —8G 13
Smithy La. Longd —1M 11
Smithy La. Wiln —2F 46
Smithy, The. B26 —3C 116
Smockington. —8C 82
Smockington La. Wlvy —3M 105
Smorrall La. Cor & Bed —8K 101
Smout Cres. Bils —7F 50
Smythe Gro. Warw —8E 210
Snake La. A'chu —3A 182
Snake La. W'ley —2L 127
Snakes Lake La. D'frd —3K 179
Snake Ter. A'chu —3A 182
Snapdragon Dri. Wals —6A 54
Snape Rd. Cov —4M 145
Snape Rd. Wolv —8A 24
Snapes Lodge. W'hall —3C 38
Sneyd Hall Clo. Wals —1G 39
Sneyd Hall Rd. Wals —8G 25
Sneyd La. Ess —7B 24
Sneyd La. Wals —8F 24
Snipe Clo. F'stne —2H 23
Snowberry Clo. Stour S —5E 174
Snowberry Dri. Brie H —8C 64
Snowberry Gdns. B27 —4J 115
Snowdon Clo. Kidd —8J 127
Snowdon Clo. Nun —6B 78
Snowdon Gro. Hale —8K 109
Snowdon Ri. Dud —3D 64
Snowdon Rd. Cann —3E 8
Snowdon Rd. Stourb —3B 108
Snowdon Way. W'hall —8B 24
Snowdon Way. Wolv —3B 36
Snowdrop Clo. Clay —3D 26
Snowford Clo. Shir —8F 136
Snow Hill. B4 —6K 93 (3F 4)
Snow Hill. Wolv —8D 36 (5K 7)
Snow Hill Junct. Wolv —8D 36 (6K 7)
Snow Hill Queensway. B4 —6K 93 (3F 4)
Snowshill Clo. Nun —1M 103
Snowshill Clo. Redd —3H 205
Snowshill Dri. Shir —4K 159
Snowshill Gdns. Dud —5F 64
Snuff Mill Wlk. Bew —7A 148
Soar Way. Hinc —1G 81
Soberton Clo. Wolv —2M 37
Soden Clo. Cov —3K 167
Soden's Av. Ryton D —8A 168
Soho. —3B 92
Soho Av. B18 —2G 93
Soho Clo. Smeth —4C 92
Soho Hill. B19 —2G 93
Soho Ho. Smeth —4C 92

Soho Rd. B21 —1E 92
Soho St. Smeth —3C 92
Soho Way. Smeth —3B 92
Solari Clo. Ock H —1C 66
Solcum La. W'ley —3K 127
Solent Clo. Wolv —7M 21
Solent Dri. Cov —8M 123
Solihull. —6C 138
Solihull By-Pass. Sol —4C 138
Solihull La. B28 —3G 137
Solihull Lodge. —7C 136
Solihull Parkway. Birm P —2K 117
Solihull Retail Pk. Shir —8K 137
Solihull Rd. B11 —6D 114
Solihull Rd. H Ard —3J 139
Solihull Rd. Shir —6J 137
Solihull Tourist Info. Cen. —6C 138
Solly Gro. Tip —2D 66
Solva Clo. Wolv —8H 37
Solway Clo. Lea S —3C 216
Solway Clo. Tam —2A 32
Solway Clo. W'bry —5J 53
Somerby Dri. Sol —1A 160
Somercotes Rd. B42 —1K 69
Somerdale Rd. B31 —5C 134
Somerfield Clo. Wals —8C 26
Somerfield Rd. Wals —1H 39
Somerford Clo. Wals —8E 14
Somerford Gdns. Wolv —7E 22
Somerford Pl. W'hall —8M 37
Somerford Rd. B29 —1M 133
Somerford Way. Bils —1H 65
Somerland Rd. B26 —8A 96
Somerleyton Av. Kidd —4A 150
Somerleyton Ct. Kidd —4A 150
Somerly Clo. Bin —1M 167
Somerset Clo. Tam —8A 32
Somerset Cres. W'bry —5K 53
Somerset Dri. B31 —2M 155
Somerset Dri. Kidd —8J 127
Somerset Dri. Nun —5E 78
Somerset Dri. Stourb —2K 107
Somerset Pl. Cann —6F 8
Somerset Rd. Cov —4C 144
Somerset Rd. Edg —3E 112
Somerset Rd. Erd —3F 70
Somerset Rd. Hand —7F 68
Somerset Rd. Wals —5A 40
Somerset Rd. W Brom —3K 67
Somerset Rd. W'hall —7D 38
Somers Pl. Lea S —1L 215
Somers Rd. Hale —4C 110
Somers Rd. Ker E —3M 121
Somers Rd. Mer —8F 118
Somers Rd. Rugby —6K 171
Somers Rd. Wals —2G 53
Somerton Dri. B23 —3G 71
Somerton Dri. Mars G —2G 117
Somerville Ct. S Cold —7G 57
Somerville Ct. Tam —3K 31
Somerville Dri. S Cold —5G 57
Somerville Ho. B37 —6K 97
Somerville Rd. B10 —1D 114
Somerville Rd. S Cold —5G 57
Somery Rd. B29 —7A 112
Somery Rd. Dud —6J 65
Sommerfield Rd. B32 —7J 111
Sommerville Rd. Cov —5J 145
Sonning Dri. Wolv —7M 21
Sopwith Cft. B35 —7A 72
Sorbus. Tam —5H 33
Sordale Cft. Bin —8A 146
Sorrel. Tam —4H 33
Sorrel Clo. Cov —1E 164
Sorrel Clo. F'stne —2H 23
Sorrel Clo. Tiv —7B 66
Sorrel Dri. K'bry —2D 60
Sorrel Dri. Rugby —1D 172
Sorrel Dri. Wals —6A 54
Sorrel Gro. B24 —6K 71
Sorrel Ho. B24 —6K 71
Sorrell Dri. B27 —7H 115
Sorrell Rd. Nun —8K 79
Sorrel Wlk. Brie H —3B 108
Soudan. Redd —7D 204
Southacre Av. B5 —1L 113 (in two parts)
Southall Cres. Bils —8J 51
Southall Dri. Hartl —8A 176
Southall Rd. Wolv —1A 38
Southalls La. Dud —8H 65
Southam Clo. B28 —1E 136
Southam Clo. Cov —2E 164
Southam Dri. S Cold —8H 57
Southampton St. Wolv —6D 36 (2L 7)
Southam Rd. B28 —1E 136
Southam Rd. Dunc —7H 197
Southam Rd. Prin —7E 194
Southam Rd. Rad S —3E 216
South Av. Cov —7G 145
South Av. Stourb —5M 107
South Av. Wolv —4J 37
Southbank Ct. Ken —5F 190
Southbank Rd. Cov —4L 143
Southbank Rd. Crad H —8L 89
Southbank Rd. Ken —4F 190
Southbank Vw. K'wfrd —5L 87
Southborough Ter. Lea S —3A 216
Southbourne Av. B34 —3K 95
Southbourne Av. Wals —8H 39
Southbourne Clo. B29 —7G 113
Southbourne Pl. Cann —7D 8
Southbourne Rd. Wolv —6C 22
Southbrook Rd. Rugby —8A 172
S. Car Pk. Rd. B40 —6L 117
South Clo. Cann —1C 14
Southcote Gro. B38 —8D 134
Southcott Av. Brie H —1D 108
Southcott Way. Cov —8M 123
South Cres. B'gve —8A 180
South Cres. F'stne —2J 23
Southcrest. —7D 204
Southcrest Gdns. Redd —8D 204
Southcrest Rd. Redd —7F 204
South Dene. Smeth —4M 91
Southdown Av. B18 —3G 93
South Dri. B5 —5J 113
South Dri. Col —2K 97
South Dri. S Cold —3J 57
S. Eastern Arc. B2 —5G 5
Southern By-Pass. Dud —2J 89
Southern Clo. K'wfrd —6M 87
Southern Cross. Lich —2J 19
Southerndown Rd. Dud —2B 64
Southern Rd. B8 —4J 95
Southern Way. W'bry —6C 52
Southey Clo. Sol —1B 160
Southey Clo. W'hall —1E 38
Southey Rd. Rugby —2L 197
Southfield Av. Cas B —1A 96
Southfield Av. Edg —6D 92
Southfield Clo. Nun —4K 79
Southfield Dri. B28 —4G 137
Southfield Dri. Ken —3G 191
Southfield Gro. Wolv —2J 49
Southfield Rd. B16 —6D 92
Southfield Rd. Hinc —2K 81
Southfield Rd. Rugby —8C 172
Southfield Rd. Wolv —4M 37
Southfields. Lea S —6A 212
Southfields Clo. Col —5A 98
Southfields Rd. Sol —8M 137
Southfield Way. Wals —7F 14
South Gdns. Hag —5A 130
South Ga. Cann —2B 14
Southgate. Crad H —1K 109
Southgate. Wolv —7B 36 (3G 7)
Southgate Clo. Kidd —5G 149
S. Gate End. Cann —2B 14
Southgate Rd. B44 —7L 55
South Grn. Wolv —4K 49
South Gro. Aston —1K 93
South Gro. Erd —4F 70
South Gro. Hand —1H 93
South Holme. B9 —7C 94
Southlands Rd. B13 —8A 114
Southlea Av. Lea S —3L 215
Southlea Clo. Lea S —3L 215
Southleigh Av. Cov —2M 165
Southmead Clo. B30 —5E 134
Southmead Cres. Redd —6F 204
Southmead Dri. L End —3B 180
Southmead Gdns. Stud —6L 209
Southminster Dri. B14 —3L 135
S. Moons Moat Ind. Area. Redd —5K 205
Southorn Ct. Lea S —6D 212
South Oval. Dud —4E 64
South Pde. S Cold —4J 57
S. Park M. Brie H —7C 88
Southport Clo. Cov —4H 167
South Range. B11 —3B 114
South Ridge. Cov —5H 143
South Rd. B'gve —2B 202
South Rd. Clift D —4F 172
South Rd. Erd —5F 70
South Rd. Hag —5A 130
South Rd. Hock —2G 93
South Rd. K Hth —1L 135
South Rd. N'fld —7M 133
South Rd. Smeth —4M 91
South Rd. S'brk —2B 114
South Rd. Stourb —5K 107
South Rd. Tip —1B 66
South Rd. Av. B18 —3G 93
South Roundhay. B33 —6A 96
S. Staffordshire Bus. Pk. Cann —5C 14
South St. B17 —4D 112
South St. Bils —1J 65
South St. Brie H —7C 88
South St. Cov —6E 144
South St. Redd —6E 204
South St. Rugby —5D 172
South St. Wals —1K 53
South St. W'hall —8M 37
South St. Wolv —3C 36
South St. Gdns. Wals —1K 53
South Ter. W'nsh —6A 216
South Tower. B7 —5B 94
South Vw. B43 —2E 68
South Vw. H Mag —3A 214
South Vw. K'bry —5D 60
S. View Clo. Cod —7H 21
S. View Clo. F'stne —3H 23
S. View Rd. Dud —1B 64
S. View Rd. Lea S —4C 212
S. View Rd. Long L —5F 170
Southville Bungalows. B14 —5B 136
South Wlk. B31 —8C 134
Southwark Clo. Lich —6J 13
South Way. B40 —6L 117
Southway. Lea S —4A 216
Southway Ct. K'wfrd —5M 87
Southwick Pl. Bils —2K 51
Southwick Rd. Hale —1D 110
Southwold Av. B30 —6J 135
Southwood Av. B34 —2B 96
Southwood Clo. K'wfrd —4L 87
Southwood Covert. B14 —7K 135
South Yardley. —3K 115
Sovereign Clo. Ken —8F 190
Sovereign Ct. B1 —6J 93 (3C 4)
Sovereign Dri. Dud —7E 64
Sovereign Heights. B31 —8J 133
Sovereign Rd. B30 —5F 134
Sovereign Rd. Cov —7M 143 (in two parts)
Sovereign Row. Cov —7A 144
Sovereign Wlk. Wals —7A 40
Sovereign Way. Mose —5M 113
Sowe Common. —7L 123
Sowerby March. Erd —5K 71
Sowers Clo. W'hall —4D 38
Sowers Gdns. W'hall —4D 38
Spa Clo. Hinc —8E 84
Spade Green. —1A 18
Spadesbourne Rd. L End —3C 180
Spa Dri. Sap —1K 83
Spa Gro. B30 —1J 135
Spa La. Hinc —8E 84
Sparkbrook. —2B 114
Sparkbrook St. Cov —6F 144
Sparkhill. —5D 114
Spark St. B11 —2A 114
Sparrey Dri. B30 —1G 135
Sparrow Clo. W'bry —4H 53
Sparrow Cock La. Chad E —8C 162
Sparta Clo. Rugby —3A 172
Spartan Clo. Warw —5L 215
Spartan Ind. Est. W Brom —3E 66
Spa Vw. W'nsh —5B 216
Spearhill. Lich —2L 19
Speed Rd. Tip —3L 65
Speedway La. Bran —2F 168
Speedwell Clo. Rugby —2E 172
Speedwell Clo. Wals —4F 40
Speedwell Clo. Wed —4L 37
Speedwell Clo. Yard —3G 115
Speedwell Dri. Bal C —3G 163
Speedwell Gdns. Brie H —3B 108
Speedwell Gdns. F'stne —1H 23
Speedwell Rd. B5 —3K 113
Speedwell Rd. Yard —3G 115
Speedy Clo. Cann —4E 8
Spelter Works. Wals —2G 39
Spencer Av. Bew —5C 148
Spencer Av. Bils —1J 65
Spencer Av. Cov —8A 144
Spencer Clo. Dud —5A 64
Spencer Clo. W Brom —1M 67
Spencer Dri. Burn —1E 16
Spencer Rd. Cov —8B 144 (8A 6)
Spencer Rd. Lich —3H 19
Spencer's La. Berk —7K 141
Spencer St. B18 —4J 93 (1C 4) (in two parts)
Spencer St. Hinc —8D 84
Spencer St. Kidd —5J 149
Spencer St. Lea S —2M 215
Spencer Yd. Lea S —2M 215
Spen La. Trad. Est. W Brom —7K 67
Spennells. —7A 150
Spennells Valley Rd. Kidd —7M 149
Spenser Av. Pert —5F 34
Spenser Clo. Tam —3A 32
Spenser Wlk. Cats —1A 180
Spernal Ash. Sper —8M 209
Spernal La. Sper —8M 209
Spernall Gro. B29 —8A 112
Spetchley Clo. Redd —3C 208
Spey Clo. B5 —3K 113
Sphinx Dri. Cov —8H 145
Spiceland Rd. B31 —3M 133
Spicer Pl. Rugby —8K 171
Spiers Clo. Know —3G 161
Spies Clo. Hale —3F 110
Spies La. Hale —4F 110
Spills Mdw. Dud —4E 64
Spilsbury Clo. Lea S —7L 211
Spilsbury Cft. Sol —1A 160
Spindle Clo. Kidd —8K 127
Spindle La. Shir —3G 159
Spindles, The. Burb —4M 81
Spindle St. Cov —3D 144
Spindlewood Clo. Cann —8K 9
Spinners End Ind. Est. Crad H —1K 109
Spinney Clo. B31 —6A 134
Spinney Clo. Arly —1E 100
Spinney Clo. Bin W —2E 168
Spinney Clo. B'moor —1M 47
Spinney Clo. Burn —8G 11
Spinney Clo. Cann —4M 15
Spinney Clo. Kidd —2G 149
Spinney Clo. Stourb —6J 87
Spinney Clo. Wals —7A 26
Spinney Dri. Shir —5K 159
Spinney Farm Rd. Cann —2B 14
Spinney Hill. Warw —8G 211
Spinney La. Burn —8F 10
Spinney La. Nun —5C 78
Spinney M. Redd —8C 204
Spinney Path. Cov —4M 165
Spinney Rd. Hinc —3J 81
Spinney, The. B20 —5E 68
Spinney, The. Cov —6K 165
Spinney, The. Dud —7C 64
Spinney, The. Lea S —8K 211
Spinney, The. Lit A —4B 42
Spinney, The. Long L —4G 171
Spinney, The. Wolv —8K 35
Spinney, The. Wyt —5B 158
Spinney Wlk. Redd —8C 204
Spinney Wlk. S Cold —2M 71
Spinning School La. Tam —4B 32
Spiral Clo. Hale —1E 110
Spiral Ct. B24 —7E 70
Spiral Ct. Stourb —5A 108
Spiral Grn. B24 —5J 71
Spirehouse La. Burc & B'wll —4D 180
Spires, The. Lich —3L 19
Spires, The. Nun —5C 78
Spire Vw. B'gve —6M 179
Spitalfields. Bed —7J 103
Spitfire Rd. B24 —7J 71
Spitfire Way. Cas V —7A 72
Splash La. Cann —6J 9
Spode Pl. Cann —7H 9
Spon Causeway. Cov —6A 144
Spondon Gro. B34 —4C 96
Spondon Rd. Wolv —1L 37
Spon End. —6A 144
Spon End. Cov —6A 144
Spon Ga. Ho. Cov —7A 144
Spon La. W Brom —8K 67
Spon La. Ind. Est. Smeth —1K 91
Spon La. S. W Brom & Smeth —1K 91
Spon Street. —6B 144 (4A 6)
Spon St. Cov —6B 144 (4A 6)
Spoon Dri. B38 —7D 134
Spooner Cft. B5 —1L 113
Spooners Clo. Sol —2F 138
Spot La. Wals —3F 26
Spouthouse La. B43 —2E 68
Spout La. Wals —2L 53 (in two parts)
Spreadbury Clo. B17 —1M 111
Sprig Cft. B36 —1J 95
Spring Av. Row R —7C 90
Spring Avon Cft. B17 —3B 112
Spring Bank. —6B 38
Springbank. B9 —6F 94
Spring Bank Ho. W'hall —6A 38
Springbank Rd. Edg —2J 113
Springbrook Clo. B36 —8D 72
Springbrook La. Earls —2F 184
Spring Clo. Cov —6E 144
Spring Clo. Hag —5M 129
Spring Clo. Kils —7M 199
Spring Clo. Kinv —4A 106
Spring Clo. Sol —6M 137
Spring Clo. Wals —7C 26
Spring Coppice Dri. Dorr —6G 161
Spring Ct. Smeth —4C 92
Spring Ct. Wals —2A 54
Spring Ct. W Brom —7K 67
Spring Cres. Crad H —2M 109
Springcroft Rd. B11 —7F 114
Springdale Ct. Nun —6K 79
Spring Dri. Gt Wyr —7G 15
Spring Dri. Ind. Est. Wolv —5G 51
Springfield. —8H 103 (Bedworth)
Springfield. —4A 90 (Dudley)
Springfield. —8D 114 (Shirley)
Springfield. —6E 36 (1M 7) (Wolverhampton)
Springfield. B23 —6D 70
Springfield Av. B12 —3A 114
Springfield Av. B'gve —2A 202
Springfield Av. Dud —8E 50
Springfield Av. O'bry —5J 91
Springfield Av. Stourb —5E 108
Springfield Clo. Row R —4A 90
Springfield Ct. Hall G —1F 136
Springfield Ct. S Cold —4C 58
Springfield Cres. Bed —7H 103
Springfield Cres. Dud —1M 89
Springfield Cres. Sol —6C 116
Springfield Cres. S Cold —5A 58
Springfield Cres. W Brom —8L 67
Springfield Dri. Hale —2D 110
Springfield Dri. K Hth —8L 113
Springfield Grn. Dud —8E 50
Springfield Gro. Dud —8D 50
Springfield Ind. Est. O'bry —2H 91
Springfield La. Kidd —1M 149
Springfield La. Row R —4M 89
Springfield La. Wolv —5D 22
Springfield Park. —6A 84
Springfield Pk. Hinc —6A 84
Springfield Pl. Cov —5D 144 (1D 6)
Springfield Ri. Cann —3J 9
Springfield Rd. Bils —2L 51
Springfield Rd. Brie H —7B 88
Springfield Rd. Cas B —1D 96
Springfield Rd. Cov —5D 144 (1D 6)
Springfield Rd. Hale —2D 110
Springfield Rd. Hinc —2K 81
Springfield Rd. K Hth —1M 135
Springfield Rd. Mose —8D 114
Springfield Rd. Nun —7L 79
Springfield Rd. O'bry —5J 91
Springfield Rd. S Cold —7M 57
Springfield Rd. Tam —1D 46
Springfield Rd. Wolv —5E 36 (1M 7)
Springfields. Col —4A 98
Springfields. Wals —2B 40
Springfield St. B18 —6G 93
Springfield Ter. Row R —4M 89
Spring Gdns. Dud —1K 89 (DY2)
Spring Gdns. Dud —7C 64 (DY3)
Spring Gdns. Earl S —1M 85
Spring Gdns. Hand —2E 92
Spring Gdns. Sap —1L 83
Spring Gdns. Smeth —6B 92
Spring Gro. B19 —3H 93
Spring Gro. Cres. Kidd —6H 149
Spring Gro. Gdns. B18 —3F 92
Spring Gro. Rd. Kidd —6H 149
Spring Head. W'bry —7F 52
Springhill. —4D 24 (Bloxwich)
Springhill. —2L 27 (Brownhills)
Spring Hill. —5J 49 (Wolverhampton)
Spring Hill. Arly —1E 100
Spring Hill. Bubb —4J 193
Spring Hill. Erd —6F 70
Spring Hill. Hock —5G 93 (3A 4)
Springhill. Nun —1A 78
Springhill Av. Wolv —6J 49
Spring Hill Bus. Pk. Arly —1F 100
Springhill Clo. Wals —8D 26
Springhill Clo. W'hall —2D 38
Springhill Ct. Wals —1A 54
Springhill Gro. Wolv —5J 49
Springhill Houses. Rugby —1C 198
Springhill La. Wolv —4F 48
Springhill Pk. Wolv —6H 49
Spring Hill Pas. B18 —6G 93
Springhill Ri. Bew —5C 148
Springhill Rd. Bwnhls —2G 27
Springhill Rd. Burn —3G 17
Spring Hill Rd. Nun —3C 78
Springhill Rd. Wals —8M 39
Springhill Rd. Wolv —1L 37
Spring Hill Ter. Wolv —3A 50
Spring La. B24 —6G 71
Spring La. H'ley H —5A 186
Spring La. Ken —4G 191
Spring La. Lapw —5D 186
Spring La. Rad S —4E 216
Spring La. Rom —5K 131
Spring La. Wals —7C 26
Spring La. W'hall —5B 38
Springle Styche La. Burn —8J 11
Spring Mdw. C Hay —8D 14
Spring Mdw. Crad H —8M 89
Spring Mdw. Hale —7M 109
Spring Mdw. Tip —3C 66
Springmeadow Rd. B19 —3K 93
Springmeadow Rd. Dud —7J 89
Spring Parklands. Dud —1G 89
Spring Pool. Warw —2E 214
Spring Rd. Barn —3B 124
Spring Rd. Cov —1F 144
Spring Rd. Dud —3K 89
Spring Rd. Edg —2K 113
Spring Rd. Lich —7K 13
Spring Rd. Smeth —1K 91
Spring Rd. Tys —6F 114
Spring Rd. Wals —8D 26
Spring Rd. Wolv —4G 51
Spring Rd. Ind. Est. Wolv —5G 51
Springs Av. Cats —8M 153
Springside. Redd —1H 209
Springslade Dri. B24 —6K 71
Springs Mire. —1E 88
Springs, The. Crad H —8A 90
Spring St. B15 —1K 113
Spring St. Cann —1E 14
Spring St. Cov —6E 144
Spring St. Hale —3J 109
Spring St. Ock H —1C 66
Spring St. Rugby —6B 172
Spring St. Stourb —5E 108
Spring St. Tip —4A 66
Spring, The. —2F 190
Springthorpe Grn. B24 —5J 71
Springthorpe Rd. B24 —6K 71
Spring Vale. —5H 51
Springvale Av. Bils —5H 51
Springvale Av. Wals —2C 54
Springvale Bus. Pk. Bils —5J 51
Spring Va. Clo. Bils —8G 51
Spring Va. Ind. Pk. Bils —4J 51
Springvale Rd. Redd —7M 203
Spring Va. Rd. Row R —4A 90
Springvale St. W'hall —6B 38
Springvale Way. Bils —5J 51
Spring Vs. Hale —6A 110
Spring Wlk. Hale —8K 109
Spring Wlk. O'bry —4G 91
Spring Wlk. Wals —6H 39
Springwell Rd. Lea S —3D 216
Sproat Av. W'bry —4C 52
Spruce. Tam —5H 33
Spruce Gro. B24 —7H 71
Spruce Gro. Lea S —4M 215
Spruce Rd. Cann —1F 8
Spruce Rd. Cov —7J 123
Spruce Rd. Wals —6B 54
Spruces, The. Hag —5M 129
Spruce Way. Wolv —8K 35
Spur Tree Av. Wolv —8G 35
Squadron Clo. B35 —5C 72
Square Clo. B32 —6J 111
Square La. Cor —8G 101
Square St. Lea S —8M 211
Square, The. B15 —8H 93 (7A 4)
Square, The. A'rdge —3H 41
Square, The. A'chu —3B 182
Square, The. Attl —7L 79
Square, The. Cod —5F 20
Square, The. Dud —3F 88
Square, The. Dunc —6J 197
Square, The. Harb —3B 112
Square, The. Ken —5F 190
Square, The. L'thpe —2K 83
Square, The. Sol —6C 138
Square, The. Tip —2D 66
Square, The. W'hall —1D 38
Square, The. Wolv —1D 50 (8L 7)
Square, The. Wlvy —5K 105
Squires Ct. Brie H —1C 108
Squires Cft. Cov —8M 123
Squires Cft. S Cold —7A 58
Squires Ga. Burn —1J 17
Squires Ga. Wlk. B35 —6A 72
Squires Grn. Hinc —3M 81
Squires Rd. Stret D —3F 194
Squires Wlk. W'bry —6F 52
Squires Way. Cov —3K 165
Squirhill Pl. Lea S —2B 216
Squirrel Clo. Hth H —7K 9
Squirrel Hollow. S Cold —7A 58
Squirrels Hollow. Burn —7G 11
Squirrels Hollow. O'bry —2K 111
Squirrel Wlk. Penn —5A 50
Squirrel Wlk. S Cold —4C 42
Stable Ct. Dud —3E 64
Stable Cft. W Brom —2M 67
Stableford Clo. B32 —6M 111
Stableford Clo. Redd —2D 208
Stables, The. B29 —7G 113
Stables, The. Bulk —6A 104
Stable Wlk. Nun —7M 79
Stable Way. Stoke H —3L 201
Stablewood Gro. Wals —2A 54
Stacey Clo. Crad H —8L 89
Stacey Dri. B13 —4A 136
Stacey Grange Gdns. Redn —3G 155
Stackhouse Clo. Wals —5G 27
Stackhouse Dri. Wals —5A 26
Stadium Clo. Agg —5M 149
Stadium Clo. Cov —7D 122
Stadium Clo. W'hall —6B 38
Stafford Clo. Bulk —7C 104
Stafford Clo. Wals —7H 25
Stafford Ct. B43 —2E 68 (off West Rd.)
Stafford Dri. W Brom —3H 67
Stafford Ho. B33 —7E 96
Stafford La. Cann —4H 9
Stafford La. Cod —8D 20
Stafford Rd. B21 —1F 92
Stafford Rd. Cov H —1C 22
Stafford Rd. Hunt —1C 8
Stafford Rd. Hunt & Cann —4C 8
Stafford Rd. Lich —6E 12 (in two parts)
Stafford Rd. Wals —5H 25
Stafford Rd. W'bry —3C 52
Stafford Rd. Wolv —5C 36
Staffordshire Pool Clo. B6 (off Emscote Rd.) —8M 69
Stafford St. Barw —3G 85
Stafford St. Bils —4K 51

Stafford St. *Cann* —8L **9**
Stafford St. *Dud* —8H **65**
Stafford St. *Wals* —6L **39**
Stafford St. *W'bry* —7E **52**
Stafford St. *W'hall* —7A **38** (in two parts)
Stafford St. *Wolv* —5C **36** (1J **7**)
Stafford St. Junct. *Wolv* —6C **36** (2J **7**)
Stafford Tower. *B4* —3J **5**
Stafford Way. *B43* —2E **68**
Stagborough Way. *Cann* —5H **9**
Stagborough Way. *Stour S* —4E **174**
Stag Cres. *Nort C* —3A **16**
Stag Cres. *Wals* —3L **39**
Stag Hill Rd. *Wals* —2L **39**
Stag Wlk. *S Cold* —2K **71**
Staines Clo. *Nun* —2M **79**
Stainforth Clo. *Nun* —7M **79**
Stainsby Av. *B19* —4J **93**
Stainsby Cft. *Shir* —4B **160**
Staircase La. *Alle* —3J **143** (in two parts)
Staite Dri. *Cookl* —4A **128**
Stakenbridge. —6K 129
Stakenbridge La. *C'hll & Hag* —5J **129**
Staley Cft. *Cann* —5C **8**
Stallings La. *K'wfrd* —1K **87**
Stambermill Clo. *Stourb* —4D **108**
Stambermill Ho. *Stourb* —4E **108**
Stambermill Ind. Est. *Stourb* —3C **108**
Stamford Av. *Cov* —3C **166**
Stamford Cres. *Burn* —1G **17**
Stamford Cft. *Sol* —7B **138**
Stamford Gdns. *Lea S* —8L **211**
Stamford Gro. *B20* —8J **69**
Stamford Rd. *B20* —8J **69**
Stamford Rd. *Brie H* —2C **108**
Stamford Rd. *Stourb* —4B **108** (in two parts)
Stamford St. *Stourb* —2M **107**
Stamford Way. *Wals* —7H **27**
Stanbridge Way. *Tip* —4A **66**
Stanbrook Rd. *Shir* —3A **160**
Stanbury Av. *W'bry* —3B **52**
Stanbury Rd. *B14* —5B **136**
Stancroft Gro. *B26* —1A **116**
Standard Av. *Cov* —8G **143**
Standard Way. *Erd* —8F **70**
Standbridge Way. *Tip* —4A **66**
Standedge. *Wiln* —2G **47**
Standhills Rd. *K'wfrd* —3L **87**
Standish Clo. *Cov* —7L **145**
Standlake Av. *B36* —2K **95**
Standlake M. *Lea S* —3C **216**
Stand St. *Warw* —3D **214**
Stanfield Rd. *B43* —4K **55**
Stanfield Rd. *Quin* —2K **111**
Stanford Av. *B42* —2G **69**
Stanford Clo. *Redd* —3B **208**
Stanford Dri. *Row R* —5B **90**
Stanford Gro. *Hale* —8J **109**
Stanford Rd. *Wolv* —2C **50** (8H **7**)
Stanford St. *B4* —6M **93** (3H **5**)
Stanford Way. *O'bry* —5E **90**
Stanhoe Clo. *Brie H* —1D **108**
Stanhope Ho. *Tam* —5A **32**
Stanhope Rd. *Smeth* —6M **91**
Stanhope St. *B12* —2M **113**
Stanhope St. *Dud* —5L **89**
Stanhope St. *Wolv* —8B **36** (5G **7**)
Stanhope Way. *B43* —5K **55**
Stanhurst Way. *W Brom* —7A **54**
Stanier Av. *Cov* —6A **144**
Stanier Clo. *Wals* —2B **40**
Stanier Gro. *Hand* —7H **69**
Stanier Ho. *B1* —7K **93** (6E **4**)
Staniforth St. *B4* —5L **93** (1H **5**)
Stanklyn. —7D 150
Stanklyn La. *Summ & Stone* —1A **176**
Stanley Av. *B32* —2L **111**
Stanley Av. *Shir* —5H **137**
Stanley Av. *S Cold* —5M **57**
Stanley Clo. *B28* —4G **137**
Stanley Clo. *Redd* —4G **205**
Stanley Clo. *Wolv* —1M **37**
Stanley Ct. *Lea S* —2C **216**
Stanley Ct. *Pert* —5E **34**
Stanley Dri. *Swind* —7E **62**
Stanley Gro. *B11* —3B **114**
Stanley Pl. *Bils* —4H **51**
Stanley Pl. *Mose* —6M **113**
Stanley Pl. *Wals* —3B **40**
Stanley Rd. *Cann* —4G **9** (in three parts)
Stanley Rd. *Cov* —1M **165**
Stanley Rd. *Hinc* —7C **84**
Stanley Rd. *K Hth* —2K **135**
Stanley Rd. *Nech* —2C **94**
Stanley Rd. *Nun* —4G **79**
Stanley Rd. *O'bry* —1J **111**
Stanley Rd. *Rugby* —8E **172**
Stanley Rd. *Stourb* —6M **107**
Stanley Rd. *Wals* —3B **40**
Stanley Rd. *W'bry* —4D **52**
Stanley Rd. *W Brom* —2L **67**
Stanley Rd. *Wolv* —8D **22**
Stanley St. *Barw* —3G **85**
Stanley St. *Wals* —1J **39**
Stanmore Gro. *Hale* —6G **111**
Stanmore Rd. *B16* —8C **92**
Stansbury Ho. Wals —1J **53** *(off St Quentin St.)*
Stansfield Gro. *Ken* —5K **191**
Stanton Av. *Dud* —3F **64**
Stanton Gro. *B26* —1M **115**
Stanton Gro. *Shir* —5G **137**
Stanton Gro. *Tip* —4A **66**
Stanton Ho. *W Brom* —8M **53**
Stanton La. *Sap* —1H **83**
Stanton Rd. *B43* —2D **68**
Stanton Rd. *Lea S* —3C **216**
Stanton Rd. *Sap* —2K **83**
Stanton Rd. *Shir* —5G **137**
Stanton Rd. *Wolv* —7F **36**
Stanton Wlk. *Warw* —8D **210**
Stanville Rd. *B26* —3C **116**
Stanway Gdns. *W Brom* —3K **67**
Stanway Gro. *B44* —6M **55**
Stanway Rd. *Cov* —1A **166**
Stanway Rd. *Shir* —6H **137**
Stanway Rd. *W Brom* —3K **67**
Stanwell Gro. *B23* —3E **70**
Stanwick Av. *B33* —6E **96**
Stan Williams Ct. *Nun* —5K **79**
Stapenhall Rd. *Shir* —3A **160**
Staple Flat. *L End* —2C **180**
Stapleford Cft. *B14* —7J **135**
Stapleford Gdns. *Burn* —3K **17**
Stapleford Gro. *Stourb* —6L **87**
Staplehall Rd. *B31* —7B **134**
Staple Hill. —1C 180
Staplehurst Rd. *B28* —1F **136**
Staple Lodge Rd. *B31* —8B **134**
Staples Clo. *Bulk* —6C **104**
Stapleton Clo. *Min* —3B **72**
Stapleton Clo. *Redd* —6K **205**
Stapleton Clo. *Stud* —6K **209**
Stapleton Dri. *F'bri* —6H **97**
Stapleton La. *Dad* —1A **84**
Stapleton La. *Stap & Barw* (in two parts) —1F **84**
Stapleton Rd. *Stud* —5K **209**
Stapleton Rd. *Wals* —4F **40**
Stapylton Av. *B17* —4B **112**
Stapylton Ct. Harb —4B **112** *(off Old Church Rd.)*
Starbank Rd. *B10* —1G **115**
Starbold Ct. *Know* —3H **161**
Starbold Cres. *Know* —4G **161**
Star City. —1D 94
Star City. *B24* —1D **94**
Star Clo. *Tip* —4C **66**
Star Clo. *Wals* —5F **38**
Star Corner. *Barby* —8J **199**
Starcross Clo. *Cov* —2J **145**
Starcross Rd. *B27* —7J **115**
Stare Grn. *Cov* —3K **165**
Stareton. —6D 192
Stareton Clo. *Cov* —3L **165**
Star Hill. *B15* —1H **113**
Starkey Cft. *B37* —7J **97**
Starkie Dri. *O'bry* —5J **91**
Starley Ct. *Bin I* —2A **168**
Starley Pk. *Bay I* —1H **123**
Starley Rd. *Cov* —7B **144** (6A **6**)
Starley Way. *B37* —3J **117**
Star St. *Stourb* —4F **108**
Star St. *Wolv* —1L **49**
Startin Clo. *Exh* —2F **122**
Statham Dri. *B16* —7C **92**
Station App. *B Grn* —1K **181**
Station App. *Dorr* —7F **160**
Station App. *Kidd* —4M **149**
Station App. *Lea S* —2M **215**
Station App. *Sol* —5A **138**
Station App. *S Cold* —3H **57** (B73)
Station App. *S Cold* —3F **42** (B74)
Station Av. *B16* —8C **92**
Station Av. *Cov* —1D **164**
Station Av. *Warw* —2F **214**
Station Bldgs. Wat O —6H **73** *(off Minworth Rd.)*
Station Clo. *Cod* —6F **20**
Station Clo. *Wals* —1H **39**
Station Cotts. *B'wll* —5G **181**
Station Dri. *Blak* —7J **129**
Station Dri. *Brie H* —7E **88** (Boulevard, The)
Station Dri. *Brie H* —8B **88** (Brettell La.)
Station Dri. *Dud* —7K **65**
Station Dri. *Earls* —8D **158**
Station Dri. *Hag* —4A **130**
Station Dri. *Hall G* —8F **114**
Station Dri. *Kidd* —4M **149**
Station Dri. *Sol* —8L **115**
Station Dri. *S Cold* —1H **57**
Station Dri. *Tip* —5B **66**
Station Dri. *Wat O* —6H **73**
Sta. Fields Cvn. Pk. *Tam* —4C **32**
Station Hill. *Fill* —2C **100**
Station La. *Lapw* —6K **187**
Station Pl. *Wals* —1H **39**
Station Rd. *A Grn* —6J **115**
Station Rd. *A'rdge* —4G **41**
Station Rd. *A'chu* —4A **182**
Station Rd. *Arly* —2D **100**
Station Rd. *Aston* —8M **69**
Station Rd. *Bal C* —3G **163**
Station Rd. *Bew* —6C **148**
Station Rd. *Bils* —4L **51**
Station Rd. *B'wll* —4G **181**
Station Rd. *Brie H* —5C **88**
Station Rd. *Clift D* —4F **172**
Station Rd. *Cod* —6E **20**
Station Rd. *Col* —1M **97** (Cole End)
Station Rd. *Col* —3D **74** (Whitacre Heath)
Station Rd. *Crad H* —8M **89**
Station Rd. *Dorr & Know* —6G **161**
Station Rd. *Earl S* —3L **85**
Station Rd. *Elme & S Stan* —4L **85**
Station Rd. *Erd* —4F **70**
Station Rd. *Gt Wyr* —5F **14**
Station Rd. *Hag* —3A **130**
Station Rd. *Hamm* —6L **17**
Station Rd. *H Ard* —2B **140**
Station Rd. *Hand* —1C **92**
Station Rd. *Harb* —3C **112**
Station Rd. *Hartl* —7B **176**
Station Rd. *Hed* —3H **9**
Station Rd. *Hinc* —1K **81**
Station Rd. *Ken* —5F **190**
Station Rd. *K Hth* —1K **135**
Station Rd. *K Nor* —4E **134**
Station Rd. *Lich* —2H **19**
Station Rd. *Lilb* —2M **173**
Station Rd. *Mars G* —1F **116**
Station Rd. *N'fld* —7A **134**
Station Rd. *O'bry* —4G **91**
Station Rd. *Pels* —6A **26**
Station Rd. *Pole* —7M **33**
Station Rd. *Row R* —7D **90**
Station Rd. *Rus* —3A **40**
Station Rd. *Shen* —3F **28**
Station Rd. *Sol* —5B **138**
Station Rd. *Stech* —5K **95**
Station Rd. *Stourb* —3E **108**
Station Rd. *Stud* —5J **209**
Station Rd. *S Cold* —8G **57**
Station Rd. *Warw* —2F **214**
Station Rd. *Wom* —1G **63**
Station Rd. *Wyt* —6A **158**
Station Rd. Ind. Est. *Col* —7M **73**
Station Rd. Ind. Est. *Row R* —7D **90**
Station Sq. *Cov* —8C **144** (7B **6**)
Station St. *B5* —8K **93** (7F **4**)
Station St. *Blox* —1H **39**
Station St. *B'gve* —7M **179**
Station St. *C Hay* —6E **14**
Station St. *Crad H* —1J **109**
Station St. *S Cold* —4J **57**
Station St. *Tip* —4B **66**
Station St. *Wals* —8K **39**
Station St. *W'bry* —3E **52**
Station St. E. *Cov* —2E **144**
Station St. W. *Cov* —1D **144**
Station Ter. *Bils* —8J **51**
Station Tower. *Cov* —8C **144** (7B **6**)
Station Way. *B40* —5K **117**
Station Way. *Redd* —6D **204**
Station Yd. *Hinc* —2K **81**
Staulton Grn. *O'bry* —5E **90**
Staunton Rd. *Lea S* —4A **216**
Staveley Rd. *B14* —3K **135**
Staveley Rd. *Wolv* —5C **36** (1H **7**)
Staveley Way. *Rugby* —3D **172**
Staverton Clo. *Cov* —6F **142**
Staverton Leys. *Rugby* —2A **198**
Stead Clo. *Tip* —8B **52**
Stead Clo. *Wals* —4J **39**
Steadman Cft. *Tip* —1D **66**
Steatite Way. *Stour S* —4E **174**
Stechford. —7L 95
Stechford La. *B8* —4J **95**
Stechford Retail Pk. *B33* —5L **95**
Stechford Rd. *B34* —4K **95**
Stechford Trad. Est. *B33* —6L **95**
Steel Bright Rd. *Smeth* —3C **92**
Steel Dri. *Wolv* —1D **36**
Steele St. *Rugby* —6L **171**
Steel Gro. *B25* —2J **115**
Steelhouse La. *B4* —6L **93** (3G **5**)
Steelhouse La. *Wolv* —8E **36** (6M **7**)
Steelmans Rd. *W'bry* —2F **52**
Steelpark Way. *Wolv* —5K **37**
Steel Rd. *B31* —7M **133**
Steel Roundabout. *W'bry* —7E **52**
Steene Gro. *B31* —6K **133**
Steeping Rd. *Long L* —4H **171**
Steeplefield Rd. *Cov* —4A **144**
Steeples, The. *Stourb* —6B **108**
Steepwood Cft. *B30* —5D **134**
Steere Av. *Tam* —2C **32**
Steetley Ind. Est. *K'wfrd* —2A **88**
Stella Cft. *B37* —7J **97**
Stella Gro. *B43* —1B **68**
Stella Rd. *Tip* —3M **65**
Stenbury Clo. *Wolv* —5F **22**
Stencills Dri. *Wals* —6B **40**
Stencills Rd. *Wals* —5B **40**
Stennels Av. *Hale* —5E **110**
Stennels Clo. *Cov* —1M **143**
Stennels Cres. *Hale* —5E **110**
Stephens Clo. *Wolv* —1M **37**
Stephenson Av. *Wals* —3G **39** (in two parts)
Stephenson Clo. *Glas* —7G **33**
Stephenson Clo. *Lea S* —8J **211**
Stephenson Ct. *Kils* —7M **199**
Stephenson Dri. *B37* —6H **97**
Stephenson Dri. *Pert* —3E **34**
Stephenson Pl. *B2* —7L **93** (5G **5**)
Stephenson Pl. *Bew* —6C **148**
Stephenson Rd. *Exh* —2J **123**
Stephenson Rd. *Hinc* —2E **80**
Stephenson Sq. *Wals* —4H **39**
Stephenson St. *B2* —7K **93** (5F **4**)
Stephenson St. *Wolv* —8B **36** (5G **7**)
Stephenson Tower. *B5* —6F **4**
Stephens Rd. *S Cold* —5A **58**
Stephen St. *Rugby* —6M **171**
Stephens Wlk. *Lich* —7G **13**
Stepney Rd. *Cov* —5G **145**
Stepping Stone Clo. *Wals* —5F **38**
Stepping Stones. *Stourb* —4B **108**
Stepping Stones Rd. *Cov* —5M **143**
Steppingstone St. *Dud* —8H **65**
Sterling Pk. *Brie H* —5F **88**
Sterling Way. *Nun* —1L **103**
Sterndale Rd. *B42* —3J **69**
Sterrymere Gdns. *Kinv* —5B **106**
Stevenage Wlk. *Cov* —2A **146**
Steven Dri. *Bils* —8L **51**
Stevens Av. *B32* —7K **111**
Stevens Dri. *Cann* —3K **9**
Stevens Ga. *Wolv* —1C **50** (8J **7**)
Stevens Ho. *Cov* —5D **144** (2E **6**)
Stevenson Av. *Redd* —5F **204**
Stevenson Rd. *Cov* —1A **144**
Stevenson Rd. *Tam* —3A **32**
Stevenson Wlk. *Lich* —3H **19**
Stevens Rd. *Hale* —4H **109**
Stevens Rd. *Stourb* —6D **108**
Steward Cen., The. *Erd* —5B **70**
Steward St. *B18* —6G **93**
Stewart Clo. *Cov* —7K **143**
Stewart Ct. *Kidd* —5M **149**
Stewart Rd. *K'wfrd* —5K **87**
Stewart Rd. *Wals* —6G **27**
Stewarts Rd. *Hale* —2D **110**
Stewart St. *Nun* —6H **79**
Stewart St. *Wolv* —1C **50** (7J **7**)
Stewkins. *Stourb* —1L **107**
Stewponey. —2F 106
Stewponey Wharf. *Stourt* —3E **106**
Steyning Rd. *B26* —4L **115**
Stickley La. *Dud* —5C **64**
Stidfall Gro. *Lea S* —3D **216**
Stilehouse Cres. *Row R* —7C **90**
Stilthouse Gro. *Redn* —2G **155**
Stirchley. —3H 135
Stirchley Trad. Est. *B30* —3H **135**
Stirling Av. *Hinc* —8A **84**
Stirling Av. *Lea S* —4B **212**
Stirling Clo. *Bin* —1M **167**
Stirling Cres. *W'hall* —3B **38**
Stirling Pl. *Cann* —1B **14**
Stirling Rd. *B16* —8F **92**
Stirling Rd. *Bils* —6M **51**
Stirling Rd. *Dud* —3L **89**
Stirling Rd. *Shir* —1L **159**
Stirling Rd. *S Cold* —7D **56**
Stirrup Clo. *Wals* —5M **53**
Stivichall. —4B 166
Stivichall & Cheylesmore By-Pass. *Cov* —5E **166**
Stivichall Cft. *Cov* —3B **166**
Stockbridge Clo. *Wolv* —7F **34**
Stockdale Pde. *Tip* —4L **65**
Stockdale Pl. *B15* —1D **112**
Stockfield. —4K 115
Stockfield Rd. *A Grn & Yard* —5H **115**
Stockhay La. *Hamm* —4K **17**
Stockhill Dri. *Redn* —3F **154**
Stockingford. —5C 78
Stockings La. *Shen* —8G **19**
Stocking St. *Stourb* —4F **108**
Stockland Ct. *S Cold* —1A **56**
Stockland Green. —5B 70
Stockland Rd. *B23* —5D **70**
Stockmans Clo. *B38* —1E **156**
Stocks La. *T'ton* —6F **196**
Stocks Wood. *B30* —1F **134**
Stockton Clo. *Know* —5H **161**
Stockton Clo. *Min* —4C **72**
Stockton Clo. *Wals* —5K **39**
Stockton Ct. *Bils* —1H **65**
Stockton Gro. *B33* —8D **96**
Stockton Gro. *Lea S* —7A **212**
Stockton Rd. *Cov* —5E **144** (1F **6**)
Stockwell Av. *Brie H* —1D **108**
Stockwell End. —4K 35
Stockwell End. *Wolv* —3K **35**
Stockwell Head. *Hinc* —1K **81**
Stockwell Ri. *Sol* —2D **138**
Stockwell Rd. *B21* —7E **68**
Stockwell Rd. *Tett* —4K **35**
Stoke. —6K 145
Stoke Aldermoor. —1G 167
Stoke Cross. —1D 202
Stoke End. —2F 58
Stoke Floods Nature Reserve. —6M 145
Stoke Grn. *Cov* —7G **145** (in two parts)
Stoke Grn. Cres. *Cov* —8H **145**
Stoke Heath. —4K 201 (Bromsgrove)
Stoke Heath. —3G 145 (Coventry)
Stoke La. *Redd* —2H **205**
Stoke La. *S Prior* —8F **200**
Stoke Pound. —5A 202
Stoke Pound La. *S Prior & Stoke P* —6L **201**
Stoke Prior. —5K 201
Stoke Rd. *B'gve* —2A **202**
Stoke Rd. *Stoke G & Hinc* —3A **84**
Stoke Row. *Cov* —5G **145**
Stokes Av. *Tip* —1A **66**
Stokes Av. *W'hall* —1M **51**
Stokesay Av. *Wolv* —6F **34**
Stokesay Clo. *Kidd* —7L **149**
Stokesay Clo. *Nun* —6H **79**
Stokesay Clo. *Tiv* —1A **90**
Stokesay Gro. *B31* —1M **155**
Stokesay Ho. *B23* —3F **70**
Stokesay Ri. *Dud* —6E **64**
Stokes La. *Cann* —3L **15**
Stokes St. *Wals* —1H **39**
Stoke Way. *B15* —8J **93** (7C **4**)
Stoke Wharf. —6L 201
Stoke Works. —8K 201
Stom Rd. *Bils* —4H **51**
Stone. —6D 150
Stoneacre Clo. *Wolv* —8G **35**
Stone Av. *S Cold* —4A **58**
Stonebow Av. *Sol* —1B **160**
Stonebridge. —7C 118
Stonebridge Cres. *B37* —4F **96**
Stonebridge Highway. *Cov* —5C **166**
Stonebridge Ind. Est. *Cov* (in two parts) —5H **167**
Stonebridge Rd. *Col* —2M **97** (in three parts)
Stonebrook Way. *B29* —7M **111**
Stonebrook Way. *Blac I* —6F **122**
Stonebury Av. *Cov* —5D **142**
Stonechat Clo. *Kidd* —7B **150**
Stonechat Dri. *B23* —7C **70**
Stone Clo. *B38* —7F **134**
Stonecroft Av. *Redn* —2G **155**
Stonecrop Clo. *B38* —1F **156**
Stonecrop Clo. *Clay* —3D **26**
Stonecross. *Wat O* —6H **73**
Stonedown Clo. *Bils* —6G **51**
Stonefield Clo. *Cov* —1A **146**
Stonefield Dri. *Brie H* —2B **88**
Stonefield Rd. *Bils* —4K **51**
Stonefield Wlk. *Bils* —4K **51**
Stoneford Rd. *Shir* —5G **137**
Stonehaven. *Amin* —4F **32**
Stonehaven Dri. *Cov* —6C **166**
Stonehaven Gro. *B28* —1H **137**
Stonehenge Cft. *B14* —8K **135**
Stone Hill. *Stone* —6D **150**
Stone Hill Cft. *Shir* —3M **159**
Stonehills. *Rugby* —2C **172**
Stonehill Wlk. *Wiln* —3F **46**
Stonehouse Av. *W'hall* —5M **37**
Stonehouse Clo. *Lea S* —4D **212**
Stonehouse Clo. *Redd* —8C **204**
Stone House Cottage Gardens. —6E 150
Stonehouse Cres. *W'bry* —7H **53**
Stonehouse Dri. *S Cold* —5C **42**
Stonehouse Gro. *B32* —7K **111**
Stonehouse Hill. *B29* —6A **112**
Stonehouse La. *B32 & Quin* —7K **111**
Stonehouse La. *A'chu* —7D **156**
Stonehouse La. *Arly* —2D **100**
Stonehouse La. *Cor* —3F **120**
Stonehouse La. *Cov* —5J **167**
Stone Ho. M. *Leek W* —3F **210**
Stonehouse Rd. *B'gve* —1A **202**
Stonehouse Rd. *S Cold* —6F **56**
Stonehurst Rd. *B43* —5J **55**
Stone La. *Kinv* —5A **106**
Stone Lea. *Wals* —4H **41**
Stonelea Clo. *W Brom* —1L **67**
Stoneleigh. —3B 192
Stoneleigh Av. *Cov* —2M **165**
Stoneleigh Av. *Ken* —3G **191**
Stoneleigh Clo. *Redd* —3F **208**
Stoneleigh Clo. *S'lgh* —3B **192**
Stoneleigh Clo. *S Cold* —1F **56**
Stoneleigh Ct. *Nun* —6J **79**
Stoneleigh Deer Pk. Bus. Village. *S'lgh P* —5D **192**
Stoneleigh Gdns. *Cod* —5F **20**
Stoneleigh Rd. *B20* —8L **69**
Stoneleigh Rd. *B'dwn* —4M **211**
Stoneleigh Rd. *Cov* —7K **165**
Stoneleigh Rd. *Ken* —3G **191**
Stoneleigh Rd. *Sol* —4K **137**
Stoneleigh Rd. *S'lgh* —4F **192**
Stoneleigh Way. *Dud* —3D **64**
Stone Pine Clo. *Cann* —1F **8**
Stonepit. *Tam* —8C **32**
Stonepits La. *Redd* —5D **208**
Stone Rd. *B15* —2K **113**
Stonerwood Av. *B28* —2E **136**
Stones Grn. *B23* —3F **70**
Stone St. *Bils* —4L **51**
Stone St. *Dud* —8J **65** (DY1)
Stone St. *Dud* —4D **64** (DY3)
Stone St. *O'bry* —2G **91**
Stoneton Cres. *Bal C* —3G **163**
Stoneton Gro. *B29* —1A **134**
Stoneway Gro. *Lea S* —3D **216**
Stonewell Cres. *Nun* —1B **104**
Stone Yd. *B12* —8M **93** (7K **5**)
Stone Yd. *Crad H* —1J **109**
Stoneybridge. —4K 153
Stoneybrook Leys. *Wom* —4E **62**
Stoney Clo. *Sol* —2E **138**
Stoney Cft. *Cann* —8F **8**
Stoneycroft Rd. *Earl S* —2K **85**
Stoneycroft Tower. *B36* —1L **95**
Stoneyfields Clo. *Cann* —7F **8**
Stoneyford Gro. *B14* —5B **136**
Stoneygate. —7F 84
Stoneygate Dri. *Hinc* —6E **84**
Stoney Hill. —8B 180
Stoney Hill Clo. *B'gve* —8A **180**
Stoneyhurst Rd. *B24* —8F **70**
Stoney La. *Bal H* —4B **114**
Stoney La. *Dud* —6J **89**
Stoney La. *Kidd* —2L **149**
Stoney La. *Quin* —3H **111**
Stoney La. *Tard & A'chu* —8G **181**
Stoney La. *Wals* —6H **25** (in two parts)
Stoney La. *W Brom* —5K **67**
Stoney La. *Wolv* —4B **50**
Stoney La. *Yard* —1K **115**
Stoney La. Ind. Est. *Kidd* —2K **149**
Stoney Lea. —8F 8
Stoney Lea Rd. *Cann* —7F **8**
Stoneymoor Dri. *B36* —8C **72**
Stoney Rd. *Cov* —8C **144** (8C **6**)
Stoney Rd. *Nun* —3G **79**
Stoney Stanton Rd. *Cov* —5D **144** (2D **6**)
Stoneythorpe Clo. *Sol* —8B **138**
Stoneywood Rd. *Cov* —1M **145**
Stonnal Gro. *B23* —3G **71**
Stonnall. —5K 27
Stonnall Ga. *Wals* —1J **41**
Stonnall Rd. *Wals* —1J **41**
Stonor Pk. Rd. *Sol* —4M **137**
Stonor Rd. *B28* —4G **137**
Stonydelph. —8H 33
Stonydelph La. *Wiln* —2G **47**
Stony La. *Smeth* —4M **91**
Stony St. *Smeth* —3M **91**
Stonywell. —4A 12
Stonywell La. *Rug* —3K **11**
Stornoway Rd. *B35* —5B **72**
Storrage La. *A'chu* —6D **182**
Storrs Clo. *B9* —8D **94**
Storrs Pl. *B10* —8D **94**
Storrs Way, The. *B32* —2H **133**
Stotfold Rd. *B14* —7M **135**
Stour. *H'ley* —4G **47**
Stourbridge. —4A 108
Stourbridge Ind. Est. *Stourb* —3A **108**
Stourbridge Rd. *Brie H & Dud* —4E **88**
Stourbridge Rd. *B'gve* —2M **179**
Stourbridge Rd. *Fair & Cats* —5K **153**
Stourbridge Rd. *Hag* —2C **130** (Birmingham Rd.)
Stourbridge Rd. *Hag* —4C **130** (Kidderminster Rd.)
Stourbridge Rd. *Hale* —4L **109**
Stourbridge Rd. *Harv & Belb* —8G **151**
Stourbridge Rd. *Kidd & Hurc* —2L **149**
Stourbridge Rd. *P'gte & Ism* —7C **128**
Stourbridge Rd. *Stourb* —4C **108**

Stourbridge Rd. *Wom & Wolv* —5J **63**
Stour Clo. *Burn* —3K **17**
Stour Clo. *Hale* —3L **109**
Stourdale Rd. *Crad H* —1J **109**
Stourdell Rd. *Hale* —3L **109**
Stour Hill. *Brie H* —2G **109**
Stour La. *Stour S* —6G **175**
Stourmore Clo. *W'hall* —3D **38**
Stourport Marina. *Stour S* —8H **175**
Stourport-on-Severn. —6F 174
Stourport Rd. *Bew* —6B **148**
Stourport Rd. *Kidd* —1H **175**
Stourport Rd. *Stour S* —8K **175**
Stour St. *B18* —6G **93**
Stour St. *W Brom* —6E **66**
Stourton. —2C 106
Stourton Clo. *Know* —2H **161**
Stourton Clo. *S Cold* —5M **57**
Stourton Cres. *Stourb* —3F **106**
Stourton Dri. *Wolv* —4J **49**
Stourton Rd. *B32* —4H **111**
Stour Va. Rd. *Stourb* —3F **108**
Stour Valley Clo. *Brie H* —2D **108**
Stow Dri. *Brie H* —3B **108**
Stowe. —8J 13
Stowecroft. *Lich* —7J **13**
Stowe Hill Gdns. *Lich* —8J **13**
Stowell Rd. *B44* —2M **69**
Stowe Pl. *Cov* —8C **142**
Stowe Rd. *Lich* —1H **19**
Stowe St. *Lich* —1J **19**
(in two parts)
Stowe St. *Wals* —2J **39**
Stow Gro. *B36* —2L **95**
Stow Heath. —2H 51
Stowheath La. *Wolv & Mose V* —2H **51**
Stow Heath Pl. *Wolv* —2H **51**
Stow Lawn. —1H 51
Stowmans Clo. *Bils* —6H **51**
Strachey Av. *Lea S* —7L **211**
Straight Mile. *Bour* —6M **195**
Straight Rd. *W'hall* —3C **38**
Straits Est. *Dud* —5A **64**
Straits Grn. *Dud* —5B **64**
Straits Rd. *Dud* —6B **64**
Straits, The. —5B 64
Straits, The. *Dud* —4M **63**
Strand, The. *B'gve* —6A **180**
Stratford Clo. *Dud* —7E **64**
Stratford Ct. *S Cold* —6H **57**
Stratford Dri. *Wals* —1J **41**
Stratford Pl. *S'brk* —1A **114**
Stratford Rd. *B28 & Shir* —4G **137**
Stratford Rd. *B'gve* —7A **180**
(in two parts)
Stratford Rd. *H'ley H & Lapw* —6B **160**
Stratford Rd. *Sher & Warw* —8A **214**
Stratford Rd. *S'hll* —4C **114**
Stratford Rd. *S'hll & Hall G* —2A **114**
(in two parts)
Stratford St. *Cov* —5G **145**
Stratford St. *Nun* —5J **79**
Stratford St. N. *B11* —1A **114**
Stratford Wlk. *B36* —2J **95**
Stratford Way. *Cann* —4F **8**
Strath Clo. *Rugby* —2G **199**
Strathdene Gdns. *B29* —8C **112**
Strathdene Rd. *B29* —7C **112**
Strathearn Rd. *Lea S* —8L **211**
Strathern Dri. *Cose* —8G **51**
Strathfield Wlk. *Wolv* —3J **49**
Strathmore Av. *Cov* —7E **144** (6F **6**)
Strathmore Cres. *Wom* —8G **49**
Strathmore Pl. *Cann* —7F **8**
Strathmore Rd. *Hinc* —2G **81**
Strathmore Rd. *Tip* —1A **66**
Stratton St. *Wolv* —5E **36**
Strawberry Clo. *Tiv* —2C **90**
Strawberry Fields. *Mer* —8H **119**
Strawberry La. *Wals* —1E **24**
Strawberry La. *W'hall* —6J **37**
Strawberry Wlk. *Cov* —7K **123**
Strawmoor La. *Cod* —7B **20**
Stray, The. *Brie H* —3C **88**
Stream Mdw. *Wals* —8C **26**
Stream Pk. *K'wfrd* —5L **87**
Stream Rd. *K'wfrd & Stourb* —4K **87**
(in two parts)
Streamside Clo. *Alle* —1G **143**
Streamside Way. *Shelf* —1D **40**
Streamside Way. *Sol* —5D **116**
Streatham Gro. *B44* —7A **56**
Streather Rd. *S Cold* —7J **43**
Streethay. —7M 13
Streetly. —8M 41
Streetly Cres. *S Cold* —6D **42**
Streetly Dri. *S Cold* —6D **42**
Streetly La. *S Cold* —7C **42**
Streetly Rd. *B23* —4D **70**
Streetly Wood. *S Cold* —7A **42**
Streetsbrook Rd. *Shir* —3H **137**
Streetsbrook Rd. *Sol* —4L **137**
Streets Corner Gdns. *Wals* —5G **27**
Streets La. *C Hay* —1E **24**
Streetway Rd. *Lich* —2H **29**
Strensham Hill. *B13* —5L **113**
Strensham Rd. *B12* —5L **113**
Stretton Av. *Cov* —4J **167**
Stretton Clo. *Hinc* —3K **81**
Stretton Ct. *B24* —7E **70**
Stretton Cres. *Lea S* —4B **216**
Stretton Dri. *B Grn* —7G **155**
Stretton Gdns. *Cod* —5F **20**
Stretton Gro. *B8* —3J **95**
Stretton Gro. *B11* —3C **114**
Stretton Gro. *B19* —2J **93**
Stretton Gro. *Bal H* —4B **114**
Stretton Ho. *Redd* —5A **204**
Stretton Lodge. *Cov* —3J **167**
Stretton-on-Dunsmore. —3F 194
Stretton Pl. *Bils* —8G **51**
Stretton Pl. *Dud* —5K **89**
Stretton Rd. *Aston* —3A **94**
Stretton Rd. *Kidd* —5H **149**
Stretton Rd. *Nun* —6G **79**
Stretton Rd. *Shir* —1H **159**
Stretton Rd. *W'hall* —1C **38**
Stretton Rd. *Wols* —2G **195**
Stretton St. *Tam* —6E **32**
Stringer Clo. *S Cold* —5G **43**
Stringers Hill. *Cann* —2K **9**
Stringes Clo. *W'hall* —6C **38**
Stringes La. *W'hall* —6B **38**
Strode Ho. *Tam* —5A **32**
Strode Rd. *Wolv* —3C **50**
Stroma Way. *Nun* —7F **78**
Stronsay Clo. *Redn* —8F **132**
Stroud Av. *W'hall* —5C **38**
Stroud Clo. *W'hall* —5C **38**
Stroud Rd. *Shir* —7F **136**
Strutt Clo. *B15* —1D **112**
Strutt Rd. *Hinc* —4A **82**
Stuart Clo. *Warw* —4D **214**
Stuart Ct. *Cov* —1G **145**
Stuart Ct. *Lea S* —8L **211**
Stuart Cres. *Dud* —8L **65**
Stuart Ho. *Col* —2A **98**
Stuart Rd. *Hale* —4F **110**
Stuart Rd. *Row R* —5C **90**
Stuarts Ct. *Hag* —4A **130**
Stuarts Dri. *B33* —8K **95**
Stuarts Grn. *Stourb* —1B **130**
Stuarts Rd. *B33* —7K **95**
Stuart St. *B7* —2C **94**
Stuart St. *Wals* —1H **39**
Stuarts Way. *B32* —2H **133**
Stubbers Green. —1E 40
Stubbers Grn. Rd. *Wals* —8D **26**
Stubbington Clo. *W'hall* —8K **37**
Stubbs Clo. *Bed* —5G **103**
Stubbs Gro. *Cov* —4H **145**
Stubbs Rd. *Wolv* —2A **50**
Stubby La. *Wolv* —3M **37**
Stubley Dri. *Wolv* —3E **36**
Stud Farm Dri. *Tam* —7L **31**
Studland Av. *Rugby* —8F **172**
Studland Grn. *Cov* —5A **146**
Studland Rd. *B28* —1G **137**
Stud La. *B33* —6M **95**
Studley. —5L 209
Studley Cft. *Sol* —5D **116**
Studley Dri. *Brie H* —1C **108**
Studley Ga. *Stourb* —5K **107**
Studley Rd. *Redd* —6G **205**
Studley Rd. *Wolv* —1J **49**
Studley St. *B12* —3B **114**
Sturgeon's Hill. *Lich* —2J **19**
Sturley Clo. *Ken* —3H **191**
Sturman Dri. *Row R* —8B **90**
Sturminster Clo. *Cov* —5A **146**
Stychbrook Gdns. *Lich* —7H **13**
Styles Clo. *H Mag* —2A **214**
Styles Clo. *Lea S* —2A **216**
Styvechale Av. *Cov* —1M **165**
Suckling Grn. La. *Cod* —7F **20**
Sudbury Clo. *Lea S* —7C **212**
Sudbury Clo. *Wolv* —1L **37**
Sudbury Gro. *B44* —7B **56**
Sudeley. *Tam* —2C **46**
Sudeley Clo. *B36* —8B **72**
Sudeley Gdns. *Dud* —7D **64**
Sudeley Rd. *Nun* —1J **103**
Suffield Gro. *B23* —4B **70**
Suffolk Clo. *Bed* —6G **103**
Suffolk Clo. *Cov* —6H **143**
Suffolk Clo. *Nun* —6E **78**
Suffolk Clo. *O'bry* —5H **91**
Suffolk Clo. *Wed* —2J **37**
Suffolk Dri. *Brie H* —2C **108**
Suffolk Gro. *Wals* —1H **41**
Suffolk Pl. *B1* —8K **93** (7F **4**)
Suffolk Pl. *Wals* —4K **39**
Suffolk Rd. *Dud* —2G **89**
Suffolk Rd. *W'bry* —6J **53**
Suffolk St. *Lea S* —8A **212**
Suffolk St. Queensway. *B1* —7K **93** (6E **4**)
Suffolk Way. *Tam* —8A **32**
Suffrage St. *Smeth* —4B **92**
Sugarbrook La. *Stoke P* —4M **201**
Sugarbrook Rd. *B'gve* —2A **202**
Sugar Loaf La. *Ism & I'ley* —4G **129**
(in two parts)
Sugden Gro. *B5* —1L **113**
Sulgrave Clo. *Cov* —2L **145**
Sulgrave Clo. *Dud* —6F **64**
Sullivan Ct. *Cov* —2H **145**
Sullivan Rd. *Cov* —2H **145**
Sullivan Wlk. *Lich* —7J **13**
Sullivan Way. *Lich* —7J **13**
Sumburgh Cft. *B35* —6A **72**
Summercourt Dri. *K'wfrd* —3J **87**
Summercourt Sq. *K'wfrd* —4J **87**
Summer Cft. *B19* —3K **93**
Summercroft. *Stour S* —8E **174**
Summercroft. *Stour S* —8E **174**
Summer Dri. *Dud* —6C **64**
Summerfield. —2M 175
Summerfield Av. *K'wfrd* —2J **87**
Summerfield Av. *W Brom* —5J **67**
(in two parts)
Summerfield Clo. *Tam* —5D **32**
Summerfield Ct. *Edg* —1C **112**
Summerfield Cres. *B16* —6E **92**
Summerfield Dri. *B29* —2A **134**
Summerfield Gro. *B18* —5E **92**
Summerfield Ind. Est. *B18* —5G **93**
Summerfield La. *Summ* —2M **175**
Summerfield Rd. *B16* —6E **92**
Summerfield Rd. *Burn* —4G **17**
Summer Fld. Rd. *Clent* —7E **130**
Summerfield Rd. *Dud* —2K **89**
Summerfield Rd. *Sol* —7A **116**
Summerfield Rd. *Stour S* —5H **175**
Summerfield Rd. *Tam* —5D **32**
Summerfield Rd. *Wolv* —7B **36**
Summerfields Av. *Hale* —1F **110**
Summergate. *Dud* —6C **64**
Summer Gro. *Lich* —7K **13**
Summerhill. —8M 17
(Brownhills)
Summer Hill. —2A 66
(Dudley)
Summerhill. —4G 149
(Kidderminster)
Summer Hill. *Hale* —6B **110**
Summer Hill. *K'wfrd* —3J **87**
Summerhill Av. *Kidd* —3G **149**
Summer Hill Ind. Pk. B1 —6H **93** (3A **4**)
(off Goodman St.)
Summer Hill Rd. *B1* —6H **93** (3A **4**)
Summer Hill Rd. *Bils* —8K **51**
Summerhill Rd. *Tip* —2M **65**
Summer Hill St. *B1* —6H **93** (4B **4**)
Summer Hill Ter. *B1* —6H **93** (3B **4**)
Summerhouse Clo. *Call H* —3A **208**
Summerhouse La. *Lich* —6K **11**
Summerhouse Rd. *Bils* —8G **51**
Summer La. *B19* —5K **93** (2F **4**)
Summer La. *Dud* —6C **64**
Summer La. *Min* —3D **72**
Summer La. *Wals* —7C **26**
Summerlee Rd. *B24* —7H **71**
Summer Pl. *Kidd* —4J **149**
Summer Rd. *A Grn* —7G **115**
Summer Rd. *Col* —3A **98**
Summer Rd. *Dud* —5G **65**
Summer Rd. *Edg* —2J **113**
(in two parts)
Summer Rd. *Erd* —4F **70**
Summer Rd. *Kidd* —6H **149**
Summer Rd. *Row R* —6D **90**
Summer Row. *B3* —6J **93** (4D **4**)
Summer Row. *Wolv* —8C **36** (5J **7**)
Summerside Av. *Cann* —5C **10**
Summer St. *K'wfrd* —3K **87**
Summer St. *Lye* —4E **108**
Summer St. *Redd* —6E **204**
Summer St. *Stourb* —4M **107**
Summer St. *W Brom* —5K **67**
Summer St. *W'hall* —7M **37**
Summerton Rd. *O'bry* —8D **66**
Summerton Rd. *W'nsh* —6A **216**
Summervale Clo. *Hag* —4A **130**
Summervale Rd. *Hag* —4M **129**
Summerville Ter. *B17* —4C **112**
Summerway La. *Tort* —3L **175**
Summit Cres. *Smeth* —1L **91**
Summit Gdns. *Hale* —6M **109**
Summit Pl. *Dud* —7B **64**
Summit, The. *Stourb* —5D **108**
Sumner Clo. *H Mag* —3A **214**
Sumpner Building. *B4* —3J **5**
Sunart Way. *Nun* —4C **78**
Sunbeam. *Tam* —6E **32**
Sunbeam Clo. *B36* —8F **72**
Sunbeam Clo. *Rugby* —6C **172**
Sunbeam Dri. *Wals* —6F **14**
Sunbeam St. *Wolv* —2C **50**
Sunbeam Way. *B33* —7C **96**
Sunbridge Ter. *Rugby* —6C **172**
Sunbury Av. *Lich* —2L **19**
Sunbury Clo. *Bils* —8L **51**
Sunbury Cotts. *N'fld* —5A **134**
Sunbury Rd. *B31* —2L **155**
Sunbury Rd. *Cov* —4J **167**
Sunbury Rd. *Hale* —5M **109**
Suncliffe Dri. *Ken* —7F **190**
Suncroft. *B32* —4J **111**
Sundbury Ri. *B31* —4B **134**
Sunderland Dri. *Stourb* —1A **108**
Sunderton Rd. *B14* —4L **135**
Sundew Cft. *B36* —1K **95**
Sundew St. *Cov* —7K **123**
Sundial La. *B43* —8F **54**
Sundorne Clo. *Cov* —5G **143**
Sundour Cres. *Wolv* —8H **23**
Sundridge Rd. *B44* —5L **55**
Sundridge Wlk. *Wolv* —3J **49**
Sunfield Gro. *B11* —5E **114**
Sunfield Rd. *Cann* —8A **8**
Sunleigh Gro. *B27* —5L **115**
Sunley Dri. *Cann* —2K **9**
Sunningdale. B'gve —8A 180
(off New Rd.)
Sunningdale. *Hale* —5E **110**
Sunningdale. *Tam* —4J **33**
Sunningdale Av. *Cov* —7D **122**
Sunningdale Av. *Ken* —5H **191**
Sunningdale Av. *Pert* —4D **34**
Sunningdale Clo. *B20* —5E **68**
Sunningdale Clo. *Nun* —8A **80**
Sunningdale Clo. *Stourb* —7M **107**
Sunningdale Clo. *S Cold* —7G **57**
Sunningdale Dri. *Tiv* —2A **90**
Sunningdale Rd. *B11* —6G **115**
Sunningdale Rd. *B'gve* —1K **201**
Sunningdale Rd. *Dud* —1B **64**
Sunningdale Way. *Wals* —6G **25**
Sunny Av. *B12* —4A **114**
Sunnybank Av. *B44* —2B **70**
Sunnybank Av. *Cov* —4H **167**
Sunnybank Clo. *A'rdge* —7L **41**
Sunny Bank Ct. *O'bry* —2J **111**
Sunnybank Rd. *Dud* —4E **64**
Sunny Bank Rd. *O'bry* —2J **111**
Sunnybank Rd. *S Cold* —1G **71**
Sunnydale Cres. *Hinc* —2G **81**
Sunnydale Rd. *Hinc* —2F **80**
Sunnydale Wlk. *W Brom* —5J **67**
Sunnydene. *B8* —4G **95**
Sunnyhill. *Hinc* —2M **81**
Sunny Hill Clo. *Wom* —3H **63**
Sunnyhill S. *Hinc* —3M **81**
Sunnymead. *B'gve* —8A **180**
Sunnymead Rd. *B26* —3M **115**
Sunnymead Rd. *Burn* —8F **10**
Sunnymead Way. *S Cold* —2M **55**
Sunnymede Rd. *K'wfrd* —5A **88**
Sunnyside. *Hinc* —6D **84**
Sunnyside. *Tiv* —2B **90**
Sunnyside. *Wals* —7G **27**
Sunnyside Av. *B23* —6E **70**
Sunnyside Clo. *Bal C* —2J **163**
Sunnyside Clo. *Cov* —6M **143**
Sunnyside Ct. *Nun* —6F **78**
Sunnyside Gdns. *Kidd* —8H **127**
Sunnyside La. *Bal C* —2J **163**
Sunnyside Pk. Ind. Est. *Hinc* —6C **84**
Sunnyside Ter. *Bal C* —2J **163**
Sunridge Av. *B19* —3K **93**
Sunridge Av. *Wom* —2G **63**
Sunrise Hill. *Cann* —3H **9**
Sunrise Wlk. *O'bry* —6J **91**
Sunset Clo. *Tam* —5A **32**
Sunset Clo. *Wals* —6F **14**
Sunset Pl. *Wolv* —6F **50**
Sunshine Clo. *Ken* —7G **191**
Sun St. *Brie H* —8F **88**
Sun St. *Rugby* —6C **172**
Sun St. *Wals* —2K **53**
(in two parts)
Sun St. *Wolv* —7E **36** (2M **7**)
Sunway Gro. *Cov* —3B **166**
Surfeit Hill Rd. *Crad H* —1K **109**
Surrey Clo. *Burb* —5L **81**
Surrey Clo. *Cann* —1F **14**
Surrey Clo. *Nun* —6E **78**
Surrey Ct. *Warw* —1E **214**
Surrey Cres. *W Brom* —1G **67**
Surrey Dri. *K'wfrd* —5M **87**
Surrey Dri. *Tam* —8A **32**
Surrey Dri. *Wolv* —8L **35**
Surrey Rd. *B44* —5L **55**
Surrey Rd. *Dud* —2G **89**
Surrey Wlk. *Wals* —8G **27**
Sussex Av. *Wals* —1G **41**
Sussex Av. *W'bry* —5K **53**
Sussex Av. *W Brom* —3J **67**
Sussex Clo. *Nun* —6E **78**
Sussex Ct. *Warw* —1E **214**
Sussex Dri. *Cann* —4H **9**
Sussex Dri. *Wolv* —8L **35**
Sussex Rd. *Cov* —5M **143**
Sutherland Av. *Cov* —5G **143**
Sutherland Av. *Shir* —6J **137**
Sutherland Av. *Wolv* —1F **50**
Sutherland Clo. *B43* —5K **55**
Sutherland Clo. *Warw* —8E **210**
Sutherland Dri. *B13* —5M **113**
Sutherland Dri. *Bed* —5G **103**
Sutherland Dri. *Wom* —1G **63**
Sutherland Gro. *Pert* —5F **34**
Sutherland Ho. *Wolv* —7A **36**
Sutherland Pl. *Wolv* —8D **36** (6L **7**)
Sutherland Rd. *Crad H* —1L **109**
Sutherland Rd. *Wals* —6E **14**
Sutherland Rd. *Wolv* —4B **50**
Sutherland St. *B6* —1B **94**
Sutton App. *B8* —5G **95**
Sutton Av. *Cov* —4C **142**
Sutton Av. *Tam* —7A **32**
Sutton Clo. *Hinc* —6F **84**
Sutton Clo. *Redd* —7K **205**
Sutton Coldfield. —4H 57
Sutton Coldfield By-Pass. *S Cold* —7B **44**
(B75)
Sutton Coldfield By-Pass. *S Cold* —3C **72**
(B76)
Sutton Ct. *B43* —2E **68**
Sutton Ct. *S Cold* —2J **57**
Sutton Ct. *Wolv* —7E **50**
Sutton Cres. *W Brom* —6G **67**
Sutton Farm. —5H 149
Sutton New Rd. *B23* —5F **70**
Sutton Oak Corner. *S Cold* —4A **56**
Sutton Oak Rd. *S Cold* —5A **56**
Sutton Pk. *Nun* —2B **78**
Sutton Pk. Ct. *S Cold* —7H **57**
Sutton Pk. Gro. *Kidd* —6J **149**
Sutton Pk. Ri. *Kidd* —6G **149**
Sutton Pk. Rd. *Kidd* —5G **149**
Sutton Pk. Vis. Cen. —4G 57
Sutton Rd. *B23* —4G **71**
Sutton Rd. *Kidd* —4J **149**
Sutton Rd. *M Oak & Tam* —3F **44**
Sutton Rd. *Wals* —1M **53**
(WS1)
Sutton Rd. *Wals* —1B **54**
(WS5)
Sutton Rd. *W'bry* —4A **52**
Suttons Dri. *B43* —5F **54**
Sutton Sq. *Min* —3F **72**
Sutton Stop. *Longf* —4H **123**
Sutton St. *B1* —8K **93** (8E **4**)
Sutton St. *B6 & Aston* —3M **93**
Sutton St. *Stourb* —3L **87**
Swadling St. *Lea S* —3M **215**
Swain Crofts. *Lea S* —3B **216**
Swains Grn. *Hinc* —3M **81**
Swains Gro. *B44* —5M **55**
Swaledale Clo. *B'gve* —3L **201**
Swale Gro. *B38* —8F **134**
Swale Gro. *W'hall* —7D **38**
Swale Rd. *S Cold* —8A **58**
Swallow Av. *B36* —1G **97**
Swallow Clo. *B12* —4B **114**
Swallow Clo. *Dud* —7K **89**
Swallow Clo. *Hunt* —2C **8**
Swallow Clo. *W'bry* —5H **53**
Swallow Ct. *Bed* —1C **122**
Swallow Ct. *Wolv* —2D **36**
Swallow Cft. *Lich* —8G **13**
Swallowdale. *Wals W* —5H **27**
Swallowdale. *Wolv* —7F **34**
Swallowdean Rd. *Cov* —1L **143**
Swallow Dri. *Kidd* —7A **150**
Swallowfall Av. *Stourb* —5J **107**
Swallowfield. *Tam* —3L **31**
Swallowfields Dri. *Cann* —6H **9**
Swallowfields Rd. *Dud* —7C **50**
Swallow Rd. *Cov* —8C **122**
Swallows Clo. *Wals* —4A **26**
Swallows Mdw. *Shir* —1K **159**
(in two parts)
Swallow St. *B2* —7K **93** (6E **4**)
Swanage Grn. *Cov* —5A **146**
Swanage Rd. *B10* —1D **114**
Swan Av. *Smeth* —2L **91**
Swan Bank. *Wolv* —3M **49**
Swan Cen. *Kidd* —3L **149**
Swan Clo. *Blak* —8H **129**
Swan Clo. *Wals* —7D **14**
Swan Copse. *B25* —4J **115**
Swan Corner Shop. Precinct.
(off Chase Rd.) Burn —3J 17
Swancote Dri. *Wolv* —3J **49**
Swancote Rd. *B33* —4M **95**
Swancote Rd. *Dud* —8H **65**
Swancote St. *Dud* —1G **89**
Swan Cres. *O'bry* —5F **90**
Swan Cft. Rd. *Cov* —4F **144**
Swancroft Rd. *Tip* —1M **65**
Swanfield Rd. *Stourb* —8M **87**
Swanfields. *Burn* —3J **17**
Swan Gdns. *B23* —5F **70**
Swan Island. *Burn* —3J **17**
Swan La. *Cov* —5F **144**
Swan La. *Fair* —5K **153**
Swan La. *Stourb* —7M **87**
Swan La. *U War* —3E **200**
Swan La. *W Brom* —4G **67**
Swan La. Ind. Est. *W Brom* —4G **67**
Swanley Clo. *Hale* —6G **111**
Swanmore Clo. *Wolv* —1L **49**
Swanmote. *Tam* —4M **31**
Swann Rd. *Bils* —7G **51**
Swann Wlk. *Tip* —1A **66**
Swan Pas. *Stour S* —6G **175**
Swan Pool Gro. *Shelf* —8D **26**
Swan Rd. *Lich* —2G **19**
Swan Roundabout. *W Brom* —4F **66**
Swansbrook Gdns. *B38* —7J **135**
Swan Shop. Cen., The. *Yard* —3K **115**
Swanshurst La. *B13* —1C **136**
Swans Length. *A'chu* —2A **182**
Swan St. *A'chu* —3B **182**
Swan St. *Brie H* —2C **88**
Swan St. *Dud* —3J **89**
Swan St. *Lea S* —8A **212**
Swan St. *Stourb* —4L **107**
Swan St. *Warw* —3E **214**
Swan St. *Wolv* —7F **36**
Swans Wlk. *A'chu* —3A **182**
Swanswell Rd. *Sol* —1K **137**
Swanswell St. *Cov* —5D **144** (2E **6**)
Swanswood Gro. *B37* —6J **97**
Swan Village. —2H 65
(Sedgley)
Swan Village. —4G 67
(West Bromwich)
Swan Village. *W Brom* —4G **67**
Swan Village Ind. Est. *W Brom* —4G **67**
Swarthmore Rd. *B29* —2A **134**
Sweetbriar Dri. *Stourb* —8L **87**
Sweetbriar La. *W'hall* —4D **38**
Sweetbriar Rd. *Wolv* —2G **51**
Sweetman Pl. *Wolv* —6A **36**
Sweetman St. *Wolv* —5A **36**
(in two parts)
Sweetmoor Clo. *B36* —1C **96**
Sweetpool La. *Hag* —4M **129**
Swift. *Tam* —6E **32**
Swift Clo. *B36* —1G **97**
Swift Clo. *B'gve* —1L **201**
Swift Clo. *Ken* —7G **191**
Swift Pk. *Rugby* —2A **172**
Swift Pk. Gro. *Kidd* —7B **150**
Swift Point. *Swift I* —1M **171**
Swift's Corner. *Cov* —1E **166**
Swift Valley Ind. Est. *Swift I* —1M **171**
Swillington Rd. *Cov* —4B **144** (1A **6**)
Swinbrook Gro. *B44* —8L **55**
Swinbrook Way. *Shir* —5K **137**
Swinburne Av. *Cov* —7K **145**
Swinburne Clo. *Gall C* —4A **78**
Swinburne Rd. *Hinc* —8C **84**
Swinburne Rd. *Redd* —2C **208**
Swincross Rd. *Stourb* —5B **108**
Swindale. *Wiln* —2H **47**
Swindale Cft. *Bin* —1M **167**
Swindell Rd. *Stourb* —8C **108**
Swindon. —7E 62
Swindon Rd. *B17* —6B **92**
Swindon Rd. *K'wfrd* —1F **86**
Swinfen. —1L 29
Swinfen Broun Rd. *Lich* —1G **19**
Swinfen La. *Lich* —1J **29**
Swinford Gro. *Dorr* —6E **160**
Swinford Leys. *Wom* —4D **62**
Swinford Rd. *B29* —6A **112**
Swinford Rd. *Stourb* —7A **108**
Swinford Rd. *Wolv* —4E **36**
Swin Forge Way. *Swind* —7E **62**
Swiss Dri. *Stourb* —7M **87**
Swiss Heights. *Stour S* —8E **174**
Swiss Lodge Dri. *Faz* —1M **45**
Sword Dri. *Hinc* —6B **84**
Swynnerton Dri. *Ess* —5M **23**
Sycamore. *Wiln* —3E **46**
Sycamore Av. *B12* —4A **114**
Sycamore Av. *Redd* —7E **204**
Sycamore Clo. *Burb* —4L **81**
Sycamore Clo. *Kidd* —8M **149**
Sycamore Clo. *Stourb* —7K **107**
Sycamore Clo. *S Cold* —7M **57**
Sycamore Clo. *Wals* —1B **40**
Sycamore Cres. *B37* —1G **117**
Sycamore Cres. *Erd* —6F **70**
Sycamore Cres. *Gun H* —1H **101**
Sycamore Cres. *Tip* —2M **65**
Sycamore Dri. *H'wd* —4A **158**
Sycamore Dri. *Wolv* —8K **35**
Sycamore Grn. *Cann* —3E **8**
Sycamore Grn. *Dud* —4F **64**
Sycamore Gro. *Rugby* —5A **172**
Sycamore Gro. *Warw* —8G **211**
Sycamore Hill. *Rug* —4F **10**
Sycamore Paddock. *Word* —8A **88**
Sycamore Pl. *Bils* —6A **52**
Sycamore Pl. *Smeth* —5M **91**
Sycamore Rd. *Aston* —1A **94**
Sycamore Rd. *B'vlle* —2F **134**
Sycamore Rd. *Burn* —2F **16**
Sycamore Rd. *Cann* —5M **9**
Sycamore Rd. *Cov* —7H **123**
Sycamore Rd. *Erd* —2F **70**
Sycamore Rd. *Gt Barr* —6E **54**
Sycamore Rd. *Hand* —2D **92**
Sycamore Rd. *K'bry* —2C **60**
Sycamore Rd. *K'wfrd* —3L **87**
Sycamore Rd. *Nun* —3D **78**
Sycamore Rd. *O'bry* —5G **91**
Sycamore Rd. *Shelf* —1B **40**

Sycamore Rd. Smeth —6B 92
Sycamore Rd. Tip —2M 65
Sycamore Rd. Wals —4M 53
Sycamore Rd. W'bry —7G 53
Sycamores, The. Bed —7E 102
Sycamores, The. Hag —4M 129
Sycamores, The. Lich —4H 19
Sycamores, The. Wolv —1F 36
Sycamore Ter. K Hth —3J 135
Sycamore Way. B27 —5J 115
Sycamore Way. Cann —1D 8
Sydenham. —4C 216
Sydenham Dri. Lea S —3B 216
Sydenham Ind. Est. Lea S —3B 216
Sydenham Rd. B11 & New S —3C 114
Sydenham Rd. Smeth —2A 92
Sydenham Rd. Wolv —7H 37
Sydnall Clo. Redd —7M 203
Sydnall Fields. Longf —5F 122
Sydnall Rd. Cov —5F 122
Sydney Clo. W Brom —2G 67
Sydney Ct. Bed —7G 103
Sydney Ho. B34 —3E 96
Sydney Rd. B9 —7C 94
Sydney Rd. B'gve —6L 179
Sydney Rd. Crad H —8J 89
Sydney Rd. Smeth —7L 91
Sykesmoor. Wiln —2H 47
Sylvan Av. B31 —6M 133
Sylvan Dri. Cov —3M 165
Sylvan Grn. Hale —4D 110
Sylvan Gro. Shir —4H 137
Sylvia Av. B31 —1B 156
Symphony Ct. B16 —7H 93 (6B 4)
Synkere Clo. Ker E —3A 122
Sytch La. Wom —4G 63
Sywell Leys. Rugby —3M 197

Tabbs Gdns. Kidd —2A 150
Table Oak La. Ken —7F 162
Tachbrook Clo. Cov —7J 123
Tachbrook Ct. Lea S —3M 215
Tachbrook Mallory. —8M 215
Tachbrook Pk. Bus. Cen. Tach P —4L 215
Tachbrook Pk. Dri. Warw —3K 215
Tachbrook Rd. Lea S —6M 215
Tachbrook St. Lea S —3A 216
Tack Farm Rd. Stourb —8K 87
Tackford Clo. B36 —8C 72
Tackford Rd. Cov —1G 145
Tackley Clo. Shir —1H 159
Tadmore Clo. Bils —4J 51
Tadworth Clo. Wolv —7G 37
Tainters Hill. Ken —3F 190
Tait Cft. Sol —1F 138
Talaton Clo. Wolv —7A 22
Talbot. Tam —6E 32
Talbot Av. S Cold —6B 42
Talbot Clo. B23 —1D 70
Talbot Clo. Hartl —8A 176
Talbot Clo. Wals —3J 39
Talbot Ct. Lea S —8A 212
Talbot Pl. Bils —3J 51
Talbot Rd. B'gve —2L 201
Talbot Rd. Dud —5H 89
Talbot Rd. Smeth —6A 92
Talbot Rd. Wolv —3C 50
Talbots La. Brie H —8E 88
Talbot St. B18 —3F 92
Talbot St. Brie H —6D 88
Talbot St. Hale —3J 109
Talbot St. Kidd —5J 149
Talbot St. Lye —4F 108
Talbot St. Stourb —4A 108
Talbot Way. B10 —3F 114
Talfourd St. B9 —8D 94
Talgarth Covert. B38 —2E 156
Talisman Clo. Ken —6F 190
Talisman Sq. Ken —5F 190
Talke Rd. Wals —4M 53
Talladale. B32 —2H 133
Talland Av. Amin —4E 32
Talland Av. Cov —3G 145
Tallants Clo. Cov —1G 145
Tallants Rd. Cov —1F 144
Tallington Rd. B33 —2C 116
Tall Trees Clo. Cats —1M 179
Tall Trees Clo. S Cold —5D 42
Tall Trees Clo. W'hall —3D 38
Tall Trees Dri. Stourb —7D 108
Talton Clo. Shir —4A 160
Tamar Clo. Bulk —6B 104
Tamar Clo. Long L —4H 171
Tamar Clo. Wals —7C 16
Tamar Dri. B36 —1F 96
Tamar Dri. Dud —3F 64
Tamar Dri. S Cold —2B 72
Tamar Gro. Pert —5E 34
Tamar Gro. W'hall —7C 38
Tamarisk Clo. B29 —1B 134
Tamar Ri. Stourb —1A 108
Tamar Rd. Bulk —7A 104
Tamar Rd. H'ley —4G 47
Tame Av. Burn —3K 17
Tame Av. W'bry —5J 53
Tame Bank. K'bry —3C 60
Tame Bri. Wals —5M 53
Tame Bri. Factory Est. Wals —7B 54
Tamebridge Ind. Est. P Barr —5L 69
Tame Clo. Wals —3L 53
Tame Ct. Faz —1B 46
Tame Ct. Tam —4A 32
Tame Cres. W Brom —3J 67
Tamedrive. Tam —5A 32
Tame Dri. Wals —8A 26
Tame Gro. Cann —1D 14
Tame Pk. Wiln —3E 46
Tame Ri. O'bry —1H 111
Tame Rd. B6 —7A 70
Tame Rd. O'bry —1G 111
Tame Rd. Tip —4C 66
Tame Rd. Ind. Est. B6 —8A 70
Tamerton Rd. B32 —8K 111
Tameside Dri. B35 & Cas V —8M 71
Tameside Dri. Holf —5M 69
Tame St. Bils —4M 51
Tame St. Tam —6C 32
Tame St. Wals —3L 53
Tame St. W Brom —1F 66
Tame St. E. Wals —3M 53
Tame Valley Bus. Cen. Wiln —3E 46
Tame Valley Ind. Est. Wiln (Brent) —2E 46
Tame Valley Ind. Est. Wiln (Ninian Way) —3E 46
Tame Way. Hinc —1G 81
Tamora Clo. H'cte —6K 215
Tamworth. —4B 32
Tamworth Bus. Cen. Tam —6H 33
Tamworth Bus. Pk. Tam —6J 33
Tamworth Castle, Mus. & Garden. —5B 32
Tamworth Clo. Wals —7F 16
Tamworth La. Lich —2L 29
Tamworth Rd. Amin —4E 32
Tamworth Rd. Bass P —7B 44
Tamworth Rd. Cliff & Dost —8C 46
Tamworth Rd. Col —3G 75
Tamworth Rd. Cor & Cov (in two parts) —8G 101
Tamworth Rd. Faz & Tam —1A 46
Tamworth Rd. Four O & S Cold —2J 57
Tamworth Rd. F End & Arly —8M 75
Tamworth Rd. Kett & Dost —3C 46
Tamworth Rd. K'bry —8C 46
Tamworth Rd. Lich —4J 19
Tamworth Rd. Pole —8K 33
Tamworth Rd. Tam & Two G —7C 32
Tamworth Rd. Wood E —8J 47
Tamworth St. Lich —1H 19
Tamworth Tourist Info. Cen. —5B 32
Tanacetum Dri. Wals —6B 54
Tandy Dri. B14 —6M 135
Tandy's La. Harv —4K 151
Tanfield Clo. Wolv —6H 35
Tanfield Rd. B33 —6M 95
Tanfield Rd. Dud —2H 89
Tanford Rd. Sol —6C 116
Tanglewood Clo. B34 —4C 96
Tanglewood Clo. B'wll —3G 181
Tanglewood Clo. Quin —4H 111
Tanglewood Gro. Dud —7C 50
Tangmere Clo. Wolv —4E 34
Tangmere Dri. B35 —7M 71
Tanhill. Wiln —2H 47
Tanhouse Av. B43 —2C 68
Tanhouse Farm Rd. Sol —7C 116
Tanhouse La. Hale —3H 109
Tanhouse La. Redd —2J 205
Tan La. Stour S —5F 174
Tanners Clo. S Cold —2M 57
Tanners Ct. Wals —1L 53
Tanners' Green. —7A 158
Tanners Grn. La. Wyt & Earls —7M 157
Tanners Hill. Bew —2A 148
Tanner's La. Berk & Cov —1A 164
Tannery Clo. Wals —6K 39
Tannery Ct. Ken —5F 190
Tansey. S Cold —4F 42
Tansey Ct. Brie H —2B 88
Tansey Green. —2B 88
Tansey Grn. Rd. Brie H —1A 88
Tansley Clo. Dorr —5F 160
Tansley Gro. B44 —8M 55
Tansley Hill Av. Dud —1M 89
Tansley Hill Rd. Dud —1L 89
Tansley Rd. B44 —1M 69
Tansley Vw. Wolv —2D 50 (8L 7)
Tansy. Tam —6C 32
Tantallan Dri. B32 —8K 111
Tantany La. W Brom —5J 67
Tantarra St. Wals —8M 39 (in two parts)
Tanwood. —7A 152
Tanwood Clo. Call H —3A 208
Tanwood Clo. Sol —1B 160
Tanwood La. Kidd —8M 151
Tanworth Gro. B12 —3M 113
Tanworth-in-Arden. —7G 185
Tanworth La. Beo —2C 206
Tanworth La. Shir —2H 159
Tanworth La. Tan A & Hen A —2K 207
Tanyard. Lich —1J 19
Tanyard Clo. A'chu —3B 182
Tanyard Clo. Cov —8D 142
Tanyard La. A'chu —3A 182
Tanyards. B27 —6J 115
Tapcon Way. Cov —4M 145
Tapestries Av. W Brom —5G 67
Taplow Pl. Cann —5F 8
Tappinger Gro. Ken —4J 191
Tapster La. Lapw —6E 186 (Church La.)
Tapster La. Lapw —8G 187 (Yew Tree La.)
Tapton Clo. Wals —6J 25
Tardebigge. —2G 203
Tardebigge Ct. Redd —3J 203
Tardebigge Ho. B'gve —6B 180 (off Burcot La.)
Tardebigge Lock Flight. —4C 202
Tardebigge St Bartholomew's Church. —2H 203
Tarlington Rd. Cov —3L 143
Tarmac Rd. Wolv —4H 51
Tarn Clo. Bed —7G 103
Tarquin Clo. Cov —2K 167
Tarragon Clo. Cov —8K 123
Tarragon Gdns. B31 —7J 133
Tarrant. Tam —1F 46
Tarrant Gro. B32 —4M 111
Tarrant Wlk. Cov —4A 146
Tarrington Covert. B38 —1E 156
Tarry Hollow Rd. Brie H —1B 88
Tarry Rd. B8 —5E 94
Tarvin M. Brie H —8D 88
Taryn Dri. Darl —2D 52
Tasker St. Wals —1K 53
Tasker St. W Brom —5E 66
Tasman Gro. Wolv —4E 34
Tat Bank. —3H 91
Tat Bank Rd. O'bry —2G 91
Tatnall Gro. Warw —1E 214
Taunton Av. Wolv —5D 22
Taunton Rd. B12 —5A 114
Taunton Tower. B31 —7J 133
Taunton Way. Cov —7A 122
Taverners Clo. W'hall —8C 24
Taverners Grn. B20 —6F 68
Tavistock Clo. Tam —2C 32
Tavistock Rd. B27 —2J 137
Tavistock St. Lea S —8M 211
Tavistock Wlk. Cov —2J 145
Tavistock Way. Nun —4L 79
Taw Clo. B36 —1F 96
Tay Cft. B37 —5J 97
Tay Gro. B38 —1E 156
Tay Gro. Hale —1E 110
Taylor Av. Lea S —7B 212
Taylor Av. Wals —1K 39
Taylor Clo. Ken —3H 191
Taylor Ct. Warw —2D 214
Taylor Ho. Wals —2J 53 (off Oxford St.)
Taylor Rd. B13 —4M 135
Taylor Rd. Dud —7L 89
Taylor Rd. Wolv —4F 50
Taylor's La. O'bry —2E 90
Taylors La. Smeth —4M 91
Taylor's La. W Brom —5K 67
Taylors Orchard. B23 —5B 70
Taylor St. Wolv —4K 37
Taynton Covert. B30 —6J 135
Tay Rd. Cov —3B 144
Tay Rd. Redn —8H 133
Taysfield Rd. B31 —3L 133
Taywood Dri. B10 —2C 114
Teachers Clo. Cov —4A 144
Tea Garden, The. Bed —1E 122
Teal Bus. Pk. Hinc —2E 80
Tealby Gro. B29 —8G 113
Teal Cres. Kidd —6A 150
Teal Dri. B23 —6B 70
Teal Gro. W'bry —7B 52
Teall Ct. B27 —6J 115
Teall Rd. B8 —4E 94
Teal Rd. Stud —5M 209
Tean Clo. B11 —6G 115
Tean Clo. Burn —3K 17
Teasdale Way. Stourb —5D 108
Teasel Clo. Rugby —1D 172
Teasel Gro. F'stne —2H 23
Teasel Rd. Wed —4L 37
Teazel Av. B30 —3D 134
Tebworth Clo. Wolv —7M 21
Tedbury Cres. B23 —3E 70
Tedder Rd. Wals —7F 38
Teddesley Ct. Cann —6D 8
Teddesley Gro. B33 —5C 96
Teddesley St. Wals —6M 39
Teddesley Way. Hunt —3C 8
Teddington Clo. S Cold —7G 57
Teddington Gro. B42 —6K 69
Ted Pitts La. Alle —7H 121
Tedstone Rd. B32 —4L 111
Teesdale Av. B34 —3M 95
Teesdale Clo. Wolv —7G 37
Tees Gro. B38 —8F 134
Teeswater Clo. B'gve —3L 201
Teign. H'ley —4G 47
Teignbank Clo. Hinc —7D 84
Teignbank Rd. Hinc —6C 84
Teignmouth Rd. B29 —7F 112
Telephone Rd. Cov —7J 145
Telfer Rd. Cov —2B 144
Telford Av. Lea S —4B 212
Telford Av. Wals —6F 14
Telford Clo. Burn —1H 17
Telford Clo. Smeth —8K 91
Telford Clo. Wals —4G 39
Telford Clo. W Brom —1G 67
Telford Dri. Bew —6A 148
Telford Gdns. Wolv —2K 49
Telford Gro. Cann —2H 9
Telford Rd. Exh —1J 123
Telford Rd. Tam —1M 31
Telford Rd. Wals —4G 39
Teme Av. Kidd —6H 149
Teme Gro. W'hall —7D 38
Teme Rd. Hale —4H 109
Teme Rd. Stourb —6M 107
Tempest St. Tam —4A 32
Tempest St. Wolv —8D 36 (5K 7)
Templar Av. Cov —8G 143
Templar Ind. Pk. Cov —1H 165
Templars' Fields. Cov —2H 165
Templars, The. O'bry —4E 90
Templars, The. Warw —4F 214
Temple Av. B28 —3G 137
Temple Av. Bal C —3F 162
Temple Balsall. —4B 162
Temple Bar. W'hall —7A 38
Temple Clo. Redd —5F 204
Temple Ct. Col —8M 73
Templefield Gdns. B9 —8C 94
Templefield Sq. B15 —2H 113
Templefield St. B9 —8C 94
Temple Gro. Warw —4D 214
Temple Hill. Wlvy —4L 105
Temple La. Know —6A 162
Temple Meadows Rd. W Brom —4L 67
Templemore Dri. B43 —2E 68
Temple Pas. B2 —7K 93 (5F 4)
Templer Ct. Nun —6J 79
Temple Rd. Dorr —6G 161
Temple Rd. W'hall —6A 38
Temple Row. B2 —7K 93 (5F 4)
Temple Row W. B2 —7K 93 (4F 4)
Temple Sq. W'hall —6B 38
Temple St. B2 —7K 93 (5F 4)
Temple St. Bils —4L 51
Temple St. Dud —6D 64
Temple St. Rugby —7C 172
Temple St. W Brom —5J 67
Temple St. Wolv —8C 36 (5J 7)
Templeton Clo. Dorr —6G 161
Templeton Rd. B44 —7L 55
Temple Way. Col —8M 73
Temple Way. Tiv —7C 66
Tenacre La. Dud —3E 64
Ten Acres. —1H 135
Tenacres La. Redd —6L 205
Ten Ashes La. Redn —5J 155
Tenbury Clo. A'rdge —1J 41
Tenbury Clo. Bntly —6D 38
Tenbury Clo. Redd —3J 205
Tenbury Ct. Wolv —4K 49
Tenbury Gdns. Wolv —5K 49
Tenbury Rd. B14 —3K 135
Tenby Clo. Bed —8C 102
Tenby Rd. B13 —8D 114
Tenby St. B1 —5H 93 (2B 4)
Tenby St. N. B1 —5H 93 (2B 4)
Tenby Tower. B31 —8A 134
Tenby Way. Stour S —3E 174
Teneriffe Rd. Cov —8F 122
Tenlands Rd. Hale —6M 109
Tenlons Rd. Nun —7F 78
Tennal Dri. B32 —3M 111
Tennal Gro. B32 —3M 111
Tennal La. B32 —4L 111
Tennal Rd. B32 —3L 111
Tennant Clo. Rugby —8E 172
Tennant St. B15 —8H 93 (8B 4)
Tennant St. Nun —6L 79
Tennis Ct., The. B15 —4G 113
Tennscore Av. Wals —6E 14
Tennyson Av. Burn —8G 11
Tennyson Av. Rugby —2L 197
Tennyson Av. S Cold —3F 42
Tennyson Av. Tam —3A 32
Tennyson Av. Warw —5C 214
Tennyson Clo. Ken —5J 191
Tennyson Ho. O'bry —5J 91
Tennyson Rd. B10 —2E 114
Tennyson Rd. Cov —6J 145
Tennyson Rd. Dud —4A 64
Tennyson Rd. Hinc —8C 84
Tennyson Rd. Redd —1C 208
Tennyson Rd. Wals —1L 39
Tennyson Rd. W'hall —1E 38
Tennyson Rd. Wolv —8G 23
Tennyson St. Brie H —3D 88
Tennyson Way. Kidd —3B 150
Ten Shilling Dri. W'wd B —3E 164
Tenter Ct. Hale —5B 110
Tenter Dri. Hale —5B 110
Tenterfields. Hale —5B 110
Tern Clo. Wolv —6D 50
Tern Gro. B38 —8E 134
Terrace Rd. B19 —2G 93
Terrace St. Brie H —4E 88
Terrace St. Row R —8B 90
Terrace St. W'bry —6G 53
Terrace, The. Crad H —1L 109
Terrace, The. Wolv —8J 35
Terry Av. Lea S —8J 211
Terry Clo. Lich —7F 12
Terry Dri. S Cold —7M 57
Terry Rd. Cov —7F 144
Terry's Clo. Redd —4F 204
Terry's Green. —1E 184
Terry St. Dud —8K 65
Tessall La. B31 —8H 133 (in two parts)
Tetbury Gro. B31 —6K 133
Tetley Av. Wals —5A 40
Tetley Rd. B11 —6E 114
Tetnall St. Dud —1K 89
Tettenhall. —5J 35
Tettenhall Rd. Wolv —5L 35
Tettenhall Wood. —6J 35
Teviot Gdns. Brie H —3A 88
Teviot Gro. B38 —1F 156
Teviot Tower. B19 —4J 93 (off Mosborough Cres.)
Tewkesbury Dri. Bed —6J 103
Tewkesbury Dri. Dud —6K 89
Tewkesbury Rd. B20 —8L 69
Tewkesbury Rd. Wals —7E 24
Tewnals La. Lich —5E 12
Tew Pk. Rd. B21 —2E 92
Thackeray Clo. Gall C —5A 78
Thackeray Clo. Rugby —2M 197
Thackeray Dri. Tam —2A 32
Thackeray Rd. B30 —4D 134
Thackhall St. Cov —5F 144
Thames Clo. Brie H —2B 88
Thames Clo. Bulk —6A 104
Thames Clo. S Cold —4H 57
Thames Ct. Wyt —7L 157 (off Chapel La.)
Thames Gdns. Bils —8G 51
Thames Ho. Kidd —7L 149
Thames Rd. Wals —1K 39
Thames Tower. B7 —4B 94
Thamley Rd. Cov —5A 144
Thane Clo. Stud —5L 209
Thanet Clo. K'wfrd —3J 87
Thanet Gro. B42 —5J 69
Thatchings, The. Dunc —6J 197
Thatchway Gdns. B38 —2E 156
Thaxted Rd. B33 —6D 96
Theatre App. B5 —8L 93 (7G 5)
Theatre St. Warw —3D 214
Thebes Clo. Alle —1B 142
Theddingworth Clo. Cov —1L 167
Thelbridge Rd. B31 —3L 155
Thelma Rd. Tip —4L 65
Thelma St. Wals —2K 53
Thelsford Way. Sol —1D 138
Theodore Clo. B17 —5D 112
Theodore Clo. O'bry —8E 66
Theresa Rd. B11 —2B 114
Thetford Clo. Tip —4K 65
Thetford Gdns. Wolv —3K 37
Thetford Rd. B42 —2H 69
Thetford Way. Wals —6C 54
Thickett Clo. Wals —1H 53
Thicknall Dri. Stourb —7B 108
Thicknall La. Clent —6M 129
Thicknall Ri. Hag —5A 130
Thickthorn Clo. Ken —6H 191
Thickthorn M. Ken —7H 191
Thickthorn Orchard. Ken —7H 191
Thimble End. —8M 57
Thimble End Rd. S Cold —6M 57
Thimble Mill La. B6 & B7 —2B 94
Thimblemill Rd. Smeth —5K 91
Thimbler Rd. Cov —2J 165
Third Av. Bord G —7F 94
Third Av. K'wfrd —1M 87
Third Av. S Oak —6J 113
Third Av. Wals —8G 17
Third Av. Witt —6M 69
Third Av. Wolv —2E 36
Third Exhibition Av. B40 —4K 117
Third Rd. Wild —6L 153
Thirlestane Clo. Ken —3J 191
Thirlmere. Rugby —2C 172
Thirlmere Av. Nun —3M 79
Thirlmere Clo. Cann —8E 8
Thirlmere Clo. Cov —6E 142
Thirlmere Clo. Tett —1K 35
Thirlmere Dri. B13 —1C 136
Thirlmere Dri. Ess —7A 24
Thirlmere Gro. Pert —5F 34
Thirlmere Rd. Bed —7G 103
Thirlmere Rd. Hinc —1G 81
Thirlmere Rd. Stour S —3F 174
Thirlmere Rd. Tett —1K 35
Thirlmere Wlk. Brie H —2B 108
Thirsk Cft. B36 —1J 95
Thirsk Rd. Cov —4C 166
Thirsk Way. Cats —8B 154
Thirston Clo. Wolv —4A 38
Thistle Clo. Dud —3F 64
Thistle Cft. Wed —4K 37
Thistledown Av. Burn —3G 17
Thistle Down Clo. S Cold —7A 42
Thistledown Dri. Cann —8J 9
Thistledown Dri. F'stne —2G 23
Thistledown Rd. B34 —2C 96
Thistledown Wlk. Dud —8C 50
Thistle Grn. B38 —1E 156
Thistle Grn. Clo. Row R —4M 89
Thistlegreen Rd. Dud —5L 89
Thistle Ho. B36 —1K 95
Thistle La. Bart G —1H 133
Thistle Way. Rugby —1D 172
Thistlewood Gro. Chad E —3B 188
Thistley Fld. E. Cov —3M 143
Thistley Fld. N. Cov —2A 144
Thistley Fld. S. Cov —3M 143
Thistley Fld. W. Cov —3M 143
Thistley Nook. Lich —8G 13
Thomas Cres. Smeth —4C 92
Thomas Greenway. Lich —7F 12
Thomas Guy Rd. W Brom —2E 66
Thomas Guy Way. Bone & Tam —7K 31
Thomas Hardy Ct. Tam —2A 32
Thomas Ho. Wals —6K 25
Thomas King Ho. Cov —2F 6
Thomas Landsdail St. Cov —8D 144 (8D 6)
Thomas La. St. Cov —8G 123
Thomas Mason Clo. Wolv —2K 37
Thomas Naul Cft. Cov —6F 142
Thomas Sharp St. Cov —2G 165
Thomas St. B6 —3M 93
Thomas St. Bed —7G 103
Thomas St. Lea S —8A 212
Thomas St. Smeth —4B 92
Thomas St. Tam —5D 32
Thomas St. Wals —7K 39
Thomas St. W Brom —7K 67
Thomas St. Wolv —1C 50 (7J 7)
Thomas Town. —6L 209
Thomas Wlk. Cas V —6B 72
Thomas Way. Long L —4G 171
Thompson Av. Wolv —2D 50
Thompson Clo. Dud —7H 89
Thompson Clo. W'hall —6A 38
Thompson Dri. Erd —1F 94
Thompson Gdns. Smeth —5M 91
Thompson Ho. Tip —1C 66
Thompson Rd. O'bry —5H 91
Thompson Rd. Smeth —5M 91
Thompsons Rd. Ker E —3L 121
Thompson St. Bils —4K 51
Thompson St. W'hall —6A 38
Thomson Av. B38 —8D 134
Thomson Clo. Rugby —3B 172
Thor Clo. Cann —4G 9
Thoresby. Tam —3L 31
Thoresby Cft. Dud —6F 64
Thorley's Hill. Rug —3J 11
Thornberry Dri. Dud —1D 88
Thornberry Wlk. B7 —3C 94
Thornbridge Av. B42 —2J 69
Thorn Brook Ct. Wals —6M 39 (off Butts Rd.)
Thornbury Ct. Pert —6G 35
Thornbury La. Redd —2J 205
Thornbury Rd. B20 —7K 69
Thornby Av. Ken —6G 191
Thornby Av. Sol —4B 138
Thornby Av. Tam —1E 46
Thornby Rd. B23 —1C 70
Thorncliffe Clo. Call H —3A 208
Thorncliffe Rd. B44 —7L 55
Thorncliffe Way. Nun —1L 77
Thorn Clo. Rugby —3C 172
Thorn Clo. W'bry —5F 52
Thorncroft Way. Wals —5B 54
Thorne Av. Wolv —2E 36
Thorne Pl. Row R —7C 90
Thorne Rd. W'hall —6A 38
Thornes. —6L 27
Thornes Cft. Wals —5L 27
Thorne St. Wolv —2G 51
Thorneycroft La. Wolv —4G 37
Thorneycroft Pl. Bils —6B 52
Thorneycroft Rd. Bils —6A 52
Thorneyfield Rd. Shir —6J 137
Thorney Rd. Cov —3H 145
Thorney Rd. S Cold —8M 41
Thornfield Cres. Burn —1G 17
Thornfield Cft. Sed —2E 64
Thornfield Rd. B27 —7J 115
Thornfield Way. Hinc —1L 81
Thorngrove Av. Sol —1C 160
Thornham Way. B14 —8K 135
Thornhill Dri. Nun —1B 104
Thornhill Gro. B21 —1F 92

Thornhill Pk. S Cold —1A 56
Thornhill Rd. Brie H —8E 88
Thornhill Rd. Cann —2F 8
Thornhill Rd. Cov —4D 144
Thornhill Rd. Dud —5J 65
Thornhill Rd. Hale —6L 109
Thornhill Rd. Hand —2F 92
Thornhill Rd. Moons I —2L 205
Thornhill Rd. Sol —2C 138
Thornhill Rd. S'hll —6D 114
Thornhill Rd. S Cold —3A 56
Thornhurst Av. B32 —2L 111
Thornleigh. Dud —4D 64
Thornleigh Trad. Est. Dud —2G 89
Thornley Clo. B13 —8A 114
Thornley Clo. Rad S —4F 216
Thornley Clo. Wolv —8M 23
Thornley Gro. Min —3C 72
Thornley Rd. Wolv —8M 23
Thornley St. Wolv —7D 36 (3K 7)
Thorn Rd. B30 —2E 134
Thorns Av. Brie H —8E 88
Thornsett Gro. Shir —3H 137
Thorns Rd. Brie H —2E 108
Thorn Stile Clo. Cubb —3E 212
Thornthwaite Clo. Redn —7H 133
Thornton Clo. Cov —5C 142
Thornton Clo. Tiv —7C 66
Thornton Clo. Wood P —8F 210
Thornton Dri. Brie H —8E 88
Thornton Rd. B8 —4H 95
Thornton Rd. Shir —3M 159
Thornton Rd. Wolv —8H 37
Thorntons Way. Nun —6A 78
Thornwood Clo. O'bry —4J 91
Thornycroft Rd. Hinc —1L 81
Thornyfield Clo. Shir —6J 137
Thornyhurst La. Hltn —2A 28
Thorpe Av. Burn —1D 16
Thorpe Clo. Burn —1D 16
Thorpe Clo. S Cold —1J 57
Thorpe Rd. Wals —2L 53
Thorpe St. Burn —1D 16
Thorp St. B5 —8K 93 (7F 4)
Threadneedle St. Cov —3D 144
Three Corner Clo. Shir —1E 158
Three Cornered Clo. Cubb —3E 212
Three Maypoles. —2H 159
Three Oaks Rd. Wyt —5C 158
Three Pots Rd. Hinc —5L 81
Three Shires Oak Rd. Smeth —7M 91
Three Spires Av. Cov —4A 144
Three Spires Junct. Cov —8E 122
Three Spires Shop. Cen. Lich —1H 19
Three Tuns La. Wolv —7C 22
Three Tuns Pde. Wolv —7C 22
Threshers Dri. W'hall —3D 38
Threshers Way. W'hall —3D 38
Throckmorton Clo. Hase —8F 188
Throckmorton Rd. Redd —2F 208
Throne Clo. Row R —4C 90
Throne Cres. Row R —4D 90
Throne Rd. Row R —4C 90
Throstles Clo. Gt Barr —2E 68
Thrushel Wlk. Wolv —4J 37
Thrush Rd. O'bry —7F 90
Thruxton Clo. B14 —6M 135
Thruxton Clo. Redd —6L 205
Thurcroft Clo. B8 —5F 94
Thuree Rd. Smeth —7L 91
Thurlaston. —6F 196
Thurlaston La. Earl S —1M 85
Thurleigh Clo. Stourb —7C 108
Thurlestone Rd. B31 —2L 155
Thurlestone Rd. Cov —1M 143
Thurloe Cres. Redn —8E 132
Thurlston Av. Sol —5M 115
Thurlstone Dri. Penn —5M 49
Thurlstone Rd. Wals —6H 25
Thurmaston Ct. Lea S —7M 211
Thurne. Tam —1F 46
Thurnmill Rd. Long L —5J 171
Thursfield Rd. Lea S —6B 212
Thursfield Rd. Tip —3A 66
Thursfield Rd. W Brom —1L 67
Thurso. Amin —4E 32
Thurston Av. O'bry —3F 90
Thynne St. W Brom —7L 67
Tibbats Clo. B32 —6J 111
Tibberton Clo. Hale —6C 110
Tibberton Clo. Sol —1A 160
Tibberton Clo. Wolv —2K 49
Tibberton Ct. B'gve —2L 201
Tibbets La. B17 —5A 112
Tibbington Rd. Tip —2L 65
Tibbington Ter. Tip —2L 65
Tibbits Ct. Warw —3E 214
Tibbits Ho. Wals —6K 39
(off Burrowes St.)
Tiber Clo. Cov —5F 142
Tiberius Clo. Col —8M 73
Tiber Way. Gleb F —2M 171
Tibland Rd. B27 —8J 115
Ticknall Clo. Redd —4A 204
Tidbury Clo. Redd —3C 208
Tidbury Green. —5D 158
Tiddington Clo. B36 —8B 72
Tideswell Clo. Bin —8A 146
Tideswell Rd. B42 —3J 69
Tidmarsh Clo. Bal C —3G 163
Tidmarsh Rd. Leek W —2G 211
Tidworth Cft. B14 —6A 136
Tierney Dri. Tip —3C 66
Tiffany La. Wolv —7M 21
Tiffield Rd. B25 —4J 115
Tigley Av. B32 —8K 111
Tilbury Clo. Wolv —1G 49
Tilbury Gro. B13 —8K 113
Tildasley St. W Brom —4H 67
Tildesley Dri. W'hall —4B 38
Tile Cross. —8D 96
Tile Cross Rd. B33 —8D 96
Tile Cross Trad. Est. B33 —8D 96
Tiled Ho. La. Brie H —4B 88
Tile Gro. B37 —4G 97
Tile Hill. —8E 142
Tile Hill La. Cov —8D 142
Tilehill Wood Nature Reserve. —7D 142
Tilehouse. Redd —7D 204
Tilehouse Green. —3E 160
Tilehouse Grn. La. Know —2F 160
Tilehouse La. Tid G & Shir —5E 158
Tilehurst Dri. Cov —7D 142
Tilesford Clo. Shir —4A 160
Tilewood Av. Cov —5E 142
Tilia Rd. Tam —4G 33
Tilley St. W'bry —3E 52
Tillington Clo. Redd —6L 205
Tillyard Cft. B29 —8C 112
Tilshead Clo. B14 —6L 135
Tilsley Gro. B23 —4B 70
Tilston Dri. Brie H —8D 88
Tilton Rd. B9 —8C 94
(in two parts)
Tilton Rd. Hinc —3L 81
Timbercombe Way. Hand —1D 92
Timber Ct. Rugby —7C 172
Timberdine Clo. Hale —3K 109
Timberhonger. —8D 178
Timberhonger La. U War —2E 200
Timberlake Clo. Shir —3B 160
Timber La. Stour S —4H 175
Timberley La. B34 —3C 96
(in two parts)
Timber Mill Ct. Harb —3B 112
Timbers Way. Erd —5M 71
Timbers Way. S'brk —3A 114
Timbertree Cres. Crad H —2L 109
Timbertree Rd. Crad H —2L 109
Times Sq. Av. Brie H —7F 88
Timmins Clo. Sol —4E 138
Timmis Clo. Bils —6H 51
Timmis Rd. Stourb —3C 108
Timon Vw. H'cte —6L 215
Timothy Gro. Cov —8H 143
Timothy Rd. Tiv —2C 90
Tinacre Hill. Wolv —7E 34
Tinchbourne St. Dud —8J 65
Tindal St. B12 —4M 113
(in two parts)
Tink-A-Tank. Warw —3E 214
Tinker's Farm Gro. B31 —6L 133
Tinker's Farm Rd. B31 —6L 133
Tinkers Grn. Rd. Wiln —3F 46
Tinkers La. Earls —2K 185
(Cut Throat La., in two parts)
Tinkers La. Earls —8D 186
(Stratford Rd.)
Tinmeadow Cres. Redn —2J 155
Tinsley St. Tip —4E 66
Tintagel Clo. Cov —4K 167
Tintagel Clo. Wolv —6F 34
Tintagel Dri. Dud —7E 64
Tintagel Gro. Ken —5H 191
Tintagel Way. A'rdge —3E 40
Tintagel Way. Nun —4A 80
Tintern Clo. B'gve —8L 179
Tintern Clo. Kidd —3F 148
Tintern Clo. S Cold —2A 56
Tintern Ct. Wolv —5E 34
Tintern Cres. Wals —6F 24
Tintern Rd. B20 —8L 69
Tintern Way. Bed —7J 103
Tintern Way. Wals —7F 24
Tipperary Clo. B36 —1L 95
Tipperary Wlk. O'bry —2F 90
Tipper's Hill. —3E 100
Tipper's Hill La. Fill —3D 100
Tipper Trad. Est. Stourb —3G 109
Tippett Clo. Nun —2A 104
Tipping's Hill. H End —4C 208
Tippity Grn. Row R —5B 90
Tipps Stone Clo. Tip —5L 65
Tipton. —4L 65
Tipton Ind. Est. Bils —2K 65
Tipton Rd. Dud —5L 65
Tipton Rd. Tip & Tiv —6B 66
Tipton Rd. Woods —2E 64
Tipton St. Dud —2E 64
Tipton Trad. Est. Bils —2K 65
Tipton Trad. Est. Bloom —3K 65
Tirley Rd. B33 —4A 96
Tisdale Ri. Ken —3H 191
Titan Bus. Cen. Warw —5L 215
Titania Clo. Redn —6H 133
Titan Way. Brit E —1M 19
Titchfield Clo. Wolv —5E 22
Titford Clo. O'bry —5F 90
Titford La. Row R —5E 90
Titford Rd. O'bry —5F 90
(in two parts)
Tithe Barn Clo. H Mag —2A 214
Tithe Barn La. H'ley H —4H 185
Tithe Barn La. Rug —4J 11
Tithe Cft. Wolv —6F 36
Tithe Rd. Wolv —3K 37
Titterstone Rd. B31 —1A 156
Titton. —8J 175
Tiverton Clo. K'wfrd —6M 87
Tiverton Dri. Nun —4L 79
Tiverton Gro. Cov —4K 145
Tiverton Rd. B29 —7F 112
Tiverton Rd. Cov —4K 145
Tiverton Rd. Smeth —4B 92
Tiveycourt Rd. Cov —6G 123
Tividale. —8A 66
Tividale Ho. O'bry —1D 90
Tividale Rd. Tip & Tiv —7M 65
Tividale Rd. Tiv —7M 65
Tividale St. Tip —6A 66
Tivoli, The. B25 & B26 —3K 115
(off Church Rd.)
Tixall Rd. B28 —4E 136
Tobruk Wlk. Brie H —6D 88
Tobruk Wlk. W'hall —8L 37
Tocil Cft. Cov —4K 165
Toft. —7H 197
Toler Rd. Nun —4H 79
Tollard Clo. Cov —4M 145
Tollbar End. —5J 167
Toll End Rd. Tip —2C 66
Tolley Rd. Kidd —8H 149
Tollgate Clo. B31 —1M 155
Tollgate Dri. B20 —2G 93
Tollgate Precinct. Smeth —3M 91
Toll Ho. Rd. Redn —2J 155
Tollhouse Rd. Stoke H —3L 201
Tollhouse Way. Smeth —2M 91
Tolman Dri. Tam —6D 32
Tolson Av. Faz —1B 46
Tolson Clo. Dost —4C 46
Tolworth Gdns. Wolv —2E 50 (8M 7)
Tolworth Hall Rd. B24 —6H 71
Tom Brown St. Rugby —5B 172
Tom Eatough Ct. Earl S —1M 85
Tom Ellis Ct. Exh —1F 122
Tomey Rd. B11 —4D 114
Tom Henderson Clo. Bin —2M 167
Tom Hill. —5H 185
Tom Hill. Tan A —7G 185
Tomkinson Dri. Kidd —5H 149
Tomkinson Rd. Nun —5E 78
Tomlan Rd. B31 —2C 156
Tomlinson Rd. B36 —8D 72
Tompstone Rd. W Brom —1M 67
Tomson Av. Cov —4B 144
Toms Town La. Stud —6L 209
Tom Ward Clo. Cov —2L 167
Tonadine Clo. Wolv —8A 24
Tonbridge Rd. B24 —8G 71
Tonbridge Rd. Cov —3G 167
Tong Ct. Wolv —1J 7
Tong St. Wals —8A 40
Tookeys Dri. A'wd B —8E 208
Topcroft Rd. B23 —2F 70
Top Fld. Wlk. B14 —7K 135
Topland Gro. B31 —7J 133
Topp's Dri. Bed —8E 102
Topp's Heath. Bed —8E 102
Top Rd. Barn —1A 124
Top Rd. Wild —4A 154
Top Row. Shat —2C 126
Topsham Cft. B14 —4K 135
Topsham Rd. Smeth —3L 91
Torbay. Amin —4F 32
Torbay Rd. Cov —5J 143
Torcastle Clo. Cov —2F 144
Torc Av. Tam —5E 32
Torcross Av. Cov —4J 145
Torfield. Wolv —7L 21
Tor Lodge Dri. Wolv —7H 35
Toronto Gdns. B32 —3L 111
Torpoint Clo. Cov —2J 145
Torrance Rd. Rugby —6M 171
Torre Av. B31 —7L 133
Torrey Gro. B8 —5J 95
Torridge. H'ley —4G 47
Torridge Dri. Wolv —4J 37
Torridon Clo. Stour S —2E 174
Torridon Cft. B13 —6K 113
Torridon Rd. W'hall —8B 24
Torridon Way. Hinc —8B 84
Torrington Av. Cov —1D 164
Torrs Clo. Redd —7D 204
Torside. Wiln —2H 47
Torton. —4B 176
Torton La. Tort —4B 176
Tor Va. Rd. Wolv —7G 35
Tor Way. Wals —6M 25
Torwood Clo. W'wd B —3F 164
Totnes Clo. Cov —2J 145
Totnes Gro. S Oak —7F 112
Totnes Rd. Smeth —3M 91
Tottenham Cres. B44 —7B 56
Touchwood Hall Clo. Sol —5C 138
Tove Ct. Long L —4H 171
Towbury Clo. Redd —4F 208
Towcester Cft. B36 —1K 95
Tower Bldgs. Kidd —3L 149
Tower Cft. B37 —5H 97
Tower Dri. B'gve —3A 180
Tower Hill. —3H 69
Tower Hill. B42 —3G 69
Tower Ri. Tiv —2C 90
Tower Rd. B6 —2M 93
(in two parts)
Tower Rd. Bed —7G 103
Tower Rd. Cann —1F 8
Tower Rd. Earl S —1M 85
Tower Rd. Rugby —8C 172
Tower Rd. S Cold —6H 43
Tower Rd. Tiv —2B 90
Towers Clo. Ken —7F 190
Towers Clo. Kidd —4B 150
Tower St. B19 —4K 93 (1E 4)
Tower St. Cov —6C 144 (3C 6)
Tower St. Dud —8J 65
Tower St. Lea S —2A 216
Tower St. Sed —8D 50
Tower St. Wals —7L 39
Tower St. Wolv —7D 36 (4K 7)
Tower Vw. Cres. Nun —6B 78
Tower Vw. Rd. Gt Wyr —1F 24
Town End Rd. Barw —2G 85
Townend Sq. Wals —7L 39
(off Park St.)
Townend St. Wals —7L 39
Townesend Clo. Warw —8F 210
Townfields. Lich —2G 19
(in two parts)
Townfields Clo. Cov —2H 143
Town Fold. Wals —5A 26
Townley Gdns. B6 —8L 69
Townsend Av. B'gve —5B 180
Townsend Av. Dud —1D 64
Townsend Cft. Cov —2C 166
Townsend Dri. Attl F —7M 79
Townsend Dri. S Cold —2M 71
Townsend Ho. Tam —5A 32
Townsend La. Long L —4G 171
Townsend Pl. K'wfrd —3K 87
Townsend Rd. Cov —1C 166
Townsend Rd. Rugby —6D 172
Townsends Clo. Burt H —8G 81
Townsend Way. B1 —6H 93 (4B 4)
Townshend Gro. B37 —5F 96
Townson Rd. Wolv —1A 38
Town Wall. Wiln —3F 46
Townwell Fold. Wolv —7C 36 (4H 7)
Town Wharf Bus. Pk. Wals —8K 39
Town Yd. Brin —5M 147
Town Yd. W'hall —8A 38
Towpath Clo. B9 —7B 94
Towyn Rd. B13 —7D 114
Toy's La. Hale —4J 109
Tozer St. Tip —2M 65
Traceys Mdw. Redn —2G 155
Trafalgar Clo. Cann —5L 9
Trafalgar Ct. Tiv —8B 66
Trafalgar Gro. Yard —3G 115
Trafalgar Ho. Cov —5A 6
Trafalgar Rd. Erd —6F 70
Trafalgar Rd. Hand —1E 92
Trafalgar Rd. Mose —6M 113
Trafalgar Rd. Smeth —5B 92
Trafalgar Rd. Tiv —8B 66
Trafalgar Ter. Smeth —5B 92
Trafford Dri. Nun —4C 78
Trafford Pk., The. Redd —6F 204
Trafford Rd. Hinc —7F 84
Trajan Hill. Col —8M 73
Tram St. Kidd —4L 149
Tram Way. Smeth —2J 91
Tramway Clo. Bils —2M 51
Tramway Clo. W'bry —2E 52
Tranter Av. A'chu —4A 182
Tranter Cres. Cann —7H 9
Tranter Rd. B8 —4G 95
Tranwell Clo. Wolv —7M 21
Trap's Green. —2F 206
Traquain Dri. Dud —6G 65
Travellers Clo. Burn —4G 17
Travellers Way. B37 —6K 97
Treaford La. B8 —5H 95
Treasure Clo. Tam —5E 32
Treddles La. W Brom —6K 67
Tredington Clo. B29 —2A 134
Tredington Clo. Redd —3H 209
Tredington Rd. Cov —5F 142
Tree Acre Gro. Hale —5J 109
Treedale Clo. Cov —1D 164
Treeford Clo. Sol —8M 137
Trees Rd. Wals —3M 53
Treeton Cft. B33 —7A 96
Treetops Dri. W'hall —4E 38
Trefoil. Tam —4H 33
Trefoil Clo. B29 —2A 134
(in two parts)
Treforest Rd. Cov —1J 167
Tregarron Rd. Hale —4J 109
Tregea Ri. B43 —2C 68
Tregony Ri. Lich —3K 19
Tregorrick Rd. Exh —2G 123
Tregullan Rd. Exh —1H 123
Trehern Clo. Know —4G 161
Treherne Rd. Cov —1B 144
Treherne Dri. Stourb —8B 108
Trehurst Av. B42 —1J 69
Trejon Rd. Crad H —1L 109
Trelawney Rd. Exh —2G 123
Tremaine Gdns. Wolv —5D 36 (1L 7)
Tremelline Way. Arly —1F 100
Tremont Ho. Wolv —6E 36
Tremont St. Wolv —6E 36
Trenance Clo. Lich —2K 19
Trenance Rd. Exh —2G 123
Trenchard Clo. S Cold —4M 57
Treneere Rd. Exh —1H 123
Trensale Av. Cov —5M 143
Trent Clo. Burn —3K 17
Trent Clo. Stourb —5A 108
Trent Clo. Wolv —5E 34
Trent Cres. Wyt —7L 157
Trent Dri. B36 —1F 96
Trentham Av. W'hall —4A 38
Trentham Clo. Cann —8H 9
Trentham Clo. Nun —1M 103
Trentham Gdns. Ken —4J 191
Trentham Gro. B26 —4L 115
Trentham Ri. Wolv —2F 50
Trentham Rd. Cov —5F 144
Trent Pl. Wals —1K 39
Trent Rd. Bulk —7A 104
Trent Rd. Cann —4E 8
Trent Rd. Hinc —1G 81
Trent Rd. Nun —4K 79
Trent Rd. Wals —8A 26
Trent St. B5 —7M 93 (6K 5)
Trent Tower. B7 —5A 94 (1M 5)
Trent Valley Cotts. S'hay —8M 13
Trent Valley Ind. Site. Lich —7K 13
Trent Valley Rd. Lich —1K 19
Trenville Av. B11 —4B 114
Trenville Av. Bal H —4B 114
Tresco Clo. Redn —8E 132
Trescott. —2B 48
Trescott Rd. B31 —6K 133
Trescott Rd. Redd —6F 204
Tresham Rd. B44 —8M 55
Tresham Rd. K'wfrd —1K 87
Tresillian Rd. Exh —1H 123
Tressel Cft. H'cte —7L 215
Trevanie Av. B32 —3J 111
Trevelyan Ho. B37 —8J 97
Treville Clo. Redd —6L 205
Treviscoe Clo. Exh —2G 123
Trevithick Clo. Burn —1J 17
Trevithick Clo. Stour S —5G 175
Trevor Av. Gt Wyr —6G 15
Trevor Clo. Cov —1D 164
Trevorne Clo. B12 —3M 113
Trevor Rd. Hinc —8F 84
Trevor Rd. Wals —5M 25
Trevor St. B7 —3C 94
Trevor St. W. B7 —3C 94
Trevor White Dri. Rugby —8B 172
Trevose Av. Exh —2H 123
Trevose Clo. Wals —6F 24
Trevose Retreat. B12 —4M 113
Trewern Dri. Burn —4F 16
Trewint Clo. Exh —1G 123
Trewman Clo. S Cold —1M 71
Treyamon Rd. Wals —2D 54
Treynham Clo. Wolv —8J 37
Triangle. —5G 17
Triangle, The. Alle —5H 143
Tribune Trad. Est. Rugby —3A 172
Tricorn Ho. B16 —8G 93 (8A 4)
Trident Bus. Pk. Nun —6K 79
Trident Cen. Dud —8J 65
Trident Clo. Erd —2G 71
Trident Clo. S Cold —2M 71
Trident Ct. B20 —6G 69
Trident Dri. O'bry —4H 91
Trident Dri. W'bry —6D 52
Trigg Rd. Amin —4F 32
Trigo Cft. B36 —1L 95
Trimpley. —8C 126
Trimpley Clo. Dorr —6E 160
Trimpley Dri. Kidd —2G 149
Trimpley Gdns. Wolv —6L 49
Trimpley La. Bew —4D 148
Trimpley La. Shat —3C 126
Trimpley Rd. B32 —1H 133
Trimpley Rd. Trim & Low H —8C 126
Trinculo Gro. H'cte —7M 215
Trinder Rd. Smeth —7K 91
Trindle Clo. Dud —8K 65
Trindle Rd. Dud —8K 65
Tring Ct. Wolv —5M 35
Trinity Cen. Crad H —7L 89
Trinity Chyd. Cov —4C 6
(in two parts)
Trinity Clo. Cann —1E 14
Trinity Clo. Shen —3F 28
Trinity Clo. Sol —8B 116
Trinity Clo. Stourb —7K 87
Trinity Ct. B'gve —2B 202
Trinity Ct. Crad H —8L 89
Trinity Ct. Kidd —3A 150
Trinity Ct. Rugby —6B 172
Trinity Ct. S Cold —4J 57
(off Midland Dri.)
Trinity Ct. W'hall —8M 37
Trinity Ct. Wolv —7A 36
Trinity Dri. Tam —3K 31
Trinity Fields. Kidd —3M 149
Trinity Grange. Kidd —2M 149
Trinity Gro. W'bry —6G 53
Trinity Hill. S Cold —4J 57
Trinity La. Cov —6C 144 (4C 6)
Trinity La. Hinc —1J 81
Trinity M. Warw —2F 214
Trinity Pk. B40 & B37 —6K 117
Trinity Rd. B6 & Aston —8K 69
Trinity Rd. Bils —4M 51
(in two parts)
Trinity Rd. Dud —8J 65
Trinity Rd. K'bry & Picc —3D 60
Trinity Rd. Stourb —1A 108
Trinity Rd. S Cold —8H 43
Trinity Rd. W'hall —3D 38
Trinity Rd. N. W Brom —8K 67
(in two parts)
Trinity Rd. S. W Brom —8K 67
Trinity St. Brie H —6D 88
Trinity St. Cov —6C 144 (4C 6)
Trinity St. Crad H —8L 89
Trinity St. Lea S —8M 211
Trinity St. O'bry —4G 91
Trinity St. Smeth —3A 92
Trinity St. W Brom —7K 67
Trinity Ter. B11 —1A 114 (8M 5)
Trinity Vicarage Rd. Hinc —1J 81
Trinity Wlk. Nun —6L 79
Trinity Way. W Brom —8K 67
Trippleton Av. B32 —1H 133
(in two parts)
Tristram Av. B31 —8B 134
Triton Clo. Wals —8F 14
Triton Pk. Swift I —1M 171
Trittiford Rd. B13 —3B 136
Triumph. Tam —6E 32
Triumph Clo. Cov —6L 145
Triumph Wlk. B36 —8G 73
Trojan. Tam —7E 32
Trojan Bus. Cen. Warw —5L 215
Troon. Tam —5H 33
Troon Clo. S Cold —1K 57
Troon Clo. Wals —6G 25
Troon Ct. Pert —4D 34
Troon Pl. Stourb —6J 87
Trossachs Rd. Cov —6F 142
Trotter's La. W Brom —2G 67
Troubridge Wlk. Rugby —7J 171
Troughton Cres. Cov —4A 144
Trouse La. W'bry —6E 52
Troutbeck Av. Lea S —7J 211
Troutbeck Dri. Brie H —1B 108
Troutbeck Rd. Cov —5F 142
Troyes Clo. Cov —2D 166
Troy Gro. B14 —5K 135
Troy Ind. Est. Sam —6G 209
(in two parts)
Truda St. Wals —2K 53
Trueman Clo. Warw —1E 214
Trueman's Heath. —2C 158
Trueman's Heath La. H'wd & Shir —2B 158
Truggist La. Berk —1K 163
Truro Clo. Hinc —5E 84
Truro Clo. Lich —6H 13
Truro Clo. Nun —4M 79
Truro Clo. Row R —5E 90
Truro Dri. Kidd —3G 149
Truro Pl. Cann —8J 9
Truro Rd. Wals —2D 54
Truro Tower. B16 —7G 93
Truro Wlk. B37 —7G 97
Trustin Cres. Sol —1E 138
Tryan Rd. Nun —5E 78
Tryon Pl. Bils —3L 51
Tryst, The. B'gve —4B 180
Trysull. —8C 48
Trysull Av. B26 —5C 116
Trysull Gdns. Wolv —2K 49
Trysull Holloway. Try —5C 48
Trysull Rd. Wolv —2K 49
Trysull Rd. Wom —1E 62
Trysull Way. Dud —6J 89
Tuckey Clo. Sap —1L 83
Tudbury Rd. B31 —5K 133
Tudman Clo. S Cold —2A 72
Tudor Av. Cov —6F 142
Tudor Clo. B13 —3M 135
Tudor Clo. Bal C —3G 163
Tudor Clo. Burn —3H 17
Tudor Clo. C Hay —6E 14
Tudor Clo. Lich —3M 19
Tudor Clo. May —8A 136
Tudor Clo. S Cold —7D 56
Tudor Ct. Ess —6M 23

Tudor Ct. Exh —2E 122
Tudor Ct. S Cold —4J 57
(B72)
Tudor Ct. S Cold —7G 43
(B74)
Tudor Ct. Tip —5A 66
Tudor Ct. Warw —4D 214
Tudor Cres. Tam —5F 32
(in two parts)
Tudor Cres. Wolv —3B 50
Tudor Cft. B37 —8F 96
Tudor Gdns. B23 —6E 70
Tudor Gdns. Stourb —4L 107
Tudor Gro. S Cold —1A 56
Tudor Hill. —3H 57
Tudor Hill. S Cold —3G 57
Tudor Pk. Ct. S Cold —6E 42
Tudor Pl. Dud —3E 64
Tudor Rd. B13 —7M 113
Tudor Rd. Bew —2B 148
Tudor Rd. Bils —5B 52
Tudor Rd. Burn —3J 17
Tudor Rd. Cann —1F 8
Tudor Rd. Dud —3E 64
Tudor Rd. Hinc —7C 84
Tudor Rd. Nun —3C 78
Tudor Rd. O'bry —5J 91
Tudor Rd. Row R —4C 90
Tudor Rd. S Cold —4H 57
Tudor Rd. Wolv —5G 37
Tudors Clo. B10 —1C 114
Tudor St. B18 —5D 92
Tudor St. Tip —5A 66
Tudor Ter. B17 —3C 112
Tudor Ter. Dud —8L 65
Tudor Va. Dud —3E 64
Tudor Way. C Hay —8D 14
Tufnell Gro. B8 —2G 95
Tugford Rd. B29 —2C 134
Tuke Pl. Lich —8F 12
Tulip Tree Av. Ken —4H 191
Tulip Tree Ct. Ken —5H 191
Tulip Wlk. B37 —1J 117
Tulliver Clo. Bed —5H 103
Tulliver Rd. Nun —1J 103
Tulliver St. Cov —4B 144
Tulsi Cen. B19 —5J 93 (1D 4)
Tulyar Clo. B36 —1J 95
Tunnel Dri. Redd —7E 204
Tunnel La. K Nor & K Hth
(in three parts) —5H 135
Tunnel Rd. Ansl —6J 77
Tunnel Rd. W Brom —1G 67
Tunnel St. Bils —1J 65
Tunstall Rd. K'wfrd —4A 88
Turchill Dri. S Cold —1A 72
Turfpits La. B23 —3D 70
Turf Pitts La. Can —6M 43
Turlands Clo. Cov —2A 146
Turley St. Dud —3G 65
Turls Hill Rd. Dud & Bils
(in two parts) —1E 64
Turls St. Dud —1E 64
Turnberry. Tam —4J 33
Turnberry Clo. Wolv —4D 34
Turnberry Dri. Nun —1C 104
Turnberry Rd. B42 —1H 69
Turnberry Rd. Wals —6F 24
Turner Av. Bils —7F 50
Turner Clo. Bed —5G 103
Turner Clo. Cann —7K 9
Turner Clo. Rugby —1H 199
Turner Clo. Warw —5B 214
Turner Dri. Brie H —2D 108
Turner Dri. Hinc —6A 84
Turner Gro. Pert —5G 35
Turner Rd. Cov —6K 143
Turners Bldgs. B18 —3F 92
Turners Cft. W Brom —1A 68
Turners Gro. Dud —5C 64
Turner's Hill. —3B 90
Turner's Hill. Row R —3B 90
Turners Hill Rd. Dud —5C 64
Turner's La. Brie H —1C 108
Turner St. B11 —3A 114
Turner St. Dud —1H 89
Turner St. Lwr G —6D 64
Turner St. Tip —2M 65
Turner St. W Brom —5G 67
Turney Rd. Stourb —3M 107
Turnham Grn. Wolv —6E 34
Turnhouse Rd. B35 —5B 72
Turnley Rd. B34 —3C 96
Turnpike Clo. B11 —3A 114
Turnpike Dri. Wat O —6J 73
Turnpike La. Redd —5A 204
Turnstone Dri. F'stne —2H 23
Turnstone Rd. Kidd —8A 150
Turpin Ct. Lea S —3M 215
Turquoise Gro. Cann —6J 9
Turton Clo. Wals —5G 25
Turton Rd. Tip —8M 51
Turton Rd. W Brom —7H 67
Turtons Cft. Bils —6H 51
Turton St. Kidd —1A 150
Turton Way. Ken —5J 191
Turves Green. —1A 156
Turves Grn. B31 —2M 155
Turville Rd. B20 —8J 69
Tustin Gro. B27 —1J 137
Tutbury. Tam —2C 46
Tutbury Av. Cov —3L 165
Tutbury Av. Pert —6F 34
Tutbury Clo. Cann —6J 9
Tutbury La. Bret —2K 169
Tutehill. Wiln —2H 47
Tutnall. —8G 181
Tutnall Clo. Tutn —8F 180
Tutnall La. Tutn —8F 180
Tuttle Hill. Nun —2E 78
Tuttle Hill Ind. Est. Nun —2E 78
Tuxford Clo. Wolv
—5E 36 (1M 7)
Twatling Rd. B Grn —7G 155
Tweedside Clo. Hinc —6F 84
Tweeds Well. B32 —2H 133
Twelve O'Clock Ride. Bin
—7E 146
Twelve Row. B12 —2M 113
Twickenham Ct. Stourb —2J 107
Twickenham Rd. B44 —8B 56
Twiners Rd. Redd —8F 204
Two Gates. —2C 46
Two Gates. Hale —4H 109
Two Gates Ind. Est. Wiln —2D 46
Two Gates La. Hale —4J 109
Two Locks. Hurst B —5G 89
Two Woods La. Brie H —8E 88
Two Woods Trad. Est. Brie H
—8E 88
Twycross Gro. B36 —2K 95
Twycross Rd. Hinc —3M 81
Twycross Wlk. Warw —8D 210
Twydale Av. Tiv —7C 66
Twyford Clo. A'rdge —4H 41
Twyford Ct. Barw —2H 85
Twyford Gro. Wolv —2M 37
Twyford Rd. B8 —4J 95
Twyning Rd. Edg —5D 92
Twyning Rd. Stir —2H 135
Tybalt Clo. Cov —4J 167
Tybalt Clo. H'cte —5K 215
Tyber Dri. B20 —6H 69
Tyberry Clo. Shir —8G 137
Tyburn. —6M 71
Tyburn Gro. B24 —6K 71
Tyburn Rd. B6 & B24 —8D 70
Tyburn Rd. Wolv —8J 37
Tyburn Sq. B24 —6K 71
Tyburn Trad. Est. B35 —7K 71
Tyebeams. B34 —4C 96
Tye Gdns. Stourb —8B 108
Tyler Ct. B24 —6F 70
Tyler Gdns. W'hall —8B 38
Tyler Gro. B43 —8H 55
Tyler Rd. W'hall —1A 52
Tylers Grn. B38 —7H 135
Tylers Gro. Shir —3M 159
Tylney Clo. B5 —2K 113
Tylney Clo. Bin —7B 146
Tyndale Cres. B43 —6J 55
Tyndall Wlk. B32 —7G 111
Tyne Clo. B37 —5H 97
Tyne Clo. Bwnhls —7C 16
Tynedale Cres. Wolv —6E 50
Tynedale Rd. B11 —6F 114
Tyne Gro. B25 —1K 115
Tynemouth Clo. Cov —4K 123
Tyne Pl. Brie H —7F 88
Tynes, The. Stoke H —2L 201
Tyning Clo. Wolv —7A 22
Tyninghame Av. Wolv —3K 35
Tynings Clo. Kidd —8H 127
Tynings La. Wals —4G 41
Tynsall Av. Redd —7M 203
Tynward Clo. Cov —4B 166
Tyrley Clo. Wolv —7H 35
Tyrol Clo. Stourb —4K 107
Tyseley. —4G 115
Tyseley Hill Rd. B11 —5G 115
Tyseley Ind. Est. B10 —3E 114
Tyseley Ind. Est. B11 —4E 114
Tyseley La. B11 —5G 115
Tysoe Clo. H'ley H —3C 186
Tysoe Clo. Redd —7K 205
Tysoe Cft. Bin —1M 167
Tysoe Dri. S Cold —5M 57
Tysoe Rd. B44 —2M 69
Tythe Barn Clo. Stoke H
—3K 201
Tythebarn Dri. K'wfrd —2G 87
Tythe Barn La. Shir —3E 158
Tyzack Clo. Brie H —7C 88

Udall Rd. Bils —6K 51
Uffculme Rd. B30 —1K 135
Uffmoor Est. Hale —7L 109
Uffmoor Green. —4H 131
Uffmoor La. Rom & Hale
(in two parts) —3K 131
**Uffmoor Wood Nature
Reserve. —2L 131**
Ufton. —8M 217
Ufton Clo. Shir —6L 137
Ufton Cres. Shir —6K 137
Ufton Cft. Cov —6G 143
Ufton Hill. Ufton —7L 217
Ullapool Clo. H End —3D 208
Ullenhall. —6J 207
Ullenhall La. Beo —3C 206
Ullenhall Rd. Know —3G 161
Ullenhall Rd. S Cold —8M 57
Ullenhall Rd. Ullen —6J 207
Ullenhall St. Ullen —5J 207
Ullenwood. B21 —2D 92
Ulleries Rd. Sol —7M 115
Ulleswater Ho. O'bry —4D 90
Ullrik Grn. B24 —7F 70
Ullswater. Wiln —2G 47
Ullswater Av. Lea S —7J 211
Ullswater Av. Nun —3M 79
Ullswater Av. Stour S —3F 174
Ullswater Clo. B32 —7M 111
Ullswater Clo. Earl S —2M 85
Ullswater Gdns. K'wfrd —3K 87
Ullswater Pl. Cann —8E 8
Ullswater Ri. Brie H —4D 88
Ullswater Rd. Bed —7G 103
Ullswater Rd. Bin —8L 145
Ullswater Rd. W'hall —8B 24
Ulster Clo. Cann —6G 9
Ulster Dri. K'wfrd —5L 87
Ulverley Cres. Sol —1M 137
Ulverley Green. —1M 137
Ulverley Grn. Rd. Sol —8L 115
Ulverscroft Rd. Cov —2C 166
Ulverston. Brow —2D 172
Ulwine Dri. B31 —5M 133
**Umberslade Children's Farm.
—7J 185**
Umberslade Rd. Earls —1H 185
(in two parts)
Umberslade Rd. S Oak & Stir
—8F 112
Underhill Clo. Cov —6D 166
Underhill Clo. Redd —3F 208
Underhill La. Wolv —6F 22
Underhill Rd. B8 —6F 94
Underhill Rd. Tip —3C 66
Underhill St. O'bry —4G 91
Underhill Wlk. O'bry —4G 91
Underley Clo. K'wfrd —2H 87
Underpass, The. B40 —5K 117
Underwood Clo. Call H —2A 208
Underwood Clo. Edg —5D 112
Underwood Clo. Erd —5C 70
Underwood Cres. Sap —1L 83
Underwood Rd. B20 —4E 68
Unett Ct. Smeth —4C 92
Unett St. B19 —4J 93
(in two parts)
Unett St. Smeth —5C 92
Unett Wlk. B19 —4J 93
Unicorn Av. Cov —5E 142
Unicorn Hill. Redd —5D 204
Unicorn La. Cov —5F 142
Union Cen. W'bry —7F 52
Union Dri. S Cold —7F 56
Union La. Try —8D 48
Union Mill St. Wolv
—7E 36 (4M 7)
Union Pas. B2 —7L 93 (5G 5)
Union Pas. Small H —1C 114
Union Pl. Cov —4F 122
Union Rd. B6 —1B 94
Union Rd. Lea S —8L 211
Union Rd. O'bry & W Brom
—8E 66
Union Rd. Shir —7J 137
Union Rd. Sol —5C 138
Union Row. B21 —1F 92
Union St. B2 —7L 93 (5G 5)
Union St. Bils —4J 51
Union St. Burn —4E 16
Union St. Cann —3E 14
Union St. Dud —8J 65
Union St. Kidd —2L 149
Union St. Lye —4E 108
Union St. P End —1M 65
Union St. Redd —6F 204
Union St. Row R —8C 90
Union St. Rugby —7A 172
Union St. Stourb —4A 108
Union St. Tip —4M 65
Union St. Wals —7M 39
Union St. W'bry —7F 52
Union St. W Brom —1K 91
Union St. W'hall —7A 38
Union St. Wolv —7D 36 (4L 7)
Union Wlk. Lea S —2A 216
Unit Ind. Est. Hinc —3G 81
Unity Ho. Cov —2E 6
Unity Pl. B29 —7F 112
Unity Pl. O'bry —1G 91
**University of Aston.
—5M 93 (2J 5)**
University of Warwick Science
Pk. Cov —3H 165
University Rd. Cov —4H 165
University Rd. E. Edg —5F 112
University Rd. W. Edg —5E 112
Unketts Rd. Smeth —6L 91
Unwin Cres. Stourb —4L 107
Upavon Clo. B35 —5A 72
Upfields. Burn —2L 17
Upfields Cotts. Burn —2L 17
Upland Gro. B'gve —4A 180
Upland Rd. B'gve —5A 180
Upland Rd. S Park —7G 113
Uplands. Cov —4G 145
Uplands. Hale —7L 109
Uplands Av. Row R —6D 90
Uplands Av. W'hall —8K 37
Uplands Av. Wolv —1K 49
Uplands Clo. Dud —2M 89
Uplands Clo. Rug —4F 10
Uplands Dri. Dud —1D 64
Uplands Dri. Wolv —1L 49
Uplands Dri. Wom —3G 63
Uplands Gro. W'hall —8J 37
Uplands Rd. Dud —2M 89
Uplands Rd. Hand —7D 68
Uplands Rd. W'hall —8J 37
Uplands, The. Smeth —4M 91
Upleadon Clo. Call H —3A 208
Up. Abbey St. Nun —4H 79
Up. Ashley St. Hale —8C 90
Up. Balsall Heath Rd. B12
—3M 113
Upper Bentley. —8H 203
Up. Bond St. Hinc —8D 84
Up. Brook St. Prem B —8K 39
Up. Castle St. W'bry —1D 52
Upper Catshill. —8B 154
Up. Chapel St. Tiv —7B 66
Up. Church La. Tip —1M 65
Up. Clifton Rd. S Cold —4H 57
Upper Clo. B32 —6K 111
Up. Conybere St. B12 —2M 113
Up. Crossgate Rd. Park I
—1J 209
Up. Dean St. B5 —8L 93 (7G 5)
Upper Eastern Green. —4D 142
Up. Eastern Grn. La. Cov
—4C 142
Up. Ettingshall Rd. Bils —1G 65
Up. Field Clo. Redd —3J 205
Upperfield Way. Bin —8A 146
(off Middlefield Dri.)
Up. Forster St. Wals —6M 39
Up. Gambolds La. S Prior
—3C 202
Upper Gornal. —4F 64
Up. Gough St. B1 —8K 93 (8E 4)
Upper Grn. Wolv —4K 35
Up. Grosvenor Rd. B20 —7H 69
Up. Grove St. Lea S —8L 211
Upper Gungate. Tam —4B 32
Up. Hall Clo. Redd —7K 205
Up. Hall La. Wals —8L 39
Up. Highgate St. B12 —2M 113
Up. High St. Crad H —8K 89
Up. High St. W'bry —6F 52
Up. Hill St. Cov —6B 144 (3A 6)
Up. Hill St. Lea S —8A 212
Up. Holland Rd. S Cold —5J 57
Up. Holly Wlk. Lea S —8A 212
Up. Keys Bus. Pk. Cann —6K 9
Up. Ladyes Hill. Ken —3G 191
Upper Ladyes Hills. —3G 191
Upper Landywood. —1E 24
Up. Landywood La. Wals
—8D 14
Up. Lichfield St. W'hall —7A 38
Upper Marlbrook. —7D 154
Up. Marshall St. B1
—8K 93 (7E 4)
Up. Meadow Rd. B32 —4J 111
Up. Navigation St. Wals —7K 39
Upper Pk. Cov —4K 167
Up. Portland St. B6 —2A 94
Upper Precinct. Cov
—6C 144 (4B 6)
Upper Ride. Cov —4K 167
Up. Rosemary Hill. Ken —4F 190
Up. Rushall St. Wals —8M 39
Up. Russell St. W'bry —7F 52
Up St John St. Lich —2H 19
Up St Mary's Rd. Smeth
—8M 91
Up. Short St. Prem B —8K 39
Up. Sneyd Rd. Ess —7B 24
Up. Spon St. Cov —6A 144
Up. Spring La. Ken —2F 190
Upper Stoke. —5H 145
Up. Stone Clo. S Cold —5L 57
Upper St. Wolv —4K 35
Up. Sutton St. B6 —2M 93
Up. Thomas St. B6 —2M 93
Up. Trinity St. B9 —8A 94 (7L 5)
Upper Vauxhall. Wolv —7A 36
Up. Villiers St. Wolv —3C 50
Up. Well St. Cov
—6C 144 (3B 6)
Up. William St. B1
—8J 93 (7C 4)
Up. York St. Cov
—8B 144 (7A 6)
Up. Zoar St. Wolv
—1B 50 (7G 7)
Upton Clo. Redd —6M 205
Upton Ct. B23 —6B 70
Upton Gdns. Bils —4J 51
Upton Gro. B33 —8J 95
Upton Rd. B33 —7J 95
Upton Rd. Kidd —8M 127
Upton Rd. Rugby —6K 171
Upton St. Dud —4J 89
Upton Warren. —5G 201
Upwey Av. Sol —5A 138
USAM Trad. Est. Wolv —7D 22
Usk Way. B36 —1F 96
Usmere Rd. Kidd —8M 127
Utrillo Clo. Cov —6J 143
Uttoxeter Clo. Wolv —3B 36
Uxbridge Av. Cov —7J 145
Uxbridge Clo. Dud —6D 64
Uxbridge Ct. Cann —4J 9
Uxbridge Clo. Kidd —4J 149
Uxbridge St. B19 —4K 93
Uxbridge St. Cann —5J 9

Valbourne Rd. B14 —5J 135
Vale Av. Dud —3D 64
Vale Av. Wals —6K 41
Vale Clo. B32 —6M 111
Vale Clo. Lich —8H 13
Vale Clo. Rugby —1G 199
Vale Head Dri. Wolv —7G 35
Vale Ind. Est. Kidd —8J 149
Valencia Cft. B35 —5B 72
Valentine Clo. S Cold —3M 55
Valentine Ct. B14 —8M 113
Valentine Rd. B14 —8L 113
Valentine Rd. O'bry —7J 91
Valepits Rd. B33 —8C 96
Valerian. S Cold —5F 42
Valerie Gro. B43 —1C 68
Vale Rd. Dud —5L 89
Vale Rd. Stour S —6G 175
Vale Row. Dud —4D 64
Vales Clo. S Cold —2L 71
Vale St. Dud —4D 64
Vale St. Stourb —1A 108
Vale St. W Brom —3L 67
Vale St. Wolv —3G 51
Vale, The. Cov —1H 167
Vale, The. Edg —3G 113
Vale, The. S'hll —7C 114
Vale Vw. Nun —5E 78
Vale Vw. Wals —5H 41
Valiant Ho. B35 —4B 72
Valiant Way. Sol —1C 138
Valley Clo. Call H —3A 208
Valley Clo. Low H —1E 148
Valley Country Pk. —6K 35
Valley Dri. Rugby —1A 172
Valley Farm Rd. Redn —3F 154
**Valley Heritage Cen. & Mus.
—3K 9**
Valley La. Lapw —2K 187
Valley La. Lich —1K 19
Valley La. Wiln —2E 46
Valley Rd. B43 —2C 68
Valley Rd. B'hth —2L 179
Valley Rd. Cov —3G 145
Valley Rd. Crad H —2L 109
Valley Rd. Dud —3E 64
Valley Rd. Earls —8G 159
Valley Rd. Gall C —5L 77
Valley Rd. Hale —1F 110
Valley Rd. Haz S —3A 10
Valley Rd. Hed —3J 9
Valley Rd. Lill —6B 212
Valley Rd. Rad S —5E 216
Valley Rd. Smeth —6M 91
Valley Rd. Sol —6C 116
Valley Rd. Stourb —4F 108
Valley Rd. S Cold —2M 55
Valley Rd. Wals —1J 39
Valley Rd. Wolv —4F 36
Valleyside. Pels —7M 25
Valley, The. Burn —1D 16
Valley, The. Rad S —5E 216
Valley Vw. Bew —3B 148
Valley Vw. Wals —2G 27
Vallian Cft. B36 —2M 95
Vallord Ct. Wolv —6C 36 (2H 7)
Vanborough Wlk. Dud —7G 65
Vanbrugh Ct. Wolv —6E 34
Van Diemans Rd. Wom —4E 62
Van Dyke Clo. Cov —6J 143
Van Gogh Clo. Cann —7K 9
Vanguard. Wiln —3D 46
Vanguard Av. Cov —8J 143
Vanguard Cen. Cov —3J 165
Vanguard Clo. B36 —1L 95
Vann Clo. B10 —1C 114
Varden Cft. B5 —2K 113
Vardon Dri. Cov —5D 166
Vardon Way. B38 —8D 134
Varley Rd. B24 —5K 71
Varley Va. B24 —5K 71
Varlins Way. B38 —2D 156
Varney Av. W Brom —7K 67
Vaughan Clo. S Cold —3F 42
Vaughan Gdns. Cod —5F 20
Vaughan Rd. W'hall —8K 37
Vaughan Trad. Est. Tip —6B 66
Vaughton Dri. S Cold —3L 57
Vaughton St. B12 —1M 113
Vaughton St. S. B5 & B12
—1L 113
Vauxhall. —4B 94
Vauxhall Av. Wolv —7A 36
Vauxhall Bus. Pk. B7 —4C 94
Vauxhall Clo. Cov —6E 144
Vauxhall Cres. B36 —8F 72
Vauxhall Gdns. Dud —2L 89
Vauxhall Gro. B7 —6B 94 (3M 5)
Vauxhall Ho. B4 —3J 5
Vauxhall Pl. B7 —6A 94 (3M 5)
Vauxhall Rd. B7 —6A 94 (3M 5)
Vauxhall Rd. Stourb —4A 108
Vauxhall St. Cov —6E 144
Vauxhall St. Dud —1H 89
Vauxhall Ter. B7 —5B 94
Vauxhall Trad. Est. B7 —5B 94
Vawdrey Clo. Stour S —8E 174
Vaynor Dri. Redd —1D 208
Veasey Clo. Attl F —6L 79
Vecqueray St. Cov —7E 144
Vector Ind. Est. W Brom —3J 67
Velsheda Rd. Shir —7G 137
Venetia Rd. B9 —7C 94
Venning Gro. B43 —2D 68
Ventnor Av. Loz —2J 93
Ventnor Av. W End —2K 95
Ventnor Clo. Cov —6L 145
Ventnor Clo. O'bry —2J 111
Ventnor Rd. Sol —6C 116
Ventnor St. Nun —3K 79
Ventura Pk. Tam —6A 32
Ventura Pk. Rd. Tam —6M 31
Venture Ct. Hinc —1E 80
Venture Way. B7
—5M 93 (1K 5)
Venus Bank. Bew —6A 148
Vera Rd. B26 —2L 115
Verbena Clo. Cov —8H 123
Verbena Clo. S Prior —8J 201
Verbena Gdns. B7
—4A 94 (1M 5)
Verbena Rd. B31 —3M 133
Vercourt. S Cold —6B 42
Verden Av. Warw —5B 214
Verdi Ct. Lich —7J 13
Verdun Clo. W'nsh —7B 216
Verdun Cres. Dud —8M 65
Vere Rd. Rugby —8F 172
Vere St. B5 —1K 113
Verity Wlk. Stourb —8L 87
Vermont Grn. Cann —6G 9
Vermont Gro. Lea S —3D 216
Verney Av. B33 —2D 116
Vernier Av. K'wfrd —4A 88
Vernolds Cft. B5 —1L 113
Vernon Av. B20 —5F 68
Vernon Av. Rugby —1E 198
Vernon Av. Tip —5L 65
Vernon Av. Wals —1G 27
Vernon Clo. Cov —6E 144
Vernon Clo. Ess —5M 23
Vernon Clo. Hale —1C 110
Vernon Clo. Lea S —6L 211
Vernon Clo. Redd —4G 205
Vernon Clo. S Cold —4E 42
Vernon Clo. W'hall —8L 37
Vernon Ct. Cov —6E 144
Vernon Ct. O'bry —2H 111
Vernon Ind. Est. Hale —1C 110
Vernon Rd. B16 —8D 92
Vernon Rd. Bils —3M 51
Vernon Rd. Hale —1C 110
Vernon Rd. O'bry —3J 91
Vernon Rd. Stour S —5G 175
Vernons Ct. Nun —5F 78
Vernons La. Nun —5E 78
Vernons Pl. Share —1K 23
Vernon St. Bils —7L 51
Vernon St. W Brom —6E 66
Vernon Way. Wals —8D 24
Verona Clo. Nun —8A 80
Veronica Av. Wolv —4E 50
Veronica Clo. B29 —3M 133
Veronica Rd. K'wfrd —3A 88
Verstone Cft. B31 —6A 134
Verstone Rd. Shir —5J 137
Verwood Clo. W'hall —8K 37
Vesey Clo. S Cold —7F 42
Vesey Clo. Wat O —7H 73
Vesey Rd. S Cold —8H 57
Vesey St. B4 —5L 93 (2G 5)
Vestry Clo. Crad H —8M 89
Vestry Ct. Woll —3L 107
Viacount Ho. Birm A —5J 117
Viaduct Dri. Wolv —3B 36
Viaduct St. B7 —6A 94 (4M 5)
Vibart Rd. B26 —1M 115
Vicarage Clo. B42 —2K 69
Vicarage Clo. Brie H —1C 108
Vicarage Clo. B'gve —1B 202
Vicarage Clo. Bwnhls —2G 27
Vicarage Clo. Dord —4M 47
Vicarage Clo. Stir —2J 135
Vicarage Clo. Tip —4L 65
Vicarage Ct. Bwnhls —2G 27
Vicarage Ct. Earl S —1M 85
Vicarage Ct. Kinv —6A 106
Vicarage Cres. Kidd —4M 149
Vicarage Cres. Redd —6C 204
(in two parts)
Vicarage Dri. Kinv —6A 106
Vicarage Fld. Warw —1H 215
Vicarage Gdns. Hale —8D 90
Vicarage Gdns. Ken —7G 191
Vicarage Gdns. S Cold —2M 71
Vicarage Hill. Clift D —5E 172
Vicarage Hill. Midd —8H 45
Vicarage Hill. Tan A —6E 184
Vicarage La. Ash G —2C 122
Vicarage La. Brie H —1D 88
Vicarage La. Dunc —6K 197
Vicarage La. Sher —8A 214
Vicarage La. Wat O —7H 73
Vicarage Pl. Wals —8L 39
Vicarage Prospect. Dud —8H 65
Vicarage Rd. Amb —2M 107
Vicarage Rd. Aston —2A 94
(in two parts)

Vicarage Rd. Bils —2J 65
Vicarage Rd. Brie H —2C 108
Vicarage Rd. Bwnhls —2F 26
Vicarage Rd. Dud —4F 64
Vicarage Rd. Earls —6J 159
Vicarage Rd. Edg —1F 112
Vicarage Rd. Hale —8C 90
Vicarage Rd. Harb —4B 112
Vicarage Rd. Hock —2G 93
Vicarage Rd. H'ley H —2E 186
Vicarage Rd. K Hth —3J 135
Vicarage Rd. Lea S —6B 212
Vicarage Rd. Lye —4E 108
Vicarage Rd. O'bry —5H 91
Vicarage Rd. Penn —6K 49
Vicarage Rd. Rugby —6M 171
Vicarage Rd. Smeth —4M 91
Vicarage Rd. Stone —7E 150
Vicarage Rd. S'lgh —3B 192
Vicarage Rd. Stourb —2J 107
Vicarage Rd. Wals —7A 26
Vicarage Rd. W'bry —6F 52
Vicarage Rd. Wed —3H 37
Vicarage Rd. W Brom —3K 67
Vicarage Rd. Wolv —1D 50 (8L 7)
Vicarage Rd. Yard —8L 95
Vicarage Rd. W. Dud —3J 65
Vicarage St. Earl S —1M 85
Vicarage St. Nun —5J 79
Vicarage St. O'bry —4H 91
Vicarage Ter. Wals —1J 53
Vicarage Vw. Redd —6D 204
Vicarage Wlk. Wals —8L 39
Vicar's Clo. Lich —1G 19
Vicar St. Dud —8J 65
Vicar St. Kidd —3L 149
Vicar St. Sed —1D 64
Vicar St. W'bry —6G 53
Vicars Wlk. Stourb —7E 108
Viceroy Clo. B5 —3J 113
Viceroy Clo. K'wfrd —4A 88
Victor Clo. Wolv —3H 51
Victoria Arc. Wolv —4J 7
Victoria Av. B10 —1D 114
Victoria Av. Hale —3F 110
Victoria Av. Hand —1F 92
Victoria Av. Rugby —5M 171
Victoria Av. Smeth —4A 92
Victoria Av. Wals —8H 25
Victoria Bus. Pk. Lea S —2A 216
Victoria Colonade. Lea S (off Victoria Ter.) —2M 215
Victoria Ct. Brie H —6D 88
Victoria Ct. Cov —5K 143
Victoria Ct. Kidd —3M 149
Victoria Ct. Smeth —3B 92
Victoria Dri. Faz —1A 46
Victoria Fold. Wolv —8C 36 (5H 7)
Victoria Gdns. Crad H —7M 89
Victoria Gdns. Lich —3F 18
Victoria Gro. B18 —5E 92
Victoria Gro. Wom —1G 63
Victoria Ho. B16 —6A 4
Victoria Ho. Wals —1K 39
Victoria Ho. W'bry —3C 52 (off Factory St.)
Victoria M. B Grn —1K 181
Victoria M. O'bry —6F 90
Victoria M. Wals —6A 40
Victoria M. Warw —2D 214
Victoria Pk. Rd. Smeth —4B 92
Victoria Pas. Stourb —4A 108
Victoria Pas. Wolv —7C 36 (4J 7)
Victoria Pl. Kidd —6H 149
Victoria Rd. A Grn —7J 115 (in two parts)
Victoria Rd. Aston —2A 94 (Park Rd. N.)
Victoria Rd. Aston —2L 93 (Witton Rd.)
Victoria Rd. B'mre —2L 49
Victoria Rd. Brie H —8G 89
Victoria Rd. B'gve —6A 180
Victoria Rd. Crad H —7M 89
Victoria Rd. D'frd —3F 178
Victoria Rd. Dud —1E 64
Victoria Rd. Erd —6D 70
Victoria Rd. Fall P —4F 36
Victoria Rd. Hale —8D 90
Victoria Rd. Hand —2E 92
Victoria Rd. Harb —4B 112
Victoria Rd. Hinc —4M 81
Victoria Rd. Lea S —1L 215
Victoria Rd. Nun —1B 78
Victoria Rd. O'bry —3J 91
Victoria Rd. Stech —6K 95
Victoria Rd. Stir —2G 135
Victoria Rd. S Cold —4J 57
Victoria Rd. Tam —4B 32
Victoria Rd. Tett —4L 35
Victoria Rd. Tip —4M 65
Victoria Rd. Wals —6A 26
Victoria Rd. W'bry —3D 52
Victoria Rd. Wed —3H 37
Victoria Sq. B2 —7K 93 (5E 4)
Victoria Sq. Lich —3H 19
Victoria Sq. Wolv —4K 7
Victoria St. B9 —8D 94
Victoria St. Brie H —2C 88
Victoria St. Bmhll —5E 8
Victoria St. Cann —1D 14
Victoria St. Cov —5E 144 (2F 6)
Victoria St. Hale —5A 110
Victoria St. Hed —3J 9
Victoria St. Hinc —8D 84
Victoria St. Lea S —2L 215
Victoria St. Nun —5J 79
Victoria St. Redd —5E 204
Victoria St. Rugby —6L 171
Victoria St. Stourb —4A 108
Victoria St. Swan V —4F 66
Victoria St. W Hth —1H 87
Victoria St. Warw —2D 214
Victoria St. W'bry —7E 52
Victoria St. W Brom —6J 67
Victoria St. W'hall —6A 38
Victoria St. Wolv —8C 36 (5J 7)
Victoria Ter. Hand —1E 92
Victoria Ter. Lea S —1M 215
Victoria Ter. Wals —6M 39
Victor Rd. B18 —3E 92
Victor Rd. Sol —6D 116
Victor St. Pels —8A 26
Victor St. Wals —2L 53
Victor Tower. B7 —4B 94
Victory Av. Burn —2F 16
Victory Av. Row R —7B 90
Victory Av. W'bry —5C 52
Victory Clo. Cann —5L 9
Victory Clo. Stour S —7H 175
Victory La. Wals —5G 39
Victory Ri. W Brom —4J 67
Victory Rd. Cov —1E 144
Victory Ter. Faz —1B 46
View Dri. Dud —1L 89
Viewfield Av. Cann —2F 8
Viewfield Cres. Dud —2D 64
Viewlands Dri. Wolv —7G 35
View St. Cann —3F 8
Vigo. —7F 26 (Aldridge)
Vigo. —6G 181 (Bromsgrove)
Vigo Clo. Wals —7F 26
Vigo Pl. Wals —1F 40
Vigo Rd. Wals —7F 26
Vigo Ter. Wals —7F 26
Viking. Wiln —2D 46
Viking Ri. Row R —5C 90
Vilia Clo. Burb —5M 81
Villa Clo. Bulk —8B 104
Villa Cres. Bulk —8C 104
Village M. Rugby —1K 197
Village Rd. B6 —8A 70
Village Sq. B31 —8J 133
Village, The. —2L 177 (Kidderminster)
Village, The. —2M 87 (Kingswinford)
Village, The. —7M 175 (Stourport-on-Severn)
Village, The. K'wfrd —2L 87
Village Wlk. W'bry —6H 53
Village Way. Bils —4J 51
Village Way. S Cold —1M 71
Villa Rd. B19 —2G 93
Villa Rd. Cov —3B 144
Villa St. B19 —2H 93 (in two parts)
Villa St. Stourb —1A 108
Villa Wlk. B19 —3J 93
Villebon Way. W'nsh —7A 216
Villette Gro. B14 —5C 136
Villiers Av. Bils —2K 51
Villiers Pl. Bils —2K 51
Villiers Rd. B'gve —2K 201
Villiers Rd. Ken —4H 191
Villiers Sq. Bils —2K 51
Villiers St. Cov —6G 145
Villiers St. Kidd —4A 150
Villiers St. Lea S —8A 212
Villiers St. Nun —6H 79
Villiers St. Wals —2L 53
Villiers St. W'hall —7A 38
Villiers Trad. Est. Wolv —2B 50 (8G 7)
Vimy Rd. B13 —1B 136
Vimy Rd. W'bry —5G 53
Vimy Ter. W'bry —5G 53
Vincent Clo. B12 —3M 113
Vincent Dri. B15 —6D 112
Vincent Pde. B12 —3M 113
Vincent Rd. S Cold —2L 57
Vincent St. B12 —4M 113 (in two parts)
Vincent St. Cov —7B 144
Vincent St. Lea S —8A 212
Vincent St. Wals —2M 53
Vincent Wyles Ho. Cov —6L 145
Vince St. Smeth —6A 92
Vinculum Way. W'hall —1B 52
Vine Av. B12 —4A 114
Vinecote Rd. Longf —6F 122
Vine Cres. W Brom —3K 67
Vine La. Cann —4D 14
Vine La. Clent —6F 130
Vine La. Hale —6B 110
Vine La. Warw —1E 214
Vineries, The. B27 —5K 115
Vine St. Aston —2B 94
Vine St. Brie H —4E 88
Vine St. Cov —5E 144 (2E 6)
Vine St. Kidd —1A 150
Vine St. Redd —5D 204
Vine St. Stourb —8L 87
Vine Ter. Harb —4C 112
Vineyard Clo. B18 —2F 92
Vineyard Rd. B31 —4M 133
Vinnall Gro. B32 —1H 133
Vintage Clo. B34 —4A 96
Violet Clo. Cov —6J 123
Violet Clo. Rugby —1E 172
Violet Cft. Tip —8C 52
Violet La. Clent —5E 130
Virginia Dri. Penn —5M 49
Virginia Pl. Nun —6E 78
Virginia Rd. Cov —6E 144 (3F 6)
Viscount Cen. Cov —3J 165
Viscount Clo. B35 —7A 72
Viscount Clo. Lea S —3M 215
Viscount Rd. Burn —8E 10
Vista Grn. B38 —8G 135 (in three parts)
Vista, The. Dud —8D 50
Vittle Dri. Warw —2D 214
Vittoria St. B1 —5J 93 (2C 4)
Vittoria St. Smeth —3D 92
Vivian Clo. B17 —4C 112
Vivian Rd. B17 —4C 112
Vixen Clo. S Cold —2K 71
Vogue Clo. Cov —6E 144 (3F 6)
Vowchurch Clo. Redd —4A 204
Voyager Dri. Cann —3F 14
Vulcan Ind. Est. Wals —3J 39
Vulcan Rd. Bils —4M 51
Vulcan Rd. Lich —8L 13
Vulcan Rd. Sol —2C 138
Vulcan Rd. Ind. Est. Sol —2C 138
Vyrnwy Gro. B38 —1E 156
Vyse St. B18 & Hock —4J 93 (1C 4)
Vyse St. Aston —1B 94

Wackrill Dri. Lea S —6C 212
Waddell Clo. Bils —7F 50
Waddens Brook La. Wolv —4L 37
Waddington Av. B43 —8E 54
Wade Av. Cov —4B 166
Wadebridge Dri. Nun —5L 79
Wade Gro. Warw —7E 210
Wadesmill Lawns. Wolv —5E 22
Wade St. Lich —2H 19
Wadey Pl. Bew —4D 148
Wadham Clo. Row R —3C 90
Wadham Ho. B37 —6J 97
Wadhurst Rd. B17 —7B 92
Wadley's Rd. Sol —3M 137
Waen Clo. Tip —1B 66
Waggoners Clo. Bubb —4J 193
Waggoners Clo. Stoke H —3L 201
Waggoners La. Hints —2D 44
Waggon La. Kidd —6E 128
Waggon St. Crad H —7M 89
Waggon Wlk. B38 —1C 156 (in two parts)
Wagoners Clo. B8 —3F 94
Wagon La. Sol & B26 —5M 115
Wagon Overthrow. —2G 123
Wagstaff Clo. Bils —1K 65
Wainbody Av. N. Cov —3A 166
Wainbody Av. S. Cov —5M 165
Waine Ho. Bwnhls —3G 27
Wainrigg. Wiln —2H 47
Wainwright Clo. K'wfrd —2G 87
Wainwright St. B6 & Aston —2A 94
Waite Rd. W'hall —1L 51
Wakefield Clo. Bin —2M 167
Wakefield Clo. Hurl —5H 61
Wakefield Clo. S Cold —7G 57
Wakefield Ct. B13 —7B 114
Wakefield Gro. Wat O —6H 73
Wakeford Rd. B31 —8C 134
Wake Green. —7A 114
Wake Grn. Pk. B13 —7B 114
Wake Grn. Rd. B13 —6M 113
Wake Grn. Rd. Tip —8A 52
Wake Gro. Warw —4B 214
Wakehurst Clo. Nun —1M 103
Wakelam Gdns. B43 —8D 54
Wakelams Fold. Dud —6C 64
Wakeley Hill. Wolv —5M 49
Wakelin Rd. Shir —2H 159
Wakeman Gro. B33 —2D 116
Wakes Clo. W'hall —8B 38
Wakes Rd. W'bry —7G 53
Walcot Clo. S Cold —6H 43
Walcot Dri. B43 —3F 68
Walcote Clo. Hinc —1F 80
Walcot Gdns. Bils —5H 51
Walcot Grn. Dorr —7G 161
Waldale Clo. Ess —8C 24
Walden Gdns. Wolv —3L 49
Walden Rd. B11 —6G 115
Waldeve Gro. Sol —1F 138
Waldley Gro. B24 —6J 71
Waldon Wlk. B36 —1F 96
Waldron Av. Brie H —7B 88
Waldron Clo. W'bry —3F 52
Waldrons Moor. B14 —4J 135
Walford Av. Wolv —1M 49
Walford Dri. Sol —6D 116
Walford Grn. B32 —2H 133
Walford Gro. Warw —8F 210
Walford Pl. Rugby —1F 198
Walford Rd. B11 —3B 114
Walford St. Tiv —7A 66
Walford Wlk. Redd —6E 204
Walhouse Clo. Wals —7M 39
Walhouse Rd. Wals —7M 39 (in two parts)
Walhouse St. Cann —1E 14
Walker Av. Brie H —2D 108
Walker Av. Stourb —6D 108
Walker Av. Tiv —2C 90
Walker Av. Wolv —1E 36
Walker Dri. B24 —1E 94
Walker Dri. Kidd —8A 128
Walker Grange. Tip —2M 65
Walker Pl. Wals —1L 39
Walker Rd. Wals —1K 39
Walker's Cft. Lich —7J 13
Walkers Fold. W'hall —3D 38
Walker's Heath. —7G 135
Walkers Heath Rd. B38 —8H 135
Walkers Orchard. S'lgh —3B 192
Walkers Ri. Hed —1F 14
Walkers Rd. Moons I —3L 205
Walker St. Dud —5J 89
Walker St. Tip —2B 66
Walkers Way. Bed —8F 102
Walkers Way. Col —3A 98
Walk La. Wom —2G 63
Walkmill Bridge. —4C 14
Walkmill Dri. Wych —8D 200
Walkmill La. Cann —4D 14
Walkmill Way. Cann —4D 14
Walk, The. Dud —8D 50
Walkwood. —4B 208
Walkwood Cres. Redd —3C 208
Walkwood Rd. Redd —3C 208
Wallace Clo. Cann —4M 15
Wallace Clo. O'bry —3D 90
Wallace Ct. Warw —2D 214
Wallace Ho. O'bry —4D 90
Wallace Ri. Crad H —2L 109
Wallace Rd. B29 —7M 113
Wallace Rd. Bils —6A 52
Wallace Rd. Cov —1A 144
Wallace Rd. O'bry —3D 90
Wallace Rd. Wals —1E 26
Wall Av. Col —4M 97
Wallbank Rd. B8 —3G 95
Wallbrook. —1K 65
Wallbrook St. Bils —1K 65
Wall Cft. Wals —2H 41
Wall Dri. S Cold —5F 42
Wall End Clo. Wals —2G 39
Waller Clo. Leek W —2F 210
Waller St. Lea S —7A 212
Waller Way. W'nsh —7A 216
Wallface. W Brom —2G 67
Wall Heath. —1H 87
Wallheath Cres. Wals —4L 27
Wall Heath La. Wals —4M 27
Wall Hill. —5G 121
Wall Hill Rd. Cor & Alle —2C 120
Walling Cft. Bils —6H 51
Wallingford Av. Nun —2M 79
Wallington Clo. Wals —7H 25
Wallington Heath. —7G 25
Wallington Heath. Wals —7H 25
Wall Lane. —8B 18
Wall La. Lich —5D 18
Wallows Cres. Wals —3J 53
Wallows Ind. Est., The. Brie H —4D 88
Wallows La. Wals —3J 53 (WS1, in two parts)
Wallows La. Wals —3J 53 (WS2)
Wallows Pl. Brie H —4C 88
Wallows Rd. Brie H —5C 88
Wallows Wood. Dud —5A 64
Wall Roman Site. —7D 18
Wall's Rd. S Prior —6J 201
Wall St. Wolv —7H 37
Wall Well. Hale —6M 109
Wall Well La. Hale —6M 109
Wallwin Ct. Warw —3D 214
Walmead Cft. B17 —2M 111
Walmer Gro. B23 —4B 70
Walmer Mdw. Wals —2H 41
Walmers, The. Wals —2H 41
Walmers Wlk., The. B31 —8K 133
Walmer Way. B37 —6J 97
Walmley. —1M 71
Walmley Ash. —4M 71
Walmley Ash La. Min —3B 72
Walmley Ash Rd. S Cold & Min —2M 71
Walmley Clo. Hale —2H 109
Walmley Rd. S Cold —5L 57
Walney Clo. Hinc —8B 84
Walnut Av. Cod —6G 21
Walnut Clo. B37 —8H 97
Walnut Clo. Cann —6F 8
Walnut Clo. Harts —1A 78
Walnut Clo. Nun —3E 78
Walnut Clo. Stourb —8B 108
Walnut Dri. Cann —7F 8
Walnut Dri. Lea S —6B 212
Walnut Dri. Smeth —4B 92
Walnut Dri. Wolv —8K 35
Walnut Gro. Lich —2M 19
Walnut Ho. B20 —6F 68
Walnut La. Fins —1D 202
Walnut La. W'bry —7G 53
Walnut Rd. Wals —5A 54
Walnut St. Cov —7H 123
Walnut Tree Clo. Ken —6G 191
Walnut Way. B31 —1M 155
Walnut Way. Rugby —8H 171
Walpole St. Wolv —6A 36
Walpole Wlk. W Brom —8K 67
Walsal End La. H Ard —6M 139
Walsall. —8L 39
Walsall Arboretum. —7A 40
Walsall Leather Mus. —7L 39
Walsall Mus. & Art Gallery. (Central Library) —7M 39
Walsall New Firms Cen., The. Wals —1K 53
Walsall Retail Pk. Wals —5H 39
Walsall Rd. A'rdge —6E 40
Walsall Rd. Cann —1E 14 (Avon Rd.)
Walsall Rd. Cann —6M 15 (Watling St.)
Walsall Rd. Four O —7F 42
Walsall Rd. Gt Barr & P Barr —8F 54
Walsall Rd. Gt Wyr —4F 14
Walsall Rd. Lich —2G 19
Walsall Rd. Lit A & S Cold —3C 42
Walsall Rd. Pels —7A 26
Walsall Rd. Spring —2K 27
Walsall Rd. Wals —8D 26 (WS4)
Walsall Rd. Wals —5M 53 (WS5)
Walsall Rd. W'bry —3D 52
Walsall Rd. W Brom —2K 67
Walsall Rd. W'hall —7B 38
Walsall St. Bils —3K 51
Walsall St. Cov —2G 165
Walsall St. W'bry —2D 52 (Foster St.)
Walsall St. W'bry —6F 52 (Up. High St.)
Walsall St. W Brom —6K 67
Walsall St. W'hall —8B 38
Walsall St. Wolv —8E 36 (5M 7)
Walsall Wood. —5F 26
Walsall Wood Rd. Wals —7G 27
Walsgrave Clo. Sol —3D 138
Walsgrave Dri. Sol —2D 138
Walsgrave Gdns. Cov —2A 146
Walsgrave on Sowe. —2A 146
Walsgrave Rd. Cov —6F 144
Walsgrave Triangle Bus. Pk. Cov W —8A 124
Walsham Cft. B34 —4C 96
Walsh Dri. S Cold —5M 57
Walshes, The. —8E 174
Walsh Gro. B23 —1D 70
Walsh La. Mer —7L 119
Walsingham Dri. Berm I —1G 103
Walsingham St. Wals —8A 40
Walstead Clo. Wals —4C 54
Walstead Rd. Wals —4M 53
Walstead Rd. W. Wals —4L 53
Walt Dene Clo. B43 —7E 54
Walter Burden Ho. Smeth —6C 92
Walter Cobb Dri. S Cold —8G 57
Walter Nash Rd. E. Kidd —8G 149
Walter Nash Rd. W. Kidd —8G 149
Walter Rd. Bils —6L 51
Walter Rd. Smeth —3L 91
Walters Clo. B31 —3M 155
Walter Scott Rd. Bed —8J 103
Walters Rd. O'bry —2G 111
Walters Row. Dud —8G 65
Walter St. B7 —3B 94
Walter St. Wals —8A 26
Walter St. W Brom —7L 67
Waltham Clo. B'gve —8L 179
Waltham Cres. Nun —5B 78
Waltham Gro. B44 —7B 56
Waltham Ho. W Brom —6K 67
Walthamstow Ct. Brie H —8D 88
Walton Av. Row R —1B 110
Walton Clo. Bin —2L 167
Walton Clo. Hale —7M 109
Walton Clo. Hartl —8C 176
Walton Clo. Kidd —7H 149
Walton Clo. Nun —2A 104
Walton Clo. Redd —6L 205
Walton Clo. Row R —5A 90
Walton Clo. Stour S —8D 174
Walton Ct. Hale —6M 109
Walton Cres. Wolv —4E 50
Walton Cft. Sol —8B 138
Walton Dri. Stourb —4C 108
Walton Gdns. Cod —5F 20
Walton Gro. B30 —7H 135
Walton Heath. Wals —6F 24
Walton Ho. B16 —7H 93 (6B 4)
Walton La. Hartl —7C 176
Walton Pool. —7G 131
Walton Pool La. Clent —6F 130
Walton Ri. Clent —6G 131
Walton Rd. B'gve —5A 180
Walton Rd. O'bry —7H 91
Walton Rd. Stourb —3A 108
Walton Rd. Wals —8G 27
Walton Rd. W'bry —7J 53
Walton Rd. Wolv —4E 50
Walton St. Tip —4M 65
Wanderers Av. Wolv —3C 50
Wanderer Wlk. B36 —8L 71
Wandle Gro. B11 —6G 115
Wandsbeck. Tam —1E 46
Wandsworth Rd. B44 —6L 55
Wanley Rd. Cov —3D 166
Wannerton Rd. Blak —8H 129
Wansbeck Gro. B38 —1E 156
Wansbeck Wlk. Dud —3F 64
Wansfell Clo. Cov —2G 165
Wanstead Gro. B44 —8A 56
Wantage Rd. Col —8L 73
Wappenbury. —2M 213
Wappenbury Clo. Cov —7J 123
Wappenbury Rd. Cov —7K 123
Wapping. —3B 206 (Bromsgrove)
Wapping. —4K 209 (Stratford-on-Avon)
Wapping La. Beo —2B 206
Warbage La. Belb & D'frd —8F 152
Warbank Clo. A'chu —3A 182
Warbler Pl. Kidd —7A 150
Ward Clo. B8 —4G 95
Warden Av. S Cold —1F 70
Ward End. —3G 95
Ward End Clo. B8 —3F 94
Ward End Hall Gro. B8 —3G 95
Ward End Pk. Rd. B8 —4F 94
Wardend Rd. B8 —3G 95
Warden Rd. Cov —3B 144
Warden Rd. S Cold —1F 70
Wardens Av., The. Cov —3H 143
Wardens, The. Ken —4J 191
Ward Gro. Warw —2J 215
Ward Gro. Wolv —6E 50
Wardle Clo. S Cold —5G 43
Wardle Pl. Cann —4E 8
Wardles La. Wals —7F 14
Wardle St. Tam —4A 32
Wardle Way. Kidd —6H 127
Wardlow Clo. Wolv —3B 50
Wardlow Rd. B7 —4B 94 (1M 5) (in two parts)
Wardour Dri. B37 —7J 97
Wardour Gro. B44 —1C 70
Ward Rd. Cod —6F 20
Ward Rd. Wolv —4D 50
Ward St. B19 —5L 93 (1G 5)
Ward St. Bils —1H 65
Ward St. Cann —3F 8
Ward St. E'shll —2H 51
Ward St. Wals —7M 39
Ward St. W'hall —6B 38
Ward St. Wolv —7E 36 (4M 7) (in two parts)
Wareham Clo. Wals —4M 39
Wareham Grn. Cov —4A 146
Wareham Rd. Redn —7H 133
Wareing Dri. B23 —1D 70
Ware Orchard. Barby —7J 199
Ware Rd. Barby —7J 199
Waresley. —8A 176
Waresley Ct. Rd. Hartl —8A 176
Waresley Park. —8A 176
Waresley Rd. Hartl —8A 176
Warewell Clo. Wals —7M 39
Warewell St. Wals —8M 39
Waring Clo. Tip —1L 65
Waring Rd. Tip —1A 66
Waring's Green. —8K 159
Warings Grn. Rd. H'ley H —1K 185
Warings, The. Wom —5F 62
Waring Way. Dunc —5K 197
War La. B17 —4B 112
Warley Cft. O'bry —1L 111
Warley Hall Rd. O'bry —1K 111
Warley Rd. O'bry —4J 91
Warmington Clo. Bin —1L 167
Warmington Dri. S Cold —5H 57
Warmington Gro. Warw —1B 214
Warmington Rd. H'wd —3A 158
Warmington Rd. Sheld —4C 116
Warmley Clo. Sol —4D 138
Warmley Clo. S Cold —1M 71
Warmley Clo. Wolv —4B 36
Warmwell Clo. Cov —5M 145
Warneford M. Lea S —2A 216
Warner Clo. Warw —8D 210
Warner Dri. Brie H —8D 88
Warner Pl. Wals —3M 39
Warner Rd. Cod —6F 20
Warner Rd. Wals —3M 39
Warner Rd. W'bry —7J 53
Warner Row. Cov —2G 145
Warner St. B12 —1A 114 (8L 5)
Warners Wlk. B10 —1C 114

Warnford Wlk. Wolv —3J 49
Warple Rd. B32 —4J 111
Warren Av. B13 —7M 113
Warren Av. Wolv —4F 36
Warren Clo. Cann —4A 10
Warren Clo. Lea S —6M 211
Warren Clo. Lich —2L 19
Warren Clo. Ryton D —8A 168
Warren Clo. Tip —2A 66
Warren Dri. Dorr —6G 161
Warren Dri. Dud —8C 50
Warren Dri. Row R —4M 89
Warren Farm Rd. B44 —1M 69
Warren Fld. Ryton D —8A 168
Warren Gdns. K'wfrd —3J 87
Warren Grn. Cov —2F 164
Warren Gro. B8 —3E 94
Warren Hill Rd. B44 —3M 69
Warren La. Redn —6H 155
Warren Pl. Wals —2G 27
Warren Rd. B44 —2A 70
Warren Rd. Burn —4G 17
Warren Rd. Rugby —8D 172
Warren Rd. Stir —2G 135
Warren Rd. Wash H —3E 94
Warrens Cft. Wals —4D 54
Warrens End. B38 —1F 156
Warrens Hall Rd. Dud —2K 89
Warrington Clo. S Cold —8A 58
Warrington Dri. B23 —2D 70
Warsash Clo. Wolv —1H 51
Warstock. —6B 136
Warstock La. B14 —4A 136
Warstock Rd. B14 —6A 136
Warston Av. B32 —6K 111
Warstone. —1B 24
Warstone Clo. Bew —5D 148
Warstone Dri. W Brom —5L 67
Warstone La. B18 —5H 93 (2B 4)
Warstone M. B18 —2C 4
Warstone Pde. E. B18 —5H 93 (1B 4)
Warstone Rd. Share & Ess —7A 14
Warstones Cres. Wolv —4K 49
Warstones Dri. Wolv —3J 49
Warstones Gdns. Wolv —3J 49
Warstones Ho. Wolv —3K 49
Warstones Rd. Wolv —6J 49
Warstone Ter. B21 —1E 92
Warstone Tower. B36 —1J 95
Wartell Bank. K'wfrd —2K 87
Wartell Bank Ind. Est. K'wfrd —2K 87
Warton Clo. Ken —5J 191
Warwards La. B29 —8G 113
Warwell La. B26 —3K 115
Warwick. —3E 214
Warwick Av. B'gve —2A 202
Warwick Av. Cov —2A 166
Warwick Av. Pert —6F 34
Warwick Av. W'bry —5J 53
Warwick Av. W'hall —7D 38
Warwick By-Pass. Barf —8F 214
Warwick By-Pass. Warw —6B 214
Warwick Castle. —3E 214
Warwick Clo. Cann —1F 14
Warwick Clo. Dud —6D 64
Warwick Clo. O'bry —7H 91
Warwick Clo. Stud —6K 209
Warwick Clo. W Brom —2E 66
Warwick Ct. B13 —7A 114
Warwick Ct. B29 —2C 134
Warwick Ct. B37 —7K 97
Warwick Ct. Cov —8C 144 (8B 6) (off Michaelmas Rd.)
Warwick Ct. Lea S —8M 211
Warwick Ct. Sol —4B 138
Warwick Crest. Edg —2H 113
Warwick Cft. B36 —1J 95
Warwick Doll Mus. —3E 214
Warwick Dri. Cod —5E 20
Warwick Gdns. Hinc —6E 84
Warwick Gdns. Nun —6E 78
Warwick Gdns. Tiv —7C 66
Warwick Grange. Sol —2M 137
Warwick Grn. Bulk —8C 104
Warwick Gro. Sol —8L 115
Warwick Hall Gdns. B'gve —1A 202
Warwick Highway. Map G & Stud —8F 204
Warwick La. Cov —7C 144 (5C 6)
Warwick New Rd. Lea S —1J 215
Warwick Pk. Ct. Sol —1M 137
Warwick Pas. B2 —7L 93 (5G 5)
Warwick Pl. Lea S —1K 215
Warwick Race Course. —3C 214
Warwick Rd. B11 —4D 114
Warwick Rd. A Grn & Sol —5H 115
Warwick Rd. Cov (in two parts) —1B 166 (8A 6)
Warwick Rd. Dud —6L 89
Warwick Rd. Ken —5F 190
Warwick Rd. Know —8G 139 (in two parts)
Warwick Rd. Leek W & Ken —2F 210
Warwick Rd. O'bry —2K 111
Warwick Rd. S'lgh —2B 192
Warwick Rd. Stourb —8K 87
Warwick Rd. S Cold —7C 56
Warwick Rd. Tam —5E 32
Warwick Rd. Tys & S'hll (in two parts) —4C 114
Warwick Rd. Witt —7L 69 (in two parts)
Warwick Rd. Wols —6F 168
Warwick Rd. Trad. Est. B11 —5D 114
Warwick Row. Cov —7C 144 (6B 6)
Warwickshire Mus. —3E 214
Warwickshire Yeomanry Mus. —3E 214
Warwick St. B12 —8A 94 (8L 5)
Warwick St. Bils —4L 51
Warwick St. Cov —1M 165
Warwick St. Lea S —8L 211
Warwick St. Rugby —6A 172
Warwick St. Stour S —4G 175
Warwick St. Wals —6M 39
Warwick St. Wolv —8E 36 (5M 7)
Warwick Technology Pk. Warw —4H 215
Warwick Ter. Lea S —8L 211
Warwick Tourist Info. Cen. —3E 214
Warwick Way. Wals —8G 27
Wasdale Clo. Lea S —8K 211
Wasdale Dri. K'wfrd —3L 87
Wasdale Rd. B31 —5M 133
Wasdale Rd. Clay —3D 26
Waseley Hills Country Pk. & Vis. Cen. —8C 132
Waseley Rd. Redn —1E 154
Washbourne Rd. W'nsh —6A 216
Washbrook La. Alle —7G 121
Washbrook La. Cann —5J 15
Washbrook Rd. B8 —3G 95
Washford. —2L 209
Washford Dri. Park I —2J 209
Washford Gro. B25 —1H 115
Washford Ind. Est. Redd —1L 209
Washford La. Redd —1K 209
Washington Clo. Barw —3G 85
Washington Dri. B20 —6H 69
Washington St. B1 —8J 93 (7D 4)
Washington St. Dud —6K 89
Washington St. Kidd —4J 149
Wash La. B25 —2J 115
Washwood Heath. —3F 94
Washwood Heath Rd. B8 —4D 94
Wasperton Clo. B36 —1B 96
Wasperton Clo. Bin —1M 167
Wassell Ct. Hale —7L 109
Wassell Dri. Bew —5C 148
Wassell Gro. La. Hag —1F 130
Wassell Rd. Bils —2K 51
Wassell Rd. Hale —7L 109
Wassell Rd. Stourb —7E 108
Wassell Wood Nature Reserve. —2D 148
Waste La. Bal C —4L 163
Waste La. Cov —8L 121
Wast Hill Gro. B38 —2F 156
Wast Hills La. A'chu & K Nor —5D 156
Wastwater Ct. Wolv —5F 34
Watchbury Clo. B36 —8C 72
Watch Clo. Cov —6B 144 (4A 6)
Watchmaker Ct. Cov —7B 144 (5A 6)
Watchman Av. Brie H —2F 108
Watchtower Rd. Stour S —3K 175
Watcombe Rd. Cov —1L 145
Watercall Av. Cov —4C 166
Waterdale. Shir —4K 159
Water Dale. Wolv —7L 35
Waterdale. Wom —4E 62
Waterfall Clo. Mer —8J 119
Waterfall Clo. Smeth —2L 91
Waterfall La. Crad H & Row R —8A 90
Waterfall La. Trad. Est. Crad H —8A 90
Waterfall Rd. Brie H —2C 108
Waterfall Way. Barw —4F 84
Waterfield Clo. Tip —4J 65
Waterfield Ho. Wom —2H 63
Waterfield Way. Burb —4H 81
Waterford Pl. B33 —6D 96
Waterford Rd. K'wfrd —2K 87
Waterfront Bus. Pk. Brie H —6D 88
Waterfront E., The. Brie H —5E 88
Waterfront, The. Brie H —5E 88
Waterfront Way. Brie H —5E 88
Waterfront W. Brie H —5E 88
Waterglade La. W'hall —8A 38
Waterhaynes Clo. Redn —3G 155
Waterhead Clo. Wolv —7G 23
Waterhead Dri. Wolv —7G 23
Waterlaide Clo. Hartl —7B 176
Waterlaide Rd. Hartl —7A 176
Water La. W Brom —2M 67
Waterlilly Clo. Cann —6L 9
Waterlinks Boulevd. B6 —2A 94
Waterlinks Ho. B7 —1K 5
Waterloo Av. B37 —5H 97
Waterloo Boulevd. Cann —5L 9
Waterloo Ct. Warw —1G 215
Waterloo Ind. Est. B37 —5H 97
Waterloo Pl. Lea S —8M 211
Waterloo Rd. Bew —3B 148
Waterloo Rd. Hinc —1J 81
Waterloo Rd. K Hth —1L 135
Waterloo Rd. Smeth —6A 92
Waterloo Rd. Wolv —7C 36 (3H 7)
Waterloo Rd. Yard —3H 115
Waterloo Rd. Junct. Wolv —7C 36 (3H 7)
Waterloo St. B2 —7K 93 (5E 4)
Waterloo St. Cov —5E 144
Waterloo St. Dud —1G 89
Waterloo St. Kidd —3L 149
Waterloo St. Lea S —2B 216
Waterloo St. Tip —4L 65
Waterloo St. E. Tip —4M 65
Waterloo Ter. Wolv —6B 36 (1G 7)
Waterman Rd. Cov —3F 144
Watermeadow Dri. Shelf —8D 26
Watermere. Shelf —1D 40
Water Mill Clo. B29 —6D 112
Watermill Clo. Wolv —6D 22
Water Mint Clo. Cann —5L 9
Water Orton. —6H 73
Water Orton La. Min —4D 72
Water Orton Rd. B36 & Cas B —1C 96
Water Rd. Dud —7C 64
Watersbridge Gdns. Nun —8J 79
Waters Dri. S Cold —6D 42
Waters Edge, The. B1 —7J 93 (6C 4)
Waters End. Barw —4G 85
Watersfield Gdns. Lea S —2C 216
Waterside. B15 —1J 113 (8C 4)
Waterside. B43 —2E 68
Waterside. Longf —3J 123
Waterside. Pole —8M 33
Waterside Clo. B24 —4A 72
Waterside Clo. Bord G —7C 94
Waterside Ct. Amin —4F 32
Waterside Ind. Est. Wolv —3G 51
Waterside Orchard Cvn. Pk. A'chu —7B 156
Waterside Trad. Est. Crad H —5M 89
Waterside Vw. B18 —4G 93
Waterside Vw. Brie H —1B 108
Waterside Way. Wals —7C 16
Waterside Way. Wolv —6A 22
Waters Mead Clo. Cann —5L 9
Watersmeet Gro. Cov —3H 145
Watersmeet Rd. Cov —3H 145
Waterson Cft. B37 —6K 97
Water St. B3 —6K 93 (3E 4)
Water St. Burn —2E 16
Water St. K'wfrd —2K 87
Water St. W Brom —7K 67
Water St. Wolv —6D 36 (1L 7)
Waters Vw. Pels —4B 26
Water Tower La. Ken —3F 190
Waterward Clo. B17 —4C 112
Waterways Dri. O'bry —8E 66
Waterways Gdns. Word —8L 87
Waterworks Cotts. W Brom —2L 67
Water Works Dri. B31 —4K 133
Waterworks Rd. B16 —8F 92
Waterworks St. B6 —1B 94
Watery La. A'chu —6E 156 (Lea End La.)
Watery La. A'chu —1J 183 (Weatheroak Hill)
Watery La. Cod —5G 21
Watery La. Col —7C 74
Watery La. Cor —5E 120
Watery La. Ker E & Cov —5M 121
Watery La. Know —6L 161
Watery La. Lich —5J 13
Watery La. Quin —6G 111
Watery La. Redd —8G 205
Watery La. Rug —5H 11
Watery La. Sher —8A 214
Watery La. Shir —5J 159
Watery La. Smeth —4A 92
Watery La. Stourb —7L 87
Watery La. Stour S —8G 175
Watery La. Tip —4M 65
Watery La. Ullen —6J 207
Watery La. Wals —2K 53 (in two parts)
Watery La. W'hall —6K 37
Watery La. Middleway. Bord —7B 94 (5M 5)
Watford Gap. —2G 43
Watford Gap Rd. Lich —2G 43
Watford Rd. B30 & K Nor —4F 134
Wathan Av. Bils —7F 50
Wathen Rd. Lea S —7A 212
Wathen Rd. Warw —1E 214
Watkins Gdns. B31 —6B 134
Watkins Rd. W'hall —4C 38
Watland Grn. B34 —4A 96
Watling Clo. Hinc —5J 81
Watling Ct. Attl F —6M 79
Watling Cres. Clift D —1J 173
Watling Dri. Hinc —5H 81
Watling Rd. Ken —3H 191
Watling St. Bwnhls —8D 16
Watling St. Cald & Nun —1M 79
Watling St. Cann —2A 14
Watling St. Clift D —1J 173
Watling St. Dord —3K 47
Watling St. Hinc & Smock —4G 81
Watling St. Lich —3M 29
Watling St. M Oak & Faz —7K 31
Watling St. Two G & Wiln —1D 46
Watney Gro. B44 —1C 70
Watson Clo. S Cold —7J 57
Watson Clo. Warw —8E 210
Watson Rd. Alum R —4F 94
Watson Rd. Bils —7G 51
Watson Rd. Cov —7K 143
Watson Rd. Nech —2D 94 (in two parts)
Watson Rd. W'bry —4A 52
Watson Rd. Wolv —7B 22
Watsons Clo. Dud —1L 89
Watson's Grn. Fields. Dud —1M 89
Watson's Grn. Rd. Dud —8L 65
Watt Clo. B'gve —8M 179
Watt Ct. Stour S —4G 175
Wattisham Sq. B35 —5A 72
Wattis Rd. Smeth —7A 92
Wattle Grn. W Brom —6G 67
Wattle Rd. W Brom —6F 66
Watton Clo. Bils —8G 51
Watton Grn. B35 —7A 72 (in two parts)
Watton La. Wat O —7J 73
Watton St. W Brom —7K 67
Watt Rd. B23 —5E 70
Watt Rd. Tip —1B 66
Watts Clo. Tip —4J 65
Watts La. Hillm —1H 199
Watt's Rd. B10 —1D 114
Watts Rd. Stud —7L 209
Watt St. B21 —2D 92
Watt St. Smeth —3B 92
Wattville Av. Hand —1C 92
Wattville Rd. Smeth & B21 —2B 92
Watwood Rd. Shir & B28 —6F 136
Waugh Clo. B37 —7H 97
Waugh Dri. Hale —1K 131
Wavebeck Ct. Rugby —4H 171
Waveley Rd. Cov —6A 144
Wavell Rd. B8 —4E 94
Wavell Rd. Brie H —2F 108
Wavell Rd. Wals —7E 38
Wavendon Clo. W'grve S —8M 123
Waveney. Tam —1E 46
Waveney Av. Pert —5E 34
Waveney Clo. Hinc —1H 81
Waveney Cft. B36 —1F 96
Waveney Gro. Cann —8B 8
Wavenham Clo. S Cold —4E 42
Wavere Ct. Brow —2D 172
Waverhill Rd. B21 —2F 92
Waverley Av. B43 —5H 55
Waverley Av. Nun —8L 79
Waverley Clo. Kidd —1M 149
Waverley Cres. Lane —6F 50
Waverley Cres. Penn —3B 50
Waverley Cres. Rom —5M 131
Waverley Gdns. Wom —2H 63
Waverley Gro. Sol —6M 137
Waverley Rd. B10 —2D 114
Waverley Rd. Ken —6G 191
Waverley Rd. Lea S —3A 216
Waverley Rd. Rugby —8G 173
Waverley Rd. Wals —7F 24
Waverley Rd. W'bry —3D 52
Waverley Sq. Nun —1M 103
Waverley St. Dud —1G 89
Waverley Wlk. Lich —3H 19
Waverton M. Lea S —3C 216
Wavy Tree Clo. Warw —2D 214
Waxland Rd. Hale —7B 110
Way Cft. Kidd —1G 175
Wayfield Clo. Shir —6J 137
Wayfield Rd. Shir —6J 137
Wayford Dri. S Cold —2K 71
Wayford Glade. W'hall —1M 51
Wayford Gro. B8 —5H 95
Waynecroft Rd. B43 —7E 54
Wayside. B37 —1F 116
Wayside. Wolv —7L 21
Wayside Acres. Cod —7F 20
Wayside Dri. S Cold —6C 42
Wayside Gdns. W'hall —5E 38
Wayside Wlk. Wals —6G 39
Waystone La. Belb —5D 152
Wealden Hatch. Wolv —5E 22
Wealdstone Dri. Dud —7D 64
Weale Gro. Warw —8F 210
Weaman St. B4 —6L 93 (3G 5)
Weates Yd. A Grn —5J 115
Weatheroak Clo. Redd —8A 204
Weatheroak Hill. —8H 157
Weatheroak Hill. A'chu —8H 157
Weatheroak Rd. B11 —4C 114
Weather Oaks. B17 —4B 112
Weatheroaks. Hale —2G 111
Weatheroaks. Wals W —5H 27
Weaver Av. B26 —3B 116
Weaver Av. S Cold —8A 58
Weaver Clo. Brie H —3A 88
Weaver Dri. Rugby —5J 171
Weaver Gro. W'hall —7D 38
Weaver Rd. Earl S —1M 85
Weavers Hill. H End —5D 208
Weavers Ri. Dud —6K 89
Weavers Wlk. Cov —1H 145
Weaving Gdns. Cann —8E 8
Webb Av. Pert —4E 34
Webbcroft Rd. B33 —5L 95
Webb Dri. Rugby —1D 172
Webb Ellis Rd. Rugby —7L 171
Webb La. B28 —3E 136
Webb Rd. Tip —2C 66
Webb St. Bils —7J 51
Webb St. Nun —6C 78
Webb St. W'hall —7M 37
Webheath. —7A 204
Webley Ri. Wolv —5F 22
Webnor Ind. Est. Wolv —3G 51
Webster Av. Ken —3H 191
Webster Clo. B11 —3B 114
Webster Clo. S Cold —2H 71
Webster Rd. Wals —4K 39
Webster Rd. W'hall —6A 38
Webster St. Cov —2E 144
Webster Wlk. Cann —5G 9
Webster Way. S Cold —8A 58
Weddell Wynd. Bils —8L 51
Weddington. —2K 79
Weddington Rd. Cald —1J 79
Weddington Ter. Nun —4K 79
Wedgebury Way. Brie H —8B 88
Wedge Ct. Wals —8M 39 (off Union St.)
Wedge St. Wals —7M 39
Wedgewood Av. W Brom —2F 66
Wedgewood Clo. Burn —2J 17
Wedgewood Clo. Cov —1L 145
Wedgewood Ct. Shelf —8C 26 (off Green La.)
Wedgewood Ho. B37 —5H 97
Wedgewood Pl. W Brom —2F 66
Wedgewood Rd. B32 —4J 111
Wedge Woods. Cov —1M 165
Wedgnock Grn. Warw —1D 214
Wedgnock Ind. Est. Warw —8B 210
Wedgnock La. Beau —3A 210 (in two parts)
Wedgnock La. Warw —1C 214
Wedgwood Clo. Wolv —8G 37
Wedgwood Dri. B20 —7H 69
Wednesbury. —7F 52
Wednesbury Art Galley & Mus. —7F 52
Wednesbury New Enterprise Cen. W'bry —6C 52
Wednesbury Oak Rd. Tip —8A 52
Wednesbury Rd. Wals —2J 53
Wednesbury Trad. Est. W'bry —5E 52
Wednesfield. —4K 37
Wednesfield Rd. W'hall —6A 38
Wednesfield Rd. Wolv —6D 36 (2L 7)
Wednesfield Way. Wolv —5G 37
Wedon Clo. Cov —2E 164
Weeford. —5A 30
Weeford Dri. B20 —5F 68
Weeford Rd. S Cold —8L 43
Weeford Sq. W'frd —5M 29
Weethley Ho. Redd —5A 204 (off Lock Clo.)
Weights La. Redd —2B 204
Weilerswist Dri. W'nsh —5M 215
Weirbrook Clo. B29 —2C 134
Weland Clo. Wat O —7H 73
Welbeck Av. Hinc —5K 81
Welbeck Av. Wolv —2D 36
Welbeck Dri. Kidd —4H 149
Welbeck Dri. Wals —2D 40
Welbeck Gro. B23 —4B 70
Welbury Gdns. Wolv —4M 35
Welby Rd. B28 —8F 114
Welches Clo. B31 —4B 134
Welch Ga. Bew —6A 148
Welcombe Dri. S Cold —2M 71
Welcombe Gro. Sol —6M 137
Welcome Dri. Cats —8A 154
Welford Av. B26 —1M 115
Welford Clo. Redd —4F 208
Welford Gro. S Cold —6F 42
Welford Pl. Cov —2D 144
Welford Rd. B20 —1G 93
Welford Rd. Dost —4C 46
Welford Rd. Rugby —5C 172
Welford Rd. Shir —5J 137
Welford Rd. S Cold —8E 56
Welgarth Av. Cov —3L 143
Welham Cft. Shir —3A 160
Welland Clo. Rugby —4H 171
Welland Dri. Stourb —1A 108
Welland Gro. B24 —6J 71
Welland Gro. W'hall —7C 38
Welland Rd. Cov —8F 144
Welland Rd. Hale —7A 110
Welland Way. S Cold —2A 72
Well Clo. B36 —1L 95
Well Clo. Redd —4E 208
Wellcroft Rd. B34 —2A 96
Wellcroft St. W'bry —6F 52
Wellesbourne. Tam —1C 32
Wellesbourne Clo. Redd —5E 204
Wellesbourne Clo. Wolv —1H 49
Wellesbourne Dri. Cose —2H 65
Wellesbourne Rd. B20 —8H 69
Wellesbourne Rd. Cov —6G 143
Wellesley Dri. Tip —4M 65
Wellesley Gdns. B13 —8D 114
Wellesley Rd. O'bry —3H 91
Wellfield Clo. Cann —2B 14
Wellfield Gdns. Dud —3L 89
Wellfield Rd. B28 —3H 137
Wellfield Rd. Wals —1M 41
Wellhead La. B42 —7L 69
Wellhead Way. Holf —7L 69
Wellington Av. Wolv —2M 49
Wellington Clo. K'wfrd —5L 87
Wellington Ct. Crad H —7M 89
Wellington Ct. Hand —7J 69
Wellington Ct. Kidd —4J 149
Wellington Cres. Hand —7H 69
Wellington Dri. Cann —8B 8
Wellington Gdns. Cov —7B 144
Wellington Gro. Sol —3M 137
Wellington Ho. B32 —5M 111
Wellington Ind. Est. Bils —2J 65
Wellington Pl. W'hall —6M 37
Wellington Rd. Bils —2H 51
Wellington Rd. B'gve —1A 202
Wellington Rd. Dud —1H 89
Wellington Rd. Edg —3H 113
Wellington Rd. Hand —7H 69
Wellington Rd. Lea S —6B 212
Wellington Rd. Smeth —6A 92
Wellington Rd. Tip —5A 66
Wellington Rd. Wals —3C 54
Wellington St. Cov —5E 144 (2F 6)
Wellington St. Crad H —7M 89
Wellington St. O'bry —3H 91
Wellington St. Redd —5E 204
Wellington St. Smeth & B18 —3D 92
Wellington St. Wals —2H 53
Wellington St. W Brom —5J 67
Wellington St. S. W Brom —5J 67
Wellington Ter. B19 —2H 93
Wellington Tower. B31 —8A 134
Wellington Way. B35 —7B 72
Well La. B5 —7M 93 (6H 5)
Well La. B'gve —7A 180
Well La. Gt Wyr —8G 15
Well La. Hinc —8D 84
Well La. Rush —7H 177
Well La. Tan A —8G 185
Well La. Wals —2L 39
Well La. Wolv —5J 37
Wellman Cft. B29 —7M 111 (Dormston Dri.)
Wellman Cft. B29 —8D 112 (Lodge Hill Rd.)
Wellman's Rd. W'hall —8C 38
Well Mdw. Redn —3G 155
Wellmeadow Gro. H Ard —2A 140
Wellmead Wlk. Redn —1F 154
Well Pl. Wals —1L 39
Wells Av. W'bry —3B 52
Wells Clo. Cann —4E 8
Wells Clo. Gall C —5M 77
Wells Clo. Kidd —3G 149
Wells Clo. Pert —5D 34
Wells Clo. Tip —8A 52
Wells Ct. Cov —2F 166
Wellsford Av. Sol —5A 116
Wells Green. —5B 116
Wells Grn. Rd. Sol —5M 115
Wells Grn. Shop. Cen. B26 —5B 116
Wells Rd. Bils —6L 51
Wells Rd. Brie H —6B 88
Wells Rd. Row R —5E 90
Wells Rd. Sol —5C 116
Wells Rd. Wolv —4M 49
Wells St. Rugby —6B 172
Wells Tower. B16 —7G 93
Well St. B19 —3K 93 (Bridge St. W.)
Well St. B19 —4J 93 (Hockley Hill)

Well St. *Cov* —6C 144 (3C 6)
Well St. *W'bry* —3E 52
Wells Wlk. *B37* —8G 97
Welney Gdns. *Pend* —6A 22
Welsby Av. *B43* —2E 68
Welsh Clo. *Warw* —7E 210
Welsh Ho. Farm Rd. *B32* —5M 111
Welshmans Hill. *S Cold* —7B 56
Welsh Rd. *Cov* —5H 145
Welsh Rd. *Cubb & Off* —6F 212
Welton Clo. *S Cold* —7A 58
Welton Pl. *Rugby* —1D 198
Welton Rd. *Warw* —8D 210
Welwyndale Rd. *S Cold* —3J 71
Welwyn Rd. *Hinc* —8F 84
Wembley Gro. *B25* —1J 115
Wembrook Clo. *Nun* —7K 79
Wembrook Ho. *Attl* —7L 79
Wembury. *Amin* —4E 32
Wem Gdns. *Wolv* —3K 37
Wendell Crest. *Wolv* —5E 22
Wendiburgh St. *Cov* —2G 165
Wendover Dri. *Hinc* —5E 84
Wendover Ho. *B31* —1M 155
Wendover Ri. *Cov* —5J 143
Wendover Rd. *B23* —2C 70
Wendover Rd. *Row R* —4A 90
Wendover Rd. *Wolv* —7F 50
Wendron Clo. *B'gve* —7B 180
Wendron Gro. *B14* —5K 135
Wenlock. *Glas* —6D 32
Wenlock Av. *Wolv* —1L 49
Wenlock Clo. *Dud* —2C 64
Wenlock Clo. *Hale* —7K 109
Wenlock Dri. *B'gve* —4A 180
Wenlock Gdns. *Wals* —4L 39
Wenlock Rd. *B20* —8M 69
Wenlock Rd. *Stourb* —3B 108
Wenlock Way. *Nun* —5B 78
Wenlock Way. *Stour S* —8E 174
Wenman St. *B12* —3M 113
Wensley Cft. *Shir* —3H 137
Wensleydale Av. *Barw* —4G 85
Wensleydale Clo. *Barw* —4G 85
Wensleydale Rd. *B42* —3G 69
Wensley Rd. *B26* —3M 115
Wensum Clo. *Hinc* —1H 81
Wentbridge Rd. *Wolv* —8J 37
Wentworth Av. *B36* —1B 96
Wentworth Clo. *Burn* —2J 17
Wentworth Clo. *Hinc* —6E 84
Wentworth Ct. *Erd* —7F 70
Wentworth Dri. *B'wll* —4G 181
Wentworth Dri. *Lich* —4K 19
Wentworth Dri. *Nun* —8A 80
Wentworth Dri. *Tiv* —2A 90
Wentworth Ga. *B17* —3B 112
Wentworth Gro. *Pert* —4D 34
Wentworth Pk. Av. *B17* —3B 112
Wentworth Ri. *Hale* —5D 110
Wentworth Rd. *B17* —3A 112
Wentworth Rd. *Lea S* —3D 216
Wentworth Rd. *Rugby* —8L 171
Wentworth Rd. *Sol* —6M 115
Wentworth Rd. *Stourb* —2K 107
Wentworth Rd. *S Cold* —2G 57
Wentworth Rd. *Wals* —5F 24
Wentworth Rd. *Wolv* —7E 22
Wentworth Way. *B32* —6M 111
Wenyon Clo. *Tip* —5B 66
Weoley Av. *B29* —7C 112
Weoley Castle. —8M 111
Weoley Castle. —7A 112
Weoley Castle Rd. *B29* —8M 111
Weoley Hill. *B29* —1C 134
Weoley Pk. Rd. *B29* —8B 112
Wergs. —3F 34
Wergs Dri. *Wolv* —2G 35
Wergs Hall Rd. *Wergs & Wolv* —8F 20
Wergs Rd. *Wolv* —3F 34
Werneth Gro. *Wals* —5G 25
Wesley Av. *Cod* —7H 21
Wesley Av. *Hale* —1H 109
Wesley Av. *Stour S* —8E 174
Wesley Av. *Wals* —6D 14
Wesley Clo. *Sap* —2L 83
Wesley Clo. *Wom* —4F 62
Wesley Ct. *Cann* —8E 8
Wesley Ct. *Crad H* —1M 109
Wesley Ct. *W'hall* —8L 37
Wesley Gro. *W'bry* —6E 52
Wesley Ho. Wals —2J 53
(off Oxford St.)
Wesley Pl. *Cann* —2J 9
Wesley Pl. *Tip* —2C 66
Wesley Rd. *B23* —4F 70
Wesley Rd. *Brie H* —4B 88
Wesley Rd. *Cod* —7H 21
Wesley Rd. *Hillm* —1G 199
Wesley Rd. *W'hall* —3C 38
Wesley's Fold. *W'bry* —3D 52
Wesley St. *Bils* —7L 51
Wesley St. *O'bry* —1G 91
Wesley St. *W Brom* —6H 67
Wesley St. *Wolv* —3G 51
Wesley Wlk. *B'gve* —2L 201
Wesley Wlk. *Hinc* —4A 82
Wesley Way. *Tam* —5E 32
Wessenden. *Wiln* —2H 47
Wessex Clo. *Bed* —5G 103
Wessex Clo. *Wals* —2F 26
Wessex Ct. *Shut* —2M 33
Wessex Dri. *Cann* —7F 8
Wessex Rd. *Wolv* —3F 50
Wesson Gdns. *Hale* —6K 110
Wesson Rd. *W'bry* —2C 52
Westacre. *W'hall* —8M 37
Westacre Cres. *Wolv* —1H 49
W. Acre Dri. *Brie H* —1F 108
Westacre Gdns. *B33* —6M 95
West Av. *Bed* —7K 103
West Av. *Cas B* —1D 96
West Av. *Cov* —7G 145
West Av. *Hand* —5G 69
West Av. *Redd* —6E 204
West Av. *Tiv* —2B 90
West Av. *Wolv* —3J 37
West Boulevd. *B32* —3L 111
Westbourne Av. *B34* —3L 95
Westbourne Av. *Cann* —7D 8
Westbourne Av. *Wals* —5E 14
Westbourne Clo. *B'gve* —8L 179
Westbourne Ct. Wals —6A 40
(off Lichfield Rd.)
Westbourne Cres. *Burn* —2H 17
Westbourne Cres. *Edg* —1G 113
Westbourne Gdns. *B15* —2G 113
Westbourne Gro. *Hand* —2F 92
Westbourne Gro. *Rugby* —8M 171
Westbourne Rd. *Edg* —2F 112
Westbourne Rd. *Hale* —3E 110
Westbourne Rd. *Hand* —8D 68
Westbourne Rd. *Sol* —1M 137
Westbourne Rd. *Wals* —5M 39
Westbourne Rd. *W'bry* —2F 52
Westbourne Rd. *W Brom* —7H 67
Westbourne Rd. *Wolv* —4A 50
Westbourne St. *Bew* —6B 148
Westbourne St. *Wals* —6M 39
Westbourne Ter. *B'gve* —8L 179
West Bromwich. —7K 67
W. Bromwich Parkway. *W Brom* (Dartmouth St.) —6H 67
W. Bromwich Parkway. *W Brom* (Trinity Way) —8L 67
W. Bromwich Ringway. *W Brom* —6J 67
W. Bromwich Rd. *Wals* —3L 53 (in two parts)
W. Bromwich St. *O'bry* —8F 66
W. Bromwich St. *Wals* —1L 53
Westbrook Av. *Wals* —4E 40
Westbrook Ct. *Cov* —5G 143
Westbrook Way. *Wom* —4F 62
Westbury Av. *W'bry* —3F 52
Westbury Ct. Brie H —7D 88
(off Hill St.)
Westbury Ct. *Warw* —2G 215
Westbury Rd. *B17* —6B 92
Westbury Rd. *Cov* —4K 143
Westbury Rd. *Nun* —6D 78
Westbury Rd. *W'bry* —3F 52
Westbury St. *Wolv* —7D 36 (3K 7)
West Chadsmoor. —3C 8
Westcliff Dri. *Warw* —7E 210
Westcliffe Dri. *Cov* —4B 166
Westcliffe Pl. *B31* —5M 133
West Clo. *Hinc* —2K 81
Westcombe Gro. *B32* —8G 111
W. Coppice Rd. *Wals* —1C 26
Westcote Av. *B31* —7J 133
Westcote Clo. *Sol* —7A 116
Westcotes. *Cov* —8H 143
Westcott Clo. *K'wfrd* —6M 87
Westcott Rd. *B26* —1A 116
West Ct. *S Prior* —3M 201
Westcroft Av. *Wolv* —8G 23
Westcroft Gro. *B38* —6C 134
Westcroft Rd. *Dud* —7B 50
Westcroft Rd. *Wolv* —3F 34
Westcroft Way. *B14* —8B 136
W. Dean Clo. *Hale* —5C 110
West Dri. *B5* —4J 113
West Dri. *Bone* —7L 31
West Dri. *Hand* —1H 93
W. End Av. *Smeth* —2K 91
Westerdale Clo. *Dud* —2G 65
Westerham Clo. *Know* —3F 160
Westeria Clo. *B36* —1C 96
Westering Parkway. *Wolv* —5E 22
Westerings. *B20* —7J 69
Western Av. *B19* —2J 93
Western Av. *Brie H* —7B 88
Western Av. *Dud* —1B 64
Western Av. *Hale* —5E 110
Western Av. *Wals* —6D 38
Western Bus. Pk. *Hale* —2B 110
Western By-Pass. *Lich* —8E 12
Western Clo. *Wals* —6D 38
Western Hill Clo. *A'wd B* —8D 208
Western Rd. *B18 & Hock* —5F 92
Western Rd. *Cann* —3H 9
Western Rd. *Crad H* —1L 109
Western Rd. *Erd* —6G 71
Western Rd. *Hag* —5A 130
Western Rd. *O'bry* —4H 91
Western Rd. *Stourb* —5M 107
Western Rd. *S Cold* —8G 57
Western Way. *Kidd* —4G 149
Western Way. *W'bry* —5C 52
Westfield Av. *B14* —8B 136
Westfield Clo. *Dorr* —7E 160
Westfield Clo. *Nun* —4K 79
Westfield Ct. *Hinc* —2H 81
Westfield Dri. *Wom* —2F 62
Westfield Gro. *Wolv* —1J 49
Westfield Ho. *B36* —2G 97
Westfield Mnr. *S Cold* —5G 43
Westfield Rd. *B15 & Edg* —1D 112
Westfield Rd. *A Grn* —6H 115
Westfield Rd. *Bils* —2H 51
Westfield Rd. *Brie H* —1F 108
Westfield Rd. *Dud* —2K 89
Westfield Rd. *Hale* —8E 90
Westfield Rd. *Hinc* —2H 81
Westfield Rd. *K Hth* —1K 135
Westfield Rd. *Rugby* —7M 171
Westfield Rd. *Sed* —8D 50
Westfield Rd. *Smeth* —5M 91
Westfield Rd. *W'hall* —1L 51
Westfields. *B'moor* —1M 47
Westfields. *Cats* —1M 179
Westford Gro. *B28* —6E 136
West Ga. *B16* —6E 92
Westgate. *A'rdge* —2D 40
Westgate. *Cann* —3M 9
Westgate. *O'bry* —5E 90
Westgate Clo. *Sed* —2E 64
Westgate Clo. *Warw* —3D 214
Westgate Ho. *Warw* —3E 214
Westgate Rd. *Rugby* —8E 172
Westgate Trad. Est. *A'rdge* —3E 40
West Grn. *Wolv* —4J 49
West Grn. Clo. *B15* —1H 113
W. Grove Av. *Shir* —3M 159
Westgrove Ter. *Lea S* —1K 215
West Hagley. —4M 129
Westham Ho. *B37* —5H 97
Westhaven Dri. *B31* —2L 133
Westhaven Rd. *S Cold* —3J 57
Westhay Rd. *B28* —2H 137
Westhead Rd. *Cookl* —5A 128
Westhead Rd. N. *Cookl* —5A 128
West Heath. —8C 134
W. Heath Rd. *N'fld* —7B 134
W. Heath Rd. *Win G* —5D 92
West Hill. —3H 9
Westhill. *Wolv* —7J 35
W. Hill Av. *Cann* —4H 9
Westhill Clo. *Sol* —1L 137
Westhill Rd. *B38* —6F 134
Westhill Rd. *B'dwn* —2A 212
Westhill Rd. *Cov* —3M 143
West Holme. *B9* —7C 94
Westholme Cft. *B30* —1E 134
Westhorpe Gro. *B19* —4J 93
Westhouse Gro. *B14* —5K 135
Westland Av. *Wolv* —7M 35
Westland Clo. *B23* —4F 70
Westland Gdns. *Stourb* —2M 107
Westland Gdns. *Wolv* —7A 36
Westland Rd. *Wolv* —7M 35
Westlands Est. *Stourb* —8L 87
Westlands Rd. *B13* —8A 114
Westlands Rd. *S Cold* —3M 71
Westland Wlk. *B35* —7M 71
Westlea Rd. *Lea S* —3L 215
Westleigh Av. *Cov* —2M 165
Westleigh Rd. *Wom* —4F 62
Westley Brook Clo. *B26* —4B 116
Westley Clo. *B28* —3H 137
West Leyes. *Rugby* —6A 172
Westley Rd. *B27* —6H 115
Westley St. *B9* —7A 94 (6M 5)
Westley St. *Dud* —1H 89
Westmead Av. *Stud* —5L 209
Westmead Cres. *B24* —5J 71
W. Mead Dri. *B14* —3L 135
Westmead Dri. *O'bry* —5H 91
Westmede Cen. *Cov* —6J 143
West M. *B44* —7K 55
West Midlands Safari & Leisure Pk. —6E 148
W. Mill Cft. *B38* —2E 156
Westminster Av. *Wolv* —4B 50
Westminster Clo. *B'gve* —8K 179
Westminster Clo. *Dud* —7G 65
Westminster Ct. *B37* —4F 96
Westminster Ct. *B'gve* —7A 180
Westminster Ct. *Hand* —7J 69
Westminster Dri. *B14* —3L 135
Westminster Dri. *Burb* —5M 81
Westminster Dri. *Nun* —3B 78
Westminster Ind. Est. *Dud* —7K 89
Westminster Rd. *B20 & Hand* —7J 69
Westminster Rd. *Cann* —3E 8
Westminster Rd. *Cov* —8B 144 (7A 6)
Westminster Rd. *Kidd* —3F 148
Westminster Rd. *S Oak* —8G 113
Westminster Rd. *Stourb* —7J 87
Westminster Rd. *Wals* —2B 40
Westminster Rd. *W Brom* —8K 53
Westmore Way. *W'bry* —4J 53
Westmorland Av. *Nun* —5E 78
Westmorland Clo. *Tam* —8A 32
Westmorland Ct. *W Brom* —2K 67
Westmorland Rd. *Cov* —5M 145
Westmorland Rd. *W Brom* —2K 67
W. Oak Ho. *W'wd B* —3E 164
Weston Av. *B11* —3C 114
Weston Av. *Tiv* —8B 66
Westonbirt Clo. *Ken* —3J 191
Weston Clo. *Cann* —8J 9
Weston Clo. *Dorr* —7G 161
Weston Clo. *Dunc* —5J 197
Weston Clo. *Hinc* —5A 84
Weston Clo. *Lea S* —3C 216
Weston Clo. *Wals* —3L 53
Weston Ct. *Rugby* —5C 172
Weston Ct. *Warw* —2F 214
Weston Ct. Wolv —5C 36 (1J 7)
(off Boscobel Cres.)
Weston Cres. *Wals* —4H 41
Weston Dri. *Bils* —5H 51
Weston Dri. *Tip* —7C 52
Weston Dri. *Wals* —1E 24
Weston Hall Rd. *S Prior* —8J 201
Weston Ho. *B19* —3L 93
Weston in Arden. —6A 104
Weston Ind. Est. *B11* —5E 114
Weston La. *B11* —5E 114
Weston La. *Bubb* —5H 193
Weston La. *Bulk* —6B 104
Weston Rd. *B19* —2H 93
Weston Rd. *Lich* —8G 13
Weston Rd. *Smeth* —7M 91
Weston St. *Cov* —5D 144 (2E 6)
Weston St. *Wals* —3L 53
Weston under Wetherley. —2J 213
W. Orchard Shop. Cen. *Cov* —6C 144 (4C 6)
Westover Rd. *B20* —5E 68
West Pk. *Cov* —1F 164
W. Park Av. *B31* —7L 133
W. Park Rd. *Smeth* —2K 91
West Pathway. *B17* —3C 112
Westport Cres. *Wolv* —4M 37
Westray Clo. *Redn* —8E 132
Westray Dri. *Hinc* —8B 84
West Ridge. *Cov* —4G 143
Westridge. *Dud* —1C 64
Westridge Rd. *B13* —2C 136
West Ri. *S Cold* —3J 57
West Rd. *B24* —8J 71
West Rd. *B43* —2E 68
West Rd. *B'gve* —8A 180
West Rd. *Hale* —3H 109
West Rd. *Tip* —1B 66
West Rd. *Witt* —7L 69
West Rd. S. *Hale* —3H 109
Westside Dri. *B32* —8K 111
West Smethwick. —2K 91
West St. *Brie H* —1F 108
West St. *Cann* —3E 14
West St. *Cov* —6E 144
West St. *Dud* —7H 65 (DY1)
West St. *Dud* —6D 64 (DY3)
West St. *Earl S* —1M 85
West St. *Kett* —6C 32
West St. *Lea S* —2A 216
West St. *Long L* —4G 171
West St. *Redd* —6E 204
West St. *Row R* —8C 90
West St. *Stourb* —4M 107
West St. *Tam* —4C 32
West St. *Wals* —2J 39
West St. *Warw* —4D 214
West St. *Wolv* —4C 36
West Vw. *B8* —5J 95
West Vw. *Nun* —1L 77
W. View Dri. *K'wfrd* —4L 87
W. View Rd. *Lea S* —4C 212
W. View Rd. *Rugby* —7K 171
W. View Rd. *S Cold* —3L 57
Westville Av. *Kidd* —4G 149
Westville Rd. *Wals* —6G 39
Westward Clo. *B44* —1M 69
West Way. *B31* —2B 156
Westway. *Rugby* —6A 172
West Way. *Wals* —7B 26
Westwick Clo. *Wals* —5L 27
Westwood Av. *B11* —5D 114
Westwood Av. *Stourb* —6J 107
Westwood Bus. Pk. *W'wd B* —3G 165
Westwood Gro. *Sol* —7M 137
Westwood Heath. —3F 164
Westwood Heath Rd. *Cov* —3C 164
Westwood Rd. *B6* —8A 70
Westwood Rd. *Cov* —8A 144
Westwood Rd. *Rugby* —2F 198
Westwood Rd. *S Cold* —5A 56
Westwoods Hollow. *Burn* —1H 17
Westwood St. *Brie H* —8A 88
Westwood Vw. *B24* —6J 71
Westwood Way. *W'wd B* —3E 164
Wetherby Clo. *B36* —1K 95
Wetherby Clo. *Wolv* —5D 22
Wetherby Rd. *B27* —7J 115
Wetherby Rd. *Wals* —5G 25
Wetherell Way. *Rugby* —2C 172
Wetherfield Rd. *B11* —6G 115
Wexford Clo. *Dud* —7F 64
Wexford Rd. *Cov* —8K 123
Weybourne Rd. *B44* —7L 55
Weycroft Rd. *B44 & B23* —2B 70
Weyhill Clo. *Wolv* —7M 21
Weymoor Rd. *B17* —6A 112
Weymouth Clo. *Cov* —4K 167
Weymouth Dri. *S Cold* —5F 42
Weymouth Ho. *Tam* —5A 32
Whaley's Cft. *Cov* —1B 144
Wharf App. *A'rdge* —2F 40
Wharf Clo. *Lich* —2J 19
Wharfdale Rd. *B11* —4G 115
Wharfedale Clo. *K'wfrd* —2H 87
Wharfedale St. *W'bry* —7G 53
Wharf La. *B18* —3G 93
Wharf La. *Lapw* —5C 186
Wharf La. *Sol* —3D 138
Wharf La. *Tard* —8H 181
Wharf La. *Wals & Burn* —6F 16
Wharf Rd. *Cov* —4F 144
Wharf Rd. *K Nor* —7G 135
Wharf Rd. *Tys* —4H 115
Wharfside. *O'bry* —2F 90
Wharf St. *Hock* —3G 93
Wharf St. *Warw* —2G 215
Wharf St. *Wolv* —8E 36 (5M 7)
Wharf, The. *B1* —7J 93 (6D 4)
Wharf Yd. *Hinc* —2G 81
Whar Hall Rd. *Sol* —1E 138
Wharrington Clo. *Redd* —1G 209
Wharrington Hill. *Redd* —1G 209
Wharton Av. *Sol* —2E 138
Wharton Rd. *Smeth* —2C 92
Wharton St. *B7* —1D 94
Wharwell La. *Gt Wyr* —8G 15
Whatcote Grn. *Sol* —1D 138
Whatecroft, The. *B17* —3B 112
Whateley. —6F 46
Whateley Av. *Wals* —3M 39
Whateley Ct. *Nun* —5H 79
Whateley Cres. *B36* —1D 96
Whateley Grn. *B36* —1C 96
Whateley Grn. *S Cold* —1G 57
Whateley Hall Clo. *Know* —2J 161
Whateley Hall Rd. *Know* —2J 161
Whateley La. *H'ley & What* —5F 46
Whateley Lodge Dri. *B36* —1C 96
Whateley Pl. *Wals* —3M 39
Whateley Rd. *B21* —1E 92
Whateley Rd. *Wals* —3M 39
Whateley's Dri. *Ken* —4G 191
Wheatcroft Clo. *Burn* —4G 17
Wheatcroft Clo. *Hale* —1F 110
Wheatcroft Dri. *B37* —8J 97
Wheatcroft Gro. *Dud* —8M 65
Wheatcroft Rd. *B33* —7M 95
Wheate Cft. *Cov* —7F 142
Wheaten Clo. *B37* —6K 97
Wheatfield Clo. *B36* —2G 97
Wheatfield Rd. *Bil* —8J 171
Wheatfield Vw. *B31* —3K 133
Wheatfield Way. *Hinc* —6C 84
Wheat Hill. *Wals* —1E 54
Wheathill Clo. *Lea S* —7L 211
Wheathill Clo. *Wolv* —6L 49
Wheatlands Clo. *Cann* —8J 9
Wheatlands Cft. *B33* —6E 96
Wheatlands, The. *Pert* —6D 34
Wheatley Clo. *O'bry* —1K 111
Wheatley Clo. *Sol* —1E 138
Wheatley Clo. *S Cold* —6J 43
Wheatley Grange. *Col* —3M 97
Wheatley Rd. *O'bry* —1K 111
Wheatley St. *W Brom* —6G 67
Wheatley St. *Wolv* —3E 50
Wheatmill Clo. *Blak* —7H 129
Wheatmoor Ri. *S Cold* —3L 57
Wheaton Clo. *Wolv* —2C 36
Wheaton Va. *B20* —6E 68
Wheatridge Clo. *K'wfrd* —1G 87
Wheatridge Rd. *Stoke H* —3K 201
Wheats Av. *B17* —6B 112
Wheatsheaf La. *Lapw* —8D 186
Wheatsheaf Rd. *B16* —7D 92
Wheatsheaf Rd. *Tiv* —1A 90
Wheatsheaf Rd. *Wolv* —8L 21
Wheatstone Clo. *Sed* —3E 64
Wheatstone Gro. *B33* —4M 95
Wheat St. *Nun* —5J 79 (in three parts)
Wheel Av. *Cod* —6F 20
Wheeler Clo. *Chad E* —2B 188
Wheeler Clo. *Cod* —5E 20
Wheeler Ho. *O'bry* —2G 91
Wheeler Rd. *Wolv* —1J 37
Wheeler's Fold. *Wolv* —7D 36 (4K 7)
Wheeler's La. *B13* —3M 135
Wheelers La. *Redd* —4A 204
Wheeler St. *B19* —3K 93
Wheeler St. *Dud* —3J 65
Wheeler St. *Stourb* —4M 107
Wheeley Moor Rd. *B37* —4G 97
Wheeley Rd. *A'chu* —5J 181
Wheeley Rd. *Sol* —2D 138
Wheeley's La. *B15* —1J 113 (8C 4)
Wheeley's Rd. *B15* —2H 113 (8C 4)
Wheelfield. *Cod* —6F 20
Wheel La. *Lich* —8F 12
Wheelock Clo. *S Cold* —2M 55
Wheelwright Clo. *B'gve* —3L 201
Wheelwright Ct. *B24* —7E 70
Wheelwright La. *Cov & Ash G* —5C 122
Wheelwright Rd. *B24* —7E 70
Wheldrake Av. *B34* —4C 96
Wheler Rd. *Cov* —1G 167
Whernside. *Rugby* —2C 172
Whernside Dri. *Wolv* —4A 36
Wherretts Well La. *Sol* —4E 138
Whetstone Clo. *Edg* —4F 112
Whetstone Dri. *Rugby* —2D 172
Whetstone Grn. *Wolv* —8D 22
Whetstone Gro. *Wolv* —1D 36
Whetstone La. *Wals* —5H 41
Whetstone Rd. *Wolv* —1D 36
Whetty Bri. Rd. *Redn* —3E 154
Whetty La. *Redn* —2E 154
Whichbury Ct. *Row R* —5D 90
Whichcote Av. *Mer* —8J 119
Whichford Clo. *S Cold* —3K 71
Whichford Gro. *B9* —7H 95
While Rd. *S Cold* —5H 57
Whiley Clo. *Clift D* —4F 172
Whilmot Clo. *F'stne* —3H 23
Whimbrel Gro. *Kidd* —8A 150
Whinberry Ri. *Brie H* —8C 64
Whinchat Gro. *Kidd* —7A 150
Whinfield Rd. *D'frd* —3H 179
Whinyates Ri. *Cann* —1F 14
Whiston Av. *Wolv* —2A 38
Whiston Gro. *B29* —1B 134
Whiston Ho. Wals —8M 39
(off New St.)
Whitacre Heath. —3D 74
Whitacre La. *Lich* —2L 27
Whitacre Rd. *B9* —6E 94
Whitacre Rd. *Know* —2H 161
Whitacre Rd. *Nun* —5L 79
Whitacre Rd. Ind. Est. *Nun* —5L 79
Whitaker Rd. *Cov* —6J 143
Whitbourne Clo. *Bal H* —4B 114
Whitburn Av. *B42* —4G 69
Whitburn Clo. *Kidd* —4H 149
Whitburn Clo. *Wolv* —7A 22
Whitburn Rd. *Bed* —7C 102
Whitby Clo. *Wals* —6F 24
Whitby Rd. *B12* —5A 114
Whitby Way. *Cann* —1C 14
Whitchurch Clo. *Redd* —3F 208
Whitchurch Way. *Cov* —1F 164
Whitcot Gro. *B31* —1M 155
Whiteacre Rd. *Lea S* —7A 212
White Bark Clo. *Cann* —1G 9
Whitebeam Clo. *Clay* —4E 26
Whitebeam Clo. *Cov* —8D 142
Whitebeam Clo. *Dud* —5C 64
Whitebeam Cft. *B38* —8E 134
Whitebeam Rd. *B37* —1J 117
White City Rd. *Brie H* —8G 89
White Clo. *Stourb* —7C 108
Whitecrest. *B43* —7F 54
Whitecroft Rd. *B26* —4C 116
White Falcon Ct. *Sol* —7M 137
White Farm Rd. *S Cold* —4E 42
Whitefield Av. *B17* —3A 112
Whitefield Clo. *Cod* —7H 21
Whitefield Clo. *Cov* —3D 164
Whitefields Cres. *Sol* —7B 138
Whitefields Flats. *Cov* —5H 165
Whitefields Ga. *Sol* —8A 138
Whitefields Rd. *Sol* —8A 138 (in two parts)
Whitefriars Dri. *Hale* —5A 110
White Friars La. *Cov* —7D 144 (6E 6)
Whitefriars Lodge Mus. —7E 144 (6F 6)
White Friars St. *Cov* —7D 144 (5E 6)
Whitegate Dri. *Kidd* —6G 149
Whitegates Rd. *Bils* —6K 51
Whitehall. *Lich* —1G 19
Whitehall Dri. *Dud* —7G 65
Whitehall Dri. *Hale* —5B 110
Whitehall Ind. Est. *Tip* —4E 66
Whitehall Rd. *Crad H* —1J 109
Whitehall Rd. *Hale* —5B 110
Whitehall Rd. *Hand* —2G 93
Whitehall Rd. *K'wfrd* —3J 87
Whitehall Rd. *Rugby* —7B 172
Whitehall Rd. *Small H* —7D 94

Whitehall Rd. Stourb —7B 108
Whitehall Rd. Tip —4D 66
Whitehall Rd. Wals —2L 53
Whitehall Rd. W Brom & Tip —4D 66
Whitehall Rd. Wolv —5B 50
White Hart La. Ufton —8M 217
White Hart, The. Wals —1L 53 (off Caldmore Grn.)
Whitehead Dri. Ken —2J 191
Whitehead Dri. Min —3D 72
Whitehead Gate. —5E 90
Whitehead Gro. Bal C —2H 163
Whitehead Rd. B6 —2L 93
Whiteheads Ct. Lea S —8M 211
White Heart Clo. Bew —2B 148
Whiteheath Ct. O'bry —5E 90 (off Throne Rd.)
White Hill. B31 —4B 134
White Hill. Kinv —4A 106
Whitehill La. B29 —4A 134
Whitehill Rd. Kidd —6G 149
White Hollies. Wals —5M 25
Whitehorse Clo. Longf —3H 123
White Horse Rd. Wals —7E 16
White Ho. B19 —3K 93
Whitehouse Av. Darl —2B 52
Whitehouse Av. Finc —1J 49
Whitehouse Av. W'bry —6F 52
Whitehouse Av. Wed —2M 37
White Ho. Clo. Sol —6M 137
Whitehouse Common. —2M 57
Whitehouse Comn. Rd. S Cold —1L 57
Whitehouse Ct. S Cold —3M 57
Whitehouse Cres. Burn —2H 17
Whitehouse Cres. Nun —6D 78
Whitehouse Cres. S Cold —1L 57
Whitehouse Cres. Wolv —8M 23
White Ho. Dri. B Grn —8G 155
White Ho. Grn. Sol —6M 137
Whitehouse La. Cod —2B 20
White Ho. La. Env & Swind —8A 62
Whitehouse La. Redd —6L 205
White Ho. Pl. Redn —3F 154
Whitehouse Rd. Dord —2M 47
Whitehouse Rd. Kidd —5K 149
White Houses La. F'stne —3G 23 (in two parts)
Whitehouse St. B6 —3M 93
Whitehouse St. Bils —1J 65
Whitehouse St. Tip —7A 66
Whitehouse St. Wals —6K 39
White Ho. Way. Sol —6A 138
Whitehouse Way. Wals —5F 40
Whitelaw Cres. Alle —3J 143
Whitemoor. —4G 191
Whitemoor Dri. Shir —2A 160
Whitemoor La. Sam —8H 209
Whitemoor Rd. Ken —4G 191
White Oak Dri. K'wfrd —3J 87
White Oak Dri. Wolv —1J 49
Whitepits La. A'chu —5M 183
White Pump La. Ullen —4K 207
White Rd. Quin —3K 111
White Rd. Smeth —3L 91
White Rd. S'brk —2C 114
White Row. Try —8C 48
Whitesands Clo. Amin —4E 32
Whites Dri. Dud —1E 64
Whiteside Clo. Bin —1M 167
Whiteslade Clo. Know —2G 161
Whitesmith Clo. Sed —1D 64
Whitesmiths Cft. B14 —1L 135
Whites Rd. W Brom —3J 67
Whites Row. Ken —7G 191
White Stitch. —5J 119
Whitestitch La. Mer —6H 119
Whitestone. —1A 104
Whitestone Rd. Hale —3A 110
Whitestone Rd. Nun —1A 104
White St. B12 —4A 114
White St. Cov —6D 144 (3D 6)
White St. Wals —1L 53
Whites Wood. Wom —4G 63
Whitethorn Clo. Cann —1G 9
Whitethorn Cres. S Cold —8K 41
Whitethorn Dri. Lea S —7B 212
Whitethorn Rd. Stourb —8A 88
Whitewood Glade. W'hall —5E 38
Whitfield Gro. B15 —1K 113
Whitfield Rd. Cann —2J 9
Whitford Bri. Rd. S Prior —6M 201
Whitford Clo. B'gve —1K 201
Whitford Dri. Shir —2B 160
Whitford Gdns. B'gve —7K 179
Whitford Rd. B'gve —7K 179 (in two parts)
Whitgreave Av. F'stne —2H 23
Whitgreave Av. Wolv —1E 36
Whitgreave St. W Brom —6E 66
Whiting. Tam —3D 46
Whitland Clo. Redn —3H 155
Whitland Dri. B14 —6M 135
Whitlenge La. Hartl —7C 176
Whitley. —3G 167
Whitley Av. Amin —4E 32
Whitley Clo. Wolv —7H 35
Whitley Ct. Whit V —2F 166
Whitley Ct. Rd. B32 —3J 111
Whitley Dri. S Cold —1A 56
Whitley St. W'bry —6E 52
Whitley Village. Cov —2F 166
Whitlock Gro. B14 —6A 136
Whitlocks End. —3E 158
Whitminster Av. B24 —6H 71
Whitminster Clo. W'hall —5C 38
Whitmore Hill. Wolv —7C 36 (3H 7)
Whitmore Ho. Wolv —5A 36
Whitmore Park. —7B 122
Whitmore Pk. Ind. Est. Cov —8C 122
Whitmore Pk. Rd. Cov —6C 122
Whitmore Reans. —5A 36
Whitmore Rd. B10 —1C 114
Whitmore Rd. Stourb —4K 107
Whitmore Rd. W'nsh —6A 216
Whitmore St. B18 —4H 93
Whitmore St. Wals —2K 53
Whitmore St. Wolv —7D 36 (3K 7)
Whitnash. —5A 216
Whitnash Clo. Bal C —3G 163
Whitnash Gro. Cov —4K 145
Whitnash Rd. W'nsh —5B 216
Whitney Av. Stourb —3K 107
Whittaker St. Wolv —3E 50
Whittall Dri. E. Kidd —8H 149
Whittall Dri. W. Kidd —8G 149
Whittall St. B4 —6L 93 (3G 5)
Whittimere St. Wals —7M 39
Whittingham Gro. Wolv —3M 37
Whittingham Rd. Hale —4M 109
Whittington. —7D 106
Whittington Clo. B14 —4L 135
Whittington Clo. Warw —1H 215
Whittington Clo. W Brom —1M 67
Whittington Comn. Rd. Lich —4M 19
Whittington Gro. B33 —7M 95
Whittington Hall La. Kinv —7D 106
Whittington Oval. B33 —7A 96
Whittington Rd. Stourb —6K 107
Whittle Clo. Bin —1M 167
Whittle Clo. Rugby —2K 197
Whittle Cft. B35 —6M 71
Whittleford. —4B 78
Whittleford Gro. B36 —8C 72
Whittleford Rd. Nun —5C 78
Whittle Rd. Hinc —1E 80
Whitton St. W'bry —3E 52
Whitville Clo. Kidd —2J 149
Whitwell Clo. Shir —4A 160
Whitworth Av. Cov —8H 145
Whitworth Clo. W'bry —2E 52
Whitworth Dri. W Brom —8L 53
Whitworth Ind. Pk. B9 —7C 94
Whoberley. —7J 143
Whoberley Av. Cov —6K 143
Whyle St. Hale —5B 110
Whyley St. W Brom —5G 67
Whyley Wlk. O'bry —4G 91
Whynot Clo. S Prior —7J 201
Whynot St. Hale —4H 109
Wibert Clo. B29 —8G 113
Wichnor Rd. Sol —4M 115
Wicketts Tower. B5 —4J 113
Wickham Clo. Cov —7M 121
Wickham Ct. Lea S —5B 212
Wickham Gdns. Wolv —3H 37
Wickham Rd. Stud —5M 209
Wickham Sq. W Brom —7H 67
Wicklow Clo. Hale —8K 109
Wiclif Way. Nun —6B 78
Widdecombe Clo. Cov —1K 145
Widdrington Rd. Cov —4C 144 (1B 6)
Wideacre Dri. B44 —2L 69
Wide Acres. Redn —8F 132
Widgeon Gro. F'stne —2H 23
Widney Av. B29 —8C 112
Widney Av. Wals —8H 27
Widney Clo. Ben H —4F 160
Widney La. Sol —8L 137
Widney Mnr. Rd. Sol & Know —7C 138
Widney Rd. Know & Ben H —4E 160
Wigford Rd. Dost —4C 46
Wiggin Cotts. B17 —4C 112
Wiggin Ho. Wals —6J 25
Wiggins Cft. S Cold —6M 57
Wiggins Hill Rd. Wis —1F 72
Wigginsmill Rd. W'bry —8D 52
Wiggin St. B16 —6F 92
Wigginton Rd. Tam —2B 32
Wiggin Tower. B19 —2K 93
Wight Cft. B36 —3H 97
Wightman Clo. Lich —3L 19
Wightman Rd. Barw —2J 85
Wightwick Bank. Wolv —8G 35
Wightwick Clo. Wals —8H 25
Wightwick Ct. Wolv —7G 35
Wightwick Gro. Wolv —7G 35
Wightwick Hall Rd. Wolv —8E 34
Wightwick Leys. Wolv —7F 34
Wightwick Manor. —8F 34
Wigland Way. B38 —8G 135
Wigmore Gro. B44 —1B 70
Wigmore La. W Brom —1A 68
Wigorn La. Stourb —1B 130
Wigorn Rd. Smeth —8M 91
Wigston Parva. —8F 82
Wigston Rd. Cov —8M 123
Wigston Rd. Rugby —8G 173
Wike La. Sam —8J 209
Wilberforce Way. Sol —2F 138
Wilbraham Rd. Wals —8J 39
Wilcote Gro. B27 —1J 137
Wilcox Av. Cann —2H 9
Wildacres. Stourb —3J 107
Wilday Clo. Tip —4A 66
Wildcroft Rd. Cov —7J 143
Wilde Clo. B14 —5K 135
Wilden. —3K 175
Wilden Clo. B31 —6J 133
Wilden Ind. Est. Stour S —3J 175
Wilden La. Stour S —5J 175
Wilden Top Rd. Stour S —5K 175
Wilderness La. B43 —7D 54
Wildey Rd. Bed —7D 102
Wildfell Rd. B27 —7K 115
Wild Goose La. Redd —8K 205
Wildmoor. —5M 153
Wildmoor Clo. Cov —5H 123
Wildmoor La. Cats & Wild —8A 154
Wildmoor Rd. Shir —4H 137
Wildtree Av. Wolv —7G 23
Wiley Av. W'bry —3C 52
Wiley Av. S. W'bry —4C 52
Wilford Gro. Min —3B 72
Wilford Gro. Sol —7B 138
Wilford Rd. W Brom —3K 67
Wilkes Av. Wals —7F 38
Wilkes Clo. Pels —6L 25
Wilkes Cft. Dud —2D 64
Wilkes Rd. Cod —5F 20
Wilkes St. W Brom —2L 67
Wilkes St. W'hall —8A 38
Wilkin Rd. Wals —7C 16
Wilkins Ho. Wals —8G 25 (off Sandbank)
Wilkinson Av. Bils —6L 51
Wilkinson Clo. Burn —1H 17
Wilkinson Clo. S Cold —7H 57
Wilkinson Cft. B8 —3J 95
Wilkinson La. Elme —3L 85
Wilkinson Rd. W'bry —4A 52
Wilkinson Way. Col —7G 75
Wilkins Rd. Bils —2K 51
Wilkin, The. Wals —7C 16
Wilks Grn. B21 —6D 68
Willard Rd. B25 —3J 115
Willaston Rd. B33 —2D 116
Willclare Rd. B26 —3A 116
Willcock Rd. Wolv —2E 50
Willeman's Clo. Earl S —3L 85
Willenhall. —3K 167 (Coventry)
Willenhall. —8A 38 (Darlaston)
Willenhall Ind. Est. W'hall —6B 38
Willenhall La. Bin —3L 167
Willenhall La. Wals —2F 38
Willenhall La. Ind. Est. Wals —1G 39
Willenhall Mus. —8B 38
Willenhall Rd. Bils —3M 51
Willenhall Rd. W'bry & W'hall —8D 38
Willenhall Rd. Wolv —8G 37
Willenhall St. W'bry —1C 52
Willenhall Trad. Est. W'hall —8A 38
Willerby Fold. Wolv —5F 22
Willersey Rd. B13 —1D 136
Willes Rd. B18 —3E 92
Willes Rd. Lea S —8A 212
Willes Ter. Lea S —1B 216
Willett Av. Burn —4E 16
Willett Rd. W Brom —1L 67
Willetts Dri. Hale —5H 109
Willetts Rd. B31 —8A 134
Willetts Way. Crad H —7M 89
Willey Gro. B24 —7H 71
William Arnold Clo. Cov —5G 145
William Batchelor Ho. Cov —2C 6
William Beesley Cres. Bram —3E 104
William Booth La. B4 —5K 93 (2F 4)
William Bree Rd. Cov —4C 142
William Bristow Rd. Cov —2E 166
William Bullock Clo. Stour S —6F 174
William Coley Pl. Stour S —8F 174
William Cook Rd. B8 —4H 95
William Ct. B13 —5M 113
William Grn. Rd. W'bry —6J 53
William Groubb Clo. Bin —2L 167
William Harper Rd. W'hall —8B 38
William Henry St. B7 —3A 94
William Iliffe St. Hinc —2H 81
William Kerr Rd. Tip —4C 66
William Malcolm Ho. Cov —6L 145
William McCool Clo. Bin —2M 167
William McKee Clo. Bin —2M 167
William Morris Gro. Cann —5E 8
William Rd. Smeth —6K 91
William's Clo. W'hall —4C 38
Williamson Av. Cann —5C 10
Williamson St. Wolv —1B 50 (7G 7)
Williams Rd. Rad S —5E 216
William St. B15 —8J 93 (8C 4)
William St. Bed —7K 103
William St. Brie H —6C 88
William St. Lea S —1A 216
William St. Nun —6L 79
William St. Redd —5E 204
William St. Rugby —6B 172
William St. Wals —6M 39
William St. W Brom —4E 66
William St. N. B19 —5K 93 (1F 4)
William St. W. Smeth —2B 92
William Tarver Clo. Warw —2G 215
William Thomson Ho. Cov —1F 6
Willingsworth Rd. W'bry —8C 52
Willington Rd. Tam —2B 32
Willington St. Nun —4G 79
Willingworth Clo. Bils —6G 51
Willis Gro. Bed —6J 103
Willis Pearson Av. Bils —7M 51
Willis St. Kidd —4J 149
Willmore Gro. B38 —1G 157
Willmore Rd. B20 —7K 69
Willmott Clo. S Cold —6K 43
Willmott Rd. S Cold —6K 43
Willoughby Av. Ken —6E 190
Willoughby Clo. Bin —1L 167
Willoughby Dri. Sol —8B 138
Willoughby Gro. B29 —8A 112
Willoughby Pl. Rugby —1D 198
Willoughby Rd. Tam —2L 31
Willow Av. B17 —7A 92
Willow Av. Burn —3J 17
Willow Av. W'bry —5F 52
Willow Av. Wolv —1G 37
Willowbank. Tam —8B 32
Willow Bank. Wolv —8J 35
Willow Bank Rd. Hinc —2J 81
Willowbank Rd. Know —3F 160
Willowbrook Clo. Sharn —5J 83
Willow Brook Rd. A'chu —2A 182
Willowbrook Rd. Wols —5G 169
Willow Clo. Bed —4G 103
Willow Clo. B'gve —7L 179
Willow Clo. Burb —4L 81
Willow Clo. Crad H —1L 89
Willow Clo. Hag —4M 129
Willow Clo. Hand —1D 92
Willow Clo. Harts —2A 78
Willow Clo. Hinc —3D 60
Willow Clo. W'nsh —7B 216
Willow Coppice. B32 —8J 111
Willow Ct. B'gve —6L 179
Willow Ct. H'cte —7L 215
Willow Ct. Lich —4J 19
Willow Ct. Smeth —1K 91
Willow Courtyard. Cov —2K 145
Willowdale. Hinc —2G 81
Willowdene. Stour S —6H 175
Willowdene Way. Barw —3H 85
Willow Dri. B21 —8C 68
Willow Dri. Cod —6H 21
Willow Dri. Shir —5K 159
Willow Dri. Tiv —2C 90
Willow End. Stourb —6D 108
Willowfield Dri. Kidd —1J 149
Willowfields Rd. Nun —8A 80
Willow Gdns. B16 —5F 92
Willow Gdns. B'gve —6L 179
Willow Gro. Cov —7H 143
Willow Gro. Ess —6B 24
Willow Heights. Crad H —1A 110
Willowherb Clo. Bin —1M 167
Willowherb Clo. Cann —7J 9
Willowherb Clo. Wals —6A 54
Willowherb Way. Shir —4G 159
Willow Ho. B7 —2M 5
Willow La. Rugby —7C 172
Willow Meer. Ken —4H 191
Willow M. B29 —8B 112
Willow Pk. Dri. Stourb —7A 108
Willow Ri. Brie H —8C 88
Willow Rd. B'vlle —1F 134
Willow Rd. B'gve —6L 179
Willow Rd. Dud —5G 65
Willow Rd. Gt Barr —8F 54
Willow Rd. Kinv —6C 106
Willow Rd. Nun —4E 78
Willow Rd. Sol —7L 137
Willow Rd. Wolv —1K 49
Willowsbrook Rd. Hale —1F 110
Willows Cres. B12 —4K 113
Willow Sheets Mdw. Cubb —3E 212
Willowside. Wals —1C 40
Willowsmere Dri. Lich —2M 19
Willows Rd. B12 —4L 113
Willows Rd. Shelf —1C 40
Willows Rd. Wals —8A 40
Willows, The. B27 —7H 115
Willows, The. Bed —7E 102
Willows, The. Cann —8C 8
Willows, The. H'wd —3A 158
Willows, The. Stour S —5J 175
Willows, The. S Cold —7F 42 (B74)
Willows, The. S Cold —7M 57 (B76)
Willows, The. Wom —4E 62
Willow Tree Clo. Barw —1H 85
Willow Tree Clo. Lich —7H 13
Willow Tree Dri. B Grn —1K 181
Willow Tree Gdns. Hillm —1G 199
Willow Wlk. Arly —8E 76
Willow Wlk. S Cold —2M 71
Willow Way. B37 —7H 97
Willow Way. Redd —5B 204
Willow Way. Stud —7L 209
Wills Av. W Brom —1H 67
Willsbridge Covert. B14 —7K 135
Wills Ho. W Brom —7J 67
Willson Cft. B28 —6D 136
Wills St. B19 —2H 93
Wills Way. Smeth —5C 92
Wilmcote Clo. B12 —3L 113
Wilmcote Ct. B'gve —1K 201
Wilmcote Dri. S Cold —6H 43
Wilmcote Grn. Cov —6G 143
Wilmcote Ho. Redd —5A 204 (off Cardy Clo.)
Wilmcote Rd. Sol —3M 137
Wilmington Rd. B32 —3H 111
Wilmore La. Wyt —5M 157
Wilmot Av. Col —3M 97
Wilmot Dri. B23 —3G 71
Wilmot Dri. Tip —3L 65
Wilmot Gdns. Dud —7G 65
Wilmott Clo. Lich —2F 18
Wilnecote. —3E 46
Wilnecote Gro. B42 —5K 69
Wilnecote Gro. Lea S —4B 216
Wilnecote La. Tam —7C 32
Wilner's Vw. Wals —4M 25
Wilsford Clo. B14 —8K 135
Wilsford Clo. Wals —1C 40
Wilson Clo. Rugby —7J 171
Wilson Dri. S Cold —4A 58 (in two parts)
Wilson Grn. Bin —8M 145
Wilson Gro. Cann —7J 9
Wilson Gro. Ken —5J 191
Wilson Ho. O'bry —4E 90
Wilson Rd. B19 —1K 93
Wilson Rd. Bils —2J 65
Wilson Rd. Brie H —5C 88
Wilson Rd. Hartl —8A 176
Wilson Rd. O'bry —1K 111
Wilson Rd. Smeth —6B 92
Wilsons La. Longf & Exh (in two parts) —4F 122
Wilsons Rd. Know —3J 161
Wilson St. Tip —4A 66
Wilson St. Wolv —6D 36 (1K 7)
Wiltell Rd. Lich —3H 19
Wilton Av. Kidd —2G 149 (in two parts)
Wilton Clo. Dud —2E 64
Wilton Pl. Aston —8L 69
Wilton Rd. Bal C —3H 163
Wilton Rd. Erd —4G 71
Wilton Rd. Hand —8H 69
Wilton Rd. S'hll —4B 114
Wilton St. B19 —1K 93
Wiltshire Clo. Bed —6G 103
Wiltshire Clo. Cov —6H 143
Wiltshire Clo. Wals —5K 39
Wiltshire Clo. W Brom —3J 67
Wiltshire Dri. Hale —2H 109
Wiltshire Way. W Brom —2J 67
Wimblebury. —6L 9
Wimblebury Rd. L'wth —5M 9
Wimbledon Dri. Stourb —7B 108
Wimborne Rd. Wolv —3G 37
Wimbourne Clo. Nun —4B 78
Wimbourne Dri. Cov —5M 145
Wimbourne Rd. B16 —6D 92
Wimbourne Rd. S Cold —5A 58
Wimhurst Mdw. Wolv —5F 22
Wimperis Way. B43 —5J 55
Wimpole Gro. B44 —2B 70
Wimbrook. Bew —6A 148
Wincanton Cft. B36 —1J 95
Winceby Pl. Cov —8D 142
Winceby Rd. Wolv —6F 34
Winchat Clo. Bin —8M 145
Winchcombe Clo. Dud —6E 64
Winchcombe Clo. Sol —7B 116
Winchcombe Rd. Sol —7B 116
Winchester Av. Kidd —3G 149
Winchester Av. Nun —2J 79
Winchester Clo. Hag —3A 130
Winchester Clo. Lich —6J 13
Winchester Clo. Row R —5E 90
Winchester Ct. Dunc —6J 197
Winchester Dri. B37 —7G 97
Winchester Dri. Hinc —2A 82
Winchester Dri. Stourb —6A 108
Winchester Gdns. B31 —6A 134
Winchester Gro. B21 —1C 92
Winchester Ri. Dud —7G 65
Winchester Rd. B20 —8K 69
Winchester Rd. Cann —6G 9
Winchester Rd. Tam —6M 31
Winchester Rd. W Brom —1H 67
Winchester Rd. Wolv —6C 22
Winchester St. Cov —6E 144 (3F 6)
Winchfield Dri. B17 —1M 111
Wincote Dri. Wolv —5J 35
Wincrest Way. B34 —4C 96
Windermere. Wiln —2G 47
Windermere Av. Bin —8L 145
Windermere Av. Cov —5E 142
Windermere Av. Nun —2M 79
Windermere Clo. Earl S —1M 85
Windermere Clo. Rugby —2C 172
Windermere Dri. K'wfrd —3K 87
Windermere Dri. Lea S —7K 211
Windermere Dri. S Cold —6M 41
Windermere Ho. Kidd —2L 149
Windermere Ho. O'bry —4D 90
Windermere Pl. Cann —8E 8
Windermere Rd. Hand —7E 68
Windermere Rd. Mose —8B 114
Windermere Rd. Wolv —1K 35
Windermere Way. Stour S —3E 174
Winding Mill N. Brie H —2E 108
Winding Mill S. Brie H —2E 108
Windings, The. Lich —8G 13
Windlass Cft. B31 —4M 133
Windleaves Rd. B36 —1E 96
Windley Clo. B19 —4J 93
Windmill Av. Col —2M 97
Windmill Av. Redn —1E 154
Windmill Bank. Rug —4G 11
Windmill Bank. Wom —2G 63
Windmill Clo. B31 —4B 134
Windmill Clo. Bal C —2H 163
Windmill Clo. Ken —3G 191
Windmill Clo. Lich —7F 12
Windmill Clo. Stour S —8F 174
Windmill Clo. Tam —1A 32
Windmill Cres. Smeth —4C 92
Windmill Cres. Wolv —8G 35
Windmill Cft. Lea S —4D 212
Windmill Dri. Redd —3C 208
Windmill End. Dud —5L 89
Windmill Gro. K'wfrd —1H 87
Windmill Hill. B31 —4B 134
Windmill Hill. Hale —3J 109
Windmill Hill. Lea S —4D 212
Windmill Hill, The. Alle —2G 143
Windmill Ind. Est. Cov —2F 142
Windmill La. Asty —4L 101
Windmill La. Bal C —5K 163
Windmill La. Call H —3B 208
Windmill La. Cor —3D 120
Windmill La. Dorr & H'ley H —8F 160
Windmill La. Dunc —5G 197
Windmill La. Lich —7G 13
Windmill La. Rug —5G 11
Windmill La. Smeth —5B 92
Windmill La. Wolv —8G 35
Windmill Precinct. Smeth —4B 92
Windmill Rd. Cov —6F 122
Windmill Rd. Exh —1G 123
Windmill Rd. Lea S —4M 215
Windmill Rd. Nun —2D 78
Windmill Rd. Shir —7E 136
Windmill St. B1 —8K 93 (8F 4)
Windmill St. Dud —7G 65 (DY1)
Windmill St. Dud —4D 64 (DY3)
Windmill St. Wals —1L 53
Windmill St. W'bry —6G 53
Windmill Ter. W'bry —6G 53
Windmill Vw. Dud —2H 65
Windridge Clo. Cov —3K 167
Windridge Cres. Sol —1F 138
Windrow, The. Pert —5D 34
Windrush Clo. Redd —3D 208
Windrush Clo. Sol —7A 116
Windrush Dri. Hinc —1G 81
Windrush Gro. B29 —1G 135
Windrush Rd. Cann —3E 8
Windrush Rd. H'wd —2B 158
Windrush Way. Long L —4H 171
Windsor Arc. B4 & B2 —6L 93 (4G 5)
Windsor Av. Cann —3H 9
Windsor Av. O'bry —6G 91
Windsor Av. Wolv —3L 49
Windsor Clo. B31 —3A 156
Windsor Clo. Burn —8E 10
Windsor Clo. Dud —8B 64
Windsor Clo. Hale —6M 109

Windsor Clo. Redn —7G 133
Windsor Clo. Row R —5C 90
Windsor Clo. Tam —2C 32
Windsor Ct. Burb —4A 82
Windsor Ct. Cov —7H 143
Windsor Ct. Lea S —1M 215
Windsor Ct. Lich —3H 19
Windsor Ct. Nun —3E 78
Windsor Ct. Rugby —6A 172
Windsor Cres. Dud —3K 89
Windsor Dri. B24 —4J 71
Windsor Dri. Kidd —2L 149
Windsor Dri. Sol —6B 116
Windsor Dri. Stour S —8F 174
Windsor Gdns. B'gve —7A 180
Windsor Gdns. Cas —2G 49
Windsor Gdns. Cod —6F 20
Windsor Gdns. Nun —5E 78
Windsor Ga. W'hall —5C 38
Windsor Gro. Stourb —8L 87
Windsor Gro. Wals —7C 26
Windsor Holloway. Kinv —7B 106
Windsor Ho. B23 —3F 70
Windsor Ind. Est. B7 —4A 94
Windsor Lodge. Sol —1K 137
Windsor Pl. B23 —6E 70
Windsor Pl. Lea S —1M 215
Windsor Pl. Nech —6A 94 (3M 5)
Windsor Rd. Cas B —2F 96
Windsor Rd. Hale —5M 109
Windsor Rd. O'bry —6G 91
Windsor Rd. Redd —4D 204
Windsor Rd. Row R —5C 90
Windsor Rd. Stir —4H 135
Windsor Rd. Stourb —6K 107
Windsor Rd. S Cold —8D 56
Windsor Rd. Tip —1A 66
Windsor Rd. Wals —5E 14
Windsor Rd. W Brom —1H 67
Windsor Rd. Wolv —4F 50
Windsor Rd. Wom —3F 62
Windsor St. B7 —4M 93
Windsor St. Bils —3J 51
Windsor St. B'gve —7M 179
Windsor St. Cov —7B 144
Windsor St. Hinc —4M 81
Windsor St. Lea S —1M 215
Windsor St. Nun —5H 79
Windsor St. Redd —5D 204
Windsor St. Rugby —6C 172
Windsor St. Wals —2L 53
Windsor St. S. B7 —5A 94 (2L 5)
Windsor Ter. B16 —8F 92
Windsor Vw. B32 —2H 133
Windsor Wlk. Darl —1D 52
Windsor Way. Wals —2D 40
Winds Point. Hag —3A 130
Windward Way. B36 —1F 96
Windward Way Ind. Est. B36 —1F 96
Windy Arbour. —6H 191
Windy Arbour. Ken —4H 191
Windyridge Rd. S Cold —3M 71
Winfield Rd. Nun —4H 79
Winfield St. Rugby —5D 172
Winford Av. K'wfrd —5L 87
Winforton Clo. Redd —6L 205
Wingate Clo. B30 —5F 134
Wingate Ct. S Cold —5E 42
Wingate Rd. Wals —7E 38
Wing Clo. Wals —5F 38
Wingfield Clo. B37 —6F 96
Wingfield Ho. B37 —4F 96
Wingfield Rd. Col —4M 97
Wingfield Rd. Gt Barr —2J 69
Wingfield Way. Cov —7A 122
Wingfoot Av. Wolv —1E 36
Wingrave Clo. Alle —3G 143
Wing Yip Cen. B7 —3B 94
Winifred Av. Cov —8A 144
Winifride Ct. Harb —4B 112
Winkle St. W Brom —5H 67
Winleigh Rd. B20 —7F 68
Winnall Clo. Bils —7K 51
Winnallthorpe. Cov —3L 167
Winn Ho. Wals —6K 39 (off Burrowes St.)
Winnie Rd. B29 —8E 112
Winnington Rd. B8 —2G 95
Winnipeg Rd. B38 —1G 157
Winrush Clo. Dud —6D 64
Winscar Cft. Dud —6E 64
Winsford Av. Cov —5H 143
Winsford Clo. Bal C —3G 163
Winsford Clo. Hale —3A 110
Winsford Clo. S Cold —6L 57
Winsford Ct. Cov —5J 143
Winsham Gro. B21 —1E 92
Winsham Wlk. Cov —6C 166
Winslow Av. B8 —5H 95
Winslow Clo. Cov —6H 143
Winslow Clo. Lea S —8J 211
Winslow Clo. Redd —6M 205
Winslow Dri. Wolv —5M 35
Winslow Ho. Cov —5A 6
Winson Green. —4F 92
Winson Grn. Rd. B18 —4E 92
Winson St. B18 —5D 92
Winspear Clo. Mer —8J 119
Winstanley Rd. B33 —7K 95
Winster Av. Dorr —5E 160
Winster Clo. Ker E —2A 122
Winster Gro. B44 —7K 55
Winster Gro. Ind. Est. B44 —7K 55
Winster Rd. B43 —1D 68
Winster Rd. Wolv —8H 37
Winston Av. Cov —1K 145
Winston Clo. Cov —1K 145
Winston Cres. Lea S —6C 212
Winston Dri. B20 —8H 69
Winston Dri. Rom —5A 132
Winstone Clo. Redd —5G 205
Winston Rd. Cau —3A 128
Winston Rd. Swind —7E 62
Winterbourne Cft. B14 —8J 135
Winterbourne Rd. Sol —5M 137
Winter Clo. Lich —7K 13
Winterdene. Bal C —2H 163
Winterfold. —1H 177
Winterfold Clo. Kidd —3B 150
Winterley Gdns. Sed —3E 64
Winterley La. Wals —2C 40
Winterton Rd. B44 —6A 56
Winterton Rd. Bulk —8C 104
Winthorpe Dri. Sol —1C 160
Wintney Clo. B17 —2A 112
Winton Gro. Min —3A 72
Wintour Wlk. B'gve —2L 201
Winward Rd. Redd —8M 205
Winwick Pl. Rugby —1J 197
Winwood Heath Rd. Rom & Hale —8K 131
Winwood Rd. Row R —6E 90
Winwoods Gro. B32 —1G 133
Winyate Hill. Redd —7G 205
Winyates. —5K 205
Winyates Green. —6M 205
Winyates Way. Redd —4L 205
Wirehill Dri. Redd —8F 204
Wiremill Clo. B44 —3L 69
Wirral Rd. B31 —3M 133
Wiseacre Cft. Shir —7E 136
Wise Gro. Rugby —7F 172
Wise Gro. Warw —7E 210
Wiseman Gro. B23 —8D 56
Wisemore. Wals —7L 39 (in two parts)
Wise St. Lea S —2M 215
Wise Ter. Lea S —2M 215
Wishaw. —7H 59
Wishaw Clo. Redd —1G 209
Wishaw Clo. Shir —7E 136
Wishaw Gro. B37 —4F 96
Wishaw La. Curd —1G 73
Wishaw La. Curd & Midd —5H 59
Wishaw La. Midd —1H 59
Wishaw La. Min —3D 72
Wisley Gro. Ken —4J 191
Wisley Way. B32 —4M 111
Wissage Cft. Lich —1K 19
Wissage Cft. Lich —8J 13
Wissage La. Lich —1K 19
Wissage Rd. Lich —8J 13
Wistaria Clo. B31 —3A 134
Wisteria Clo. Cov —7H 123
Wisteria Gro. B44 —7L 55
Wistmans Clo. Dud —7E 64
Wistwood Hayes. Wolv —5F 22
Witham Clo. S Cold —8A 58
Witham Cft. Sol —8C 138
Withdean Clo. B11 —4D 114
Witherford Clo. B29 —1C 134
Witherford Cft. Sol —7K 137
Witherford Way. B29 —1C 134
Withern Way. Dud —6C 64
Withers Rd. Cod —6H 21
Withers Way. W Brom —5K 67
Withington Covert. B14 —7K 135
Withington Gro. Dorr —5E 160
Withybed Clo. A'chu —3A 182
Withybed Green. —3M 181
Withybed La. A'chu —3M 181
Withybrook. —3M 125
Withybrook Clo. Cov —7K 123
Withybrook La. Shil —3F 124
Withybrook Rd. Bulk —7D 104
Withybrook Rd. Shir —1H 159
Withy Gro. B37 —4F 96
Withy Hill Rd. S Cold —2M 57
Withymere La. Wom —1J 63
Withymoor Rd. Dud —5L 89
Withymoor Rd. Stourb —2A 108
Withymoor Village. —8D 88
Withy Rd. Bils —6J 51
Withywood Clo. W'hall —8C 24
Witley Av. Hale —5L 109
Witley Av. Sol —7C 138
Witley Clo. Kidd —7H 149
Witley Cres. O'bry —4E 90
Witley Farm Clo. Sol —7C 138
Witley Rd. B31 —7D 134
Witley Way. Stour S —8D 174
Witnells End. —1C 126
Witney Clo. Tam —2M 31
Witney Dri. B37 —7F 96
Witney Gro. Wolv —6B 22
Wittersham Ct. W'hall —7B 38 (off Birmingham St.)
Witton. —6M 69
Witton Bank. Hale —2F 110
Witton La. B6 —8M 69
Witton La. W Brom —1G 67
Witton Lodge Rd. B23 —2B 70
Witton Rd. B6 —1L 93
Witton Rd. Wolv —3A 50
Witton St. B9 —7B 94
Witton St. Stourb —5L 107
Wivelden Av. Stour S —3K 175
Wixford Cft. B34 —2A 96
Wixford Gro. Shir —7K 137
Wobaston Rd. Wolv & F'hses —6K 21
Woburn. Glas —6D 32
Woburn Av. W'hall —3B 38
Woburn Clo. B'gve —8K 179
Woburn Clo. Hinc —6E 84
Woburn Clo. Syd —3D 216
Woburn Cres. B43 —8D 54
Woburn Dri. Brie H —2B 108
Woburn Dri. Hale —2B 110
Woburn Dri. Nun —7G 79
Woburn Gro. B27 —8J 115
Wodehouse Clo. Wom —4E 62
Wodehouse La. Wom & Dud —1J 63
Woden Av. Wolv —3J 37
Woden Clo. Wom —2F 62
Woden Cres. Wolv —3J 37
Woden Pas. W'bry —7F 52
Woden Rd. Wolv —5E 36
Woden Rd. E. W'bry —5H 53
Woden Rd. N. W'bry —4E 52
Woden Rd. S. W'bry —8F 52
Woden Rd. W. W'bry —5D 52
Woden Way. Wolv —3J 37
Wolcot Gro. B6 —4M 69
Wolds La. Wlvy —5L 105
Wold Wlk. B13 —3B 136
Wolfe Rd. Cov —2F 164
Wolfsbane Dri. Wals —6A 54
Wollaston. —4K 107
Wollaston Ct. Stourb —3J 107
Wollaston Ct. Wals —7M 39 (off Lwr. Rushall St.)
Wollaston Cres. Wolv —3K 37
Wollaston Rd. Stourb —2J 107 (DY7)
Wollaston Rd. Stourb —1M 107 (DY8)
Wollerton Gro. S Cold —3M 57
Wollescote. —4G 109
Wollescote Dri. Sol —8B 138
Wollescote Rd. Stourb —6C 108
Wolmer Rd. Wolv —7M 23
Wolseley. Tam —7F 32
Wolseley Av. B27 —5K 115
Wolseley Bank. Wolv —2F 36
Wolseley Clo. B36 —8G 73
Wolseley Clo. Wolv —2F 36
Wolseley Dri. B8 —2H 95
Wolseley Ga. Wolv —2F 36
Wolseley Rd. Bils —2H 51
Wolseley Rd. W Brom —3E 66
Wolseley St. Bord —7B 94 (in two parts)
Wolsey Rd. Lich —7F 12
Wolsey Rd. Rugby —4K 197
Wolston. —6G 169
Wolston Bus. Pk. Wols —4G 169
Wolston Clo. Shir —5H 137
Wolston La. Ryton D —8C 168
Wolverhampton. —7D 36 (4L 7)
Wolverhampton Art Gallery. —7C 36
Wolverhampton Rd. Blox —8H 25
Wolverhampton Rd. Cann (in two parts) —2C 14
Wolverhampton Rd. C Hay —8B 14
Wolverhampton Rd. Cod (in two parts) —5F 20
Wolverhampton Rd. Cookl —4C 128
Wolverhampton Rd. Dud —8D 50
Wolverhampton Rd. Ess —6M 23
Wolverhampton Rd. Hth T —6F 36
Wolverhampton Rd. Kidd —8A 128
Wolverhampton Rd. K'wfrd —8J 63
Wolverhampton Rd. O'bry —2D 90
Wolverhampton Rd. Patt —6A 34
Wolverhampton Rd. Pels —6L 25
Wolverhampton Rd. Share —7A 14
Wolverhampton Rd. Wals (in three parts) —7G 39
Wolverhampton Rd. E. Wolv —4D 50
Wolverhampton Rd. S. B32 —2L 111
Wolverhampton Rd. W. W'hall & Wals —7C 38
Wolverhampton Science Pk. Wolv —3C 36
Wolverhampton St. Bils —3J 51
Wolverhampton St. Dud —8H 65
Wolverhampton St. Wals —7K 39
Wolverhampton St. W'bry —2B 52
Wolverhampton St. W'hall —8M 37
Wolverhampton Tourist Info. Cen. —7C 36 (4J 7)
Wolverley. —6K 127
Wolverley Av. Stourb —3J 107
Wolverley Av. Wolv —4K 49
Wolverley Cres. O'bry —4D 90
Wolverley Rd. B32 —1H 133
Wolverley Rd. Hale —7M 109
Wolverley Rd. Kidd —8H 127
Wolverley Rd. Sol —7D 116
Wolverson Clo. W'hall —5C 38
Wolverson Rd. Wals —5G 27
Wolverton Clo. Redd —7K 205
Wolverton Rd. Cov —6G 143
Wolverton Rd. Dud —8L 65
Wolverton Rd. Mars G —2H 117
Wolverton Rd. Redn —3J 155
Wolvey. —5K 105
Wolvey Heath. —3M 105
Wolvey Rd. Bulk —7D 104
Wolvey Rd. Hinc —6L 81
Wombourne. —3H 63
Wombourne Clo. Dud —1C 64
Wombourne Pk. Wom —4F 62
Wombourne Rd. Swind —7E 62
Wombrook Dale. Wom —3D 62
Woodacre Rd. Erd —5J 71
Woodall Rd. B6 —8M 69
Woodall St. Crad H —8J 89
Woodall St. Wals —8J 25
Woodard Rd. Tip —2C 66
Wood Av. Dud —5C 64
Wood Av. Wolv —3K 37
Wood Bank. B26 —2L 115
Woodbank. Burb —2A 82
Woodbank Dri. Cats —1M 179
Woodbank Rd. Dud —2C 64
Wood Bank Rd. Wolv —1G 49
Woodberrow La. Redd —3D 208
Woodberry Dri. S Cold —7A 58
Woodberry Wlk. B27 —6K 115
Woodbine Av. B10 —1D 114
Woodbine Cotts. Lea S —1L 215
Woodbine Cft. B26 —3A 116
Woodbine St. Lea S —1L 215
Woodbine Wlk. B37 —7K 97
Woodbourne. B15 & Edg —1D 112
Woodbourne Rd. Harb & Edg —1C 112
Woodbourne Rd. Smeth —7L 91
Woodbridge Clo. Blox —6G 25
Woodbridge Clo. Rus —8D 26
Woodbridge Rd. B13 —6M 113
Woodbrooke Rd. B30 —2D 134
Woodbrook Ho. B37 —7H 97
Woodburn Clo. Cov —5H 143
Woodburn Rd. Smeth —2D 92
Woodbury Clo. Brie H —7E 88
Woodbury Clo. Call H —3A 208
Woodbury Clo. Hale —1F 110
Woodbury Clo. Hartl —8A 176
Woodbury Dri. B Grn —8G 155
Woodbury Gro. Sol —8B 138
Woodbury Rd. Hale —1F 110
Woodbury Rd. Kidd —7H 149
Woodbury Rd. Stour S —4F 174
Woodbury Rd. N. Stour S —4F 174
Woodbury Rd. W. Stour S —4F 174
Woodchester. Hag —5B 130
Woodchester Rd. Dorr —7E 160
Wood Clo. Col —2M 97
Woodclose Av. Cov —3M 143
Woodclose Rd. B37 —6F 96
Woodcock Clo. B31 —8H 133
Woodcock Clo. Tan A —6E 184
Woodcock Gdns. F'stne —2H 23
Woodcock Hill. —2K 133
Woodcock La. A Grn —6K 115 (in two parts)
Woodcock La. N'fld —2L 133
Woodcock La. N. B27 & B26 —5K 115
Woodcock St. B7 —5M 93 (2J 5)
Woodcombe Clo. Brie H —2B 108
Wood Comn. Grange. Wals —5M 25
Woodcote Av. Ken —2D 190
Woodcote Av. Nun —1M 79
Woodcote Clo. Redd —6L 205
Woodcote Dri. B8 —4F 94
Woodcote Dri. Dorr —7H 161
Woodcote Dri. Leek W —2F 210
Woodcote Green. —4C 178
Woodcote La. Leek W —1E 210
Woodcote La. U War & Belb —3D 178
Woodcote Pl. B19 —2J 93
Woodcote Rd. B24 —4K 71
Woodcote Rd. Lea S —6L 211
Woodcote Rd. Warw —1F 214
Woodcote Rd. Wolv —5J 35
Woodcote Way. B18 —4G 93
Woodcote Way. S Cold —3M 55
Wood Ct. Redd —8C 204
Woodcraft Clo. Cov —7G 143
Woodcroft. H'wd —3B 158
Woodcroft Av. B20 —6E 68
Woodcroft Av. Tam —3B 32
Woodcroft Av. Tip —4J 65
Woodcroft Clo. B'wll —4F 180
Woodcroft Clo. Crad H —1M 109
Woodcross. —7F 50
Woodcross La. Bils —7G 51
Woodcross St. Bils —7F 50
Wood End. —7J 123 (Coventry)
Wood End. —8J 47 (Kingsbury)
Wood End. —4G 101 (New Arley)
Wood End. —5F 184 (Tamworth-in-Arden)
Wood End. —2J 37 (Wednesfield)
Woodend. B20 —3E 68
Woodend Clo. Redd —7B 204
Wood End Cft. Cov —1E 164
Wood End Dri. B Grn —1G 181
Wood End La. B23 & B24 —6F 70
Wood End La. Elmh —1F 12
Wood End La. Fill —5G 101
Wood End La. Tan A —3E 184
Woodend Pl. Wolv —5H 35
Wood End Rd. B24 —6F 70
Wood End Rd. Wals —1D 54
Wood End Rd. Wolv —2K 37
Woodend Way. Wals —8H 27
Woodfall Av. B30 —4F 134
Woodfield. Belb —1L 153
Woodfield Av. Brie H —2B 88
Woodfield Av. Crad H —1K 109
Woodfield Av. O'bry —5G 91
Woodfield Av. Stourb —7F 108
Woodfield Av. Wolv —3M 49
Woodfield Clo. Cann —2M 15
Woodfield Clo. Redd —4G 205
Woodfield Clo. S Cold —1H 57
Woodfield Clo. Wals —4E 54
Woodfield Cres. Kidd —4J 149
Woodfield Cres. S'brk —3A 114
Woodfield Dri. Cann —2M 15
Woodfield Heights. Wolv —5K 35
Woodfield La. Rom & Belb —1K 153
Woodfield Rd. Bal H —3A 114
Woodfield Rd. Cov —1L 165
Woodfield Rd. Dud —5C 64
Woodfield Rd. Hinc —3J 81
Woodfield Rd. K Hth —1M 135
Woodfield Rd. Sol —3B 138
Woodfields Dri. Lich —3L 19
Woodfield St. Kidd —3J 149
Woodfold Cft. Wals —2H 41
Woodford Av. B36 —1B 96
Woodford Clo. Ash G —4D 122
Woodford Clo. Nun —5D 78
Woodford Clo. Wolv —7M 21
Woodford Cres. Burn —2H 17
Woodford End. C'mr —5F 8
Woodford Grn. Rd. B28 —1G 137
Woodford La. Try —1C 62
Woodford Way. Cann —8J 9
Woodford Way. Wom —3D 62
Woodfort Rd. B43 —2E 68
Woodgate. —8H 111 (Bournville)
Woodgate. —8B 202 (Bromsgrove)
Woodgate Bus. Pk. B32 —7H 111
Woodgate Dri. B32 —8G 111
Woodgate Gdns. B32 —7G 111
Woodgate Ho. Redd —5A 204
Woodgate La. B32 —7G 111
Woodgate Rd. Hinc —1A 82
Woodgate Rd. S Prior & Lwr B —8A 202
Woodgate Valley Country Pk. —6J 111
Woodgate Valley Country Pk. Vis. Cen. —7H 111
Woodgate Way. Belb —2E 152
Woodglade Cft. B38 —7E 134
Wood Green. —4G 53
Wood Grn. C Hay —4E 14
Woodgreen Clo. Call H —2B 208
Woodgreen Cft. O'bry —2J 111
Wood Grn. Rd. B18 —5D 92
Woodgreen Rd. O'bry —2J 111
Wood Grn. Rd. W'bry —5G 53
Woodhall Clo. Nun —7A 80
Woodhall Clo. Tip —1A 66
Woodhall Cft. Sol —6M 115
Woodhall Ho. Wals —1J 39 (off Woodhall St.)
Woodhall Rd. Wolv —5L 49
Woodham Clo. Redn —8E 132
Woodhampton Clo. Stour S —8F 174
Woodhams Rd. Cov —6J 167
Woodhaven. Cann —4B 14
Woodhaven. Wals —8D 26
Wood Hayes. —8J 23
Wood Hayes Rd. Wolv —7H 23
Woodhill Clo. Wom —3F 62
Wood Hill Dri. Wom —4F 62
Wood Hill Ri. Cov —7D 122
Wood Ho. Wals —2M 53
Woodhouse Clo. Bin —1L 167
Woodhouse Fold. Wolv —4K 37
Woodhouse La. Tam —4G 33
Woodhouse Orchard. Belb —2E 152
Woodhouse Rd. B32 —3L 111
Woodhouse Rd. Wolv —5H 35
Woodhouse Rd. N. Wolv —5H 35
Woodhouses. —2A 18
Woodhouses La. Burn —3L 17
Woodhouses Rd. Burn —2A 18
Woodhouse St. Warw —3D 214
Woodhouse Way. Crad H —8J 89
Woodhouse Yd. Cov —5G 123
Woodhurst Clo. Tam —4F 32
Woodhurst Rd. B13 —5A 114
Wooding Cres. Tip —8B 52
Woodington Rd. S Cold —4A 58
Woodland Av. Brie H —8G 89
Woodland Av. Cov —2M 165
Woodland Av. Dud —6J 65
Woodland Av. Hag —4M 129
Woodland Av. Hinc —3A 82
Woodland Av. Kidd —2J 149
Woodland Av. Wolv —6H 35
Woodland Clo. Cann —1H 9
Woodland Clo. Stourb —7D 108
Woodland Clo. W'hall —3D 38
Woodland Ct. Cann —5C 8
Woodland Ct. Shen W —2G 43
Woodland Cres. Wolv —2K 49
Woodland Dri. Smeth —2L 91
Woodland Dri. Wals —5E 14
Woodland Gro. B43 —6E 54
Woodland Gro. Dud —7B 64
Woodland Ri. Crad H —1M 109
Woodland Ri. S Cold —5H 57
Woodland Rd. D'frd —2F 178
Woodland Rd. Hale —1D 110
Woodland Rd. Hand —1C 92
Woodland Rd. Hinc —8F 84
Woodland Rd. Ken —2H 191
Woodland Rd. N'fld —6B 134
Woodland Rd. Redd —6B 204
Woodland Rd. Tam —6G 33
Woodland Rd. Wolv —2J 49
Woodlands Av. Wals —4E 54
Woodlands Av. Wat O —7H 73
Woodlands Clo. Hartl —7B 176
Woodlands Clo. Wood E —8J 47
Woodlands Cotts. Wolv —5L 49
Woodlands Ct. Bin W —3D 168
Woodlands Ct. Cov —1A 166
Woodlands Cres. Wals —4M 25
Woodlands Farm Rd. B24 —5M 71
Woodlands La. Bed —5E 102
Woodlands La. Shir —1H 159
Woodlands Pk. Hurl —5J 61
Woodlands Pk. Rd. B30 —3C 134
Woodlands Rd. Bed —6E 102
Woodlands Rd. Bin W —2D 168
Woodlands Rd. Cookl —5A 128
Woodlands Rd. Redn —2D 154
Woodlands Rd. Salt —5F 94
Woodlands Rd. S'hll —6B 114
Woodlands Rd. Wom —4G 63
Woodlands St. Smeth —4C 92
Woodlands, The. Cod —7G 21
Woodlands, The. Crad H —2A 110
Woodlands, The. Kidd —6H 149
Woodlands, The. Lich —1K 19
Woodlands, The. Nun —1A 78
Woodlands, The. Stourb —7A 108
Woodlands, The. Wood E —8J 47
Woodlands Wlk. Wolv —4L 49
Woodlands Way. B37 —6K 97
Woodland Way. B'moor —1M 47
Woodland Way. Burn —3G 17
Wood La. A'rdge & Lich —8M 27
Wood La. Arly —7C 76
Wood La. Bars —8L 139
Wood La. Cann —5J 9
Wood La. Earls —7D 158
Wood La. Erd —8H 71
Wood La. Fair —7J 153
Wood La. Hand —7G 69
Wood La. Harb —3A 112
Wood La. Mars G —1G 117
Wood La. Nun —1A 78
Wood La. Pels —4M 25
Wood La. Shil —4C 124
Wood La. S Cold —8L 41
Wood La. Wedg M —3A 14
Wood La. W Brom —6G 67
Wood La. W'hall —2E 38
Wood La. Wolv —8D 22

Wood La. W'gte —8G 111 (in two parts)
Wood La. Clo. W'hall —2E 38
Woodlawn Gro. K'wfrd —4K 87
Woodlea Dri. B24 —7F 70
Woodlea Dri. Sol —4L 137
Wood Leasow. B32 —7K 111
Wood Leaves. H'wd —1M 157
Woodleigh Av. B17 —5D 112
Woodleigh Clo. Hale —3A 110
Woodleigh Rd. Cov —3F 164
Woodleigh Rd. S Cold —8J 57
Woodleys, The. B14 —5B 136
Woodloes Av. N. Warw —8E 210
Woodloes Av. S. Warw —8E 210
Woodloes La. Guys C —6E 210
Woodloes Park. —7D 210
Woodloes Rd. Shir —1H 159
Woodman Clo. Hale —6C 110
Woodman Clo. W'bry —5H 53
Woodman La. Clent —5D 130
Woodman La. Wals —5E 14
Woodman Rd. B14 —8A 136
Woodman Rd. Hale —6C 110
Woodman Wlk. B23 —4A 70
Woodmeadow Rd. B30 —6H 135
Woodnorton Dri. B13 —7L 113
Woodnorton Rd. Row R —7F 90
Woodpecker Gro. B36 —2G 97
Woodpecker Gro. Kidd —7B 150
Woodpecker Way. Cann —6J 9
Woodperry Av. Sol —8C 138
Wood Piece La. Redd —2K 205
Woodridge. B6 —8L 69
Woodridge Av. B32 —4H 111
Woodridge Av. Cov —3F 142
Woodridge Rd. Hale —4A 110
Wood Ridings. Lich —8G 13
Wood Rd. Cod —4D 20
Wood Rd. Dud —6C 64
Wood Rd. Smeth —2J 91
Wood Rd. Wolv & Tett W —6H 35
Wood Rd. Wom —1H 63
Woodroffe Wlk. Longf —5G 123
Woodrough Dri. B13 —7M 113
Woodrow. —6K 151 (Kidderminster)
Woodrow. —2H 209 (Oakenshaw)
Woodrow. Redd —2G 209
Woodrow Cen. Redd —1H 209 (in two parts)
Woodrow Clo. Cats —8M 153
Woodrow Cres. Know —4G 161
Woodrow Dri. Redd —3G 209
Woodrow La. Cats —8A 154
Woodrow La. Kidd —5J 151
Woodrow N. Redd —2G 209
Woodrow Shop. Cen. Redd —2H 209
Woodrow S. Redd —2H 209
Woodruff Way. Wals —5M 53
Woodrush Dri. H'wd —4A 158
Woods Bank. —4D 52
Woods Bank Ter. W'bry —4C 52
Woods Bank Trad. Est. W'bry —5D 52
Woods Cres. Brie H —8G 89
Woods Cft. Lich —8G 13
Woodsetton. —3E 64
Woodsetton Clo. Dud —3H 65
Woodshill Av. Redn —7G 155
Woodshires Rd. Longf —4F 122
Woodshires Rd. Sol —2L 137
Woodsia Clo. Rugby —1D 172
Woodside. —3F 88
Woodside. B37 —4E 96
Woodside. Arly —8D 76
Woodside. S Cold —7E 42
Wood Side. Wolv —1A 38
Woodside Av. Redd —7B 204
Woodside Av. N. Cov —3M 165
Woodside Av. S. Cov —5M 165
Woodside Clo. Wals —4D 54
Woodside Cres. Know —5H 161
Wood Side Dri. B Grn —1H 181
Woodside Dri. S Cold —4C 42
Woodside Gro. Cod —6H 21
Woodside Pk. Rugby —4A 172
Woodside Pl. Cann —4E 8
Woodside Rd. B29 —8G 113 (in two parts)
Woodside Rd. Dud —2F 88
Woodside Rd. Wals —3D 54
Woodside Way. Sol —4L 137
Woodside Way. Wals —4H 41
Woodside Way. W'hall —2E 38
Woodside Way. W'gte —1G 133
Woods La. Brie H —1D 108
Woods La. Crad H —1J 109
Woodsome Gro. B23 —2C 70
Woodsorrel Rd. Dud —5F 64
Woods, The. —6K 53
Woods, The. B14 —8M 113
Woodstile Clo. S Cold —6K 43
Woodstile Way. B34 —3B 96
Woodstock Clo. Dud —1G 89
Woodstock Clo. Hinc —3A 82
Woodstock Clo. Stourb —8J 87
Woodstock Clo. Wals —6A 54
Woodstock Cres. Dorr —6F 160
Woodstock Dri. Cann —2C 8
Woodstock Dri. Stourb —8J 87
Woodstock Dri. S Cold —5D 42
Woodstock Rd. Cov —2D 166
Woodstock Rd. Hand —1F 92
Woodstock Rd. Mose —5A 114
Woodstock Rd. Nun —8L 79
Woodstock Rd. Wolv —8H 37
Woodston Gro. Sol —1C 160
Wood St. B16 —7G 93
Wood St. Bed —5G 103
Wood St. Bils —4K 51
Wood St. Dud —3F 88
Wood St. Earl S —1L 85
Wood St. Hinc —8D 84
Wood St. Kidd —3K 149
Wood St. Lane —6G 51
Wood St. Lea S —1A 216
Wood St. Lye —4F 108
Wood St. Nun —5F 78
Wood St. Park V —4F 36
Wood St. Rugby —4A 172
Wood St. Tip —3L 65
Wood St. W'bry —3F 52
Wood St. W'hall —7A 38
Wood St. Woll —2K 107
Wood St. Wood E —1H 61
Wood St. Clo. Hinc —8E 84
Wood Ter. Sam —8H 209
Woodthorne Clo. Dud —7D 64
Woodthorne Rd. Wolv —3G 35
Woodthorne Rd. S. Wolv —5G 35
Woodthorne Wlk. K'wfrd —1L 87
Woodthorpe Dri. Bew —5A 148
Woodthorpe Dri. Stourb —6D 108
Woodthorpe Gdns. B14 —4L 135
Woodthorpe Rd. B14 —4K 135
Woodvale Dri. B28 —5E 136
Woodvale Rd. Hall G —5E 136
Woodvale Rd. W'gte —8G 111
Wood Vw. Dri. B15 —2J 113
Woodville Gdns. Dud —8F 50
Woodville Rd. Harb —3A 112
Woodville Rd. K Hth —1M 135
Woodville Rd. Warw —1E 214
Woodward Clo. W'nsh —7A 216
Woodward Pl. Stourb —5C 108
Woodward Rd. Kidd —6J 149
Woodwards Clo. Wals —1H 53
Woodwards Pl. Wals —1H 53
Woodwards Rd. Wals —1H 53
Woodward St. W Brom —5L 67
Woodway. B24 —4H 71
Woodway Av. H Mag —3A 214
Woodway Clo. Cov —1M 145
Woodway La. Cov —1M 145
Woodway Park. —8M 123
Woodway Wlk. Cov —1L 145
Woodwells Rd. B8 —4G 95
Woolacombe Lodge Rd. B29 —7C 112
Woolaston Rd. Redd —1J 209
Woolgrove St. Cov —6G 123
Woolhope Clo. Redd —6L 205
Wooll St. Rugby —6A 172
Woolmore Rd. B23 —5C 70
Woolpack Clo. Row R —5A 90
Woolpack St. Wolv —7C 36 (4J 7)
Woolwich Rd. Bram —3F 104
Wooton Clo. Redd —5A 204
Wooton Ct. Lea S —7M 211
Wooton Gro. B44 —1C 70
Wootton Av. Wolv —2K 37
Wootton Clo. Brie H —1B 108
Wootton Clo. Cann —7H 9
Wootton Green. —8F 140
Wootton Grn. La. Bal C —8G 141
Wootton La. Bal C —8E 140
Wootton Rd. B31 —2A 156
Wootton Rd. Wolv —2K 49
Woottons Ct. Cann —8F 8
Woottons Sq. Bils —7L 51
Wootton St. Bed —6J 103
Worcester Clo. Alle —2H 143
Worcester Clo. Barw —2G 85
Worcester Clo. Cann —1F 14
Worcester Clo. Hag —4A 130
Worcester Clo. Lich —6H 13
Worcester Clo. S Cold —6K 43
Worcester Ct. Cov —5M 123
Worcester Ct. Wolv —3A 50
Worcester Cross. Kidd —4L 149 (off Ringway, The)
Worcester Grn. W Brom —2J 67
Worcester Gro. Pert —5D 34
Worcester Ho. B36 —1G 97
Worcester La. Stourb & Hag —8B 108
Worcester La. S Cold —6K 43
Worcester Ri. B29 —8H 113
Worcester Rd. B'gve —1L 201
Worcester Rd. Dud —6L 89
Worcester Rd. Hag —6M 129
Worcester Rd. Ken —6H 191
Worcester Rd. Kidd —4L 149 (Marlborough St.)
Worcester Rd. Kidd —5L 149 (Ringway, The)
Worcester Rd. O'bry —1G 111
Worcester Rd. Shen —3C 176
Worcester Rd. Stour S —6H 175
Worcester Rd. Summ & Hartl —1A 176
Worcester Rd. U War & Stoke H —8E 200
Worcester Rd. W'hall —7D 38
Worcester Rd. Witt —7M 69
Worcester Sq. Redd —5E 204
Worcester St. Kidd —3L 149
Worcester St. Rugby —5A 172
Worcester St. Stourb —5M 107
Worcester St. Stour S —5G 175
Worcester St. Wolv —8C 36 (6H 7)
Worcester Wlk. B2 —7L 93 (6G 5)
Worcester Wlk. B37 —1F 116
Word Hill. B17 —2M 111
Wordsley. —7K 87
Wordsley Clo. Redd —2H 205
Wordsley Ct. Stourb —6K 87
Wordsley Grn. Stourb —7K 87 (in two parts)
Wordsley Grn. Shop. Cen. Stourb —7K 87
Wordsworth Av. Pert —5E 34
Wordsworth Av. Redd —1C 208
Wordsworth Av. Tam —3A 32
Wordsworth Av. Warw —4D 214
Wordsworth Av. Wolv —5E 50
Wordsworth Clo. Cann —5D 8
Wordsworth Clo. Lich —4H 19
Wordsworth Clo. Tip —1A 66
Wordsworth Cres. Kidd —3B 150
Wordsworth Dri. Ken —5J 191
Wordsworth Ho. O'bry —5J 91
Wordsworth Rd. B10 —2D 114
Wordsworth Rd. Bed —8K 103
Wordsworth Rd. Burn —8G 11
Wordsworth Rd. Cov —5J 145
Wordsworth Rd. Dud —4B 64
Wordsworth Rd. Rugby —2L 197
Wordsworth Rd. Wals —1L 39
Wordsworth Rd. W'hall —2E 38
Wordsworth Rd. Wolv —1G 37
Wordsworth St. W Brom —4J 67
Worfield Clo. Wals —5A 40
Worfield Gdns. Wolv —3M 49
Workhouse La. Hinc —5A 82 (in two parts)
Works Rd. Birm A —6F 116
Worlds End. —3A 138
Worlds End Av. B32 —3K 111
Worlds End La. B32 —3K 111
Worlds End Rd. B20 —6G 69
Worleys Wharf Av. W'bry —7L 53
Worms Ash. —3K 179
Worsdell Clo. Cov —5B 144
Worsey Dri. Tip —3D 66
Worsfold Clo. Alle —2G 143
Worth Cres. Stour S —3D 174
Worthen Gro. B31 —1A 156
Worthings, The. B30 —3H 135
Worthy Down. Wolv —4M 37
Worthy Down Wlk. B35 —6B 72
Wortley Av. Wolv —3E 36
Worton Rd. Stourb —7E 108
Wragby Clo. Wolv —6B 22
Wrekin Clo. Hale —8J 109
Wrekin Clo. Kidd —7H 149
Wrekin Dri. B'mre —1L 49
Wrekin Dri. B'gve —4A 180
Wrekin Dri. Stourb —5D 108
Wrekin Dri. Wergs —4G 35
Wrekin Gro. W'hall —8B 24
Wrekin La. Wolv —4G 35
Wrekin Rd. B44 —3M 69
Wrekin Rd. S Cold —8G 57
Wrekin Vw. Cann —2C 8
Wrekin Vw. Wals —4G 27
Wrekin Vw. Wolv —6C 36 (3H 7)
Wrekin Vw. Rd. Dud —1C 64
Wrekin Wlk. Stour S —8D 174
Wren Av. Wolv —6D 34
Wrenbury Dri. Cov —5G 123
Wrens Av. K'wfrd —5A 88
Wrens Av. Tip —4J 65
Wrens Hill Rd. Dud —4H 65
Wren's Nest. —5H 65
Wren's Nest Nature Reserve. —4H 65
Wrens Nest Pl. Dud —4G 65
Wrens Nest Rd. Dud —4G 65
Wrens Pk. Av. S Cold —2L 71
Wren St. Cov —6F 144
Wren St. Neth —4H 89
Wren St. Woods —3H 65
Wrentham St. B5 —1K 113 (8F 4)
Wretham Rd. B19 —3H 93
Wrexham Av. Wals —8F 38
Wribbenhall. —6C 148
Wright Av. Wolv —2L 37
Wright Clo. K'bry —4D 60
Wrighton Clo. W'hall —1C 38
Wrighton Dri. Brie H —8C 64
Wright Rd. B8 —4E 94
Wrights Av. Cann —5F 8
Wright's La. Crad H —7M 89
Wright St. B10 —1D 114
Wright St. Bils —5L 51
Wright St. Cov —4E 144
Wright St. Hale —5B 110
Wright St. Wolv —5D 36
Wrigsham St. Cov —8D 144 (8D 6)
Wrottesley Pk. Rd. Pert —7D 34
Wrottesley Rd. B43 —8D 54
Wrottesley Rd. Wolv —4H 35
Wrottesley Rd. W. Wolv —3F 34
Wrottesley St. B5 —8L 93 (7G 5)
Wroxall Clo. Brie H —1B 108
Wroxall Dri. Cov —4J 167
Wroxall Gro. B13 —3A 136
Wroxall Rd. Sol —3L 137
Wroxhall. —5E 188
Wroxham Glen. W'hall —2M 51
Wroxton Rd. B26 —1L 115
Wulfruna Ct. Wolv —8B 36 (6G 7)
Wulfruna Gdns. Wolv —8M 35
Wulfruna St. Wolv —7C 36 (3J 7)
Wulfrun Cen. Wolv —8C 36 (5J 7)
Wulfrun Sq. Wolv —8D 36 (5K 7)
Wulfrun Trad. Est. Wolv —4C 36
Wulfrun Way. Wolv —8C 36 (5J 7)
Wyatt Clo. B5 —4J 113
Wyatt Rd. S Cold —3B 58
Wyatts Ct. Bed —6H 103
Wychall Dri. Wolv —5E 22
Wychall La. B31 & B38 —7D 134
Wychall Pk. Gro. B38 —7D 134
Wychall Rd. B31 —6B 134
Wychbold. —8E 200
Wychbold Clo. Call H —3A 208
Wychbold Clo. W'hall —8D 24
Wychbold Ct. Stourb —1C 130
Wychbold Cres. B33 —6C 96
Wychbold Way. W'hall —8D 24
Wychbury. S Cold —8A 58
Wychbury Ct. Dud —1H 89
Wychbury Ct. Hale —6A 110
Wychbury Dri. Hag —2C 130
Wychbury Rd. B32 —1G 133
Wychbury Rd. Brie H —1E 108
Wychbury Rd. Stourb —8D 108
Wychbury Rd. Wolv —2J 49
Wyche Av. B14 —5K 135
Wyche Cotts. S Prior —8J 201
Wych-Elm Clo. Rugby —8H 171
Wychelm Farm Rd. B14 —8A 136
Wych Elm Rd. Clay —4E 26
Wychnor Gro. W Brom —7L 53
Wychwood Av. Cov —6C 166
Wychwood Av. Know —1H 161
Wychwood Cres. B26 —3M 115
Wychwood Dri. Redd —3D 208
Wyckham Clo. B17 —5A 112
Wyckham Rd. B36 —1E 96
Wycliffe Gro. Cov —4H 145
Wycliffe Rd. W. Cov —4H 145
Wycome Rd. B28 —3F 136
Wye Cliff Rd. B20 —1H 93
Wye Clo. Bulk —7B 104
Wye Clo. Hinc —1G 81
Wye Clo. Lea S —6C 212
Wye Clo. S Cold —2A 72
Wye Clo. Wolv —5F 34
Wyemanton Clo. B43 —8C 54
Wye Rd. Wals —8L 25
Wykeham Gro. Wolv —6D 34
Wykeley Rd. Cov —5J 145
Wyken. —4J 145
Wyken Av. Cov —4K 145
Wyken Clo. Dorr —7E 160
Wyken Cft. Cov —3K 145
Wyken Grange Rd. Cov —4J 145
Wyken Green. —2J 145
Wyken Lodge. Cov —1K 145
Wyken Way. Cov —4G 145
Wyke Rd. Cov —5J 145
Wykin Rd. Hinc & Wykin —6A 84
Wyld Clo. W Brom —1G 67
Wyld Ct. Cov —4H 143
Wylde Cres. Row R —5C 90
Wylde Green. —8J 57
Wylde Grn. Rd. S Cold —8J 57
Wyley Rd. Cov —3A 144
Wymering Av. Wolv —2M 37
Wynall La. Stourb —5F 108
Wynall La. S. Stourb —6G 109
Wynbrook Gro. Shir —3B 160
Wynchcombe Av. Wolv —5K 49
Wyncote Clo. Ken —5G 191
Wyndcliff Rd. B9 —8D 94
Wyndham Gdns. K Nor —5D 134
Wyndham Rd. B16 —8F 92
Wyndhurst Rd. B33 —5L 95
Wyndley Dri. S Cold —5H 57
Wyndley La. S Cold —5G 57
Wyndmill Cres. W Brom —8M 53
Wynds Covert. B14 —7K 135
Wyndshiels. Col —3A 98
Wynds Point. B31 —4B 134
Wynd, The. Dud —8D 50
Wynfield Gdns. B14 —4M 135
Wynford Rd. B27 —4J 115
Wynford Rd. Ind. Est. B27 —4J 115
Wynn Clo. Bew —4D 148
Wynne Cres. Wolv —6J 49
Wynn Griffith Dri. Tip —6A 66
Wynn Rd. Wolv —3M 49
Wynn St. B15 —1K 113 (8E 4)
Wynstead Covert. B14 —7J 135
Wynter Rd. Rugby —6K 171
Wyntor La. W Brom —1H 67
Wynyates. Tam —3L 31
Wyre Clo. Redn —8H 133
Wyre Clo. Wals —5F 26
Wyre Hill. Bew —3A 148
Wyre Rd. Stourb —2L 107
Wyrley Brook Pk. Cann —4D 14
Wyrley Clo. Lich —4G 19
Wyrley Clo. Wals —6F 16
Wyrley Clo. W'hall —2D 38
Wyrley Ho. Tip —6B 66
Wyrley La. Pels —8L 15
Wyrley Rd. B6 —6A 70
Wyrley Rd. S Cold —8K 43
Wyrley Rd. Wolv —3A 38
Wyrley St. Wolv —7F 36
Wyrley Way. B23 —3A 70
Wythall. —6A 158
Wythall Grn. Way. Wyt —5L 157
Wythall Rd. Hale —7A 110
Wythburn Way. Rugby —2D 172
Wythwood Clo. Stourb —8D 108
Wythwood Gro. H'wd —3C 158
Wythwood Gro. Tip —1A 66
Wythwood Rd. H'wd —3B 158
Wyver Cres. Cov —6J 145
Wyvern. Tam —6F 32
Wyvern Clo. S Cold —2H 57
Wyvern Clo. W'hall —2A 38
Wyvern Gro. B29 —7C 112
Wyvern Gro. Cann —4G 9
Wyvern Rd. S Cold —2H 57
Wyvis Clo. Wolv —7L 35

Yale Dri. Wed —4L 37
Yardley. —1K 115
Yardley Clo. O'bry —8H 91
Yardley Clo. Redd —6L 205
Yardley Clo. Warw —7F 210
Yardley Fields Rd. B33 —7K 95
Yardley Grn. Rd. Bord G & Stech —8F 94
Yardley Rd. A Grn & Yard —5J 115
Yardley St. Cov —5E 144 (2F 6)
Yardley St. Stourb —3C 108
Yardley St. W'bry —2C 52
Yardley Wood. —4E 136
Yardley Wood Rd. B13 —6B 114
Yardley Wood Rd. B14 & Shir —4B 136
Yare Gro. W'hall —7D 38
Yarmouth Grn. Cov —1E 164
Yarnborough Hill. Stourb —7A 108
Yarnbury Clo. B14 —8L 135
Yarn Clo. H'wd —4A 158
Yarner Clo. Dud —7E 64
Yarnfield Rd. B11 —6G 115
Yarningale Clo. Redd —3F 208
Yarningale Rd. B14 —5J 135
Yarningale Rd. Cov —4J 167
Yarnold La. B'hth —2H 179
Yarranton Clo. Stour S —8E 174
Yarrow Clo. Rugby —1D 172
Yarrow Clo. Wals —4A 26
Yarrow Clo. Wed —4M 37
Yarrow Dri. B38 —1F 156
Yarwell Clo. Wolv —5D 36 (1L 7)
Yateley Av. B42 —2G 69
Yateley Cres. B42 —2G 69
Yateley Rd. B15 —2E 112
Yates Av. Rugby —3M 171
Yatesbury Av. B35 —6M 71
Yates Cft. S Cold —3F 42
Yates La. Row R —7F 90
Yeadon Clo. Redd —8A 204
Yeadon Gdns. Wolv —1K 49
Yeames Clo. B43 —5J 55
Yellowhammer Ct. Kidd —8A 150
Yelverton Clo. Wals —5H 25
Yelverton Dri. B15 —1E 112
Yelverton Rd. Cov —1C 144
Yeman Rd. B'gve —6K 91
Yemscroft. Gt Wyr —1G 25
Yems Cft. Rus —3A 40
Yenton Clo. Tam —8A 32
Yenton Gro. B24 —3J 71
Yeoman Clo. Kidd —6L 149
Yeomanry Clo. Warw —2F 214
Yeomans Wlk. B'gve —1M 201
Yeomans Way. S Cold —3M 57
Yeovil Ct. Brie H —7D 88 (off Hill St.)
Yeovilton. Tam —1C 32
Yerbury Gro. B23 —5B 70
Yew Clo. Cov —8J 145
Yew Cft. Av. B17 —3A 112
Yewdale Cres. Cov —8L 123
Yewhurst Rd. Sol —5L 137
Yews, The. Bed —7E 102
Yew St. Wolv —8A 36
Yew Tree. —5B 54
Yew Tree Av. B26 —2L 115
Yew Tree Av. Belb —1D 152
Yew Tree Av. Lich —2L 19
Yew Tree Clo. Barw —1H 85
Yew Tree Clo. Bew —2B 148
Yew Tree Clo. Cann —4A 16
Yew Tree Clo. Lapw —6K 187
Yew Tree Clo. Redd —5A 204
Yew Tree Clo. Stour S —5E 174
Yew Tree Ct. Lea S —4M 215
Yew Tree Dri. B'gve —7B 180
Yew Tree Gdns. Wals —5B 54
Yew Tree Hill. Brin —6L 147
Yew Tree Hills. Dud —5J 89
Yew Tree La. Bew —2B 148
Yewtree La. Bils —8K 51
Yew Tree La. Fair —7K 153
Yew Tree La. Lapw —8F 186
Yew Tree La. Quin —6D 132
Yewtree La. Row R —7B 90
Yew Tree La. Sol —4E 138
Yew Tree La. W'bry —7G 53
Yew Tree La. Wolv —3G 35
Yew Tree La. Yard —2L 115
Yew Tree Pl. Rom —4M 131
Yew Tree Pl. Wals —6K 25
Yew Tree Ri. S Cold —5M 57
Yew Tree Rd. Aston —8A 70
Yew Tree Rd. Cas B —1E 96
Yew Tree Rd. Dud —5J 89
Yew Tree Rd. Edg —1J 113
Yewtree Rd. Hale —6M 109
Yew Tree Rd. Kidd —4M 149
Yew Tree Rd. Mose —7K 113
Yew Tree Rd. Shelf —8B 26
Yew Tree Rd. Smeth —5L 91
Yew Tree Rd. S'tly —1K 55
Yew Tree Rd. S Cold —2G 71
Yew Tree Rd. Wals —4A 54
Yew Tree Vs. S Cold —2G 71
Yew Wlk. B37 —7H 97
Yieldingtree. —2M 151
Yockleton Rd. B33 —6C 96
York Av. Bed —7K 103
York Av. B'gve —5L 179
York Av. Wals —7H 39
York Av. W'hall —7D 38
York Av. Wolv —8L 35
Yorkbrook Dri. B26 —4B 116
York Clo. B30 —4G 135
York Clo. B'gve —5L 179
York Clo. Cov —4J 167
York Clo. Lich —6J 13
York Clo. Stud —5J 209
York Clo. Tip —5K 65
York Cres. Stourb —2K 107
York Cres. W'bry —3D 52
York Cres. W Brom —3G 67
York Cres. Wolv —8L 35
Yorkdale Clo. Dud —6D 64
York Dri. B36 —1H 95
Yorke Av. Brie H —8A 88
York Gdns. Wolv —8L 35
Yorklea Cft. B37 —7F 96
Yorkminster Dri. B37 —7J 97
York Rd. Bew —1B 148
York Rd. B'gve —5L 179
York Rd. Cann —2F 14
York Rd. Dud —6L 89
York Rd. Edg —8E 92
York Rd. Erd —5F 70
York Rd. Hall G —7E 114
York Rd. Hand —1F 92
York Rd. Hinc —6C 84
York Rd. K Hth —1L 135
York Rd. Lea S —1M 215
York Rd. Row R —6E 90
York Rd. Wals —2D 40
York Rd. Wolv —1H 49
Yorksand Rd. Faz —1M 45
York St. B17 —3D 112
York St. Cov —7B 144 (6A 6)
York St. Kidd —2L 149
York St. Nun —5G 79
York St. Rugby —6M 171
York St. Stour S —6G 175
York St. Wolv —8E 36 (5M 7)
Yorks Wood Dri. B37 —3F 96
York Ter. Hock —4J 93
York Wlk. Lea S —1M 215
Young Clo. Warw —4B 214
Young St. W Brom —6G 67
Yoxall Gro. B33 —6A 96
Yoxall Rd. Shir —7K 137
Yule Rd. Cov —4K 145
Yvonne Rd. Redd —3C 208

Zealand Clo. Hinc —6F 84
Zion Clo. Wals —6D 14
Zions Clo. Crad H —8M 89
Zion St. Tip —1M 65
Zoar St. Dud —6C 64
Zoar St. Wolv —8B 36
Zorrina Clo. Nun —4B 78
Zortech Av. Kidd —1G 175
Zouche Clo. Stourb —1L 107

HOSPITALS and HOSPICES
covered by this atlas
with their map square reference

N.B. Where Hospitals and Hospices are not named on the map, the reference
given is for the road in which they are situated.

Acorns Childrens Hospice —1E **134**
103 Oak Tree La., Selly Oak
BIRMINGHAM
B29 6HZ
Tel: 0121 2484850

Acorns Walsall Childrens Hospice —4M **53**
Walstead Rd.
WALSALL
WS5 4NL
Tel: 01922 422 500

ALEXANDRA HOSPITAL, THE —3J **209**
Woodrow Dri.
REDDITCH
Worcestershire
B98 7UB
Tel: 01527 503030

ALL SAINTS HOSPITAL (BIRMINGHAM) —4F **92**
Lodge Rd., Hockley
BIRMINGHAM
B18 5SD
Tel: 0121 6856220

BIRMINGHAM CHILDREN'S HOSPITAL (DIANA PRINCESS OF
WALES HOSPITAL) —6L **93** (3H **5**)
Steelhouse La.
BIRMINGHAM
B4 6NH
Tel: 0121 3339999

BIRMINGHAM DENTAL HOSPITAL —6L **93** (2G **5**)
St Chad's Queensway
BIRMINGHAM
B4 6NN
Tel: 0121 2368611

BIRMINGHAM HEARTLANDS HOSPITAL —7H **95**
Bordesley Green E.
BIRMINGHAM
B9 5SS
Tel: 0121 7666611

BIRMINGHAM NUFFIELD HOSPITAL, THE —4F **112**
22 Somerset Rd., Edgbaston
BIRMINGHAM
B15 2QQ
Tel: 0121 4562000

BIRMINGHAM WOMENS HOSPITAL —5D **112**
Metchley Park Rd.
BIRMINGHAM
B15 2TG
Tel: 0121 4721377

BLOXWICH HOSPITAL —1H **39**
Reeves St.
WALSALL
WS3 2JJ
Tel: 01922 858600

BRAMCOTE HOSPITAL —2E **104**
Lutterworth Rd.
Bramcote,
NUNEATON
Warwickshire
CV11 6QL
Tel: 024 7638 8200

BUSHEY FIELDS HOSPITAL —2E **88**
Bushey Fields Rd.
DUDLEY
West Midlands
DY1 2LZ
Tel: 01384 457373

CANNOCK CHASE HOSPITAL —7E **8**
Brunswick Rd.
CANNOCK
Staffordshire
WS11 2XY
Tel: 01543 572757

CITY HOSPITAL (BIRMINGHAM) —5F **92**
Dudley Rd.
BIRMINGHAM
B18 7QH
Tel: 0121 5543801

Compton Hospice —7J **35**
Compton Rd. W.
WOLVERHAMPTON
WV3 9DH
Tel: 01902 758151

CORBETT HOSPITAL —2A **108**
Vicarage Rd.
STOURBRIDGE
West Midlands
DY8 4JB
Tel: 01384 456111

COVENTRY & WARWICKSHIRE HOSPITAL
—5D **144** (2D **6**)
Stoney Stanton Rd.
COVENTRY
CV1 4FH
Tel: 024 7622 4055

DOROTHY PATTISON HOSPITAL —8H **39**
Alumwell Clo.
WALSALL
WS2 9XH
Tel: 01922 858000

EDWARD STREET HOSPITAL —6J **67**
Edward St.
WEST BROMWICH
West Midlands
B70 8NL
Tel: 0121 553 7676

GEORGE ELIOT HOSPITAL —7H **79**
College St.
NUNEATON
Warwickshire
CV10 7DJ
Tel: 024 7635 1351

GOOD HOPE HOSPITAL —3K **57**
Rectory Rd.
SUTTON COLDFIELD
West Midlands
B75 7RR
Tel: 0121 3782211

GOSCOTE HOSPITAL —1M **39**
Goscote La.
WALSALL
WS3 1SJ
Tel: 01922 710710

GUEST HOSPITAL —6L **65**
Tipton Rd.
DUDLEY
West Midlands
DY1 4SE
Tel: 01384 456111

HALLAM DAY HOSPITAL —4K **67**
Lewisham St.
WEST BROMWICH
West Midlands
B71 4HJ
Tel: 0121 553 1831

HAMMERWICH HOSPITAL —4H **17**
Hospital Rd.
BURNTWOOD
Staffordshire
WS7 0EH
Tel: 01543 675754

HEATH LANE HOSPITAL —2K **67**
Heath La.
WEST BROMWICH
West Midlands
B71 2BQ
Tel: 0121 553 1831

HIGHCROFT HOSPITAL —6D **70**
Fentham Rd.
Erdington
BIRMINGHAM
B23 6AL
Tel: 0121 6235500

HINCKLEY & DISTRICT HOSPITAL —1K **81**
Mount Rd.
HINCKLEY
Leicestershire
LE10 1AG
Tel: 01455 251200

HINCKLEY SUNNYSIDE HOSPITAL —4D **84**
Ashby Rd.
HINCKLEY
Leicestershire
LE10 3DA
Tel: 01455 251188

HOSPITAL OF ST CROSS —8B **172**
Barby Rd.
RUGBY
Warwickshire
CV22 5PX
Tel: 01788 572831

John Taylor Hospice —4J **71**
76 Grange Rd., Erdington
BIRMINGHAM
B24 0DF
Tel: 0121 3735526

Kemp Hospice —6H **149**
58 Sutton Park Rd.
KIDDERMINSTER
Worcestershire
DY11 6LF
Tel: 01562 861217

KIDDERMINSTER GENERAL HOSPITAL —4J **149**
Bewdley Rd.
KIDDERMINSTER
Worcestershire
DY11 6RJ
Tel: 01562 823424

KINGS HILL DAY HOSPITAL —4E **52**
School St.
WEDNESBURY
West Midlands
WS10 9JB
Tel: 0121 5264405

LEA CASTLE CENTRE —6C **128**
Park Gate Rd., Cookley
KIDDERMINSTER
Worcestershire
DY10 3PP
Tel: 01562 850461

LITTLE ASTON BUPA HOSPITAL —4B **42**
Little Aston Hall Dri.
Little Aston
SUTTON COLDFIELD
West Midlands
B74 3UP
Tel: 0121 3532444

Little Bloxwich Day Hospice —6K **25**
Stoney La.
WALSALL
WS3 3DW
Tel: 01922 858736

LUCY BALDWIN HOSPITAL —4F **174**
Olive Gro.
STOURPORT-ON-SEVERN
Worcestershire
DY13 8XZ
Tel: 01299 827327

MANOR HOSPITAL (NUNEATON) —4G **79**
Manor Court Av.
NUNEATON
Warwickshire
CV11 5HX
Tel: 024 7635 1351

MANOR HOSPITAL (WALSALL) —8J **39**
Moat Rd.
WALSALL
WS2 9PS
Tel: 01922 721172

Mary Stevens Hospice —7B **108**
221 Hagley Rd.
STOURBRIDGE
West Midlands
DY8 2JR
Tel: 01384 443010

MIRAH DAY HOSPITAL —4G **79**
Manor Hospital
Manor Court Av.
NUNEATON
Warwickshire
CV11 5HX
Tel: 024 7635 1351

MOSELEY HALL HOSPITAL —6L **113**
Alcester Rd.
BIRMINGHAM
B13 8JL
Tel: 0121 4424321

Hospitals & Hospices

MOSSLEY DAY HOSPITAL —8F **24**
Sneyd La.
WALSALL
WS3 2LW
Tel: 01922 858680

Myton Hamlet Hospice —3H **215**
Myton La.
WARWICK
CV34 6PX
Tel: 01926 492518

NEW CROSS HOSPITAL (WOLVERHAMPTON) —4H **37**
Wolverhampton Rd., Heath Town
WOLVERHAMPTON
WV10 0QP
Tel: 01902 307999

NORTHCROFT HOSPITAL —5D **70**
Reservoir Rd.
Erdington,
BIRMINGHAM
B23 6DW
Tel: 0121 3782211

NUNEATON PRIVATE HOSPITAL —8J **79**
132 Coventry Rd.
NUNEATON
Warwickshire
CV10 7AD
Tel: 024 7635 3000

PARKWAY BUPA HOSPITAL —4E **138**
1 Damson Parkway
SOLIHULL
West Midlands
B91 2PP
Tel: 0121 7041451

PENN HOSPITAL —5L **49**
Penn Rd.
WOLVERHAMPTON
WV4 5HN
Tel: 01902 444141

PRINCESS OF WALES COMMUNITY HOSPITAL —5A **180**
Stourbridge Rd.
BROMSGROVE
Worcestershire
B61 0BB
Tel: 01527 488000

PRIORY HOSPITAL, THE —4H **113**
Priory Rd., Edgbaston
BIRMINGHAM
B5 7UG
Tel: 0121 4402323

QUEEN ELIZABETH HOSPITAL —5E **112**
Edgbaston
BIRMINGHAM
B15 2TH
Tel: 0121 6271627

QUEEN ELIZABETH PSYCHIATRIC HOSPITAL —5E **112**
Mindelsohn Way, Edgbaston,
BIRMINGHAM
B15 2QZ
Tel: 0121 6272999

RIDGE HILL HOSPITAL —6L **87**
Brierly Hill Rd.
STOURBRIDGE
West Midlands
DY8 5ST
Tel: 01384 456111

ROWAN DAY HOSPITAL —5E **204**
Smallwood House
Church Green W.
REDDITCH
Worcestershire
B97 4BD
Tel: 01527 488600

ROWLEY REGIS HOSPITAL —7B **90**
Moor La.
ROWLEY REGIS
West Midlands
B65 8DA
Tel: 0121 607 3465

ROYAL LEAMINGTON SPA REHABILITATION HOSPITAL
Heathcote La. —5L **215**
Heathcote
WARWICK
CV346SR
Tel: 01926 317700

ROYAL ORTHOPAEDIC HOSPITAL —4B **134**
Bristol Rd. S., Northfield,
BIRMINGHAM
B31 2AP
Tel: 0121 685 4000

RUSSELLS HALL HOSPITAL —2D **88**
Pensnett Rd.
DUDLEY
West Midlands
DY1 2HQ
Tel: 01384 456111

ST DAVID'S HOUSE (DAY HOSPITAL) —2G **63**
Planks La., Wombourne
WOLVERHAMPTON
WV5 8DU
Tel: 01902 326001

St Mary's Hospice —8G **113**
176 Raddlebarn Rd.
BIRMINGHAM
B29 7DA
Tel: 0121 4721191

ST MICHAEL'S HOSPITAL —1D **214**
St. Michael's Rd.
WARWICK
CV34 5QW
Tel: 01926 406789

ST MICHAEL'S HOSPITAL —1K **19**
Trent Valley Rd.
LICHFIELD
Staffordshire
WS13 6EF
Tel: 01543 414555

SANDWELL DISTRICT GENERAL HOSPITAL —4K **67**
Lyndon
WEST BROMWICH
West Midlands
B71 4HJ
Tel: 0121 553 1831

SELLY OAK HOSPITAL —8F **112**
Raddlebarn Rd.
BIRMINGHAM
B29 6JD
Tel: 0121 6721627

SIR ROBERT PEEL HOSPITAL —7K **31**
Plantation La., Mile Oak,
TAMWORTH
Staffordshire
B78 3NG
Tel: 01827 263800

Sister Dora Hospice (Due Open Late 2000) —1M **39**
Goscote La.
WALSALL
WS3 1SJ
Tel: 01922 858736

SOLIHULL HOSPITAL —5C **138**
Lode La.
SOLIHULL
West Midlands
B91 2JL
Tel: 0121 7114455

SUTTON COLDFIELD COTTAGE HOSPITAL —5H **57**
Birmingham Rd.
SUTTON COLDFIELD
West Midlands
B72 1QH
Tel: 0121 3556031

VICTORIA HOSPITAL —3G **19**
Friary Rd.
LICHFIELD
Staffordshire
WS13 6QM
Tel: 01543 414926

WALSGRAVE HOSPITAL —4A **146**
Clifford Bridge Rd.
COVENTRY
CV2 2DX
Tel: 024 7660 2020

Warren Pearl Marie Curie Hospice —5E **138**
911-913 Warwick Rd.
SOLIHULL
West Midlands
B91 3ER
Tel: 0121 7054607

WARWICK HOSPITAL —1E **214**
Lakin Rd.
WARWICK
CV34 5BW
Tel: 01926 495321

WARWICKSHIRE NUFFIELD HOSPITAL, THE —4L **211**
Old Milverton La.
LEAMINGTON SPA
Warwickshire
CV32 6RW
Tel: 01926 427971

WEST HEATH HOSPITAL —1C **156**
Rednal Rd.
BIRMINGHAM
B38 8HR
Tel: 0121 6271627

WEST MIDLANDS HOSPITAL —4K **109**
Colman Hill
HALESOWEN
West Midlands
B63 2AH
Tel: 01384 560123

WEST PARK HOSPITAL —7A **36**
Park Rd. W.
WOLVERHAMPTON
WV1 4PW
Tel: 01902 444000

WOLVERHAMPTON EYE INFIRMARY —7A **36**
Compton Rd.
WOLVERHAMPTON
WV3 9QR
Tel: 01902 307999

WOLVERHAMPTON NUFFIELD HOSPITAL —5J **35**
Wood Rd.
WOLVERHAMPTON
WV6 8LE
Tel: 01902 754177

WOODBOURNE PRIORY HOSPITAL —1C **112**
23 Woodbourne Rd.
Harborne,
BIRMINGHAM
B17 8BY
Tel: 0121 4344343

WORDSLEY HOSPITAL —5L **87**
Stream Rd.
STOURBRIDGE
West Midlands
DY8 5QX
Tel: 01384 456111

YARDLEY GREEN HOSPITAL —8G **95**
Yardley Green Rd.
BIRMINGHAM
B9 5PX
Tel: 0121 7666611

YEW TREE HOUSE DAY HOSPITAL —2B **216**
87 Radford Rd.
LEAMINGTON SPA
Warwickshire
CV31 1JQ
Tel: 01926 450660